2

*Friedrich Hölderlin. Bleistiftskizze von Johann Georg Schreiner und
Rudolph Lohbauer. 27. Juli 1823*

FRIEDRICH HÖLDERLIN

Werke
in einem Band

Carl Hanser Verlag

Auf der Grundlage der Ausgabe
von Günter Mieth
herausgegeben von Hans Jürgen Balmes

Frontispiz mit freundlicher Genehmigung des
Schiller-Nationalmuseums in Marbach a. N.

ISBN 3-446-14205-3
Hanser Bibliothek
Alle Rechte an dieser Auswahl vorbehalten
© 1990 Carl Hanser Verlag München Wien
Satz: Reinhard Amann, Leutkirch
Druck und Bindung: May & Co., Darmstadt
Printed in Germany

INHALTSÜBERSICHT

Gedichte
7

Hyperion
289

Der Tod des Empedokles
459

Theoretische Versuche
591

Anhang
669

Kommentar
677

Zu dieser Ausgabe
679

Anmerkungen
682

Zeittafel
882

Nachbemerkung
894

Verzeichnis
der Gedichtanfänge und -überschriften
898

GEDICHTE

Mein Vorsatz

O Freunde! Freunde! die ihr so treu mich liebt!
  Was trübet meine einsame Blicke so?
    Was zwingt mein armes Herz in diese
      Wolkenumnachtete Totenstille?

Ich fliehe euren zärtlichen Händedruck,
  Den seelenvollen, seligen Bruderkuß.
    O zürnt mir nicht, daß ich ihn fliehe!
      Schaut mir ins Innerste! Prüft und richtet! –

Ist's heißer Durst nach Männervollkommenheit?
  Ist's leises Geizen um Hekatombenlohn?
    Ist's schwacher Schwung nach Pindars Flug? ist's
      Kämpfendes Streben nach Klopstocksgröße?

Ach Freunde! welcher Winkel der Erde kann
  Mich decken, daß ich ewig in Nacht gehüllt
    Dort weine? Ich erreich ihn nie, den
      Weltenumeilenden Flug der Großen.

Doch nein! hinan den herrlichen Ehrenpfad!
  Hinan! hinan! im glühenden kühnen Traum
    Sie zu erreichen; muß ich einst auch
      Sterbend noch stammeln: Vergeßt mich, Kinder!

Die Ehrsucht

Großer Name! – Millionen Herzen
Lockt ins Elend der Sirenenton,
Tausend Schwächen wimmern, tausend Schmerzen
Um der Ehrsucht eitlen Flitterthron.

Seine schwarze, blutbefleckte Hände
Dünken dem Erobrer göttlichschön –
Schwache morden scheint ihm keine Sünde,
Und er jauchzt auf seine Trümmer hin.

Um wie Könige zu prahlen, schänden
Kleinre Wütriche ihr armes Land;
Und um feile Ordensbänder wenden
Räte sich das Ruder aus der Hand.

Pfaffen spiegeln um Apostelehre
Ihren Narren schwarze Wunder vor;
Um Mariasehre krächzen Nonnenchöre
Wahnsinn zum Marienbild empor.

Graue Sünder donnern, ihre Blöße
Wegzudonnern, rauh die Unschuld an;
Gott zu leugnen, hält so oft für Größe,
Hält für Größe noch so oft – ein Mann.

Göttin in des Buben Mund zu heißen,
Gibt das Mädchen ihren Reiz zum Sold;
Mitzurasen in Verführerkreisen,
Wird der Bube früh ein Trunkenbold.

Doch es sträubet sich des Jünglings Rechte,
Länger sing ich von den Toren nicht.
Wisse! schwaches, niedriges Geschlechte!
Nahe steht der Narr am Bösewicht.

Am Tage
der Freundschaftsfeier

Ihr Freunde! mein Wunsch ist, Helden zu singen,
Meiner Harfe erster Laut,
Glaubt es, ihr Freunde!
Durchschleich ich schon so stille mein Tal,
5 Flammt schon mein Auge nicht feuriger,
Meiner Harfe erster Laut
War Kriegergeschrei und Schlachtengetümmel.

Ich sah, Brüder! ich sah
Im Schlachtengetümmel das Roß
10 Auf röchelnden Leichnamen stolpern,
Und zucken am sprudelnden Rumpf
Den grausen gespaltenen Schädel,
Und blitzen und treffen das rauchende Schwert,
Und dampfen und schmettern die Donnergeschütze,
15 Und Reuter hin auf Lanzen gebeugt,
Mit grimmiger Miene Reuter sich stürzen
Und unbeweglich, wie eherne Mauren,
Mit furchtbarer Stille
Und todverhöhnender Ruhe
20 Den Reutern entgegen sich strecken die Lanzen.

Ich sah, Brüder! ich sah
Des kriegrischen Suezias eiserne Söhne
Geschlagen von Pultawas wütender Schlacht.
Kein Wehe! sprachen die Krieger,
25 Von den blutiggebißnen Lippen
Ertönte kein Lebewohl –
Verstummet standen sie da,
In wilder Verzweiflung da
Und blickten es an, das rauchende Schwert,
30 Und schwangen es höher, das rauchende Schwert,
Und zielten – und zielten –
Und stießen es sich bitterlächelnd
In die wilde brausende Brust.

Noch vieles will ich sehen,
Ha! vieles noch! vieles noch!
Noch sehen Gustavs Schwertschlag,
Noch sehen Eugenius' Siegerfaust.

Doch möcht ich, Brüder! zuvor
In euren Armen ausruhn,
Dann schweb ich wieder mutiger auf,
Zu sehen Gustavs Schwertschlag,
Zu sehen Eugenius' Siegerfaust.

Willkommen, du! –
Und du! – Willkommen!
Wir drei sind's?
Nun! so schließet die Halle.
Ihr staunt, mit Rosen bestreut
Die Tische zu sehen, und Weihrauch
Am Fenster dampfend,
Und meine Laren –
Den Schatten meiner Stella,
Und Klopstocks Bild und Wielands, –
Mit Blumen umhängt zu sehen.

Ich wollt in meiner Halle Chöre versammeln
Von singenden rosichten Mädchen
Und kränzetragenden blühenden Knaben,
Und euch empfangen mit Saitenspiel,
Und Flötenklang, und Hörnern, und Hoboen.

Doch – schwur ich nicht, ihr Freunde,
Am Mahle bei unsers Fürsten Fest,
Nur *einen* Tag mit Saitenspiel
Und Flötenklang, und Hörnern und Hoboen,
Mit Chören von singenden rosichten Mädchen,
Und kränzetragenden blühenden Knaben
Nur *einen* Tag zu feiern?

Den Tag, an dem ein Weiser
Und biedere Jünglinge,
Und deutsche Mädchen
Zu meiner Harfe sprächen:
Du tönst uns, Harfe, lieblich ins Ohr,
Und hauchst uns Edelmut,
Und hauchst uns Sanftmut in die Seele.

Aber heute, Brüder!
Oh, kommt in meine Arme!
Wir feiern das Fest
Der Freundschaft heute.

Als jüngst zum erstenmal wieder
Der Mäher des Morgens die Wiese
Entkleidete, und der Heugeruch
Jetzt wieder zum erstenmal
Durchdüftete mein Tal:

Da war es, Brüder!
O da war es!
Da schlossen wir unsern Bund,
Den schönen, seligen, ewigen Bund.

Ihr hörtet so oft mich sprechen,
Wie lang es mir werde,
Bei diesem Geschlechte zu wohnen,
Ihr sahet den Lebensmüden
In den Stunden seiner Klage so oft.

Da stürmt ich hinaus in den Sturm,
Da sah ich aus der vorüberjagenden Wolke
Die Helden der eisernen Tage herunterschaun.
Da rief ich den Namen der Helden
In des hohlen Felsen finstres Geklüft,
Und siehe! der Helden Namen
Rief ernster mir zurück
Des hohlen Felsen finstres Geklüft.

Da stolpert ich hin auf dornichten Trümmern
Und drang durchs Schlehengebüsch in den alternden Turm
Und lehnte mich hin an die schwärzliche Wände
Und sprach mit schwärmendem Auge an ihm hinauf:

Ihr Reste der Vorzeit!
Euch hat ein nervichter Arm gebaut,
Sonst hätte der Sturm die Wände gespalten,
Der Winter den moosichten Wipfel gebeugt;
Da sollten Greise um sich
Die Knaben und Mädchen versammlen
Und küssen die moosichte Schwelle,
Und sprechen: Seid wie eure Väter!
Aber an euren steinernen Wänden
Rauschet dorrendes Gras herab,
In euren Wölbungen hangt
Zerrißnes Spinnengewebe –
Warum, ihr Reste der Vorzeit,
Den Fäusten des Sturmes trotzen, den Zähnen des Winters.

O Brüder! Brüder!
Da weinte der Schwärmer blutige Tränen,
Auf die Disteln des Turmes,
Daß er vielleicht noch lange
Verweilen müsse unter diesem Geschlechte,
Da sah er all die Schande
Der weichlichen Teutonssöhne,
Und fluchte dem verderblichen Ausland,
Und fluchte den verdorbnen Affen des Auslands,
Und weinte blutige Tränen,
Daß er vielleicht noch lange
Verweilen müsse unter diesem Geschlechte.

Doch siehe, es kam
Der selige Tag –
O Brüder, in meine Arme! –
O Brüder, da schlossen wir unsern Bund,
Den schönen, seligen, ewigen Bund.

Da fand ich Herzen, –
Brüder, in meine Arme! –
Da fand ich eure Herzen.

Jetzt wohn ich gerne
Unter diesem Geschlechte,
Jetzt werde der Toren
Immer mehr! immer mehr!
Ich habe eure Herzen.

Und nun – ich dachte bei mir
An jenem Tage,
Wann zum erstenmal wieder
Des Schnitters Sichel
Durch die goldene Ähren rauscht,
So feir ich ihn, den seligen Tag.

Und nun – es rauschet zum erstenmal wieder
Des Schnitters Sichel durch die goldene Saat,
Jetzt laßt uns feiren,
Laßt uns feiren
In meiner Halle den seligen Tag.

Es warten jetzt in euren Armen
Der Freuden so viel auf mich,
O Brüder! Brüder!
Der edlen Freuden so viel.

Und hab ich dann ausgeruht
In euren Armen,
So schweb ich mutiger auf,
Zu schauen Gustavs Schwertschlag,
Zu schauen Eugenius' Siegerfaust.

⟨ZORNIGE SEHNSUCHT⟩

Ich duld es nimmer! ewig und ewig so
  Die Knabenschritte, wie ein Gekerkerter
    Die kurzen, vorgemeßnen Schritte
      Täglich zu wandeln, ich duld es nimmer!

Ist's Menschenlos – ist's meines? ich trag es nicht,
  Mich reizt der Lorbeer, – Ruhe beglückt mich nicht,
    Gefahren zeugen Männerkräfte,
      Leiden erheben die Brust des Jünglings.

Was bin ich dir, was bin ich, mein Vaterland?
  Ein siecher Säugling, welchen mit tränendem,
    Mit hoffnungslosem Blick die Mutter
      In den geduldigen Armen schaukelt.

Mich tröstete das blinkende Kelchglas nie,
  Mich nie der Blick der lächelnden Tändlerin,
    Soll ewig Trauern mich umwolken?
      Ewig mich töten die zorn'ge Sehnsucht?

Was soll des Freundes traulicher Handschlag mir,
  Was mir des Frühlings freundlicher Morgengruß,
    Was mir der Eiche Schatten? was der
      Blühenden Rebe, der Linde Düfte?

Beim grauen Mana! nimmer genieß ich dein,
  Du Kelch der Freuden, blinkest du noch so schön,
    Bis mir ein Männerwerk gelinget,
      Bis ich ihn hasche, den ersten Lorbeer.

Der Schwur ist groß. Er zeuget im Auge mir
  Die Trän, und wohl mir, wenn ihn Vollendung krönt,
    Dann jauchz auch ich, du Kreis der Frohen,
      Dann, o Natur, ist dein Lächeln Wonne.

An
die Ruhe

Vom Gruß des Hahns, vom Sichelgetön erweckt,
  Gelobt ich dir, Beglückerin! Lobgesang,
    Und siehe da, am heitern Mittag
      Schläget sie mir, der Begeistrung Stunde.

Erquicklich, wie die heimische Ruhebank
  Im fernen Schlachtgetümmel dem Krieger deucht,
    Wenn die zerfleischten Arme sinken,
      Und der geschmetterte Stahl im Blut liegt –

So bist du, Ruhe! freundliche Trösterin!
  Du schenkest Riesenkraft dem Verachteten;
    Er höhnet Dominiksgesichtern,
      Höhnet der zischenden Natterzunge.

Im Veilchental, vom dämmernden Hain umbraust,
  Entschlummert er, von süßen Begeistrungen
    Der Zukunft trunken, von der Unschuld
      Spielen im flatternden Flügelkleide.

Da weiht der Ruhe Zauber den Schlummernden,
  Mit Mut zu schwingen im Labyrinth sein Licht,
    Die Fahne rasch voranzutragen,
      Wo sich der Dünkel entgegenstemmet.

Auf springt er, wandelt ernster den Bach hinab
  Nach seiner Hütte. Siehe! das Götterwerk,
    Es keimet in der großen Seele.
      Wieder ein Lenz, – und es ist vollendet.

An jener Stätte bauet der Herrliche
  Dir, gottgesandte Ruhe! den Dankaltar.
    Dort harrt er, wonnelächelnd, wie die
      Scheidende Sonne, des längern Schlummers.

Denn sieh, es wallt der Enkel zu seinem Grab,
Voll hohen Schauers, wie zu des Weisen Grab,
 Des Herrlichen, der, von der Pappel
  Säuseln umweht, auf der Insel schlummert.   32

Hymne an den Genius
Griechenlands

Jubel! Jubel
Dir auf der Wolke!
Erstgeborner
Der hohen Natur!
Aus Kronos' Halle
Schwebst du herab,
Zu neuen, geheiligten Schöpfungen
Hold und majestätisch herab.

Ha! bei der Unsterblichen,
Die dich gebar,
Dir gleichet keiner
Unter den Brüdern,
Den Völkerbeherrschern,
Den Angebeteten allen!

Dir sang in der Wiege den Weihgesang
Im blutenden Panzer die ernste Gefahr,
Zu gerechtem Siege reichte den Stahl
Die heilige Freiheit dir.
Von Freude glühten,
Von zaubrischer Liebe deine Schläfe,
Die goldgelockten Schläfe.

Lange säumtest du unter den Göttern
Und dachtest der kommenden Wunder.
Vorüber schwebten wie silbern Gewölk
Am liebenden Auge dir
Die Geschlechter alle!
Die seligen Geschlechter.

Im Angesichte der Götter
Beschloß dein Mund,
Auf Liebe dein Reich zu gründen. 30
Da staunten die Himmlischen alle.
Zu brüderlicher Umarmung,
Neigte sein königlich Haupt
Der Donnerer nieder zu dir.
Du gründest auf Liebe dein Reich. 35

Du kommst und Orpheus' Liebe
Schwebet empor zum Auge der Welt
Und Orpheus' Liebe
Wallet nieder zum Acheron.
Du schwingest den Zauberstab, 40
Und Aphrodites Gürtel ersieht
Der trunkene Mäonide.
Ha! Mäonide! wie du!
So liebet keiner, wie du;
Die Erd und Ozean 45
Und die Riesengeister, die Helden der Erde
Umfaßte dein Herz!
Und die Himmel und alle die Himmlischen
Umfaßte dein Herz.
Auch die Blumen, die Bien auf der Blume 50
Umfaßte liebend dein Herz! –

Ach Ilion! Ilion!
Wie jammertest, hohe Gefallene, du
Im Blute der Kinder!
Nun bist du getröstet, dir scholl 55
Groß und warm wie sein Herz
Des Mäoniden Lied.

Ha! bei der Unsterblichen,
Die dich gebar,
Dich, der du Orpheus' Liebe, 60
Der du schufest Homeros' Gesang...

Kanton Schweiz

An meinen lieben Hiller

Hier, in ermüdender Ruh, im bittersüßen Verlangen,
Da zu sein, wo mein Herz, und jeder beßre Gedank ist,
Reichet doch Erinnerung mir den zaubrischen Becher
Schäumend und voll, und hoher Genuß der kehrenden Bilder
5 Weckt die schlummernden Fittiche mir zu trautem Gesange.

Bruder! dir gab ein Gott der Liebe göttlichen Funken,
Zarten geläuterten Sinn, zu erspähn, was herrlich und schön ist;
Stolzer Freiheit glühet dein Herz, und kindlicher Einfalt –
Bruder! komm und koste mit mir des zaubrischen Bechers.

10 Dort, wo der Abendstrahl die Westgewölke vergüldet,
Dorthin wende den Blick, und weine die Träne der Sehnsucht!
Ach! dort wandelten wir! dort flog und schwelgte das Auge
Unter den Herrlichkeiten umher! – wie dehnte der Busen,
Diesen Himmel zu fassen, sich aus! – wie brannte die Wange
15 Süß von Morgenlüften gekühlt, als unter Gesängen
Zürch den Scheidenden schwand im sanfthingleitenden Boote!
Lieber! wie drücktest du mir die heiße, zitternde Rechte,
Sahst so glühend und ernst mich an im donnernden Rheinsturz!
Aber selig, wie du, o Tag am Quelle der Freiheit!
20 Festlich, wie du, sank keiner auf uns vom rosigen Himmel.

Ahndung schwellte das Herz. Schon war des feiernden Klosters[1]
Ernste Glocke verhallt. Schon schwanden die friedlichen Hütten
Rund an Blumenhügeln umher, am rollenden Gießbach,
Unter Fichten im Tal, wo dem Ahn in heiliger Urzeit
25 Füglich deuchte der Grund zum Erbe genügsamer Enkel.
Schaurig und kühl empfing uns die Nacht in ewigen Wäldern,
Und wir klommen hinauf am furchtbarherrlichen *Haken*.
Nächtlicher immer ward's und enger im Riesengebürge.
Jäher herunter hing der Pfad zu den einsamen Wallern.

---

[1] Marien-Einsiedel.

Dicht zur Rechten donnert hinab der zürnende Waldstrom: 30
Nur sein Donner berauscht den Sinn. Die schäumenden Wogen
Birgt uns Felsengesträuch, und modernde Tannen am Abhang,
Vom Orkane gestürzt. – Nun tagte die Nacht am Gebirge
Schaurig und wundersam, wie Heldengeister am Lego,
Wälzten sich kämpfende Wolken heran auf schneeiger Heide. 35
Sturm und Frost entschwebte der Kluft. Vom Sturme getragen
Schrie und stürzte der Aar, die Beut im Tale zu haschen.
Und der Wolken Hülle zerriß, und im ehernen Panzer
Kam die Riesin heran, die majestätische Mythen[1].
Staunend wandelten wir vorüber. – Ihr Väter der Freien! 40
Heilige Schar! nun schaun wir hinab, hinab, und erfüllt ist,
Was der Ahndungen kühnste versprach; was süße Begeistrung
Einst mich lehrt' im Knabengewande, gedacht ich des hohen
Hirten in Mamres Hain und der schönen Tochter von Laban,
Ach! es kehrt so warm in die Brust; – Arkadiens Friede, 45
Köstlicher, unerkannter, und du, allheilige Einfalt,
Wie so anders blüht in eurem Strahle die Freude! –
Vor entweihendem Prunk, vor Stolz und knechtischer Sitte
Von den ewigen Wächtern geschirmt, den Riesengebirgen,
Lachte das heilige Tal uns an, die Quelle der Freiheit. 50
Freundlich winkte der See[2] vom fernen Lager; die Schrecken
Seiner Arme verbarg die schwarze Kluft im Gebirge:
Freundlicher sahn aus der Tiefe herauf, in blühende Zweige
Reizend verhüllt, und kindlichfroh der jauchzenden Herde
Und des tiefen Grases umher, die friedsamen Hütten. 55
Und wir eilten hinab in Liebe; kosteten lächelnd
Auf dem Pfade des Sauerklees, und erfrischender Ampfer,
Bis der begeisternde Sohn der schwarzen italischen Traube,
Uns mit Lächeln gereicht in der herzerfreuenden Hütte,
Neues Leben in uns gebar, und die schäumenden Gläser 60
Unter Jubelgesang erklangen, zur Ehre der Freiheit.
Lieber! wie war uns da! – bei solchem Mahle begehret
Nichts auf Erden die Brust, und alle Kräfte gedeihen.

---

[1] Ein ungeheurer pyramidalischer Fels auf der Spitze des Hakenbergs.
[2] Der Waldstättersee.

Lieber! er schwand so schnell, der köstliche Tag; in der kühlen
65 Dämmerung schieden wir; an den Heiligtümern der Freiheit
Wallten wir dann vorbei in frommer seliger Stille,
Faßten sie tief ins Herz, und segneten sie, und schieden!

Lebt dann wohl, ihr Glücklichen dort! im friedsamen Tale
Lebe wohl, du Stätte des Schwurs[1]! dir jauchzten die Sterne,
70 Als in heiliger Nacht der ernste Bund dich besuchte.
Herrlich Gebirg! wo der bleiche Tyrann den Knechten vergebens,
Zahm und schmeichlerisch Mut gebot – zu gewaltig erhub sich
Wider den Trotz die gerechte, die unerbittliche Rache –
Lebe wohl, du herrlich Gebirg[2]. Dich schmückte der Freien
75 Opferblut – es wehrte der Träne der einsame Vater.
Schlummre sanft, du Heldengebein! o schliefen auch wir dort
Deinen eisernen Schlaf, dem Vaterlande geopfert,
Walters Gesellen und Tells, im schönen Kampfe der Freiheit!

Könnt ich dein vergessen, o Land, der göttlichen Freiheit!
80 Froher wär ich; zu oft befällt die glühende Scham mich,
Und der Kummer, gedenk ich dein, und der heiligen Kämpfer.
Ach! da lächelt Himmel und Erd in fröhlicher Liebe
Mir umsonst, umsonst der Brüder forschendes Auge.
Doch ich vergesse dich nicht! ich hoff und harre des Tages,
85 Wo in erfreuende Tat sich Scham und Kummer verwandelt.

---

[1] Rütli, eine Wiese nah am Waldstättersee, dem Mythenstein gegenüber, wo Walter Fürst und seine Gesellen schwuren: »Frei zu leben oder zu sterben!«
[2] Morgarten, auf dem Sattelberge.

GRIECHENLAND

An St.

Hätt ich dich im Schatten der Platanen,
Wo durch Blumen der Cephissus rann,
Wo die Jünglinge sich Ruhm ersannen,
Wo die Herzen Sokrates gewann,
Wo Aspasia durch Myrten wallte,
Wo der brüderlichen Freude Ruf
Aus der lärmenden Agora schallte,
Wo mein Plato Paradiese schuf,

Wo den Frühling Festgesänge würzten,
Wo die Ströme der Begeisterung
Von Minervens heil'gem Berge stürzten –
Der Beschützerin zur Huldigung –
Wo in tausend süßen Dichterstunden,
Wie ein Göttertraum, das Alter schwand,
Hätt ich da, Geliebter! dich gefunden,
Wie vor Jahren dieses Herz dich fand,

Ach! wie anders hätt ich dich umschlungen! –
Marathons Heroen sängst du mir,
Und die schönste der Begeisterungen
Lächelte vom trunknen Auge dir,
Deine Brust verjüngten Siegsgefühle,
Deinen Geist, vom Lorbeerzweig umspielt,
Drückte nicht des Lebens stumpfe Schwüle,
Die so karg der Hauch der Freude kühlt.

Ist der Stern der Liebe dir verschwunden?
Und der Jugend holdes Rosenlicht?
Ach! umtanzt von Hellas' goldnen Stunden,
Fühltest du die Flucht der Jahre nicht,
Ewig, wie der Vesta Flamme, glühte
Mut und Liebe dort in jeder Brust,
Wie die Frucht der Hesperiden, blühte
Ewig dort der Jugend stolze Lust.

Ach! es hätt in jenen bessern Tagen
Nicht umsonst so brüderlich und groß
35 Für das Volk dein liebend Herz geschlagen,
Dem so gern der Freude Zähre floß! –
Harre nun! sie kömmt gewiß, die Stunde,
Die das Göttliche vom Kerker trennt –
Stirb! du suchst auf diesem Erdenrunde,
40 Edler Geist! umsonst dein Element.

Attika, die Heldin, ist gefallen;
Wo die alten Göttersöhne ruhn,
Im Ruin der schönen Marmorhallen
Steht der Kranich einsam trauernd nun;
45 Lächelnd kehrt der holde Frühling nieder,
Doch er findet seine Brüder nie
In Ilissus' heil'gem Tale wieder –
Unter Schutt und Dornen schlummern sie.

Mich verlangt ins ferne Land hinüber
50 Nach Alcäus und Anakreon,
Und ich schlief' im engen Hause lieber,
Bei den Heiligen in Marathon;
Ach! es sei die letzte meiner Tränen,
Die dem lieben Griechenlande rann,
55 Laßt, o Parzen, laßt die Schere tönen,
Denn mein Herz gehört den Toten an!

Das Schicksal

Προσκυνουντες την ειμαρμενην, σοφοι.
          Äschylus

Als von des Friedens heil'gen Talen,
Wo sich die Liebe Kränze wand,
Hinüber zu den Göttermahlen
Des goldnen Alters Zauber schwand,
Als nun des Schicksals ehrne Rechte,   5
Die große Meisterin, die Not,
Dem übermächtigen Geschlechte
Den langen, bittern Kampf gebot,

Da sprang er aus der Mutter Wiege,
Da fand er sie, die schöne Spur   10
Zu seiner Tugend schwerem Siege,
Der Sohn der heiligen Natur;
Der hohen Geister höchste Gabe,
Der Tugend Löwenkraft begann
Im Siege, den ein Götterknabe   15
Den Ungeheuern abgewann.

Es kann die Lust der goldnen Ernte
Im Sonnenbrande nur gedeihn;
Und nur in seinem Blute lernte
Der Kämpfer, frei und stolz zu sein;   20
Triumph! die Paradiese schwanden,
Wie Flammen aus der Wolke Schoß,
Wie Sonnen aus dem Chaos, wanden
Aus Stürmen sich Heroen los.

Der Not ist jede Lust entsprossen,   25
Und unter Schmerzen nur gedeiht
Das Liebste, was mein Herz genossen,
Der holde Reiz der Menschlichkeit;
So stieg, in tiefer Flut erzogen,
Wohin kein sterblich Auge sah,   30

Stillächelnd aus den schwarzen Wogen
In stolzer Blüte Cypria.

Durch Not vereiniget, beschwuren
Vom Jugendtraume süß berauscht
Den Todesbund die Dioskuren,
Und Schwert und Lanze ward getauscht;
In ihres Herzens Jubel eilten
Sie, wie ein Adlerpaar, zum Streit,
Wie Löwen ihre Beute, teilten
Die Liebenden Unsterblichkeit. –

Die Klagen lehrt die Not verachten,
Beschämt und ruhmlos läßt sie nicht
Die Kraft der Jünglinge verschmachten,
Gibt Mut der Brust, dem Geiste Licht;
Der Greise Faust verjüngt sie wieder;
Sie kömmt, wie Gottes Blitz, heran,
Und trümmert Felsenberge nieder,
Und wallt auf Riesen ihre Bahn.

Mit ihrem heil'gen Wetterschlage,
Mit Unerbittlichkeit vollbringt
Die Note an *einem* großen Tage,
Was kaum Jahrhunderten gelingt;
Und wenn in ihren Ungewittern
Selbst ein Elysium vergeht,
Und Welten ihrem Donner zittern –
Was groß und göttlich ist, besteht. –

O du, Gespielin der Kolossen,
O weise, zürnende Natur,
Was je ein Riesenherz beschlossen,
Es keimt' in deiner Schule nur.
Wohl ist Arkadien entflohen;
Des Lebens beßre Frucht gedeiht
Durch sie, die Mutter der Heroen,
Die eherne Notwendigkeit. –

Für meines Lebens goldnen Morgen
Sei Dank, o Pepromene, dir!
Ein Saitenspiel und süße Sorgen
Und Träum und Tränen gabst du mir;
Die Flammen und die Stürme schonten
Mein jugendlich Elysium,
Und Ruh und stille Liebe thronten
In meines Herzens Heiligtum.

Es reife von des Mittags Flamme,
Es reife nun vom Kampf und Schmerz
Die Blüt am grenzenlosen Stamme,
Wie Sprosse Gottes, dieses Herz!
Beflügelt von dem Sturm, erschwinge
Mein Geist des Lebens höchste Lust,
Der Tugend Siegeslust verjünge
Bei kargem Glücke mir die Brust!

Im heiligsten der Stürme falle
Zusammen meine Kerkerwand,
Und herrlicher und freier walle
Mein Geist ins unbekannte Land!
Hier blutet oft der Adler Schwinge;
Auch drüben warte Kampf und Schmerz!
Bis an der Sonnen letzte ringe,
Genährt vom Siege, dieses Herz.

Der Gott der Jugend

⟨Entwurf⟩

Ist dir in goldnen Stunden
Noch oft, als bebtest du,
Vom Staube losgewunden,
Dem stillen Haine zu,
Wo, von der Erd entflohen,
Manch himmlische Gestalt
Mit seligen Heroen
Im Rosenlichte wallt;

Entfalten dir die Keime
Der Lieb im Lenze sich,
Umwallen goldne Träume,
Wie Morgenwölkchen, dich,
Fühlst du mit trunknem Ahnen
Der Schönheit tiefsten Sinn,
Das Lächeln und das Mahnen
Der hohen Zauberin;

Gehn oft im Dämmerlichte,
Wenn in der Frühlingsnacht
Für friedliche Gesichte
Dein liebend Auge wacht,
Vor dir der Freunde Manen
Und, wie der Sterne Chor,
Die Geister der Titanen
Des Altertums empor;

Wird oft, wo sich im Schönen
Das Heilige verhüllt,
Das ewig rege Sehnen
Der Freude dir gestillt,
. . .

So such im stillsten Tale
Den blütereichsten Hain

Und gieß aus goldner Schale
Den frohen Opferwein!
Manch liebend Herz veraltet,
Noch schlägt es heilig dir,
Der Gott der Jugend waltet
Noch über dir und mir.

Ihn feiert nah und ferne,
Auf goldgeblümter Flur,
Im stillen Raum der Sterne
Die selige Natur;
Noch schwand von ihrem Bilde
Der Jugend Blüte nicht,
So wahr ihr Freud und Milde
Aus jedem Zuge spricht.

. . .
Noch kehrt des Friedens Bogen,
Und heute, wie zuvor,
Flammt aus den Meereswogen
Das Morgenrot empor.

Noch wie in Platons Hallen
Ist von des Winters Nacht
Mit ihren Blüten allen
Zu süßem Spiel erwacht,
Mit allen Seligkeiten
Der holden Cypria,
Die Glorie der Zeiten,
Die Zeit der Liebe da.

Drum such im stillsten Tale
Den düftereichsten Hain,
Und gieß aus goldner Schale
Den frohen Opferwein,
Noch lächelt unveraltet
Des Frühlings Wonne dir,
Der Gott der Jugend waltet
Noch über dir und mir.

Der Gott der Jugend

⟨Endgültige Fassung⟩

Gehn dir im Dämmerlichte,
Wenn in der Sommernacht
Für selige Gesichte
Dein liebend Auge wacht,
Noch oft der Freunde Manen
Und, wie der Sterne Chor,
Die Geister der Titanen
Des Altertums empor,

Wird da, wo sich im Schönen
Das Göttliche verhüllt,
Noch oft das tiefe Sehnen
Der Liebe dir gestillt,
Belohnt des Herzens Mühen
Der Ruhe Vorgefühl,
Und tönt von Melodien
Der Seele Saitenspiel,

So such im stillsten Tale
Den blütenreichsten Hain,
Und gieß aus goldner Schale
Den frohen Opferwein!
Noch lächelt unveraltet
Des Herzens Frühling dir,
Der Gott der Jugend waltet
Noch über dir und mir.

Wie unter Tiburs Bäumen,
Wenn da der Dichter saß,
Und unter Götterträumen
Der Jahre Flucht vergaß,
Wenn ihn die Ulme kühlte,
Und wenn sie stolz und froh

Um Silberblüten spielte,
Die Flut des Anio,

Und wie um Platons Hallen,
Wenn durch der Haine Grün,
Begrüßt von Nachtigallen,
Der Stern der Liebe schien,
Wenn alle Lüfte schliefen,
Und, sanft bewegt vom Schwan,
Cephissus durch Oliven
Und Myrtensträuche rann,

So schön ist's noch hienieden!
Auch unser Herz erfuhr
Das Leben und den Frieden
Der freundlichen Natur;
Noch blüht des Himmels Schöne,
Noch mischen brüderlich
In unsers Herzens Töne
Des Frühlings Laute sich.

Drum such im stillsten Tale
Den düftereichsten Hain,
Und gieß aus goldner Schale
Den frohen Opferwein,
Noch lächelt unveraltet
Das Bild der Erde dir,
Der Gott der Jugend waltet
Noch über dir und mir.

An die Natur

Da ich noch um deinen Schleier spielte,
Noch an dir, wie eine Blüte, hing,
Noch dein Herz in jedem Laute fühlte,
Der mein zärtlichbebend Herz umfing,
Da ich noch mit Glauben und mit Sehnen
Reich, wie du, vor deinem Bilde stand,
Eine Stelle noch für meine Tränen,
Eine Welt für meine Liebe fand,

Da zur Sonne noch mein Herz sich wandte,
Als vernähme seine Töne sie,
Und die Sterne seine Brüder nannte
Und den Frühling Gottes Melodie,
Da im Hauche, der den Hain bewegte,
Noch dein Geist, dein Geist der Freude sich
In des Herzens stiller Welle regte,
Da umfingen goldne Tage mich.

Wenn im Tale, wo der Quell mich kühlte,
Wo der jugendlichen Sträuche Grün
Um die stillen Felsenwände spielte
Und der Äther durch die Zweige schien,
Wenn ich da, von Blüten übergossen,
Still und trunken ihren Othem trank
Und zu mir, von Licht und Glanz umflossen,
Aus den Höhn die goldne Wolke sank –

Wenn ich fern auf nackter Heide wallte,
Wo aus dämmernder Geklüfte Schoß
Der Titanensang der Ströme schallte
Und die Nacht der Wolken mich umschloß,
Wenn der Sturm mit seinen Wetterwogen
Mir vorüber durch die Berge fuhr
Und des Himmels Flammen mich umflogen,
Da erschienst du, Seele der Natur!

Oft verlor ich da mit trunknen Tränen
Liebend, wie nach langer Irre sich
In den Ozean die Ströme sehnen,
Schöne Welt! in deiner Fülle mich;
Ach! da stürzt ich mit den Wesen allen
Freudig aus der Einsamkeit der Zeit,
Wie ein Pilger in des Vaters Hallen,
In die Arme der Unendlichkeit. –

Seid gesegnet, goldne Kinderträume,
Ihr verbargt des Lebens Armut mir,
Ihr erzogt des Herzens gute Keime,
Was ich nie erringe, schenktet ihr!
O Natur! an deiner Schönheit Lichte,
Ohne Müh und Zwang entfalteten
Sich der Liebe königliche Früchte,
Wie die Ernten in Arkadien.

Tot ist nun, die mich erzog und stillte,
Tot ist nun die jugendliche Welt,
Diese Brust, die einst ein Himmel füllte,
Tot und dürftig, wie ein Stoppelfeld;
Ach! es singt der Frühling meinen Sorgen
Noch, wie einst, ein freundlich tröstend Lied,
Aber hin ist meines Lebens Morgen,
Meines Herzens Frühling ist verblüht.

Ewig muß die liebste Liebe darben,
Was wir lieben, ist ein Schatten nur,
Da der Jugend goldne Träume starben,
Starb für mich die freundliche Natur;
Das erfuhrst du nicht in frohen Tagen,
Daß so ferne dir die Heimat liegt,
Armes Herz, du wirst sie nie erfragen,
Wenn dir nicht ein Traum von ihr genügt.

An
die Unerkannte

Kennst du sie, die selig, wie die Sterne,
Von des Lebens dunkler Woge ferne
Wandellos in stiller Schöne lebt,
Die des Herzens löwenkühne Siege,
Des Gedankens fesselfreie Flüge,
Wie der Tag den Adler, überschwebt?

Die uns trifft mit ihren Mittagsstrahlen,
Uns entflammt mit ihren Idealen,
Wie vom Himmel, uns Gebote schickt,
Die die Weisen nach dem Wege fragen,
Stumm und ernst, wie von dem Sturm verschlagen
Nach dem Orient der Schiffer blickt?

Die das Beste gibt aus schöner Fülle,
Wenn aus ihr die Riesenkraft der Wille
Und der Geist sein stilles Urteil nimmt,
Die dem Lebensliede seine Weise,
Die das Maß der Ruhe, wie dem Fleiße
Durch den Mittler, unsern Geist, bestimmt?

Die, wenn uns des Lebens Leere tötet,
Magisch uns die welken Schläfe rötet,
Uns mit Hoffnungen das Herz verjüngt,
Die den Dulder, den der Sturm zertrümmert,
Den sein fernes Ithaka bekümmert,
In Alcinous' Gefilde bringt?

Kennst du sie, die uns mit Lorbeerkronen,
Mit der Freude beßrer Regionen,
Ehe wir zu Grabe gehn, vergilt,
Die der Liebe göttlichstes Verlangen,
Die das Schönste, was wir angefangen,
Mühelos im Augenblick erfüllt?

Die der Kindheit Wiederkehr beschleunigt,
Die den Halbgott, unsern Geist, vereinigt
Mit den Göttern, die er kühn verstößt,
Die des Schicksals ehrne Schlüsse mildert,
Und im Kampfe, wenn das Herz verwildert, 35
Uns besänftigend den Harnisch löst?

Die das Eine, das im Raum der Sterne,
Das du suchst in aller Zeiten Ferne
Unter Stürmen, auf verwegner Fahrt,
Das kein sterblicher Verstand ersonnen, 40
Keine, keine Tugend noch gewonnen,
Die des Friedens goldne Frucht bewahrt?

⟨An Herkules⟩

In der Kindheit Schlaf begraben
Lag ich, wie das Erz im Schacht;
Dank, mein Herkules! den Knaben
Hast zum Manne du gemacht,
Reif bin ich zum Königssitze 5
Und mir brechen stark und groß
Taten, wie Kronions Blitze,
Aus der Jugend Wolke los.

Wie der Adler seine Jungen,
Wenn der Funk im Auge klimmt, 10
Auf die kühnen Wanderungen
In den frohen Äther nimmt,
Nimmst du aus der Kinderwiege,
Von der Mutter Tisch und Haus
In die Flamme deiner Kriege, 15
Hoher Halbgott, mich hinaus.

Wähntest du, dein Kämpferwagen
Rolle mir umsonst ins Ohr?
Jede Last, die du getragen,
Hub die Seele mir empor,
Zwar der Schüler mußte zahlen;
Schmerzlich brannten, stolzes Licht,
Mir im Busen deine Strahlen,
Aber sie verzehrten nicht.

Wenn für deines Schicksals Wogen
Hohe Götterkräfte dich,
Kühner Schwimmer! auferzogen,
Was erzog dem Siege mich?
Was berief den Vaterlosen,
Der in dunkler Halle saß,
Zu dem Göttlichen und Großen,
Daß er kühn an dir sich maß?

Was ergriff und zog vom Schwarme
Der Gespielen mich hervor?
Was bewog des Bäumchens Arme
Nach des Äthers Tag empor?
Freundlich nahm des jungen Lebens
Keines Gärtners Hand sich an,
Aber kraft des eignen Strebens
Blickt und wuchs ich himmelan.

Sohn Kronions! an die Seite
Tret ich nun errötend dir,
Der Olymp ist deine Beute;
Komm und teile sie mit mir!
Sterblich bin ich zwar geboren,
Dennoch hat Unsterblichkeit
Meine Seele sich geschworen,
Und sie hält, was sie gebeut.

Diotima

Leuchtest du wie vormals nieder,
Goldner Tag! und sprossen mir
Des Gesanges Blumen wieder
Lebenatmend auf zu dir?
Wie so anders ist's geworden!
Manches, was ich trauernd mied,
Stimmt in freundlichen Akkorden
Nun in meiner Freude Lied,
Und mit jedem Stundenschlage
Werd ich wunderbar gemahnt
An der Kindheit stille Tage,
Seit ich Sie, die Eine, fand.

Diotima! edles Leben!
Schwester, heilig mir verwandt!
Eh ich dir die Hand gegeben,
Hab ich ferne dich gekannt.
Damals schon, da ich in Träumen,
Mir entlockt vom heitern Tag,
Unter meines Gartens Bäumen,
Ein zufriedner Knabe, lag,
Da in leiser Lust und Schöne
Meiner Seele Mai begann,
Säuselte, wie Zephirstöne,
Göttliche! dein Geist mich an.

Ach! und da, wie eine Sage,
Jeder frohe Gott mir schwand,
Da ich vor des Himmels Tage
Darbend, wie ein Blinder, stand,
Da die Last der Zeit mich beugte,
Und mein Leben, kalt und bleich,
Sehnend schon hinab sich neigte
In der Toten stummes Reich:
Wünscht ich öfters noch, dem blinden
Wanderer, dies Eine mir,

Meines Herzens Bild zu finden
Bei den Schatten oder hier.

Nun! ich habe dich gefunden!
Schöner, als ich ahndend sah,
Hoffend in den Feierstunden,
Holde Muse! bist du da;
Von den Himmlischen dort oben,
Wo hinauf die Freude flieht,
Wo, des Alterns überhoben,
Immerheitre Schöne blüht,
Scheinst du mir herabgestiegen,
Götterbotin! weiltest du
Nun in gütigem Genügen
Bei dem Sänger immerzu.

Sommerglut und Frühlingsmilde,
Streit und Frieden wechselt hier
Vor dem stillen Götterbilde
Wunderbar im Busen mir;
Zürnend unter Huldigungen
Hab ich oft, beschämt, besiegt,
Sie zu fassen, schon gerungen,
Die mein Kühnstes überfliegt;
Unzufrieden im Gewinne,
Hab ich stolz darob geweint,
Daß zu herrlich meinem Sinne
Und zu mächtig sie erscheint.

Ach! an deine stille Schöne,
Selig holdes Angesicht!
Herz! an deine Himmelstöne
Ist gewohnt das meine nicht;
Aber deine Melodien
Heitern mählich mir den Sinn,
Daß die trüben Träume fliehen,
Und ich selbst ein andrer bin;
Bin ich dazu denn erkoren?

Ich zu deiner hohen Ruh, 70
So zu Licht und Lust geboren,
Göttlichglückliche! wie du? –

Wie dein Vater und der meine,
Der in heitrer Majestät
Über seinem Eichenhaine 75
Dort in lichter Höhe geht,
Wie er in die Meereswogen,
Wo die kühle Tiefe blaut,
Steigend von des Himmels Bogen,
Klar und still herunterschaut: 80
So will ich aus Götterhöhen,
Neu geweiht in schönrem Glück,
Froh zu singen und zu sehen,
Nun zu Sterblichen zurück.

An die klugen Ratgeber

Ich sollte nicht im Lebensfelde ringen,
Solang mein Herz nach höchster Schöne strebt,
Ich soll mein Schwanenlied am Grabe singen,
Wo ihr so gern lebendig uns begräbt?
Oh! schonet mein und laßt das rege Streben, 5
Bis seine Flut ins fernste Meer sich stürzt,
Laßt immerhin, ihr Ärzte, laßt mich leben,
Solang die Parze nicht die Bahn verkürzt.

Des Weins Gewächs verschmäht die kühlen Tale,
Hesperiens beglückter Garten bringt 10
Die goldnen Früchte nur im heißen Strahle,
Der, wie ein Pfeil, ins Herz der Erde dringt;
Was warnt ihr dann, wenn stolz und ungeschändet
Des Menschen Herz von kühnem Zorn entbrennt,
Was nimmt ihr ihm, der nur im Kampf vollendet, 15
Ihr Weichlinge, sein glühend Element?

Er hat das Schwert zum Spiele nicht genommen,
Der Richter, der die alte Nacht verdammt,
Er ist zum Schlafe nicht herabgekommen,
Der reine Geist, der aus dem Äther stammt;
Er strahlt heran, er schröckt, wie Meteore,
Befreit und bändigt, ohne Ruh und Sold,
Bis, wiederkehrend durch des Himmels Tore,
Sein Kämpferwagen im Triumphe rollt.

Und ihr, ihr wollt des Rächers Arme lähmen,
Dem Geiste, der mit Götterrecht gebeut,
Bedeutet ihr, sich knechtisch zu bequemen,
Nach eures Pöbels Unerbittlichkeit?
Das Irrhaus wählt ihr euch zum Tribunale,
Dem soll der Herrliche sich unterziehn,
Den Gott in uns, den macht ihr zum Skandale,
Und setzt den Wurm zum König über ihn. –

Sonst ward der Schwärmer doch ans Kreuz geschlagen,
Und oft in edlem Löwengrimme rang
Der Mensch an donnernden Entscheidungstagen,
Bis Glück und Wut das kühne Recht bezwang;
Ach! wie die Sonne, sank zur Ruhe nieder,
Wer unter Kampf ein herrlich Werk begann,
Er sank und morgenrötlich hub er wieder
In seinen Lieblingen zu leuchten an.

Jetzt blüht die neue Kunst, das Herz zu morden,
Zum Todesdolch in meuchlerischer Hand
Ist nun der Rat des klugen Manns geworden,
Und furchtbar, wie ein Scherge, der Verstand;
Bekehrt von euch zu feiger Ruhe, findet
Der Geist der Jünglinge sein schmählich Grab,
Ach! ruhmlos in die Nebelnächte schwindet
Aus heitrer Luft manch schöner Stern hinab.

Umsonst, wenn auch der Geister Erste fallen,
Die starken Tugenden, wie Wachs, vergehn,

Das Schöne muß aus diesen Kämpfen allen,
Aus dieser Nacht der Tage Tag entstehn;
Begräbt sie nur, ihr Toten, eure Toten!
Indes ihr noch die Leichenfackel hält,
Geschiehet schon, wie unser Herz geboten, 55
Bricht schon herein die neue beßre Welt.

DER JÜNGLING
AN DIE KLUGEN RATGEBER

Ich sollte ruhn? Ich soll die Liebe zwingen,
Die feurigfroh nach hoher Schöne strebt?
Ich soll mein Schwanenlied am Grabe singen,
Wo ihr so gern lebendig uns begräbt?
O schonet mein! Allmächtig fortgezogen, 5
Muß immerhin des Lebens frische Flut
Mit Ungeduld im engen Bette wogen,
Bis sie im heimatlichen Meere ruht.

Des Weins Gewächs verschmäht die kühlen Tale,
Hesperiens beglückter Garten bringt 10
Die goldnen Früchte nur im heißen Strahle,
Der, wie ein Pfeil, ins Herz der Erde dringt.
Was sänftiget ihr dann, wenn in den Ketten
Der ehrnen Zeit die Seele mir entbrennt,
Was nimmt ihr mir, den nur die Kämpfe retten, 15
Ihr Weichlinge! mein glühend Element?

Das Leben ist zum Tode nicht erkoren,
Zum Schlafe nicht der Gott, der uns entflammt,
Zum Joch ist nicht der Herrliche geboren,
Der Genius, der aus dem Äther stammt; 20
Er kommt herab; er taucht sich, wie zum Bade,
In des Jahrhunderts Strom und glücklich raubt
Auf eine Zeit den Schwimmer die Najade,
Doch hebt er heitrer bald sein leuchtend Haupt.

25 Drum laßt die Lust, das Große zu verderben,
Und geht und sprecht von eurem Glücke nicht!
Pflanzt keinen Zedernbaum in eure Scherben!
Nimmt keinen Geist in eure Söldnerspflicht!
Versucht es nicht, das Sonnenroß zu lähmen!
30 Laßt immerhin den Sternen ihre Bahn!
Und mir, mir ratet nicht, mich zu bequemen,
Und macht mich nicht den Knechten untertan.

Und könnt ihr ja das Schöne nicht ertragen,
So führt den Krieg mit offner Kraft und Tat!
35 Sonst ward der Schwärmer doch ans Kreuz geschlagen,
Jetzt mordet ihn der sanfte kluge Rat;
Wie manchen habt ihr herrlich zubereitet
Fürs Reich der Not! wie oft auf euern Sand
Den hoffnungsfrohen Steuermann verleitet
40 Auf kühner Fahrt ins warme Morgenland!

Umsonst! mich hält die dürre Zeit vergebens,
Und mein Jahrhundert ist mir Züchtigung;
Ich sehne mich ins grüne Feld des Lebens
Und in den Himmel der Begeisterung;
45 Begrabt sie nur, ihr Toten, eure Toten,
Und preist das Menschenwerk und scheltet nur!
Doch reift in mir, so wie mein Herz geboten,
Die schöne, die lebendige Natur.

GUTER RAT

Hast du Verstand und ein Herz, so zeige nur eines von beiden,
   Beides verdammen sie dir, zeigest du beides zugleich.

ADVOCATUS DIABOLI

Tief im Herzen haß ich den Troß der Despoten und Pfaffen,
   Aber noch mehr das Genie, macht es gemein sich damit.

⟨DIE VORTREFFLICHEN⟩

Lieben Brüder! versucht es nur nicht, vortrefflich zu werden,
   Ehrt das Schicksal und tragt's, Stümper auf Erden zu sein;
Denn ist einmal der Kopf voran, so folget der Schweif auch
   Und die klassische Zeit deutscher Poeten ist aus.

DIE BESCHREIBENDE POESIE

Wißt! Apoll ist der Gott der Zeitungsschreiber geworden
   Und sein Mann ist, wer ihm treulich das Faktum erzählt.

FALSCHE POPULARITÄT

O der Menschenkenner! er stellt sich kindisch mit Kindern;
   Aber der Baum und das Kind suchet, was über ihm ist.

Die Eichbäume

Aus den Gärten komm ich zu euch, ihr Söhne des Berges!
Aus den Gärten, da lebt die Natur geduldig und häuslich,
Pflegend und wieder gepflegt mit dem fleißigen Menschen
    zusammen.
Aber ihr, ihr Herrlichen! steht, wie ein Volk von Titanen
5 In der zahmeren Welt und gehört nur euch und dem Himmel,
Der euch nährt' und erzog, und der Erde, die euch geboren.
Keiner von euch ist noch in die Schule der Menschen gegangen,
Und ihr drängt euch fröhlich und frei, aus der kräftigen Wurzel,
Untereinander herauf und ergreift, wie der Adler die Beute,
10 Mit gewaltigem Arme den Raum, und gegen die Wolken
Ist euch heiter und groß die sonnige Krone gerichtet.
Eine Welt ist jeder von euch, wie die Sterne des Himmels
Lebt ihr, jeder ein Gott, in freiem Bunde zusammen.
Könnt ich die Knechtschaft nur erdulden, ich neidete nimmer
15 Diesen Wald und schmiegte mich gern ans gesellige Leben.
Fesselte nur nicht mehr ans gesellige Leben das Herz mich,
Das von Liebe nicht läßt, wie gern würd ich unter euch wohnen!

An den Äther

⟨Entwurf⟩

Der du mich auferzogst und überall noch geleitest,
Hoher Gespiele des Gottes in uns, des mächtigen Geistes,
Stolz und Freude der fröhlichen Welt, unsterblicher Äther...
Sieh! es ruht, wie ein Kind, in deinem Schoße die Erde,
5 Süßbelebend hauchst du sie an, mit schmeichelnden, zarten
Melodien umsäuselst du sie, mit Strahlen der Sonne
Tränkest du sie, mit Regen und Tau aus goldener Wolke.
Und es gedeiht vor dir ihr tausendfältiges Leben,
Leicht und üppig breiten vor dir, wie die knospenden Rosen,
10 Ihre verschloßnen Kräfte sich aus, und ringen und streben
Alle nach dir empor in unaufhaltsamem Wachstum.

Liebender! sucht nicht dich mit ihren Augen die Pflanze,
Streckt nach dir die schüchternen Arme der knospende Strauch nicht?
Daß er dich finde, zerbricht der gefangene Same die Hülse,
Daß er, belebt von dir, in deiner Woge sich bade, 15
Schüttelt der Wald den Schnee, wie ein überlästig Gewand ab.
Auch die Fische kommen herauf und hüpfen verlangend
Über die glänzende Fläche des Stroms, als begehrten auch sie dich.
Göttlichrein Element! und den edeln Tieren der Erde
Wird zum Fluge der Schritt, wenn oft das gewaltige Sehnen, 20
Die geheime Liebe zu dir sie ergreift, sie hinaufzieht. –

Sieh! es verachtet den Boden das Roß, wie gebogener Stahl strebt
In die Höhe sein Hals, mit der Hufe berührt es den Sand kaum.
Aber des Äthers Lieblinge, sie, die glücklichen Vögel,
Wohnen und spielen vergnügt in der ewigen Halle des Vaters. 25
Raums genug ist für alle. Der Pfad ist keinem bezeichnet.
Und es regen sich frei in der Höhe die Großen und Kleinen.
Über dem Haupte frohlocken sie mir und es sehnt sich auch mein
                                                                                         Herz
Wunderbar zu ihnen hinauf – und die Gipfel des Atlas
Möcht ich suchen und rufen von da dem flüchtigen Adler, 30
Daß er, wie einst in die Arme des Zeus den seligen Knaben,
Aus der Gefangenschaft in den heiligen Äther mich trage.

Zwar, wie Götterhallen, umwölben uns groß die erwachsnen
Wälder der Erd, und uns gehört das unendliche Meer an.
Dennoch wohnen wir arm. Die seligen hohen Gestirne, 35
Die zufrieden und frei in des Äthers Halle sich regen,
Wohnen herrlich allein. Es gehört uns der ⟨– ⏑ ⏑ – ⏑⟩
Ozean, aber was ist der Ozean gegen den Äther?
Wandelnde Städte trägt, wie leichte Blätter, die Meersflut
Auf dem Rücken und bringt ein Indien uns zum Genusse, 40
Aber der Äther trägt die unendliche Wettergewölke
Wie ein Gefäß umher und gießt in Flammen und Wassern
Leben ins Herz der Welt aus der unerschöpflichen Urne.
Reich mit Inseln geschmückt ist das Meer; die Inseln des Äthers
Sind die Sonn und der Mond. O glücklich, wer an die goldnen 45
Küsten das weltumwandelnde Schiff zu treiben vermöchte. –

Aber indes ich hinauf in die dämmernde Ferne mich sehnte,
Wo du die fremden Ufer umfängst mit der bläulichen Woge,
Kamst du säuselnd herab von des Fruchtbaums blühenden
                                                    Wipfeln,
50 Vater Äther, und tränktest mich mit verjüngendem Othem,
Und der Othem erwarmt in mir und ward zum Gesange.
Blumendüfte bringt die Erd, und Strahlen die Sonne,
Aber die Lerche des Morgens und ich, wir bringen ein Lied dir.

An den Äther

⟨Endgültige Fassung⟩

Treu und freundlich, wie du, erzog der Götter und Menschen
Keiner, o Vater Äther! mich auf; noch ehe die Mutter
In die Arme mich nahm und ihre Brüste mich tränkten,
Faßtest du zärtlich mich an und gossest himmlischen Trank mir,
5 Mir den heiligen Othem zuerst in den keimenden Busen.

Nicht von irdischer Kost gedeihen einzig die Wesen,
Aber du nährst sie all mit deinem Nektar, o Vater!
Und es drängt sich und rinnt aus deiner ewigen Fülle
Die beseelende Luft durch alle Röhren des Lebens.
10 Darum lieben die Wesen dich auch und ringen und streben
Unaufhörlich hinauf nach dir in freudigem Wachstum.

Himmlischer! sucht nicht dich mit ihren Augen die Pflanze,
Streckt nach dir die schüchternen Arme der niedrige Strauch nicht?
Daß er dich finde, zerbricht der gefangene Same die Hülse,
15 Daß er belebt von dir in deiner Welle sich bade,
Schüttelt der Wald den Schnee wie ein überlästig Gewand ab.
Auch die Fische kommen herauf und hüpfen verlangend
Über die glänzende Fläche des Stroms, als begehrten auch diese
Aus der Wiege zu dir; auch den edeln Tieren der Erde
20 Wird zum Fluge der Schritt, wenn oft das gewaltige Sehnen,
Die geheime Liebe zu dir, sie ergreift, sie hinaufzieht.

Stolz verachtet den Boden das Roß, wie gebogener Stahl strebt
In die Höhe sein Hals, mit der Hufe berührt es den Sand kaum.
Wie zum Scherze, berührt der Fuß der Hirsche den Grashalm,
Hüpft, wie ein Zephir, über den Bach, der reißend hinabschäumt, 25
Hin und wieder und schweift kaum sichtbar durch die Gebüsche.

Aber des Äthers Lieblinge, sie, die glücklichen Vögel,
Wohnen und spielen vergnügt in der ewigen Halle des Vaters!
Raums genug ist für alle. Der Pfad ist keinem bezeichnet,
Und es regen sich frei im Hause die Großen und Kleinen. 30
Über dem Haupte frohlocken sie mir und es sehnt sich auch mein Herz
Wunderbar zu ihnen hinauf; wie die freundliche Heimat
Winkt es von oben herab und auf die Gipfel der Alpen
Möcht ich wandern und rufen von da dem eilenden Adler,
Daß er, wie einst in die Arme des Zeus den seligen Knaben, 35
Aus der Gefangenschaft in des Äthers Halle mich trage.

Töricht treiben wir uns umher; wie die irrende Rebe,
Wenn ihr der Stab gebricht, woran zum Himmel sie aufwächst,
Breiten wir über dem Boden uns aus und suchen und wandern
Durch die Zonen der Erd, o Vater Äther! vergebens, 40
Denn es treibt uns die Lust, in deinen Gärten zu wohnen.
In die Meersflut werfen wir uns, in den freieren Ebnen
Uns zu sättigen, und es umspielt die unendliche Woge
Unsern Kiel, es freut sich das Herz an den Kräften des Meergotts.
Dennoch genügt ihm nicht; denn der tiefere Ozean reizt uns, 45
Wo die leichtere Welle sich regt – o wer dort an jene
Goldnen Küsten das wandernde Schiff zu treiben vermöchte!

Aber indes ich hinauf in die dämmernde Ferne mich sehne,
Wo du fremde Gestad umfängst mit der bläulichen Woge,
Kömmst du säuselnd herab von des Fruchtbaums blühenden Wipfeln, 50
Vater Äther! und sänftigest selbst das strebende Herz mir,
Und ich lebe nun gern, wie zuvor, mit den Blumen der Erde.

DER WANDERER

⟨Entwurf⟩

Süd und Nord ist in mir. Mich erhitzt der ägyptische Sommer.
  Und der Winter des Pols tötet das Leben in mir.
Und ich hört aus der Tiefe herauf das Seufzen der Erde,
  Und ihr Angesicht barg unter die Wolke sie gern,
5 Nicht wie der Liebesgott mit lieblich schmerzlichem Pfeile,
  Hart, wie ein Zepterschlag, traf sie der brennende Strahl.
Fernhin schlich das hagre Gebirg, wie ein wandelnder Nachtgeist,
  Hohl und einsam und kahl blickt' aus der Höhe sein Haupt.
Ach! hier sprang, wie sprudelnder Quell, der unendliche Wald nicht
10 In die tönende Luft üppig und herrlich empor.
Hier frohlockten die Jünglinge nicht, die stürzenden Bäche,
  Ins jungfräuliche Tal hoffend und liebend hinab,
Freundlich blickte kein Dach aus der Blüte geselliger Bäume,
  Wie aus silbernem zartem Gewölke der Mond.
15 Keiner Herde verging am plätschernden Brunnen der Mittag,
  Und dem Hirten entlief nirgend das lustige Roß.
Unter dem Strauche saß der scheue Vogel gesanglos,
  Ängstig und eilig flohn wandernde Störche vorbei.
Nicht um Wasser rief ich dich an, Natur! in der Wüste,
20 Wasser fand ich im Bauch meiner Kamele zur Not.
Um der Haine Gesang, um Gestalten und Farben des Lebens
  Bat ich, vom freundlichen Vaterlandsboden verwöhnt;
Schönheit wollt ich, du gabst mir wilde Scherze zur Antwort,
  Schönheit – aber du gabst kaltes Entsetzen dafür.
25 Affen und Tiger sandtest du mir, da schied ich und schiffte,
  Bis in des äußersten Nords frierendes Dunkel hinauf.
Tot in der Hülse von Schnee schlief hier das gefesselte Leben,
  Und der eiserne Schlaf harrte des Tages umsonst.
Ach! hier schlang um die Erde den wärmenden Arm der Olymp nicht,
30 Wie Pygmalions Arm um die Geliebte sich schlang.
Hier bewegt' er ihr nicht mit dem Sonnenblicke den Busen,
  Und in Regen und Tau sprach er nicht freundlich zu ihr.
Mutter Erde! rief ich, du bist zur Witwe geworden,
  Dürftig und kinderlos lebst du in langsamer Zeit.

Sonstwo neidetest du das herrliche Licht des Olymps nicht, 35
  Dem der gewaltige Geist nimmer im Winter entschläft.
Nichts zu erzeugen und nichts zu pflegen in sorgender Liebe,
  Alternd im Kinde sich nicht wiederzusehn, ist der Tod.
Aber vielleicht erwärmst du dereinst am Strahle des Himmels,
  Und es erweckt vom Schlaf zärtlich sein Othem dich auf. 40
Und wie ein Samenkorn durchbrichst du die eherne Hülse,
  Und es blicken aus dir schüchterne Knospen hervor.
Und die gesparte Kraft flammt auf in üppigem Frühling,
  Rosen glühen und Wein sprudelt im kärglichen Nord.
Aber es schwieg der Nord zur Freude, so ich verheißen, 45
  Und vergebens gesagt war das belebende Wort.
Nach Ausonien kehr ich zurück, in die freundliche Heimat,
  Und es wehen, wie einst, mildere Lüfte mich an.
Und das glühende Herz besänftigen mir die vertrauten
  Friedlichen Bäume, die einst mich in den Armen gewiegt, 50
Und das heilige Grün, der Zeuge des ewigen, schönen
  Lebens der Welt, es erfrischt, wandelt zum Jüngling mich um.
Alt bin ich geworden indes, mich verbrannte der Sommer Ägyptens
  Und der Winter des Pols hauchte versteinernd mich an.
Doch, wie Aurora den Tithon, umfängst du in lächelnder Blüte 55
  Lieblich und fröhlich, wie einst, Vaterlandserde, den Sohn.
Seliges Land! kein Hügel in dir ist dürftig gelassen,
  Nieder ins üppige Gras regnet im Garten das Obst.
Fröhlich baden im Strome den Fuß die fruchtbaren Berge,
  Kränze von Zweigen und Moos kühlen ihr heiliges Haupt. 60
Und wie die Kinder hinauf zur Schulter des scherzenden Ahnherrn,
  Steigen am grünen Gebirg Hirten und Herden hinauf.
Friedsam geht aus dem Wald der Hirsch ans freundliche Tagslicht,
  Hoch in der heiligen Luft siehet der Falke sich um.
Aber unten im Tal, wo die Blume sich nährt von der Quelle, 65
  Streckt das Dörfchen vergnügt über die Wiese sich aus.
Still ist's hier: kaum rauschet von fern die geschäftige Mühle,
  Und vom Berge herab knarrt das gefesselte Rad.
Lieblich tönt die gehämmerte Sens und die Stimme des Landmanns,
  Wenn er am Pfluge dem Stier lenkend die Schritte gebeut, 70
Und der Mutter Gesang, die im Grase sitzt mit dem Söhnlein,
  Das die Sonne des Mais schmeichelt in lächelnden Schlaf. –

Ach! und drüben am Bach, wo die Ulmen das alternde Hoftor
　　Übergrünen und den Zaun wilder Holunder umblüht,
75 Da empfängt mich das Haus und des Gartens freundliches Dunkel,
　　Wo mit den Pflanzen mich einst liebend mein Vater erzog,
　Wo ich froh, wie das Eichhorn, spielt auf den lockenden Ästen,
　　Wo ich ins duftende Heu träumend die Locken verbarg.
　Heimatliche Natur! wie bist du treu mir geblieben.
80 　Zärtlichpflegend, wie einst, nimmst du den Flüchtling noch auf.
　Mandeln blühn und Pfirsiche noch, noch wachsen gefällig
　　Mir ans Fenster, wie sonst, köstliche Trauben herauf.
　Lockend röten sich noch die süßen Früchte des Kirschbaums,
　　Und der pflückenden Hand reichen die Zweige sich selbst.
85 Schmeichelnd zieht mich, wie sonst, in des Walds unendliche Laube
　　Aus dem Garten der Pfad, oder hinab an den Bach,
　Wo ich umschirmt vom Gebüsch, in der Stille des Mittags
　　Von Otahitis Gestad, oder von Tinian las.
　Mild erwärmt mich, wie sonst, die alte Vaterlandssonne,
90 　Aus dem Kelche des Lichts trink ich Begeisterung mir.
　Leben strömt mir und Geist aus deiner ewigen Fülle,
　　Schläfrig lässest du nicht werden mein alterndes Haupt.
　Du, die einst mir die Brust erweckte vom Schlafe der Kindheit,
　　Die mit sanfter Gewalt höher und weiter mich trieb,
95 Mildere Sonne! zu dir kehr ich getreuer und froher,
　　Friedlich zu werden und froh unter den Blumen zu ruhn.

Der Wanderer

⟨Erste Fassung⟩

Einsam stand ich und sah in die afrikanischen dürren
  Ebnen hinaus; vom Olymp regnete Feuer herab.
Fernhin schlich das hagre Gebirg, wie ein wandelnd Gerippe,
  Hohl und einsam und kahl blickt' aus der Höhe sein Haupt.
Ach! nicht sprang, mit erfrischendem Grün, der schattende Wald hier
  In säuselnde Luft üppig und herrlich empor,
Bäche stürzten hier nicht in melodischem Fall vom Gebirge,
  Durch das blühende Tal schlingend den silbernen Strom,
Keiner Herde verging am plätschernden Brunnen der Mittag,
  Freundlich aus Bäumen hervor blickte kein wirtliches Dach. 10
Unter dem Strauche saß ein ernster Vogel gesanglos,
  Ängstig und eilend flohn wandernde Störche vorbei.
Nicht um Wasser rief ich dich an, Natur! in der Wüste,
  Wasser bewahrte mir treulich das fromme Kamel.
Um der Haine Gesang, um Gestalten und Farben des Lebens 15
  Bat ich, vom lieblichen Glanz heimischer Fluren verwöhnt.
Aber ich bat umsonst; du erschienst mir feurig und herrlich,
  Aber ich hatte dich einst göttlicher, schöner gesehn.

Auch den Eispol hab ich besucht; wie ein starrendes Chaos
  Türmte das Meer sich da schröcklich zum Himmel empor. 20
Tot in der Hülse von Schnee schlief hier das gefesselte Leben,
  Und der eiserne Schlaf harrte des Tages umsonst.
Ach! nicht schlang um die Erde den wärmenden Arm der Olymp hier,
  Wie Pygmalions Arm um die Geliebte sich schlang.
Hier bewegt' er ihr nicht mit dem Sonnenblicke den Busen, 25
  Und in Regen und Tau sprach er nicht freundlich zu ihr.
Mutter Erde! rief ich, du bist zur Witwe geworden,
  Dürftig und kinderlos lebst du in langsamer Zeit.
Nichts zu erzeugen und nichts zu pflegen in sorgender Liebe,
  Alternd im Kinde sich nicht wiederzusehn, ist der Tod. 30
Aber vielleicht erwarmst du dereinst am Strahle des Himmels,
  Aus dem dürftigen Schlaf schmeichelt sein Othem dich auf;

Und, wie ein Samenkorn, durchbrichst du die eherne Hülse,
   Und die knospende Welt windet sich schüchtern heraus.
35 Deine gesparte Kraft flammt auf in üppigem Frühling,
   Rosen glühen und Wein sprudelt im kärglichen Nord.

Aber jetzt kehr ich zurück an den Rhein, in die glückliche Heimat,
   Und es wehen, wie einst, zärtliche Lüfte mich an.
Und das strebende Herz besänftigen mir die vertrauten
40   Friedlichen Bäume, die einst mich in den Armen gewiegt,
Und das heilige Grün, der Zeuge des ewigen, schönen
   Lebens der Welt, es erfrischt, wandelt zum Jüngling mich um.
Alt bin ich geworden indes, mich bleichte der Eispol,
   Und im Feuer des Süds fielen die Locken mir aus.
45 Doch, wie Aurora den Tithon, umfängst du in lächelnder Blüte
   Warm und fröhlich, wie einst, Vaterlandserde, den Sohn.
Seliges Land! kein Hügel in dir wächst ohne den Weinstock,
   Nieder ins schwellende Gras regnet im Herbste das Obst.
Fröhlich baden im Strome den Fuß die glühenden Berge,
50   Kränze von Zweigen und Moos kühlen ihr sonniges Haupt.
Und, wie die Kinder hinauf zur Schulter des herrlichen Ahnherrn,
   Steigen am dunkeln Gebirg Festen und Hütten hinauf.
Friedsam geht aus dem Walde der Hirsch ans freundliche Tagslicht;
   Hoch in heiterer Luft siehet der Falke sich um.
55 Aber unten im Tal, wo die Blume sich nährt von der Quelle,
   Streckt das Dörfchen vergnügt über die Wiese sich aus.
Still ist's hier: kaum rauschet von fern die geschäftige Mühle,
   Und vom Berge herab knarrt das gefesselte Rad.
Lieblich tönt die gehämmerte Sens und die Stimme des Landmanns,
60   Der am Pfluge dem Stier lenkend die Schritte gebeut,
Lieblich der Mutter Gesang, die im Grase sitzt mit dem Söhnlein,
   Das die Sonne des Mais schmeichelt in lächelnden Schlaf.
Aber drüben am See, wo die Ulme das alternde Hoftor
   Übergrünt und den Zaun wilder Holunder umblüht,
65 Da empfängt mich das Haus und des Gartens heimliches Dunkel,
   Wo mit den Pflanzen mich einst liebend mein Vater erzog,
Wo ich froh, wie das Eichhorn, spielt auf den lispelnden Ästen,
   Oder ins duftende Heu träumend die Stirne verbarg.

Heimatliche Natur! wie bist du treu mir geblieben!
    Zärtlichpflegend, wie einst, nimmst du den Flüchtling noch auf.
Noch gedeihn die Pfirsiche mir, noch wachsen gefällig
    Mir ans Fenster, wie sonst, köstliche Trauben herauf.
Lockend röten sich noch die süßen Früchte des Kirschbaums,
    Und der pflückenden Hand reichen die Zweige sich selbst.
Schmeichelnd zieht mich, wie sonst, in des Walds unendliche Laube
    Aus dem Garten der Pfad, oder hinab an den Bach,
Und die Pfade rötest du mir, es wärmt mich und spielt mir
    Um das Auge, wie sonst, Vaterlandssonne! dein Licht;
Feuer trink ich und Geist aus deinem freudigen Kelche,
    Schläfrig lässest du nicht werden mein alterndes Haupt.
Die du einst mir die Brust erwecktest vom Schlafe der Kindheit
    Und mit sanfter Gewalt höher und weiter mich triebst,
Mildere Sonne! zu dir kehr ich getreuer und weiser,
    Friedlich zu werden und froh unter den Blumen zu ruhn.

An Diotima

Komm und siehe die Freude um uns; in kühlenden Lüften
    Fliegen die Zweige des Hains,
Wie die Locken im Tanz; und wie auf tönender Leier
    Ein erfreulicher Geist,
Spielt mit Regen und Sonnenschein auf der Erde der Himmel;
    Wie in liebendem Streit
Über dem Saitenspiel ein tausendfältig Gewimmel
    Flüchtiger Töne sich regt,
Wandelt Schatten und Licht in süßmelodischem Wechsel
    Über die Berge dahin.
Leise berührte der Himmel zuvor mit der silbernen Tropfe
    Seinen Bruder, den Strom,
Nah ist er nun, nun schüttet er ganz die köstliche Fülle,
    Die er am Herzen trug,
Über den Hain und den Strom und . . .
    . . .

Und das Grünen des Hains, und des Himmels Bild in dem Strome
    Dämmert und schwindet vor uns
Und des einsamen Berges Haupt mit den Hütten und Felsen,
20   Die er im Schoße verbirgt,
Und die Hügel, die um ihn her, wie Lämmer, gelagert
    Und in blühend Gesträuch
Wie in zarte Wolle gehüllt, sich nähren von klaren
    Kühlenden Quellen des Bergs,
25 Und das dampfende Tal mit seinen Saaten und Blumen,
    Und der Garten vor uns,
Nah und Fernes entweicht, verliert sich in froher Verwirrung
    Und die Sonne verlischt.
Aber vorübergerauscht sind nun die Fluten des Himmels
30   Und geläutert, verjüngt
Geht mit den seligen Kindern hervor die Erd aus dem Bade.
    Froher lebendiger
Glänzt im Haine das Grün, und goldner funkeln die Blumen,
    . . .
35 Weiß, wie die Herde, die in den Strom der Schäfer geworfen,
    . . .

An Diotima

Schönes Leben! du lebst, wie die zarten Blüten im Winter,
    In der gealterten Welt blühst du verschlossen, allein.
Liebend strebst du hinaus, dich zu sonnen am Lichte des Frühlings,
    Zu erwarmen an ihr, suchst du die Jugend der Welt.
5 Deine Sonne, die schönere Zeit, ist untergegangen
    Und in frostiger Nacht zanken Orkane sich nun.

Diotima

Komm und besänftige mir, die du einst Elemente versöhntest,
    Wonne der himmlischen Muse, das Chaos der Zeit,
Ordne den tobenden Kampf mit Friedenstönen des Himmels,
    Bis in der sterblichen Brust sich das Entzweite vereint,
Bis der Menschen alte Natur, die ruhige, große,
    Aus der gärenden Zeit mächtig und heiter sich hebt.
Kehr in die dürftigen Herzen des Volks, lebendige Schönheit!
    Kehr an den gastlichen Tisch, kehr in die Tempel zurück!
Denn Diotima lebt, wie die zarten Blüten im Winter,
    Reich an eigenem Geist, sucht sie die Sonne doch auch.
Aber die Sonne des Geists, die schönere Welt, ist hinunter
    Und in frostiger Nacht zanken Orkane sich nur.

Gebet für die Unheilbaren

Eil, o zaudernde Zeit, sie ans Ungereimte zu führen,
    Anders belehrest du sie nie, wie verständig sie sind.
Eile, verderbe sie ganz, und führ ans furchtbare Nichts sie,
    Anders glauben sie dir nie, wie verdorben sie sind.
Diese Toren bekehren sich nie, wenn ihnen nicht schwindelt,
    Diese... sich nie, wenn sie Verwesung nicht sehn.

Die Musse

Sorglos schlummert die Brust und es ruhn die strengen Gedanken.
Auf die Wiese geh ich hinaus, wo das Gras aus der Wurzel
Frisch, wie die Quelle, mir keimt, wo die liebliche Lippe der Blume
Mir sich öffnet und stumm mit süßem Othem mich anhaucht,
5 Und an tausend Zweigen des Hains, wie an brennenden Kerzen
Mir das Flämmchen des Lebens glänzt, die rötliche Blüte,
Wo im sonnigen Quell die zufriednen Fische sich regen,
Wo die Schwalbe das Nest mit den törigen Jungen umflattert,
Und die Schmetterlinge sich freun und die Bienen, da wandl ich
10 Mitten in ihrer Lust; ich steh im friedlichen Felde
Wie ein liebender Ulmbaum da, und wie Reben und Trauben
Schlingen sich rund um mich die süßen Spiele des Lebens.

Oder schau ich hinauf zum Berge, der mit Gewölken
Sich die Scheitel umkränzt und die düstern Locken im Winde
15 Schüttelt, und wenn er mich trägt auf seiner kräftigen Schulter,
Wenn die leichtere Luft mir alle Sinne bezaubert
Und das unendliche Tal, wie eine farbige Wolke,
Unter mir liegt, da werd ich zum Adler, und ledig des Bodens
Wechselt mein Leben im All der Natur wie Nomaden den Wohnort.
20 Und nun führt mich der Pfad zurück ins Leben der Menschen,
Fernher dämmert die Stadt, wie eine eherne Rüstung
Gegen die Macht des Gewittergotts und der Menschen geschmiedet,
Majestätisch herauf, und ringsum ruhen die Dörfchen;
Und die Dächer umhüllt, vom Abendlichte gerötet,
25 Freundlich der häusliche Rauch; es ruhn die sorglich umzäunten
Gärten, es schlummert der Pflug auf den gesonderten Feldern.

Aber ins Mondlicht steigen herauf die zerbrochenen Säulen
Und die Tempeltore, die einst der Furchtbare traf, der geheime
Geist der Unruh, der in der Brust der Erd und der Menschen
30 Zürnet und gärt, der Unbezwungne, der alte Eroberer,
Der die Städte, wie Lämmer, zerreißt, der einst den Olympus
Stürmte, der in den Bergen sich regt, und Flammen herauswirft,
Der die Wälder entwurzelt und durch den Ozean hinfährt
Und die Schiffe zerschlägt und doch in der ewigen Ordnung

Niemals irre dich macht, auf der Tafel deiner Gesetze   35
Keine Silbe verwischt, der auch dein Sohn, o Natur, ist,
Mit dem Geiste der Ruh aus *einem* Schoße geboren. –

Hab ich zu Hause dann, wo die Bäume das Fenster umsäuseln
Und die Luft mit dem Lichte mir spielt, von menschlichem Leben
Ein erzählendes Blatt zu gutem Ende gelesen: 40
Leben! Leben der Welt! du liegst wie ein heiliger Wald da,
Sprech ich dann, und es nehme die Axt, wer will, dich zu ebnen,
Glücklich wohn ich in dir.

Die Völker schwiegen, schlummerten, da sahe
Das Schicksal, daß sie nicht entschliefen, und es kam
Der unerbittliche, der furchtbare
Sohn der Natur, der alte Geist der Unruh.
Der regte sich, wie Feuer, das im Herzen   5
Der Erde gärt, das wie den reifen Obstbaum
Die alten Städte schüttelt, das die Berge
Zerreißt, und die Eichen hinabschlingt und die Felsen.

Und Heere tobten, wie die kochende See.
Und wie ein Meergott, herrscht' und waltete   10
Manch großer Geist im kochenden Getümmel.
Manch feurig Blut zerrann im Todesfeld
Und jeder Wunsch und jede Menschenkraft
Vertobt auf *einer* da, auf ungeheurer Walstatt,
Wo von dem blauen Rheine bis zur Tíber   15
Die unaufhaltsame, die jahrelange Schlacht
In wilder Ordnung sich umherbewegte.
Es spielt' ein kühnes Spiel in dieser Zeit
Mit allen Sterblichen das mächt'ge Schicksal.

. . .   2

Und blinken goldne Früchte wieder dir,
Wie heitre holde Sterne, durch die kühle Nacht
Der Pomeranzenwälder in Italien.

Buonaparte

Heilige Gefäße sind die Dichter,
  Worin des Lebens Wein, der Geist
    Der Helden, sich aufbewahrt,

Aber der Geist dieses Jünglings,
  Der schnelle, müßt er es nicht zersprengen,
    Wo es ihn fassen wollte, das Gefäß?

Der Dichter laß ihn unberührt wie den Geist der Natur,
An solchem Stoffe wird zum Knaben der Meister.

Er kann im Gedichte nicht leben und bleiben,
  Er lebt und bleibt in der Welt.

Dem Allbekannten

Frei, wie die Schwalben, ist der Gesang, sie fliegen und wandern
Fröhlich von Land zu Land, und ferne suchet den Sommer
Sich das heil'ge Geschlecht, denn heilig war es den Vätern.
Und nun sing ich den Fremdling, ihn,

Dies neide mir keiner der andern, gleichst du dem Ernsten
Oder gleichst du ihm nicht, laß jetzt in Ruhe mich sprechen,
Denn der Herrliche selbst, er gönnet gerne mein Spiel mir.
Fragen möcht ich, woher er ist; am Rheine der Deutschen
Wuchs er nicht auf, wenn schon nicht arm an Männern das Land ist,
Das bescheidene, und an allernährender Sonne
Schön auch da der Genius reift,

An die Parzen

Nur *einen* Sommer gönnt, ihr Gewaltigen!
  Und einen Herbst zu reifem Gesange mir,
    Daß williger mein Herz, vom süßen
      Spiele gesättiget, dann mir sterbe.

Die Seele, der im Leben ihr göttlich Recht
  Nicht ward, sie ruht auch drunten im Orkus nicht;
    Doch ist mir einst das Heil'ge, das am
      Herzen mir liegt, das Gedicht, gelungen,

Willkommen dann, o Stille der Schattenwelt!
  Zufrieden bin ich, wenn auch mein Saitenspiel
    Mich nicht hinab geleitet; *einmal*
      Lebt ich, wie Götter, und mehr bedarf's nicht.

Diotima

Du schweigst und duldest, und sie verstehn dich nicht,
  Du heilig Leben! welkest hinweg und schweigst,
    Denn ach, vergebens bei Barbaren
      Suchst du die Deinen im Sonnenlichte,

Die zärtlichgroßen Seelen, die nimmer sind!
  Doch eilt die Zeit. Noch siehet mein sterblich Lied
    Den Tag, der, Diotima! nächst den
      Göttern mit Helden dich nennt, und dir gleicht.

Stimme des Volks

Du seiest Gottes Stimme, so ahndet ich
  In heil'ger Jugend; ja, und ich sag es noch. –
    Um meine Weisheit unbekümmert
      Rauschen die Wasser doch auch, und dennoch

Hör ich sie gern, und öfters bewegen sie
  Und stärken mir das Herz, die gewaltigen;
    Und meine Bahn nicht, aber richtig
      Wandeln ins Meer sie die Bahn hinunter.

Ehmals und Jetzt

In jüngern Tagen war ich des Morgens froh,
  Des Abends weint ich; jetzt, da ich älter bin,
    Beginn ich zweifelnd meinen Tag, doch
      Heilig und heiter ist mir sein Ende.

Lebenslauf

Hoch auf strebte mein Geist, aber die Liebe zog
  Schön ihn nieder; das Leid beugt ihn gewaltiger;
    So durchlauf ich des Lebens
      Bogen und kehre, woher ich kam.

Die Kürze

»Warum bist du so kurz? liebst du, wie vormals, denn
 Nun nicht mehr den Gesang? fandst du, als Jüngling, doch,
  In den Tagen der Hoffnung,
   Wenn du sangest, das Ende nie!«   4

Wie mein Glück, ist mein Lied. – Willst du im Abendrot
 Froh dich baden? hinweg ist's! und die Erd ist kalt,
  Und der Vogel der Nacht schwirrt
   Unbequem vor das Auge dir.   8

Die Liebenden

Trennen wollten wir uns, wähnten es gut und klug;
 Da wir's taten, warum schröckt' uns, wie Mord, die Tat?
  Ach! wir kennen uns wenig,
   Denn es waltet ein Gott in uns.   4

Menschenbeifall

Ist nicht heilig mein Herz, schöneren Lebens voll,
 Seit ich liebe? warum achtetet ihr mich mehr,
  Da ich stolzer und wilder,
   Wortereicher und leerer war?   8

Ach! der Menge gefällt, was auf den Marktplatz taugt,
 Und es ehret der Knecht nur den Gewaltsamen;
  An das Göttliche glauben
   Die allein, die es selber sind.

Die Heimat

Froh kehrt der Schiffer heim an den stillen Strom
  Von fernen Inseln, wo er geerntet hat;
    Wohl möcht auch ich zur Heimat wieder;
      Aber was hab ich, wie Leid, geerntet? –

Ihr holden Ufer, die ihr mich auferzogt,
  Stillt ihr der Liebe Leiden? ach! gebt ihr mir,
    Ihr Wälder meiner Kindheit, wann ich
      Komme, die Ruhe noch einmal wieder?

Der gute Glaube

Schönes Leben! du liegst krank, und das Herz ist mir
  Müd vom Weinen und schon dämmert die Furcht in mir,
    Doch, doch kann ich nicht glauben,
      Daß du sterbest, solang du liebst.

Das Unverzeihliche

Wenn ihr Freunde vergeßt, wenn ihr den Künstler höhnt,
  Und den tieferen Geist klein und gemein versteht,
    Gott vergibt es, doch stört nur
      Nie den Frieden der Liebenden.

An die jungen Dichter

Lieben Brüder! es reift unsere Kunst vielleicht,
  Da, dem Jünglinge gleich, lange sie schon gegärt,
    Bald zur Stille der Schönheit;
      Seid nur fromm, wie der Grieche war!   4

Liebt die Götter und denkt freundlich der Sterblichen!
  Haßt den Rausch, wie den Frost! lehrt und beschreibet nicht!
    Wenn der Meister euch ängstigt,
      Fragt die große Natur um Rat.   8

An die Deutschen

Spottet ja nicht des Kinds, wenn es mit Peitsch und Sporn
  Auf dem Rosse von Holz mutig und groß sich dünkt,
    Denn, ihr Deutschen, auch ihr seid
      Tatenarm und gedankenvoll.   4

Oder kömmt, wie der Strahl aus dem Gewölke kömmt,
  Aus Gedanken die Tat? Leben die Bücher bald?
    O ihr Lieben, so nimmt mich,
      Daß ich büße die Lästerung.   8

Die scheinheiligen Dichter

Ihr kalten Heuchler, sprecht von den Göttern nicht!
  Ihr habt Verstand! ihr glaubt nicht an Helios,
    Noch an den Donnerer und Meergott;
      Tot ist die Erde, wer mag ihr danken? –

Getrost ihr Götter! zieret ihr doch das Lied,
  Wenn schon aus euren Namen die Seele schwand,
    Und ist ein großes Wort vonnöten,
      Mutter Natur! so gedenkt man deiner.

Sonnenuntergang

Wo bist du? trunken dämmert die Seele mir
　Von aller deiner Wonne; denn eben ist's,
　　Daß ich gelauscht, wie, goldner Töne
　　　Voll, der entzückende Sonnenjüngling

Sein Abendlied auf himmlischer Leier spielt';
　Es tönten rings die Wälder und Hügel nach.
　　Doch fern ist er zu frommen Völkern,
　　　Die ihn noch ehren, hinweggegangen.

Dem Sonnengott

Wo bist du? trunken dämmert die Seele mir
　Von aller deiner Wonne; denn eben ist's,
　　Daß ich gesehn, wie, müde seiner
　　　Fahrt, der entzückende Götterjüngling

Die jungen Locken badet' im Goldgewölk;
　Und jetzt noch blickt mein Auge von selbst nach ihm;
　　Doch fern ist er zu frommen Völkern,
　　　Die ihn noch ehren, hinweggegangen.

Dich lieb ich, Erde! trauerst du doch mit mir!
　Und unsre Trauer wandelt, wie Kinderschmerz,
　　In Schlummer sich, und wie die Winde
　　　Flattern und flüstern im Saitenspiele,

Bis ihm des Meisters Finger den schönern Ton
　Entlockt, so spielen Nebel und Träum um uns,
　　Bis der Geliebte wiederkömmt und
　　　Leben und Geist sich in uns entzündet.

Der Mensch

Kaum sproßten aus den Wassern, o Erde, dir
  Der jungen Berge Gipfel und dufteten
    Lustatmend, immergrüner Haine
      Voll, in des Ozeans grauer Wildnis

Die ersten holden Inseln; und freudig sah
  Des Sonnengottes Auge die Neulinge,
    Die Pflanzen, seiner ew'gen Jugend
      Lächelnde Kinder, aus dir geboren.

Da auf der Inseln schönster, wo immerhin
  Den Hain in zarter Ruhe die Luft umfloß,
    Lag unter Trauben einst, nach lauer
      · Nacht, in der dämmernden Morgenstunde

Geboren, Mutter Erde! dein schönstes Kind; –
  Und auf zum Vater Helios sieht bekannt
    Der Knab, und wacht und wählt, die süßen
      Beere versuchend, die heil'ge Rebe

Zur Amme sich; und bald ist er groß; ihn scheun
  Die Tiere, denn ein anderer ist, wie sie,
    Der Mensch; nicht dir und nicht dem Vater
      Gleicht er, denn kühn ist in ihm und einzig

Des Vaters hohe Seele mit deiner Lust,
  O Erd! und deiner Trauer von je vereint;
    Der Göttermutter, der Natur, der
      Allesumfassenden möcht er gleichen!

Ach! darum treibt ihn, Erde! vom Herzen dir
  Sein Übermut, und deine Geschenke sind
    Umsonst und deine zarten Bande;
      Sucht er ein Besseres doch, der Wilde!

Von seines Ufers duftender Wiese muß
　　Ins blütenlose Wasser hinaus der Mensch,
　　　　Und glänzt auch, wie die Sternenacht, von
　　　　　　Goldenen Früchten sein Hain, doch gräbt er

Sich Höhlen in den Bergen und späht im Schacht,
　　Von seines Vaters heiterem Lichte fern,
　　　　Dem Sonnengott auch ungetreu, der
　　　　　　Knechte nicht liebt und der Sorge spottet.

Denn freier atmen Vögel des Walds, wenn schon
　　Des Menschen Brust sich herrlicher hebt, und der
　　　　Die dunkle Zukunft sieht, er muß auch
　　　　　　Sehen den Tod und allein ihn fürchten.

Und Waffen wider alle, die atmen, trägt
　　In ewigbangem Stolze der Mensch; im Zwist
　　　　Verzehrt er sich und seines Friedens
　　　　　　Blume, die zärtliche, blüht nicht lange.

Ist er von allen Lebensgenossen nicht
　　Der seligste? Doch tiefer und reißender
　　　　Ergreift das Schicksal, allausgleichend,
　　　　　　Auch die entzündbare Brust dem Starken.

Sokrates und Alcibiades

»Warum huldigest du, heiliger Sokrates,
　　Diesem Jünglinge stets? kennest du Größers nicht?
　　　　Warum siehet mit Liebe,
　　　　　　Wie auf Götter, dein Aug auf ihn?«

Wer das Tiefste gedacht, liebt das Lebendigste,
　　Hohe Jugend versteht, wer in die Welt geblickt,
　　　　Und es neigen die Weisen
　　　　　　Oft am Ende zu Schönem sich.

Vanini

Den Gottverächter schalten sie dich? mit Fluch
  Beschwerten sie dein Herz dir und banden dich
    Und übergaben dich den Flammen,
      Heiliger Mann! o warum nicht kamst du

Vom Himmel her in Flammen zurück, das Haupt
  Der Lästerer zu treffen und riefst dem Sturm;
    Daß er die Asche der Barbaren
      Fort aus der Erd, aus der Heimat werfe!

Doch die du lebend liebtest, die dich empfing,
  Den Sterbenden, die heil'ge Natur vergißt
    Der Menschen Tun und deine Feinde
      Kehrten, wie du, in den alten Frieden.

An unsre grossen Dichter

Des Ganges Ufer hörten des Freudengotts
  Triumph, als allerobernd vom Indus her
    Der junge Bacchus kam, mit heil'gem
      Weine vom Schlafe die Völker weckend.

O weckt, ihr Dichter! weckt sie vom Schlummer auch,
  Die jetzt noch schlafen, gebt die Gesetze, gebt
    Uns Leben, siegt, Heroen! ihr nur
      Habt der Eroberung Recht, wie Bacchus.

⟨Hyperions Schicksalslied⟩

Ihr wandelt droben im Licht
  Auf weichem Boden, selige Genien!
    Glänzende Götterlüfte
     Rühren euch leicht,
      Wie die Finger der Künstlerin
       Heilige Saiten.

Schicksallos, wie der schlafende
  Säugling, atmen die Himmlischen;
   Keusch bewahrt
    In bescheidener Knospe,
     Blühet ewig
      Ihnen der Geist,
       Und die seligen Augen
        Blicken in stiller
         Ewiger Klarheit.

Doch uns ist gegeben,
  Auf keiner Stätte zu ruhn,
   Es schwinden, es fallen
    Die leidenden Menschen
     Blindlings von einer
      Stunde zur andern,
       Wie Wasser von Klippe
        Zu Klippe geworfen,
         Jahr lang ins Ungewisse hinab.

DA ICH EIN KNABE WAR,
    Rettet' ein Gott mich oft
        Vom Geschrei und der Rute der Menschen,
    Da spielt ich sicher und gut
        Mit den Blumen des Hains,
            Und die Lüftchen des Himmels
                Spielten mit mir.

Und wie du das Herz
Der Pflanzen erfreust,
Wenn sie entgegen dir
Die zarten Arme strecken,

So hast du mein Herz erfreut,
Vater Helios! und, wie Endymion,
War ich dein Liebling,
Heilige Luna!

O all ihr treuen
Freundlichen Götter!
Daß ihr wüßtet,
Wie euch meine Seele geliebt!

Zwar damals rief ich noch nicht
Euch mit Namen, auch ihr
Nanntet mich nie, wie die Menschen sich nennen,
Als kennten sie sich.

Doch kannt ich euch besser,
Als ich je die Menschen gekannt,
Ich verstand die Stille des Äthers,
Der Menschen Worte verstand ich nie.

Mich erzog der Wohllaut
Des säuselnden Hains
Und lieben lernt ich
Unter den Blumen.

Im Arme der Götter wuchs ich groß.

Achill

Herrlicher Göttersohn! da du die Geliebte verloren,
  Gingst du ans Meergestad, weintest hinaus in die Flut,
Weheklagend hinab verlangt' in den heiligen Abgrund,
  In die Stille dein Herz, wo, von der Schiffe Gelärm
Fern, tief unter den Wogen, in friedlicher Grotte die blaue
  Thetis wohnte, die dich schützte, die Göttin des Meers.
Mutter war dem Jünglinge sie, die mächtige Göttin,
  Hatte den Knaben einst liebend, am Felsengestad
Seiner Insel, gesäugt, mit dem kräftigen Liede der Welle
  Und im stärkenden Bad ihn zum Heroen genährt.
Und die Mutter vernahm die Weheklage des Jünglings,
  Stieg vom Grunde der See, trauernd, wie Wölkchen, herauf,
Stillte mit zärtlichem Umfangen die Schmerzen des Lieblings,
  Und er hörte, wie sie schmeichelnd zu helfen versprach.

Göttersohn! o wär ich, wie du, so könnt ich vertraulich
  Einem der Himmlischen klagen mein heimliches Leid.
Sehen soll ich es nicht, soll tragen die Schmach, als gehört ich
  Nimmer zu ihr, die doch meiner mit Tränen gedenkt.
Gute Götter! doch hört ihr jegliches Flehen des Menschen,
  Ach! und innig und fromm liebt ich dich heiliges Licht,
Seit ich lebe, dich Erd und deine Quellen und Wälder,
  Vater Äther, und dich fühlte zu sehnend und rein
Dieses Herz – o sänftiget mir, ihr Guten, mein Leiden,
  Daß die Seele mir nicht allzu frühe verstummt,
Daß ich lebe und euch, ihr hohen himmlischen Mächte,
  Noch am fliehenden Tag danke mit frommem Gesang,
Danke für voriges Gut, für Freuden vergangener Jugend,
  Und dann nehmet zu euch gütig den Einsamen auf.

GÖTTER WANDELTEN EINST bei Menschen, die herrlichen Musen
  Und der Jüngling, Apoll, heilend, begeisternd wie du.
Und du bist mir, wie sie, als hätte der Seligen einer
  Mich ins Leben gesandt, geh ich, es wandelt das Bild
Meiner Heldin mit mir, wo ich duld und bilde, mit Liebe   5
  Bis in den Tod, denn dies lernt ich und hab ich von ihr.

Laß uns leben, o du, mit der ich leide, mit der ich
  Innig und glaubig und treu ringe nach schönerer Zeit.
Sind doch wir's! und wüßten sie noch in kommenden Jahren
  Von uns beiden, wenn einst wieder der Genius gilt,   10
Sprächen sie: es schufen sich einst die Einsamen liebend
  Nur von Göttern gekannt ihre geheimere Welt.
Denn die Sterbliches nur besorgt, es empfängt sie die Erde,
  Aber näher zum Licht wandern, zum Äther hinauf
Sie, die inniger Liebe treu, und göttlichem Geiste   15
  Hoffend und duldend und still über das Schicksal gesiegt.

HÖRT ICH DIE WARNENDEN ITZT, sie lächelten meiner und dächten,
  Früher anheim uns fiel, weil er uns scheute, der Tor.
Und sie achteten's keinen Gewinn, . . .
  . . .
Singt, o singet mir nur, unglückweissagend, ihr Furchtbarn,   5
  Schicksalsgötter, das Lied immer und immer ums Ohr.
Euer bin ich zuletzt, ich weiß es, doch will zuvor ich
  Mir gehören und mir Leben erbeuten und Ruhm.

Der Tod fürs Vaterland

Du kömmst, o Schlacht! schon wogen die Jünglinge
   Hinab von ihren Hügeln, hinab ins Tal,
     Wo keck herauf die Würger dringen,
         Sicher der Kunst und des Arms, doch sichrer

Kömmt über sie die Seele der Jünglinge,
   Denn die Gerechten schlagen, wie Zauberer,
     Und ihre Vaterlandsgesänge
         Lähmen die Kniee den Ehrelosen.

O nimmt mich, nimmt mich mit in die Reihen auf,
   Damit ich einst nicht sterbe gemeinen Tods!
     Umsonst zu sterben, lieb ich nicht, doch
         Lieb ich, zu fallen am Opferhügel

Fürs Vaterland, zu bluten des Herzens Blut
   Fürs Vaterland – und bald ist's geschehn! Zu euch,
     Ihr Teuern! komm ich, die mich leben
         Lehrten und sterben, zu euch hinunter!

Wie oft im Lichte dürstet ich euch zu sehn,
   Ihr Helden und ihr Dichter aus alter Zeit!
     Nun grüßt ihr freundlich den geringen
         Fremdling und brüderlich ist's hier unten;

Und Siegesboten kommen herab: Die Schlacht
   Ist unser! Lebe droben, o Vaterland,
     Und zähle nicht die Toten! Dir ist,
         Liebes! nicht einer zu viel gefallen.

Der Zeitgeist

Zu lang schon waltest über dem Haupte mir,
　Du in der dunkeln Wolke, du Gott der Zeit!
　　Zu wild, zu bang ist's ringsum, und es
　　　Trümmert und wankt ja, wohin ich blicke. 4

Ach! wie ein Knabe, seh ich zu Boden oft,
　Such in der Höhle Rettung von dir, und möcht,
　　Ich Blöder, eine Stelle finden,
　　　Alleserschüttrer! wo du nicht wärest. 8

Laß endlich, Vater! offenen Augs mich dir
　Begegnen! hast denn du nicht zuerst den Geist
　　Mit deinem Strahl aus mir geweckt? mich
　　　Herrlich ans Leben gebracht, o Vater! – 12

Wohl keimt aus jungen Reben uns heil'ge Kraft;
　In milder Luft begegnet den Sterblichen,
　　Und wenn sie still im Haine wandeln,
　　　Heiternd ein Gott; doch allmächt'ger weckst du 16

Die reine Seele Jünglingen auf, und lehrst
　Die Alten weise Künste; der Schlimme nur
　　Wird schlimmer, daß er bälder ende,
　　　Wenn du, Erschütterer! ihn ergreifest. 20

Abendphantasie

Vor seiner Hütte ruhig im Schatten sitzt
　Der Pflüger, dem Genügsamen raucht sein Herd.
　　Gastfreundlich tönt dem Wanderer im
　　　Friedlichen Dorfe die Abendglocke. 4

Wohl kehren itzt die Schiffer zum Hafen auch,
  In fernen Städten, fröhlich verrauscht des Markts
    Geschäft'ger Lärm; in stiller Laube
      Glänzt das gesellige Mahl den Freunden.

Wohin denn ich? Es leben die Sterblichen
  Von Lohn und Arbeit; wechselnd in Müh und Ruh
    Ist alles freudig; warum schläft denn
      Nimmer nur mir in der Brust der Stachel?

Am Abendhimmel blühet ein Frühling auf;
  Unzählig blühn die Rosen und ruhig scheint
    Die goldne Welt; o dorthin nimmt mich,
      Purpurne Wolken! und möge droben

In Licht und Luft zerrinnen mir Lieb und Leid! –
  Doch, wie verscheucht von töriger Bitte, flieht
    Der Zauber; dunkel wird's und einsam
      Unter dem Himmel, wie immer, bin ich –

Komm du nun, sanfter Schlummer! zu viel begehrt
  Das Herz; doch endlich, Jugend! verglühst du ja,
    Du ruhelose, träumerische!
      Friedlich und heiter ist dann das Alter.

Des Morgens

Vom Taue glänzt der Rasen; beweglicher
  Eilt schon die wache Quelle; die Buche neigt
    Ihr schwankes Haupt und im Geblätter
      Rauscht es und schimmert; und um die grauen

Gewölke streifen rötliche Flammen dort,
  Verkündende, sie wallen geräuschlos auf;
    Wie Fluten am Gestade, wogen
      Höher und höher die Wandelbaren.

Komm nun, o komm, und eile mir nicht zu schnell,
Du goldner Tag, zum Gipfel des Himmels fort!
   Denn offner fliegt, vertrauter dir mein
     Auge, du Freudiger! zu, solang du

In deiner Schöne jugendlich blickst und noch
Zu herrlich nicht, zu stolz mir geworden bist;
   Du möchtest immer eilen, könnt ich,
     Göttlicher Wandrer, mit dir! – doch lächelst

Des frohen Übermütigen du, daß er
Dir gleichen möchte; segne mir lieber dann
   Mein sterblich Tun und heitre wieder
     Gütiger! heute den stillen Pfad mir.

DER MAIN

Wohl manches Land der lebenden Erde möcht
Ich sehn, und öfters über die Berg enteilt
   Das Herz mir, und die Wünsche wandern
     Über das Meer, zu den Ufern, die mir

Vor andern, so ich kenne, gepriesen sind;
Doch lieb ist in der Ferne nicht eines mir,
   Wie jenes, wo die Göttersöhne
     Schlafen, das trauernde Land der Griechen.

Ach! einmal dort an Suniums Küste möcht
Ich landen, deine Säulen, Olympion!
   Erfragen, dort, noch eh der Nordsturm
     Hin in den Schutt der Athenertempel

Und ihrer Götterbilder auch dich begräbt;
Denn lang schon einsam stehst du, o Stolz der Welt,
   Die nicht mehr ist! – und o ihr schönen
     Inseln Ioniens, wo die Lüfte

Vom Meere kühl an warme Gestade wehn,
    Wenn unter kräft'ger Sonne die Traube reift,
        Ach! wo ein goldner Herbst dem armen
            Volk in Gesänge die Seufzer wandelt,

Wenn die Betrübten itzt ihr Limonenwald
    Und ihr Granatbaum, purpurner Äpfel voll,
        Und süßer Wein und Pauk und Zithar
            Zum labyrinthischen Tanze ladet –

Zu euch vielleicht, ihr Inseln! gerät noch einst
    Ein heimatloser Sänger; denn wandern muß
        Von Fremden er zu Fremden, und die
            Erde, die freie, sie muß ja, leider!

Statt *Vaterlands* ihm dienen, solang er lebt,
    Und wenn er stirbt – doch nimmer vergeß ich dich,
        So fern ich wandre, schöner Main! und
            Deine Gestade, die vielbeglückten.

Gastfreundlich nahmst du, Stolzer! bei dir mich auf
    Und heitertest das Auge dem Fremdlinge,
        Und still hingleitende Gesänge
            Lehrtest du mich und geräuschlos Leben.

O ruhig mit den Sternen, du Glücklicher!
    Wallst du von deinem Morgen zum Abend fort,
        Dem Bruder zu, dem Rhein, und dann mit
            Ihm in den Ozean freudig nieder!

ΠΡΟΣ ΕΑΥΤΟΝ

Lern im Leben die Kunst, im Kunstwerk lerne das Leben,
Siehst du das eine recht, siehst du das andere auch.

Sophokles

Viele versuchten umsonst das Freudigste freudig zu sagen,
  Hier spricht endlich es mir, hier in der Trauer sich aus.

⟨Der zürnende Dichter⟩

Fürchtet den Dichter nicht, wenn er edel zürnet, sein Buchstab
  Tötet, aber es macht Geister lebendig der Geist.

⟨Die Scherzhaften⟩

Immer spielt ihr und scherzt? ihr *müßt*! o Freunde! mir geht dies
  In die Seele, denn dies müssen Verzweifelte nur.

Wurzel alles Übels

Einig zu sein, ist göttlich und gut; woher ist die Sucht denn
  Unter den Menschen, daß nur einer und eines nur sei?

Mein Eigentum

In seiner Fülle ruhet der Herbsttag nun,
   Geläutert ist die Traub und der Hain ist rot
     Vom Obst, wenn schon der holden Blüten
         Manche der Erde zum Danke fielen.

Und rings im Felde, wo ich den Pfad hinaus,
   Den stillen, wandle, ist den Zufriedenen
     Ihr Gut gereift und viel der frohen
         Mühe gewähret der Reichtum ihnen.

Vom Himmel blicket zu den Geschäftigen
   Durch ihre Bäume milde das Licht herab,
     Die Freude teilend, denn es wuchs durch
         Hände der Menschen allein die Frucht nicht.

Und leuchtest du, o Goldnes, auch mir, und wehst
   Auch du mir wieder, Lüftchen, als segnetest
     Du eine Freude mir, wie einst, und
         Irrst, wie um Glückliche, mir am Busen?

Einst war ich's, doch wie Rosen, vergänglich war
   Das fromme Leben, ach! und es mahnen noch,
     Die blühend mir geblieben sind, die
         Holden Gestirne zu oft mich dessen.

Beglückt, wer, ruhig liebend ein frommes Weib,
   Am eignen Herd in rühmlicher Heimat lebt,
     Es leuchtet über festem Boden
         Schöner dem sicheren Mann sein Himmel.

Denn, wie die Pflanze, wurzelt auf eignem Grund
   Sie nicht, verglüht die Seele des Sterblichen,
     Der mit dem Tageslichte nur, ein
         Armer, auf heiliger Erde wandelt.

Zu mächtig, ach! ihr himmlischen Höhen, zieht
   Ihr mich empor, bei Stürmen, am heitern Tag
     Fühl ich verzehrend euch im Busen
         Wechseln, ihr wandelnden Götterkräfte.

Doch heute laß mich stille den trauten Pfad
   Zum Haine gehn, dem golden die Wipfel schmückt
     Sein sterbend Laub, und kränzt auch mir die
         Stirne, ihr holden Erinnerungen!

Und daß mir auch, zu retten mein sterblich Herz,
   Wie andern eine bleibende Stätte sei,
     Und heimatlos die Seele mir nicht
         Über das Leben hinweg sich sehne,

Sei du, Gesang, mein freundlich Asyl! sei du,
   Beglückender! mit sorgender Liebe mir
     Gepflegt, der Garten, wo ich, wandelnd
         Unter den Blüten, den immerjungen,

In sichrer Einfalt wohne, wenn draußen mir
   Mit ihren Wellen allen die mächt'ge Zeit,
     Die Wandelbare, fern rauscht und die
         Stillere Sonne mein Wirken fördert.

Ihr segnet gütig über den Sterblichen,
   Ihr Himmelskräfte! jedem sein Eigentum,
     O segnet meines auch, und daß zu
         Frühe die Parze den Traum nicht ende.

Palinodie

Was dämmert um mich, Erde! dein freundlich Grün?
   Was wehst du wieder, Lüftchen, wie einst, mich an?
      In allen Wipfeln rauscht's, ...
         ...

Was weckt ihr mir die Seele? was regt ihr mir
   Vergangnes auf, ihr Guten! o schonet mein
      Und laßt sie ruhn, die Asche meiner
         Freuden, ihr spottetet nur! o wandelt,

Ihr schicksallosen Götter, vorbei und blüht
   In eurer Jugend über den Alternden
      Und wollt ihr zu den Sterblichen euch
         Gerne gesellen, so blühn der Jungfraun

Euch viel, der jungen Helden, und schöner spielt
   Der Morgen um die Wange der Glücklichen
      Denn um ein trübes Aug und lieblich
         Tönen die Sänge der Mühelosen.

Ach! vormals rauschte leicht des Gesanges Quell
   Auch mir vom Busen, da noch die Freude mir,
      Die himmlische, vom Auge glänzte
         ...

Versöhnung, o Versöhnung, ihr gütigen,
   Ihr immergleichen Götter, und haltet ein,
      Weil ihr die reinen Quellen liebt ...

Gesang des Deutschen

O heilig Herz der Völker, o Vaterland!
   Allduldend, gleich der schweigenden Mutter Erd,
     Und allverkannt, wenn schon aus deiner
       Tiefe die Fremden ihr Bestes haben!

Sie ernten den Gedanken, den Geist von dir,
   Sie pflücken gern die Traube, doch höhnen sie
     Dich, ungestalte Rebe! daß du
       Schwankend den Boden und wild umirrest.

Du Land des hohen ernsteren Genius!
   Du Land der Liebe! bin ich der deine schon,
     Oft zürnt ich weinend, daß du immer
       Blöde die eigene Seele leugnest.

Doch magst du manches Schöne nicht bergen mir;
   Oft stand ich überschauend das holde Grün,
     Den weiten Garten hoch in deinen
       Lüften auf hellem Gebirg und sah dich.

An deinen Strömen ging ich und dachte dich,
   Indes die Töne schüchtern die Nachtigall
     Auf schwanker Weide sang, und still auf
       Dämmerndem Grunde die Welle weilte.

Und an den Ufern sah ich die Städte blühn,
   Die Edlen, wo der Fleiß in der Werkstatt schweigt,
     Die Wissenschaft, wo deine Sonne
       Milde dem Künstler zum Ernste leuchtet.

Kennst du Minervas Kinder? sie wählten sich
   Den Ölbaum früh zum Lieblinge; kennst du sie?
     Noch lebt, noch waltet der Athener
       Seele, die sinnende, still bei Menschen,

Wenn Platons frommer Garten auch schon nicht mehr
  Am alten Strome grünt und der dürft'ge Mann
    Die Heldenasche pflügt, und scheu der
      Vogel der Nacht auf der Säule trauert.

O heil'ger Wald! o Attika! traf Er doch
  Mit seinem furchtbarn Strahle dich auch, so bald,
    Und eilten sie, die dich belebt, die
      Flammen entbunden zum Äther über?

Doch, wie der Frühling, wandelt der Genius
  Von Land zu Land. Und wir? ist denn *einer* auch
    Von unsern Jünglingen, der nicht ein
      Ahnden, ein Rätsel der Brust, verschwiege?

Den deutschen Frauen dankt! sie haben uns
  Der Götterbilder freundlichen Geist bewahrt,
    Und täglich sühnt der holde klare
      Friede das böse Gewirre wieder.

Wo sind jetzt Dichter, denen der Gott es gab,
  Wie unsern Alten, freudig und fromm zu sein,
    Wo Weise, wie die unsre sind? die
      Kalten und Kühnen, die Unbestechbarn!

Nun! sei gegrüßt in deinem Adel, mein Vaterland,
  Mit neuem Namen, reifeste Frucht der Zeit!
    Du letzte und du erste aller
      Musen, Urania, sei gegrüßt mir!

Noch säumst und schweigst du, sinnest ein freudig Werk,
  Das von dir zeuge, sinnest ein neu Gebild,
    Das einzig, wie du selber, das aus
      Liebe geboren und gut, wie du, sei –

Wo ist dein Delos, wo dein Olympia,
  Daß wir uns alle finden am höchsten Fest? –
    Doch wie errät der Sohn, was du den
      Deinen, Unsterbliche, längst bereitest?

Der Prinzessin
Auguste von Homburg

Den 28. Nov. 1799

Noch freundlichzögernd scheidet vom Auge dir
  Das Jahr, und in hesperischer Milde glänzt
    Der Winterhimmel über deinen
      Gärten, den dichterischen, immergrünen.

Und da ich deines Festes gedacht und sann,
  Was ich dir dankend reichte, da weilten noch
    Am Pfade Blumen, daß sie dir zur
      Blühenden Krone, du Edle, würden.

Doch andres beut dir, Größeres, hoher Geist!
  Die festlichere Zeit, denn es hallt hinab
    Am Berge das Gewitter, sieh! und
      Klar, wie die ruhigen Sterne, gehen

Aus langem Zweifel reine Gestalten auf;
  So dünkt es mir; und einsam, o Fürstin! ist
    Das Herz der Freigebornen wohl nicht
      Länger im eigenen Glück; denn würdig

Gesellt im Lorbeer ihm der Heroe sich,
  Der schöngereifte, echte; die Weisen auch,
    Die Unsern, sind es wert; sie blicken
      Still aus der Höhe des Lebens, die ernsten Alten.

Geringe dünkt der träumende Sänger sich,
  Und Kindern gleich am müßigen Saitenspiel,
    Wenn ihn der Edlen Glück, wenn ihn die
      Tat und der Ernst der Gewalt'gen aufweckt.

Doch herrlicht mir dein Name das Lied; dein Fest
  Augusta! durft ich feiern; Beruf ist mir's,
    Zu rühmen Höhers, darum gab die
      Sprache der Gott und den Dank ins Herz mir.

O daß von diesem freudigen Tage mir
　　Auch meine Zeit beginne, daß endlich auch
　　　　Mir ein Gesang in deinen Hainen,
　　　　　　Edle! gedeihe, der deiner wert sei.

Der Frieden

Wie wenn die alten Wasser, die
　　　　　　　　in andern Zorn,
　　In schröcklichern verwandelt wieder
　　　　Kämen, zu reinigen, da es not war,

So gählt' und wuchs und wogte von Jahr zu Jahr
　　Rastlos und überschwemmte das bange Land
　　　　Die unerhörte Schlacht, daß weit hüllt
　　　　　　Dunkel und Blässe das Haupt der Menschen.

Die Heldenkräfte flogen, wie Wellen, auf
　　Und schwanden weg, du kürztest, o Rächerin!
　　　　Den Dienern oft die Arbeit schnell und
　　　　　　Brachtest in Ruhe sie heim, die Streiter.

O du, die unerbittlich und unbesiegt
　　Den Feigern und den Übergewalt'gen trifft,
　　　　Daß bis ins letzte Glied hinab vom
　　　　　　Schlage sein armes Geschlecht erzittert,

Die du geheim den Stachel und Zügel hältst,
　　Zu hemmen und zu fördern, o Nemesis,
　　　　Strafst du die Toten noch, es schliefen
　　　　　　Unter Italiens Lorbeergärten

Sonst ungestört die alten Eroberer.
　　Und schonst du auch des müßigen Hirten nicht,
　　　　Und haben endlich wohl genug den
　　　　　　Üppigen Schlummer gebüßt die Völker?

Komm du nun, du der heiligen Musen all,
  Und der Gestirne Liebling, verjüngender
    Ersehnter Friede, komm mit deinen
      Freundlichen und ⟨⏑ ⏑ – ⏑ – ⏑⟩

Mit deinem stillen Ruhme, genügsamer!
  Mit deinen ungeschriebnen Gesetzen auch,
    Mit deiner Liebe komm und gib ein
      Bleiben im Leben, ein Herz uns wieder.

Unschuldiger! sind klüger die Kinder doch
  Beinahe, denn wir Alten; es irrt der Zwist
    Den Guten nicht den Sinn, und klar und
      Freudig ist ihnen ihr Auge blieben.

Wer hub es an? wer brachte den Fluch? von heut
  Ist's nicht und nicht von gestern, und die zuerst
    Das Maß verloren, unsre Väter
      Wußten es nicht, und es trieb ihr Geist sie.

Zu lang, zu lang schon treten die Sterblichen
  Sich gern aufs Haupt, und zanken um Herrschaft sich,
    Den Nachbar fürchtend, und es hat auf
      Eigenem Boden der Mann nicht Segen.

Und unstet wehn und irren, dem Chaos gleich,
  Dem gärenden Geschlechte die Wünsche noch
    Umher und wild ist und verzagt und kalt von
      Sorgen das Leben der Armen immer.

Du aber wandelst ruhig die sichre Bahn,
  O Mutter Erd, im Lichte. Dein Frühling blüht,
    Melodischwechselnd gehn dir hin die
      Wachsenden Zeiten, du Lebensreiche!

Und wie mit andern Schauenden lächelnd ernst
  Der Richter auf der Jünglinge Rennbahn sieht,
    Wo glühend sich die Kämpfer und die
      Wagen in stäubende Wolken treiben,

So steht und lächelt Helios über uns
　Und einsam ist der Göttliche, Frohe nie,
　　Denn ewig wohnen sie, des Äthers
　　　Blühende Sterne, die Heiligfreien.

⟨An eine Fürstin von Dessau⟩

Aus stillem Hause senden die Götter oft
　Auf kurze Zeit zu Fremden die Lieblinge,
　　Damit, erinnert, sich am edlen
　　　Bilde der Sterblichen Herz erfreue.

So kommst du aus Luisiums Hainen auch,
　Aus heil'ger Schwelle dort, wo geräuschlos rings
　　Die Lüfte sind und friedlich um dein
　　　Dach die geselligen Bäume spielen,

Aus deines Tempels Freuden, o Priesterin!
　Zu uns, wenn schon die Wolke das Haupt uns beugt
　　Und längst ein göttlich Ungewitter
　　　... über dem Haupt uns wandelt.

O teuer warst du, Priesterin! da du dort
　Im Stillen göttlich Feuer behütetest,
　　Doch teurer heute, da du Zeiten
　　　Unter den Zeitlichen segnend feierst.

Denn wo die Reinen wandeln, vernehmlicher
　Ist da der Geist, und offen und heiter blühn
　　Des Lebens dämmernde Gestalten
　　　Da, wo ein sicheres Licht erscheinet.

Und wie auf dunkler Wolke der schweigende,
　Der schöne Bogen blühet, ein Zeichen ist
　　Er künft'ger Zeit, ein Angedenken
　　　Seliger Tage, die einst gewesen,

So ist dein Leben, heilige Fremdlingin!
   Wenn du Vergangnes über Italiens
     Zerbrochnen Säulen, wenn du neues
        Grünen aus stürmischer Zeit betrachtest.   28

WIE WENN AM FEIERTAGE, das Feld zu sehn,
Ein Landmann geht, des Morgens, wenn
Aus heißer Nacht die kühlenden Blitze fielen
Die ganze Zeit und fern noch tönet der Donner,
In sein Gestade wieder tritt der Strom,   5
Und frisch der Boden grünt
Und von des Himmels erfreuendem Regen
Der Weinstock trauft und glänzend
In stiller Sonne stehn die Bäume des Haines:

So stehn sie unter günstiger Witterung,   10
Sie, die kein Meister allein, die wunderbar
Allgegenwärtig erzieht in leichtem Umfangen
Die mächtige, die göttlichschöne Natur.
Drum wenn zu schlafen sie scheint zu Zeiten des Jahrs
Am Himmel oder unter den Pflanzen oder den Völkern,   15
So trauert der Dichter Angesicht auch,
Sie scheinen allein zu sein, doch ahnen sie immer.
Denn ahnend ruhet sie selbst auch.

Jetzt aber tagt's! Ich harrt und sah es kommen,
Und was ich sah, das Heilige sei mein Wort.   20
Denn sie, sie selbst, die älter denn die Zeiten
Und über die Götter des Abends und Orients ist,
Die Natur ist jetzt mit Waffenklang erwacht,
Und hoch vom Äther bis zum Abgrund nieder
Nach festem Gesetze, wie einst, aus heiligem Chaos gezeugt,   25
Fühlt neu die Begeisterung sich,
Die Allerschaffende, wieder.

Und wie im Aug ein Feuer dem Manne glänzt,
Wenn Hohes er entwarf, so ist
30 Von neuem an den Zeichen, den Taten der Welt jetzt
Ein Feuer angezündet in Seelen der Dichter.
Und was zuvor geschah, doch kaum gefühlt,
Ist offenbar erst jetzt,
Und die uns lächelnd den Acker gebauet,
35 In Knechtsgestalt, sie sind erkannt,
Die Allebendigen, die Kräfte der Götter.

Erfrägst du sie? im Liede wehet ihr Geist,
Wenn es der Sonne des Tags und warmer Erd
Entwächst, und Wettern, die in der Luft, und andern,
40 Die vorbereiteter in Tiefen der Zeit,
Und deutungsvoller, und vernehmlicher uns
Hinwandeln zwischen Himmel und Erd und unter den Völkern.
Des gemeinsamen Geistes Gedanken sind,
Still endend, in der Seele des Dichters,

45 Daß schnellbetroffen sie, Unendlichem
Bekannt seit langer Zeit, von Erinnerung
Erbebt, und ihr, von heil'gem Strahl entzündet,
Die Frucht in Liebe geboren, der Götter und Menschen Werk,
Der Gesang, damit er beiden zeuge, glückt.
50 So fiel, wie Dichter sagen, da sie sichtbar
Den Gott zu sehen begehrte, sein Blitz auf Semeles Haus
Und die Göttlichgetroffne gebar
Die Frucht des Gewitters, den heiligen Bacchus.

Und daher trinken himmlisches Feuer jetzt
55 Die Erdensöhne ohne Gefahr.
Doch uns gebührt es, unter Gottes Gewittern,
Ihr Dichter! mit entblößtem Haupte zu stehen,
Des Vaters Strahl, ihn selbst, mit eigner Hand
Zu fassen und dem Volk ins Lied
60 Gehüllt die himmlische Gabe zu reichen.
Denn sind nur reinen Herzens,
Wie Kinder, wir, sind schuldlos unsere Hände,

Des Vaters Strahl, der reine, versengt es nicht
Und tieferschüttert, die Leiden des Stärkeren
  Mitleidend, bleibt in den hochherstürzenden Stürmen   65
Des Gottes, wenn er nahet, das Herz doch fest.
Doch weh mir! wenn von

Weh mir!

Und sag ich gleich,

Ich sei genaht, die Himmlischen zu schauen,   70
Sie selbst, sie werfen mich tief unter die Lebenden,
Den falschen Priester, ins Dunkel, daß ich
Das warnende Lied den Gelehrigen singe.
Dort

An die Deutschen

Spottet nimmer des Kinds, wenn noch das alberne
  Auf dem Rosse von Holz herrlich und viel sich dünkt,
    O ihr Guten! auch wir sind
      Tatenarm und gedankenvoll!   4

Aber kommt, wie der Strahl aus dem Gewölke kommt,
  Aus Gedanken vielleicht, geistig und reif die Tat?
    Folgt die Frucht, wie des Haines
      Dunklem Blatte, der stillen Schrift?   8

Und das Schweigen im Volk, ist es die Feier schon
  Vor dem Feste? die Furcht, welche den Gott ansagt?
    O dann nimmt mich, ihr Lieben!
      Daß ich büße die Lästerung.   12

Schon zu lange, zu lang irr ich, dem Laien gleich,
　In des bildenden Geists werdender Werkstatt hier,
　　Nur was blühet, erkenn ich,
　　　Was er sinnet, erkenn ich nicht.

Und zu ahnen ist süß, aber ein Leiden auch,
　Und schon Jahre genug leb ich in sterblicher
　　Unverständiger Liebe
　　　Zweifelnd, immer bewegt vor ihm,

Der das stetige Werk immer aus liebender
　Seele näher mir bringt, lächelnd dem Sterblichen,
　　Wo ich zage, des Lebens
　　　Reine Tiefe zu Reife bringt.

Schöpferischer, o wann, Genius unsers Volks,
　Wann erscheinest du ganz, Seele des Vaterlands,
　　Daß ich tiefer mich beuge,
　　　Daß die leiseste Saite selbst

Mir verstumme vor dir, daß ich beschämt ⟨ ᴗ –⟩,
　Eine Blume der Nacht, himmlischer Tag, vor dir
　　Enden möge mit Freuden,
　　　Wenn sie alle, mit denen ich

Vormals trauerte, wenn unsere Städte nun
　Hell und offen und wach, reineren Feuers voll
　　Und die Berge des deutschen
　　　Landes Berge der Musen sind,

Wie die herrlichen einst, Pindos und Helikon,
　Und Parnassos, und rings unter des Vaterlands
　　Goldnem Himmel die freie,
　　　Klare, geistige Freude glänzt.

Wohl ist enge begrenzt unsere Lebenszeit,
　Unserer Jahre Zahl sehen und zählen wir,
　　Doch die Jahre der Völker,
　　　Sah ein sterbliches Auge sie?

Wenn die Seele dir auch über die eigne Zeit
   Sich, die sehnende, schwingt, trauernd verweilest du
     Dann am kalten Gestade
        Bei den Deinen und kennst sie nie,

Und die Künftigen auch, sie, die Verheißenen,
   Wo, wo siehest du sie, daß du an Freundeshand
     Einmal wieder erwarmest,
        Einer Seele vernehmlich seist?

Klanglos,   ist's in der Halle längst,
   Armer Seher! bei dir, sehend verlischt dein Aug
     Und du schlummerst hinunter
        Ohne Namen und unbeweint.

ROUSSEAU

Wie eng begrenzt ist unsere Tageszeit.
   Du warst und sahst und stauntest, schon Abend ist's,
     Nun schlafe, wo unendlich ferne
        Ziehen vorüber der Völker Jahre.

Und mancher siehet über die eigne Zeit,
   Ihm zeigt ein Gott ins Freie, doch sehnend stehst
     Am Ufer du, ein Ärgernis den
        Deinen, ein Schatten, und liebst sie nimmer,

Und jene, die du nennst, die Verheißenen,
   Wo sind die Neuen, daß du an Freundeshand
     Erwarmst, wo nahn sie, daß du einmal,
        Einsame Rede, vernehmlich seiest?

Klanglos ist's, armer Mann, in der Halle dir,
   Und gleich den Unbegrabenen, irrest du
     Unstet und suchest Ruh und niemand
        Weiß den beschiedenen Weg zu weisen.

Sei denn zufrieden!   der Baum entwächst
  Dem heimatlichen Boden, aber es sinken ihm
    Die liebenden, die jugendlichen
      Arme, und trauernd neigt er sein Haupt.

Des Lebens Überfluß, das Unendliche,
  Das um ihn   und dämmert, er faßt es nie.
    Doch lebt's in ihm und gegenwärtig,
      Wärmend und wirkend, die Frucht entquillt ihm.

Du hast gelebt!   auch dir, auch dir
  Erfreuet die ferne Sonne dein Haupt,
    Und Strahlen aus der schönern Zeit. Es
      Haben die Boten dein Herz gefunden.

Vernommen hast du sie, verstanden die Sprache der Fremdlinge,
  Gedeutet ihre Seele! Dem Sehnenden war
    Der Wink genug, und Winke sind
      Von alters her die Sprache der Götter.

Und wunderbar, als hätte von Anbeginn
  Des Menschen Geist das Werden und Wirken all,
    Des Lebens Weise schon erfahren,

Kennt er im ersten Zeichen Vollendetes schon,
  Und fliegt, der kühne Geist, wie Adler den
    Gewittern, weissagend seinen
      Kommenden Göttern voraus,

WOHL GEH ICH TÄGLICH andere Pfade, bald
  Ins grüne Laub im Walde, zur Quelle bald,
    Zum Felsen, wo die Rosen blühen,
      Blicke vom Hügel ins Land, doch nirgend,

Du Holde, nirgend find ich im Lichte dich
  Und in die Lüfte schwinden die Worte mir,
    Die frommen, die bei dir ich ehmals
      . . .   8

Ja, ferne bist du, seliges Angesicht!
  Und deines Lebens Wohllaut verhallt, von mir
    Nicht mehr belauscht, und ach! wo seid ihr
      Zaubergesänge, die einst das Herz mir   12

Besänftiget mit Ruhe der Himmlischen?
  Wie lang ist's! o wie lange! der Jüngling ist
    Gealtert, selbst die Erde, die mir
      Damals gelächelt, ist anders worden.   16

Leb immer wohl! es scheidet und kehrt zu dir
  Die Seele jeden Tag, und es weint um dich
    Das Auge, daß es helle wieder
      Dort wo du säumest, hinüberblicke.   20

GEH UNTER, SCHÖNE SONNE, sie achteten
  Nur wenig dein, sie kannten dich, Heil'ge, nicht,
    Denn mühelos und stille bist du
      Über den Mühsamen aufgegangen.   4

Mir gehst du freundlich unter und auf, o Licht!
  Und wohl erkennt mein Auge dich, Herrliches!
    Denn göttlich stille ehren lernt ich,
      Da Diotima den Sinn mir heilte.   8

O du des Himmels Botin! wie lauscht ich dir!
  Dir, Diotima! Liebe! wie sah von dir
    Zum goldnen Tage dieses Auge
      Glänzend und dankend empor. Da rauschten

Lebendiger die Quellen, es atmeten
　　Der dunklen Erde Blüten mich liebend an,
　　　　Und lächelnd über Silberwolken
　　　　　　Neigte sich segnend herab der Äther.

ABSCHIED

Wenn ich sterbe mit Schmach, wenn an den Frechen nicht
　　Meine Seele sich rächt, wenn ich hinunter bin,
　　　　Von des Genius Feinden
　　　　　　Überwunden, ins feige Grab,

Dann vergiß mich, o dann rette vom Untergang
　　Meinen Namen auch du, gütiges Herz! nicht mehr,
　　　　Dann erröte, die du mir
　　　　　　Hold gewesen, doch eher nicht!

Aber weiß ich es nicht? Wehe! du liebender
　　Schutzgeist! ferne von dir spielen zerreißend bald
　　　　Auf den Saiten des Herzens
　　　　　　Alle Geister des Todes mir.

O so bleiche dich denn, Locke der mutigen
　　Jugend! heute noch, du, lieber als morgen mir,

　　　　. . . hier, wo am einsamen
　　　　　　Scheidewege der Schmerz mich,
　　　　　　　　Mich der Tötende niederwirft.

Elegie

Täglich geh ich heraus und such ein Anderes immer,
   Habe längst sie befragt, alle die Pfade des Lands;
Droben die kühlenden Höhn, die Schatten alle besuch ich,
   Und die Quellen; hinauf irret der Geist und hinab,
Ruh erbittend; so flieht das getroffene Wild in die Wälder, 5
   Wo es um Mittag sonst sicher im Dunkel geruht;
Aber nimmer erquickt sein grünes Lager das Herz ihm
   Wieder und schlummerlos treibt es der Stachel umher.
Nicht die Wärme des Lichts und nicht die Kühle der Nacht hilft
   Und in Wogen des Stroms taucht es die Wunden umsonst. 10
Ihm bereitet umsonst die Erd ihr stärkendes Heilkraut
   Und sein schäumendes Blut stillen die Lüftchen umsonst.

Wehe! so ist's auch, so, ihr Todesgötter! vergebens,
   Wenn ihr ihn haltet und fest habt den bezwungenen Mann,
Wenn ihr einmal hinab in eure Nacht ihn gerissen, 15
   Dann zu suchen, zu flehn, oder zu zürnen mit euch,
Oder geduldig auch wohl in euren Banden zu wohnen
   Und mit Lächeln von euch hören das furchtbare Lied.
Denn bestehn, wie anderes, muß in seinem Gesetze,
   Immer altern und nie enden das schaurige Reich. 20
Aber noch immer nicht, o meine Seele! noch kannst du's
   Nicht gewohnen und träumst mitten im eisernen Schlaf.

Tag der Liebe! scheinest du auch den Toten, du goldner!
   Bilder aus hellerer Zeit, leuchtet ihr mir in die Nacht?
Liebliche Gärten, seid, ihr abendrötlichen Berge, 25
   Seid willkommen, und ihr, schweigende Pfade des Hains.
Zeugen himmlischen Glücks! und ihr, allschauende Sterne,
   Die mir damals oft segnende Blicke gegönnt!
Euch, ihr Liebenden, auch, ihr schönen Kinder des Frühlings,
   Stille Rosen und euch, Lilien! nenn ich noch oft, – 30
Ihr Vertrauten! ihr Lebenden all, einst nahe dem Herzen,
   Einst wahrhaftiger, einst heller und schöner gesehn!

Tage kommen und gehn, ein Jahr verdränget das andre,
  Wechselnd und streitend; so tost furchtbar vorüber die Zeit
35 Über sterblichem Haupt, doch nicht vor seligen Augen,
  Und den Liebenden ist anderes Leben gewährt.
Denn sie alle, die Tag und Stunden und Jahre der Sterne
  Und der Menschen, zur Lust anders und anders bekränzt,
Fröhlicher, ernster, sie all, als echte Kinder des Äthers,
40 Lebten, in Wonne vereint, innig und ewig um uns.
Aber wir, unschädlich gesellt, wie die friedlichen Schwäne,
  Wenn sie ruhen am See, oder, auf Wellen gewiegt,
Niedersehn in die Wasser, wo silberne Wolken sich spiegeln,
  Und das himmlische Blau unter den Schiffenden wallt,
45 So auf Erden wandelten wir. Und drohte der Nord auch,
  Er, der Liebenden Feind, sorgenbereitend, und fiel
Von den Ästen das Laub und flog im Winde der Regen,
  Lächelten ruhig wir, fühlten den Gott und das Herz
Unter trautem Gespräch, im hellen Seelengesange,
50 So im Frieden mit uns kindlich und selig allein.

Ach! wo bist du, Liebende, nun? Sie haben mein Auge
  Mir genommen, mein Herz hab ich verloren mit ihr.
Darum irr ich umher, und wohl, wie die Schatten, so muß ich
  Leben und sinnlos dünkt lange das Übrige mir.
55 Danken möcht ich, aber wofür? verzehret das Letzte
  Selbst die Erinnerung nicht? nimmt von der Lippe denn nicht
Bessere Rede mir der Schmerz, und lähmet ein Fluch nicht
  Mir die Sehnen und wirft, wo ich beginne, mich weg?
Daß ich fühllos sitze den Tag und stumm, wie die Kinder,
60 Nur vom Auge mir kalt öfters die Tropfe noch schleicht,
Und in schaudernder Brust die allerwärmende Sonne
  Kühl und fruchtlos mir dämmert, wie Strahlen der Nacht,
Sonst mir anders bekannt! O Jugend! und bringen Gebete
  Dich nicht wieder, dich nie? führet kein Pfad mich zurück?
65 Soll es werden auch mir, wie den Tausenden, die in den Tagen
  Ihres Frühlings doch auch ahndend und liebend gelebt,
Aber am trunkenen Tag von den rächenden Parzen ergriffen,
  Ohne Klag und Gesang heimlich hinuntergeführt,

Dort im allzunüchternen Reich, dort büßen im Dunkeln,
   Wo bei trügrischem Schein irres Gewimmel sich treibt, 70
Wo die langsame Zeit bei Frost und Dürre sie zählen,
   Nur in Seufzern der Mensch noch die Unsterblichen preist?

Aber o du, die noch am Scheidewege mir damals,
   Da ich versank vor dir, tröstend ein Schöneres wies,
Du, die Großes zu sehn und die schweigenden Götter zu singen, 75
   Selber schweigend mich einst stillebegeisternd gelehrt,
Götterkind! erscheinest du mir und grüßest, wie einst, mich,
   Redest wieder, wie einst, Leben und Frieden mir zu?
Siehe! weinen vor dir und klagen muß ich, wenn schon noch
   Denkend der edleren Zeit, dessen die Seele sich schämt. 80
Denn zu lange, zu lang auf matten Pfaden der Erde
   Bin ich, deiner gewohnt, einsam gegangen indes,
O mein Schutzgeist! denn wie der Nord die Wolke des Herbsttags
   Scheuchten von Ort zu Ort feindliche Geister mich fort.
So zerrann mein Leben, ach! so ist's anders geworden, 85
   Seit, o Liebe, wir einst gingen am ruhigen Strom.
Aber dich, dich erhielt dein Licht, o Heldin! im Lichte,
   Und dein Dulden erhielt liebend, o Himmlische! dich.
Und sie selbst, die Natur, und ihre melodischen Musen
   Sangen aus heimischen Höhn Wiegengesänge dir zu. 90
Noch, noch ist sie es ganz! noch schwebt vom Haupte zur Sohle,
   Stillhinwandelnd, wie sonst, mir die Athenerin vor.
Selig, selig ist sie! denn es scheut die Kinder des Himmels
   Selbst der Orkus, es rinnt, gleich den Unsterblichen selbst,
Ihnen der milde Geist von heitersinnender Stirne, 95
   Wo sie auch wandeln und sind, segnend und sicher herab.

Darum möcht, ihr Himmlischen! euch ich danken und endlich
   Tönet aus leichter Brust wieder des Sängers Gebet.
Und, wie wenn ich mit ihr, auf Bergeshöhen mit ihr stand,
   Wehet belebend auch mich, göttlicher Othem mich an. 100
Leben will ich denn auch! schon grünen die Pfade der Erde
   Schöner und schöner schließt wieder die Sonne sich auf.
Komm! es war, wie ein Traum! die blutenden Fittiche sind ja
   Schon genesen, verjüngt wachen die Hoffnungen all.

105 Dien im Orkus, wem es gefällt! wir, welche die stille
    Liebe bildete, wir suchen zu Göttern die Bahn.
    Und geleitet ihr uns, ihr Weihestunden! ihr ernsten,
       Jugendlichen! o bleibt, heilige Ahnungen, ihr,
    Fromme Bitten, und ihr Begeisterungen, und all ihr
110   Schönen Genien, die gerne bei Liebenden sind,
    Bleibet, bleibet mit uns, bis wir auf seligen Inseln,
       Wo die Unsern vielleicht, Dichter der Liebe, mit uns,
    Oder auch, wo die Adler sind, in Lüften des Vaters,
       Dort, wo die Musen, woher all die Unsterblichen sind,
115 Dort uns staunend und fremd und bekannt uns wieder begegnen,
    Und von neuem ein Jahr unserer Liebe beginnt.

Menons Klagen
um Diotima

1

Täglich geh ich heraus, und such ein Anderes immer,
   Habe längst sie befragt, alle die Pfade des Lands;
Droben die kühlenden Höhn, die Schatten alle besuch ich,
   Und die Quellen; hinauf irret der Geist und hinab,
Ruh erbittend; so flieht das getroffene Wild in die Wälder,
5   Wo es um Mittag sonst sicher im Dunkel geruht;
Aber nimmer erquickt sein grünes Lager das Herz ihm,
   Jammernd und schlummerlos treibt es der Stachel umher.
Nicht die Wärme des Lichts, und nicht die Kühle der Nacht hilft,
   Und in Wogen des Stroms taucht es die Wunden umsonst.
10 Und wie ihm vergebens die Erd ihr fröhliches Heilkraut
   Reicht, und das gärende Blut keiner der Zephire stillt,
So, ihr Lieben! auch mir, so will es scheinen, und niemand
   Kann von der Stirne mir nehmen den traurigen Traum?

2

Ja! es frommet auch nicht, ihr Todesgötter! wenn einmal
　　Ihr ihn haltet, und fest habt den bezwungenen Mann,
Wenn ihr Bösen hinab in die schaurige Nacht ihn genommen,
　　Dann zu suchen, zu flehn, oder zu zürnen mit euch,
Oder geduldig auch wohl im furchtsamen Banne zu wohnen,
　　Und mit Lächeln von euch hören das nüchterne Lied.
Soll es sein, so vergiß dein Heil, und schlummere klanglos!
　　Aber doch quillt ein Laut hoffend im Busen dir auf,
Immer kannst du noch nicht, o meine Seele! noch kannst du's
　　Nicht gewohnen, und träumst mitten im eisernen Schlaf!
Festzeit hab ich nicht, doch möcht ich die Locke bekränzen;
　　Bin ich allein denn nicht? aber ein Freundliches muß
Fernher nahe mir sein, und lächeln muß ich und staunen,
　　Wie so selig doch auch mitten im Leide mir ist.

3

Licht der Liebe! scheinest du denn auch Toten, du goldnes!
　　Bilder aus hellerer Zeit, leuchtet ihr mir in die Nacht?
Liebliche Gärten seid, ihr abendrötlichen Berge,
　　Seid willkommen und ihr, schweigende Pfade des Hains,
Zeugen himmlischen Glücks, und ihr, hochschauende Sterne,
　　Die mir damals so oft segnende Blicke gegönnt!
Euch, ihr Liebenden auch, ihr schönen Kinder des Maitags,
　　Stille Rosen und euch, Lilien, nenn ich noch oft!
Wohl gehn Frühlinge fort, ein Jahr verdränget das andre,
　　Wechselnd und streitend, so tost droben vorüber die Zeit
Über sterblichem Haupt, doch nicht vor seligen Augen,
　　Und den Liebenden ist anderes Leben geschenkt.
Denn sie alle, die Tag und Jahre der Sterne, sie waren
　　Diotima! um uns innig und ewig vereint;

4

Aber wir, zufrieden gesellt, wie die liebenden Schwäne,
  Wenn sie ruhen am See, oder, auf Wellen gewiegt,
45 Niedersehn in die Wasser, wo silberne Wolken sich spiegeln,
  Und ätherisches Blau unter den Schiffenden wallt,
So auf Erden wandelten wir. Und drohte der Nord auch,
  Er, der Liebenden Feind, klagenbereitend, und fiel
Von den Ästen das Laub, und flog im Winde der Regen,
50 Ruhig lächelten wir, fühlten den eigenen Gott
Unter trautem Gespräch; in *einem* Seelengesange,
  Ganz in Frieden mit uns kindlich und freudig allein.
Aber das Haus ist öde mir nun, und sie haben mein Auge
  Mir genommen, auch mich hab ich verloren mit ihr.
55 Darum irr ich umher, und wohl, wie die Schatten, so muß ich
  Leben, und sinnlos dünkt lange das übrige mir.

5

Feiern möcht ich; aber wofür? und singen mit andern,
  Aber so einsam fehlt jegliches Göttliche mir.
Dies ist's, dies mein Gebrechen, ich weiß, es lähmet ein Fluch mir
60 Darum die Sehnen, und wirft, wo ich beginne, mich hin,
Daß ich fühllos sitze den Tag, und stumm wie die Kinder,
  Nur vom Auge mir kalt öfters die Träne noch schleicht,
Und die Pflanze des Felds, und der Vögel Singen mich trüb macht,
  Weil mit Freuden auch sie Boten des Himmlischen sind,
65 Aber mir in schaudernder Brust die beseelende Sonne,
  Kühl und fruchtlos mir dämmert, wie Strahlen der Nacht,
Ach! und nichtig und leer, wie Gefängniswände, der Himmel
  Eine beugende Last über dem Haupte mir hängt!

6

Sonst mir anders bekannt! o Jugend, und bringen Gebete
    Dich nicht wieder, dich nie? führet kein Pfad mich zurück?
Soll es werden auch mir, wie den Götterlosen, die vormals
    Glänzenden Auges doch auch saßen an seligem Tisch,
Aber übersättiget bald, die schwärmenden Gäste,
    Nun verstummet, und nun, unter der Lüfte Gesang,
Unter blühender Erd entschlafen sind, bis dereinst sie
    Eines Wunders Gewalt, sie, die Versunkenen, zwingt,
Wiederzukehren, und neu auf grünendem Boden zu wandeln. –
    Heiliger Othem durchströmt göttlich die lichte Gestalt,
Wenn das Fest sich beseelt, und Fluten der Liebe sich regen,
    Und vom Himmel getränkt, rauscht der lebendige Strom,
Wenn es drunten ertönt, und ihre Schätze die Nacht zollt,
    Und aus Bächen herauf glänzt das begrabene Gold. –

7

Aber o du, die schon am Scheidewege mir damals,
    Da ich versank vor dir, tröstend ein Schöneres wies,
Du, die Großes zu sehn, und froher die Götter zu singen,
    Schweigend, wie sie, mich einst stille begeisternd gelehrt;
Götterkind! erscheinest du mir, und grüßest, wie einst, mich,
    Redest wieder, wie einst, höhere Dinge mir zu?
Siehe! weinen vor dir, und klagen muß ich, wenn schon noch,
    Denkend edlerer Zeit, dessen die Seele sich schämt.
Denn so lange, so lang auf matten Pfaden der Erde
    Hab ich, deiner gewohnt, dich in der Irre gesucht,
Freudiger Schutzgeist! aber umsonst, und Jahre zerrannen,
    Seit wir ahnend um uns glänzen die Abende sahn.

8

Dich nur, dich erhält dein Licht, o Heldin! im Lichte,
    Und dein Dulden erhält liebend, o Gütige, dich;
Und nicht einmal bist du allein; Gespielen genug sind,
    Wo du blühest und ruhst unter den Rosen des Jahrs;

Und der Vater, er selbst, durch sanftumatmende Musen
    Sendet die zärtlichen Wiegengesänge dir zu.
Ja! noch ist sie es ganz! noch schwebt vom Haupte zur Sohle,
    Stillherwandelnd, wie sonst, mir die Athenerin vor.
Und wie, freundlicher Geist! von heitersinnender Stirne
    Segnend und sicher dein Strahl unter die Sterblichen fällt,
So bezeugest du mir's, und sagst mir's, daß ich es andern
    Wiedersage, denn auch andere glauben es nicht,
Daß unsterblicher doch, denn Sorg und Zürnen, die Freude
    Und ein goldener Tag täglich am Ende noch ist.

9

So will ich, ihr Himmlischen! denn auch danken, und endlich
    Atmet aus leichter Brust wieder des Sängers Gebet.
Und wie, wenn ich mit ihr, auf sonniger Höhe mit ihr stand,
    Spricht belebend ein Gott innen vom Tempel mich an.
Leben will ich denn auch! schon grünt's! wie von heiliger Leier
    Ruft es von silbernen Bergen Apollons voran!
Komm! es war wie ein Traum! Die blutenden Fittiche sind ja
    Schon genesen, verjüngt leben die Hoffnungen all.
Großes zu finden, ist viel, ist viel noch übrig, und wer so
    Liebte, gehet, er muß, gehet zu Göttern die Bahn.
Und geleitet ihr uns, ihr Weihestunden! ihr ernsten,
    Jugendlichen! o bleibt, heilige Ahnungen, ihr
Fromme Bitten! und ihr Begeisterungen und all ihr
    Guten Genien, die gerne bei Liebenden sind;
Bleibt so lange mit uns, bis wir auf gemeinsamem Boden
    Dort, wo die Seligen all niederzukehren bereit,
Dort, wo die Adler sind, die Gestirne, die Boten des Vaters,
    Dort, wo die Musen, woher Helden und Liebende sind,
Dort uns, oder auch hier, auf tauender Insel begegnen,
    Wo die Unsrigen erst, blühend in Gärten gesellt,
Wo die Gesänge wahr, und länger die Frühlinge schön sind,
    Und von neuem ein Jahr unserer Seele beginnt.

DER ARCHIPELAGUS

Kehren die Kraniche wieder zu dir, und suchen zu deinen
Ufern wieder die Schiffe den Lauf? umatmen erwünschte
Lüfte dir die beruhigte Flut, und sonnet der Delphin,
Aus der Tiefe gelockt, am neuen Lichte den Rücken?
Blüht Ionien? ist's die Zeit? denn immer im Frühlinge, 5
Wenn den Lebenden sich das Herz erneut und die erste
Liebe den Menschen erwacht und goldner Zeiten Erinnrung,
Komm ich zu dir und grüß in deiner Stille dich, Alter!

Immer, Gewaltiger! lebst du noch und ruhest im Schatten
Deiner Berge, wie sonst; mit Jünglingsarmen umfängst du 10
Noch dein liebliches Land, und deiner Töchter, o Vater!
Deiner Inseln ist noch, der blühenden, keine verloren.
Kreta steht und Salamis grünt, umdämmert von Lorbeern,
Rings von Strahlen umblüht, erhebt zur Stunde des Aufgangs
Delos ihr begeistertes Haupt, und Tenos und Chios 15
Haben der purpurnen Früchte genug, von trunkenen Hügeln
Quillt der Cypriertrank, und von Kalauria fallen
Silberne Bäche, wie einst, in die alten Wasser des Vaters.
Alle leben sie noch, die Heroenmütter, die Inseln,
Blühend von Jahr zu Jahr, und wenn zu Zeiten, vom Abgrund 20
Losgelassen, die Flamme der Nacht, das untre Gewitter,
Eine der holden ergriff, und die Sterbende dir in den Schoß sank,
Göttlicher! du, du dauertest aus, denn über den dunkeln
Tiefen ist manches schon dir auf- und untergegangen.

Auch die Himmlischen, sie, die Kräfte der Höhe, die stillen, 25
Die den heiteren Tag und süßen Schlummer und Ahnung
Fernher bringen über das Haupt der fühlenden Menschen
Aus der Fülle der Macht, auch sie, die alten Gespielen,
Wohnen, wie einst, mit dir, und oft am dämmernden Abend,
Wenn von Asiens Bergen herein das heilige Mondlicht 30
Kömmt und die Sterne sich in deiner Woge begegnen,
Leuchtest du von himmlischem Glanz, und so, wie sie wandeln,
Wechseln die Wasser dir, es tönt die Weise der Brüder
Droben, ihr Nachtgesang, im liebenden Busen dir wieder.

35 Wenn die allverklärende dann, die Sonne des Tages,
Sie, des Orients Kind, die Wundertätige, da ist,
Dann die Lebenden all im goldenen Traume beginnen,
Den die Dichtende stets des Morgens ihnen bereitet,
Dir, dem trauernden Gott, dir sendet sie froheren Zauber,
40 Und ihr eigen freundliches Licht ist selber so schön nicht
Denn das Liebeszeichen, der Kranz, den immer, wie vormals,
Deiner gedenk, doch sie um die graue Locke dir windet.
Und umfängt der Äther dich nicht, und kehren die Wolken,
Deine Boten, von ihm mit dem Göttergeschenke, dem Strahle
45 Aus der Höhe dir nicht? dann sendest du über das Land sie,
Daß am heißen Gestad die gewittertrunkenen Wälder
Rauschen und wogen mit dir, daß bald, dem wandernden Sohn gleich,
Wenn der Vater ihn ruft, mit den tausend Bächen Mäander
Seinen Irren enteilt und aus der Ebne Kayster
50 Dir entgegenfrohlockt, und der Erstgeborne, der Alte,
Der zu lange sich barg, dein majestätischer Nil itzt
Hochherschreitend aus fernem Gebirg, wie im Klange der Waffen,
Siegreich kömmt, und die offenen Arme der Sehnende reichet.
Dennoch einsam dünkest du dir; in schweigender Nacht hört
55 Deine Weheklage der Fels, und öfters entflieht dir
Zürnend von Sterblichen weg die geflügelte Woge zum Himmel.
Denn es leben mit dir die edlen Lieblinge nimmer,
Die dich geehrt, die einst mit den schönen Tempeln und Städten
Deine Gestade bekränzt, und immer suchen und missen,
60 Immer bedürfen ja, wie Heroen den Kranz, die geweihten
Elemente zum Ruhme das Herz der fühlenden Menschen.

Sage, wo ist Athen? ist über den Urnen der Meister
Deine Stadt, die geliebteste dir, an den heiligen Ufern,
Trauernder Gott! dir ganz in Asche zusammengesunken,
65 Oder ist noch ein Zeichen von ihr, daß etwa der Schiffer,
Wenn er vorüberkommt, sie nenn und ihrer gedenke?
Stiegen dort die Säulen empor und leuchteten dort nicht
Sonst vom Dache der Burg herab die Göttergestalten?
Rauschte dort die Stimme des Volks, die stürmischbewegte,
70 Aus der Agora nicht her, und eilten aus freudigen Pforten
Dort die Gassen dir nicht zu gesegnetem Hafen herunter?

Siehe! da löste sein Schiff der fernhinsinnende Kaufmann,
Froh, denn es wehet' auch ihm die beflügelnde Luft und die Götter
Liebten so, wie den Dichter, auch ihn, dieweil er die guten
Gaben der Erd ausglich und Fernes Nahem vereinte. 75
Fern nach Cypros ziehet er hin und ferne nach Tyros,
Strebt nach Kolchis hinauf und hinab zum alten Ägyptos,
Daß er Purpur und Wein und Korn und Vließe gewinne
Für die eigene Stadt, und öfters über des kühnen
Herkules Säulen hinaus, zu neuen seligen Inseln 80
Tragen die Hoffnungen ihn und des Schiffes Flügel, indessen
Anders bewegt, am Gestade der Stadt ein einsamer Jüngling
Weilt und die Woge belauscht, und Großes ahndet der Ernste,
Wenn er zu Füßen so des erderschütternden Meisters
Lauschet und sitzt, und nicht umsonst erzog ihn der Meergott. 85
Denn des Genius Feind, der vielgebietende Perse,
Jahrlang zählt' er sie schon, der Waffen Menge, der Knechte,
Spottend des griechischen Lands und seiner wenigen Inseln,
Und sie deuchten dem Herrscher ein Spiel, und noch, wie ein
                                                      Traum, war
Ihm das innige Volk, vom Göttergeiste gerüstet. 90
Leicht aus spricht er das Wort und schnell, wie der flammende
                                                      Bergquell,
Wenn er, furchtbar umher vom gärenden Ätna gegossen,
Städte begräbt in der purpurnen Flut und blühende Gärten,
Bis der brennende Strom im heiligen Meere sich kühlet,
So mit dem Könige nun, versengend, städteverwüstend, 95
Stürzt von Ekbatana daher sein prächtig Getümmel;
Weh! und Athene, die herrliche, fällt; wohl schauen und ringen
Vom Gebirg, wo das Wild ihr Geschrei hört, fliehende Greise
Nach den Wohnungen dort zurück und den rauchenden Tempeln;
Aber es weckt der Söhne Gebet die heilige Asche 100
Nun nicht mehr, im Tal ist der Tod, und die Wolke des Brandes
Schwindet am Himmel dahin, und weiter im Lande zu ernten,
Zieht, vom Frevel erhitzt, mit der Beute der Perse vorüber.

Aber an Salamis' Ufern, o Tag an Salamis' Ufern!
Harrend des Endes stehn die Athenerinnen, die Jungfraun, 105
Stehn die Mütter, wiegend im Arm das gerettete Söhnlein,

Aber den Horchenden schallt von Tiefen die Stimme des Meergotts
Heilweissagend herauf, es schauen die Götter des Himmels
Wägend und richtend herab, denn dort an den bebenden Ufern
110 Wankt seit Tagesbeginn, wie langsamwandelnd Gewitter,
Dort auf schäumenden Wassern die Schlacht, und es glühet der
                                                                Mittag,
Unbemerkt im Zorn, schon über dem Haupte den Kämpfern.
Aber die Männer des Volks, die Heroenenkel, sie walten
Hellern Auges jetzt, die Götterlieblinge denken
115 Des beschiedenen Glücks, es zähmen die Kinder Athenes
Ihren Genius, ihn, den todverachtenden, jetzt nicht.
Denn wie aus rauchendem Blut das Wild der Wüste noch einmal
Sich zuletzt verwandelt erhebt, der edleren Kraft gleich,
Und den Jäger erschröckt, kehrt jetzt im Glanze der Waffen,
120 Bei der Herrscher Gebot, furchtbargesammelt den Wilden,
Mitten im Untergang, die ermattete Seele noch einmal.
Und entbrannter beginnt's; wie Paare ringender Männer
Fassen die Schiffe sich an, in die Woge taumelt das Steuer,
Unter den Streitern bricht der Boden, und Schiffer und Schiff sinkt.

125 Aber in schwindelnden Traum vom Liede des Tages gesungen,
Rollt der König den Blick; irrlächelnd über den Ausgang
Droht er, und fleht, und frohlockt, und sendet, wie Blitze, die Boten.
Doch er sendet umsonst, es kehret keiner ihm wieder.
Blutige Boten, Erschlagne des Heers, und berstende Schiffe,
130 Wirft die Rächerin ihm zahllos, die donnernde Woge,
Vor den Thron, wo er sitzt am bebenden Ufer, der Arme,
Schauend die Flucht, und fort in die fliehende Menge gerissen,
Eilt er, ihn treibt der Gott, es treibt sein irrend Geschwader
Über die Fluten der Gott, der spottend sein eitel Geschmeid ihm
135 Endlich zerschlug und den Schwachen erreicht' in der drohenden
                                                               Rüstung.

Aber liebend zurück zum einsamharrenden Strome
Kommt der Athener Volk und von den Bergen der Heimat
Wogen, freudig gemischt, die glänzenden Scharen herunter
Ins verlassene Tal, ach! gleich der gealterten Mutter,
140 Wenn nach Jahren das Kind, das verlorengeachtete, wieder

Lebend ihr an die Brüste kehrt, ein erwachsener Jüngling,
Aber im Gram ist ihr die Seele gewelkt und die Freude
Kommt der hoffnungsmüden zu spät und mühsam vernimmt sie,
Was der liebende Sohn in seinem Danke geredet:
So erscheint den Kommenden dort der Boden der Heimat.   145
Denn es fragen umsonst nach ihren Hainen die Frommen,
Und die Sieger empfängt die freundliche Pforte nicht wieder,
Wie den Wanderer sonst sie empfing, wenn er froh von den Inseln
Wiederkehrt' und die selige Burg der Mutter Athene
Über sehnendem Haupt ihm fernherglänzend heraufging.   150
Aber wohl sind ihnen bekannt die veröfdeten Gassen
Und die trauernden Gärten umher und auf der Agora,
Wo des Portikus Säulen gestürzt und die göttlichen Bilder
Liegen, da reicht in der Seele bewegt, und der Treue sich freuend,
Jetzt das liebende Volk zum Bunde die Hände sich wieder.   155
Bald auch suchet und sieht den Ort des eigenen Hauses
Unter dem Schutt der Mann; ihm weint am Halse, der trauten
Schlummerstätte gedenk, sein Weib, es fragen die Kindlein
Nach dem Tische, wo sonst in lieblicher Reihe sie saßen,
Von den Vätern gesehn, den lächelnden Göttern des Hauses.   160
Aber Gezelte bauet das Volk, es schließen die alten
Nachbarn wieder sich an, und nach des Herzens Gewohnheit
Ordnen die luftigen Wohnungen sich umher an den Hügeln.
So indessen wohnen sie nun, wie die Freien, die Alten,
Die, der Stärke gewiß und dem kommenden Tage vertrauend,   165
Wandernden Vögeln gleich, mit Gesange von Berge zu Berg einst
Zogen, die Fürsten des Forsts und des weitumirrenden Stromes.
Doch umfängt noch, wie sonst, die Muttererde, die treue,
Wieder ihr edel Volk, und unter heiligem Himmel
Ruhen sie sanft, wenn milde, wie sonst, die Lüfte der Jugend   170
Um die Schlafenden wehn, und aus Platanen Ilissus
Ihnen herüberrauscht, und neue Tage verkündend,
Lockend zu neuen Taten, bei Nacht die Woge des Meergotts
Fernher tönt und fröhliche Träume den Lieblingen sendet.
Schon auch sprossen und blühn die Blumen mählich, die goldnen,   17
Auf zertretenem Feld, von frommen Händen gewartet,
Grünet der Ölbaum auf, und auf Kolonos' Gefilden
Nähren friedlich, wie sonst, die Athenischen Rosse sich wieder.

Aber der Muttererd und dem Gott der Woge zu Ehren
180 Blühet die Stadt itzt auf, ein herrlich Gebild, dem Gestirn gleich
Sichergegründet, des Genius Werk, denn Fesseln der Liebe
Schafft er gerne sich so, so hält in großen Gestalten,
Die er selbst sich erbaut, der immerrege sich bleibend.
Sieh! und dem Schaffenden dienet der Wald, ihm reicht mit den andern
185 Bergen nahe zur Hand der Pentele Marmor und Erze,
Aber lebend, wie er, und froh und herrlich entquillt es
Seinen Händen, und leicht, wie der Sonne, gedeiht das Geschäft ihm.
Brunnen steigen empor und über die Hügel in reinen
Bahnen gelenkt, eilet der Quell das glänzende Becken;
190 Und umher an ihnen erglänzt, gleich festlichen Helden
Am gemeinsamen Kelch, die Reihe der Wohnungen, hoch ragt
Der Prytanen Gemach, es stehn Gymnasien offen,
Göttertempel entstehn, ein heiligkühner Gedanke
Steigt, Unsterblichen nah, das Olympion auf in den Äther
195 Aus dem seligen Hain; noch manche der himmlischen Hallen!
Mutter Athene, dir auch, dir wuchs dein herrlicher Hügel
Stolzer aus der Trauer empor und blühte noch lange,
Gott der Wogen und dir, und deine Lieblinge sangen
Frohversammelt noch oft am Vorgebirge den Dank dir.

200 O die Kinder des Glücks, die frommen! wandeln sie fern nun
Bei den Vätern daheim, und der Schicksalstage vergessen,
Drüben am Lethestrom, und bringt kein Sehnen sie wieder?
Sieht mein Auge sie nie? ach! findet über den tausend
Pfaden der grünenden Erd, ihr göttergleichen Gestalten!
205 Euch das Suchende nie, und vernahm ich darum die Sprache,
Darum die Sage von euch, daß immertrauernd die Seele
Vor der Zeit mir hinab zu euern Schatten entfliehe?
Aber näher zu euch, wo eure Haine noch wachsen,
Wo sein einsames Haupt in Wolken der heilige Berg hüllt,
210 Zum Parnassos will ich, und wenn im Dunkel der Eiche
Schimmernd, mir Irrenden dort Kastalias Quelle begegnet,
Will ich, mit Tränen gemischt, aus blütenumdufteter Schale
Dort, auf keimendes Grün, das Wasser gießen, damit doch,
O ihr Schlafenden all! ein Totenopfer euch werde.

Dort im schweigenden Tal, an Tempes hangenden Felsen, 215
Will ich wohnen mit euch, dort oft, ihr herrlichen Namen!
Her euch rufen bei Nacht, und wenn ihr zürnend erscheinet,
Weil der Pflug die Gräber entweiht, mit der Stimme des Herzens
Will ich, mit frommem Gesang euch sühnen, heilige Schatten!
Bis zu leben mit euch, sich ganz die Seele gewöhnet. 220
Fragen wird der Geweihtere dann euch manches, ihr Toten!
Euch, ihr Lebenden auch, ihr hohen Kräfte des Himmels,
Wenn ihr über dem Schutt mit euren Jahren vorbeigeht,
Ihr in der sicheren Bahn! denn oft ergreifet das Irrsal
Unter den Sternen mir, wie schaurige Lüfte, den Busen, 225
Daß ich spähe nach Rat, und lang schon reden sie nimmer
Trost den Bedürftigen zu, die prophetischen Haine Dodonas,
Stumm ist der delphische Gott, und einsam liegen und öde
Längst die Pfade, wo einst, von Hoffnungen leise geleitet,
Fragend der Mann zur Stadt des redlichen Sehers heraufstieg. 230
Aber droben das Licht, es spricht noch heute zu Menschen,
Schöner Deutungen voll und des großen Donnerers Stimme
Ruft es: Denket ihr mein? und die trauernde Woge des Meergotts
Hallt es wider: Gedenkt ihr nimmer meiner, wie vormals?
Denn es ruhn die Himmlischen gern am fühlenden Herzen; 235
Immer, wie sonst, geleiten sie noch, die begeisternden Kräfte,
Gerne den strebenden Mann und über Bergen der Heimat
Ruht und waltet und lebt allgegenwärtig der Äther,
Daß ein liebendes Volk in des Vaters Armen gesammelt,
Menschlich freudig, wie sonst, und *ein* Geist allen gemein sei. 240
Aber weh! es wandelt in Nacht, es wohnt, wie im Orkus,
Ohne Göttliches unser Geschlecht. Ans eigene Treiben
Sind sie geschmiedet allein, und sich in der tosenden Werkstatt
Höret jeglicher nur und viel arbeiten die Wilden
Mit gewaltigem Arm, rastlos, doch immer und immer 245
Unfruchtbar, wie die Furien, bleibt die Mühe der Armen.
Bis, erwacht vom ängstigen Traum, die Seele den Menschen
Aufgeht, jugendlich froh, und der Liebe segnender Othem
Wieder, wie vormals oft, bei Hellas' blühenden Kindern,
Wehet in neuer Zeit und über freierer Stirne 250
Uns der Geist der Natur, der fernherwandelnde, wieder
Stilleweilend der Gott in goldnen Wolken erscheinet.

Ach! und säumest du noch? und jene, die Göttlichgebornen,
Wohnen immer, o Tag! noch als in Tiefen der Erde
255 Einsam unten, indes ein immerlebender Frühling
Unbesungen über dem Haupt den Schlafenden dämmert?
Aber länger nicht mehr! schon hör ich ferne des Festtags
Chorgesang auf grünem Gebirg und das Echo der Haine,
Wo der Jünglinge Brust sich hebt, wo die Seele des Volks sich
260 Stillvereint im freieren Lied, zur Ehre des Gottes,
Dem die Höhe gebührt, doch auch die Tale sind heilig;
Denn, wo fröhlich der Strom in wachsender Jugend hinauseilt,
Unter Blumen des Lands, und wo auf sonnigen Ebnen
Edles Korn und der Obstwald reift, da kränzen am Feste
265 Gerne die Frommen sich auch, und auf dem Hügel der Stadt glänzt,
Menschlicher Wohnung gleich, die himmlische Halle der Freude.
Denn voll göttlichen Sinns ist alles Leben geworden,
Und vollendend, wie sonst, erscheinst du wieder den Kindern
Überall, o Natur! und, wie vom Quellengebirg, rinnt
270 Segen von da und dort in die keimende Seele dem Volke.
Dann, dann, o ihr Freuden Athens! ihr Taten in Sparta!
Köstliche Frühlingszeit im Griechenlande! wenn unser
Herbst kömmt, wenn ihr gereift, ihr Geister alle der Vorwelt!
Wiederkehret und siehe! des Jahrs Vollendung ist nahe!
275 Dann erhalte das Fest auch euch, vergangene Tage!
Hin nach Hellas schaue das Volk, und weinend und dankend
Sänftige sich in Erinnerungen der stolze Triumphtag!

Aber blühet indes, bis unsre Früchte beginnen,
Blüht, ihr Gärten Ioniens! nur, und die an Athens Schutt
280 Grünen, ihr Holden! verbergt dem schauenden Tage die Trauer!
Kränzt mit ewigem Laub, ihr Lorbeerwälder! die Hügel
Eurer Toten umher, bei Marathon dort, wo die Knaben
Siegend starben, ach! dort auf Chäroneas Gefilden,
Wo mit den Waffen ins Blut die letzten Athener enteilten,
285 Fliehend vor dem Tage der Schmach, dort, dort von den Bergen
Klagt ins Schlachttal täglich herab, dort singet von Ötas
Gipfeln das Schicksalslied, ihr wandelnden Wasser, herunter!
Aber du, unsterblich, wenn auch der Griechengesang schon
Dich nicht feiert, wie sonst, aus deinen Wogen, o Meergott!

Töne mir in die Seele noch oft, daß über den Wassern 290
Furchtlosrege der Geist, dem Schwimmer gleich, in der Starken
Frischem Glücke sich üb, und die Göttersprache das Wechseln
Und das Werden versteh, und wenn die reißende Zeit mir
Zu gewaltig das Haupt ergreift und die Not und das Irrsal
Unter Sterblichen mir mein sterblich Leben erschüttert, 295
Laß der Stille mich dann in deiner Tiefe gedenken.

EMPEDOKLES

Das Leben suchst du, suchst, und es quillt und glänzt
   Ein göttlich Feuer tief aus der Erde dir,
      Und du in schauderndem Verlangen 4
         Wirfst dich hinab, in des Ätna Flammen.

So schmelzt' im Weine Perlen der Übermut
   Der Königin; und mochte sie doch! hättst du
      Nur deinen Reichtum nicht, o Dichter, 8
         Hin in den gärenden Kelch geopfert!

Doch heilig bist du mir, wie der Erde Macht,
   Die dich hinwegnahm, kühner Getöteter!
      Und folgen möcht ich in die Tiefe, 12
         Hielte die Liebe mich nicht, dem Helden.

Heidelberg

Lange lieb ich dich schon, möchte dich, mir zur Lust,
   Mutter nennen, und dir schenken ein kunstlos Lied,
     Du, der Vaterlandsstädte
        Ländlichschönste, so viel ich sah.

Wie der Vogel des Walds über die Gipfel fliegt,
   Schwingt sich über den Strom, wo er vorbei dir glänzt,
     Leicht und kräftig die Brücke,
        Die von Wagen und Menschen tönt.

Wie von Göttern gesandt, fesselt' ein Zauber einst
   Auf die Brücke mich an, da ich vorüberging,
     Und herein in die Berge
        Mir die reizende Ferne schien,

Und der Jüngling, der Strom, fort in die Ebne zog,
   Traurigfroh, wie das Herz, wenn es, sich selbst zu schön,
     Liebend unterzugehen,
        In die Fluten der Zeit sich wirft.

Quellen hattest du ihm, hattest dem Flüchtigen
   Kühle Schatten geschenkt, und die Gestade sahn
     All ihm nach, und es bebte
        Aus den Wellen ihr lieblich Bild.

Aber schwer in das Tal hing die gigantische,
   Schicksalskundige Burg nieder bis auf den Grund,
     Von den Wettern zerrissen;
        Doch die ewige Sonne goß

Ihr verjüngendes Licht über das alternde
   Riesenbild, und umher grünte lebendiger
     Efeu; freundliche Wälder
        Rauschten über die Burg herab.

Sträuche blühten herab, bis wo im heitern Tal,
  An den Hügel gelehnt, oder dem Ufer hold,
    Deine fröhlichen Gassen
      Unter duftenden Gärten ruhn.   32

Die Götter

Du stiller Äther! immer bewahrst du schön
  Die Seele mir im Schmerz, und es adelt sich
    Zur Tapferkeit vor deinen Strahlen,
      Helios! oft die empörte Brust mir.   4

Ihr guten Götter! arm ist, wer euch nicht kennt,
  Im rohen Busen ruhet der Zwist ihm nie,
    Und Nacht ist ihm die Welt und keine
      Freude gedeihet und kein Gesang ihm.   8

Nur ihr, mit eurer ewigen Jugend, nährt
  In Herzen, die euch lieben, den Kindersinn,
    Und laßt in Sorgen und in Irren
      Nimmer den Genius sich vertraurn.   12

Der Neckar

In deinen Tälern wachte mein Herz mir auf
  Zum Leben, deine Wellen umspielten mich,
    Und all der holden Hügel, die dich
      Wanderer! kennen, ist keiner fremd mir.   4

Auf ihren Gipfeln löste des Himmels Luft
  Mir oft der Knechtschaft Schmerzen; und aus dem Tal,
    Wie Leben aus dem Freudebecher,
      Glänzte die bläuliche Silberwelle.   8

Der Berge Quellen eilten hinab zu dir,
  Mit ihnen auch mein Herz und du nahmst uns mit,
    Zum stillerhabnen Rhein, zu seinen
      Städten hinunter und lust'gen Inseln.

Noch dünkt die Welt mir schön, und das Aug entflieht
  Verlangend nach den Reizen der Erde mir,
    Zum goldnen Paktol, zu Smyrnas
      Ufer, zu Ilions Wald. Auch möcht ich

Bei Sunium oft landen, den stummen Pfad
  Nach deinen Säulen fragen, Olympion!
    Noch eh der Sturmwind und das Alter
      Hin in den Schutt der Athenertempel

Und ihrer Gottesbilder auch dich begräbt,
  Denn lang schon einsam stehst du, o Stolz der Welt,
    Die nicht mehr ist. Und o ihr schönen
      Inseln Ioniens! wo die Meerluft

Die heißen Ufer kühlt und den Lorbeerwald
  Durchsäuselt, wenn die Sonne den Weinstock wärmt,
    Ach! wo ein goldner Herbst dem armen
      Volk in Gesänge die Seufzer wandelt,

Wenn sein Granatbaum reift, wenn aus grüner Nacht
  Die Pomeranze blinkt, und der Mastixbaum
    Von Harze träuft und Pauk und Cymbel
      Zum labyrinthischen Tanze klingen.

Zu euch, ihr Inseln! bringt mich vielleicht, zu euch
  Mein Schutzgott einst; doch weicht mir aus treuem Sinn
    Auch da mein Neckar nicht mit seinen
      Lieblichen Wiesen und Uferweiden.

Die Heimat

Froh kehrt der Schiffer heim an den stillen Strom,
 Von Inseln fernher, wenn er geerntet hat;
  So käm auch ich zur Heimat, hätt ich
   Güter so viele, wie Leid, geerntet.

Ihr teuern Ufer, die mich erzogen einst,
 Stillt ihr der Liebe Leiden, versprecht ihr mir,
  Ihr Wälder meiner Jugend, wenn ich
   Komme, die Ruhe noch einmal wieder?

Am kühlen Bache, wo ich der Wellen Spiel,
 Am Strome, wo ich gleiten die Schiffe sah,
  Dort bin ich bald; euch traute Berge,
   Die mich behüteten einst, der Heimat

Verehrte sichre Grenzen, der Mutter Haus
 Und liebender Geschwister Umarmungen
  Begrüß ich bald und ihr umschließt mich,
   Daß, wie in Banden, das Herz mir heile,

Ihr treugebliebnen! aber ich weiß, ich weiß,
 Der Liebe Leid, dies heilet so bald mir nicht,
  Dies singt kein Wiegensang, den tröstend
   Sterbliche singen, mir aus dem Busen.

Denn sie, die uns das himmlische Feuer leihn,
 Die Götter schenken heiliges Leid uns auch,
  Drum bleibe dies. Ein Sohn der Erde
   Schein ich; zu lieben gemacht, zu leiden.

Die Liebe

Wenn ihr Freunde vergeßt, wenn ihr die Euern all,
   O ihr Dankbaren, sie, euere Dichter schmäht,
     Gott vergeb es, doch ehret
        Nur die Seele der Liebenden.

Denn o saget, wo lebt menschliches Leben sonst,
   Da die knechtische jetzt alles, die Sorge, zwingt?
     Darum wandelt der Gott auch
        Sorglos über dem Haupt uns längst.

Doch, wie immer das Jahr kalt und gesanglos ist
   Zur beschiedenen Zeit, aber aus weißem Feld
     Grüne Halme doch sprossen,
        Oft ein einsamer Vogel singt,

Wenn sich mählich der Wald dehnet, der Strom sich regt,
   Schon die mildere Luft leise von Mittag weht
     Zur erlesenen Stunde,
        So ein Zeichen der schönern Zeit,

Die wir glauben, erwächst einziggenügsam noch,
   Einzig edel und fromm über dem ehernen,
     Wilden Boden die Liebe,
        Gottes Tochter, von ihm allein.

Sei gesegnet, o sei, himmlische Pflanze, mir
   Mit Gesange gepflegt, wenn des ätherischen
     Nektars Kräfte dich nähren,
        Und der schöpfrische Strahl dich reift.

Wachs und werde zum Wald! eine beseeltere,
   Vollentblühende Welt! Sprache der Liebenden
     Sei die Sprache des Landes,
        Ihre Seele der Laut des Volks!

LEBENSLAUF

Größers wolltest auch du, aber die Liebe zwingt
  All uns nieder, das Leid beuget gewaltiger,
    Doch es kehret umsonst nicht
      Unser Bogen, woher er kommt.

Aufwärts oder hinab! herrschet in heil'ger Nacht,
  Wo die stumme Natur werdende Tage sinnt,
    Herrscht im schiefesten Orkus
      Nicht ein Grades, ein Recht noch auch?

Dies erfuhr ich. Denn nie, sterblichen Meistern gleich,
  Habt ihr Himmlischen, ihr Alleserhaltenden,
    Daß ich wüßte, mit Vorsicht
      Mich des ebenen Pfads geführt.

Alles prüfe der Mensch, sagen die Himmlischen,
  Daß er, kräftig genährt, danken für alles lern,
    Und verstehe die Freiheit,
      Aufzubrechen, wohin er will.

DER ABSCHIED

Trennen wollten wir uns? wähnten es gut und klug?
  Da wir's taten, warum schröckte, wie Mord, die Tat?
    Ach! wir kennen uns wenig,
      Denn es waltet ein Gott in uns.

Den verraten! ach ihn, welcher uns alles erst,
  Sinn und Leben erschuf, ihn, den beseelenden
    Schutzgott unserer Liebe,
      Dies, dies *eine* vermag ich nicht.

Aber anderen Fehl denket der Menschen Sinn,
  Andern ehernen Dienst übt er und anders Recht,

>   Und es fodert die Seele
>   Tag für Tag der Gebrauch uns ab.
>
> Wohl! ich wußt es zuvor. Seit der gewurzelte
>   Allentzweiende Haß Götter und Menschen trennt,
>   Muß, mit Blut sie zu sühnen,
>   Muß der Liebenden Herz vergehn.
>
> Laß mich schweigen! o laß nimmer von nun an mich
>   Dieses Tödliche sehn, daß ich im Frieden doch
>   Hin ins Einsame ziehe,
>   Und noch unser der Abschied sei!
>
> Reich die Schale mir selbst, daß ich des rettenden
>   Heil'gen Giftes genug, daß ich des Lethetranks
>   Mit dir trinke, daß alles,
>   Haß und Liebe, vergessen sei!
>
> Hingehn will ich. Vielleicht seh ich in langer Zeit
>   Diotima! dich hier. Aber verblutet ist
>   Dann das Wünschen und friedlich
>   Gleich den Seligen, fremd sind wir,
>
> Und ein ruhig Gespräch führet uns auf und ab,
>   Sinnend, zögernd, doch itzt faßt die Vergessenen
>   Hier die Stelle des Abschieds,
>   Es erwarmet ein Herz in uns,
>
> Staunend seh ich dich an, Stimmen und süßen Sang,
>   Wie aus voriger Zeit, hör ich und Saitenspiel,
>   Und befreiet, in Lüfte
>   Fliegt in Flammen der Geist uns auf.

Diotima

Du schweigst und duldest, denn sie verstehn dich nicht,
  Du edles Leben! siehest zur Erd und schweigst
    Am schönen Tag, denn ach! umsonst nur
      Suchst du die Deinen im Sonnenlichte,

Die Königlichen, welche, wie Brüder doch,
  Wie eines Hains gesellige Gipfel sonst
    Der Lieb und Heimat sich und ihres
      Immerumfangenden Himmels freuten,

Des Ursprungs noch in tönender Brust gedenk;
  Die Dankbarn, sie, sie mein ich, die einzigtreu
    Bis in den Tartarus hinab die Freude
      Brachten, die Freien, die Göttermenschen,

Die zärtlichgroßen Seelen, die nimmer sind;
  Denn sie beweint, so lange das Trauerjahr
    Schon dauert, von den vor'gen Sternen
      Täglich gemahnet, das Herz noch immer

Und diese Totenklage, sie ruht nicht aus.
  Die Zeit doch heilt. Die Himmlischen sind jetzt stark,
    Sind schnell. Nimmt denn nicht schon ihr altes
      Freudiges Recht die Natur sich wieder?

Sieh! eh noch unser Hügel, o Liebe, sinkt,
  Geschieht's, und ja! noch siehet mein sterblich Lied
    Den Tag, der, Diotima! nächst den
      Göttern mit Helden dich nennt, und dir gleicht.

Rückkehr in die Heimat

Ihr milden Lüfte! Boten Italiens!
   Und du mit deinen Pappeln, geliebter Strom!
     Ihr wogenden Gebirg! o all ihr
         Sonnigen Gipfel, so seid ihr's wieder?

Du stiller Ort! in Träumen erschienst du fern
   Nach hoffnungslosem Tage dem Sehenden,
     Und du mein Haus, und ihr Gespielen,
         Bäume des Hügels, ihr wohlbekannten!

Wie lang ist's, o wie lange! des Kindes Ruh
   Ist hin, und hin ist Jugend und Lieb und Lust;
     Doch du, mein Vaterland! du heilig-
         Duldendes! siehe, du bist geblieben.

Und darum, daß sie dulden mit dir, mit dir
   Sich freun, erziehst du, teures! die Deinen auch
     Und mahnst in Träumen, wenn sie ferne
         Schweifen und irren, die Ungetreuen.

Und wenn im heißen Busen dem Jünglinge
   Die eigenmächt'gen Wünsche besänftiget
     Und stille vor dem Schicksal sind, dann
         Gibt der Geläuterte dir sich lieber.

Lebt wohl dann, Jugendtage, du Rosenpfad
   Der Lieb, und all ihr Pfade des Wanderers,
     Lebt wohl! und nimm und segne du mein
         Leben, o Himmel der Heimat, wieder!

Der Wanderer

⟨Zweite Fassung⟩

Einsam stand ich und sah in die afrikanischen dürren
  Ebnen hinaus; vom Olymp regnete Feuer herab,
Reißendes! milder kaum, wie damals, da das Gebirg hier
  Spaltend mit Strahlen der Gott Höhen und Tiefen gebaut.
Aber auf denen springt kein frischaufgrünender Wald nicht   5
  In die tönende Luft üppig und herrlich empor.
Unbekränzt ist die Stirne des Bergs und beredsame Bäche
  Kennet er kaum, es erreicht selten die Quelle das Tal.
Keiner Herde vergeht am plätschernden Brunnen der Mittag,
  Freundlich aus Bäumen hervor blickte kein gastliches Dach.   10
Unter dem Strauche saß ein ernster Vogel gesanglos,
  Aber die Wanderer flohn eilend, die Störche, vorbei.
Da bat ich um Wasser dich nicht, Natur! in der Wüste,
  Wasser bewahrte mir treulich das fromme Kamel.
Um der Haine Gesang, ach! um die Gärten des Vaters   15
  Bat ich vom wandernden Vogel der Heimat gemahnt.
Aber du sprachst zu mir: Auch hier sind Götter und walten,
  Groß ist ihr Maß, doch es mißt gern mit der Spanne der Mensch.

Und es trieb die Rede mich an, noch andres zu suchen,
  Fern zum nördlichen Pol kam ich in Schiffen herauf.   20
Still in der Hülse von Schnee schlief da das gefesselte Leben,
  und der eiserne Schlaf harrte seit Jahren des Tags.
Denn zu lang nicht schlang um die Erde den Arm der Olymp hier,
  Wie Pygmalions Arm um die Geliebte sich schlang.
Hier bewegt' er ihr nicht mit dem Sonnenblicke den Busen,   25
  Und in Regen und Tau sprach er nicht freundlich zu ihr;
Und mich wunderte des und töricht sprach ich: O Mutter
  Erde, verlierst du denn immer, als Witwe, die Zeit?
Nichts zu erzeugen ist ja und nichts zu pflegen in Liebe,
  Alternd im Kinde sich nicht wieder zu sehn, wie der Tod.
Aber vielleicht erwarmst du dereinst am Strahle des Himmels,
  Aus dem dürftigen Schlaf schmeichelt sein Othem dich auf;

Daß, wie ein Samkorn, du die eherne Schale zersprengest,
  Los sich reißt und das Licht grüßt die entbundene Welt,
35 All die gesammelte Kraft aufflammt in üppigem Frühling,
  Rosen glühen und Wein sprudelt im kärglichen Nord.

Also sagt ich und jetzt kehr ich an den Rhein, in die Heimat,
  Zärtlich, wie vormals, wehn Lüfte der Jugend mich an;
Und das strebende Herz besänftigen mir die vertrauten
40 Offnen Bäume, die einst mich in den Armen gewiegt,
Und das heilige Grün, der Zeuge des seligen, tiefen
  Lebens der Welt, es erfrischt, wandelt zum Jüngling mich um.
Alt bin ich geworden indes, mich bleichte der Eispol,
  Und im Feuer des Süds fielen die Locken mir aus.
45 Aber wenn einer auch am letzten der sterblichen Tage,
  Fernher kommend und müd bis in die Seele noch jetzt
Wiedersähe dies Land, noch einmal müßte die Wang ihm
  Blühn, und erloschen fast glänzte sein Auge noch auf.
Seliges Tal des Rheins! kein Hügel ist ohne den Weinstock,
50 Und mit der Traube Laub Mauer und Garten bekränzt,
Und des heiligen Tranks sind voll im Strome die Schiffe,
  Städt und Inseln, sie sind trunken von Weinen und Obst.
Aber lächelnd und ernst ruht droben der Alte, der Taunus,
  Und mit Eichen bekränzt neiget der Freie das Haupt.

 5 Und jetzt kommt vom Walde der Hirsch, aus Wolken das Tagslicht,
  Hoch in heiterer Luft siehet der Falke sich um.
Aber unten im Tal, wo die Blume sich nähret von Quellen,
  Streckt das Dörfchen bequem über die Wiese sich aus.
Still ist's hier. Fern rauscht die immer geschäftige Mühle,
  Aber das Neigen des Tags künden die Glocken mir an.
Lieblich tönt die gehämmerte Sens und die Stimme des Landmanns,
  Der heimkehrend dem Stier gerne die Schritte gebeut,
Lieblich der Mutter Gesang, die im Grase sitzt mit dem Söhnlein;
  Satt vom Sehen entschlief's; aber die Wolken sind rot,
Und am glänzenden See, wo der Hain das offene Hoftor
  Übergrünt und das Licht golden die Fenster umspielt,
Dort empfängt mich das Haus und des Gartens heimliches Dunkel,
  Wo mit den Pflanzen mich einst liebend der Vater erzog;

Wo ich frei, wie Geflügelte, spielt auf luftigen Ästen,
  Oder ins treue Blau blickte vom Gipfel des Hains. 70
Treu auch bist du von je, treu auch dem Flüchtlinge blieben,
  Freundlich nimmst du, wie einst, Himmel der Heimat, mich auf.

Noch gedeihn die Pfirsiche mir, mich wundern die Blüten,
  Fast, wie die Bäume, steht herrlich mit Rosen der Strauch.
Schwer ist worden indes von Früchten dunkel mein Kirschbaum, 75
  Und der pflückenden Hand reichen die Zweige sich selbst.
Auch zum Walde zieht mich, wie sonst, in die freiere Laube
  Aus dem Garten der Pfad oder hinab an den Bach,
Wo ich lag, und den Mut erfreut am Ruhme der Männer,
  Ahnender Schiffer; und das konnten die Sagen von euch, 80
Daß in die Meer ich fort, in die Wüsten mußt, ihr Gewalt'gen!
  Ach! indes mich umsonst Vater und Mutter gesucht.
Aber wo sind sie? du schweigst? du zögerst? Hüter des Hauses!
  Hab ich gezögert doch auch! habe die Schritte gezählt,
Da ich nahet, und bin, gleich Pilgern, stille gestanden. 85
  Aber gehe hinein, melde den Fremden, den Sohn,
Daß sich öffnen die Arm und mir ihr Segen begegne,
  Daß ich geweiht und gegönnt wieder die Schwelle mir sei!
Aber ich ahn es schon, in heilige Fremde dahin sind
  Nun auch sie mir, und nie kehret ihr Lieben zurück.

Vater und Mutter? und wenn noch Freunde leben, sie haben
  Andres gewonnen, sie sind nimmer die Meinigen mehr.
Kommen werd ich, wie sonst, und die alten, die Namen der Liebe
  Nennen, beschwören das Herz, ob es noch schlage, wie sonst,
Aber stille werden sie sein. So bindet und scheidet
  Manches die Zeit. Ich dünk ihnen gestorben, sie mir.
Und so bin ich allein. Du aber, über den Wolken,
  Vater des Vaterlands! mächtiger Äther! und du
Erd und Licht! ihr einigen drei, die walten und lieben,
  Ewige Götter! mit euch brechen die Bande mir nie.
Ausgegangen von euch, mit euch auch bin ich gewandert,
  Euch, ihr Freudigen, euch bring ich erfahrner zurück.
Darum reiche mir nun, bis obenan von des Rheines
  Warmen Bergen mit Wein reiche den Becher gefüllt!

105 Daß ich den Göttern zuerst und das Angedenken der Helden
 Trinke, der Schiffer, und dann eures, ihr Trautesten! auch,
Eltern und Freund'! und der Mühn und aller Leiden vergesse
 Heut und morgen und schnell unter den Heimischen sei.

DER GANG AUFS LAND

An Landauer

Komm! ins Offene, Freund! zwar glänzt ein weniges heute
 Nur herunter und eng schließet der Himmel uns ein.
Weder die Berge sind noch aufgegangen des Waldes
 Gipfel nach Wunsch und leer ruht von Gesange die Luft.
5 Trüb ist's heut, es schlummern die Gäng und die Gassen und fast will
 Mir es scheinen, es sei, als in der bleiernen Zeit.
Dennoch gelinget der Wunsch, Rechtgläubige zweifeln an *einer*
 Stunde nicht und der Lust bleibe geweihet der Tag.
Denn nicht wenig erfreut, was wir vom Himmel gewonnen,
10 Wenn er's weigert und doch gönnet den Kindern zuletzt.
Nur daß solcher Reden und auch der Schritt' und der Mühe
 Wert der Gewinn und ganz wahr das Ergötzliche sei.
Darum hoff ich sogar, es werde, wenn das Gewünschte
 Wir beginnen und erst unsere Zunge gelöst,
15 Und gefunden das Wort, und aufgegangen das Herz ist,
 Und von trunkener Stirn höher Besinnen entspringt,
Mit der unsern zugleich des Himmels Blüte beginnen,
 Und dem offenen Blick offen der Leuchtende sein.

Denn nicht Mächtiges ist's, zum Leben aber gehört es,
20 Was wir wollen, und scheint schicklich und freudig zugleich.
Aber kommen doch auch der segenbringenden Schwalben
 Immer einige noch, ehe der Sommer, ins Land.
Nämlich droben zu weihn bei guter Rede den Boden,
 Wo den Gästen das Haus baut der verständige Wirt;
 Daß sie kosten und schaun das Schönste, die Fülle des Landes,
 Daß, wie das Herz es wünscht, offen, dem Geiste gemäß
Mahl und Tanz und Gesang und Stuttgarts Freude gekrönt sei,
 Deshalb wollen wir heut wünschend den Hügel hinauf.

Mög ein Besseres noch das menschenfreundliche Mailicht
   Drüber sprechen, von selbst bildsamen Gästen erklärt,
Oder, wie sonst, wenn's andern gefällt, denn alt ist die Sitte,
   Und es schauen so oft lächelnd die Götter auf uns,
Möge der Zimmermann vom Gipfel des Daches den Spruch tun,
   Wir, so gut es gelang, haben das Unsre getan.

Aber schön ist der Ort, wenn in Feiertagen des Frühlings
   Aufgegangen das Tal, wenn mit dem Neckar herab
Weiden grünend und Wald und all die grünenden Bäume
   Zahllos, blühend weiß, wallen in wiegender Luft,
Aber mit Wölkchen bedeckt an Bergen herunter der Weinstock
   Dämmert und wächst und erwarmt unter dem sonnigen Duft.

Die Entschlafenen

Einen vergänglichen Tag lebt ich und wuchs mit den Meinen,
   Eins ums andere schon schläft mir und fliehet dahin.
Doch ihr Schlafenden wacht am Herzen mir, in verwandter
   Seele ruhet von euch mir das entfliehende Bild.
Und lebendiger lebt ihr dort, wo des göttlichen Geistes
   Freude die Alternden all, alle die Toten verjüngt.

⟨An Landauer⟩

Sei froh! Du hast das gute Los erkoren,
Denn tief und treu ward eine Seele dir;
Der Freunde Freund zu sein, bist du geboren,
Dies zeugen dir am Feste wir.

Und selig, wer im eignen Hause Frieden,
Wie du, und Lieb und Fülle sieht und Ruh;
Manch Leben ist, wie Licht und Nacht, verschieden,
In goldner Mitte wohnest du.

Dir glänzt die Sonn in wohlgebauter Halle,
Am Berge reift die Sonne dir den Wein,
Und immer glücklich führt die Güter alle
Der kluge Gott dir aus und ein.

Und Kind gedeiht, und Mutter um den Gatten,
Und wie den Wald die goldne Wolke krönt,
So seid auch ihr um ihn, geliebte Schatten!
Ihr Seligen, an ihn gewöhnt!

O seid mit ihm! denn Wolk und Winde ziehen
Unruhig öfters über Land und Haus,
Doch ruht das Herz bei allen Lebensmühen
Im heil'gen Angedenken aus.

Und sieh! aus Freude sagen wir von Sorgen;
Wie dunkler Wein, erfreut auch ernster Sang;
Das Fest verhallt, und jedes gehet morgen
Auf schmaler Erde seinen Gang.

DER MUTTER ERDE

Gesang der Brüder Ottmar, Hom, Tello

Ottmar
Statt offner Gemeine sing ich Gesang.
So spielt, von erfreulichen Händen
Wie zum Versuche berühret, eine Saite
Von Anfang. Aber freudig ernster neigt
Bald über die Harfe
Der Meister das Haupt und die Töne
Bereiten sich ihm, und werden geflügelt,
So viele sie sind, und zusammen tönt es unter dem Schlage
Des Weckenden und voll, wie aus Meeren, schwingt
Unendlich sich in die Lüfte die Wolke des Wohllauts.

Doch wird ein anderes noch
Wie der Harfe Klang
Der Gesang sein,
Der Chor des Volks.
Denn wenn er schon der Zeichen genug 15
Und Fluten in seiner Macht und Wetterflammen
Wie Gedanken hat, der heilige Vater,
    unaussprechlich wär er wohl
Und nirgend fänd er wahr sich unter den Lebenden wieder,
Wenn zum Gesange nicht hätt ein Herz die Gemeinde. 20

Noch aber

Doch wie der Fels erst ward,
Und geschmiedet wurden in schattiger Werkstatt,
               die ehernen Festen der Erde, 25
Noch ehe Bäche rauschten von den Bergen
und Hain' und Städte blüheten an den Strömen,
So hat er donnernd schon
Geschaffen ein reines Gesetz,
Und reine Laute gegründet. 30

            Hom
Indessen schon', o Mächtiger, des,
Der einsam singt und gib uns Lieder genug,
Bis ausgesprochen ist, wie wir
Es meinen, unserer Seele Geheimnis.
Denn öfters hört ich 35
Des alten Priesters Gesänge

          und so
Zu danken bereite die Seele mir auch.

Doch wandeln im Waffensaale
Mit gebundener Hand in müßigen Zeiten
Die Männer und schauen die Rüstungen an,
Voll Ernstes stehen sie und einer erzählt,

Wie die Väter sonst den Bogen gespannet
Fernhin des Zieles gewiß,
Und alle glauben es ihm,
Doch keiner darf es versuchen
Wie ein Gott   sinken die Arme
Der Menschen,
Auch ziemt ein Feiergewand an jedem Tage sich nicht.

Die Tempelsäulen stehn
Verlassen in Tagen der Not,
Wohl tönet des Nordsturms Echo
              tief in den Hallen,
Und der Regen machet sie rein,
Und Moos wächst und es kehren die Schwalben,
In Tagen des Frühlings, namlos aber ist
In ihnen der Gott, und die Schale des Danks
Und Opfergefäß und alle Heiligtümer
Begraben dem Feind in verschwiegener Erde.

Tello
Wer will auch danken, eh er empfängt,
Und Antwort geben, eh er gehört hat?
Ni   indes ein Höherer spricht,
Zu fallen in die tönende Rede.
Viel hat er zu sagen und anders Recht,
Und *einer* ist, der endet in Stunden nicht,
Und die Zeiten des Schaffenden sind,
Wie Gebirg,
Das hochaufwogend von Meer zu Meer
Hinziehet über die Erde,

Es sagen der Wanderer viele davon,
Und das Wild irrt in den Klüften,
Und die Horde schweifet über die Höhen,
In heiligem Schatten aber,
Am grünen Abhang wohnet
Der Hirt und schauet die Gipfel.
So

STUTTGART

An Siegfried Schmid

1

Wieder ein Glück ist erlebt. Die gefährliche Dürre geneset,
 Und die Schärfe des Lichts senget die Blüte nicht mehr.
Offen steht jetzt wieder ein Saal, und gesund ist der Garten,
 Und von Regen erfrischt rauschet das glänzende Tal,
Hoch von Gewächsen, es schwellen die Bäch und alle gebundnen
 Fittiche wagen sich wieder ins Reich des Gesangs.
Voll ist die Luft von Fröhlichen jetzt und die Stadt und der Hain ist
 Rings von zufriedenen Kindern des Himmels erfüllt.
Gerne begegnen sie sich, und irren untereinander,
 Sorgenlos, und es scheint keines zu wenig, zu viel.
Denn so ordnet das Herz es an, und zu atmen die Anmut,
 Sie, die geschickliche, schenkt ihnen ein göttlicher Geist.
Aber die Wanderer auch sind wohlgeleitet und haben
 Kränze genug und Gesang, haben den heiligen Stab
Vollgeschmückt mit Trauben und Laub bei sich und der Fichte
 Schatten; von Dorfe zu Dorf jauchzt es, von Tage zu Tag,
Und wie Wagen, bespannt mit freiem Wilde, so ziehn die
 Berge voran und so träget und eilet der Pfad.

2

Aber meinest du nun, es haben die Tore vergebens
 Aufgetan und den Weg freudig die Götter gemacht?
Und es schenken umsonst zu des Gastmahls Fülle die Guten
 Nebst dem Weine noch auch Beeren und Honig und Obst?
Schenken das purpurne Licht zu Festgesängen und kühl und
 Ruhig zu tieferem Freundesgespräche die Nacht?
Hält ein Ernsteres dich, so spar's dem Winter und willst du
 Freien, habe Geduld, Freier beglücket der Mai.
Jetzt ist anderes not, jetzt komm und feire des Herbstes
 Alte Sitte, noch jetzt blühet die Edle mit uns.
Eins nur gilt für den Tag, das Vaterland, und des Opfers
 Festlicher Flamme wirft jeder sein Eigenes zu.

Darum kränzt der gemeinsame Gott umsäuselnd das Haar uns,
  Und den eigenen Sinn schmelzet, wie Perlen, der Wein.
Dies bedeutet der Tisch, der geehrte, wenn, wie die Bienen,
  Rund um den Eichbaum, wir sitzen und singen um ihn,
35 Dies der Pokale Klang, und darum zwinget die wilden
  Seelen der streitenden Männer zusammen der Chor.

3

Aber damit uns nicht, gleich Allzuklugen, entfliehe
  Diese neigende Zeit, komm ich entgegen sogleich,
Bis an die Grenze des Lands, wo mir den lieben Geburtsort
40 Und die Insel des Stroms blaues Gewässer umfließt.
Heilig ist mir der Ort, an beiden Ufern, der Fels auch,
  Der mit Garten und Haus grün aus den Wellen sich hebt.
Dort begegnen wir uns; o gütiges Licht! wo zuerst mich
  Deiner gefühlteren Strahlen mich einer betraf.
45 Dort begann und beginnt das liebe Leben von neuem;
  Aber des Vaters Grab seh ich und weine dir schon?
Wein und halt und habe den Freund und höre das Wort, das
  Einst mir in himmlischer Kunst Leiden der Liebe geheilt.
Andres erwacht! ich muß die Landesheroen ihm nennen,
50 Barbarossa! dich auch, gütiger Christoph, und dich,
Konradin! wie du fielst, so fallen Starke, der Efeu
  Grünt am Fels und die Burg deckt das bacchantische Laub,
Doch Vergangenes ist, wie Künftiges, heilig den Sängern,
  Und in Tagen des Herbsts sühnen die Schatten wir uns.

4

5 So der Gewalt'gen gedenk und des herzerhebenden Schicksals,
  Tatlos selber, und leicht, aber vom Äther doch auch
Angeschauet und fromm, wie die Alten, die göttlicherzognen
  Freudigen Dichter ziehn freudig das Land wir hinauf.
Groß ist das Werden umher. Dort von den äußersten Bergen
10 Stammen der Jünglinge viel, steigen die Hügel herab.
Quellen rauschen von dort und hundert geschäftige Bäche,
  Kommen bei Tag und Nacht nieder und bauen das Land.

Aber der Meister pflügt die Mitte des Landes, die Furchen
  Ziehet der Neckarstrom, ziehet den Segen herab.
Und es kommen mit ihm Italiens Lüfte, die See schickt   65
  Ihre Wolken, sie schickt prächtige Sonnen mit ihm.
Darum wächset uns auch fast über das Haupt die gewalt'ge
  Fülle, denn hieher ward, hier in die Ebne das Gut
Reicher den Lieben gebracht, den Landesleuten, doch neidet
  Keiner an Bergen dort ihnen die Gärten, den Wein   70
Oder das üppige Gras und das Korn und die glühenden Bäume,
  Die am Wege gereiht über den Wanderern stehn.

5

Aber indes wir schaun und die mächtige Freude durchwandeln,
  Fliehet der Weg und der Tag uns, wie den Trunkenen, hin.
Denn mit heiligem Laub umkränzt erhebet die Stadt schon,   75
  Die gepriesene, dort leuchtend ihr priesterlich Haupt.
Herrlich steht sie und hält den Rebenstab und die Tanne
  Hoch in die seligen purpurnen Wolken empor.
Sei uns hold! dem Gast und dem Sohn, o Fürstin der Heimat!
  Glückliches Stuttgart, nimm freundlich den Fremdling mir auf!   80
Immer hast du Gesang mit Flöten und Saiten gebilligt,
  Wie ich glaub, und des Lieds kindlich Geschwätz und der Mühn
Süße Vergessenheit bei gegenwärtigem Geiste,
  Drum erfreuest du auch gerne den Sängern das Herz.
Aber ihr, ihr Größeren auch, ihr Frohen, die allzeit   85
  Leben und walten, erkannt, oder gewaltiger auch,
Wenn ihr wirket und schafft in heiliger Nacht und allein herrscht
  Und allmächtig empor ziehet ein ahnendes Volk,
Bis die Jünglinge sich der Väter droben erinnern,
  Mündig und hell vor euch steht der besonnene Mensch –   9

6

Engel des Vaterlands! o ihr, vor denen das Auge,
  Sei's auch stark, und das Knie bricht dem vereinzelten Mann,
Daß er halten sich muß an die Freund und bitten die Teuern,
  Daß sie tragen mit ihm all die beglückende Last,

95 Habt, o Gütige, Dank für den und alle die andern,
 Die mein Leben, mein Gut unter den Sterblichen sind.
 Aber die Nacht kommt! laß uns eilen, zu feiern das Herbstfest
 Heut noch! voll ist das Herz, aber das Leben ist kurz,
 Und was uns der himmlische Tag zu sagen geboten,
100 Das zu nennen, mein Schmid! reichen wir beide nicht aus.
 Treffliche bring ich dir und das Freudenfeuer wird hoch auf
 Schlagen und heiliger soll sprechen das kühnere Wort.
 Siehe! da ist es rein! und des Gottes freundliche Gaben,
 Die wir teilen, sie sind zwischen den Liebenden nur.
105 Anderes nicht – o kommt! o macht es wahr! denn allein ja
 Bin ich und niemand nimmt mir von der Stirne den Traum?
 Kommt und reicht, ihr Lieben, die Hand! das möge genug sein,
 Aber die größere Lust sparen dem Enkel wir auf.

BROT UND WEIN

An Heinse

1

Ringsum ruhet die Stadt; still wird die erleuchtete Gasse,
 Und, mit Fackeln geschmückt, rauschen die Wagen hinweg.
Satt gehn heim von Freuden des Tags zu ruhen die Menschen,
 Und Gewinn und Verlust wäget ein sinniges Haupt
5 Wohlzufrieden zu Haus; leer steht von Trauben und Blumen,
 Und von Werken der Hand ruht der geschäftige Markt.
Aber das Saitenspiel tönt fern aus Gärten; vielleicht, daß
 Dort ein Liebendes spielt oder ein einsamer Mann
Ferner Freunde gedenkt und der Jugendzeit; und die Brunnen
10 Immerquillend und frisch rauschen an duftendem Beet.
Still in dämmriger Luft ertönen geläutete Glocken,
 Und der Stunden gedenk rufet ein Wächter die Zahl.
Jetzt auch kommet ein Wehn und regt die Gipfel des Hains auf,
Sieh! und das Schattenbild unserer Erde, der Mond,

Kommet geheim nun auch; die Schwärmerische, die Nacht kommt, 15
  Voll mit Sternen und wohl wenig bekümmert um uns,
Glänzt die Erstaunende dort, die Fremdlingin unter den Menschen,
  Über Gebirgeshöhn traurig und prächtig herauf.

2

Wunderbar ist die Gunst der Hocherhabnen und niemand
  Weiß, von wannen und was einem geschiehet von ihr. 20
So bewegt sie die Welt und die hoffende Seele der Menschen,
  Selbst kein Weiser versteht, was sie bereitet, denn so
Will es der oberste Gott, der sehr dich liebet, und darum
  Ist noch lieber, wie sie, dir der besonnene Tag.
Aber zuweilen liebt auch klares Auge den Schatten 25
  Und versuchet zu Lust, eh es die Not ist, den Schlaf,
Oder es blickt auch gern ein treuer Mann in die Nacht hin,
  Ja, es ziemet sich, ihr Kränze zu weihn und Gesang,
Weil den Irrenden sie geheiliget ist und den Toten,
  Selber aber besteht, ewig, in freiestem Geist. 30
Aber sie muß uns auch, daß in der zaudernden Weile,
  Daß im Finstern für uns einiges Haltbare sei,
Uns die Vergessenheit und das Heiligtrunkene gönnen,
  Gönnen das strömende Wort, das, wie die Liebenden, sei,
Schlummerlos, und vollern Pokal und kühneres Leben, 35
  Heilig Gedächtnis auch, wachend zu bleiben bei Nacht.

3

Auch verbergen umsonst das Herz im Busen, umsonst nur
  Halten den Mut noch wir, Meister und Knaben, denn wer
Möcht es hindern und wer möcht uns die Freude verbieten?
  Göttliches Feuer auch treibet, bei Tag und bei Nacht, 40
Aufzubrechen. So komm! daß wir das Offene schauen,
  Daß ein Eigenes wir suchen, so weit es auch ist.
Fest bleibt eins; es sei um Mittag oder es gehe
  Bis in die Mitternacht, immer bestehet ein Maß,
Allen gemein, doch jeglichem auch ist eignes beschieden,
  Dahin gehet und kommt jeder, wohin er es kann.

Drum! und spotten des Spotts mag gern frohlockender Wahnsinn,
Wenn er in heiliger Nacht plötzlich die Sänger ergreift.
Drum an den Isthmos komm! dorthin, wo das offene Meer rauscht
50 Am Parnaß und der Schnee delphische Felsen umglänzt,
Dort ins Land des Olymps, dort auf die Höhe Kithärons,
Unter die Fichten dort, unter die Trauben, von wo
Thebe drunten und Ismenos rauscht im Lande des Kadmos,
Dorther kommt und zurück deutet der kommende Gott.

4

55 Seliges Griechenland! du Haus der Himmlischen alle,
Also ist wahr, was einst wir in der Jugend gehört?
Festlicher Saal! der Boden ist Meer! und Tische die Berge,
Wahrlich zu einzigem Brauche vor alters gebaut!
Aber die Thronen, wo? die Tempel, und wo die Gefäße,
60 Wo mit Nektar gefüllt, Göttern zu Lust der Gesang?
Wo, wo leuchten sie denn, die fernhintreffenden Sprüche?
Delphi schlummert und wo tönet das große Geschick?
Wo ist das schnelle? wo bricht's, allgegenwärtigen Glücks voll
Donnernd aus heiterer Luft über die Augen herein?
65 Vater Äther! so rief's und flog von Zunge zu Zunge
Tausendfach, es ertrug keiner das Leben allein;
Ausgeteilet erfreut solch Gut und getauschet, mit Fremden,
Wird's ein Jubel, es wächst schlafend des Wortes Gewalt:
Vater! heiter! und hallt, so weit es gehet, das uralt
70 Zeichen, von Eltern geerbt, treffend und schaffend hinab.
Denn so kehren die Himmlischen ein, tiefschütternd gelangt so
Aus den Schatten herab unter die Menschen ihr Tag.

5

Unempfunden kommen sie erst, es streben entgegen
Ihnen die Kinder, zu hell kommet, zu blendend das Glück,
75 Und es scheut sie der Mensch, kaum weiß zu sagen ein Halbgott,
Wer mit Namen sie sind, die mit den Gaben ihm nahn.
Aber der Mut von ihnen ist groß, es füllen das Herz ihm
Ihre Freuden und kaum weiß er zu brauchen das Gut,

Schafft, verschwendet und fast ward ihm Unheiliges heilig,
  Das er mit segnender Hand törig und gütig berührt.   80
Möglichst dulden die Himmlischen dies; dann aber in Wahrheit
  Kommen sie selbst und gewohnt werden die Menschen des Glücks
Und des Tags und zu schaun die Offenbaren, das Antlitz
  Derer, welche, schon längst Eines und Alles genannt,
Tief die verschwiegene Brust mit freier Genüge gefüllet,   85
  Und zuerst und allein alles Verlangen beglückt;
So ist der Mensch; wenn da ist das Gut, und es sorget mit Gaben
  Selber ein Gott für ihn, kennet und sieht er es nicht.
Tragen muß er, zuvor; nun aber nennt er sein Liebstes,
  Nun, nun müssen dafür Worte, wie Blumen, entstehn.   90

                                    6

Und nun denkt er zu ehren in Ernst die seligen Götter,
  Wirklich und wahrhaft muß alles verkünden ihr Lob.
Nichts darf schauen das Licht, was nicht den Hohen gefället,
  Vor den Äther gebührt Müßigversuchendes nicht.
Drum in der Gegenwart der Himmlischen würdig zu stehen,   95
  Richten in herrlichen Ordnungen Völker sich auf
Untereinander und baun die schönen Tempel und Städte
  Fest und edel, sie gehn über Gestaden empor –
Aber wo sind sie? wo blühn die Bekannten, die Kronen des Festes?
  Thebe welkt und Athen; rauschen die Waffen nicht mehr   100
In Olympia, nicht die goldnen Wagen des Kampfspiels,
  Und bekränzen sich denn nimmer die Schiffe Korinths?
Warum schweigen auch sie, die alten heil'gen Theater?
  Warum freuet sich denn nicht der geweihete Tanz?
Warum zeichnet, wie sonst, die Stirne des Mannes ein Gott nicht,   105
  Drückt den Stempel, wie sonst, nicht dem Getroffenen auf?
Oder er kam auch selbst und nahm des Menschen Gestalt an
  Und vollendet' und schloß tröstend das himmlische Fest.

7

Aber Freund! wir kommen zu spät. Zwar leben die Götter,
    Aber über dem Haupt droben in anderer Welt.
Endlos wirken sie da und scheinen's wenig zu achten,
    Ob wir leben, so sehr schonen die Himmlischen uns.
Denn nicht immer vermag ein schwaches Gefäß sie zu fassen,
    Nur zuzeiten erträgt göttliche Fülle der Mensch.
Traum von ihnen ist drauf das Leben. Aber das Irrsal
    Hilft, wie Schlummer, und stark machet die Not und die Nacht,
Bis daß Helden genug in der ehernen Wiege gewachsen,
    Herzen an Kraft, wie sonst, ähnlich den Himmlischen sind.
Donnernd kommen sie drauf. Indessen dünket mir öfters
    Besser zu schlafen, wie so ohne Genossen zu sein,
So zu harren, und was zu tun indes und zu sagen,
    Weiß ich nicht, und wozu Dichter in dürftiger Zeit.
Aber sie sind, sagst du, wie des Weingotts heilige Priester,
    Welche von Lande zu Land zogen in heiliger Nacht.

8

Nämlich, als vor einiger Zeit, uns dünket sie lange,
    Aufwärts stiegen sie all, welche das Leben beglückt,
Als der Vater gewandt sein Angesicht von den Menschen,
    Und das Trauern mit Recht über der Erde begann,
Als erschienen zuletzt ein stiller Genius, himmlisch
    Tröstend, welcher des Tags Ende verkündet' und schwand,
Ließ zum Zeichen, daß einst er da gewesen und wieder
    Käme, der himmlische Chor einige Gaben zurück,
Derer menschlich, wie sonst, wir uns zu freuen vermöchten,
    Denn zur Freude, mit Geist, wurde das Größre zu groß
Unter den Menschen und noch, noch fehlen die Starken zu höchsten
    Freuden, aber es lebt stille noch einiger Dank.
Brot ist der Erde Frucht, doch ist's vom Lichte gesegnet,
    Und vom donnernden Gott kommet die Freude des Weins.
Darum denken wir auch dabei der Himmlischen, die sonst
    Da gewesen und die kehren in richtiger Zeit,
Darum singen sie auch mit Ernst, die Sänger, den Weingott
    Und nicht eitel erdacht tönet dem Alten das Lob.

9

Ja! sie sagen mit Recht, er söhne den Tag mit der Nacht aus,
  Führe des Himmels Gestirn ewig hinunter, hinauf,
Allzeit froh, wie das Laub der immergrünenden Fichte,
  Das er liebt, und der Kranz, den er von Efeu gewählt,
Weil er bleibet und selbst die Spur der entflohenen Götter
  Götterlosen hinab unter das Finstere bringt.
Was der Alten Gesang von Kindern Gottes geweissagt,
  Siehe! wir sind es, wir; Frucht von Hesperien ist's!
Wunderbar und genau ist's als an Menschen erfüllet,
  Glaube, wer es geprüft! aber so vieles geschieht,
Keines wirket, denn wir sind herzlos, Schatten, bis unser
  Vater Äther erkannt jeden und allen gehört.
Aber indessen kommt als Fackelschwinger des Höchsten
  Sohn, der Syrier, unter die Schatten herab.
Selige Weise sehn's; ein Lächeln aus der gefangnen
  Seele leuchtet, dem Licht tauet ihr Auge noch auf.
Sanfter träumet und schläft in Armen der Erde der Titan,
  Selbst der neidische, selbst Cerberus trinket und schläft.

Heimkunft

An die Verwandten

1

Drin in den Alpen ist's noch helle Nacht und die Wolke,
  Freudiges dichtend, sie deckt drinnen das gähnende Tal.
Dahin, dorthin toset und stürzt die scherzende Bergluft,
  Schroff durch Tannen herab glänzet und schwindet ein Strahl.
Langsam eilt und kämpft das freudigschauernde Chaos,
  Jung an Gestalt, doch stark, feiert es liebenden Streit
Unter den Felsen, es gärt und wankt in den ewigen Schranken,
  Denn bacchantischer zieht drinnen der Morgen herauf.
Denn es wächst unendlicher dort das Jahr und die heil'gen
  Stunden, die Tage, sie sind kühner geordnet, gemischt.

Dennoch merket die Zeit der Gewittervogel und zwischen
  Bergen, hoch in der Luft weilt er und rufet den Tag.
Jetzt auch wachet und schaut in der Tiefe drinnen das Dörflein
  Furchtlos, Hohem vertraut, unter den Gipfeln hinauf.
15 Wachstum ahnend, denn schon, wie Blitze, fallen die alten
  Wasserquellen, der Grund unter den Stürzenden dampft,
Echo tönet umher, und die unermeßliche Werkstatt
  Reget bei Tag und Nacht, Gaben versendend, den Arm.

2

Ruhig glänzen indes die silbernen Höhen darüber,
20 Voll mit Rosen ist schon droben der leuchtende Schnee.
Und noch höher hinauf wohnt über dem Lichte der reine
  Selige Gott vom Spiel heiliger Strahlen erfreut.
Stille wohnt er allein und hell erscheinet sein Antlitz,
  Der ätherische scheint Leben zu geben geneigt,
25 Freude zu schaffen, mit uns, wie oft, wenn, kundig des Maßes,
  Kundig der Atmenden auch zögernd und schonend der Gott
Wohlgediegenes Glück den Städten und Häusern und milde
  Regen, zu öffnen das Land, brütende Wolken, und euch,
Trauteste Lüfte dann, euch, sanfte Frühlinge, sendet,
30 Und mit langsamer Hand Traurige wieder erfreut,
Wenn er die Zeiten erneut, der Schöpferische, die stillen
  Herzen der alternden Menschen erfrischt und ergreift,
Und hinab in die Tiefe wirkt, und öffnet und aufhellt,
  Wie er's liebet, und jetzt wieder ein Leben beginnt,
5 Anmut blühet, wie einst, und gegenwärtiger Geist kömmt,
  Und ein freudiger Mut wieder die Fittiche schwellt.

3

Vieles sprach ich zu ihm, denn, was auch Dichtende sinnen
  Oder singen, es gilt meistens den Engeln und ihm;
Vieles bat ich, zulieb dem Vaterlande, damit nicht
  Ungebeten uns einst plötzlich befiele der Geist;
Vieles für euch auch, die im Vaterlande besorgt sind,
  Denen der heilige Dank lächelnd die Flüchtlinge bringt,

Landesleute! für euch, indessen wiegte der See mich,
  Und der Ruderer saß ruhig und lobte die Fahrt.
Weit in des Sees Ebene war's *ein* freudiges Wallen 45
  Unter den Segeln und jetzt blühet und hellet die Stadt
Dort in der Frühe sich auf, wohl her von schattigen Alpen
  Kommt geleitet und ruht nun in dem Hafen das Schiff.
Warm ist das Ufer hier und freundlich offene Tale,
  Schön von Pfaden erhellt, grünen und schimmern mich an. 50
Gärten stehen gesellt und die glänzende Knospe beginnt schon,
  Und des Vogels Gesang ladet den Wanderer ein.
Alles scheinet vertraut, der vorübereilende Gruß auch
  Scheint von Freunden, es scheint jegliche Miene verwandt.

4

Freilich wohl! das Geburtsland ist's, der Boden der Heimat, 55
  Was du suchest, es ist nahe, begegnet dir schon.
Und umsonst nicht steht, wie ein Sohn, am wellenumrauschten
  Tor und siehet und sucht liebende Namen für dich,
Mit Gesang, ein wandernder Mann, glückseliges Lindau!
  Eine der gastlichen Pforten des Landes ist dies, 60
Reizend hinauszugehn in die vielversprechende Ferne,
  Dort, wo die Wunder sind, dort, wo das göttliche Wild
Hoch in die Ebnen herab der Rhein die verwegene Bahn bricht,
  Und aus Felsen hervor ziehet das jauchzende Tal,
Dort hinein, durchs helle Gebirg, nach Como zu wandern, 65
  Oder hinab, wie der Tag wandelt, den offenen See;
Aber reizender mir bist du, geweihete Pforte!
  Heimzugehn, wo bekannt blühende Wege mir sind,
Dort zu besuchen das Land und die schönen Tale des Neckars,
  Und die Wälder, das Grün heiliger Bäume, wo gern 70
Sich die Eiche gesellt mit stillen Birken und Buchen,
  Und in Bergen ein Ort freundlich gefangen mich nimmt.

5

Dort empfangen sie mich. O Stimme der Stadt, der Mutter!
  O du triffest, du regst Langegelerntes mir auf!

75 Dennoch sind sie es noch! noch blühet die Sonn und die Freud euch,
　　O ihr Liebsten! und fast heller im Auge, wie sonst.
　Ja! das Alte noch ist's! Es gedeihet und reifet, doch keines,
　　Was da lebet und liebt, lässet die Treue zurück.
　Aber das Beste, der Fund, der unter des heiligen Friedens
80　Bogen lieget, er ist Jungen und Alten gespart.
　Törig red ich. Es ist die Freude. Doch morgen und künftig,
　　Wenn wir gehen und schaun draußen das lebende Feld
　Unter den Blüten des Baums, in den Feiertagen des Frühlings
　　Red und hoff ich mit euch vieles, ihr Lieben! davon.
85 Vieles hab ich gehört vom großen Vater und habe
　　Lange geschwiegen von ihm, welcher die wandernde Zeit
　Droben in Höhen erfrischt, und waltet über Gebirgen,
　　Der gewähret uns bald himmlische Gaben und ruft
　Hellern Gesang und schickt viel gute Geister. O säumt nicht,
90　Kommt, Erhaltenden ihr! Engel des Jahres! und ihr,

6

Engel des Hauses, kommt! in die Adern alle des Lebens,
　Alle freuend zugleich, teile das Himmlische sich!
Adle! verjünge! damit nichts Menschlichgutes, damit nicht
　Eine Stunde des Tags ohne die Frohen und auch
95 Solche Freude, wie jetzt, wenn Liebende wieder sich finden,
　Wie es gehört für sie, schicklich geheiliget sei.
Wenn wir segnen das Mahl, wen darf ich nennen, und wenn wir
　Ruhn vom Leben des Tags, saget, wie bring ich den Dank?
Nenn ich den Hohen dabei? Unschickliches liebet ein Gott nicht,
100　Ihn zu fassen, ist fast unsere Freude zu klein.
Schweigen müssen wir oft; es fehlen heilige Namen,
　Herzen schlagen und doch bleibet die Rede zurück?
Aber ein Saitenspiel leiht jeder Stunde die Töne,
　Und erfreuet vielleicht Himmlische, welche sich nahn.
105 Das bereitet und so ist auch beinahe die Sorge
　Schon befriediget, die unter das Freudige kam.
Sorgen, wie diese, muß, gern oder nicht, in der Seele
　Tragen ein Sänger und oft, aber die anderen nicht.

Ermunterung

Echo des Himmels! heiliges Herz! warum,
 Warum verstummst du unter den Lebenden,
  Schläfst, freies! von den Götterlosen
   Ewig hinab in die Nacht verwiesen?

Wacht denn, wie vormals, nimmer des Äthers Licht?
 Und blüht die alte Mutter, die Erde nicht?
  Und übt der Geist nicht da und dort, nicht
   Lächelnd die Liebe das Recht noch immer?

Nur du nicht mehr! doch mahnen die Himmlischen,
 Und stillebildend weht, wie ein kahl Gefild,
  Der Othem der Natur dich an, der
   Alleserheiternde, seelenvolle.

O Hoffnung! bald, bald singen die Haine nicht
 Des Lebens Lob allein, denn es ist die Zeit,
  Daß aus der Menschen Munde sie, die
   Schönere Seele, sich neuverkündet,

Dann liebender im Bunde mit Sterblichen
 Das Element sich bildet, und dann erst reich,
  Bei frommer Kinder Dank, der Erde
   Brust, die unendliche, sich entfaltet

Und unsre Tage wieder, wie Blumen, sind,
 Wo sie, des Himmels Sonne, sich ausgeteilt
  Im stillen Wechsel sieht und wieder
   Froh in den Frohen das Licht sich findet,

Und er, der sprachlos waltet und unbekannt
 Zukünftiges bereitet, der Gott, der Geist
  Im Menschenwort, am schönen Tage
   Kommenden Jahren, wie einst, sich ausspricht.

An Eduard

Euch alten Freunde droben, unsterbliches
　　Gestirn, euch frag ich, Helden! woher es ist,
　　　Daß ich so untertan ihm bin, und
　　　　So der Gewaltige sein mich nennet.

Nicht vieles kann ich bieten, nur weniges
　　Kann ich verlieren, aber ein liebes Glück,
　　　Ein einziges, zum Angedenken
　　　　Reicherer Tage zurückgeblieben,

Und dies, so er's geböte, dies eine noch,
　　Mein Saitenspiel, ich wagt es, wohin er wollt,
　　　Und mit Gesange folgt ich, selbst ins
　　　　Ende der Tapfern, hinab dem Teuern.

»Mit Wolken«, säng ich, »tränkt das Gewitter dich,
　　Du dunkler Boden, aber mit Blut der Mensch;
　　　So schweigt, so ruht er, der sein Gleiches
　　　　Droben und drunten umsonst erfragte.

Wo ist der Liebe Zeichen am Tag? wo spricht
　　Sich aus das Herz? wo ruhet es endlich? wo
　　　Wird's wahr, was uns, bei Nacht und Tag, zu
　　　　Lange der glühende Traum verkündet?

Hier, wo die Opfer fallen, ihr Lieben, hier!
　　Und schon tritt hin der festliche Zug! schon blinkt
　　　Der Stahl! die Wolke dampft! sie fallen und es
　　　　Hallt in der Luft und die Erde rühmt es!«

Wenn ich so singend fiele, dann rächtest du
　　Mich, mein Achill! und sprächest: »Er lebte doch
　　　Treu bis zuletzt!« Das ernste Wort, das
　　　　Richtet mein Feind und der Totenrichter!

Zwar hab ich dich in Ruhe noch itzt; dich birgt
  Der ernste Wald, es hält das Gebirge dich,
    Das mütterliche, noch den edlen
      Zögling in sicherem Arm, die Weisheit 32

Singt dir den alten Wiegengesang, sie webt
  Ums Aug ihr heilig Dunkel, doch sieh! es flammt
    Aus fernetönendem Gewölk die
      Mahnende Flamme des Zeitengottes. 36

Es regt sein Sturm die Schwingen dir auf, dich ruft,
  Dich nimmt der Herr der Helden hinauf; o nimm
    Mich du! mit dir! und bringe sie dem
      Lächelnden Gotte, die leichte Beute! 40

NATUR UND KUNST
ODER
SATURN UND JUPITER

Du waltest hoch am Tag und es blühet dein
  Gesetz, du hältst die Waage, Saturnus' Sohn!
    Und teilst die Los' und ruhest froh im
      Ruhm der unsterblichen Herrscherkünste. 4

Doch in den Abgrund, sagen die Sänger sich,
  Habst du den heil'gen Vater, den eignen, einst
    Verwiesen und es jammre drunten,
      Da, wo die Wilden vor dir mit Recht sind,

Schuldlos der Gott der goldenen Zeit schon längst:
  Einst mühelos, und größer, wie du, wenn schon
    Er kein Gebot aussprach und ihn der
      Sterblichen keiner mit Namen nannte.

Herab denn! oder schäme des Danks dich nicht!
Und willst du bleiben, diene dem Älteren,
Und gönn es ihm, daß ihn vor allen,
    Göttern und Menschen, der Sänger nenne!

Denn, wie aus dem Gewölke dein Blitz, so kömmt
Von ihm, was dein ist, siehe! so zeugt von ihm,
Was du gebeutst, und aus Saturnus'
    Frieden ist jegliche Macht erwachsen.

Und hab ich erst am Herzen Lebendiges
Gefühlt und dämmert, was du gestaltetest,
Und war in ihrer Wiege mir in
    Wonne die wechselnde Zeit entschlummert:

Dann kenn ich dich, Kronion! dann hör ich dich,
Den weisen Meister, welcher, wie wir, ein Sohn
Der Zeit, Gesetze gibt und, was die
    Heilige Dämmerung birgt, verkündet.

Dichtermut

Sind denn dir nicht verwandt alle Lebendigen,
  Nährt die Parze denn nicht selber im Dienste dich?
    Drum, so wandle nur wehrlos
      Fort durchs Leben, und fürchte nichts!   4

Was geschiehet, es sei alles gesegnet dir,
  Sei zur Freude gewandt! oder was könnte denn
    Dich beleidigen, Herz! was
      Da begegnen, wohin du sollst?   8

Denn, seitdem der Gesang sterblichen Lippen sich
  Friedenatmend entwand, frommend in Leid und Glück
    Unsre Weise der Menschen
      Herz erfreute, so waren auch   12

Wir, die Sänger des Volks, gerne bei Lebenden,
  Wo sich vieles gesellt, freudig und jedem hold,
    Jedem offen; so ist ja
      Unser Ahne, der Sonnengott,   16

Der den fröhlichen Tag Armen und Reichen gönnt,
  Der in flüchtiger Zeit uns, die Vergänglichen,
    Aufgerichtet an goldnen
      Gängelbanden, wie Kinder, hält.   20

Ihn erwartet, auch ihn nimmt, wo die Stunde kömmt,
  Seine purpurne Flut; sieh! und das edle Licht
    Gehet, kundig des Wandels,
      Gleichgesinnet hinab den Pfad.   24

So vergehe denn auch, wenn es die Zeit einst ist
  Und dem Geiste sein Recht nirgend gebricht, so sterb
    Einst im Ernste des Lebens
      Unsre Freude, doch schönen Tod!   28

Der gefesselte Strom

Was schläfst und träumst du, Jüngling, gehüllt in dich,
Und säumst am kalten Ufer, Geduldiger,
Und achtest nicht des Ursprungs, du, des
    Ozeans Sohn, des Titanenfreundes!

Die Liebesboten, welche der Vater schickt,
Kennst du die lebenatmenden Lüfte nicht?
Und trifft das Wort dich nicht, das hell von
    Oben der wachende Gott dir sendet?

Schon tönt, schon tönt es ihm in der Brust, es quillt,
Wie, da er noch im Schoße der Felsen spielt',
Ihm auf, und nun gedenkt er seiner
    Kraft, der Gewaltige, nun, nun eilt er,

Der Zauderer, er spottet der Fesseln nun,
Und nimmt und bricht und wirft die Zerbrochenen
Im Zorne, spielend, da und dort zum
    Schallenden Ufer und an der Stimme

Des Göttersohns erwachen die Berge rings,
Es regen sich die Wälder, es hört die Kluft
Den Herold fern und schaudernd regt im
    Busen der Erde sich Freude wieder.

Der Frühling kommt; es dämmert das neue Grün;
Er aber wandelt hin zu Unsterblichen;
Denn nirgend darf er bleiben, als wo
    Ihn in die Arme der Vater aufnimmt.

Der blinde Sänger

Ελυσεν αινον αχος απ' ομματων Αρης
Sophokles

Wo bist du, Jugendliches! das immer mich
  Zur Stunde weckt des Morgens, wo bist du, Licht!
    Das Herz ist wach, doch bannt und hält in
      Heiligem Zauber die Nacht mich immer.

Sonst lauscht ich um die Dämmerung gern, sonst harrt
  Ich gerne dein am Hügel, und nie umsonst!
    Nie täuschten mich, du Holdes, deine
      Boten, die Lüfte, denn immer kamst du,

Kamst allbeseligend den gewohnten Pfad
  Herein in deiner Schöne, wo bist du, Licht!
    Das Herz ist wieder wach, doch bannt und
      Hemmt die unendliche Nacht mich immer.

Mir grünten sonst die Lauben; es leuchteten
  Die Blumen, wie die eigenen Augen, mir;
    Nicht ferne war das Angesicht der
      Meinen und leuchtete mir und droben

Und um die Wälder sah ich die Fittiche
  Des Himmels wandern, da ich ein Jüngling war;
    Nun sitz ich still allein, von einer
      Stunde zur anderen, und Gestalten

Aus Lieb und Leid der helleren Tage schafft
  Zur eignen Freude nun mein Gedanke sich,
    Und ferne lausch ich hin, ob nicht ein
      Freundlicher Retter vielleicht mir komme.

Dann hör ich oft die Stimme des Donnerers
  Am Mittag, wenn der eherne nahe kommt,
    Wenn ihm das Haus bebt und der Boden
      Unter ihm dröhnt und der Berg es nachhallt.

Den Retter hör ich dann in der Nacht, ich hör
Ihn tötend, den Befreier, belebend ihn,
Den Donnerer vom Untergang zum
    Orient eilen und ihm nach tönt ihr,

Ihm nach, ihr meine Saiten! es lebt mit ihm
Mein Lied und wie die Quelle dem Strome folgt,
Wohin er denkt, so muß ich fort und
    Folge dem Sicheren auf der Irrbahn.

Wohin? wohin? ich höre dich da und dort,
    Du Herrlicher! und rings um die Erde tönt's.
    Wo endest du? und was, was ist es
        Über den Wolken und o wie wird mir?

Tag! Tag! du über stürzenden Wolken! sei
    Willkommen mir! es blühet mein Auge dir.
    O Jugendlicht! o Glück! das alte
        Wieder! doch geistiger rinnst du nieder,

Du goldner Quell aus heiligem Kelch! und du,
    Du grüner Boden, friedliche Wieg! und du,
    Haus meiner Väter! und ihr Lieben,
        Die mir begegneten einst, o nahet,

O kommt, daß euer, euer die Freude sei,
    Ihr alle, daß euch segne der Sehende!
    O nimm, daß ich's ertrage, mir das
        Leben, das Göttliche mir vom Herzen.

Unter den Alpen gesungen

Heilige Unschuld, du der Menschen und der
Götter liebste vertrauteste! du magst im
Hause oder draußen ihnen zu Füßen
        Sitzen, den Alten,

Immerzufriedner Weisheit voll; denn manches
Gute kennet der Mann, doch staunet er, dem
Wild gleich, oft zum Himmel, aber wie rein ist,
        Reine, dir alles!

Siehe! das rauhe Tier des Feldes, gerne
Dient und trauet es dir, der stumme Wald spricht
Wie vor alters, seine Sprüche zu dir, es
        Lehren die Berge

Heil'ge Gesetze dich, und was noch jetzt uns
Vielerfahrenen offenbar der große
Vater werden heißt, du darfst es allein uns
        Helle verkünden.

So mit den Himmlischen allein zu sein, und
Geht vorüber das Licht, und Strom und Wind, und
Zeit eilt hin zum Ort, vor ihnen ein stetes
        Auge zu haben,

Seliger weiß und wünsch ich nichts, solange
Nicht auch mich, wie die Weide, fort die Flut nimmt,
Daß wohl aufgehoben, schlafend dahin ich
        Muß in den Wogen;

Aber es bleibt daheim gern, wer in treuem
Busen Göttliches hält, und frei will ich, so
Lang ich darf, euch all, ihr Sprachen des Himmels!
        Deuten und singen.

Dichterberuf

Des Ganges Ufer hörten des Freudengotts
 Triumph, als allerobernd vom Indus her
  Der junge Bacchus kam, mit heil'gem
   Weine vom Schlafe die Völker weckend.

Und du, des Tages Engel! erweckst sie nicht,
 Die jetzt noch schlafen? gib die Gesetze, gib
  Uns Leben, siege, Meister, du nur
   Hast der Eroberung Recht, wie Bacchus.

Nicht, was wohl sonst des Menschen Geschick und Sorg
 Im Haus und unter offenem Himmel ist,
  Wenn edler, denn das Wild, der Mann sich
   Wehret und nährt! denn es gilt ein anders,

Zu Sorg und Dienst den Dichtenden anvertraut!
 Der Höchste, der ist's, dem wir geeignet sind,
  Daß näher, immerneu besungen
   Ihn die befreundete Brust vernehme.

Und dennoch, o ihr Himmlischen all, und all
 Ihr Quellen und ihr Ufer und Hain' und Höhn,
  Wo wunderbar zuerst, als du die
   Locken ergriffen, und unvergeßlich

Der unverhoffte Genius über uns
 Der schöpferische, göttliche kam, daß stumm
  Der Sinn uns ward und, wie vom
   Strahle gerührt, das Gebein erbebte,

Ihr ruhelosen Taten in weiter Welt!
 Ihr Schicksalstag', ihr reißenden, wenn der Gott
  Stillsinnend lenkt, wohin zorntrunken
   Ihn die gigantischen Rosse bringen,

Euch sollten wir verschweigen, und wenn in uns
　　Vom stetigstillen Jahre der Wohllaut tönt,
　　　　So sollt es klingen, gleich als hätte
　　　　　　Mutig und müßig ein Kind des Meisters

Geweihte, reine Saiten im Scherz gerührt?
　　Und darum hast du, Dichter! des Orients
　　　　Propheten und den Griechensang und
　　　　　　Neulich die Donner gehört, damit du

Den Geist zu Diensten brauchst und die Gegenwart
　　Des Guten übereilest, in Spott, und den Albernen
　　　　Verleugnest, herzlos, und zum Spiele
　　　　　　Feil, wie gefangenes Wild, ihn treibest?

Bis aufgereizt vom Stachel im Grimme der
　　Des Ursprungs sich erinnert und ruft, daß selbst
　　　　Der Meister kommt, dann unter heißen
　　　　　　Todesgeschossen entseelt dich lässet.

Zu lang ist alles Göttliche dienstbar schon
　　Und alle Himmelskräfte verscherzt, verbraucht
　　　　Die Gütigen, zur Lust, danklos, ein
　　　　　　Schlaues Geschlecht und zu kennen wähnt es,

Wenn ihnen der Erhabne den Acker baut,
　　Das Tagslicht und den Donnerer, und es späht
　　　　Das Sehrohr wohl sie all und zählt und
　　　　　　Nennet mit Namen des Himmels Sterne.

Der Vater aber decket mit heil'ger Nacht,
　　Damit wir bleiben mögen, die Augen zu.
　　　　Nicht liebt er Wildes! Doch es zwinget
　　　　　　Nimmer die weite Gewalt den Himmel.

Noch ist's auch gut, zu weise zu sein. Ihn kennt
　　Der Dank. Doch nicht behält er es leicht allein,
　　　　Und gern gesellt, damit verstehn sie
　　　　　　Helfen, zu anderen sich ein Dichter.

Furchtlos bleibt aber, so er es muß, der Mann
Einsam vor Gott, es schützet die Einfalt ihn,
Und keiner Waffen braucht's und keiner
    Listen, so lange, bis Gottes Fehl hilft.

STIMME DES VOLKS

Du seiest Gottes Stimme, so glaubt ich sonst
In heil'ger Jugend; ja, und ich sag es noch!
    Um unsre Weisheit unbekümmert
        Rauschen die Ströme doch auch, und dennoch,

Wer liebt sie nicht? und immer bewegen sie
Das Herz mir, hör ich ferne die Schwindenden,
    Die Ahnungsvollen meine Bahn nicht,
        Aber gewisser ins Meer hin eilen.

Denn selbstvergessen, allzubereit, den Wunsch
Der Götter zu erfüllen, ergreift zu gern,
    Was sterblich ist, wenn offnen Augs auf
        Eigenen Pfaden es einmal wandelt,

Ins All zurück die kürzeste Bahn; so stürzt
Der Strom hinab, er suchet die Ruh, es reißt,
    Es ziehet wider Willen ihn, von
        Klippe zu Klippe, den Steuerlosen,

Das wunderbare Sehnen dem Abgrund zu;
Das Ungebundne reizet und Völker auch
    Ergreift die Todeslust und kühne
        Städte, nachdem sie versucht das Beste,

Von Jahr zu Jahr forttreibend das Werk, sie hat
Ein heilig Ende troffen; die Erde grünt
    Und stille vor den Sternen liegt, den
        Betenden gleich, in den Sand geworfen,

Freiwillig überwunden die lange Kunst
  Vor jenen Unnachahmbaren da; er selbst,
    Der Mensch, mit eigner Hand zerbrach, die
      Hohen zu ehren, sein Werk, der Künstler.

Doch minder nicht sind jene den Menschen hold,
  Sie lieben wieder, so wie geliebt sie sind,
    Und hemmen öfters, daß er lang im
      Lichte sich freue, die Bahn des Menschen.

Und, nicht des Adlers Jungen allein, sie wirft
  Der Vater aus dem Neste, damit sie nicht
    Zu lang ihm bleiben, uns auch treibt mit
      Richtigem Stachel hinaus der Herrscher.

Wohl jenen, die zur Ruhe gegangen sind,
  Und vor der Zeit gefallen, auch die, auch die
    Geopfert, gleich den Erstlingen der
      Ernte, sie haben ein Teil gefunden.

Am Xanthos lag, in griechischer Zeit, die Stadt,
  Jetzt aber, gleich den größeren, die dort ruhn,
    Ist durch ein Schicksal sie dem heil'gen
      Lichte des Tages hinweggekommen.

Sie kamen aber, nicht in der offnen Schlacht,
  Durch eigne Hand um. Fürchterlich ist davon,
    Was dort geschehn, die wunderbare
      Sage von Osten zu uns gelanget.

Es reizte sie die Güte von Brutus. Denn
  Als Feuer ausgegangen, so bot er sich,
    Zu helfen ihnen, ob er gleich, als Feldherr,
      Stand in Belagerung vor den Toren.

Doch von den Mauern warfen die Diener sie,
  Die er gesandt. Lebendiger ward darauf
    Das Feuer und sie freuten sich und ihnen
      Strecket' entgegen die Hände Brutus

Und alle waren außer sich selbst. Geschrei
 Entstand und Jauchzen. Drauf in die Flamme warf
  Sich Mann und Weib, von Knaben stürzt' auch
   Der von dem Dach, in der Väter Schwert der.

Nicht rätlich ist es, Helden zu trotzen. Längst
 War's aber vorbereitet. Die Väter auch,
  Da sie ergriffen waren, einst, und
   Heftig die persischen Feinde drängten,

Entzündeten, ergreifend des Stromes Rohr,
 Daß sie das Freie fänden, die Stadt. Und Haus
  Und Tempel nahm, zum heil'gen Äther
   Fliegend, und Menschen hinweg die Flamme.

So hatten es die Kinder gehört, und wohl
 Sind gut die Sagen, denn ein Gedächtnis sind
  Dem Höchsten sie, doch auch bedarf es
   Eines, die heiligen auszulegen.

Chiron

Wo bist du, Nachdenkliches! das immer muß
   Zur Seite gehn, zu Zeiten, wo bist du, Licht?
      Wohl ist das Herz wach, doch mir zürnt, mich
         Hemmt die erstaunende Nacht nun immer.

Sonst nämlich folgt ich Kräutern des Walds und lauscht
   Ein weiches Wild am Hügel; und nie umsonst.
      Nie täuschten, auch nicht einmal deine
         Vögel; denn allzubereit fast kamst du,

So Füllen oder Garten dir labend ward,
   Ratschlagend, Herzens wegen; wo bist du, Licht?
      Das Herz ist wieder wach, doch herzlos
         Zieht die gewaltige Nacht mich immer.

Ich war's wohl. Und von Krokus und Thymian
   Und Korn gab mir die Erde den ersten Strauß.
      Und bei der Sterne Kühle lernt ich,
         Aber das Nennbare nur. Und bei mir

Das wilde Feld entzaubernd, das traur'ge, zog
   Der Halbgott, Zeus' Knecht, ein, der gerade Mann;
      Nun sitz ich still allein, von einer
         Stunde zur anderen, und Gestalten

Aus frischer Erd und Wolken der Liebe schafft,
   Weil Gift ist zwischen uns, mein Gedanke nun;
      Und ferne lausch ich hin, ob nicht ein
         Freundlicher Retter vielleicht mir komme.

Dann hör ich oft den Wagen des Donnerers
   Am Mittag, wenn er naht, der bekannteste,
      Wenn ihm das Haus bebt und der Boden
         Reiniget sich, und die Qual Echo wird.

Den Retter hör ich dann in der Nacht, ich hör
  Ihn tötend, den Befreier, und drunten voll
    Von üpp'gem Kraut, als in Gesichten,
      Schau ich die Erd, ein gewaltig Feuer;

Die Tage aber wechseln, wenn einer dann
  Zusiehet denen, lieblich und bös, ein Schmerz,
    Wenn einer zweigestalt ist, und es
      Kennet kein einziger nicht das Beste;

Das aber ist der Stachel des Gottes; nie
  Kann einer lieben göttliches Unrecht sonst.
    Einheimisch aber ist der Gott dann
      Angesichts da, und die Erd ist anders.

Tag! Tag! Nun wieder atmet ihr recht; nun trinkt,
  Ihr meiner Bäche Weiden! ein Augenlicht,
    Und rechte Stapfen gehn, und als ein
      Herrscher, mit Sporen, und bei dir selber

Örtlich, Irrstern des Tages, erscheinest du,
  Du auch, o Erde, friedliche Wieg, und du,
    Haus meiner Väter, die unstädtisch
      Sind, in den Wolken des Wilds, gegangen.

Nimm nun ein Roß, und harnische dich und nimm
  Den leichten Speer, o Knabe! Die Wahrsagung
    Zerreißt nicht, und umsonst nicht wartet,
      Bis sie erscheinet, Herakles' Rückkehr.

TRÄNEN

Himmlische Liebe! zärtliche! wenn ich dein
　Vergäße, wenn ich, o ihr geschicklichen,
　　Ihr feur'gen, die voll Asche sind und
　　　Wüst und vereinsamet ohnedies schon,

Ihr lieben Inseln, Augen der Wunderwelt!
　Ihr nämlich geht nun einzig allein mich an,
　　Ihr Ufer, wo die abgöttische
　　　Büßet, doch Himmlischen nur, die Liebe.

Denn allzudankbar haben die Heiligen
　Gedienet dort in Tagen der Schönheit und
　　Die zorn'gen Helden; und viel Bäume
　　　Sind, und die Städte daselbst gestanden,

Sichtbar, gleich einem sinnigen Mann; itzt sind
　Die Helden tot, die Inseln der Liebe sind
　　Entstellt fast. So muß übervorteilt,
　　　Albern doch überall sein die Liebe.

Ihr weichen Tränen, löschet das Augenlicht
　Mir aber nicht ganz aus; ein Gedächtnis doch,
　　Damit ich edel sterbe, laßt ihr
　　　Trügrischen, Diebischen, mir nachleben.

An die Hoffnung

O Hoffnung! holde! gütiggeschäftige!
  Die du das Haus der Trauernden nicht verschmähst,
    Und gerne dienend, Edle! zwischen
      Sterblichen waltest und Himmelsmächten,

Wo bist du? wenig lebt ich; doch atmet kalt
  Mein Abend schon. Und stille, den Schatten gleich,
    Bin ich schon hier; und schon gesanglos
      Schlummert das schaudernde Herz im Busen.

Im grünen Tale, dort, wo der frische Quell
  Vom Berge täglich rauscht, und die liebliche
    Zeitlose mir am Herbsttag aufblüht,
      Dort, in der Stille, du Holde, will ich

Dich suchen, oder wenn in der Mitternacht
  Das unsichtbare Leben im Haine wallt,
    Und über mir die immerfrohen
      Blumen, die blühenden Sterne, glänzen,

O du des Äthers Tochter! erscheine dann
  Aus deines Vaters Gärten, und darfst du nicht,
    Ein Geist der Erde, kommen, schröck, o
      Schröcke mit anderem nur das Herz mir.

Vulkan

Jetzt komm und hülle, freundlicher Feuergeist,
 Den zarten Sinn der Frauen in Wolken ein,
  In goldne Träum und schütze sie, die
   Blühende Ruhe der Immerguten.

Dem Manne laß sein Sinnen, und sein Geschäft,
 Und seiner Kerze Schein, und den künft'gen Tag
  Gefallen, laß des Unmuts ihm, der
   Häßlichen Sorge zu viel nicht werden,

Wenn jetzt der immerzürnende Boreas,
 Mein Erbfeind, über Nacht mit dem Frost das Land
  Befällt, und spät, zur Schlummerstunde,
   Spottend der Menschen, sein schröcklich Lied singt,

Und unsrer Städte Mauren und unsern Zaun,
 Den fleißig wir gesetzt, und den stillen Hain
  Zerreißt, und selber im Gesang die
   Seele mir störet, der Allverderber,

Und rastlos tobend über den sanften Strom
 Sein schwarz Gewölk ausschüttet, daß weit umher
  Das Tal gärt, und, wie fallend Laub, vom
   Berstenden Hügel herab der Fels fällt.

Wohl frömmer ist, denn andre Lebendige,
 Der Mensch; doch zürnt es draußen, gehöret der
  Auch eigner sich, und sinnt und ruht in
   Sicherer Hütte, der Freigeborne.

Und immer wohnt der freundlichen Genien
 Noch einer gerne segnend mit ihm, und wenn
  Sie zürnten all, die ungelehr'gen
   Geniuskräfte, doch liebt die Liebe.

Blödigkeit

Sind denn dir nicht bekannt viele Lebendigen?
  Geht auf Wahrem dein Fuß nicht, wie auf Teppichen?
    Drum, mein Genius! tritt nur
      Bar ins Leben, und sorge nicht!

Was geschiehet, es sei alles gelegen dir!
  Sei zur Freude gereimt, oder was könnte denn
    Dich beleidigen, Herz, was
      Da begegnen, wohin du sollst?

Denn, seit Himmlischen gleich Menschen, ein einsam Wild,
  Und die Himmlischen selbst führet, der Einkehr zu,
    Der Gesang und der Fürsten
      Chor, nach Arten, so waren auch

Wir, die Zungen des Volks, gerne bei Lebenden,
  Wo sich vieles gesellt, freudig und jedem gleich,
    Jedem offen, so ist ja
      Unser Vater, des Himmels Gott,

Der den denkenden Tag Armen und Reichen gönnt,
  Der, zur Wende der Zeit, uns die Entschlafenden
    Aufgerichtet an goldnen
      Gängelbanden, wie Kinder, hält.

Gut auch sind und geschickt einem zu etwas wir,
  Wenn wir kommen, mit Kunst, und von den Himmlischen
    Einen bringen. Doch selber
      Bringen schickliche Hände wir.

GANYMED

Was schläfst du, Bergsohn, liegest in Unmut, schief,
  Und frierst am kahlen Ufer, Geduldiger!
    Denkst nicht der Gnade du, wenn's an den
      Tischen die Himmlischen sonst gedürstet?

Kennst drunten du vom Vater die Boten nicht,
  Nicht in der Kluft der Lüfte geschärfter Spiel?
    Trifft nicht das Wort dich, das voll alten
      Geists ein gewanderter Mann dir sendet?

Schon tönt's aber ihm in der Brust. Tief quillt's,
  Wie damals, als hoch oben im Fels er schlief,
    Ihm auf. Im Zorne reinigt aber
      Sich der Gefesselte nun, nun eilt er,

Der Linkische; der spottet der Schlacken nun,
  Und nimmt und bricht und wirft die Zerbrochenen
    Zorntrunken, spielend, dort und da zum
      Schauenden Ufer und bei des Fremdlings

Besondrer Stimme stehen die Herden auf,
  Es regen sich die Wälder, es hört tief Land
    Den Stromgeist fern, und schaudernd regt im
      Nabel der Erde der Geist sich wieder.

Der Frühling kömmt. Und jedes, in seiner Art,
  Blüht. Der ist aber ferne; nicht mehr dabei.
    Irr ging er nun; denn allzugut sind
      Genien; himmlisch Gespräch ist sein nun.

Hälfte des Lebens

Mit gelben Birnen hänget
Und voll mit wilden Rosen
Das Land in den See,
Ihr holden Schwäne,
Und trunken von Küssen
Tunkt ihr das Haupt
Ins heilignüchterne Wasser.

Weh mir, wo nehm ich, wenn
Es Winter ist, die Blumen, und wo
Den Sonnenschein,
Und Schatten der Erde?
Die Mauern stehn
Sprachlos und kalt, im Winde
Klirren die Fahnen.

Lebensalter

Ihr Städte des Euphrats!
Ihr Gassen von Palmyra!
Ihr Säulenwälder in der Ebne der Wüste,
Was seid ihr?
Euch hat die Kronen,
Dieweil ihr über die Grenze
Der Othmenden seid gegangen,
Von Himmlischen der Rauchdampf und
Hinweg das Feuer genommen;
Jetzt aber sitz ich unter Wolken (deren
Ein jedes eine Ruh hat eigen) unter
Wohleingerichteten Eichen, auf
Der Heide des Rehs, und fremd
Erscheinen und gestorben mir
Der Seligen Geister.

Der Winkel von Hardt

Hinunter sinket der Wald,
Und Knospen ähnlich, hängen
Einwärts die Blätter, denen
Blüht unten auf ein Grund,
Nicht gar unmündig.   5
Da nämlich ist Ulrich
Gegangen; oft sinnt, über den Fußtritt,
Ein groß Schicksal
Bereit, an übrigem Orte.

Deutscher Gesang

Wenn der Morgen trunken begeisternd heraufgeht
Und der Vogel sein Lied beginnt,
Und Strahlen der Strom wirft, und rascher hinab
Die rauhe Bahn geht über den Fels,
Weil ihn die Sonne gewärmet.

Und der
Verlangend in anders Land
Die Jünglinge

Und das Tor erwacht und der Marktplatz,
Und von heiligen Flammen des Herds
Der rötliche Duft steigt, dann schweigt er allein,
Dann hält er still im Busen das Herz,
Und sinnt in einsamer Halle.

Doch wenn

        dann sitzt in tiefen Schatten,
Wenn über dem Haupt die Ulme säuselt,
Am kühlatmenden Bache der deutsche Dichter
Und singt, wenn er des heiligen nüchternen Wassers
Genug getrunken, fernhin lauschend in die Stille,
Den Seelengesang.
Und noch, noch ist er des Geistes zu voll,
Und die reine Seele

Bis zürnend er

Und es glühet ihm die Wange vor Scham,
Unheilig jeder Laut des Gesangs.

Doch lächeln über des Mannes Einfalt
Die Gestirne, wenn vom Orient her
Weissagend über den Bergen unseres Volks
Sie verweilen
Und wie des Vaters Hand ihm über den Locken geruht, 30
In Tagen der Kindheit,
So krönet, daß er schaudernd es fühlt,
Ein Segen das Haupt des Sängers,
Wenn dich, der du
Um deiner Schöne willen, bis heute, 35
Namlos geblieben, o göttlichster!
O guter Geist des Vaterlands,
Sein Wort im Liede dich nennet.

Am Quell der Donau

...

Denn, wie wenn hoch von der herrlichgestimmten, der Orgel 25
Im heiligen Saal,
Reinquillend aus den unerschöpflichen Röhren,
Das Vorspiel, weckend, des Morgens beginnt
Und weitumher, von Halle zu Halle,
Der erfrischende nun, der melodische Strom rinnt, 30
Bis in den kalten Schatten das Haus
Von Begeisterungen erfüllt,
Nun aber erwacht ist, nun, aufsteigend ihr,
Der Sonne des Fests, antwortet
Der Chor der Gemeinde: so kam 35
Das Wort aus Osten zu uns,
Und an Parnassos' Felsen und am Kithäron hör ich,
O Asia, das Echo von dir und es bricht sich

Am Kapitol und jählings herab von den Alpen
Kommt eine Fremdlingin sie 40

Zu uns, die Erweckerin,
Die menschenbildende Stimme.
Da faßt' ein Staunen die Seele
Der Getroffenen all und Nacht
War über den Augen der Besten.
Denn vieles vermag
Und die Flut und den Fels und Feuersgewalt auch
Bezwinget mit Kunst der Mensch
Und achtet, der Hochgesinnte, das Schwert
Nicht, aber es steht
Vor Göttlichem der Starke niedergeschlagen,

Und gleichet dem Wild fast; das,
Von süßer Jugend getrieben,
Schweift rastlos über die Berg
Und fühlet die eigene Kraft
In der Mittagshitze. Wenn aber
Herabgeführt, in spielenden Lüften,
Das heilige Licht, und mit dem kühleren Strahl
Der freudige Geist kommt zu
Der seligen Erde, dann erliegt es, ungewohnt
Des Schönsten, und schlummert wachenden Schlaf,
Noch ehe Gestirn naht. So auch wir. Denn manchen erlosch
Das Augenlicht schon vor den göttlichgesendeten Gaben,

Den freundlichen, die aus Ionien uns,
Auch aus Arabia kamen, und froh ward
Der teuern Lehr und auch der holden Gesänge
Die Seele jener Entschlafenen nie,
Doch einige wachten. Und sie wandelten oft
Zufrieden unter euch, ihr Bürger schöner Städte,
Beim Kampfspiel, wo sonst unsichtbar der Heros
Geheim bei Dichtern saß, die Ringer schaut' und lächelnd
Pries, der gepriesene, die müßigernsten Kinder.
Ein unaufhörlich Lieben war's und ist's.
Und wohlgeschieden, aber darum denken
Wir aneinander doch, ihr Fröhlichen am Isthmos,
Und am Cephiß und am Taygetos,

Auch eurer denken wir, ihr Tale des Kaukasos,
So alt ihr seid, ihr Paradiese dort,
Und deiner Patriarchen und deiner Propheten,

O Asia, deiner Starken, o Mutter! 80
Die furchtlos vor den Zeichen der Welt,
Und den Himmel auf Schultern und alles Schicksal,
Taglang auf Bergen gewurzelt,
Zuerst es verstanden,
Allein zu reden 85
Zu Gott. Die ruhn nun. Aber wenn ihr,
Und dies ist zu sagen,
Ihr Alten all, nicht sagtet, woher
Wir nennen dich: heiliggenötiget, nennen,
Natur! dich wir, und neu, wie dem Bad entsteigt 90
Dir alles Göttlichgeborne.

Zwar gehn wir fast, wie die Waisen;
Wohl ist's, wie sonst, nur jene Pflege nicht wieder;
Doch Jünglinge, der Kindheit gedenk,
Im Hause sind auch diese nicht fremde. 95
Sie leben dreifach, eben wie auch
Die ersten Söhne des Himmels.
Und nicht umsonst ward uns
In die Seele die Treue gegeben.
Nicht uns, auch eures bewahrt sie, 100
Und bei den Heiligtümern, den Waffen des Worts,
Die scheidend ihr den Ungeschickteren uns,
Ihr Schicksalssöhne, zurückgelassen,

Ihr guten Geister, da seid ihr auch,
Oftmals, wenn einen dann die heilige Wolk umschwebt,
Da staunen wir und wissen's nicht zu deuten.
Ihr aber würzt mit Nektar uns den Othem
Und dann frohlocken wir oft oder es befällt uns
Ein Sinnen, wenn ihr aber einen zu sehr liebt,
Er ruht nicht, bis er euer einer geworden.

Darum, ihr Gütigen! umgebet mich leicht,
Damit ich bleiben möge, denn noch ist manches zu singen,
Jetzt aber endiget, seligweinend,
Wie eine Sage der Liebe,
Mir der Gesang, und so auch ist er
Mir, mit Erröten, Erblassen,
Von Anfang her gegangen. Doch alles geht so.

Die Wanderung

Glückselig Suevien, meine Mutter,
Auch du, der glänzenderen, der Schwester
Lombarda drüben gleich,
Von hundert Bächen durchflossen!
Und Bäume genug, weißblühend und rötlich,
Und dunklere, wild, tiefgrünenden Laubs voll,
Und Alpengebirg der Schweiz auch überschattet
Benachbartes dich; denn nah dem Herde des Hauses
Wohnst du, und hörst, wie drinnen
Aus silbernen Opferschalen
Der Quell rauscht, ausgeschüttet
Von reinen Händen, wenn berührt

Von warmen Strahlen
Kristallenes Eis und umgestürzt
Vom leichtanregenden Lichte
Der schneeige Gipfel übergießt die Erde
Mit reinestem Wasser. Darum ist
Dir angeboren die Treue. Schwer verläßt,
Was nahe dem Ursprung wohnet, den Ort.
Und deine Kinder, die Städte,
Am weithindämmernden See,
An Neckars Weiden, am Rheine,
Sie alle meinen, es wäre
Sonst nirgend besser zu wohnen.

Ich aber will dem Kaukasos zu!
Denn sagen hört ich
Noch heut in den Lüften:
Frei sei'n, wie Schwalben, die Dichter.
Auch hat mir ohnedies
In jüngeren Tagen eines vertraut,
Es seien vor alter Zeit
Die Eltern einst, das deutsche Geschlecht,
Still fortgezogen von Wellen der Donau,
Am Sommertage, da diese
Sich Schatten suchten, zusammen
Mit Kindern der Sonn
Am Schwarzen Meere gekommen;
Und nicht umsonst sei dies
Das gastfreundliche genennet.

Denn, als sie erst sich angesehen,
Da nahten die anderen erst; dann satzten auch
Die Unseren sich neugierig unter den Ölbaum.
Doch als sich ihre Gewande berührt,
Und keiner vernehmen konnte
Die eigene Rede des andern, wäre wohl
Entstanden ein Zwist, wenn nicht aus Zweigen herunter
Gekommen wäre die Kühlung,
Die Lächeln über das Angesicht
Der Streitenden öfters breitet, und eine Weile
Sahn still sie auf, dann reichten sie sich
Die Hände liebend einander. Und bald

Vertauschten sie Waffen und all
Die lieben Güter des Hauses,
Vertauschten das Wort auch und es wünschten
Die freundlichen Väter umsonst nichts
Beim Hochzeitjubel den Kindern.
Denn aus den Heiligvermählten
Wuchs schöner, denn alles,
Was vor und nach

60 Von Menschen sich nannt, ein Geschlecht auf. Wo,
    Wo aber wohnt ihr, liebe Verwandten,
    Daß wir das Bündnis wiederbegehn
    Und der teuern Ahnen gedenken?

    Dort an den Ufern, unter den Bäumen
65 Ionias, in Ebenen des Kaysters,
    Wo Kraniche, des Äthers froh,
    Umschlossen sind von fernhindämmernden Bergen,
    Dort wart auch ihr, ihr Schönsten! oder pfleget
    Der Inseln, die mit Wein bekränzt,
70 Voll tönten von Gesang; noch andere wohnten
    Am Tayget, am vielgepriesnen Hymettos,
    Die blühten zuletzt; doch von
    Parnassos' Quell bis zu des Tmolos
    Goldglänzenden Bächen erklang
75 Ein ewiges Lied; so rauschten
    Damals die Wälder und all
    Die Saitenspiele zusamt
    Vom himmlischer Milde gerühret.

80 O Land des Homer!
    Am purpurnen Kirschbaum oder wenn
    Von dir gesandt im Weinberg mir
    Die jungen Pfirsiche grünen,
    Und die Schwalbe fernher kommt und vieles erzählend
85 An meinen Wänden ihr Haus baut, in
    Den Tagen des Mais, auch unter den Sternen
    Gedenk ich, o Ionia, dein! doch Menschen
    Ist Gegenwärtiges lieb. Drum bin ich
    Gekommen, euch, ihr Inseln, zu sehn, und euch,
90 Ihr Mündungen der Ströme, o ihr Hallen der Thetis,
    Ihr Wälder, euch, und euch, ihr Wolken des Ida!

    Doch nicht zu bleiben gedenk ich.
    Unfreundlich ist und schwer zu gewinnen
    Die Verschlossene, der ich entkommen, die Mutter.

Von ihren Söhnen einer, der Rhein,
Mit Gewalt wollt er ans Herz ihr stürzen und schwand 95
Der Zurückgestoßene, niemand weiß, wohin, in die Ferne.
Doch so nicht wünsch ich gegangen zu sein,
Von ihr, und nur, euch einzuladen,
Bin ich zu euch, ihr Grazien Griechenlands,
Ihr Himmelstöchter, gegangen, 100
Daß, wenn die Reise zu weit nicht ist,
Zu uns ihr kommet, ihr Holden!

Wenn milder atmen die Lüfte,
Und liebende Pfeile der Morgen
Uns Allzugeduldigen schickt, 105
Und leichte Gewölke blühn
Uns über den schüchternen Augen,
Dann werden wir sagen, wie kommt
Ihr, Charitinnen, zu Wilden?
Die Dienerinnen des Himmels 110
Sind aber wunderbar,
Wie alles Göttlichgeborne.
Zum Traume wird's ihm, will es einer
Beschleichen und straft den, der
Ihm gleichen will mit Gewalt; 115
Oft überraschet es einen,
Der eben kaum es gedacht hat.

Der Rhein

An Isaak von Sinclair

Im dunkeln Efeu saß ich, an der Pforte
Des Waldes, eben, da der goldene Mittag,
Den Quell besuchend, herunterkam
Von Treppen des Alpengebirgs,
Das mir die göttlichgebaute,
Die Burg der Himmlischen heißt
Nach alter Meinung, wo aber
Geheim noch manches entschieden
Zu Menschen gelanget; von da
Vernahm ich ohne Vermuten
Ein Schicksal, denn noch kaum
War mir im warmen Schatten
Sich manches beredend, die Seele
Italia zu geschweift
Und fernhin an die Küsten Moreas.

Jetzt aber, drin im Gebirg,
Tief unter den silbernen Gipfeln
Und unter fröhlichem Grün,
Wo die Wälder schauernd zu ihm,
Und der Felsen Häupter übereinander
Hinabschaun, taglang, dort
Im kältesten Abgrund hört
Ich um Erlösung jammern
Den Jüngling, es hörten ihn, wie er tobt',
Und die Mutter Erd anklagt',
Und den Donnerer, der ihn gezeuget,
Erbarmend die Eltern, doch
Die Sterblichen flohn von dem Ort,
Denn furchtbar war, da lichtlos er
In den Fesseln sich wälzte,
Das Rasen des Halbgotts.

Die Stimme war's des edelsten der Ströme,

Des freigeborenen Rheins,
Und anderes hoffte der, als droben von den Brüdern,
Dem Tessin und dem Rhodanus, 35
Er schied und wandern wollt, und ungeduldig ihn
Nach Asia trieb die königliche Seele.
Doch unverständig ist
Das Wünschen vor dem Schicksal.
Die Blindesten aber 40
Sind Göttersöhne. Denn es kennet der Mensch
Sein Haus und dem Tier ward, wo
Es bauen solle, doch jenen ist
Der Fehl, daß sie nicht wissen wohin,
In die unerfahrne Seele gegeben. 45

Ein Rätsel ist Reinentsprungenes. Auch
Der Gesang kaum darf es enthüllen. Denn
Wie du anfingst, wirst du bleiben,
Soviel auch wirket die Not,
Und die Zucht, das meiste nämlich 50
Vermag die Geburt,
Und der Lichtstrahl, der
Dem Neugebornen begegnet.
Wo aber ist einer,
Um frei zu bleiben 55
Sein Leben lang, und des Herzens Wunsch
Allein zu erfüllen, so
Aus günstigen Höhn, wie der Rhein,
Und so aus heiligem Schoße
Glücklich geboren, wie jener? 60

Drum ist ein Jauchzen sein Wort.
Nicht liebt er, wie andere Kinder,
In Wickelbanden zu weinen;
Denn wo die Ufer zuerst
An die Seit ihm schleichen, die krummen, 65
Und durstig umwindend ihn,
Den Unbedachten, zu ziehn

Und wohl zu behüten begehren
Im eigenen Zahne, lachend
Zerreißt er die Schlangen und stürzt
Mit der Beut und wenn in der Eil
Ein Größerer ihn nicht zähmt,
Ihn wachsen läßt, wie der Blitz, muß er
Die Erde spalten, und wie Bezauberte fliehn
Die Wälder ihm nach und zusammensinkend die Berge.

Ein Gott will aber sparen den Söhnen
Das eilende Leben und lächelt,
Wenn unenthaltsam, aber gehemmt
Von heiligen Alpen, ihm
In der Tiefe, wie jener, zürnen die Ströme.
In solcher Esse wird dann
Auch alles Lautre geschmiedet,
Und schön ist's, wie er drauf,
Nachdem er die Berge verlassen,
Stillwandelnd sich im deutschen Lande
Begnüget und das Sehnen stillt
Im guten Geschäfte, wenn er das Land baut,
Der Vater Rhein, und liebe Kinder nährt
In Städten, die er gegründet.

Doch nimmer, nimmer vergißt er's.
Denn eher muß die Wohnung vergehn,
Und die Satzung und zum Unbild werden
Der Tag der Menschen, ehe vergessen
Ein solcher dürfte den Ursprung
Und die reine Stimme der Jugend.
Wer war es, der zuerst
Die Liebesbande verderbt
Und Stricke von ihnen gemacht hat?
Dann haben des eigenen Rechts
Und gewiß des himmlischen Feuers
Gespottet die Trotzigen, dann erst
Die sterblichen Pfade verachtend

Verwegnes erwählt
Und den Göttern gleich zu werden getrachtet.

Es haben aber an eigner
Unsterblichkeit die Götter genug, und bedürfen
Die Himmlischen eines Dings,
So sind's Heroen und Menschen
Und Sterbliche sonst. Denn weil
Die Seligsten nichts fühlen von selbst,
Muß wohl, wenn solches zu sagen
Erlaubt ist, in der Götter Namen
Teilnehmend fühlen ein andrer,
Den brauchen sie; jedoch ihr Gericht
Ist, daß sein eigenes Haus
Zerbreche der und das Liebste
Wie den Feind schelt und sich Vater und Kind
Begrabe unter den Trümmern,
Wenn einer, wie sie, sein will und nicht
Ungleiches dulden, der Schwärmer.

Drum wohl ihm, welcher fand
Ein wohlbeschiedenes Schicksal,
Wo noch der Wanderungen
Und süß der Leiden Erinnerung
Aufrauscht am sichern Gestade,
Daß da- und dorthin gern
Er sehn mag bis an die Grenzen,
Die bei der Geburt ihm Gott
Zum Aufenthalte gezeichnet.
Dann ruht er, seligbescheiden,
Denn alles, was er gewollt,
Das Himmlische, von selber umfängt
Es unbezwungen, lächelnd
Jetzt, da er ruhet, den Kühnen.

Halbgötter denk ich jetzt
Und kennen muß ich die Teuern,

Weil oft ihr Leben so
Die sehnende Brust mir beweget.
Wem aber, wie, Rousseau, dir,
Unüberwindlich die Seele,
Die starkausdauernde, ward,
Und sicherer Sinn
Und süße Gabe zu hören,
Zu reden so, daß er aus heiliger Fülle
Wie der Weingott, törig göttlich
Und gesetzlos sie, die Sprache der Reinesten, gibt
Verständlich den Guten, aber mit Recht
Die Achtungslosen mit Blindheit schlägt,
Die entweihenden Knechte, wie nenn ich den Fremden?

Die Söhne der Erde sind, wie die Mutter,
Alliebend, so empfangen sie auch
Mühlos, die Glücklichen, alles.
Drum überraschet es auch
Und schröckt den sterblichen Mann,
Wenn er den Himmel, den
Er mit den liebenden Armen
Sich auf die Schultern gehäuft,
Und die Last der Freude bedenket;
Dann scheint ihm oft das Beste,
Fast ganz vergessen da,
Wo der Strahl nicht brennt,
Im Schatten des Walds
Am Bielersee in frischer Grüne zu sein,
Und sorglosarm an Tönen,
Anfängern gleich, bei Nachtigallen zu lernen.

Und herrlich ist's, aus heiligem Schlafe dann
Erstehen und, aus Waldes Kühle
Erwachend, abends nun
Dem milderen Licht entgegenzugehn,
Wenn, der die Berge gebaut
Und den Pfad der Ströme gezeichnet,
Nachdem er lächelnd auch

Der Menschen geschäftiges Leben,
Das othemarme, wie Segel
Mit seinen Lüften gelenkt hat,
Auch ruht und zu der Schülerin jetzt,
Der Bildner, Gutes mehr
Denn Böses findend,
Zur heutigen Erde der Tag sich neiget. –

Dann feiern das Brautfest Menschen und Götter,
Es feiern die Lebenden all,
Und ausgeglichen
Ist eine Weile das Schicksal.
Und die Flüchtlinge suchen die Herberg,
Und süßen Schlummer die Tapfern,
Die Liebenden aber
Sind, was sie waren, sie sind
Zu Hause, wo die Blume sich freuet
Unschädlicher Glut und die finsteren Bäume
Der Geist umsäuselt, aber die Unversöhnten
Sind umgewandelt und eilen
Die Hände sich ehe zu reichen,
Bevor das freundliche Licht
Hinuntergeht und die Nacht kommt.

Doch einigen eilt
Dies schnell vorüber, andere
Behalten es länger.
Die ewigen Götter sind
Voll Lebens allzeit; bis in den Tod
Kann aber ein Mensch auch
Im Gedächtnis doch das Beste behalten,
Und dann erlebt er das Höchste.
Nur hat ein jeder sein Maß.
Denn schwer ist zu tragen
Das Unglück, aber schwerer das Glück.
Ein Weiser aber vermocht es
Vom Mittag bis in die Mitternacht,

Und bis der Morgen erglänzte,
Beim Gastmahl helle zu bleiben.

Dir mag auf heißem Pfade unter Tannen oder
Im Dunkel des Eichwalds gehüllt
In Stahl, mein Sinclair! Gott erscheinen oder
In Wolken, du kennst ihn, da du kennest, jugendlich,
Des Guten Kraft, und nimmer ist dir
Verborgen das Lächeln des Herrschers
Bei Tage, wenn
Es fieberhaft und angekettet das
Lebendige scheinet oder auch
Bei Nacht, wenn alles gemischt
Ist ordnungslos und wiederkehrt
Uralte Verwirrung.

GERMANIEN

Nicht sie, die Seligen, die erschienen sind,
Die Götterbilder in dem alten Lande,
Sie darf ich ja nicht rufen mehr, wenn aber,
Ihr heimatlichen Wasser! jetzt mit euch
Des Herzens Liebe klagt, was will es anders,
Das heiligtrauernde? Denn voll Erwartung liegt
Das Land und als in heißen Tagen
Herabgesenkt, umschattet heut,
Ihr Sehnenden! uns ahnungsvoll ein Himmel.
Voll ist er von Verheißungen und scheint
Mir drohend auch, doch will ich bei ihm bleiben,
Und rückwärts soll die Seele mir nicht fliehn
Zu euch, Vergangene! die zu lieb mir sind.
Denn euer schönes Angesicht zu sehn,
Als wär's, wie sonst, ich fürcht es, tödlich ist's,
Und kaum erlaubt, Gestorbene zu wecken.

Entflohene Götter! auch ihr, ihr gegenwärtigen, damals
Wahrhaftiger, ihr hattet eure Zeiten!
Nichts leugnen will ich hier und nichts erbitten.
Denn wenn es aus ist, und der Tag erloschen,
Wohl trifft's den Priester erst, doch liebend folgt
Der Tempel und das Bild ihm auch und seine Sitte
Zum dunkeln Land und keines mag noch scheinen.
Nur als von Grabesflammen, ziehet dann
Ein goldner Rauch, die Sage, drob hinüber,
Und dämmert jetzt uns Zweifelnden um das Haupt,
Und keiner weiß, wie ihm geschieht. Er fühlt
Die Schatten derer, so gewesen sind,
Die Alten, so die Erde neubesuchen.
Denn die da kommen sollen, drängen uns,
Und länger säumt von Göttermenschen
Die heilige Schar nicht mehr im blauen Himmel.

Schon grünet ja, im Vorspiel rauherer Zeit
Für sie erzogen, das Feld, bereitet ist die Gabe
Zum Opfermahl und Tal und Ströme sind
Weitoffen um prophetische Berge,
Daß schauen mag bis in den Orient
Der Mann und ihn von dort der Wandlungen viele bewegen.
Vom Äther aber fällt
Das treue Bild und Göttersprüche regnen
Unzählbare von ihm, und es tönt im innersten Haine.
Und der Adler, der vom Indus kömmt,
Und über des Parnassos
Beschneite Gipfel fliegt, hoch über den Opferhügeln
Italias, und frohe Beute sucht
Dem Vater, nicht wie sonst, geübter im Fluge
Der Alte, jauchzend überschwingt er
Zuletzt die Alpen und sieht die vielgearteten Länder.

Die Priesterin, die stillste Tochter Gottes,
Sie, die zu gern in tiefer Einfalt schweigt,
Sie suchet er, die offnen Auges schaute,
Als wüßte sie es nicht, jüngst, da ein Sturm

Toddrohend über ihrem Haupt ertönte;
Es ahnete das Kind ein Besseres,
55 Und endlich ward ein Staunen weit im Himmel,
Weil *eines* groß an Glauben, wie sie selbst,
Die segnende, die Macht der Höhe sei;
Drum sandten sie den Boten, der, sie schnell erkennend,
Denkt lächelnd so: Dich, Unzerbrechliche, muß
60 Ein ander Wort erprüfen und ruft es laut,
Der Jugendliche, nach Germania schauend:
»Du bist es, auserwählt,
Alliebend und ein schweres Glück
Bist du zu tragen stark geworden,

65 Seit damals, da im Walde versteckt und blühendem Mohn
Voll süßen Schlummers, Trunkene, meiner du
Nicht achtetest, lang, ehe noch auch Geringere fühlten
Der Jungfrau Stolz und staunten, wes du wärst und woher,
Doch du es selbst nicht wußtest. Ich mißkannte dich nicht,
70 Und heimlich, da du träumtest, ließ ich
Am Mittag scheidend dir ein Freundeszeichen,
Die Blume des Mundes zurück und du redetest einsam.
Doch Fülle der goldenen Worte sandtest du auch,
Glückselige! mit den Strömen und sie quillen unerschöpflich
75 In die Gegenden all. Denn fast, wie der heiligen,
Die Mutter ist von allem,
Die Verborgene sonst genannt von Menschen,
So ist von Lieben und Leiden
Und voll von Ahnungen dir
80 Und voll von Frieden der Busen.

O trinke Morgenlüfte,
Bis daß du offen bist,
Und nenne, was vor Augen dir ist,
Nicht länger darf Geheimnis mehr
Das Unausgesprochene bleiben,
Nachdem es lange verhüllt ist;
Denn Sterblichen geziemet die Scham,
Und so zu reden die meiste Zeit,

Ist weise auch, von Göttern.
Wo aber überflüssiger, denn lautere Quellen,
Das Gold und ernst geworden ist der Zorn an dem Himmel,
Muß zwischen Tag und Nacht
Einsmals ein Wahres erscheinen.
Dreifach umschreibe du es,
Doch ungesprochen auch, wie es da ist,
Unschuldige, muß es bleiben.

O nenne, Tochter du der heiligen Erd,
Einmal die Mutter. Es rauschen die Wasser am Fels
Und Wetter im Wald und bei dem Namen derselben
Tönt auf aus alter Zeit Vergangengöttliches wieder.
Wie anders ist's! und rechthin glänzt und spricht
Zukünftiges auch erfreulich aus den Fernen.
Doch in der Mitte der Zeit
Lebt ruhig mit geweihter
Jungfräulicher Erde der Äther
Und gerne, zur Erinnerung, sind,
Die Unbedürftigen, sie
Gastfreundlich bei den unbedürft'gen,
Bei deinen Feiertagen,
Germania, wo du Priesterin bist
Und wehrlos Rat gibst rings
Den Königen und den Völkern.«

Friedensfeier

Ich bitte, dieses Blatt nur gutmütig zu lesen. So wird es sicher nicht unfaßlich, noch weniger anstößig sein. Sollten aber dennoch einige eine solche Sprache zu wenig konventionell finden, so muß ich ihnen gestehen: ich kann nicht anders. An einem schönen Tage läßt sich ja fast jede Sangart hören, und die Natur, wovon es her ist, nimmt's auch wieder.

Der Verfasser gedenkt dem Publikum eine ganze Sammlung von dergleichen Blättern vorzulegen, und dieses soll irgend eine Probe sein davon.

Der himmlischen, still widerklingenden,
Der ruhigwandelnden Töne voll,
Und gelüftet ist der altgebaute,
Seliggewohnte Saal; um grüne Teppiche duftet
5 Die Freudenwolk und weithinglänzend stehn,
Gereiftester Früchte voll und goldbekränzter Kelche,
Wohlangeordnet, eine prächtige Reihe,
Zur Seite da und dort aufsteigend über dem
Geebneten Boden die Tische.
10 Denn ferne kommend haben
Hieher, zur Abendstunde,
Sich liebende Gäste beschieden.

Und dämmernden Auges denk ich schon,
Vom ernsten Tagwerk lächelnd,
5 Ihn selbst zu sehn, den Fürsten des Fests.
Doch wenn du schon dein Ausland gern verleugnest,
Und als vom langen Heldenzuge müd,
Dein Auge senkst, vergessen, leichtbeschattet,
Und Freundesgestalt annimmst, du Allbekannter, doch
10 Beugt fast die Knie das Hohe. Nichts vor dir,
Nur eines weiß ich, Sterbliches bist du nicht.
Ein Weiser mag mir manches erhellen; wo aber
Ein Gott noch auch erscheint,
Da ist doch andere Klarheit.

Von heute aber nicht, nicht unverkündet ist er; 25
Und einer, der nicht Flut noch Flamme gescheuet,
Erstaunet, da es stille worden, umsonst nicht, jetzt,
Da Herrschaft nirgend ist zu sehn bei Geistern und Menschen.
Das ist, sie hören das Werk,
Längst vorbereitend, von Morgen nach Abend, jetzt erst, 30
Denn unermeßlich braust, in der Tiefe verhallend,
Des Donnerers Echo, das tausendjährige Wetter,
Zu schlafen, übertönt von Friedenslauten, hinunter.
Ihr aber, teuergewordne, o ihr Tage der Unschuld,
Ihr bringt auch heute das Fest, ihr Lieben! und es blüht 35
Rings abendlich der Geist in dieser Stille;
Und raten muß ich, und wäre silbergrau
Die Locke, o ihr Freunde!
Für Kränze zu sorgen und Mahl, jetzt ewigen Jünglingen ähnlich.

Und manchen möcht ich laden, aber o du, 40
Der freundlichernst den Menschen zugetan,
Dort unter syrischer Palme,
Wo nahe lag die Stadt, am Brunnen gerne war;
Das Kornfeld rauschte rings, still atmete die Kühlung
Vom Schatten des geweiheten Gebirges, 45
Und die lieben Freunde, das treue Gewölk,
Umschatteten dich auch, damit der heiligkühne
Durch Wildnis mild dein Strahl zu Menschen kam, o Jüngling!
Ach! aber dunkler umschattete, mitten im Wort, dich
Furchtbarentscheidend ein tödlich Verhängnis. So ist schnell 5
Vergänglich alles Himmlische; aber umsonst nicht;

Denn schonend rührt des Maßes allzeit kundig
Nur einen Augenblick die Wohnungen der Menschen
Ein Gott an, unversehn, und keiner weiß es, wenn?
Auch darf alsdann das Freche drüber gehn,
Und kommen muß zum heil'gen Ort das Wilde
Von Enden fern, übt rauhbetastend den Wahn,
Und trifft daran ein Schicksal, aber Dank,
Nie folgt der gleich hernach dem gottgegebnen Geschenke;

60 Tiefprüfend ist es zu fassen.
Auch wär uns, sparte der Gebende nicht,
Schon längst vom Segen des Herds
Uns Gipfel und Boden entzündet.

Des Göttlichen aber empfingen wir
65 Doch viel. Es ward die Flamm uns
In die Hände gegeben, und Ufer und Meersflut.
Viel mehr, denn menschlicher Weise
Sind jene mit uns, die fremden Kräfte, vertrauet.
Und es lehret Gestirn dich, das
70 Vor Augen dir ist, doch nimmer kannst du ihm gleichen.
Vom Allebendigen aber, von dem
Viel Freuden sind und Gesänge,
Ist einer ein Sohn, ein Ruhigmächtiger ist er,
Und nun erkennen wir ihn,
75 Nun, da wir kennen den Vater
Und Feiertage zu halten
Der hohe, der Geist
Der Welt sich zu Menschen geneigt hat.

Denn längst war der zum Herrn der Zeit zu groß
80 Und weit aus reichte sein Feld, wann hat's ihn aber erschöpfet?
Einmal mag aber ein Gott auch Tagewerk erwählen,
Gleich Sterblichen und teilen alles Schicksal.
Schicksalgesetz ist dies, daß alle sich erfahren,
Daß, wenn die Stille kehrt, auch eine Sprache sei.
Wo aber wirkt der Geist, sind wir auch mit, und streiten,
Was wohl das Beste sei. So dünkt mir jetzt das Beste,
Wenn nun vollendet sein Bild und fertig ist der Meister,
Und selbst verklärt davon aus seiner Werkstatt tritt,
Der stille Gott der Zeit und nur der Liebe Gesetz,
Das schönausgleichende gilt von hier an bis zum Himmel.

Viel hat von Morgen an,
Seit ein Gespräch wir sind und hören voneinander,
Erfahren der Mensch; bald sind wir aber Gesang.
Und das Zeitbild, das der große Geist entfaltet,
Ein Zeichen liegt's vor uns, daß zwischen ihm und andern
Ein Bündnis zwischen ihm und andern Mächten ist.
Nicht er allein, die Unerzeugten, Ew'gen
Sind kennbar alle daran, gleichwie auch an den Pflanzen
Die Mutter Erde sich und Licht und Luft sich kennet.
Zuletzt ist aber doch, ihr heiligen Mächte, für euch
Das Liebeszeichen, das Zeugnis
Daß ihr's noch seiet, der Festtag,

Der Allversammelnde, wo Himmlische nicht
Im Wunder offenbar, noch ungesehn im Wetter,
Wo aber bei Gesang gastfreundlich untereinander
In Chören gegenwärtig, eine heilige Zahl
Die Seligen in jeglicher Weise
Beisammen sind, und ihr Geliebtestes auch,
An dem sie hängen, nicht fehlt; denn darum rief ich
Zum Gastmahl, das bereitet ist,
Dich, Unvergeßlicher, dich, zum Abend der Zeit,
O Jüngling, dich zum Fürsten des Festes; und eher legt
Sich schlafen unser Geschlecht nicht,
Bis ihr Verheißenen all,
All ihr Unsterblichen, uns
Von eurem Himmel zu sagen,
Da seid in unserem Hause.

Leichtatmende Lüfte
Verkünden euch schon,
Euch kündet das rauchende Tal
Und der Boden, der vom Wetter noch dröhnet,
Doch Hoffnung rötet die Wangen,
Und vor der Türe des Hauses
Sitzt Mutter und Kind,
Und schauet den Frieden

Und wenige scheinen zu sterben,
Es hält ein Ahnen die Seele,
Vom goldnen Lichte gesendet,
Hält ein Versprechen die Ältesten auf.

30 Wohl sind die Würze des Lebens,
Von oben bereitet und auch
Hinausgeführet, die Mühen.
Denn alles gefällt jetzt,
Einfältiges aber
35 Am meisten, denn die langgesuchte,
Die goldne Frucht,
Uraltem Stamm
In schütternden Stürmen entfallen,
Dann aber, als liebstes Gut, vom heiligen Schicksal selbst,
40 Mit zärtlichen Waffen umschützt,
Die Gestalt der Himmlischen ist es.

Wie die Löwin, hast du geklagt,
O Mutter, da du sie,
Natur, die Kinder verloren.
45 Denn es stahl sie, Allzuliebende, dir
Dein Feind, da du ihn fast
Wie die eigenen Söhne genommen,
Und Satyren die Götter gesellt hast.
So hast du manches gebaut,
Und manches begraben,
Denn es haßt dich, was
Du, vor der Zeit
Allkräftige, zum Lichte gezogen.
Nun kennest, nun lässest du dies;
Denn gerne fühllos ruht,
Bis daß es reift, Furchtsamgeschäftiges drunten.

Der Einzige

⟨Erste Fassung⟩

Was ist es, das
An die alten seligen Küsten
Mich fesselt, daß ich mehr noch
Sie liebe, als mein Vaterland?
Denn wie in himmlische
Gefangenschaft verkauft
Dort bin ich, wo Apollo ging
In Königsgestalt,
Und zu unschuldigen Jünglingen sich
Herabließ Zeus und Söhn in heiliger Art
Und Töchter zeugte
Der Hohe unter den Menschen.

Der hohen Gedanken
Sind nämlich viel
Entsprungen des Vaters Haupt
Und große Seelen
Von ihm zu Menschen gekommen.
Gehöret hab ich
Von Elis und Olympia, bin
Gestanden oben auf dem Parnaß,
Und über Bergen des Isthmus,
Und drüben auch
Bei Smyrna und hinab
Bei Ephesos bin ich gegangen;

Viel hab ich Schönes gesehn,
Und gesungen Gottes Bild
Hab ich, das lebet unter
Den Menschen, aber dennoch,
Ihr alten Götter und all
Ihr tapfern Söhne der Götter,
Noch *einen* such ich, den
Ich liebe unter euch,

Wo ihr den letzten eures Geschlechts,
Des Hauses Kleinod mir
Dem fremden Gaste verberget.

Mein Meister und Herr!
O du, mein Lehrer!
Was bist du ferne
Geblieben? und da
Ich fragte unter den Alten,
Die Helden und
Die Götter, warum bliebest
Du aus? Und jetzt ist voll
Von Trauern meine Seele,
Als eifertet, ihr Himmlischen, selbst,
Daß, dien ich einem, mir
Das andere fehlet.

Ich weiß es aber, eigene Schuld
Ist's! Denn zu sehr,
O Christus! häng ich an dir,
Wiewohl Herakles' Bruder
Und kühn bekenn ich, du
Bist Bruder auch des Euiers, der
An den Wagen spannte
Die Tiger und hinab
Bis an den Indus
Gebietend freudigen Dienst
Den Weinberg stiftet' und
Den Grimm bezähmte der Völker.

Es hindert aber eine Scham
Mich, dir zu vergleichen
Die weltlichen Männer. Und freilich weiß
Ich, der dich zeugte, dein Vater,
Derselbe der,

Denn nimmer herrscht er allein.

Es hänget aber an *einem* 83
Die Liebe. Diesesmal
Ist nämlich vom eigenen Herzen 85
Zu sehr gegangen der Gesang,
Gut machen will ich den Fehl,
Wenn ich noch andere singe.
Nie treff ich, wie ich wünsche,
Das Maß. Ein Gott weiß aber, 90
Wenn kommet, was ich wünsche, das Beste.
Denn wie der Meister
Gewandelt auf Erden,
Ein gefangener Aar,

Und viele, die
Ihn sahen, fürchteten sich,
Dieweil sein Äußerstes tat
Der Vater und sein Bestes unter
Den Menschen wirkete wirklich,
Und sehr betrübt war auch
Der Sohn so lange, bis er
Gen Himmel fuhr in den Lüften,
Dem gleich ist gefangen die Seele der Helden.
Die Dichter müssen auch
Die geistigen weltlich sein.

Der Einzige

⟨Zweite Fassung⟩

Was ist es, das
An die alten seligen Küsten
Mich fesselt, daß ich mehr noch
Sie liebe, als mein Vaterland?
Denn wie in himmlischer
Gefangenschaft gebückt, in flammender Luft
Dort bin ich, wo, wie Steine sagen, Apollo ging
In Königsgestalt.
Und zu unschuldigen Jünglingen sich
Herabließ Zeus und Söhn in heiliger Art
Und Töchter zeugte
Der Hohe unter den Menschen.

Der hohen Gedanken
Sind nämlich viel!
Entsprungen des Vaters Haupt
Und große Seelen
Von ihm zu Menschen gekommen.
Gehöret hab ich
Von Elis und Olympia, bin
Gestanden oben auf dem Parnaß,
Und über Bergen des Isthmus,
Und drüben auch
Bei Smyrna und hinab
Bei Ephesos bin ich gegangen;

Viel hab ich Schönes gesehn,
Und gesungen Gottes Bild
Hab ich, das lebet unter
Den Menschen, denn sehr dem Raum gleich ist
Das Himmlische reichlich in
Der Jugend zählbar, aber dennoch,
O du der Sterne Leben und all
Ihr tapfern Söhne des Lebens,

Noch *einen* such ich, den
Ich liebe unter euch,
Wo ihr den letzten eures Geschlechts, 35
Des Hauses Kleinod mir
Dem fremden Gaste verberget.

Mein Meister und Herr!
O du, mein Lehrer!
Was bist du ferne 40
Geblieben? und da
Ich fragte unter den Alten,
Die Helden und
Die Götter, warum bliebest
Du aus? Und jetzt ist voll 45
Von Trauern meine Seele,
Als eifertet, ihr Himmlischen, selbst,
Daß, dien ich einem, mir
Das andere fehlet.

Ich weiß es aber, eigene Schuld ist's! Denn zu sehr, 50
O Christus! häng ich an dir, wiewohl Herakles' Bruder
Und kühn bekenn ich, du bist Bruder auch des Euiers, der
Die Todeslust der Völker aufhält und zerreißt den Fallstrick,
Fein sehen die Menschen, daß sie
Nicht gehn den Weg des Todes und hüten das Maß, daß einer 55
Etwas für sich ist, den Augenblick,
Das Geschick der großen Zeit auch,
Ihr Feuer fürchtend, treffen sie, und wo
Des Wegs ein anderes geht, da sehen sie
Auch, wo ein Geschick sei, machen aber 60
Das sicher, Menschen gleichend oder Gesetzen.

Es entbrennet aber sein Zorn; daß nämlich
Das Zeichen die Erde berührt, allmählich
Aus Augen gekommen, als an einer Leiter.
Diesmal. Eigenwillig sonst, unmäßig
Grenzlos, daß der Menschen Hand
Anficht das Lebende, mehr auch, als sich schicket

DER EINZIGE

Für einen Halbgott, Heiliggesetztes übergeht
Der Entwurf. Seit nämlich böser Geist sich
70 Bemächtiget des glücklichen Altertums, unendlich,
Langher währt eines, gesangsfeind, klanglos, das
In Maßen vergeht, des Sinnes Gewaltsames. Ungebundenes aber
Hasset Gott. Fürbittend aber

Hält ihn der Tag von dieser Zeit, stillschaffend,
75 Des Weges gehend, die Blüte der Jahre.
Und Kriegsgetön, und Geschichte der Helden unterhält,
                    hartnäckig Geschick,
Die Sonne Christi, Gärten der Büßenden, und
Der Pilgrime Wandern und der Völker ihn, und des Wächters
Gesang und die Schrift
80 Des Barden oder Afrikaners. Ruhmloser auch
Geschick hält ihn, die an den Tag
Jetzt erst recht kommen, das sind väterliche Fürsten. Denn
                    viel ist der Stand
Gottgleicher, denn sonst. Denn Männern mehr
Gehöret das Licht. Nicht Jünglingen.
85 Das Vaterland auch. Nämlich frisch

Noch unerschöpfet und voll mit Locken.
Der Vater der Erde freuet nämlich sich des
Auch, daß Kinder sind, so bleibet eine Gewißheit
Des Guten. So auch freuet
90 Das ihn, daß eines bleibet.
Auch einige sind, gerettet, als
Auf schönen Inseln. Gelehrt sind die.
Versuchungen sind nämlich
Grenzlos an die gegangen.
95 Zahllose gefallen. Also ging es, als
Der Erde Vater bereitet Ständiges
In Stürmen der Zeit. Ist aber geendet.

Der Einzige

⟨Dritte Fassung⟩

Was ist es, das
An die alten seligen Küsten
Mich fesselt, daß ich mehr noch
Sie liebe, als mein Vaterland?
Denn wie in himmlischer
Gefangenschaft gebückt, dem Tag nach sprechend
Dort bin ich, wo, wie Steine sagen, Apollo ging,
In Königsgestalt,
Und zu unschuldigen Jünglingen sich
Herabließ Zeus, und Söhn in heiliger Art
Und Töchter zeugte
Stumm weilend unter den Menschen.

Der hohen Gedanken aber
Sind dennoch viele
Gekommen aus des Vaters Haupt
Und große Seelen
Von ihm zu Menschen gekommen.
Und gehöret hab ich
Von Elis und Olympia, bin
Gestanden immerdar, an Quellen, auf dem Parnaß
Und über Bergen des Isthmus
Und drüben auch
Bei Smyrna und hinab
Bei Ephesos bin ich gegangen.

Viel hab ich Schönes gesehn
Und gesungen Gottes Bild
Hab ich, das lebet unter
Den Menschen. Denn sehr, dem Raum gleich, ist
Das Himmlische reichlich in
Der Jugend zählbar, aber dennoch,
Ihr alten Götter und all
Ihr tapfern Söhne der Götter,

Noch einen such ich, den
Ich liebe unter euch,
35 Wo ihr den letzten eures Geschlechts,
Des Hauses Kleinod mir
Dem fremden Gaste bewahret.

Mein Meister und Herr!
O du, mein Lehrer!
40 Was bist du ferne
Geblieben? und da
Ich sahe, mitten, unter den Geistern, den Alten
Die Helden und
Die Götter, warum bliebest
45 Du aus? Und jetzt ist voll
Von Trauern meine Seele
Als eifertet, ihr Himmlischen, selbst,
Daß, dien ich einem, mir
Das andere fehlet.

50 Ich weiß es aber, eigene Schuld
Ist's, denn zu sehr,
O Christus! häng ich an dir,
Wiewohl Herakles' Bruder
Und kühn bekenn ich, du
55 Bist Bruder auch des Euiers, der einsichtlich, vor alters
Die verdrossene Irre gerichtet,
Der Erde Gott, und beschieden
Die Seele dem Tier, das lebend
Vom eigenen Hunger schweift' und der Erde nach ging,
60 Aber rechte Wege gebot er mit einem Mal und Orte,
Die Sachen auch bestellt er von jedem.

Es hindert aber eine Scham
Mich, dir zu vergleichen
Die weltlichen Männer. Und freilich weiß
65 Ich, der dich zeugte, dein Vater ist
Derselbe. Nämlich Christus ist ja auch allein
Gestanden unter sichtbarem Himmel und Gestirn, sichtbar

Freiwaltendem über das Eingesetzte, mit Erlaubnis von Gott,
Und die Sünden der Welt, die Unverständlichkeit
Der Kenntnisse nämlich, wenn Beständiges das Geschäftige 70
        überwächst
Der Menschen, und der Mut des Gestirns war ob ihm. Nämlich
        immer jauchzet die Welt
Hinweg von dieser Erde, daß sie die
Entblößet; wo das Menschliche sie nicht hält. Es bleibet aber
        eine Spur
Doch eines Wortes; die ein Mann erhaschet. Der Ort war aber

Die Wüste. So sind jene sich gleich. Voll Freuden, reichlich. 75
        Herrlich grünet
Ein Kleeblatt. Ungestalt wär, um des Geistes willen, dieses,
        dürfte von solchen
Nicht sagen, gelehrt im Wissen einer schlechten Gebets, daß sie
Wie Feldherrn mir, Heroen sind. Des dürfen die Sterblichen
        wegen dem, weil
ohne Halt verstandlos Gott ist. Aber wie auf Wagen
Demütige   mit Gewalt 80
Des Tages oder
Mit Stimmen erscheinet Gott als
Natur von außen. Mittelbar
In heiligen Schriften. Himmlische sind
Und Menschen auf Erden beieinander die ganze Zeit. Ein großer 85
        Mann und ähnlich eine große Seele
Wenn gleich im Himmel

Begehrt zu einem auf Erden. Immerdar
Bleibt dies, daß immergekettet alltag ganz ist
Die Welt. Oft aber scheint 90
Ein Großer nicht zusammenzutaugen
Zu Großem. Alle Tage stehn die aber, als an einem Abgrund einer
Neben dem andern. Jene drei sind aber
Das, daß sie unter der Sonne
Wie Jäger der Jagd sind oder 95
Ein Ackersmann, der atmend von der Arbeit

Sein Haupt entblößet, oder Bettler. Schön
Und lieblich ist es zu vergleichen. Wohl tut
Die Erde. Zu kühlen. Immer aber

Patmos

Dem Landgrafen von Homburg

Nah ist
Und schwer zu fassen der Gott.
Wo aber Gefahr ist, wächst
Das Rettende auch.
Im Finstern wohnen
Die Adler und furchtlos gehn
Die Söhne der Alpen über den Abgrund weg
Auf leichtgebaueten Brücken.
Drum, da gehäuft sind rings
Die Gipfel der Zeit, und die Liebsten
Nah wohnen, ermattend auf
Getrenntesten Bergen,
So gib unschuldig Wasser,
O Fittiche gib uns, treuesten Sinns
Hinüberzugehn und wiederzukehren.

So sprach ich, da entführte
Mich schneller, denn ich vermutet,
Und weit, wohin ich nimmer
Zu kommen gedacht, ein Genius mich
Vom eigenen Haus. Es dämmerten
Im Zwielicht, da ich ging,
Der schattige Wald
Und die sehnsüchtigen Bäche
Der Heimat; nimmer kannt ich die Länder;
Doch bald, in frischem Glanze,
Geheimnisvoll
Im goldenen Rauche, blühte

Schnellaufgewachsen,
Mit Schritten der Sonne,
Mit tausend Gipfeln duftend,

Mir Asia auf, un geblendet sucht
Ich eines, das ich kennete, denn ungewohnt
War ich der breiten Gassen, wo herab
Vom Tmolus fährt
Der goldgeschmückte Paktol
Und Taurus stehet und Messogis,
Und voll von Blumen der Garten,
Ein stilles Feuer, aber im Lichte
Blüht hoch der silberne Schnee,
Und Zeug unsterblichen Lebens
An unzugangbaren Wänden
Uralt der Efeu wächst und getragen sind
Von lebenden Säulen, Zedern und Lorbeern,
Die feierlichen,
Die göttlichgebauten Paläste.

Es rauschen aber um Asias Tore
Hinziehend da und dort
In ungewisser Meeresebene
Der schattenlosen Straßen genug,
Doch kennt die Inseln der Schiffer.
Und da ich hörte,
Der nahegelegenen eine
Sei Patmos,
Verlangte mich sehr,
Dort einzukehren und dort
Der dunkeln Grotte zu nahn.
Denn nicht, wie Cypros,
Die quellreiche, oder
Der anderen eine
Wohnt herrlich Patmos,

Gastfreundlich aber ist
Im ärmeren Hause

Sie dennoch
Und wenn vom Schiffbruch oder klagend
65 Um die Heimat oder
Den abgeschiedenen Freund
Ihr nahet einer
Der Fremden, hört sie es gern, und ihre Kinder,
Die Stimmen des heißen Hains,
70 Und wo der Sand fällt, und sich spaltet
Des Feldes Fläche, die Laute,
Sie hören ihn und liebend tönt
Es wider von den Klagen des Manns. So pflegte
Sie einst des gottgeliebten,
75 Des Sehers, der in seliger Jugend war

Gegangen mit
Dem Sohne des Höchsten, unzertrennlich, denn
Es liebte der Gewittertragende die Einfalt
Des Jüngers und es sahe der achtsame Mann
80 Das Angesicht des Gottes genau,
Da, beim Geheimnisse des Weinstocks, sie
Zusammensaßen, zu der Stunde des Gastmahls,
Und in der großen Seele, ruhigahnend, den Tod
Aussprach der Herr und die letzte Liebe, denn nie genug
85 Hatt er von Güte zu sagen
Der Worte, damals, und zu erheitern, da
Er's sahe, das Zürnen der Welt.
Denn alles ist gut. Drauf starb er. Vieles wäre
Zu sagen davon. Und es sahn ihn, wie er siegend blickte,
90 Den Freudigsten die Freunde noch zuletzt,

Doch trauerten sie, da nun
Es Abend worden, erstaunt,
Denn Großentschiedenes hatten in der Seele
Die Männer, aber sie liebten unter der Sonne
95 Das Leben und lassen wollten sie nicht
Vom Angesichte des Herrn
Und der Heimat. Eingetrieben war,
Wie Feuer im Eisen, das, und ihnen ging

Zur Seite der Schatten des Lieben.
Drum sandt er ihnen   100
Den Geist, und freilich bebte
Das Haus und die Wetter Gottes rollten
Ferndonnernd über
Die ahnenden Häupter, da, schwersinnend,
Versammelt waren die Todeshelden,   105

Itzt, da er scheidend
Noch einmal ihnen erschien.
Denn itzt erlosch der Sonne Tag,
Der Königliche, und zerbrach
Den geradestrahlenden,   110
Den Zepter, göttlichleidend, von selbst,
Denn wiederkommen sollt es,
Zu rechter Zeit. Nicht wär es gut
Gewesen, später, und schroffabbrechend, untreu,
Der Menschen Werk, und Freude war es   115
Von nun an,
Zu wohnen in liebender Nacht, und bewahren
In einfältigen Augen, unverwandt
Abgründe der Weisheit. Und es grünen
Tief an den Bergen auch lebendige Bilder,   120

Doch furchtbar ist, wie da und dort
Unendlich hin zerstreut das Lebende Gott.
Denn schon das Angesicht
Der teuern Freunde zu lassen
Und fernhin über die Berge zu gehn   125
Allein, wo zweifach
Erkannt, einstimmig
War himmlischer Geist; und nicht geweissagt war es, sondern
Die Locken ergriff es, gegenwärtig,
Wenn ihnen plötzlich   130
Ferneilend zurück blickte
Der Gott und schwörend,
Damit er halte, wie an Seilen golden
Gebunden hinfort
Das Böse nennend, sie die Hände sich reichten –   135

Wenn aber stirbt alsdenn
An dem am meisten
Die Schönheit hing, daß an der Gestalt
Ein Wunder war und die Himmlischen gedeutet
140 Auf ihn, und wenn, ein Rätsel ewig füreinander,
Sie sich nicht fassen können
Einander, die zusammenlebten
Im Gedächtnis, und nicht den Sand nur oder
Die Weiden es hinwegnimmt und die Tempel
145 Ergreift, wenn die Ehre
Des Halbgotts und der Seinen
Verweht und selber sein Angesicht
Der Höchste wendet
Darob, daß nirgend ein
150 Unsterbliches mehr am Himmel zu sehn ist oder
Auf grüner Erde, was ist dies?

Es ist der Wurf des Säemanns, wenn er faßt
Mit der Schaufel den Weizen,
Und wirft, dem Klaren zu, ihn schwingend über die Tenne.
155 Ihm fällt die Schale vor den Füßen, aber
Ans Ende kommet das Korn,
Und nicht ein Übel ist's, wenn einiges
Verloren gehet und von der Rede
Verhallet der lebendige Laut,
160 Denn göttliches Werk auch gleichet dem unsern,
Nicht alles will der Höchste zumal.
Zwar Eisen träget der Schacht,
Und glühende Harze der Ätna,
So hätt ich Reichtum,
165 Ein Bild zu bilden, und ähnlich
Zu schaun, wie er gewesen, den Christ,

Wenn aber einer spornte sich selbst,
Und traurig redend, unterweges, da ich wehrlos wäre,
Mich überfiele, daß ich staunt und von dem Gotte
Das Bild nachahmen möcht ein Knecht –
Im Zorne sichtbar sah ich einmal

Des Himmels Herrn, nicht, daß ich sein sollte etwas, sondern
Zu lernen. Gütig sind sie, ihr Verhaßtestes aber ist,
Solange sie herrschen, das Falsche, und es gilt
Dann Menschliches unter Menschen nicht mehr. 175
Denn sie nicht walten, es waltet aber
Unsterblicher Schicksal und es wandelt ihr Werk
Von selbst, und eilend geht es zu Ende.
Wenn nämlich höher gehet himmlischer
Triumphgang, wird genennet, der Sonne gleich, 180
Von Starken der frohlockende Sohn des Höchsten,

Ein Losungszeichen, und hier ist der Stab
Des Gesanges, niederwinkend,
Denn nichts ist gemein. Die Toten wecket
Er auf, die noch gefangen nicht 185
Vom Rohen sind. Es warten aber
Der scheuen Augen viele,
Zu schauen das Licht. Nicht wollen
Am scharfen Strahle sie blühn,
Wiewohl den Mut der goldene Zaum hält. 190
Wenn aber, als
Von schwellenden Augenbraunen,
Der Welt vergessen
Stilleuchtende Kraft aus heiliger Schrift fällt, mögen,
Der Gnade sich freuend, sie 195
Am stillen Blicke sich üben.

Und wenn die Himmlischen jetzt
So, wie ich glaube, mich lieben,
Wie viel mehr Dich,
Denn eines weiß ich,
Daß nämlich der Wille
Des ewigen Vaters viel
Dir gilt. Still ist sein Zeichen
Am donnernden Himmel. Und *einer* stehet darunter
Sein Leben lang. Denn noch lebt Christus.
Es sind aber die Helden, seine Söhne,
Gekommen all und heilige Schriften

Von ihm und den Blitz erklären
Die Taten der Erde bis itzt,
210 Ein Wettlauf unaufhaltsam. Er ist aber dabei. Denn seine Werke sind
Ihm alle bewußt von jeher.

Zu lang, zu lang schon ist
Die Ehre der Himmlischen unsichtbar.
Denn fast die Finger müssen sie
215 Uns führen und schmählich
Entreißt das Herz uns eine Gewalt.
Denn Opfer will der Himmlischen jedes,
Wenn aber eines versäumt ward,
Nie hat es Gutes gebracht.
220 Wir haben gedienet der Mutter Erd
Und haben jüngst dem Sonnenlichte gedient,
Unwissend, der Vater aber liebt,
Der über allen waltet,
Am meisten, daß gepfleget werde
225 Der feste Buchstab, und Bestehendes gut
Gedeutet. Dem folgt deutscher Gesang.

PATMOS

Dem Landgrafen von Homburg

⟨Bruchstücke der späteren Fassung⟩

Voll Güt ist; keiner aber fasset
Allein Gott.
Wo aber Gefahr ist, wächst
Das Rettende auch.
5 Im Finstern wohnen
Die Adler, und furchtlos gehn
Die Söhne der Alpen über den Abgrund weg
Auf leichtgebaueten Brücken.
Drum, da gehäuft sind rings, um Klarheit,

Die Gipfel der Zeit,
Und die Liebsten nahe wohnen, ermattend auf
Getrenntesten Bergen,
So gib unschuldig Wasser,
O Fittiche gib uns, treuesten Sinns
Hinüberzugehn und wiederzukehren.

So sprach ich, da entführte
Mich künstlicher, denn ich vermutet,
Und weit, wohin ich nimmer
Zu kommen gedacht, ein Genius mich
Vom eigenen Haus. Es kleideten sich
Im Zwielicht, Menschen ähnlich, da ich ging,
Der schattige Wald
Und die sehnsüchtigen Bäche
Der Heimat; nimmer kannt ich die Länder.
Viel aber mitgelitten haben wir, viel Male. So
In frischem Glanze, geheimnisvoll,
In goldenem Rauche blühte
Schnellaufgewachsen,
Mit Schritten der Sonne,
Von tausend Tischen duftend, jetzt,

Mir Asia auf und geblendet ganz
Sucht eins ich, das ich kennete, denn ungewohnt
War ich der breiten Gassen, wo herab
Vom Tmolus fährt
Der goldgeschmückte Paktol
Und Taurus stehet und Messogis,
Und schläfrig fast von Blumen der Garten,

136	Vom Jordan und von Nazareth
	Und fern vom See, an Capernaum,
	Und Galiläa die Lüfte, und von Cana.
	Eine Weile bleib ich, sprach er. Also mit Tropfen
140	Stillt er das Seufzen des Lichts, das durstigem Wild
	War ähnlich in den Tagen, als um Syrien
	Jammert der getöteten Kindlein heimatliche
	Anmut im Sterben, und das Haupt
	Des Täufers, gepflückt, war unverwelklicher Schrift gleich
145	Sichtbar auf weilender Schüssel. Wie Feuer
	Sind Stimmen Gottes. Schwer ist's aber,
	Im Großen zu behalten das Große.
	Nicht eine Weide. Daß einer
	Bleibet im Anfang. Jetzt aber
150	Geht dieses wieder, wie sonst.

       Johannes. Christus. Diesen möcht
       Ich singen, gleich dem Herkules, oder
       Der Insel, welche festgehalten und gerettet, erfrischend,
       Die benachbarte mit kühlen Meereswassern aus der Wüste
155   Der Flut, der weiten, Peleus. Das geht aber
       Nicht. Anders ist's ein Schicksal. Wundervoller.
       Reicher, zu singen. Unabsehlich
       Seit jenem die Fabel. Und jetzt
       Möcht ich die Fahrt der Edelleute nach
160   Jerusalem, und das Leiden irrend in Canossa,
       Und den Heinrich singen. Daß aber
       Der Mut nicht selber mich aussetze. Begreifen müssen
       Dies wir zuvor. Wie Morgenluft sind nämlich die Namen
       Seit Christus. Werden Träume. Fallen, wie Irrtum,
165   Auf das Herz und tötend, wenn nicht einer

       Erwäget, was sie sind, und begreift.
       Es sah aber der achtsame Mann
       Das Angesicht des Gottes,
       Damals, da, beim Geheimnisse des Weinstocks, sie
170   Zusammensaßen, zu der Stunde des Gastmahls,
       Und in der großen Seele, wohlauswählend, den Tod

Aussprach der Herr, und die letzte Liebe, denn nie genug
Hatt er, von Güte, zu sagen
Der Worte, damals, und zu bejahn Bejahendes. Aber sein Licht war
Tod. Denn karg ist das Zürnen der Welt. 175
Das aber erkannt er. Alles ist gut. Drauf starb er.
Es sahen aber, gebückt, desungeachtet, vor Gott die Gestalt
Des Verleugnenden, wie wenn
Ein Jahrhundert sich biegt, nachdenklich, in der Freude der Wahrheit
Noch zuletzt die Freunde, 180

Doch trauerten sie, da nun
Es Abend worden. Nämlich rein
Zu sein, ist Geschick, ein Leben, das ein Herz hat,
Vor solchem Angesicht, und dauert über die Hälfte.
Zu meiden aber ist viel. Zu viel aber 185
Der Liebe, wo Anbetung ist,
Ist gefahrreich, triffet am meisten. Jene wollten aber
Vom Angesichte des Herrn
Nicht lassen und der Heimat. Eingeboren
Wie Feuer war in dem Eisen das, und ihnen 190
Zur Seite ging, wie eine Seuche, der Schatte des Lieben.
Drum sandt er ihnen
Den Geist, und freilich bebte
Das Haus und die Wetter Gottes rollten
Ferndonnernd, Männer schaffend, wie wenn Drachenzähne, 195
      prächtigen Schicksals, . . .

Andenken

Der Nordost wehet,
Der liebste unter den Winden
Mir, weil er feurigen Geist
Und gute Fahrt verheißet den Schiffern.
Geh aber nun und grüße
Die schöne Garonne,
Und die Gärten von Bourdeaux
Dort, wo am scharfen Ufer
Hingehet der Steg und in den Strom
Tief fällt der Bach, darüber aber
Hinschauet ein edel Paar
Von Eichen und Silberpappeln;

Noch denket das mir wohl und wie
Die breiten Gipfel neiget
Der Ulmwald, über die Mühl,
Im Hofe aber wächset ein Feigenbaum.
An Feiertagen gehn
Die braunen Frauen daselbst
Auf seidnen Boden,
Zur Märzenzeit,
Wenn gleich ist Nacht und Tag,
Und über langsamen Stegen,
Von goldenen Träumen schwer,
Einwiegende Lüfte ziehen.

Es reiche aber,
Des dunklen Lichtes voll,
Mir einer den duftenden Becher,
Damit ich ruhen möge; denn süß
Wär unter Schatten der Schlummer.
Nicht ist es gut,
Seellos von sterblichen
Gedanken zu sein. Doch gut
Ist ein Gespräch und zu sagen
Des Herzens Meinung, zu hören viel

Von Tagen der Lieb,
Und Taten, welche geschehen.

Wo aber sind die Freunde? Bellarmin
Mit dem Gefährten? Mancher
Trägt Scheue, an die Quelle zu gehn;
Es beginnet nämlich der Reichtum
Im Meere. Sie,
Wie Maler, bringen zusammen
Das Schöne der Erd und verschmähn
Den geflügelten Krieg nicht, und
Zu wohnen einsam, jahrlang, unter
Dem entlaubten Mast, wo nicht die Nacht durchglänzen
Die Feiertage der Stadt,
Und Saitenspiel und eingeborener Tanz nicht.

Nun aber sind zu Indiern
Die Männer gegangen,
Dort an der luftigen Spitz
An Traubenbergen, wo herab
Die Dordogne kommt,
Und zusammen mit der prächt'gen
Garonne meerbreit
Ausgehet der Strom. Es nehmet aber
Und gibt Gedächtnis die See,
Und die Lieb auch heftet fleißig die Augen,
Was bleibet aber, stiften die Dichter.

⟨Der Ister⟩

Jetzt komme, Feuer!
Begierig sind wir,
Zu schauen den Tag,
Und wenn die Prüfung
Ist durch die Knie gegangen,
Mag einer spüren das Waldgeschrei.
Wir singen aber vom Indus her
Fernangekommen und
Vom Alpheus, lange haben
Das Schickliche wir gesucht,
Nicht ohne Schwingen mag
Zum Nächsten einer greifen
Geradezu
Und kommen auf die andere Seite.
Hier aber wollen wir bauen.
Denn Ströme machen urbar
Das Land. Wenn nämlich Kräuter wachsen
Und an denselben gehn
Im Sommer zu trinken die Tiere,
So gehn auch Menschen daran.

Man nennet aber diesen den Ister.
Schön wohnt er. Es brennet der Säulen Laub,
Und reget sich. Wild stehn
Sie aufgerichtet, untereinander; darob
Ein zweites Maß, springt vor
Von Felsen das Dach. So wundert
Mich nicht, daß er
Den Herkules zu Gaste geladen,
Fernglänzend, am Olympos drunten,
Da der, sich Schatten zu suchen
Vom heißen Isthmos kam,
Denn voll des Mutes waren
Daselbst sie, es bedarf aber, der Geister wegen,
Der Kühlung auch. Darum zog jener lieber
An die Wasserquellen hieher und gelben Ufer,

Hoch duftend oben, und schwarz
Vom Fichtenwald, wo in den Tiefen
Ein Jäger gern lustwandelt
Mittags, und Wachstum hörbar ist
An harzigen Bäumen des Isters, 40

Der scheinet aber fast
Rückwärts zu gehen und
Ich mein, er müsse kommen
Von Osten.
Vieles wäre 45
Zu sagen davon. Und warum hängt er
An den Bergen gerad? Der andre,
Der Rhein, ist seitwärts
Hinweggegangen. Umsonst nicht gehn
Im Trocknen die Ströme. Aber wie? Ein Zeichen braucht es, 50
Nichts anderes, schlecht und recht, damit es Sonn
Und Mond trag im Gemüt, untrennbar,
Und fortgeh, Tag und Nacht auch, und
Die Himmlischen warm sich fühlen aneinander.
Darum sind jene auch 55
Die Freude des Höchsten. Denn wie käm er
Herunter? Und wie Hertha grün,
Sind sie die Kinder des Himmels. Aber allzugeduldig
Scheint der mir, nicht
Freier, und fast zu spotten. Nämlich wenn

Angehen soll der Tag
In der Jugend, wo er zu wachsen
Anfängt, es treibet ein anderer da
Hoch schon die Pracht, und Füllen gleich
In den Zaum knirscht er, und weithin hören
Das Treiben die Lüfte,
Ist der zufrieden;
Es brauchet aber Stiche der Fels
Und Furchen die Erd,
Unwirtbar wär es, ohne Weile;
Was aber jener tuet, der Strom,
Weiß niemand.

MNEMOSYNE

⟨Erste Fassung⟩

                aber es haben
Zu singen

        Blumen auch Wasser und fühlen,
Ob noch ist der Gott. Denn schön ist
Der Brauttag, bange sind wir aber
Der Ehre wegen. Denn furchtbar gehet
Es ungestalt, wenn eines uns
Zu gierig genommen. Zweifellos
Ist aber der Höchste. Der kann täglich
Es ändern. Kaum bedarf er
Gesetz, wie nämlich es
Bei Menschen bleiben soll. Viel Männer möchten da
Sein, wahrer Sache. Nicht vermögen
Die Himmlischen alles. Nämlich es reichen
Die Sterblichen eh an den Abgrund. Also wendet es sich
Mit diesen. Lang ist
Die Zeit, es ereignet sich aber
Das Wahre.

Wie aber Liebes? Sonnenschein
Am Boden sehen wir und trockenen Staub
Und tief mit Schatten die Wälder und es blühet
An Dächern der Rauch, bei alter Krone
Der Türme, friedsam; und es girren
Verloren in der Luft die Lerchen und unter dem Tage weiden
Wohlangeführt die Schafe des Himmels.
Und Schnee, wie Maienblumen
Das Edelmütige, wo
Es seie, bedeutend, glänzet mit
Der grünen Wiese
Der Alpen, hälftig, da ging
Vom Kreuze redend, das
Gesetzt ist unterwegs einmal

Gestorbenen, auf der schroffen Straß
Ein Wandersmann mit
Dem andern, aber was ist dies?

Am Feigenbaum ist mein
Achilles mir gestorben,
Und Ajax liegt
An den Grotten, nahe der See,
An Bächen, benachbart dem Skamandros.
Vom Genius kühn ist   bei Windessausen, nach
Der heimatlichen Salamis süßer
Gewohnheit, in der Fremd
Ajax gestorben,
Patroklos aber in des Königes Harnisch. Und es starben
Noch andere viel. Mit eigener Hand
Viel traurige, wilden Muts, doch göttlich
Gezwungen, zuletzt, die anderen aber
Im Geschicke stehend, im Feld. Unwillig nämlich
Sind Himmlische, wenn einer nicht die Seele schonend sich
Zusammengenommen, aber er muß doch; dem
Gleich fehlet die Trauer.

Mnemosyne

⟨Dritte Fassung⟩

Reif sind, in Feuer getaucht, gekochet
Die Frücht und auf der Erde geprüfet und ein Gesetz ist,
Daß alles hineingeht, Schlangen gleich,
Prophetisch, träumend auf
Den Hügeln des Himmels. Und vieles
Wie auf den Schultern eine
Last von Scheitern ist
Zu behalten. Aber bös sind
Die Pfade. Nämlich unrecht,
Wie Rosse, gehn die gefangenen
Element und alten
Gesetze der Erd. Und immer
Ins Ungebundene gehet eine Sehnsucht. Vieles aber ist
Zu behalten. Und not die Treue.
Vorwärts aber und rückwärts wollen wir
Nicht sehn. Uns wiegen lassen, wie
Auf schwankem Kahne der See.

Wie aber Liebes? Sonnenschein
Am Boden sehen wir und trockenen Staub
Und heimatlich die Schatten der Wälder und es blühet
An Dächern der Rauch, bei alter Krone
Der Türme, friedsam; gut sind nämlich,
Hat gegenredend die Seele
Ein Himmlisches verwundet, die Tageszeichen.
Denn Schnee, wie Maienblumen
Das Edelmütige, wo
Es seie, bedeutend, glänzet auf
Der grünen Wiese
Der Alpen, hälftig, da, vom Kreuze redend, das
Gesetzt ist unterwegs einmal
Gestorbenen, auf hoher Straß
Ein Wandersmann geht zornig,
Fern ahnend mit
Dem andern, aber was ist dies?

Am Feigenbaum ist mein 35
Achilles mir gestorben,
Und Ajax liegt
An den Grotten der See,
An Bächen, benachbart dem Skamandros.
An Schläfen Sausen einst, nach 40
Der unbewegten Salamis steter
Gewohnheit, in der Fremd, ist groß
Ajax gestorben,
Patroklos aber in des Königs Harnisch. Und es starben
Noch andere viel. Am Kithäron aber lag 45
Eleutherä, der Mnemosyne Stadt. Der auch, als
Ablegte den Mantel Gott, das Abendliche nachher löste
Die Locken. Himmlische nämlich sind
Unwillig, wenn einer nicht die Seele schonend sich
Zusammengenommen, aber er muß doch; dem 50
Gleich fehlet die Trauer.

HYMNISCHE ENTWÜRFE

Die Titanen

Nicht ist es aber
Die Zeit. Noch sind sie
Unangebunden. Göttliches trifft Unteilnehmende nicht.
Dann mögen sie rechnen
Mit Delphi. Indessen, gib in Feierstunden
Und daß ich ruhen möge, der Toten
Zu denken. Viele sind gestorben,
Feldherrn in alter Zeit
Und schöne Frauen und Dichter
Und in neuer
Der Männer viel,
Ich aber bin allein.

       und in den Ozean schiffend
Die duftenden Inseln fragen,
Wohin sie sind.

Denn manches von ihnen ist
In treuen Schriften überblieben
Und manches in Sagen der Zeit.
Viel offenbaret der Gott.
Denn lang schon wirken
Die Wolken hinab
Und es wurzelt vielesbereitend heilige Wildnis.
Heiß ist der Reichtum. Denn es fehlet
An Gesang, der löset den Geist.
Verzehren würd er
Und wäre gegen sich selbst,
Denn nimmer duldet

Die Gefangenschaft das himmlische Feuer.

Es erfreuet aber
Das Gastmahl oder wenn am Feste
Das Auge glänzet und von Perlen
Der Jungfrau Hals.
Auch Kriegesspiel

                        und durch die Gänge
Der Gärtner schmettert
Das Gedächtnis der Schlacht und besänftiget
An schlanker Brust
Die tönenden Wehre ruhn
Von Heldenvätern den Kindern.
Mich aber umsummet
Die Bien und wo der Ackersmann
Die Furchen machet, singen gegen
Dem Lichte die Vögel. Manche helfen
Dem Himmel. Dieses siehet
Der Dichter. Gut ist es, an andern sich
Zu halten. Denn keiner trägt das Leben allein.

Wenn aber ist entzündet
Der geschäftige Tag
Und an der Kette, die
Den Blitz ableitet,
Von der Stunde des Aufgangs
Himmlischer Tau glänzt,
Muß unter Sterblichen auch
Das Hohe sich fühlen.
Drum bauen sie Häuser
Und die Werkstatt gehet
Und über Strömen das Schiff.
Und es bieten tauschend die Menschen
Die Händ einander, sinnig ist es
Auf Erden und es sind nicht umsonst
Die Augen an den Boden geheftet.

Ihr fühlet aber
Auch andere Art.
Denn unter dem Maße
Des Rohen brauchet es auch,
Damit das Reine sich kenne.
Wenn aber

Und in die Tiefe greifet,
Daß es lebendig werde,
Der Allerschütterer, meinen die,
Es komme der Himmlische
Zu Toten herab und gewaltig dämmert's
Im ungebundenen Abgrund,
Im allesmerkenden, auf.
Nicht möcht ich aber sagen,
Es werden die Himmlischen schwach,
Wenn schon es aufgärt.
Wenn aber
        und es gehet

An die Scheitel dem Vater, daß

        und der Vogel des Himmels ihm
Es anzeigt. Wunderbar
Im Zorne kommet er drauf.

Sonst nämlich, Vater Zeus

Denn

Jetzt aber hast du
Gefunden anderen Rat

Darum geht schröcklich über
Der Erde Diana
Die Jägerin und zornig erhebt
Unendlicher Deutung voll
Sein Antlitz über uns
Der Herr. Indes das Meer seufzt, wenn
Er kommt.

O wär es möglich,
Zu schonen mein Vaterland

Doch allzuscheu nicht,

Es würde   lieber sei
Unschicklich und gehe, mit der Erinnys, fort
Mein Leben.
Denn über der Erde wandeln
Gewaltige Mächte,
Und es ergreifet ihr Schicksal
Den, der es leidet und zusieht,
Und ergreift den Völkern das Herz.

Denn alles fassen muß
Ein Halbgott oder ein Mensch, dem Leiden nach,
Indem er höret, allein, oder selber
Verwandelt wird, fernahnend die Rosse des Herrn,

Heimat

Und niemand weiß

Indessen laß mich wandeln
Und wilde Beeren pflücken,
Zu löschen die Liebe zu dir
5   An deinen Pfaden, o Erd

Hier wo – – –
           und Rosendornen
Und süße Linden duften neben
Den Buchen, des Mittags, wenn im falben Kornfeld
Das Wachstum rauscht, an geradem Halm,
Und den Nacken die Ähre seitwärts beugt
Dem Herbste gleich, jetzt aber unter hohem
Gewölbe der Eichen, da ich sinn
Und aufwärts frage, der Glockenschlag
Mir wohlbekannt
Fernher tönt, goldenklingend, um die Stunde, wenn
Der Vogel wieder wacht. So gehet es wohl.

Ihr sichergebaueten Alpen!
Die

Und ihr sanftblickenden Berge,
Wo über buschigem Abhang
Der Schwarzwald saust,
Und Wohlgerüche die Locke
Der Tannen herabgießt,
Und der Neckar

          und die Donau!

Im Sommer liebend Fieber 10
Umherwehet der Garten
Und Linden des Dorfs, und wo
Die Pappelweide blühet
Und der Seidenbaum
Auf heilige Weide, 15

Und

Ihr guten Städte!
Nicht ungestalt, mit dem Feinde
Gemischet unmächtig

Was
Auf einmal gehet es weg
Und siehet den Tod nicht.
Wann aber

Und Stuttgart, wo ich
Ein Augenblicklicher begraben
Lieben dürfte, dort,
Wo sich die Straße
Bieget, und
     um die Weinsteig,
Und der Stadt Klang wieder
Sich findet drunten auf ebenem Grün
Stilltönend unter den Apfelbäumen

Des Tübingens   wo
Und Blitze fallen
Am hellen Tage
Und Römisches tönend ausbeuget der Spitzberg
Und Wohlgeruch

Und Thills Tal, das

EINST HAB ICH DIE MUSE GEFRAGT, und sie
Antwortete mir:
Am Ende wirst du es finden.
Kein Sterblicher kann es fassen.
Vom Höchsten will ich schweigen.
Verbotene Frucht, wie der Lorbeer, aber ist
Am meisten das Vaterland. Die aber kost'
Ein jeder zuletzt,

Viel täuschet Anfang
Und Ende.
Das letzte aber ist
Das Himmelszeichen, das reißt
      und   Menschen
Hinweg. Wohl hat Herkules das
Gefürchtet. Aber da wir träge
Geboren sind, bedarf es des Falken, dem
Befolgt' ein Reuter, wenn
Er jaget, den Flug.

Im   wenn
Und der Fürst

      und Feuer und Rauchdampf blüht
Auf dürrem Rasen,
Doch ungemischet darunter
Aus guter Brust, das Labsal
Der Schlacht, die Stimme quillet des Fürsten.

Gefäße machet ein Künstler.
Und es kaufet

                        wenn es aber
Zum Urteil kommt
Und keusch hat es die Lippe 30
Von einem Halbgott berührt

Und schenket das Liebste
Den Unfruchtbaren,
Denn nimmer, von nun an,
Taugt zum Gebrauche das Heil'ge. 35

WENN ABER DIE HIMMLISCHEN haben
Gebaut, still ist es
Auf Erden, und wohlgestalt stehn
Die betroffenen Berge. Gezeichnet
Sind ihre Stirnen. Denn es traf
Sie, da den Donnerer hielt
Unzärtlich die gerade Tochter,
Des Gottes bebender Strahl
Und wohl duftet gelöscht
Von oben der Aufruhr.
Wo inne stehet, beruhiget, da
Und dort,   das Feuer.
Denn Freude schüttet
Der Donnerer aus und hätte fast
Des Himmels vergessen
Damals im Zorne, hätt ihn nicht
Das Weise gewarnet.
Jetzt aber blüht es
Am armen Ort.
Und wunderbar groß will
Es stehen.
Gebirg hänget   See,
Warme   Tiefe   es kühlen aber die Lüfte
Inseln und Halbinseln,
Grotten zu beten,

Ein glänzender Schild
Und schnell, wie Rosen,

                     oder es schafft
Auch andere Art,
Er sprosset aber

                    viel üppig neidiges
Unkraut, das blendet, schneller schießet
Es auf, das ungelenke, denn es scherzet
Der Schöpferische, sie aber
Verstehen es nicht. Zu zornig greift
Es und wächst. Und dem Brande gleich,
Der Häuser verzehret, schlägt
Empor, achtlos, und schonet
Den Raum nicht, und die Pfade bedecket,
Weitgärend, ein dampfend Gewölk
               die unbeholfene Wildnis.
So will es göttlich scheinen. Aber
Furchtbar ungastlich windet
Sich durch den Garten die Irre,
Die augenlose, da den Ausgang
Mit reinen Händen kaum
Erfindet ein Mensch. Der gehet, gesandt,
Und suchet, dem Tier gleich, das
Notwendige. Zwar mit Armen,
Der Ahnung voll, mag einer treffen
Das Ziel. Wo nämlich
Die Himmlischen eines Zaunes oder Merkmals,
Das ihren Weg
Anzeige, oder eines Bades
Bedürfen, reget es wie Feuer
In der Brust der Männer sich.

Noch aber hat andre
Bei sich der Vater.
Denn über den Alpen,

Weil an den Adler
Sich halten müssen, damit sie nicht
Mit eigenem Sinne zornig deuten,
Die Dichter, wohnen über dem Fluge
Des Vogels, um den Thron
Des Gottes der Freude
Und decken den Abgrund
Ihm zu, die gelbem Feuer gleich, in reißender Zeit
Sind über Stirnen der Männer,
Die Prophetischen, denen möchten
Es neiden, weil die Furcht
Sie lieben, Schatten der Hölle,

Sie aber trieb,
Ein rein Schicksal
Eröffnend   von
Der Erde heiligen Tischen
Der Reiniger Herkules,
Der bleibet immer lauter, jetzt noch,
Mit dem Herrscher, und othembringend steigen
Die Dioskuren ab und auf,
An unzugänglichen Treppen, wenn von himmlischer Burg
Die Berge fernhinziehen
Bei Nacht, und hin
Die Zeiten
Pythagoras

Im Gedächtnis aber lebet Philoktetes,

Die helfen dem Vater.
Denn ruhen mögen sie. Wenn aber
Sie reizet unnütz Treiben
Der Erd und es nehmen
Den Himmlischen
                    die Sinne, brennend kommen

Sie dann,

Die othemlosen

Denn es hasset
Der sinnende Gott
Unzeitiges Wachstum.

Wie Vögel langsam ziehn –
Es blicket voraus
Der Fürst und kühl wehn
An die Brust ihm die Begegnisse, wenn
Es um ihn schweiget, hoch
In der Luft, reich glänzend aber hinab
Das Gut ihm liegt der Länder, und mit ihm sind
Das erstemal siegforschend die Jungen.
Er aber mäßiget mit
Der Fittiche Schlag.

Dem Fürsten
⟨Erste Fassung⟩

Laß in der Wahrheit immerdar
Mich bleiben

Niemals im Unglück,

        aber zu singen

Ihr Wohnungen des Himmels

        wo sie den Tempel gebaut
Und Dreifuß und Altar
aber

        herab von den Gipfeln

        zu singen den Helden

Deutsche Jugend –   Zorn der alten Staaten –

        hat ein Bürger

Dem Fürsten
⟨Zweite Fassung⟩

Laß in der Wahrheit immerdar
Mich bleiben

5 Niemals im Unglück, jenes wegen
Sagen etwas
                    Vatersegen aber bauet
Den Kindern Häuser, aber zu singen

10
Ihr Wohnungen des Himmels, deren freundliche Gespräche
Von Geheimnisse voll
Heiliger Schule, wo sie den Tempel gebaut
Und Dreifuß und Altar
15 aber

            herab von den Gipfeln, denn es haben,
Wenn einer der Sonne nicht traut
                und von der Vaterlandserde
20 Das Rauschen nicht liebt,
Unheimisch diesen die Todesgötter
                zu singen den Helden.
Was kann man aber von Fürsten denken,
Wenn man vom Nachtmahl
25 So wenig hält,
Daß man Sünden
Fünf Jahre oder sieben
Nachträgt

                hat ein Bürger

                                                                fast hatte
Licht meines Tags tieffurchend
Der Tag von deinem Herzen, 40
Mein Kurfürst! mich
Hinweggeschwatzt und auch die süße Heimat, wo
Viel Blumen blühen, gesehn
Als im Gesetze deiner Gärten, in der Gestalt
Des Erdballs 45

        König
Zu Jerusalem
                der müde Sohn
                der Erde 50
                      Der Meister aber
In der Weinstadt bleibet
Im hohen Stil
Viel öfter, als der Mode.

                                Tuest braun oder 55
                                blau,

                  ⟨AN DIE MADONNA⟩

Viel hab ich dein
Und deines Sohnes wegen
Gelitten, o Madonna,
Seit ich gehöret von ihm
In süßer Jugend;
Denn nicht der Seher allein,
Es stehen unter einem Schicksal
Die Dienenden auch. Denn weil ich

Und manchen Gesang, den ich
Dem höchsten zu singen, dem Vater,
Gesonnen war, den hat
Mir weggezehret die Schwermut.

Doch, Himmlische, doch will ich
Dich feiern und nicht soll einer
Der Rede Schönheit mir,
Die heimatliche, vorwerfen,
Dieweil ich allein
Zum Felde gehe, wo wild
Die Lilie wächst, furchtlos,
Zum unzugänglichen,
Uralten Gewölbe
Des Waldes,
       das Abendland,

                und gewaltet über
Den Menschen hat, statt anderer Gottheit, sie,
Die allvergessende Liebe.

Denn damals sollt es beginnen
Als

Geboren dir im Schoße
Der göttliche Knabe und um ihn
Der Freundin Sohn, Johannes genannt
Vom stummen Vater, der kühne,
Dem war gegeben
Der Zunge Gewalt,
Zu deuten

Und die Furcht der Völker und
Die Donner und
Die stürzenden Wasser des Herrn.

Denn gut sind Satzungen, aber
Wie Drachenzähne, schneiden sie
Und töten das Leben, wenn im Zorne sie schärft
Ein Geringer oder ein König.
Gleichmut ist aber gegeben
Den Liebsten Gottes. So dann starben jene.
Die beiden,   so auch sahst

Du göttlichtrauernd in der starken Seele sie sterben.
Und wohnst deswegen

                    und wenn in heiliger Nacht
Der Zukunft einer gedenkt und Sorge für   50
Die sorglosschlafenden trägt,
Die frischaufblühenden Kinder,
Kömmst lächelnd du, und fragst, was er, wo du
Die Königin seiest, befürchte.

Denn nimmer vermagst du es,   55
Die keimenden Tage zu neiden,
Denn lieb ist dir's, von je,
Wenn größer die Söhne sind,
Denn ihre Mutter. Und nimmer gefällt es dir,
Wenn rückwärtsblickend   60
Ein Älteres spottet des Jüngern.
Wer denkt der teuern Väter
Nicht gern und erzählet
Von ihren Taten,

                    wenn aber Verwegnes geschah,   65
Und Undankbare haben
Das Ärgernis   gegeben,
Zu gerne blickt
Dann   zum
Und tatenscheu   70
Unendliche Reue und es haßt das Alte die Kinder.

Darum beschütze
Du Himmlische sie,
Die jungen Pflanzen, und wenn
Der Nord kömmt oder giftiger Tau weht oder   75
Zu lange dauert die Dürre
Und wenn sie üppigblühend
Versinken unter der Sense,

Der allzuscharfen, gib erneuertes Wachstum.
Und daß nur niemals nicht
Vielfältig, in schwachem Gezweige,
Die Kraft mir vielversuchend
Zerstreue das frische Geschlecht, stark aber sei,
Zu wählen aus vielem das Beste.

Nichts ist's, das Böse. Das soll
Wie der Adler den Raub
Mir eines begreifen.
Die andern dabei. Damit sie nicht
Die Amme, die
Den Tag gebieret,
Verwirren, falsch anklebend
Der Heimat und der Schwere spottend
Der Mutter ewig sitzen
Im Schoße. Denn groß ist,
Von dem sie erben den Reichtum.
Der

Vor allem, daß man schone
Der Wildnis, göttlichgebaut
Im reinen Gesetze, woher
Es haben die Kinder
Des Gotts, lustwandelnd unter
Den Felsen und Heiden purpurn blühn
Und dunkle Quellen
Dir, o Madonna, und
Dem Sohne, aber den anderen auch,
Damit nicht, als von Knechten,
Mit Gewalt das Ihre nehmen
Die Götter.

An den Grenzen aber, wo stehet
Der Knochenberg, so nennet man ihn
Heut, aber in alter Sprache heißet
Er Ossa, Teutoburg ist
Daselbst auch und voll geistigen Wassers

Umher das Land, da
Die Himmlischen all
Sich Tempel 115

Ein Handwerksmann.

Uns aber, die wir
Daß

Und zu sehr zu fürchten die Furcht nicht!
Denn du nicht, holde 120

    aber es gibt
Ein finster Geschlecht, das weder einen Halbgott
Gern hört, oder wenn mit Menschen ein Himmlisches oder
In Wogen erscheint, gestaltlos, oder das Angesicht
Des reinen ehrt, des nahen 125
Allgegenwärtigen Gottes.

Doch wenn unheilige schon
    in Menge
     und frech

Was kümmern sie dich, 130
O Gesang, den Reinen, ich zwar,
Ich sterbe, doch du
Gehest andere Bahn, umsonst
Mag dich ein Neidisches hindern.

Wenn dann in kommender Zeit 135
Du einem Guten begegnest,
So grüß ihn, und er denkt,
Wie unsere Tage wohl
Voll Glücks, voll Leidens gewesen.
Von einem gehet zum andern 140

Noch eins ist aber
Zu sagen. Denn es wäre
Mir fast zu plötzlich
Das Glück gekommen,
Das Einsame, daß ich unverständig
Im Eigentum
Mich an die Schatten gewandt,
Denn weil du gabst
Den Sterblichen
Versuchend Göttergestalt,
Wofür ein Wort? so meint ich, denn es hasset die Rede, wer
Das Lebenslicht, das herzernährende, sparet.
Es deuteten vor alters
Die Himmlischen sich, von selbst, wie sie
Die Kraft der Götter hinweggenommen.

Wir aber zwingen
Dem Unglück ab und hängen die Fahnen
Dem Siegsgott, dem befreienden, auf, darum auch
Hast du Rätsel gesendet. Heilig sind sie,
Die Glänzenden, wenn aber alltäglich
Die Himmlischen und gemein
Das Wunder scheinen will, wenn nämlich
Wie Raub Titanenfürsten die Gaben
Der Mutter greifen, hilft ein Höherer ihr.

UND MITZUFÜHLEN DAS LEBEN
Der Halbgötter oder Patriarchen, sitzend
Zu Gericht. Nicht aber überall ist's
Ihnen gleich um diese, sondern Leben, summendheißes, auch
                                         von Schatten Echo
Als in einen Brennpunkt
Versammelt. Goldne Wüste. Oder wohlunterhalten dem
                                   Feuerstahl des lebenswarmen
Herds gleich schlägt dann die Nacht Funken, aus geschliffenem
                                                             Gestein
Des Tages, und um die Dämmerung noch
Ein Saitenspiel tönt. Gegen das Meer zischt
Der Knall der Jagd. Die Ägypterin aber, offnen Busens, sitzt
Immer singend, wegen Mühe gichtisch das Gelenk,
Im Wald, am Feuer. Recht Gewissen bedeutend
Der Wolken und der Seen des Gestirns
Rauscht in Schottland wie an dem See
Lombardas dann ein Bach vorüber. Knaben spielen
Perlfrischen Lebens gewohnt so um Gestalten
Der Meister, oder der Leichen, oder es rauscht so um der Türme
                                                             Kronen
Sanfter Schwalben Geschrei.
Nein wahrhaftig, der Tag
Bildet keine
Menschenformen. Aber erstlich
Ein alter Gedanke, Wissenschaft
Elysium.
                         und verlorne Liebe
Der Turniere   Rosse, scheu und feucht

WIE MEERESKÜSTEN, wenn zu baun
Anfangen die Himmlischen und herein
Schifft unaufhaltsam, eine Pracht, das Werk
Der Wogen, eins ums andere, und die Erde
5 Sich rüstet aus, darauf vom Freudigsten eines
Mit guter Stimmung, zurecht es legend, also schlägt es
Dem Gesang, mit dem Weingott, vielverheißend dem bedeutenden,
Und der Lieblingin
Des Griechenlandes,
10 Der meergeborenen, schicklich blickenden,
Das gewaltige Gut ans Ufer.

WENN NÄMLICH DER REBE SAFT,
Das milde Gewächs, suchet Schatten
Und die Traube wächset unter dem kühlen
5 Gewölbe der Blätter,
Den Männern eine Stärke,
Wohl aber duftend den Jungfraun,
Und Bienen,
Wenn sie, vom Wohlgeruche
10 Des Frühlings trunken, der Geist
Der Sonne rühret, irren ihr nach
Die Getriebenen, wenn aber
Ein Strahl brennt, kehren sie
Mit Gesumm, vielahnend
   darob
  die Eiche rauschet,

Das Nächste Beste

⟨Erste Fassung⟩

Viel tuet die gute Stunde.
Drum wie die Staren
Mit Freudengeschrei,
Wenn im Olivenland
In liebenswürdiger Fremde
Die Sonne sticht,
Und das Herz der Erde tuet
Sich auf

        und wo
Gastfreundlich die Schwellen sind,
An blütenbekränzter Straß,
Sie spüren nämlich die Heimat,
Wenn

Auf feuchter Wiese der Charente,

Und ihnen machet wacker
Scharfwehend die Augen der Nordost, fliegen sie auf,

Das Nächste Beste

⟨Zweite Fassung⟩

offen die Fenster des Himmels
Und freigelassen der Nachtgeist,
Der himmelstürmende, der hat unser Land
Beschwätzet, mit Sprachen viel, unbändigen, und
Den Schutt gewälzet
Bis diese Stunde.
Doch kommt das, was ich will,
Wenn
Drum wie die Staren
Mit Freudengeschrei,
Wenn im Olivenland
In liebenswürdiger Fremde
Die Sonne sticht,
Und das Herz der Erde tuet
Sich auf

     und wo
Gastfreundlich die Schwellen sind,
An blütenbekränzter Straß,
Sie spüren nämlich die Heimat,
Wenn

Auf feuchter Wiese der Charente,

Und ihnen machet wacker
Scharfwehend die Augen der Nordost, fliegen sie auf,

     der Katten Land
Und des Wirtemberges
Kornebene,

Und wo berühmt wird 46

   ihr ewigen Besänftigungen 47

      wo dich, und der Winkel, 48

und wo die Knaben gespielt 49

Viel sind in Deutschland 53

Wohnsitze sind da freundlicher Geister, die 55
Zusammengehören, so die Keuschen
Unterscheidet ein gleiches Gesetz.

Wenn das Tagwerk aber bleibt, 62
Der Erde Vergessenheit,
Wahrheit schenkt aber dazu
Den Atmenden der ewige Vater. 65

Das Nächste Beste

⟨Dritte Fassung⟩

    offen die Fenster des Himmels
Und freigelassen der Nachtgeist,
Der himmelstürmende, der hat unser Land
Beschwätzet, mit Sprachen viel, unbändigen, und
5 Den Schutt gewälzet
Bis diese Stunde.
Doch kommt das, was ich will,
Wenn
Drum wie die Staren
10 Mit Freudengeschrei, wenn auf Gascogne, Orten, wo viel
                              Gärten sind,
Wenn im Olivenland, und
In liebenswürdiger Fremde,
Springbrunnen an grasbewachsnen Wegen,
Die Bäum unwissend in der Wüste
15 Die Sonne sticht,
Und das Herz der Erde tuet
Sich auf, wo um
Den Hügel von Eichen
Aus brennendem Lande
20 Die Ströme und wo
Des Sonntags unter Tänzen
Gastfreundlich die Schwellen sind,
An blütenbekränzten Straßen, stillegehend.
Sie spüren nämlich die Heimat,
25 Wenn grad   aus falbem Stein,
Die Wasser silbern rieseln
Und heilig Grün sich zeigt
Auf feuchter Wiese der Charente,

Die klugen Sinne pflegend.   wenn aber
30 Die Luft sich bahnt,
Und ihnen machet wacker

Scharfwehend die Augen der Nordost, fliegen sie auf,
Und Eck um Ecke
Das Liebere gewahrend,
Denn immer halten die sich genau an das Nächste, 35
Sehn sie die heiligen Wälder und die Flamme, blühendduftend,
Des Wachstums und die Wolken des Gesanges fern und atmen Othem
Der Gesänge. Menschlich ist
Das Erkenntnis. Aber die Himmlischen
Auch haben solches mit sich, und des Morgens beobachten 40
Die Stunden und des Abends die Vögel. Himmlischen auch
Gehöret also solches. Wohlan nun. Sonst in Zeiten
Des Geheimnisses hätt ich, als von Natur, gesagt,
Sie kommen, in Deutschland. Jetzt aber, weil, wie die See
Die Erd ist und die Länder, Männern gleich, die nicht 45
Vorübergehen können, einander, untereinander
Sich schelten fast, so sag ich. Abendlich wohlgeschmiedet
Vom Oberlande biegt sich das Gebirg, wo auf hoher Wiese die
                                                              Wälder sind wohl an
Der bairischen Ebne. Nämlich Gebirg
Geht weit und strecket hinter Amberg sich und 50
Fränkischen Hügeln. Berühmt ist dieses. Umsonst nicht hat
Seitwärts gebogen einer von Bergen der Jugend
Das Gebirg, und gerichtet das Gebirg
Heimatlich. Wildnis nämlich sind ihm die Alpen und
Das Gebirg, das teilet die Tale und die Länge lang, 55
Geht über die Erd. Dort aber

Gehn mag's nun. Fast, unrein, hatt sehn lassen und das Eingeweid
Der Erde.   Bei Ilion aber
War auch das Licht der Adler. Aber in der Mitte
Der Himmel der Gesänge. Neben aber 60
Am Ufer zornige Greise, der Entscheidung nämlich, die alle
Drei unser sind.

Vom Abgrund nämlich haben
Wir angefangen und gegangen
Dem Leuen gleich, in Zweifel und Ärgernis,
Denn sinnlicher sind Menschen
5 In dem Brand
Der Wüste,
Lichttrunken und der Tiergeist ruhet
Mit ihnen. Bald aber wird, wie ein Hund, umgehn
In der Hitze meine Stimme auf den Gassen der Gärten,
10 In denen wohnen Menschen,
In Frankreich.
Der Schöpfer.
Frankfurt aber, nach der Gestalt, die
Abdruck ist der Natur, zu reden
5 Des Menschen nämlich, ist der Nabel
Dieser Erde, diese Zeit auch
Ist Zeit, und deutschen Schmelzes.
Ein wilder Hügel aber stehet über dem Abhang
Meiner Gärten. Kirschenbäume. Scharfer Othem aber wehet
Um die Löcher des Felses. Allda bin ich
Alles miteinander. Wunderbar
Aber über Quellen beuget schlank
Ein Nußbaum und   sich. Beere, wie Korall,
Hängen an dem Strauche über Röhren von Holz,
Aus denen
Ursprünglich aus Korn, nun aber zu gestehen, befestigter Gesang
                              von Blumen als
Neue Bildung aus der Stadt, wo
Bis zu Schmerzen aber der Nase steigt
Zitronengeruch auf und das Öl, aus der Provence, und es haben diese
Dankbarkeit mir die gascognischen Lande
Gegeben. Gezähmet aber, noch zu sehen, und genährt hat mich
Die Rapierlust und des Festtags, gebraten Fleisch,
Der Tisch und braune Trauben, braune
                              und mich leset, o
Ihr Blüten von Deutschland, o mein Herz wird
Untrügbarer Kristall, an dem
Das Licht sich prüfet, wenn   Deutschland

Kolomb

Wünscht ich der Helden einer zu sein
Und dürfte frei   es bekennen,
So wär es ein Seeheld.

                              und es ist not,
Den Himmel zu fragen.

Wenn du sie aber nennest
Anson und Gama

Gewaltig ist die Zahl,
Gewaltiger aber sind sie selbst
Und machen stumm

                        die Männer.
Dennoch

Und hin nach Genua will ich,
Zu erfragen Kolombos Haus,
Wo er

In süßer Jugend gewohnet.

                            meinest du

                        So du
    Mich aber fragest

    So weit das Herz
    Mir reichet, wird es gehen.

    Ein Murren war es, ungeduldig

    Doch da hinaus, damit
    Vom Platze
    Wir kommen, also rief
    Gewaltig richtend
    Die Gesellen die Stimme des Meergotts,
    Die reine, daran
    Heroen erkennen, ob sie recht
    Geraten oder nicht.

Sie sahn nun,

Es waren nämlich viele,
Der schönen Inseln,

                        damit
Mit Lissabon

Und Genua teilten;

Denn einsam kann
Von Himmlischen den Reichtum tragen

Nicht eins; wohl nämlich mag
Den Harnisch dehnen
        ein Halbgott, dem Höchsten aber
Ist fast zu wenig
Das Wirken   wo das Tagslicht scheinet,
Und der Mond,
        Darum auch

        so

Nämlich öfters, wenn
Den Himmlischen zu einsam
Es wird, daß sie
Allein zusammenhalten

        oder die Erde; denn allzurein ist
Entweder

        Dann aber

        die Spuren der alten Zucht.

MEINEST DU,

Es solle gehen,
Wie damals? Nämlich sie wollten stiften
Ein Reich der Kunst. Dabei ward aber
Das Vaterländische von ihnen
Versäumet und erbärmlich ging
Das Griechenland, das schönste, zu Grunde.
Wohl hat es andere
Bewandtnis jetzt.
Es sollten nämlich die Frommen

                        und alle Tage wäre
Das Fest.
                    Also darf nicht
Ein ehrlicher Meister

                  und wie mit Diamanten
In die Fenster machte, des Müßiggangs wegen
Mit meinen Fingern, hindert

                so hat mir
Das Kloster etwas genützet,

DER VATIKAN,

Hier sind wir   in der Einsamkeit
Und drunten gehet der Bruder, ein Esel auch dem braunen
                                  Schleier nach.
Wenn aber der Tag   , allbejahend von wegen des Spotts,
Schicksale macht, denn aus Zorn der Natur-
Göttin, wie ein Ritter gesagt von Rom, in derlei
Palästen, gehet itzt viel Irrsal, und alle Schlüssel des
                              Geheimnisses wissend
Fragt bös Gewissen,
Und Julius' Geist um derweil, welcher Kalender

Gemachet, und dort drüben, in Westfalen, 10
Mein ehrlich Meister.
Gott rein und mit Unterscheidung
Bewahren, das ist uns vertrauet,
Damit nicht, weil an diesem
Viel hängt, über der Büßung, über einem Fehler 15
Des Zeichens
Gottes Gericht entstehet.
Ach! kennet ihr den nicht mehr,
Den Meister des Forsts, und den Jüngling in der Wüste, der von
                   Honig
Und Heuschrecken sich nährt. Still Geists ist's. Fraun 20
     Oben wohl
Auf Monte   , wohl auch seitwärts,
Irr ich, herabgekommen
Über Tirol, Lombarda, Loreto, wo des Pilgrims Heimat
    auf dem Gotthard, gezäunt, nachlässig, unter Gletschern
Karg wohnt jener, wo der Vogel
Mit Eierdünnen, eine Perle des Meers,
Und der Adler den Akzent rufet, vor Gott, wo das Feuer läuft der
                 Menschen wegen,
Des Wächters Horn tönt aber über den Garden,
Der Kranich hält die Gestalt aufrecht, 3
Die majestätische, keusche, drüben
In Patmos, Morea, in der Pestluft.
Türkisch. Und die Eule, wohlbekannt, der Schriften
Spricht, heischern Fraun gleich in zestörten Städten. Aber
Die erhalten den Sinn. Oft aber wie ein Brand
Entstehet Sprachverwirrung. Aber wie ein Schiff,
Das lieget im Hafen, des Abends, wenn die Glocke lautet
Des Kirchturms, und es nachhallt unten
Im Eingeweid des Tempels und der Mönch
Und Schäfer Abschied nehmet, vom Spaziergang
Und Apollon, ebenfalls
Aus Roma, derlei Palästen, sagt
Ade! unreinlich bitter, darum!
Dann kommt das Brautlied des Himmels.
Vollendruhe. Goldrot. Und die Rippe tönet

Des sandigen Erdballs in Gottes Werk
Ausdrücklicher Bauart, grüner Nacht
Und Geist, der Säulenordnung, wirklich
Ganzem Verhältnis, samt der Mitt,
50 Und glänzenden

Auf falbem Laube ruhet
Die Traube, des Weines Hoffnung, also ruhet auf der Wange
Der Schatten von dem goldenen Schmuck, der hängt
Am Ohre der Jungfrau.

5   Und ledig soll ich bleiben,
Leicht fanget aber sich
In der Kette, die
Es abgerissen, das Kälblein.

Fleißig

Es liebet aber der Sämann,
Zu sehen eine,
Des Tages schlafend über
Dem Strickstrumpf.

Nicht will wohllauten
Der deutsche Mund,
Aber lieblich
Am stechenden Bart rauschen
Die Küsse.

Der Adler

Mein Vater ist gewandert, auf dem Gotthard,
Da wo die Flüsse, hinab,
Wohl nach Hetruria seitwärts,
Und des geraden Weges
Auch über den Schnee,
Zu dem Olympos und Hämos,
Wo den Schatten der Athos wirft,
Nach Höhlen in Lemnos.
Anfänglich aber sind
Aus Wäldern des Indus,
Starkduftenden,
Die Eltern gekommen.
Der Urahn aber
Ist geflogen über der See
Scharfsinnend, und es wundert sich
Des Königes goldnes Haupt
Ob dem Geheimnis der Wasser,
Als rot die Wolken dampften
Über dem Schiff und die Tiere stumm
Einander schauend
Der Speise gedachten, aber
Es stehen die Berge doch still,
Wo wollen wir bleiben?

Der Fels ist zu Weide gut,
Das Trockne zu Trank.
Das Nasse aber zu Speise.
Will einer wohnen,
So sei es an Treppen,
Und wo ein Häuslein hinabhängt,
Am Wasser halte dich auf.
Und was du hast, ist
Atem zu holen.
Hat einer ihn nämlich hinauf
Am Tage gebracht,

35 Er findet im Schlaf ihn wieder.
Denn wo die Augen zugedeckt,
Und gebunden die Füße sind,
Da wirst du es finden.
Denn wo erkennest,

Tinian

Süß ist's, zu irren
In heiliger Wildnis,
– – – –
Und an der Wölfin Euter, o guter Geist,
5 Der Wasser, die
Durchs heimatliche Land
Mir irren,
     , wilder sonst,
Und jetzt gewöhnt, zu trinken, Findlingen gleich;
Des Frühlings, wenn im warmen Grunde
Des Haines wiederkehrend fremde Fittiche

        ausruhend in Einsamkeit,
Und an Palmtagsstauden
Wohlduftend
Mit Sommervögeln
Zusammenkommen die Bienen,
Und deinen Alpen

Von Gott geteilet

Der Weltteil,
     zwar sie stehen
Gewappnet,

Und lustzuwandeln, zeitlos

                                 denn es haben
Wie Wagenlauf uns falkenglänzend, oder
Dem Tierskampf gleich, als Muttermal,
Wes Geistes Kind
Die Abendländischen sei'n, die Himmlischen
Uns diese Zierde geordnet;

                               Die Blumen gibt es,
Nicht von der Erde gezeugt, von selber
Aus lockerem Boden sprossen die,
Ein Widerstrahl des Tages, nicht ist
Es ziemend, diese zu pflücken,
Denn golden stehen,
Unzubereitet,
Ja schon die unbelaubten,
Gedanken gleich,

                GRIECHENLAND
                ⟨Erste Fassung⟩

                    Wege des Wanderers!
Denn   Schatten der Bäume
Und Hügel, sonnig, wo
Der Weg geht
Zur Kirche,
                Regen, wie Pfeilenregen,
Und Bäume stehen, schlummernd, doch
Eintreffen Schritte der Sonne,
Denn eben so, wie sie heißer
Brennt über der Städte Dampf,
So gehet über des Regens
Behangene Mauren die Sonne

Wie Efeu nämlich hänget
Astlos der Regen herunter. Schöner aber
Blühn Reisenden die Wege
    im Freien   wechselt wie Korn.
Avignon waldig, über den Gotthard
Tastet das Roß, Lorbeern
Rauschen um Virgilius und, daß
Die Sonne nicht
Unmännlich suchet, das Grab. Moosrosen
Wachsen
Auf den Alpen. Blumen fangen
Vor Toren der Stadt an, auf geebneten Wegen unbegünstiget
Gleich Kristallen in der Wüste wachsend des Meers.
Gärten wachsen und Windsor. Hoch
Ziehet, aus London,
Der Wagen des Königs.
Schöne Gärten sparen die Jahrzeit.
Am Kanal. Tief aber liegt
Das ebene Weltmeer, glühend.

GRIECHENLAND
⟨Zweite Fassung⟩

O ihr Stimmen des Geschicks, ihr Wege des Wanderers!
Denn an dem Himmel
Tönt wie der Amsel Gesang
Der Wolken sichere Stimmung, gut
Gestimmt vom Dasein Gottes, dem Gewitter.
Und Rufe, wie Hinausschauen, zur
Unsterblichkeit und Helden;
Viel sind Erinnerungen.
Und wo die Erde, von Verwüstungen her, Versuchungen der
                                              Heiligen,
Großen Gesetzen nachgeht, die Einigkeit
Und Zärtlichkeit und den ganzen Himmel nachher
Erscheinend singen

Gesangeswolken. Denn immer lebt
Die Natur. Wo aber allzusehr sich
Das Ungebundene zum Tode sehnet, 15
Himmlisches einschläft, und die Treue Gottes,
Das Verständige fehlt.
Aber wie der Reigen
Zur Hochzeit,
Zu Geringem auch kann kommen 20
Großer Anfang.
Alltag aber wunderbar
Gott an hat ein Gewand.
Und Erkenntnissen verberget sich sein Angesicht
Und decket die Lüfte mit Kunst. 25
Und Luft und Zeit deckt
Den Schröcklichen, wenn zu sehr ihn
Eins liebet mit Gebeten oder
Die Seele.

GRIECHENLAND

⟨Dritte Fassung⟩

O ihr Stimmen des Geschicks, ihr Wege des Wanderers!
Denn an der Schule Blau,
Fernher, am Tosen des Himmels
Tönt wie der Amsel Gesang
Der Wolken heitere Stimmung, gut
Gestimmt vom Dasein Gottes, dem Gewitter.
Und Rufe, wie Hinausschauen, zur
Unsterblichkeit und Helden;
Viel sind Erinnerungen. Wo darauf
Tönend, wie des Kalbs Haut,
Die Erde, von Verwüstungen her, Versuchungen der Heiligen,
Denn anfangs bildet das Werk sich,
Großen Gesetzen nachgehet, die Wissenschaft
Und Zärtlichkeit und den Himmel breit lauter Hülle nachher
Erscheinend singen Gesangeswolken.

Denn fest ist der Erde
Nabel. Gefangen nämlich in Ufern von Gras sind
Die Flammen und die allgemeinen
Elemente. Lauter Besinnung aber oben lebt der Äther. Aber silbern
An reinen Tagen
Ist das Licht. Als Zeichen der Liebe
Veilchenblau die Erde.
Zu Geringem auch kann kommen
Großer Anfang.
Alltag aber wunderbar zulieb den Menschen
Gott an hat ein Gewand.
Und Erkenntnissen verberget sich sein Angesicht
Und decket die Lüfte mit Kunst.
Und Luft und Zeit deckt
Den Schröcklichen, daß zu sehr nicht eins
Ihn liebet mit Gebeten oder
Die Seele. Denn lange schon steht offen
Wie Blätter, zu lernen, oder Linien und Winkel
Die Natur
Und gelber die Sonnen und die Monde,
Zu Zeiten aber,
Wenn ausgehn will die alte Bildung
Der Erde, bei Geschichten nämlich,
Gewordnen, mutig fechtenden, wie auf Höhen führet
Die Erde Gott. Ungemessene Schritte
Begrenzt er aber, aber wie Blüten golden tun
Der Seele Kräfte dann, der Seele Verwandtschaften sich zusammen,
Daß lieber auf Erden
Die Schönheit wohnt und irgend ein Geist
Gemeinschaftlicher sich zu Menschen gesellet.

Süß ist's, dann unter hohen Schatten von Bäumen
Und Hügeln zu wohnen, sonnig, wo der Weg ist
Gepflastert zur Kirche. Reisenden aber, wem,
Aus Lebensliebe, messend immerhin,
Die Füße gehorchen, blühn
Schöner die Wege, wo das Land

WAS IST DER MENSCHEN LEBEN?   ein Bild der Gottheit.
Wie unter dem Himmel wandeln die Irdischen alle, sehen
Sie diesen. Lesend aber gleichsam, wie
In einer Schrift, die Unendlichkeit nachahmen und den Reichtum
Menschen. Ist der einfältige Himmel
Denn reich? Wie Blüten sind ja
Silberne Wolken. Es regnet aber von daher
Der Tau und das Feuchte. Wenn aber
Das Blau ist ausgelöschet, das Einfältige, scheint
Das Matte, das dem Marmelstein gleichet, wie Erz,
Anzeige des Reichtums.

WAS IST GOTT? unbekannt, dennoch
Voll Eigenschaften ist das Angesicht
Des Himmels von ihm. Die Blitze nämlich
Der Zorn sind eines Gottes. Je mehr ist eins
Unsichtbar,   schicket es sich in Fremdes. Aber der Donner
Der Ruhm ist Gottes. Die Liebe zur Unsterblichkeit
Das Eigentum auch, wie das unsere,
Ist eines Gottes.

SPÄTESTE GEDICHTE

Das Angenehme dieser Welt hab ich genossen,
Die Jugendstunden sind, wie lang! wie lang! verflossen,
April und Mai und Julius sind ferne,
Ich bin nichts mehr, ich lebe nicht mehr gerne!

⟨An Zimmern⟩

Die Linien des Lebens sind verschieden,
Wie Wege sind, und wie der Berge Grenzen.
Was hier wir sind, kann dort ein Gott ergänzen
Mit Harmonien und ewigem Lohn und Frieden.

Wenn aus dem Himmel hellere Wonne sich
  Herabgießt, eine Freude den Menschen kommt,
    Daß sie sich wundern über manches
      Sichtbares, Höheres, Angenehmes:

Wie tönet lieblich heil'ger Gesang dazu!
  Wie lacht das Herz in Liedern die Wahrheit an,
    Daß Freudigkeit an einem Bildnis –
      Über dem Stege beginnen Schafe

Den Zug, der fast in dämmernde Wälder geht.
  Die Wiesen aber, welche mit lautrem Grün
    Bedeckt sind, sind wie jene Heide,
      Welche gewöhnlicher Weise nah ist

Dem dunkeln Walde. Da, auf den Wiesen auch
　　Verweilen diese Schafe. Die Gipfel, die
　　　　Umher sind, nackte Höhen sind mit
　　　　　　Eichen bedecket und seltnen Tannen.   16

Da, wo des Stromes regsame Wellen sind,
　　Daß einer, der vorüber des Weges kommt,
　　　　Froh hinschaut, da erhebt der Berge
　　　　　　Sanfte Gestalt und der Weinberg hoch sich.   20

Zwar gehn die Treppen unter den Reben hoch
　　Herunter, wo der Obstbaum blühend darüber steht
　　　　Und Duft an wilden Hecken weilet,
　　　　　　Wo die verborgenen Veilchen sprossen;   24

Gewässer aber rieseln herab, und sanft
　　Ist hörbar dort ein Rauschen den ganzen Tag;
　　　　Die Orte aber in der Gegend
　　　　　　Ruhen und schweigen den Nachmittag durch.   28

An Zimmern

Von einem Menschen sag ich, wenn der ist gut
　　Und weise, was bedarf er? Ist irgend eins,
　　　　Das einer Seele gnüget? ist ein Halm, ist
　　　　　　Eine gereifteste Reb auf Erden

Gewachsen, die ihn nähre? Der Sinn ist des
　　Also. Ein Freund ist oft die Geliebte, viel
　　　　Die Kunst. O Teurer, dir sag ich die Wahrheit.
　　　　　　Dädalus' Geist und des Walds ist deiner.

Das fröhliche Leben

Wenn ich auf die Wiese komme,
Wenn ich auf dem Felde jetzt,
Bin ich noch der Zahme, Fromme,
Wie von Dornen unverletzt.
Mein Gewand in Winden wehet,
Wie der Geist mir lustig fragt,
Worin Inneres bestehet,
Bis Auflösung diesem tagt.

O vor diesem sanften Bilde,
Wo die grünen Bäume stehn,
Wie vor einer Schenke Schilde
Kann ich kaum vorübergehn.
Denn die Ruh an stillen Tagen
Dünkt entschieden trefflich mir,
Dieses mußt du gar nicht fragen,
Wenn ich soll antworten dir.

Aber zu dem schönen Bache
Such ich einen Lustweg wohl,
Der, als wie in dem Gemache,
Schleicht durchs Ufer wild und hohl,
Wo der Steg darüber gehet,
Geht's den schönen Wald hinauf,
Wo der Wind den Steg umwehet,
Sieht das Auge fröhlich auf.

Droben auf des Hügels Gipfel
Sitz ich manchen Nachmittag,
Wenn der Wind umsaust die Wipfel,
Bei des Turmes Glockenschlag,
Und Betrachtung gibt dem Herzen
Frieden, wie das Bild auch ist,
Und Beruhigung den Schmerzen,
Welche reimt Verstand und List.

Holde Landschaft! wo die Straße
Mitten durch sehr eben geht,
Wo der Mond aufsteigt, der blasse,
Wenn der Abendwind entsteht,
Wo die Natur sehr einfältig,
Wo die Berg erhaben stehn,
Geh ich heim zuletzt, haushältig,
Dort nach goldnem Wein zu sehn.

DER SPAZIERGANG

Ihr Wälder schön an der Seite,
Am grünen Abhang gemalt,
Wo ich umher mich leite,
Durch süße Ruhe bezahlt
Für jeden Stachel im Herzen,
Wenn dunkel mir ist der Sinn,
Den Kunst und Sinnen hat Schmerzen
Gekostet von Anbeginn.
Ihr lieblichen Bilder im Tale,
Zum Beispiel Gärten und Baum,
Und dann der Steg, der schmale,
Der Bach zu sehen kaum,
Wie schön aus heiterer Ferne
Glänzt einem das herrliche Bild
Der Landschaft, die ich gerne
Besuch in Witterung mild.
Die Gottheit freundlich geleitet
Uns erstlich mit Blau,
Hernach mit Wolken bereitet,
Gebildet wölbig und grau,
Mit sengenden Blitzen und Rollen
Des Donners, mit Reiz des Gefilds,
Mit Schönheit, die gequollen
Vom Quell ursprünglichen Bilds.

NICHT ALLE TAGE nennet die schönsten der,
    Der sich zurücksehnt unter die Freuden, wo
    Ihn Freunde liebten, wo die Menschen
        Über dem Jüngling mit Gunst verweilten.

DER HERBST

Die Sagen, die der Erde sich entfernen,
Vom Geiste, der gewesen ist und wiederkehret,
Sie kehren zu der Menschheit sich, und vieles lernen
Wir aus der Zeit, die eilends sich verzehret.

Die Bilder der Vergangenheit sind nicht verlassen
Von der Natur, als wie die Tag verblassen
Im hohen Sommer, kehrt der Herbst zur Erde nieder,
Der Geist der Schauer findet sich am Himmel wieder.

In kurzer Zeit hat vieles sich geendet,
Der Landmann, der am Pfluge sich gezeiget,
Er siehet, wie das Jahr sich frohem Ende neiget,
In solchen Bildern ist des Menschen Tag vollendet.

Der Erde Rund mit Felsen ausgezieret
Ist wie die Wolke nicht, die abends sich verlieret,
Es zeigt sich mit einem goldnen Tage,
Und die Vollkommenheit ist ohne Klage.

Der Sommer

Das Erntefeld erscheint, auf Höhen schimmert
Der hellen Wolke Pracht, indes am weiten Himmel
In stiller Nacht die Zahl der Sterne flimmert,
Groß ist und weit von Wolken das Gewimmel. 4

Die Pfade gehn entfernter hin, der Menschen Leben,
Es zeiget sich auf Meeren unverborgen,
Der Sonne Tag ist zu der Menschen Streben
Ein hohes Bild, und golden glänzt der Morgen. 8

Mit neuen Farben ist geschmückt der Gärten Breite,
Der Mensch verwundert sich, daß sein Bemühn gelinget,
Was er mit Tugend schafft, und was er hoch vollbringet,
Es steht mit der Vergangenheit in prächtigem Geleite. 12

Aussicht

Der offne Tag ist Menschen hell mit Bildern,
Wenn sich das Grün aus ebner Ferne zeiget,
Noch eh des Abends Licht zur Dämmerung sich neiget,
Und Schimmer sanft den Klang des Tages mildern.
Oft scheint die Innerheit der Welt umwölkt, verschlossen, 5
Des Menschen Sinn von Zweifeln voll, verdrossen,
Die prächtige Natur erheitert seine Tage
Und ferne steht des Zweifels dunkle Frage.

Mit Untertänigkeit
Scardanelli.

Den 24. März 1671

Der Frühling

Die Sonne glänzt, es blühen die Gefilde,
Die Tage kommen blütenreich und milde,
Der Abend blüht hinzu, und helle Tage gehen
Vom Himmel abwärts, wo die Tag entstehen.

Das Jahr erscheint mit seinen Zeiten
Wie eine Pracht, wo Feste sich verbreiten,
Der Menschen Tätigkeit beginnt mit neuem Ziele,
So sind die Zeichen in der Welt, der Wunder viele.

                                      Mit Untertänigkeit
d. 24. April 1839.   Scardanelli.

Winter

Das Feld ist kahl, auf ferner Höhe glänzet
Der blaue Himmel nur, und wie die Pfade gehen,
Erscheinet die Natur, als Einerlei, das Wehen
Ist frisch, und die Natur von Helle nur umkränzet.

Der Erde Stund ist sichtbar von dem Himmel
Den ganzen Tag, in heller Nacht umgeben,
Wenn hoch erscheint von Sternen das Gewimmel,
Und geistiger das weit gedehnte Leben.

Der Sommer

Noch ist die Zeit des Jahrs zu sehn, und die Gefilde
Des Sommers stehn in ihrem Glanz, in ihrer Milde;
Des Feldes Grün ist prächtig ausgebreitet,
Allwo der Bach hinab mit Wellen gleitet.

So zieht der Tag hinaus durch Berg und Tale,
Mit seiner Unaufhaltsamkeit und seinem Strahle,
Und Wolken ziehn in Ruh, in hohen Räumen,
Es scheint das Jahr mit Herrlichkeit zu säumen.

                                    Mit Untertänigkeit
d. 9ten März 1940.   Scardanelli

Griechenland

Wie Menschen sind, so ist das Leben prächtig,
Die Menschen sind der Natur öfters mächtig,
Das prächt'ge Land ist Menschen nicht verborgen,
Mit Reiz erscheint der Abend und der Morgen.

Die offnen Felder sind als in der Ernte Tage,
Mit Geistigkeit ist weit umher die alte Sage,
Und neues Leben kommt aus Menschheit wieder,
So sinkt das Jahr mit einer Stille nieder.

                                    Mit Untertänigkeit
Den 24t. Mai 1748   Scardanelli.

Der Frühling

Wenn aus der Tiefe kommt der Frühling in das Leben,
Es wundert sich der Mensch, und neue Worte streben
Aus Geistigkeit, die Freude kehret wieder
Und festlich machen sich Gesang und Lieder.

Das Leben findet sich aus Harmonie der Zeiten,
Daß immerdar den Sinn Natur und Geist geleiten,
Und die Vollkommenheit ist eines in dem Geiste,
So findet vieles sich, und aus Natur das meiste.

Mit Untertänigkeit

d. 24 Mai 1758.   Scardanelli.

Der Zeitgeist

Die Menschen finden sich in dieser Welt zum Leben,
Wie Jahre sind, wie Zeiten höher streben,
So wie der Wechsel ist, ist übrig vieles Wahre,
Daß Dauer kommt in die verschiednen Jahre;
Vollkommenheit vereint sich so in diesem Leben,
Daß diesem sich bequemt der Menschen edles Streben.

Mit Untertänigkeit

24. Mai 1748.   Scardanelli.

Die Aussicht

Wenn in die Ferne geht der Menschen wohnend Leben,
Wo in die Ferne sich erglänzt die Zeit der Reben,
Ist auch dabei des Sommers leer Gefilde,
Der Wald erscheint mit seinem dunklen Bilde.

Daß die Natur ergänzt das Bild der Zeiten,
Daß die verweilt, sie schnell vorübergleiten,
Ist aus Vollkommenheit, des Himmels Höhe glänzet
Den Menschen dann, wie Bäume Blüt umkränzet.

         Mit Untertänigkeit
d. 24 Mai 1748.   Scardanelli.

PLÄNE UND BRUCHSTÜCKE

Palingenesie

Mit der Sonne sehn ich mich oft vom Aufgang bis zum Niedergang den weiten Bogen schnell hineilend zu wandeln, oft, mit Gesang zu folgen dem großen, dem Vollendungsgange der alten Natur,
Und, wie der Feldherr auf dem Helme den Adler trägt in Kampf und Triumph, so möcht ich, daß sie mich trüge
Mächtig das Sehnen der Sterblichen.
Aber es wohnet auch ein Gott in dem Menschen, daß er Vergangenes und Zukünftiges sieht und wie vom Strom ins Gebirg hinauf an die Quelle lustwandelt er durch Zeiten
Aus ihrer Taten stillem Buch ist Vergangenem bekannt er durch – – die goldenes beut

*

Zu Sokrates' Zeiten

Vormals richtete Gott.

      Könige.

   Weise.

         wer richtet denn itzt?

Richtet das einige

Volk? die heil'ge Gemeinde?
Nein! o nein! wer richtet denn itzt?
     ein Natterngeschlecht! feig und falsch
    das edlere Wort nicht mehr
     Über die Lippe
O im Namen
           ruf ich,
  Alter Dämon! dich herab

Oder sende
  Einen Helden

Oder
  die Weisheit.

*

Aber die Sprache –
Im Gewitter spricht der
Gott.
Öfters hab ich die Sprache
sie sagte, der Zorn sei genug und gelte für den Apollo –
Hast du Liebe genug, so zürn aus Liebe nur immer,
Öfters hab ich Gesang versucht, aber sie hörten dich nicht. Denn so
wollte die heilige Natur. Du sangest, du für sie in deiner Jugend
nicht singend
Du sprachest zur Gottheit,
aber dies habt ihr all vergessen, daß immer die Erstlinge Sterblichen
nicht, daß sie den Göttern gehören.
gemeiner muß, alltäglicher muß
die Furcht erst werden, dann wird
sie den Sterblichen eigen.

*

Im Walde

Du edles Wild.
Aber in Hütten wohnet der Mensch, und hüllet sich ein ins verschämte Gewand, denn inniger ist, achtsamer auch und daß er bewahre den Geist, wie die Priesterin die himmlische Flamme,
dies ist sein Verstand. Und darum ist die Willkür ihm und höhere Macht zu fehlen und zu vollbringen, dem Götterähnlichen, der Güter Gefährlichstes, die Sprache, dem Menschen gegeben, damit er schaffend, zerstörend, und untergehend, und wiederkehrend zur ewiglebenden, zur Meisterin und Mutter, damit er zeuge, was er sei, geerbet zu haben, gelernt von ihr, ihr Göttlichstes, die allerhaltende Liebe.

*

Von Gott aus gehet mein Werk.

*

Ein anderes freilich ist's,

      Unterschiedenes ist
   gut. Ein jeder
        und es hat
  Ein jeder das Seine.

*

Es hat aber

Klopstock gestorben am
Jahrtausend. Also heißet um die Alten
Die Trauer.
Furchtbar scheint mir das und als ein

Oft hab ich

Denn den hat göttlichbüßend der Eltern Sonne getötet
Mit den Genossen
Er hätte Flammen vom Altare

    wär er auch Prometheus
Ob aber mannigfaltig kommet das Licht,
    aber ist es das unschuldigste.
Nicht ist vorauszusagen.
    wie Gott hinwegnimmt auf dem Wagen
In der Erde Gesetzen einen Heiligen oder Seher. Aber es sind
Im Griechenland auch solche gewesen, sieben Weise.
Jetzt aber geschiehet

*

Die Apriorität des Individuellen
über das Ganze

*

Nun versteh ich den Menschen erst, da ich fern von ihm
und in Einsamkeit lebe!

EMILIE
VOR IHREM BRAUTTAG

Emilie an Klara

Ich bin im Walde mit dem Vater draus
Gewesen, diesen Abend, auf dem Pfade,
Du kennest ihn, vom vor'gen Frühlinge.
Es blühten wilde Rosen nebenan,
Und von der Felswand überschattet' uns
Der Eichenbüsche sonnenhelles Grün;
Und oben durch der Buchen Dunkel quillt
Das klare flüchtige Gewässer nieder.
Wie oft, du Liebe! stand ich dort und sah
Ihm nach aus seiner Bäume Dämmerung
Hinunter in die Ferne, wo zum Bach
Es wird, zum Strome, sehnte mich mit ihm
Hinaus – wer weiß, wohin?

                        Das hast du oft
Mir vorgeworfen, daß ich immerhin
Abwesend bin mit meinem Sinne, hast
Mir's oft gesagt, ich habe bei den Menschen
Kein friedlich Bleiben nicht, verschwende
Die Seele an die Lüfte, lieblos sei
Ich öfters bei den Meinen. Gott! ich lieblos?

Wohl mag es freudig sein und schön, zu bleiben,
Zu ruhn in einer lieben Gegenwart,
Wenn eine große Seele, die wir kennen,
Vertraulich nahe waltet über uns,
Sich um uns schließt, daß wir, die Heimatlosen,
Doch wissen, wo wir wohnen.

                              Gute! Treue!
Doch hast du recht. Bist du denn nicht mir eigen?
Und hab ich ihn, den teuern Vater, nicht,
Den Heiligjugendlichen, Vielerfahrnen,
Der, wie ein stiller Gott auf dunkler Wolke,
Verborgenwirkend über seiner Welt
Mit freiem Auge ruht, und wenn er schon
Ein Höhers weiß, und ich des Mannes Geist
Nur ahnen kann, doch ehrt er liebend mich,
Und nennt mich seine Freude, ja! und oft
Gibt eine neue Seele mir sein Wort.

Dann möcht ich wohl den Segen, den er gab,
Mit einem, das ich liebte, gerne teilen,
Und bin allein – ach! ehmals war ich's nicht!

Mein Eduard! mein Bruder! denkst du sein
Und denkst du noch der frommen Abende,
Wenn wir im Garten oft zusammensaßen
Nach schönem Sommertage, wenn die Luft
Um unsre Stille freundlich atmete,
Und über uns des Äthers Blumen glänzten;
Wenn von den Alten er, den Hohen, uns
Erzählte, wie in Freude sie und Freiheit
Aufstrebten, seine Meister; tönender
Hub dann aus seiner Brust die Stimme sich,
Und zürnend war und liebend oft voll Tränen
Das Auge meinem Stolzen! ach! den letzten
Der Abende, wie nun, da Großes ihm
Bevorstand, ruhiger der Jüngling war,
Noch mit Gesängen, die wir gerne hörten,
Und mit der Zithar uns, die Trauernden,
Vergnügt'!

             Ich seh ihn immer, wie er ging.
Nie war er schöner, kühn, die Seele glänzt'
Ihm auf der Stirne, dann voll Andacht trat
Er vor den alten Vater. »Kann ich Glück

Von dir empfangen«, sprach er, »heil'ger Mann!
So wünsche lieber mir das größte, denn
Ein anders«, und betroffen schien der Vater.
»Wenn's sein soll, wünsch ich dir's«, antwortet' er.
Ich stand beiseit, und wehemütig sah
Der Scheidende mich an und rief mich laut;
Mir bebt' es durch die Glieder, und er hielt
Mich zärtlich fest, in seinen Armen stärkte
Der Starke mir das Herz, und da ich aufsah
Nach meinem Lieben, war er fortgeeilt.

»Ein edel Volk ist hier auf Korsika;«
Schrieb freudig er im letzten Briefe mir,
»Wie wenn ein zahmer Hirsch zum Walde kehrt
Und seine Brüder trifft, so bin ich hier,
Und mir bewegt im Männerkriege sich
Die Brust, daß ich von allem Weh genese.

Wie lebst du, teure Seele! und der Vater?
Hier unter frohem Himmel, wo zu schnell
Die Frühlinge nicht altern, und der Herbst
Aus lauer Luft dir goldne Früchte streut,
Auf dieser guten Insel werden wir
Uns wiedersehen; dies ist meine Hoffnung.

Ich lobe mir den Feldherrn. Oft im Traum
Hab ich ihn fast gesehen, wie er ist,
Mein Paoli, noch eh er freundlich mich
Empfing und zärtlich vorzog, wie der Vater
Den Jüngstgebornen, der es mehr bedarf.

Und schämen muß ich vor den andern mich,
Den furchtbarstillen, ernsten Jünglingen.
Sie dünken traurig dir bei Ruh und Spiel;
Unscheinbar sind sie, wie die Nachtigall,
Wenn von Gesang sie ruht; am Ehrentag
Erkennst du sie. Ein eigen Leben ist's! –
Wenn mit der Sonne wir, mit heil'gem Lied

Heraufgehn über Hügel, und die Fahnen
Ins Tal hinab im Morgenwinde wehn,
Und drunten auf der Ebne fernher sich, 95
Ein gärend Element, entgegen uns
Die Menge regt und treibt, da fühlen wir
Frohlockender, wie wir uns herrlich lieben;
Denn unter unsern Zelten und auf Wogen
Der Schlacht begegnet uns der Gott, der uns 100
Zusammenhält.

           Wir tun, was sich gebührt,
Und führen wohl das edle Werk hinaus.
Dann küßt ihr noch den heimatlichen Boden,
Den trauernden, und kommt und lebt mit uns,
Emilie! – Wie wird's dem alter Vater 105
Gefallen, bei den Lebenden noch *einmal*
Zum Jüngling aufzuleben und zu ruhn
In unentweihter Erde, wenn er stirbt.

Denkst du des tröstenden Gesanges noch,
Emilie, den seiner teuern Stadt 110
In ihrem Fall der stille Römer sang,
Noch hab ich einiges davon im Sinne.

Klagt nicht mehr! kommt in neues Land! so sagt' er.
Der Ozean, der die Gefild umschweift,
Erwartet uns. Wir suchen selige 115
Gefilde, reiche Inseln, wo der Boden
Noch ungepflügt die Früchte jährlich gibt,
Und unbeschnitten noch der Weinstock blüht,
Wo der Olivenzweig nach Wunsche wächst,
Und ihren Baum die Feige keimend schmückt, 120
Wo Honig rinnt aus hohler Eich und leicht
Gewässer rauscht von Bergeshöhn. – Noch manches
Bewundern werden wir, die Glücklichen. –
Es sparte für ein frommes Volk Saturnus' Sohn
Dies Ufer auf, da er die goldne Zeit 12
Mit Erze mischte. – Lebe wohl, du Liebe!«

Der Edle fiel des Tags darauf im Treffen
Mit seiner Liebsten einem, ruht mit ihm
In *einem* Grab.

          In deinem Schoße ruht
Er, schönes Korsika! und deine Wälder
Umschatten ihn, und deine Lüfte wehn
Am milden Herbsttag freundlich über ihm,
Dein Abendlicht vergoldet seinen Hügel.

Ach! dorthin möcht ich wohl, doch hälf es nicht.
Ich sucht ihn, so wie hier. Ich würde fast
Dort weniger, wie hier, mich sein entwöhnen.
So wuchs ich auf mit ihm, und weinen muß ich
Und lächeln, denk ich, wie mir's ehmals oft
Beschwerlich ward, dem Wilden nachzukommen,
Wenn nirgend er beim Spiele bleiben wollte.
Nun bist du dennoch fort und lässest mich
Allein, du Lieber! und ich habe nun
Kein Bleiben auch, und meine Augen sehn
Das Gegenwärtige nicht mehr, o Gott!
Und mit Phantomen peiniget und tröstet
Nun meine Seele sich, die einsame.
Das weißt du, gutes Mädchen! nicht, wie sehr
Ich unvernünftig bin. Ich will dir's all
Erzählen. Morgen! Mich besucht doch immer
Der süße Schlaf, und wie die Kinder bin ich,
Die besser schlummern, wenn sie ausgeweint.

Emilie an Klara

Der Vater schwieg im Leide tagelang,
Da er's erfuhr; und scheuen mußt ich mich,
Mein Weh ihn sehn zu lassen; lieber ging
Ich dann hinaus zum Hügel und das Herz
Gewöhnte mir zum freien Himmel sich.

Ich tadelt oft ein wenig mich darüber,
Daß nirgend mehr im Hause mir's gefiel.
Vergnügt mit allem war ich ehmals da,
Und leicht war alles mir. Nun ängstigt' es
Mich oft; noch trieb ich mein Geschäft, doch leblos,
Bis in die Seele stumm in meiner Trauer.

Es war, wie in der Schattenwelt, im Hause.
Der stille Vater und das stumme Kind!

Wir wollen fort auf eine Reise, Tochter!
Sagt' eines Tags mein Vater, und wir gingen,
Und kamen dann zu dir. In diesem Land,
An deines Neckars friedlichschönen Ufern,
Da dämmert' eine stille Freude mir
Zum ersten Male wieder auf. Wie oft
Im Abendlichte stand ich auf dem Hügel
Mit dir, und sah das grüne Tal hinauf,
Wo zwischen Bergen, da die Rebe wächst,
An manchem Dorf vorüber, durch die Wiesen
Zu uns herab, von luft'ger Weid umkränzt,
Das goldne ruhige Gewässer wallte!
Mir bleibt die Stelle lieb, wo ich gelebt.

Ihr heiterfreien Ebenen des Mains,
Ihr reichen, blühenden! wo nahe bald
Der frohe Strom, des stolzen Vaters Liebling,
Mit offnem Arm ihn grüßt, den alten Rhein!
Auch ihr! Sie sind wie Freunde mir geworden,
Und aus der Seele mir vergehen soll
Kein frommer Dank, und trag ich Leid im Busen,
So soll mir auch die Freude lebend bleiben.

Erzählen wollt ich dir, doch hell ist nie
Das Auge mir, wenn dessen ich gedenke.
Vor seinen kindischen, geliebten Träumen
Bebt immer mir das Herz.

EMILIE VOR IHREM BRAUTTAG

           Wir reisten dann
Hinein in andre Gegenden, ins Land
Des Varustals, dort bei den dunkeln Schatten
Der wilden heil'gen Berge lebten wir,
Die Sommertage durch, und sprachen gern
Von Helden, die daselbst gewohnt, und Göttern.

Noch gingen wir des Tages, ehe wir
Vom Orte schieden, in den Eichenwald
Des herrlichen Gebirgs hinaus, und standen
In kühler Luft auf hoher Heide nun.

»Hier unten in dem Tale schlafen sie
Zusammen«, sprach mein Vater, »lange schon,
Die Römer mit den Deutschen, und es haben
Die Freigebornen sich, die stolzen, stillen,
Im Tode mit den Welteroberern
Versöhnt, und Großes ist und Größeres
Zusammen in der Erde Schoß gefallen.
Wo seid ihr, meine Toten all? Es lebt
Der Menschengenius, der Sprache Gott,
Der alte Braga noch, und Hertha grünt
Noch immer ihren Kindern, und Walhalla
Blaut über uns, der heimatliche Himmel;
Doch euch, ihr Heldenbilder, find ich nicht.«

Ich sah hinab und leise schauerte
Mein Herz, und bei den Starken war mein Sinn,
Den Guten, die hier unten vormals lebten.

Itzt stand ein Jüngling, der, uns ungesehn,
Am einsamen Gebüsch beiseit gesessen,
Nicht ferne von mir auf. »O Vater!« mußt
Ich rufen, »das ist Eduard!« – »Du bist
Nicht klug, mein Kind!« erwidert' er und sah
Den Jüngling an; es mocht ihn wohl auch treffen,
Er faßte schnell mich bei der Hand und zog
Mich weiter. Einmal mußt ich noch mich umsehn.

Derselbe war's und nicht derselbe! Stolz und groß,
Voll Macht war die Gestalt, wie des Verlornen,
Und Aug und Stirn und Locke; schärfer blickt'
Er nur, und um die seelenvolle Miene
War, wie ein Schleier, ihm ein stiller Ernst
Gebreitet. Und er sah mich an. Es war,
Als sagt' er, gehe nur auch du, so geht
Mir alles hin, doch duld ich aus und bleibe.

Wir reisten noch desselben Abends ab,
Und langsamtraurig fuhr der Wagen weiter
Und weiter durchs unwegsame Gebirg.
Es wechselten in Nebel und in Regen
Die Bäum und des Gebüsches dunkle Bilder
Im Walde nebenan. Der Vater schlief,
In dumpfem Schmerze träumt ich hin, und kaum
Nur eben noch, die lange Zeit zu zählen,
War mir die Seele wach.

      Ein schöner Strom
Erweckt' ein wenig mir das Aug; es standen
Im breiten Boot die Schiffer am Gestad;
Die Pferde traten folgsam in die Fähre,
Und ruhig schifften wir. Erheitert war
Die Nacht, und auf die Wellen leuchtet'
Und Hütten, wo der fromme Landmann schlief,
Aus blauer Luft das stille Mondlicht nieder;
Und alles dünkte friedlich mir und sorglos,
In Schlaf gesungen von des Himmels Sternen.

Und ich sollt ohne Ruhe sein von nun an,
Verloren ohne Hoffnung mir an Fremdes
Die Seele meiner Jugend! Ach! ich fühlt
Es itzt, wie es geworden war mit mir.
Dem Adler gleich, der in die Wolke fliegt,
Erschien und schwand mir aus dem Auge wieder,
Und wieder mir des hohen Fremdlings Bild,
Daß mir das Herz erbebt' und ich umsonst

Mich fassen wollte. »Schliefst du gut, mein Kind!«
Begrüßte nun der gute Vater mich,
Und gerne wollt ich auch ein Wort ihm sagen.
Die Tränen doch erstickten mir die Stimme,
Und in den Strom hinunter mußt ich sehn,
Und wußte nicht, wo ich mein Angesicht
Verbergen sollte.

     Glückliche! die du
Dies nie erfahren, überhebe mein
Dich nicht. Auch du, und wer von allen mag
Sein eigen bleiben unter dieser Sonne?
Oft meint ich schon, wir leben nur, zu sterben,
Uns opfernd hinzugeben für ein anders.
O schön zu sterben, edel sich zu opfern,
Und nicht so fruchtlos, so vergebens, Liebe!
Das mag die Ruhe der Unsterblichen
Dem Menschen sein.

     Bedaure du mich nur!
Doch tadeln, Gute, sollst du mir es nicht!
Nennst du sie Schatten, jene, die ich liebe?
Da ich kein Kind mehr war, da ich ins Leben
Erwachte, da aufs neu mein Auge sich
Dem Himmel öffnet' und dem Licht, da schlug
Mein Herz dem Schönen; und ich fand es nah;
Wie soll ich's nennen, nun es nicht mehr ist
Für mich? O laßt! Ich kann die Toten lieben,
Die Fernen; und die Zeit bezwingt mich nicht.
Mein oder nicht? du bist doch schön, ich diene
Nicht Eitlem, was der Stunde nur gefällt,
Dem Täglichen gehör ich nicht; es ist
Ein anders, was ich lieb; unsterblich
Ist, was du bist, und du bedarfst nicht meiner,
Damit du groß und gut und liebenswürdig
Und herrlich seist, du edler Genius!

Laß nur mich stolz in meinem Leide sein,
Und zürnen, wenn ich ihn verleugnen soll;
Bin ich doch sonst geduldig, und nicht oft
Aus meinem Munde kömmt ein Männerwort.
Demütigt mich's doch schon genug, daß ich,
Was ich dir lang verborgen, nun gesagt.

Emilie an Klara

Wie dank ich dir, du Liebe, daß du mir
Vertrauen abgewonnen, daß ich dir
Mein still Geheimnis endlich ausgesprochen.

Ich bin nun ruhiger – wie nenn ich's dir?
Und an die schönen Tage denk ich, wenn ich oft
Hinausging mit dem Bruder, und wir oben
Auf unserm Hügel beieinander saßen,
Und ich den Lieben bei den Händen hielt,
Und mir's gefallen ließ am offnen Feld
Und an der Straß, und ins Gewölb hinauf
Des grünen Ahorns staunt, an dem wir lagen.
Ein Sehnen war in mir, doch war ich still.
Es blühten uns der ersten Hoffnung Tage,
Die Tage des Erwachens.

                     Holde Dämmerung!
So schön ist's, wenn die gütige Natur
Ins Leben lockt ihr Kind. Es singen nur
Den Schlummersang am Abend unsre Mütter.
Sie brauchen nie das Morgenlied zu singen.
Dies singt die andre Mutter uns, die gute,
Die wunderbare, die uns Lebenslust
In unsern Busen atmet, uns mit süßen
Verheißungen erweckt.

                  Wie ist mir, Liebe!
Ich kann an Jugend heute nur, und nur
An Jugend denken.

                Sieh! ein heitrer Tag
Ist's eben auch. Seit frühem Morgen sitz ich
Am lieben Fenster, und es wehn die Lüfte,
Die zärtlichen, herein, mir blickt das Licht
Durch meine Bäume, die zu nahe mir
Gewachsen sind, und mählich mit den Blüten
Das ferne Land verhüllen, daß ich mich
Bescheiden muß, und hie und da noch kaum
Hinaus mich find aus diesem freundlichen
Gefängnis; und es fliegen über ihnen
Die Schwalben und die Lerchen, und es singen
Die Stunde durch genug die Nachtigallen,
Und wie sie heißen, all die Lieblinge
Der schönen Jahrszeit; eigne Namen möcht
Ich ihnen geben, und den Blumen auch,
Den stillen, die aus dunklem Beete duften,
Zu mir herauf wie junge Sterne glänzend.
Und wie es lebt und glücklich ist im Wachstum,
Und seiner Reife sich entgegenfreut!

Es findet jedes seine Stelle doch,
Sein Haus, die Speise, die das Herz ihm sättigt,
Und jedes segnest du mit eignem Segen,
Natur! und gibst dich ihnen zum Geschäft,
Und trägst und nährst zu ihrer Blütenfreud
Und ihrer Frucht sie fort, du Gütige!

Und klagtest du doch öfters, trauernd Herz!
Vergaßest mir den Glauben, danktest nicht,
Und dachtest nicht, wenn dir dein Tun zu wenig
Bedeuten wollt, es sei ein frommes Opfer,
Das du, wie andre, vor das Leben bringest,
Wohlmeinend, wie der Lerche Lied, das sie
Den Lüften singt, den freudegebenden. –

Nun geh ich noch hinaus und hole Blumen
Dem Vater aus dem Feld, und bind ihm sie
In *einem* Strauß, die drunten in dem Garten,
Und die der Bach erzog; ich will's schon richten,
Daß ihm's gefallen soll. Und dir? dir bring ich
Genug des Neuen. Da ist's immer anders.
Itzt blühn die Weiden; itzt vergolden sich
Die Wiesen; itzt beginnt der Buche Grün,
Und itzt der Eiche – nun! leb wohl indessen!

Emilie an Klara

Ihr Himmlischen! das war er. Kannst du mir
Es glauben? – Beste! – wärst du bei mir! – Er!
Der Hohe, der Gefürchtete, Geliebte! –
Mein bebend Herz, hast du so viel gewollt?

Da ging ich so zurück mit meinen Blumen,
Sah auf den Pfad, den abendrötlichen,
In meiner Stille nieder, und es schlief
Mir sanft im Busen das Vergangene,
Ein kindlich Hoffen atmete mir auf;
Wie wenn uns zwischen süßem Schlaf und Wachen
Die Augen halb geöffnet sind, so war
Ich Blinde. Sieh! da stand er vor mir, mein
Heroe, und ich Arme war, wie tot,
Und ihm, dem Brüderlichen, überglänzte
Das Angesicht, wie einem Gott, die Freude.

»Emilie!« – das war sein frommer Gruß.
Ach! alles Sehnen weckte mir und all
Das liebe Leiden, so ist eingewiegt,
Der goldne Ton des Jünglings wieder auf!
Nicht aufsehn durft ich! keine Silbe durft
Ich sagen! Oh, was hätt ich ihm gesagt!

| | Was wein ich denn, du Gute! – laß mich nur!
380 | Nun darf ich ja, nun ist's so töricht nimmer,
| Und schön ist's, wenn der Schmerz mit seiner Schwester,
| Der Wonne, sich versöhnt, noch eh er weggeht.

| O Wiedersehn! das ist noch mehr, du Liebe!
85 | Als wenn die Bäume wieder blühn, und Quellen
| Von neuem fröhlich rauschen –

                              Ja! ich hab
Ihn oft gesucht und ernstlich oft es mir
Versagt, doch wollt ich sein Gedächtnis ehren.

Die Bilder der Gespielen, die mit mir
Auf grüner Erd in stummer Kindheit saßen,
Sie dämmern ja um meine Seele mir,
Und dieser edle Schatte, sollt er nicht?
Das Herz im Busen, das unsterbliche,
Kann nicht vergessen, sieh! und öfters bringt
Ein guter Genius die Liebenden
Zusammen, daß ein neuer Tag beginnt,
Und ihren Mai die Seele wieder feiert.

O wunderbar ist mir! auch er! – daß du
Hinunter mußtest, Lieber! ehe dir
Das Deine ward, und dich die frohe Braut
Zum Männerruhme segnete! Doch starbst
Du schön, und oft hab ich gehört, es fallen
Die Lieblinge des Himmels früh, damit
Sie sterblich Glück und Leid und Alter nicht
Erfahren. Nimmermehr vergeß ich dich,
Und ehren soll er dich. Dein Bild will ich
Ihm zeigen, wenn er kömmt; und wenn der Stolze
Sich dann verwundert, daß er sich bei mir
Gefunden, sag ich ihm, es sei ein andrer,
Und den er lieben müsse. Oh, er wird's!

Emilie an Klara

Da schrieb er mir. Ja! teures Herz! er ist's,
Den ich gesucht. Wie dieser Jüngling mich
Demütiget und hebt! Nun! lies es nur!
»So bist du's wieder, und ich habe dich
Gegrüßt, gefunden, habe dich noch *einmal*
In deiner frommen Ruh gestört, du Kind
Des Himmels! – Nein Emilie! du kanntest
Mich ja. Ich kann nicht fragen. Wir sind's,
Die Längstverwandten, die der Gott getraut,
Und bleiben wird es, wie die Sonne droben.
Ich bin voll Freude, schöne Seele! bin
Der neuen Melodien ungewohnt.
Es ist ein anders Lied, als jenes, so
Dem Jünglinge die Parze lehrend singt,
Bis ihm, wie Wohllaut, ihre Weise tönt;
Dann gönnt sie ihm, du Friedliche! von dir
Den süßern Ton, den liebsten, einzigen
Zu hören. Mein? o sieh! du wirst in Lust
Die Mühe mir und was mein Herz gebeut,
Du wirst es all in heil'ge Liebe wandeln.
Und hab ich mit Unmöglichem gerungen,
Und mir die Brust zu Treu und Ruh gehärtet,
Du wärmest sie mit frommer Hoffnung mir,
Daß sie vertrauter mit dem Siege schlägt.
Und wenn das Urbild, das, wie Morgenlicht,
Mir aus des Lebens dunkler Wolke stieg,
Das himmlische, mir schwindet, seh ich *dich*,
Und eine schöne Götterbotin, mahnst
Du lächelnd mich an meinen Phöbus wieder;
Und wenn ich zürne, sänftigest du mich.
Dein Schüler bin ich dann, und lausch und lerne.
Von deinem Munde nehm ich, Zauberin,
Des Überredens süße Gabe mir,
Daß sie die Geister freundlich mir bezwingt,
Und wenn ich ferne war von dir, und wund

Und müd dir wiederkehre, heilst du mich
Und singst in Ruhe mich, du holde Muse!

Emilie! daß wir uns wiedersahn!
Daß wir uns einst gefunden, und du nun
Mich nimmer fliehst und nahe bist! Zu gern,
Zu gern entwich dein stolzes Bild dem Wandrer,
Das zarte, reine, da du ferne warst,
Du Heiligschönes! Doch ich sah dich oft,
Wenn ich des Tags allein die Pfade ging,
Und abends in der fremden Hütte schwieg.

O heute! grüße, wenn du willst, den Vater!
Ich kenn ihn wohl; auch meinen Namen kennt er;
Und seiner Freunde Freund bin ich. Ich wußte nicht,
Daß er es war, da wir zuerst einander
Begegneten, und lang erfuhr ich's nicht.
Bald grüß ich schöner dich. – Armenion.«

Emilie an Klara

Er woll ihn morgen sprechen, sagte mir
Mein Vater, morgen! und er schien nicht freundlich.
Nun sitz ich hier und meine Augen ruhn
Und schlummern nicht – ach! schämen muß ich mich,
Es dir zu klagen – will ich stille werden,
So regt ein Laut mich auf; ich sinn und bitte,
Und weiß nicht, was? und sagen möcht ich viel,
Doch ist die Seele stumm – o fragen möcht ich
Die sorgenfreien Bäume hier, die Strahlen
Der Nacht und ihre Schatten, wie es nun
Mir endlich werden wird.

              Zu still ist's mir
In dieser schönen Nacht, und ihre Lüfte
Sind mir nicht hold, wie sonst. Die Törin!

Solang er ferne war, so liebt ich ihn; 475
Nun bin ich kalt, und zag und zürne mir
Und andern. – Auch die Worte, so ich dir
In dieser bösen Stunde schreibe, lieb
Ich nicht, und was ich sonst von ihm geschrieben,
Unleidlich ist es mir. Was ist es denn? 480
Ich wünsche fast, ich hätt ihn nie gesehn.
Mein Friede war doch schöner. Teures Herz!
Ich bin betrübt, und anders, denn ich's war,
Da ich um den Verlornen trauerte.
Ich bin es nimmer, nein! ich bin es nicht. 485
Ich bin nicht gut, und seelos bin ich auch.
Mich läßt die Furcht, die häßliche, nicht ruhn.
O daß der goldne Tag die Ruhe mir,
Mein eigen Leben wiederbrächt! –

                                                       Ich will
Geduldig sein, und wenn der Vater ihn
Nicht ehrt, mir ihn versagt, den Teuren,
So schweig ich lieber, und es soll mir nicht
Zu sehr die Seele kränken; kann ich still
Ihn ehren doch, und bleiben, wie ich bin.

Emilie an Klara

Nun muß ich lächeln über alles Schlimme,
Was ich die vor'ge Nacht geträumt; und hab
Ich dir es gar geschrieben? Anders bin
Ich itzt gesinnt.

                     Er kam und mir frohlockte
Das Herz, wie er herab die Straße ging,
Und mir das Volk den fremden Herrlichen
Bestaunt'! und lobend über ihn geheim
Die Nachbarn sich besprachen, und er itzt
Den Knaben, der an ihm vorüberging,

Nach meinem Hause fragt'; ich sahe nicht
Hinaus, ich konnt, an meinem Tische sitzend,
Ihn ohne Scheue sehn – wie red ich viel?
Und da er nun herauf die Treppe kam,
Und ich die Tritte hört und seine Türe
Mein Vater öffnete, sie draußen sich
Stillschweigend grüßten, daß ich nicht
Ein Wort vernehmen konnt, ich Unvernünft'ge,
Wie ward mir bange wieder? Und sie blieben
Nicht kurze Zeit allein im andern Zimmer,
Daß ich es länger nicht erdulden konnt,
Und dacht: ich könnte wohl den Vater fragen
Um dies und jenes, was ich wissen mußte.
Dann hätt ich's wohl gesehn in ihren Augen,
Wie mir es werden sollte. Doch ich kam
Bis an die Schwelle nur, ging lieber doch
In meinen Garten, wo die Pflanzen sonst,
In andrer Zeit, die Stunde mir gekürzt.

Und fröhlich glänzten, von des Morgens Tau
Gesättiget, im frischen Lichte sie
Ins Auge mir, wie liebend sich das Kind
An die betrübte Mutter drängt, so waren
Die Blumen und die Blüten um mich rings,
Und schöne Pforten wölbten über mir
Die Bäume.

        Doch ich konnt es itzt nicht achten,
Nur ernster ward und schwerer nur, und bänger
Das Herz mir Armen immer, und ich sollte
Wie eine Dienerin von ferne lauschen,
Ob sie vielleicht mich riefen, diese Männer.
Ich wollte nun auch nimmer um mich sehn,
Und barg in meiner Laube mich und weinte,
Und hielt die Hände vor das Auge mir.

Da hört ich sanft des Vaters Stimme nah,
Und lächelnd traten, da ich noch die Tränen

Mir trocknete, die beiden in die Laube:
»Hast du dich so geängstiget, mein Kind!
Und zürnst du«, sprach der Vater, »daß ich erst
Vor mich den edeln Gast behalten wollt?
Ihn hast du nun. Er mag die Zürnende
Mit mir versöhnen, wenn ich Unrecht tat!«

So sprach er; und wir reichten alle drei
Die Händ einander, und der Vater sah
Mit stiller Freud uns an –

     »Ein Trefflicher
Ist dein geworden, Tochter!« sprach er itzt,
»Und dein, o Sohn! dies heiligliebend Weib.
Ein freudig Wunder, daß die alten Augen
Mir übergehen, seid ihr mir, und blüht,
Wie eine seltne Blume, mir, ihr beiden!

Denn nicht gelingt es immerhin den Menschen,
Das Ihrige zu finden. Großes Glück
Zu tragen und zu opfern gibt der Gott
Den einen, weniger gegeben ist
Den andern; aber hoffend leben sie.

Zwei Genien geleiten auf und ab
Uns Lebende, die Hoffnung und der Dank.
Mit Einsamen und Armen wandelt jene,
Die Immerwache; dieser führt aus Wonne
Die Glücklichen des Weges freundlich weiter,
Vor bösem Schicksal sie bewahrend. Oft,
Wenn er entfloh, erhuben sich zu sehr
Die Freudigen, und rächend traf sie bald
Das ungebetne Weh.

    Doch gerne teilt
Das freie Herz von seinen Freuden aus,
Der Sonne gleich, die liebend ihre Strahlen
An ihrem Tag aus goldner Fülle gibt;

Und um die Guten dämmert oft und glänzt
Ein Kreis voll Licht und Lust, solang sie leben.

O Frühling meiner Kinder, blühe nun,
Und altre nicht zu bald, und reife schön!«

So sprach der gute Vater. Vieles wollt
Er wohl noch sagen, denn die Seele war
Ihm aufgegangen; aber Worte fehlten ihm.
Er gab ihn mir und segnet' und und ging
Hinweg.

      Ihr Himmelslüfte, die ihr oft
Mich tröstend angeweht, nun atmetet
Ihr heiligend um unser goldnes Glück!

Wie anders war's, wie anders, da mit ihm,
Dem Liebenden, dem Freudigen, ich itzt,
Ich Freudige, zu unsrer Mutter auf,
Zur schönen Sonne sah! nun dämmert' es
Im Auge nicht, wie sonst im sehenden,
Nun grüßt ich helle dich, du stolzes Licht!
Und lächelnd weiltest du, und kamst und schmücktest
Den Lieben mir, und kränztest ihm mit Rosen
Die Schläfe, Freundliches!

             Und meine Bäume,
Sie streuten auch ein hold Geschenk herab,
Zu meinem Fest, vom Überfluß der Blüten!

Da ging ich sonst; ach! zu den Pflanzen flüchtet
Ich oft mein Herz, bei ihnen weilt ich oft
Und hing an ihnen; dennoch ruht ich nie,
Und meine Seele war nicht gegenwärtig.

Wie eine Quelle, wenn die jugendliche
Dem heimatlichen Berge nun entwich,
Die Pfade bebend sucht, und flieht und zögert,

Und durch die Wiesen irrt und bleiben möcht,
Und sehnend, hoffend immer doch enteilt:
So war ich; aber liebend hat der stolze, 600
Der schöne Strom die Flüchtlinge genommen,
Und ruhig wall ich nun, wohin der Sichre
Mich bringen will, hinab am heitern Ufer.

HYPERION

FRAGMENT VON HYPERION

Es gibt zwei Ideale unseres Daseins: einen Zustand der höchsten Einfalt, wo unsre Bedürfnisse mit sich selbst, und mit unsern Kräften, und mit allem, womit wir in Verbindung stehen, *durch die bloße Organisation der Natur*, ohne unser Zutun, gegenseitig zusammenstimmen, und einen Zustand der höchsten Bildung, wo dasselbe stattfinden würde bei unendlich vervielfältigten und verstärkten Bedürfnissen und Kräften, *durch die Organisation, die wir uns selbst zu geben imstande sind.* Die exzentrische Bahn, die der Mensch, im allgemeinen und einzelnen, von einem Punkte (der mehr oder weniger reinen Einfalt) zum andern (der mehr oder weniger vollendeten Bildung) durchläuft, scheint sich, *nach ihren wesentlichen Richtungen*, immer gleich zu sein.

Einige von diesen sollten, nebst ihrer Zurechtweisung, in den Briefen, wovon die folgenden ein Bruchstück sind, dargestellt werden.

Der Mensch möchte gerne *in* allem und *über* allem sein, und die Sentenz in der Grabschrift des Loyola:

non coerceri maximo, contineri tamen a minimo

kann ebenso die alles begehrende, alles unterjochende gefährliche Seite des Menschen, als den höchsten und schönsten ihm erreichbaren Zustand bezeichnen. In welchem Sinne sie für jeden gelten soll, muß sein freier Wille entscheiden.

Zante
Ich will nun wieder in mein Ionien zurück: umsonst hab ich mein Vaterland verlassen, und *Wahrheit gesucht*.

Wie konnten auch Worte meiner durstenden Seele genügen?
Worte fand ich überall; Wolken, und keine Juno.

Ich hasse sie, wie den Tod, alle die armseligen Mitteldinge von Etwas und Nichts. Meine ganze Seele sträubt sich gegen das Wesenlose.

Was mir nicht *alles*, und ewig *alles* ist, ist mir *nichts*.

Mein Bellarmin! wo finden wir das Eine, das uns Ruhe gibt, Ruhe? Wo tönt sie uns einmal wieder, die Melodie unsers Herzens in den seligen Tagen der Kindheit?

Ach! einst sucht ich sie in *Verbrüderung mit Menschen*. Es war mir, als sollte die Armut unsers Wesens Reichtum werden, wenn nur ein Paar solcher Armen *ein* Herz, *ein* unzertrennbares Leben würden, als bestände der ganze Schmerz unsers Daseins nur in der Trennung von dem, was zusammengehörte.

Mit Freud und Wehmut denk ich daran, wie mein ganzes Wesen dahin trachtete, nur dahin, ein herzlich Lächeln zu erbeuten, wie ich mich hingab für einen Schatten von Liebe, wie ich mich wegwarf. Ach! wie oft glaubt ich das Unnennbare zu finden, das mein, mein werden sollte, dafür, daß ich es wagte, mich selbst an das Geliebte zu verlieren! Wie oft glaubt ich den heiligen Tausch getroffen zu haben, und forderte nun, forderte, und da stand das arme Wesen, verlegen und betroffen, oft auch hämisch – es wollte ja nur Kurzweil, nichts so Ernstes!

Ich war ein blinder Knabe, lieber Bellarmin! Perlen wollt ich kaufen von Bettlern, die ärmer waren, als ich, so arm, so begraben in ihr Elend, daß sie nicht wußten, wie arm sie waren, und sich recht wohl gefielen in den Lumpen, womit sie sich behangen hatten.

Aber die mannigfaltige Täuschung drückte mich unaussprechlich nieder.

Ich glaubte wirklich unterzugehn. Es ist ein Schmerz ohnegleichen, ein fortdauerndes Gefühl der Zernichtung, wenn das Dasein so ganz seine Bedeutung verloren hat. Eine unbegreifliche Mutlosigkeit drückte mich. Ich wagte das Auge nicht aufzuschlagen vor den Menschen. Ich fürchtete das Lachen eines Kindes. Dabei war ich oft sehr still und geduldig; hatte oft auch einen recht wunderbaren Aberglauben an die Heilkraft mancher Dinge. Oft konnte ich ingeheim von einem kleinen erkauften Besitztum, von einer Kahnfahrt, von einem Tale, das mir ein Berg verbarg, erwarten, was ich suchte.

Mit dem Mute schwanden auch sichtbar meine Kräfte.

Ich hatte Mühe, die Trümmer ehemals gedachter Gedanken zusammenzulesen; der rege Geist war veraltet; ich fühlte, wie sein himmlisch Licht, das mir kaum erst aufgegangen war, sich allmählich verdunkelte.

Freilich, wenn es einmal, wie mir deuchte, den letzten Rest meiner verlornen Existenz galt, wenn mein Stolz sich regte, dann war ich lauter Wirksamkeit, und die Allmacht eines Verzweifelten war in mir; oder wenn sie einen Tropfen Freuden eingesogen hatte, die welke dürftige Natur, dann drang ich mit Gewalt unter die Menschen, sprach, wie ein Begeisterter, und fühlte wohl manchmal auch die Träne der Seligen im Auge; oder wenn einmal wieder ein Gedanke, oder das Bild eines Helden in die Nacht meiner Seele strahlte, dann staunt ich, und freute mich, als kehrte ein Gott ein in dem verarmten Gebiete, dann war mir, als sollte sich eine Welt bilden in mir; aber je heftiger sich die schlummernden Kräfte aufgerafft hatten, desto müder sanken sie hin, und die unbefriedigte Natur kehrte zu verdoppeltem Schmerze zurück.

Wohl dem, Bellarmin! wohl dem, der sie überstanden hat, diese Feuerprobe des Herzens, der es verstehen gelernt hat, das Seufzen der Kreatur, das Gefühl des verlornen Paradieses. Je höher sich die Natur erhebt über das Tierische, desto größer die Gefahr, zu verschmachten im Lande der Vergänglichkeit!

Aber eines hab ich dir noch mitzuteilen, brüderliches Herz!

Ich fürchtete mich noch vor gewissen Erinnerungen, als wir uns fanden über den Trümmern des alten Roms. Unser Geist gleitet so leicht aus seiner Bahn; müssen wir doch oft dem Säuseln eines Blatts entgehen, um ihn nicht zu stören in seinem stillen Geschäfte!

Itzt kann ich wohl manchmal spielen mit den Geistern vergangner Stunden.

Mein alter Freund, der Frühling, hatte mich überrascht in meiner Finsternis. Sonst hätt ich ihn noch von ferne gefühlt, wenn die erstarrten Zweige sich regten, und ein lindes Wehen meine Wange berührte. Sonst hätt ich für jedes Weh Linderung von ihm gehofft. Aber das Hoffen und Ahnden war allmählich aus meiner Seele verschwunden.

Itzt war er da, in aller Glorie der Jugend.

Mir war, als sollt ich doch auch wieder fröhlich werden. Ich öffnete meine Fenster, und kleidete mich, wie zu einem Feste. Er sollte auch mich besuchen, der himmlische Fremdling.

Ich sah, wie alles hinausströmte ins Freie, aufs freundliche Meer von Smyrna, und sein Gestade. Sonderbare Erwartungen regten sich in mir. Ich ging auch hinaus.

Da zeigte sich recht die Allmacht der Natur. Fast jedes Gesicht war herzlicher; überall wurde offner gescherzt, und wo man sich sonst recht feierlich begrüßt hatte, bot man sich itzt die Hände. Alles verjüngte und begeisterte der herrliche süße Frühling.

Der Hafen wimmelte von jauchzenden Schiffen, wo Blumenkränze wehten, und Chierwein blinkte, die Myrtenlauben tönten von fröhlichen Melodien, und Tanz und Spiel durchrauschte die Ulmen und Platanen.

Ach! ich suchte mehr, als das. Das konnte nicht vom Tode retten. Unwillkürlich, verloren in meinem Gram, kam ich in den Garten des Gorgonda Notara, meines Bekannten. –

Ein Rauschen aus einem Seitengange störte mich auf. –

Ach! mir – in diesem schmerzlichen Gefühl meiner Einsamkeit, mit diesem freudeleeren blutenden Herzen – erschien mir *sie*; hold und heilig, wie eine Priesterin der Liebe stand sie da vor mir; wie aus Licht und Duft gewebt, so geistig und zart; über dem Lächeln voll Ruh und himmlischer Güte thronte mit eines Gottes Majestät ihr großes begeistertes Auge, und, wie Wölkchen ums Morgenlicht, wallten im Frühlingswinde die goldnen Locken um ihre Stirne.

Mein Bellarmin! könnt ich dir's mitteilen, ganz und lebendig, das Unaussprechliche, das damals vorging in mir! – Wo waren nun die Leiden meines Lebens, seine Nacht und Armut? die ganze dürftige Sterblichkeit?

Gewiß, er ist das höchste und seligste, was die unerschöpfliche Natur in sich faßt, ein solcher Augenblick der Befreiung! Er wiegt Äonen unsers Pflanzenlebens auf! Tot war mein irdisches Leben, die Zeit war nicht mehr, und entfesselt und auferstanden fühlte mein Geist seine Verwandtschaft und seinen Ursprung.

Jahre sind vorüber; Frühlinge kamen und gingen; manch herrlich Bild der Natur, manche Reliquie deines Italiens, aus himmlischer Phantasie hervorgegangen, erfreute mein Auge; aber das meiste verwischte die Zeit; nur *ihr* Bild ist mir geblieben, mit allem, was mit ihm verwandt ist. Noch steht sie da vor mir, wie in dem heiligen trunknen Momente, da ich sie fand; ich preß es an mein glühendes Herz, das süße Phantom; ich höre ihre Stimme, das Lispeln ihrer Harfe; wie ein friedlich Arkadien, wo Blüte und Saat in ewig stiller Luft sich wiegt, wo ohne des Mittags Schwüle die Ernte reift, und die süße Traube gedeiht, wo keine Furcht das sichere Land umzäunt, wo man von nichts weiß, als von dem ewigen Frühling der Erde, und dem wolkenlosen Himmel und seiner Sonne, und seinen freundlichen Gestirnen, so stehet es offen da vor mir, das Heiligtum ihres Herzens und Geistes.

Melite! o Melite! himmlisches Wesen!

Ich möchte wohl wissen, ob sie meiner noch zuweilen gedächte. Sie bedauert mich vielleicht. Ich werde sie wiederfinden, in irgendeiner Periode des ewigen Daseins. Gewiß! was sich verwandt ist, kann sich nicht ewig fliehen.

Ach! der Gott in uns ist immer einsam und arm. Wo findet er alle seine Verwandten? Die einst da waren, und da sein werden? Wenn kömmt das große Wiedersehen der Geister? Denn einmal waren wir doch, wie ich glaube, alle beisammen.

Gute Nacht, Bellarmin, gute Nacht!

Morgen werd ich ruhiger erzählen.

Zante

Der Abend jenes Tages meiner Tage ist mir mit allem, was ich noch gewahr ward in meiner Trunkenheit, unvergeßlich. Mir war er das schönste, was der Frühling der Erde geben kann, und der Himmel und sein Licht. Wie eine Glorie der Heiligen, umfloß *sie* das Abendrot, und die zarten goldnen Wölkchen im Äther lächelten herunter, wie himmlische Genien, die sich freuten über ihre Schwester auf Erden, wie sie unter uns einherging in aller Herrlichkeit der Geister, und doch so gut, und freundlich war gegen alles, was um sie war.

Alles drängte sich an sie. Allen schien sich ein Teil ihres Wesens mitzuteilen. Ein neuer zarter Sinn, eine süße Traulichkeit war unter alle gekommen, und sie wußten nicht, wie ihnen geschah.

Ohne zu fragen, erfuhr ich, sie komme von den Ufern des Paktols, aus einem einsamen Tale des Tmolus, wohin ihr Vater, ein sonderbarer Mann, aus Verdruß über die itzige Lage der Griechen sich schon gar lange von Smyrna weg begeben hätte, um dort seines finstern Grams zu pflegen, und ihre Mutter, ehemals die Krone von Ionien, sei eine Verwandte des Gorgonda Notara.

Notara bat uns, den Abend mit ihm unter seinen Bäumen zuzubringen, und, so, wie wir itzt gestimmt waren, dachte keines gerne an ein Auseinandergehen.

Allmählich kam immer mehr Leben und Geist unter uns. Wir sprachen viel von den herrlichen Kindern des alten Ioniens, von Sappho und Alcäus, und Anakreon, sonderlich von Homer, seinem Grabe zu Nio, von einer nahen Felsengrotte, am Ufer des Meles, wo der Herrliche manche Stunde der Begeisterung gefeiert haben soll, und manchem andern; wie neben uns die freundlichen Bäume des Gartens, wo vom Hauche des Frühlings gelöst, die Blüten auf die Erde regneten, so teilten unsre Gemüter sich mit; jedes nach seiner Art, und auch die Ärmsten gaben etwas. Melite sprach manch himmlisches Wort, kunstlos, ohne alle Absicht, in lautrer heiliger Einfalt. Oft wenn ich sie sprechen hörte, fielen mir die Bilder des Dädalus ein, von denen Pausanias sagt, ihr Anblick habe bei all ihrer Einfachheit etwas Göttliches gehabt.

Lange saß ich stumm, und verschlang die himmlische Schönheit, die, wie Strahlen des Morgenlichts, in mein Inneres drang, und die erstorbenen Keime meines Wesens ins Leben rief.

Man sprach endlich auch von so manchen Wundern griechischer Freundschaft, von den Dioskuren, von Achill und Patroklus, von der Phalanx der Sparter, von all den Liebenden und Geliebten, die auf- und untergingen über der Welt, unzertrennlich, wie die ewigen Lichter des Himmels.

Da wacht ich auf. »Wir sollten davon nicht sprechen«, rief ich.

»Solche Herrlichkeit zernichtet uns Arme. Freilich waren es goldne Tage, wo man die Waffen tauschte, und sich liebte bis zum Tode, wo man unsterbliche Kinder zeugte in der Begeisterung der Liebe und Schönheit, Taten fürs Vaterland, und himmlische Gesänge, und ewige Worte der Weisheit, ach! wo der ägyptische Priester dem Solon noch vorwarf: ›Ihr Griechen seid alle Zeit Jünglinge!‹ Wir sind nun Greise geworden, klüger, als alle die

Herrlichen, die dahin sind; nur schade, daß so manche Kraft verschmachtet in diesem fremden Elemente!«

»Vergiß das zum wenigsten für heute, Hyperion!« rief Notara; und ich gab ihm recht.

Melites Auge ruhte so ernst und groß auf mir. Wer hätte nicht alles vergessen.

Auf dem Wege nach der Stadt kam ich an ihre Seite. Ich drückte die Arme mit Macht gegen mein schauderndes Herz. Ich zwang den verwirrenden Tumult in mir, daß ich sprechen konnte.

O mein Bellarmin! Wie ich sie verstand, und wie sie das freute! wie ein zufällig Wörtchen von ihr eine Welt von Gedanken in mir hervorrief! Sie war ein wahrer Triumph der Geister über alles Kleine und Schwache, diese stille Vereinigung unsers Denkens, und Dichtens.

An Notaras Hause schieden wir. Ich taumelte fort in rasender Freude, schalt und lachte über den Kleinmut meines Herzens in den vergangenen Tagen, und sah mit namenlosem Stolze auf meine alten Leiden zurück.

Wie ich aber nun nach Hause kam, und vor die offnen Fenster trat, und meine verwilderten, und halb verdorrten Blumen, und hinaufsah zu der verfallnen Burg von Smyrna, die vor mir lag im dämmernden Lichte, wie sonderbar überfiel mich das alles!

Ach! da war ich ehmals so oft gestanden um Mitternacht, wenn ich den Schlaf nicht finden konnte auf meinem einsamen Lager, und hatte den Trümmern aus beßrer Zeit, und ihren Geistern meinen Jammer geklagt!

Itzt war er wiedergekehrt, der Frühling meines Herzens. Itzt hatt ich, was ich suchte. Ich hatt es wiedergefunden in der himmlischen Grazie Melites. Es tagte wieder in mir. Das hohe Wesen hatte meinen Geist aus seinem Grabe gerufen.

Aber was ich war, war ich durch sie. Die Gute freute sich über dem Lichte, das in mir leuchtete, und dachte nicht, daß es nur der Widerschein des ihrigen war. Ich fühlte nur zu bald, daß ich ärmer wurde, als ein Schatten, wenn sie nicht in mir, und um mich, und für mich lebte, wenn sie nicht mein ward; daß ich zu nichts ward, wenn sie sich mir entzog. Es konnte nicht anders kommen, ich mußte mit dieser Todesangst jede Miene, und jeden Laut von ihr befragen, ihrem Auge folgen, als wollte mir mein

Leben entfliehen, es mochte gen Himmel sich wenden, oder zur Erde; o Gott! es mußte ja ein Todesbote für mich sein, jedes Lächeln ihres heiligen Friedens, jedes ihrer Himmelsworte, das mir sagte, wie ihr an ihrem, ihrem Herzen genüge: Sie mußte ja über mich kommen, diese Verzweiflung, daß das Herrliche, was ich liebte, so herrlich war, daß es mein nicht bedurfte. Verzeih es mir die Heilige! oft flucht ich der Stunde, wo ich sie fand, und raste im Geiste gegen das himmlische Geschöpf, daß es mich nur darum ins Leben geweckt hätte, um mich wieder niederzudrükken mit seiner Hoheit. Kann so viel Unmenschliches in eines Menschen Seele kommen?

Pyrgo in Morea
Schlummer und Unruhe, und manche andre seltsame Erscheinung, die halb sich bildete in mir, und verschwand, ließen indes nichts, was ich dir mitteilen wollte, zur Sprache kommen. Oft hab ich schöne Tage. Dann laß ich mein Innres walten, wie es will, träumen und sinnen, lebe meist unter freiem Himmel, und die heiligen Höhn und Tale von Morea stimmen oft recht freundlich in die reineren Töne meiner Seele.

Alles muß kommen, wie es kömmt. Alles ist gut. Ich sollte das Vergangne schlummern lassen. Wir sind nicht fürs Einzelne, Beschränkte geschaffen. Nicht wahr, mein Bellarmin? Mir wuchs ja nur darum kein Arkadien auf, daß das Dürftige, das in mir denkt und lebt, sich ausbreiten sollte, und das Unendliche umfassen. –

Das möcht ich auch, o das möcht ich! Zernichten möcht ich die Vergänglichkeit, die über uns lastet, und unsrer heiligen Liebe spottet, und wie ein Lebendigbegrabner sträubt sich mein Geist gegen die Finsternis, worin er gefesselt ist.

Ich wollte erzählen. Ich will es tun. Von außen stört mich nichts in meinen Erinnerungen. Meer und Erde schläft in der Schwüle des Mittags, und selbst die Quelle, die sonst hier unter mir rieselte, ist vertrocknet. Kein Lüftchen säuselt durch die Zweige. Ein leises Ächzen der Erde, wenn der brennende Strahl den Boden spaltet, hör ich zuweilen. Aber das stört wohl nicht. Auch gibt die Zypresse, die über mir trauert, Schatten genug.

Der Abend, da ich von ihr ging, hatte mit der Nacht gewechselt, und die Nacht mit dem Tage; aber für mich nicht. In meinem Leben war kein Schlaf und kein Erwachen mehr. Es war nur *ein* Traum von ihr, ein seliger schmerzlicher Traum; ein Ringen zwischen Angst und Hoffnung. Endlich ging ich hin zu ihr.

Ich erschrak, wie sie nun vor mir stand, so ganz anders, als in mir es aussah, so ruhig und selig, in der Allgenügsamkeit einer Himmlischen. Ich war verwirrt und sprachlos. Mein Geist war mir entflohen.

Ich glaube nicht, daß sie es ganz bemerkte, wie sie überhaupt bei all ihrer himmlischen Güte nicht sehr genau darauf zu achten schien, was um sie vorging.

Sie hatte Mühe, mich dahin zurückzubringen, wo wir den Abend zuvor geendet hatten. Endlich regte sich doch hie und da ein Gedanke in mir, und schloß sich fröhlich an die ihrigen an.

Sie wußte nicht, wie unendlich viel sie sagte, und wie ihr Bild zum Überschwenglichen sich verherrlichte, wenn das Hohe ihrer Gedanken an ihrer Stirne sich offenbarte, und der königliche Geist sich vereinigte mit der Huld des arglosen alliebenden Herzens. Es war, als träte die Sonne hervor im freundlichen Äther, oder als stiege ein Gott hernieder zu einem unschuldigen Volke, wenn das Selbständige, das Heilige neben ihrer Grazie sichtbar ward.

Solang ich bei ihr war, und ihr begeisterndes Wesen mich emporhub über alle Armut der Menschen, vergaß ich oft auch die Sorgen und Wünsche meines dürftigen Herzens. Aber wenn ich weg war, dann verbarg ich's mir umsonst, dann klagt' es laut auf in mir, sie liebt dich nicht! Ich zürnte und kämpfte. Aber mein Gram ließ nicht ab von mir. Meine Unruhe stieg von Tage zu Tage. Je höher und mächtiger ihr Wesen über mir leuchtete, desto düstrer und verwilderter ward meine Seele.

Sie schien mir endlich auszuweichen. Auch ich beschloß, sie nimmer zu sehen, und hatt es auch wirklich unter namenloser Peinigung meinem Herzen abgetrotzt, daß ich einige Tage wegblieb.

Um diese Zeit begegnete mir, da ich eben von der Einöde des Korax zurückkehrte, wohin ich vor Tagesanbruch hinausgegangen war, Notara mit seinem Weibe. Er sagte mir, daß sie zu einem benachbarten Verwandten geladen wären, und auf den Abend wieder da zu sein gedenken. Melite, setzte er hinzu, sei zu Hause geblieben; die fromme Tochter müsse Briefe schreiben an Vater und Mutter.

Alle meine niedergedrückten Wünsche erwachten wieder. Einen Augenblick darauf ermannt ich mich zwar, und sagte dem Sturm in mir, daß ich heute gerade sie schlechterdings nicht sehen wolle, ging aber doch an ihrem Hause vorüber, gedankenlos und zitternd, als hätt ich einen Mord im Sinne. Darauf zwang ich mich nach Hause, schloß die Türe ab, warf die Kleider von mir, schlug mir, nachdem meine Wahl ziemlich lange gezögert hatte, den Ajax Mastigophoros auf, und sah hinein. Aber nicht eine Silbe nahm mein Geist in sich auf. Wo ich hinsah, war ihr Bild. Jeder Fußtritt störte mich auf. Unwillkürlich, ohne Sinn sagt ich abgerissene Reden vor mich hin, die ich aus ihrem Munde gehört hatte. Oft streckt ich die Arme nach ihr aus, oft floh ich, wenn sie mir erschien.

Endlich ergrimmt ich über meinen Wahnsinn, und sann mit Ernst darauf, es von Grund aus zu vertilgen, dieses tötende Sehnen. Aber mein Geist versagte mir den Dienst. Dafür schien es, als drängen sich falsche Dämonen mir auf, und böten mir Zaubertränke dar, mich vollends zu verderben mit ihren höllischen Arzneien.

Ermattet von dem wütenden Kampfe sank ich endlich nieder. Mein Auge schloß sich, meine Brust schlug sanfter, und, wie der Bogen des Friedens nach dem Sturme, ging ihr ganzes himmlisches Wesen wieder auf in mir.

Der heilige Frieden ihres Herzens, den sie mir oft auf Augenblicke mitgeteilt hatte durch Red und Miene, daß mir's ward, als wandelte ich wieder im verlassenen Paradiese der Kindheit, ihre fromme Scheue, nichts zu entweihen durch übermütigen Scherz oder Ernst, wenn es nur ferne verwandt war mit Schönem und Gutem, ihre anspruchlose Gefälligkeit, ihr Geist mit seinen königlichen Idealen, woran ihre stille Liebe so einzig hing, daß sie nichts suchte und nichts fürchtete in der Welt – alle die lieben, seelenvollen Abende, die ich zugebracht hatte mit ihr, ihre Stimme und ihr Saitenspiel, jeder Reiz ihrer Bewegung, die, wo sie stand und ging, nur sie – ihre Güte und ihre Größe bezeichnete; ach! das alles und mehr ward so lebendig in mir.

Und diesem himmlischen Geschöpfe zürnt ich? Und warum zürnt ich ihr? Weil sie nicht verarmt war, wie ich, weil sie den Himmel noch im Herzen trug, und nicht sich selbst verloren hatte, wie ich, nicht eines andern Wesens, nicht fremden Reichtums bedurfte, um die verödete Stelle auszufüllen, weil sie nicht unterzugehen fürchten konnte, wie ich, und sich mit dieser Todesangst an ein anderes zu hängen, wie ich; ach! gerade, was das göttlichste an ihr war, diese Ruhe, diese himmlische Genügsamkeit hatt ich gelästert mit meinem Unmut, mit unedlem Groll sie um ihr Paradies beneidet. Durfte sie sich befassen mit solch einem zerrütteten Geschöpfe? Mußte sie mich nicht fliehen? Gewiß! ihr Genius hatte sie gewarnt vor mir.

Das alles ging mir, wie ein Schwert, durch die Seele.

Ich wollte anders werden. Oh! ich wollte werden, wie sie. Ich hörte schon aus ihrem Munde das Himmelswort der Vergebung, und fühlte mit tausend Wonnen, wie es mich umschuf.

So eilt ich zu ihr. Aber mit jedem Schritte ward ich unruhiger. Melite erblaßte, wie ich hereintrat. Dies brachte mich vollends aus der Fassung. Doch war mir das gänzliche Verstummen von beiden Seiten, so kurz es dauerte, zu schmerzhaft, als daß ich es nicht mit aller Macht zu brechen versucht hätte.

»Ich mußte kommen«, sagt ich. »Ich war es dir schuldig, Melite!« Das Gemäßigte meines Tons schien sie zu beruhigen, doch fragte sie etwas verwundert, warum ich dann kommen *müßte*?

»Ich habe so viel dir abzubitten, Melite!« rief ich.

»Du hast mich ja nicht beleidigt.«

»O Melite! wie straft mich diese himmlische Güte! Mein Unmut ist dir sicher aufgefallen.« –

»Aber beleidigt hat er mich nicht, du wolltest ja das nicht, Hyperion! Warum sollt ich's dir nicht sagen? Getrauert hab ich über dich. Ich hätte dir so gerne Frieden gegönnt. Ich wollte dich oft auch bitten, ruhiger zu sein. Du bist so ganz ein andrer, in deinen guten Stunden. Ich gestehe dir, ich fürchte für dich, wenn ich dich so düster und heftig sehe. Nicht wahr, guter Hyperion! du legst das ab?«

Ich konnte kein Wort vorbringen. Du fühlst es wohl auch, Bruder meiner Seele! wie mir sein mußte. Ach! so himmlisch der Zauber war, womit sie dies sprach, so unaussprechlich war mein Schmerz.

»Ich habe manchmal gedacht«, fuhr sie fort, »woher es wohl kommen möchte, daß du so sonderbar bist. Es ist so ein schmerzlich Rätsel, daß ein Geist, wie der deinige, von solchen Leiden gedrückt werden soll. Es war gewiß eine Zeit, wo er frei war von dieser Unruhe. Ist sie dir nicht mehr gegenwärtig? Könnt ich sie dir zurückbringen, diese stille Feier, diese heilige Ruhe im Innern, wo auch der leiseste Laut vernehmbar ist, der aus der Tiefe des Geistes kömmt, und die leiseste Berührung von außen, vom Himmel her, und aus den Zweigen, und Blumen – ich kann es nicht aussprechen, wie mir oft ward, wenn ich so dastand vor der göttlichen Natur, und alles Irdische in mir verstummte – da ist er uns so nahe, der Unsichtbare!«

Sie schwieg, und schien betroffen, als hätte sie Geheimnisse verraten.

»Hyperion!« begann sie wieder, »du hast Gewalt über dich; ich weiß es. Sage deinem Herzen, daß man vergebens den Frieden außer sich suche, wenn man ihn nicht sich selbst gibt. Ich habe diese Worte immer so hoch geachtet. Es sind Worte meines Vaters, eine Frucht seiner Leiden, wie er sagt. Gib ihn dir, diesen Frieden, und sei fröhlich! Du wirst es tun. Es ist meine erste Bitte. Du wirst sie mir nicht versagen.«

»Was du willst, wie du willst, Engel des Himmels!" rief ich, indem ich, ohne zu wissen, wie mir geschah, ihre Hand ergriff, und sie mit Macht gegen mein jammerndes Herz hinzog.

Sie war, wie aus einem Traume geschreckt, und wand sich los, mit möglichster Schonung, aber die Majestät in ihrem Auge drückte mich zu Boden.

»Du mußt anders werden«, rief sie etwas heftiger, als gewöhnlich. Ich war in Verzweiflung. Ich fühlte, wie klein ich war, und rang vergebens empor. Ach! daß es dahin kommen konnte mit mir! Wie die gemeinen Seelen, sucht ich darin Trost für mein Nichts, daß ich das Große verkleinerte, daß ich das Himmlische – Bellarmin! es ist ein Schmerz ohnegleichen, so einen schändlichen Fleck an sich zu zeigen. Sie will deiner los sein, dacht ich, das ist's all! – »Nun ja, ich will anders werden!« Das stieß ich Elender unter erzwungenem Lächeln heraus, und eilte, um fortzukommen.

Wie von bösen Geistern getrieben, lief ich hinaus in den Wald, und irrte herum, bis ich hinsank ins dürre Gras.

Wie eine lange entsetzliche Wüste lag die Vergangenheit da vor mir, und mit höllischem Grimme vertilgt ich jeden Rest von dem, was einst mein Herz gelabt hatte und erhoben.

Dann fuhr ich wieder auf mit wütendem Hohngelächter über mich und alles, lauschte mit Lust dem gräßlichen Widerhall, und das Geheul der Tschakale, das durch die Nacht her von allen Seiten gegen mich drang, tat meiner zerrütteten Seele wirklich wohl.

Eine dumpfe, fürchterliche Stille folgte diesen zernichtenden Stunden, eine eigentliche Totenstille! Ich suchte nun keine Rettung mehr. Ich achtete nichts. Ich war, wie ein Tier unter der Hand des Schlächters.

»Auch sie! auch sie!« Das war der erste Laut, der nach langer Zeit mir über die Lippen kam, und Tränen traten mir ins Auge.

»Sie kann ja nicht anders; sie kann sich ja nicht geben, was sie nicht haben kann, deine Armut und deine Liebe!« Das sagt ich mir endlich auch. Ich ward nach und nach ruhig, und fromm, wie ein Kind. Ich wollte nun gewiß nichts mehr suchen, wollte mir forthelfen von einem Tage zum andern, so gut ich konnte, ich war mir selbst nichts mehr, forderte auch nicht, daß ich andern etwas sein sollte, und es gab Augenblicke, wo es mir möglich schien, die Einzige zu sehn, und nichts zu wünschen.

So hatt ich einige Zeit gelebt, als eines Tages Notara zu mir kam mit einem jungen Tinioten, sich über meine sonderbare Eingezogenheit beschwerte, und mich bat, mich den andern Tag abends bei Homers Grotte einzufinden, er habe etwas Eignes vor, dem Tinioten zulieb, der so recht mit ganzer Seele am alten Griechenlande hänge, und itzt auf dem Wege sei, die äolische Küste, und das alte Troas zu besuchen, es wäre mir heilsam, setzte er hinzu, wenn ich seinen Freund dahin geleitete, er erinnere sich ohnedies, daß ich einmal den Wunsch geäußert hätte, diesen Teil von Kleinasien zu sehn. Der Tiniote bat auch, und ich nahm es an, so wie ich alles angenommen hätte, beinahe mit willenloser Lenksamkeit.

Der andre Tag verging unter Anstalten zur Abreise, und abends holte Adamas, so hieß der Tiniote, mich ab, zur Grotte hinaus.

»Es ist kein Wunder« (begann ich, um andern Erscheinungen

in mir nicht Raum zu geben, nachdem wir eine Weile am Meles auf und nieder unter den Myrten und Platanen gegangen waren), »daß die Städte sich zankten um die Abkunft Homers. Der Gedanke ist so erheiternd, daß der holde Knabe da im Sande gespielt habe, und die ersten Eindrücke empfangen, aus denen so ein schöner gewaltiger Geist sich mählich entwickelte.«

»Du hast recht«, erwiderte er, »und ihr Smyrner müßt euch den erfreulichen Glauben nicht nehmen lassen. Mir ist es heilig, dieses Wasser und dies Gestade! Wer weiß, wie viel das Land hier, nebst Meer und Himmel, teilhat an der Unsterblichkeit des Mäoniden! Das unbefangne Auge des Kindes sammelt sich Ahndungen und Regungen aus der Beschauung der Welt, die manches beschämen, was später unser Geist auf mühsamem Wege erringt.«

In diesem Tone fuhr er fort, bis Notara mit Melite und einigen andern herankam.

Ich war gefaßt. Ich konnte mich ihr nähern, ohne merkliche Änderung im Innern. Es war gut, daß ich unmittelbar zuvor nicht mir selbst überlassen war.

Sie litt auch. Man sah es. Aber o Gott! wie unendlich größer!

In die Regionen des Guten und Wahren hatte sich ihr Herz geflüchtet. Ein stiller Schmerz, wie ich ihn nie bemerkt hatte an ihr, hielt die frohen Bewegungen ihres Angesichts gefangen; aber ihren Geist nicht. In unwandelbarer Ruhe leuchtete dieser aus dem himmlischen Auge, und ihre Wehmut schloß sich an ihn, wie an einen göttlichen Tröster.

Adamas fuhr fort, wo er unterbrochen worden war; Melite nahm teil; ich sprach auch zuweilen ein Wörtchen.

So kamen wir an die Grotte Homers.

Stille traurende Akkorde empfingen uns vom Felsen herab, unter den wir traten; die Saitenspiele ergossen sich über mein Innres, wie über die tote Erde ein warmer Regen im Frühlinge. Innen, im magischen Dämmerlichte der Grotte, das durch die verschiedenen Öffnungen des Felsen, durch Blätter und Zweige hereinbricht, stand eine Marmorbüste des göttlichen Sängers, und lächelte gegen die frommen Enkel.

Wir saßen um sie herum, wie die Unmündigen um ihren Vater, und lasen uns einzelne Rhapsodien der Ilias, wie sie jedes nach seinem Sinne sich auswählte; denn alle waren wir vertraut mit ihr.

Eine Nänie, die mein Innerstes erschütterte, sangen wir drauf dem Schatten des lieben blinden Mannes, und seinen Zeiten. Alle waren tiefbewegt. Melite sah fast unverwandt auf seinen Marmor, und ihr Auge glänzte von Tränen der Wehmut und der Begeisterung.

Alles war nun stille. Wir sprachen kein Wort, wir berührten uns nicht, wir sahen uns nicht an, so gewiß von ihrem Einklang schienen alle Gemüter in diesem Augenblicke, so über Sprache und Äußerung schien das zu gehen, was jetzt in ihnen lebte.

Es war Gefühl der Vergangenheit, die Totenfeier von allem, was einst da war.

Errötend beugte sich endlich Melite gegen Notara hin, und flüsterte ihm etwas zu.

Notara lächelte, voll Freude über das süße Geschöpf, nahm die Schere, die sie ihm bot, und schnitt sich eine Locke ab.

Ich verstand, was das sollte, und tat stillschweigend dasselbe.

»Wem sonst, als dir?« rief der Tiniote, indem er seine Locke gegen den Marmor hielt.

Auch die andern gaben, ergriffen von unsrem Ernste, ihr Totenopfer.

Melite sammelte das andere zu dem ihrigen, band es zusammen, und legte es an der Büste nieder, indes wir andern wieder die Nänie sangen.

Das alles diente nur, um mein Wesen aus der Ruhe zu locken, in die es gesunken war. Mein Auge verweilte wieder auf ihr, und meine Liebe und mein Schmerz ergriffen mich gewaltiger, als je.

Ich strengte mich umsonst an, auszuhalten. Ich mußte weggehn. Meine Trauer war wirklich grenzenlos. Ich ging hinab an den Meles, warf mich nieder aufs Gestade und weinte laut. Oft sprach ich mir leise ihren Namen vor, und mein Schmerz schien davon besänftigt zu werden. Aber er war es nur, um desto unaufhaltsamer zurückzukehren. Ach! für mich war keine Ruhe zu finden, auf keiner Stelle der Welt! Ihr nahe zu sein, und ferne von ihr, die ich so namenlos liebte, und so namenlos, so unaussprechlich schändlich gequält hatte, das war gleich! Beides war Hölle für mich geworden! ich konnte nicht lassen von ihr, und konnte nicht um sie bleiben!

Mitten in diesem Tumulte hört ich etwas durch die Myrten rauschen. Ich raffte mich auf – und o Himmel! es war Melite!

Sie mußte wohl erschrecken, so ein zerstörtes Geschöpf vor sich zu sehen. Ich stürzte hin zu ihr in meiner Verzweiflung und rang die Hände und flehte nur um ein, ein Wort ihrer Güte. Sie erblaßte und konnte kaum sprechen. Mit himmlischen Tränen bat sie mich endlich, den edlern stärkern Teil meines Wesens kennenzulernen, wie sie ihn kenne, auf das Selbständige, Unbezwingliche, Göttliche, das wie in allen, auch in mir sei, mein Auge zu richten – was nicht aus dieser Quelle entspringe, führe zum Tode – was von ihr komme, und in sie zurückgehe, sei ewig – was Mangel und Not vereinige, höre auf, *eines* zu sein, sowie die Not aufhöre; was sich vereinige in dem und für das, was allein groß, allein heilig, allein unerschütterlich seie, dessen Vereinigung müsse ewig bestehen, wie das Ewige, wodurch und wofür sie bestehe und so –. Hier mußte sie enden. Die andern kamen ihr nach. Ich hätt in diesem Augenblicke tausend Leben daran gewagt, sie auszuhören! Ich habe sie nie ausgehört. Über den Sternen hör ich vielleicht das übrige.

Nahe bei der Grotte, zu der wir wieder zurückkehrten, fing sie noch von meiner Reise an, und bat mich, die Ufer des Skamanders, und den Ida und das ganze alte Trojer-Land von ihr zu grüßen. Ich beschwur sie, kein Wort mehr zu sprechen von dieser verhaßten Reise, und wollte geradezu den Adamas bitten, mich loszusprechen von meinem gegebnen Worte. Aber mit all ihrer Grazie flehte Melite, das nicht zu tun; sie sei so gewiß, nichts seie vermögend, Frieden und Freude zwischen ihr und mir zu stiften, wie diese Reise, ihr wäre, als hänge Leben und Tod daran, daß wir uns auf eine kleine Weile trennten, sie gestände mir, es sei ihr selbst nicht so deutlich, warum sie mich so sehr bitten müßte, aber sie müßte, und wenn es ihr das Leben kostete, sie müßte.

Ich sah sie staunend an, und schwieg. Mir war, als hätt ich die Priesterin zu Dodona gehört. Ich war entschlossen zu gehn, und wenn es mir das Leben kostete. Es war schon dunkel geworden, und die Sterne gingen herauf am Himmel.

Die Grotte war erleuchtet. Wolken von Weihrauch stiegen aus dem Innern des Felsens, und mit majestätischem Jubel brach die Musik nach kurzen Dissonanzen hervor.

Wir sangen heilige Gesänge von dem, was besteht, was fortlebt unter tausend veränderten Gestalten, was war und ist und sein wird, von der Unzertrennlichkeit der Geister, und wie sie *eines* sei'n von Anbeginn und immerdar, so sehr auch Nacht und Wolke sie scheide, und aller Augen gingen über vom Gefühle dieser Verwandtschaft und Unsterblichkeit.

Ich war ganz ein andrer geworden. »Laßt vergehen, was vergeht«, rief ich unter die Begeisterten, »es vergeht, um wiederzukehren, es altert, um sich zu verjüngen, es trennt sich, um sich inniger zu vereinigen, es stirbt, um lebendiger zu leben.«

»So müssen«, fuhr nach einer kleinen Weile der Tiniote fort, »die Ahndungen der Kindheit dahin, um als Wahrheit wieder aufzustehen im Geiste des Mannes. So verblühen die schönen jugendlichen Myrten der Vorwelt, die Dichtungen Homers und seiner Zeiten, die Prophezeiungen und Offenbarungen, aber der Keim, der in ihnen lag, gehet als reife Frucht hervor im Herbste. Die Einfalt und Unschuld der ersten Zeit erstirbt, daß sie wiederkehre in der vollendeten Bildung, und der heilige Friede des Paradieses gehet unter, daß, was nur Gabe der Natur war, wiederaufblühe, als errungnes Eigentum der Menschheit.«

»Herrlich! herrlich!« rief Notara.

»Doch wird das Vollkommne erst im fernen Lande kommen«, sagte Melite, »im Lande des Wiedersehens, und der ewigen Jugend. Hier bleibt es doch nur Dämmerung. Aber anderswo wird er gewiß uns aufgehen, der heilige Morgen; ich denke mit Lust daran; da werden auch wir uns alle wiederfinden, bei der großen Vereinigung alles Getrennten.«

Melite war ungewöhnlich bewegt. Wir sprachen sehr wenig auf unserem Rückwege. An Notaras Hause bot sie mir noch die Hand; »lebe wohl, guter Hyperion!« das waren ihre letzten Worte, und so entschwand sie.

Lebe wohl, Melite, lebe wohl! Ich darf deiner nicht oft gedenken. Ich muß mich hüten vor den Schmerzen und Freuden der Erinnerung. Ich bin, wie eine kranke Pflanze, die die Sonne nicht ertragen kann. Leb auch du wohl, mein Bellarmin! Bist du indes dem Heiligtum der Wahrheit näher gekommen? Könnt ich ruhig suchen, wie du! –

Ach! bin ich nur dort einmal angekommen, dann soll es anders werden mit mir. Tief unter uns rauscht dann der Strom der Vergänglichkeit mit den Trümmern, die er wälzt, und wir seufzen nicht mehr, als wenn das Jammern derer, die er hinunterschlingt, in die stillen Höhen des Wahren und Ewigen heraufdringt.

Kastri am Parnaß
Vom Gegenwärtigen ein andermal! Auch von meiner Reise mit Adamas vielleicht ein andermal! Unvergeßlich ist mir besonders die Nacht vor unserem Abschiede, wo wir an den Ufern des alten Ilion unter Grabhügeln, die vielleicht dem Achill und Patroklus, und Antilochus, und Ajax Telamon errichtet wurden, vom vergangnen und künftigen Griechenlande sprachen, und manchem andern, das aus den Tiefen und in die Tiefen unsers Wesens kam und ging.

Der herzliche Abschied Melites, Adamas Geist, die heroischen Phantasien und Gedanken, die, wie Sterne aus der Nacht, uns aufgingen aus den Gräbern und Trümmern der alten Welt, die geheime Kraft der Natur, die überall sich an uns äußert, wo das Licht und die Erde, und der Himmel und das Meer uns umgibt, all das hatte mich gestärkt, daß jetzt etwas mehr sich in mir regte, als nur mein dürftiges Herz; Melite wird sich freuen über dich! sagte ich mir oft ingeheim mit inniger Lust, und tausend güldne Hoffnungen schlossen sich an, an diesen Gedanken. Dann konnte mich wieder eine sonderbare Angst überfallen, ob ich sie wohl auch noch treffen werde, aber ich hielt es für ein Überbleibsel meines finstern Lebens und schlug es mir aus dem Sinne.

Ich hatte am Sigäischen Vorgebirge ein Schiff getroffen, das geradezu nach Smyrna segelte, und es war mir ganz lieb, den Rückweg auf dem Meere an Tenedos und Lesbos hin zu machen.

Ruhig schifften wir dem Hafen von Smyrna zu. Im süßen Frieden der Nacht wandelten über uns die Helden des Sternenhimmels. Kaum kräuselten sich die Meereswellen im Mondenlichte. In meiner Seele war's nicht ganz so stille. Doch fiel ich gegen Morgen in einen leichten Schlaf. Mich weckte das Frohlocken der Schwalben und der erwachende Lärm im Schiffe. Mit allen seinen Hoffnungen jauchzte mein Herz dem freundlichen Gestade meiner Heimat zu, und dem Morgenlichte, das über dem Gipfel des dämmernden Pagus, und seiner alternden Burg, und über den Spitzen der Moskeen und dunkeln Zypressenhaine hereinbrach, und ich lächelte treuherzig gegen die Häuserchen am Ufer, die mit ihren glühenden Fenstern wie Zauberschlösser hervorleuchteten hinter den Oliven und Palmen.

Freudig säuselte mir der Inbat in den Locken. Freudig hüpften die kleinen Wellen vor dem Schiffe voran ans Ufer.

Ich sah, und fühlte das, und lächelte.

Es ist schön, daß der Kranke nichts ahndet, wenn der Tod ihm schon ans Herz gedrungen ist.

Ich eilte vom Hafen zu Notaras Hause. Melite war fort. Sie sei schnell abgeholt worden auf Befehl ihres Vaters, sagte mir Notara, wohin wisse man nicht. Ihr Vater habe die Gegend des Tmolus verlassen, und er habe weder seinen jetzigen Aufenthalt, noch die Ursache seiner Entfernung erfahren können. Melite hab es wahrscheinlich selbst nicht gewußt. Sie habe übrigens am Tage des Abschieds überhaupt beinahe nichts mehr gesprochen. Sie hab ihm aufgetragen, mich noch zu grüßen.

Mir war, als würde mir mein Todesurteil gesprochen. Aber ich war ganz stille dazu. Ich ging nach Hause, berichtigte notwendige Kleinigkeiten, und war sonst im Äußern ganz, wie die andern. Ich vermied alles, was mich an das Vergangne erinnern konnte; ich hielt mich ferne von Notaras Garten, und dem Ufer des Meles. Alles, was irgend mein Gemüt bewegen konnte, floh ich, und das Gleichgültige war mir noch gleichgültiger geworden. *Abgezogenheit von allem Lebendigen*, das war es, was ich suchte. Über den ehrwürdigen Produkten des altgriechischen Tiefsinns brütet ich Tage und Nächte. Ich flüchtete mich in ihre Abgezogenheit von allem Lebendigen. Allmählich war mir das, was man vor Augen hat, so fremde geworden, daß ich es oft beinahe mit Staunen ansah. Oft, wenn ich Menschenstimmen hörte, war mir's, als mahnten sie mich, aus einem Lande zu flüchten, worein ich nicht gehörte, und ich kam mir vor, wie ein Geist, der sich über die Mitternachtsstunde verweilt hat, und den Hahnenschrei hört.

Während dieser ganzen Zeit war ich nie hinausgekommen. Aber mein Herz schlug noch zu jugendlich: sie war noch nicht in mir gestorben, die Mutter alles Lebens, die unbegreifliche Liebe.

Ein rätselhaft Verlangen zog mich fort. Ich ging hinaus.

Es war ein stiller Herbsttag. Wunderbar erfreute mich die sanfte Luft, wie sie die welken Blätter schonte, daß sie noch eine Weile am mütterlichen Stamme blieben.

Ein Kreis von Platanen, wo man über das felsige Gestade weg ins Meer hinaussah, war mir immer heilig gewesen.

Dort saß ich und ging umher.

Es war schon Abend geworden, und kein Laut regte sich ringsumher.

Da ward ich, was ich jetzt bin. Aus dem Innern des Hains schien es mich zu mahnen, aus den Tiefen der Erde und des Meers mir zuzurufen, warum liebst du nicht m i c h ?

Von nun an konnt ich nichts mehr denken, was ich zuvor dachte, die Welt war mir heiliger geworden, aber geheimnisvoller. Neue Gedanken, die mein Innerstes erschütterten, flammten mir durch die Seele. Es war mir unmöglich, sie festzuhalten, ruhig fortzusinnen.

Ich verließ mein Vaterland, um jenseits des Meeres Wahrheit zu finden.

Wie schlug mein Herz von großen jugendlichen Hoffnungen!

Ich fand nichts, als dich. Ich sage das dir, mein Bellarmin! Du fandest ja auch nichts, als mich.

Wir sind nichts; was wir suchen, ist alles.

Auf dem *Kithäron*

Noch ahnd ich, ohne zu finden.

Ich frage die Sterne, und sie verstummen, ich frage den Tag, und die Nacht; aber sie antworten nicht. Aus mir selbst, wenn ich mich frage, tönen mystische Sprüche, Träume ohne Deutung.

Meinem Herzen ist oft wohl in dieser Dämmerung. Ich weiß nicht, wie mir geschieht, wenn ich sie ansehe, diese unergründliche Natur; aber es sind heilige selige Tränen, die ich weine vor der verschleierten Geliebten. Mein ganzes Wesen verstummt und lauscht, wenn der leise geheimnisvolle Hauch des Abends mich anweht. Verloren ins weite Blau, blick ich oft hinauf an den Äther, und hinein ins heilige Meer, und mir wird, als schlösse sich die Pforte des Unsichtbaren mir auf und ich verginge mit allem, was um mich ist, bis ein Rauschen im Gesträuche mich aufweckt aus dem seligen Tode, und mich wider Willen zurückruft auf die Stelle, wovon ich ausging.

Meinem Herzen ist wohl in dieser Dämmerung. Ist sie unser Element, diese Dämmerung? Warum kann ich nicht ruhen darinnen?

Da sah ich neulich einen Knaben am Wege liegen. Sorgsam hatte die Mutter, die ihn bewachte, eine Decke über ihn gebreitet, daß er sanft schlummre im Schatten, und ihm die Sonne nicht blende. Aber der Knabe wollte nicht bleiben und riß die Decke weg, und ich sah, wie er's versuchte, das freundliche Licht anzusehn, und immer wieder versuchte, bis ihm das Auge schmerzte und er weinend sein Gesicht zur Erde kehrte.

Armer Knabe! dacht ich, andern ergeht's nicht besser, und hatte mir beinahe vorgenommen, abzulassen von dieser verwegnen Neugier. Aber ich kann nicht! ich soll nicht!

Es muß heraus, das große Geheimnis, das mir das Leben gibt oder den Tod.

VORREDE
⟨DER VORLETZTEN FASSUNG⟩

Von früher Jugend an lebt ich lieber, als sonstwo, auf den Küsten von Ionien und Attika und den schönen Inseln des Archipelagus, und es gehörte unter meine liebsten Träume, einmal wirklich dahin zu wandern, zum heiligen Grabe der jugendlichen Menschheit.

Griechenland war meine erste Liebe und ich weiß nicht, ob ich sagen soll, es werde meine letzte sein.

Dieser Liebe dank ich nun auch dies kleine Eigentum und es war mein geworden, geraume Zeit, ehe ich wußte, daß andere sich auf ähnliche Art, wie es scheint, und glücklicher, als ich, bereichert hatten.

Ich hoffte, daß es mir doch vielleicht *einen* Freund gewinnen könnte, und so beschloß ich, es mitzuteilen.

Ich wünschte um alles nicht, daß es originell wäre. Originalität ist uns ja Neuheit; und mir ist nichts lieber, als was so alt ist, wie die Welt.

Mir ist Originalität Innigkeit, Tiefe des Herzens und des Geistes. Aber davon scheint man jetzt gerade, wenigstens in der Kunst, sehr wenig wissen zu wollen; und wenn nicht andere siegen, so wird es neuester Geschmack werden, von der Natur zu sprechen, wie eine spröde Schöne von den Männern, und seinen Stoff zu behandeln, wie ein geschworner Berichterstatter; wo man dann am Ende recht gut weiß, daß ein Hase über den Weg lief und kein anderes Tier, aber hiemit sich auch begnügen muß. Es wäre übrigens grober Mißverstand, wenn man dächte, ich spreche hier von den trefflichen Menschen, die uns das schöne Detail der Natur mit so unverkennbarer Liebe vergegenwärtigen. –

Um auf meine Briefe zurückzukommen, so bitt ich, diesen ersten Teil für nichts weiter, als für notwendige Prämisse anzusehn, und sich mit guter Hoffnung zu trösten, wenn man z. B. über den Mangel an äußerer Handlung gähnen und auch das Wenige, was von dieser Seite vielleicht befriedigen könnte, planlos, unnatürlich finden möchte. Was vereinzelt gefallen kann, kann nicht wohl als Ganzes gefallen und umgekehrt. –

Auch wird man manches Unverständliche, Halbwahre, Falsche in diesen Briefen finden. Man wird vielleicht sich ärgern an diesem Hyperion, an seinen Widersprüchen, seinen Verirrungen, an seiner Stärke, wie an seiner Schwachheit, an seinem Zorn, wie an seiner Liebe. Aber es muß ja Ärgernis kommen. –

Wir durchlaufen alle eine exzentrische Bahn, und es ist kein anderer Weg möglich von der Kindheit zur Vollendung.

Die selige Einigkeit, das Sein, im einzigen Sinne des Worts, ist für uns verloren, und wir mußten es verlieren, wenn wir es erstreben, erringen sollten. Wir reißen uns los vom friedlichen *Εν και Παν* der Welt, um es herzustellen, durch uns selbst. Wir sind zerfallen mit der Natur, und was einst, wie man glauben kann, *eins* war, widerstreitet sich jetzt, und Herrschaft und Knechtschaft wechselt auf beiden Seiten. Oft ist uns, als wäre die Welt *alles* und wir *nichts*, oft aber auch, als wären wir *alles* und die Welt *nichts*. Auch Hyperion teilte sich unter diese beiden Extreme.

Jenen ewigen Widerstreit zwischen unserem Selbst und der Welt zu endigen, den Frieden alles Friedens, der höher ist, denn alle Vernunft, den wiederzubringen, uns mit der Natur zu vereinigen zu *einem* unendlichen Ganzen, das ist das Ziel all unseres Strebens, wir mögen uns darüber verstehen oder nicht.

Aber weder unser Wissen noch unser Handeln gelangt in irgendeiner Periode des Daseins dahin, wo aller Widerstreit aufhört, wo *alles eins* ist; die bestimmte Linie vereinigt sich mit der unbestimmten nur in unendlicher Annäherung.

Wir hätten auch keine Ahndung von jenem unendlichen Frieden, von jenem Sein, im einzigen Sinne des Worts, wir strebten gar nicht, die Natur mit uns zu vereinigen, wir dächten und wir handelten nicht, es wäre überhaupt gar nichts (für uns), wir wären selbst nichts (für uns), wenn nicht dennoch jene unendliche Vereinigung, jenes Sein, im einzigen Sinne des Worts vorhanden wäre. Es ist vorhanden – als Schönheit; es wartet, um mit Hyperion zu reden, ein neues Reich auf uns, wo die Schönheit Königin ist. –

Ich glaube, wir werden am Ende alle sagen: heiliger Plato, vergib! man hat schwer an dir gesündigt.

Der Herausgeber

HYPERION
ODER
DER EREMIT
IN GRIECHENLAND

ERSTER BAND

Non coerceri maximo, contineri minimo, divinum est.

Vorrede

Ich verspräche gern diesem Buche die Liebe der Deutschen. Aber ich fürchte, die einen werden es lesen, wie ein Kompendium, und um das fabula docet sich zu sehr bekümmern, indes die andern gar zu leicht es nehmen, und beede Teile verstehen es nicht.

Wer bloß an meiner Pflanze riecht, der kennt sie nicht, und wer sie pflückt, bloß, um daran zu lernen, kennt sie auch nicht.

Die Auflösung der Dissonanzen in einem gewissen Charakter ist weder für das bloße Nachdenken, noch für die leere Lust.

Der Schauplatz, wo sich das Folgende zutrug, ist nicht neu, und ich gestehe, daß ich einmal kindisch genug war, in dieser Rücksicht eine Veränderung mit dem Buche zu versuchen, aber ich überzeugte mich, daß er der einzig angemessene für Hyperions elegischen Charakter wäre, und schämte mich, daß mich das wahrscheinliche Urteil des Publikums so übertrieben geschmeidig gemacht.

Ich bedaure, daß für jetzt die Beurteilung des Plans noch nicht jedem möglich ist. Aber der zweite Band soll so schnell, wie möglich, folgen.

ERSTES BUCH

Hyperion an Bellarmin

Der liebe Vaterlandsboden gibt mir wieder Freude und Leid.

Ich bin jetzt alle Morgen auf den Höhn des Korinthischen Isthmus, und, wie die Biene unter Blumen, fliegt meine Seele oft hin und her zwischen den Meeren, die zur Rechten und zur Linken meinen glühenden Bergen die Füße kühlen.

Besonders der eine der beeden Meerbusen hätte mich freuen sollen, wär ich ein Jahrtausend früher hier gestanden.

Wie ein siegender Halbgott, wallte da zwischen der herrlichen Wildnis des Helikon und Parnaß, wo das Morgenrot um hundert überschneite Gipfel spielt, und zwischen der paradiesischen Ebene von Sicyon der glänzende Meerbusen herein, gegen die Stadt der Freude, das jugendliche Korinth, und schüttete den erbeuteten Reichtum aller Zonen vor seiner Lieblingin aus.

Aber was soll mir das? Das Geschrei des Jakals, der unter den Steinhaufen des Altertums sein wildes Grablied singt, schröckt ja aus meinen Träumen mich auf.

Wohl dem Manne, dem ein blühend Vaterland das Herz erfreut und stärkt! Mir ist, als würd ich in den Sumpf geworfen, als schlüge man den Sargdeckel über mir zu, wenn einer an das meinige mich mahnt, und wenn mich einer einen Griechen nennt, so wird mir immer, als schnürt' er mit dem Halsband eines Hundes mir die Kehle zu.

Und siehe, mein Bellarmin! wenn manchmal mir so ein Wort entfuhr, wohl auch im Zorne mir eine Träne ins Auge trat, so kamen dann die weisen Herren, die unter euch Deutschen so gerne spuken, die Elenden, denen ein leidend Gemüt so gerade recht ist, ihre Sprüche anzubringen, die taten dann sich gütlich, ließen sich beigehn, mir zu sagen: »Klage nicht, handle!«

O hätt ich doch nie gehandelt! um wie manche Hoffnung wär ich reicher! –

Ja, vergiß nur, daß es Menschen gibt, darbendes, angefochtenes, tausendfach geärgertes Herz! und kehre wieder dahin, wo du ausgingst, in die Arme der Natur, der wandellosen, stillen und schönen.

Hyperion an Bellarmin

Ich habe nichts, wovon ich sagen möchte, es sei mein eigen.

Fern und tot sind meine Geliebten, und ich vernehme durch keine Stimme von ihnen nichts mehr.

Mein Geschäft auf Erden ist aus. Ich bin voll Willens an die Arbeit gegangen, habe geblutet darüber, und die Welt um keinen Pfenning reicher gemacht.

Ruhmlos und einsam kehr ich zurück und wandre durch mein Vaterland, das, wie ein Totengarten, weit umher liegt, und mich erwartet vielleicht das Messer des Jägers, der uns Griechen, wie das Wild des Waldes, sich zur Lust hält.

Aber du scheinst noch, Sonne des Himmels! Du grünst noch, heilige Erde! Noch rauschen die Ströme ins Meer, und schattige Bäume säuseln im Mittag. Der Wonnegesang des Frühlings singt meine sterblichen Gedanken in Schlaf. Die Fülle der allebendigen Welt ernährt und sättiget mit Trunkenheit mein darbend Wesen.

O selige Natur! Ich weiß nicht, wie mir geschiehet, wenn ich mein Auge erhebe vor deiner Schöne, aber alle Lust des Himmels ist in den Tränen, die ich weine vor dir, der Geliebte vor der Geliebten.

Mein ganzes Wesen verstummt und lauscht, wenn die zarte Welle der Luft mir um die Brust spielt. Verloren ins weite Blau, blick ich oft hinauf an den Äther und hinein ins heilige Meer, und mir ist, als öffnet' ein verwandter Geist mir die Arme, als löste der Schmerz der Einsamkeit sich auf ins Leben der Gottheit.

Eines zu sein mit allem, das ist Leben der Gottheit, das ist der Himmel des Menschen.

Eines zu sein mit allem, was lebt, in seliger Selbstvergessenheit wiederzukehren ins All der Natur, das ist der Gipfel der Gedanken und Freuden, das ist die heilige Bergeshöhe, der Ort der ewigen Ruhe, wo der Mittag seine Schwüle und der Donner seine Stimme verliert und das kochende Meer der Woge des Kornfelds gleicht.

Eines zu sein mit allem, was lebt! Mit diesem Worte legt die Tugend den zürnenden Harnisch, der Geist des Menschen den Zepter weg, und alle Gedanken schwinden vor dem Bilde der ewigeinigen Welt, wie die Regeln des ringenden Künstlers vor seiner Urania, und das eherne Schicksal entsagt der Herrschaft, und aus dem Bunde der Wesen schwindet der Tod, und Unzertrennlichkeit und ewige Jugend beseliget, verschönert die Welt.

Auf dieser Höhe steh ich oft, mein Bellarmin! Aber ein Moment des Besinnens wirft mich herab. Ich denke nach und finde mich, wie ich zuvor war, allein, mit allen Schmerzen der Sterblichkeit, und meines Herzens Asyl, die ewigeinige Welt, ist hin; die Natur verschließt die Arme, und ich stehe, wie ein Fremdling, vor ihr, und verstehe sie nicht.

Ach! wäre ich nie in eure Schulen gegangen. Die Wissenschaft, der ich in den Schacht hinunter folgte, von der ich, jugendlich töricht, die Bestätigung meiner reinen Freude erwartete, die hat mir alles verdorben.

Ich bin bei euch so recht vernünftig geworden, habe gründlich mich unterscheiden gelernt von dem, was mich umgibt, bin nun vereinzelt in der schönen Welt, bin so ausgeworfen aus dem Garten der Natur, wo ich wuchs und blühte, und vertrockne an der Mittagssonne.

O ein Gott ist der Mensch, wenn er träumt, ein Bettler, wenn er nachdenkt, und wenn die Begeisterung hin ist, steht er da, wie ein mißratener Sohn, den der Vater aus dem Hause stieß, und betrachtet die ärmlichen Pfennige, die ihm das Mitleid auf den Weg gab.

Hyperion an Bellarmin

Ich danke dir, daß du mich bittest, dir von mir zu erzählen, daß du die vorigen Zeiten mir ins Gedächtnis bringst.

Das trieb mich auch nach Griechenland zurück, daß ich den Spielen meiner Jugend näher leben wollte.

Wie der Arbeiter in den erquickenden Schlaf, sinkt oft mein angefochtenes Wesen in die Arme der unschuldigen Vergangenheit.

Ruhe der Kindheit! himmlische Ruhe! wie oft steh ich stille vor dir in liebender Betrachtung, und möchte dich denken! Aber wir haben ja nur Begriffe von dem, was einmal schlecht gewesen und wieder gut gemacht ist; von Kindheit, Unschuld haben wir keine Begriffe.

Da ich noch ein stilles Kind war und von dem allem, was uns umgibt, nichts wußte, war ich da nicht mehr, als jetzt, nach all den Mühen des Herzens und all dem Sinnen und Ringen?

Ja! ein göttlich Wesen ist das Kind, solang es nicht in die Chamäleonsfarbe der Menschen getaucht ist.

Es ist ganz, was es ist, und darum ist es so schön.

Der Zwang des Gesetzes und des Schicksals betastet es nicht; im Kind ist Freiheit allein.

In ihm ist Frieden; es ist noch mit sich selber nicht zerfallen. Reichtum ist in ihm; es kennt sein Herz, die Dürftigkeit des Lebens nicht. Es ist unsterblich, denn es weiß vom Tode nichts.

Aber das können die Menschen nicht leiden. Das Göttliche muß werden, wie ihrer einer, muß erfahren, daß sie auch da sind, und eh es die Natur aus seinem Paradiese treibt, so schmeicheln und schleppen die Menschen es heraus, auf das Feld des Fluchs, daß es, wie sie, im Schweiße des Angesichts sich abarbeite.

Aber schön ist auch die Zeit des Erwachens, wenn man nur zur Unzeit uns nicht weckt.

O es sind heilige Tage, wo unser Herz zum ersten Male die Schwingen übt, wo wir, voll schnellen feurigen Wachstums, dastehn in der herrlichen Welt, wie die junge Pflanze, wenn sie der Morgensonne sich aufschließt, und die kleinen Arme dem unendlichen Himmel entgegenstreckt.

Wie es mich umhertrieb an den Bergen und am Meeresufer! ach wie ich oft da saß mit klopfendem Herzen, auf den Höhen von Tina, und den Falken und Kranichen nachsah, und den kühnen fröhlichen Schiffen, wenn sie hinunterschwanden am Horizont! Dort hinunter! dacht ich, dort wanderst du auch einmal hinunter, und mir war, wie einem Schmachtenden, der ins kühlende Bad sich stürzt und die schäumenden Wasser über die Stirne sich schüttet.

Seufzend kehrt ich dann nach meinem Hause wieder um. Wenn nur die Schülerjahre erst vorüber wären, dacht ich oft.

Guter Junge! sie sind noch lange nicht vorüber.

Daß der Mensch in seiner Jugend das Ziel so nahe glaubt! Es ist die schönste aller Täuschungen, womit die Natur der Schwachheit unsers Wesens aufhilft.

Und wenn ich oft dalag unter den Blumen und am zärtlichen Frühlingslichte mich sonnte, und hinaufsah ins heitre Blau, das die warme Erde umfing, wenn ich unter den Ulmen und Weiden, im Schoße des Berges saß, nach einem erquickenden Regen, wenn die Zweige noch bebten von den Berührungen des Himmels, und über dem tröpfelnden Walde sich goldne Wolken bewegten, oder wenn der Abendstern voll friedlichen Geistes heraufkam mit den alten Jünglingen, den übrigen Helden des Himmels, und ich so sah, wie das Leben in ihnen in ewiger müheloser Ordnung durch den Äther sich fortbewegte, und die Ruhe der Welt mich umgab und erfreute, daß ich aufmerkte und lauschte, ohne zu wissen, wie mir geschah – »hast du mich lieb, guter Vater im Himmel!« fragt ich dann leise, und fühlte seine Antwort so sicher und selig am Herzen.

O du, zu dem ich rief, als wärst du über den Sternen, den ich Schöpfer des Himmels nannte und der Erde, freundlich Idol meiner Kindheit, du wirst nicht zürnen, daß ich deiner vergaß! – Warum ist die Welt nicht dürftig genug, um außer ihr noch Einen zu suchen?[1]

O wenn sie eines Vaters Tochter ist, die herrliche Natur, ist das Herz der Tochter nicht sein Herz? Ihr Innerstes, ist's nicht Er? Aber hab ich's denn? kenn ich es denn?

Es ist, als säh ich, aber dann erschreck ich wieder, als wär es meine eigne Gestalt, was ich gesehn, es ist, als fühlt ich ihn, den Geist der Welt, wie eines Freundes warme Hand, aber ich erwache und meine, ich habe meine eignen Finger gehalten.

---

[1] Es ist wohl nicht nötig, zu erinnern, daß derlei Äußerungen als bloße Phänomene des menschlichen Gemüts von Rechts wegen niemand skandalisieren sollten.

Hyperion an Bellarmin

Weißt du, wie Plato und sein Stella sich liebten?

So liebt ich, so war ich geliebt. O ich war ein glücklicher Knabe!

Es ist erfreulich, wenn Gleiches sich zu Gleichem gesellt, aber es ist göttlich, wenn ein großer Mensch die kleineren zu sich aufzieht.

Ein freundlich Wort aus eines tapfern Mannes Herzen, ein Lächeln, worin die verzehrende Herrlichkeit des Geistes sich verbirgt, ist wenig und viel, wie ein zauberisch Losungswort, das Tod und Leben in seiner einfältigen Silbe verbirgt, ist, wie ein geistig Wasser, das aus der Tiefe der Berge quillt, und die geheime Kraft der Erde uns mitteilt in seinem kristallenen Tropfen.

Wie haß ich dagegen alle die Barbaren, die sich einbilden, sie seien weise, weil sie kein Herz mehr haben, alle die rohen Unholde, die tausendfältig die jugendliche Schönheit töten und zerstören, mit ihrer kleinen unvernünftigen Mannszucht!

Guter Gott! Da will die Eule die jungen Adler aus dem Neste jagen, will ihnen den Weg zur Sonne weisen!

Verzeih mir, Geist meines Adamas! daß ich dieser gedenke vor dir. Das ist der Gewinn, den uns Erfahrung gibt, daß wir nichts Treffliches uns denken, ohne sein ungestaltes Gegenteil.

O daß nur du mir ewig gegenwärtig wärest, mit allem, was dir verwandt ist, traurender Halbgott, den ich meine! Wen du umgibst, mit deiner Ruhe und Stärke, Sieger und Kämpfer, wem du begegnest mit deiner Liebe und Weisheit, der fliehe, oder werde, wie du! Unedles und Schwaches besteht nicht neben dir.

Wie oft warst du mir nahe, da du längst mir ferne warst, verklärtest mich mit deinem Lichte, und wärmtest mich, daß mein erstarrtes Herz sich wieder bewegte, wie der verhärtete Quell, wenn der Strahl des Himmels ihn berührt! Zu den Sternen hätt ich dann fliehn mögen mit meiner Seligkeit, damit sie mir nicht entwürdigt würde von dem, was mich umgab.

Ich war aufgewachsen, wie eine Rebe ohne Stab, und die wilden Ranken breiteten richtungslos über dem Boden sich aus. Du weißt ja, wie so manche edle Kraft bei uns zu Grunde geht, weil sie nicht genützt wird. Ich schweifte herum, wie ein Irrlicht, griff alles an, wurde von allem ergriffen, aber auch nur für den Moment, und die unbehülflichen Kräfte matteten vergebens sich ab. Ich fühlte, daß mir's überall fehlte, und konnte doch mein Ziel nicht finden. So fand er mich.

Er hatt an seinem Stoffe, der sogenannten kultivierten Welt, lange genug Geduld und Kunst geübt, aber sein Stoff war Stein und Holz gewesen und geblieben, nahm wohl zur Not die edle Menschenform von außen an, aber um dies war's meinem Adamas nicht zu tun; er wollte Menschen, und, um diese zu schaffen, hatt er seine Kunst zu arm gefunden. Sie waren einmal dagewesen, die er suchte, die zu schaffen, seine Kunst zu arm war, das erkannt er deutlich. Wo sie dagewesen, wußt er auch. Da wollt er hin und unter dem Schutt nach ihrem Genius fragen, mit diesem sich die einsamen Tage zu verkürzen. Er kam nach Griechenland. So fand ich ihn.

Noch seh ich ihn vor mich treten in lächelnder Betrachtung, noch hör ich seinen Gruß und seine Fragen.

Wie eine Pflanze, wenn ihr Friede den strebenden Geist besänftigt, und die einfältige Genügsamkeit wiederkehrt in die Seele – so stand er vor mir.

Und ich, war ich nicht der Nachhall seiner stillen Begeisterung? wiederholten sich nicht die Melodien seines Wesens in mir? Was ich sah, ward ich, und es war Göttliches, was ich sah.

Wie unvermögend ist doch der gutwilligste Fleiß der Menschen gegen die Allmacht der ungeteilten Begeisterung.

Sie weilt nicht auf der Oberfläche, faßt nicht da und dort uns an, braucht keiner Zeit und keines Mittels; Gebot und Zwang und Überredung braucht sie nicht; auf allen Seiten, in allen Tiefen und Höhen ergreift sie im Augenblick uns, und wandelt, ehe sie da ist für uns, ehe wir fragen, wie uns geschiehet, durch und durch in ihre Schönheit, ihre Seligkeit uns um.

Wohl dem, wem auf diesem Wege ein edler Geist in früher Jugend begegnete!

O es sind goldne unvergeßliche Tage, voll von den Freuden der Liebe und süßer Beschäftigung!

Bald führte mein Adamas in die Heroenwelt des Plutarch, bald in das Zauberland der griechischen Götter mich ein, bald ordnet' und beruhigt' er mit Zahl und Maß das jugendliche Treiben, bald stieg er auf die Berge mit mir; des Tags, um die Blumen der Heide und des Walds und die wilden Moose des Felsens, des Nachts, um über uns die heiligen Sterne zu schauen, und nach menschlicher Weise zu verstehen.

Es ist ein köstlich Wohlgefühl in uns, wenn so das Innere an seinem Stoffe sich stärkt, sich unterscheidet und getreuer anknüpft und unser Geist allmählich waffenfähig wird.

Aber dreifach fühlt ich ihn und mich, wenn wir, wie Manen aus vergangner Zeit, mit Stolz und Freude, mit Zürnen und Trauern an den Athos hinauf und von da hinüberschifften in den Hellespont und dann hinab an die Ufer von Rhodus und die Bergschlünde von Tänarum, durch die stillen Inseln alle, wenn da die Sehnsucht über die Küsten hinein uns trieb, ins düstre Herz des alten Peloponnes, an die einsamen Gestade des Eurotas, ach! die ausgestorbnen Tale von Elis und Nemea und Olympia, wenn wir da, an eine Tempelsäule des vergeßnen Jupiters gelehnt, umfangen von Lorbeerrosen und Immergrün, ins wilde Flußbett sahn, und das Leben des Frühlings und die ewig jugendliche Sonne uns mahnte, daß auch der Mensch einst da war, und nun dahin ist, daß des Menschen herrliche Natur jetzt kaum noch da ist, wie das Bruchstück eines Tempels oder im Gedächtnis, wie ein Totenbild – da saß ich traurig spielend neben ihm, und pflückte das Moos von eines Halbgotts Piedestal, grub eine marmorne Heldenschulter aus dem Schutt, und schnitt den Dornbusch und das Heidekraut von den halbbegrabnen Architraven, indes mein Adamas die Landschaft zeichnete, wie sie freundlich tröstend den Ruin umgab, den Weizenhügel, die Oliven, die Ziegenherde, die am Felsen des Gebirgs hing, den Ulmenwald, der von den Gipfeln in das Tal sich stürzte; und die Lazerte spielte zu unsern Füßen, und die Fliegen umsummten uns in der Stille des Mittags – Lieber Bellarmin! ich hätte Lust, so pünktlich dir, wie Nestor, zu erzählen; ich ziehe durch die Vergangenheit, wie ein Ährenleser über die Stoppeläcker, wenn der Herr des Lands geerntet hat; da liest man jeden Strohhalm auf. Und wie ich neben ihm stand auf den Höhen von Delos, wie das ein Tag war, der mir graute, da ich mit ihm an der Granitwand des Cynthus die alten Marmortreppen hinaufstieg. Hier wohnte der Sonnengott einst, unter den himmlischen Festen, wo ihn, wie goldnes Gewölk, das versammelte

Griechenland umglänzte. In Fluten der Freude und Begeisterung warfen hier, wie Achill in den Styx, die griechischen Jünglinge sich, und gingen unüberwindlich, wie der Halbgott, hervor. In den Hainen, in den Tempeln erwachten und tönten ineinander ihre Seelen, und treu bewahrte jeder die entzückenden Akkorde.

Aber was sprech ich davon? Als hätten wir noch eine Ahnung jener Tage! Ach! es kann ja nicht einmal ein schöner Traum gedeihen unter dem Fluche, der über uns lastet. Wie ein heulender Nordwind, fährt die Gegenwart über die Blüten unsers Geistes und versengt sie im Entstehen. Und doch war es ein goldner Tag, der auf dem Cynthus mich umfing! Es dämmerte noch, da wir schon oben waren. Jetzt kam er herauf in seiner ewigen Jugend, der alte Sonnengott, zufrieden und mühelos, wie immer, flog der unsterbliche Titan mit seinen tausend eignen Freuden herauf, und lächelt' herab auf sein verödet Land, auf seine Tempel, seine Säulen, die das Schicksal vor ihn hingeworfen hatte, wie die dürren Rosenblätter, die im Vorübergehen ein Kind gedankenlos vom Strauche riß, und auf die Erde säete.

»Sei, wie dieser!« rief mir Adamas zu, ergriff mich bei der Hand und hielt sie dem Gott entgegen, und mir war, als trügen uns die Morgenwinde mit sich fort, und brächten uns ins Geleite des heiligen Wesens, das nun hinaufstieg auf den Gipfel des Himmels, freundlich und groß, und wunderbar mit seiner Kraft und seinem Geist die Welt und uns erfüllte.

Noch trauert und frohlockt mein Innerstes über jedes Wort, das mir damals Adamas sagte, und ich begreife meine Bedürftigkeit nicht, wenn oft mir wird, wie damals ihm sein mußte. Was ist Verlust, wenn so der Mensch in seiner eignen Welt sich findet? In uns ist alles. Was kümmert's dann den Menschen, wenn ein Haar von seinem Haupte fällt? Was ringt er so nach Knechtschaft, da er ein Gott sein könnte! »Du wirst einsam sein, mein Liebling!« sagte mir damals Adamas auch, »du wirst sein wie der Kranich, den seine Brüder zurückließen in rauher Jahrszeit, indes sie den Frühling suchen im fernen Lande.«

Und das ist's, Lieber! Das macht uns arm bei allem Reichtum, daß wir nicht allein sein können, daß die Liebe in uns, so lange wir leben, nicht erstirbt. Gib mir meinen Adamas wieder, und komm mit allen, die mir angehören, daß die alte schöne Welt sich unter uns erneure, daß wir uns versammeln und vereinen in den Armen unserer Gottheit, der Natur, und siehe! so weiß ich nichts von Notdurft.

Aber sage nur niemand, daß uns das Schicksal trenne! Wir sind's, wir! wir haben unsre Lust daran, uns in die Nacht des Unbekannten, in die kalte Fremde irgendeiner andern Welt zu stürzen, und, wär es möglich, wir verließen der Sonne Gebiet und stürmten über des Irrsterns Grenzen hinaus. Ach! für des Menschen wilde Brust ist keine Heimat möglich; und wie der Sonne Strahl die Pflanzen der Erde, die er entfaltete, wieder versengt, so tötet der Mensch die süßen Blumen, die an seiner Brust gediehten, die Freuden der Verwandtschaft und der Liebe.

Es ist, als zürnt ich meinem Adamas, daß er mich verließ, aber ich zürn ihm nicht. O er wollte ja wieder kommen!

In der Tiefe von Asien soll ein Volk von seltner Trefflichkeit verborgen sein; dahin trieb ihn seine Hoffnung weiter.

Bis Nio begleitet ich ihn. Es waren bittere Tage. Ich habe den Schmerz ertragen gelernt, aber für solch ein Scheiden hab ich keine Kraft in mir.

Mit jedem Augenblicke, der uns der letzten Stunde näher brachte, wurd es sichtbarer, wie dieser Mensch verwebt war in mein Wesen. Wie ein Sterbender den fliehenden Othem, hielt ihn meine Seele.

Am Grabe Homers brachten wir noch einige Tage zu, und Nio wurde mir die heiligste unter den Inseln.

Endlich rissen wir uns los. Mein Herz hatte sich müde gerungen. Ich war ruhiger im letzten Augenblicke. Auf den Knien lag ich vor ihm, umschloß ihn zum letzten Male mit diesen Armen; »gib mir einen Segen, mein Vater!« rief ich leise zu ihm hinauf, und er lächelte groß, und seine Stirne breitete vor den Sternen des Morgens sich aus und sein Auge durchdrang die Räume des Himmels. – »Bewahrt ihn mir«, rief er, »ihr Geister besserer Zeit! und zieht zu eurer Unsterblichkeit ihn auf, und all ihr freundlichen Kräfte des Himmels und der Erde, seid mit ihm!«

»Es ist ein Gott in uns«, setzt' er ruhiger hinzu, »der lenkt, wie Wasserbäche, das Schicksal, und alle Dinge sind sein Element. Der sei vor allem mit dir!«

So schieden wir. Leb wohl, mein Bellarmin!

Hyperion an Bellarmin

Wohin könnt ich mir entfliehen, hätt ich nicht die lieben Tage meiner Jugend?

Wie ein Geist, der keine Ruhe am Acheron findet, kehr ich zurück in die verlaßnen Gegenden meines Lebens. Alles altert und verjüngt sich wieder. Warum sind wir ausgenommen vom schönen Kreislauf der Natur? Oder gilt er auch für uns?

Ich wollt es glauben, wenn *eines* nicht in uns wäre, das ungeheure Streben, *alles* zu sein, das, wie der Titan des Ätna, heraufzürnt aus den Tiefen unsers Wesens.

Und doch, wer wollt es nicht lieber in sich fühlen, wie ein siedend Öl, als sich gestehn, er sei für die Geißel und fürs Joch geboren? Ein tobend Schlachtroß oder eine Mähre, die das Ohr hängt, was ist edler?

Lieber! es war eine Zeit, da auch meine Brust an großen Hoffnungen sich sonnte, da auch mir die Freude der Unsterblichkeit in allen Pulsen schlug, da ich wandelt unter herrlichen Entwürfen, wie in weiter Wäldernacht, da ich glücklich, wie die Fische des Ozeans, in meiner uferlosen Zukunft weiter, ewig weiter drang.

Wie mutig, selige Natur! entsprang der Jüngling deiner Wiege! wie freut' er sich in seiner unversuchten Rüstung! Sein Bogen war gespannt und seine Pfeile rauschten im Köcher, und die Unsterblichen, die hohen Geister des Altertums führten ihn an, und sein Adamas war mitten unter ihnen.

Wo ich ging und stand, geleiteten mich die herrlichen Gestalten; wie Flammen, verloren sich in meinem Sinne die Taten aller Zeiten ineinander, und wie in *ein* frohlockend Gewitter die Riesenbilder, die Wolken des Himmels sich vereinen, so vereinten sich, so wurden *ein* unendlicher Sieg in mir die hundertfältigen Siege der Olympiaden.

Wer hält das aus, wen reißt die schröckende Herrlichkeit des Altertums nicht um, wie ein Orkan die jungen Wälder umreißt, wenn sie ihn ergreift, wie mich, und wenn, wie mir, das Element ihm fehlt, worin er sich ein stärkend Selbstgefühl erbeuten könnte?

O mir, mir beugte die Größe der Alten, wie ein Sturm, das

Haupt, mir raffte sie die Blüte vom Gesichte, und oftmals lag ich, wo kein Auge mich bemerkte, unter tausend Tränen da, wie eine gestürzte Tanne, die am Bache liegt und ihre welke Krone in die Flut verbirgt. Wie gerne hätt ich einen Augenblick aus eines großen Mannes Leben mit Blut erkauft!

Aber was half mir das? Es wollte ja mich niemand.

O es ist jämmerlich, so sich vernichtet zu sehn; und wem dies unverständlich ist, der frage nicht danach, und danke der Natur, die ihn zur Freude, wie die Schmetterlinge, schuf, und geh, und sprech in seinem Leben nimmermehr von Schmerz und Unglück.

Ich liebte meine Heroen, wie eine Fliege das Licht; ich suchte ihre gefährliche Nähe und floh und suchte sie wieder.

Wie ein blutender Hirsch in den Strom, stürzt ich oft mitten hinein in den Wirbel der Freude, die brennende Brust zu kühlen und die tobenden herrlichen Träume von Ruhm und Größe wegzubaden, aber was half das?

Und wenn mich oft um Mitternacht das heiße Herz in den Garten hinuntertrieb unter die tauigen Bäume, und der Wiegengesang des Quells und die liebliche Luft und das Mondlicht meinen Sinn besänftigte, und so frei und friedlich über mir die silbernen Gewölke sich regten, und aus der Ferne mir die verhallende Stimme der Meeresflut tönte, wie freundlich spielten da mit meinem Herzen all die großen Phantome seiner Liebe!

Lebt wohl, ihr Himmlischen! sprach ich oft im Geiste, wenn über mir die Melodie des Morgenlichts mit leisem Laute begann, ihr herrlichen Toten lebt wohl! ich möcht euch folgen, möchte von mir schütteln, was mein Jahrhundert mir gab, und aufbrechen ins freiere Schattenreich!

Aber ich schmachte an der Kette und hasche mit bitterer Freude die kümmerliche Schale, die meinem Durste gereicht wird.

Hyperion an Bellarmin

Meine Insel war mir zu enge geworden, seit Adamas fort war. Ich hatte Jahre schon in Tina Langeweile. Ich wollt in die Welt.

»Geh vorerst nach Smyrna«, sagte mein Vater, »lerne da die

Künste der See und des Kriegs, lerne die Sprache gebildeter Völker und ihre Verfassungen und Meinungen und Sitten und Gebräuche, prüfe alles und wähle das Beste! – Dann kann es meinetwegen weiter gehn.«

»Lern auch ein wenig Geduld!« setzte die Mutter hinzu, und ich nahm's mit Dank an.

Es ist entzückend, den ersten Schritt aus der Schranke der Jugend zu tun, es ist, als dächt ich meines Geburtstags, wenn ich meiner Abreise von Tina gedenke. Es war eine neue Sonne über mir, und Land und See und Luft genoß ich wie zum ersten Male.

Die lebendige Tätigkeit, womit ich nun in Smyrna meine Bildung besorgte, und der eilende Fortschritt besänftigte mein Herz nicht wenig. Auch manches seligen Feierabends erinnere ich mich aus dieser Zeit. Wie oft ging ich unter den immer grünen Bäumen am Gestade des Meles, an der Geburtsstätte meines Homer, und sammelt Opferblumen und warf sie in den heiligen Strom! Zur nahen Grotte trat ich dann in meinen friedlichen Träumen, da hätte der Alte, sagen sie, seine Iliade gesungen. Ich fand ihn. Jeder Laut in mir verstummte vor seiner Gegenwart. Ich schlug sein göttlich Gedicht mir auf und es war, als hätt ich es nie gekannt, so ganz anders wurd es jetzt lebendig in mir.

Auch denk ich gerne meiner Wanderung durch die Gegenden von Smyrna. Es ist ein herrlich Land, und ich habe tausendmal mir Flügel gewünscht, um des Jahres *einmal* nach Kleinasien zu fliegen.

Aus der Ebne von Sardes kam ich durch die Felsenwände des Tmolus herauf.

Ich hatt am Fuße des Bergs übernachtet in einer freundlichen Hütte, unter Myrten, unter den Düften des Ladanstrauchs, wo in der goldnen Flut des Paktolus die Schwäne mir zur Seite spielten, wo ein alter Tempel der Cybele aus den Ulmen hervor, wie ein schüchterner Geist, ins helle Mondlicht blickte. Fünf liebliche Säulen trauerten über dem Schutt, und ein königlich Portal lag niedergestürzt zu ihren Füßen.

Durch tausend blühende Gebüsche wuchs mein Pfad nun aufwärts. Vom schroffen Abhang neigten lispelnde Bäume sich, und übergossen mit ihren zarten Flocken mein Haupt. Ich war des Morgens ausgegangen. Um Mittag war ich auf der Höhe des

Gebirgs. Ich stand, sah fröhlich vor mich hin, genoß der reineren Lüfte des Himmels. Es waren selige Stunden.

Wie ein Meer, lag das Land, wovon ich heraufkam, vor mir da, jugendlich, voll lebendiger Freude; es war ein himmlisch unendlich Farbenspiel, womit der Frühling mein Herz begrüßte, und wie die Sonne des Himmels sich wiederfand im tausendfachen Wechsel des Lichts, das ihr die Erde zurückgab, so erkannte mein Geist sich in der Fülle des Lebens, die ihn umfing, von allen Seiten ihn überfiel.

Zur Linken stürzt' und jauchzte, wie ein Riese, der Strom in die Wälder hinab, vom Marmorfelsen, der über mir hing, wo der Adler spielte mit seinen Jungen, wo die Schneegipfel hinauf in den blauen Äther glänzten; rechts wälzten Wetterwolken sich her über den Wäldern des Sipylus; ich fühlte nicht den Sturm, der sie trug, ich fühlte nur ein Lüftchen in den Locken, aber ihren Donner hört ich, wie man die Stimme der Zukunft hört, und ihre Flammen sah ich, wie das ferne Licht der geahneten Gottheit. Ich wandte mich südwärts und ging weiter. Da lag es offen vor mir, das ganze paradiesische Land, das der Kayster durchströmt, durch so manchen reizenden Umweg, als könnt er nicht lange genug verweilen in all dem Reichtum und der Lieblichkeit, die ihn umgibt. Wie die Zephyre, irrte mein Geist von Schönheit zu Schönheit selig umher, vom fremden friedlichen Dörfchen, das tief unten am Berge lag, bis hinein, wo die Gebirgkette des Messogis dämmert.

Ich kam nach Smyrna zurück, wie ein Trunkener vom Gastmahl. Mein Herz war des Wohlgefälligen zu voll, um nicht von seinem Überflusse der Sterblichkeit zu leihen. Ich hatte zu glücklich in mich die Schönheit der Natur erbeutet, um nicht die Lükken des Menschenlebens damit auszufüllen. Mein dürftig Smyrna kleidete sich in die Farben meiner Begeisterung, und stand, wie eine Braut, da. Die geselligen Städter zogen mich an. Der Widersinn in ihren Sitten vergnügte mich, wie eine Kinderposse, und weil ich von Natur hinaus war über all die eingeführten Formen und Bräuche, spielt ich mit allen, und legte sie an und zog sie aus, wie Fastnachtskleider.

Was aber eigentlich mir die schale Kost des gewöhnlichen Umgangs würzte, das waren die guten Gesichter und Gestalten, die noch hie und da die mitleidige Natur, wie Sterne, in unsere Verfinsterung sendet.

Wie hatt ich meine herzliche Freude daran! wie glaubig deutet ich diese freundlichen Hieroglyphen! Aber es ging mir fast damit, wie ehemals mit den Birken im Frühlinge. Ich hatte von dem Safte dieser Bäume gehört, und dachte wunder, was ein köstlich Getränk die lieblichen Stämme geben müßten. Aber es war nicht Kraft und Geist genug darinnen.

Ach! und wie heillos war das übrige alles, was ich hört und sah.

Es war mir wirklich hie und da, als hätte sich die Menschennatur in die Mannigfaltigkeiten des Tierreichs aufgelöst, wenn ich umher ging unter diesen Gebildeten. Wie überall, so waren auch hier die Männer besonders verwahrlost und verwest.

Gewisse Tiere heulen, wenn sie Musik anhören. Meine bessergezognen Leute hingegen lachten, wenn von Geistesschönheit die Rede war und von Jugend des Herzens. Die Wölfe gehen davon, wenn einer Feuer schlägt. Sahn jene Menschen einen Funken Vernunft, so kehrten sie, wie Diebe, den Rücken.

Sprach ich einmal auch vom alten Griechenland ein warmes Wort, so gähnten sie, und meinten, man hätte doch auch zu leben in der jetzigen Zeit; und es wäre der gute Geschmack noch immer nicht verlorengegangen, fiel ein anderer bedeutend ein.

Dies zeigte sich dann auch. Der eine witzelte, wie ein Bootsknecht, der andere blies die Backen auf und predigte Sentenzen.

Es gebärdet' auch wohl einer sich aufgeklärt, machte dem Himmel ein Schnippchen und rief, um die Vögel auf dem Dache hab er nie sich bekümmert, die Vögel in der Hand, die seien ihm lieber! Doch wenn man ihm vom Tode sprach, so legt' er stracks die Hände zusammen, und kam so nach und nach im Gespräche darauf, wie es gefährlich sei, daß unsere Priester nichts mehr gelten.

Die einzigen, deren zuweilen ich mich bediente, waren die Erzähler, die lebendigen Namenregister von fremden Städten und Ländern, die redenden Bilderkasten, wo man Potentaten auf Rossen und Kirchtürme und Märkte sehn kann.

Ich war es endlich müde, mich wegzuwerfen, Trauben zu suchen in der Wüste und Blumen über dem Eisfeld.

Ich lebte nun entschiedner allein, und der sanfte Geist meiner

Jugend war fast ganz aus meiner Seele verschwunden. Die Unheilbarkeit des Jahrhunderts war mir aus so manchem, was ich erzähle und nicht erzähle, sichtbar geworden, und der schöne Trost, in *einer* Seele meine Welt zu finden, mein Geschlecht in einem freundlichen Bilde zu umarmen, auch der gebrach mir.

Lieber! was wäre das Leben ohne Hoffnung? Ein Funke, der aus der Kohle springt und verlischt, und wie man bei trüber Jahrszeit einen Windstoß hört, der einen Augenblick saust und dann verhallt, so wär es mit uns?

Auch die Schwalbe sucht ein freundlicher Land im Winter, es läuft das Wild umher in der Hitze des Tags und seine Augen suchen den Quell. Wer sagt dem Kinde, daß die Mutter ihre Brust ihm nicht versage? Und siehe! es sucht sie doch.

Es lebte nichts, wenn es nicht hoffte. Mein Herz verschloß jetzt seine Schätze, aber nur, um sie für eine bessere Zeit zu sparen, für das Einzige, Heilige, Treue, das gewiß, in irgendeiner Periode des Daseins, meiner dürstenden Seele begegnen sollte.

Wie selig hing ich oft an ihm, wenn es, in Stunden des Ahnens, leise, wie das Mondlicht, um die besänftigte Stirne mir spielte? Schon damals kannt ich dich, schon damals blicktest du, wie ein Genius, aus Wolken mich an, du, die mir einst, im Frieden der Schönheit, aus der trüben Woge der Welt stieg! Da kämpfte, da glüht' es nimmer, dies Herz.

Wie in schweigender Luft sich eine Lilie wiegt, so regte sich in seinem Elemente, in den entzückenden Träumen von ihr, mein Wesen.

Hyperion an Bellarmin

Smyrna war mir nun verleidet. Überhaupt war mein Herz allmählich müder geworden. Zuweilen konnte wohl der Wunsch in mir auffahren, um die Welt zu wandern oder in den ersten besten Krieg zu gehn, oder meinen Adamas aufzusuchen und in seinem Feuer meinen Mißmut auszubrennen, aber dabei blieb es, und mein unbedeutend welkes Leben wollte nimmer sich erfrischen.

Der Sommer war nun bald zu Ende; ich fühlte schon die

düstern Regentage und das Pfeifen der Winde und Tosen der Wetterbäche zum voraus, und die Natur, die, wie ein schäumender Springquell, emporgedrungen war in allen Pflanzen und Bäumen, stand jetzt schon da vor meinem verdüsterten Sinne, schwindend und verschlossen und in sich gekehrt, wie ich selber.

Ich wollte noch mit mir nehmen, was ich konnte, von all dem fliehenden Leben, alles, was ich draußen liebgewonnen hatte, wollt ich noch hereinretten in mich, denn ich wußte wohl, daß mich das wiederkehrende Jahr nicht wieder finden würde unter diesen Bäumen und Bergen, und so ging und ritt ich jetzt mehr, als gewöhnlich, herum im ganzen Bezirke.

Was aber mich besonders hinaustrieb, war das geheime Verlangen, einen Menschen zu sehn, der seit einiger Zeit vor dem Tore unter den Bäumen, wo ich vorbeikam, mir alle Tage begegnet war.

Wie ein junger Titan, schritt der herrliche Fremdling unter dem Zwergengeschlechte daher, das mit freudiger Scheue an seiner Schöne sich weidete, seine Höhe maß und seine Stärke, und an dem glühenden verbrannten Römerkopfe, wie an verbotner Frucht mit verstohlnem Blicke sich labte, und es war jedesmal ein herrlicher Moment, wann das Auge dieses Menschen, für dessen Blick der freie Äther zu enge schien, so mit abgelegtem Stolze sucht' und strebte, bis er sich in meinem Auge fühlte und wir errötend uns einander nachsahn und vorübergingen.

Einst war ich tief in die Wälder des Mimas hineingeritten und kehrt erst spätabends zurück. Ich war abgestiegen, und führte mein Pferd einen steilen wüsten Pfad über Baumwurzeln und Steine hinunter, und, wie ich so durch die Sträuche mich wand, in die Höhle hinunter, die nun vor mir sich öffnete, fielen plötzlich ein paar karabornische Räuber über mich her, und ich hatte Mühe, für den ersten Moment die zwei gezückten Säbel abzuhalten; aber sie waren schon von anderer Arbeit müde, und so half ich doch mir durch. Ich setzte mich ruhig wieder aufs Pferd und ritt hinab.

Am Fuße des Berges tat mitten unter den Wäldern und aufgehäuften Felsen sich eine kleine Wiese vor mir auf. Es wurde hell. Der Mond war eben aufgegangen über den finstern Bäumen. In einiger Entfernung sah ich Rosse auf dem Boden ausgestreckt und Männer neben ihnen im Grase.

»Wer seid ihr?« rief ich.

»Das ist Hyperion!« rief eine Heldenstimme, freudig überrascht. »Du kennst mich«, fuhr die Stimme fort; »ich begegne dir alle Tage unter den Bäumen am Tore.«

Mein Roß flog, wie ein Pfeil, ihm zu. Das Mondlicht schien ihm hell ins Gesicht. Ich kannt ihn; ich sprang herab.

»Guten Abend!« rief der liebe Rüstige, sah mit zärtlich wildem Blicke mich an und drückte mit seiner nervigen Faust die meine, daß mein Innerstes den Sinn davon empfand.

O nun war mein unbedeutend Leben am Ende!

Alabanda, so hieß der Fremde, sagte mir nun, daß er mit seinem Diener von Räubern wäre überfallen worden, daß die beiden, auf die ich stieß, wären fortgeschickt worden von ihm, daß er den Weg aus dem Walde verloren gehabt und darum wäre genötigt gewesen, auf der Stelle zu bleiben, bis ich gekommen. »Ich habe einen Freund dabei verloren«, setzt' er hinzu, und wies sein totes Roß mir.

Ich gab das meine seinem Diener, und wir gingen zu Fuße weiter.

»Es geschah uns recht«, begann ich, indes wir Arm in Arm zusammen aus dem Walde gingen; »warum zögerten wir auch so lange und gingen uns vorüber, bis der Unfall uns zusammenbrachte.«

»Ich muß denn doch dir sagen«, erwidert' Alabanda, »daß du der Schuldigere, der Kältere bist. Ich bin dir heute nachgeritten.«

»Herrlicher!« rief ich, »siehe nur zu! an Liebe sollst du doch mich nimmer übertreffen.«

Wir wurden immer inniger und freudiger zusammen.

Wir kamen nahe bei der Stadt an einem wohlgebauten Khan vorbei, das unter plätschernden Brunnen ruhte und unter Fruchtbäumen und duftenden Wiesen.

Wir beschlossen, da zu übernachten. Wir saßen noch lange zusammen bei offnen Fenstern. Hohe geistige Stille umfing uns. Erd und Meer war selig verstummt, wie die Sterne, die über uns hingen. Kaum, daß ein Lüftchen von der See her uns ins Zimmer flog und zart mit unserm Lichte spielte, oder daß von ferner Musik die gewaltigern Töne zu uns drangen, indes die Donnerwolke sich wiegt' im Bette des Äthers, und hin und wieder durch die Stille fernher tönte, wie ein schlafender Riese, wenn er stärker atmet in seinen furchtbaren Träumen.

Unsre Seelen mußten um so stärker sich nähern, weil sie wider Willen waren verschlossen gewesen. Wir begegneten einander, wie zwei Bäche, die vom Berge rollen, und die Last von Erde und Stein und faulem Holz und das ganze träge Chaos, das sie aufhält, von sich schleudern, um den Weg sich zueinander zu bahnen, und durchzubrechen bis dahin, wo sie nun ergreifend und ergriffen mit gleicher Kraft, vereint in *einen* majestätischen Strom, die Wanderung ins weite Meer beginnen.

Er, vom Schicksal und der Barbarei der Menschen heraus, vom eignen Hause unter Fremden hin und her gejagt, von früher Jugend an erbittert und verwildert, und doch auch das innere Herz voll Liebe, voll Verlangens, aus der rauhen Hülse durchzudringen in ein freundlich Element; ich, von allem schon so innigst abgeschieden, so mit ganzer Seele fremd und einsam unter den Menschen, so lächerlich begleitet von dem Schellenklange der Welt in meines Herzens liebsten Melodien; ich, die Antipathie aller Blinden und Lahmen, und doch mir selbst zu blind und lahm, doch mir selbst so herzlich überlästig in allem, was von ferne verwandt war mit den Klugen und Vernünftlern, den Barbaren und den Witzlingen – und so voll Hoffnung, so voll einziger Erwartung eines schönern Lebens. –.

Mußten so in freudig stürmischer Eile nicht die beiden Jünglinge sich umfassen?

O du, mein Freund und Kampfgenosse, mein Alabanda, wo bist du? Ich glaube fast, du bist ins unbekannte Land hinübergegangen, zur Ruhe, bist wieder geworden, wie einst, da wir noch Kinder waren.

Zuweilen, wenn ein Gewitter über mir hinzieht, und seine göttlichen Kräfte unter die Wälder austeilt und die Saaten, oder wenn die Wogen der Meersflut unter sich spielen, oder ein Chor von Adlern um die Berggipfel, wo ich wandre, sich schwingt, kann mein Herz sich regen, als wäre mein Alabanda nicht fern; aber sichtbarer, gegenwärtiger, unverkennbarer lebt er in mir, ganz, wie er einst dastand, ein feurig strenger furchtbarer Kläger, wenn er die Sünden des Jahrhunderts nannte. Wie erwachte da in seinen Tiefen mein Geist, wie rollten mir die Donnerworte der unerbittlichen Gerechtigkeit über die Zunge! Wie Boten der Nemesis, durchwanderten unsre Gedanken die Erde, und reinigten sie, bis keine Spur von allem Fluche da war.

Auch die Vergangenheit riefen wir vor unsern Richterstuhl, das stolze Rom erschröckte uns nicht mit seiner Herrlichkeit, Athen bestach uns nicht mit seiner jugendlichen Blüte.

Wie Stürme, wenn sie frohlockend, unaufhörlich fort durch Wälder über Berge fahren, so drangen unsre Seelen in kolossalischen Entwürfen hinaus; nicht, als hätten wir, unmännlich, unsre Welt, wie durch ein Zauberwort, geschaffen, und kindisch unerfahren keinen Widerstand berechnet, dazu war Alabanda zu verständig und zu tapfer. Aber oft ist auch die mühelose Begeisterung kriegerisch und klug.

Ein Tag ist mir besonders gegenwärtig.

Wir waren zusammen aufs Feld gegangen, saßen vertraulich umschlungen im Dunkel des immergrünen Lorbeers, und sahn zusammen in unsern Plato, wo er so wunderbar erhaben vom Altern und Verjüngen spricht, und ruhten hin und wieder uns aus auf der stummen entblätterten Landschaft, wo der Himmel schöner, als je, mit Wolken und Sonnenschein um die herbstlich schlafenden Bäume spielte.

Wir sprachen darauf manches vom jetzigen Griechenland, beede mit blutendem Herzen, denn der entwürdigte Boden war auch Alabandas Vaterland.

Alabanda war wirklich ungewöhnlich bewegt.

»Wenn ich ein Kind ansehe«, rief dieser Mensch, »und denke, wie schmählich und verderbend das Joch ist, das es tragen wird, und daß es darben wird, wie wir, daß es Menschen suchen wird, wie wir, fragen wird, wie wir, nach Schönem und Wahrem, daß es unfruchtbar vergehen wird, weil es allein sein wird, wie wir, daß es – o nehmt doch eure Söhne aus der Wiege, und werft sie in den Strom, um wenigstens vor eurer Schande sie zu retten!«

»Gewiß, Alabanda!« sagt ich, »gewiß es wird anders.«

»Wodurch?« erwidert' er; »die Helden haben ihren Ruhm, die Weisen ihre Lehrlinge verloren. Große Taten, wenn sie nicht ein edel Volk vernimmt, sind mehr nicht als ein gewaltiger Schlag vor eine dumpfe Stirne, und hohe Worte, wenn sie nicht in hohen

Herzen widertönen, sind, wie ein sterbend Blatt, das in den Kot herunterrauscht. Was willst du nun?«

»Ich will«, sagt ich, »die Schaufel nehmen und den Kot in eine Grube werfen. Ein Volk, wo Geist und Größe keinen Geist und keine Größe mehr erzeugt, hat nichts mehr gemein, mit andern, die noch Menschen sind, hat keine Rechte mehr, und es ist ein leeres Possenspiel, ein Aberglauben, wenn man solche willenlose Leichname noch ehren will, als wär ein Römerherz in ihnen. Weg mit ihnen! Er darf nicht stehen, wo er steht, der dürre faule Baum, er stiehlt ja Licht und Luft dem jungen Leben, das für eine neue Welt heranreift.«

Alabanda flog auf mich zu, umschlang mich, und seine Küsse gingen mir in die Seele. »Waffenbruder!« rief er, »lieber Waffenbruder! o nun hab ich hundert Arme!«

»Das ist endlich einmal meine Melodie«, fuhr er fort, mit einer Stimme, die, wie ein Schlachtruf, mir das Herz bewegte, »mehr braucht's nicht! Du hast ein herrlich Wort gesprochen, Hyperion! Was? vom Wurme soll der Gott abhängen? Der Gott in uns, dem die Unendlichkeit zur Bahn sich öffnet, soll stehn und harren, bis der Wurm ihm aus dem Wege geht? Nein! nein! Man frägt nicht, ob ihr wollt! Ihr wollt ja nie, ihr Knechte und Barbaren! Euch will man auch nicht bessern, denn es ist umsonst! man will nur dafür sorgen, daß ihr dem Siegeslauf der Menschheit aus dem Wege geht. Oh! zünde mir einer die Fackel an, daß ich das Unkraut von der Heide brenne! die Mine bereite mir einer, daß ich die trägen Klötze aus der Erde sprenge!«

»Wo möglich, lehnt man sanft sie auf die Seite«, fiel ich ein.

Alabanda schwieg eine Weile.

»Ich habe meine Lust an der Zukunft«, begann er endlich wieder, und faßte feurig meine beeden Hände. »Gott sei Dank! ich werde kein gemeines Ende nehmen. Glücklich sein, heißt schläfrig sein im Munde der Knechte. Glücklich sein! mir ist, als hätt ich Brei und laues Wasser auf der Zunge, wenn ihr mir sprecht von glücklich sein. So albern und so heillos ist das alles, wofür ihr hingebt eure Lorbeerkronen, eure Unsterblichkeit.

O heiliges Licht, das ruhelos in seinem ungeheuren Reiche wirksam, dort oben über uns wandelt, und seine Seele auch mir mitteilt, in den Strahlen, die ich trinke, dein Glück sei meines!

Von ihren Taten nähren die Söhne der Sonne sich; sie leben vom Sieg; mit eignem Geist ermuntern sie sich, und ihre Kraft ist ihre Freude.« –

Der Geist dieses Menschen faßte einen oft an, daß man sich hätte schämen mögen, so federleicht hinweggerissen fühlte man sich.

»O Himmel und Erde!« rief ich, »das ist Freude! – Das sind andre Zeiten, das ist kein Ton aus meinem kindischen Jahrhundert, das ist nicht der Boden, wo das Herz des Menschen unter seines Treibers Peitsche keucht. – Ja! ja! bei deiner herrlichen Seele, Mensch! Du wirst mit mir das Vaterland erretten.«

»Das will ich«, rief er, »oder untergehn.«

Von diesem Tag an wurden wir uns immer heiliger und lieber. Tiefer unbeschreiblicher Ernst war unter uns gekommen. Aber wir waren nur um so seliger zusammen. Nur in den ewigen Grundtönen seines Wesens lebte jeder, und schmucklos schritten wir fort von einer großen Harmonie zur andern. Voll herrlicher Strenge und Kühnheit war unser gemeinsames Leben.

»Wie bist du denn so wortarm geworden?« fragte mich einmal Alabanda mit Lächeln. »In den heißen Zonen«, sagt ich, »näher der Sonne, singen ja auch die Vögel nicht.«

Aber es geht alles auf und unter in der Welt, und es hält der Mensch mit aller seiner Riesenkraft nichts fest. Ich sah einmal ein Kind die Hand ausstrecken, um das Mondlicht zu haschen; aber das Licht ging ruhig weiter seine Bahn. So stehn wir da, und ringen, das wandelnde Schicksal anzuhalten.

O wer ihm nur so still und sinnend, wie dem Gange der Sterne, zusehn könnte!

Je glücklicher du bist, um so weniger kostet es, dich zu Grunde zu richten, und die seligen Tage, wie Alabanda und ich sie lebten, sind wie eine jähe Felsenspitze, wo dein Reisegefährte nur dich anzurühren braucht, um unabsehlich, über die schneidenden Zacken hinab, dich in die dämmernde Tiefe zu stürzen.

Wir hatten eine herrliche Fahrt nach Chios gemacht, hatten tausend Freude an uns gehabt. Wie Lüftchen über die Meeresfläche, walteten über uns die freundlichen Zauber der Natur. Mit freudigem Staunen sah einer den andern, ohne ein Wort zu sprechen, aber das Auge sagte, so hab ich dich nie gesehen! So verherrlicht waren wir von den Kräften der Erde und des Himmels.

Wir hatten dann auch mit heitrem Feuer uns über manches gestritten, während der Fahrt; ich hatte, wie sonst, auch diesmal wieder meines Herzens Freude daran gehabt, diesem Geist auf seiner kühnen Irrbahn zuzusehn, wo er so regellos, so in ungebundner Fröhlichkeit, und doch meist so sicher seinen Weg verfolgte.

Wir eilten, wie wir ausgestiegen waren, allein zu sein.

»Du kannst niemand überzeugen«, sagt ich jetzt mit inniger Liebe, »du überredest, du bestichst die Menschen, ehe du anfängst; man kann nicht zweifeln, wenn du sprichst, und wer nicht zweifelt, wird nicht überzeugt.«

»Stolzer Schmeichler«, rief er dafür, »du lügst! aber gerade recht, daß du mich mahnst! nur zu oft hast du schon mich unvernünftig gemacht! Um alle Kronen möcht ich von dir mich nicht befreien, aber es ängstiget denn doch mich oft, daß du mir so unentbehrlich sein sollst, daß ich so gefesselt bin an dich; und sieh«, fuhr er fort, »daß du ganz mich hast, sollst du auch alles von mir wissen! wir dachten bisher unter all der Herrlichkeit und Freude nicht daran, uns nach Vergangenem umzusehn.«

Er erzählte mir nun sein Schicksal; mir war dabei, als säh ich einen jungen Herkules mit der Megära im Kampfe.

»Wirst du mir jetzt verzeihen«, schloß er die Erzählung seines Ungemachs, »wirst du jetzt ruhiger sein, wenn ich oft rauh bin und anstößig und unverträglich?«

»O stille, stille!« rief ich innigst bewegt; »aber daß du noch da bist, daß du dich erhieltest für mich!«

»Ja wohl! für dich!« rief er, »und es freut mich herzlich, daß ich dir denn doch genießbare Kost bin. Und schmeck ich auch, wie ein Holzapfel, dir zuweilen, so keltre mich so lange, bis ich trinkbar bin.«

»Laß mich! laß mich!« rief ich; ich sträubte mich umsonst; der Mensch machte mich zum Kinde; ich verbarg's ihm auch nicht; er sah meine Tränen, und weh ihm, wenn er sie nicht sehen durfte!

»Wir schwelgen«, begann nun Alabanda wieder, »wir töten im Rausche die Zeit.«

»Wir haben unsre Bräutigamstage zusammen«, rief ich erheitert, »da darf es wohl noch lauten, als wäre man in Arkadien. – Aber auf unser vorig Gespräch zu kommen!

Du räumst dem Staate denn doch zu viel Gewalt ein. Er darf nicht fordern, was er nicht erzwingen kann. Was aber die Liebe gibt und der Geist, das läßt sich nicht erzwingen. Das laß er unangetastet, oder man nehme sein Gesetz und schlag es an den Pranger! Beim Himmel! der weiß nicht, was er sündigt, der den Staat zur Sittenschule machen will. Immerhin hat das den Staat zur Hölle gemacht, daß ihn der Mensch zu seinem Himmel machen wollte.

Die rauhe Hülse um den Kern des Lebens und nichts weiter ist der Staat. Er ist die Mauer um den Garten menschlicher Früchte und Blumen.

Aber was hilft die Mauer um den Garten, wo der Boden dürre liegt? Da hilft der Regen vom Himmel allein.

O Regen vom Himmel! o Begeisterung! Du wirst den Frühling der Völker uns wiederbringen. Dich kann der Staat nicht hergebieten. Aber er störe dich nicht, so wirst du kommen, kommen wirst du, mit deinen allmächtigen Wonnen, in goldne Wolken wirst du uns hüllen und empor uns tragen über die Sterblichkeit, und wir werden staunen und fragen, ob wir es noch seien, wir, die Dürftigen, die wir die Sterne fragten, ob dort uns ein Frühling blühe – frägst du mich, wann dies sein wird? Dann, wann die Lieblingin der Zeit, die jüngste, schönste Tochter der Zeit, die neue Kirche, hervorgehn wird aus diesen befleckten veralteten Formen, wann das erwachte Gefühl des Göttlichen dem Menschen seine Gottheit, und seiner Brust die schöne Jugend wiederbringen wird, wann – ich kann sie nicht verkünden, denn ich ahne sie kaum, aber sie kömmt gewiß, gewiß. Der Tod ist ein Bote des Lebens, und daß wir jetzt schlafen in unseren Krankenhäusern, dies zeugt vom nahen gesunden Erwachen. Dann, dann erst sind wir, dann ist das Element der Geister gefunden!«

Alabanda schwieg, und sah eine Weile erstaunt mich an. Ich war hingerissen von unendlichen Hoffnungen; Götterkräfte trugen, wie ein Wölkchen, mich fort –

»Komm!« rief ich, und faßt Alabanda beim Gewande, »komm, wer hält es länger aus im Kerker, der uns umnachtet?«

»Wohin, mein Schwärmer«, erwidert' Alabanda trocken, und ein Schatte von Spott schien über sein Gesicht zu gleiten.

Ich war, wie aus den Wolken gefallen. »Geh!« sagt ich, »du bist ein kleiner Mensch!«

In demselben Augenblicke traten etliche Fremden ins Zimmer, auffallende Gestalten, meist hager und blaß, soviel ich im Mondlicht sehen konnte, ruhig, aber in ihren Mienen war etwas, das in die Seele ging, wie ein Schwert, und es war, als stünde man vor der Allwissenheit; man hätte gezweifelt, ob dies die Außenseite wäre von bedürftigen Naturen, hätte nicht hie und da der getötete Affekt seine Spuren zurückgelassen.

Besonders einer fiel mir auf. Die Stille seiner Züge war die Stille eines Schlachtfelds. Grimm und Liebe hatt in diesem Menschen gerast, und der Verstand leuchtete über den Trümmern des Gemüts, wie das Auge eines Habichts, der auf zerstörten Palästen sitzt. Tiefe Verachtung war auf seinen Lippen. Man ahnete, daß dieser Mensch mit keiner unbedeutenden Absicht sich befasse.

Ein andrer mochte seine Ruhe mehr einer natürlichen Herzenshärte danken. Man fand an ihm fast keine Spur einer Gewaltsamkeit, von Selbstmacht oder Schicksal verübt.

Ein dritter mochte seine Kälte mehr mit der Kraft der Überzeugung dem Leben abgedrungen haben, und wohl noch oft im Kampfe mit sich stehen, denn es war ein geheimer Widerspruch in seinem Wesen, und es schien mir, als müßt er sich bewachen. Er sprach am wenigsten.

Alabanda sprang auf, wie gebogner Stahl, bei ihrem Eintritt.

»Wir suchten dich«, rief einer von ihnen.

»Ihr würdet mich finden«, sagt' er lachend, »wenn ich in den Mittelpunkt der Erde mich verbärge. Sie sind meine Freunde«, setzt' er hinzu, indes er zu mir sich wandte.

Sie schienen mich ziemlich scharf ins Auge zu fassen.

»Das ist auch einer von denen, die es gerne besser haben möchten in der Welt«, rief Alabanda nach einer Weile, und wies auf mich.

»Das ist dein Ernst?« fragt' einer mich von den dreien.

»Es ist kein Scherz, die Welt zu bessern«, sagt ich.

»Du hast viel mit einem Worte gesagt!« rief wieder einer von ihnen. »Du bist unser Mann!« ein andrer.

»Ihr denkt auch so?« fragt ich.

»Frage, was wir tun!« war die Antwort.

»Und wenn ich fragte?«

»So würden wir dir sagen, daß wir da sind, aufzuräumen auf Erden, daß wir die Steine vom Acker lesen, und die harten Erdenklöße mit dem Karst zerschlagen, und Furchen graben mit dem Pflug, und das Unkraut an der Wurzel fassen, an der Wurzel es durchschneiden, samt der Wurzel es ausreißen, daß es verdorre im Sonnenbrande.«

»Nicht, daß wir ernten möchten«, fiel ein andrer ein; uns kömmt der Lohn zu spät; uns reift die Ernte nicht mehr.«

»Wir sind am Abend unsrer Tage. Wir irrten oft, wir hofften viel und taten wenig. Wir wagten lieber, als wir uns besannen. Wir waren gerne bald am Ende und trauten auf das Glück. Wir sprachen viel von Freude und Schmerz, und liebten, haßten beide. Wir spielten mit dem Schicksal und es tat mit uns ein Gleiches. Vom Bettelstabe bis zur Krone warf es uns auf und ab. Es schwang uns, wie man ein glühend Rauchfaß schwingt, und wir glühten, bis die Kohle zu Asche ward. Wir haben aufgehört von Glück und Mißgeschick zu sprechen. Wir sind emporgewachsen über die Mitte des Lebens, wo es grünt und warm ist. Aber es ist nicht das Schlimmste, was die Jugend überlebt. Aus heißem Metalle wird das kalte Schwert geschmiedet. Auch sagt man, auf verbrannten abgestorbenen Vulkanen gedeihe kein schlechter Most.«

»Wir sagen das nicht um unsertwillen«, rief ein anderer jetzt etwas rascher, »wir sagen es um euertwillen! Wir betteln um das Herz des Menschen nicht. Denn wir bedürfen seines Herzens, seines Willens nicht. Denn er ist in keinem Falle wider uns, denn es ist alles für uns, und die Toren und die Klugen und die Einfältigen und die Weisen und alle Laster und alle Tugenden der Roheit und der Bildung stehen, ohne gedungen zu sein, in unsrem Dienst, und helfen blindlings mit zu unsrem Ziel – nur wünschten wir, es hätte jemand den Genuß davon, drum suchen wir unter den tausend blinden Gehülfen die besten uns aus, um sie zu sehenden Gehülfen zu machen – will aber niemand wohnen, wo wir bauen, unsre Schuld und unser Schaden ist es nicht. Wir taten, was das unsre war. Will niemand sammeln, wo wir pflügten, wer verargt es uns? Wer flucht dem Baume, wenn sein Apfel in den Sumpf fällt? Ich hab's mir oft gesagt, du opferst der Verwesung, und ich endete mein Tagwerk doch.«

Das sind Betrüger! riefen alle Wände meinem empfindlichen Sinne zu. Mir war, wie einem, der im Rauch ersticken will und Türen und Fenster einstößt, um sich hinauszuhelfen, so dürstet ich nach Luft und Freiheit.

Sie sahen auch bald, wie unheimlich mir zu Mute war, und brachen ab. Der Tag graute schon, da ich aus dem Khan trat, wo wir waren beisammen gewesen. Ich fühlte das Wehen der Morgenluft, wie Balsam an einer brennenden Wunde.

Ich war durch Alabandas Spott schon zu sehr gereizt, um nicht durch seine rätselhafte Bekanntschaft vollends irre zu werden an ihm.

»Er ist schlecht«, rief ich, »ja, er ist schlecht. Er heuchelt grenzenlos Vertrauen und lebt mit solchen – und verbirgt es dir.«

Mir war, wie einer Braut, wenn sie erfährt, daß ihr Geliebter insgeheim mit einer Dirne lebe.

O es war der Schmerz nicht, den man hegen mag, den man am Herzen trägt, wie ein Kind, und in Schlummer singt mit Tönen der Nachtigall!

Wie eine ergrimmte Schlange, wenn sie unerbittlich herauffährt an den Knien und Lenden, und alle Glieder umklammert, und nun in die Brust die giftigen Zähne schlägt und nun in den Nacken, so war mein Schmerz, so faßt' er mich in seine fürchterliche Umarmung. Ich nahm mein höchstes Herz zu Hülfe, und rang nach großen Gedanken, um noch stille zu halten, es gelang mir auch auf wenige Augenblicke, aber nun war ich auch zum Zorne gestärkt, nun tötet ich auch, wie eingelegtes Feuer, jeden Funken der Liebe in mir.

Er muß ja, dacht ich, das sind ja seine Menschen, er muß verschworen sein mit diesen, gegen dich! Was wollt er auch von dir? Was konnt er suchen bei dir, dem Schwärmer? O wär er seiner Wege gegangen! Aber sie haben ihren eigenen Gelust, sich an ihr Gegenteil zu machen! so ein fremdes Tier im Stalle zu haben, läßt ihnen gar gut! –

Und doch war ich unaussprechlich glücklich gewesen mit ihm, war so oft untergegangen in seinen Umarmungen, um aus ihnen zu erwachen mit Unüberwindlichkeit in der Brust, wurde so oft gehärtet und geläutert in seinem Feuer, wie Stahl!

Da ich einst in heitrer Mitternacht die Dioskuren ihm wies,

und Alabanda die Hand aufs Herz mir legt' und sagte: »Das sind nur Sterne, Hyperion, nur Buchstaben, womit der Name der Heldenbrüder am Himmel geschrieben ist; in uns sind sie! lebendig und wahr, mit ihrem Mut und ihrer göttlichen Liebe, und du, du bist der Göttersohn, und teilst mit deinem sterblichen Kastor deine Unsterblichkeit!« –

Da ich die Wälder des Ida mit ihm durchstreifte, und wir herunterkamen ins Tal, um da die schweigenden Grabhügel nach ihren Toten zu fragen, und ich zu Alabanda sagte, daß unter den Grabhügeln einer vielleicht dem Geist Achills und seines Geliebten angehöre, und Alabanda mir vertraute, wie er oft ein Kind sei und sich denke, daß wir einst in *einem* Schlachttal fallen und zusammen ruhen werden unter *einem* Baum – wer hätte damals das gedacht?

Ich sann mit aller Kraft des Geistes, die mir übrig war, ich klagt ihn an, verteidigt ihn, und klagt ihn wieder um so bittrer an; ich widerstrebte meinem Sinne, wollte mich erheitern, und verfinsterte mich nur ganz dadurch.

Ach! mein Auge war ja von so manchem Faustschlag wund gewesen, fing ja kaum zu heilen an, wie sollt es jetzt gesundere Blicke tun?

Alabanda besuchte mich den andern Tag. Mein Herz kochte, wie er hereintrat, aber ich hielt mich, so sehr sein Stolz und seine Ruhe mich aufregt' und erhitzte.

»Die Luft ist herrlich«, sagt' er endlich, »und der Abend wird sehr schön sein, laß uns zusammen auf die Akropolis gehn!«

Ich nahm es an. Wir sprachen lange kein Wort. »Was willst du?« fragt ich endlich.

»Das kannst du fragen?« erwiderte der wilde Mensch mit einer Wehmut, die mir durch die Seele ging. Ich war betroffen, verwirrt.

»Was soll ich von dir denken?« fing ich endlich wieder an.

»Das, was ich bin!« erwidert' er gelassen.

»Du brauchst Entschuldigung«, sagt ich mit veränderter Stimme, und sah mit Stolz ihn an, »entschuldige dich! reinige dich!«

Das war zuviel für ihn.

»Wie kommt es denn«, rief er entrüstet, »daß dieser Mensch mich beugen soll, wie's ihm gefällt? – Es ist auch wahr, ich war zu früh entlassen aus der Schule, ich hatte alle Ketten geschleift und alle zerrissen, nur eine fehlte noch, nur eine war noch zu zerbrechen, ich war noch nicht gezüchtiget von einem Grillenfänger – murre nur! ich habe lange genug geschwiegen!«

»O Alabanda! Alabanda!« rief ich.

»Schweig«, erwidert' er, »und brauche meinen Namen nicht zum Dolche gegen mich!«

Nun brach auch mir der Unmut vollends los. Wir ruhten nicht, bis eine Rückkehr fast unmöglich war. Wir zerstörten mit Gewalt den Garten unsrer Liebe. Wir standen oft und schwiegen, und wären uns so gerne, so mit tausend Freuden um den Hals gefallen, aber der unselige Stolz erstickte jeden Laut der Liebe, der vom Herzen aufstieg.

»Leb wohl!« rief ich endlich, und stürzte fort. Unwillkürlich mußt ich mich umsehn, unwillkürlich war mir Alabanda gefolgt.

»Nicht wahr, Alabanda«, rief ich ihm zu, »das ist ein sonderbarer Bettler? seinen letzten Pfenning wirft er in den Sumpf!«

»Wenn's das ist, mag er auch verhungern«, rief er, und ging.

Ich wankte sinnlos weiter, stand nun am Meer und sahe die Wellen an – ach! da hinunter strebte mein Herz, da hinunter, und meine Arme flogen der freien Flut entgegen; aber bald kam, wie vom Himmel, ein sanfterer Geist über mich, und ordnete mein unbändig leidend Gemüt mit seinem ruhigen Stabe; ich überdachte stiller mein Schicksal, meinen Glauben an die Welt, meine trostlosen Erfahrungen, ich betrachtete den Menschen, wie ich ihn empfunden und erkannt von früher Jugend an, in mannigfaltigen Erziehungen, fand überall dumpfen oder schreienden Mißlaut, nur in kindlicher einfältiger Beschränkung fand ich noch die reinen Melodien – es ist besser, sagt ich mir, zur Biene zu werden und sein Haus zu bauen in Unschuld, als zu herrschen mit den Herren der Welt, und wie mit Wölfen, zu heulen mit ihnen, als Völker zu meistern, und an dem unreinen Stoffe sich die Hände zu beflecken; ich wollte nach Tina zurück, um meinen Gärten und Feldern zu leben.

Lächle nur! Mir war es sehr Ernst. Bestehet ja das Leben der Welt im Wechsel des Entfaltens und Verschließens, in Ausflug und in Rückkehr zu sich selbst, warum nicht auch das Herz des Menschen?

Freilich ging die neue Lehre mir hart ein, freilich schied ich ungern von dem stolzen Irrtum meiner Jugend – wer reißt auch gerne die Flügel sich aus? – aber es mußte ja so sein!

Ich setzt es durch. Ich war nun wirklich eingeschifft. Ein frischer Bergwind trieb mich aus dem Hafen von Smyrna. Mit einer wunderbaren Ruhe, recht, wie ein Kind, das nichts vom nächsten Augenblicke weiß, lag ich so da auf meinem Schiffe, und sah die Bäume und Moskeen dieser Stadt an, meine grünen Gänge an dem Ufer, meinen Fußsteig zur Akropolis hinauf, das sah ich an, und ließ es weiter gehn und immer weiter; wie ich aber nun aufs hohe Meer hinauskam, und alles nach und nach hinabsank, wie ein Sarg ins Grab, da mit einmal war es auch, als wäre mein Herz gebrochen – »o Himmel!« schrie ich, und alles Leben in mir erwacht' und rang, die fliehende Gegenwart zu halten, aber sie war dahin, dahin!

Wie ein Nebel, lag das himmlische Land vor mir, wo ich, wie ein Reh auf freier Weide, weit und breit die Täler und die Höhen hatte durchstreift, und das Echo meines Herzens zu den Quellen und Strömen, in die Fernen und die Tiefen der Erde gebracht.

Dort hinein auf den Tmolus war ich gegangen in einsamer Unschuld; dort hinab, wo Ephesus einst stand in seiner glücklichen Jugend und Teos und Milet, dort hinauf ins heilige trauernde Troas war ich mit Alabanda gewandert, mit Alabanda, und, wie ein Gott, hatt ich geherrscht über ihn, und, wie ein Kind, zärtlich und glaubig, hatt ich seinem Auge gedient, mit Seelenfreude, mit innigem frohlockendem Genusse seines Wesens, immer glücklich, wenn ich seinem Rosse den Zaum hielt, oder wenn ich, über mich selbst erhoben, in herrlichen Entschlüssen, in kühnen Gedanken, im Feuer der Rede seiner Seele begegnete!

Un nun war es dahin gekommen, nun war ich nichts mehr, war so heillos um alles gebracht, war zum ärmsten unter den Menschen geworden, und wußte selbst nicht, wie.

O ewiges Irrsal! dacht ich bei mir, wann reißt der Mensch aus deinen Ketten sich los?

Wir sprechen von unsrem Herzen, unsern Planen, als wären sie unser, und es ist doch eine fremde Gewalt, die uns herumwirft und ins Grab legt, wie es ihr gefällt, und von der wir nicht wissen, von wannen sie kommt, noch wohin sie geht.

Wir wollen wachsen dahinauf, und dorthinaus die Äste und die Zweige breiten, und Boden und Wetter bringt uns doch, wohin es geht, und wenn der Blitz auf deine Krone fällt, und bis zur Wurzel dich hinunterspaltet, armer Baum! was geht es dich an?

So dacht ich. Ärgerst du dich daran, mein Bellarmin! Du wirst noch andere Dinge hören.

Das eben, Lieber! ist das Traurige, daß unser Geist so gerne die Gestalt des irren Herzens annimmt, so gerne die vorüberfliehende Trauer festhält, daß der Gedanke, der die Schmerzen heilen sollte, selber krank wird, daß der Gärtner an den Rosensträuchen, die er pflanzen sollte, sich die Hand so oft zerreißt, oh! das hat manchen zum Toren gemacht vor andern, die er sonst, wie ein Orpheus, hätte beherrscht, das hat so oft die edelste Natur zum Spott gemacht vor Menschen, wie man sie auf jeder Straße findet, das ist die Klippe für die Lieblinge des Himmels, daß ihre Liebe mächtig ist und zart, wie ihr Geist, daß ihres Herzens Wogen stärker oft und schneller sich regen, wie der Trident, womit der Meergott sie beherrscht, und darum, Lieber! überhebe ja sich keiner.

Hyperion an Bellarmin

Kannst du es hören, wirst du es begreifen, wenn ich dir von meiner langen kranken Trauer sage?

Nimm mich, wie ich mich gebe, und denke, daß es besser ist zu sterben, weil man lebte, als zu leben, weil man nie gelebt! Neide die Leidensfreien nicht, die Götzen von Holz, denen nichts mangelt, weil ihre Seele so arm ist, die nichts fragen nach Regen und Sonnenschein, weil sie nichts haben, was der Pflege bedürfte.

Ja! ja! es ist recht sehr leicht, glücklich, ruhig zu sein mit seichtem Herzen und eingeschränktem Geiste. Gönnen kann man's euch; wer ereifert sich denn, daß die bretterne Scheibe nicht wehklagt, wenn der Pfeil sie trifft, und daß der hohle Topf so dumpf klingt, wenn ihn einer an die Wand wirft?

Nur müßt ihr euch bescheiden, lieben Leute, müßt ja in aller Stille euch wundern, wenn ihr nicht begreift, daß andre nicht auch so glücklich, auch so selbstgenügsam sind, müßt ja euch hüten, eure Weisheit zum Gesetz zu machen, denn das wäre der Welt Ende, wenn man euch gehorchte.

Ich lebte nun sehr still, sehr anspruchslos in Tina. Ich ließ auch wirklich die Erscheinungen der Welt vorüberziehn, wie Nebel im Herbste, lachte manchmal auch mit nassen Augen über mein Herz, wenn es hinzuflog, um zu naschen, wie der Vogel nach der gemalten Traube, und blieb still und freundlich dabei.

Ich ließ nun jedem gerne seine Meinung, seine Unart. Ich war bekehrt, ich wollte niemand mehr bekehren, nur war mir traurig, wenn ich sah, daß die Menschen glaubten, ich lasse darum ihr Possenspiel unangetastet, weil ich es so hoch und teuer achte, wie sie. Ich mochte nicht gerade ihrer Albernheit mich unterwerfen, doch sucht ich sie zu schonen, wo ich konnte. Das ist ja ihre Freude, dacht ich, davon leben sie ja!

Oft ließ ich sogar mir gefallen, mitzumachen, und wenn ich noch so seelenlos, so ohne eignen Trieb dabei war, das merkte keiner, da vermißte keiner nichts, und hätt ich gesagt, sie möchten mir's verzeihen, so wären sie dagestanden und hätten sich verwundert und gefragt: was hast du denn uns getan? Die Nachsichtigen!

Oft, wenn ich des Morgens dastand unter meinem Fenster und der geschäftige Tag mir entgegenkam, konnt auch ich mich augenblicklich vergessen, konnte mich umsehn, als möcht ich etwas vornehmen, woran mein Wesen seine Lust noch hätte, wie ehmals, aber da schalt ich mich, da besann ich mich, wie einer, dem ein Laut aus seiner Muttersprache entfährt, in einem Lande, wo sie nicht verstanden wird – wohin, mein Herz? sagt ich verständig zur mir selber und gehorchte mir.

Was ist's denn, daß der Mensch so viel will? fragt ich oft; was soll denn die Unendlichkeit in seiner Brust? Unendlichkeit? wo ist sie denn? wer hat sie denn vernommen? Mehr will er, als er kann! das möchte wahr sein! Oh! das hast du oft genug erfahren. Das ist auch nötig, wie es ist. Das gibt das süße, schwärmerische Gefühl der Kraft, daß sie nicht ausströmt, wie sie will, das eben macht die schönen Träume von Unsterblichkeit und all die holden und die kolossalischen Phantome, die den Menschen tausendfach entzücken, das schafft dem Menschen sein Elysium und seine Götter, daß seines Lebens Linie nicht gerad ausgeht, daß er nicht hinfährt, wie ein Pfeil, und eine fremde Macht dem Fliehenden in den Weg sich wirft.

Des Herzens Woge schäumte nicht so schön empor, und würde Geist, wenn nicht der alte stumme Fels, das Schicksal, ihr entgegenstände.

Aber dennoch stirbt der Trieb in unserer Brust, und mit ihm unsre Götter und ihr Himmel.

Das Feuer geht empor in freudigen Gestalten, aus der dunkeln Wiege, wo es schlief, und seine Flamme steigt und fällt, und bricht sich und umschlingt sich freudig wieder, bis ihr Stoff verzehrt ist, nun raucht und ringt sie und erlischt; was übrig ist, ist Asche.

So geht's mit uns. Das ist der Inbegriff von allem, was in schröckendreizenden Mysterien die Weisen uns erzählen.

Und du? was frägst du dich? Daß so zuweilen etwas in dir auffährt, und, wie der Mund des Sterbenden, dein Herz in *einem* Augenblicke so gewaltsam dir sich öffnet und verschließt, das gerade ist das böse Zeichen.

Sei nur still, und laß es seinen Gang gehn! künstle nicht! versuche kindisch nicht, um eine Ehle länger dich zu machen! – Es ist, als wolltest du noch eine Sonne schaffen, und neue Zöglinge für sie, ein Erdenrund und einen Mond erzeugen.

So träumt ich hin. Geduldig nahm ich nach und nach von allem Abschied. – O ihr Genossen meiner Zeit! fragt eure Ärzte nicht und nicht die Priester, wenn ihr innerlich vergeht!

Ihr habt den Glauben an alles Große verloren; so müßt, so müßt ihr hin, wenn dieser Glaube nicht wiederkehrt, wie ein Komet aus fremden Himmeln.

Hyperion an Bellarmin

Es gibt ein Vergessen alles Daseins, ein Verstummen unsers Wesens, wo uns ist, als hätten wir alles gefunden.

Es gibt ein Verstummen, ein Vergessen alles Daseins, wo uns ist, als hätten wir alles verloren, eine Nacht unsrer Seele, wo kein Schimmer eines Sterns, wo nicht einmal ein faules Holz uns leuchtet.

Ich war nun ruhig geworden. Nun trieb mich nichts mehr auf um Mitternacht. Nun sengt ich mich in meiner eignen Flamme nicht mehr.

Ich sah nun still und einsam vor mich hin und schweift in die Vergangenheit und in die Zukunft mit dem Auge nicht. Nun drängte Fernes und Nahes sich in meinem Sinne nicht mehr; die Menschen, wenn sie mich nicht zwangen, sie zu sehen, sah ich nicht.

Sonst lag oft, wie das ewigleere Faß der Danaiden, vor meinem Sinne dies Jahrhundert, und mit verschwenderischer Liebe goß meine Seele sich aus, die Lücken auszufüllen; nun sah ich keine Lücke mehr, nun drückte mich des Lebens Langeweile nicht mehr.

Nun sprach ich nimmer zu der Blume, du bist meine Schwester! und zu den Quellen, wir sind *eines* Geschlechts! ich gab nun treulich, wie ein Echo, jedem Dinge seinen Namen.

Wie ein Strom an dürren Ufern, wo kein Weidenblatt im Wasser sich spiegelt, lief unverschönert vorüber an mir die Welt.

Hyperion an Bellarmin

Es kann nichts wachsen und nichts so tief vergehen, wie der Mensch. Mit der Nacht des Abgrunds vergleicht er oft sein Leiden und mit dem Äther seine Seligkeit, und wie wenig ist dadurch gesagt?

Aber schöner ist nichts, als wenn es so nach langem Tode wieder in ihm dämmert, und der Schmerz, wie ein Bruder, der fernher dämmernden Freude entgegengeht.

O es war ein himmlisch Ahnen, womit ich jetzt den kommenden Frühling wieder begrüßte! Wie fernher in schweigender Luft, wenn alles schläft, das Saitenspiel der Geliebten, so umtönten seine leisen Melodien mir die Brust, wie von Elysium herüber, vernahm ich seine Zukunft, wenn die toten Zweige sich regten und ein lindes Wehen meine Wange berührte.

Holder Himmel Ioniens! so war ich nie an dir gehangen, aber so ähnlich war dir auch nie mein Herz gewesen, wie damals, in seinen heitern zärtlichen Spielen. –

Wer sehnt sich nicht nach Freuden der Liebe und großen Taten, wenn im Auge des Himmels und im Busen der Erde der Frühling wiederkehrt?

Ich erhob mich, wie vom Krankenbette, leise und langsam, aber von geheimen Hoffnungen zitterte mir die Brust so selig, daß ich drüber vergaß, zu fragen, was dies zu bedeuten habe.

Schönere Träume umfingen mich jetzt im Schlafe, und wenn ich erwachte, waren sie mir im Herzen, wie die Spur eines Kusses auf der Wange der Geliebten. O das Morgenlicht und ich, wir gingen nun uns entgegen, wie versöhnte Freunde, wenn sie noch etwas fremde tun, und doch den nahen unendlichen Augenblick des Umarmens schon in der Seele tragen.

Es tat nun wirklich einmal wieder mein Auge sich auf, freilich, nicht mehr, wie sonst, gerüstet und erfüllt mit eigner Kraft, es war bitterer geworden, es fleht' um Leben, aber es war mir im Innersten doch, als könnt es wieder werden mit mir, wie sonst, und besser.

Ich sahe die Menschen wieder an, als sollt auch ich wirken und mich freuen unter ihnen. Ich schloß mich wirklich herzlich überall an.

Himmel! wie war das eine Schadenfreude, daß der stolze Sonderling nun *einmal* war, wie ihrer einer, geworden! wie hatten sie ihren Scherz daran, daß den Hirsch des Waldes der Hunger trieb, in ihren Hühnerhof zu laufen! –

Ach! meinen Adamas sucht ich, meinen Alabanda, aber es erschien mir keiner.

Endlich schrieb ich auch nach Smyrna, und es war, als sammelt' alle Zärtlichkeit und alle Macht des Menschen in *einen* Moment sich, da ich schrieb; so schrieb ich dreimal, aber keine Antwort, ich flehte, drohte, mahnt an alle Stunden der Liebe und der Kühnheit, aber keine Antwort von dem Unvergeßlichen, bis in den Tod geliebten – »Alabanda!« rief ich, »o mein Alabanda! du hast den Stab gebrochen über mich. Du hieltest mich noch aufrecht, warst die letzte Hoffnung meiner Jugend! Nun will ich nichts mehr! nun ist's heilig und gewiß!«

Wir bedauern die Toten, als fühlten sie den Tod, und die Toten haben doch Frieden. Aber das, das ist der Schmerz, dem keiner gleichkömmt, das ist unaufhörliches Gefühl der gänzlichen Zernichtung, wenn unser Leben seine Bedeutung so verliert, wenn so das Herz sich sagt, du mußt hinunter und nichts bleibt übrig von dir; keine Blume hast du gepflanzt, keine Hütte gebaut, nur daß du sagen könntest: ich lasse eine Spur zurück auf Erden. Ach! und die Seele kann immer so voll Sehnens sein, bei dem, daß sie so mutlos ist!

Ich suchte immer etwas, aber ich wagte das Auge nicht aufzuschlagen vor den Menschen. Ich hatte Stunden, wo ich das Lachen eines Kindes fürchtete.

Dabei war ich meist sehr still und geduldig, hatte oft auch einen wunderbaren Aberglauben an die Heilkraft mancher Dinge; von einer Taube, die ich kaufte, von einer Kahnfahrt, von einem Tale, das die Berge mir verbargen, konnt ich Trost erwarten.

Genug! genug! wär ich mit Themistokles aufgewachsen, hätt ich unter den Scipionen gelebt, meine Seele hätte sich wahrlich nie von dieser Seite kennengelernt.

Hyperion an Bellarmin

Zuweilen regte noch sich eine Geisteskraft in mir. Aber freilich nur zerstörend!

Was ist der Mensch? konnt ich beginnen; wie kommt es, daß so etwas in der Welt ist, das, wie ein Chaos, gärt, oder modert, wie ein fauler Baum, und nie zu einer Reife gedeiht? Wie duldet diesen Herling die Natur bei ihren süßen Trauben?

Zu den Pflanzen spricht er, ich war auch einmal, wie ihr! und zu den reinen Sternen, ich will werden, wie ihr, in einer andren Welt! inzwischen bricht er auseinander und treibt hin und wieder seine Künste mit sich selbst, als könnt er, wenn es einmal sich aufgelöst, Lebendiges zusammensetzen, wie ein Mauerwerk; aber es macht ihn auch nicht irre, wenn nichts gebessert wird durch all sein Tun; es bleibt doch immerhin ein Kunststück, was er treibt.

O ihr Armen, die ihr das fühlt, die ihr auch nicht sprechen mögt von menschlicher Bestimmung, die ihr auch so durch und durch ergriffen seid vom Nichts, das über uns waltet, so gründlich einseht, daß wir geboren werden für Nichts, daß wir lieben ein Nichts, glauben ans Nichts, uns abarbeiten für Nichts, um mählich überzugehen ins Nichts – was kann ich dafür, daß euch die Knie brechen, wenn ihr's ernstlich bedenkt? Bin ich doch auch schon manchmal hingesunken in diesen Gedanken, und habe gerufen, was legst du die Axt mir an die Wurzel, grausamer Geist? und bin noch da.

O einst, ihr finstern Brüder! war es anders. Da war es über uns so schön, so schön und froh vor uns; auch diese Herzen wallten über vor den fernen seligen Phantomen, und kühn frohlockend drangen auch unsere Geister aufwärts und durchbrachen die Schranke, und wie sie sich umsahn, wehe, da war es eine unendliche Leere.

Oh! auf die Knie kann ich mich werfen und meine Hände ringen und flehen, ich weiß nicht wen? um andre Gedanken. Aber ich überwältige sie nicht, die schreiende Wahrheit. Hab ich mich nicht zwiefach überzeugt? Wenn ich hinsehe ins Leben, was ist das Letzte von allem? Nichts. Wenn ich aufsteige im Geiste, was ist das Höchste von allem? Nichts.

Aber stille, mein Herz! Es ist ja deine letzte Kraft, die du verschwendest! deine letzte Kraft? und du, du willst den Himmel stürmen? wo sind denn deine hundert Arme, Titan, wo dein Pelion und Ossa, deine Treppe zu des Göttervaters Burg hinauf, damit du hinaufsteigst und den Gott und seinen Göttertisch und all die unsterblichen Gipfel des Olymps herabwirfst und den Sterblichen predigest: bleibt unten, Kinder des Augenblicks! strebt nicht in diese Höhen herauf, denn es ist nichts hier oben.

Das kannst du lassen, zu sehn, was über andere waltet. Dir gilt deine neue Lehre. Über dir und vor dir ist es freilich leer und öde, weil es in dir leer und öd ist.

Freilich, wenn ihr reicher seid, als ich, ihr andern, könntet ihr doch wohl auch ein wenig helfen.

Wenn euer Garten so voll Blumen ist, warum erfreut ihr Othem mich nicht auch? – Wenn ihr so voll der Gottheit seid, so reicht sie mir zu trinken. An Festen darbt ja niemand, auch der Ärmste nicht. Aber *einer* nur hat seine Feste unter euch; das ist der Tod.

Not und Angst und Nacht sind eure Herren. Die sondern euch, die treiben euch mit Schlägen aneinander. Den Hunger nennt ihr Liebe, und wo ihr nichts mehr seht, da wohnen eure Götter. Götter und Liebe?

O die Poeten haben recht, es ist nichts so klein und wenig, woran man sich nicht begeistern könnte.

So dacht ich. Wie das alles in mich kam, begreif ich noch nicht.

ZWEITES BUCH

Hyperion an Bellarmin

Ich lebe jetzt auf der Insel des Ajax, der teuern Salamis.

Ich liebe dies Griechenland überall. Es trägt die Farbe meines Herzens. Wohin man siehet, liegt eine Freude begraben.

Und doch ist so viel Liebliches und Großes auch um einen.

Auf dem Vorgebirge hab ich mir eine Hütte gebaut von Mastixzweigen, und Moos und Bäume herumgepflanzt und Thymian und allerlei Sträuche.

Da hab ich meine liebsten Stunden, da sitz ich Abende lang und sehe nach Attika hinüber, bis endlich mein Herz zu hoch mir klopft; dann nehm ich mein Werkzeug, gehe hinab an die Bucht und fange mir Fische.

Oder les ich auch auf meiner Höhe droben vom alten herrlichen Seekrieg, der an Salamis einst im wilden klugbeherrschten Getümmel vertobte, und freue des Geistes mich, der das wütende Chaos von Freunden und Feinden lenken konnte und zähmen, wie ein Reuter das Roß, und schäme mich innigst meiner eigenen Kriegsgeschichte.

Oder schau ich aufs Meer hinaus und überdenke mein Leben, sein Steigen und Sinken, seine Seligkeit und seine Trauer und meine Vergangenheit lautet mir oft, wie ein Saitenspiel, wo der Meister alle Töne durchläuft, und Streit und Einklang mit verborgener Ordnung untereinanderwirft.

Heut ist's dreifach schön hier oben. Zwei freundliche Regentage haben die Luft und die lebensmüde Erde gekühlt.

Der Boden ist grüner geworden, offner das Feld. Unendlich steht, mit der freudigen Kornblume gemischt, der goldene Weizen da, und licht und heiter steigen tausend hoffnungsvolle Gipfel aus der Tiefe des Hains. Hart und groß durchirret den Raum jede Linie der Fernen; wie Stufen gehn die Berge bis zur Sonne unaufhörlich hintereinander hinauf. Der ganze Himmel ist rein. Das weiße Licht ist nur über den Äther gehaucht, und, wie ein silbern Wölkchen, wallt der schüchterne Mond am hellen Tage vorüber.

Hyperion an Bellarmin

Mir ist lange nicht gewesen, wie jetzt.

Wie Jupiters Adler dem Gesange der Musen, lausch ich dem wunderbaren unendlichen Wohllaut in mir. Unangefochten an Sinn und Seele, stark und fröhlich, mit lächelndem Ernste, spiel ich im Geiste mit dem Schicksal und den drei Schwestern, den heiligen Parzen. Voll göttlicher Jugend frohlockt mein ganzes Wesen über sich selbst, über alles. Wie der Sternenhimmel, bin ich still und bewegt.

Ich habe lange gewartet auf solche Festzeit, um dir einmal wieder zu schreiben. Nun bin ich stark genug; nun laß mich dir erzählen.

Mitten in meinen finstern Tagen lud ein Bekannter von Kalaurea herüber mich ein. Ich sollt in seine Gebirge kommen, schrieb er mir; man lebe hier freier als sonstwo, und auch da blüheten, mitten unter den Fichtenwäldern und reißenden Wassern, Limonienhaine und Palmen und liebliche Kräuter und Myrten und die heilige Rebe. Einen Garten hab er hoch am Gebirge gebaut und ein Haus; dem beschatteten dichte Bäume den Rücken, und kühlende Lüfte umspielten es leise in den brennenden Sommertagen; wie ein Vogel vom Gipfel der Zeder, blickte man in die Tiefen hinab, zu den Dörfern und grünen Hügeln, und zufriedenen Herden der Insel, die alle, wie Kinder, umherlägen um den herrlichen Berg und sich nährten von seinen schäumenden Bächen.

Das weckte mich denn doch ein wenig. Es war ein heiterer blauer Apriltag, an dem ich hinüberschiffte. Das Meer war ungewöhnlich schön und rein, und leicht die Luft, wie in höheren Regionen. Man ließ im schwebenden Schiffe die Erde hinter sich liegen, wie eine köstliche Speise, wenn der heilige Wein gereicht wird.

Dem Einflusse des Meers und der Luft widerstrebt der finstere Sinn umsonst. Ich gab mich hin, fragte nichts nach mir und andern, suchte nichts, sann auf nichts, ließ vom Boote mich halb in Schlummer wiegen, und bildete mir ein, ich liege in Charons Nachen. O es ist süß, so aus der Schale der Vergessenheit zu trinken.

Mein fröhlicher Schiffer hätte gerne mit mir gesprochen, aber ich war sehr einsilbig.

Er deutete mit dem Finger und wies mir rechts und links das blaue Eiland, aber ich sah nicht lange hin, und war im nächsten Augenblicke wieder in meinen eignen lieben Träumen.

Endlich, da er mir die stillen Gipfel in der Ferne wies und sagte, daß wir bald in Kalaurea wären, merkt ich mehr auf, und mein ganzes Wesen öffnete sich der wunderbaren Gewalt, die auf einmal süß und still und unerklärlich mit mir spielte. Mit großem Auge, staunend und freudig sah ich hinaus in die Geheimnisse der Ferne, leicht zitterte mein Herz, und die Hand entwischte mir und faßte freundlichhastig meinen Schiffer an – »so?« rief ich, »das ist Kalaurea?« Und wie er mich drum ansah, wußt ich selbst nicht, was ich aus mir machen sollte. Ich grüßte meinen Freund mit wunderbarer Zärtlichkeit. Voll süßer Unruhe war all mein Wesen.

Den Nachmittag wollt ich gleich einen Teil der Insel durchstreifen. Die Wälder und geheimen Tale reizten mich unbeschreiblich, und der freundliche Tag lockte alles hinaus.

Es war so sichtbar, wie alles Lebendige mehr, denn tägliche Speise, begehrt, wie auch der Vogel sein Fest hat und das Tier.

Es war entzückend anzusehn! Wie, wenn die Mutter schmeichelnd frägt, wo um sie her ihr Liebstes sei, und alle Kinder in den Schoß ihr stürzen, und das Kleinste noch die Arme aus der Wiege streckt, so flog und sprang und strebte jedes Leben in die göttliche Luft hinaus, und Käfer und Schwalben und Tauben und Störche tummelten sich in frohlockender Verwirrung untereinander in den Tiefen und Höhn, und was die Erde festhielt, dem ward zum Fluge der Schritt, über die Gräben brauste das Roß und über die Zäune das Reh, und aus dem Meergrund kamen die Fische herauf und hüpften über die Fläche. Allen drang die mütterliche Luft ans Herz, und hob sie und zog sie zu sich.

Und die Menschen gingen aus ihren Türen heraus, und fühlten wunderbar das geistige Wehen, wie es leise die zarten Haare über der Stirne bewegte, wie es den Lichtstrahl kühlte, und lösten freundlich ihre Gewänder, um es aufzunehmen an ihre Brust, atmeten süßer, berührten zärtlicher das leichte klare schmeichelnde Meer, in dem sie lebten und webten.

O Schwester des Geistes, der feurigmächtig in uns waltet und lebt, heilige Luft! wie schön ist's, daß du, wohin ich wandre, mich geleitest, Allgegenwärtige, Unsterbliche!

Mit den Kindern spielte das hohe Element am schönsten.

Das summte friedlich vor sich hin, dem schlüpft' ein taktlos Liedchen aus den Lippen, dem ein Frohlocken aus offner Kehle; das streckte sich, das sprang in die Höhe; ein andres schlenderte vertieft umher.

Und all dies war die Sprache *eines* Wohlseins, alles *eine* Antwort auf die Liebkosungen der entzückenden Lüfte.

Ich war voll unbeschreiblichen Sehnens und Friedens. Eine fremde Macht beherrschte mich. Freundlicher Geist, sagt ich bei mir selber, wohin rufest du mich? nach Elysium oder wohin?

Ich ging in einem Walde, am rieselnden Wasser hinauf, wo es über Felsen heruntertröpfelte, wo es harmlos über die Kieseln glitt, und mählich verengte sich und ward zum Bogengange das Tal, und einsam spielte das Mittagslicht im schweigenden Dunkel –.

Hier – ich möchte sprechen können, mein Bellarmin! möchte gerne mit Ruhe dir schreiben!

Sprechen? o ich bin ein Laie in der Freude, ich will sprechen!

Wohnt doch die Stille im Lande der Seligen, und über den Sternen vergißt das Herz seine Not und seine Sprache.

Ich hab es heilig bewahrt! wie ein Palladium, hab ich es in mir getragen, das Göttliche, das mir erschien! und wenn hinfort mich das Schicksal ergreift und von einem Abgrund in den andern mich wirft, und alle Kräfte ertränkt in mir und alle Gedanken, so soll dies Einzige doch mich selber überleben in mir, und leuchten in mir und herrschen, in ewiger, unzerstörbarer Klarheit! –

So lagst du hingegossen, süßes Leben, so blicktest du auf, erhubst dich, standst nun da, in schlanker Fülle, göttlich ruhig, und das himmlische Gesicht noch voll des heitern Entzückens, worin ich dich störte!

O wer in die Stille dieses Auges gesehn, wem diese süßen Lippen sich aufgeschlossen, wovon mag der noch sprechen?

Friede der Schönheit! göttlicher Friede! wer einmal an dir das tobende Leben und den zweifelnden Geist besänftigt, wie kann dem anderes helfen?

Ich kann nicht sprechen von ihr, aber es gibt ja Stunden, wo das Beste und Schönste, wie in Wolken, erscheint, und der Himmel der Vollendung vor der ahnenden Liebe sich öffnet, da, Bellarmin! da denke ihres Wesens, da beuge die Knie mit mir, und denke meiner Seligkeit! aber vergiß nicht, daß ich hatte, was du ahnest, daß ich mit diesen Augen sah, was nur, wie in Wolken, dir erscheint.

Daß die Menschen manchmal sagen möchten: sie freueten sich! O glaubt, ihr habt von Freude noch nichts geahnet! Euch ist der Schatten ihres Schattens noch nicht erschienen! O geht, und sprecht vom blauen Äther nicht, ihr Blinden!

Daß man werden kann, wie die Kinder, daß noch die goldne Zeit der Unschuld wiederkehrt, die Zeit des Friedens und der Freiheit, daß doch *eine* Freude ist, *eine* Ruhestätte auf Erden!

Ist der Mensch nicht veraltert, verwelkt, ist er nicht, wie ein abgefallen Blatt, das seinen Stamm nicht wiederfindet und nun umhergescheucht wird von den Winden, bis es der Sand begräbt?

Und dennoch kehrt sein Frühling wieder!

Weint nicht, wenn das Trefflichste verblüht! bald wird es sich verjüngen! Trauert nicht, wenn eures Herzens Melodie verstummt! bald findet eine Hand sich wieder, es zu stimmen!

Wie war denn ich? war ich nicht wie ein zerrissen Saitenspiel? Ein wenig tönt ich noch, aber es waren Todestöne. Ich hatte mir ein düster Schwanenlied gesungen! Einen Sterbekranz hätt ich gern mir gewunden, aber ich hatte nur Winterblumen.

Und wo war sie denn nun, die Totenstille, die Nacht und Öde meines Lebens? die ganze dürftige Sterblichkeit?

Freilich ist das Leben arm und einsam. Wir wohnen hier unten, wie der Diamant im Schacht. Wir fragen umsonst, wie wir herabgekommen, um wieder den Weg hinauf zu finden.

Wir sind, wie Feuer, das im dürren Aste oder im Kiesel schläft; und ringen und suchen in jedem Moment das Ende der engen Gefangenschaft. Aber sie kommen, sie wägen Äonen des Kampfes auf, die Augenblicke der Befreiung, wo das Göttliche den Kerker sprengt, wo die Flamme vom Holze sich löst und siegend emporwallt über die Asche, ha! wo uns ist, als kehrte der entfesselte Geist, vergessen der Leiden, der Knechtsgestalt, im Triumphe zurück in die Hallen der Sonne.

Hyperion an Bellarmin

Ich war einst glücklich, Bellarmin! Bin ich es nicht noch? Wär ich es nicht, wenn auch der heilige Moment, wo ich zum ersten Male sie sah, der letzte wäre gewesen?

Ich hab es *einmal* gesehn, das Einzige, das meine Seele suchte, und die Vollendung, die wir über die Sterne hinauf entfernen, die wir hinausschieben bis ans Ende der Zeit, die hab ich gegenwärtig gefühlt. Es war da, das Höchste, in diesem Kreise der Menschennatur und der Dinge war es da!

Ich frage nicht mehr, wo es sei; es war in der Welt, es kann wiederkehren in ihr, es ist jetzt nur verborgner in ihr. Ich frage nicht mehr, was es sei; ich hab es gesehn, ich hab es kennengelernt.

O ihr, die ihr das Höchste und Beste sucht, in der Tiefe des Wissens, im Getümmel des Handelns, im Dunkel der Vergangenheit, im Labyrinthe der Zukunft, in den Gräbern oder über den Sternen! wißt ihr seinen Namen? den Namen des, das *eins* ist und *alles*?

Sein Name ist Schönheit.

Wußtet ihr, was ihr wolltet? Noch weiß ich es nicht, doch ahn ich es, der neuen Gottheit neues Reich, und eil ihm zu und ergreife die andern und führe sie mit mir, wie der Strom die Ströme in den Ozean.

Und du, du hast mir den Weg gewiesen! Mit dir begann ich.

Sie sind der Worte nicht wert, die Tage, da ich noch dich nicht kannte –.

O Diotima, Diotima, himmlisches Wesen!

Hyperion an Bellarmin

Laß uns vergessen, daß es eine Zeit gibt, und zähle die Lebenstage nicht!

Was sind Jahrhunderte gegen den Augenblick, wo zwei Wesen so sich ahnen und nahn?

Noch seh ich den Abend, an dem Notara zum ersten Male zu ihr ins Haus mich brachte.

Sie wohnte nur einige hundert Schritte von uns am Fuße des Bergs.

Ihre Mutter war ein denkend zärtlich Wesen, ein schlichter fröhlicher Junge der Bruder, und beede gestanden herzlich in allem Tun und Lassen, daß Diotima die Königin des Hauses war.

Ach! es war alles geheiliget, verschönert durch ihre Gegenwart. Wohin ich sah, was ich berührte, ihr Fußteppich, ihr Polster, ihr Tischchen, alles war in geheimem Bunde mit ihr. Und da sie zum ersten Male mit Namen mich rief, da sie selbst so nahe mir kam, daß ihr unschuldiger Othem mein lauschend Wesen berührte! –

Wir sprachen sehr wenig zusammen. Man schämt sich seiner Sprache. Zum Tone möchte man werden und sich vereinen in *einen* Himmelsgesang.

Wovon auch sollten wir sprechen? Wir sahn nur uns. Von uns zu sprechen, scheuten wir uns.

Vom Leben der Erde sprachen wir endlich.

So feurig und kindlich ist ihr noch keine Hymne gesungen worden.

Es tat uns wohl, den Überfluß unsers Herzens der guten Mutter in den Schoß zu streuen. Wir fühlten uns dadurch erleichtert, wie die Bäume, wenn ihnen der Sommerwind die fruchtbaren Äste schüttelt, und ihre süßen Äpfel in das Gras gießt.

Wir nannten die Erde eine der Blumen des Himmels, und den Himmel nannten wir den unendlichen Garten des Lebens. Wie die Rosen sich mit goldnen Stäubchen erfreuen, sagten wir, so erfreue das heldenmütige Sonnenlicht mit seinen Strahlen die Erde; sie sei ein herrlich lebend Wesen, sagten wir, gleich göttlich, wenn ihr zürnend Feuer oder mildes klares Wasser aus dem Herzen quille, immer glücklich, wenn sie von Tautropfen sich nähre, oder von Gewitterwolken, die sie sich zum Genusse bereite mit Hülfe des Himmels, die immer treuer liebende Hälfte des Sonnengotts, ursprünglich vielleicht inniger mit ihm vereint, dann aber durch ein allwaltend Schicksal geschieden von ihm, damit sie ihn suche, sich nähere, sich entferne und unter Lust und Trauer zur höchsten Schönheit reife.

So sprachen wir. Ich gebe dir den Inhalt, den Geist davon. Aber was ist er ohne das Leben?

Es dämmerte, und wir mußten gehen. Gute Nacht, ihr Engelsaugen! dacht ich im Herzen, und erscheine du bald mir wieder, schöner göttlicher Geist, mit deiner Ruhe und Fülle!

Hyperion an Bellarmin

Ein paar Tage drauf kamen sie herauf zu uns. Wir gingen zusammen im Garten herum. Diotima und ich gerieten voraus, vertieft, mir traten oft Tränen der Wonne ins Auge, über das Heilige, das so anspruchlos zur Seite mir ging.

Vorn am Rande des Berggipfels standen wir nun, und sahn hinaus, in den unendlichen Osten.

Diotimas Auge öffnete sich weit, und leise, wie eine Knospe sich aufschließt, schloß das liebe Gesichtchen vor den Lüften des Himmels sich auf, ward lauter Sprache und Seele, und, als begänne sie den Flug in die Wolken, stand sanft empor gestreckt die ganze Gestalt, in leichter Majestät, und berührte kaum mit den Füßen die Erde.

O unter den Armen hätt ich sie fassen mögen, wie der Adler seinen Ganymed, und hinfliegen mit ihr über das Meer und seine Inseln.

Nun trat sie weiter vor, und sah die schroffe Felsenwand hinab. Sie hatte ihre Lust daran, die schröckende Tiefe zu messen, und sich hinab zu verlieren in die Nacht der Wälder, die unten aus Felsenstücken und schäumenden Wetterbächen herauf die lichten Gipfel streckten.

Das Geländer, worauf sie sich stützte, war etwas niedrig. So durft ich es ein wenig halten, das Reizende, indes es so sich vorwärts beugte. Ach! heiße zitternde Wonne durchlief mein Wesen und Taumel und Toben war in allen Sinnen, und die Hände brannten mir, wie Kohlen, da ich sie berührte.

Und dann die Herzenslust, so traulich neben ihr zu stehn, und die zärtlich kindische Sorge, daß sie fallen möchte, und die Freude an der Begeisterung des herrlichen Mädchens!

Was ist alles, was in Jahrtausenden die Menschen taten und dachten, gegen *einen* Augenblick der Liebe? Es ist aber auch das Gelungenste, Göttlichschönste in der Natur! dahin führen alle Stufen auf der Schwelle des Lebens. Daher kommen wir, dahin gehn wir.

Hyperion an Bellarmin

Nur ihren Gesang sollt ich vergessen, nur diese Seelentöne sollten nimmer wiederkehren in meinen unaufhörlichen Träumen.

Man kennt den stolzhinschiffenden Schwan nicht, wenn er schlummernd am Ufer sitzt.

Nur, wenn sie sang, erkannte man die liebende Schweigende, die so ungern sich zur Sprache verstand.

Da, da ging erst die himmlische Ungefällige in ihrer Majestät und Lieblichkeit hervor; da weht' es oft so bittend und so schmeichelnd, oft, wie ein Göttergebot, von den zarten blühenden Lippen. Und wie das Herz sich regt' in dieser göttlichen Stimme, wie alle Größe und Demut, alle Lust und alle Trauer des Lebens verschönert im Adel dieser Töne erschien!

Wie im Fluge die Schwalbe die Bienen hascht, ergriff sie immer uns alle.

Es kam nicht Lust und nicht Bewunderung, es kam der Friede des Himmels unter uns.

Tausendmal hab ich es ihr und mir gesagt: das Schönste ist auch das Heiligste. Und so war alles an ihr. Wie ihr Gesang, so auch ihr Leben.

Hyperion an Bellarmin

Unter den Blumen war ihr Herz zu Hause, als wär es eine von ihnen.

Sie nannte sie alle mit Namen, schuf ihnen aus Liebe neue, schönere, und wußte genau die fröhlichste Lebenszeit von jeder.

Wie eine Schwester, wenn aus jeder Ecke ein Geliebtes ihr entgegenkömmt, und jedes gerne zuerst gegrüßt sein möchte, so war das stille Wesen mit Aug und Hand beschäftigt, selig zerstreut, wenn auf der Wiese wir gingen, oder im Walde.

Und das war so ganz nicht angenommen, angebildet, das war so mit ihr aufgewachsen.

Es ist doch ewig gewiß und zeigt sich überall: je unschuldiger, schöner eine Seele, desto vertrauter mit den andern glücklichen Leben, die man seelenlos nennt.

Hyperion an Bellarmin

Tausendmal hab ich in meiner Herzensfreude gelacht über die Menschen, die sich einbilden, ein erhabner Geist könne unmöglich wissen, wie man ein Gemüse bereitet. Diotima konnte wohl zur rechten Zeit recht herzhaft von dem Feuerherde sprechen, und es ist gewiß nichts edler, als ein edles Mädchen, das die allwohltätige Flamme besorgt, und, ähnlich der Natur, die herzerfreuende Speise bereitet.

Hyperion an Bellarmin

Was ist alles künstliche Wissen in der Welt, was ist die ganze stolze Mündigkeit der menschlichen Gedanken gegen die ungesuchten Töne dieses Geistes, der nicht wußte, was er wußte, was er war?

Wer will die Traube nicht lieber voll und frisch, so wie sie aus der Wurzel quoll, als die getrockneten gepflückten Beere, die der Kaufmann in die Kiste preßt und in die Welt schickt? Was ist die Weisheit eines Buchs gegen die Weisheit eines Engels?

Sie schien immer so wenig zu sagen, und sagte so viel.

Ich geleitete sie einst in später Dämmerung nach Hause; wie Träume, beschlichen tauende Wölkchen die Wiese, wie lauschende Genien, sahn die seligen Sterne durch die Zweige.

Man hörte selten ein »wie schön!« aus ihrem Munde, wenn schon das fromme Herz kein lispelnd Blatt, kein Rieseln einer Quelle unbehorcht ließ.

Diesmal sprach sie es denn doch mir aus – wie schön!

»Es ist wohl uns zuliebe so!« sagt ich, ungefähr, wie Kinder etwas sagen, weder im Scherze noch im Ernste.

»Ich kann mir denken, was du sagst«, erwiderte sie; »ich denke mir die Welt am liebsten, wie ein häuslich Leben, wo jedes, ohne gerade dran zu denken, sich ins andre schickt, und wo man sich einander zum Gefallen und zur Freude lebt, weil es eben so vom Herzen kömmt.«

»Froher erhabner Glaube!« rief ich.

Sie schwieg eine Weile.

»Auch wir sind also Kinder des Hauses«, begann ich endlich wieder, »sind es und werden es sein.«

»Werden ewig es sein«, erwiderte sie.

»Werden wir das?« fragt ich.

»Ich vertraue«, fuhr sie fort, »hierinnen der Natur, so wie ich täglich ihr vertraue.«

O ich hätte mögen Diotima sein, da sie dies sagte! Aber du weißt nicht, was sie sagte, mein Bellarmin! Du hast es nicht gesehn und nicht gehört.

»Du hast recht«, rief ich ihr zu; »die ewige Schönheit, die Natur leidet keinen Verlust in sich, so wie sie keinen Zusatz leidet. Ihr Schmuck ist morgen anders, als er heute war; aber unser Bestes, uns, uns kann sie nicht entbehren und dich am wenigsten. Wir glauben, daß wir ewig sind, denn unsere Seele fühlt die Schönheit der Natur. Sie ist ein Stückwerk, ist die Göttliche, die Vollendete nicht, wenn jemals du in ihr vermißt wirst. Sie verdient dein Herz nicht, wenn sie erröten muß vor deinen Hoffnungen.«

Hyperion an Bellarmin

So bedürfnislos, so göttlichgenügsam hab ich nichts gekannt.

Wie die Woge des Ozeans das Gestade seliger Inseln, so umflutete mein ruheloses Herz den Frieden des himmlischen Mädchens.

Ich hatt ihr nichts zu geben, als ein Gemüt voll wilder Widersprüche, voll blutender Erinnerungen, nichts hatt ich ihr zu geben, als meine grenzenlose Liebe mit ihren tausend Sorgen, ihren tausend tobenden Hoffnungen; sie aber stand vor mir in wandelloser Schönheit, mühelos, in lächelnder Vollendung da, und alles Sehnen, alles Träumen der Sterblichkeit, ach! alles, was in goldnen Morgenstunden von höhern Regionen der Genius weissagt, es war alles in dieser *einen* stillen Seele erfüllt.

Man sagt sonst, über den Sternen verhalle der Kampf, und künftig erst, verspricht man uns, wenn unsre Hefe gesunken sei, verwandle sich in edeln Freudenwein das gärende Leben, die Herzensruhe der Seligen sucht man sonst auf dieser Erde nirgends mehr. Ich weiß es anders. Ich bin den nähern Weg gekommen. Ich stand vor ihr, und hört und sah den Frieden des Himmels, und mitten im seufzenden Chaos erschien mir Urania.

Wie oft hab ich meine Klagen vor diesem Bilde gestillt! wie oft hat sich das übermütige Leben und der strebende Geist besänftigt, wenn ich, in selige Betrachtungen versunken, ihr ins Herz sah, wie man in die Quelle siehet, wenn sie still erbebt von den Berührungen des Himmels, der in Silbertropfen auf sie niederträufelt!

Sie war mein Lethe, diese Seele, mein heiliger Lethe, woraus ich die Vergessenheit des Daseins trank, daß ich vor ihr stand, wie ein Unsterblicher, und freudig mich schalt, und wie nach schweren Träumen lächeln mußte über alle Ketten, die mich gedrückt.

O ich wär ein glücklicher, ein trefflicher Mensch geworden mit ihr!

Mit ihr! aber das ist mißlungen, und nun irr ich herum in dem, was vor und in mir ist, und drüber hinaus, und weiß nicht, was ich machen soll aus mir und andern Dingen.

Meine Seele ist, wie ein Fisch, aus ihrem Elemente auf den

Ufersand geworfen, und windet sich und wirft sich umher, bis sie vertrocknet in der Hitze des Tags.

Ach! gäb es nur noch etwas in der Welt für mich zu tun! gäb es eine Arbeit, einen Krieg für mich, das sollte mich erquicken!

Knäblein, die man von der Mutterbrust gerissen und in die Wüste geworfen, hat einst, so sagt man, eine Wölfin gesäugt.

Mein Herz ist nicht so glücklich.

Hyperion an Bellarmin

Ich kann nur hie und da ein Wörtchen von ihr sprechen. Ich muß vergessen, was sie ganz ist, wenn ich von ihr sprechen soll. Ich muß mich täuschen, als hätte sie vor alten Zeiten gelebt, als wüßt ich durch Erzählung einiges von ihr, wenn ihr lebendig Bild mich nicht ergreifen soll, daß ich vergehe im Entzücken und im Schmerz, wenn ich den Tod der Freude über sie und den Tod der Trauer um sie nicht sterben soll.

Hyperion an Bellarmin

Es ist umsonst; ich kann's mir nicht verbergen. Wohin ich auch entfliehe mit meinen Gedanken, in die Himmel hinauf und in den Abgrund, zum Anfang und ans Ende der Zeiten, selbst wenn ich ihm, der meine letzte Zuflucht war, der sonst noch jede Sorge in mir verzehrte, der alle Lust und allen Schmerz des Lebens sonst mit der Feuerflamme, worin er sich offenbarte, in mir versengte, selbst wenn ich ihm mich in die Arme werfe, dem herrlichen geheimen Geiste der Welt, in seine Tiefe mich tauche, wie in den bodenlosen Ozean hinab, auch da, auch da finden die süßen Schrecken mich aus, die süßen verwirrenden tötenden Schrecken, daß Diotimas Grab mir nah ist.

Hörst du? hörst du? Diotimas Grab!

Mein Herz war doch so stille geworden, und meine Liebe war begraben mit der Toten, die ich liebte.

Du weißt, mein Bellarmin! ich schrieb dir lange nicht von ihr, und da ich schrieb, so schrieb ich dir gelassen, wie ich meine.

Was ist's denn nun?

Ich gehe ans Ufer hinaus und sehe nach Kalaurea, wo sie ruhet, hinüber, das ist's.

O daß ja keiner den Kahn mir leihe, daß ja sich keiner erbarme und mir sein Ruder biete und mir hinüberhelfe zu ihr!

Daß ja das gute Meer nicht ruhig bleibe, damit ich nicht ein Holz mir zimmre und hinüberschwimme zu ihr.

Aber in die tobende See will ich mich werfen, und ihre Woge bitten, daß sie an Diotimas Gestade mich wirft! –

Lieber Bruder! ich tröste mein Herz mit allerlei Phantasien, ich reiche mir manchen Schlaftrank; und es wäre wohl größer, sich zu befreien auf immer, als sich zu behelfen mit Palliativen; aber wem geht's nicht so? Ich bin denn doch damit zufrieden.

Zufrieden? ach das wäre gut! da wäre ja geholfen, wo kein Gott nicht helfen kann.

Nun! nun! ich habe, was ich konnte, getan! Ich fodre von dem Schicksal meine Seele.

Hyperion an Bellarmin

War sie nicht mein, ihr Schwestern des Schicksals, war sie nicht mein? Die reinen Quellen fodr' ich auf zu Zeugen, und die unschuldigen Bäume, die uns belauschten, und das Tagslicht und den Äther! war sie nicht mein? vereint mit mir in allen Tönen des Lebens?

Wo ist das Wesen, das, wie meines, sie erkannte? in welchem Spiegel sammelten sich, so wie in mir, die Strahlen dieses Lichts? erschrak sie freudig nicht vor ihrer eignen Herrlichkeit, da sie zuerst in meiner Freude sich gewahr ward? Ach! wo ist das Herz, das so, wie meines, überall ihr nah war, so, wie meines, sie erfüllte und von ihr erfüllt war, das so einzig da war, ihres zu umfangen, wie die Wimper für das Auge da ist.

Wir waren *eine* Blume nur, und unsre Seelen lebten ineinander, wie die Blume, wenn sie liebt, und ihre zarten Freuden im verschloßnen Kelche verbirgt.

Und doch, doch wurde sie, wie eine angemaßte Krone, von mir gerissen und in den Staub gelegt?

Hyperion an Bellarmin

Eh es eines von uns beeden wußte, gehörten wir uns an.

Wenn ich so, mit allen Huldigungen des Herzens, selig überwunden, vor ihr stand, und schwieg, und all mein Leben sich hingab in den Strahlen des Augs, das sie nur sah, nur sie umfaßte, und sie dann wieder zärtlich zweifelnd mich betrachtete, und nicht wußte, wo ich war mit meinen Gedanken, wenn ich oft, begraben in Lust und Schönheit, bei einem reizenden Geschäfte sie belauschte, und um die leiseste Bewegung, wie die Biene um die schwanken Zweige, meine Seele schweift' und flog, und wenn sie dann in friedlichen Gedanken gegen mich sich wandt, und, überrascht von meiner Freude, meine Freude sich verbergen mußt, und bei der lieben Arbeit ihre Ruhe wieder sucht' und fand –

Wenn sie, wunderbar allwissend, jeden Mißlaut in der Tiefe meines Wesens, im Momente, da er begann, noch eh ich selbst ihn wahrnahm, mir enthüllte, wenn sie jeden Schatten eines Wölkchens auf der Stirne, jeden Schatten einer Wehmut, eines Stolzes auf der Lippe, jeden Funken mir im Auge sah, wenn sie die Ebb und Flut des Herzens mir behorcht' und sorgsam trübe Stunden ahnete, indes mein Geist zu unenthaltsam, zu verschwenderisch im üppigen Gespräche sich verzehrte, wenn das liebe Wesen, treuer wie ein Spiegel, jeden Wechsel meiner Wange mir verriet, und oft in freundlichen Bekümmernissen über mein unstet Wesen mich ermahnt', und strafte, wie ein teures Kind –

Ach! da du einst, Unschuldige, an den Fingern die Treppen zähltest, von unsrem Berge herab zu deinem Hause, da du deine Spaziergänge mir wiesest, die Plätze, wo du sonst gesessen, und mir erzähltest, wie die Zeit dir da vergangen, und mir am Ende sagtest, es sei dir jetzt, als wär ich auch von jeher dagewesen –

Gehörten wir da nicht längst uns an?

Hyperion an Bellarmin

Ich baue meinem Herzen ein Grab, damit es ruhen möge; ich spinne mich ein, weil überall es Winter ist; in seligen Erinnerungen hüll ich vor dem Sturme mich ein.

Wir saßen einst mit Notara – so hieß der Freund, bei dem ich lebte – und einigen andern, die auch, wie wir, zu den Sonderlingen in Kalaurea gehörten, in Diotimas Garten, unter blühenden Mandelbäumen, und sprachen unter andrem über die Freundschaft.

Ich hatte wenig mitgesprochen, ich hütete mich seit einiger Zeit, viel Worte zu machen von Dingen, die das Herz zunächst angehn, meine Diotima hatte mich so einsilbig gemacht –.

»Da Harmodius und Aristogiton lebten«, rief endlich einer, »da war noch Freundschaft in der Welt.« Das freute mich zu sehr, als daß ich hätte schweigen mögen.

»Man sollte dir eine Krone flechten um dieses Wortes willen!« rief ich ihm zu; »hast du denn wirklich eine Ahnung davon, hast du ein Gleichnis für die Freundschaft des Aristogiton und Harmodius? Verzeih mir! Aber beim Äther! man muß Aristogiton sein, um nachzufühlen, wie Aristogiton liebte, und die Blitze durfte wohl der Mann nicht fürchten, der geliebt sein wollte mit Harmodius' Liebe, denn es täuscht mich alles, wenn der furchtbare Jüngling nicht mit Minos' Strenge liebte. Wenige sind in solcher Probe bestanden, und es ist nicht leichter, eines Halbgotts Freund zu sein, als an der Götter Tische, wie Tantalus, zu sitzen. Aber es ist auch nichts Herrlicheres auf Erden, als wenn ein stolzes Paar, wie diese, so sich untertan ist.

Das ist auch meine Hoffnung, meine Lust in einsamen Stunden, daß solche große Töne und größere einst wiederkehren müssen in der Symphonie des Weltlaufs. Die Liebe gebar Jahrtausende voll lebendiger Menschen; die Freundschaft wird sie wiedergebären. Von Kinderharmonie sind einst die Völker ausgegangen, die Harmonie der Geister wird der Anfang einer neuen Weltgeschichte sein. Von Pflanzenglück begannen die Menschen und wuchsen auf, und wuchsen, bis sie reiften; von nun an gärten sie unaufhörlich fort, von innen und außen, bis jetzt das Menschengeschlecht, unendlich aufgelöst, wie ein Chaos daliegt, daß alle, die noch fühlen und sehen, Schwindel ergreift; aber die Schönheit flüchtet aus dem Leben der Menschen sich herauf in den Geist; Ideal wird, was Natur war, und wenn von unten gleich der Baum verdorrt ist und verwittert, ein frischer Gipfel ist noch hervorgegangen aus ihm und grünt im Sonnenglanze, wie einst der Stamm in den Tagen der Jugend; Ideal ist, was Natur war. Daran, an diesem Ideale, dieser verjüngten Gottheit, erkennen die Wenigen sich und *eins* sind sie, denn es ist Eines in ihnen, und von diesen, diesen beginnt das zweite Lebensalter der Welt – ich habe genug gesagt, um klar zu machen, was ich denke.«

Da hättest du Diotima sehen sollen, wie sie aufsprang und die beeden Hände mir reichte und rief: »Ich hab es verstanden, Lieber, ganz verstanden, so viel es sagt.

Die Liebe gebar die Welt, die Freundschaft wird sie wieder gebären.

O dann, ihr künftigen, ihr neuen Dioskuren, dann weilt ein wenig, wenn ihr vorüberkömmt, da, wo Hyperion schläft, weilt ahnend über des vergeßnen Mannes Asche, und sprecht: er wäre, wie unser einer, wär er jetzt da.«

Das hab ich gehört, mein Bellarmin! das hab ich erfahren, und gehe nicht willig in den Tod?

Ja! ja! ich bin vorausbezahlt, ich habe gelebt. Mehr Freude konnt ein Gott ertragen, aber ich nicht.

Hyperion an Bellarmin

Frägst du, wie mir gewesen sei um diese Zeit? Wie einem, der alles verloren hat, um alles zu gewinnen.

Oft kam ich freilich von Diotimas Bäumen, wie ein Siegestrunkner, oft mußt ich eilends weg von ihr, um keinen meiner Gedanken zu verraten; so tobte die Freude in mir, und der Stolz, der allbegeisternde Glaube, von Diotima geliebt zu sein.

Dann sucht ich die höchsten Berge mir auf und ihre Lüfte, und wie ein Adler, dem der blutende Fittich geheilt ist, regte mein Geist sich im Freien, und dehnt', als wäre sie sein, über die sichtbare Welt sich aus; wunderbar! es war mir oft, als läuterten sich und schmelzten die Dinge der Erde, wie Gold, in meinem Feuer zusammen, und ein Göttliches würde aus ihnen und mir, so tobte in mir die Freude; und wie ich die Kinder aufhub und an mein schlagendes Herz sie drückte, wie ich die Pflanzen grüßte und die Bäume! Einen Zauber hätt ich mir wünschen mögen, die scheuen Hirsche und all die wilden Vögel des Walds, wie ein häuslich Völkchen, um meine freigebigen Hände zu versammeln, so selig töricht liebt ich alles!

Aber nicht lange, so war das alles, wie ein Licht, in mir erloschen, und stumm und traurig, wie ein Schatte, saß ich da und suchte das entschwundne Leben. Klagen mocht ich nicht und trösten mocht ich mich auch nicht. Die Hoffnung warf ich weg, wie ein Lahmer, dem die Krücke verleidet ist; des Weinens schämt ich mich; ich schämte mich des Daseins überhaupt. Aber endlich brach denn doch der Stolz in Tränen aus, und das Leiden, das ich gerne verleugnet hätte, wurde mir lieb, und ich legt es, wie ein Kind, mir an die Brust.

Nein, rief mein Herz, nein, meine Diotima! es schmerzt nicht. Bewahre du dir deinen Frieden und laß mich meinen Gang gehn. Laß dich in deiner Ruhe nicht stören, holder Stern! wenn unter dir es gärt und trüb ist.

O laß dir deine Rose nicht bleichen, selige Götterjugend! Laß in den Kümmernissen der Erde deine Schöne nicht altern. Das ist ja meine Freude, süßes Leben! daß du in dir den sorgenfreien Himmel trägst. Du sollst nicht dürftig werden, nein, nein! du sollst in dir die Armut der Liebe nicht sehn.

Und wenn ich dann wieder zu ihr hinabging – ich hätte das Lüftchen fragen mögen und dem Zuge der Wolken es ansehn, wie es mit mir sein werde in einer Stunde! und wie es mich freute, wenn irgendein freundlich Gesicht mir auf dem Wege begegnete, und nur nicht gar zu trocken sein »schönen Tag!« mir zurief!

Wenn ein kleines Mädchen aus dem Walde kam und einen Erdbeerstrauß mir zum Verkaufe reichte, mit einer Miene, als wollte sie ihn schenken, oder wenn ein Bauer, wo ich vorüberging, auf seinem Kirschbaum saß und pflückte, und aus den Zweigen herab mir rief, ob ich nicht eine Handvoll kosten möchte; das waren gute Zeichen für das abergläubische Herz!

Stand vollends gegen den Weg her, wo ich herabkam, von Diotimas Fenstern eines offen, wie konnte das so wohltun!

Sie hatte vielleicht nicht lange zuvor herausgesehn.

Und nun stand ich vor ihr, atemlos und wankend, und drückte die verschlungnen Arme gegen mein Herz, sein Zittern nicht zu fühlen, und, wie der Schwimmer aus reißenden Wassern hervor, rang und strebte mein Geist, nicht unterzugehn in der unendlichen Liebe.

»Wovon sprechen wir doch geschwind?« konnt ich rufen, »man hat oft seine Mühe, man kann den Stoff nicht finden, die Gedanken daran festzuhalten.«

»Reißen sie wieder aus in die Luft?« erwiderte meine Diotima. »Du mußt ihnen Blei an die Flügel binden, oder ich will sie an einen Faden knüpfen, wie der Knabe den fliegenden Drachen, daß sie uns nicht entgehn.«

Das liebe Mädchen suchte sich und mir durch einen Scherz zu helfen, aber es war wenig damit getan.

»Ja, ja!« rief ich, »wie du willst, wie du es für gut hältst – soll ich vorlesen? Deine Laute ist wohl noch gestimmt von gestern – vorzulesen hab ich auch gerade nichts –.«

»Du hast schon mehr, als einmal«, sagte sie, »versprochen, mir zu erzählen, wie du gelebt hast, ehe wir uns kannten, möchtest du jetzt nicht?«

»Das ist wahr«, erwidert ich; mein Herz warf sich gerne auf das, und ich erzählt ihr nun, wie dir, von Adamas und meinen einsamen Tagen in Smyrna, von Alabanda und wie ich getrennt wurde von ihm, und von der unbegreiflichen Krankheit meines Wesens, eh ich nach Kalaurea herüberkam – »nun weißt du alles«, sagt ich zu ihr gelassen, da ich zu Ende war, »nun wirst du weniger dich an mir stoßen; nun wirst du sagen«, setzt ich lächelnd hinzu, »spottet dieses Vulkans nicht, wenn er hinkt, denn ihn haben zweimal die Götter vom Himmel auf die Erde geworfen.«

»Stille«, rief sie mit erstickter Stimme, und verbarg ihre Tränen ins Tuch, »o stille, und scherze über dein Schicksal, über dein Herz nicht! denn ich versteh es und besser, als du.

Lieber – lieber Hyperion! Dir ist wohl schwer zu helfen.

Weißt du denn«, fuhr sie mit erhöhter Stimme fort, »weißt du denn, woran du darbest, was dir einzig fehlt, was du, wie Alpheus seine Arethusa, suchst, um was du trauertest in aller deiner Trauer? Es ist nicht erst seit Jahren hingeschieden, man kann so genau nicht sagen, wenn es da war, wenn es wegging, aber es war, es ist, in dir ist's! Es ist eine bessere Zeit, die suchst du, eine schönere Welt. Nur diese Welt umarmtest du in deinen Freunden, du warst mit ihnen diese Welt.

In Adamas war sie dir aufgegangen; sie war auch hingegangen mit ihm. In Alabanda erschien dir ihr Licht zum zweiten Male, aber brennender und heißer, und darum war es auch, wie Mitternacht, vor deiner Seele, da er für dich dahin war.

Siehest du nun auch, warum der kleinste Zweifel über Alabanda zur Verzweiflung werden mußt in dir? warum du ihn verstießest, weil er nur nicht gar ein Gott war?

Du wolltest keine Menschen, glaube mir, du wolltest eine Welt. Den Verlust von allen goldenen Jahrhunderten, so wie du sie, zusammengedrängt in *einen* glücklichen Moment, empfandest, den Geist von allen Geistern beßrer Zeit, die Kraft von allen Kräften der Heroen, die sollte dir ein einzelner, ein Mensch ersetzen! – Siehest du nun, wie arm, wie reich du bist? warum du so stolz sein mußt und auch so niedergeschlagen? warum so schröcklich Freude und Leid dir wechselt?

Darum, weil du alles hast und nichts, weil das Phantom der goldenen Tage, die da kommen sollen, dein gehört, und doch nicht da ist, weil du ein Bürger bist in den Regionen der Gerechtigkeit und Schönheit, ein Gott bist unter Göttern in den schönen Träumen, die am Tage dich beschleichen, und wenn du aufwachst, auf neugriechischem Boden stehst.

Zweimal, sagtest du? o du wirst in *einem* Tage siebzigmal vom Himmel auf die Erde geworfen. Soll ich dir es sagen? Ich fürchte für dich, du hältst das Schicksal dieser Zeiten schwerlich aus. Du wirst noch mancherlei versuchen, wirst –

O Gott! und deine letzte Zufluchtsstätte wird ein Grab sein.«

»Nein, Diotima«, rief ich, »nein, beim Himmel, nein! Solange noch *eine* Melodie mir tönt, so scheu ich nicht die Totenstille der Wildnis unter den Sternen; solange die Sonne nur scheint und Diotima, so gibt es keine Nacht für mich.

Laß allen Tugenden die Sterbeglocke läuten! ich höre ja dich, dich, deines Herzens Lied, du Liebe! und finde unsterblich Leben, indessen alles verlischt und welkt.«

»O Hyperion«, rief sie, »wie sprichst du?«

»Ich spreche, wie ich muß. Ich kann nicht, kann nicht länger all die Seligkeit und Furcht und Sorge bergen – Diotima! – Ja du weißt es, mußt es wissen, hast längst es gesehen, daß ich untergehe, wenn du nicht die Hand mir reichst.«

Sie war betroffen, verwirrt.

»Und an mir«, rief sie, »an mir will sich Hyperion halten? ja, ich wünsch es, jetzt zum ersten Male wünsch ich, mehr zu sein, denn nur ein sterblich Mädchen. Aber ich bin dir, was ich sein kann.«

»O so bist du ja mir alles«, rief ich!

»Alles? böser Heuchler! und die Menschheit, die du doch am Ende einzig liebst?«

»Die Menschheit?« sagt ich; »ich wollte, die Menschheit machte Diotima zum Losungswort und malt' in ihre Paniere dein Bild, und spräche: heute soll das Göttliche siegen! Engel des Himmels! das müßt ein Tag sein!«

»Geh«, rief sie, »geh, und zeige dem Himmel deine Verklärung! mir darf sie nicht so nahe sein.

Nicht wahr, du gehest, lieber Hyperion?«

Ich gehorchte. Wer hätte da nicht gehorcht? Ich ging. So war ich noch niemals von ihr gegangen. O Bellarmin! das war Freude, Stille des Lebens, Götterruhe, himmlische, wunderbare, unerkennbare Freude.

Worte sind hier umsonst, und wer nach einem Gleichnis von ihr fragt, der hat sie nie erfahren. Das einzige, was eine solche Freude auszudrücken vermochte, war Diotimas Gesang, wenn er in goldner Mitte, zwischen Höhe und Tiefe schwebte.

O ihr Uferweiden des Lethe! ihr abendrötlichen Pfade in Elysiums Wäldern! ihr Lilien an den Bächen des Tals! ihr Rosenkränze des Hügels! Ich glaub an euch, in dieser freundlichen Stunde, und spreche zu meinem Herzen: dort findest du sie wieder, und alle Freude, die du verlorst.

Hyperion an Bellarmin

Ich will dir immer mehr von meiner Seligkeit erzählen.

Ich will die Brust an den Freuden der Vergangenheit versuchen, bis sie, wie Stahl, wird, ich will mich üben an ihnen, bis ich unüberwindlich bin.

Ha! fallen sie doch, wie ein Schwertschlag, oft mir auf die Seele, aber ich spiele mit dem Schwerte, bis ich es gewohnt bin, ich halte die Hand ins Feuer, bis ich es ertrage, wie Wasser.

Ich will nicht zagen; ja! ich will stark sein! ich will mir nichts verhehlen, will von allen Seligkeiten mir die seligste aus dem Grabe beschwören.

Es ist unglaublich, daß der Mensch sich vor dem Schönsten fürchten soll; aber es ist so.

O bin ich doch hundertmal vor diesen Augenblicken, dieser tötenden Wonne meiner Erinnerungen geflohen und habe mein Auge hinweggewandt, wie ein Kind vor Blitzen! und dennoch wächst im üppigen Garten der Welt nichts Lieblichers, wie meine Freuden, dennoch gedeiht im Himmel und auf Erden nichts Edleres, wie meine Freuden.

Aber nur dir, mein Bellarmin, nur einer reinen freien Seele, wie die deine ist, erzähl ich's. So freigebig, wie die Sonne mit ihren Strahlen, will ich nicht sein; meine Perlen will ich vor die alberne Menge nicht werfen.

Ich kannte, seit dem letzten Seelengespräche, mit jedem Tage mich weniger. Ich fühlt, es war ein heilig Geheimnis zwischen mir und Diotima.

Ich staunte, träumte. Als wär um Mitternacht ein seliger Geist mir erschienen und hätte mich erkoren, mit ihm umzugehn, so war es mir in der Seele.

O es ist ein seltsames Gemische von Seligkeit und Schwermut, wenn es so sich offenbart, daß wir auf immer heraus sind aus dem gewöhnlichen Dasein.

Es war mir seitdem nimmer gelungen, Diotima allein zu sehn. Immer mußt ein Dritter uns stören, trennen, und die Welt lag zwischen ihr und mir, wie eine unendliche Leere. Sechs todesbange Tage gingen so vorüber, ohne daß ich etwas wußte von Diotima. Es war, als lähmten die andern, die um uns waren, mir die

Sinne, als töteten sie mein ganzes äußeres Leben, damit auf keinem Wege die verschlossene Seele sich hinüberhelfen möchte zu ihr.

Wollt ich mit dem Auge sie suchen, so wurd es Nacht vor mir, wollt ich mich mit einem Wörtchen an sie wenden, so erstickt' es in der Kehle.

Ach! mir wollte das heilige namenlose Verlangen oft die Brust zerreißen, und die mächtige Liebe zürnt' oft, wie ein gefangener Titan, in mir. So tief, so innigst unversöhnlich hatte mein Geist noch nie sich gegen die Ketten gesträubt, die das Schicksal ihm schmiedet, gegen das eiserne unerbittliche Gesetz, geschieden zu sein, nicht *eine* Seele zu sein mit seiner liebenswürdigen Hälfte.

Die sternenhelle Nacht war nun mein Element geworden. Dann, wann es stille war, wie in den Tiefen der Erde, wo geheimnisvoll das Gold wächst, dann hob das schönere Leben meiner Liebe sich an.

Da übte das Herz sein Recht, zu dichten, aus. Da sagt' es mir, wie Hyperions Geist im Vorelysium mit seiner holden Diotima gespielt, eh er herabgekommen zur Erde, in göttlicher Kindheit bei dem Wohlgetöne des Quells, und unter Zweigen, wie wir die Zweige der Erde sehn, wenn sie verschönert aus dem güldenen Strome blinken.

Und, wie die Vergangenheit, öffnete sich die Pforte der Zukunft in mir.

Da flogen wir, Diotima und ich, da wanderten wir, wie Schwalben, von einem Frühling der Welt zum andern, durch der Sonne weites Gebiet und drüber hinaus, zu den andern Inseln des Himmels, an des Sirius goldne Küsten, in die Geistertale des Arkturs –.

O es ist doch wohl wünschenswert, so aus *einem* Kelche mit der Geliebten die Wonne der Welt zu trinken!

Berauscht vom seligen Wiegenliede, das ich mir sang, schlief ich ein, mitten unter den herrlichen Phantomen.

Wie aber am Strahle des Morgenlichts das Leben der Erde sich wieder entzündete, sah ich empor und suchte die Träume der Nacht. Sie waren, wie die schönen Sterne, verschwunden, und nur die Wonne der Wehmut zeugt' in meiner Seele von ihnen.

Ich trauerte; aber ich glaube, daß man unter den Seligen auch so trauert. Sie war die Botin der Freude, diese Trauer, sie war die grauende Dämmerung, woran die unzähligen Rosen des Morgenrots sprossen. –

Der glühende Sommertag hatte jetzt alles in die dunkeln Schatten gescheucht. Auch um Diotimas Haus war alles still und leer, und die neidischen Vorhänge standen mir an allen Fenstern im Wege.

Ich lebt in Gedanken an sie. Wo bist du, dacht ich, wo findet mein einsamer Geist dich, süßes Mädchen? Siehest du vor dich hin und sinnest? Hast du die Arbeit auf die Seite gelegt und stützest den Arm aufs Knie und auf das Händchen das Haupt und gibst den lieblichen Gedanken dich hin?

Daß ja nichts meine Friedliche störe, wenn sie mit süßen Phantasien ihr Herz erfrischt, daß ja nichts diese Traube betaste und den erquickenden Tau von den zarten Beeren ihr streife!

So träumt ich. Aber indes die Gedanken zwischen den Wänden des Hauses nach ihr spähten, suchten die Füße sie anderswo, und eh ich es gewahr ward, ging ich unter den Bogengängen des heiligen Walds, hinter Diotimas Garten, wo ich sie zum ersten Male hatte gesehn. Was war das? Ich war ja indessen so oft mit diesen Bäumen umgegangen, war vertrauter mit ihnen, ruhiger unter ihnen geworden; jetzt ergriff mich eine Gewalt, als trät ich in Dianens Schatten, um zu sterben vor der gegenwärtigen Gottheit.

Indessen ging ich weiter. Mit jedem Schritte wurd es wunderbarer in mir. Ich hätte fliegen mögen, so trieb mein Herz mich vorwärts; aber es war, als hätt ich Blei an den Sohlen. Die Seele war vorausgeeilt, und hatte die irdischen Glieder verlassen. Ich hörte nicht mehr und vor dem Auge dämmerten und schwankten alle Gestalten. Der Geist war schon bei Diotima; im Morgenlichte spielte der Gipfel des Baums, indes die untern Zweige noch die kalte Dämmerung fühlten.

»Ach! mein Hyperion!« rief jetzt mir eine Stimme entgegen; ich stürzt hinzu; »meine Diotima! o meine Diotima!« weiter hatt ich kein Wort und keinen Othem, kein Bewußtsein.

Schwinde, schwinde, sterbliches Leben, dürftig Geschäft, wo der einsame Geist die Pfennige, die er gesammelt, hin und her betrachtet und zählt! wir sind zur Freude der Gottheit alle berufen!

Es ist hier eine Lücke in meinem Dasein. Ich starb, und wie ich erwachte, lag ich am Herzen des himmlischen Mädchens.

O Leben der Liebe! wie warst du an ihr aufgegangen in voller holdseliger Blüte! wie in leichten Schlummer gesungen von seligen Genien, lag das reizende Köpfchen mir auf der Schulter, lächelte süßen Frieden, und schlug sein ätherisch Auge nach mir auf in fröhlichem unerfahrenem Staunen, als blickt' es eben jetzt zum ersten Male in die Welt.

Lange standen wir so in holder selbstvergessener Betrachtung, und keines wußte, wie ihm geschah, bis endlich der Freude zu viel in mir sich häufte und in Tränen und Lauten des Entzückens auch meine verlorne Sprache wieder begann, und meine stille Begeisterte vollends wieder ins Dasein weckte.

Endlich sahn wir uns auch wieder um.

»O meine alten freundlichen Bäume!« rief Diotima, als hätte sie sie in langer Zeit nicht gesehn, und das Andenken an ihre vorigen einsamen Tage spielt' um ihre Freuden, lieblich, wie die Schatten um den jungfräulichen Schnee, wenn er errötet und glüht im freudigen Abendglanze.

»Engel des Himmels!« rief ich, »wer kann dich fassen? wer kann sagen, er habe ganz dich begriffen?«

»Wunderst du dich«, erwiderte sie, »daß ich so sehr dir gut bin? Lieber! stolzer Bescheidner! Bin ich denn auch von denen, die nicht glauben können an dich, hab ich denn nicht dich ergründet, hab ich den Genius nicht in seinen Wolken erkannt? Verhülle dich nur und siehe dich selbst nicht; ich will dich hervorbeschwören, ich will –.

Aber er ist ja da, er ist hervorgegangen, wie ein Stern; er hat die Hülse durchbrochen und steht, wie ein Frühling, da; wie ein Kristallquell aus der düstern Grotte, ist er hervorgegangen; das ist der finstre Hyperion nicht, das ist die wilde Trauer nicht mehr – o mein, mein herrlicher Junge!«

Das alles war mir, wie ein Traum. Konnt ich glauben an dies Wunder der Liebe? konnt ich? mich hätte die Freude getötet.

»Göttliche!« rief ich, »sprichst du mit mir? kannst du so dich verleugnen, selige Selbstgenügsame! kannst du so dich freuen an mir? O ich seh es nun, ich weiß nun, was ich oft geahnet, der Mensch ist ein Gewand, das oft ein Gott sich umwirft, ein Kelch, in den der Himmel seinen Nektar gießt, um seinen Kindern vom Besten zu kosten zu geben.« –

»Ja, ja!« fiel sie schwärmerisch lächelnd mir ein, »dein Namensbruder, der herrliche Hyperion des Himmels ist in dir.«

»Laß mich«, rief ich, »laß mich dein sein, laß mich mein vergessen, laß alles Leben in mir und allen Geist nur dir zufliegen; nur dir, in seliger endeloser Betrachtung! O Diotima! so stand ich sonst auch vor dem dämmernden Götterbilde, das meine Liebe sich schuf, vor dem Idole meiner einsamen Träume; ich nährt es traulich; mit meinem Leben belebt ich es, mit den Hoffnungen meines Herzens erfrischt', erwärmt ich es, aber es gab mir nichts, als was ich gegeben, und wenn ich verarmt war, ließ es mich arm, und nun! nun hab ich im Arme dich, und fühle den Othem deiner Brust, und fühle dein Aug in meinem Auge, die schöne Gegenwart rinnt mir in alle Sinnen herein, und ich halt es aus, ich habe das Herrlichste so und bebe nicht mehr – ja! ich bin wirklich nicht, der ich sonst war, Diotima! ich bin deinesgleichen geworden, und Göttliches spielt mit Göttlichem jetzt, wie Kinder unter sich spielen.« –

»Aber etwas stiller mußt du mir werden«, sagte sie.

»Du hast auch recht, du Liebenswürdige!« rief ich freudig, »sonst erscheinen mir ja die Grazien nicht; sonst seh ich ja im Meere der Schönheit seine leisen lieblichen Bewegungen nicht. O ich will es noch lernen, nichts an dir zu übersehen. Gib mir nur Zeit!«

»Schmeichler!« rief sie, »aber für heute sind wir zu Ende, lieber Schmeichler! die goldne Abendwolke hat mich gemahnt. O traure nicht! Erhalte dir und mir die reine Freude! Laß sie nachtönen in dir, bis morgen, und töte sie nicht durch Mißmut! – die Blumen des Herzens wollen freundliche Pflege. Ihre Wurzel ist überall, aber sie selbst gedeihn in heitrer Witterung nur. Leb wohl, Hyperion!«

Sie machte sich los. Mein ganzes Wesen flammt' in mir auf, wie sie so vor mir hinwegschwand in ihrer glühenden Schönheit.

»O du! –« rief ich und stürzt ihr nach, und gab meine Seele in ihre Hand in unendlichen Küssen.

»Gott!« rief sie, »wie wird das künftig werden!«

Das traf mich. »Verzeih, Himmlische!« sagt ich; »ich gehe. Gute Nacht, Diotima! denke noch mein ein wenig!«

»Das will ich«, rief sie, »gute Nacht!«

Und nun kein Wort mehr, Bellarmin! Es wäre zuviel für mein geduldiges Herz. Ich bin erschüttert, wie ich fühle. Aber ich will hinausgehn unter die Pflanzen und Bäume, und unter sie hin mich legen und beten, daß die Natur zu solcher Ruhe mich bringe.

Hyperion an Bellarmin

Unsere Seelen lebten nun immer freier und schöner zusammen, und alles in und um uns vereinigte sich zu goldenem Frieden. Es schien, als wäre die alte Welt gestorben und eine neue begönne mit uns, so geistig und kräftig und liebend und leicht war alles geworden, und wir und alle Wesen schwebten, selig vereint, wie ein Chor von tausend unzertrennlichen Tönen, durch den unendlichen Äther.

Unsre Gespräche gleiteten weg, wie ein himmelblau Gewässer, woraus der Goldsand hin und wieder blinkt, und unsre Stille war, wie die Stille der Berggipfel, wo in herrlich einsamer Höhe, hoch über dem Raume der Gewitter, nur die göttliche Luft noch in den Locken des kühnen Wanderers rauscht.

Und die wunderbare heilige Trauer, wann die Stunde der Trennung in unsre Begeisterung tönte, wenn ich oft rief: »nun sind wir wieder sterblich, Diotima!« und sie mir sagte: »Sterblichkeit ist Schein, ist, wie die Farben, die vor unsrem Auge zittern, wenn es lange in die Sonne sieht!«

Ach! und alle die holdseligen Spiele der Liebe! die Schmeichelreden, die Besorgnisse, die Empfindlichkeiten, die Strenge und Nachsicht.

Und die Allwissenheit, womit wir uns durchschauten, und der unendliche Glaube, womit wir uns verherrlichten!

Ja! eine Sonne ist der Mensch, allsehend, allverklärend, wenn er liebt, und liebt er nicht, so ist er eine dunkle Wohnung, wo ein rauchend Lämpchen brennt.

Ich sollte schweigen, sollte vergessen und schweigen.

Aber die reizende Flamme versucht mich, bis ich mich ganz in sie stürze, und, wie die Fliege, vergehe.

Mitten in all dem seligen unverhaltnen Geben und Nehmen fühlt ich einmal, daß Diotima stiller wurde und immer stiller.

Ich fragt und flehte; aber das schien nur mehr sie zu entfernen, endlich flehte sie, ich möchte nicht mehr fragen, möchte gehn, und wenn ich wiederkäme, von etwas anderm sprechen. Das gab auch mir ein schmerzliches Verstummen, worein ich selbst mich nicht zu finden wußte.

Mir war, als hätt ein unbegreiflich plötzlich Schicksal unsrer Liebe den Tod geschworen, und alles Leben war hin, außer mir und allem.

Ich schämte mich freilich des; ich wußte gewiß, das Ungefähr beherrsche Diotimas Herz nicht. Aber wunderbar blieb sie mir immer, und mein verwöhnter untröstlicher Sinn wollt immer offenbare gegenwärtige Liebe; verschloßne Schätze waren verlorne Schätze für ihn. Ach! ich hatt im Glücke die Hoffnung verlernt, ich war noch damals, wie die ungeduldigen Kinder, die um den Apfel am Baume weinen, als wär er gar nicht da, wenn er ihnen den Mund nicht küßt. Ich hatte keine Ruhe, ich flehte wieder, mit Ungestüm und Demut, zärtlich und zürnend, mit ihrer ganzen allmächtigen bescheidnen Beredsamkeit rüstete die Liebe mich aus und nun – o meine Diotima! nun hatt ich es, das reizende Bekenntnis, nun hab ich und halt es, bis auch mich, mit allem, was an mir ist, in die alte Heimat, in den Schoß der Natur die Woge der Liebe zurückbringt.

Die Unschuldige! noch kannte sie die mächtige Fülle ihres Herzens nicht, und lieblich erschrocken vor dem Reichtum in ihr, begrub sie ihn in die Tiefe der Brust – und wie sie nun bekannte, heilige Einfalt, wie sie mit Tränen bekannte, sie liebe zu sehr, und wie sie Abschied nahm von allem, was sie sonst am Herzen gewiegt, o wie sie rief: »abtrünnig bin ich geworden von Mai und Sommer und Herbst, und achte des Tages und der Nacht nicht, wie sonst, gehöre dem Himmel und der Erde nicht mehr, gehöre nur *einem, einem,* aber die Blüte des Mais und die Flamme des Sommers und die Reife des Herbsts, die Klarheit des Tags und der Ernst der Nacht, und Erd und Himmel ist mir in diesem *einen* vereint! so lieb ich!« – und wie sie nun in voller Herzenslust mich betrachtete, wie sie, in kühner heiliger Freude, in ihre schönen Arme mich nahm und die Stirne mir küßte und den Mund, ha! wie das göttliche Haupt, sterbend in Wonne, mir am offnen Halse herabsank, und die süßen Lippen an der schlagenden Brust mir ruhten und der liebliche Othem an die Seele mir ging – o Bellarmin! die Sinne vergehn mir und der Geist entflieht.

Ich seh, ich sehe, wie das enden muß. Das Steuer ist in die Woge gefallen und das Schiff wird, wie an den Füßen ein Kind, ergriffen und an die Felsen geschleudert.

Hyperion an Bellarmin

Es gibt große Stunden im Leben. Wir schauen an ihnen hinauf, wie an den kolossalischen Gestalten der Zukunft und des Altertums, wir kämpfen einen herrlichen Kampf mit ihnen, und bestehn wir vor ihnen, so werden sie, wie Schwestern, und verlassen uns nicht.

Wir saßen einst zusammen auf unsrem Berge, auf einem Steine der alten Stadt dieser Insel und sprachen davon, wie hier der Löwe Demosthenes sein Ende gefunden, wie er hier mit heiligem selbsterwähltem Tode aus den mazedonischen Ketten und Dolchen sich zur Freiheit geholfen. – »Der herrliche Geist ging scherzend aus der Welt«, rief einer; »warum nicht?« sagt ich; »er hatte nichts mehr hier zu suchen; Athen war Alexanders Dirne geworden, und die Welt, wie ein Hirsch, von dem großen Jäger zu Tode gehetzt.«

»O Athen!« rief Diotima; »ich habe manchmal getrauert, wenn ich dahinaussah, und aus der blauen Dämmerung mir das Phantom des Olympion aufstieg!«

»Wie weit ist's hinüber?« fragt ich.

»Eine Tagreise vielleicht«, erwiderte Diotima.

»Eine Tagereise«, rief ich, »und ich war noch nicht drüben? Wir müssen gleich hinüber zusammen.«

»Recht so!« rief Diotima; »wir haben morgen heitere See, und alles steht jetzt noch in seiner Grüne und Reife.

Man braucht die ewige Sonne und das Leben der unsterblichen Erde zu solcher Wallfahrt.«

»Also morgen!« sagt ich, und unsre Freunde stimmten mit ein.

Wir fuhren früh, unter dem Gesange des Hahns, aus der Reede. In frischer Klarheit glänzten wir und die Welt. Goldne stille Jugend war in unsern Herzen. Das Leben in uns war, wie das Leben einer neugebornen Insel des Ozeans, worauf der erste Frühling beginnt.

Schon lange war unter Diotimas Einfluß mehr Gleichgewicht in meine Seele gekommen; heute fühlt ich es dreifach rein, und die zerstreuten schwärmenden Kräfte waren all in *eine* goldne Mitte versammelt.

Wir sprachen untereinander von der Trefflichkeit des alten Athenervolks, woher sie komme, worin sie bestehe.

Einer sagte, »das Klima hat es gemacht«; der andere: »die Kunst und Philosophie«; der dritte: »Religion und Staatsform«.

»Athenische Kunst und Religion, und Philosophie und Staatsform«, sagt ich, »sind Blüten und Früchte des Baums, nicht Boden und Wurzel. Ihr nehmt die Wirkungen für die Ursache.

Wer aber mir sagt, das Klima habe dies alles gebildet, der denke, daß auch wir darin noch leben.

Ungestörter in jedem Betracht, von gewaltsamem Einfluß freier, als irgendein Volk der Erde, erwuchs das Volk der Athener. Kein Eroberer schwächt sie, kein Kriegsglück berauscht sie, kein fremder Götterdienst betäubt sie, keine eilfertige Weisheit treibt sie zu unzeitiger Reife. Sich selber überlassen, wie der werdende Diamant, ist ihre Kindheit. Man hört beinahe nichts von ihnen, bis in die Zeiten des Pisistratus und Hipparch. Nur wenig Anteil nahmen sie am trojanischen Kriege, der, wie im Treibhaus, die meisten griechischen Völker zu früh erhitzt' und belebte. – Kein außerordentlich Schicksal erzeugt den Menschen. Groß und kolossalisch sind die Söhne einer solchen Mutter, aber schöne Wesen, oder, was dasselbe ist, Menschen werden sie nie, oder spät erst, wenn die Kontraste sich zu hart bekämpfen, um nicht endlich Frieden zu machen.

In üppiger Kraft eilt Lazedämon den Atheniensern voraus, und hätte sich eben deswegen auch früher zerstreut und aufgelöst, wäre Lykurg nicht gekommen, und hätte mit seiner Zucht die übermütige Natur zusammengehalten. Von nun an war denn auch an dem Spartaner alles erbildet, alle Vortrefflichkeit errungen und erkauft durch Fleiß und selbstbewußtes Streben, und soviel man in gewissem Sinne von der Einfalt der Spartaner sprechen kann, so war doch, wie natürlich, eigentliche Kindereinfalt ganz nicht unter ihnen. Die Lazedämonier durchbrachen zu frühe die Ordnung des Instinkts, sie schlugen zu früh aus der Art, und so mußte denn auch die Zucht zu früh mit ihnen beginnen; denn jede Zucht und Kunst beginnt zu früh, wo die Natur des Menschen noch nicht reif geworden ist. Vollendete Natur muß in dem Menschenkinde leben, eh es in die Schule geht, damit das Bild der Kindheit ihm die Rückkehr zeige aus der Schule zu vollendeter Natur.

Die Spartaner blieben ewig ein Fragment; denn wer nicht einmal ein vollkommenes Kind war, der wird schwerlich ein vollkommener Mann. –

Freilich hat auch Himmel und Erde für die Athener, wie für alle Griechen, das Ihre getan, hat ihnen nicht Armut und nicht Überfluß gereicht. Die Strahlen des Himmels sind nicht, wie ein Feuerregen, auf sie gefallen. Die Erde verzärtelte, berauschte sie nicht mit Liebkosungen und übergütigen Gaben, wie sonst wohl hie und da die törige Mutter tut.

Hiezu kam die wundergroße Tat des Theseus, die freiwillige Beschränkung seiner eignen königlichen Gewalt.

Oh! solch ein Samenkorn in die Herzen des Volks geworfen, muß einen Ozean von goldnen Ähren erzeugen, und sichtbar wirkt und wuchert es spät noch unter den Athenern.

Also noch einmal! daß die Athener so frei von gewaltsamem Einfluß aller Art, so recht bei mittelmäßiger Kost aufwuchsen, das hat sie so vortrefflich gemacht, und dies nur konnt es!

Laßt von der Wiege an den Menschen ungestört! treibt aus der engvereinten Knospe seines Wesens, treibt aus dem Hüttchen seiner Kindheit ihn nicht heraus! tut nicht zuwenig, daß er euch nicht entbehre und so von ihm euch unterscheide, tut nicht zuviel, daß er eure oder seine Gewalt nicht fühle, und so von ihm euch unterscheide, kurz, laßt den Menschen spät erst wissen, daß es Menschen, daß es irgend etwas außer ihm gibt, denn so nur wird er Mensch. Der Mensch ist aber ein Gott, sobald er Mensch ist. Und ist er ein Gott, so ist er schön.«

»Sonderbar!« rief einer von den Freunden.

»Du hast noch nie so tief aus meiner Seele gesprochen«, rief Diotima.

»Ich hab es von dir«, erwidert ich.

»So war der Athener ein Mensch«, fuhr ich fort, »so mußt er es werden. Schön kam er aus den Händen der Natur, schön, an Leib und Seele, wie man zu sagen pflegt.

Das erste Kind der menschlichen, der göttlichen Schönheit ist die Kunst. In ihr verjüngt und wiederholt der göttliche Mensch sich selbst. Er will sich selber fühlen, darum stellt er seine Schönheit gegenüber sich. So gab der Mensch sich seine Götter. Denn im Anfang war der Mensch und seine Götter *eins*, da, sich selber unbekannt, die ewige Schönheit war. – Ich spreche Mysterien, aber sie sind. –

Das erste Kind der göttlichen Schönheit ist die Kunst. So war es bei den Athenern.

Der Schönheit zweite Tochter ist Religion. Religion ist Liebe der Schönheit. Der Weise liebt sie selbst, die Unendliche, die Allumfassende; das Volk liebt ihre Kinder, die Götter, die in mannigfaltigen Gestalten ihm erscheinen. Auch so war's bei den Athenern. Und ohne solche Liebe der Schönheit, ohne solche Religion ist jeder Staat ein dürr Gerippe ohne Leben und Geist, und alles Denken und Tun ein Baum ohne Gipfel, eine Säule, wovon die Krone herabgeschlagen ist.

Daß aber wirklich dies der Fall war bei den Griechen und besonders den Athenern, daß ihre Kunst und ihre Religion die echten Kinder ewiger Schönheit – vollendeter Menschennatur – sind, und nur hervorgehn konnten aus vollendeter Menschennatur, das zeigt sich deutlich, wenn man nur die Gegenstände ihrer heiligen Kunst, und die Religion mit unbefangenem Auge sehn will, womit sie jene Gegenstände liebten und ehrten.

Mängel und Mißtritte gibt es überall und so auch hier. Aber das ist sicher, daß man in den Gegenständen ihrer Kunst doch meist den reifen Menschen findet. Da ist nicht das Kleinliche, nicht das Ungeheure der Ägyptier und Goten, da ist Menschensinn und Menschengestalt. Sie schweifen weniger als andre zu den Extremen des Übersinnlichen und des Sinnlichen aus. In der schönen Mitte der Menschheit bleiben ihre Götter mehr, denn andre.

Und wie der Gegenstand, so auch die Liebe. Nicht zu knechtisch und nicht gar zu sehr vertraulich! –

Aus der Geistesschönheit der Athener folgte denn auch der nötige Sinn für Freiheit.

Der Ägyptier trägt ohne Schmerz die Despotie der Willkür, der Sohn des Nordens ohne Widerwillen die Gesetzesdespotie, die Ungerechtigkeit in Rechtsform; denn der Ägyptier hat von Mutterleib an einen Huldigungs- und Vergötterungstrieb; im Norden glaubt man an das reine freie Leben der Natur zu wenig, um nicht mit Aberglauben am Gesetzlichen zu hängen.

Der Athener kann die Willkür nicht ertragen, weil seine göttliche Natur nicht will gestört sein, er kann Gesetzlichkeit nicht überall ertragen, weil er ihrer nicht überall bedarf. Drako taugt für ihn nicht. Er will zart behandelt sein, und tut auch recht daran.«

»Gut!« unterbrach mich einer, »das begreif ich, aber, wie dies dichterische religiöse Volk nun auch ein philosophisch Volk sein soll, das seh ich nicht.«

»Sie wären sogar«, sagt ich, »ohne Dichtung nie ein philosophisch Volk gewesen!«

»Was hat die Philosophie«, erwidert' er, »was hat die kalte Erhabenheit dieser Wissenschaft mit Dichtung zu tun?«

»Die Dichtung«, sagt ich, meiner Sache gewiß, »ist der Anfang und das Ende dieser Wissenschaft. Wie Minerva aus Jupiters Haupt, entspringt sie aus der Dichtung eines unendlichen göttlichen Seins. Und so läuft am End auch wieder in ihr das Unvereinbare in der geheimnisvollen Quelle der Dichtung zusammen.«

»Das ist ein paradoxer Mensch«, rief Diotima, »jedoch ich ahn ihn. Aber ihr schweift mir aus. Von Athen ist die Rede.«

»Der Mensch«, begann ich wieder, »der nicht wenigstens im Leben *einmal* volle lautre Schönheit in sich fühlte, wenn in ihm die Kräfte seines Wesens, wie die Farben am Irisbogen, ineinanderspielten, der nie erfuhr, wie nur in Stunden der Begeisterung alles innigst übereinstimmt, der Mensch wird nicht einmal ein philosophischer Zweifler werden, sein Geist ist nicht einmal zum Niederreißen gemacht, geschweige zum Aufbaun. Denn glaubt es mir, der Zweifler findet darum nur in allem, was gedacht wird, Widerspruch und Mangel, weil er die Harmonie der mangellosen Schönheit kennt, die nie gedacht wird. Das trockne Brot, das menschliche Vernunft wohlmeinend ihm reicht, verschmähet er nur darum, weil er ingeheim am Göttertische schwelgt.«

»Schwärmer!« rief Diotima, »darum warst auch du ein Zweifler. Aber die Athener!«

»Ich bin ganz nah an ihnen«, sagt ich. »Das große Wort, das εν διαφερον εαυτῳ (das Eine in sich selber unterschiedne) des Heraklit, das konnte nur ein Grieche finden, denn es ist das Wesen der Schönheit, und ehe das gefunden war, gab's keine Philosophie.

Nun konnte man bestimmen, das Ganze war da. Die Blume war gereift; man konnte nun zergliedern.

Der Moment der Schönheit war nun kund geworden unter den Menschen, war da im Leben und Geiste, das Unendlicheinige war.

Man konnt es auseinander setzen, zerteilen im Geiste, konnte das Geteilte neu zusammendenken, konnte so das Wesen des Höchsten und Besten mehr und mehr erkennen und das Erkannte zum Gesetze geben in des Geistes mannigfaltigen Gebieten.

Seht ihr nun, warum besonders die Athener auch ein philosophisch Volk sein mußten?

Das konnte der Ägyptier nicht. Wer mit dem Himmel und der Erde nicht in gleicher Lieb und Gegenliebe lebt, wer nicht in diesem Sinne einig lebt mit dem Elemente, worin er sich regt, ist von Natur auch in sich selbst so einig nicht, und erfährt die ewige Schönheit wenigstens so leicht nicht wie ein Grieche.

Wie ein prächtiger Despot, wirft seine Bewohner der orientalische Himmelsstrich mit seiner Macht und seinem Glanze zu Boden, und, ehe der Mensch noch gehen gelernt hat, muß er knien, eh er sprechen gelernt hat, muß er beten; ehe sein Herz ein Gleichgewicht hat, muß es sich neigen, und ehe der Geist noch stark genug ist, Blumen und Früchte zu tragen, ziehet Schicksal und Natur mit brennender Hitze alle Kraft aus ihm. Der Ägyptier ist hingegeben, eh er ein Ganzes ist, und darum weiß er nichts vom Ganzen, nichts von Schönheit, und das Höchste, was er nennt, ist eine verschleierte Macht, ein schauerhaft Rätsel; die stumme finstre Isis ist sein Erstes und Letztes, eine leere Unendlichkeit und da heraus ist nie Vernünftiges gekommen. Auch aus dem erhabensten Nichts wird Nichts geboren.

Der Norden treibt hingegen seine Zöglinge zu früh in sich hinein, und wenn der Geist des feurigen Ägyptiers zu reiselustig in die Welt hinaus eilt, schickt im Norden sich der Geist zur Rückkehr in sich selbst an, ehe er nur reisefertig ist.

Man muß im Norden schon verständig sein, noch eh ein reif Gefühl in einem ist, man mißt sich Schuld von allem bei, noch ehe die Unbefangenheit ihr schönes Ende erreicht hat; man muß vernünftig, muß zum selbstbewußten Geiste werden, ehe man Mensch, zum klugen Manne, ehe man Kind ist; die Einigkeit des ganzen Menschen, die Schönheit läßt man nicht in ihm gedeihn und reifen, eh er sich bildet und entwickelt. Der bloße Verstand, die bloße Vernunft sind immer die Könige des Nordens.

Aber aus bloßem Verstand ist nie Verständiges, aus bloßer Vernunft ist nie Vernünftiges gekommen.

Verstand ist ohne Geistesschönheit, wie ein dienstbarer Geselle, der den Zaun aus grobem Holze zimmert, wie ihm vorgezeichnet ist, und die gezimmerten Pfähle aneinander nagelt, für den Garten, den der Meister bauen will. Des Verstandes ganzes Geschäft ist Notwerk. Vor dem Unsinn, vor dem Unrecht schützt er uns, indem er ordnet; aber sicher zu sein vor Unsinn und vor Unrecht ist doch nicht die höchste Stufe menschlicher Vortrefflichkeit.

Vernunft ist ohne Geistes-, ohne Herzensschönheit, wie ein Treiber, den der Herr des Hauses über die Knechte gesetzt hat; der weiß, so wenig, als die Knechte, was aus all der unendlichen Arbeit werden soll, und ruft nur: tummelt euch, und siehet es fast ungern, wenn es vor sich geht, denn am Ende hätt er ja nichts mehr zu treiben, und seine Rolle wäre gespielt.

Aus bloßem Verstande kömmt keine Philosophie, denn Philosophie ist mehr, denn nur die beschränkte Erkenntnis des Vorhandnen.

Aus bloßer Vernunft kömmt keine Philosophie, denn Philosophie ist mehr, denn blinde Forderung eines nie zu endigenden Fortschritts in Vereinigung und Unterscheidung eines möglichen Stoffs.

Leuchtet aber das göttliche εν διαφερον εαυτῳ, das Ideal der Schönheit der strebenden Vernunft, so fodert sie nicht blind, und weiß, warum, wozu sie fodert.

Scheint, wie der Maitag in des Künstlers Werkstatt, dem Verstande die Sonne des Schönen zu seinem Geschäfte, so schwärmt er zwar nicht hinaus und läßt sein Notwerk stehn, doch denkt er gerne des Festtags, wo er wandeln wird im verjüngenden Frühlingslichte.«

So weit war ich, als wir landeten an der Küste von Attika.

Das alte Athen lag jetzt zu sehr uns im Sinne, als daß wir hätten viel in der Ordnung sprechen mögen, und ich wunderte mich jetzt selber über die Art meiner Äußerungen. »Wie bin ich doch«, rief ich, »auf die trocknen Berggipfel geraten, worauf ihr mich saht?«

»Es ist immer so«, erwiderte Diotima, »wenn uns recht wohl ist. Die üppige Kraft sucht eine Arbeit. Die jungen Lämmer stoßen sich die Stirnen aneinander, wenn sie von der Mutter Milch gesättiget sind.«

Wir gingen jetzt am Lykabettus hinauf, und blieben, trotz der Eile, zuweilen stehen, in Gedanken und wunderbaren Erwartungen.

Es ist schön, daß es dem Menschen so schwer wird, sich vom Tode dessen, was er liebt, zu überzeugen, und es ist wohl keiner noch zu seines Freundes Grabe gegangen, ohne die leise Hoffnung, da dem Freunde wirklich zu begegnen. Mich ergriff das schöne Phantom des alten Athens, wie einer Mutter Gestalt, die aus dem Totenreiche zurückkehrt.

»O Parthenon!« rief ich, »Stolz der Welt! zu deinen Füßen liegt das Reich des Neptun, wie ein bezwungener Löwe, und wie Kinder, sind die andern Tempel um dich versammelt, und die beredte Agora und der Hain des Akademus –.«

»Kannst du so dich in die alte Zeit versetzen«, sagte Diotima.

»Mahne mich nicht an die Zeit!« erwidert ich; »es war ein göttlich Leben und der Mensch war da der Mittelpunkt der Natur. Der Frühling, als er um Athen her blühte, war er, wie eine bescheidne Blume an der Jungfrau Busen; die Sonne ging schamrot auf über den Herrlichkeiten der Erde.

Die Marmorfelsen des Hymettus und Pentele sprangen hervor

aus ihrer schlummernden Wiege, wie Kinder aus der Mutter Schoß, und gewannen Form und Leben unter den zärtlichen Athener-Händen.

Honig reichte die Natur und die schönsten Veilchen und Myrten und Oliven.

Die Natur war Priesterin und der Mensch ihr Gott, und alles Leben in ihr und jede Gestalt und jeder Ton von ihr nur *ein* begeistertes Echo des Herrlichen, dem sie gehörte.

Ihn feiert', ihm nur opferte sie.

Er war es auch wert, er mochte liebend in der heiligen Werkstatt sitzen und dem Götterbilde, das er gemacht, die Knie umfassen, oder auf dem Vorgebirge, auf Suniums grüner Spitze, unter den horchenden Schülern gelagert, sich die Zeit verkürzen mit hohen Gedanken, oder er mocht im Stadium laufen, oder vom Rednerstuhle, wie der Gewittergott, Regen und Sonnenschein und Blitze senden und goldene Wolken –.«

»O siehe!« rief jetzt Diotima mir plötzlich zu.

Ich sah, und hätte vergehen mögen vor dem allmächtigen Anblick.

Wie ein unermeßlicher Schiffbruch, wenn die Orkane verstummt sind und die Schiffer entflohn, und der Leichnam der zerschmetterten Flotte unkenntlich auf der Sandbank liegt, so lag vor uns Athen, und die verwaisten Säulen standen vor uns, wie die nackten Stämme eines Walds, der am Abend noch grünte, und des Nachts darauf im Feuer aufging.

»Hier«, sagte Diotima, »lernt man stille sein über sein eigen Schicksal, es seie gut oder böse.«

»Hier lernt man stille sein über alles«, fuhr ich fort. »Hätten die Schnitter, die dies Kornfeld gemäht, ihre Scheunen mit seinen Halmen bereichert, so wäre nichts verlorengegangen, und ich wollte mich begnügen, hier als Ährenleser zu stehn; aber wer gewann denn?«

»Ganz Europa«, erwidert' einer von den Freunden.

»Oh, ja!« rief ich, »sie haben die Säulen und Statuen weggeschleift und aneinander verkauft, haben die edlen Gestalten nicht wenig geschätzt, der Seltenheit wegen, wie man Papageien und Affen schätzt.«

»Sage das nicht!« erwiderte derselbe; »und mangelt' auch wirklich ihnen der Geist von all dem Schönen, so wär es, weil der nicht weggetragen werden konnte und nicht gekauft.«

»Ja wohl!« rief ich. »Dieser Geist war auch untergegangen noch ehe die Zerstörer über Attika kamen. Erst, wenn die Häuser und Tempel ausgestorben, wagen sich die wilden Tiere in die Tore und Gassen.«

»Wer jenen Geist hat«, sagte Diotima tröstend, »dem stehet Athen noch, wie ein blühender Fruchtbaum. Der Künstler ergänzt den Torso sich leicht.«

Wir gingen des andern Tages früh aus, sahn die Ruinen des Parthenon, die Stelle des alten Bacchustheaters, den Theseustempel, die sechszehn Säulen, die noch übrig stehn vom göttlichen Olympion; am meisten aber ergriff mich das alte Tor, wodurch man ehmals aus der alten Stadt zur neuen herauskam, wo gewiß einst tausend schöne Menschen an *einem* Tage sich grüßten. Jetzt kömmt man weder in die alte noch in die neue Stadt durch dieses Tor, und stumm und öde stehet es da, wie ein vertrockneter Brunnen, aus dessen Röhren einst mit freundlichem Geplätscher das klare frische Wasser sprang.

»Ach!« sagt ich, indes wir so herumgingen, »es ist wohl ein prächtig Spiel des Schicksals, daß es hier die Tempel niederstürzt und ihre zertrümmerten Steine den Kindern herumzuwerfen gibt, daß es die zerstümmelten Götter zu Bänken vor der Bauernhütte und die Grabmäler hier zur Ruhestätte des weidenden Stiers macht, und eine solche Verschwendung ist königlicher, als der Mutwille der Kleopatra, da sie die geschmolzenen Perlen trank; aber es ist doch schade um all die Größe und Schönheit!«

»Guter Hyperion!« rief Diotima, »es ist Zeit, daß du weggehst; du bist blaß und dein Auge ist müde, und du suchst dir umsonst mit Einfällen zu helfen. Komm hinaus! ins Grüne! unter die Farben des Lebens! das wird dir wohltun.«

Wir gingen hinaus in die nahegelegenen Gärten.

Die andern waren auf dem Wege mit zwei britischen Gelehrten, die unter den Altertümern in Athen ihre Ernte hielten, ins Gespräch geraten und nicht von der Stelle zu bringen. Ich ließ sie gerne.

Mein ganzes Wesen richtete sich auf, da ich einmal wieder mit Diotima allein mich sah; sie hatte einen herrlichen Kampf bestanden mit dem heiligen Chaos von Athen. Wie das Saitenspiel der himmlischen Muse über den uneinigen Elementen, herrschten Diotimas stille Gedanken über den Trümmern. Wie der Mond aus zartem Gewölke, hob sich ihr Geist aus schönem Leiden empor; das himmlische Mädchen stand in seiner Wehmut da, wie die Blume, die in der Nacht am lieblichsten duftet.

Wir gingen weiter und weiter, und waren am Ende nicht umsonst gegangen.

O ihr Haine von Angele, wo der Ölbaum und die Zypresse, umeinander flüsternd, mit freundlichen Schatten sich kühlen, wo die goldne Frucht des Zitronenbaums aus dunklem Laube blinkt, wo die schwellende Traube mutwillig über den Zaun wächst, und die reife Pomeranze, wie ein lächelnder Fündling, im Wege liegt! Ihr duftenden heimlichen Pfade! ihr friedlichen Sitze, wo das Bild des Myrtenstrauchs aus der Quelle lächelt! euch werd ich nimmer vergessen.

Diotima und ich gingen eine Weile unter den herrlichen Bäumen umher, bis ein großhe heitere Stelle sich uns darbot.

Hier setzten wir uns. Es war eine selige Stille unter uns. Mein Geist umschwebte die göttliche Gestalt des Mädchens, wie eine Blume der Schmetterling, und all mein Wesen erleichterte, vereinte sich in der Freude der begeisternden Betrachtung.

»Bist du schon wieder getröstet, Leichtsinniger?« sagte Diotima.

»Ja! ja! ich bin's«, erwidert ich. »Was ich verloren wähnte, hab ich, wonach ich schmachtete, als wär es aus der Welt verschwunden, das ist vor mir. Nein, Diotima! noch ist die Quelle der ewigen Schönheit nicht versiegt.

Ich habe dir's schon einmal gesagt, ich brauche die Götter und die Menschen nicht mehr. Ich weiß, der Himmel ist ausgestorben, entvölkert, und die Erde, die einst überfloß von schönem menschlichen Leben, ist fast, wie ein Ameisenhaufe, geworden. Aber noch gibt es eine Stelle, wo der alte Himmel und die alte Erde mir lacht. Denn alle Götter des Himmels und alle göttlichen Menschen der Erde vergeß ich in dir.

Was kümmert mich der Schiffbruch der Welt, ich weiß von nichts, als meiner seligen Insel.«

»Es gibt eine Zeit der Liebe«, sagte Diotima mit freundlichem

Ernste, »wie es eine Zeit gibt, in der glücklichen Wiege zu leben. Aber das Leben selber treibt uns heraus.

Hyperion!« – hier ergriff sie meine Hand mit Feuer, und ihre Stimme erhub mit Größe sich – »Hyperion! mich deucht, du bist zu höhern Dingen geboren. Verkenne dich nicht! der Mangel am Stoffe hielt dich zurück. Es ging nicht schnell genug. Das schlug dich nieder. Wie die jungen Fechter, fielst du zu rasch aus, ehe noch dein Ziel gewiß und deine Faust gewandt war, und weil du, wie natürlich, mehr getroffen wurdest, als du trafst, so wurdest du scheu und zweifeltest an dir und allem; denn du bist so empfindlich, als du heftig bist. Aber dadurch ist nichts verloren. Wäre dein Gemüt und deine Tätigkeit so frühe reif geworden, so wäre dein Geist nicht, was er ist; du wärst der denkende Mensch nicht, wärst du nicht der leidende, der gärende Mensch gewesen. Glaube mir, du hättest nie das Gleichgewicht der schönen Menschheit so rein erkannt, hättest du es nicht so sehr verloren gehabt. Dein Herz hat endlich Frieden gefunden. Ich will es glauben. Ich versteh es. Aber denkst du wirklich, daß du nun am Ende seist? Willst du dich verschließen in den Himmel deiner Liebe, und die Welt, die deiner bedürfte, verdorren und erkalten lassen unter dir? Du mußt wie der Lichtstrahl, herab, wie der allerfrischende Regen, mußt du nieder ins Land der Sterblichkeit, du mußt erleuchten, wie Apoll, erschüttern, beleben, wie Jupiter, sonst bist du deines Himmels nicht wert. Ich bitte dich, geh nach Athen hinein, noch *einmal*, und siehe die Menschen auch an, die dort herumgehn unter den Trümmern, die rohen Albaner und die andern guten kindischen Griechen, die mit einem lustigen Tanze und einem heiligen Märchen sich trösten über die schmähliche Gewalt, die über ihnen lastet – kannst du sagen, ich schäme mich dieses Stoffs? Ich meine, er wäre doch noch bildsam. Kannst du dein Herz abwenden von den Bedürftigen? Sie sind nicht schlimm, sie haben dir nichts zuleide getan!«

»Was kann ich für sie tun«, rief ich.

»Gib ihnen, was du in dir hast«, erwiderte Diotima, »gib –.«

»Kein Wort, kein Wort mehr, große Seele!« rief ich, »du beugst mich sonst, es ist ja sonst, als hättest du mit Gewalt mich dazu gebracht –.

Sie werden nicht glücklicher sein, aber edler, nein! sie werden auch glücklicher sein. Sie müssen heraus, sie müssen hervorgehn, wie die jungen Berge aus der Meersflut, wenn ihr unterirdisches Feuer sie treibt.

Zwar steh ich allein und trete ruhmlos unter sie. Doch einer, der ein Mensch ist, kann er nicht mehr, denn Hunderte, die nur Teile sind des Menschen?

Heilige Natur! du bist dieselbe in und außer mir. Es muß so schwer nicht sein, was außer mir ist, zu vereinen mit dem Göttlichen in mir. Gelingt der Biene doch ihr kleines Reich, warum sollte denn ich nicht pflanzen können und baun, was not ist?

Was? der arabische Kaufmann säete seinen Koran aus, und es wuchs ein Volk von Schülern, wie ein unendlicher Wald, ihm auf, und der Acker sollte nicht auch gedeihn, wo die alte Wahrheit wiederkehrt in neu lebendiger Jugend?

Es werde von Grund aus anders! Aus der Wurzel der Menschheit sprosse die neue Welt! Eine neue Gottheit walte über ihnen, eine neue Zukunft kläre vor ihnen sich auf.

In der Werkstatt, in den Häusern, in den Versammlungen, in den Tempeln, überall werd es anders!

Aber ich muß noch ausgehn, zu lernen. Ich bin ein Künstler, aber ich bin nicht geschickt. Ich bilde im Geiste, aber ich weiß noch die Hand nicht zu führen –.«

»Du gehest nach Italien«, sagte Diotima, »nach Deutschland, Frankreich – wieviel Jahre brauchst du? drei – vier – ich denke drei sind genug; du bist ja keiner von den Langsamen, und suchst das Größte und das Schönste nur –.«

»Und dann?«

»Du wirst Erzieher unsers Volks, du wirst ein großer Mensch sein, hoff ich. Und wenn ich dann dich so umfasse, da werd ich träumen, als wär ich ein Teil des herrlichen Manns, da werd ich frohlocken, als hättst du mir die Hälfte deiner Unsterblichkeit, wie Pollux dem Kastor, geschenkt, oh! ich werd ein stolzes Mädchen werden, Hyperion!«

Ich schwieg eine Weile. Ich war voll unaussprechlicher Freude.

»Gibt's denn Zufriedenheit zwischen dem Entschluß und der Tat«, begann ich endlich wieder, »gibt's eine Ruhe vor dem Siege?«

»Es ist die Ruhe des Helden«, sagte Diotima, »es gibt Entschlüsse, die, wie Götterworte, Gebot und Erfüllung zugleich sind, und so ist der deine.« –

Wir gingen zurück, wie nach der ersten Umarmung. Es war uns alles fremd und neu geworden.

Ich stand nun über den Trümmern von Athen, wie der Ackersmann auf dem Brachfeld. Liege nur ruhig, dacht ich, da wir wieder zu Schiffe gingen, liege nur ruhig, schlummerndes Land! Bald grünt das junge Leben aus dir, und wächst den Segnungen des Himmels entgegen. Bald regnen die Wolken nimmer umsonst, bald findet die Sonne die alten Zöglinge wieder.

Du frägst nach Menschen, Natur? Du klagst, wie ein Saitenspiel, worauf des Zufalls Bruder, der Wind, nur spielt, weil der Künstler, der es ordnete, gestorben ist? Sie werden kommen, deine Menschen, Natur! Ein verjüngtes Volk wird dich auch wieder verjüngen, und du wirst werden, wie seine Braut, und der alte Bund der Geister wird sich erneuen mit dir.

Es wird nur *eine* Schönheit sein; und Menschheit und Natur wird sich vereinen in *eine* allumfassende Gottheit.

ZWEITER BAND

*μη φυναι, τον απαντα νικα λογον. το δ' επει φανη
βηναι κειθεν, οθεν περ ηκει, πολυ δευτερον ως ταχιςα.*
Sophokles

ERSTES BUCH

Hyperion an Bellarmin

Wir lebten in den letzten schönen Momenten des Jahrs, nach unserer Rückkunft aus dem attischen Lande.

Ein Bruder des Frühlings war uns der Herbst, voll milden Feuers, eine Festzeit für die Erinnerung an Leiden und vergangne Freuden der Liebe. Die welkenden Blätter trugen die Farbe des Abendrots, nur die Fichte und der Lorbeer stand in ewigem Grün. In den heitern Lüften zögerten wandernde Vögel, andere schwärmten im Weinberg, und im Garten und ernteten fröhlich, was die Menschen übrig gelassen. Und das himmlische Licht rann lauter vom offenen Himmel, durch alle Zweige lächelte die heilige Sonne, die gütige, die ich niemals nenne ohne Freude und Dank, die oft in tiefem Leide mit einem Blicke mich geheilt, und von dem Unmut und den Sorgen meine Seele gereinigt.

Wir besuchten noch all unsere liebsten Pfade, Diotima und ich, entschwundne selige Stunden begegneten uns überall.

Wir erinnerten uns des vergangenen Mais, wir hätten die Erde noch nie so gesehen, wie damals, meinten wir, sie wäre verwandelt gewesen, eine silberne Wolke von Blüten, eine freudige Lebensflamme, entledigt alles gröberen Stoffs.

»Ach! es war alles so voll Lust und Hoffnung«, rief Diotima,

»so voll unaufhörlichen Wachstums und doch auch so mühelos, so seligruhig, wie ein Kind, das vor sich hin spielt, und nicht weiter denkt.«

»Daran«, rief ich, »erkenn ich sie, die Seele der Natur, an diesem stillen Feuer, an diesem Zögern in ihrer mächtigen Eile.«

»Und es ist den Glücklichen so lieb, dies Zögern«, rief Diotima; »weißt du? wir standen einmal des Abends zusammen auf der Brücke, nach starkem Gewitter, und das rote Berggewässer schoß, wie ein Pfeil, unter uns weg, aber daneben grünt' in Ruhe der Wald, und die hellen Buchenblätter regten sich kaum. Da tat es uns so wohl, daß uns das seelenvolle Grün nicht auch so wegflog, wie der Bach, und der schöne Frühling uns so still hielt, wie ein zahmer Vogel, aber nun ist er dennoch über die Berge.«

Wir lächelten über dem Worte, wiewohl das Trauern uns näher war.

So sollt auch unsre eigne Seligkeit dahingehn, und wir sahen's voraus.

O Bellarmin! wer darf denn sagen, er stehe fest, wenn auch das Schöne seinem Schicksal so entgegenreift, wenn auch das Göttliche sich demütigen muß, und die Sterblichkeit mit allem Sterblichen teilen!

Hyperion an Bellarmin

Ich hatte mit dem holden Mädchen noch vor ihrem Hause gezögert, bis das Licht der Nacht in die ruhige Dämmerung schien, nun kam ich in Notaras Wohnung zurück, gedankenvoll, voll überwallenden heroischen Lebens, wie immer, wenn ich aus ihren Umarmungen ging. Es war ein Brief von Alabanda gekommen.

Es regt sich, Hyperion, schrieb er mir, Rußland hat der Pforte den Krieg erklärt; man kommt mit einer Flotte in den Archipelagus[1]; die Griechen sollen frei sein, wenn sie mit aufstehn, den Sultan an den Euphrat zu treiben. Die Griechen werden das Ihre tun, die Griechen werden frei sein und mir ist herzlich wohl, daß

---

1 Im Jahr 1770.

es einmal wieder etwas zu tun gibt. Ich mochte den Tag nicht sehn, solang es noch so weit nicht war.

Bist du noch der Alte, so komm! Du findst mich in dem Dorfe vor Koron, wenn du den Weg von Misistra kömmst. Ich wohne am Hügel, in dem weißen Landhause am Walde.

Die Menschen, die du in Smyrna bei mir kennenlerntest, hab ich verlassen. Du hattest recht mit deinem feinern Sinne, daß du in ihre Sphäre nicht tratest.

Mich verlangt, uns beede in dem neuen Leben wiederzusehn. Dir war bis itzt die Welt zu schlecht, um ihr dich zu erkennen zu geben. Weil du nicht Knechtsdienste tun mochtest, tatest du nichts, und das Nichtstun machte dich grämlich und träumerisch.

Du mochtest im Sumpfe nicht schwimmen. Komm nun, komm, und laß uns baden in offener See!

Das soll uns wohltun, einzig Geliebter!

So schrieb er. Ich war betroffen im ersten Moment. Mir brannte das Gesicht vor Scham, mir kochte das Herz, wie heiße Quellen, und ich konnt auf keiner Stelle bleiben, so schmerzt' es mich, überflogen zu sein von Alabanda, überwunden auf immer. Doch nahm ich nun auch um so begieriger die künftige Arbeit ans Herz. –

»Ich bin zu müßig geworden«, rief ich, »zu friedenslustig, zu himmlisch, zu träg! – Alabanda sieht in die Welt, wie ein edler Pilot, Alabanda ist fleißig und sucht in der Woge nach Beute; und dir schlafen die Hände im Schoß? und mit Worten möchtest du ausreichen, und mit Zauberformeln beschwörst du die Welt? Aber deine Worte sind, wie Schneeflocken, unnütz, und machen die Luft nur trüber und deine Zaubersprüche sind für die Frommen, aber die Unglaubigen hören dich nicht. – Ja! sanft zu sein, zu rechter Zeit, das ist wohl schön, doch sanft zu sein, zur Unzeit, das ist häßlich, denn es ist feig! – Aber Harmodius! deiner Myrte will ich gleichen, deiner Myrte, worin das Schwert sich verbarg. Ich will umsonst nicht müßig gegangen sein, und mein Schlaf soll werden, wie Öl, wenn die Flamme darein kömmt. Ich will nicht zusehn, wo es gilt, will nicht umhergehn und die Neuigkeit erfragen, wann Alabanda den Lorbeer nimmt.«

Hyperion an Bellarmin

Diotimas Erblassen, da sie Alabandas Brief las, ging mir durch die Seele. Drauf fing sie an, gelassen und ernst, den Schritt mir abzuraten und wir sprachen manches hin und wider. »O ihr Gewaltsamen!« rief sie endlich, »die ihr so schnell zum Äußersten seid, denkt an die Nemesis!«

»Wer Äußerstes leidet«, sagt ich, »dem ist das Äußerste recht.«

»Wenn's auch recht ist«, sagte sie, »du bist dazu nicht geboren.«

»So scheint es«, sagt ich; »ich hab auch lange genug gesäumt. O ich möchte einen Atlas auf mich laden, um die Schulden meiner Jugend abzutragen. Hab ich ein Bewußtsein? hab ich ein Bleiben in mir? O laß mich, Diotima! Hier, gerad in solcher Arbeit muß ich es erbeuten.«

»Das ist eitel Übermut!« rief Diotima; »neulich warst du bescheidner, neulich, da du sagtest, ich muß noch ausgehn, zu lernen.«

»Liebe Sophistin!« rief ich, »damals war ja auch von ganz was anderem die Rede. In den Olymp des Göttlichschönen, wo aus ewigjungen Quellen das Wahre mit allem Guten entspringt, dahin mein Volk zu führen, bin ich noch jetzt nicht geschickt. Aber ein Schwert zu brauchen, hab ich gelernt und mehr bedarf es für jetzt nicht. Der neue Geisterbund kann in der Luft nicht leben, die heilige Theokratie des Schönen muß in einem Freistaat wohnen, und der will Platz auf Erden haben und diesen Platz erobern wir gewiß.«

»Du wirst erobern«, rief Diotima, »und vergessen, wofür? wirst, wenn es hoch kommt, einen Freistaat dir erzwingen und dann sagen, wofür hab ich gebaut? ach! es wird verzehrt sein, all das schöne Leben, das daselbst sich regen sollte, wird verbraucht sein selbst in dir! Der wilde Kampf wird dich zerreißen, schöne Seele, du wirst altern, seliger Geist! und lebensmüd am Ende fragen, wo seid ihr nun, ihr Ideale der Jugend?«

»Das ist grausam, Diotima«, rief ich, »so ins Herz zu greifen, so an meiner eignen Todesfurcht, an meiner höchsten Lebenslust mich festzuhalten, aber nein! nein! nein! der Knechtsdienst tötet, aber gerechter Krieg macht jede Seele lebendig. Das gibt dem

Golde die Farbe der Sonne, daß man ins Feuer es wirft! Das, das gibt erst dem Menschen seine ganze Jugend, daß er Fesseln zerreißt! Das rettet ihn allein, daß er sich aufmacht und die Natter zertritt, das kriechende Jahrhundert, das alle schöne Natur im Keime vergiftet! – Altern sollt ich, Diotima! wenn ich Griechenland befreie? altern, ärmlich werden, ein gemeiner Mensch? O so war er wohl recht schal und leer und gottverlassen, der Athenerjüngling, da er als Siegesbote von Marathon über den Gipfel des Pentele kam und hinabsah in die Täler von Attika!«

»Lieber! Lieber!« rief Diotima, »sei doch still! ich sage dir kein Wort mehr. Du sollst gehn, sollst gehen, stolzer Mensch! Ach! wenn du so bist, hab ich keine Macht, kein Recht auf dich.«

Sie weinte bitter und ich stand, wie ein Verbrecher, vor ihr. »Vergib mir, göttliches Mädchen!« rief ich, vor ihr niedergesunken, »o vergib mir, wo ich muß! Ich wähle nicht, ich sinne nicht. Eine Macht ist in mir und weiß nicht, ob ich es selbst bin, was zu dem Schritte mich treibt.« – »Deine volle Seele gebietet dir's«, antwortete sie. »Ihr nicht zu folgen, führt oft zum Untergange, doch, ihr zu folgen, wohl auch. Das beste ist, du gehst, denn es ist größer. Handle du; ich will es tragen.«

Hyperion an Bellarmin

Diotima war von nun an wunderbar verändert.

Mit Freude hatt ich gesehn, wie seit unserer Liebe das verschwiegne Leben aufgegangen war in Blicken und lieblichen Worten und ihre genialische Ruhe war mir oft in glänzender Begeisterung entgegengekommen.

Aber wie so fremd wird uns die schöne Seele, wenn sie nach dem ersten Aufblühn, nach dem Morgen ihres Laufs hinauf zur Mittagshöhe muß! Man kannte fast das selige Kind nicht mehr, so erhaben und so leidend war sie geworden.

O wie manchmal lag ich vor dem traurenden Götterbilde, und wähnte die Seele hinwegzuweinen im Schmerz um sie, und stand bewundernd auf und selber voll von allmächtigen Kräften! Eine Flamme war ihr ins Auge gestiegen aus der gepreßten Brust. Es war ihr zu enge geworden im Busen voll Wünschen und Leiden; darum waren die Gedanken des Mädchens so herrlich und kühn. Eine neue Größe, eine sichtbare Gewalt über alles, was fühlen konnte, herrscht' in ihr. Sie war ein höheres Wesen. Sie gehörte zu den sterblichen Menschen nicht mehr.

O meine Diotima, hätte ich damals gedacht, wohin das kommen sollte?

Hyperion an Bellarmin

Auch der kluge Notara wurde bezaubert von den neuen Entwürfen, versprach mir eine starke Partei, hoffte bald den Korinthischen Isthmus zu besetzen und Griechenland hier, wie an der Handhabe, zu fassen. Aber das Schicksal wollt es anders und machte seine Arbeit unnütz, ehe sie ans Ziel kam.

Er riet mir, nicht nach Tina zu gehn, gerade den Peloponnes hinab zu reisen, und durchaus so unbemerkt, als möglich. Meinem Vater sollt ich unterweges schreiben, meint' er, der bedächtige Alte würde leichter einen geschehenen Schritt verzeihn, als einen ungeschehenen erlauben. Das war mir nicht recht nach meinem Sinne, aber wir opfern die eignen Gefühle so gern, wenn uns ein großes Ziel vor Augen steht.

»Ich zweifle«, fuhr Notara fort, »ob du wirst auf deines Vaters Hülfe in solchem Falle rechnen können. Darum geb ich dir, was nebenbei doch nötig ist für dich, um einige Zeit in allen Fällen zu leben und zu wirken. Kannst du einst, so zahlst du mir es zurück, wo nicht, so war das meine auch dein. Schäme des Gelds dich nicht«, setzt' er lächelnd hinzu; »auch die Rosse des Phöbus leben von der Luft nicht allein, wie uns die Dichter erzählen.«

Hyperion an Bellarmin

Nun kam der Tag des Abschieds.

Den Morgen über war ich oben in Notaras Garten geblieben, in der frischen Winterluft, unter den immergrünen Zypressen und Zedern. Ich war gefaßt. Die großen Kräfte der Jugend hielten mich aufrecht und das Leiden, das ich ahnete, trug, wie eine Wolke, mich höher.

Diotimas Mutter hatte Notara und die andern Freunde und mich gebeten, daß wir noch den letzten Tag bei ihr zusammenleben möchten. Die Guten hatten sich alle meiner und Diotimas gefreut und das Göttliche in unserer Liebe war an ihnen nicht verloren geblieben. Sie sollten nun mein Scheiden auch mir segnen.

Ich ging hinab. Ich fand das teure Mädchen am Herde. Es schien ihr ein heilig priesterlich Geschäft, an diesem Tage das Haus zu besorgen. Sie hatte alles zurechtgemacht, alles im Hause verschönert und es durft ihr niemand dabei helfen. Alle Blumen, die noch übrig waren im Garten, hatte sie eingesammelt, Rosen und frische Trauben hatte sie in der späten Jahrszeit noch zusammengebracht.

Sie kannte meinen Fußtritt, da ich heraufkam, trat mir leis entgegen; die bleichen Wangen glühten von der Flamme des Herds und die ernsten großgewordnen Augen glänzten von Tränen. Sie sahe, wie mich's überfiel. »Gehe hinein, mein Lieber«, sagte sie; »die Mutter ist drinnen und ich folge gleich.«

Ich ging hinein. Da saß die edle Frau und streckte mir die schöne Hand entgegen – »kommst du«, rief sie, »kommst du, mein Sohn! Ich sollte dir zürnen, du hast mein Kind mir genommen, hast alle Vernunft mir ausgeredet, und tust, was dich gelüstet, und gehest davon; aber vergebt es ihm, ihr himmlischen Mächte! wenn er Unrecht vorhat, und hat er Recht, o so zögert nicht mit eurer Hülfe dem Lieben!« Ich wollte reden, aber eben kam Notara mit den übrigen Freunden herein und hinter ihnen Diotima.

Wir schwiegen eine Weile. Wir ehrten die traurende Liebe, die in uns allen war, wir fürchteten uns, sich ihrer zu überheben in Reden und stolzen Gedanken. Endlich nach wenigen flüchtigen Worten bat mich Diotima, einiges von Agis und Kleomenes zu erzählen; ich hätte die großen Seelen oft mit feuriger Achtung genannt und gesagt, sie wären Halbgötter, so gewiß, wie Prometheus, und ihr Kampf mit dem Schicksal von Sparta sei heroischer, als irgendeiner in den glänzenden Mythen. Der Genius dieser Menschen sei das Abendrot des griechischen Tages, wie Theseus und Homer die Aurore desselben.

Ich erzählte und am Ende fühlten wir uns alle stärker und höher.

»Glücklich«, rief einer von den Freunden, »wem sein Leben wechselt zwischen Herzensfreude und frischem Kampf.«

»Ja!« rief ein anderer, »das ist ewige Jugend, daß immer Kräfte genug im Spiele sind und wir uns ganz erhalten in Lust und Arbeit.«

»O ich möchte mit dir«, rief Diotima mir zu.

»Es ist auch gut, daß du bleibst, Diotima!« sagt ich. »Die Priesterin darf aus dem Tempel nicht gehen. Du bewahrst die heilige Flamme, du bewahrst im Stillen das Schöne, daß ich es wiederfinde bei dir.«

»Du hast auch recht, mein Lieber, das ist besser«, sagte sie, und ihre Stimme zitterte und das Ätherauge verbarg sich ins Tuch, um seine Tränen, seine Verwirrung nicht sehen zu lassen.

O Bellarmin! es wollte mir die Brust zerreißen, daß ich sie so schamrot gemacht. »Freunde!« rief ich, »erhaltet diesen Engel mir. Ich weiß von nichts mehr, wenn ich sie nicht weiß. O Himmel! ich darf nicht denken, wozu ich fähig wäre, wenn ich sie vermißte.«

»Sei ruhig, Hyperion!« fiel Notara mir ein.

»Ruhig?« rief ich; »o ihr guten Leute! ihr könnt oft sorgen, wie der Garten blühn und wie die Ernte werden wird, ihr könnt für euren Weinstock beten und ich soll ohne Wünsche scheiden von dem Einzigen, dem meine Seele dient?«

»Nein, o du Guter!« rief Notara bewegt, »nein! ohne Wünsche sollst du mir von ihr nicht scheiden! nein, bei der Götterunschuld eurer Liebe! meinen Segen habt ihr gewiß.«

»Du mahnst mich«, rief ich schnell. »Sie soll uns segnen, diese teure Mutter, soll mit euch uns zeugen – komm Diotima! unsern Bund soll deine Mutter heiligen, bis die schöne Gemeinde, die wir hoffen, uns vermählt.«

So fiel ich auf ein Knie; mit großem Blick, errötend, festlichlächelnd sank auch sie an meiner Seite nieder.

»Längst«, rief ich, »o Natur! ist unser Leben *eines* mit dir und himmlischjugendlich, wie du und deine Götter all, ist unsre eigne Welt durch Liebe.«

»In deinen Hainen wandelten wir«, fuhr Diotima fort, »und waren, wie du, an deinen Quellen saßen wir und waren, wie du, dort über die Berge gingen wir, mit deinen Kindern, den Sternen, wie du.«

»Da wir uns ferne waren«, rief ich, »da, wie Harfengelispel, unser kommend Entzücken uns erst tönte, da wir uns fanden, da kein Schlaf mehr war und alle Töne in uns erwachten zu des Lebens vollen Akkorden, göttliche Natur! da waren wir immer, wie du, und nun auch da wir scheiden und die Freude stirbt, sind wir, wie du, voll Leidens und doch gut, drum soll ein reiner Mund uns zeugen, daß unsre Liebe heilig ist und ewig, so wie du.«

»Ich zeug es«, sprach die Mutter.

»Wir zeugen es«, riefen die andern.

Nun war kein Wort mehr für uns übrig. Ich fühlte mein höchstes Herz; ich fühlte mich reif zum Abschied. »Jetzt will ich fort, ihr Lieben!« sagt ich, und das Leben schwand von allen Gesichtern. Diotima stand, wie ein Marmorbild, und ihre Hand starb fühlbar in meiner. Alles hatt ich um mich her getötet, ich war einsam und mir schwindelte vor der grenzenlosen Stille, wo mein überwallend Leben keinen Halt mehr fand.

»Ach!« rief ich, »mir ist's brennendheiß im Herzen, und ihr steht alle so kalt, ihr Lieben! und nur die Götter des Hauses neigen ihr Ohr? – Diotima! – du bist stille, du siehst nicht! – o wohl dir, daß du nicht siehst!«

»So geh nur«, seufzte sie, »es muß ja sein; geh nur, du teures Herz!«

»O süßer Ton aus diesen Wonnelippen!« rief ich, und stand wie ein Betender, vor der holden Statue – »süßer Ton! noch *einmal* wehe mich an, noch *einmal* tage, liebes Augenlicht!«

»Rede so nicht, Lieber!« rief sie, »rede mir ernster, rede mit größerem Herzen mir zu!«

Ich wollte mich halten, aber ich war wie im Traume.

»Wehe!« rief ich, »das ist kein Abschied, wo man wiederkehrt.«

»Du wirst sie töten«, rief Notara. »Siehe, wie sanft sie ist, und du bist so außer dir.«

Ich sahe sie an und Tränen stürzten mir aus brennendem Auge.

»So lebe denn wohl, Diotima!« rief ich, »Himmel meiner Liebe, lebe wohl! – Lasset uns stark sein, teure Freunde! teure Mutter! ich gab dir Freude und Leid. Lebt wohl! lebt wohl!«

Ich wankte fort. Diotima folgte mir allein.

Es war Abend geworden und die Sterne gingen herauf am Himmel. Wir standen still unter dem Hause. Ewiges war in uns, über uns. Zart, wie der Äther, umwand mich Diotima. »Törichter, was ist denn Trennung?« flüsterte sie geheimnisvoll mir zu, mit dem Lächeln einer Unsterblichen.

»Es ist mir auch jetzt anders«, sagt ich, »und ich weiß nicht, was von beiden ein Traum ist, mein Leiden oder meine Freudigkeit.«

»Beides ist«, erwiderte sie, »und beides ist gut.«

»Vollendete!« rief ich, »ich spreche wie du. Am Sternenhimmel wollen wir uns erkennen. Er sei das Zeichen zwischen mir und dir, solange die Lippen verstummen.«

»Das sei er!« sprach sie mit einem langsamen niegehörten Tone – es war ihr letzter. Im Dämmerlichte entschwand mir ihr Bild und ich weiß nicht, ob sie es wirklich war, da ich zum letzten Male mich umwandt' und die erlöschende Gestalt noch einen Augenblick vor meinem Auge zückte und dann in die Nacht verschied.

Hyperion an Bellarmin

Warum erzähl ich dir und wiederhole mein Leiden und rege die ruhelose Jugend wieder auf in mir? Ist's nicht genug, *einmal* das Sterbliche durchwandert zu haben? warum bleib ich im Frieden meines Geistes nicht stille?

Darum, mein Bellarmin! weil jeder Atemzug des Lebens unserm Herzen wert bleibt, weil alle Verwandlungen der reinen Natur auch mit zu ihrer Schöne gehören. Unsre Seele, wenn sie die sterblichen Erfahrungen ablegt und allein nur lebt in heiliger Ruhe, ist sie nicht, wie ein unbelaubter Baum? wie ein Haupt ohne Locken? Lieber Bellarmin! ich habe eine Weile geruht; wie ein Kind, hab ich unter den stillen Hügeln von Salamis gelebt, vergessen des Schicksals und des Strebens der Menschen. Seitdem ist manches anders in meinem Auge geworden, und ich habe nun so viel Frieden in mir, um ruhig zu bleiben, bei jedem Blick ins menschliche Leben. O Freund! am Ende söhnet der Geist mit allem uns aus. Du wirst's nicht glauben, wenigstens von mir nicht. Aber ich meine, du solltest sogar meinen Briefen es ansehn, wie meine Seele täglich stiller wird und stiller. Und ich will künftig noch so viel davon sagen, bis du es glaubst.

Hier sind Briefe von Diotima und mir, die wir uns nach meinem Abschied von Kalaurea geschrieben. Sie sind das Liebste, was ich dir vertraue. Sie sind das wärmste Bild aus jenen Tagen meines Lebens. Vom Kriegslärm sagen sie dir wenig. Desto mehr von meinem eignerem Leben und das ist's ja, was du willst. Ach und du mußt auch sehen, wie geliebt ich war. Das konnt ich nie dir sagen, das sagt Diotima nur.

HYPERION AN DIOTIMA

Ich bin erwacht aus dem Tode des Abschieds, meine Diotima! gestärkt, wie aus dem Schlafe, richtet mein Geist sich auf.

Ich schreibe dir von einer Spitze der epidaurischen Berge. Da dämmert fern in der Tiefe deine Insel, Diotima! und dorthinaus mein Stadium, wo ich siegen oder fallen muß. O Peloponnes! o ihr Quellen des Eurotas und Alpheus! Da wird es gelten! Aus den spartanischen Wäldern, da wird, wie ein Adler, der alte Landesgenius stürzen mit unsrem Heere, wie mit rauschenden Fittichen.

Meine Seele ist voll von Tatenlust und voll von Liebe, Diotima, und in die griechischen Täler blickt mein Auge hinaus, als sollt es magisch gebieten: steigt wieder empor, ihr Städte der Götter!

Ein Gott muß in mir sein, denn ich fühl auch unsre Trennung kaum. Wie die seligen Schatten am Lethe, lebt jetzt meine Seele mit deiner in himmlischer Freiheit und das Schicksal waltet über unsre Liebe nicht mehr.

Hyperion an Diotima

Ich bin jetzt mitten im Peloponnes. In derselben Hütte, worin ich heute übernachte, übernachtete ich einst, da ich, beinahe noch Knabe, mit Adamas diese Gegenden durchzog. Wie saß ich da so glücklich auf der Bank vor dem Hause und lauschte dem Geläute der fernher kommenden Karawane und dem Geplätscher des nahen Brunnens, der unter blühenden Akazien sein silbern Gewässer ins Becken goß.

Jetzt bin ich wieder glücklich. Ich wandere durch dies Land, wie durch Dodonas Hain, wo die Eichen tönten von ruhmweissagenden Sprüchen. Ich sehe nur Taten, vergangene, künftige, wenn ich auch vom Morgen bis zum Abend unter freiem Himmel wandre. Glaube mir, wer dieses Land durchreist, und noch ein Joch auf seinem Halse duldet, kein Pelopidas wird, der ist herzleer, oder ihm fehlt es am Verstande.

So lange schlief's – so lange schlich die Zeit, wie der Höllenfluß, trüb und stumm, in ödem Müßiggange vorüber?

Und doch liegt alles bereit. Voll rächerischer Kräfte ist das Bergvolk hieherum, liegt da, wie eine schweigende Wetterwolke, die nur des Sturmwinds wartet, der sie treibt. Diotima! laß mich den Othem Gottes unter sie hauchen, laß mich ein Wort von Herzen an sie reden, Diotima. Fürchte nichts! Sie werden so wild nicht sein. Ich kenne die rohe Natur. Sie höhnt der Vernunft, sie stehet aber im Bunde mit der Begeisterung. Wer nur mit ganzer Seele wirkt, irrt nie. Er bedarf des Klügelns nicht, denn keine Macht ist wider ihn.

Hyperion an Diotima

Morgen bin ich bei Alabanda. Es ist mir eine Lust, den Weg nach Koron zu erfragen, und ich frage öfter, als nötig ist. Ich möchte die Flügel der Sonne nehmen und hin zu ihm und doch zaudr ich auch so gerne und frage: wie wird er sein?

Der königliche Jüngling! warum bin ich später geboren? warum sprang ich nicht aus *einer* Wiege mit ihm? Ich kann den

Unterschied nicht leiden, der zwischen uns ist. O warum lebt ich, wie ein müßiger Hirtenknabe, zu Tina, und träumte nur von seinesgleichen noch erst, da er schon in lebendiger Arbeit die Natur erprüfte und mit Meer und Luft und allen Elementen schon rang? trieb's denn in mir nach Tatenwonne nicht auch?

Aber ich will ihn einholen, ich will schnell sein. Beim Himmel! ich bin überreif zur Arbeit. Meine Seele tobt nur gegen sich selbst, wenn ich nicht bald durch ein lebendig Geschäft mich befreie.

Hohes Mädchen! wie konnt ich bestehen vor dir? Wie war dir's möglich, so ein tatlos Wesen zu lieben?

Hyperion an Diotima

Ich hab ihn, teure Diotima!

Leicht ist mir die Brust und schnell sind meine Sehnen, ha! und die Zukunft reizt mich, wie eine klare Wassertiefe uns reizt, hinein zu springen und das übermütige Blut im frischen Bade zu kühlen. Aber das ist Geschwätz. Wir sind uns lieber, als je, mein Alabanda und ich. Wir sind freier umeinander und doch ist's alle die Fülle und Tiefe des Lebens, wie sonst.

O wie hatten die alten Tyrannen so recht, Freundschaften, wie die unsere, zu verbieten! Da ist man stark, wie ein Halbgott, und duldet nichts Unverschämtes in seinem Bezirke! –

Es war des Abends, da ich in sein Zimmer trat. Er hatte eben die Arbeit beiseite gelegt, saß in einer mondhellen Ecke am Fenster und pflegte seiner Gedanken. Ich stand im Dunkeln, er erkannte mich nicht, sah unbekümmert gegen mich her. Der Himmel weiß, für wen er mich halten mochte. »Nun, wie geht es?« rief er. »So ziemlich!« sagt ich. Aber das Heucheln war umsonst. Meine Stimme war voll geheimen Frohlockens. »Was ist das?« fuhr er auf; »bist du's?« – »Ja wohl, du Blinder!« rief ich, und flog ihm in die Arme. »O nun!« rief Alabanda endlich, »nun soll es anders werden, Hyperion!«

»Das denk ich«, sagt ich und schüttelte freudig seine Hand.

»Kennst du mich denn noch«, fuhr Alabanda fort nach einer

Weile, »hast du den alten frommen Glauben noch an Alabanda? Großmütiger! mir ist es nimmer indes so wohl gegangen, als da ich im Lichte deiner Liebe mich fühlte.«

»Wie?« rief ich, »fragt dies Alabanda? Das war nicht stolz gesprochen, Alabanda. Aber es ist das Zeichen dieser Zeit, daß die alte Heroennatur um Ehre betteln geht, und das lebendige Menschenherz, wie eine Waise, um einen Tropfen Liebe sich kümmert.«

»Lieber Junge!« rief er; »ich bin eben alt geworden. Das schlaffe Leben überall und die Geschichte mit den Alten, zu denen ich in Smyrna dich in die Schule bringen wollte –.«

»O es ist bitter«, rief ich; »auch an diesen wagte sich die Todesgöttin, die Namenlose, die man Schicksal nennt.«

Es wurde Licht gebracht und wir sahn von neuem mit leisem, liebendem Forschen uns an. Die Gestalt des Teuren war sehr anders geworden seit den Tagen der Hoffnung. Wie die Mittagssonne vom bleichen Himmel, funkelte sein großes ewiglebendes Auge vom abgeblühten Gesichte mich an.

»Guter!« rief Alabanda mit freundlichem Unwillen, da ich ihn so ansah, »laß die Wehmutsblicke, guter Junge! Ich weiß es wohl, ich bin herabgekommen. O mein Hyperion! ich sehne mich sehr nach etwas Großem und Wahrem und ich hoff es zu finden mit dir. Du bist mir über den Kopf gewachsen, du bist freier und stärker, wie ehmals, und siehe! das freut mich herzlich. Ich bin das dürre Land und du kommst, wie ein glücklich Gewitter – o es ist herrlich, daß du da bist!«

»Stille!« sagt ich, »du nimmst mir die Sinnen, und wir sollten gar nicht von uns sprechen, bis wir im Leben, unter den Taten sind.«

»Ja wohl!« rief Alabanda freudig, »erst, wenn das Jagdhorn schallt, da fühlen sich die Jäger.«

»Wird's denn bald angehn?« sagt ich.

»Es wird«, rief Alabanda, »und ich sage dir, Herz! es soll ein ziemlich Feuer werden. Ha! mag's doch reichen bis an die Spitze des Turms und seine Fahne schmelzen und um ihn wüten und wogen, bis er berstet und stürzt! – und stoße dich nur an unsern Bundsgenossen nicht. Ich weiß es wohl, die guten Russen möchten uns gerne, wie Schießgewehre, brauchen. Aber laß das gut sein! haben nur erst unsere kräftigen Spartaner bei Gelegenheit erfahren, wer sie sind und was sie können, und haben wir so den Peloponnes erobert, so lachen wir dem Nordpol ins Angesicht und bilden uns ein eigenes Leben.«

»Ein eignes Leben«, rief ich, »ein neu, ein ehrsames Leben. Sind wir denn, wie ein Irrlicht, aus dem Sumpfe geboren oder stammen wir von den Siegern bei Salamis ab? Wie ist's denn nun? wie bist du denn zur Magd geworden, griechische freie Natur? wie bist du so herabgekommen, väterlich Geschlecht, von dem das Götterbild des Jupiter und des Apoll einst nur die Kopie war? – Aber höre mich, Ioniens Himmel! höre mich, Vaterlandserde, die du dich halbnackt, wie eine Bettlerin, mit den Lappen deiner alten Herrlichkeit umkleidest, ich will es länger nicht dulden!«

»O Sonne, die uns erzog!« rief Alabanda, »zusehn sollst du, wenn unter der Arbeit uns der Mut wächst, wenn unter den Schlägen des Schicksals unser Entwurf, wie das Eisen unter dem Hammer sich bildet.«

Es entzündete einer den andern.

»Und daß nur kein Flecken hängen bleibe«, rief ich, »kein Posse, womit uns das Jahrhundert, wie der Pöbel die Wände, bemalt!« –

»Oh«, rief Alabanda, »darum ist der Krieg auch so gut –.«

»Recht, Alabanda", rief ich, »so wie alle große Arbeit, wo des Menschen Kraft und Geist und keine Krücke und kein wächserner Flügel hilft. Da legen wir die Sklavenkleider ab, worauf das Schicksal uns sein Wappen gedrückt –.«

»Da gilt nichts Eitles und Anerzwungenes mehr«, rief Alabanda, »da gehn wir schmucklos, fessellos, nackt, wie im Wettlauf zu Nemea, zum Ziele.«

»Zum Ziele«, rief ich, »wo der junge Freistaat dämmert und das Pantheon alles Schönen aus griechischer Erde sich hebt.«

Alabanda schwieg eine Weile. Eine neue Röte stieg auf in seinem Gesichte, und seine Gestalt wuchs, wie die erfrischte Pflanze, in die Höhe.

»O Jugend! Jugend!« rief er, »dann will ich trinken aus deinem Quell, dann will ich leben und lieben. Ich bin sehr freudig, Himmel der Nacht«, fuhr er, wie trunken, fort, indem er unter das Fenster trat, »wie eine Rebenlaube, überwölbest du mich, und deine Sterne hängen, wie Trauben, herunter.«

Hyperion an Diotima

Es ist mein Glück, daß ich in voller Arbeit lebe. Ich müßt in eine Torheit um die andere fallen, so voll ist meine Seele, so berauscht der Mensch mich, der wunderbare, der stolze, der nichts liebt, als mich, und alle Demut, die in ihm ist, nur auf mich häuft. O Diotima! dieser Alabanda hat geweint vor mir, hat, wie ein Kind, mir's abgebeten, was er mir in Smyrna getan.

Wer bin ich dann, ihr Lieben, daß ich mein euch nenne, daß ich sagen darf, sie sind mein eigen, daß ich, wie ein Eroberer, zwischen euch steh und euch, wie meine Beute, umfasse.

O Diotima! o Alabanda! edle, ruhiggroße Wesen! wie muß ich vollenden, wenn ich nicht fliehn will vor meinem Glücke, vor euch?

Eben, während ich schrieb, erhielt ich deinen Brief, du Liebe.

Traure nicht, holdes Wesen, traure nicht! Spare dich, unversehrt von Gram, den künftigen Vaterlandsfesten! Diotima! dem glühenden Festtag der Natur, dem spare dich auf und all den heitern Ehrentagen der Götter!

Siehest du Griechenland nicht schon?

O siehest du nicht, wie, froh der neuen Nachbarschaft, die ewigen Sterne lächeln über unsern Städten und Hainen, wie das alte Meer, wenn es unser Volk lustwandelnd am Ufer sieht, der schönen Athener wieder gedenkt und wieder Glück uns bringt, wie damals seinen Lieblingen, auf fröhlicher Woge?

Seelenvolles Mädchen! du bist so schön schon itzt! wie wirst du dann erst, wenn das echte Klima dich nährt, in entzückender Glorie blühn!

Diotima an Hyperion

Ich hatte die meiste Zeit mich eingeschlossen, seit du fort bist, lieber Hyperion! Heute war ich wieder einmal draußen.

In holder Februarluft hab ich Leben gesammelt und bringe das gesammelte dir. Es hat auch mir noch wohlgetan, das frische Erwarmen des Himmels, noch hab ich sie mitgefühlt, die neue

Wonne der Pflanzenwelt, der reinen, immergleichen, wo alles trauert und sich wieder freut zu seiner Zeit.

Hyperion! o mein Hyperion! warum gehn wir denn die stillen Lebenswege nicht auch? Es sind heilige Namen, Winter und Frühling und Sommer und Herbst! wir aber kennen sie nicht. Ist es nicht Sünde, zu trauern im Frühling? warum tun wir es dennoch?

Vergib mir! die Kinder der Erde leben durch die Sonne allein; ich lebe durch dich, ich habe andre Freuden, ist es denn ein Wunder, wenn ich andre Trauer habe? und muß ich trauern? muß ich denn?

Mutiger! lieber! sollt ich welken, wenn du glänzest? sollte mir das Herz ermatten, wenn die Siegslust dir in allen Sehnen erwacht? Hätt ich ehmals gehört, ein griechischer Jüngling mache sich auf, das gute Volk aus seiner Schmach zu ziehn, es der mütterlichen Schönheit, der es entstammte, wieder zu bringen, wie hätt ich aufgestaunt aus dem Traume der Kindheit und gedürstet nach dem Bilde des Teuren? und nun er da ist, nun er mein ist, kann ich noch weinen? o des albernen Mädchens! ist es denn nicht wirklich? ist er der Herrliche nicht, und ist er nicht mein! o ihr Schatten seliger Zeit! ihr meine trauten Erinnerungen!

Ist mir doch, als wär er kaum von gestern, jener Zauberabend, da der heil'ge Fremdling mir zum ersten Male begegnete, da er, wie ein trauernder Genius, hereinglänzt' in die Schatten des Walds, wo im Jugendtraume das unbekümmerte Mädchen saß – in der Mailuft kam er, in Ioniens zaubrischer Mailuft und sie macht' ihn blühender mir, sie lockt' ihm das Haar, entfaltet' ihm, wie Blumen, die Lippen, löst' in Lächeln die Wehmut auf und o ihr Strahlen des Himmels! wie leuchtetet ihr aus diesen Augen mich an, aus diesen berauschenden Quellen, wo im Schatten umschirmender Bogen ewig Leben schimmert und wallt! –

Gute Götter! wie er schön ward mit dem Blick auf mich! wie der ganze Jüngling, eine Spanne größer geworden, in leichter Nerve dastand, nur daß ihm die lieben Arme, die beschiednen, niedersanken, als wären sie nichts! und wie er drauf emporsah im Entzücken, als wär ich gen Himmel entflogen und nicht mehr da, ach! wie er nun in aller Herzensanmut lächelt' und errötete, da er wieder mich gewahr ward und unter den dämmernden Tränen sein Phöbusauge durchstrahlt', um zu fragen, bist du's? bist du es wirklich?

Und warum begegnet' er so frommen Sinnes, so voll lieben Aberglaubens mir? warum hatt er erst sein Haupt gesenkt, warum war der Götterjüngling so voll Sehnens und Trauerns? Sein Genius war zu selig, um allein zu bleiben, und zu arm die Welt, um ihn zu fassen. O es war ein liebes Bild, gewebt von Größe und Leiden! Aber nun ist's anders! mit dem Leiden ist's aus! Er hat zu tun bekommen, er ist der Kranke nicht mehr! –

Ich war voll Seufzens, da ich anfing, dir zu schreiben, mein Geliebter! Jetzt bin ich lauter Freude. So spricht man über dir sich glücklich. Und siehe! so soll's auch bleiben. Lebe wohl!

Hyperion an Diotima

Wir haben noch zu gutem Ende dein Fest gefeiert, schönes Leben! ehe der Lärm beginnt. Es war ein himmlischer Tag. Das holde Frühjahr weht' und glänzte vom Orient her, entlockt' uns deinen Namen, wie es den Bäumen die Blüten entlockt, und alle seligen Geheimnisse der Liebe entatmeten mir. Eine Liebe, wie die unsre, war dem Freunde nie erschienen, und es war entzückend, wie der stolze Mensch aufmerkte und Auge und Geist ihm glühte, dein Bild, dein Wesen zu fassen.

»Oh«, rief er endlich, »da ist's wohl der Mühe wert, für unser Griechenland zu streiten, wenn es solche Gewächse noch trägt!«

»Ja wohl, mein Alabanda«, sagt ich; »da gehn wir heiter in den Kampf, da treibt uns himmlisch Feuer zu Taten, wenn unser Geist vom Bilde solcher Naturen verjüngt ist, und da läuft man auch nach einem kleinen Ziele nicht, da sorgt man nicht für dies und das und künstelt, den Geist nicht achtend, von außen und trinkt um des Kelchs willen den Wein; da ruhn wir dann erst, Alabanda, wenn des Genius Wonne kein Geheimnis mehr ist, dann erst, wenn die Augen all in Triumphbogen sich wandeln, wo der Menschengeist, der langabwesende, hervorglänzt aus den Irren und Leiden und siegesfroh den väterlichen Äther grüßt. – Ha! an der Fahne allein soll niemand unser künftig Volk erkennen; es muß sich alles verjüngen, es muß von Grund aus anders sein; voll Ernsts die Lust und heiter alle Arbeit! nichts, auch das Kleinste, das Alltäglichste nicht ohne den Geist und die Götter! Lieb und Haß und jeder Laut von uns muß die gemeinere Welt befremden und auch kein Augenblick darf *einmal* noch uns mahnen an die platte Vergangenheit!«

Hyperion an Diotima

Der Vulkan bricht los. In Koran und Modon werden die Türken belagert und wir rücken mit unserem Bergvolk gegen den Peloponnes hinauf.

Nun hat die Schwermut all ein Ende, Diotima, und mein Geist ist fester und schneller, seit ich in lebendiger Arbeit bin und sieh! ich habe nun auch eine Tagesordnung.

Mit der Sonne beginn ich. Da geh ich hinaus, wo im Schatten des Walds mein Kriegsvolk liegt und grüße die tausend hellen Augen, die jetzt vor mir mit wilder Freundlichkeit sich auftun. Ein erwachendes Heer! ich kenne nichts Gleiches und alles Leben in Städten und Dörfern ist, wie ein Bienenschwarm, dagegen.

Der Mensch kann's nicht verleugnen, daß er einst glücklich war, wie die Hirsche des Forsts, und nach unzähligen Jahren klimmt noch in uns ein Sehnen nach den Tagen der Urwelt, wo jeder die Erde durchstreifte, wie ein Gott, eh, ich weiß nicht was? den Menschen zahm gemacht, und noch, statt Mauern und totem Holz, die Seele der Welt, die heilige Luft allgegenwärtig ihn umfing.

Diotima! mir geschieht oft wunderbar, wenn ich mein unbekümmert Volk durchgehe und, wie aus der Erde gewachsen, einer um den andern aufsteht und dem Morgenlicht entgegen sich dehnt, und unter den Haufen der Männer die knatternde Flamme emporsteigt, wo die Mutter sitzt mit dem frierenden Kindlein, wo die erquickende Speise kocht, indes die Rosse, den Tag witternd, schnauben und schrein, und der Wald ertönt von allerschütternder Kriegsmusik, und rings von Waffen schimmert und rauscht – aber das sind Worte und die eigne Lust von solchem Leben erzählt sich nicht.

Dann sammelt mein Haufe sich um mich her, mit Lust, und es ist wunderbar, wie auch die Ältesten und Trotzigsten in aller meiner Jugend mich ehren. Wir werden vertrauter und mancher erzählt, wie's ihm erging im Leben und mein Herz schwillt oft von mancherlei Schicksal. Dann fang ich an, von besseren Tagen zu reden, und glänzend gehn die Augen ihnen auf, wenn sie des Bundes gedenken, der uns einigen soll, und das stolze Bild des werdenden Freistaats dämmert vor ihnen.

Alles für jeden und jeder für alle! Es ist ein freudiger Geist in den Worten und er ergreift auch immer meine Menschen, wie Göttergebot. O Diotima! so zu sehn, wie von Hoffnungen da die starre Natur erweicht und all ihre Pulse mächtiger schlagen und von Entwürfen die verdüsterte Stirne sich entfaltet und glänzt, so da zu stehn in einer Sphäre von Menschen, umrungen von Glauben und Lust, das ist doch mehr, als Erd und Himmel und Meer in aller ihrer Glorie zu schaun.

Dann üb ich sie in Waffen und Märschen bis um Mittag. Der frohe Mut macht sie gelehrig, wie er zum Meister mich macht. Bald stehn sie dichtgedrängt in mazedonischer Reih und regen den Arm nur, bald fliegen sie, wie Strahlen, auseinander zum gewagteren Streit in einzelnen Haufen, wo die geschmeidige Kraft in jeder Stelle sich ändert und jeder selbst sein Feldherr ist, und sammeln sich wieder in sicherem Punkt – und immer, wo sie gehen und stehn in solchem Waffentanze, schwebt ihnen und mir das Bild der Tyrannenknechte und der ernstere Walplatz vor Augen.

Drauf, wenn die Sonne heißer scheint, wird Rat gehalten im Innern des Walds und es ist Freude, so mit stillen Sinnen über der großen Zukunft zu walten. Wir nehmen dem Zufall die Kraft, wir meistern das Schicksal. Wir lassen Widerstand nach unserem Willen entstehn, wir reizen den Gegner zu dem, worauf wir gerüstet sind. Oder sehen wir zu und scheinen furchtsam und lassen ihn näher kommen, bis er das Haupt zum Schlag uns reicht, auch nehmen wir ihm mit Schnelle die Fassung und das ist meine Panazee. Doch halten die erfahrneren Ärzte nichts auf solche allesheilende Mittel.

Wie wohl ist dann des Abends mir bei meinem Alabanda, wenn wir zur Lust auf muntern Rossen die sonnenroten Hügel umschweifen, und auf den Gipfeln, wo wir weilen, die Luft in den Mähnen unserer Tiere spielt, und das freundliche Säuseln in unsere Gespräche sich mischt, indes wir hinaussehn in die Fernen von Sparta, die unser Kampfpreis sind! und wenn wir nun zurück sind und zusammensitzen in lieblicher Kühle der Nacht, wo uns der Becher duftet und das Mondlicht unser spärlich Mahl bescheint und mitten in unsrer lächelnden Stille die Geschichte der Alten, wie eine Wolke, aufsteigt aus dem heiligen Boden, der uns trägt, wie selig ist's da, in solchem Momente sich die Hände zu reichen!

Dann spricht wohl Alabanda noch von manchem, den die Langeweile des Jahrhunderts peinigt, von so mancher wunderbaren krummen Bahn, die sich das Leben bricht, seitdem sein grader Gang gehemmt ist, dann fällt mir auch mein Adamas ein, mit seinen Reisen, seiner eignen Sehnsucht in das innere Asien hinein – das sind nur Notbehelfe, guter Alter! möcht ich dann ihm rufen, komm! und baue deine Welt! mit uns! denn unsre Welt ist auch die deine.

Auch die deine, Diotima, denn sie ist die Kopie von dir. O du, mit deiner Elysiumsstille, könnten wir das schaffen, was du bist!

Hyperion an Diotima

Wir haben jetzt dreimal in einem fort gesiegt in kleinen Gefechten, wo aber die Kämpfer sich durchkreuzten, wie Blitze, und alles *eine* verzehrende Flamme war. Navarin ist unser und wir stehen jetzt vor der Feste Misistra, dem Überreste des alten Sparta. Ich habe auch die Fahne, die ich einer albanischen Horde entriß, auf eine Ruine gepflanzt, die vor der Stadt liegt, habe vor Freude meinen türkischen Kopfbund in den Eurotas geworfen und trage seitdem den griechischen Helm.

Und nun möcht ich dich sehen, o Mädchen! sehen möcht ich dich und deine Hände nehmen und an mein Herz sie drükken, dem die Freude nun bald vielleicht zu groß ist! bald! in einer Woche vielleicht ist er befreit, der alte, edle, heilige Peloponnes.

O dann, du Teure! lehre mich fromm sein! dann lehre mein überwallend Herz ein Gebet! Ich sollte schweigen, denn was hab ich getan? und hätt ich etwas getan, wovon ich sprechen möchte, wieviel ist dennoch übrig? Aber was kann ich dafür, daß mein Gedanke schneller ist, wie die Zeit? Ich wollte so gern, es wäre umgekehrt und die Zeit und die Tat überflöge den Gedanken und der geflügelte Sieg übereilte die Hoffnung selbst.

Mein Alabanda blüht, wie ein Bräutigam. Aus jedem seiner Blicke lacht die kommende Welt mich an, und daran still ich noch die Ungeduld so ziemlich.

Diotima! ich möchte dieses werdende Glück nicht um die schönste Lebenszeit des alten Griechenlands vertauschen, und der kleinste unsrer Siege ist mir lieber, als Marathon und Thermopylä und Platea. Ist's nicht wahr? Ist nicht dem Herzen das genesende Leben mehr wert, als das reine, das die Krankheit noch nicht kennt? Erst wenn die Jugend hin ist, lieben wir sie, und dann erst, wenn die verlorne wiederkehrt, beglückt sie alle Tiefen der Seele.

Am Eurotas stehet mein Zelt, und wenn ich nach Mitternacht erwache, rauscht der alte Flußgott mahnend mir vorüber, und lächelnd nehm ich die Blumen des Ufers, und streue sie in seine glänzende Welle und sag ihm: Nimm es zum Zeichen, du Einsamer! Bald umblüht das alte Leben dich wieder.

Diotima an Hyperion

Ich habe die Briefe erhalten, mein Hyperion, die du unterwegens mir schriebst. Du ergreifst mich gewaltig mit allem, was du mir sagst, und mitten in meiner Liebe schaudert mich oft, den sanften Jüngling, der zu meinen Füßen geweint, in dieses rüstige Wesen verwandelt zu sehn.

Wirst du denn nicht die Liebe verlernen?

Aber wandle nur zu! Ich folge dir. Ich glaube, wenn du mich hassen könntest, würd ich auch da sogar dir nachempfinden, würde mir Mühe geben, dich zu hassen und so blieben unsre Seelen sich gleich und das ist kein eitelübertrieben Wort, Hyperion.

Ich bin auch selbst ganz anders, wie sonst. Mir mangelt der heitre Blick in die Welt und die freie Lust an allem Lebendigen. Nur das Feld der Sterne zieht mein Auge noch an. Dagegen denk ich um so lieber an die großen Geister der Vorwelt und wie sie geendet haben auf Erden, und die hohen spartanischen Frauen haben mein Herz gewonnen. Dabei vergeß ich nicht die neuen Kämpfer, die kräftigen, deren Stunde gekommen ist, oft hör ich ihren Siegslärm durch den Peloponnes herauf mir näher brausen und näher, oft seh ich sie, wie eine Katarakte, dort heruntergewogen durch die epidaurischen Wälder und ihre Waffen fernher glänzen im Sonnenlichte, das, wie ein Herold, sie geleitet, o mein Hyperion! und du kömmst geschwinde nach Kalaurea herüber und grüßest die stillen Wälder unserer Liebe, grüßest mich, und fliegst nun wieder zu deiner Arbeit zurück; – und denkst du, ich fürchte den Ausgang? Liebster! manchmal will's mich überfallen, aber meine größern Gedanken halten, wie Flammen, den Frost ab. –

Lebe wohl! vollende, wie es der Geist dir gebeut! und laß den Krieg zu lange nicht dauern, um des Friedens willen, Hyperion, um des schönen, neuen, goldenen Friedens willen, wo, wie du sagtest, einst in unser Rechtsbuch eingeschrieben werden die Gesetze der Natur, und wo das Leben selbst, wo sie, die göttliche Natur, die in kein Buch geschrieben werden kann, im Herzen der Gemeinde sein wird. Lebe wohl.

Hyperion an Diotima

Du hättest mich besänftigen sollen, meine Diotima! hättest sagen sollen, ich möchte mich nicht übereilen, möchte dem Schicksal nach und nach den Sieg abnötigen, wie kargen Schuldnern die Summe. O Mädchen! stille zu stehn, ist schlimmer, wie alles. Mir trocknet das Blut in den Adern, so dürst ich, weiterzukommen und muß hier müßig stehn, muß belagern und belagern, den einen Tag, wie den andern. Unser Volk will stürmen, aber das würde die aufgeregten Gemüter zum Rausch erhitzen und wehe dann unsern Hoffnungen, wenn das wilde Wesen aufgärt und die Zucht und die Liebe zerreißt.

Ich weiß nicht, es kann nur noch einige Tage dauern, so muß Misistra sich ergeben, aber ich wollte, wir wären weiter. Im Lager hier ist's mir, wie in gewitterhafter Luft. Ich bin ungeduldig, auch meine Leute gefallen mir nicht. Es ist ein furchtbarer Mutwill unter ihnen.

Aber ich bin nicht klug, daß ich so viel aus meiner Laune mache. Und das alte Lazedämon ist's ja doch wohl wert, daß man ein wenig Sorge leidet, eh man es hat.

Hyperion an Diotima

Es ist aus, Diotima! unsre Leute haben geplündert, gemordet, ohne Unterschied, auch unsre Brüder sind erschlagen, die Griechen in Misistra, die Unschuldigen, oder irren sie hülflos herum und ihre tote Jammermiene ruft Himmel und Erde zur Rache gegen die Barbaren, an deren Spitze ich war.

Nun kann ich hingehn und von meiner guten Sache predigen. O nun fliegen alle Herzen mir zu!

Aber ich hab's auch klug gemacht. Ich habe meine Leute gekannt. In der Tat! es war ein außerordentlich Projekt, durch eine Räuberbande mein Elysium zu pflanzen.

Nein! bei der heiligen Nemesis! mir ist recht geschehn und ich will's auch dulden, dulden will ich, bis der Schmerz mein letzt Bewußtsein mir zerreißt.

Denkst du, ich tobe? Ich habe eine ehrsame Wunde, die einer meiner Getreuen mir schlug, indem ich den Greuel abwehrte. Wenn ich tobte, so riss' ich die Binde von ihr, und so ränne mein Blut, wohin es gehört, in diese trauernde Erde.

Diese trauernde Erde! die nackte! so ich kleiden wollte mit heiligen Hainen, so ich schmücken wollte mit allen Blumen des griechischen Lebens!

O es wäre schön gewesen, meine Diotima.

Nennst du mich mutlos? Liebes Mädchen! es ist des Unheils zu viel. An allen Enden brechen wütende Haufen herein; wie eine Seuche, tobt die Raubgier in Morea und wer nicht auch das Schwert ergreift, wird verjagt, geschlachtet und dabei sagen die Rasenden, sie fechten für unsre Freiheit. Andre des rohen Volks sind von dem Sultan bestellt und treiben's, wie jene.

Eben hör ich, unser ehrlos Heer sei nun zerstreut. Die Feigen begegneten bei Tripolissa einem albanischen Haufen, der um die Hälfte geringer an Zahl war. Weil's aber nichts zu plündern gab, so liefen die Elenden alle davon. Die Russen, die mit uns den Feldzug wagten, vierzig brave Männer, hielten allein aus, fanden auch alle den Tod.

Und so bin ich nun mit meinem Alabanda wieder einsam, wie zuvor. Seitdem der Treue mich fallen und bluten sah in Misistra, hat er alles andre vergessen, seine Hoffnungen, seine Siegslust, seine Verzweiflung. Der Ergrimmte, der unter die Plünderer stürzte, wie ein strafender Gott, der führte nun so sanft mich aus dem Getümmel, und seine Tränen netzten mein Kleid. Er blieb auch bei mir in der Hütte, wo ich seitdem lag und ich freue mich nun erst recht darüber. Denn wär er mit fortgezogen, so läg er jetzt bei Tripolissa im Staub.

Wie es weiter werden soll, das weiß ich nicht. Das Schicksal stößt mich ins Ungewisse hinaus und ich hab es verdient; von dir verbannt mich meine eigene Scham und wer weiß, wie lange?

Ach! ich habe dir ein Griechenland versprochen und du bekommst ein Klaglied nun dafür. Sei selbst dein Trost!

Hyperion an Diotima

Ich bringe mich mit Mühe zu Worten.

Man spricht wohl gerne, man plaudert, wie die Vögel, solange die Welt, wie Mailuft, einen anweht; aber zwischen Mittag und Abend kann es anders werden, und was ist verloren am Ende?

Glaube mir und denk, ich sag's aus tiefer Seele dir: die Sprache ist ein großer Überfluß. Das Beste bleibt doch immer für sich und ruht in seiner Tiefe, wie die Perle im Grunde des Meers. – Doch was ich eigentlich dir schreiben wollte, weil doch einmal das

Gemälde seinen Rahmen und der Mann sein Tagwerk haben muß, so will ich noch auf eine Zeitlang Dienste nehmen bei der russischen Flotte; denn mit den Griechen hab ich weiter nichts zu tun.

O teures Mädchen! es ist sehr finster um mich geworden!

Hyperion an Diotima

Ich habe gezaudert, gekämpft. Doch endlich muß es sein.

Ich sehe, was notwendig ist, und weil ich es sehe, so soll es auch werden. Mißdeute mich nicht! verdamme mich nicht! ich muß dir raten, daß du mich verlässest, meine Diotima.

Ich bin für dich nichts mehr, du holdes Wesen! Dies Herz ist dir versiegt, und meine Augen sehen das Lebendige nicht mehr. O meine Lippen sind verdorrt; der Liebe süßer Hauch quillt mir im Busen nicht mehr.

Ein Tag hat alle Jugend mir genommen; am Eurotas hat mein Leben sich müde geweint, ach! am Eurotas, der in rettungsloser Schmach an Lazedämons Schutt vorüberklagt, mit allen seinen Wellen. Da, da hat mich das Schicksal abgeerntet. – Soll ich deine Liebe, wie ein Almosen, besitzen? – Ich bin so gar nichts, bin so ruhmlos, wie der ärmste Knecht. Ich bin verbannt, verflucht, wie ein gemeiner Rebell und mancher Grieche in Morea wird von unsern Heldentaten, wie von einer Diebsgeschichte, seinen Kindeskindern künftighin erzählen.

Ach! und eines hab ich lange dir verschwiegen. Feierlich verstieß mein Vater mich, verwies mich ohne Rückkehr aus dem Hause meiner Jugend, will mich nimmer wieder sehen, nicht in diesem, noch im andern Leben, wie er sagt. So lautet die Antwort auf den Brief, worin ich mein Beginnen ihm geschrieben.

Nun laß dich nur das Mitleid nimmer irre führen. Glaube mir, es bleibt uns überall noch eine Freude. Der echte Schmerz begeistert. Wer auf sein Elend tritt, steht höher. Und das ist herrlich, daß wir erst im Leiden recht der Seele Freiheit fühlen. Freiheit! wer das Wort versteht – es ist ein tiefes Wort, Diotima. Ich bin so innigst angefochten, bin so unerhört gekränkt, bin ohne

Hoffnung, ohne Ziel, bin gänzlich ehrlos, unddoch ist eine Macht in mir, ein Unbezwingliches, das mein Gebein mit süßen Schauern durchdringt, sooft es rege wird in mir.

Auch hab ich meinen Alabanda noch. Der hat so wenig zu gewinnen, als ich selbst. Den kann ich ohne Schaden mir behalten. Ach! der königliche Jüngling hätt ein besser Los verdient. Er ist so sanft geworden und so still. Das will mir oft das Herz zerreißen. Aber einer erhält den andern. Wir sagen uns nichts; was sollten wir uns sagen? aber es ist denn doch ein Segen in manchem kleinen Liebesdienste, den wir uns leisten.

Da schläft er und lächelt genügsam, mitten in unsrem Schicksal. Der Gute! er weiß nicht, was ich tue. Er würd es nicht dulden. Du mußt an Diotima schreiben, gebot er mir, und mußt ihr sagen, daß sie bald mit dir sich aufmacht, in ein leidlicher Land zu fliehn. Aber er weiß nicht, daß ein Herz, das so verzweifeln lernte, wie seines und wie meines, der Geliebten nichts mehr ist. Nein! nein! du fändest ewig keinen Frieden bei Hyperion, du müßtest untreu werden und das will ich dir ersparen.

Und so lebe denn wohl, du süßes Mädchen! lebe wohl! Ich möchte dir sagen, gehe dahin, gehe dorthin; da rauschen die Quellen des Lebens. Ich möcht ein freier Land, ein Land voll Schönheit und voll Seele dir zeigen und sagen: dahin rette dich! Aber o Himmel! könnt ich dies, so wär ich auch ein andrer und so müßt ich auch nicht Abschied nehmen – Abschied nehmen? Ach! ich weiß nicht, was ich tue. Ich wähnte mich so gefaßt, so besonnen. Jetzt schwindelt mir und mein Herz wirft sich umher, wie ein ungeduldiger Kranker. Weh über mich! ich richte meine letzte Freude zu Grunde. Aber es muß sein und das Ach! der Natur ist hier umsonst. Ich bin's dir schuldig, und ich bin ja ohnedies dazu geboren, heimatlos und ohne Ruhestätte zu sein. O Erde! o ihr Sterne! werde ich nirgends wohnen am Ende?

Noch *einmal* möcht ich wiederkehren an deinen Busen, wo es auch wäre! Ätheraugen! Einmal noch mir wieder begegnen in euch! an deinen Lippen hängen, du Liebliche! du Unaussprechliche! und in mich trinken dein entzückend heiligsüßes Leben – aber höre das nicht! ich bitte dich, achte das nicht! Ich würde sagen, ich sei ein Verführer, wenn du es hörtest. Du kennst mich, du verstehst mich. Du weißt, wie tief du mich achtest, wenn du mich nicht bedauerst, mich nicht hörst.

Ich kann, ich darf nicht mehr – wie mag der Priester leben, wo sein Gott nicht mehr ist? O Genius meines Volks! o Seele Griechenlands! ich muß hinab, ich muß im Totenreiche dich suchen.

Hyperion an Diotima

Ich habe lange gewartet, ich will es dir gestehn, ich habe sehnlich auf ein Abschiedswort aus deinem Herzen gehofft, aber du schweigst. Auch das ist eine Sprache deiner schönen Seele, Diotima.

Nicht wahr, die heiligern Akkorde hören darum denn doch nicht auf? nicht wahr, Diotima, wenn auch der Liebe sanftes Mondlicht untergeht, die höhern Sterne ihres Himmels leuchten noch immer? O das ist ja meine letzte Freude, daß wir unzertrennlich sind, wenn auch kein Laut von dir zu mir, kein Schatte unsrer holden Jugendtage mehr zurückkehrt!

Ich schaue hinaus in die abendrötliche See, ich strecke meine Arme aus nach der Gegend, wo du ferne lebst und meine Seele erwarmt noch einmal an allen Freuden der Liebe und Jugend.

O Erde! meine Wiege! alle Wonne und aller Schmerz ist in dem Abschied, den wir von dir nehmen.

Ihr lieben Ionischen Inseln! und du, mein Kalaurea, und du, mein Tina, ihr seid mir all im Auge, so fern ihr seid und mein Geist fliegt mit den Lüftchen über die regen Gewässer; und die ihr dort zur Seite mir dämmert, ihr Ufer von Teos und Ephesus, wo ich einst mit Alabanda ging in den Tagen der Hoffnung, ihr scheint mir wieder, wie damals, und ich möcht hinüberschiffen ans Land und den Boden küssen und den Boden erwärmen an meinem Busen, und alle süßen Abschiedsworte stammeln vor der schweigenden Erde, eh ich auffliege ins Freie.

Schade, schade, daß es jetzt nicht besser zugeht unter den Menschen, sonst blieb' ich gern auf diesem guten Stern. Aber ich kann dies Erdenrund entbehren, das ist mehr, denn alles, was es geben kann.

Laß uns im Sonnenlicht, o Kind! die Knechtschaft dulden, sagte zu Polyxena die Mutter, und ihre Lebensliebe konnte nicht schöner sprechen. Aber das Sonnenlicht, das eben widerrät die Knechtschaft mir, das läßt mich auf der entwürdigten Erde nicht bleiben und die heiligen Strahlen ziehn, wie Pfade, die zur Heimat führen, mich an.

Seit langer Zeit ist mir die Majestät der schicksallosen Seele gegenwärtiger, als alles andre gewesen; in herrlicher Einsamkeit hab ich manchmal in mir selber gelebt; ich bin's gewohnt geworden, die Außendinge abzuschütteln, wie Flocken von Schnee; wie sollt ich dann mich scheun, den sogenannten Tod zu suchen? hab ich nicht tausendmal mich in Gedanken befreit, wie sollt ich denn anstehn, es einmal wirklich zu tun? Sind wir denn, wie leibeigene Knechte, an den Boden gefesselt, den wir pflügen? sind wir, wie zahmes Geflügel, das aus dem Hofe nicht laufen darf, weil's da gefüttert wird?

Wir sind, wie die jungen Adler, die der Vater aus dem Neste jagt, daß sie im hohen Äther nach Beute suchen.

Morgen schlägt sich unsre Flotte und der Kampf wird heiß genug sein. Ich betrachte diese Schlacht, wie ein Bad, den Staub mir abzuwaschen; und ich werde wohl finden, was ich wünsche; Wünsche, wie meiner, gewähren an Ort und Stelle sich leicht. Und so hätt ich doch am Ende durch meinen Feldzug etwas erreicht und sehe, daß unter Menschen keine Mühe vergebens ist.

Fromme Seele! ich möchte sagen, denke meiner, wenn du an mein Grab kömmst. Aber sie werden mich wohl in die Meersflut werfen, und ich seh es gerne, wenn der Rest von mir da untersinkt, wo die Quellen all und die Ströme, die ich liebte, sich versammeln, und wo die Wetterwolke aufsteigt, und die Berge tränkt und die Tale, die ich liebte. Und wir? o Diotima! Diotima! wann sehn wir uns wieder?

Es ist unmöglich, und mein innerstes Leben empört sich, wenn ich denken will, als verlören wir uns. Ich würde Jahrtausende lang die Sterne durchwandern, in alle Formen mich kleiden, in alle Sprachen des Lebens, um dir *einmal* wieder zu begegnen. Aber ich denke, was sich gleich ist, findet sich bald.

Große Seele! du wirst dich finden können in diesen Abschied

und so laß mich wandern! Grüße deine Mutter! Grüße Notara und die andern Freunde!

Auch die Bäume grüße, wo ich dir zum ersten Male begegnete und die fröhlichen Bäche, wo wir gingen und die schönen Gärten von Angele, und laß, du Liebe! dir mein Bild dabei begegnen. Lebe wohl.

ZWEITES BUCH

Hyperion an Bellarmin

Ich war in einem holden Traume, da ich die Briefe, die ich einst gewechselt, für dich abschrieb. Nun schreib ich wieder dir, mein Bellarmin! und führe weiter dich hinab, hinab bis in die tiefste Tiefe meiner Leiden, und dann, du letzter meiner Lieben! komm mit mir heraus zur Stelle, wo ein neuer Tag uns anglänzt.

Die Schlacht, wovon ich an Diotima geschrieben, begann. Die Schiffe der Türken hatten sich in den Kanal, zwischen die Insel Chios und die asiatische Küste hinein, geflüchtet, und standen am festen Lande hinauf bei Tschesme. Mein Admiral verließ mit seinem Schiffe, worauf ich war, die Reihe, und hub das Vorspiel an mit dem ersten Schiffe der Türken. Das grimmige Paar war gleich beim ersten Angriff bis zum Taumel erhitzt, es war ein rachetrunknes schreckliches Getümmel. Die Schiffe hingen bald mit ihrem Tauwerk aneinander fest; das wütende Gefecht ward immer enger und enger.

Ein tiefes Lebensgefühl durchdrang mich noch. Es war mir warm und wohl in allen Gliedern. Wie ein zärtlichscheidender, fühlte zum letzten Male sich in allen seinen Sinnen mein Geist. Und nun, voll heißen Unmuts, daß ich Besseres nicht wußte, denn mich schlachten zu lassen in einem Gedränge von Barbaren, mit zürnenden Tränen im Auge, stürmt ich hin, wo mir der Tod gewiß war.

Ich traf die Feinde nahe genug und von den Russen, die an meiner Seite fochten, war in wenig Augenblicken auch nicht *einer* übrig. Ich stand allein da, voll Stolzes, und warf mein Leben, wie einen Bettlerpfennig, vor die Barbaren, aber sie wollten mich nicht. Sie sahen mich an, wie einen, an dem man sich zu versündigen fürchtet, und das Schicksal schien mich zu achten in meiner Verzweiflung.

Aus höchster Notwehr hieb denn endlich einer auf mich ein, und traf mich, daß ich stürzte. Mir wurde von da an nichts mehr bewußt, bis ich auf Paros, wohin ich übergeschifft war, wieder erwachte.

Von dem Diener, der mich aus der Schlacht trug, hört ich nachher, die beiden Schiffe, die den Kampf begonnen, seien in die Luft geflogen, den Augenblick darauf, nachdem er mit dem Wundarzt mich in einem Boote weggebracht. Die Russen hatten Feuer in das türkische Schiff geworfen, und weil ihr eignes an dem andern festhing, brannt es mit auf.

Wie diese fürchterliche Schlacht ein Ende nahm, ist dir bekannt. »So straft ein Gift das andre«, rief ich, da ich erfuhr, die Russen hätten die ganze türkische Flotte verbrannt – »so rotten die Tyrannen sich selbst aus.«

Hyperion an Bellarmin

Sechs Tage nach der Schlacht lag ich in einem peinlichen todähnlichen Schlaf. Mein Leben war, wie eine Nacht, von Schmerzen, wie von zückenden Blitzen, unterbrochen. Das erste, was ich wieder erkannte, war Alabanda. Er war, wie ich erfuhr, nicht einen Augenblick von mir gewichen, hatte fast allein mich bedient, mit unbegreiflicher Geschäftigkeit, mit tausend zärtlichen häuslichen Sorgen, woran er sonst im Leben nie gedacht, und man hatt ihn auf den Knien vor meinem Bette rufen gehört: »o lebe, mein Lieber! daß ich lebe!«

Es war ein glücklich Erwachen, Bellarmin! da mein Auge nun wieder dem Lichte sich öffnete, und mit den Tränen des Wiedersehens der Herrliche vor mir stand.

Ich reicht ihm die Hand hin, und der Stolze küßte sie mit allen Entzücken der Liebe. »Er lebt«, rief er, »o Retterin! o Natur! du gute, alles heilende! dein armes Paar, das vaterlandslose, das irre, verlässest doch du nicht! O ich will es nie vergessen, Hyperion! wie dein Schiff vor meinen Augen im Feuer aufging, und donnernd, in die rasende Flamme die Schiffer mit sich hinaufriß, und unter den wenigen geretteten kein Hyperion war. Ich war von Sinnen und der grimmige Schlachtlärm stillte mich nicht. Doch hört ich bald von dir und flog dir nach, sobald wir mit dem Feinde vollends fertig waren.« –

Und wie er nun mich hütete! wie er mit liebender Vorsicht mich gefangen hielt in dem Zauberkreise seiner Gefälligkeiten! wie er, ohne ein Wort, mit seiner großen Ruhe mich lehrte, den freien Lauf der Welt neidlos und männlich zu verstehen!

O ihr Söhne der Sonne! ihr freieren Seelen! es ist viel verloren gegangen in diesem Alabanda. Ich suchte umsonst und flehte das Leben an, seit er fort ist; solch eine Römernatur hab ich nimmer gefunden. Der Sorgenfreie, der Tiefverständige, der Tapfre, der Edle! Wo ist ein Mann, wenn er's nicht war? Und wenn er freundlich war und fromm, da war's, wie wenn das Abendlicht im Dunkel der majestätischen Eiche spielt und ihre Blätter träufeln vom Gewitter des Tags.

Hyperion an Bellarmin

Es war in den schönen Tagen des Herbsts, da ich von meiner Wunde halbgenesen zum ersten Male wieder ans Fenster trat. Ich kam mit stilleren Sinnen wieder ins Leben und meine Seele war aufmerksamer geworden. Mit seinem leisesten Zauber wehte der Himmel mich an, und mild, wie ein Blütenregen, flossen die heitern Sonnenstrahlen herab. Es war ein großer, stiller, zärtlicher Geist in dieser Jahrszeit, und die Vollendungsruhe, die Wonne der Zeitigung in den säuselnden Zweigen umfing mich, wie die erneuerte Jugend, so die Alten in ihrem Elysium hofften.

Ich hatt es lange nicht mit reiner Seele genossen, das kindliche Leben der Welt, nun tat mein Auge sich auf mit aller Freude des Wiedersehens und die selige Natur war wandellos in ihrer Schöne geblieben. Meine Tränen flossen, wie ein Sühnopfer, vor ihr, und schaudernd stieg ein frisches Herz mir aus dem alten Unmut auf.

»O heilige Pflanzenwelt!« rief ich, »wir streben und sinnen und

haben doch dich! wir ringen mit sterblichen Kräften Schönes zu
baun, und es wächst doch sorglos neben uns auf! nicht wahr,
Alabanda? für die Not zu sorgen, sind die Menschen gemacht,
das übrige gibt sich selber. Und doch – ich kann es nicht vergessen, wie viel mehr ich gewollt.«

»Laß dir genug sein, Lieber! daß du bist«, rief Alabanda, »und
störe dein stilles Wirken durch die Trauer nicht mehr.«

»Ich will auch ruhen«, sagt ich. »O ich will die Entwürfe, die
Fodrungen alle, wie Schuldbriefe, zerreißen. Ich will mich rein
erhalten, wie ein Künstler sich hält, dich will ich lieben, harmlos
Leben, Leben des Hains und des Quells! dich will ich ehren, o
Sonnenlicht! an dir mich stillen, schöner Äther, der die Sterne
beseelt, und hier auch diese Bäume umatmet und hier im Innern
der Brust uns berührt! o Eigensinn der Menschen! wie ein Bettler, hab ich den Nacken gesenkt und es sahen die schweigenden
Götter der Natur mit allen ihren Gaben mich an! – Du lächelst,
Alabanda? o wie oft, in unsern ersten Zeiten, hast du so gelächelt,
wann dein Knabe vor dir plauderte, im trunknen Jugendmut,
indes du da, wie eine stille Tempelsäule, standst, im Schutt der
Welt, und leiden mußtest, daß die wilden Ranken meiner Liebe
dich umwuchsen – sieh! wie eine Binde fällt's von meinen Augen
und die alten goldenen Tage sind lebendig wieder da.«

»Ach!« rief er, »dieser Ernst, in dem wir lebten und diese
Lebenslust!«

»Wenn wir jagten im Forst«, rief ich, »wenn in der Meersflut
wir uns badeten, wenn wir sangen und tranken, wo durch den
Lorbeerschatten die Sonn und der Wein und Augen und Lippen
uns glänzten – es war ein einzig Leben und unser Geist umleuch-
tete, wie ein glänzender Himmel, unser jugendlich Glück.« –

»Drum läßt auch keiner von dem andern«, sagte Alabanda.

»O ich habe dir ein schwer Bekenntnis abzulegen«, sagt ich.
»Wirst du mir es glauben, daß ich fort gewollt? von dir! daß ich
gewaltsam meinen Tod gesucht! war das nicht herzlos? rasend?
ach und meine Diotima! sie soll mich lassen, schrieb ich ihr, und
drauf noch einen Brief, den Abend vor der Schlacht« – »und da
schriebst du«, rief er, »daß du in der Schlacht dein Ende finden
wolltest? o Hyperion! Doch hat sie wohl den letzten Brief noch
nicht. Du mußt nur eilen, ihr zu schreiben, daß du lebst.«

»Bester Alabanda!« rief ich, »das ist Trost! Ich schreibe gleich und schicke meinen Diener fort damit. O ich will ihm alles, was ich habe, bieten, daß er eilt und noch zu rechter Zeit nach Kalaurea kömmt.« –

»Und den andern Brief, wo vom Entsagen die Rede war, versteht, vergibt die gute Seele dir leicht«, setzt' er hinzu.

»Vergibt sie?« rief ich; »o ihr Hoffnungen alle! ja! wenn ich noch glücklich mit dem Engel würde!«

»Noch wirst du glücklich sein«, rief Alabanda; »noch ist die schönste Lebenszeit dir übrig. Ein Held ist der Jüngling, der Mann ein Gott, wenn er's erleben kann.«

Es dämmerte mir wunderbar in der Seele bei seiner Rede.

Der Bäume Gipfel schauerten leise; wie Blumen aus der dunklen Erde, sproßten Sterne aus dem Schoße der Nacht und des Himmels Frühling glänzt' in heiliger Freude mich an.

Hyperion an Bellarmin

Einige Augenblicke darauf, da ich eben an Diotima schreiben wollte, trat Alabanda freudig wieder ins Zimmer. »Ein Brief, Hyperion!« rief er; ich schrak zusammen und flog hinzu.

Wie lange, schrieb Diotima, mußt ich leben ohne ein Zeichen von dir! Du schriebst mir von dem Schicksalstage in Misistra und ich antwortete schnell; doch allem nach erhieltst du meinen Brief nicht. Du schriebst mir bald darauf wieder, kurz und düster, und sagtest mir, du seiest gesonnen, auf die russische Flotte zu gehn; ich antwortete wieder; doch auch diesen Brief erhieltst du nicht; nun harrt auch ich vergebens, vom Mai bis jetzt zum Ende des Sommers, bis vor einigen Tagen der Brief kömmt, der mir sagt, ich möchte dir entsagen, Lieber!

Du hast auf mich gerechnet, hast mir's zugetraut, daß dieser Brief mich nicht beleidigen könne. Das freute mich herzlich, mitten in meiner Betrübnis.

Unglücklicher, hoher Geist! ich habe nur zu sehr dich gefaßt. O es ist so ganz natürlich, daß du nimmer lieben willst, weil deine größern Wünsche verschmachten. Mußt du denn nicht die Speise verschmähn, wenn du daran bist, Durstes zu sterben?

Ich wußte es bald; ich konnte dir nicht alles sein. Konnt ich die Bande der Sterblichkeit dir lösen? konnt ich die Flamme der Brust dir stillen, für die kein Quell fleußt und kein Weinstock wächst? konnt ich die Freuden einer Welt in einer Schale dir reichen?

Das willst du. Das bedarfst du, und du kannst nicht anders. Die grenzenlose Unmacht deiner Zeitgenossen hat dich um dein Leben gebracht.

Wem einmal, so, wie dir, die ganze Seele beleidigt war, der ruht nicht mehr in einzelner Freude, wer so, wie du, das fade Nichts gefühlt, erheitert in höchstem Geiste sich nur, wer so den Tod erfuhr, wie du, erholt allein sich unter den Göttern.

Glücklich sind sie alle, die dich nicht verstehen! Wer dich versteht, muß deine Größe teilen und deine Verzweiflung.

Ich fand dich, wie du bist. Des Lebens erste Neugier trieb mich an das wunderbare Wesen. Unaussprechlich zog die zarte Seele mich an und kindischfurchtlos spielt ich um deine gefährliche Flamme. – Die schönen Freuden unserer Liebe sänftigten dich; böser Mann! nur, um dich wilder zu machen. Sie besänftigten, sie trösteten auch mich, sie machten mich vergessen, daß du im Grunde trostlos warst, und daß auch ich nicht fern war, es zu werden, seit ich dir in dein geliebtes Herz sah.

In Athen, bei den Trümmern des Olympion ergriff es mich von neuem. Ich hatte sonst wohl noch in einer leichten Stunde gedacht, des Jünglings Trauer sei doch wohl so ernst und unerbittlich nicht. Es ist so selten, daß ein Mensch mit dem ersten Schritt ins Leben so mit *einmal*, so im kleinsten Punkt, so schnell, so tief das ganze Schicksal seiner Zeit empfand und daß es unaustilgbar in ihm haftet, dies Gefühl, weil er nicht rauh genug ist, um es auszustoßen, und nicht schwach genug, es auszuweinen, das, mein Teurer! ist so selten, daß es uns fast unnatürlich dünkt.

Nun, im Schutt des heiteren Athens, nun ging mir's selbst zu nah, wie sich das Blatt gewandt, daß jetzt die Toten oben über der Erde gehn und die Lebendigen, die Göttermenschen drunten sind, nun sah ich's auch zu wörtlich und zu wirklich dir aufs Angesicht geschrieben, nun gab ich dir auf ewig recht. Aber zugleich erschienst du mir auch größer. Ein Wesen voll geheimer Gewalt, voll tiefer unentwickelter Bedeutung, ein einzig hoffnungsvoller Jüngling schienst du mir. Zu wem so laut das Schicksal spricht, der darf auch lauter sprechen mit dem Schicksal, sagt ich mir; je unergründlicher er leidet, um so unergründlich mächtiger ist er. Von dir, von dir nur hofft ich alle Genesung. Ich sah dich reisen. Ich sah dich wirken. O der Verwandlung! Von dir gestiftet, grünte wieder des Akademus Hain über den horchenden Schülern und heilige Gespräche hörte, wie einst, der Ahorn des Ilissus wieder.

Den Ernst der Alten gewann in deiner Schule der Genius unserer Jünglinge bald, und seine vergänglichen Spiele wurden unsterblicher, denn er schämte sich, hielt für Gefangenschaft den Schmetterlingsflug. –

Dem hätt, ein Roß zu lenken, genügt; nun ist er ein Feldherr. Allzugenügsam hätte der ein eitel Liedchen gesungen; nun ist er ein Künstler. Denn die Kräfte der Helden, die Kräfte der Welt hattest du aufgetan vor ihnen in offenem Kampf; die Rätsel deines Herzens hattest du ihnen zu lösen gegeben; so lernten die Jünglinge Großes vereinen, lernten verstehn das Spiel der Natur, das seelenvolle, und vergaßen den Scherz. – Hyperion! Hyperion! hast du nicht mich, die Unmündige, zur Muse gemacht? So erging's auch den andern.

Ach! nun verließen so leicht sich nicht die geselligen Menschen; wie der Sand im Sturme der Wildnis irrten sie untereinander nicht mehr, noch höhnte sich Jugend und Alter, noch fehlt' ein Gastfreund dem Fremden und die Vaterlandsgenossen sonderten nimmer sich ab und die Liebenden entleideten alle sich nimmer; an deinen Quellen, Natur, erfrischten sie sich, ach! an den heiligen Freuden, die geheimnisvoll aus deiner Tiefe quillen und den Geist erneun; und die Götter erheiterten wieder die verwelkliche Seele der Menschen; es bewahrten die herzerhaltenden Götter jedes freundliche Bündnis unter ihnen. Denn du, Hyperion! hattest deinen Griechen das Auge geheilt, daß sie das Lebendige sahn, und die in ihnen, wie Feuer im Holze schlief, die Begeisterung hattest du entzündet, daß sie fühlten die stille stete Begeisterung der Natur und ihrer reinen Kinder. Ach! nun nahmen die Menschen die schöne Welt nicht mehr, wie Laien des Künstlers Gedicht, wenn sie die Worte loben und den Nutzen drin ersehn. Ein zauberisch Beispiel wurdest du, lebendige Natur! den Griechen, und entzündet von der ewigjungen Götter Glück war alles Menschentun, wie einst, ein Fest; und zu Taten geleitete, schöner als Kriegsmusik, die jungen Helden Helios' Licht.

Stille! stille! Es war mein schönster Traum, mein erster und mein letzter. Du bist zu stolz, dich mit dem bübischen Geschlechte länger zu befassen. Du tust auch recht daran. Du führtest sie zur Freiheit und sie dachten an Raub. Du führst sie siegend in ihr altes Lazedämon ein und diese Ungeheuer plündern und verflucht bist du von deinem Vater, großer Sohn! und keine Wildnis, keine Höhle ist sicher genug für dich auf dieser griechischen Erde, die du, wie ein Heiligtum, geachtet, die du mehr, wie mich, geliebt.

O mein Hyperion! ich bin das sanfte Mädchen nicht mehr, seit ich das alles weiß. Die Entrüstung treibt mich aufwärts, daß ich kaum zur Erde sehen mag und unablässig zittert mein beleidigtes Herz.

Wir wollen uns trennen. Du hast recht. Ich will auch keine Kinder; denn ich gönne sie der Sklavenwelt nicht, und die armen Pflanzen welkten mir ja doch in dieser Dürre vor den Augen weg.

Lebe wohl! du teurer Jüngling! geh du dahin, wo es dir der Mühe wert scheint, deine Seele hinzugeben. Die Welt hat doch wohl *einen* Walplatz, eine Opferstätte, wo du dich entledigen magst. Es wäre schade, wenn die guten Kräfte alle, wie ein Traumbild, so vergingen. Doch wie du auch ein Ende nimmst, du kehrest zu den Göttern, kehrst ins heil'ge, freie, jugendliche Leben der Natur, wovon du ausgingst, und das ist ja dein Verlangen nur und auch das meine.

So schrieb sie mir. Ich war erschüttert bis ins Mark, voll Schrecken und Lust, doch sucht ich mich zu fassen, um Worte zur Antwort zu finden.

Du willigest ein, Diotima? schrieb ich, du billigest mein Entsagen? konntest es begreifen? – Treue Seele! darein konntest du dich schicken? Auch in meine finstern Irren konntest du dich schicken, himmlische Geduld! und gabst dich hin, verdüstertest dich aus Liebe, glücklich Schoßkind der Natur! und wardst mir gleich und heiligtest durch deinen Beitritt meine Trauer? Schöne Heldin! welche Krone verdientest du?

Aber nun sei es auch des Trauerns genug, du Liebe! Du bist mir nachgefolgt in meine Nacht, nun komm! und laß mich dir zu deinem Lichte folgen, zu deiner Anmut laß uns wiederkehren, schönes Herz! o deine Ruhe laß mich wiedersehen, selige Natur! vor deinem Friedensbilde meinen Übermut auf immer mir entschlummern.

Nicht wahr, du Teure! noch ist meine Rückkehr nicht zu spät, und du nimmst mich wieder auf und kannst mich wieder lieben, wie sonst? nicht wahr, noch ist das Glück vergangner Tage nicht für uns verloren?

Ich hab es bis aufs Äußerste getrieben. Ich habe sehr undankbar an der mütterlichen Erde gehandelt, habe mein Blut und alle Liebesgaben, die sie mir gegeben, wie einen Knechtlohn, weggeworfen und ach! wie tausendmal undankbarer an dir, du heilig Mädchen! das mich einst in seinen Frieden aufnahm, mich, ein scheu zerrißnes Wesen, dem aus tiefgepreßter Brust sich kaum ein Jugendschimmer stahl, wie hie und da ein Grashalm auf zertretnen Wegen. Hattest du mich nicht ins Leben gerufen? war ich nicht dein? wie konnt ich denn – o du weißt es, wie ich hoffe, noch nicht, hast noch den Unglücksbrief nicht in den Händen, den ich vor der letzten Schlacht dir schrieb? Da wollt ich sterben, Diotima, und ich glaubt, ein heilig Werk zu tun. Aber wie kann das heilig sein, was Liebende trennt? wie kann das heilig sein, was unsers Lebens frommes Glück zerrüttet? – Diotima! schöngebornes Leben! ich bin dir jetzt dafür in deinem Eigensten um so ähnlicher geworden, ich hab es endlich achten gelernt, ich hab es bewahren gelernt, was gut und innig ist auf Erden. O wenn ich auch dort oben landen könnte an den glänzenden Inseln des Himmels, fänd ich mehr, als ich bei Diotima finde?

Höre mich nun, Geliebte!

In Griechenland ist meines Bleibens nicht mehr. Das weißt du. Bei seinem Abschied hat mein Vater mir so viel von seinem Überflusse geschickt, als hinreicht, in ein heilig Tal der Alpen oder Pyrenäen uns zu flüchten, und da ein freundlich Haus und auch von grüner Erde so viel zu kaufen, als des Lebens goldene Mittelmäßigkeit bedarf.

Willst du, so komm ich gleich und führ an treuem Arme dich und deine Mutter und wir küssen Kalaureas Ufer und trocknen die Tränen uns ab, und eilen über den Isthmus hinein ans Adriatische Meer, von wo ein sicher Schiff uns weiterbringt.

O komm! in den Tiefen der Gebirgswelt wird das Geheimnis unsers Herzens ruhn, wie das Edelgestein im Schacht, im Schoße der himmelragenden Wälder, da wird uns sein, wie unter den Säulen des innersten Tempels, wo die Götterlosen nicht nahn, und wir werden sitzen am Quell, in seinem Spiegel unsre Welt betrachten, den Himmel und Haus und Garten und uns. Oft werden wir in heiterer Nacht im Schatten unsers Obstwalds wandeln und den Gott in uns, den liebenden, belauschen, indes die Pflanze aus dem Mittagsschlummer ihr gesunken Haupt erhebt und deiner Blumen stilles Leben sich erfrischt, wenn sie im Tau die zarten Arme baden, und die Nachtluft kühlend sie umatmet und durchdringt, und über uns blüht die Wiese des Himmels mit all ihren funkelnden Blumen und seitwärts ahmt das Mondlicht hinter westlichem Gewölk den Niedergang des Sonnenjünglings, wie aus Liebe schüchtern nach – und dann des Morgens, wenn sich, wie ein Flußbett unser Tal mit warmem Lichte füllt, und still die goldne Flut durch unsre Bäume rinnt, und unser Haus umwallt und die lieblichen Zimmer, deine Schöpfung dir verschönt, und du in ihrem Sonnenglanze gehst und mir den Tag in deiner Grazie segnest, Liebe! wenn sich dann, indes wir so die Morgenwonne feiern, der Erde geschäftig Leben, wie ein Opferbrand, vor unsern Augen entzündet, und wir nun hingehn, um auch unser Tagwerk, um von uns auch einen Teil in die steigende Flamme zu werfen, wirst du da nicht sagen, wir sind glücklich, wir sind wieder, wie die alten Priester der Natur, die heiligen und frohen, die schon fromm gewesen, eh ein Tempel stand.

Hab ich genug gesagt? entscheide nun mein Schicksal, teures Mädchen, und bald! – Es ist ein Glück, daß ich noch halb ein Kranker bin, von der letzten Schlacht her, und daß ich noch aus meinem Dienste nicht entlassen bin; ich könnte sonst nicht bleiben, ich müßte selbst fort, müßte fragen, und das wäre nicht gut, das hieße dich bestürmen. –

Ach Diotima! bange törichte Gedanken fallen mir aufs Herz und doch – ich kann es nicht denken, daß auch diese Hoffnung scheitern soll.

Bist du denn nicht zu groß geworden, um noch wiederzukehren zu dem Glück der Erde? verzehrt die heftige Geistesflamme, die an deinem Leiden sich entzündete, verzehrt sie nicht alles Sterbliche dir?

Ich weiß es wohl, wer leicht sich mit der Welt entzweit, versöhnt auch leichter sich mit ihr. Aber du, mit deiner Kinderstille, du, so glücklich einst in deiner hohen Demut, Diotima! wer will dich versöhnen, wenn das Schicksal dich empört?

Liebes Leben! ist denn keine Heilkraft mehr für dich in mir? von allen Herzenslauten ruft dich keiner mehr zurück, ins menschliche Leben, wo du einst so lieblich mit gesenktem Fluge dich verweilt? o komm, o bleib in dieser Dämmerung! Dies Schattenland ist ja das Element der Liebe und hier nur rinnt der Wehmut stiller Tau vom Himmel deiner Augen.

Und denkst du unsrer goldenen Tage nicht mehr? der holdseligen, göttlichmelodischen? säuseln sie nicht aus allen Hainen von Kalaurea dich an?

Und sieh! es ist so manches in mir untergegangen, und ich habe der Hoffnungen nicht viele mehr. Dein Bild mit seinem Himmelssinne, hab ich noch, wie einen Hausgott, aus dem Brande gerettet. Unser Leben, unsers ist noch unverletzt in mir. Sollt ich nun hingehn und auch dies begraben? Soll ich ruhelos und ohne Ziel hinaus, von einer Fremde in die andre? Hab ich darum lieben gelernt?

O nein! du Erste und du Letzte! Mein warst du, du wirst die Meine bleiben.

Hyperion an Bellarmin

Ich saß mit Alabanda auf einem Hügel der Gegend, in lieblichwärmender Sonn, und um uns spielte der Wind mit abgefallenem Laube. Das Land war stumm; nur hie und da ertönt' im Wald ein stürzender Baum, vom Landmann gefällt, und neben uns murmelte der vergängliche Regenbach hinab ins ruhige Meer.

Ich war so ziemlich sorglos; ich hoffte, nun meine Diotima bald zu sehn, nun bald mit ihr in stillem Glücke zu leben. Alabanda hatte die Zweifel alle mir ausgeredet; so sicher war er selbst hierüber. Auch er war heiter; nur in andrem Sinne. Die Zukunft hatte keine Macht mehr über ihn. O ich wußt es nicht; er war am Ende seiner Freuden, sah mit allen seinen Rechten an die Welt, mit seiner ganzen siegrischen Natur sich unnütz, wirkungslos und einsam, und das ließ er so geschehn, als wär ein zeitverkürzend Spiel verloren.

Jetzt kam ein Bote auf uns zu. Er bracht uns die Entlassung aus dem Kriegsdienst, um die wir beide bei der russischen Flotte gebeten, weil für uns nichts mehr zu tun war, was der Mühe wert schien. Ich konnte nun Paros verlassen, wenn ich wollte. Auch war ich nun zur Reise gesund genug. Ich wollte nicht auf Diotimas Antwort warten, wollte fort zu ihr, es war, als wenn ein Gott nach Kalaurea mich triebe. Wie das Alabanda von mir hörte, veränderte sich seine Farbe und er sah wehmütig mich an. »So leicht wird's meinem Hyperion«, rief er, »seinen Alabanda zu verlassen?«

»Verlassen?« sagt ich, »wie denn das?«

»O über euch Träumer!« rief er, »siehest du denn nicht, daß wir uns trennen müssen?«

»Wie sollt ich's sehen?« erwidert ich; »du sagst ja nichts davon; und was mir hie und da erschien an dir, das wie auf einen Abschied deutete, das nahm ich gerne für Laune, für Herzensüberfluß –.«

»O ich kenn es«, rief er, »dieses Götterspiel der reichen Liebe, die sich selber Not schafft, um sich ihrer Fülle zu entladen und ich wollt, es wäre so mit mir, du Guter! aber hier ist's Ernst!«

»Ernst?« rief ich, »und warum denn?«

»Darum, mein Hyperion«, sagt' er sanft, »weil ich dein künftig Glück nicht gerne stören möchte, weil ich Diotimas Nähe fürchten muß. Glaube mir, es ist gewagt, um Liebende zu leben, und ein tatlos Herz, wie meines nun ist, hält es schwerlich aus.«

»Ach guter Alabanda!« sagt ich lächelnd, »wie mißkennst du dich! Du bist so wächsern nicht und deine feste Seele springt so leicht nicht über ihre Grenzen. Zum ersten Mal in deinem Leben bist du grillenhaft. Du machtest hier bei mir den Krankenwärter und man sieht, wie wenig du dazu geboren bist. Das Stillesitzen hat dich scheu gemacht –.«

»Siehst du?« rief er, »das ist's eben. Werd ich tätiger leben mit euch? und wenn es eine andre wäre! aber diese Diotima! kann ich anders? kann ich sie mit halber Seele fühlen? sie, die um und um so innig *eines* ist, *ein* göttlich ungeteiltes Leben? Glaube mir, es ist ein kindischer Versuch, dies Wesen sehn zu wollen ohne Liebe. Du blickst mich an, als kenntest du mich nicht? Bin ich doch selbst mir fremd geworden, diese letzten Tage, seit ihr Wesen so lebendig ist in mir.«

»O warum kann ich sie dir nicht schenken?« rief ich.

»Laß das!« sagt' er. »Tröste mich nicht, denn hier ist nichts zu trösten. Ich bin einsam, einsam, und mein Leben geht, wie eine Sanduhr, aus.«

»Große Seele!« rief ich, »muß es dahin mit dir kommen?«

»Sei zufrieden!« sagt' er. »Ich fing schon an zu welken, da wir in Smyrna uns fanden. Ja! da ich noch ein Schiffsjung war und stark und schnell der Geist und alle Glieder mir wurden bei rauher Kost, in mutiger Arbeit! Wenn ich da in heiterer Luft nach einer Sturmnacht oben am Gipfel des Masts hing, unter der wehenden Flagge, und dem Seegevögel nach hinaussah über die glänzende Tiefe, wenn in der Schlacht oft unsre zornigen Schiffe die See durchwühlten, wie der Zahn des Ebers die Erd, und ich an meines Hauptmanns Seite stand mit hellem Blick – da lebt ich, o da lebt ich! Und lange nachher, da der junge Tiniote mir nun am Smyrner Strande begegnete, mit seinem Ernste, seiner Liebe, und meine verhärtete Seele wieder aufgetaut war von den Blicken des Jünglings und lieben lernt' und heilig halten alles, was zu gut ist, um beherrscht zu werden, da ich mit ihm ein neues Leben begann, und neue seelenvollere Kräfte mir keimten zum Genusse der Welt und zum Kampfe mit ihr, da hofft ich wieder – ach! und alles was ich hofft und hatte, war an dich gekettet; ich riß dich an mich, wollte mit Gewalt dich in mein Schicksal ziehn, verlor dich, fand dich wieder, unsre Freundschaft nur war meine Welt, mein Wert, mein Ruhm; nun ist's auch damit aus, auf immer und all mein Dasein ist vergebens.«

»Ist denn das wahr?« erwidert ich mit Seufzen.

»Wahr, wie die Sonne«, rief er, »aber laß das gut sein! es ist für alles gesorgt.«

»Wieso, mein Alabanda?« sagt ich.

»Laß mich dir erzählen«, sagt' er. »Ich habe noch nie dir ganz von einer gewissen Sache gesprochen. Und dann – so stillt es auch dich und mich ein wenig, wenn wir sprechen von Vergangenem.

Ich ging einst hülflos an dem Hafen von Triest. Das Kaperschiff, worauf ich diente, war einige Jahre zuvor gescheitert, und ich hatte kaum mit wenigen ans Ufer von Sevilla mich gerettet. Mein Hauptmann war ertrunken und mein Leben und mein triefend Kleid war alles, was mir blieb. Ich zog mich aus und ruht im Sonnenschein und trocknete die Kleider an den Sträuchen. Drauf ging ich weiter auf der Straße nach der Stadt. Noch vor den Toren sah ich heitere Gesellschaft in den Gärten, ging hinein, und sang ein griechisch lustig Lied. Ein trauriges kannt ich nicht. Ich glühte dabei vor Scham und Schmerz, mein Unglück so zur Schau zu tragen. Ich war ein achtzehnjähriger Knabe, wild und stolz, und haßt es wie den Tod, zum Gegenstande der Menschen zu werden. Vergebt mir, sagt ich, da ich fertig war mit meinem Liede; ich komme soeben aus dem Schiffbruch und weiß der Welt für heute keinen bessern Dienst zu tun, als ihr zu singen. Ich hatte das, so gut es ging, in spanischer Sprache gesagt. Ein Mann mit ausgezeichnetem Gesichte trat mir näher, gab mir Geld und sagt' in unserer Sprache mit Lächeln: Da! kauf einen Schleifstein dir dafür und lerne Messer schärfen und wandre so durchs feste Land. Der Rat gefiel mir. Herr! das will ich in der Tat; erwidert ich. Noch wurd ich reichlich von den übrigen beschenkt und ging und tat, wie mir der Mann geraten hatte, und trieb mich so in Spanien und Frankreich einige Zeit herum.

Was ich in dieser Zeit erfuhr, wie an der Knechtschaft tausendfältigen Gestalten meine Freiheitsliebe sich schärft' und wie aus mancher harten Not mir Lebensmut und kluger Sinn erwuchs, das hab ich oft mit Freude dir gesagt.

Ich trieb mein wandernd schuldlos Tagewerk mit Lust, doch wurd es endlich mir verbittert.

Man nahm es für Maske, weil ich nicht gemein genug daneben aussehn mochte, man bildete sich ein, ich treib im stillen ein gefährlicher Geschäft, und wirklich wurd ich zweimal in Verhaft genommen. Das bewog mich dann, es aufzugeben und ich trat mit wenig Gelde, das ich mir gewonnen, meine Rückkehr an zur Heimat, der ich einst entlaufen war. Schon war ich in Triest und wollte durch Dalmatien hinunter. Da befiel mich von der harten Reise eine Krankheit und mein kleiner Reichtum ging darüber auf. So ging ich halbgenesen traurig an dem Hafen von Triest. Mit einmal stand der Mann vor mir, der an dem Ufer von Sevilla meiner einst sich angenommen hatte. Er freute sich sonderbar, mich wieder zu sehen, sagte mir, daß er sich meiner oft erinnert und fragte mich, wie mir's indes ergangen sei. Ich sagt ihm alles. Ich sehe, rief er, daß es nicht umsonst war, dich ein wenig in die Schule des Schicksals zu schicken. Du hast dulden gelernt, du sollst nun wirken, wenn du willst.

Die Rede, sein Ton, sein Händedruck, seine Miene, sein Blick, das alles traf, wie eines Gottes Macht, mein Wesen, das von manchem Leiden jetzt gerad entzündbarer, als je, war, und ich gab mich hin.

Der Mann, Hyperion, von dem ich spreche, war von jenen einer, die du in Smyrna bei mir sahst. Er führte gleich die Nacht darauf in eine feierliche Gesellschaft mich ein. Ein Schauer überlief mich, da ich in den Saal trat und beim Eintritt mein Begleiter mir die ernsten Männer wies und sagte: Dies ist der Bund der Nemesis. Berauscht vom großen Wirkungskreise, der vor mir sich auftat, übermacht ich feierlich mein Blut und meine Seele diesen Männern. Bald nachher wurde die Versammlung aufgehoben, um in Jahren anderswo sich zu erneuern und ein jeder trat den angewiesenen Weg an, den er durch die Welt zu machen hatte. Ich wurde denen beigesellt, die du in Smyrna einige Jahre nachher bei mir fandst.

Der Zwang, worin ich lebte, folterte mich oft, auch sah ich wenig von den großen Wirkungen des Bundes und meine Tatenlust fand kahle Nahrung. Doch all dies reichte nicht hin, um mich zu einem Abfall zu vermögen. Die Leidenschaft zu dir verleitete mich endlich. Ich hab's dir oft gesagt, ich war wie ohne Luft und Sonne, da du fort warst; und anders hatt ich keine Wahl; ich mußte dich aufgeben, oder meinen Bund. Was ich erwählte, siehst du.

Aber alles Tun des Menschen hat am Ende seine Strafe, und nur die Götter und die Kinder trifft die Nemesis nicht.

Ich zog das Götterrecht des Herzens vor. Um meines Lieblings willen brach ich meinen Eid. War das nicht billig? muß das edelste Sehnen nicht das freieste sein? – Mein Herz hat mich beim Worte genommen; ich gab ihm Freiheit und du siehst, es braucht sie.

Huldige dem Genius *einmal* und er achtet dir kein sterblich Hindernis mehr und reißt dir alle Bande des Lebens entzwei.

Verpflichtung brach ich um des Freundes willen, Freundschaft würd ich brechen um der Liebe willen. Um Diotimas willen würd ich dich betrügen und am Ende mich und Diotima morden, weil wir doch nicht Eines wären. Aber es soll nicht seinen Gang gehn; soll ich büßen, was ich tat, so will ich es mit Freiheit; meine eignen Richter wähl ich mir; an denen ich gefehlt, die sollen mich haben.«

»Sprichst du von deinen Bundesbrüdern?« rief ich; »o mein Alabanda! tue das nicht!«

»Was können sie mir nehmen, als mein Blut?« erwidert' er. Dann faßt' er sanft mich bei der Hand. »Hyperion!« rief er, »meine Zeit ist aus, und was mir übrig bleibt, ist nur ein edles Ende. Laß mich! mache mich nicht klein und fasse Glauben an mein Wort! Ich weiß so gut, wie du, ich könnte mir ein Dasein noch erkünsteln, könnte, weil des Lebens Mahl verzehrt ist, mit den Brosamen noch spielen, aber das ist meine Sache nicht; auch nicht die deine. Brauch ich mehr zu sagen? Sprech ich nicht aus deiner Seele dir? Ich dürste nach Luft, nach Kühlung, Hyperion! Meine Seele wallt mir über von selbst und hält im alten Kreise nicht mehr. Bald kommen ja die schönen Wintertage, wo die dunkle Erde nichts mehr ist, als die Folie des leuchtenden Himmels, da wär es gute Zeit, da blinken ohnedies gastfreundlicher die Inseln des Lichts! – dich wundert die Rede? Liebster! alle Scheidenden sprechen, wie Trunkne, und nehmen gerne sich festlich. Wenn der Baum zu welken anfängt, tragen nicht alle seine Blätter die Farbe des Morgenrots?«

»Große Seele«, rief ich, »muß ich Mitleid für dich tragen?«

Ich fühlt an seiner Höhe, wie tief er litt. Ich hatte solches Weh im Leben nie erfahren. Und doch, o Bellarmin! doch fühlt ich auch die Größe aller Freuden, solch ein Götterbild in Augen und Armen zu haben. »Ja! stirb nur«, rief ich, »stirb! Dein Herz ist herrlich genug, dein Leben ist reif, wie die Trauben am Herbsttag. Geh, Vollendeter! ich ginge mit dir, wenn es keine Diotima gäbe.«

»Hab ich dich nun?« erwidert' Alabanda, »sprichst du so? wie tief, wie seelenvoll wird alles, wenn mein Hyperion es einmal faßt!« – »Er schmeichelt«, rief ich, »um das unbesonnene Wort zum zweiten Male mir abzulocken! gute Götter! um von mir Erlaubnis zu gewinnen zu der Reise nach dem Blutgericht!«

»Ich schmeichle nicht«, erwidert' er mit Ernst, »ich hab ein Recht, zu tun, was du verhindern willst, und kein gemeines! ehre das!«

Es war ein Feuer in seinen Augen, das, wie ein Göttergebot, mich niederschlug und ich schämte mich, nur ein Wort noch gegen ihn zu sagen.

Sie werden es nicht, dacht ich mitunter, sie können es nicht. Es ist zu sinnlos, solch ein herrlich Leben hinzuschlachten, wie ein Opfertier, und dieser Glaube machte mich ruhig.

Es war ein eigner Gewinn, ihn noch zu hören, in der Nacht darauf, nachdem ein jeder für seine eigne Reise gesorgt, und wir vor Tagesanbruch wieder hinausgegangen waren, um noch einmal allein zusammen zu sein.

»Weißt du«, sagt' er unter andrem, »warum ich nie den Tod geachtet? Ich fühl in mir ein Leben, das kein Gott geschaffen, und kein Sterblicher gezeugt. Ich glaube, daß wir durch uns selber sind, und nur aus freier Lust so innig mit dem All verbunden.«

»So etwas hab ich nie von dir gehört«, erwidert ich.

»Was wär auch«, fuhr er fort, »was wär auch diese Welt, wenn sie nicht wär ein Einklang freier Wesen? wenn nicht aus eignem frohem Triebe die Lebendigen von Anbeginn in ihr zusammenwirkten in *ein* vollstimmig Leben, wie hölzern wäre sie, wie kalt? welch herzlos Machwerk wäre sie?«

»So wär es hier im höchsten Sinne wahr«, erwidert ich, »daß ohne Freiheit alles tot ist.«

»Ja wohl«, rief er, »wächst doch kein Grashalm auf, wenn nicht ein eigner Lebenskeim in ihm ist! wie viel mehr in mir! und darum, Lieber! weil ich frei im höchsten Sinne, weil ich anfangslos mich fühle, darum glaub ich, daß ich endlos, daß ich unzerstörbar bin. Hat mich eines Töpfers Hand gemacht, so mag er sein Gefäß zerschlagen, wie es ihm gefällt. Doch was da lebt, muß unerzeugt, muß göttlicher Natur in seinem Keime sein, erhaben über alle Macht, und alle Kunst, und darum unverletzlich, ewig.

Jeder hat seine Mysterien, lieber Hyperion! seine geheimern Gedanken; dies waren die meinen; seit ich denke.

Was lebt, ist unvertilgbar, bleibt in seiner tiefsten Knechtsform frei, bleibt *eins* und wenn du es scheidest bis auf den Grund, bleibt unverwundet und wenn du bis ins Mark es zerschlägst und sein Wesen entfliegt dir siegend unter den Händen. – Aber der Morgenwind regt sich; unsre Schiffe sind wach. O mein Hyperion! ich hab es überwunden; ich hab es über mich vermocht, das Todesurteil über mein Herz zu sprechen und dich und mich zu trennen, Liebling meines Lebens! schone mich nun! erspare mir den Abschied! laß uns schnell sein! komm! –«

Mir flog es kalt durch alle Gebeine, da er so begann.

»O um deiner Treue willen, Alabanda!« rief ich vor ihm niedergeworfen, »muß es, muß es denn sein? Du übertäubtest mich unredlicherweise, du rissest in einen Taumel mich hin. Bruder! nicht so viel Besinnung ließest du mir, um eigentlich zu fragen, wohin gehst du?«

»Ich darf den Ort nicht nennen, liebes Herz!« erwidert' er; »wir sehn vielleicht uns dennoch einmal wieder.«

»Wiedersehn?« erwidert ich; »so bin ich ja um einen Glauben reicher! und so werd ich reicher werden und reicher an Glauben und am Ende wird mir alles Glaube sein.«

»Lieber!« rief er, »laß uns still sein, wo die Worte nichts helfen! laß uns männlich enden! Du verderbst die letzten Augenblicke dir.«

Wir waren so dem Hafen näher gekommen.

»Noch eines!« sagt' er, da wir nun bei seinem Schiffe waren. »Grüße deine Diotima! Liebt euch! werdet glücklich, schöne Seelen!«

»O mein Alabanda!« rief ich, »warum kann ich nicht an deiner Stelle gehn?«

»Dein Beruf ist schöner«, erwidert' er; »behalt ihn! ihr gehörst du, jenes holde Wesen ist von nun an deine Welt – ach! weil kein Glück ist ohne Opfer, nimm als Opfer mich, o Schicksal, an, und laß die Liebenden in ihrer Freude! –«

Sein Herz fing an, ihn zu überwältigen und er riß sich von mir und sprang ins Schiff, um sich und mir den Abschied abzukürzen. Ich fühlte diesen Augenblick, wie einen Wetterschlag, dem Nacht und Totenstille folgte, aber mitten in dieser Vernichtung raffte meine Seele sich auf, ihn zu halten, den teuren Scheidenden und meine Arme zückten von selbst nach ihm. »Weh! Alabanda! Alabanda!« rief ich, und ein dumpfes Lebewohl hört ich vom Schiffe herüber.

Hyperion an Bellarmin

Zufällig hielt das Fahrzeug, das nach Kalaurea mich bringen sollte, noch bis zum Abend sich auf, nachdem Alabanda schon den Morgen seinen Weg gegangen war.

Ich blieb am Ufer, blickte still, von den Schmerzen des Abschieds müd, in die See, von einer Stunde zur andern. Die Leidenstage der langsamsterbenden Jugend überzählte mein Geist, und irre, wie die schöne Taube, schwebt' er über dem Künftigen. Ich wollte mich stärken, ich nahm mein längstvergessenes Lautenspiel hervor, um mir ein Schicksalslied zu singen, das ich einst in glücklicher unverständiger Jugend meinem Adamas nachgesprochen.

> Ihr wandelt droben im Licht
> Auf weichem Boden, selige Genien!
> Glänzende Götterlüfte
> Rühren euch leicht,
> Wie die Finger der Künstlerin
> Heilige Saiten.
>
> Schicksallos, wie der schlafende
> Säugling, atmen die Himmlischen;
> Keusch bewahrt
> In bescheidener Knospe,
> Blühet ewig
> Ihnen der Geist,
> Und die seligen Augen
> Blicken in stiller
> Ewiger Klarheit.

> Doch uns ist gegeben,
> Auf keiner Stätte zu ruhn,
> Es schwinden, es fallen
> Die leidenden Menschen
> Blindlings von einer
> Stunde zur andern,
> Wie Wasser von Klippe
> Zu Klippe geworfen,
> Jahr lang ins Ungewisse hinab.

So sang ich in die Saiten. Ich hatte kaum geendet, als ein Boot einlief, wo ich meinen Diener gleich erkannte, der mir einen Brief von Diotima überbrachte.

So bist du noch auf Erden? schrieb sie, und siehest das Tageslicht noch? Ich dachte dich anderswo zu finden, mein Lieber! Ich habe früher, als du nachher wünschtest, den Brief erhalten, den du vor der Schlacht bei Tschesme schriebst und so lebt ich eine Woche lang in der Meinung, du habst dem Tod dich in die Arme geworfen, ehe dein Diener ankam mit der frohen Botschaft, daß du noch lebest. Ich hatte auch ohnedies noch einige Tage nach der Schlacht gehört, das Schiff, worauf ich dich wußte, sei mit aller Mannschaft in die Luft geflogen.

Aber o süße Stimme! noch hört ich dich wieder, noch einmal rührte, wie Mailuft, mich die Sprache des Lieben, und deine schöne Hoffnungsfreude, das holde Phantom unsers künftigen Glücks, hat einen Augenblick auch mich getäuscht.

Lieber Träumer, warum muß ich dich wecken? warum kann ich nicht sagen, komm, und mache wahr die schönen Tage, die du mir verheißen! Aber es ist zu spät, Hyperion, es ist zu spät. Dein Mädchen ist verwelkt, seitdem du fort bist, ein Feuer in mir hat mählich mich verzehrt, und nur ein kleiner Rest ist übrig. Entsetze dich nicht! Es läutert sich alles Natürliche, und überall windet die Blüte des Lebens freier und freier vom gröbern Stoffe sich los.

Liebster Hyperion! du dachtest wohl nicht, mein Schwanenlied in diesem Jahre zu hören.

Fortsetzung

Bald, da du fort warst, und noch in den Tagen des Abschieds fing es an. Eine Kraft im Geiste, vor der ich erschrak, ein innres Leben, vor dem das Leben der Erd erblaßt' und schwand, wie Nachtlampen im Morgenrot – soll ich's sagen? ich hätte mögen nach Delphi gehn und dem Gott der Begeisterung einen Tempel bauen unter den Felsen des alten Parnaß, und, eine neue Pythia, die schlaffen Völker mit Göttersprüchen entzünden, und meine Seele weiß, den Gottverlaßnen allen hätte der jungfräuliche Mund die Augen geöffnet und die dumpfen Stirnen entfaltet, so mächtig war der Geist des Lebens in mir! Doch müder und müder wurden die sterblichen Glieder und die ängstigende Schwere zog mich unerbittlich hinab. Ach! oft in meiner stillen Laube hab ich um der Jugend Rosen geweint! sie welkten und welkten, und nur von Tränen färbte deines Mädchens Wange sich rot. Es waren die vorigen Bäume noch, es war die vorige Laube – da stand einst deine Diotima, dein Kind, Hyperion, vor deinen glücklichen Augen, eine Blume unter den Blumen und die Kräfte der Erde und des Himmels trafen sich friedlich zusammen in ihr; nun ging sie, eine Fremdlingin unter den Knospen des Mais, und ihre Vertrauten, die lieblichen Pflanzen, nickten ihr freundlich, sie aber konnte nur trauern; doch ging ich keine vorüber, doch nahm ich einen Abschied um den andern von all den Jugendgespielen, den Hainen und Quellen und säuselnden Hügeln.

Ach! oft mit schwerer süßer Mühe bin ich noch, so lang ich's konnte, auf die Höhe gegangen, wo du bei Notara gewohnt, und habe von dir mit dem Freunde gesprochen, so leichten Sinns, als möglich war, damit er nichts von mir dir schreiben sollte; bald aber, wenn das Herz zu laut ward, schlich die Heuchlerin sich hinaus in den Garten, und da war ich nun am Geländer, über dem Felsen, wo ich einst mit dir hinabsah, und hinaus in die offne Natur, ach! wo ich stand, von deinen Händen gehalten, von deinen Augen umlauscht, im ersten schaudernden Erwarmen der Liebe und die überwallende Seele auszugießen wünschte, wie einen Opferwein, in den Abgrund des Lebens, da wankt ich nun umher und klagte dem Winde mein Leid, und wie ein scheuer

Vogel, irrte mein Blick und wagt' es kaum, die schöne Erde anzusehn, von der ich scheiden sollte.

Fortsetzung

So ist's mit deinem Mädchen geworden, Hyperion. Frage nicht wie? erkläre diesen Tod dir nicht! Wer solch ein Schicksal zu ergründen denkt, der flucht am Ende sich und allem, und doch hat keine Seele Schuld daran.

Soll ich sagen, mich habe der Gram um dich getötet? o nein! o nein! er war mir ja willkommen, dieser Gram, er gab dem Tode, den ich in mir trug, Gestalt und Anmut; deinem Lieblinge zur Ehre stirbst du, konnt ich nun mir sagen. –

Oder ist mir meine Seele zu reif geworden in all den Begeisterungen unserer Liebe und hält sie darum mir nun, wie ein übermütiger Jüngling, in der bescheidenen Heimat nicht mehr? sprich! war es meines Herzens Üppigkeit, die mich entzweite mit dem sterblichen Leben? ist die Natur in mir durch dich, du Herrlicher! zu stolz geworden, um sich's länger gefallen zu lassen auf diesem mittelmäßigen Sterne? Aber hast du sie fliegen gelehrt, warum lehrst du meine Seele nicht auch, dir wiederzukehren? Hast du das ätherliebende Feuer angezündet, warum hütetest du mir es nicht? – Höre mich, Lieber! um deiner schönen Seele willen! klage du dich über meinem Tode nicht an!

Konntest du denn mich halten, als dein Schicksal dir denselben Weg wies? und, hättst du im Heldenkampfe deines Herzens mir geprediget – laß dir genügen, Kind! und schick in die Zeit dich – wärst du nicht der eitelste von allen Eiteln gewesen?

Fortsetzung

Ich will es dir gerade sagen, was ich glaube. Dein Feuer lebt' in mir, dein Geist war in mich übergegangen; aber das hätte schwerlich geschadet, und nur dein Schicksal hat mein neues Leben mir tödlich gemacht. Zu mächtig war mir meine Seele durch dich, sie wäre durch dich auch wieder stille geworden. Du entzogst mein

Leben der Erde, du hättest auch Macht gehabt, mich an die Erde zu fesseln, du hättest meine Seele, wie in einen Zauberkreis, in deine umfangenden Arme gebannt; ach! *einer* deiner Herzensblicke hätte mich fest gehalten, *eine* deiner Liebesreden hätte mich wieder zum frohen gesunden Kinde gemacht; doch da dein eigen Schicksal dich in Geisteseinsamkeit, wie Wasserflut auf Bergesgipfel trieb, o da erst, als ich vollends meinte, dir habe das Wetter der Schlacht den Kerker gesprengt und mein Hyperion sei aufgeflogen in die alte Freiheit, da entschied sich es mit mir und wird nun bald sich enden.

Ich habe viele Worte gemacht, und stillschweigend starb die große Römerin doch, da im Todeskampf ihr Brutus und das Vaterland rang. Was konnt ich aber bessers in den besten meiner letzten Lebenstage tun? – Auch treibt mich's immer, mancherlei zu sagen. Stille war mein Leben; mein Tod ist beredt. Genug!

Fortsetzung

Nur eines muß ich dir noch sagen.

Du müßtest untergehn, verzweifeln müßtest du, doch wird der Geist dich retten. Dich wird kein Lorbeer trösten und kein Myrtenkranz; der Olymp wird's, der lebendige, gegenwärtige, der ewig jugendlich um alle Sinne dir blüht. Die schöne Welt ist mein Olymp; in diesem wirst du leben, und mit den heiligen Wesen der Welt, mit den Göttern der Natur, mit diesen wirst du freudig sein.

O seid willkommen, ihr Guten, ihr Treuen! ihr Tiefvermißten, Verkannten! Kinder und Älteste! Sonn und Erd und Äther mit allen lebenden Seelen, die um euch spielen, die ihr umspielt, in ewiger Liebe! o nimmt die allesversuchenden Menschen, nimmt die Flüchtlinge wieder in die Götterfamilie, nimmt in die Heimat der Natur sie auf, aus der sie entwichen! –

Du kennst dies Wort, Hyperion! Du hast es angefangen in mir. Du wirst's vollenden in dir, und dann erst ruhn.

Ich habe genug daran, um freudig, als ein griechisch Mädchen zu sterben.

Die Armen, die nichts kennen, als ihr dürftig Machwerk, die der Not nur dienen und den Genius verschmähn, und dich nicht ehren, kindlich Leben der Natur! die mögen vor dem Tode sich fürchten. Ihr Joch ist ihre Welt geworden; Besseres, als ihren Knechtsdienst, kennen sie nicht; scheun die Götterfreiheit, die der Tod uns gibt?

Ich aber nicht! ich habe mich des Stückwerks überhoben, das die Menschenhände gemacht, ich hab es gefühlt, das Leben der Natur, das höher ist, denn alle Gedanken – wenn ich auch zur Pflanze würde, wäre denn der Schade so groß? – Ich werde sein. Wie sollt ich mich verlieren aus der Sphäre des Lebens, worin die ewige Liebe, die allen gemein ist, die Naturen alle zusammenhält? wie sollt ich scheiden aus dem Bunde, der die Wesen alle verknüpft? Der bricht so leicht nicht, wie die losen Bande dieser Zeit. Der ist nicht, wie ein Markttag, wo das Volk zusammenläuft und lärmt und auseinandergeht. Nein! bei dem Geiste, der uns einiget, bei dem Gottesgeiste, der jedem eigen ist und allen gemein! nein! nein! im Bunde der Natur ist Treue kein Traum. Wir trennen uns nur, um inniger einig zu sein, göttlicher friedlich mit allem, mit uns. Wir sterben, um zu leben.

Ich werde sein; ich frage nicht, was ich werde. Zu sein, zu leben, das ist genug, das ist die Ehre der Götter; und darum ist sich alles gleich, was nur ein Leben ist, in der göttlichen Welt, und es gibt in ihr nicht Herren und Knechte. Es leben umeinander die Naturen, wie Liebende; sie haben alles gemein, Geist, Freude und ewige Jugend.

Beständigkeit haben die Sterne gewählt, in stiller Lebensfülle wallen sie stets und kennen das Alter nicht. Wir stellen im Wechsel das Vollendete dar; in wandelnde Melodien teilen wir die großen Akkorde der Freude. Wie Harfenspieler um die Thronen der Ältesten, leben wir, selbst göttlich, um die stillen Götter der Welt, mit dem flüchtigen Liebesliede mildern wir den seligen Ernst des Sonnengotts und der andern.

Sieh auf in die Welt! Ist sie nicht, wie ein wandelnder Triumphzug, wo die Natur den ewigen Sieg über alle Verderbnis feiert? und führt nicht zur Verherrlichung das Leben den Tod mit sich, in goldenen Ketten, wie der Feldherr einst die gefangenen Könige mit sich geführt? und wir, wir sind wie die Jungfrauen und die Jünglinge, die mit Tanz und Gesang, in wechselnden Gestalten und Tönen den majestätischen Zug geleiten.

Nun laß mich schweigen. Mehr zu sagen, wäre zu viel. Wir werden wohl uns wieder begegnen. –

Trauernder Jüngling! bald, bald wirst du glücklicher sein. Dir ist dein Lorbeer nicht gereift und deine Myrten verblühten, denn Priester sollst du sein der göttlichen Natur, und die dichterischen Tage keimen dir schon.

O könnt ich dich sehn in deiner künftigen Schöne! Lebe wohl.

Zugleich erhielt ich einen Brief von Notara, worin er mir schrieb:

Den Tag, nachdem sie dir zum letzten Mal geschrieben, wurde sie ganz ruhig, sprach noch wenig Worte, sagte dann auch, daß sie lieber möcht im Feuer von der Erde scheiden, als begraben sein, und ihre Asche sollten wir in eine Urne sammeln, und in den Wald sie stellen, an den Ort, wo du, mein Teurer! ihr zuerst begegnet wärst. Bald darauf, da es anfing, dunkel zu werden, sagte sie uns gute Nacht, als wenn sie schlafen möcht, und schlug die Arme um ihr schönes Haupt; bis gegen Morgen hörten wir sie atmen. Da es dann ganz stille wurde und ich nichts mehr hörte, ging ich hin zu ihr und lauschte.

O Hyperion! was soll ich weiter sagen? Es war aus und unsre Klagen weckten sie nicht mehr.

Es ist ein furchtbares Geheimnis, daß ein solches Leben sterben soll und ich will es dir gestehn, ich selber habe weder Sinn noch Glauben, seit ich das mit ansah.

Doch immer besser ist ein schöner Tod, Hyperion! denn solch ein schläfrig Leben, wie das unsre nun ist.

Die Fliegen abzuwehren, das ist künftig unsre Arbeit und zu nagen an den Dingen der Welt, wie Kinder an der dürren Feigenwurzel, das ist endlich unsre Freude. Alt zu werden unter jugendlichen Völkern, scheint mir eine Lust, doch alt zu werden, da wo alles alt ist, scheint mir schlimmer, denn alles. –

Ich möchte fast dir raten, mein Hyperion! daß du nicht hieher kommst. Ich kenne dich. Es würde dir die Sinne nehmen. Überdies bist du nicht sicher hier. Mein Teurer! denk an Diotimas Mutter, denk an mich und schone dich!

Ich will es dir gestehn, mir schaudert, wenn ich dein Schicksal überdenke. Aber ich meine doch auch, der brennende Sommer trockne nicht die tiefern Quellen, nur den seichten Regenbach aus. Ich habe dich in Augenblicken gesehn, Hyperion! wo du mir ein höher Wesen schienst. Du bist nun auf der Probe, und es muß sich zeigen, wer du bist. Leb wohl.

So schrieb Notara; und du fragst, mein Bellarmin! wie jetzt mir ist, indem ich dies erzähle?

Bester! ich bin ruhig, denn ich will nichts Bessers haben, als die Götter. Muß nicht alles leiden? Und je trefflicher es ist, je tiefer! Leidet nicht die heilige Natur? O meine Gottheit! daß du trauern könntest, wie du selig bist, das konnt ich lange nicht fassen. Aber die Wonne, die nicht leidet, ist Schlaf, und ohne Tod ist kein Leben. Solltest du ewig sein, wie ein Kind und schlummern, dem Nichts gleich? den Sieg entbehren? nicht die Vollendungen alle durchlaufen? Ja! ja! wert ist der Schmerz, am Herzen der Menschen zu liegen, und dein Vertrauter zu sein, o Natur! Denn er nur führt von einer Wonne zur andern, und es ist kein andrer Gefährte, denn er. –

Damals schrieb ich an Notara, als ich wieder anfing aufzuleben, von Sizilien aus, wohin ein Schiff von Paros mich zuerst gebracht:

Ich habe dir gehorcht, mein Teurer! bin schon weit von euch und will dir nun auch Nachricht geben; aber schwer wird mir das Wort; das darf ich wohl gestehen. Die Seligen, wo Diotima nun ist, sprechen nicht viel; in meiner Nacht, in der Tiefe der Trauernden, ist auch die Rede am Ende.

Einen schönen Tod ist meine Diotima gestorben; da hast du recht; das ist's auch, was mich aufweckt, und meine Seele mir wiedergibt.

Aber es ist die vorige Welt nicht mehr, zu der ich wiederkehre. Ein Fremdling bin ich, wie die Unbegrabnen, wenn sie herauf vom Acheron kommen, und wär ich auch auf meiner heimatlichen Insel, in den Gärten meiner Jugend, die mein Vater mir verschließt, ach! dennoch, dennoch, wär ich auf der Erd ein Fremdling und kein Gott knüpft ans Vergangne mich mehr.

Ja! es ist alles vorbei. Das muß ich nur recht oft mir sagen, muß damit die Seele mir binden, daß sie ruhig bleibt, sich nicht erhitzt in ungereimten kindischen Versuchen.

Es ist alles vorbei; und wenn ich gleich auch weinen könnte, schöne Gottheit, wie du um Adonis einst geweint, doch kehrt mir meine Diotima nicht wieder und meines Herzens Wort hat seine Kraft verloren, denn es hören mich die Lüfte nur.

O Gott! und daß ich selbst nichts bin, und der gemeinste Handarbeiter sagen kann, er habe mehr getan, denn ich! daß sie sich trösten dürfen, die Geistesarmen, und lächeln und Träumer mich schelten, weil meine Taten mir nicht reiften, weil meine Arme nicht frei sind, weil meine Zeit dem wütenden Prokrustes gleicht, der Männer, die er fing, in eine Kinderwiege warf, und daß sie paßten in das kleine Bett, die Glieder ihnen abhieb.

Wär es nur nicht gar zu trostlos, allein sich unter die närrische Menge zu werfen und zerrissen zu werden von ihr! oder müßt ein edel Blut sich nur nicht schämen, mit dem Knechtsblut sich zu mischen! o gäb es eine Fahne, Götter! wo mein Alabanda dienen möcht, ein Thermopylä, wo ich mit Ehren sie verbluten könnte, all die einsame Liebe, die mir nimmer brauchbar ist! Noch besser wär es freilich, wenn ich leben könnte, leben, in den neuen Tempeln, in der neuversammelten Agora unsers Volks mit großer Lust den großen Kummer stillen; aber davon schweig ich, denn ich weine nur die Kraft mir vollends aus, wenn ich an alles denke.

Ach Notara! auch mit mir ist's aus; verleidet ist mir meine eigne Seele, weil ich ihr's vorwerfen muß, daß Diotima tot ist, und die Gedanken meiner Jugend, die ich groß geachtet, gelten mir nichts mehr. Haben sie doch meine Diotima mir vergiftet!

Und nun sage mir, wo ist noch eine Zuflucht? – Gestern war ich auf dem Ätna droben. Da fiel der große Sizilianer mir ein, der einst des Stundenzählens satt, vertraut mit der Seele der Welt, in seiner kühnen Lebenslust sich da hinabwarf in die herrlichen Flammen, denn der kalte Dichter hätte müssen am Feuer sich wärmen, sagt' ein Spötter ihm nach.

O wie gerne hätt ich solchen Spott auf mich geladen! aber man muß sich höher achten, denn ich mich achte, um so ungerufen der Natur ans Herz zu fliegen, oder wie du es sonst noch heißen magst, denn wirklich! wie ich jetzt bin, hab ich keinen Namen für die Dinge und es ist mir alles ungewiß.

Notara! und nun sage mir, wo ist noch Zuflucht?

In Kalaureas Wäldern? – Ja! im grünen Dunkel dort, wo unsre Bäume, die Vertrauten unsrer Liebe stehn, wo, wie ein Abendrot, ihr sterbend Laub auf Diotimas Urne fällt und ihre schönen

Häupter sich auf Diotimas Urne neigen, mählich alternd, bis auch sie zusammensinken über der geliebten Asche – da, da könnt ich wohl nach meinem Sinne wohnen!

Aber du rätst mir, wegzubleiben, meinst, ich sei nicht sicher in Kalaurea und das mag so sein.

Ich weiß es wohl, du wirst an Alabanda mich verweisen. Aber höre nur! zertrümmert ist es! verwittert ist der feste, schlanke Stamm, auch er, und die Buben werden die Späne auflesen und damit ein lustig Feuer sich machen. Er ist fort; er hat gewisse gute Freunde, die ihn erleichtern werden, die ganz eigentlich geschickt sind, jedem abzuhelfen, dem das Leben etwas schwer aufliegt; zu diesen ist er auf Besuch gegangen, und warum? weil sonst nichts für ihn zu tun ist, oder, wenn du alles wissen willst, weil eine Leidenschaft am Herzen ihm nagt, und weißt du auch für wen? für Diotima, die er noch im Leben glaubt, vermählt mit mir und glücklich – armer Alabanda! nun gehört sie dir und mir!

Er fuhr nach Osten hinaus und ich, ich schiffe nach Nordwest, weil es die Gelegenheit so haben will. –

Und nun lebt wohl, ihr alle! all ihr Teuern, die ihr mir am Herzen gelegen, Freunde meiner Jugend und ihr Eltern und ihr lieben Griechen all, ihr Leidenden!

Ihr Lüfte, die ihr mich genährt, in zarter Kindheit, und ihr dunkeln Lorbeerwälder und ihr Uferfelsen und ihr majestätischen Gewässer, die ihr Großes ahnen meinen Geist gelehrt – und ach! ihr Trauerbilder, ihr, wo meine Schwermut anhub, heilige Mauern, womit die Heldenstädte sich umgürtet und ihr alten Tore, die manch schöner Wanderer durchzog, ihr Tempelsäulen und du Schutt der Götter! und du, o Diotima! und ihr Täler meiner Liebe, und ihr Bäche, die ihr sonst die selige Gestalt gesehn, ihr Bäume, wo sie sich erheitert, ihr Frühlinge, wo sie gelebt, die Holde mit den Blumen, scheidet, scheidet nicht aus mir! doch, soll es sein, ihr süßen Angedenken! so erlöscht auch ihr und laßt mich, denn es kann der Mensch nichts ändern und das Licht des Lebens kommt und scheidet, wie es will.

Hyperion an Bellarmin

So kam ich unter die Deutschen. Ich foderte nicht viel und war gefaßt, noch weniger zu finden. Demütig kam ich, wie der heimatlose blinde Ödipus zum Tore von Athen, wo ihn der Götterhain empfing; und schöne Seelen ihm begegneten –.
Wie anders ging es mir!
Barbaren von alters her, durch Fleiß und Wissenschaft und selbst durch Religion barbarischer geworden, tiefunfähig jedes göttlichen Gefühls, verdorben bis ins Mark zum Glück der heiligen Grazien, in jedem Grad der Übertreibung und der Ärmlichkeit beleidigend für jede gutgeartete Seele, dumpf und harmonielos, wie die Scherben eines weggeworfenen Gefäßes – das, mein Bellarmin! waren meine Tröster.

Es ist ein hartes Wort und dennoch sag ich's, weil es Wahrheit ist: ich kann kein Volk mir denken, das zerrißner wäre, wie die Deutschen. Handwerker siehst du, aber keine Menschen, Denker, aber keine Menschen, Priester, aber keine Menschen, Herrn und Knechte, Jungen und gesetzte Leute, aber keine Menschen – ist das nicht, wie ein Schlachtfeld, wo Hände und Arme und alle Glieder zerstückelt untereinanderliegen, indessen das vergoßne Lebensblut im Sande zerrinnt?

Ein jeder treibt das Seine, wirst du sagen, und ich sag es auch. Nur muß er es mit ganzer Seele treiben, muß nicht jede Kraft in sich ersticken, wenn sie nicht gerade sich zu seinem Titel paßt, muß nicht mit dieser kargen Angst, buchstäblich heuchlerisch das, was er heißt, nur sein, mit Ernst, mit Liebe muß er das sein, was er ist, so lebt ein Geist in seinem Tun, und ist er in ein Fach gedrückt, wo gar der Geist nicht leben darf, so stoß er's mit Verachtung weg und lerne pflügen! Deine Deutschen aber bleiben gerne beim Notwendigsten, und darum ist bei ihnen auch so viele Stümperarbeit und so wenig Freies, Echterfreuliches. Doch das wäre zu verschmerzen, müßten solche Menschen nur nicht fühllos sein für alles schöne Leben, ruhte nur nicht überall der Fluch der gottverlaßnen Unnatur auf solchem Volke. –

Die Tugenden der Alten sei'n nur glänzende Fehler, sagt' einmal, ich weiß nicht, welche böse Zunge; und es sind doch selber ihre Fehler Tugenden, denn da noch lebt' ein kindlicher, ein schöner Geist, und ohne Seele war von allem, was sie taten, nichts getan. Die Tugenden der Deutschen aber sind ein glänzend Übel und nichts weiter; denn Notwerk sind sie nur, aus feiger Angst, mit Sklavenmühe, dem wüsten Herzen abgedrungen, und lassen trostlos jede reine Seele, die von Schönem gern sich nährt, ach! die verwöhnt vom heiligen Zusammenklang in edleren Naturen, den Mißlaut nicht erträgt, der schreiend ist in all der toten Ordnung dieser Menschen.

Ich sage dir: es ist nichts Heiliges, was nicht entheiligt, nicht zum ärmlichen Behelf herabgewürdigt ist bei diesem Volk, und was selbst unter Wilden göttlichrein sich meist erhält, das treiben diese allberechnenden Barbaren, wie man so ein Handwerk treibt, und können es nicht anders, denn wo einmal ein menschlich Wesen abgerichtet ist, da dient es seinem Zweck, da sucht es seinen Nutzen, es schwärmt nicht mehr, bewahre Gott! es bleibt gesetzt, und wenn es feiert und wenn es liebt und wenn es betet und selber, wenn des Frühlings holdes Fest, wenn die Versöhnungszeit der Welt die Sorgen alle löst, und Unschuld zaubert in ein schuldig Herz, wenn von der Sonne warmem Strahle berauscht, der Sklave seine Ketten froh vergißt und von der gottbeseelten Luft besänftigt, die Menschenfeinde friedlich, wie die Kinder, sind – wenn selbst die Raupe sich beflügelt und die Biene schwärmt, so bleibt der Deutsche doch in seinem Fach und kümmert sich nicht viel ums Wetter!

Aber du wirst richten, heilige Natur! Denn, wenn sie nur bescheiden wären, diese Menschen, zum Gesetze nicht sich machten für die Bessern unter ihnen! wenn sie nur nicht lästerten, was sie nicht sind, und möchten sie doch lästern, wenn sie nur das Göttliche nicht höhnten! –

Oder ist nicht göttlich, was ihr höhnt und seellos nennt? Ist besser, denn euer Geschwätz, die Luft nicht, die ihr trinkt? der Sonne Strahlen, sind sie edler nicht, denn all ihr Klugen? der Erde Quellen und der Morgentau erfrischen euern Hain; könnt ihr auch das? ach! töten könnt ihr, aber nicht lebendig machen, wenn es die Liebe nicht tut, die nicht von euch ist, die ihr nicht erfunden. Ihr sorgt und sinnt, dem Schicksal zu entlaufen und begreift es nicht, wenn eure Kinderkunst nichts hilft; indessen wandelt harmlos droben das Gestirn. Ihr entwürdiget, ihr zerreißt, wo sie euch duldet, die geduldige Natur, doch lebt sie fort, in unendlicher Jugend, und ihren Herbst und ihren Frühling könnt ihr nicht vertreiben, ihren Äther, den verderbt ihr nicht.

O göttlich muß sie sein, weil ihr zerstören dürft, und dennoch sie nicht altert und trotz euch schön das Schöne bleibt! –

Es ist auch herzzerreißend, wenn man eure Dichter, eure Künstler sieht, und alle, die den Genius noch achten, die das Schöne lieben und es pflegen. Die Guten! Sie leben in der Welt, wie Fremdlinge im eigenen Hause, sie sind so recht, wie der Dulder Ulyß, da er in Bettlersgestalt an seiner Türe saß, indes die unverschämten Freier im Saale lärmten und fragten, wer hat uns den Landläufer gebracht?

Voll Lieb und Geist und Hoffnung wachsen seine Musenjünglinge dem deutschen Volk heran; du siehst sie sieben Jahre später, und sie wandeln, wie die Schatten, still und kalt, sind, wie ein Boden, den der Feind mit Salz besäete, daß er nimmer einen Grashalm treibt; und wenn sie sprechen, wehe dem! der sie versteht, der in der stürmenden Titanenkraft, wie in ihren Proteuskünsten den Verzweiflungskampf nur sieht, den ihr gestörter schöner Geist mit den Barbaren kämpft, mit denen er zu tun hat.

Es ist auf Erden alles unvollkommen, ist das alte Lied der Deutschen. Wenn doch einmal diesen Gottverlaßnen einer sagte, daß bei ihnen nur so unvollkommen alles ist, weil sie nichts Reines unverdorben, nichts Heiliges unbetastet lassen mit den plumpen Händen, daß bei ihnen nichts gedeiht, weil sie die Wurzel des Gedeihns, die göttliche Natur nicht achten, daß bei ihnen eigentlich das Leben schal und sorgenschwer und übervoll von kalter stummer Zwietracht ist, weil sie den Genius verschmähn, der Kraft und Adel in ein menschlich Tun, und Heiterkeit ins Leiden und Lieb und Brüderschaft den Städten und den Häusern bringt.

Und darum fürchten sie auch den Tod so sehr, und leiden, um des Austernlebens willen, alle Schmach, weil Höhers sie nicht kennen, als ihr Machwerk, das sie sich gestoppelt.

O Bellarmin! wo ein Volk das Schöne liebt, wo es den Genius in seinen Künstlern ehrt, da weht, wie Lebensluft, ein allgemeiner Geist, da öffnet sich der scheue Sinn, der Eigendünkel schmilzt, und fromm und groß sind alle Herzen und Helden gebiert die Begeisterung. Die Heimat aller Menschen ist bei solchem Volk und gerne mag der Fremde sich verweilen. Wo aber so beleidigt wird die göttliche Natur und ihre Künstler, ach! da ist des Lebens beste Lust hinweg, und jeder andre Stern ist besser, denn die Erde. Wüster immer, öder werden da die Menschen, die doch alle schöngeboren sind; der Knechtsinn wächst, mit ihm der grobe Mut, der Rausch wächst mit den Sorgen, und mit der Üppigkeit der Hunger und die Nahrungsangst; zum Fluche wird der Segen jedes Jahrs und alle Götter fliehn.

Und wehe dem Fremdling, der aus Liebe wandert, und zu solchem Volke kömmt, und dreifach wehe dem, der, so wie ich, von großem Schmerz getrieben, ein Bettler meiner Art, zu solchem Volke kömmt! –

Genug! du kennst mich, wirst es gut aufnehmen, Bellarmin! Ich sprach in deinem Namen auch, ich sprach für alle, die in diesem Lande sind und leiden, wie ich dort gelitten.

Hyperion an Bellarmin

Ich wollte nun aus Deutschland wieder fort. Ich suchte unter diesem Volke nichts mehr, ich war genug gekränkt, von unerbittlichen Beleidigungen, wollte nicht, daß meine Seele vollends unter solchen Menschen sich verblute.

Aber der himmlische Frühling hielt mich auf; er war die einzige Freude, die mir übrig war, er war ja meine letzte Liebe, wie konnt ich noch an andre Dinge denken und das Land verlassen, wo auch er war?

Bellarmin! Ich hatt es nie so ganz erfahren, jenes alte feste Schicksalswort, daß eine neue Seligkeit dem Herzen aufgeht, wenn es aushält und die Mitternacht des Grams durchduldet, und daß, wie Nachtigallgesang im Dunkeln, göttlich erst in tiefem Leid das Lebenslied der Welt uns tönt. Denn, wie mit Genien, lebt ich itzt mit den blühenden Bäumen, und die klaren Bäche, die darunter flossen, säuselten, wie Götterstimmen, mir den Kummer aus dem Busen. Und so geschah mir überall, du Lieber! – wenn ich im Grase ruht, und zartes Leben mich umgrünte, wenn ich hinauf, wo wild die Rose um den Steinpfad wuchs, den warmen Hügel ging, auch wenn ich des Stroms Gestade, die luftigen umschifft' und alle die Inseln, die er zärtlich hegt.

Und wenn ich oft des Morgens, wie die Kranken zum Heilquell, auf den Gipfel des Gebirgs stieg, durch die schlafenden Blumen, aber vom süßen Schlummer gesättiget, neben mir die lieben Vögel aus dem Busche flogen, im Zwielicht taumelnd und begierig nach dem Tag, und die regere Luft nun schon die Gebete der Täler, die Stimmen der Herde und die Töne der Morgenglokken herauftrug, und jetzt das hohe Licht, das göttlichheitre den gewohnten Pfad daherkam, die Erde bezaubernd mit unsterblichem Leben, daß ihr Herz erwarmt' und all ihre Kinder wieder sich fühlten – o wie der Mond, der noch am Himmel blieb, die Lust des Tags zu teilen, so stand ich Einsamer dann auch über den Ebnen und weinte Liebesträne zu den Ufern hinab und den glänzenden Gewässern und konnte lange das Auge nicht wenden.

Oder des Abends, wenn ich fern ins Tal hinein geriet, zur Wiege des Quells, wo rings die dunkeln Eichhöhn mich umrauschten, mich, wie einen Heiligsterbenden, in ihren Frieden die Natur begrub, wenn nun die Erd ein Schatte war, und unsichtbares Leben durch die Zweige säuselte, durch die Gipfel, und über den Gipfeln still die Abendwolke stand, ein glänzend Gebirg, wovon herab zu mir des Himmels Strahlen, wie die Wasserbäche flossen, um den durstigen Wanderer zu tränken –.

»O Sonne, o ihr Lüfte«, rief ich dann, »bei euch allein noch lebt mein Herz, wie unter Brüdern!«

So gab ich mehr und mehr der seligen Natur mich hin und fast zu endlos. Wär ich so gerne doch zum Kinde geworden, um ihr näher zu sein, hätt ich so gern doch weniger gewußt und wäre geworden, wie der reine Lichtstrahl, um ihr näher zu sein! o einen Augenblick in ihrem Frieden, ihrer Schöne mich zu fühlen, wie viel mehr galt es vor mir, als Jahre voll Gedanken, als alle Versuche der allesversuchenden Menschen! Wie Eis, zerschmolz, was ich gelernt, was ich getan im Leben, und alle Entwürfe der Jugend verhallten in mir; und o ihr Lieben, die ihr ferne seid, ihr Toten und ihr Lebenden, wie innig eines waren wir!

Einst saß ich fern im Feld, an einem Brunnen, im Schatten efeugrüner Felsen und überhängender Blütenbüsche. Es war der schönste Mittag, den ich kenne. Süße Lüfte wehten und in morgendlicher Frische glänzte noch das Land und still in seinem heimatlichen Äther lächelte das Licht. Die Menschen waren weggegangen, am häuslichen Tische von der Arbeit zu ruhn; allein war meine Liebe mit dem Frühling, und ein unbegreiflich Sehnen war in mir. »Diotima«, rief ich, »wo bist du, o wo bist du?« Und mir war, als hört ich Diotimas Stimme, die Stimme, die mich einst erheitert in den Tagen der Freude –.

»Bei den Meinen«, rief sie, »bin ich, bei den Deinen, die der irre Menschengeist mißkennt!«

Ein sanfter Schrecken ergriff mich und mein Denken entschlummerte in mir.

»O liebes Wort aus heil'gem Munde«, rief ich, da ich wieder erwacht war, »liebes Rätsel, faß ich dich?«

Und *einmal* sah ich noch in die kalte Nacht der Menschen zurück und schauert und weinte vor Freuden, daß ich so selig war und Worte sprach ich, wie mir dünkt, aber sie waren, wie des Feuers Rauschen, wenn es auffliegt und die Asche hinter sich läßt –.

O du, so dacht ich, mit deinen Göttern, Natur! ich hab ihn ausgeträumt, von Menschendingen den Traum und sage, nur du lebst, und was die Friedenslosen erzwungen, erdacht, es schmilzt, wie Perlen von Wachs, hinweg von deinen Flammen!

Wie lang ist's, daß sie dich entbehren? o wie lang ist's, daß ihre Menge dich schilt, gemein nennt dich und deine Götter, die Lebendigen, die Seligstillen!

Es fallen die Menschen, wie faule Früchte von dir, o laß sie untergehn, so kehren sie zu deiner Wurzel wieder, und ich, o Baum des Lebens, daß ich wieder grüne mit dir und deine Gipfel umatme mit all deinen knospenden Zweigen! friedlich und innig, denn alle wuchsen wir aus dem goldnen Samkorn herauf!

Ihr Quellen der Erd! ihr Blumen! und ihr Wälder und ihr Adler und du brüderliches Licht! wie alt und neu ist unsere Liebe! – Frei sind wir, gleichen uns nicht ängstig von außen; wie sollte nicht wechseln die Weise des Lebens? wir lieben den Äther doch all und innigst im Innersten gleichen wir uns.

Auch wir, auch wir sind nicht geschieden, Diotima, und die Tränen um dich verstehen es nicht. Lebendige Töne sind wir, stimmen zusammen in deinem Wohllaut, Natur! wer reißt den? wer mag die Liebenden scheiden? –

O Seele! Seele! Schönheit der Welt! du unzerstörbare! du entzückende! mit deiner ewigen Jugend! du bist; was ist denn der Tod und alles Wehe der Menschen? – Ach! viel der leeren Worte haben die Wunderlichen gemacht. Geschiehet doch alles aus Lust, und endet doch alles mit Frieden.

Wie der Zwist der Liebenden, sind die Dissonanzen der Welt. Versöhnung ist mitten im Streit und alles Getrennte findet sich wieder.

Es scheiden und kehren im Herzen die Adern und einiges, ewiges, glühendes Leben ist alles.

So dacht ich. Nächstens mehr.

DER TOD
DES EMPEDOKLES

⟨FRANKFURTER PLAN⟩

Empedokles
Ein Trauerspiel in fünf Akten

Erster Akt

Empedokles, durch sein Gemüt und seine Philosophie schon längst zu Kulturhaß gestimmt, zu Verachtung alles sehr bestimmten Geschäfts, alles nach verschiedenen Gegenständen gerichteten Interesses, ein Todfeind aller einseitigen Existenz und deswegen auch in wirklich schönen Verhältnissen unbefriedigt, unstet, leidend, bloß weil sie besondere Verhältnisse sind und nur im großen Akkord mit allem Lebendigen empfunden ganz ihn erfüllen, bloß weil er nicht mit allgegenwärtigem Herzen innig, wie ein Gott, und frei und ausgebreitet, wie ein Gott, in ihnen leben und lieben kann, bloß weil er, sobald sein Herz und sein Gedanke das Vorhandene umfaßt, ans Gesetz der Sukzession gebunden ist –

Empedokles nimmt ein besonderes Ärgernis an einem Feste der Agrigentiner, wird darüber von seinem Weibe, die von dem Einfluß dieses viel gehofft und gutmütig ihn überredet hatte, daran teilzunehmen, etwas empfindlich und sarkastisch getadelt und nimmt von jenem Ärgernis und diesem häuslichen Zwist Veranlassung, seinem geheimen Hange zu folgen, aus der Stadt und seinem Hause zu gehen und sich in eine einsame Gegend des Ätna zu begeben.

Erster Auftritt

Einige Schüler des Empedokles mit einigen vom Volk. Jene wollen diese bewegen, auch in Empedokles' Schule zu treten. Einer der Schüler des Empedokles, sein Liebling, kommt dazu,* verweist ihnen die Proselytenmacherei und heißt sie weggehn, weil der Meister um diese Zeit allein in seinem Garten seiner Andacht pflege.

Zweiter Auftritt

Monolog des Empedokles.
Gebet an die Natur.

Dritter Auftritt

Empedokles mit Weib und Kindern.**
Zärtliche Klagen des Weibs über Empedokles' Mißmut. Herzliche Entschuldigungen des Empedokles. Bitte des Weibs, bei dem großen Feste mit zu sein und da vielleicht sich zu erheitern.

Vierter Auftritt

Fest der Agrigentiner.*** Ärgernis des Empedokles.

---

* Geht! ruft er den andern zu, indem er hereintritt.
** Eines der Kleinen ruft vom Hause herunter: Vater! Vater! hörst du denn nicht! Drauf kömmt die Mutter herab, ihn zum Frühstück zu holen, und entspinnt sich das Gespräch.
*** Ein Kaufmann, ein Arzt, ein Priester, ein Feldherr, ein junger Herr, ein altes Weib.

Fünfter Auftritt

Häuslicher Zwist. Abschied des Empedokles,* ohne zu sagen, was seine Absicht ist, wohin er geht.

Zweiter Akt

Empedokles wird von seinen Schülern auf dem Ätna besucht, zuerst von seinem Liebling, der ihn wirklich bewegt und fast aus seiner Herzenseinsamkeit zurückzieht, dann auch von den übrigen, die ihn von neuem mit Entrüstung gegen menschliche Dürftigkeit erfüllen, so daß er sie alle feierlich verabschiedet und am Ende auch noch seinem Liebling ratet, ihn zu verlassen.

Erster Auftritt

Empedokles auf dem Ätna.
Monolog. Entschiednere Devotion des Empedokles gegen die Natur.

Zweiter Auftritt

Empedokles und der Liebling.

Dritter Auftritt

Empedokles und seine Schüler.

---

* Er sagt, daß er sein Weib und seine Kinder mit sich nehme, daß er sie am Herzen trage, nur, meint er, können sie nicht ihn behalten. Der Horizont sei ihm nur zu enge, meint er, er müsse fort, um höher sich zu stellen, um aus der Ferne sie mit allem, was da lebe, anzublicken, anzulächeln.

Vierter Auftritt

Empedokles und der Liebling.

Dritter Akt

Empedokles wird auf dem Ätna von seinem Weib und seinen Kindern besucht. Ihren zärtlichen Bitten setzt das Weib die Nachricht hinzu, daß an demselben Tage die Agrigentiner ihm eine Statue errichten. Ehre und Liebe, die einzigen Bande, die ihn ans Wirkliche knüpfen, bringen ihn zurück. Seine Schüler kommen voll Freude in sein Haus. Der Liebling stürzt ihm an den Hals. Er siehet seine Statue errichtet. Dankt öffentlich dem Volke, das ihm Beifall zuruft.

Vierter Akt

Seine Neider erfahren von einigen seiner Schüler die harten Reden, die er auf dem Ätna vor diesen gegen das Volk ausgestoßen, benützen es, um das Volk gegen ihn aufzuhetzen, das auch wirklich seine Statue umwirft und ihn aus der Stadt jagt. Nun reift sein Entschluß, der längst schon in ihm dämmerte, durch freiwilligen Tod sich mit der unendlichen Natur zu vereinen. Er nimmt in diesem Vorsatz den zweiten, tieferen, schmerzlicheren Abschied von Weib und Kindern und geht wieder auf den Ätna. Seinem jungen Freunde weicht er aus, weil er diesem zutraut, daß er sich nicht werde täuschen lassen mit den Tröstungen, mit denen er sein Weib besänftigt, und daß dieser sein eigentlich Vorhaben ahnden möchte.

Fünfter Akt

Empedokles bereitet sich zu seinem Tode vor. Die zufälligen Veranlassungen zu seinem Entschlusse fallen nun ganz für ihn weg, und er betrachtet ihn als eine Notwendigkeit, die aus seinem innersten Wesen folge. In den kleinen Szenen, die er noch hie und da mit den Bewohnern der Gegend hat, findet er überall Bestätigung seiner Denkart, seines Entschlusses. Sein Liebling kömmt noch, hat das Wahre geahndet, wird aber von dem Geist und von den großen Bewegungen in dem Gemüte seines Meisters so sehr überwältigt, daß er dem Befehle desselben blindlings gehorcht und geht. Bald drauf stürzt sich Empedokles in den lodernden Ätna. Sein Liebling, der unruhig und bekümmert in dieser Gegend umherirrt, findet bald drauf die eisernen Schuhe des Meisters, die der Feuerauswurf aus dem Abgrund geschleudert hatte, erkennt sie, zeigt sie der Familie des Empedokles, seinen Anhängern im Volke und versammelt sich mit diesen an dem Vulkan, um Leid zu tragen und den Tod des großen Mannes zu feiern.

DER TOD
DES EMPEDOKLES

⟨Erste Fassung⟩

⟨ERSTER AKT⟩

⟨ERSTER AUFTRITT⟩

Panthea. Delia.

PANTHEA
  Dies ist sein Garten! Dort im geheimen
  Dunkel, wo die Quelle springt, dort stand er
  Jüngst, als ich vorüberging – du
  Hast ihn nie gesehn?
DELIA
  O Panthea! Bin ich doch erst seit gestern mit dem
  Vater in Sizilien. Doch ehmals, da
  Ich noch ein Kind war, sah ich
  Ihn auf einem Kämpfer-
  Wagen bei den Spielen in Olympia.
  Sie sprachen damals viel von ihm, und immer
  Ist sein Name mir geblieben.
PANTHEA
  Du mußt ihn jetzt sehn! jetzt!
  Man sagt, die Pflanzen merkten auf
  Ihn, wo er wandre, und die Wasser unter der Erde
  Strebten herauf da, wo sein Stab den Boden berühre!
  Das all mag wahr sein!
  Und wenn er bei Gewittern in den Himmel blicke,
  Teile die Wolke sich und hervorschimmre der

Heitere Tag. –
20 Doch was sagt's? Du mußt ihn selbst sehn! einen
Augenblick! und dann hinweg! ich meid ihn selbst –
Ein furchtbar allverwandelnd Wesen ist in ihm.
– –

DELIA
Wie lebt er mit andern? Ich begreife nichts
25 Von diesem Manne,
Hat er wie wir auch seine leeren Tage,
Wo man sich alt und unbedeutend dünkt?
Und gibt es auch ein menschlich Leid für ihn?
PANTHEA
Ach! da ich ihn zum letzten Male dort
30 Im Schatten seiner Bäume sah, da hatt er wohl
Sein eigen tiefes Leid – der Göttliche.
Mit wunderbarem Sehnen, traurigforschend,
Wie wenn er viel verloren, blickt' er bald
Zur Erd hinab, bald durch die Dämmerung
5 Des Hains hinauf, als wär ins ferne Blau
Das Leben ihm entflogen, und die Demut
Des königlichen Angesichts ergriff
Mein ringend Herz – auch du mußt untergehn,
Du schöner Stern! und lange währet's nicht mehr.
Das ahnte mir –
DELIA   Hast du mit ihm auch schon
Gesprochen, Panthea?
PANTHEA
O daß du daran mich erinnerst! Es ist nicht lange,
Daß ich todeskrank daniederlag. Schon dämmerte
Der klare Tag vor mir, und um die Sonne
Wankte, wie ein seellos Schattenbild, die Welt.
Da rief mein Vater, wenn er schon
Ein arger Feind des hohen Mannes ist, am hoff-
nungslosen Tage den Vertrauten der Natur,
Und als der Herrliche den Heiltrank mir
Gereicht, da schmolz in zaubrischer Versöhnung
Mir mein kämpfend Leben ineinander, und wie
Zurückgekehrt in süße sinnenfreie

Kindheit, schlief ich wachend viele Tage fort,
Und kaum bedurft ich eines Othemzugs – wie
Nun in frischer Lust mein Wesen sich zum ersten Male 55
Wieder der langentbehrten Welt entfaltete, mein
Auge sich in jugendlicher Neugier dem Tag er-
schloß, da stand er, Empedokles! o wie göttlich
Und wie gegenwärtig mir! am Lächeln seiner Augen
Blühte mir das Leben wieder auf! ach 60
Wie ein Morgenwölkchen floß mein Herz dem
Hohen süßen Licht entgegen, und ich war der zarte
Widerschein von ihm.

DELIA
O Panthea!

PANTHEA
Der Ton aus seiner Brust! in jede Silbe 65
Klangen alle Melodien! und der
Geist in seinem Wort! – zu seinen Füßen
Möcht ich sitzen, stundenlang, als seine Schülerin,
Sein Kind, in seinen Äther schaun und
Zu ihm auf frohlocken, bis in seines Himmels 70
Höhe sich mein Sinn verirrte.

DELIA
Was würd er sagen, Liebe, wenn er's wüßte!

PANTHEA
Er weiß es nicht. Der Unbedürft'ge wandelt
In seiner eignen Welt; in leiser Götterruhe geht
Er unter seinen Blumen, und es scheun
Die Lüfte sich, den Glücklichen zu stören,
                              und aus sich selber wächst
In steigendem Vergnügen die Begeisterung
Ihm auf, bis aus der Nacht des schöpfrischen
Entzückens, wie ein Funke, der Gedanke springt
Und heiter sich die Geister künft'ger Taten
In seiner Seele drängen und die Welt,
Der Menschen gärend Leben und die größre
Natur um ihn erscheint – hier fühlt er wie ein Gott
In seinen Elementen sich, und seine Lust
Ist himmlischer Gesang, dann tritt er auch

Heraus ins Volk, an Tagen, wo die Menge
Sich überbraust und eines Mächtigern
Der unentschlossene Tumult bedarf,
Da herrscht er dann, der herrliche Pilot,
Und hilft hinaus, und wenn sie dann erst recht
Genug ihn sehn, des immerfremden Manns sich
Gewöhnen möchten, ehe sie's gewahren,
Ist er hinweg – ihn zieht in seine Schatten
Die stille Pflanzenwelt, wo er sich schöner findet,
Und ihr geheimnisvolles Leben, das vor ihm
In seinen Kräften allen gegenwärtig ist.

DELIA
O Sprecherin! wie weißt du denn das alles?

PANTHEA
Ich sinn ihm nach – wie viel ist über ihn
Mir noch zu sinnen? ach! und hab ich ihn
Gefaßt; was ist's? Er selbst zu sein, das ist
Das Leben, und wir andern sind der Traum davon. –
Sein Freund Pausanias hat auch von ihm
Schon manches mir erzählt – der Jüngling sieht
Ihn Tag vor Tag, und Jovis Adler ist wohl
Nicht stolzer denn Pausanias – ich glaub es!

DELIA
Ich kann nicht tadeln, Liebe, was du sagst;
Doch trauert meine Seele wunderbar
Darüber, und ich möchte sein wie du,
Und möcht es wieder nicht. Seid ihr denn all
Auf dieser Insel so? Wir haben auch
An großen Männern unsre Lust, und einer
Ist itzt die Sonne der Athenerinnen,
Sophokles! dem von allen Sterblichen
Zuerst der Jungfraun herrlichste Natur
Erschien und sich zu reinem Angedenken
In seine Seele gab –
                    jede wünscht sich, ein Gedanke
Des Herrlichen zu sein, und möchte gern
Die immerschöne Jugend, eh sie welkt,
Hinüber in des Dichters Seele retten

Und frägt und sinnet, welche von den Jungfraun
Der Stadt die zärtlichernste Heroide sei,
Die er Antigone genannt; und helle wird's
Um unsre Stirne, wenn der Götterfreund
Am heitern Festtag ins Theater tritt,
Doch kummerlos ist unser Wohlgefallen,
Und nie verliert das liebe Herz sich so
In schmerzlich fortgerißner Huldigung –.
Du opferst dich – ich glaub es wohl, er ist
Zu übergroß, um ruhig dich zu lassen,
Den Unbegrenzten liebst du unbegrenzt.
Was hilft es ihm? Dir selbst, dir ahndete
Sein Untergang, du gutes Kind, und du
Sollst untergehn mit ihm?

PANTHEA   O mache mich
Nicht stolz, und fürchte, wie für ihn, für mich nicht!
Ich bin nicht er, und wenn er untergeht,
So kann sein Untergang der meinige
Nicht sein, denn groß ist auch der Tod der Großen
                    was diesem Manne widerfährt,
Das, glaube mir, das widerfährt nur ihm,
Und hätt er gegen alle Götter sich
Versündiget und ihren Zorn auf sich
Geladen und ich wollte sündigen
Wie er, um gleiches Los mit ihm zu leiden,
So wär's, wie wenn ein Fremder in den Streit
Der Liebenden sich mischt. – Was willst du? sprächen
Die Götter nur, du Törin kannst uns nicht
Beleidigen wie er.

DELIA   Du bist vielleicht
Ihm gleicher als du denkst, wie fändst du sonst
An ihm ein Wohlgefallen?

PANTHEA   Liebes Herz!
Ich weiß es selber nicht, warum ich ihm
Gehöre – sähst du ihn! – ich dacht, er käme
Vielleicht heraus,
                    du hättest dann im Weggehn ihn
Gesehn – es war ein Wunsch! nicht wahr? ich sollte

Der Wünsche mich entwöhnen, denn es scheint,
Als liebten unser ungeduldiges
Gebet die Götter nicht, sie haben recht!
Ich will auch nimmer – aber hoffen muß
Ich doch, ihr guten Götter, und ich weiß
Nicht anderes denn ihn –
Ich bäte gleich den übrigen von euch
Nur Sonnenlicht und Regen, könnt ich nur!
O ewiges Geheimnis, was wir sind
Und suchen, können wir nicht finden; was
Wir finden, sind wir nicht – wieviel ist wohl
Die Stunde, Delia?

DELIA   Dort kommt dein Vater.
Ich weiß nicht, bleiben oder gehen wir?

PANTHEA
Wie sagtest du? mein Vater? komm! hinweg!

⟨Zweiter Auftritt⟩

Kritias, Archon. Hermokrates, Priester.

HERMOKRATES
Wer geht dort?
KRITIAS   Meine Tochter, wie mir dünkt,
Und Delia, des Gastfreunds Tochter, der
In meinem Hause gestern eingekehrt ist.
HERMOKRATES
Ist's Zufall? oder suchen sie ihn auch
Und glauben, wie das Volk, er sei entschwunden?
KRITIAS
Die wunderbare Sage kam bis itzt wohl nicht
Vor meiner Tochter Ohren. Doch sie hängt
An ihm wie alle; wär er nur hinweg
In Wälder oder Wüsten, übers Meer
Hinüber oder in die Erd hinab – wohin
Ihn treiben mag der unbeschränkte Sinn.

HERMOKRATES
    Mitnichten! Denn sie müßten noch ihn sehn,
    Damit der wilde Wahn von ihnen weicht.
KRITIAS
    Wo ist er wohl?
HERMOKRATES   Nicht fern von hier. Da sitzt
    Er seelenlos im Dunkel. Denn es haben
    Die Götter seine Kraft von ihm genommen,
    Seit jenem Tage, da der trunkne Mann
    Vor allem Volk sich einen Gott genannt.
KRITIAS
    Das Volk ist trunken, wie er selber ist.
    Sie hören kein Gesetz und keine Not
    Und keinen Richter; die Gebräuche sind
    Von unverständlichem Gebrause gleich
    Den friedlichen Gestaden überschwemmt.
    Ein wildes Fest sind alle Tage worden,
    Ein Fest für alle Feste und der Götter
    Bescheidne Feiertage haben sich
    In eins verloren, allverdunkelnd hüllt
    Der Zauberer den Himmel und die Erd
    Ins Ungewitter, das er uns gemacht,
    Und siehet zu und freut sich seines Geists
    In seiner stillen Halle.
HERMOKRATES   Mächtig war
    Die Seele dieses Mannes unter euch.
KRITIAS
    Ich sage dir: sie wissen nichts denn ihn
    Und wünschen alles nur von ihm zu haben,
    Er soll ihr Gott, er soll ihr König sein.
    Ich selber stand in tiefer Scham vor ihm,
    Da er vom Tode mir mein Kind gerettet.
    Wofür erkennst du ihn, Hermokrates?
HERMOKRATES
    Es haben ihn die Götter sehr geliebt.
    Doch nicht ist er der erste, den sie drauf
    Hinab in sinnenlose Nacht verstoßen
    Vom Gipfel ihres gütigen Vertrauns,

Weil er des Unterschieds zu sehr vergaß
Im übergroßen Glück und sich allein
Nur fühlte; so erging es ihm, er ist
Mit grenzenloser Öde nun gestraft –
Doch ist die letzte Stunde noch für ihn
Nicht da; denn noch erträgt der Langverwöhnte
Die Schmach in seiner Seele nicht, sorg ich,
Und sein entschlafner Geist entzündet
Nun neu an seiner Rache sich,
Und halberwacht, ein fürchterlicher Träumer, spricht
Er gleich den alten Übermütigen,
Die mit dem Schilfrohr Asien durchwandern,
Durch sein Wort sein die Götter einst geworden.
Dann steht die weite lebensreiche Welt
Wie sein verlornes Eigentum vor ihm,
Und ungeheure Wünsche regen sich
In seiner Brust, und wo sie hin sich wirft,
Die Flamme, macht sie eine freie Bahn.
Gesetz und Kunst und Sitt und heil'ge Sage
Und was vor ihm in guter Zeit gereift,
Das stört er auf, und Lust und Frieden kann
Er nimmer dulden bei den Lebenden.
Er wird der Friedliche nun nimmer sein.
Wie alles sich verlor, so nimmt
Er alles wieder, und den Wilden hält
Kein Sterblicher in seinem Toben auf.

KRITIAS
O Greis! du siehest namenlose Dinge.
Dein Wort ist wahr, und wenn es sich erfüllt,
Dann wehe dir, Sizilien, so schön
Du bist mit deinen Hainen, deinen Tempeln.

HERMOKRATES
Der Spruch der Götter trifft ihn, eh sein Werk
Beginnt. Versammle nur das Volk, damit ich
Das Angesicht des Mannes ihnen zeige,
Von dem sie sagen, daß er aufgeflohn
Zum Äther sei. Sie sollen Zeugen sein
Des Fluches, den ich ihm verkündige,

Und ihn verstoßen in die öde Wildnis,
Damit er nimmerwiederkehrend dort
Die böse Stunde büße, da er sich
Zum Gott gemacht.
KRITIAS
      Doch wenn des schwachen Volks
Der Kühne sich bemeistert, fürchtest du
Für mich und dich und deine Götter nicht?
HERMOKRATES
Das Wort des Priesters bricht den kühnen Sinn.
KRITIAS
Und werden sie den Langgeliebten dann,
Wenn schmählich er vom heil'gen Fluche leidet,
Aus seinen Gärten, wo er gerne lebt,
Und aus der heimatlichen Stadt vertreiben?
HERMOKRATES
Wer darf den Sterblichen im Lande dulden,
Den so der wohlverdiente Fluch gezeichnet?
KRITIAS
Doch wenn du wie ein Lästerer erscheinst
Vor denen, die als einen Gott ihn achten?
HERMOKRATES
Der Taumel wird sich ändern, wenn sie erst
Mit Augen wieder sehen, den sie jetzt schon
Entschwunden in die Götterhöhe wähnen!
Sie haben schon zum Bessern sich gewandt.
Denn trauernd irrten gestern sie hinaus
Und gingen hier umher und sprachen viel
Von ihm, da ich desselben Weges kam.
Drauf sagt ich ihnen, daß ich heute sie
Zu ihm geleiten wollt; indessen soll
In seinem Hause jeder ruhig weilen.
Und darum bat ich dich, mit mir heraus
Zu kommen, daß wir sähen, ob sie mir
Gehorcht. Du findest keinen hier. Nun komm.
KRITIAS
Hermokrates!
HERMOKRATES Was ist's?

KRITIAS   Dort seh ich ihn
Wahrhaftig.
HERMOKRATES Laß uns gehen, Kritias!
Daß er in seine Rede nicht uns zieht.

⟨DRITTER AUFTRITT⟩

EMPEDOKLES
280   In meine Stille kamst du leise wandelnd,
      Fandst drunten in der Grotte Dunkel mich aus,
      Du Freundlicher! du kamst nicht unverhofft
      Und fernher, oben über der Erde vernahm
      Ich wohl dein Wiederkehren, schöner Tag.
285   Und meine Vertrauten, euch, ihr schnellgeschäft'gen
      Kräfte der Höh! und nahe seid ihr
      Mir wieder, seid wie sonst, ihr Glücklichen,
      Ihr irrelosen Bäume meines Hains!
      Ihr wuchst indessen fort, und täglich tränkte
290   Des Himmels Quelle die Bescheidenen
      Mit Licht, und Lebensfunken säte
      Befruchtend auf die Blühenden der Äther. –
      O innige Natur! ich habe dich
      Vor Augen, kennest du den Freund noch,
295   Den Hochgeliebten, kennest du mich nimmer?
      Den Priester, der lebendigen Gesang
      Wie frohvergoßnes Opferblut dir brachte?
      O bei den heil'gen Brunnen, wo sich still
      Die Wasser sammeln und die Dürstenden
300   Am heißen Tage sich verjüngen! in mir,
      In mir, ihr Quellen des Lebens, strömtet ihr einst
      Aus Tiefen der Welt zusammen, und es kamen
      Die Dürstenden zu mir – vertrocknet bin
      Ich nun, und nimmer freun die Sterblichen
      Sich meiner – Bin ich ganz allein? und ist
      Es Nacht hier oben auch am Tage? Weh!
      Der höhers denn ein sterblich Auge sah,

Der Blindgeschlagne tastet nun umher –
Wo seid ihr, meine Götter? weh, ihr laßt
Wie einen Bettler mich, und diese Brust, 310
Die liebend euch geahndet, stießt ihr mir
Hinab und schloßt in schmählichenge Bande
Die Freigeborne, die aus sich allein
Und keines andern ist? Und dulden sollt ich's
Wie die Schwächlinge, die im scheuen Tartarus 315
Geschmiedet sind ans alte Tagewerk?
Ich habe mich erkannt; ich will es! Luft will ich
Mir schaffen, ha! und tagen soll's! hinweg!
Bei meinem Stolz! ich werde nicht den Staub
Von diesem Pfade küssen, wo ich einst 320
In einem schönen Traume ging – es ist vorbei!
Ich war geliebt, geliebt von euch, ihr Götter,
Ich erfuhr euch, ich kannt euch, ich wirkte mit euch, wie ihr
Die Seele mir bewegt, so kannt ich euch,
So lebtet ihr in mir – o nein! es war 325
Kein Traum, an diesem Herzen fühlt ich dich,
Du stiller Äther! wenn der Sterblichen Irrsal
Mir an die Seele ging und heilend du
Die liebeswunde Brust umatmetest,
Du Allversöhner! und dieses Auge sah 330
Dein göttlich Wirken, allentfaltend Licht!
Und euch, ihr andern Ewigmächtigen –
O Schattenbild! Es ist vorbei,
Und du, verbirg dir's nicht! du hast
Es selbst verschuldet, armer Tantalus, 335
Das Heiligtum hast du geschändet, hast
Mit frechem Stolz den schönen Bund entzweit,
Elender! Als die Genien der Welt
Voll Liebe sich in dir vergaßen, dachtst du
An dich und wähntest, karger Tor, an dich
Die Gütigen verkauft, daß sie dir,
Die Himmlischen, wie blöde Knechte dienten!
Ist nirgends ein Rächer,
Und muß ich denn allein den Hohn und Fluch
In meine Seele rufen? Und es reißt

Die delphische Krone mir kein Beßrer
Denn ich vom Haupt und nimmt die Locken hinweg,
Wie es dem kahlen Seher gebührt –

⟨Vierter Auftritt⟩

Empedokles. Pausanias.

PAUSANIAS O all
Ihr himmlischen Mächte, was ist das?
EMPEDOKLES Hinweg!
Wer hat dich hergesandt? willst du das Werk
Verrichten an mir? Ich will dir alles sagen,
Wenn du's nicht weißt; dann richte, was du tust,
Danach – Pausanias! o suche nicht
Den Mann, an dem dein Herz gehangen, denn
Er ist nicht mehr, und gehe, guter Jüngling!
Dein Angesicht entzündet mir den Sinn,
Und sei es Segen oder Fluch, von dir
Ist beedes mir zuviel. Doch wie du willst!
PAUSANIAS
Was ist geschehn? Ich habe lange dein
Geharrt und dankte, da ich von ferne
Dich sah, dem Tageslicht, da find ich so,
Du hoher Mann! ach! wie die Eiche, die Zeus erschlug,
Vom Haupte bis zur Sohle dich zerschmettert.
Warst du allein? Die Worte hört ich nicht,
Doch schallt mir noch der fremde Todeston.
EMPEDOKLES
Es war des Mannes Stimme, der sich mehr
Denn Sterbliche gerühmt, weil ihn zu viel
Beglückt die gütige Natur.
PAUSANIAS Wie du
Vertraut zu sein mit allen Göttlichen
Der Welt, ist nie zuviel.
EMPEDOKLES So sagt ich auch,
Du Guter, da der heil'ge Zauber noch

Aus meinem Geiste nicht gewichen war
Und da sie mich, den Inniglebenden,
Noch liebten, sie, die Genien der Welt.
O himmlisch Licht! – es hatten mich's 375
Die Menschen nicht gelehrt – schon lange, da
Mein sehnend Herz die Allebendige
Nicht finden konnte, da wandt ich mich zu dir,
Hing, wie die Pflanze dir mich anvertrauend,
In frommer Lust dir lange blindlings nach, 380
Denn schwer erkennt der Sterbliche die Reinen,
Doch als
        der Geist mir blühte, wie du selber blühst,
Da kannt ich dich, da rief ich es: Du lebst!
Und wie du heiter wandelst um die Sterblichen 385
Und himmlischjugendlich den holden Schein
Von dir auf jedes eigen überstrahlst,
Daß alle deines Geistes Farbe tragen,
So ward auch mir das Leben zum Gedicht.
Denn deine Seele war in mir, und offen gab 390
Mein Herz, wie du, der ernsten Erde sich,
Der Leidenden, und oft in heil'ger Nacht
Gelobt ich's   ihr, bis in den Tod
Die Schicksalvolle furchtlos treu zu lieben
Und ihrer Rätsel keines zu verschmähn. 395
Da rauscht' es anders denn zuvor im Hain,
Und zärtlich tönten ihrer Berge Quellen.
All deine Freuden, Erde! nicht wie du
Sie lächelnd reichst den Schwächern, herrlich, wie sie sind
Und warm und wahr aus Müh und Liebe reifen – 400
Sie alle gabst du mir, und wenn ich oft
Auf ferner Bergeshöhe saß und staunend
Des Lebens heilig Irrsal übersann,
Zu tief von deinen Wandlungen bewegt
Und eignes Schicksal ahndend,
Dann atmete der Äther, so wie dir,
Mir heilend um die liebeswunde Brust,
Und zauberisch in seine Tiefe lösten
Sich meine Rätsel auf –

PAUSANIAS Du Glücklicher!
EMPEDOKLES
410 Ich war's! o könnt ich's sagen, wie es war,
Es nennen – das Wandeln und Wirken deiner Geniuskräfte,
Der Herrlichen, deren Genoß ich war, o Natur!
Könnt ich's noch einmal vor die Seele rufen,
Daß mir die stumme, todesöde Brust
415 Von deinen Tönen allen widerklänge!
Bin ich es noch? o Leben! und rauschten sie mir,
All deine geflügelten Melodien, und hört
Ich deinen alten Einklang, große Natur?
Ach! ich, der Allverlassene, lebt ich nicht
420 Mit dieser heil'gen Erd und diesem Licht
Und dir, von dem die Seele nimmer läßt,
O Vater Äther! und allen Lebenden
In einigem gegenwärtigem Olymp? –
Nun wein ich, wie ein Ausgestoßener,
425 Und nirgend mag ich bleiben, ach, und du
Bist auch von mir genommen – sage nichts!
Die Liebe stirbt, sobald die Götter fliehn,
Das weißt du wohl, verlaß mich nun, ich bin
Es nimmer, und ich hab an dir nichts mehr.

PAUSANIAS
430 Du bist es noch, so wahr du es gewesen.
Und laß mich's sagen, unbegreiflich ist
Es mir, wie du dich selber so vernichtest.
Ich glaub es wohl, es schlummert deine Seele
Dir auch, zu Zeiten, wenn sie sich genug
435 Der Welt geöffnet, wie die Erde, die
Du liebst, sich oft in tiefe Ruhe schließt.
Doch nennest du sie tot, die Ruhende?
EMPEDOKLES
Wie du mit lieber Mühe Trost ersinnst!
PAUSANIAS
Du spottest wohl des Unerfahrenen
Und denkest, weil ich deines Glücks, wie du,
Nicht inne ward, so sag ich, da du leidest,
Nur ungereimte Dinge dir? Sah ich nicht dich

In deinen Taten, da der wilde Staat von dir
Gestalt und Sinn gewann? In seiner Macht
Erfuhr ich deinen Geist und seine Welt, wenn oft
Ein Wort von dir im heil'gen Augenblick
Das Leben vieler Jahre mir erschuf,
Daß eine neue schöne Zeit von da
Dem Jünglinge begann; wie zahmen Hirschen,
Wenn ferne rauscht der Wald und sie der Heimat denken,
So schlug mir oft das Herz, wenn du vom Glück
Der alten Urwelt sprachst; und zeichnetest
Du nicht der Zukunft große Linien
Vor mir, so wie des Künstlers sichrer Blick
Ein fehlend Glied zum ganzen Bilde reiht?
Liegt nicht vor dir der Menschen Schicksal offen?
Und kennst du nicht die Kräfte der Natur,
Daß du vertraulich, wie kein Sterblicher,
Sie, wie du willst, in stiller Herrschaft lenkst?
EMPEDOKLES
  Genug! du weißt es nicht, wie jedes Wort,
  So du gesprochen, mir ein Stachel ist.
PAUSANIAS
  So mußt du denn im Unmut alles hassen?
EMPEDOKLES
  O ehre, was du nicht verstehst!
PAUSANIAS   Warum
  Verbirgst du mir's und machst dein Leiden mir
  Zum Rätsel? Glaube! schmerzlicher ist nichts.
EMPEDOKLES
  Und nichts ist schmerzlicher, Pausanias!
  Denn Leiden zu enträtseln. Siehest du denn nicht?
  Ach! lieber wäre mir's, du wüßtest nicht
  Von mir und aller meiner Trauer. Nein!
  Ich sollt es nicht aussprechen, heil'ge Natur!
  Jungfräuliche, die dem rohen Sinn entflieht!
  Verachtet hab ich dich und mich allein
  Zum Herrn gesetzt, ein übermütiger
  Barbar! an eurer Einfalt hielt ich euch,
  Ihr reinen immerjugendlichen Mächte!

Die mich mit Freud erzogen, mich mit Wonne genährt,
Und weil ihr immergleich mir wiederkehrtet,
Ihr Guten, ehrt ich eure Seele nicht!
Ich kannt es ja, ich hatt es ausgelernt,
480 Das Leben der Natur, wie sollt es mir
Noch heilig sein, wie einst! Die Götter waren
Mir dienstbar nun geworden, ich allein
War Gott und sprach's im frechen Stolz heraus.
O glaub es mir, ich wäre lieber nicht
485 Geboren!
PAUSANIAS Was? um eines Wortes willen?
Wie kannst so du verzagen, kühner Mann!
EMPEDOKLES
Um eines Wortes willen? ja. Und mögen
Die Götter mich zernichten, wie sie mich
Geliebt.
PAUSANIAS So sprechen andre nicht, wie du.
EMPEDOKLES
490 Die andern! wie vermöchten sie's?
PAUSANIAS   Ja wohl,
Du wunderbarer Mann! So innig liebt'
Und sah kein anderer die ew'ge Welt
Und ihre Genien und Kräfte nie,
Wie du, und darum sprachst das kühne Wort
495 Auch du allein, und darum fühlst du auch
So sehr, wie du mit *einer* stolzen Silbe
Vom Herzen aller Götter dich gerissen,
Und opferst liebend ihnen dich dahin,
O Empedokles! –
EMPEDOKLES   Siehe! was ist das?
500 Hermokrates, der Priester, und mit ihm
Ein Haufe Volks! und Kritias, der Archon.
Was suchen sie bei mir?
PAUSANIAS   Sie haben lang
Geforschet, wo du wärst.

⟨Fünfter Auftritt⟩

Empedokles. Pausanias.
Hermokrates. Kritias. Agrigentiner.

HERMOKRATES
  Hier ist der Mann, von dem ihr sagt, er sei
  Lebendig zum Olymp empor gegangen.   505
KRITIAS
  Und traurig sieht er, gleich den Sterblichen.
EMPEDOKLES
  Ihr armen Spötter! ist's erfreulich euch,
  Wenn einer leidet, der euch groß geschienen?
  Und achtet ihr, wie leichterworbnen Raub,
  Den Starken, wenn er schwach geworden ist?   510
  Euch reizt die Frucht, die reif zur Erde fällt,
  Doch glaubt es mir, nicht alles reift für euch.
EIN AGRIGENTINER
  Was hat er da gesagt?
EMPEDOKLES   Ich bitt euch, geht,
  Besorgt, was euer ist, und menget euch
  Ins Meinige nicht ein –   515
HERMOKRATES   Doch hat ein Wort
  Der Priester dir dabei zu sagen?
EMPEDOKLES   Weh!
  Ihr reinen Götter! ihr lebendigen!
  Muß dieser Heuchler meine Trauer mir
  Vergiften? Geh! ich schonte ja dich oft,
  So ist es billig, daß du meiner schonst.   520
  Du weißt es ja, ich hab es dir bedeutet,
  Ich kenne dich und deine schlimme Zunft.
  Und lange war's ein Rätsel mir, wie euch
  In ihrem Runde duldet die Natur.
  Ach! als ich noch ein Knabe war, da mied   525
  Euch Allverderber schon mein frommes Herz,
  Das unbestechbar innigliebend hing
  An Sonn und Äther und den Boten allen
  Der großenferngeahndeten Natur.

530 Denn wohl hab ich's gefühlt, in meiner Furcht,
Daß ihr des Herzens freie Götterliebe
Bereden möchtet zu gemeinem Dienst,
Und daß ich's treiben sollte so wie ihr.
Hinweg! ich kann vor mir den Mann nicht sehn,
535 Der Heiliges wie ein Gewerbe treibt.
Sein Angesicht ist falsch und kalt und tot,
Wie seine Götter sind. Was stehet ihr
Betroffen? Gehet nun!
KRITIAS   Nicht eher, bis
Der heil'ge Fluch die Stirne dir gezeichnet,
540 Schamloser Lästerer!
HERMOKRATES   Sei ruhig, Freund!
Ich hab es dir gesagt, es würde wohl
Der Unmut ihn ergreifen. – Mich verschmäht
Der Mann, das hörtet ihr, ihr Bürger
Von Agrigent! und harte Worte mag
545 Ich nicht mit ihm in wildem Zanke wechseln.
Es ziemt dem Greise nicht. Ihr möget nur
Ihn selber fragen, wer er sei?
EMPEDOKLES   O laßt!
Ihr seht es ja, es frommet keinem nichts,
Ein blutend Herz zu reizen. Gönnet mir's,
550 Den Pfad, worauf ich wandle, still zu gehn,
Den heil'gen stillen Todespfad hinfort.
Ihr spannt das Opfertier vom Pfluge los,
Und nimmer trifft's der Stachel seines Treibers.
So schonet meiner auch; entwürdiget
555 Mein Leiden mir mit böser Rede nicht,
Denn heilig ist's; und laßt die Brust mir frei
Von eurer Not; ihr Schmerz gehört den Göttern.
ERSTER AGRIGENTINER
Was ist es denn, Hermokrates, warum
Der Mann die wunderlichen Worte spricht?
ZWEITER AGRIGENTINER
560 Er heißt uns gehn, als scheut' er sich vor uns.
HERMOKRATES
Was dünket euch? der Sinn ist ihm verfinstert,

Weil er zum Gott sich selbst vor euch gemacht.
Doch weil ihr nimmer meiner Rede glaubt,
So fragt nur ihn darum. Er soll es sagen.
DRITTER AGRIGENTINER
Wir glauben dir es wohl. 565
PAUSANIAS   Ihr glaubt es wohl?
Ihr Unverschämten? – Euer Jupiter
Gefällt euch heute nicht; er siehet trüb;
Der Abgott ist euch unbequem geworden,
Und darum glaubt ihr's wohl? Da stehet er
Und trauert und verschweigt den Geist, wonach 570
In heldenarmer Zeit die Jünglinge
Sich sehnen werden, wenn er nimmer ist,
Und ihr, ihr kriecht und zischet um ihn her,
Ihr dürft es? und ihr seid so sinnengrob,
Daß euch das Auge dieses Manns nicht warnt? 575
Und weil er sanft ist, wagen sich an ihn
Die Feigen. – Heilige Natur! wie duldest
Du auch in deinem Runde dies Gewürm? –
Nun sehet ihr mich an und wisset nicht,
Was zu beginnen ist mit mir; ihr müßt 580
Den Priester fragen, ihn, der alles weiß.
HERMOKRATES
O hört, wie euch und mich ins Angesicht
Der freche Knabe schilt? Wie sollt er nicht?
Er darf es, da sein Meister alles darf.
Wer sich das Volk gewonnen, redet, was 585
Er will; das weiß ich wohl und strebe nicht
Aus eignem Sinn entgegen, weil es noch
Die Götter dulden. Vieles dulden sie
Und schweigen, bis ans Äußerste gerät
Der wilde Mut. Dann aber muß der Frevler 590
Rücklings hinab ins bodenlose Dunkel.
DRITTER AGRIGENTINER
Ihr Bürger! ich mag nichts mit diesen zween
Inskünftige zu schaffen haben.
ERSTER AGRIGENTINER   Sagt,
Wie kam es denn, daß dieser uns betört?

ZWEITER AGRIGENTINER
595 Sie müssen fort, der Jünger und der Meister.
HERMOKRATES
So ist es Zeit! – Euch fleh ich an, ihr Furchtbarn!
Ihr Rachegötter! – Wolken lenket Zeus
Und Wasserwogen zähmt Posidaon,
Doch euch, ihr Leisewandelnden, euch ist
600 Zur Herrschaft das Verborgene gegeben,
Und wo ein Eigenmächtiger der Wieg
Entsprossen ist, da seid ihr auch und geht,
Indes er üppig auf zum Frevel wächst,
Stillsinnend fort mit ihm, hinunterhorchend
605 In seine Brust, wo euch den Götterfeind
Die unbesorgt geschwätzige verrät –
Auch den, ihr kanntet ihn, den heimlichen
Verführer, der die Sinne nahm dem Volk
Und mit dem Vaterlandsgesetze spielt'
610 Und sie, die alten Götter Agrigents,
Und ihre Priester niemals achtete
Und nicht verborgen war vor euch, ihr Furchtbarn!
Solang er schwieg, der ungeheure Sinn;
Er hat's vollbracht. Verruchter! wähntest du,
615 Sie müßten's nachfrohlocken, da du jüngst
Vor ihnen einen Gott dich selbst genannt?
Dann hättest du geherrscht in Agrigent,
Ein einziger allmächtiger Tyrann,
Und dein gewesen wäre, dein allein
620 Das gute Volk und dieses schöne Land.
Sie schwiegen nur; erschrocken standen sie;
Und du erblaßtest, und es lähmte dich
Der böse Gram in deiner dunkeln Halle,
Wo du hinab dem Tageslicht entflohst.
625 Und kömmst du nun und gießest über mich
Den Unmut aus und lästerst unsre Götter?
ERSTER AGRIGENTINER
Nun ist es klar! er muß gerichtet werden.
KRITIAS Ich hab es euch gesagt; ich traute nie
Dem Träumer.

EMPEDOKLES O ihr Rasenden!
HERMOKRATES   Und sprichst
  Du noch und ahndest nicht, du hast mit uns 630
  Nichts mehr gemein, ein Fremdling bist du worden
  Und unerkannt bei allen Lebenden.
  Die Quelle, die uns tränkt, gebührt dir nicht
  Und nicht die Feuerflamme, die uns frommt,
  Und was den Sterblichen das Herz erfreut, 635
  Das nehmen die heil'gen Rachegötter von dir.
  Für dich ist nicht das heitre Licht hier oben,
  Nicht dieser Erde Grün und ihre Frucht,
  Und ihren Segen gibt die Luft dir nicht,
  Wenn deine Brust nach Kühlung seufzt und dürstet. 640
  Es ist umsonst, du kehrest nicht zurück
  Zu dem, was unser ist; denn du gehörst
  Den Rächenden, den heil'gen Todesgöttern.
  Und wehe dem, von nun an, wer ein Wort
  Von dir in seine Seele freundlich nimmt, 645
  Wer dich begrüßt und seine Hand dir beut,
  Wer einen Trunk am Mittag dir gewährt
  Und wer an seinem Tische dich erduldet,
  Dir, wenn du nachts an seine Türe kömmst,
  Den Schlummer unter seinem Dache schenkt 650
  Und, wenn du stirbst, die Grabesflamme dir
  Bereitet, wehe dem, wie dir! – Hinaus!
  Es dulden die Vaterlandsgötter länger nicht,
  Wo ihre Tempel sind, den Allverächter.
AGRIGENTINER
  Hinaus, damit sein Fluch uns nicht beflecke! 655
PAUSANIAS
  O komm! du gehest nicht allein. Es ehrt
  Noch einer dich, wenn's schon verboten ist,
  Du Lieber! und du weißt, des Freundes Segen
  Ist kräftiger denn dieses Priesters Fluch.
  O komm in fernes Land! wir finden dort 660
  Das Licht des Himmels auch, und bitten will ich,
  Daß freundlich dir's in deiner Seele scheine.
  Im heiter stolzen Griechenlande drüben,

Da grünen Hügel auch, und Schatten gönnt
665 Der Ahorn dir, und milde Lüfte kühlen
Den Wanderern die Brust; und wenn du müd
Vom heißen Tag an fernem Pfade sitzest,
Mit diesen Händen schöpf ich dann den Trunk
Aus frischer Quelle dir und sammle Speisen,
670 Und Zweige wölb ich über deinem Haupt,
Und Moos und Blätter breit ich dir zum Lager,
Und wenn du schlummerst, so bewach ich dich;
Und muß es sein, bereit ich dir auch wohl
Die Grabesflamme, die sie dir verwehren,
675 Die Schändlichen!

EMPEDOKLES Oh! treues Herz! – Für mich,
Ihr Bürger, bitt ich nichts; es sei geschehn!
Ich bitt euch nur um dieses Jünglings willen.
O wendet nicht das Angesicht von mir!
Bin ich es nicht, um den ihr liebend sonst
680 Euch sammeltet? Ihr selber reichtet da
Mir auch die Hände nicht, unziemlich dünkt'
Es euch, zum Freund euch wild heranzudrängen.
Doch schicktet ihr die Knaben, daß sie mir
Die Hände reichten, diese Friedlichen,
685 Und auf den Schultern brachtet ihr die Kleinern
Und hubt mit euern Armen sie empor –
Bin ich es nicht? und kennt ihr nicht den Mann,
Dem ihr gesagt, ihr könntet, wenn er's wollte,
Von Land zu Land mit ihm als Bettler gehn,
690 Und wenn es möglich wäre, folgtet ihr
Ihm auch hinunter in den Tartarus?
Ihr Kinder! alles wolltet ihr mir schenken
Und zwangt mich töricht oft, von euch zu nehmen,
Was euch das Leben heitert' und erhielt,
695 Dann gab ich euch's vom Meinigen zurück,
Und mehr, denn Eures, achtetet ihr dies.
Nun geh ich fort von euch; versagt mir nicht
Die eine Bitte: schonet dieses Jünglings!
Er tat euch nichts zuleid; er liebt mich nur,
Wie ihr mich auch geliebt, und saget selbst,

Ob er nicht edel ist und schön! und wohl
Bedürft ihr künftig seiner, glaubt es mir!
Oft sagt ich euch's: es würde nacht und kalt
Auf Erden und in Not verzehrte sich
Die Seele, sendeten zu Zeiten nicht 705
Die guten Götter solche Jünglinge,
Der Menschen welkend Leben zu erfrischen.
Und heilig halten, sagt ich, solltet ihr
Die heitern Genien – o schonet sein
Und rufet nicht das Weh! versprecht es mir! 710

DRITTER AGRIGENTINER
Hinweg! wir hören nichts von allem, was
Du sagst.

HERMOKRATES
   Dem Knaben muß geschehn, wie er's
Gewollt. Er mag den frechen Mutwill büßen.
Er geht mit dir, und dein Fluch ist der seine. 715

EMPEDOKLES
Du schweigest, Kritias! verbirg es nicht,
Dich trifft es auch; du kanntest ihn, nicht wahr,
Die Sünde löschten Ströme nicht von Blut
Der Tier'? Ich bitte, sag es ihnen, Lieber!
Sie sind wie trunken, sprich ein ruhig Wort, 720
Damit der Sinn den Armen wiederkehre!

ZWEITER AGRIGENTINER
Noch schilt er uns? Gedenke deines Fluchs
Und rede nicht und geh! wir möchten sonst
An dich die Hände legen.

KRITIAS
     Wohl gesagt,
Ihr Bürger!

EMPEDOKLES So! – und möchtet ihr an mich
Die Hände legen? was? gelüstet es
Bei meinem Leben schon die hungernden
Harpyen? und könnt ihr's nicht erwarten, bis
Der Geist entflohn ist, mir die Leiche zu schänden?
Heran! Zerfleischt und teilet die Beut, und es segne
Der Priester euch den Genuß, und seine Vertrauten,

Die Rachegötter, lad er zum Mahl! – Dir bangt,
Heilloser! kennst du mich? und soll ich dir
Den bösen Scherz verderben, den du treibst?
Bei deinem grauen Haare, Mann! Du solltest
735 Zu Erde werden, denn du bist sogar
Zum Knecht der Furien zu schlecht. O sieh!
So schändlich stehst du da und durftest doch
An mir zum Meister werden? Freilich ist's
Ein ärmlich Werk, ein blutend Wild zu jagen!
740 Ich trauerte, das wußte der, da wuchs
Der Mut dem Feigen; da erhascht er mich
Und hetzt des Pöbels Zähne mir aufs Herz.
O wer, wer heilt den Geschändeten nun, wer nimmt
Ihn auf, der heimatlos der Fremden Häuser
745 Mit den Narben seiner Schmach umirrt, die Götter
Des Hains fleht, ihn zu bergen – komme, Sohn!
Sie haben wehe mir getan, doch hätt
Ich's wohl vergessen, aber dich? – Ha geht
Nun immerhin zu Grund, ihr Namenlosen!
750 Sterbt langsamen Tods, und euch geleite
Des Priesters Rabengesang! und weil sich Wölfe
Versammeln da, wo Leichname sind, so finde sich
Dann einer auch für euch; der sättige
Von eurem Blute sich, der reinige
755 Sizilien von euch; es stehe dürr
Das Land, wo sonst die Purpurtraube gern
Dem bessern Volke wuchs und goldne Frucht
Im dunkeln Hain und edles Korn, und fragen
Wird einst der Fremde, wenn er auf den Schutt
760 Von euern Tempeln tritt, ob da die Stadt
Gestanden? Gehet nun! Ihr findet mich
In einer Stunde nimmer. – *Indem sie abgehn.* Kritias!
Dir möcht ich wohl ein Wort noch sagen.
PAUSANIAS *nachdem Kritias zurück ist* Laß
Indessen mich zum alten Vater gehn
765 Und Abschied nehmen.
EMPEDOKLES   O warum? was tat
Der Jüngling euch, ihr Götter! Gehe denn,

Du Armer! Draußen wart ich, auf dem Wege
Nach Syrakus; dann wandern wir zusammen.
Pausanias geht auf der andern Seite ab.

⟨Sechster Auftritt⟩

Empedokles. Kritias.

KRITIAS
 Was ist's?
EMPEDOKLES Auch du verfolgest mich?
KRITIAS   Was soll
 Mir das?
EMPEDOKLES
       Ich weiß es wohl! Du möchtest gern
 Mich hassen, dennoch hassest du mich nicht:
 Du fürchtest nur; du hattest nichts zu fürchten.
KRITIAS
 Es ist vorbei. Was willst du noch?
EMPEDOKLES   Du hättst
 Es selber nie gedacht, der Priester zog
 In seinen Willen dich, du klage dich
 Nicht an; o hättst du nur ein treues Wort
 Für *ihn* gesprochen, doch du scheuetest
 Das Volk.
KRITIAS   Sonst hattest du mir nichts
 Zu sagen? Überflüssiges Geschwätz
 Hast du von je geliebt.
EMPEDOKLES   O rede sanft,
 Ich habe deine Tochter dir gerettet.
KRITIAS
 Das hast du wohl.
EMPEDOKLES   Du sträubst und schämest dich,
 Mit dem zu reden, dem das Vaterland geflucht;
 Ich will es gerne glauben. Denke dir,
 Es rede nun mein Schatte, der geehrt
 Vom heitern Friedenslande wiederkehre –

KRITIAS
   Ich wäre nicht gekommen, da du riefst,
   Wenn nicht das Volk zu wissen wünschte, was
   Du noch zu sagen hättest.
EMPEDOKLES   Was ich dir
790 Zu sagen habe, geht das Volk nichts an.
KRITIAS
   Was ist es dann?
EMPEDOKLES
   Du mußt hinweg aus diesem Land; ich sag
   Es dir um deiner Tochter willen.
KRITIAS   Denk an dich
   Und sorge nicht für anders!
EMPEDOKLES   Kennest du
795 Sie nicht? Und ist dir's unbewußt, wie viel
   Es besser ist, daß eine Stadt voll Toren
   Versinkt, denn *ein* Vortreffliches?
KRITIAS   Was kann
   Ihr fehlen?
EMPEDOKLES Kennest du sie nicht?
   Und tastest wie ein Blinder an, was dir
800 Die Götter gaben? und es leuchtet dir
   In deinem Haus umsonst das holde Licht?
   Ich sag es dir: bei diesem Volke findet
   Das fromme Leben seine Ruhe nicht,
   Und einsam bleibt es dir, so schön es ist,
805 Und stirbt dir freudenlos, denn nie begibt
   Die zärtlichernste Göttertochter sich,
   Barbaren an das Herz zu nehmen, glaub
   Es mir! Es reden wahr die Scheidenden.
   Und wundere des Rats dich nicht!
KRITIAS   Was soll
810 Ich nun dir sagen?
EMPEDOKLES   Gehe hin mit ihr
   In heil'ges Land, nach Elis oder Delos,
   Wo jene wohnen, die sie liebend sucht,
   Wo stillvereint die Bilder der Heroen
   Im Lorbeerwalde stehn. Dort wird sie ruhn,

Dort bei den schweigenden Idolen wird 815
Der schöne Sinn, der zartgenügsame,
Sich stillen, bei den edeln Schatten wird
Das Leid entschlummern, das geheim sie hegt
In frommer Brust. Wenn dann am heitern Festtag
Sich Hellas' schöne Jugend dort versammelt, 820
Und um sie her die Fremdlinge sich grüßen
Und hoffnungsfrohes Leben überall
Wie goldenes Gewölk das stille Herz
Umglänzt, dann weckt dies Morgenrot
Zur Lust wohl auch die fromme Träumerin, 825
Und von den Besten einen, die Gesang
Und Kranz in edlem Kampf gewannen, wählt
Sie sich, daß er den Schatten sie entführe,
Zu denen sie zu frühe sich gesellt.
Gefällt dir das, so folge mir – 830

KRITIAS
Hast du der goldnen Worte noch so viel
In deinem Elend übrig?

EMPEDOKLES
                Spotte nicht!
Die Scheidenden verjüngen alle sich
Noch einmal gern. Der Sterbeblick ist's nur
Des Lichts, das freudig einst in seiner Kraft 835
Geleuchtet unter euch. Es lösche freundlich,
Und hab ich euch geflucht, so mag dein Kind
Den Segen haben, wenn ich segnen kann.

KRITIAS
O laß, und mache mich zum Knaben nicht.

EMPEDOKLES
Versprich es mir und tue, was ich riet, 840
Und geh aus diesem Land. Verweigerst du's,
So mag die Einsame den Adler bitten,
Daß er hinweg von diesen Knechten sie
Zum Äther rette! Bessers weiß ich nicht.

KRITIAS
O sage, haben wir nicht recht an dir 845
Getan?

EMPEDOKLES
    Wie fragst du nun? ich hab es dir
Vergeben. Aber folgst du mir?
KRITIAS   Ich kann
So schnell nicht wählen.
EMPEDOKLES   Wähle gut,
Sie soll nicht bleiben, wo sie untergeht.
850 Und sag es ihr, sie soll des Mannes denken,
Den einst die Götter liebten. Willst du das?
KRITIAS
Wie bittest du? Ich will es tun. Und geh
Du deines Weges nun, du Armer!
Geht ab.

⟨SIEBENTER AUFTRITT⟩

EMPEDOKLES   Ja!
Ich gehe meines Weges, Kritias,
855 Und weiß, wohin? Und schämen muß ich mich,
Daß ich gezögert bis zum Äußersten.
Was mußt ich auch so lange warten,
Bis Glück und Geist und Jugend wich und nichts
Wie Torheit überblieb und Elend.
860 Wie oft, wie oft hat dich's gemahnt! Da wär
Es schön gewesen. Aber nun ist's not!
O stille! gute Götter! immer eilt
Den Sterblichen das ungeduld'ge Wort
Voraus und läßt die Stunde des Gelingens
865 Nicht unbetastet reifen. Manches ist
Vorbei; und leichter wird es schon. Es hängt
An allem fest der alte Tor! und da
Er einst gedankenlos, ein stiller Knab,
Auf seiner grünen Erde spielte, war
870 Er freier, denn er ist; o scheiden! – selbst
Die Hütte, die mich hegte, lassen sie
Mir nicht. – Auch dies noch? Götter!

⟨Achter Auftritt⟩

⟨*Empedokles.*⟩ *Drei Sklaven des Empedokles.*

ERSTER SKLAVE   Gehst du, Herr?
EMPEDOKLES
  Ich gehe freilich, Guter,
  Und hole mir das Reisgerät, soviel
  Ich selber tragen kann, und bring es noch
  Mir auf die Straße dort hinaus – es ist
  Dein letzter Dienst!
ZWEITER SKLAVE   O Götter!
EMPEDOKLES   Immer seid
  Ihr gern um mich gewesen, denn ihr wart's
  Gewohnt, von lieber Jugend her, wo wir
  Zusammen auf in diesem Hause wuchsen,
  Das meinem Vater war und mir, und fremd
  Ist meiner Brust das herrischkalte Wort.
  Ihr habt der Knechtschaft Schicksal nie gefühlt.
  Ich glaub es euch, ihr folgtet gerne mir,
  Wohin ich muß. Doch kann ich es nicht dulden,
  Daß euch der Fluch des Priesters ängstige.
  Ihr wißt ihn wohl? Die Welt ist aufgetan
  Für euch und mich, ihr Kinder, und es sucht
  Nun jeder sich sein eigen Glück –
DRITTER SKLAVE   O nein!
  Wir lassen nicht von dir. Wir können's nicht.
ZWEITER SKLAVE
  Was weiß der Priester, wie du lieb uns bist.
  Verbiet er's andern! uns verbeut er's nicht.
ERSTER SKLAVE
  Gehören wir zu dir, so laß uns auch
  Bei dir! Ist's doch von gestern nicht, daß wir
  Mit dir zusammen sind, du sagst es selber.
EMPEDOKLES
  O Götter! bin ich kinderlos und leb
  Allein mit diesen drein, und dennoch häng
  Ich hingebannt an dieser Ruhestätte,

Gleich Schlafenden, und ringe, wie im Traum,
Hinweg? Es kann nicht anders sein, ihr Guten!
O sagt mir nun nichts mehr, ich bitt euch das,
Und laßt uns tun, als wären wir es nimmer.
Ich will es ihm nicht gönnen, daß der Mann
Mir alles noch verfluche, was mich liebt –
Ihr gehet nicht mit mir; ich sag es euch.
Hinein und nimmt das Beste, was ihr findet,
Und zaudert nicht und flieht; es möchten sonst
Die neuen Herrn des Hauses euch erhaschen,
Und eines Feigen Knechte würdet ihr.
ZWEITER SKLAVE
Mit harter Rede schickest du uns weg?
EMPEDOKLES
Ich tu es dir und mir, ihr Freigelaßnen!
Ergreift mit Mannes Kraft das Leben, laßt
Die Götter euch mit Ehre trösten; ihr
Beginnt nun erst. Es gehen Menschen auf
Und nieder. Weilet nun nicht länger! Tut,
Was ich gesagt.
ERSTER SKLAVE   Herr meines Herzens! leb
Und geh nicht unter!
DRITTER SKLAVE   Sage, werden wir
Dich nimmer sehn?
EMPEDOKLES   O fraget nicht, es ist
Umsonst. *Mit Macht gebietend.*
ZWEITER SKLAVE *im Abgehn*
            Ach! wie ein Bettler soll er nun das Land
Durchirren und des Lebens nirgend sicher sein?
EMPEDOKLES *siehet ihnen schweigend nach*
            Lebt wohl! ich hab
Euch schnöd hinweggeschickt, lebt wohl, ihr Treuen.
Und du, mein väterliches Haus, wo ich erwuchs
Und blüht! – ihr lieben Bäume! vom Freudengesang
Des Götterfreunds geheiligt, ruhige
Vertraute meiner Ruh! o sterbt und gebt
Den Lüften zurück das Leben, denn es scherzt
Das rohe Volk in eurem Schatten nun,

Und wo ich selig ging, da spotten sie meiner.
Weh! ausgestoßen, ihr Götter? und ahmte,
Was ihr mir tut, ihr Himmlischen, der Priester,
Der Unberufene, seellos nach? Ihr ließt
Mich einsam, mich, der euch geschmäht, ihr Lieben!
Und dieser wirft zur Heimat mich hinaus,
Und der Fluch hallt, den ich selber mir gesprochen,
Mir ärmlich aus des Pöbels Munde wider?
Ach, der einst innig mit euch, ihr Seligen,
Gelebt, und sein die Welt genannt aus Freude,
Hat nun nicht, wo er seinen Schlummer find',
Und in sich selber kann er auch nicht ruhn.
Wohin nun, ihr Pfade der Sterblichen? viel
Sind euer, wo ist der meine, der kürzeste? wo?
Der schnellste? denn zu zögern ist Schmach.
Ha! meine Götter! im Stadium lenkt ich den Wagen
Einst unbekümmert auf rauchendem Rad, so will
Ich bald zu euch zurück, ist gleich die Eile gefährlich.
Geht ab.

⟨NEUNTER AUFTRITT⟩

Panthea. Delia.

DELIA   Stille, liebes Kind!
  Und halt den Jammer! daß uns niemand höre.
  Ich will hinein ins Haus. Vielleicht, er ist
  Noch drinnen und du siehst noch einmal ihn.
  Nur bleibe still indessen – kann ich wohl
  Hinein?
PANTHEA O tu es, liebe Delia.
  Ich bet indes um Ruhe, daß mir nicht
  Das Herz vergeht, wenn ich den hohen Mann
  In dieser bittern Schicksalsstunde sehe.
DELIA
  O Panthea!

PANTHEA *allein, nach einigem Stillschweigen*
Ich kann nicht – ach, es wär
Auch Sünde, da gelassener zu sein!
Verflucht? Ich faß es nicht, und wirst auch wohl
Die Sinne mir zerreißen, schwarzes Rätsel!
960 Wie wird er sein?
Pause. Erschrocken zu Delia, die wieder zurückkömmt.
              Wie ist's?
DELIA   Ach! alles tot
Und öde?
PANTHEA   Fort?
DELIA   Ich fürcht es. Offen sind
Die Türen; aber niemand ist zu sehn.
Ich rief, da hört ich nur den Widerhall
Im Hause; länger bleiben mocht ich nicht –
965 Ach! stumm und blaß ist sie und siehet fremd
Mich an, die Arme. Kennest du mich nimmer?
Ich will es mit dir dulden, liebes Herz!
PANTHEA
Nun! komme nur!
DELIA   Wohin?
PANTHEA   Wohin? ach! das,
Das weiß ich freilich nicht, ihr guten Götter!
970 Weh! keine Hoffnung! und du leuchtest mir
Umsonst, o goldnes Licht dort oben? Fort
Ist er – wie soll die Einsame denn wissen,
Warum ihr noch die Augen helle sind.
Es ist nicht möglich, nein! zu frech
975 Ist diese Tat, zu ungeheuer, und ihr habt
Es doch getan. Und leben muß ich noch
Und stille sein bei diesen? weh! und weinen,
Nur weinen kann ich über alles das!
DELIA
O weine nur! du Liebe, besser ist's
980 Denn schweigen oder reden.
PANTHEA   Delia!
Da ging er sonst! und dieser Garten war
Um seiner willen mir so wert. Ach oft,

Wenn mir das Leben nicht genügt' und ich,
Die Ungesellige, betrübt mit andern
Um unsre Hügel irrte, sah ich her
Nach dieser Bäume Gipfeln, dachte, dort
Ist *einer* doch! – Und meine Seele richtet'
An ihm sich auf. Ich lebte gern mit ihm
In meinem Sinn und wußte seine Stunden.
Vertraulicher gesellte da zu ihm
Sich mein Gedank und teilte mit dem Lieben
Das kindliche Geschäft – ach! grausam haben sie's
Zerschlagen, auf die Straße mir's geworfen,
Mein Heldenbild, ich hätt es nie gedacht.
Ach! hundertjähr'gen Frühling wünsch ich oft,
Ich Törige, für ihn und seine Gärten!

DELIA
  O konntet ihr die zarte Freude nicht
Ihr lassen, gute Götter!

PANTHEA   Sagst du das?
Wie eine neue Sonne kam er uns
Und strahlt' und zog das ungereifte Leben
An goldnen Seilen freundlich zu sich auf,
Und lange hatt auf ihn Sizilien
Gewartet. Niemals herrscht' auf dieser Insel
Ein Sterblicher wie er, sie fühlten's wohl,
Er lebe mit den Genien der Welt
Im Bunde. Seelenvoller! und du nahmst
Sie all ans Herz, weh! mußt du nun dafür
Geschändet fort von Land zu Lande ziehn,
Das Gift im Busen, das sie mitgegeben?

Das habt ihr ihm getan! o laßt nicht mich,
Ihr weisen Richter! ungestraft entkommen.
Ich ehr ihn ja, und wenn ihr es nicht wißt,
So will ich es ins Angesicht euch sagen,
Dann stoßt mich auch zu eurer Stadt hinaus.
Und hat er ihm geflucht, der Rasende,
Mein Vater, ha! so fluch er nun auch mir.

                      Ihr Blumen
Des Himmels! schöne Sterne, werdet ihr
Denn auch verblühn? und wird es Nacht alsdenn
In deiner Seele werden, Vater Äther!
Wenn deine Jünglinge, die Glänzenden
Erloschen sind vor dir? Ich weiß, es muß,
Was göttlich ist, hinab. Zur Seherin
Bin ich geworden über seinem Fall,
Und wo mir noch ein schöner Genius
Begegnet, nenn er Mensch sich oder Gott,
Ich weiß die Stunde, die ihm nicht gefällt –
DELIA
O Panthea! mich schröckt es, wenn du so
Dich deiner Klagen überhebst. Ist er
Denn auch wie du, daß er den stolzen Geist
Am Schmerze nährt und heft'ger wird im Leiden?
Ich mag's nicht glauben, denn ich fürchte das.
Was müßt er auch beschließen?
PANTHEA   Ängstigest
Du *mich*? Was hab ich denn gesagt? Ich will
Auch nimmer – ja geduldig will ich sein,
Ihr Götter! will vergebens nun nicht mehr
Erstreben, was ihr ferne mir gerückt,
Und was ihr geben mögt, das will ich nehmen.
Du Heiliger! und find ich nirgends dich,
So kann ich mich auch freuen, daß du da
Gewesen. Ruhig will ich sein, es möcht
Aus wildem Sinne mir das edle Bild
Entfliehn, und daß mir nur der Tageslärm
Den brüderlichen Schatten nicht verscheuche,
Der, wo ich leise wandle, mich geleitet.
DELIA
Du liebe Träumerin! er lebt ja noch.
PANTHEA
Er lebt? Jawohl! er lebt! er geht

Im weiten Felde Nacht und Tag. Sein Dach
Sind Wetterwolken, und der Boden ist
Sein Lager. Winde krausen ihm das Haar, 1050
Und Regen träuft mit seinen Tränen ihm
Vom Angesicht, und seine Kleider trocknet
Am heißen Mittag ihm die Sonne wieder,
Wenn er im schattenlosen Sande geht.
Gewohnte Pfade sucht er nicht; im Fels 105
Bei denen, die von Beute sich ernähren,
Die fremd, wie er, und allverdächtig sind,
Da kehrt er ein, die wissen nichts vom Fluch,
Die reichen ihm von ihrer rohen Speise,
Daß er zur Wanderung die Glieder stärkt. 106
So lebt er! weh! und das ist nicht gewiß!

DELIA
Ja! es ist schröcklich, Panthea.

PANTHEA Ist's schröcklich?
Du arme Trösterin, vielleicht, es währt
Nicht lange mehr, so kommen sie und sagen
Einander sich's, wenn es die Rede gibt, 1
Daß er erschlagen auf dem Wege liege.
Es dulden's wohl die Götter, haben sie
Doch auch geschwiegen, da man ihn mit Schmach
Ins Elend fort aus seiner Heimat warf.
O du! – wie wirst du enden? Müde ringst
Du schon am Boden fort, du stolzer Adler!
Und zeichnest deinen Pfad mit Blut, und es
Erhascht der feigen Jäger einer dich,
Zerschlägt am Felsen dir dein sterbend Haupt,
Und Jovis Liebling nanntet ihr ihn doch?

DELIA
Ach lieber schöner Geist! nur so nicht!
Nur solche Worte nicht! Wenn du es wüßtest,
Wie mich die Sorg um dich ergreift! Ich will
Auf meinen Knien dich bitten, wenn es hilft.
Besänftige dich nur. Wir wollen fort.
Es kann noch viel sich ändern, Panthea.
Vielleicht bereut es bald das Volk. Du weißt

Es ja, wie sie ihn liebten. Komm! ich wend
An deinen Vater mich und helfen sollst
1085 Du mir. Wir können ihn vielleicht gewinnen.
PANTHEA
O wir, wir sollten das, ihr Götter!

Zweiter Akt
Gegend am Ätna. Bauerhütte

⟨Erster Auftritt⟩

Empedokles. Pausanias.

EMPEDOKLES
Wie ist's mit dir?
PAUSANIAS   O das ist gut,
Daß du ein Wort doch redest, Lieber –
Denkst du es auch? hier oben waltet wohl
10 Der Fluch nicht mehr und unser Land ist ferne.
Auf diesen Höhen atmet leichter sich's,
Und auf zum Tage darf das Auge doch
Nun wieder blicken, und die Sorge wehrt
Den Schlaf uns nicht, es reichen auch vielleicht
5 Gewohnte Kost uns Menschenhände wieder.
Du brauchst der Pflege, Lieber! und es nimmt
Der heil'ge Berg, der väterliche, wohl
In seine Ruh die umgetriebnen Gäste.
Willst du, so bleiben wir auf eine Zeit
In dieser Hütte – darf ich rufen, ob
Sie uns vielleicht den Aufenthalt vergönnen?
EMPEDOKLES
Versuch es nur! sie kommen schon heraus.

⟨Zweiter Auftritt⟩

⟨*Die Vorigen. Ein*⟩ *Bauer.*

BAUER
Was wollt ihr? Dort hinunter geht
Die Straße.
PAUSANIAS   Gönn uns Aufenthalt bei dir
Und scheue nicht das Aussehn, guter Mann.
Denn schwer ist unser Weg und öfters scheint
Der Leidende verdächtig – mögen dir's
Die Götter sagen, welcher Art wir sind.
BAUER
Es stand wohl besser einst mit euch denn itzt;
Ich will es gerne glauben. Doch es liegt
Die Stadt nicht fern; ihr solltet doch daselbst
Auch einen Gastfreund haben. Besser wär's,
Zu dem zu kommen, denn zu Fremden.
PAUSANIAS   Ach!
Es schämte leicht der Gastfreund unser sich,
Wenn wir zu ihm in unsrem Unglück kämen.
Und gibt uns doch der Fremde nicht umsonst
Das Wenige, warum wir ihn gebeten.
BAUER
Wo kommt ihr her?
PAUSANIAS   Was nützt es, das zu wissen?
Wir geben Gold und du bewirtest uns.
BAUER
Wohl öffnet manche Türe sich dem Golde,
Nur nicht die meine.
PAUSANIAS   Was ist das? So reich
Uns Brot und Wein und fodre, was du willst.
BAUER
Das findet ihr an andrem Orte besser.
PAUSANIAS
O das ist hart! Doch gibst du mir vielleicht
Ein wenig Leinen, daß ich's diesem Mann
Um seine Füße winde, blutend sind

Vom Felsenpfade sie – so siehe nur
Ihn an! der gute Geist Siziliens ist's
Und mehr denn eure Fürsten! und er steht
Vor deiner Türe kummerbleich und bettelt
Um deiner Hütte Schatten und um Brot,
Und du versagst es ihm? und todesmüd
Und dürstend lässest du ihn draußen stehn
An diesem Tage, wo das harte Wild
Zur Höhle sich vorm Sonnenbrande flüchtet?
BAUER
Ich kenn euch. Wehe! das ist der Verfluchte
Von Agrigent. Es ahndete mir gleich.
Hinweg!
PAUSANIAS
      Beim Donnerer! nicht hinweg! – er soll
Für dich mir bürgen, lieber Heiliger!
Indes ich geh und Nahrung suche. Ruh
An diesem Baum – und höre du! wenn ihm
Ein Leid geschieht, es sei, von wem es wolle,
So komm ich über Nacht und brenne dir,
Eh du es denkst, dein strohern Haus zusammen!
Erwäge das!

⟨DRITTER AUFTRITT⟩

Empedokles. Pausanias.

EMPEDOKLES   Sei ohne Sorge, Sohn!
PAUSANIAS
Wie sprichst du so? ist doch dein Leben mir
Der lieben Sorge wert! und dieser denkt,
Es wäre nichts am Manne zu verderben,
Dem solch ein Wort gesprochen ward wie uns,
Und leicht gelüstet sie's, und wär es nur
Um seines Mantels wegen, ihn zu töten,
Denn ungereimt ist's ihnen, daß er noch

Gleich Lebenden umhergeht; weißt du das
Denn nicht?
EMPEDOKLES O ja, ich weiß es.
PAUSANIAS   Lächelnd sagst
Du das? o Empedokles!
EMPEDOKLES   Treues Herz!
Ich habe wehe dir getan. Ich wollt
Es nicht.
PAUSANIAS Ach! ungeduldig bin ich nur.
EMPEDOKLES
Sei ruhig meinetwegen, Lieber! bald
Ist dies vorüber.
PAUSANIAS   Sagst du das?
EMPEDOKLES   Du wirst
Es sehn.
PAUSANIAS
            Wie ist dir? soll ich nun ins Feld
Nach Speise gehn? Wenn du es nicht bedarfst,
So bleib ich lieber, oder besser ist's,
Wir gehn und suchen einen Ort zuvor
Für uns im Berge.
EMPEDOKLES   Siehe! nahe blinkt
Ein Wasserquell; der ist auch unser. Nimm
Dein Trinkgefäß, die hohle Kürbis, daß der Trank
Die Seele mir erfrische.
PAUSANIAS *an der Quelle* Klar und kühl
Und rege sproßt's aus dunkler Erde, Vater!
EMPEDOKLES
Erst trinke du. Dann schöpf und bring es mir.
PAUSANIAS *indem er ihm es reicht*
Die Götter segnen dir's.
EMPEDOKLES   Ich trink es euch!
Ihr alten Freundlichen! ihr meine Götter!
Und meiner Wiederkehr, Natur. Schon ist
Es anders. O ihr Gütigen! und eh
Ich komme, seid ihr da? und blühen soll
Es, eh es reift! – sei ruhig Sohn! und höre,
Wir sprechen vom Geschehenen nicht mehr.

PAUSANIAS
    Du bist verwandelt und dein Auge glänzt
    Wie eines Siegenden. Ich faß es nicht.
EMPEDOKLES
    Wir wollen noch, wie Jünglinge, den Tag
1180   Zusammensein und vieles reden. Findet
    Doch leicht ein heimatlicher Schatte sich,
    Wo unbesorgt die treuen Langvertrauten
    Beisammen sind in liebendem Gespräch –
    Mein Liebling! haben wir, wie gute Knaben
1185   An einer Traub, am schönen Augenblick
    Das liebe Herz so oft gesättiget
    Und mußtest du bis hier mich her geleiten,
    Daß unsrer Feierstunden keine sich,
    Auch diese nicht, uns ungeteilt verlöre?
1190   Wohl kauftest du um schwere Mühe sie,
    Doch geben mir's auch nicht umsonst die Götter.
PAUSANIAS
    O sage mir es ganz, daß ich wie du
    Mich freue.
EMPEDOKLES Siehest du denn nicht? Es kehrt
    Die schöne Zeit von meinem Leben heute
1195   Noch einmal wieder und das Größre steht
    Bevor; hinauf, o Sohn, zum Gipfel
    Des alten heil'gen Ätna wollen wir.
    Denn gegenwärt'ger sind die Götter auf den Höhn.
    Da will ich heute noch mit diesen Augen
1200   Die Ströme sehn und Inseln und das Meer.
    Da segne zögernd über goldenen
    Gewässern mich das Sonnenlicht beim Scheiden,
    Das herrlich jugendliche, das ich einst
    Zuerst geliebt. Dann glänzt um uns und schweigt
1205   Das ewige Gestirn, indes herauf
    Der Erde Glut aus Bergestiefen quillt,
    Und zärtlich rührt der Allbewegende,
    Der Geist, der Äther uns an, o dann!
PAUSANIAS   Du schröckst
    Mich nur; denn unbegreiflich bist du mir.

Du siehest heiter aus und redest herrlich, 1210
Doch lieber wär es mir, du trauertest.
Ach! brennt dir doch die Schmach im Busen, die
Du littst, und achtest selber dich für nichts,
So viel du bist.
EMPEDOKLES   O Götter, läßt auch der
Zuletzt die Ruh mir nicht und regt den Sinn 1215
Mir auf mit roher Rede, willst du das,
So geh. Bei Tod und Leben! nicht ist dies
Die Stunde mehr, viel Worte noch davon
Zu machen, was ich leid' und was ich bin.
Besorgt ist das; ich will es nimmer wissen. 1220
Hinweg! es sind die Schmerzen nicht, die lächelnd,
Die fromm genährt an traurigfroher Brust
Wie Kinder liegen – Natterbisse sind's
Und nicht der erste bin ich, dem die Götter
Solch gift'ge Rächer auf das Herz gesandt. 1225
Ich hab's verdient? ich kann dir's wohl verzeihn,
Der du zur Unzeit mich gemahnt; es ist
Der Priester dir vor Augen, und es gellt
Im Ohre dir des Pöbels Hohngeschrei,
Die brüderliche Nänie, die uns 1230
Zur lieben Stadt hinausgeleitete.
Ha! mir – bei allen Göttern, die mich sehn –
Sie hätten's nicht getan, wär ich
Der Alte noch gewesen. Was? o schändlich
Verriet ein Tag von meinen Tagen mich 1235
An diese Feigen – still! hinunter soll's,
Begraben soll es werden tief, *so* tief,
Wie noch kein Sterbliches begraben ist.

PAUSANIAS
Ach! häßlich stört ich ihm das heitre Herz,
Das herrliche, und bänger denn zuvor 1240
Ist jetzt die Sorge.
EMPEDOKLES   Laß die Klage nun
Und störe mich nicht weiter; mit der Zeit
Ist alles gut, mit Sterblichen und Göttern
Bin ich ja bald versöhnt, ich bin es schon.

PAUSANIAS
1245 Ist's möglich? – heilt der furchtbar trübe Sinn,
Und wähnst du dich nicht mehr allein und arm,
Du hoher Mann, und dünkt der Menschen Tun
Unschuldig wie des Herdes Flamme dir?
So sprachst du sonst, ist's wieder wahr geworden?
1250 O sieh! dann segn ich ihn, den klaren Quell,
An dem das neue Leben dir begann,
Und fröhlich wandern morgen wir hinab
Ans Meer, das uns an sichres Ufer bringt.
Was achten wir der Reise Not und Mühn!
1255 Ist heiter doch der Geist und seiner Götter!
EMPEDOKLES
O Kind! – Pausanias, hast du dies vergessen?
Umsonst wird nichts den Sterblichen gewährt.
Und *eines* hilft. – O heldenmüt'ger Jüngling!
Erblasse nicht! sieh, was mein altes Glück,
1260 Das unersinnbare, mir wiedergibt,
Mit Götterjugend mir, dem Welkenden,
Die Wange rötet, kann nicht übel sein.
Geh, Sohn ∪ –! ich möchte meinen Sinn
Und meine Lust nicht gerne ganz verraten.
1265 Für dich ist's nicht – so mache dir's nicht eigen,
Und lasse mir's, ich lasse deines dir.
Was ist's?
PAUSANIAS Ein Haufe Volks! Dort kommen sie
Herauf.
EMPEDOKLES
 Erkennst du sie?
PAUSANIAS Ich traue nicht
Den Augen.
EMPEDOKLES Was? soll ich zum Rasenden
1270 Noch werden – was? in sinnenlosem Weh
Und Grimm hinab, wohin ich friedlich wollte?
Agrigentiner sind's!
PAUSANIAS Unmöglich!
EMPEDOKLES Träum
Ich denn? Mein edler Gegner ist's, der Priester,

Und sein Gefolge – pfui! so heillos ist,
In dem ich Wunden sammelte, der Kampf, 1275
Und würdigere Kräfte gab es nicht
Zum Streite gegen mich? O schröcklich ist's
Zu hadern mit Verächtlichen, und noch?
In dieser heil'gen Stunde noch! wo schon
Zum Tone sich der allverzeihenden 1280
Natur die Seele vorbereitend stimmt!
Da fällt die Rotte mich noch einmal an
Und mischt ihr wütend sinnenlos Geschrei
In meinen Schwanensang. Heran! es sei!
Ich will es euch verleiden! schont ich doch 1285
Von je zu viel des schlechten Volks und nahm
An Kindes Statt der falschen Bettler gnug.
Habt ihr es mir noch immer nicht vergeben,
Daß ich euch wohlgetan? Ich will es nun
Auch nicht. O kommt, Elende! muß es sein, 1290
So kann ich auch im Zorne zu den Göttern.

PAUSANIAS
Wie wird das endigen?

⟨Vierter Auftritt⟩

Die Vorigen. Hermokrates. Kritias. Volk.

HERMOKRATES   Befürchte nichts!
Und laß der Männer Stimme dich nicht schröcken,
Die dich vertrieben. Sie verzeihen dir.
EMPEDOKLES
Ihr Unverschämten! anders wißt ihr nicht?
Was wollt ihr auch? ihr kennt mich ja! ihr habt
Mich ja gezeichnet, aber hadert
Das lebenslose Volk, damit sich's fühl?
Und haben sie hinausgeschmäht den Mann,
Den sie gefürchtet, suchen sie ihn wieder,
Den Sinn an seinem Schmerze zu erfrischen?

O tut die Augen auf und seht, wie klein
Ihr seid, daß euch das Weh die närrische,
Verruchte Zunge lähme; könnt ihr nicht
1305 Erröten? o ihr Armen! schamlos läßt
Den schlechten Mann mitleidig die Natur,
Daß ihn der Größre nicht zu Tode schröcke.
Wie könnt er sonst vor Größerem bestehn?

HERMOKRATES
Was du verbrochen, büßtest du; genug
1310 Vom Elend ist dein Angesicht gezeichnet,
Genes und kehre nun zurück; dich nimmt
Das gute Volk in seine Heimat wieder.

EMPEDOKLES
Wahrhaftig! großes Glück verkündet mir
Der fromme Friedensbote; Tag für Tag
1315 Den schauerlichen Tanz mit anzusehn,
Wo ihr euch jagt und äfft, wo ruhelos
Und irr und bang, wie unbegrabne Schatten,
Ihr umeinander rennt, ein ärmliches
Gemeng in eurer Not, ihr Gottverlaßnen,
1320 Und eure lächerlichen Bettlerkünste,
Die nah zu haben, ist der Ehre wert.
Ha! wüßt ich Bessres nicht, ich lebte lieber
Sprachlos und fremde mit des Berges Wild
In Regen und in Sonnenbrand und teilte
1325 Die Nahrung mit dem Tier, als daß ich noch
In euer blindes Elend wiederkehrte.

HERMOKRATES
So dankst du uns?

EMPEDOKLES   O sprich es einmal noch
Und siehe, wenn du kannst, zu diesem Licht,
Dem Allesschauenden, empor! Doch warum bliebst
1330 Du auch nicht fern und kamst mir frech vors Aug
Und nötigest das letzte Wort mir ab,
Damit es dich zum Acheron geleite.
Weißt du, was du getan? was tat ich dir?
Es warnte dich, und lange fesselte
Die Furcht die Hände dir, und lange grämt'

In seinen Banden sich dein Grimm; ihn hielt
Mein Geist gefangen, konntest du nicht ruhn,
Und peinigte dich so mein Leben? Freilich mehr
Wie Durst und Hunger quält das Edlere
Den Feigen; konntest du nicht ruhn? und mußtest   1340
Dich an mich wagen, Ungestalt, und wähntest,
Ich würde dir, wenn du mit deiner Schmach
Das Angesicht mir übertünchtest, gleich?
Das war ein alberner Gedanke, Mann!
Und könntest du dein eigen Gift im Tranke   1345
Mir reichen, dennoch paarte sich mit dir
Mein lieber Geist nicht, und er schüttete
Mit diesem Blut, das du entweiht, dich aus.
Es ist umsonst; wir gehn verschiednen Weg.
Stirb du gemeinen Tod, wie sich's gebührt,   1350
Am seelenlosen Knechtsgefühl, mir ist
Ein ander Los beschieden, andern Pfad
Weissagtet einst, da ich geboren ward,
Ihr Götter mir, die gegenwärtig waren –
Was wundert sich der allerfahrne Mann?   1355
Dein Werk ist aus, und deine Ränke reichen
An meine Freude nicht. Begreifest du das doch!

HERMOKRATES
Den Rasenden begreif ich freilich nicht.

KRITIAS
Genug ist's nun, Hermokrates! du reizest
Zum Zorne nur den Schwerbeleidigten.   1360

PAUSANIAS
Was nimmt ihr auch den kalten Priester mit,
Ihr Toren, wenn um Gutes euch zu tun ist?
Und wählt   zum Versöhner
Den Gottverlaßnen, der nicht lieben kann.
Zu Zwist und Tod ist der und seinesgleichen
Ins Leben ausgesäet, zum Frieden nicht!
Jetzt seht ihr's ein, o hättet ihr's vor Jahren!
Es wäre manches nicht in Agrigent
Geschehen. Viel hast du getan, Hermokrates,
Solang du lebst, hast manche liebe Lust

Den Sterblichen hinweg geängstiget,
Hast manches Heldenkind in seiner Wieg
Erstickt, und gleich der Blumenwiese fiel
Und starb die jugendkräftige Natur
Vor deiner Sense. Manches sah ich selbst,
Und manches hört ich. Soll ein Volk vergehn,
So schicken nur die Furien einen Mann,
Der täuschend überall der Missetat
Die lebensreichen Menschen überführe.
Zuletzt, der Kunst erfahren, machte sich
An einen Mann der heiligschlaue Würger,
Und herzempörend glückt es ihm, damit
Das Göttergleichste durch Gemeinstes falle.
Mein Empedokles! – gehe du des Wegs,
Den du erwählt. Ich kann's nicht hindern, sengt
Es gleich das Blut in meinen Adern weg.
Doch diesen, der das Leben dir geschändet,
Den Allverderber, such ich auf, wenn ich
Verlassen bin von dir, ich such ihn, flöh
Er zum Altar, es hilft ihm nichts, mit mir
Muß er, mit mir, ich weiß sein eigen Element.
Zum toten Sumpfe schlepp ich ihn – und wenn
Er flehend wimmert, so erbarmt ich mich
Des grauen Haars, wie er der andern sich
Erbarmt; hinab!
Zu Hermokrates. Hörst du? Ich halte Wort.

ERSTER BÜRGER
Es braucht des Wartens nicht, Pausanias!

HERMOKRATES
Ihr Bürger!

ZWEITER BÜRGER
Regst du noch die Zunge? Du,
Du hast uns schlecht gemacht; hast allen Sinn
Uns weggeschwatzt; hast uns des Halbgotts Liebe
Gestohlen, du! er ist's nicht mehr. Er kennt
Uns nicht; ach! ehmals sah mit sanften Augen
Auf uns der königliche Mann; nun kehrt
Sein Blick das Herz mir um.

DRITTER BÜRGER   Weh! waren wir
  Doch gleich den Alten zu Saturnus' Zeit,
  Da freundlich unter uns der Hohe lebt',
  Und jeder hatt in seinem Hause Freude,
  Und alles war genug. Was ludst du denn
  Den Fluch auf uns, den unvergeßlichen,
  Den er gesprochen? Ach! er mußte wohl,
  Und sagen werden unsre Söhne, wenn
  Sie groß geworden sind, ihr habt den Mann,
  Den uns die Götter sandten, uns gemordet.
ZWEITER BÜRGER
  Er weint! – o größer noch und lieber
  Denn vormals dünkt er mir. Und sträubst
  Du noch dich gegen ihn, und stehest da,
  Als sähst du nicht, und brechen dir vor ihm
  Die Kniee nicht? Zu Boden, Mensch!
ERSTER BÜRGER   Und spielst
  Du noch den Götzen, was? und möchtest gern
  So fort es treiben? Nieder mußt du mir!
  Und auf den Nacken setz ich dir den Fuß,
  Bis du mir sagst, du habest endlich dich
  Bis an den Tartarus hinabgelogen.
DRITTER BÜRGER
  Weißt du, was du getan? Dir wär es besser,
  Du hättest Tempelraub begangen, ha!
  Wir beteten ihn an, und billig war's;
  Wir wären götterfrei mit ihm geworden,
  Da wandelt unverhofft, wie eine Pest,
  Dein böser Geist uns an, und uns verging
  Das Herz und Wort und alle Freude, die
  Er uns geschenkt, in widerwärt'gem Taumel.
  Ha Schande! Schande! wie die Rasenden
  Frohlockten wir, da du zum Tode schmähtest
  Den hochgeliebten Mann. Unheilbar ist's,
  Und stürbst du siebenmal, du könntest doch,
  Was du an ihm und uns getan, nicht ändern.
EMPEDOKLES
  Die Sonne neigt zum Untergange sich,

Und weiter muß ich diese Nacht, ihr Kinder.
Laßt ab von ihm! es ist zu lange schon,
Daß wir gestritten. Was geschehen ist,
Vergehet all, und künftig lassen wir
In Ruh einander.
PAUSANIAS   Gilt denn alles gleich?
DRITTER BÜRGER
   O lieb uns wieder!
   ZWEITER BÜRGER   Komm und leb
In Agrigent; es hat's ein Römer
Gesagt, durch ihren Numa wären sie
So groß geworden. Komme, Göttlicher!
Sei unser Numa. Lange dachten wir's,
Du solltest König sein. O sei es! sei's!
Ich grüße dich zuerst, und alle wollen's.
EMPEDOKLES
   Dies ist die Zeit der Könige nicht mehr.
DIE BÜRGER *erschrocken*
Wer bist du, Mann?
PAUSANIAS   So lehnt man Kronen ab,
Ihr Bürger.
ERSTER BÜRGER
          Unbegreiflich ist das Wort,
So du gesprochen, Empedokles.
EMPEDOKLES
                    Hegt
Im Neste denn die Jungen immerdar
Der Adler? Für die Blinden sorgt er wohl,
Und unter seinen Flügeln schlummern süß
Die Ungefiederten ihr dämmernd Leben.
Doch haben sie das Sonnenlicht erblickt,
Und sind die Schwingen ihnen reif geworden,
So wirft er aus der Wiege sie, damit
Sie eignen Flug beginnen. Schämet euch,
Daß ihr noch einen König wollt; ihr seid
Zu alt; zu eurer Väter Zeiten wär's
Ein anderes gewesen. Euch ist nicht
Zu helfen, wenn ihr selber euch nicht helft.

KRITIAS
   Vergib! bei allen Himmlischen! du bist   1465
   Ein großer Mann, Verratener!
EMPEDOKLES
                              Es war
   Ein böser Tag, der uns geschieden, Archon.
ZWEITER BÜRGER
   Vergib und kommt mit uns! Dir scheinet doch
   Die heimatliche Sonne freundlicher
   Denn anderswo, und willst du schon die Macht,   1470
   Die dir gebührte, nicht, so haben wir
   Der Ehrengaben manche noch für dich,
   Für Kränze grünes Laub und schöne Namen
   Und für die Säule nimmeralternd Erz.
   O komm! es sollen unsre Jünglinge,   1475
   Die Reinen, die dich nie beleidigt,
   Dir dienen – wohnst du nahe nur, so ist's
   Genug, und dulden müssen wir's, wo du
   Uns meidst und einsam bleibst in deinen Gärten,
   Bis du vergessen hast, was dir geschehn.   1480
EMPEDOKLES
   O einmal noch! du heimatliches Licht,
   Das mich erzog, ihr Gärten meiner Jugend
   Und meines Glücks, noch soll ich eurer denken,
   Ihr Tage meiner Ehre, wo ich rein
   Und ungekränkt mit diesem Volke war.   1485
   Wir sind versöhnt, ihr Guten! – laßt mich nur,
   Viel besser ist's, ihr seht das Angesicht,
   Das ihr geschmäht, nicht mehr, so denkt ihr lieber
   Des Manns, den ihr geliebt, und irre wird
   Dann euch der ungetrübte Sinn nicht mehr.   1490
   In ew'ger Jugend lebt mit euch mein Bild,
   Und schöner tönen, wenn ich ferne bin,
   Die Freudensänge, so ihr mir versprochen.
   O laßt uns scheiden, ehe Torheit uns
   Und Alter scheidet, sind wir doch gewarnt,   1495
   Und eines bleiben, die zu rechter Zeit
   Aus eigner Kraft die Trennungsstunde wählten.

DRITTER BÜRGER
So ratlos lässest du uns stehn?
EMPEDOKLES   Ihr botet
Mir eine Kron, ihr Männer! nimmt von mir
Dafür mein Heiligtum. Ich spart es lang.
In heitern Nächten oft, wenn über mir
Die schöne Welt sich öffnet' und die heil'ge Luft
Mit ihren Sternen allen als ein Geist
Voll freudiger Gedanken mich umfing,
Da wurd es oft lebendiger in mir;
Mit Tagesanbruch dacht ich euch das Wort,
Das ernste, langverhaltene, zu sagen.
Und freudig ungeduldig rief ich schon
Vom Orient die goldne Morgenwolke
Zum neuen Fest, an dem mein einsam Lied
Mit euch zum Freudenchore würd, herauf.
Doch immer schloß mein Herz sich wieder, hofft'
Auf seine Zeit, und reifen sollte mir's.
Heut ist mein Herbsttag, und es fällt die Frucht
Von selbst.
PAUSANIAS   O hätt er früher nur gesprochen,
Vielleicht, dies alles wär ihm nicht geschehn.
EMPEDOKLES
Nicht ratlos stehen laß ich euch,
Ihr Lieben! aber fürchtet nichts! Es scheun
Die Erdenkinder meist das Neu und Fremde,
Daheim in sich zu bleiben strebet nur
Der Pflanze Leben und das frohe Tier.
Beschränkt im Eigentume sorgen sie,
Wie sie bestehn, und weiter reicht ihr Sinn
Im Leben nicht. Doch müssen sie zuletzt,
Die Ängstigen, heraus, und sterbend kehrt
Ins Element ein jedes, daß es da
Zu neuer Jugend, wie im Bade, sich
Erfrische. Menschen ist die große Lust
Gegeben, daß sie selber sich verjüngen.
Und aus dem reinigenden Tode, den
Sie selber sich zu rechter Zeit gewählt,

Erstehn, wie aus dem Styx Achill, die Völker.
O gebt euch der Natur, eh sie euch nimmt! –
Ihr dürstet längst nach Ungewöhnlichem,
Und wie aus krankem Körper sehnt der Geist 1535
Von Agrigent sich aus dem alten Gleise.
So wagt's! was ihr geerbt, was ihr erworben,
Was euch der Väter Mund erzählt, gelehrt,
Gesetz und Brauch, der alten Götter Namen,
Vergeßt es kühn und hebt, wie Neugeborne, 1540
Die Augen auf zur göttlichen Natur,
Wenn dann der Geist sich an des Himmels Licht
Entzündet, süßer Lebensothem euch
Den Busen wie zum ersten Male tränkt
Und goldner Früchte voll die Wälder rauschen 1545
Und Quellen aus dem Fels, wenn euch das Leben
Der Welt ergreift, ihr Friedensgeist, und euch's
Wie heil'ger Wiegensang die Seele stillet,
Dann aus der Wonne schöner Dämmerung
Der Erde Grün von neuem euch erglänzt 1550
Und Berg und Meer und Wolken und Gestirn,
Die edeln Kräfte, Heldenbrüdern gleich,
Vor euer Auge kommen, daß die Brust,
Wie Waffenträgern, euch nach Taten klopft
Und eigner schöner Welt, dann reicht die Hände 1555
Euch wieder, gebt das Wort und teilt das Gut,
O dann, ihr Lieben, teilet Tat und Ruhm
Wie treue Dioskuren; jeder sei
Wie alle – wie auf schlanken Säulen, ruh
Auf richt'gen Ordnungen das neue Leben, 1560
Und euern Bund befest'ge das Gesetz.
Dann, o ihr Genien der wandelnden
Natur! dann ladet euch, ihr heitern,
Die ihr aus Tiefen und aus Höhn die Freude nimmt
Und sie wie Müh und Glück und Sonnenschein und Regen 15
Den engbeschränkten Sterblichen ans Herz
Aus ferner fremder Welt herbeibringt,
Das freie Volk zu seinen Festen ein,
Gastfreundlich! fromm! denn liebend gibt

Der Sterbliche vom Besten, schließt und engt
Den Busen ihm die Knechtschaft nicht –
PAUSANIAS   O Vater!
EMPEDOKLES
Von Herzen nennt man, Erde, dann dich wieder,
Und wie die Blum aus deinem Dunkel sproßt,
Blüht Wangenrot der Dankenden für dich
Aus lebensreicher Brust und selig Lächeln.
Und

Beschenkt mit Liebeskränzen rauschet dann
Der Quell hinab, wächst unter Segnungen
Zum Strom, und mit dem Echo bebender Gestade
Tönt, deiner wert, o Vater Ozean,
Der Lobgesang aus freier Wonne wider.
Es fühlt sich neu in himmlischer Verwandtschaft,
O Sonnengott! der Menschengenius
Mit dir, und dein wie sein ist, was es bildet.
Aus Lust und Mut und Lebensfülle gehn
Die Taten leicht, wie deine Strahlen, ihm,
Und Schönes stirbt in traurigstummer Brust
Nicht mehr. Oft schläft, wie edles Samenkorn,
Das Herz der Sterblichen in toter Schale,
Bis ihre Zeit gekommen ist; es atmet
Der Äther liebend immerdar um sie,

                       und mit den Adlern trinkt
Ihr Auge Morgenlicht, doch Segen gibt
Es nicht den Träumenden, und kärglich nährt
Vom Nektar, den die Götter der Natur
Alltäglich reichen, sich ihr schlummernd Wesen.
Bis sie des engen Treibens müde sind
Und sich die Brust in ihrer kalten Fremde,
Wie Niobe, gefangen und der Geist
Sich kräftiger denn alle Sage fühlt

Und seines Ursprungs eingedenk das Leben
Lebend'ge Schöne sucht und gerne sich
Entfaltet' an der Gegenwart des Reinen,
Dann glänzt ein neuer Tag herauf, ach! anders
Denn sonst,   die Natur   1605

                        und staunend
Unglaubig, wie nach hoffnungsloser Zeit
Beim heil'gen Wiedersehn Geliebtes hängt
Am totgeglaubten Lieben, hängt das Herz
An   1610

                      sie sind's!
Die langentbehrten, die lebendigen,
Die guten Götter,

                 mit des Lebens Stern hinab!
Lebt wohl! Es war das Wort des Sterblichen,   1615
Der diese Stunde liebend zwischen euch
Und seinen Göttern zögert, die ihn riefen.
Am Scheidetage weissagt unser Geist,
Und Wahres reden, die nicht wiederkehren.

KRITIAS

Wohin? o beim lebendigen Olymp,
Den du mir alten Manne noch zuletzt,
Mir Blinden aufgeschlossen, scheide nicht,
Nur wenn du nahe bist, gedeiht im Volk
Und dringt in Zweig' und Frucht die neue Seele.

EMPEDOKLES

Es sprechen, wenn ich ferne bin, statt meiner
Des Himmels Blumen, blühendes Gestirn
Und die der Erde tausendfach entkeimen,
Die göttlichgegenwärtige Natur
Bedarf der Rede nicht; und nimmer läßt

|1630| Sie einsam euch, wo einmal sie genaht,
Denn unauslöschlich ist der Augenblick
Von ihr; und siegend wirkt durch alle Zeiten
Beseligend hinab sein himmlisch Feuer.
Wenn dann die glücklichen Saturnustage,
|1635| Die neuen, männlichern gekommen sind,
Dann denkt vergangner Zeit, dann leb, erwärmt
Am Genius, der Väter Sage wieder!
Zum Feste komme, wie vom Frühlingslicht
Emporgesungen, die vergessene
|1640| Heroenwelt vom Schattenreich herauf,
Und mit der goldnen Trauerwolke lagre
Erinnrung sich, ihr Freudigen! um euch. –

PAUSANIAS
Und du? und du? ach nennen will ich's nicht
Vor diesen Glücklichen

|1645| Daß sie nicht ahnden, was geschehen wird,
Nein! – ∪ – du kannst es nicht.

EMPEDOKLES
O Wünsche! Kinder seid ihr, und doch wollt
Ihr wissen, was begreiflich ist und recht,
Du irrest! sprecht, ihr Törigen! zur Macht,
|1650| Die mächt'ger ist denn ihr, doch hilft es nicht,
Und wie die Sterne geht unaufgehalten
Das Leben im Vollendungsgange weiter.
Kennt ihr der Götter Stimme nicht? Noch eh
Als ich der Eltern Sprache lauschend lernt,
|5| Im ersten Othemzug, im ersten Blick
Vernahm ich jene schon, und immer hab
Ich höher sie denn Menschenwort geachtet.
Hinauf! sie riefen mich, und jedes Lüftchen
Regt mächtiger die bange Sehnsucht auf,
|| Und wollt ich hier noch länger weilen, wär's,
Wie wenn der Jüngling unbeholfen sich
Am Spiele seiner Kinderjahre letzte.
Ha! seellos wie die Knechte wandelt ich
In Nacht und Schmach vor euch und meinen Göttern.

Gelebt hab ich; wie aus der Bäume Wipfel
Die Blüte regnet und die goldne Frucht
Und Blum und Korn aus dunklem Boden quillt,
So kam aus Müh und Not die Freude mir,
Und freundlich stiegen Himmelskräfte nieder,
Es sammeln in der Tiefe sich, Natur,
Die Quellen deiner Höhn und deine Freuden,
Sie kamen all in meiner Brust zu ruhn,
Sie waren *eine* Wonne; wenn ich dann
Das schöne Leben übersann, da bat
Ich herzlich oft um eines nur die Götter:
Sobald ich einst mein heilig Glück nicht mehr
In Jugendstärke taumellos ertrüg
Und wie des Himmels alten Lieblingen
Zur Torheit mir des Geistes Fülle würde,
Dann mich zu mahnen, dann nur schnell ins Herz
Ein unerwartet Schicksal mir zu senden,
Zum Zeichen, daß die Zeit der Läuterung
Gekommen sei, damit bei guter Stund
Ich fort zu neuer Jugend noch mich rettet
Und unter Menschen nicht der Götterfreund
Zum Spiel und Spott und Ärgernisse würde.

Sie haben mir's gehalten; mächtig warnt'
Es mich; zwar einmal nur, doch ist's genug.
Und so ich's nicht verstände, wär ich gleich
Gemeinem Rosse, das den Sporn nicht ehrt
Und noch der nötigenden Geißel wartet.
Drum fordert nicht die Wiederkehr des Manns,
Der euch geliebt, doch wie ein Fremder war
Mit euch und nur für kurze Zeit geboren,
O fodert nicht, daß er an Sterbliche
Sein Heil'ges noch und seine Seele wage!
Ward doch ein schöner Abschied uns gewährt,
Und konnt ich noch mein Liebstes euch zuletzt,
Mein Herz hinweg aus meinem Herzen geben.
Drum vollends nicht! Was sollt ich noch bei euch?

ERSTER BÜRGER
    Wir brauchen deines Rats.
EMPEDOKLES
    Fragt diesen Jüngling! Schämet des euch nicht.
    Aus frischem Geiste kommt das Weiseste,
    Wenn ihr um Großes ihn im Ernste fraget.
1705   Aus junger Quelle nahm die Priesterin,
    Die alte Pythia, die Göttersprüche.
    Und Jünglinge sind selber eure Götter. –
    Mein Liebling! gerne weich ich, lebe du
    Nach mir, ich war die Morgenwolke nur,
1710   Geschäftslos und vergänglich! und es schlief,
    Indes ich einsam blühte, noch die Welt,
    Doch du, du bist zum klaren Tag geboren.
PAUSANIAS
    Oh! schweigen muß ich!
KRITIAS   Überrede dich
    Nicht, bester Mann! und uns mit dir. Mir selbst
1715   Ist's vor dem Auge dunkel, und ich kann
    Nicht sehn, was du beginnst, und kann nicht sagen, bleibe!
    Verschieb es einen Tag. Der Augenblick
    Faßt wunderbar uns oft; so gehen wir,
    Die Flücht'gen, mit dem Flüchtigen dahin.
1720   Oft dünkt das Wohlgefallen einer Stund
    Uns lange vorbedacht, und doch ist's nur
    Die Stunde, die uns blendet, daß wir *sie*
    Nur sehen in Vergangenem. Vergib!
    Ich will den Geist des Mächtigern nicht schmähn,
1725   Nicht diesen Tag; ich seh es wohl, ich muß
    Dich lassen, kann nur zusehn, wenn es schon
    Mich in der Seele kümmert –
DRITTER BÜRGER   Nein! o nein! –
    Er gehet zu den Fremden nicht, nicht übers Meer,
    Nach Hellas' Ufern oder nach Ägyptos,
1730   Zu seinen Brüdern, die ihn lange nicht
    Gesehn, den hohen Weisen – bittet ihn,
    O bittet, daß er bleib! es ahndet mir,
    Und Schauer gehn von diesem stillen Mann,

Dem Heiligfurchtbaren, mir durch das Leben,
Und heller wird's in mir und finstrer auch 1735
Denn in der vor'gen Zeit – wohl trägst und siehst
Ein eigen großes Schicksal du in dir
Und trägst es gern, und was du denkst, ist herrlich.
Doch denke derer, die dich lieben, auch,
Der Reinen, und der andern, die gefehlt, 1740
Der Reuigen. Du Gütiger, du hast
Uns viel gegeben, was ist's ohne dich?
O möchtest du uns nicht dich selber auch
Noch eine Weile gönnen, Gütiger!

EMPEDOKLES
O lieber Undank! gab ich doch genug, 1745
Wovon ihr leben möget. Ihr dürft leben,
Solang ihr Othem habt: ich nicht. Es muß
Beizeiten weg, durch wen der Geist geredet.
Es offenbart die göttliche Natur
Sich göttlich oft durch Menschen, so erkennt 1750
Das vielversuchende Geschlecht sie wieder.
Doch hat der Sterbliche, dem sie das Herz
Mit ihrer Wonne füllte, sie verkündet,
O laßt sie dann zerbrechen das Gefäß,
Damit es nicht zu andrem Brauche dien 1755
Und Göttliches zum Menschenwerke werde.
Laßt diese Glücklichen doch sterben, laßt,
Eh sie in Eigenmacht und Tand und Schmach
Vergehn, die Freien sich bei guter Zeit
Den Göttern liebend opfern. Mein ist dies. 1760
Und wohlbewußt ist mir mein Los, und längst
Am jugendlichen Tage hab ich mir's
Geweissagt; ehret mir's! und wenn ihr morgen
Mich nimmer findet, sprecht: veralten sollt
Er nicht und Tage zählen, dienen nicht 17
Der Sorg und Krankheit,

ungesehen ging

Er weg, und keines Menschen Hand begrub ihn,
Und keines Auge weiß von seiner Asche,
1770 Denn anders ziemt es nicht für ihn, vor dem
In todesfroher Stund am heil'gen Tage
Das Göttliche den Schleier abgeworfen –
Den Licht und Erde liebten, dem der Geist,
Der Geist der Welt den eignen Geist erweckte,
1775 In dem sie sind, zu dem ich sterbend kehre.
KRITIAS
Weh! unerbittlich ist er, und es schämt
Das Herz sich selbst, ein Wort noch ihm zu sagen.
EMPEDOKLES
Komm reiche mir die Hände, Kritias!
Und ihr, ihr all. – Du bleibest, Liebster, noch
1780 Bei mir, du immertreuer guter Jüngling!
Beim Freunde, bis zum Abend – trauert nicht!
Denn heilig ist mein End und schon – o Luft,
Luft, die den Neugeborenen umfängt,
Wenn droben er die neuen Pfade wandelt,
1785 Dich ahnd ich, wie der Schiffer, wenn er nah
Dem Blütenwald der Mutterinsel kömmt,
Schon atmet liebender die Brust ihm auf,
Und sein gealtert Angesicht verklärt
Erinnerung der ersten Wonne wieder!
1790 Und oh, Vergessenheit! Versöhnerin! –
Voll Segens ist die Seele mir, ihr Lieben!
Geht nur und grüßt die heimatliche Stadt
Und ihr Gefild! am schönen Tage, wenn
Den Göttern der Natur ein Fest zu bringen,
1795 Vom Tagewerk das Auge zu befrein,
Ihr einst heraus zum heil'gen Haine geht,
Und wie mit freundlichen Gesängen euch's
Empfängt, antwortet aus den heitern Höhn,
Dann wehet wohl ein Ton von mir im Liede,
1800 Des Freundes Wort, verhüllt ins Liebeschor
Der schönen Welt, vernimmt ihr liebend wieder,
Und herrlicher ist's so. Was ich gesagt,
Dieweil ich hie noch weile, wenig ist's,

Doch nimmt's der Strahl vielleicht des Lichtes zu
Der stillen Quelle, die euch segnen möchte, 1805
Durch dämmernde Gewölke mit hinab.
Und ihr gedenket meiner!
KRITIAS   Heiliger!
Du hast mich überwunden, heil'ger Mann!
Ich will es ehren, was mit dir geschieht,
Und einen Namen will ich ihm nicht geben. 1810
O mußt es sein? es ist so eilend all
Geworden. Da du noch in Agrigent
Stillherrschend lebtest, achteten wir's nicht,
Nun bist du uns genommen, eh wir's denken.
Es kommt und geht die Freude, doch gehört 1815
Sie Sterblichen nicht eigen, und der Geist
Eilt ungefragt auf seinem Pfade weiter.
Ach! können wir denn sagen, daß du da
Gewesen?

⟨FÜNFTER AUFTRITT⟩

Empedokles. Pausanias.

PAUSANIAS
Es ist geschehen, schicke nun auch mich 1820
Hinweg! Dir wird es leicht!
EMPEDOKLES   O nicht!
PAUSANIAS
Ich weiß es wohl, ich sollte so nicht reden
Zum heil'gen Fremdlinge, doch will ich nicht
Das Herz im Busen bändigen. Du hast's
Verwöhnt, du hast es selber dir erzogen –
Und meinesgleichen dünkte mir noch, da
Ein roher Knab ich war, der Herrliche,
Wenn er mit Wohlgefallen sich zu mir
Im freundlichen Gespräche neigt' und mir
Wie längstbekannt des Mannes Worte waren.

Das ist vorbei! vorbei! O Empedokles!
Noch nenn ich dich mit Namen, halte noch
Bei seiner treuen Hand den Fliehenden,
Und sieh! mir ist, noch immer ist es mir,
Als könntst du mich nicht lassen, Liebender!
Geist meiner glücklichen Jugend, hast du mich
Umsonst umfangen, hab ich dir umsonst
Entfaltet dieses Herz in Siegeslust
Und großen Hoffnungen? Ich kenne dich
Nicht mehr. Es ist ein Traum. Ich glaub es nicht.
EMPEDOKLES
Verstandest du es nicht?
PAUSANIAS   Mein Herz versteh ich,
Das treu und stolz für deines zürnt und schlägt.
EMPEDOKLES
So gönn ihm seine Ehre doch, dem meinen.
PAUSANIAS
Ist Ehre nur im Tod?
EMPEDOKLES   Du hast's gehört,
Und deine Seele zeugt es mir, für mich
Gibt's andre nicht.
PAUSANIAS   Ach! ist's denn wahr?
EMPEDOKLES   Wofür
Erkennst du mich?
PAUSANIAS *innig*   O Sohn Uraniens!
Wie kannst du fragen?
EMPEDOKLES *mit Liebe*   Dennoch soll ich Knechten gleich
Den Tag der Unehr überleben?
PAUSANIAS   Nein!
Bei deinem Zaubergeiste, Mann, ich will nicht,
Will nicht dich schmähn, geböt es auch die Not
Der Liebe mir, du Lieber! stirb denn nur
Und zeuge so von dir. Wenn's sein muß.
EMPEDOKLES   Hab
Ich's doch gewußt, daß du nicht ohne Freude
Mich gehen ließest, Heldenmütiger!
PAUSANIAS
Wo ist denn nun das Leid? umwallt das Haupt

Dir doch ein Morgenrot und einmal schenkt
Dein Auge noch mir seine kräft'gen Strahlen.
EMPEDOKLES
Und ich, ich küsse dir Verheißungen
Auf deine Lippen: mächtig wirst du sein, 1860
Wirst leuchten, jugendliche Flamme, wirst,
Was sterblich ist, in Seel und Flamme wandeln,
Daß es mit dir zum heil'gen Äther steigt.
Ja! Liebster! nicht umsonst hab ich mit dir
Gelebt, und unter mildem Himmel ist 1865
Viel einzig Freudiges vom ersten goldnen
Gelungnen Augenblick uns aufgegangen,
Und oft wird dessen dich mein stiller Hain
Und meine Halle mahnen, wenn du dort
Vorüberkömmst, des Frühlings, und der Geist, 1870
Der zwischen mir und dir gewesen, dich
Umwaltet, dank ihm dann, und dank ihm itzt!
O Sohn! Sohn meiner Seele!
PAUSANIAS   Vater! danken
Will ich, wenn wieder erst das Bitterste
Von mir genommen ist. 1875
EMPEDOKLES   Doch, Lieber, schön
Ist auch der Dank, solange noch die Freude,
Die Scheidende, verzieht bei Scheidenden.
PAUSANIAS
O muß sie denn dahin? ich faß es nicht,
Und du? was hülf es dir

EMPEDOKLES
Bin ich durch Sterbliche doch nicht bezwungen 1880
Und geh in meiner Kraft furchtlos hinab
Den selbsterkornen Pfad; mein Glück ist dies,
Mein Vorrecht ist's.
PAUSANIAS   O laß und sprich nicht so
Das Schröckliche mir aus! Noch atmest du
Und hörest Freundeswort, und rege quillt
Das teure Lebensblut vom Herzen dir,

Du stehst und blickst, und hell ist rings die Welt,
Und klar ist dir dein Auge vor den Göttern.
Der Himmel ruht auf freier Stirne dir,
1890 Und, freudig aller Menschen, überglänzt,
Du Herrlicher! dein Genius die Erd,
Und alles soll vergehn!
EMPEDOKLES   Vergehn? Ist doch
Das Bleiben gleich dem Strome, den der Frost
Gefesselt. Töricht Wesen! schläft und hält
1895 Der heil'ge Lebensgeist denn irgendwo,
Daß du ihn binden möchtest, du den Reinen?
Es ängstiget der Immerfreudige
Dir niemals in Gefängnissen sich ab
Und zaudert hoffnungslos auf seiner Stelle,
1900 Frägst du, wohin? Die Wonnen einer Welt
Muß er durchwandern, und er endet nicht. –
O Jupiter Befreier! – gehe nun hinein,
Bereit ein Mahl, daß ich des Halmes Frucht
Noch *einmal* koste und der Rebe Kraft
1905 Und dankesfroh mein Abschied sei; und wir
Den Musen auch, den holden, die mich liebten,
Den Lobgesang noch singen – tu es, Sohn!
PAUSANIAS
Mich meistert wunderbar dein Wort, ich muß
Dir weichen, muß gehorchen, will's und will
1910 Es nicht. *Geht ab.*

⟨SECHSTER AUFTRITT⟩

EMPEDOKLES *allein*
        Ha! Jupiter Befreier! näher tritt
Und näher meine Stund, und vom Geklüfte
Kömmt schon der traute Bote meiner Nacht,
Der Abendwind, zu mir, der Liebesbote.
Es wird! gereift ist's! o nun schlage, Herz,
Und rege deine Wellen, ist der Geist

Doch über dir wie leuchtendes Gestirn,
Indes des Himmels heimatlos Gewölk,
Das immer flüchtige, vorüberwandelt.
Wie ist mir? staunen muß ich noch, als fing'
Ich erst zu leben an, denn all ist's anders, 1920
Und jetzt erst bin ich, bin – und darum war's,
Daß in der frommen Ruhe dich so oft,
Du Müßiger, ein Sehnen überfiel?
O darum ward das Leben dir so leicht,
Daß du des Überwinders Freuden all 1925
In *einer* vollen Tat am Ende fändest?
Ich komme. Sterben? nur ins Dunkel ist's
Ein Schritt, und sehen möchtst du doch, mein Auge!
Du hast mir ausgedient, dienstfertiges!
Es muß die Nacht itzt eine Weile mir 1930
Das Haupt umschatten. Aber freudig quillt
Aus mut'ger Brust die Flamme. Schauderndes
Verlangen! Was? am Tod entzündet mir
Das Leben sich zuletzt? und reichest du
Den Schreckensbecher mir, den gärenden, 1935
Natur! damit dein Sänger noch aus ihm
Die letzte der Begeisterungen trinke!
Zufrieden bin ich's, suche nun nichts mehr
Denn meine Opferstätte. Wohl ist mir.
O Iris Bogen über stürzenden 1940
Gewässern, wenn die Wog in Silberwolken
Auffliegt, wie du bist, so ist meine Freude.

⟨Siebenter Auftritt⟩

⟨*Panthea. Delia.*⟩

DELIA
Sie sagten mir: es denken anders Götter
Denn Sterbliche. Was Ernst den einen dünk,
Es dünke Scherz den andern. Götterernst
Sei Geist und Tugend, aber Spiel vor ihnen sei

Die lange Zeit der vielgeschäft'gen Menschen.
Und mehr wie Götter, denn wie Sterbliche,
Scheint euer Freund zu denken.
PANTHEA   Nein! Mich wundert nicht,
Daß er sich fort zu seinen Göttern sehnt.
Was gaben ihm die Sterblichen? Hat ihm
Sein töricht Volk genährt den hohen Sinn,
Ihr unbedeutend Leben, hat ihm dies
Das Herz verwöhnt,
Nimm ihn, du gabst ihm alles, gabst
Ihn uns, o nimm ihn nur hinweg, Natur!
Vergänglicher sind deine Lieblinge,
Das weiß ich wohl, sie werden groß,
Und sagen können's andre nicht, wie sie's
Geworden, ach! und so entschwinden sie,
Die Glücklichen, auch wieder!
DELIA   Sieh! mir dünkt es
Doch glücklicher, bei Menschen froh zu weilen.
Verzeih es mir der Unbegreifliche.
Und ist die Welt doch hier so schön.
PANTHEA   Ja schön
Ist sie, und schöner itzt denn je. Es darf
Nicht unbeschenkt von ihr ein Kühner gehn.
Sieht er noch auf zu dir, o himmlisch Licht?
Und siehest du ihn, den ich nun vielleicht
Nicht wiedersehe? Delia! so blicken
Sich Heldenbrüder inniger ins Aug,
Eh sie vom Mahl zur Schlummerstunde scheiden,
Und sehn sie nicht des Morgens sich aufs neu?
O Worte! freilich schaudert mir, wie dir,
Das Herz, du gutes Kind! und gerne möcht
Ich's anders, doch ich schäme dessen mich.
Tut *er* es doch! ist's so nicht heilig?
DELIA
Wer ist der fremde Jüngling, der herab
Vom Berge kömmt!
PANTHEA   Pausanias. Ach müssen
Wir so uns wiederfinden, Vaterloser?

⟨ACHTER AUFTRITT⟩

Pausanias. Panthea. Delia.

PAUSANIAS
Ist Empedokles hier? O Panthea,
Du ehrest ihn, du kömmst herauf, du kömmst
Noch einmal, ihn, den ernsten Wanderer,
Auf seinem dunkeln Pfad zu sehn!
PANTHEA   Wo ist er?
PAUSANIAS
Ich weiß es nicht. Er sandte mich hinweg,
Und da ich   , sah ich ihn nicht wieder.
Ich rief ihn im Gebürge, doch ich fand
Ihn nicht. Er kehrt gewiß. Versprach
Er freundlich doch, bis in die Nacht zu weilen.
O käm er nur! Die liebste Stunde flieht
Geschwinder, denn die Pfeile sind, vorüber.
Noch *einmal* soll ich freudig sein mit ihm,
Und du auch wirst es, Panthea! und sie,
Die edle Fremdlingin, die ihn nur einmal,
Nur wie ein herrlich Traumbild sieht. Euch schreckt
Sein Ende, das vor aller Augen ist,
Doch keiner nennen mag; ich glaub es wohl,
Doch werdet ihr's vergessen, sehet ihr
In seiner Blüte den Lebendigen.
Denn wunderbar vor diesem Manne schwindet,
Was traurig Sterblichen und furchtbar dünkt.
Und vor dem sel'gen Aug ist alles licht.
DELIA
Wie liebst du ihn? und dennoch batest du
Umsonst, du hast ihn wohl genug gebeten,
Den Ernsten, daß er bleib und länger noch
Bei Menschen wohne.
PAUSANIAS   Konnt ich viel?
Er greift in meine Seele, wenn er mir
Antwortet, was sein Will ist. O das ist's!
Daß er nur Freude gibt, wenn er versagt,

Und tiefer nur das Herz ihm widerklingt
2010 Und einig ist mit ihm, je mehr auf Seinem
Der Nieergründete besteht. Es ist
Nicht eitel Überredung, glaub es mir,
Wenn er des Lebens sich bemächtiget,
Oft, wenn er stille war in seiner Welt,
2015 Der Stolzgenügsame, dann sah ich ihn
In dunkler Ahnung, voll und rege war
Die Seele mir, doch konnt ich sie nicht fühlen.
Mich ängstigte die Gegenwart des Reinen,
Des Unberührbaren; doch wenn das Wort
2020 Entscheidend ihm von seinen Lippen kam,
Dann war's, als tönt' ein Freudenhimmel wider
In ihm und mir, und ohne Widerred
Ergriff es mich, doch fühlt ich nur mich freier.
Ach! könnt er irren, um so tiefer nur
2025 Erkennt ich ihn, den Unerschöpflichwahren,
Und wenn er stirbt, so flammt aus seiner Asche
Mir heller nur der Genius empor.

DELIA

Ha! große Seele! dich erhebt der Tod
Des Großen, mich zerreißt er nur. Was soll
Es mir's gedenken, hat der Sterbliche
Der Welt sich aufgetan, der kindlich fremde,
Und kaum erwarmt und frohvertraut geworden,
Bald stößt ihn dann ein kaltes Schicksal wieder,
Den Kaumgeborenen,   zurück,
Und ungestört in seiner Freude bleiben
Darf auch das Liebste nicht, ach! und die Besten,
Sie treten auf der Todesgötter Seit,
Auch sie, und gehn dahin, mit Lust, und machen
Es uns zur Schmach, bei Sterblichen zu bleiben.

PAUSANIAS

O bei den Seligen! verdamme nicht
Den Herrlichen, dem seine Ehre so
Zum Unglück ward
Der sterben muß, weil er zu schön gelebt,
Weil ihn zu sehr die Götter alle liebten.

Denn wird ein anderer denn er geschmäht, 2045
So ist's zu tilgen, aber er, wenn ihm

    was kann der Göttersohn?
Unendlich trifft es den Unendlichen.
Ach niemals ward ein edler Angesicht
Empörender beleidiget! Ich mußt 2050
Es sehn,

DER TOD DES EMPEDOKLES

Ein Trauerspiel in fünf Akten

⟨Zweite Fassung⟩

Personen

EMPEDOKLES
PAUSANIAS
PANTHEA
DELIA
HERMOKRATES
MEKADES
AMPHARES
DEMOKLES *Agrigentiner*
HYLAS

*Der Schauplatz ist teils in Agrigent,
teils am Ätna.*

Erster Akt

Erster Auftritt

Chor der Agrigentiner in der Ferne.
Mekades. Hermokrates.

MEKADES
  Hörst du das trunkne Volk?
HERMOKRATES
  Sie suchen ihn.
MEKADES
  Der Geist des Manns
  Ist mächtig unter ihnen.
HERMOKRATES
  Ich weiß, wie dürres Gras
  Entzünden sich die Menschen.
MEKADES
  Daß *einer* so die Menge bewegt, mir ist's,
  Als wie wenn Jovis Blitz den Wald
  Ergreift, und furchtbarer.
HERMOKRATES
  Drum binden wir den Menschen auch
  Das Band ums Auge, daß sie nicht
  Zu kräftig sich am Lichte nähren.
  Nicht gegenwärtig werden
  Darf Göttliches vor ihnen.
  Es darf ihr Herz
  Lebendiges nicht finden.
  Kennst du die Alten nicht,
  Die Lieblinge des Himmels man nennt?
  Sie nährten die Brust
  An Kräften der Welt,
  Und den Hellaufblickenden war
  Unsterbliches nahe,
  Drum beugten die Stolzen
  Das Haupt auch nicht,

25   Und vor den Gewaltigen konnt
     Ein anderes nicht bestehn,
     Es ward verwandelt vor ihnen.
     MEKADES
     Und er?
     HERMOKRATES
     Das hat zu mächtig ihn
30   Gemacht, daß er vertraut
     Mit Göttern worden ist.
     Es tönt sein Wort dem Volk,
     Als käm es vom Olymp;
     Sie danken's ihm,
35   Daß er vom Himmel raubt
     Die Lebensflamm und sie
     Verrät den Sterblichen.
     MEKADES
     Sie wissen nichts denn ihn,
     Er soll ihr Gott,
40   Er soll ihr König sein.
     Sie sagen, es hab Apoll
     Die Stadt gebaut den Trojern,
     Doch besser sei, es helf
     Ein hoher Mann durchs Leben.
45   Noch sprechen sie viel Unverständiges
     Von ihm und achten kein Gesetz
     Und keine Not und keine Sitte.
     Ein Irrgestirn ist unser Volk
     Geworden, und ich fürcht,
50   Es deute dieses Zeichen
     Zukünft'ges noch, das er
     Im stillen Sinne brütet.
     HERMOKRATES
     Sei ruhig, Mekades!
     Er wird nicht.
     MEKADES
     Bist du denn mächtiger?
     HERMOKRATES
     Der sie versteht,

Ist stärker denn die Starken.
Und wohlbekannt ist dieser Seltne mir.
Zu glücklich wuchs er auf;
Ihm ist von Anbeginn 60
Der eigne Sinn verwöhnt, daß ihn
Geringes irrt; er wird es büßen,
Daß er zu sehr geliebt die Sterblichen.

MEKADES
Mir ahndet selbst,
Es wird mit ihm nicht lange dauern, 65
Doch ist es lang genug,
So er erst fällt, wenn ihm's gelungen ist.

HERMOKRATES
Und schon ist er gefallen.

MEKADES
Was sagst du?

HERMOKRATES
Siehst du denn nicht? es haben 70
Den hohen Geist die Geistesarmen
Geirrt, die Blinden den Verführer.
Die Seele warf er vor das Volk, verriet
Der Götter Gunst gutmütig den Gemeinen,
Doch rächend äffte leeren Widerhalls 75
Genug denn auch aus toter Brust den Toren.
Und eine Zeit ertrug er's, grämte sich
Geduldig, wußte nicht,
Wo er gebrach; indessen wuchs
Die Trunkenheit dem Volke; schaudernd
Vernahmen sie's, wenn ihm vom eignen Wort
Der Busen bebt', und sprachen:
So hören wir nicht die Götter!
Und Namen, so ich dir nicht nenne, gaben
Die Knechte dann dem stolzen Trauernden.
Und endlich nimmt der Durstige das Gift,
Der Arme, der mit seinem Sinne nicht
Zu bleiben weiß und Ähnliches nicht findet,
Er tröstet mit der rasenden
Anbetung sich, verblindet, wird wie sie,

Die seelenlosen Aberglaubigen;
Die Kraft ist ihm entwichen,
Er geht in einer Nacht und weiß sich nicht
Herauszuhelfen, und wir helfen ihm.
MEKADES
95 Des bist du so gewiß?
HERMOKRATES
Ich kenn ihn.
MEKADES
Ein übermütiges Gerede fällt
Mir bei, das er gemacht, da er zuletzt
Auf der Agora war. Ich weiß es nicht,
100 Was ihm das Volk zuvor gesagt; ich kam
Nur eben, stand von fern – Ihr ehret mich,
Antwortet' er, und tuet recht daran;
Denn stumm ist die Natur,
Es leben Sonn und Luft und Erd und ihre Kinder
105 Fremd umeinander,
Die Einsamen, als gehörten sie sich nicht.
Wohl wandeln immerkräftig
Im Göttergeiste die freien,
Unsterblichen Mächte der Welt
110 Rings um der andern
Vergänglich Leben,
Doch wilde Pflanzen
Auf wilden Grund,
Sind in den Schoß der Götter
115 Die Sterblichen alle gesäet,
Die Kärglichgenährten, und tot
Erschiene der Boden, wenn einer nicht
Des wartete, lebenerweckend,
Und mein ist das Feld. Mir tauschen
120 Die Kraft und Seele zu einem
Die Sterblichen und die Götter.
Und wärmer umfangen die ewigen Mächte
Das strebende Herz, und kräft'ger gedeihn
Vom Geiste der Freien die fühlenden Menschen,
125 Und wach ist's! Denn ich

Geselle das Fremde,
Das Unbekannte nennet mein Wort,
Und die Liebe der Lebenden trag
Ich auf und nieder; was einem gebricht,
Ich bring es vom andern und binde
Beseelend und wandle
Verjüngend die zögernde Welt
Und gleiche keinem und allen.
So sprach der Übermütige.

HERMOKRATES
Das ist noch wenig. Ärgers schläft in ihm.
Ich kenn ihn, kenne sie, die überglücklichen
Verwöhnten Söhne des Himmels,
Die anders nicht denn ihre Seele fühlen.
Stört einmal sie der Augenblick heraus –
Und leichtzerstörbar sind die Zärtlichen –,
Dann stillet nichts sie wieder, brennend
Treibt eine Wunde sie, unheilbar gärt
Die Brust. Auch er! so still er scheint,
So glüht ihm doch, seit ihm das Volk mißfällt,
Im Busen die tyrannische Begierde;
Er oder wir! Und Schaden ist es nicht,
So wir ihn opfern. Untergehen muß
Er doch!

MEKADES
O reiz ihn nicht! schaff ihr nicht Raum und laß
Sie sich ersticken, die verschloßne Flamme!
Laß ihn! gib ihm nicht Anstoß! findet den
Zu frecher Tat der Übermüt'ge nicht
Und kann er nur im Worte sündigen,
So stirbt er als ein Tor und schadet uns
Nicht viel. Ein kräft'ger Gegner macht ihn furchtbar.
Sieh nur, dann erst, dann fühlt er seine Macht.

HERMOKRATES
Du fürchtest ihn und alles, armer Mann!

MEKADES
Ich mag die Reue nur mir gerne sparen,
Mag gerne schonen, was zu schonen ist.

160 Das braucht der Priester nicht, der alles weiß,
Der Heil'ge, der sich alles heiliget.
HERMOKRATES
Begreife mich, Unmündiger! eh du
Mich lästerst. Fallen muß der Mann; ich sag
Es dir, und glaube mir, wär er zu schonen,
165 Ich würd es mehr wie du. Denn näher ist
Er mir wie dir. Doch lerne dies:
Verderblicher denn Schwert und Feuer ist
Der Menschengeist, der götterähnliche,
Wenn er nicht schweigen kann und sein Geheimnis
170 Unaufgedeckt bewahren. Bleibt er still
In seiner Tiefe ruhn und gibt, was not ist,
Wohltätig ist er dann, ein fressend Feuer,
Wenn er aus seiner Fessel bricht.
Hinweg mit ihm, der seine Seele bloß
175 Und ihre Götter gibt, verwegen
Aussprechen will Unauszusprechendes
Und sein gefährlich Gut, als wär es Wasser,
Verschüttet und vergeudet; schlimmer ist's
Wie Mord, und du, du redest für diesen?
180 Bescheide dich! Sein Schicksal ist's. Er hat
Es sich gemacht, und leben soll
Wie er und vergehn wie er in Weh und Torheit jeder,
Der Göttliches verrät und allverkehrend
Verborgenherrschendes
185 In Menschenhände liefert!
Er muß hinab!
MEKADES
So teuer büßen muß er, der sein Bestes
Aus voller Seele Sterblichen vertraut?
HERMOKRATES
Er mag es, doch es bleibt die Nemesis nicht aus,
190 Mag große Worte sagen, mag
Entwürdigen das keuschverschwiegne Leben,
Ans Tageslicht das Gold der Tiefe ziehn.
Er mag es brauchen, was zum Brauche nicht
Den Sterblichen gegeben ist, ihn wird's

Zuerst zu Grunde richten – hat es ihm 195
Den Sinn nicht schon verwirrt, ist ihm
Bei seinem Volke denn die volle Seele,
Die Zärtliche, wie ist sie nun verwildert?
Wie ist denn nun ein Eigenmächtiger
Geworden dieser Allmitteilende? 200
Der güt'ge Mann! wie ist er so verwandelt
Zum Frechen, der wie seiner Hände Spiel
Die Götter und die Menschen achtet.

MEKADES
Du redest schröcklich, Priester, und es dünkt
Dein dunkel Wort mir wahr. Es sei! 205
Du hast zum Werke mich. Nur weiß ich nicht,
Wo er zu fassen ist. Es sei der Mann,
So groß er will, zu richten ist nicht schwer.
Doch mächtig sein des Übermächtigen,
Der, wie ein Zauberer, die Menge leitet, 210
Es dünkt ein anders mir, Hermokrates.

HERMOKRATES
Gebrechlich ist sein Zauber, Kind, und leichter,
Denn nötig ist, hat er es uns bereitet.
Es wandte zur gelegnen Stunde sich
Sein Unmut um, der stolze, stillempörte Sinn 215
Befeindet itzt sich selber, hätt er auch
Die Macht, er achtet's nicht, er trauert nur
Und siehet seinen Fall, er sucht
Rückkehrend das verlorne Leben,
Den Gott, den er aus sich 220
Hinweggeschwätzt.
Versammle mir das Volk; ich klag ihn an,
Ruf über ihn den Fluch, erschrecken sollen sie
Vor ihrem Abgott, sollen ihn
Hinaus verstoßen in die Wildnis, 225
Und nimmer wiederkehrend soll er dort
Mir's büßen, daß er mehr, wie sich gebührt,
Verkündiget den Sterblichen.

MEKADES
Doch wes beschuldigest du ihn?

HERMOKRATES
Die Worte, so du mir genannt,
Sie sind genug.
MEKADES   Mit dieser schwachen Klage
Willst du das Volk ihm von der Seele ziehn?
HERMOKRATES
Zu rechter Zeit hat jede Klage Kraft,
Und nicht gering ist diese.
MEKADES
Und klagtest du des Mords ihn an vor ihnen,
Es wirkte nichts.
HERMOKRATES
Dies eben ist's! Die offenbare Tat
Vergeben sie, die Aberglaubigen,
Unsichtbar Ärgernis für sie,
Unheimlich muß es sein! ins Auge muß es
Sie treffen, das bewegt die Blöden.
MEKADES
Es hängt ihr Herz an ihm, das bändigest,
Das lenkst du nicht so leicht! Sie lieben ihn!
HERMOKRATES
Sie lieben ihn? Ja wohl! solang er blüht'
Und glänzt'
                              naschen sie.
Was sollen sie mit ihm, nun er
Verdüstert ist, verödet? Da ist nichts,
Was nützen könnt und ihre lange Zeit
Verkürzen, abgeerntet ist das Feld.
Verlassen liegt's und nach Gefallen gehn
Der Sturm und unsre Pfade drüber hin.
MEKADES
Empör ihn nur! empör ihn! siehe zu!
HERMOKRATES
Ich hoffe, Mekades! er ist geduldig.
MEKADES
So wird sie der Geduldige gewinnen!
HERMOKRATES
Nichts weniger!

MEKADES
> Du achtest nichts, wirst dich
> Und mich und ihn und alles verderben.

HERMOKRATES
> Das Träumen und das Schäumen
> Der Sterblichen, ich acht es wahrlich nicht!
> Sie möchten Götter sein und huldigen
> Wie Göttern sich, und eine Weile dauert's!
> Sorgst du, es möchte sie der Leidende
> Gewinnen, der Geduldige?
> Empören wird er gegen sich die Toren,
> An seinem Leide werden sie den teuern
> Betrug erkennen, werden unbarmherzig
> Ihm's danken, daß der Angebetete
> Doch auch ein Schwacher ist, und ihm
> Geschiehet recht, warum bemengt er sich
> Mit ihnen,

MEKADES
> Ich wollt, ich wär aus dieser Sache, Priester!

HERMOKRATES
> Vertraue mir und scheue nicht, was not ist.

MEKADES
> Dort kömmt er. Suche nur dich selbst,
> Du irrer Geist! indes verlierst du alles.

HERMOKRATES
> Laß ihn! hinweg!

⟨Zweiter Auftritt⟩

EMPEDOKLES *allein*
> In meine Stille kamst du leise wandelnd,
> Fandst drinnen in der Halle Dunkel mich aus,
> Du Freundlicher! du kamst nicht unverhofft
> Und fernher, wirkend über der Erde vernahm
> Ich wohl dein Wiederkehren, schöner Tag,
> Und meine Vertrauten, euch, ihr schnellgeschäft'gen

Kräfte der Höh! – und nahe seid auch ihr
Mir wieder, seid wie sonst, ihr Glücklichen,
Ihr irrelosen Bäume meines Hains!
Ihr ruhetet und wuchst, und täglich tränkte
Des Himmels Quelle die Bescheidenen
Mit Licht, und Lebensfunken säte
Befruchtend auf die Blühenden der Äther. –
O innige Natur! ich habe dich
Vor Augen, kennest du den Freund noch,
Den Hochgeliebten, kennest du mich nimmer?

Den Priester, der lebendigen Gesang
Wie frohvergoßnes Opferblut dir brachte?

O bei den heil'gen Brunnen,
Wo Wasser aus Adern der Erde
Sich sammeln und
Am heißen Tag
Die Dürstenden erquicken! in mir,
In mir, ihr Quellen des Lebens, strömtet
Aus Tiefen der Welt ihr einst
Zusammen, und es kamen
Die Dürstenden zu mir – wie ist's denn nun?
Vertrauert? bin ich ganz allein?
Und ist es Nacht hier außen auch am Tage?
Der höhers denn ein sterblich Auge sah,
Der Blindgeschlagene tastet nun umher –
Wo seid ihr, meine Götter?
Weh! laßt ihr nun
Wie einen Bettler mich,
Und diese Brust,
Die liebend euch geahndet,
Was stoßt ihr sie hinab
Und schließt sie mir in schmählichenge Bande,
Die Freigeborene, die aus sich
Und keines andern ist? Und wandeln soll
Er nun so fort, der Langverwöhnte,

Der selig oft mit allen Lebenden
Ihr Leben, ach, in heiligschöner Zeit,
Sie wie das Herz gefühlt von einer Welt
Und ihren königlichen Götterkräften,
Verdammt in seiner Seele soll er so
Da hingehn, ausgestoßen? freundlos er,
Der Götterfreund? an seinem Nichts
Und seiner Nacht sich weiden immerdar
Unduldbares duldend gleich den Schwächlingen, die
Ans Tagewerk im scheuen Tartarus
Geschmiedet sind. Was, daherab
Gekommen? um nichts? Ha! eines,
Eins mußtet ihr mir lassen! Tor! bist du
Derselbe doch und träumst, als wärest du
Ein Schwacher. Einmal noch! noch einmal
Soll mir's lebendig werden, und ich will's!
Fluch oder Segen! täusche nun die Kraft,
Demütiger! dir nimmer aus dem Busen!
Weit will ich's um mich machen, tagen soll's
Von eigner Flamme mir! Du sollst
Zufrieden werden, armer Geist,
Gefangener! sollst frei und groß und reich
In eigner Welt dich fühlen –
Und wieder einsam, weh! und wieder einsam?

Weh! einsam! einsam! einsam!
Und nimmer find ich
Euch, meine Götter,
Und nimmer kehr ich
Zu deinem Leben, Natur!
Dein Geächteter! – weh! hab ich doch auch
Dein nicht geachtet, dein
Mich überhoben, hast du
Umfangend doch mit den warmen Fittichen einst,
Du Zärtliche! mich vom Schlafe gerettet?
Den Törigen, ihn, den Nahrungsscheuen,
Mitleidig schmeichelnd zu deinem Nektar

        Gelockt, damit er trank und wuchs
355   Und blüht' und, mächtig geworden und trunken,
        Dir ins Angesicht höhnt' – o Geist,
        Geist, der mich großgenährt, du hast
        Dir deinen Herrn, hast, alter Saturn,
        Dir einen neuen Jupiter
360   Gezogen, einen schwächern nur und frechern.
        Denn schmähen kann die böse Zunge dich nur,
        Ist nirgend ein Rächer, und muß ich denn allein
        Den Hohn und Fluch in meine Seele sagen?
        Muß einsam sein auch so?

⟨DRITTER AUFTRITT⟩

Pausanias. Empedokles.

EMPEDOKLES
365   Ich fühle nur des Tages Neige, Freund!
        Und dunkel will es werden mir und kalt!
        Es gehet rückwärts, Lieber! nicht zur Ruh,
        Wie wenn der beutefrohe Vogel sich
        Das Haupt verhüllt zu frischer erwachendem
370   Zufriednem Schlummer, anders ist's mit mir!
        Erspare mir die Klage! laß es mir!
PAUSANIAS
        Sehr fremde bist du mir geworden,
        Mein Empedokles! kennest du mich nicht?
        Und kenn ich nimmer dich, du Herrlicher? –
375   Du konntst dich so verwandeln, konntest so
        Zum Rätsel werden, edel Angesicht,
        Und so zur Erde beugen darf der Gram
        Die Lieblinge des Himmels? Bist du denn
        Es nicht? Und sieh! wie danken dir es all,
380   Und so in goldner Freude mächtig war
        Kein anderer, wie du, in seinem Volke.
EMPEDOKLES
        Sie ehren mich? O sag es ihnen doch,

Sie sollen's lassen. – Übel steht
Der Schmuck mir an, und welkt
Das grüne Laub doch auch 385
Dem ausgerißnen Stamme!
PAUSANIAS
Noch stehst du ja, und frisch Gewässer spielt
Um deine Wurzel dir, es atmet mild
Die Luft um deine Gipfel, nicht von Vergänglichem
Gedeiht dein Herz; es walten über dir 390
Unsterblichere Kräfte.
EMPEDOKLES
Du mahnest mich der Jugendtage, Lieber!
PAUSANIAS
Noch schöner dünkt des Lebens Mitte mir.
EMPEDOKLES
Und gerne sehen, wenn es nun
Hinab sich neigen will, die Augen 395
Der Schnellhinschwindenden noch einmal
Zurück, der Dankenden. O jene Zeit!
Ihr Liebeswonnen, da die Seele mir
Von Göttern, wie Endymion, geweckt,
Die kindlich schlummernde sich öffnete, 400
Lebendig sie, die Immerjugendlichen,
Des Lebens große Genien
Erkannte. – Schöne *Sonne*! Menschen hatten mich
Es nicht gelehrt, mich trieb mein eigen Herz
Unsterblich liebend zu Unsterblichen, 405
Zu dir, zu dir, ich konnte Göttlichers
Nicht finden, stilles Licht! und so wie du
Das Leben nicht an deinem Tage sparst
Und sorgenfrei der goldnen Fülle dich
Entledigest, so gönnt auch ich, der Deine, 410
Den Sterblichen die beste Seele gern,
Und furchtlosoffen gab
Mein Herz, wie du, der ernsten *Erde* sich,
Der schicksalvollen; ihr in Jünglingsfreude
Das Leben so zu eignen bis zuletzt, 415
Ich sagt ihr's oft in trauter Stunde zu,

Band so den teuern Todesbund mit ihr.
Da rauscht' es anders denn zuvor im Hain,
Und zärtlich tönten ihrer Berge Quellen –
420 All deine Freuden, *Erde*! wahr, wie sie,
Und warm und voll, aus Müh und Liebe reifen,
Sie alle gabst du mir. Und wenn ich oft
Auf stiller Bergeshöhe saß und staunend
Der Menschen wechselnd Irrsal übersann,
425 Zu tief von deinen Wandlungen ergriffen,
Und nah mein eignes Welken ahndete,
Dann atmete der *Äther*, so wie dir,
Mir heilend um die liebeswunde Brust,
Und wie Gewölk der Flamme löseten
430 Im hohen Blau die Sorgen mir sich auf.

PAUSANIAS
O Sohn des Himmels!

EMPEDOKLES
Ich war es! ja! und möcht es nun erzählen,
Ich Armer! möcht es einmal noch
Mir in die Seele rufen,
435 Das Wirken deiner Geniuskräfte,
Der Herrlichen, deren Genoß ich war, o Natur,
Daß mir die stumme todesöde Brust
Von deinen Tönen allen widerklänge.
Bin ich es noch? o Leben! und rauschten sie mir,
440 All deine geflügelten Melodien, und hört
Ich deinen alten Einklang, große Natur?
Ach! ich, der Einsame, lebt ich nicht
Mit dieser heil'gen Erd und diesem Licht
Und dir, von dem die Seele nimmer läßt,
445 O Vater Äther, und mit allen Lebenden,
Der Götter Freund, im gegenwärtigen
Olymp? Ich bin herausgeworfen, bin
Ganz einsam, und das Weh ist nun
Mein Tagsgefährt' und Schlafgenosse mir.
450 Bei mir ist nicht der Segen, geh!
Geh! frage nicht! denkst du, ich träum?
O sieh mich an! und wundre des dich nicht,

Du Guter, daß ich daherab
Gekommen bin; des Himmels Söhnen ist,
Wenn überglücklich sie geworden sind, 455
Ein eigner Fluch beschieden.
PAUSANIAS
Ich duld es nicht,
Weh! solche Reden! du? ich duld es nicht.
Du solltest so die Seele dir und mir
Nicht ängstigen. Ein böses Zeichen dünkt 460
Es mir, wenn so der Geist, der immerfrohe, sich
Der Mächtigen umwölket.
EMPEDOKLES
Fühlst du's? Es deutet, daß er bald
Zur Erd hinab im Ungewitter muß.
PAUSANIAS
O laß den Unmut, Lieber! 465
O dieser, was tat er euch, dieser Reine,
Daß ihm die Seele so verfinstert ist,
Ihr Todesgötter! haben die Sterblichen denn
Kein Eigenes nirgendswo, und reicht
Das Furchtbare denn ihnen bis ans Herz, 470
Und herrscht es in der Brust den Stärkeren noch,
Das ewige Schicksal? Bändige den Gram
Und übe deine Macht, bist du es doch,
Der mehr vermag denn andere, so sieh
An meiner Liebe, wer du bist, 475
Und denke dein, und lebe!
EMPEDOKLES
Du kennest mich und dich und Tod und Leben nicht.
PAUSANIAS
Den Tod, ich kenn ihn wenig nur,
Denn wenig dacht ich seiner.
EMPEDOKLES
Allein zu sein, 480
Und ohne Götter, ist der Tod.
PAUSANIAS
Laß ihn, ich kenne *dich*, an deinen Taten
Erkannt ich dich, in seiner Macht

Erfuhr ich deinen Geist und seine Welt,
485 Wenn oft ein Wort von dir
Im heil'gen Augenblick
Das Leben vieler Jahre mir erschuf,
Daß eine neue große Zeit von da
Dem Jünglinge begann. Wie zahmen Hirschen,
490 Wenn ferne rauscht der Wald und sie
Der Heimat denken, schlug das Herz mir oft,
Wenn du vom Glück der alten Urwelt sprachst,
Der reinen Tage kundig, und dir lag
Das ganze Schicksal offen, zeichnetest
495 Du nicht der Zukunft große Linien
Mir vor das Auge, sichern Blicks, wie Künstler
Ein fehlend Glied zum ganzen Bilde reihn?
Und kennst du nicht die Kräfte der Natur,
Daß du vertraulich wie kein Sterblicher
500 Sie, wie du willst, in stiller Herrschaft lenkest?
EMPEDOKLES
Recht! alles weiß ich, alles kann ich meistern.
Wie meiner Hände Werk, erkenn ich es
Durchaus und lenke, wie ich will,
Ein Herr der Geister, das Lebendige.
505 Mein ist die Welt, und untertan und dienstbar
Sind alle Kräfte mir,

                zur Magd ist mir
Die herrnbedürftige Natur geworden.
Und hat sie Ehre noch, so ist's von mir.
510 Was wäre denn der Himmel und das Meer
Und Inseln und Gestirn, und was vor Augen
Den Menschen alles liegt, was wär es,
Dies tote Saitenspiel, gäb ich ihm Ton
Und Sprach und Seele nicht? Was sind
515 Die Götter und ihr Geist, wenn ich sie nicht
Verkündige? Nun! sage, wer bin ich?
PAUSANIAS
Verhöhne nur im Unmut dich und alles,
Was Menschen herrlich macht,

Ihr Wirken und ihr Wort, verleide mir
Den Mut im Busen, schröcke mich zum Kinde 520
Zurück. O sprich es nur heraus! du hassest dich
Und was dich liebt und was dir gleichen möcht;
Ein anders willst du, denn du bist, genügst dir
In deiner Ehre nicht und opferst dich an Fremdes.
Du willst nicht bleiben, willst 525
Zu Grunde gehen. Ach! in deiner Brust
Ist minder Ruhe denn in mir.

EMPEDOKLES
Unschuldiger!
PAUSANIAS   Und dich verklagst du?
Was ist es denn? O mache mir dein Leiden
Zum Rätsel länger nicht! mich peiniget's! 530

EMPEDOKLES
Mit Ruhe wirken soll der Mensch,
Der sinnende, soll entfaltend
Das Leben um ihn fördern und heitern
                            denn hoher Bedeutung voll,
Voll schweigender Kraft umfängt 535
Den ahnenden, daß er bilde die Welt,
Die große Natur,
Daß ihren Geist hervor er rufe, strebt
Tief wurzelnd
Das gewaltige Sehnen ihm auf. 540
Und viel vermag er, und herrlich ist
Sein Wort, es wandelt die Welt
Und unter den Händen

⟨DER SCHLUSS DES ZWEITEN AKTES⟩

PANTHEA

    Hast du doch, menschlich Irrsal!
545 Ihm nicht das Herz verwöhnt,
    Du Unbedeutendes! was gabst
    Du Armes ihm? Nun da der Mann
    Zu seinen Göttern fort sich sehnt,
    Wundern sie sich, als hätten sie
550 Die Törigen ihm, die hohe Seele, geschaffen.
    Umsonst nicht sind, oh, die du alles ihm
    Gegeben, Natur!
    Vergänglicher deine Liebsten, denn andre!
    Ich weiß es wohl!
555 Sie kommen und werden groß, und keiner sagt,
    Wie sie's geworden, so entschwinden sie auch,
    Die Glücklichen! wieder, ach! laßt sie doch.

DELIA
    Ist's denn nicht schön,
    Bei Menschen wohnen; es weiß
560 Mein Herz von andrem nicht, es ruht
    In diesem *einen*, aber traurig dunkel droht
    Vor meinem Auge das Ende
    Des Unbegreiflichen, und du heißest ihn auch
    Hinweggehn, Panthea?

PANTHEA
565 Ich muß. Wer will ihn binden?
    Ihm sagen, mein bist du,
    Ist doch sein eigen der Lebendige
    Und nur sein Geist ihm Gesetz,
    Und soll er, die Ehre der Sterblichen
570 Zu retten, die ihn geschmäht,
    Verweilen, wenn ihm
    Der Vater die Arme
    Der Äther öffnet?

DELIA
   Sieh! herrlich auch
   Und freundlich ist die Erde.   575
PANTHEA
   Ja herrlich, und herrlicher itzt.
   Es darf nicht unbeschenkt
   Von ihr ein Kühner scheiden.
   Noch weilt er wohl
   Auf deiner grünen Höhen einer, o Erde,   580
   Du Wechselnde!
   Und siehet über die wogenden Hügel
   Hinab ins freie Meer! und nimmt
   Die letzte Freude sich. Vielleicht sehn wir
   Ihn nimmer. Gutes Kind!   585
   Mich trifft es freilich auch, und gerne möcht
   Ich's anders, doch ich schäme dessen mich.
   Tut er es ja! Ist's so nicht heilig?
DELIA
   Wer ist der Jüngling, der
   Vom Berge dort herabkömmt?   590
PANTHEA
   Pausanias. Ach! müssen wir so
   Uns wiederfinden, Vaterloser?

⟨ LETZTER AUFTRITT DES ZWEITEN AKTES ⟩

Pausanias. Panthea. Delia.

PAUSANIAS
   Wo ist er? O Panthea!
   Du ehrst ihn, suchest ihn auch,
   Willst einmal noch ihn sehn,   5
   Den furchtbarn Wanderer, ihn, dem allein
   Beschieden ist, den Pfad zu gehen mit Ruhm,
   Den ohne Fluch betritt kein anderer.

PANTHEA
   Ist's fromm von ihm und groß
600 Das Allgefürchtete?
   Wo ist er?
PAUSANIAS
   Er sandte mich hinweg, indessen sah
   Ich ihn nicht wieder. Droben rief
   Ich im Gebürg ihn, doch ich fand ihn nicht.
605 Er kehrt gewiß. Bis in die Nacht
   Versprach er freundlich mir zu bleiben.
   O käm er! Es flieht, geschwinder wie Pfeile,
   Die liebste Stunde vorüber.
   Denn freuen werden wir uns noch mit ihm,
610 Du wirst es, Panthea, und sie,
   Die edle Fremdlingin, die ihn
   Nur einmal sieht, ein herrlich Meteor.
   Von seinem Tode, ihr Weinenden,
   Habt ihr gehört?
615 Ihr Trauernden! o sehet ihn
   In seiner Blüte, den Hohen,
   Ob Trauriges nicht,
   Und was den Sterblichen schröcklich dünkt,
   Sich sänftige vor seligem Auge.
DELIA
620 Wie liebst du ihn! und batest umsonst
   Den Ernsten? Mächt'ger ist denn er
   Die Bitte, Jüngling! und ein schöner Sieg
   Wär's dir gewesen!
PAUSANIAS
   Wie konnt ich? trifft
625 Er doch die Seele mir, wenn er
   Antwortet, was sein Will ist.
   Denn Freude nur gibt sein Versagen.
   Dies ist's, und es tönt, je mehr auf Seinem
   Der Wunderbare besteht,
630 Nur tiefer das Herz ihm wider. Es ist
   Nicht eitel Überredung, glaub es mir,
   Wenn er des Lebens sich

Bemächtiget.
Oft, wenn er stille war
In seiner Welt, 635
Der Hochgenügsame, sah ich ihn
Nur dunkel ahnend, rege war
Und voll die Seele mir, doch konnt ich nicht
Sie fühlen, und es ängstigte mich fast
Die Gegenwart des Unberührbaren. 640
Doch kam entscheidend von seiner Lippe das Wort,
Dann tönt' ein Freudenhimmel nach in ihm
Und mir, und ohne Widerred
Ergriff es mich, doch fühlt ich nur mich freier.
Ach, könnt er irren, inniger 645
Erkennt ich daran den unerschöpflich Wahren,
Und stirbt er, so flammt aus seiner Asche nur heller
Der Genius mir empor.

DELIA
Dich entzündet, große Seele! der Tod
Des Großen, aber es sonnen 650
Die Herzen der Sterblichen auch
An mildem Lichte sich gern und heften
Die Augen an Bleibendes. O sage, was soll
Noch leben und dauern? Die Stillsten reißt
Das Schicksal doch hinaus, und haben 655
Sie ahnend sich gewagt, verstößt
Es bald die Trauten wieder, und es stirbt
An ihren Hoffnungen die Jugend.
In seiner Blüte bleibt
Kein Lebendes – ach! und die Besten, 660
Noch treten zur Seite der tilgenden,
Der Todesgötter, auch sie und gehen dahin
Mit Lust und machen zur Schmach es uns,
Bei Sterblichen zu weilen!

PAUSANIAS
Verdammest du 665

DELIA
O warum lässest du

Zu sterben deinen Helden
So leicht es werden, Natur?
Zu gern nur, Empedokles,
670 Zu gerne opferst du dich;
Die Schwachen wirft das Schicksal um, und die andern,
Die Starken, achten es gleich, zu fallen, zu stehn,
Und werden wie die Gebrechlichen.
Du Herrlicher! was du littest,
675 Das leidet kein Knecht,
Und ärmer denn die andern Bettler
Durchwandertest du das Land,
Ja! freilich wahr ist's,
Nicht die Verworfensten
680 Sind elend, wie eure Lieben, wenn einmal
Schmähliches sie berührt, ihr Götter.
Schön hat er's genommen.

PANTHEA
O nicht wahr?
Wie sollt er auch nicht?
685 Muß immer und immer doch,
Was übermächtig ist,
Der Genius überleben – gedachtet ihr,
Es halte der Stachel ihn auf? es beschleunigen ihm
Die Schmerzen den Flug, und wie der Wagenlenker,
690 Wenn ihm das Rad in der Bahn
Zu rauchen beginnt, eilt
Der Gefährdete nur schneller zum Kranze!

DELIA
So freudig bist du, Panthea?

PANTHEA
Nicht in der Blüt und Purpurtraub
695 Ist heil'ge Kraft allein, es nährt
Das Leben vom Leide sich, Schwester!
Und trinkt, wie mein Held, doch auch
Am Todeskelche sich glücklich!

DELIA
Weh! mußt du so
700 Dich trösten, Kind?

PANTHEA
   O nicht! es freuet mich nur,
   Daß heilig, wenn es geschehn muß,
   Das Gefürchtete, daß es herrlich geschieht.
   Sind nicht, wie er, auch
   Der Heroen einige zu den Göttern gegangen? 705
   Erschrocken kam, lautweinend
   Vom Berge das Volk, ich sah
   Nicht einen, der's ihm hätte gelästert,
   Denn nicht wie die Verzweifelnden
   Entfliehet er heimlich, sie hörten es all, 710
   Und ihnen glänzt' im Leide das Angesicht
   Vom Worte, das er gesprochen –
PAUSANIAS
   So gehet festlich hinab
   Das Gestirn, und trunken
   Von seinem Lichte glänzen die Täler? 715
PANTHEA
   Wohl geht er festlich hinab –
   Der Ernste, dein Liebster, Natur!
   Dein treuer, dein Opfer!
   O die Todesfürchtigen lieben dich nicht,
   Täuschend fesselt ihnen die Sorge 720
   Das Aug, an deinem Herzen
   Schlägt dann nicht mehr ihr Herz, sie verdorren
   Geschieden von dir – o heilig All!
   Lebendiges! inniges! Dir zum Dank
   Und daß er zeuge von dir, du Todesloses! 725
   Wirft lächelnd seine Perlen ins Meer,
   Aus dem sie kamen, der Kühne.
   So mußt es geschehn.
   So will es der Geist
   Und die reifende Zeit, 730
   Denn einmal bedurften
   Wir Blinden des Wunders.

GRUND ZUM EMPEDOKLES

Die tragische Ode fängt im höchsten Feuer an, der reine Geist, die reine Innigkeit hat ihre Grenze überschritten, sie hat diejenigen Verbindungen des Lebens, die notwendig, also gleichsam ohnedies zum Kontakt geneigt sind und durch die ganze innige Stimmung dazu übermäßig geneigt werden, das Bewußtsein, das Nachdenken, oder die physische Sinnlichkeit nicht mäßig genug gehalten, und so ist, durch Übermaß der Innigkeit, der Zwist entstanden, den die tragische Ode gleich zu Anfang fingiert, um das Reine darzustellen. Sie gehet dann weiter durch einen natürlichen Akt aus dem Extrem des Unterscheidens und der Not in das Extrem des Nichtunterscheidens des Reinen, des Übersinnlichen, das gar keine Not anzuerkennen scheint, von da fällt sie in eine reine Sinnlichkeit, in eine bescheidenere Innigkeit, denn die ursprünglich höhere, göttlichere, kühnere Innigkeit ist ihr als Extrem erschienen, auch kann sie nicht mehr in jenen Grad von übermäßiger Innigkeit fallen, mit dem sie auf ihren Anfangston ausging, denn sie hat gleichsam erfahren, wohin dies führte, sie muß aus den Extremen des Unterscheidens und Nichtunterscheidens in jene stille Besonnenheit und Empfindung übergehen, wo sie freilich den Kampf der einen angestrengteren Besonnenheit notwendig, also ihren Anfangston und eigenen Charakter als Gegensatz empfinden und in ihn übergehen muß, wenn sie nicht in dieser Bescheidenheit tragisch enden soll, aber weil sie ihn als Gegensatz empfindet, gehet dann das Idealische, das diese beeden Gegensätze vereiniget, reiner hervor, der Urton ist wieder und mit Besonnenheit gefunden, und so gehet sie wieder von da aus durch eine mäßige freiere Reflexion oder Empfindung sicherer, freier, gründlicher (d. h. aus der Erfahrung und Erkenntnis des Heterogenen) in den Anfangston zurück.

Allgemeiner Grund

Es ist die tiefste Innigkeit, die sich im tragischen dramatischen Gedichte ausdrückt. Die tragische Ode stellt das Innige auch in den positivsten Unterscheidungen dar, in wirklichen Gegensätzen, aber diese Gegensätze sind doch mehr bloß in der Form und als unmittelbare Sprache der Empfindung vorhanden. Das tragische Gedicht verhüllt die Innigkeit in der Darstellung noch mehr, drückt sie in stärkeren Unterscheidungen aus, weil es eine tiefere Innigkeit, ein unendlicheres Göttliche ausdrückt. Die Empfindung drückt sich nicht mehr unmittelbar aus, es ist nicht mehr der Dichter und seine eigene Erfahrung, was erscheint, wenn schon jedes Gedicht, so auch das tragische, aus poetischem Leben und Wirklichkeit, aus des Dichters eigener Welt und Seele hervorgegangen sein muß, weil sonst überall die rechte Wahrheit fehlt und überhaupt nichts verstanden und belebt werden kann, wenn wir nicht das eigene Gemüt und die eigene Erfahrung in einen fremden analogischen Stoff übertragen können. Auch im tragisch dramatischen Gedichte spricht sich also das Göttliche aus, das der Dichter in seiner Welt empfindet und erfährt, auch das tragisch dramatische Gedicht ist ihm ein Bild des Lebendigen, das ihm in seinem Leben gegenwärtig ist und war; aber wie dieses Bild der Innigkeit überall seinen letzten Grund in eben dem Grade mehr verleugnet und verleugnen muß, wie es überall mehr dem Symbol sich nähern muß, je unendlicher, je unaussprechlicher, je näher dem nefas die Innigkeit ist, je strenger und kälter das Bild den Menschen und sein empfundenes Element unterscheiden muß, um die Empfindung in ihrer Grenze festzuhalten, um so weniger kann das Bild die Empfindung unmittelbar aussprechen, es muß sie sowohl der Form als dem Stoffe nach verleugnen, der Stoff muß ein kühneres, fremderes Gleichnis und Beispiel von ihr sein, die Form muß mehr den Charakter der Entgegensetzung und Trennung tragen. Eine andre Welt, fremde Begebenheiten, fremde Charaktere, doch wie jedes kühneres Gleichnis, dem Grundstoff um so inniger anpassendes, bloß in der äußeren Gestalt heterogenes, denn wäre diese innige Verwandtschaft des Gleichnisses mit dem Stoffe, die charakteristische Innigkeit, die dem Bilde zum Grunde liegt, nicht sichtbar, so wäre seine Entlegenheit, seine fremde Gestalt, nicht erklärlich. Die fremden Formen müssen um so lebendiger sein, je fremder sie sind, und je weniger der sichtbare Stoff des Gedichts dem Stoffe, der zum Grunde liegt, dem Gemüt und der Welt des Dichters gleicht, um so weniger darf sich der Geist, das Göttliche, wie es der Dichter in seiner Welt empfand, in dem künstlichen fremden Stoffe verleugnen. Aber auch in diesem fremden künstlichen Stoffe darf und kann sich das Innige, Göttliche, nicht anders aussprechen als durch einen um so größern Grad des Unterscheidens, je inniger die zum Grunde liegende Empfindung ist. Daher ist 1. das Trauerspiel seinem Stoffe und seiner Form nach dramatisch, d. h. *a)* es enthält einen dritten, von des Dichters eigenem Gemüt und eigener Welt verschiedenen fremderen Stoff, den er wählte, weil er ihn analog genug fand, um seine Totalempfindung in ihn hineinzutragen und in ihm, wie in einem Gefäße, zu bewahren, und zwar um so sicherer, je fremder bei der Analogie dieser Stoff ist, denn die innigste Empfindung ist der Vergänglichkeit in eben dem Grade ausgesetzt, in welchem sie die wahren zeitlichen und sinnlichen Beziehungen nicht verleugnet (und es ist deswegen ja auch lyrisches Gesetz, wenn die Innigkeit dort an sich weniger tief, also leichter zu halten ist, den physischen und intellektualen Zusammenhang zu verleugnen). Eben darum verleugnet der tragische Dichter, weil er die tiefste Innigkeit ausdrückt, seine Person, seine Subjektivität ganz, so auch das ihm gegenwärtige Objekt, er trägt sie in fremde Personalität, in fremde Objektivität über (und selbst, wo die zum Grunde liegende Totalempfindung am meisten sich verrät, in der Hauptperson, die den Ton des Dramas angibt, und in der Hauptsituation, wo das Objekt des Dramas, das Schicksal sein Geheimnis am deutlichsten ausspricht, wo es die Gestalt der Homogenität gegen seinen Helden am meisten annimmt (eben die ihn am stärksten ergreift), selbst da

und schlimme Erfolg, den die falschen Versuche zu einer hergestellten reinen Innigkeit im Gemüte haben, nicht wieder durch das Leidende *selbsttätig* durch einen neuen angemessen unangemessenen Versuch behandelt, sondern von einem andern zuvorkommenderweise gemacht wird, das auf ebendem Wege geht, nur eine Stufe höher oder niedriger steht, so daß das durch falsche Verbesserungsversuche angefochtene Gemüt nicht bloß durch die eigene Selbsttätigkeit gestört, sondern durch das Zuvorkommen einer fremden gleich falschen noch mehr alteriert und zu einer heftigern Reaktion gestimmt wird.

Grund zum Empedokles

Natur und Kunst sind sich im reinen Leben nur harmonisch entgegengesetzt. Die Kunst ist die Blüte, die Vollendung der Natur; Natur wird erst göttlich durch die Verbindung mit der verschiedenartigen, aber harmonischen Kunst; wenn jedes ganz ist, was es sein kann, und eines verbindet sich mit dem andern, ersetzt den Mangel des andern, den es notwendig haben muß, um ganz das zu sein, was es als Besonderes sein kann, dann ist die Vollendung da, und das Göttliche ist in der Mitte von beiden. Der organischere, künstlichere Mensch ist die Blüte der Natur; die aorgischere Natur, wenn sie rein gefühlt wird vom rein organisierten, rein in seiner Art gebildeten Menschen, gibt ihm das Gefühl der Vollendung. Aber dieses Leben ist nur im Gefühle und nicht für die Erkenntnis vorhanden. Soll es erkennbar sein, so muß es dadurch sich darstellen, daß es im Übermaße der Innigkeit, wo sich die Entgegengesetzten verwechseln, sich trennt, daß das Organische, das sich zu sehr der Natur überließ und sein Wesen und Bewußtsein vergaß, in das Extrem der Selbsttätigkeit und Kunst und Reflexion, die Natur hingegen, wenigstens in ihren Wirkungen auf den reflektierenden Menschen, in das Extrem des Aorgischen, des Unbegreiflichen, des Unfühlbaren, des Unbegrenzten übergeht, bis durch den Fortgang der entgegengesetzten Wechselwirkungen die beiden ursprünglich einigen sich wie anfangs begegnen, nur daß die Natur organischer durch den bildenden, kultivierenden Menschen, überhaupt die Bildungstriebe und Bildungskräfte, hingegen der Mensch aorgischer, allgemeiner, unendlicher geworden ist. Dies Gefühl gehört vielleicht zum

Höchsten, was gefühlt werden kann, wenn beide Entgegengesetzte, der verallgemeinerte, geistig lebendige, künstlich rein aorgische Mensch und die Wohlgestalt der Natur, sich begegnen. Dies Gefühl gehört vielleicht zum Höchsten, was der Mensch erfahren kann, denn die jetzige Harmonie mahnt ihn an das vormalige umgekehrte reine Verhältnis, und er fühlt sich und die Natur zweifach, und die Verbindung ist unendlicher.

In der Mitte liegt der Kampf und der Tod des einzelnen, derjenige Moment, wo das Organische seine Ichheit, sein besonderes Dasein, das zum Extreme geworden war, das Aorgische seine Allgemeinheit nicht wie zu Anfang in idealer Vermischung, sondern in realem höchstem Kampf ablegt, indem das Besondere auf seinem Extrem gegen das Extrem des Aorgischen sich tätig immer mehr verallgemeinern, immer mehr von seinem Mittelpunkte sich reißen muß, das Aorgische gegen das Extrem des Besondern sich immer mehr konzentrieren und immer mehr einen Mittelpunkt gewinnen und zum Besondersten werden muß, *wo dann das aorgisch gewordene Organische sich selber wieder zu finden und zu sich selber zurückzukehren scheint, indem es an die Individualität des Aorgischen sich hält, und das Objekt, das Aorgische sich selbst zu finden scheint, indem es in demselben Moment, wo es Individualität annimmt, auch zugleich das Organische auf dem höchsten Extreme des Aorgischen findet, so daß in diesem Moment, in dieser Geburt der höchsten Feindseligkeit die höchste Versöhnung wirklich zu sein scheint. Aber die Individualität dieses Moments ist nur ein Erzeugnis des höchsten Streits, seine Allgemeinheit nur ein Erzeugnis des höchsten Streits*, sowie also die Versöhnung da zu sein scheint und das Organische nun wieder auf seine Art, das Aorgische auf die seinige auf diesen Moment hinwirkt, so wird auf die Eindrücke des Organischen die in dem Moment enthaltene aorgischentsprungene Individualität wieder aorgischer, auf die Eindrücke des Aorgischen wird die in dem Moment enthaltene organischentsprungene Allgemeinheit wieder besonderer, so daß der vereinende Moment, wie ein Trugbild, sich immer mehr auflöst, sich dadurch, daß er aorgisch gegen das Organische reagiert, immer mehr von diesem sich entfernt, dadurch aber und durch seinen Tod die kämpfenden Extreme, aus denen er hervorging, schöner versöhnt und vereiniget als in seinem Leben, indem die Vereinigung nun nicht in einem einzelnen und deswegen zu innig ist, indem das Göttliche nicht mehr sinnlich erscheint, indem der glückliche Betrug der Vereinigung in eben dem Grade aufhört, als er zu innig und einzig war, so daß die beiden Extreme, wovon das eine, das organische, durch den vergehenden Moment zurückgeschreckt und dadurch in eine reinere Allgemeinheit erhoben, das aorgische, indem es zu diesem übergeht, für das organische ein Gegenstand der ruhigern Betrachtung werden muß, und die Innigkeit des vergangenen Moments nun allgemeiner, gehaltner, unterscheidender, klarer hervorgeht.

So ist Empedokles ein Sohn seines Himmels und seiner Periode, seines Vaterlandes, ein Sohn der gewaltigen Entgegensetzungen von Natur und Kunst, in denen die Welt vor seinen Augen erschien. Ein Mensch, in dem sich jene Gegensätze *so* innig vereinigen, daß sie zu *einem* in ihm werden, daß sie ihre ursprüngliche unterscheidende Form ablegen und umkehren, daß das, was in seiner Welt für subjektiver gilt und mehr in Besonderheit vorhanden ist, das Unterscheiden, das Denken, das Vergleichen, das Bilden, das Organisieren und Organisiertsein, in ihm *selber* objektiver ist, so daß er, um es so stark wie möglich zu benennen, unterscheidender, denkender, vergleichender, bildender, organisierender und organisierter ist, *wenn er weniger bei sich selber ist* und *insofern er sich weniger bewußt ist*, daß bei ihm und für ihn das Sprachlose Sprache und bei ihm und für ihn das Allgemeine, das Unbewußtere die Form des Bewußtseins und der Besonderheit gewinnt, daß hingegen dasjenige, was bei andern in seiner Welt für objektiver gilt und in allgemeinerer Form vorhanden ist, das weniger Unterscheidende und Unterscheidbare, das Gedankenlosere, Unvergleichbarere, Unbildlichere, Unorganisiertere und Desorganisierende bei ihm und für ihn subjektiver ist, so daß er ununterschiedener und ununterscheidender, gedankenloser in der Wirkung, unvergleichbarer, unbildlicher, aorgischer und *des*organischer ist, wenn er mehr bei sich selber ist und wenn und insofern er sich mehr bewußt, daß bei ihm und für ihn das Sprechende unaussprechlich oder unauszusprechend wird, daß bei ihm und für ihn das Besondere und Bewußtere die Form des Unbewußten und Allgemeinen annimmt, daß also jene beeden

Gegensätze in ihm zu einem werden, weil sie in ihm ihre unterscheidende Form umkehren und sich auch insoweit vereinigen, als sie im ursprünglichen Gefühle verschieden sind –
ein solcher Mensch kann nur aus der höchsten Entgegensetzung von Natur und Kunst erwachsen, und so wie (ideal) das Übermaß der Innigkeit aus Innigkeit hervorgeht, so geht *dieses reale Übermaß der Innigkeit* aus Feindseligkeit und höchstem Zwist hervor, wo das Aorgische nur deswegen die bescheidene Gestalt des Besondern annimmt und sich so zu versöhnen scheint mit dem Überorganischen, das Organische nur deswegen die bescheidene Gestalt des Allgemeinen annimmt und sich zu versöhnen scheint mit dem Überaorgischen Überlebendigen, weil beide sich auf dem höchsten Extremen am tiefsten durchdringen und berühren und hiemit in ihrer äußern Form die Gestalt, den Schein des Entgegengesetzten annehmen müssen.

So ist Empedokles, wie gesagt, das Resultat seiner Periode, und sein Charakter weist auf diese zurück, so wie er aus dieser hervorging. Sein Schicksal stellt sich in ihm dar als in einer augenblicklichen Vereinigung, die aber sich auflösen muß, um mehr zu werden.

Er scheint nach allem zum Dichter geboren, scheint also in seiner subjektiven tätigern Natur schon jene ungewöhnliche Tendenz zur Allgemeinheit zu haben, die unter andern Umständen, oder durch Einsicht und Vermeidung ihres zu starken Einflusses, zu jener ruhigen Betrachtung, zu jener Vollständigkeit und durchgängiger Bestimmtheit des Bewußtseins wird, womit der Dichter auf ein *Ganzes* blickt, ebenso scheint in seiner objektiven Natur, in seiner Passivität, jene glückliche Gabe zu liegen, die auch ohne geflissentliches und wissentliches Ordnen und Denken und Bilden zum Ordnen und Denken und Bilden geneigt ist, jene Bildsamkeit der Sinne und des Gemüts, die alles solche leicht und schnell in seiner Ganzheit lebendig aufnimmt und die der künstlichen Tätigkeit mehr zu sprechen als zu tun gibt. Aber diese Anlage sollte nicht in ihrer eigentümlichen Sphäre wirken und bleiben, er sollte nicht in seiner Art und seinem Maß, in seiner eigentümlichen Beschränktheit und Reinheit, wirken und diese Stimmung durch den freien Ausdruck derselben zur allgemeineren Stimmung, die zugleich die Bestimmung seines Volks war, werden lassen; das Schicksal seiner Zeit, die gewaltigen Extreme, in denen er erwuchs, forderten nicht Gesang, wo das Reine in einer idealischen Darstellung, die zwischen der Gestalt des Schicksals und des Ursprünglichen liegt, noch leicht wieder aufgefaßt wird, wenn sich die Zeit noch nicht zu sehr davon entfernt hat; das Schicksal seiner Zeit erforderte auch nicht eigentliche Tat, die zwar unmittelbar wirkt und hilft, aber auch einseitiger, und um so mehr, je weniger sie den ganzen Menschen *exponiert*, es erforderte ein *Opfer*, wo der ganze Mensch das wirklich und sichtbar wird, worin das Schicksal seiner Zeit sich aufzulösen scheint, wo die Extreme sich in *einem* wirklich und sichtbar zu vereinigen scheinen, aber eben deswegen zu innig vereiniget sind und in einer idealischen Tat das Individuum deswegen untergeht und untergehen muß, weil an ihm sich die vorzeitige, aus Not und Zwist hervorgegangene, sinnliche Vereinigung zeigte, welche das Problem des Schicksals auflöste, das sich aber niemals sichtbar und individuell auflösen kann, weil sonst das Allgemeine im Individuum sich verlöre und (was noch schlimmer als alle großen Bewegungen des Schicksals und allein unmöglich ist) das Leben einer Welt in einer Einzelnheit abstürbe; da hingegen, wenn diese Einzelnheit, als vorzeitiges Resultat des Schicksals, sich auflöst, weil es zu innig und wirklich und sichtbar war, das Problem des Schicksals zwar materialiter sich auf dieselbe Art auflöst, aber formaliter anders, indem eben das Übermaß der Innigkeit, das aus Glück, ursprünglich aber nur ideal und als Versuch hervorgegangen war, nun durch den höchsten Zwist wirklich geworden, sich insofern eben darum und in den Graden, Kräften und Werkzeugen sich wirklich aufhebt, in welchen das ursprüngliche Übermaß der Innigkeit, die Ursache alles Zwists, sich aufhob, so daß die Kraft des innigen Übermaßes sich wirklich verliert und eine reifere, wahrhafte, reine, allgemeine Innigkeit übrigbleibt.

So sollte also Empedokles ein Opfer seiner Zeit werden. *Die Probleme des Schicksals, in dem er erwuchs, sollten in ihm sich scheinbar lösen, und diese Lösung sollte sich als eine scheinbare, temporäre zeigen, wie mehr oder weniger bei allen tragischen Personen*, die alle in ihren Charakteren und Äußerungen mehr oder weniger Versuche sind, die Probleme des Schicksals zu lösen, und alle sich insofern und in dem Grade aufheben, in welchem sie nicht allgemein gültig sind, wenn nicht anders ihre Rolle, ihr Charakter und seine Äußerungen sich von selbst als etwas Vorübergehendes und Augenblickliches darstellen, so daß also derjenige, der scheinbar das Schicksal am vollständigsten löst, auch sich am meisten in seiner Vergänglichkeit und im Fortschritte seiner Versuche am auffallendsten als Opfer darstellt.

Wie ist nun dies bei Empedokles der Fall?

Je mächtiger das Schicksal, die Gegensätze von Kunst und Natur waren, um so mehr lag es in ihnen, sich immer mehr zu individualisieren, einen festen Punkt, einen Halt zu gewinnen, und eine solche Zeit ergreift alle Individuen so lange, fodert sie zur Lösung auf, bis sie eines findet, in dem sich ihr unbekanntes Bedürfnis und ihre geheime Tendenz sichtbar und erreicht darstellt, von dem aus dann erst die gefundene Auflösung ins Allgemeine übergehen muß.

So individualisiert sich seine Zeit in Empedokles, und je mehr sie sich in ihm individualisiert, je glänzender und wirklicher und sichtbarer in ihm das Rätsel aufgelöst erscheint, um so notwendiger wird sein Untergang.

1. Schon der lebhafte, allesversuchende Kunstgeist seines Volks überhaupt mußte in ihm sich aorgischer, kühner, unbegrenzter erfinderisch wiederholen, so wie von der andern Seite der glühende Himmelsstrich und die üppige sizilianische Natur gefühlter, sprechender für ihn und in ihm sich darstellen mußte, und wenn er einmal von beiden Seiten ergriffen war, so mußte immer die eine Seite, die tätigere Kraft seines Wesens, die andere als Gegenwirkung verstärken, so wie sich von dem empfindenden Teile seines Gemüts der Kunstgeist nähren und weiter treiben mußte. – 2. Unter seinen hyperpolitischen, immer rechtenden und berechnenden Agrigentinern, unter den fortstrebenden, immer sich erneuernden gesellschaftlichen Formen seiner Stadt mußte ein Geist, wie der seinige war, der immer nach Erfindung eines vollständigen Ganzen strebte, nur zu sehr zum Reformatorsgeiste werden, so wie die anarchische Ungebundenheit, wo jeder seiner Originalität folgte, ohne sich um die Eigentümlichkeit der andern zu kümmern, ihn mehr als andre, bei seiner reichen selbgenügsamen Natur und Lebensfülle, ungeselliger, einsamer, stolzer und eigner machen mußte, und auch diese beiden

Seiten seines Charakters mußten sich wechselseitig erheben und übertreiben. 3. Eine freigeisterische Kühnheit, die sich dem Unbekannten, außerhalb des menschlichen Bewußtseins und Handelns Liegenden, immer mehr entgegensetzt, je inniger ursprünglich die Menschen sich im Gefühle mit jenem vereiniget fanden und durch einen natürlichen Instinkt getrieben wurden, sich gegen den zu mächtigen, zu tiefen freundlichen Einfluß des Elements vor Selbstvergessenheit und gänzlicher Entäußerung zu verwahren, die freigeisterische Kühnheit, dieses negative Räsonieren, Nichtdenken des Unbekannten, das bei einem übermütigen Volke so natürlich ist, mußte bei Empedokles, der in keinem Falle zur Negation gemacht war, um einen Schritt weiter gehen, er mußte des Unbekannten Meister zu werden suchen, er mußte sich seiner versichern wollen, sein Geist mußte der Dienstbarkeit so sehr entgegenstreben, daß er die überwältigende Natur zu umfassen, durch und durch zu verstehen und ihrer bewußt zu werden suchen mußte, wie er seiner selbst bewußt und gewiß sein konnte, er mußte nach Identität mit ihr ringen, so mußte also sein Geist im höchsten Sinne aorgische Gestalt annehmen, von sich selbst und seinem Mittelpunkte sich reißen, immer sein Objekt so übermäßig penetrieren, daß er in ihm, wie in einem Abgrund, sich verlor, wo dann hingegen das ganze Leben des Gegenstandes das verlaße, durch die grenzenlose Tätigkeit des Geistes nur unendlicher empfänglich gewordene Gemüt ergreifen und bei ihm zu Individualität werden mußte, ihm seine Besonderheit geben und diese in eben dem Grade durchgängiger nach sich stimmen mußte, als er sich geistig tätig dem Objekte hingegeben hatte, und so erschien das Objekt in ihm in subjektiver Gestalt, wie er die objektive Gestalt des Objekts angenommen hatte. Er war das Allgemeine, das Unbekannte, das Objekt, das Besondere. Und so schien der Widerstreit der Kunst, des Denkens, des Ordnens, des bildenden Menschencharakters und der bewußtloseren Natur gelöst, in den höchsten Extremen zu einem und bis zum Tauschen der gegenseitigen unterscheidenden Form vereiniget. Dies war der Zauber, womit Empedokles in seiner Welt erschien. Die Natur, welche seine freigeisterischen Zeitgenossen mit ihrer Macht und ihrem Reize nur um so gewaltiger beherrschte, je unerkennbarer sie von ihr abstrahierten, sie erschien mit allen ihren Melodien im Geiste und Munde dieses Mannes, und so innig und warm und persönlich, wie wenn sein Herz das ihre wäre und der Geist des Elements in menschlicher Gestalt unter den Sterblichen wohnte. Dies gab ihm seine Anmut, seine Furchtbarkeit, seine Göttlichkeit, und alle Herzen, die der Sturm des Schicksals bewegte, und Geister, die in der rätselhaften Nacht der Zeit unstet und ohne Leiter hin und wieder irrten, flogen ihm zu, und je menschlicher, näher ihrem eignen Wesen er sich ihnen zugesellte, je mehr er, mit dieser Seele, ihre Sache zu seiner machte und, nachdem sie einmal in seiner Göttergestalt erschienen war, nun wieder in ihrer eigenern Weise ihnen wiedergegeben wurde, um so mehr war er der Angebetete. Dieser Grundton seines Charakters zeigte sich in allen seinen Verhältnissen. Sie nahmen ihn alle an. So lebte er in seiner höchsten Unabhängigkeit, in dem Verhältnisse, das ihm, auch ohne die objektiveren und geschichtlichern, seinen Gang vorzeichnete, so daß die äußeren Umstände, die ihn denselben Weg führten, so wesentlich und unentbehrlich sie sind, um das zum Vorschein und zur Handlung zu bringen, was vielleicht nur Gedanke bei ihm geblieben wäre, dennoch, trotz alles Widerstreits, in dem er in der Folge mit ihnen zu stehen scheint, doch seiner freiesten Stimmung und Seele begegnen, was denn auch kein Wunder ist, da eben diese Stimmung auch der innerste Geist der Umstände ist, da alle Extreme in diesen Umständen von eben diesem Geiste aus und wieder auf ihn zurückgingen. In seinem unabhängigsten Verhältnis löst sich das Schicksal seiner Zeit im ersten und letzten Problem auf. So wie diese scheinbare Lösung von hier aus wieder sich aufzuheben anfängt und damit endet.

In diesem unabhängigen Verhältnisse lebt er, in jener höchsten Innigkeit, die den Grundton seines Charakters macht, mit den Elementen, indes die Welt um ihn hierin gerade im höchsten Gegensatze lebt, in jenem freigeisterischen Nichtdenken, Nichtanerkennen des Lebendigen von einer Seite, von der andern in der höchsten Dienstbarkeit gegen die Einflüsse der Natur. In diesem Verhältnisse lebt er 1. überhaupt als fühlender Mensch, 2. als Philosoph und Dichter, 3. als ein Einsamer, der seine Gärten pflegt. Aber so wäre er noch keine dramatische Person, also muß er das Schicksal nicht bloß in allgemeinen Verhältnissen und durch seinen unabhängigen Charakter, er muß es in besonderen Verhältnissen und in der besondersten Veranlassung und Aufgabe lösen. Aber in so innigem Verhältnisse, wie er mit dem Lebendigen der Elemente steht, stehet er auch mit seinem Volke. Er war des negativen gewaltsamen Neuerungsgeistes nicht fähig, der gegen das trotzige, anarchische Leben, das keinen Einfluß, keine Kunst dulden will, nur durch Gegensatz anstrebt, er mußte um einen Schritt weiter gehen, er mußte, um das Lebendige zu ordnen, es mit seinem Wesen im Innersten zu ergreifen streben, er mußte mit seinem Geiste des menschlichen Elements und aller Neigungen und Triebe, er mußte ihrer Seele, er mußte des Unbegreiflichen, des Unbewußten, des Unwillkürlichen in ihnen mächtig zu werden suchen, eben dadurch mußte sein Wille, sein Bewußtsein, sein Geist, indem er über die gewöhnliche und menschliche Grenze des Wissens und Wirkens ging, sich selber verlieren und objektiv werden, und was er geben wollte, das mußte er finden, da hingegen das Objektive desto reiner, tiefer in ihm widerklang, je offener sein Gemüt eben dadurch stand, daß der geistig tätige Mensch sich hingegeben hatte, und dies im Besonderen wie im Allgemeinen.

So verhielt er sich als religiöser Reformator, als politischer Mensch und in allen Handlungen, die er um ihrer willen tat, gegen sie mit dieser stolzen, schwärmerischen Ergebenheit, und löste sich, dem Scheine nach, schon durch den Ausdruck dieser Vertauschung des Objekts und Subjekts, alles Schicksal auf. Aber worin kann dieser Ausdruck bestehen? Welches ist derjenige, der in einem solchen Verhältnisse demjenigen Teile genügt, der zuerst der unglaubige ist? Und an diesem Ausdruck liegt alles, denn darum muß das Einigende untergehen, weil es zu sichtbar und sinnlich erschien, und dies kann es nur dadurch, daß es in irgendeinem bestimmtesten Punkte und Falle sich ausdrückt. Sie müssen das Einige, das zwischen ihnen und dem Manne ist, sehen. Wie können sie das? Dadurch, daß er ihnen bis ins Äußerste gehorcht? Aber worin? In einem Punkte, wo sie über die Vereinigung der Extreme, in denen sie leben, im zweifelhaftesten sind. Bestehen nun diese Extreme aber im Zwiste von Kunst und Natur, so muß er die Natur gerade darin, wo sie der Kunst am unerreichbarsten ist, vor ihren Augen mit der Kunst versöhnen. –

Von hier aus entspinnt sich die Fabel. Er tut es mit Liebe und Widerwillen[1], legt seine Probe ab, nun glauben sie alles vollendet. Er erkennt sie daran. Die Täuschung, in der er lebte, als wäre er eines mit ihnen, hört nun auf. Er zieht sich zurück, und sie erkalten gegen ihn. Sein Gegner benützt dies, bewirkt die Verbannung. Sein Gegner, groß in natürlichen Anlagen wie Empedokles, sucht die Probleme der Zeit auf andere, auf negativere Art zu lösen. Zum Helden geboren, ist er nicht sowohl geneigt, die Extreme zu vereinigen, als sie zu bändigen und ihre Wechselwirkung an ein Bleibendes und Festes zu knüpfen, das zwischen sie gestellt ist und jedes in seiner Grenze hält, indem es jedes sich zu eigen macht. Seine Tugend ist der Verstand, seine Göttin die Notwendigkeit. Er ist das Schicksal selber, nur mit dem Unterschiede, daß die streitenden Kräfte in ihm an ein Bewußtsein, an einen Scheidepunkt festgeknüpft sind, der sie klar und sicher gegenüberhält, der sie an einer (negativen) Idealität befestiget und ihnen eine Richtung gibt. Wie sich Kunst und Natur bei Empedokles im Extreme des Widerstreits dadurch vereinigen, daß das Tätige im Übermaß objektiv wird und die verlorene Subjektivität durch die tiefe Einwirkung des Objekts ersetzt wird: so vereinigen sich Kunst und Natur in seinem Gegner dadurch, daß ein Übermaß von Objektivität und Außer-sich-Sein und Realität (in solchem Klima, in solchem Getümmel von Leidenschaften und Wechsel der Originalität, in solcher herrischer Furcht des Unbekannten) bei einem mutig offnen Gemüte die Stelle des Tätigen und Bildenden vertreten muß, da hingegen das Subjektive mehr die passive Gestalt des Duldens, des Ausdauerns, der Festigkeit, der Sicherheit gewinnt; und wenn die Extreme entweder durch die Fertigkeit im Ausdauern derselben oder auch von außen die Gestalt der Ruhe und des Organischen annehmen, so muß das Subjektivtätige nun das Organisierende, es muß zum Elemente werden, so auch hierin das Subjektive und Objektive ihre Gestalt verwechseln und eines werden in einem.

---

1 Denn die Furcht, positiv zu werden, muß seine größte, natürlicherweise, sein, aus dem Gefühle, daß er, je wirklicher er das Innige ausdrückt, desto sicherer untergeht.

⟨PLAN DER DRITTEN FASSUNG⟩

Ätna.
1.
Empedokles.

2.
Empedokles. Pausanias.

Abschied
3.
Empedokles. Der Greis.
Erzählung seiner Geschichte.

Weiser. Ich fürchte den Mann, der Göttern

Was zürnest du der Zeit, die mich gebar,
Dem Element, das mich erzog
            Empedokles geht.
o lerne sie verstehn, die Pfade, so ich wandle,

Pausanias. Der Gegner. Dieser ist vorzüglich, um einen Anfang seiner Versuche zu haben, und durch die Unentschiedenheit der Lage nach dem Zerfall des Volks mit Empedokles, freilich auch durch den Haß seiner Superiorität zu dem übertriebenen Schritte verleitet worden, das Volk zu seiner Verbannung zu bereden; nun da ihn das Volk zu vermissen scheint und ihm selbst sein größtes

Objekt fehlt, das er gerne, als inferiores, bei sich hätte, auch das geheime Band, das ihn und Empedokles bindet, das Gefühl der ursprünglichen ungewöhnlichen Anlage und einer beederseitigen tragischen Bestimmung läßt es ihn wirklich bereuen; er macht also bei dem ersten Laut der Unzufriedenheit, den das Volk über Empedokles' Verbannung äußert, selber den Vorschlag, ihn wieder zurückzurufen. Es dürfe nichts für immer geschehen bleiben, sagt er, es sei nicht immer Tag und auch nicht Nacht; nachdem der stolze Mann das Los der Sterblichen versucht, so mög er wieder leben. Pausanias.

Der Greis. Der König.

Greis.
reflektierend idealisch.

König heroisch reflektierend.

Bote.
Greis.
  Der König bittet seinen Bruder p. p.
König, überwältiget, bejaht es.

Aber er will auch nicht mehr beraten sein, will keinen Mittler zwischen sich und seinem Bruder haben, und der Alte soll hinweg.
    Nun geh, ich brauch keinen Mittler.
Dieser geht denn auch.
Monolog des Königs. Begeisterung des Schicksalsohns.

Empedokles und König.

                    Empedokles
                    mein ist diese Region p. p.

laßt den Rasenden. p. p.
        kluger Mann
                    Empedokles
Doch hat *eine* Mutter uns gesäugt.
                    König
                                    Wie lang ist's schon?
                    Empedokles
Wer mag die Jahre zählen – aber

                    Übergang
            vom Subjektiven zum Objektiven.
Da der König abgehn will, begegnet ihm ein Bote, der das herannahende Volk verkündiget. In seiner Erschütterung spricht er den Glückseligkeitsgesang, geht dann in Entrüstung über und befiehlt, daß die Bewaffneten sich verbergen sollen, um aufs erste Zeichen, das er geben werde, p. p. – am Ende wird ihm die Ankunft der Schwester und des Pausanias verkündiget.

                    Die Schwester. Pausanias.
Schwester naiv idealisch
Sie sucht Empedokles.
Pausanias

                    Empedokles
                    naiv idealisch
Schwester fragt den König,
will beide versöhnen,
spricht vom Volk.
Bittet Empedokles zurückzukehren.
            Wunden, Vergessenheit.
                    Empedokles
                    heroisch idealisch

Vergeben ist alles.
Pausanias sieht die Abgesandten des Volks nahn. Schwester fürchtet den Ausgang – die zweideutige Menge, den Zwist des Empedokles mit dieser und des andern Bruders mit ihr, den Zwist, der nun erst zwischen beiden Brüdern ganz zu beginnen scheint.
Empedokles bleibt ruhig, tröstet sie. Friedlich, sagt er, soll dieser Abend sein, kühle Lüfte wehn, die Liebesboten, und freundlich von den Himmelshöhn herabgestiegen, singt der Sonnenjüngling dort sein Abendlied, und goldner Töne voll ist seine Leier.

Abgesandte des Volks.
Sie begegnen ihm in ihrer wahrsten Gestalt, so wie er sie selber sah, wie sie in ihm sich spiegelten, ganz um ihn, dessen Tod seine Liebe, seine Innigkeit ist, so fest an sich zu ketten, wie er es sonst war, aber je näher sie ihm mit ihrem Geiste kommen, je mehr er sich selbst in ihnen siehet, um so mehr wird er in dem Sinne, der nun schon herrschend in ihm geworden ist, bestärkt.

DER TOD
DES EMPEDOKLES

⟨Dritte Fassung⟩

PERSONEN

EMPEDOKLES
PAUSANIAS, *sein Freund*
MANES, *ein Ägyptier*
STRATO, *Herr von Agrigent,*
  Bruder des Empedokles
PANTHEA, *seine Schwester*
GEFOLGE
CHOR *der Agrigentiner*

⟨ERSTER AKT⟩

⟨ERSTER AUFTRITT⟩

EMPEDOKLES *vom Schlaf erwachend*
  Euch ruf ich über das Gefild herein
  Vom langsamen Gewölk, ihr heißen Strahlen
  Des Mittags, ihr Gereiftesten, daß ich
  An euch den neuen Lebenstag erkenne.
  Denn anders ist's wie sonst! vorbei, vorbei
  Das menschliche Bekümmernis! Als wüchsen
  Mir Schwingen an, so ist mir wohl und leicht
  Hier oben, hier, und reich genug und froh
  Und herrlich wohn ich, wo den Feuerkelch,

10 Mit Geist gefüllt bis an den Rand, bekränzt
    Mit Blumen, die er selber sich erzog,
    Gastfreundlich mir der Vater Ätna beut.
    Und wenn das unterirdische Gewitter
    Itzt festlich auferwacht zum Wolkensitz
15 Des nahverwandten Donnerers hinauf
    Zur Freude fliegt, da wächst das Herz mir auch.
    Mit Adlern sing ich hier Naturgesang.
    Das dacht er nicht, daß in der Fremde mir
    Ein anders Leben blühte, da er mich
20 Mit Schmach hinweg aus unsrer Stadt verwies,
    Mein königlicher Bruder. Ach! er wußt es nicht,
    Der Kluge, welchen Segen er bereitete,
    Da er vom Menschenbande los, da er mich frei
    Erklärte, frei, wie Fittiche des Himmels.
25 Drum galt es auch! drum ward es auch erfüllt!
    Mit Hohn und Fluch drum waffnete das Volk,
    Das mein war, gegen meine Seele sich
    Und stieß mich aus, und nicht vergebens gellt'
    Im Ohre mir das hundertstimmige,
30 Das nüchterne Gelächter, da der Träumer,
    Der närrische, des Weges weinend ging.
    Beim Totenrichter! wohl hab ich's verdient!
    Und heilsam war's; die Kranken heilt das Gift,
    Und eine Sünde straft die andere.
35 Denn viel gesündiget hab ich von Jugend auf,
    Die Menschen menschlich nie geliebt, gedient,
    Wie Wasser nur und Feuer blinder dient,
    Darum begegneten auch menschlich mir
    Sie nicht, o darum schändeten sie mir
40 Mein Angesicht und hielten mich wie dich
    Allduldende Natur! du hast mich auch,
    Du hast mich, und es dämmert zwischen dir
    Und mir die alte Liebe wieder auf,
    Du rufst, du ziehst mich nah und näher an.
45 Vergessenheit – o wie ein glücklich Segel
    Bin ich vom Ufer los, des Lebens Welle
                    mich von selbst,

Und wenn die Woge wächst und ihren Arm
Die Mutter um mich breitet, o was möcht
Ich auch, was möcht ich fürchten. Andre mag   50
Es freilich schröcken. Denn es ist ihr Tod.
O du, mir wohlbekannt, du zauberische
Furchtbare Flamme! wie so stille wohnst
Du da und dort, wie scheuest du dich selbst
Und fliehest dich, du Seele des Lebendigen!   55
Lebendig wirst du mir und offenbar,
Mir birgst du dich, gebundner Geist, nicht länger,
Mir wirst du helle, denn ich fürcht es nicht.
Denn sterben will ja ich. Mein Recht ist dies.
Ha! Götter, schon wie Morgenrot ringsum,   60
Und drunten tost der alte Zorn vorüber!
Hinab, hinab ihr klagenden Gedanken!
Sorgfältig Herz! ich brauche nun dich nimmer.
Und hier ist kein Bedenken mehr. Es ruft
Der Gott –   65
da er den Pausanias gewahr wird –,
        und diesen Allzutreuen muß
Ich auch befrein, mein Pfad ist seiner nicht.

⟨Zweiter Auftritt⟩

Pausanias. Empedokles.

PAUSANIAS
  Du scheinest freudig auferwacht, mein Wanderer.
EMPEDOKLES
  Schon hab ich, Lieber, und vergebens nicht,
  Mich in der neuen Heimat umgesehn.
  Die Wildnis ist mir hold, auch dir gefällt   70
      die edle Burg,
           unser Ätna.
PAUSANIAS
  Sie haben uns verbannt, sie haben dich,
  Du Gütiger! geschmäht, und glaub es mir,

75 Unleidlich warst du ihnen längst, und innig
In ihre Trümmer schien, in ihre Nacht
Zu helle den Verzweifelten das Licht.
Nun mögen sie vollenden, ungestört
Im uferlosen Sturm, indes den Stern
80 Die Wolke birgt, ihr Schiff im Kreise treiben.
Das wußt ich wohl, du Göttlicher, an dir
Entweicht der Pfeil, der andre trifft und wirft.
Und ohne Schaden, wie am Zauberstab
Die zahme Schlange, spielt' um dich von je
85 Die ungetreue Menge, die du zogst,
Die du am Herzen hegtest, Liebender!
Nun! laß sie nur! sie mögen ungestalt,
Lichtscheu am Boden taumeln, der sie trägt,
Und allbegehrend, allgeängstiget
90 Sich müde rennen, brennen mag der Brand,
Bis er erlischt – wir wohnen ruhig hier!

EMPEDOKLES
Ja! ruhig wohnen wir; es öffnen groß
Sich hier vor uns die heil'gen Elemente.
Die Mühelosen regen immergleich
95 In ihrer Kraft sich freudig hier um uns.
An seinen festen Ufern wallt und ruht
Das alte Meer, und das Gebirge steigt
Mit seiner Ströme Klang, es wogt und rauscht
Sein grüner Wald von Tal zu Tal hinunter.
100 Und oben weilt das Licht, der Äther stillt
Den Geist und das geheimere Verlangen.
Hier wohnen ruhig wir!

PAUSANIAS   So bleibst du wohl
Auf diesen Höhn und lebst in deiner Welt,
Ich diene dir und sehe, was uns not ist.

EMPEDOKLES
105 Nur weniges ist not, und selber mag
Ich gerne dies von jetzt an mir besorgen.

PAUSANIAS
Doch, Lieber! hab ich schon für einiges,
Was du zuerst bedarfst, zuvorgesorgt.

EMPEDOKLES
Weißt du, was ich bedarf?
PAUSANIAS Als wüßt ich nicht,
Womit genügt dem Hochgenügsamen. 110
Und wie das Leben, das zu lieber Not
Der innigen Natur geworden ist,
Das kleinste, dem Vertrauten viel bedeutet.
Indes du gut auf kahler Erde hier
In heißer Sonne schliefst, gedacht ich doch, 115
Ein weicher Boden und die kühle Nacht
In einer sichern Halle wäre besser.
Auch sind wir hier, die Allverdächtigen,
Den Wohnungen der andern fast zu nah.
Nicht lange wollt ich ferne sein von dir 120
Und eilt hinauf, und glücklich fand ich bald,
Für dich und mich gebaut, ein ruhig Haus.
Ein tiefer Fels, von Eichen dicht umschirmt,
Dort in der dunkeln Mitte des Gebirgs,
Und nah entspringt ein Quell, es grünt umher 125
Die Fülle guter Pflanzen, und zum Bett
Ist Überfluß von Laub und Gras bereitet.
Da lassen sie dich ungeschmäht, und tief und still
Ist's, wenn du sinnst und wenn du schläfst, um dich,
Ein Heiligtum ist mir mit dir die Grotte. 130
Komm, siehe selbst, und sage nicht, ich tauge
Dir künftig nicht, wem taug ich anders denn?
EMPEDOKLES
Du taugst zu gut.
PAUSANIAS Wie könnt ich dies?
EMPEDOKLES Auch du
Bist allzutreu, du bist ein töricht Kind.
PAUSANIAS
Das sagst du wohl, doch klügers weiß ich nicht, 135
Wie des zu sein, dem ich geboren bin.
EMPEDOKLES
Wie bist du sicher?
PAUSANIAS Warum denn nicht?
Wofür denn hättest du auch einst, da ich,

Der Waise gleich, am heldenarmen Ufer
140 Mir einen Schutzgott sucht und traurig irrte,
Du Gütiger, die Hände mir gereicht?
Wofür mit irrelosem Auge wärst du
Auf deiner stillen Bahn, du edles Licht,
In meiner Dämmerung mir aufgegangen?
145 Seitdem bin ich ein anderer, und dein
Und näher dir und einsamer mit dir,
Wächst froher nur die Seele mir und freier.
EMPEDOKLES
O still davon!
PAUSANIAS   Warum? Was ist's? Wie kann
Ein freundlich Wort dich irren, teurer Mann?
EMPEDOKLES
150 Geh! folge mir, und schweig und schone mich
Und rege du nicht auch das Herz mir auf. –
Habt ihr zum Dolche die Erinnerung
Nicht mir gemacht? Nun wundern sie sich noch
Und treten vor das Auge mir und fragen.
155 Nein! du bist ohne Schuld – nur kann ich, Sohn!
Was mir zu nahe kömmt, nicht wohl ertragen.
PAUSANIAS
Und mich, mich stößest du von dir? O denk an dich,
Sei, der du bist, und siehe mich, und gib,
Was ich nun weniger entbehren kann,
160 Ein gutes Wort aus reicher Brust mir wieder.
EMPEDOKLES
Erzähle, was dir wohlgefällt, dir selbst,
Für mich ist, was vorüber ist, nicht mehr.
PAUSANIAS
Ich weiß es wohl, was dir vorüber ist,
Doch du und ich, wir sind uns ja geblieben.
EMPEDOKLES
165 Sprich lieber mir von anderem, mein Sohn!
PAUSANIAS
Was hab ich sonst?
EMPEDOKLES   Verstehest du mich auch?
Hinweg! ich hab es dir gesagt und sag

Es dir, es ist nicht schön, daß du dich
So ungefragt mir an die Seele dringest,
An meine Seite stets, als wüßtest du 170
Nichts anders mehr, mit armer Angst dich hängst.
Du mußt es wissen, dir gehör ich nicht
Und du nicht mir, und deine Pfade sind
Die meinen nicht; mir blüht es anderswo.
Und was ich mein', es ist von heute nicht, 175
Da ich geboren wurde, war's beschlossen.
Sieh auf und wag's! was eines ist, zerbricht,
Die Liebe stirbt in ihrer Knospe nicht,
Und überall in freier Freude teilt
Des Lebens luft'ger Baum sich auseinander. 180
Kein zeitlich Bündnis bleibet, wie es ist,
Wir müssen scheiden, Kind! und halte nur
Mein Schicksal mir nicht auf und zaudre nicht.

O sieh! es glänzt der Erde trunknes Bild,
Das göttliche, dir gegenwärtig, Jüngling, 185
Es rauscht und regt durch alle Lande sich
Und wechselt, jung und leicht, mit frommem Ernst
Der geschäft'ge Reigentanz, womit den Geist
Die Sterblichen, den alten Vater, feiern.
Da gehe du und wandle taumellos 190
Und menschlich mit und denk am Abend mein.
Mir aber ziemt die stille Halle, mir
Die hochgelegene, geräumige,
Denn Ruhe brauch ich wohl, zu träge sind,
Zum schnellgeschäftigen Spiel der Sterblichen, 195
Die Glieder mir, und hab ich sonst dabei
Ein feiernd Lied in Jugendlust gesungen,
Zerschlagen ist das zarte Saitenspiel.
O Melodien über mir! es war ein Scherz!
Und kindisch wagt ich sonst euch nachzuahmen, 200
Ein fühllos leichtes Echo tönt' in mir,
Und unverständlich, nach –
Nun hör ich ernster euch, ihr Götterstimmen.

PAUSANIAS
    Ich kenne nimmer dich, nur traurig ist
205   Mir, was du sagst, doch alles ist ein Rätsel.
    Was hab ich auch, was hab ich dir getan,
    Daß du mich so, wie dir's gefällt, bekümmerst
    Und namenlos dein Herz, des einen noch,
    Des Letzten los zu sein, sich freut und müht.
210   Das hofft ich nicht, da wir Geächtete
    Den Wohnungen der Menschen scheu vorüber
    Zusammen wandelten in wilder Nacht,
    Und darum, Lieber! war ich nicht dabei,
    Wenn mit den Tränen dir des Himmels Regen
215   Vom Angesichte troff, und sah es an,
    Wenn lächelnd du das rauhe Sklavenkleid
    Mittags an heißer Sonne trocknetest
    Auf schattenlosem Sand, wenn du die Spuren
    Wohl manche Stunde wie ein wundes Wild
220   Mit deinem Blute zeichnetest, das auf
    Den Felsenpfad von nackter Sohle rann.
    Ach! darum ließ ich nicht mein Haus und lud
    Des Volkes und des Vaters Fluch mir auf,
    Daß du mich, wo du wohnen willst und ruhn,
225   Wie ein verbraucht Gefäß beiseite werfest.
    Und willst du weit hinweg? wohin? wohin?
    Ich wandre mit, zwar steh ich nicht wie du
    Mit Kräften der Natur in trautem Bunde,
    Mir steht wie dir Zukünftiges nicht offen,
230   Doch freudig in der Götter Nacht hinaus
    Schwingt seine Fittiche mein Sinn und fürchtet
    Noch immer nicht die mächtigeren Blicke.
    Ja! wär ich auch ein Schwacher, dennoch wär
    Ich, weil ich so dich liebe, stark wie du.
235   Beim göttlichen Herakles! stiegst du auch,
    Um die Gewaltigen, die drunten sind,
    Versöhnend die Titanen heimzusuchen,
    Ins bodenlose Tal, vom Gipfel dort,
    Und wagtest dich ins Heiligtum des Abgrunds,
240   Wo duldend vor dem Tage sich das Herz

Der Erde birgt und ihre Schmerzen dir
Die dunkle Mutter sagt, o du der Nacht,
Des Äthers Sohn! ich folgte dir hinunter.
EMPEDOKLES
   So bleib!
PAUSANIAS Wie meinst du dies?
EMPEDOKLES   Du gabst
   Dich mir, bist mein; so frage nicht!
PAUSANIAS   Es sei!
EMPEDOKLES
   Und sagst du mir's noch einmal, Sohn, und gibst
   Dein Blut und deine Seele mir für immer?
PAUSANIAS
   Als hätt ich so ein loses Wort gesagt
   Und zwischen Schlaf und Wachen dir's versprochen?
   Ungläubiger! ich sag's und wiederhol es:
   Auch dies, auch dies, es ist von heute nicht,
   Da ich geboren wurde, war's beschlossen.
EMPEDOKLES
   Ich bin nicht, der ich bin, Pausanias,
   Und meines Bleibens ist auf Jahre nicht,
   Ein Schimmer nur, der bald vorüber muß,
   Im Saitenspiel ein Ton –
PAUSANIAS   So tönen sie,
   So schwinden sie zusammen in die Luft!
   Und freundlich spricht der Widerhall davon.
   Versuche nun mich länger nicht und laß
   Und gönne du die Ehre mir, die mein ist!
   Hab ich nicht Leid genug, wie du, in mir?
   Wie möchtest du mich noch beleidigen!
EMPEDOKLES
   O allesopfernd Herz! und dieser gibt
   Schon mir zulieb die goldne Jugend weg!
   Und ich! o Erd und Himmel! siehe! noch,
   Noch bist du nah, indes die Stunde flieht,
   Und blühest mir, du Freude meiner Augen.
   Noch ist's wie sonst, ich halt im Arme,
   Als wärst du mein, wie meine Beute dich,

270 Und mich betört der holde Traum noch einmal.
Ja! herrlich wär's, wenn in die Grabesflamme
So Arm in Arm statt eines Einsamen
Ein festlich Paar am Tagesende ging',
Und gerne nähm ich, was ich hier geliebt,
275 Wie seine Quellen all ein edler Strom,
Der heil'gen Nacht zum Opfertrank, hinunter.
Doch besser ist's, wir gehen unsern Pfad
Ein jeder, wie der Gott es ihm beschied.
Unschuldiger ist dies und schadet nicht.
280 Und billig ist's und recht, daß überall
Des Menschen Sinn sich eigen angehört.
Und dann – es trägt auch leichter seine Bürde
Und sicherer der Mann, wenn er allein ist.
So wachsen ja des Waldes Eichen auch,
285 Und keines kennt, so alt sie sind, das andre.
PAUSANIAS
Wie du es willst! Ich widerstrebe nicht.
Du sagst es mir und wahr ist's wohl, und lieb
Ist billig mir dies letzte Wort von dir.
So geh ich denn! und störe deine Ruhe
290 Dir künftig nicht, auch meinest du es gut,
Daß meinem Sinne nicht die Stille tauge.
EMPEDOKLES
Doch, Lieber zürnst du nicht?
PAUSANIAS   Mit dir? Mit dir?
EMPEDOKLES
Was ist es denn? ja! weißt du nun, wohin?
PAUSANIAS
Gebiet es mir.
EMPEDOKLES   Es war mein letzt Gebot,
295 Pausanias! die Herrschaft ist am Ende.
PAUSANIAS
Mein Vater! rate mir!
EMPEDOKLES   Wohl manches sollt
Ich sagen, doch verschweig ich dir's,
Es will zum sterblichen Gespräche fast
Und eitlem Wort die Zunge nimmer dienen.

Sieh! Liebster! anders ist's und leichter bald 300
Und freier atm' ich auf, und wie der Schnee
Des hohen Ätna dort am Sonnenlichte
Erwarmt und schimmert und zerrinnt und los
Vom Berge wogt und Iris froher Bogen sich,
Der blühende, beim Fall der Wogen schwingt, 305
So rinnt und wogt vom Herzen mir es los,
So hallt es weg, was mir die Zeit gehäuft,
Die Schwere fällt und fällt, und helle blüht
Das Leben, das ätherische, darüber.
Nun wandre mutig, Sohn, ich geb und küsse 310
Verheißungen auf deine Stirne dir,
Es dämmert dort Italiens Gebirg,
Das Römerland, das tatenreiche, winkt,
Dort wirst du wohlgedeihn, dort, wo sich froh
Die Männer in der Kämpferbahn begegnen, 315
O Heldenstädte dort! und du, Tarent!
Ihr brüderlichen Hallen, wo ich oft
Lichttrunken einst mit meinem Plato ging
Und immerneu uns Jünglingen das Jahr
Und jeder Tag erschien in heil'ger Schule. 320
Besuch ihn auch, o Sohn, und grüß ihn mir,
Den alten Freund, an seiner Heimat Strom,
Am blumigen Ilissus, wo er wohnt.
Und will die Seele dir nicht ruhn, so geh
Und frage sie, die Brüder in Ägyptos. 325
Dort hörest du das ernste Saitenspiel
Uraniens und seiner Töne Wandel.
Dort öffnen sie das Buch des Schicksals dir.
Geh! fürchte nichts! es kehret alles wieder.
Und was geschehen soll, ist schon vollendet. 330
Pausanias geht ab.

⟨DRITTER AUFTRITT⟩

Manes. Empedokles.

MANES
Nun! säume nicht! bedenke dich nicht länger.
Vergeh! vergeh! damit es ruhig bald
Und helle werde, Trugbild!
EMPEDOKLES   Was? woher?
Wer bist du, Mann!
MANES   Der Armen einer auch
335 Von diesem Stamm, ein Sterblicher wie du.
Zu rechter Zeit gesandt, dir, der du dich
Des Himmels Liebling dünkst, des Himmels Zorn,
Des Gottes, der nicht müßig ist, zu nennen.
EMPEDOKLES
Ha! kennst du den?
MANES   Ich habe manches dir
340 Am fernen Nil gesagt.
EMPEDOKLES   Und du? du hier?
Kein Wunder ist's! Seit ich den Lebenden
Gestorben bin, erstehen mir die Toten.
MANES
Die Toten reden nicht, wo du sie fragst.
Doch wenn du eines Worts bedarfst, vernimm.
EMPEDOKLES
345 Die Stimme, die mich ruft, vernehm ich schon.
MANES
So redet es mit dir?
EMPEDOKLES   Was soll die Rede, Fremder!
MANES
Ja! fremde bin ich hier und unter Kindern.
Das seid ihr Griechen all. Ich hab es oft
Vormals gesagt. Doch wolltest du mir nicht,
350 Wie dir's erging bei deinem Volke, sagen?
EMPEDOKLES
Was mahnst du mich? Was rufst du mir noch einmal?
Mir ging es, wie es soll.

MANES   Ich wußt es auch
  Schon längst voraus, ich hab es dir geweissagt.
EMPEDOKLES
  Nun denn! was hältst du es noch auf? was drohst
  Du mit der Flamme mir des Gottes, den   355
  Ich kenne, dem ich gern zum Spiele dien,
  Und richtest mir mein heilig Recht, du Blinder!
MANES
  Was dir begegnen muß, ich ändr' es nicht.
EMPEDOKLES
  So kamst du her, zu sehen, wie es wird?
MANES
  O scherze nicht, und ehre doch dein Fest,   360
  Umkränze dir dein Haupt, und schmück es aus,
  Das Opfertier, das nicht vergebens fällt.
  Der Tod, der jähe, er ist ja von Anbeginn,
  Das weißt du wohl, den Unverständigen,
  Die deinesgleichen sind, zuvorbeschieden.   365
  Du willst es, und so sei's! Doch sollst du mir
  Nicht unbesonnen, wie du bist, hinab,
  Ich hab ein Wort, und dies bedenke, Trunkner!
  Nur *einem* ist es Recht in dieser Zeit,
  Nur *einen* adelt deine schwarze Sünde.   370
  Ein Größrer ist's, denn ich! denn wie die Rebe
  Von Erd und Himmel zeugt, wenn sie getränkt
  Von hoher Sonn aus dunklem Boden steigt,
  So wächst er auf, aus Licht und Nacht geboren.
  Es gärt um ihn die Welt, was irgend nur   375
  Beweglich und verderbend ist im Busen
  Der Sterblichen, ist aufgeregt von Grund aus.
  Der Herr der Zeit, um seine Herrschaft bang,
  Thront finster blickend über der Empörung.
  Sein Tag erlischt, und seine Blitze leuchten,   380
  Doch was von oben flammt, entzündet nur,
  Und was von unten strebt, die wilde Zwietracht.
  Der Eine doch, der neue Retter, faßt
  Des Himmels Strahlen ruhig auf, und liebend
  Nimmt er, was sterblich ist, an seinen Busen,   38

Und milde wird in ihm der Streit der Welt.
Die Menschen und die Götter söhnt er aus,
Und nahe wieder leben sie, wie vormals.
Und daß, wenn er erschienen ist, der Sohn
₃₉₀ Nicht größer denn die Eltern sei und nicht
Der heil'ge Lebensgeist gefesselt bleibe,
Vergessen über ihm, dem Einzigen,
So lenkt er aus, der Abgott seiner Zeit,
Zerbricht, er selbst, damit durch reine Hand
₃₉₅ Dem Reinen das Notwendige geschehe,
Sein eigen Glück, das ihm zu glücklich ist,
Und gibt, was er besaß, dem Element,
Das ihn verherrlichte, geläutert wieder.
Bist du der Mann? derselbe? bist du dies?

EMPEDOKLES
₄₀₀ Ich kenne dich im finstern Wort, und du,
Du Alleswissender, erkennst mich auch.

MANES
O sage, wer du bist! und wer bin ich?

EMPEDOKLES
Versuchst du noch, noch immer mich und kömmst,
Mein böser Geist, zu mir in solcher Stunde?
₄₀₅ Was lässest du mich nicht stille gehen, Mann?
Und wagst dich hier an mich und reizest mich,
Daß ich im Zorn die heil'gen Pfade wandle?
Ein Knabe war ich, wußte nicht, was mir
Ums Auge fremd am Tage sich bewegt',
₄₁₀ Und wunderbar umfingen mir die großen
Gestalten dieser Welt, die freudigen,
Mein unerfahren schlummernd Herz im Busen.
Und staunend hört ich oft die Wasser gehn
Und sah die Sonne blühn und sich an ihr
₄₁₅ Den Jugendtag der stillen Erd entzünden.
Da ward in mir Gesang, und helle ward
Mein dämmernd Herz im dichtenden Gebete,
Wenn ich die Fremdlinge, die gegenwärt'gen,
Die Götter der Natur mit Namen nannt
₄₂₀ Und mir der Geist im Wort, im Bilde sich,

Im seligen, des Lebens Rätsel löste.
So wuchs ich still herauf, und anderes
War schon bereitet. Denn gewaltsamer,
Wie Wasser, schlug die wilde Menschenwelle
Mir an die Brust, und aus dem Irrsal kam 425
Des armen Volkes Stimme mir zum Ohre.
Und wenn, indes ich in der Halle schwieg,
Um Mitternacht der Aufruhr weheklagt'
Und durchs Gefilde stürzt' und lebensmüd
Mit eigner Hand sein eignes Haus zerbrach, 430
Und die verleideten verlaßnen Tempel,
Wenn sich die Brüder flohn und sich die Liebsten
Vorübereilten und der Vater nicht
Den Sohn erkannt und Menschenwort nicht mehr
Verständlich war und menschliches Gesetz, 435
Da faßte mich die Deutung schaudernd an:
Es war der scheidende Gott meines Volks!
Den hört ich, und zum schweigenden Gestirn
Sah ich hinauf, wo er herabgekommen.
Und ihn zu sühnen, ging ich hin. Noch wurden uns 440
Der schönen Tage viel. Noch schien es sich
Am Ende zu verjüngen; und es wich,
Der goldnen Zeit, der allvertrauenden,
Des hellen kräft'gen Morgens eingedenk,
Der Unmut mir, der furchtbare, vom Volk, 445
Und freie feste Bande knüpften wir
Und riefen die lebend'gen Götter an.
Doch oft, wenn mich des Volkes Dank bekränzte,
Wenn näher immer mir, und mir allein,
Des Volkes Seele kam, befiel es mich, 450
Denn wo ein Land ersterben soll, da wählt
Der Geist noch *einen* sich zuletzt, durch den
Sein Schwanensang, das letzte Leben tönet.
Wohl ahndet ich's, doch dient ich willig ihm.
Es ist geschehn. Den Sterblichen gehör ich 455
Nun nimmer an. O Ende meiner Zeit!
O Geist, der uns erzog, der du geheim
Am hellen Tag und in der Wolke waltest,

Und du, o Licht! und du, du Mutter Erde!
Hier bin ich, ruhig, denn es wartet mein
Die längstbereitete, die neue Stunde.
Nun nicht im Bilde mehr und nicht, wie sonst,
Bei Sterblichen, im kurzen Glück, ich find,
Im Tode find ich den Lebendigen,
Und heute noch begegn' ich ihm, denn heute
Bereitet er, der Herr der Zeit, zur Feier,
Zum Zeichen ein Gewitter mir und sich.
Kennst du die Stille rings? kennst du das Schweigen
Des schlummerlosen Gotts? Erwart ihn hier!
Um Mitternacht wird er es uns vollenden.
Und wenn du, wie du sagst, des Donnerers
Vertrauter bist und eines Sinns mit ihm,
Dein Geist mit ihm, der Pfade kundig, wandelt,
So komm mit mir; wenn itzt, zu einsam sich,
Das Herz der Erde klagt und, eingedenk
Der alten Einigkeit, die dunkle Mutter
Zum Äther aus die Feuerarme breitet
Und itzt der Herrscher kömmt in seinem Strahl,
Dann folgen wir, zum Zeichen, daß wir ihm
Verwandte sind, hinab in heil'ge Flammen.
Doch wenn du lieber ferne bleibst, für dich,
Was gönnst du mir es nicht? Wenn dir es nicht
Beschieden ist zum Eigentum, was nimmst
Und störst du mir's! O euch, ihr Genien,
Die ihr, da ich begann, mir nahe waret,
Ihr Fernentwerfenden! euch dank ich, daß ihr mir's
Gegeben habt, die lange Zahl der Leiden
Zu enden hier, befreit von andrer Pflicht,
In freiem Tod, nach göttlichem Gesetze!
Dir ist's verbotne Frucht! drum laß und geh,
Und kannst du mir nicht nach, so richte nicht!

MANES
   Dir hat der Schmerz den Geist entzündet, Armer.
EMPEDOKLES
   Was heilst du denn, Unmächtiger, ihn nicht?

MANES
 Wie ist's mit uns? siehst du es so gewiß?
EMPEDOKLES
 Das sage du mir, der du alles siehst! 495
MANES
 Laß still uns sein, o Sohn! und immer lernen.
EMPEDOKLES
 Du lehrtest mich, heut lerne du von mir.
MANES
 Hast du nicht alles mir gesagt?
EMPEDOKLES   O nein!
MANES
 So gehst du nun?
EMPEDOKLES   Noch geh ich nicht, o Alter!
 Von dieser grünen, guten Erde soll 500
 Mein Auge mir nicht ohne Freude gehen.
 Und denken möcht ich noch vergangner Zeit,
 Der Freunde meiner Jugend noch, der Teuern,
 Die fern in Hellas' frohen Städten sind,
 Des Bruders auch, der mir geflucht, so mußt 505
 Es werden; laß mich itzt, wenn dort der Tag
 Hinunter ist, so siehest du mich wieder.

THEORETISCHE VERSUCHE

⟨Über das Gesetz der Freiheit⟩

Es gibt einen Naturzustand der Einbildungskraft, der mit jener Anarchie der Vorstellungen, die der Verstand organisierte, zwar die Gesetzlosigkeit gemein hat, aber in Rücksicht auf das Gesetz, durch das er geordnet werden soll, von jenem wohl unterschieden werden muß.

Ich meine unter diesem Naturzustande der Einbildungskraft, unter dieser Gesetzlosigkeit die moralische, unter diesem Gesetze das Gesetz der Freiheit.

Dort wird die Einbildungskraft an und für sich, hier in Verbindung mit dem Begehrungsvermögen betrachtet.

In jener Anarchie der Vorstellungen, wo die Einbildungskraft theoretisch betrachtet wird, war zwar eine Einheit des Mannigfaltigen, Ordnung der Wahrnehmungen möglich, aber zufällig.

In diesem Naturzustande der Phantasie, wo sie in Verbindung mit dem Begehrungsvermögen betrachtet wird, ist zwar moralische Gesetzmäßigkeit möglich, aber zufällig.

Es gibt eine Seite des empirischen Begehrungsvermögens, die Analogie dessen, was Natur heißt, die am auffallendsten ist, wo das Notwendige mit der Freiheit, das Bedingte mit dem Unbedingten, das Sinnliche mit dem Heiligen sich zu verbrüdern scheint, eine natürliche Unschuld, man möchte sagen eine Moralität des Instinkts, und die ihm gleichgestimmte Phantasie ist himmlisch.

Aber dieser Naturzustand hängt als ein solcher auch von Naturursachen ab.

Es ist ein bloßes Glück, so gestimmt zu sein.

Wäre das Gesetz der Freiheit nicht, unter welchem das Begehrungsvermögen zusamt der Phantasie stände, so würde es niemals einen festen Zustand geben, der demjenigen gliche, der soeben angedeutet worden ist, wenigstens würde es nicht von uns abhängen, ihn festzuhalten. Sein Gegenteil würde ebenso stattfinden, ohne daß wir es hindern könnten.

Das Gesetz der Freiheit aber *gebietet*, ohne alle Rücksicht auf die Hülfe der Natur. Die Natur mag zu Ausübung desselben förderlich sein oder nicht, es gebietet. Vielmehr setzt es einen Widerstand in der Natur voraus, sonst würde es nicht *gebieten*. Das erstemal, daß das Gesetz der Freiheit sich an uns äußert, erscheint es strafend. Der Anfang all unsrer Tugend geschieht vom Bösen. Die Moralität kann also niemals der Natur anvertraut werden. Denn wenn die Moralität auch nicht aufhörte, Moralität zu sein, sobald die Bestimmungsgründe in der Natur und nicht in der Freiheit liegen, so wäre doch die Legalität, die durch bloße Natur hervorgebracht werden könnte, ein sehr unsicheres, nach Zeit und Umständen wandelbares Ding. Sowie die Naturursachen anders bestimmt würden, würde diese Legalität...

⟨An Kallias⟩

Ich schlummerte, mein Kallias! Und mein Schlummer war süß. Holde Dämmerung lag über meinem Geiste wie über den Seelen in Platons Vorelysium. Aber der Genius von Mäonia hat mich geweckt. Halbzürnend trat er vor mich, und mein Innerstes bebte wider von seinem Aufruf.

In süßer Trunkenheit lag ich am Ufer unsers Archipelagus, und mein Auge weidete sich an ihm, wie er so freundlich und still mir zulächelte und der rosenfarbne Nebel über ihm wie wohlmeinend die Ferne verbarg, wo du lebst und weiterhin unsre Helden. Sanft und süß wie die schmeichelnde Hand meiner Glycera regte sich die frische Morgenluft an meiner Wange. Ich spielt in kindlichen Träumen mit dem holden Geschöpfe. –

Erschöpft von glühenden Phantasien, griff ich endlich zu meinem Homer.

Zufällig traf ich auf die Stelle, wo der kluge Laërtiade und Diomedes, der wilde, nach dem Schlachttag hingehn nach Mitternacht, durch Blut und Waffen ins Lager der Feinde, wo die Thrazier ermattet von der Arbeit des Tags, ferne von den Feuern der Wächter im tiefen Schlafe liegen. Diomedes wütet wie ein zürnender Löwe unter den Schlafenden ringsumher. Indes bindet Ulysses die trefflichen Rosse zu erfreulicher Beute. Und räumt die Leichname weg, die Diomedes' Schwert traf, daß die Rosse nicht drob scheu würden, und flüstert jetzt dem wilden Gefährten zu, daß es Zeit sei. Dieser sinnt noch auf etwas Kühnes. Entweder will er den Wagen neben ihm, voll von mancherlei Waffen, in die Höhe heben, und forttragen, oder zu den dreizehn Thraziern, die sein Schwert traf, mehrere gesellen. Aber Athene tritt vor ihn und mahnt zur Rückkehr.

Und nun die Siegesfreude nach dem ungeheuren Wagestück! Wie sie von den Rossen springen beim freundlichen Empfang der Waffenbrüder mit Handschlag und süßer Rede! dann ins kühle Meer sich stürzen, den Schweiß abzubaden und die müden Glieder zu stärken, und nun verjüngt und wohlgemut zum Schmause sich setzen und der Beschützerin Athene süßen Wein aus dem Kelche gießen, zum kindlichen Opfer! O mein Kallias! dies Triumphgefühl der Kraft und der Kühnheit!

Dies war auch dir bereitet, rief's mir zu, und ich hätte mein glühendes Gesicht in der Erde bergen mögen, so gewaltig ergriff mich die Scham vor den unsern und Homeros' Helden! Ich bin nun entschlossen, es koste, was es wolle.

Du müßtest sehn, wie ich der ernsten Mahnung meines Herzens gar künstlich fröhliche Farben aufzwang, um sie mir erträglicher zu machen und sie wie einen guten Einfall belächeln und vergessen zu können!

ÜBER DEN BEGRIFF DER STRAFE

Es scheint, als wäre die Nemesis der Alten nicht sowohl um ihrer Furchtbarkeit als um ihres geheimnisvollen Ursprungs willen als eine Tochter der Nacht dargestellt worden.

Es ist das notwendige Schicksal aller Feinde der Prinzipien, daß sie mit allen ihren Behauptungen in einen Zirkel geraten. (Beweis.)

Im gegenwärtigen Falle würd es bei ihnen lauten: Strafe ist das *Leiden* rechtmäßigen Widerstands und die Folge böser Handlungen. Böse Handlungen sind aber solche, worauf Strafe folgt. Und Strafe folgt da, wo böse Handlungen sind. Sie könnten unmöglich ein für sich bestehendes Kriterium der bösen Handlung angeben. Denn, wenn sie konsequent sind, muß nach ihnen die Folge den Wert der Tat bestimmen. Wollen sie dies vermeiden, so müssen sie vom Prinzip ausgehen. Tun sie dies nicht und bestimmen sie den Wert der Tat nach ihren Folgen, so sind diese Folgen – moralisch betrachtet – in nichts Höherem begründet, und die Rechtmäßigkeit des Widerstands ist nichts mehr als ein Wort, Strafe ist eben Strafe, und wenn mir der Mechanism oder der Zufall oder die Willkür, wie man will, etwas Unangenehmes zufügt, so weiß ich, daß ich bös gehandelt habe, ich habe nun weiter nichts mehr zu fragen, was geschiehet, geschiehet von Rechts wegen, weil es geschieht.

Nun scheint es zwar, als ob wirklich so etwas der Fall wäre, da wo der ursprüngliche Begriff der Strafe stattfindet, in dem moralischen Bewußtsein. Da kündet sich uns nämlich das Sittengesetz negativ an und kann, als unendlich, sich nicht anders uns ankündigen. Wir sollen etwas nicht wollen, das ist seine unmittelbare Stimme an uns. Wir müssen also etwas wollen, dem das Sittengesetz sich entgegensetzt. Was das Sittengesetz ist, wußten wir aber weder zuvor, ehe es sich unserem Willen entgegensetzte, noch wissen wir es jetzt, da es sich uns entgegensetzt, wir leiden nur seinen Widerstand als die Folge von dem, daß wir etwas wollten, das dem Sittengesetz entgegen ist, wir bestimmen nach dieser Folge den Wert unseres Willens; weil wir Widerstand litten, betrachten wir unsern Willen als böse, wir können die Rechtmäßigkeit jenes Widerstands, wie es scheint, nicht weiter untersuchen, und wenn dies der Fall ist, so kennen wir ihn nur daran, daß wir leiden; er unterscheidet sich nicht von jedem andern Leiden, und mit ebendem Rechte, womit ich vom Widerstande, den ich den Widerstand des Sittengesetzes nenne, auf einen bösen Willen schließe, schließe ich von jedem erlittenen Widerstande auf einen bösen Willen. Alles Leiden ist Strafe.

Es ist aber ein Unterschied zwischen dem Erkenntnisgrunde und Realgrunde. Es ist nichts weniger als identisch, wenn ich das eine Mal sage: ich erkenne das Gesetz an seinem Widerstande, und das andre Mal: ich erkenne das Gesetz um seines Widerstandes willen an. Die sind den obigen Zirkel zu machen genötiget, für die der Widerstand des Gesetzes Realgrund des Gesetzes ist. Für sie findet das Gesetz gar nicht statt, wenn sie nicht seinen Widerstand erfahren, ihr Wille ist nur darum gesetzwidrig, weil sie diese Gesetzwidrigkeit empfinden; leiden sie keine Strafe, so sind sie auch nicht böse. Strafe ist, was auf das Böse folgt. Und bös ist, worauf Strafe folgt.

Es scheint dann aber doch mit der Unterscheidung zwischen dem Erkenntnisgrunde und Realgrunde wenig geholfen zu sein. Wenn der Widerstand des Gesetzes gegen meinen Willen Strafe ist und ich also an der Strafe erst das Gesetz erkenne, so fragt sich einmal: kann ich an der Strafe das Gesetz erkennen? und dann: kann ich bestraft werden für die Übertretung eines Gesetzes, das ich nicht kannte?

Hierauf kann geantwortet werden, daß man, insofern man sich als bestraft betrachte, notwendig die Übertretung des Gesetzes in sich voraussetze, daß man in der Strafe, insofern man sie als Strafe beurteile, notwendig des…

⟨Urteil und Sein⟩

Urteil ist im höchsten und strengsten Sinne die ursprüngliche Trennung des in der intellektualen Anschauung innigst vereinigten Objekts und Subjekts, diejenige Trennung, wodurch erst Objekt und Subjekt möglich wird, die Ur-Teilung. Im Begriffe der Teilung liegt schon der Begriff der gegenseitigen Beziehung des Objekts und Subjekts aufeinander und die notwendige Voraussetzung eines Ganzen, wovon Objekt und Subjekt die Teile sind. »Ich bin Ich« ist das passendste Beispiel zu diesem Begriffe der Urteilung, als *theoretischer* Urteilung, denn in der praktischen Urteilung setzt es sich dem *Nicht-Ich*, nicht *sich selbst* entgegen.

Wirklichkeit und Möglichkeit ist unterschieden, wie mittelbares und unmittelbares Bewußtsein. Wenn ich einen Gegenstand als möglich denke, so wiederhol ich nur das vorhergegangene Bewußtsein, kraft dessen er wirklich ist. Es gibt für uns keine denkbare Möglichkeit, die nicht Wirklichkeit war. Deswegen gilt der Begriff der Möglichkeit auch gar nicht von den Gegenständen der Vernunft, weil sie niemals als das, was sie sein sollen, im Bewußtsein vorkommen, sondern nur der Begriff der Notwendigkeit. Der Begriff der Möglichkeit gilt von den Gegenständen des Verstandes, der der Wirklichkeit von den Gegenständen der Wahrnehmung und Anschauung.

Sein drückt die Verbindung des Subjekts und Objekts aus.

Wo Subjekt und Objekt schlechthin, nicht nur zum Teil vereiniget ist, mithin so vereiniget, daß gar keine Teilung vorgenommen werden kann, ohne das Wesen desjenigen, was getrennt werden soll, zu verletzen, da und sonst nirgends kann von einem *Sein schlechthin* die Rede sein, wie es bei der intellektualen Anschauung der Fall ist.

Aber dieses Sein muß nicht mit der Identität verwechselt werden. Wenn ich sage: Ich bin Ich, so ist das Subjekt (Ich) und das Objekt (Ich) nicht so vereiniget, daß gar keine Trennung vorgenommen werden kann, ohne das Wesen desjenigen, was getrennt werden soll, zu verletzen; im Gegenteil: das Ich ist nur durch diese Trennung des Ichs vom Ich möglich. Wie kann ich sagen: Ich! ohne Selbstbewußtsein? Wie ist aber Selbstbewußtsein möglich? Dadurch, daß ich mich mir selbst entgegensetze, mich von mir selbst trenne, aber ungeachtet dieser Trennung mich im Entgegengesetzten als dasselbe erkenne. Aber inwieferne als dasselbe? Ich kann, ich muß so fragen; denn in einer andern Rücksicht ist es sich entgegengesetzt. Also ist die Identität keine Vereinigung des Objekts und Subjekts, die schlechthin stattfände, also ist die Identität nicht = dem absoluten Sein.

Hermokrates an Cephalus

Du glaubst also im Ernste, das Ideal des Wissens könnte wohl in irgendeiner bestimmten Zeit in irgendeinem Systeme dargestellt erscheinen, das alle ahndeten, die wenigsten durchaus erkennten? Du glaubst sogar, dies Ideal sei jetzt schon wirklich geworden, und es fehle zum Jupiter Olympius nichts mehr als das Piedestal?

Vielleicht! besonders, nachdem man das letztere nimmt!

Aber wunderbar wär es dann doch, wenn gerade diese Art des sterblichen Strebens ein Vorrecht hätte, wenn gerade hier die Vollendung, die jedes sucht und keines findet, vorhanden wäre?

Ich glaubte sonst immer, der Mensch bedürfe für sein Wissen wie für sein Handeln eines unendlichen Fortschritts, einer grenzenlosen Zeit, um dem grenzenlosen Ideale sich zu nähern; ich nannte die Meinung, als ob die Wissenschaft in einer bestimmten Zeit vollendet werden könnte, oder vollendet wäre, einen scientivischen Quietismus, der Irrtum wäre, in jedem Falle, er mochte sich bei einer individuell bestimmten Grenze begnügen oder die Grenze überhaupt verleugnen, wo sie doch war, aber nicht sein sollte.

Das war aber freilich unter gewissen Voraussetzungen möglich, die du mir zu seiner Zeit mit aller Strenge in Anspruch nehmen sollst. Inzwischen laß mich doch fragen, ob denn wirklich die Hyperbel mit ihrer Asymptote vereinigt, ob der Übergang vom...

Der Gesichtspunkt, aus dem wir das Altertum anzusehen haben

Wir träumen von Bildung, Frömmigkeit p.p. und haben gar keine, sie ist angenommen – wir träumen von Originalität und Selbständigkeit, wir glauben lauter Neues zu sagen, und alles dies ist doch Reaktion, gleichsam eine milde Rache gegen die Knechtschaft, womit wir uns verhalten haben gegen das Altertum. Es scheint wirklich fast keine andere Wahl offen zu sein, erdrückt zu werden von Angenommenem und Positivem oder, mit gewaltsamer Anmaßung, sich gegen alles Erlernte, Gegebene, Positive, als lebendige Kraft entgegenzusetzen. Das schwerste dabei scheint, daß das Altertum ganz unserem ursprünglichen Triebe entgegenzusein scheint, der darauf geht, das Ungebildete zu bilden, das Ursprüngliche, Natürliche zu vervollkommnen, so daß der zur Kunst geborene Mensch natürlicherweise und überall sich lieber mehr das Rohe, Ungelehrte, Kindliche, holt, als einen gebildeten

Stoff, wo ihm, der bilden will, schon vorgearbeitet ist. Und was allgemeiner Grund vom Untergang aller Völker war, nämlich, daß ihre Originalität, ihre eigene lebendige Natur erlag unter den positiven Formen, unter dem Luxus, den ihre Väter hervorgebracht hatten (Beispiele, lebhaft dargestellt), das scheint auch unser Schicksal zu sein, nur in größerem Maße, indem eine fast grenzenlose Vorwelt, die wir entweder durch Unterricht oder durch Erfahrung innewerden, auf uns wirkt und drückt (Ausführung). Von der andern Seite scheint nichts günstiger zu sein als gerade diese Umstände, in denen wir uns befinden. *Es ist nämlich ein Unterschied, ob jener Bildungstrieb blind wirkt oder mit Bewußtsein, ob er weiß, woraus er hervorging und wohin er strebt, denn dies ist der einzige Fehler der Menschen, daß ihr Bildungstrieb sich verirrt, eine unwürdige, überhaupt falsche Richtung nimmt oder doch seine eigentümliche Stelle verfehlt oder, wenn er diese gefunden hat, auf halbem Wege, bei den Mitteln, die ihn zu seinem Zwecke führen sollten, stehen bleibt.* (Beispiele lebhaft.) *Daß dieses in hohem Grade weniger geschehe* (vorzüglich ins Auge zu fassen), *wird dadurch gesichert, daß wir wissen, wovon und worauf jener Bildungstrieb überhaupt ausgehe, daß wir die wesentlichsten Richtungen kennen, in denen er seinem Ziele entgegengeht, daß uns auch die Umwege oder Abwege, die er nehmen kann, nicht unbekannt sind, daß wir alles, was vor und um uns aus jenem Triebe hervorgegangen ist,* betrachten als aus dem gemeinschaftlichen ursprünglichen Grunde hervorgegangen, woraus er mit seinen Produkten überall hervorgeht, daß wir die wesentlichsten Richtungen, die er vor und um uns nahm, auch seine Verirrungen um uns her erkennen und nun, aus demselben Grunde, den wir lebendig, und überall gleich, als den Ursprung alles Bildungstriebs annehmen, unsere eigene Richtung uns vorsetzen, die bestimmt wird durch die vorhergegangenen reinen und unreinen Richtungen, die wir aus Einsicht nicht wiederholen, so daß wir im *Urgrunde aller Werke und Taten der Menschen* uns *gleich und einig fühlen mit allen, sie seien so groß oder so klein,* aber in der besondern Richtung, die wir nehmen...

⟨Über Achill (1)⟩

Mich freut es, daß du von Achill sprachst. Er ist mein Liebling unter den Helden, so stark und zart, die gelungenste und vergänglichste Blüte der Heroenwelt, »*so für kurze Zeit geboren*« nach Homer, eben weil er so schön ist. Ich möchte auch fast denken, der alte Poet lass' ihn nur darum so wenig in Handlung erscheinen und lasse die andern lärmen, indes sein Held im Zelte sitzt, um ihn sowenig wie möglich unter dem Getümmel vor Troja zu profanieren. Von Ulyß konnte er Sachen genug beschreiben. Dieser ist ein Sack voll Scheidemünze, wo man lange zu zählen hat, mit dem Gold ist man viel bälder fertig.

⟨Über Achill (2)⟩

Am meisten aber lieb ich und bewundere den Dichter aller Dichter um seines Achilles willen. Es ist einzig, mit welcher Liebe und welchem Geiste er diesen Charakter durchschaut und gehalten und gehoben hat. Nimm die alten Herrn Agamemnon und Ulysses und Nestor mit ihrer Weisheit und Torheit, nimm den Lärmer Diomed, den blindtobenden Ajax und halte sie gegen den genialischen, allgewaltigen, melancholischzärtlichen Göttersohn, den Achill, gegen dieses enfant gâté der Natur, und wie der Dichter ihn, den Jüngling voll Löwenkraft und Geist und Anmut, in die Mitte gestellt hat zwischen Altklugheit und Roheit, und du wirst ein Wunder der Kunst in Achilles Charakter finden. Im schönsten Kontraste stehet der Jüngling mit Hektor, dem edeln, treuen, frommen Manne, der so ganz aus Pflicht und feinem Gewissen Held ist, da der andre alles aus reicher, schöner Natur ist. Sie sind sich ebenso entgegengesetzt, als sie verwandt sind, und eben dadurch wird es um so tragischer, wenn Achill am Ende als Todfeind des Hektor auftritt. Der freundliche Patroklus gesellt sich lieblich zu Achill und schickt sich so recht zu dem Trotzigen.

Man siehet auch wohl, wie hoch Homer den Helden seines Herzens achtete. Man hat sich oft gewundert, warum Homer, der doch den Zorn des Achill besingen wolle, ihn fast gar nicht erscheinen lasse. Er wollte den Götterjüngling nicht profanieren in dem Getümmel vor Troja.

Der Idealische durfte nicht alltäglich erscheinen. Und er konnt ihn wirklich nicht herrlicher und zärtlicher besingen als dadurch, daß er ihn zurücktreten läßt (weil sich der Jüngling in seiner genialischen Natur vom rangstolzen Agamemnon als ein Unendlicher unendlich beleidiget fühlt), so daß jeder Verlust der Griechen, von dem Tag an, wo man den Einzigen im Heere vermißt, an seine Überlegenheit über die ganze prächtige Menge der Herren und Diener mahnt und die seltenen Momente, wo der Dichter ihn vor uns erscheinen läßt, durch seine Abwesenheit nur desto mehr ins Licht gesetzt werden. Diese sind dann auch mit wunderbarer Kraft gezeichnet, und der Jüngling tritt wechselweise, klagend und rächend, unaussprechlich rührend, und dann wieder furchtbar so lange nacheinander auf, bis am Ende, nachdem sein Leiden und sein Grimm aufs höchste gestiegen sind, nach fürchterlichem Ausbruch das Gewitter austobt und der Göttersohn, kurz vor seinem Tode, den er vorausweiß, sich mit allem, sogar mit dem alten Vater Priamus aussöhnt.

Diese letzte Szene ist himmlisch nach allem, was vorhergegangen war.

Ein Wort über die Iliade

Man ist manchmal bei sich selber uneins über die Vorzüge verschiedener Menschen und fast in einer Verlegenheit wie die Kinder, wenn man sie fragt, wen sie am meisten lieben unter denen, die sie nahe angehn, jeder hat seine eigene Vortrefflichkeit und dabei seinen eigenen Mangel; dieser empfiehlt sich uns dadurch, daß er das, worin er lebt, vollkommen erfüllt, indem sich sein Gemüt und sein Verstand für eine beschränktere, aber der menschlichen Natur dennoch gemäße Lage gebildet haben; wir nennen ihn einen natürlichen Menschen, weil er und seine einfache Sphäre ein harmonisches Ganze sind, aber es scheint ihm dagegen verglichen mit andern an Energie und dann auch wieder an tiefem Gefühl und Geist zu mangeln; ein anderer interessiert uns mehr durch Größe und Stärke und Beharrlichkeit seiner Kräfte und Gesinnungen, durch Mut und Aufopferungsgabe, aber er dünkt uns zu gespannt, zu ungenügsam, zu gewaltsam, zu einseitig in manchen Fällen, zu sehr im Widerspruche mit der Welt; wieder ein anderer gewinnt uns durch die größere Harmonie seiner inneren Kräfte, durch die Vollständigkeit und Integrität und Seele, womit er die Eindrücke aufnimmt, durch die Bedeutung, die ebendeswegen ein Gegenstand, die Welt, die ihn umgibt, im Einzelnen und Ganzen für ihn hat, für ihn haben kann und die dann auch in seinen Äußerungen über den Gegenstand sich findet, und wie die Unbedeutenheit uns mehr als alles andere schmerzt, so wäre uns auch der vorzüglich willkommen, der uns und das, worin wir leben, wahrhaft bedeutend nimmt, sobald er seine Art zu sehen und zu fühlen uns nur leicht genug und gänzlich faßlich machen könnte, aber wir sind nicht selten versucht, zu denken, daß er, indem er den Geist des Ganzen fühle, das Einzelne zu wenig ins Auge fasse, daß er, wenn andere vor lauter Bäumen den Wald nicht sehn, über dem Walde die Bäume vergesse, daß er bei aller Seele ziemlich unverständig und deswegen auch für andere unverständlich sei.

Wir sagen uns dann auch wieder, daß kein Mensch in seinem äußern Leben alles zugleich sein könne, daß man, um ein Dasein und Bewußtsein in der Welt zu haben, sich für irgend etwas determinieren müsse, daß Neigung und Umstände den einen zu dieser, den andern zu einer andern Eigentümlichkeit bestimme, daß diese Eigentümlichkeit dann freilich am meisten zum Vorschein komme, daß aber andere Vorzüge, die wir vermissen, deswegen nicht ganz fehlen bei einem echten Charakter und nur mehr im Hintergrunde liegen, daß diese vermißten Vorzüge...

Über die verschiednen Arten, zu dichten

Man ist manchmal bei sich selber uneins über die Vorzüge verschiedener Menschen. Jeder hat seine Vortrefflichkeit und dabei seinen eigenen Mangel. Dieser gefällt uns durch die Einfachheit und Akkuratesse und Unbefangenheit, womit er in einer bestimmten Richtung fortgeht, der er sich hingab. Die Momente seines Lebens folgen sich ununterbrochen und leicht, alles hat bei ihm seine Stelle und seine Zeit; nichts schwankt, nichts stört sich, und weil er beim Gewöhnlichen bleibt, so ist er auch selten großer Mühe und großem Zweifel ausgesetzt. Bestimmt, klar, immer gleich und moderiert und der Stelle und dem Augenblicke angemessen und ganz in der Gegenwart, ist er uns, wenn wir nicht zu gespannt und hochgestimmt sind, auch niemals ungelegen, er läßt uns, wie wir sind, wir vertragen uns leicht mit ihm; er bringt uns nicht gerade um vieles weiter, interessiert uns eigentlich auch nicht tief; aber dies wünschen wir ja auch nicht immer, und besonders unter gewaltsamen Erschütterungen haben wir vorerst kein echteres Bedürfnis als einen solchen Umgang, einen solchen Gegenstand, bei dem wir uns am leichtesten in einem Gleichgewichte, in Ruhe und Klarheit wiederfinden.

Wir nennen den beschriebenen Charakter vorzugsweise *natürlich* und haben mit dieser Huldigung wenigstens so sehr recht als einer der sieben Weisen, welcher in seiner Sprache und Vorstellungsweise behauptete, alles sei – aus Wasser entstanden. Denn wenn in der sittlichen Welt die Natur, wie es wirklich scheint, in ihrem Fortschritt immer von den einfachsten Verhältnissen und Lebensarten ausgeht, so sind jene schlichten Charaktere nicht ohne Grund die ursprünglichen, die natürlichsten zu nennen.

. . .

verständiget hat, so ist es für jeden, der seine Meinung darüber äußern möchte, notwendig, sich vorerst in festen Begriffen und Worten zu erklären.

So auch hier.

Der natürliche Ton, der vorzüglich dem epischen Gedichte eigen, ist schon an seiner Außenseite leicht erkennbar.

Bei einer einzigen Stelle im Homer läßt sich eben das sagen, was sich von diesem Tone im großen und ganzen sagen läßt. (Wie überhaupt in einem guten Gedichte eine Redeperiode das ganze Werk repräsentieren kann, so finden wir es auch bei diesem Tone und diesem Gedichte.) Ich wähle hiezu die Rede des Phönix, wo er den zürnenden Achill bewegen will, sich mit Agamemnon auszusöhnen und den Achaiern wieder im Kampfe gegen die Trojer zu helfen.

Dich auch macht ich zum Manne, du göttergleicher Achilles,
Liebend mit herzlicher Treu; auch wolltest du nimmer mit andern
Weder zum Gastmahl gehn, noch daheim in den Wohnungen
essen,
Eh ich selber dich nahm, auf meine Knie dich setzend,
Und die zerschnittene Speise dir reicht und den Becher dir
vorhielt.
Oftmals hast du das Kleid mir vorn am Busen befeuchtet,
Wein aus dem Munde verschüttend in unbehülflicher Kindheit.
Also hab ich so manches durchstrebt und so manches erduldet
Deinethalb, ich bedachte, wie eigene Kinder die Götter
Mir versagt, und wählte, du göttergleicher Achilles,
Dich zum Sohn, daß du einst vor traurigem Schicksal mich
schirmtest,
Zähme dein großes Herz, o Achilleus! Nicht ja geziemt dir
Unerbarmender Sinn; oft wenden sich selber die Götter,
Die doch weit erhabner an Herrlichkeit, Ehr und Gewalt sind.[1]

Der ausführliche, stetige, wirklich wahre Ton fällt in die Augen.

Und so hält sich dann auch das epische Gedicht im größeren an das Wirkliche. Es ist, wenn man es (bloß) in seiner Eigentümlichkeit betrachtet, ein Charaktergemälde, und aus diesem Gesichtspunkt durchaus angesehn, interessiert und erklärt sich auch eben

---

[1] Ich brauche wohl wenigen zu sagen, daß dies Vossische Übersetzung ist, und denen, die sie noch nicht kennen, gestehe ich, daß auch ich zu meinem Bedauern erst seit kurzem damit bekannter geworden bin.

die Iliade erst recht von allen Seiten.[1] In einem Charaktergemälde sind dann auch alle übrigen Vorzüge des natürlichen Tons an ihren wesentlichen Stellen. Diese *sichtbare* sinnliche Einheit, daß alles vorzüglich vom Helden aus- und wieder auf ihn zurückgeht, daß Anfang und Katastrophe und Ende an ihn gebunden ist, daß alle Charaktere und Situationen in ihrer ganzen Mannigfaltigkeit mit allem, was geschiehet und gesagt wird, wie die Punkte in einer Linie gerichtet sind auf den Moment, wo er in seiner höchsten Individualität auftritt, *diese* Einheit ist, wie man leicht einsieht, nur in einem Werke möglich, das seinen eigentlichen Zweck in die Darstellung von Charakteren setzt und wo so im Hauptcharakter der Hauptquell liegt.

So folgt aus diesem Punkte auch die ruhige Moderation, die dem natürlichen Tone so eigen ist, die die Charaktere so innerhalb ihrer Grenze zeigt und sie vielfältig sanft abstuft. Der Künstler ist in der Dichtart, wovon die Rede ist, nicht deswegen so moderat, weil er dieses Verfahren für das einzigpoetische hält, er vermeidet z. B. die Extreme und Gegensätze nicht darum, weil er sie in keinem Falle brauchen mag, er weiß wohl, daß es am rechten Orte poetischwahre Extreme und Gegensätze der Personen, der Ereignisse, der Gedanken, der Leidenschaften, der Bilder, der Empfindungen gibt, er schließt sie nur aus, insoferne sie zum jetzigen Werke nicht passen; er mußte sich einen festen Standpunkt wählen, und dieser ist jetzt das Individuum, der Charakter seines Helden, so wie er durch Natur und Bildung ein bestimmtes eignes Dasein, eine Wirklichkeit gewonnen hat. Aber eben diese Individualität des Charakters gehet notwendigerweise in Extremen verloren. Hätte Homer seinen entzündbaren Achill nicht so zärtlich sorgfältig dem Getümmel entrückt, wir würden den Göttersohn kaum noch von dem Elemente unterscheiden, das ihn umgibt, und nur wo wir ihn ruhig im Zelte finden, wie er mit der Leier sein Herz erfreut und Siegstaten der Männer singt, indessen sein Patroklus gegenübersitzt und schweigend harrt, bis

---

[1] Und wenn die Begebenheiten und Umstände, worin sich die Charaktere darstellen, so ausführlich entwickelt werden, so ist es vorzüglich darum, weil diese gerade vor den Menschen, die in ihnen leben, so erscheinen, ohne sehr alteriert und aus der gewöhnlichen Stimmung und Weise herausgetrieben zu sein.

er den Gesang vollendet, hier nur haben wir den Jüngling recht vor Augen.

Also, um die Individualität des dargestellten Charakters zu erhalten, um die es ihm jetzt gerade am meisten zu tun ist, ist der epische Dichter so durchaus moderat.

Und wenn die Umstände, in denen sich die epischen Charaktere befinden, so genau und ausführlich dargestellt werden, so ist es wieder nicht, weil der Dichter in diese Umständlichkeit allen poetischen Wert setzt. In einem andern Falle würde er sie bis auf einen gewissen Grad vermeiden; aber hier, wo sein Standpunkt Individualität, Wirklichkeit, bestimmtes Dasein der Charaktere ist, muß auch die umgebende Welt aus diesem Standpunkte erscheinen. Und daß die umgebenden Gegenstände aus diesem Standpunkte eben in jener Genauigkeit erscheinen, erfahren wir an uns selbst, sooft wir in unserer eigenen gewöhnlichsten Stimmung ungestört an den Umständen gegenwärtig sind, in denen wir selber leben.

Ich wünschte noch manches hinzuzusetzen, wenn ich nicht auszuschweifen fürchtete. Noch setze ich hinzu, daß diese Ausführlichkeit in den dargestellten Umständen bloß Widerschein der Charaktere ist, insoferne sie Individuen überhaupt und noch nicht näher bestimmt sind. Das Umgebende kann noch auf eine andere Art dem Charakter angepaßt werden. In der Iliade teilt sich zuletzt die Individualität des Achill, die freilich auch dafür geschaffen ist, mehr oder weniger allem und jedem mit, was ihn umgibt, und nicht bloß den Umständen, auch den Charakteren. Bei den Kampfspielen, die dem toten Patroklus zu Ehren angestellt werden, tragen merklicher und unmerklicher die übrigen Helden des griechischen Heeres fast alle seine Farbe, und endlich scheint sich der alte Priamus in allem seinem Leide noch vor dem Heroen, der doch sein Feind war, zu verjüngen.

Aber man siehet leicht, daß dies letztere schon über den natürlichen Ton hinausgeht, so wie er bis jetzt betrachtet und beschrieben worden ist, in seiner *bloßen* Eigentümlichkeit.

In dieser wirkt er dann allerdings schon günstig auf uns, durch seine Ausführlichkeit, seinen stetigen Wechsel, seine Wirklichkeit.

⟨Reflexion⟩

Es gibt Grade der Begeisterung. Von der Lustigkeit an, die wohl der unterste ist, bis zur Begeisterung des Feldherrn, der mitten in der Schlacht unter Besonnenheit den Genius mächtig erhält, gibt es eine unendliche Stufenleiter. Auf dieser auf- und abzusteigen, ist Beruf und Wonne des Dichters.

———

Man hat Inversionen der Worte in der Periode. Größer und wirksamer muß aber dann auch die Inversion der Perioden selbst sein. Die logische Stellung der Perioden, wo dem Grunde (der Grundperiode) das Werden, dem Werden das Ziel, dem Ziele der Zweck folgt und die Nebensätze immer nur hinten angehängt sind an die Hauptsätze, worauf sie sich zunächst beziehen – ist dem Dichter gewiß nur höchst selten brauchbar.

———

Das ist das Maß Begeisterung, das jedem einzelnen gegeben ist, daß der eine bei größerem, der andere nur bei schwächerem Feuer die Besinnung noch im nötigen Grade behält. Da wo die Nüchternheit dich verläßt, da ist die Grenze deiner Begeisterung. Der große Dichter ist niemals von sich selbst verlassen, er mag sich so weit über sich selbst erheben, als er will. Man kann auch in die Höhe *fallen*, so wie in die Tiefe. Das letztere verhindert der elastische Geist, das erstere die Schwerkraft, die in nüchternem Besinnen liegt. Das Gefühl ist aber wohl die beste Nüchternheit und Besinnung des Dichters, wenn es richtig und warm und klar und kräftig ist. Es ist Zügel und Sporn dem Geist. Durch Wärme treibt es den Geist weiter, durch Zartheit und Richtigkeit und Klarheit schreibt es ihm die Grenze vor und hält ihn, daß er sich nicht verliert; und so ist es Verstand und Wille zugleich. Ist es aber zu zart und weichlich, so wird es tötend, ein nagender Wurm. Begrenzt sich der Geist, so fühlt es zu ängstlich die augenblickliche Schranke, wird zu warm, verliert die Klarheit und treibt den Geist mit einer unverständlichen Unruhe ins Grenzenlose; ist der Geist freier und hebt er sich augenblicklich über

Regel und Stoff, so fürchtet es ebenso ängstlich die Gefahr, daß er
sich verliere, so wie es zuvor die Eingeschränktheit fürchtete, es
wird frostig und dumpf und ermattet den Geist, daß er sinkt und
stockt und an überflüssigem Zweifel sich abarbeitet. Ist einmal
das Gefühl so krank, so kann der Dichter nichts bessers, als daß
er, weil er es kennt, sich, in keinem Falle, gleich schrecken läßt
von ihm und es nur so weit achtet, daß er etwas gehaltner fort-
fährt und so leicht wie möglich sich des Verstands bedient, um
das Gefühl, es seie beschränkend oder befreiend, augenblicklich
zu berichtigen und, wenn er so sich mehrmal durchgeholfen hat,
dem Gefühle die natürliche Sicherheit und Konsistenz wiederzu-
geben. Überhaupt muß er sich gewöhnen, nicht in den einzelnen
Momenten das Ganze, das er vorhat, erreichen zu wollen und das
augenblicklich Unvollständige zu ertragen; seine Lust muß sein,
daß er sich von einem Augenblicke zum andern selber übertrifft,
in dem Maße und in der Art, wie es die Sache erfordert, bis am
Ende der Hauptton seines Ganzen gewinnt. Er muß aber ja nicht
denken, daß er nur im crescendo vom Schwächern zum Stärkern
sich selber übertreffen könne, so wird er unwahr werden und sich
überspannen; er muß fühlen, daß er an Leichtigkeit gewinnt, was
er an Bedeutsamkeit verliert, daß Stille die Heftigkeit und das Sin-
nige den Schwung gar schön ersetzt, und so wird es im Fortgang
seines Werks nicht einen notwendigen Ton geben, der nicht den
vorhergehenden gewissermaßen überträfe, und der herrschende
Ton wird es nur darum sein, weil das Ganze auf diese und keine
andere Art komponiert ist.

———

Nur das ist die wahrste Wahrheit, in der auch der Irrtum, weil sie
ihn im Ganzen ihres Systems in seine Zeit und seine Stelle setzt,
zur Wahrheit wird. Sie ist das Licht, das sich selber und auch die
Nacht erleuchtet. Dies ist auch die höchste Poesie, in der auch das
Unpoetische, weil es zu rechter Zeit und am rechten Orte im
Ganzen des Kunstwerks gesagt ist, poetisch wird. Aber hiezu ist
schneller Begriff am nötigsten. Wie kannst du die Sache am rechten Ort brauchen, wenn du noch scheu darüber verweilst und
nicht weißt, wieviel an ihr ist, wieviel oder wenig daraus zu
machen. Das ist ewige Heiterkeit, ist Gottesfreude, daß man alles
Einzelne in die Stelle des Ganzen setzt, wohin es gehört; deswe-

gen ohne Verstand oder ohne ein durch und durch organisiertes Gefühl keine Vortrefflichkeit, kein Leben.

———

Muß denn der Mensch an Gewandtheit der Kraft und des Sinnes verlieren, was er an vielumfassendem Geiste gewinnt? Ist doch keines nichts ohne das andere!

———

Aus Freude mußt du das Reine überhaupt, die Menschen und andern Wesen verstehen, »alles Wesentliche und Bezeichnende« derselben auffassen und alle Verhältnisse nacheinander erkennen und ihre Bestandteile in ihrem Zusammenhange so lange dir wiederholen, bis wieder die lebendige Anschauung *objektiver* aus dem Gedanken hervorgeht, aus Freude, ehe die Not eintritt; der Verstand, der bloß aus Not kommt, ist immer einseitig schief.

Dahingegen die Liebe gerne zart entdeckt (wenn nicht Gemüt und Sinne scheu und trüb geworden sind durch harte Schicksale und Mönchsmoral) und nichts übersehen mag und, wo sie sogenannte Irren oder Fehler findet (Teile, die in dem, was sie sind, oder durch ihre Stellung und Bewegung aus dem Tone des Ganzen augenblicklich abweichen), das Ganze nur desto inniger fühlt und anschaut. Deswegen sollte alles Erkennen vom Studium des Schönen anfangen. Denn der hat viel gewonnen, der das Leben verstehen kann, ohne zu trauern. Übrigens ist auch Schwärmerei und Leidenschaft gut, Andacht, die das Leben nicht berühren, nicht erkennen mag, und dann Verzweiflung, wenn das Leben selber aus seiner Unendlichkeit hervorgeht. Das tiefe Gefühl der Sterblichkeit, des Veränderns, seiner zeitlichen Beschränkungen entflammt den Menschen, daß er viel versucht, übt alle seine Kräfte und läßt ihn nicht in Müßiggang geraten, und man ringt so lange um Chimären, bis sich endlich wieder etwas Wahres und Reelles findet zur Erkenntnis und Beschäftigung. In guten Zeiten gibt es selten Schwärmer. Aber wenn's dem Menschen an großen, reinen Gegenständen fehlt, dann schafft er irgendein Phantom aus dem und jenem und drückt die Augen zu, daß er dafür sich interessieren kann und dafür leben.

———

Es kommt alles darauf an, daß die Vortrefflichen das Inferieure, die Schönern das Barbarische nicht zu sehr von sich ausschließen, sich aber auch nicht zu sehr damit vermischen, *daß sie die Distanz, die zwischen ihnen und den andern ist, bestimmt und leidenschaftlos erkennen und aus dieser Erkenntnis wirken und dulden.* Isolieren sie sich zu sehr, so ist die Wirksamkeit verloren, und sie gehen in ihrer Einsamkeit unter. Vermischen sie sich zu sehr, so ist auch wieder keine rechte Wirksamkeit möglich, denn entweder sprechen und handeln sie gegen die andern wie gegen ihresgleichen und übersehen den Punkt, wo diesen es fehlt und wo sie zunächst ergriffen werden müssen, oder sie richten sich zu sehr nach diesen und wiederholen die Unart, die sie reinigen sollten; in beiden Fällen wirken sie nichts und müssen vergehen, weil sie entweder immer ohne Widerklang sich in den Tag hinein äußern und einsam bleiben mit allem Ringen und Bitten oder auch, weil sie das Fremde, Gemeinere zu dienstbar in sich aufnehmen und sich damit ersticken.

⟨Über Religion⟩

Du fragst mich, wenn auch die Menschen, ihrer Natur nach, sich über die Not erheben und so in einer mannigfaltigern und innigeren Beziehung mit ihrer Welt sich befinden, wenn sie auch, inwie*weit* sie über die physische und moralische Notdurft sich erheben, immer ein menschlich höheres Leben leben, so daß ein höherer, mehr als mechanischer *Zusammenhang*, daß ein höheres *Geschick* zwischen ihnen und ihrer Welt sei, wenn auch wirklich dieser höhere Zusammenhang ihnen ihr Heiligstes sei, weil sie in ihm sich selbst und ihre Welt und alles, was sie haben und seien, vereiniget fühlen, warum sie sich den Zusammenhang zwischen sich und ihrer Welt gerade *vorstellen*, warum sie sich eine Idee oder ein Bild machen müssen von ihrem Geschick, das sich, genau betrachtet, weder recht denken ließe noch auch vor den Sinnen liege?

So fragst du mich, und ich kann dir nur so viel darauf antworten, daß der Mensch auch insofern sich über die Not erhebt, als er sich seines Geschicks *erinnern*, als er für sein Leben *dankbar* sein kann und mag, daß er seinen durchgängigern Zusammenhang mit dem Elemente, in dem er sich regt, auch durchgängiger *empfindet*, daß er, indem er sich in seiner Wirksamkeit und den damit verbundenen Erfahrungen über die Not erhebt, auch eine unendlichere, durchgängigere Befriedigung erfährt, als die Befriedigung der Notdurft ist, wenn anders seine Tätigkeit rechter Art, nicht *für ihn*, für seine Kräfte und seine Geschicklichkeit zu weitaussehend, wenn er nicht zu unruhig, zu unbestimmt, von der andern Seite nicht zu ängstlich, zu eingeschränkt, zu mäßig ist. Greift es aber der Mensch nur recht an, so gibt es für ihn, in jeder ihm eigentümlichen Sphäre, ein mehr als notdürftiges, ein höheres Leben, also eine mehr als notdürftige, eine unendlichere Befriedigung. So wie nun jede Befriedigung ein momentaner Stillstand des *wirklichen Lebens* ist, so ist es auch eine solche unendlichere Befriedigung, nur mit *diesem* großen Unterschiede, daß auf die Befriedigung der Notdurft eine *negative* erfolgt, wie z.B. die Tiere gewöhnlich schlafen, wenn sie satt sind, auf eine unendlichere Befriedigung aber zwar auch ein Stillstand des *wirklichen Lebens*, aber daß dieses eine Leben im Geiste erfolgt und daß die Kraft des Menschen das wirkliche Leben, das ihm die Befriedigung gab, im Geiste wiederholt, bis ihn die dieser geistigen Wiederholung eigentümliche Vollkommenheit und Unvollkommenheit wieder ins wirkliche Leben treibt. Ich sage, jener unendlichere, mehr als notdürftige Zusammenhang, jenes höhere Geschick, das der Mensch in seinem Elemente erfahre, werde auch unendlicher von ihm empfunden, befriedige ihn unendlicher, und aus dieser Befriedigung gehe das geistige Leben hervor, wo er gleichsam sein wirkliches Leben wiederhole. Insofern aber ein höherer, unendlicherer Zusammenhang zwischen ihm und seinem Elemente ist in seinem wirklichen Leben, kann dieser weder bloß in *Gedanken* noch bloß im *Gedächtnis* wiederholt werden, denn der bloße Gedanke, so edel er ist, kann doch nur den *notwendigen Zusammenhang*, nur die unverbrüchlichen, allgültigen, unentbehrlichen Gesetze des Lebens wiederholen, und in ebendem Grade, in welchem er sich über dieses ihm eigentümliche Gebiet hinaus und den innigeren Zusammenhang des Lebens zu denken wagt, verleugnet er auch seinen eigentümlichen Charakter, der darin besteht, daß er ohne besondere Beispiele eingesehen und bewiesen werden kann. Jene unendlicheren, mehr als notwendigen Beziehungen des Lebens können zwar auch gedacht, aber nur nicht *bloß* gedacht werden; der Gedanke erschöpft sie nicht, und wenn es höhere Gesetze gibt, die jenen unendlichern Zusammenhang des Lebens bestimmen, wenn es ungeschriebene göttliche Gesetze gibt, von denen Antigone spricht, als sie, trotz des öffentlichen strengen Verbots, ihren Bruder begraben hatte – und es muß wohl solche geben, wenn jener höhere Zusammenhang keine Schwärmerei ist –, ich sage, wenn es solche gibt, so sind sie, insofern sie bloß für sich und nicht im Leben begriffen werden, vorgestellt werden, unzulänglich, einmal weil in ebendem Grade, in welchem der Zusammenhang des Lebens unendlicher wird, die Tätigkeit und ihr Element, die Verfahrungsart und die Sphäre, in der sie beobachtet wird, also das Gesetz und die besondere Welt, in der es ausgeübt wird, unendlicher verbunden ist und ebendeswegen das Gesetz, wenn es auch gleich ein für gesittete Menschen allgemeines wäre, doch niemals ohne einen besondern Fall, niemals abstrakt gedacht werden könnte, wenn man ihm nicht seine Eigentümlichkeit, seine innige Verbundenheit mit der Sphäre, in der es ausgeübt wird, nehmen wollte. Und dann sind die Gesetze jenes unendlichern Zusammenhangs, in dem sich der Mensch mit seiner Sphäre befinden kann, doch immer nur die Bedingungen, um jenen Zusammenhang möglich zu machen, und nicht der Zusammenhang selbst.

Also kann dieser höhere Zusammenhang nicht bloß in Gedanken wiederholt werden. So kann man von den Pflichten der Liebe und Freundschaft und Verwandtschaft, von den Pflichten der Hospitalität, von der Pflicht, großmütig gegen Feinde zu sein, man kann von dem sprechen, was sich für die oder jene Lebensweise, für den oder jenen Stand, für dies oder jenes Alter oder Geschlecht schicke und nicht schicke, und wir haben wirklich aus den feinern, unendlichern Beziehungen des Lebens zum Teil eine arrogante Moral, zum Teil eine eitle Etikette oder auch eine schale Geschmacksregel gemacht und glauben uns mit unsern eisernen Begriffen aufgeklärter als die Alten, die jene zarten Verhältnisse als religiöse, das heißt als solche Verhältnisse betrachteten, die man nicht sowohl an und für sich, als aus dem *Geiste* betrachten müsse, der in der Sphäre herrsche, in der jene Verhältnisse stattfinden. (Weitere Ausführung.)

Und dies ist eben die höhere Aufklärung, die uns größtenteils abgeht. Jene zartern und unendlichern Verhältnisse müssen also aus dem Geiste betrachtet werden, der in der Sphäre herrscht, in der sie stattfinden. Dieser Geist aber, dieser unendliche Zusammenhang, selbst ...

...

halten muß, und diesen und nichts anders meint und muß er meinen, wenn er von einer Gottheit redet und von Herzen und nicht aus einem dienstbaren Gedächtnis oder aus Profession spricht. Der Beweis liegt in wenigen Worten. Weder aus sich selbst allein noch einzig aus den Gegenständen, die ihn umgeben, kann der Mensch erfahren, daß mehr als Maschinengang, daß ein Geist, ein Gott, ist in der Welt, aber wohl in einer lebendigeren, über die Notdurft erhabnen Beziehung, in der er stehet mit dem, was ihn umgibt.

Und jeder hätte demnach seinen eigenen Gott, insoferne jeder seine eigene Sphäre hat, in der er wirkt und die er erfährt, und nur insoferne mehrere Menschen eine gemeinschaftliche Sphäre haben, in der sie menschlich, d. h. über die Notdurft erhaben wirken und leiden, nur insoferne haben sie eine gemeinschaftliche Gottheit; und wenn es eine Sphäre gibt, in der alle zugleich leben und mit der sie in mehr als notdürftiger Beziehung sich fühlen, dann, aber auch nur insoferne, haben sie alle eine gemeinschaftliche Gottheit.

Es muß aber hiebei nicht vergessen werden, daß der Mensch sich wohl auch in die Lage des andern versetzen, daß er die Sphäre des andern zu seiner eigenen Sphäre machen kann, daß es also dem einen, natürlicherweise, nicht so schwerfallen kann, die Empfindungsweise und Vorstellung zu billigen von Göttlichem, die sich aus den besondern Beziehungen bildet, in denen er mit der Welt steht – wenn anders jene Vorstellung nicht aus einem leidenschaftlichen, übermütigen oder knechtischen Leben hervorgegangen ist, woraus dann immer auch eine gleich notdürftige, leidenschaftliche Vorstellung von dem Geiste, der in diesem

Leben herrsche, sich bildet, so daß dieser Geist immer die Gestalt des Tyrannen oder des Knechts trägt. Aber auch in einem beschränkten Leben kann der Mensch unendlich leben, und auch die beschränkte Vorstellung einer Gottheit, die aus seinem Leben für ihn hervorgeht, kann eine unendliche sein. (Ausführung.).

Also, wie einer die beschränkte, aber reine Lebensweise des andern billigen kann, so kann er auch die beschränkte, aber reine Vorstellungsweise billigen, die der andere von Göttlichem hat. Es ist im Gegenteil Bedürfnis der Menschen, solange sie nicht gekränkt und geärgert, nicht gedrückt und nicht empört in gerechtem oder ungerechtem Kampfe begriffen sind, ihre verschiedenen Vorstellungsarten von Göttlichem eben wie in übrigem Interesse sich einander zuzugesellen und so der Beschränktheit, die jede einzelne Vorstellungsart hat und haben muß, ihre Freiheit zu geben, indem sie in einem harmonischen Ganzen von Vorstellungsarten begriffen ist, und zugleich, eben weil in jeder besondern Vorstellungsart auch die Bedeutung der besonderen Lebensweise liegt, die jeder hat, der notwendigen Beschränktheit dieser Lebensweise ihre Freiheit zu geben, indem sie in einem harmonischen Ganzen von Lebensweisen begriffen ist.

...

d. h. solche sind, wo die Menschen, die in ihnen stehen, insofern wohl ohneeinander isoliert bestehen können, und daß diese Rechtverhältnisse erst durch ihre Störung positiv werden, d. h., daß diese Störung kein Unterlassen, sondern eine Gewalttat ist und ebenso wieder durch Gewalt und Zwang gehindert und beschränkt wird, daß also auch die Gesetze jener Verhältnisse an sich negativ und nur unter Voraussetzung ihrer Übertretung positiv sind; da hingegen jene freieren Verhältnisse, solange sie sind, was sie sind, und ungestört bestehen,...

Winke zur Fortsetzung.
Unterschied religiöser Verhältnisse von intellektualen, moralischen, rechtlichen Verhältnissen einesteils und von physischen, mechanischen, historischen Verhältnissen andernteils, so daß die religiösen Verhältnisse einesteils in ihren Teilen die Persönlichkeit, die Selbständigkeit, die gegenseitige Beschränkung, das

negative gleiche Nebeneinandersein der intellektualen Verhältnisse, andernteils den innigen Zusammenhang, das Gegebensein des einen zum andern, die Unzertrennlichkeit in ihren Teilen haben, welche die Teile eines physischen Verhältnisses charakterisiert, so daß die religiösen Verhältnisse in ihrer *Vorstellung* weder intellektuell noch historisch, sondern intellektuell historisch, d. h. *mythisch* sind, sowohl was ihren Stoff als was ihren Vortrag betrifft. Sie werden also in Rücksicht des Stoffs weder bloß Ideen oder Begriffe oder Charaktere, noch auch bloße Begebenheiten, Tatsachen, enthalten, auch nicht beedes getrennt, sondern beedes in einem, und zwar so, daß, wo die persönlichen Teile mehr Gewicht haben, Hauptpartien, der innere Gehalt sind, die Darstellung, der äußere Gehalt geschichtlicher sein wird (epische Mythe), und wo die Begebenheit Hauptpartie ist, innerer Gehalt, der äußere Gehalt persönlicher sein wird (dramatische Mythe), nur muß nicht vergessen werden, daß sowohl die persönlichen Teile als die geschichtlichen immer nur Nebenteile sind, im Verhältnis zur eigentlichen Hauptpartie, zu dem *Gott der Mythe*. (Das Lyrischmythische ist noch zu bestimmen.)

So auch der Vortrag der Mythe. Ihre Teile werden einerseits so zusammengestellt, daß durch ihre durchgängige gegenseitige schickliche Beschränkung keiner *zu* sehr hervorspringt und jeder einen gewissen Grad von Selbständigkeit ebendadurch erhält, und insofern wird der Vortrag einen intellektualen Charakter tragen, anderseits werden sie, indem jeder Teil etwas weiter gehet, als nötig ist, ebendadurch jene Unzertrennlichkeit erhalten, die sonst nur den Teilen eines physischen, mechanischen Verhältnisses eigen ist.

So wäre alle Religion ihrem Wesen nach poetisch.

Hier kann nur noch gesprochen werden über die Vereinigung mehrerer zu einer Religion, wo jeder seinen Gott und alle einen gemeinschaftlichen in dichterischen Vorstellungen ehren, wo jeder sein höheres Leben und alle ein gemeinschaftliches höheres Leben, die Feier des Lebens mythisch feiern. Ferner könnte noch gesprochen werden von Religionsstiftern und von Priestern, was sie aus diesem Gesichtspunkte sind; jene die Religionsstifter (wenn es nicht die Väter einer Familie sind, die das Geschäft und Geschick derselben forterbt), wenn sie einem...

⟨ÜBER DIE VERFAHRUNGSWEISE
DES POETISCHEN GEISTES⟩

Wenn der Dichter einmal des Geistes mächtig ist, wenn er die gemeinschaftliche Seele, die allem gemein und jedem eigen ist, gefühlt und sich zugeeignet, sie festgehalten, sich ihrer versichert hat, wenn er ferner der freien Bewegung, des harmonischen Wechsels und Fortstrebens, worin der Geist sich in sich selber und in anderen zu reproduzieren geneigt ist, wenn er des schönen, im Ideale des Geistes vorgezeichneten Progresses und seiner poetischen Folgerungsweise gewiß ist, wenn er eingesehen hat, daß ein notwendiger Widerstreit entstehe zwischen der ursprünglichsten Forderung des Geistes, die auf Gemeinschaft und einiges Zugleichsein aller Teile geht, und zwischen der anderen Forderung, welche ihm gebietet, aus sich herauszugehen und in einem schönen Fortschritt und Wechsel sich in sich selbst und in anderen zu reproduzieren, wenn dieser Widerstreit ihn immer festhält und fortzieht auf dem Wege zur Ausführung, wenn er ferner eingesehen hat, daß einmal jene Gemeinschaft und Verwandtschaft aller Teile, jener geistige Gehalt gar nicht fühlbar wäre, wenn diese nicht dem sinnlichen Gehalte, dem Grade nach, auch den harmonischen Wechsel abgerechnet, auch bei der Gleichheit der geistigen Form (des Zugleich- und Beisammenseins), verschieden wären, daß ferner jener harmonische Wechsel, jenes Fortstreben, wieder nicht fühlbar und ein leeres, leichtes Schattenspiel wäre, wenn die wechselnden Teile, auch bei der Verschiedenheit des *sinnlichen* Gehalts, nicht in der *sinnlichen* Form sich unter dem Wechsel und Fortstreben gleichbleiben, wenn er eingesehen hat, daß *jener Widerstreit zwischen geistigem Gehalt* (zwischen der Verwandtschaft aller Teile) *und geistiger Form* (dem Wechsel aller Teile), zwischen dem Verweilen und Fortstreben des Geistes, *sich dadurch löse*, daß eben beim Fortstreben des Geistes, beim Wechsel der geistigen Form die *Form des Stoffes in allen Teilen identisch bleibe* und daß sie ebensoviel ersetze, als von ursprünglicher Verwandtschaft und Einigkeit der Teile verloren werden muß im harmonischen Wechsel, daß sie den objektiven *Gehalt* ausmache im Gegensatze gegen die geistige Form und dieser ihre völlige Bedeutung gebe, daß auf der anderen Seite *der materielle Wechsel des Stoffes*, der das Ewige des *geistigen* Gehalts begleitet, die Mannigfaltigkeit desselben die Forderung des Geistes, die er *in seinem Fortschritt* macht und die durch die *Forderung der Einigkeit und Ewigkeit in jedem Momente aufgehalten* sind, befriedige, daß eben dieser materielle Wechsel die objektive Form, die Gestalt ausmache im Gegensatze gegen den geistigen Gehalt; wenn er eingesehen hat, daß andererseits *der Widerstreit* zwischen dem *materiellen Wechsel* und der *materiellen Identität dadurch* gelöst werde, daß der Verlust von materieller Identität[1], von leidenschaftlichem, die Unterbrechung fliehendem Fortschritt ersetzt wird durch den immerforttönenden allesausgleichenden *geistigen Gehalt* und der Verlust an materieller Mannigfaltigkeit, der durch das schnellere Fortstreben zum Hauptpunkt und Eindruck, durch diese materielle Identität entsteht, ersetzt wird durch die immerwechselnde idealistisch geistige Form; wenn er eingesehen hat, wie umgekehrterweise eben der Widerstreit zwischen geistigem ruhigem Gehalt und geistiger

---

1 Materielle Identität? Sie muß ursprünglich das im Stoffe sein, vor dem materiellen Wechsel, was im Geiste die Einigkeit vor dem idealischen Wechsel ist, sie muß der sinnliche Berührungspunkt aller Teile sein. Der Stoff muß nämlich auch, wie der Geist, vom Dichter *zu eigen gemacht* und *festgehalten werden*, mit freiem Interesse, *wenn* er einmal in seiner ganzen Anlage gegenwärtig ist, *wenn* der Eindruck, den er auf den Dichter gemacht, das erste Wohlgefallen, das auch zufällig sein könnte, untersucht und als rezeptiv für die Behandlung des Geistes und wirksam, angemessen gefunden worden ist für den Zweck, daß der Geist sich in sich selber und in anderen reproduziere, *wenn* er nach dieser Untersuchung wieder empfunden und in allen seinen Teilen wieder hervorgerufen und in einer noch unausgesprochenen gefühlten Wirkung begriffen ist. Und diese Wirkung ist eigentlich die Identität des Stoffs, weil in ihr sich alle Teile konzentrieren. Aber sie ist unbestimmt gelassen, der Stoff ist noch unentwickelt. Er muß in allen seinen Teilen deutlich ausgesprochen und eben hiedurch in der Lebhaftigkeit seines Totaleindrucks geschwächt werden. Er muß dies, denn in der unausgesprochenen Wirkung ist er wohl dem Dichter, aber nicht anderen gegenwärtig, überdies hat dies in der unausgesprochenen Wirkung der Geist noch nicht wirklich reproduziert, sie gibt ihm nur die Fähigkeit, die im Stoffe dazu liegt, zu erkennen, und ein Streben, die Reproduktion zu realisieren. Der Stoff muß also verteilt, der Totaleindruck muß aufgehalten und die Identität ein Fortstreben von einem Punkte zum andern werden, wo denn der Totaleindruck sich wohl also findet, daß der Anfangspunkt und Mittelpunkt und Endpunkt in der innigsten Beziehung stehen, so daß beim Beschlusse der Endpunkt auf den Anfangspunkt und dieser auf den Mittelpunkt zurückkehrt.

wechselnder Form, soviel sie unvereinbar sind, so auch der Widerstreit zwischen materiellem *Wechsel* und materiellem *identischem* Fortstreben zum Hauptmoment, soviel sie unvereinbar sind, das eine wie das andere *fühlbar* macht, wenn er endlich eingesehen hat, wie der Widerstreit des geistigen Gehalts und der idealischen Form einerseits und des materiellen Wechsels und identischen Fortstrebens andererseits sich vereinigen in den Ruhepunkten und Hauptmomenten, und soviel sie in diesen nicht vereinbar sind, eben in diesen auch und ebendeswegen fühlbar und gefühlt werden, wenn er dieses eingesehen hat, so kommt ihm alles an auf die Rezeptivität des Stoffs zum idealischen Gehalt und zur idealischen Form. Ist er des einen gewiß und mächtig wie des andern, der Rezeptivität des Stoffs, wie des Geistes, so kann es im Hauptmomente nicht fehlen.

Wie muß nun der Stoff beschaffen sein, der für das Idealische, für seinen Gehalt, für die Metapher, und seine Form, den Übergang, vorzüglich rezeptiv ist?

Der Stoff ist entweder eine Reihe von Begebenheiten oder Anschauungen, Wirklichkeiten, subjektiv oder objektiv zu beschreiben, zu malen, oder er ist eine Reihe von Bestrebungen, Vorstellungen, Gedanken oder Leidenschaften, Notwendigkeiten, subjektiv oder objektiv zu bezeichnen, oder eine Reihe von Phantasien, Möglichkeiten, subjektiv oder objektiv zu bilden.[1] In allen drei Fällen muß er der idealischen Behandlung fähig sein, wenn nämlich ein echter Grund zu den Begebenheiten, zu den Anschauungen, die erzählt, beschrieben, oder zu den Gedanken und Leidenschaften, welche gezeichnet, oder zu den Phantasien, welche gebildet werden sollen, vorhanden ist, wenn die Begebenheiten oder Anschauungen hervorgehn aus rechten Bestrebungen, die Gedanken und Leidenschaften aus einer rechten Sache, die Phantasien aus schöner Empfindung. Dieser Grund des

---

[1] Ist die Empfindung Bedeutung, so ist die Darstellung bildlich, und die geistige Behandlung zeigt sich episodisch. – Ist die intellektuelle Anschauung Bedeutung, so ist der Ausdruck, das Materielle, leidenschaftlich, die geistige Behandlung zeigt sich mehr im Stil. – Ist die Bedeutung ein eigentlicherer Zweck, so ist der Ausdruck sinnlich, die freie Behandlung metaphorisch.

Gedichts, seine Bedeutung, soll den Übergang bilden zwischen dem Ausdruck, dem Dargestellten, dem sinnlichen Stoffe, dem eigentlich Ausgesprochenen im Gedichte, und zwischen dem Geiste, der idealischen Behandlung. Die Bedeutung des Gedichts kann zweierlei heißen, so wie auch der Geist, das Idealische, wie auch der Stoff, die Darstellung, zweierlei heißen, nämlich insofern es angewandt oder unangewandt verstanden wird. Unangewandt sagen diese Worte nichts aus als die poetische Verfahrungsweise, wie sie, genialisch und vom Urteile geleitet, in jedem echtpoetischen Geschäfte bemerkbar ist; angewandt bezeichnen jene Worte die Angemessenheit des jedesmaligen poetischen Wirkungskreises zu jener Verfahrungsweise, die Möglichkeit, die im Elemente liegt, jene Verfahrungsweise zu realisieren, so daß man sagen kann, im jedesmaligen Elemente liege objektiv und reell Idealisches dem Idealischen, Lebendiges dem Lebendigen, Individuelles dem Individuellen gegenüber, und es fragt sich nur, was unter diesem Wirkungskreise zu verstehen sei. Es ist das, worin und woran das jedesmalige poetische Geschäft und Verfahren sich realisiert, das Vehikel des Geistes, wodurch er sich in sich selbst und in andern reproduziert. *An* sich ist der Wirkungskreis größer als der poetische Geist, aber nicht *für* sich selber. Insofern er im Zusammenhange der Welt betrachtet wird, ist er größer; insofern er vom Dichter festgehalten und zugeeignet ist, ist er subordiniert. Er ist der Tendenz nach, dem Gehalte seines Strebens nach dem poetischen Geschäfte entgegen, und der Dichter wird nur zu leicht durch seinen Stoff irre geführt, indem dieser, aus dem Zusammenhange der lebendigen Welt genommen, der poetischen Beschränkung widerstrebt, indem er dem Geiste nicht bloß als Vehikel dienen will; indem, wenn er auch recht gewählt ist, sein nächster und erster Fortschritt in Rücksicht auf ihn Gegensatz und Sporn ist in Rücksicht auf die dichterische Erfüllung, so daß sein zweiter Fortschritt zum Teil unerfüllt, zum Teil erfüllt werden muß, p.p.

Es muß sich aber zeigen, wie dieses Widerstreits ungeachtet, in dem der poetische Geist bei seinem Geschäfte mit dem jedesmaligen Elemente und Wirkungskreise steht, dieser dennoch jenen begünstige und wie sich jener Widerstreit auflöse, wie in dem Elemente, das sich der Dichter zum Vehikel wählt, dennoch eine

Rezeptivität für das poetische Geschäft liege und wie er alle Forderungen, die ganze poetische Verfahrungsweise in ihrem Metaphorischen, ihrem Hyperbolischen und ihrem   Charakter in sich realisiere in Wechselwirkung mit dem Elemente, das zwar in seiner anfänglichen Tendenz widerstrebt und gerade entgegengesetzt ist, aber im Mittelpunkte sich mit jenen vereiniget.

Zwischen dem Ausdrucke (der Darstellung) und der freien idealischen Behandlung liegt die Begründung und Bedeutung des Gedichts. Sie ist's, die dem Gedichte seinen Ernst, seine Festigkeit, seine Wahrheit gibt, sie sichert das Gedicht davor, daß die freie idealische Behandlung nicht zur leeren Manier und Darstellung nicht zur Eitelkeit werde. Sie ist das Geistigsinnliche, das Formalmaterielle, des Gedichts; und wenn die idealische Behandlung in ihrer Metapher, ihrem Übergang, ihren Episoden, mehr vereinigend ist, hingegen der Ausdruck, die Darstellung in ihren Charakteren, ihrer Leidenschaft, ihren Individualitäten, mehr trennend, so stehet die Bedeutung zwischen beiden, sie zeichnet sich aus dadurch, daß sie sich selber überall entgegengesetzt ist: daß sie, statt daß der Geist alles der Form nach Entgegengesetzte vergleicht, alles Einige trennt, alles Freie festsetzt, alles Besondere verallgemeinert, weil nach ihr das Behandelte nicht bloß ein individuelles Ganzes, noch ein mit seinem Harmonischentgegengesetzten zum Ganzen verbundenes Ganze, sondern ein Ganzes überhaupt ist und die Verbindung mit dem Harmonischentgegengesetzten auch möglich ist durch ein der individuellen Tendenz nach, aber nicht der Form nach Entgegengesetztes; daß sie durch Entgegensetzung, durch das Berühren der Extreme vereiniget, indem diese sich nicht dem Gehalte nach, aber in der Richtung und dem Grade der Entgegensetzung vergleichbar sind, so daß sie auch das *Widersprechendste vergleicht* und durchaus hyperbolisch ist, daß sie nicht fortschreitet durch Entgegensetzung in der Form, wo aber das erste dem zweiten dem Gehalte nach verwandt ist, sondern durch Entgegensetzung im Gehalt, wo aber das erste dem zweiten der Form nach gleich ist, so daß naive und heroische und idealische Tendenz, im Objekt ihrer Tendenz, sich widersprechen, aber in der Form des Widerstreits und Strebens vergleichbar sind und einig nach dem Gesetze der Tätigkeit, also einig im Allgemeinsten, im Leben.

Eben dadurch, durch dieses hyperbolische Verfahren, nach welchem das Idealische, harmonisch Entgegengesetzte und Verbundene, nicht bloß als dieses, als schönes Leben, sondern auch als Leben überhaupt betrachtet, also auch als eines andern Zustandes fähig betrachtet wird, und zwar nicht eines andern harmonischentgegengesetzten, sondern eines geradentgegengesetzten, eines äußersten, so daß dieser neue Zustand mit dem vorigen nur vergleichbar ist durch die Idee des Lebens überhaupt – eben dadurch gibt der Dichter dem Idealischen einen Anfang, eine Richtung, eine Bedeutung. Das Idealische in dieser Gestalt ist der subjektive Grund des Gedichts, von dem aus-, auf den zurückgegangen wird, und da das innere idealische Leben in verschiedenen Stimmungen aufgefaßt, als Leben überhaupt, als ein Verallgemeinbares, als ein Festsetzbares, als ein Trennbares betrachtet werden kann, so gibt es auch verschiedene Arten des subjektiven Begründens; entweder wird die idealische Stimmung als Empfindung aufgefaßt, dann ist sie der subjektive Grund des Gedichts, die Hauptstimmung des Dichters beim ganzen Geschäfte, und eben weil sie als Empfindung festgehalten ist, wird sie durch das Begründen als ein *Verallgemeinbares* betrachtet – oder sie wird als Streben festgesetzt, dann wird sie die Hauptstimmung des Dichters beim ganzen Geschäfte, und daß sie als Streben festgesetzt ist, macht, daß sie als *Erfüllbares* durch das Begründen betrachtet wird, oder wird sie als intellektuale Anschauung festgehalten, dann ist diese die Grundstimmung des Dichters beim ganzen Geschäfte, und eben daß sie als diese festgehalten worden ist, macht, daß sie als *Realisierbares* betrachtet wird. Und so fordert und bestimmt die subjektive Begründung eine objektive und bereitet sie vor. Im ersten Fall wird also der Stoff als Allgemeines *zuerst*, im zweiten als Erfüllendes, im dritten als Geschehendes aufgefaßt werden.

Ist das freie idealische poetische Leben einmal so fixiert und ist ihm, je nachdem es fixiert war, seine Bedeutsamkeit gegeben, als Verallgemeinbares, als Erfüllbares, als Realisierbares, ist es, auf diese Art, durch die Idee des Lebens überhaupt, mit seinem direkt Entgegengesetzten verbunden und hyperbolisch genommen, so fehlt in der Verfahrungsweise des poetischen Geistes noch ein wichtiger Punkt, wodurch er seinem Geschäfte nicht die

Stimmung, den Ton, auch nicht die Bedeutung und Richtung, aber die Wirklichkeit gibt.

Als *reines poetisches* Leben *betrachtet*, bleibt nämlich *seinem Gehalte nach*, als vermöge des Harmonischen überhaupt und des zeitlichen Mangels ein mit *Harmonischentgegengesetzten Verbundenes*, das poetische Leben *sich* durchaus einig, und nur im Wechsel der Formen ist es entgegengesetzt, nur in der Art, nicht im Grunde seines Fortstrebens, es ist nur geschwungner oder zielender oder geworfner, nur zufällig mehr oder weniger unterbrochen; als durch die poetische Reflexion vermöge der Idee des Lebens überhaupt und des Mangels in der Einigkeit bestimmtes und begründetes Leben *betrachtet*, fängt es mit einer idealisch charakteristischen Stimmung an, es ist nun nicht mehr ein mit Harmonischentgegengesetzten Verbundenes überhaupt, es ist als solches in bestimmter Form vorhanden und schreitet fort im Wechsel der Stimmungen, wo jedesmal die nachfolgende durch die vorhergehende bestimmt und ihr dem Gehalt nach, das heißt, den Organen nach, in denen sie begriffen, entgegengesetzt und insofern individueller, allgemeiner, voller ist, so daß die verschiedenen Stimmungen nur in dem, worin das Reine seine Entgegensetzung findet, nämlich in der Art des Fortstrebens, verbunden sind, als Leben überhaupt, so daß das rein poetische Leben nicht mehr zu finden ist, denn in jeder der wechselnden Stimmungen ist es in besonderer Form also mit seinem Geradentgegengesetzten verbunden, also nicht mehr rein, im Ganzen ist es nur als fortstrebendes und nach dem Gesetze des Fortstrebens nur als Leben überhaupt vorhanden, und es herrscht auf diesem Gesichtspunkte durchaus ein Widerstreit von Individuellem (Materialem), Allgemeinem (Formalem) und Reinem.

Das Reine, in jeder besondern Stimmung begriffenes, widerstreitet dem Organ, in dem es begriffen, es widerstreitet dem Reinen des andern Organs, es widerstreitet dem Wechsel.

Das Allgemeine widerstreitet als besonderes Organ (Form), als charakteristische Stimmung dem Reinen, welches es in dieser Stimmung begreift, es widerstreitet als Fortstreben im Ganzen dem Reinen, welches in ihm begriffen ist, es widerstreitet als charakteristische Stimmung der zunächstliegenden.

Das Individuelle widerstreitet dem Reinen, welches es begreift, es widerstreitet der zunächstliegenden Form, es widerstreitet als Individuelles dem Allgemeinen des Wechsels.

Die Verfahrungsweise des poetischen Geistes bei seinem Geschäfte kann also unmöglich hiemit enden. Wenn sie die wahre ist, so muß noch etwas anders in ihr aufzufinden sein, und es muß sich zeigen, daß die Verfahrungsart, welche dem Gedichte seine Bedeutung gibt, nur der Übergang vom Reinen zu diesem Aufzufindenden sowie rückwärts von diesem zum Reinen ist. (Verbindungsmittel zwischen Geist und Zeichen.)

Wenn nun das dem Geiste direkt Entgegengesetzte, das Organ, worin er enthalten und wodurch alle Entgegensetzung möglich ist, könnte betrachtet und begriffen werden nicht nur als das, wo*durch* das Harmonischverbundene formal entgegengesetzt, sondern wodurch es auch formal verbunden ist, wenn es könnte betrachtet und begriffen werden nicht nur als das, wodurch die verschiedenen unharmonischen Stimmungen materiell entgegengesetzt und formal verbunden, sondern wodurch sie auch materiell verbunden und formal entgegengesetzt sind, wenn es könnte betrachtet und begriffen werden nicht nur als das, was als verbindendes bloß formales Leben überhaupt und als besonderes und materielles nicht verbindend, nur entgegensetzend und trennend, ist, wenn es als materielles als verbindend, *wenn das Organ des Geistes könnte betrachtet werden als dasjenige, welches, um das Harmonischentgegengesetzte möglich zu machen, rezeptiv* sein muß *sowohl für das eine wie für das andre Harmonischentgegengesetzte,* daß es also, insofern es für das rein poetische Leben formale Entgegensetzung ist, auch formale Verbindung sein muß, daß es, insofern es für das bestimmte poetische Leben und seine Stimmungen material entgegensetzend ist, auch material verbindend sein muß, daß das Begrenzende und Bestimmende nicht bloß negativ, daß es auch positiv ist, daß es zwar bei harmonisch Verbundenem, abgesondert betrachtet, dem einen wie dem andern entgegengesetzt ist, aber beide zusammengedacht die Vereinigung von beiden ist, dann wird derjenige Akt des Geistes, welcher in Rücksicht auf die Bedeutung nur einen durchgängigen Widerstreit zur Folge hatte, ein ebenso vereinigender sein, als er entgegensetzend war.

Wie wird er aber in dieser Qualität begriffen? als möglich und als notwendig? Nicht bloß *durch das Leben überhaupt*, denn so ist er es, insofern er bloß als material entgegensetzend und formal verbindend, das Leben direkt bestimmend, betrachtet wird. Auch nicht bloß durch die *Einigkeit* überhaupt, denn so ist er es, insofern er bloß als formal entgegensetzend betrachtet wird, aber im Begriffe der *Einheit* des *Einigen*, so daß von Harmonischverbundenem *eines* wie *das andere im Punkte der Entgegensetzung und Vereinigung vorhanden* ist und daß *in diesem Punkte der Geist in seiner Unendlichkeit fühlbar* ist, der durch die Entgegensetzung als Endliches erschien, daß das Reine, das dem Organ an sich widerstritt, in ebendiesem Organ sich *selber gegenwärtig* und so erst *ein Lebendiges* ist, daß, wo es in verschiedenen Stimmungen vorhanden ist, die unmittelbar auf die Grundstimmung folgende nur der *verlängerte Punkt* ist, der *dahin*, nämlich zum *Mittelpunkte* führt, wo sich die harmonisch-entgegengesetzten Stimmungen begegnen, daß also gerade im stärksten Gegensatz, im Gegensatz der ersten idealischen und zweiten künstlich reflektierten Stimmung, in der *materiellsten* Entgegensetzung (die zwischen harmonisch verbundenem, im Mittelpunkte zusammentreffendem, im Mittelpunkte gegenwärtigem Geist und Leben liegt), daß gerade in dieser materiellsten Entgegensetzung, welche sich selbst entgegengesetzt ist *(in Beziehung auf den Vereinigungspunkt, wohin sie strebt)*, in den widerstreitenden *fortstrebenden* Akten des Geistes, wenn sie nur *aus dem wechselseitigen Charakter der harmonischentgegengesetzten Stimmungen entstehen*, daß gerade da das Unendlichste sich am fühlbarsten, am negativpositivsten und hyperbolisch darstellt, daß durch diesen Gegensatz der Darstellung des Unendlichen im widerstreitenden Fortstreben zum Punkt und seines Zusammentreffens im Punkt die simultane Innigkeit und Unterscheidung der harmonischentgegengesetzten lebendigen zum Grunde liegenden Empfindung ersetzt und zugleich klarer von dem freien Bewußtsein und gebildeter, allgemeiner, als eigene Welt der Form nach, als Welt in der Welt und so als Stimme des Ewigen zum Ewigen dargestellt wird.

Der poetische Geist kann also in der Verfahrungsweise, die er bei seinem Geschäfte beobachtet, sich nicht begnügen in einem harmonischentgegengesetzten Leben, auch nicht bei dem Auffassen und Festhalten desselben durch hyperbolische Entgegensetzung; wenn er so weit ist, wenn es seinem Geschäfte weder an harmonischer Einigkeit noch an Bedeutung und Energie gebricht, weder an harmonischem Geiste überhaupt noch an harmonischem Wechsel gebricht, so ist notwendig, wenn das Einige nicht entweder (sofern es an sich selbst betrachtet werden kann) als ein Ununterscheidbares sich selbst aufheben und zur *leeren* Unendlichkeit werden soll oder wenn es nicht in einem Wechsel von Gegensätzen, seien diese auch noch so harmonisch, seine Identität verlieren, also nichts Ganzes und Einiges mehr sein, sondern in eine Unendlichkeit isolierter Momente (gleichsam eine Atomenreihe) zerfallen soll – ich sage: so ist notwendig, daß der poetische Geist bei seiner Einigkeit und harmonischem Progreß auch einen unendlichen Gesichtspunkt sich gebe beim Geschäfte, eine Einheit, wo im harmonischen Progreß und Wechsel alles vor- und rückwärts gehe und durch seine *durchgängige charakteristische Beziehung* auf diese Einheit nicht bloß objektiven Zusammenhang, für den Betrachter auch gefühlten und fühlbaren Zusammenhang und Identität im Wechsel der Gegensätze gewinne, und es ist seine letzte Aufgabe, beim harmonischen Wechsel einen Faden, eine Erinnerung zu haben, damit der Geist nie im einzelnen Momente und wieder einem einzelnen Momente, sondern in einem Momente wie im andern fortdauernd und in den verschiedenen Stimmungen sich gegenwärtig bleibe, so wie er sich ganz gegenwärtig ist, *in der unendlichen Einheit*, welche einmal Scheidepunkt des Einigen als Einigen, dann aber auch Vereinigungspunkt des Einigen als Entgegengesetzten, endlich auch beedes zugleich ist, so daß in ihr das Harmonischentgegengesetzte weder als Einiges entgegengesetzt noch als Entgegengesetztes vereinigt, sondern als beedes in *einem*, als Einigentgegengesetztes unzertrennlich gefühlt und als Gefühltes erfunden wird. Dieser Sinn ist eigentlich poetischer Charakter, weder Genie noch Kunst, poetische Individualität, und dieser allein ist die Identität der Begeisterung, ihr die Vollendung des Genie und der Kunst, die Vergegenwärtigung des Unendlichen, der göttliche Moment gegeben.

Sie ist also nie bloß Entgegensetzung des Einigen, auch nie bloß Beziehung, Vereinigung des Entgegengesetzten und Wechselnden, Entgegengesetztes und Einiges ist in ihr unzertrennlich. Wenn dies ist, so kann sie in ihrer Reinheit und subjektiven Ganzheit, als ursprünglicher Sinn, zwar in den Akten des Entgegensetzens und Vereinigens, womit sie in harmonischentgegengesetztem Leben wirksam ist, passiv sein, aber in ihrem letzten Akt, wo das Harmonischentgegengesetzte als harmonisches Entgegengesetztes, das Einige als Wechselwirkung in ihr als eines begriffen ist, in diesem Akte kann und darf sie schlechterdings nicht durch sich selbst begriffen, sich selber zum Objekte werden, wenn sie nicht statt einer unendlich einigen und lebendigen Einheit eine tote und tötende Einheit, ein unendlich positives Gewordenes sein soll; denn wenn Einigkeit und Entgegensetzung in ihr unzertrennlich verbunden und eines ist, so kann sie der Reflexion weder als entgegensetzbares Einiges noch als vereinbares Entgegengesetztes erscheinen, sie kann also gar nicht erscheinen oder nur im Charakter eines positiven Nichts, eines unendlichen Stillstands, und es ist die Hyperbel aller Hyperbeln, der kühnste und letzte Versuch des poetischen Geistes, wenn er in seiner Verfahrungsweise ihn je macht, die ursprüngliche poetische Individualität, das poetische Ich aufzufassen, ein Versuch, wodurch er diese Individualität und ihr reines Objekt, das Einige und Lebendige, harmonische, wechselseitig wirksame Leben aufhöbe, und doch muß er es, denn da er alles, was er in seinem Geschäfte ist, mit *Freiheit* sein soll und muß, indem er eine eigene Welt schafft, und der Instinkt natürlicherweise zur eigentlichen Welt, in der er da ist, gehört, da er also alles mit Freiheit sein soll, so muß er auch dieser seiner Individualität sich versichern. Da er aber sie nicht durch sich selbst und an sich selbst erkennen kann, so ist ein äußeres Objekt notwendig, und zwar ein solches, wodurch die reine Individualität unter mehreren besondern, weder bloß entgegensetzenden noch bloß beziehenden, sondern poetischen Charakteren, die sie annehmen kann, irgendeinen anzunehmen bestimmt werde, so daß also sowohl an der reinen Individualität als an den andern Charakteren die jetzt gewählte Individualität und ihr durch den jetzt gewählten Stoff bestimmter Charakter erkennbar und mit Freiheit festzuhalten ist.

(Innerhalb der subjektiven Natur kann das Ich nur als Entgegensetzendes oder als Beziehendes, innerhalb der subjektiven

Natur kann es sich aber nicht als poetisches Ich in dreifacher Eigenschaft erkennen, denn so wie es innerhalb der subjektiven Natur erscheint und von sich selber unterschieden wird, und an und durch sich selber unterschieden, so muß das Erkannte immer nur mit dem Erkennenden und der Erkenntnis beeder zusammengenommen jene dreifache Natur des poetischen Ich ausmachen, und weder als Erkanntes aufgefaßt vom Erkennenden, noch als Erkennendes aufgefaßt vom Erkennenden, noch als Erkanntes und Erkennendes aufgefaßt von der Erkenntnis, noch als Erkenntnis aufgefaßt vom Erkennenden, in keiner dieser drei abgesondert gedachten Qualitäten wird es als reines poetisches Ich in seiner dreifachen Natur, als entgegensetzend das Harmonischentgegengesetzte, als (formal) vereinigend das Harmonischentgegengesetzte, als in einem begreifend das Harmonischentgegengesetzte, die Entgegensetzung und Vereinigung, erfunden, im Gegenteile bleibt es mit und für sich selbst im realen Widerspruche.[1] – Also nur, insofern es nicht von sich selber und an und

[1] Es ist sich als material Entgegen*gesetztes* hiemit (für ein drittes, aber nicht für sich selbst) *formal* Vereinendes (als Erkanntes), als Entgegen*setzendes* hiemit (für ein drittes) *formal* Vereinigtes, als Erkennendes schlechterdings nicht begreiflich in seinem realen Widerstreit; als Entgegengesetztes formal Vereinendes, als Entgegensetzendes formal Vereinigtes in der Erkenntnis, im material Vereinigten und Entgegengesetzten entgegengesetzt, also...

Indem nämlich das Ich in seiner subjektiven Natur sich von sich selber unterscheidet und sich setzt als entgegensetzende Einheit im Harmonischentgegengesetzten, insofern dieses harmonisch ist, oder als vereinende Einheit im Harmonischentgegengesetzten, insofern dieses entgegengesetzt ist, so muß es entweder die Realität des Gegensatzes, des Unterschiedes, in dem es sich selbst erkennt, leugnen und das Unterscheiden innerhalb der subjektiven Natur entweder für eine Täuschung und Willkür erklären, die es sich selbst als Einheit macht, um seine Identität zu erkennen, dann ist auch die Identität als daraus erkannt, eine Täuschung, es erkennt sich nicht, oder es ist nicht Einheit, nimmt die Unterscheidung von sich selber für (dogmatisch) real an, daß nämlich das Ich als Unterscheidendes oder als Vereinendes sich verhalte, je nachdem es, in seiner subjektiven Natur, ein zu Unterscheidendes oder ein zu Vereinendes vorfinde; es setzt sich also als Unterscheidendes und als Vereinendes abhängig, und weil dies in seiner subjektiven Natur stattfinden soll, von der es nicht abstrahieren kann, ohne sich aufzuheben, absolut abhängig in seinen Akten, so daß es weder als Entgegensetzendes noch als Vereinendes sich *selbst*, *seinen* Akt erkennt. In diesem Falle kann es sich wieder nicht als identisch

durch sich selber unterschieden wird, wenn es durch ein drittes bestimmt unterscheidbar gemacht wird und wenn dieses dritte, insoferne es mit Freiheit erwählt war, insofern auch in seinen Einflüssen und Bestimmungen die reine Individualität nicht aufhebt, sondern von dieser betrachtet werden kann, wo sie dann zugleich sich selbst als ein durch eine Wahl Bestimmtes, empirisch Individualisiertes und Charakterisiertes betrachtet, nur dann ist es möglich, daß das Ich im harmonischentgegengesetzten Leben als Einheit und umgekehrt das Harmonischentgegengesetzte als Einheit im Ich erscheine und in schöner Individualität zum Objekte werde.)

a) Wie ist es aber möglich? im Allgemeinen?

b) Wenn es auf solche Art möglich wird, daß das Ich sich in poetischer Individualität erkenne und verhalte, welches Resultat entspringt daraus für die poetische Darstellung? (Es erkennt in den dreierlei subjektiven und objektiven Versuchen das Streben zu reiner Einheit).

erkennen, weil die verschiedenen Akte, in denen es vorhanden ist, nicht *seine* Akte sind, es kann sich nicht einmal setzen als in diesen Akten begriffen, denn diese Akte hängen nicht von ihm ab, nicht das Ich ist das von sich selber Unterschiedene, sondern seine Natur ist's, in der es sich als getriebenes so verhält.

Aber wenn nun auch das Ich sich setzen wollte als identisch mit dem Harmonischentgegengesetzten seiner Natur (den Widerspruch zwischen Kunst und Genie, Freiheit und organischer Notwendigkeit, diesen ewigen Knoten mit dem Schwert zerhauen), so hilft es nichts; denn ist der Unterschied des Entgegensetzens und Vereinens nicht reell, so ist weder das Ich in seinem harmonischentgegengesetzten Leben noch das harmonischentgegengesetzte Leben im Ich als Einheit erkennbar; ist er reell, so ist wiederum weder das Ich im Harmonischentgegengesetzten als Einheit durch sich erkennbar, denn es ist ein getriebnes, noch ist das Harmonischentgegengesetzte als Einheit erkennbar in seinem Ich, denn dies ist, als getriebenes, nicht als Einheit erkennbar.

Alles kommt also darauf an, daß das Ich nicht bloß mit seiner subjektiven Natur, von der es nicht abstrahieren kann, ohne sich aufzuheben, in Wechselwirkung bleibe, sondern daß es sich *mit Freiheit* ein *Objekt wähle, von dem es, wenn es will, abstrahieren kann*, um von diesem *durchaus angemessen bestimmt zu werden* und es *zu bestimmen*.

Hierin liegt die Möglichkeit, daß das Ich im harmonischentgegengesetzten Leben als Einheit und das Harmonischentgegengesetzte als Einheit erkennbar werde im Ich in reiner (poetischer) Individualität. Zur freien Individualität, zur Einheit und Identität in sich selbst gebracht, wird das reine subjektive Leben erst durch die Wahl seines Gegenstands.

a) Wenn der Mensch in diesem Alleinsein, in diesem Leben mit sich selbst, diesem widersprechenden *Mittelzustande* zwischen natürlichem Zusammenhange mit einer natürlich vorhandenen Welt und zwischen dem höheren Zusammenhange mit einer auch natürlich vorhandenen, aber mit *freier Wahl* zur Sphäre erkornen, voraus erkannten und in allen ihren Einflüssen nicht ohne seinen Willen ihn bestimmenden Welt, wenn er in jenem Mittelzustande zwischen Kindheit und reifer Humanität, zwischen mechanisch schönem und menschlich schönem, mit Freiheit schönem Leben gelebt hat und diesen Mittelzustand erkannt und erfahren, wie er schlechterdings im Widerspruche mit sich selber, im notwendigen Widerstreite 1. des Strebens zur reinen Selbstheit und Identität, 2. des Strebens zur Bedeutenheit und Unterscheidung, 3. des Strebens zur Harmonie verbleiben und wie in diesem Widerstreite jede dieser Bestrebungen sich aufheben und als unrealisierbar sich zeigen muß, wie er also resignieren, in Kindheit zurückfallen oder in fruchtlosen Widersprüchen mit sich selber sich aufreiben muß, wenn er in diesem Zustande verharrt, so ist eines, was ihn aus dieser traurigen Alternative zieht, und das Problem, frei zu sein wie ein Jüngling und in der Welt zu leben wie ein Kind, der Unabhängigkeit eines kultivierten Menschen und der Akkommodation eines gewöhnlichen Menschen, löst sich auf in Befolgung der Regel:

Setze dich *mit freier Wahl* in harmonische Entgegensetzung mit einer äußeren Sphäre, so wie du in dir selber in *harmonischer* Entgegensetzung bist, von Natur, aber unerkennbarerweise, solange du in dir selbst bleibst.

Denn hier, in Befolgung dieser Regel ist ein wichtiger Unterschied von dem Verhalten im vorigen Zustande.

Im vorigen Zustande, in dem des Alleinseins nämlich, konnte darum die harmonischentgegengesetzte Natur nicht zur erkennbaren Einheit werden, weil das Ich, ohne sich aufzuheben, sich weder als tätige Einheit setzen und erkennen könnte, ohne die Realität der Unterscheidung, also die Realität *des Erkennens* aufzuheben, noch als leidende Einheit, ohne die Realität der Einheit, ihr Kriterium der Identität, nämlich die Tätigkeit aufzuheben, und daß das Ich, indem es seine Einheit im Harmonischentgegengesetzten und das Harmonischentgegengesetzte in seiner

Einheit zu erkennen strebt, sich so absolut und dogmatisch als tätige Einheit oder als leidende Einheit setzen muß, entsteht daher, weil es, um sich selber durch sich selber zu erkennen, die natürliche innige Verbindung, in der es mit sich selber steht, und wodurch das Unterscheiden ihm erschwert wird, nur durch eine unnatürliche (sich selber aufhebende) Unterscheidung ersetzen kann, weil es so von Natur eines in seiner Verschiedenheit mit sich selber ist, daß die zur Erkenntnis notwendige Verschiedenheit, die es sich durch Freiheit gibt, nur in Extremen möglich ist, also nur in Streben in Denkversuchen, die, *auf diese Art* realisiert, sich selber aufheben würden, weil es, um seine Einheit im (subjektiven) Harmonischentgegengesetzten und das (subjektive) Harmonischentgegengesetzte in seiner Einheit zu *erkennen*, notwendigerweise von sich selber abstrahieren muß, insofern es im (subjektiven) Harmonischentgegengesetzten gesetzt ist, und auf sich reflektieren, insofern es nicht im (subjektiven) Harmonischentgegengesetzten gesetzt ist, und umgekehrt, da es aber diese Abstraktion von seinem Sein im (subjektiven) Harmonischentgegengesetzten und diese Reflexion aufs Nichtsein in ihm nicht machen kann, ohne sich und das Harmonischentgegengesetzte, ohne das subjektive Harmonische und Entgegengesetzte und die Einheit aufzuheben, so müssen auch die Versuche, die es auf diese Art dennoch macht, solche Versuche sein, die, wenn sie auf diese Art realisiert würden, sich selbst aufhöben.

Dies ist also der Unterschied zwischen dem Zustande des Alleinseins (der Ahndung seines Wesens) und dem neuen Zustande, wo sich der Mensch mit einer äußern Sphäre durch freie Wahl in harmonische Entgegensetzung setzt, daß er, *eben weil er mit dieser nicht so innig verbunden ist, von dieser abstrahieren und von sich, insofern er in ihr gesetzt ist, und auf sich reflektieren* kann, insofern er nicht in ihr gesetzt ist, dies ist der Grund, warum er aus sich herausgeht, dies die Regel für seine Verfahrungsart in der äußern Welt. Auf diese Art erreicht er seine Bestimmung, welche ist – Erkenntnis des Harmonischentgegengesetzten in ihm, in seiner Einheit und Individualität, und hinwiederum Erkenntnis seiner Identität, seiner Einheit und Individualität im Harmonischentgegengesetzten. Dies ist die wahre Freiheit seines Wesens, und wenn er an dieser äußerlichen harmonischentgegengesetzten Sphäre nicht zu sehr hängt, nicht identisch mit ihr wird, wie mit sich selbst, so daß er nimmer von ihr abstrahieren kann, noch auch zu sehr an sich sich hängt und von sich als Unabhängigem zu wenig abstrahieren kann, wenn er weder auf sich zu sehr reflektiert noch auf seine Sphäre und Zeit zu sehr reflektiert, dann ist er auf dem rechten Wege seiner Bestimmung. Die Kindheit des gewöhnlichen Lebens, wo er identisch mit der Welt war und gar nicht von ihr abstrahieren konnte, ohne Freiheit war, deswegen ohne Erkenntnis seiner selbst im Harmonischentgegengesetzten noch des Harmonischentgegengesetzten in ihm selbst, an sich betrachtet ohne Festigkeit, Selbständigkeit, eigentliche Identität im reinen Leben, diese Zeit wird von ihm als die Zeit der Wünsche betrachtet werden, wo der Mensch sich im Harmonischentgegengesetzten und jenes in ihm selber als Einheit zu erkennen strebt, dadurch daß er sich dem objektiven Leben ganz hingibt; wo aber sich die Unmöglichkeit einer erkennbaren Identität im Harmonischentgegengesetzten objektiv zeigt, wie sie subjektiv schon gezeigt worden ist. Denn da er in diesem Zustande sich gar nicht in seiner subjektiven Natur kennt, bloß objektives Leben im Objektiven ist, so kann er die Einheit im Harmonischentgegengesetzten nur dadurch zu erkennen streben, daß er in seiner Sphäre, von der er sowenig abstrahieren kann als der subjektive Mensch von seiner subjektiven Sphäre, ebenso verfährt wie dieser in der seinen. Er ist in ihr gesetzt als in Harmonischentgegengesetztem. Er muß sich zu erkennen streben, sich von sich selber in ihr zu unterscheiden suchen, indem er sich zum Entgegensetzenden macht, insoferne sie harmonisch ist, und zum Vereinenden, insofern sie entgegengesetzt ist. Aber wenn er sich in dieser Verschiedenheit zu erkennen strebt, so muß er entweder die Realität des Widerstreits, in dem er sich mit sich selber findet, vor sich selber leugnen und dies widerstreitende Verfahren für eine Täuschung und Willkür halten, die bloß dahin sich äußert, damit er seine Identität im Harmonischentgegengesetzten erkenne, aber dann ist auch diese seine Identität, als Erkanntes, eine Täuschung, oder er hält jene Unterscheidung für reell, daß er nämlich als Vereinendes und als Unterscheidendes sich verhalte, je nachdem er in seiner objektiven Sphäre ein zu Unterscheidendes oder zu Vereinendes vorfinde, setzt sich also als Vereinendes und als Unterscheidendes abhängig, und weil dies in seiner objektiven Sphäre stattfinden soll, von der er nicht abstrahieren kann, ohne sich selber aufzuheben, absolut abhängig, so daß er weder als Vereinendes noch als Entgegensetzendes *sich selber, seinen* Akt erkennt. In diesem Falle kann er sich wieder nicht erkennen als identisch, weil die verschiedenen Akte, in denen er sich findet, nicht seine Akte sind. Er kann *sich* gar nicht erkennen, er ist kein Unterscheidbares, seine Sphäre ist es, in der er sich mechanisch so verhält. Aber wenn er nun auch als identisch mit dieser sich setzen wollte, den Widerstreit des Lebens und der Personalität, den er immer zu vereinigen und in einem zu erkennen strebt und streben muß, in höchster Innigkeit auflösen, so hilft es nichts, insofern er sich so in seiner Sphäre verhält, daß er nicht von ihr abstrahieren kann, denn er kann sich ebendeswegen nur in Extremen von Gegensätzen des Unterscheidens und Vereinens erkennen, weil er zu innig in seiner Sphäre lebt.

Der Mensch sucht also in einem zu subjektiven Zustande wie in einem zu objektiven vergebens seine Bestimmung zu erreichen, welche darin besteht, daß er sich als Einheit in Göttlichem-Harmonischentgegengesetztem enthalten sowie umgekehrt das Göttliche, Einige, Harmonischentgegengesetzte in sich als Einheit enthalten erkenne. *Denn dies ist allein in schöner heiliger, göttlicher Empfindung möglich*, in einer Empfindung, welche darum schön ist, weil sie weder bloß angenehm und glücklich, noch bloß erhaben und stark, noch bloß einig und ruhig, sondern alles zugleich ist und allein sein kann, in einer Empfindung, welche darum heilig ist, weil sie weder bloß uneigennützig ihrem Objekte hingegeben, noch bloß uneigennützig auf ihrem innern Grunde ruhend, noch bloß uneigennützig zwischen ihrem innern Grunde und ihrem Objekte schwebend, sondern alles zugleich ist und allein sein kann, in einer Empfindung, welche darum göttlich ist, weil sie weder bloßes Bewußtsein, bloße Reflexion (subjektive oder objektive) mit Verlust des innern und äußern Lebens, noch bloßes Streben (subjektiv oder objektiv bestimmtes) mit Verlust der innern und äußern Harmonie, noch bloße Harmonie, wie die intellektuale Anschauung und ihr mythisches bildliches Subjekt-Objekt, mit Verlust des Bewußtseins und der Einheit, sondern weil sie alles dies zugleich ist und allein sein kann, in einer Empfindung, welche darum transzendental ist und dies allein sein kann, weil sie in Vereinigung und Wechselwirkung der genannten Eigenschaften weder zu angenehm und sinnlich, noch zu energisch und wild, noch zu innig und schwärmerisch, weder zu uneigennützig, d. h. zu selbstvergessen ihrem Objekte hingegeben, noch zu uneigen*nützig*, d. h. zu eigen*mächtig* auf ihrem innern Grunde ruhend, noch zu eigennützig, d. h. zu unentschieden und leer und unbestimmt zwischen ihrem innern Grunde und ihrem Objekte schwebend, weder zu reflektiert, sich ihrer zu bewußt, zu scharf und ebendeswegen ihres innern und äußern Grundes unbewußt, noch zu bewegt, zu sehr in ihrem innern und äußern Grunde begriffen, ebendeswegen der Harmonie des Innern und Äußern unbewußt, noch zu harmonisch, ebendeswegen sich ihrer selbst und des innern und äußern Grundes zu wenig bewußt, ebendeswegen zu unbestimmt und des eigentlich Unendlichen, welches durch sie als eine *bestimmte* wirkliche Unendlichkeit, als außerhalb liegend bestimmt wird, weniger empfänglich und geringerer Dauer fähig. Kurz, sie ist, weil sie in dreifacher Eigenschaft vorhanden ist, und dies allein sein kann, weniger einer Einseitigkeit ausgesetzt in irgendeiner der drei Eigenschaften. Im Gegenteil erwachsen aus ihr ursprünglich alle die Kräfte, welche jene Eigenschaften zwar bestimmter und erkennbarer, aber auch isolierter besitzen, so wie sich jene Kräfte und ihre Eigenschaften und Äußerungen auch wieder in ihr konzentrieren und in ihr und durch gegenseitigen Zusammenhang und lebendige, für sich selbst bestehende Bestimmtheit, als Organe von ihr, und Freiheit, als zu ihr gehörig und nicht in ihrer Beschränktheit auf sich selber eingeschränkt, und Vollständigkeit, als in ihrer Ganzheit begriffen, gewinnen; jene drei Eigenschaften mögen als Bestrebungen, das Harmonischentgegengesetzte in der lebendigen Einheit oder diese in jenem zu erkennen, im subjektiveren oder objektiveren Zustande sich äußern. Denn eben diese verschiedenen Zustände gehen auch aus ihr als der Vereinigung derselben hervor.

Wink für die Darstellung und Sprache

Ist die Sprache nicht wie die Erkenntnis, von der die Rede war und von der gesagt wurde, daß in ihr, als Einheit, das Einige enthalten seie und umgekehrt? und daß sie dreifacher Art sei p. p.

Muß nicht für das eine wie für das andere der schönste Moment da liegen, wo der eigentliche *Ausdruck*, die geistigste Sprache, das lebendigste Bewußtsein, wo der Übergang von einer bestimmten Unendlichkeit zur allgemeineren liegt?

Liegt nicht eben hierin der feste Punkt, wodurch der Folge der Zeichnung ihre Verhältnisart und den Lokalfarben wie der Beleuchtung ihr Charakter und Grad bestimmt wird?

Wird nicht alle Beurteilung der Sprache sich darauf reduzieren, daß man nach den sichersten und möglich untrüglichsten Kennzeichen sie prüft, ob sie die Sprache einer echten, schön beschriebenen Empfindung sei?

So wie die Erkenntnis die Sprache ahndet, so erinnert sich die Sprache der Erkenntnis.

Die Erkenntnis ahndet die Sprache, nachdem sie 1. noch unreflektierte reine Empfindung des Lebens war, der bestimmten Unendlichkeit, worin sie enthalten ist, 2. nachdem sie sich in den Dissonanzen des innerlichen Reflektierens und Strebens und Dichtens wiederholt hatte und nun, nach diesen vergebenen Versuchen, sich innerlich wiederzufinden und zu reproduzieren, nach diesen verschwiegenen Ahndungen, die auch ihre Zeit haben müssen, über sich selbst hinausgeht und in der ganzen Unendlichkeit sich wiederfindet, d. h. durch die stofflose reine Stimmung, gleichsam durch den Widerklang der ursprünglichen lebendigen Empfindung, den sie gewann und gewinnen konnte, durch die gesamte Wirkung aller innerlichen Versuche, durch diese höhere göttliche Empfänglichkeit ihres ganzen innern und äußern Lebens mächtig und inne wird. In ebendiesem Augenblicke, wo sich die ursprüngliche lebendige, nun zur reinen, eines Unendlichen empfänglichen Stimmung geläuterte Empfindung, als Unendliches im Unendlichen, als geistiges Ganze im lebendigen Ganzen befindet, in diesem Augenblicke ist es, wo man sagen kann, daß die Sprache geahndet wird, und wenn nun wie in der ursprünglichen Empfindung eine Reflexion erfolgt, so ist sie nicht mehr auflösend und verallgemeinernd, verteilend und ausbildend bis zur bloßen Stimmung, sie gibt dem Herzen alles wieder, was sie ihm nahm, sie ist belebende Kunst, wie sie zuvor vergeistigende Kunst war, und mit einem Zauberschlage um den andern ruft sie das verlorene Leben schöner hervor, bis es wieder so ganz sich fühlt, wie es sich ursprünglich fühlte. Und wenn es der Gang und die Bestimmung des Lebens überhaupt ist, aus der ursprünglichen Einfalt sich zur höchsten Form zu bilden, wo dem Menschen ebendeswegen das unendliche Leben gegenwärtig ist und wo er als das Abstrakteste alles nur um so inniger aufnimmt, dann aus dieser höchsten Entgegensetzung und Vereinigung des Lebendigen und Geistigen, des formalen und des materialen Subjekt-Objekts, dem Geistigen sein Leben, dem Lebendigen seine Gestalt, dem Menschen seine Liebe und sein Herz und seiner Welt den Dank wiederzubringen, und endlich nach erfüllter Ahndung und Hoffnung, wenn nämlich in der *Äußerung* jener höchste Punkt der Bildung, die höchste Form im höchsten Leben vorhanden war, und nicht bloß an sich selbst, wie im Anfang der eigentlichen Äußerung, noch im Streben wie im Fortgang derselben, wo die Äußerung das Leben aus dem Geiste und aus dem Leben den Geist hervorruft, sondern wo sie das ursprüngliche Leben in der höchsten Form gefunden hat, wo *Geist und Leben auf beiden Seiten gleich ist*, und ihren Fund, das Unendliche im Unendlichen, erkennt, nach dieser letzten und dritten Vollendung, die nicht bloß ursprüngliche Einfalt des Herzens und Lebens, wo sich der Mensch unbefangen *als* in einer beschränkten Unendlichkeit fühlt, auch nicht bloß errungene Einfalt des Geistes, wo eben jene Empfindung, zur reinen formalen Stimmung geläutert, die ganze Unendlichkeit des Lebens aufnimmt (und Ideal ist), sondern die aus dem unendlichen Leben wiederbelebter Geist, nicht Glück, nicht Ideal, sondern gelungenes Werk und Schöpfung ist und nur in der Äußerung gefunden werden und außerhalb der Äußerung nur in dem aus ihrer bestimmten ursprünglichen Empfindung hervorgegangenen Ideale gehofft werden kann, wie endlich nach dieser dritten Vollendung, wo die bestimmte Unendlichkeit so weit ins Leben gerufen, die unendliche so weit vergeistigt ist, daß eines an Geist und Leben dem andern gleich ist, wie nach dieser dritten Vollendung

das Bestimmte immer mehr belebt, das Unendliche immer mehr vergeistigt wird, bis die ursprüngliche Empfindung ebenso als Leben endigt, wie sie *in der Äußerung* als Geist anfing, und sich die höhere Unendlichkeit, aus der sie ihr Leben nahm, ebenso vergeistigt, wie sie in der Äußerung als Lebendiges vorhanden war –
also wenn dies der Gang und die Bestimmung des Menschen überhaupt zu sein scheint, so ist ebendasselbe der Gang und die Bestimmung aller und jeder Poesie, und wie auf jener Stufe der Bildung, wo der Mensch, aus ursprünglicher Kindheit hervorgegangen, in entgegengesetzten Versuchen zur höchsten Form, zum reinen Widerklang des ersten Lebens emporgerungen hat und *so* als unendlicher Geist im unendlichen Leben sich fühlt, wie der Mensch auf dieser Stufe der Bildung erst eigentlich das Leben antritt und sein Wirken und seine Bestimmung ahndet, so ahndet der Dichter auf jener Stufe, wo er auch aus einer ursprünglichen Empfindung, durch entgegengesetzte Versuche, sich zum Ton, zur höchsten reinen Form derselben Empfindung emporgerungen hat und ganz in seinem ganzen inneren und äußeren Leben mit jenem Tone sich begriffen sieht, auf dieser Stufe ahndet er seine Sprache und mit ihr die eigentliche Vollendung für die jetzige und zugleich für alle Poesie.

Es ist schon gesagt worden, daß auf jener Stufe eine neue Reflexion eintrete, welche dem Herzen alles wiedergebe, was sie ihm genommen habe, welche für den Geist des Dichters und seines zukünftigen Gedichts belebende Kunst sei, wie sie für die ursprüngliche Empfindung des Dichters und seines Gedichts seie vergeistigende Kunst gewesen. *Das Produkt dieser schöpferischen Reflexion ist die Sprache.* Indem sich nämlich der Dichter mit dem reinen Tone seiner ursprünglichen Empfindung in seinem ganzen innern und äußern Leben begriffen fühlt und sich umsieht in seiner Welt, ist ihm diese ebenso neu und unbekannt; die Summe aller seiner Erfahrungen, seines Wissens, seines Anschauens, seines Denkens, Kunst und Natur, wie sie in ihm und außer ihm sich darstellt, alles ist wie zum ersten Male, ebendeswegen unbegriffen, unbestimmt, in lauter Stoff und Leben aufgelöst, ihm gegenwärtig, und es ist vorzüglich wichtig, daß er in diesem Augenblicke nichts als gegeben annehme, von nichts

Positivem ausgehe, daß die Natur und Kunst, so wie er sie kennengelernt hat und sieht, nicht eher *spreche*, ehe für *ihn* eine Sprache da ist, d. h., ehe das jetzt Unbekannte und Ungenannte in seiner Welt ebendadurch für ihn bekannt und namhaft wird, daß es mit seiner Stimmung verglichen und als übereinstimmend erfunden worden ist, *denn* wäre vor der Reflexion auf den unendlichen Stoff und die unendliche Form irgendeine Sprache der Natur und Kunst für ihn in bestimmter Gestalt da, so wäre er *insofern* nicht innerhalb seines Wirkungskreises, er träte aus seiner Schöpfung heraus, und die Sprache der Natur oder der Kunst, jeder modus exprimendi der einen oder der andern wäre erstlich, insofern sie nicht *seine* Sprache, nicht aus seinem Leben und aus seinem Geiste *hervor*gegangenes Produkt, sondern als Sprache der Kunst, sobald sie in bestimmter Gestalt mir gegenwärtig ist, schon zuvor ein bestimmender Akt der schöpferischen Reflexion des Künstlers, welcher darin bestand, daß er aus seiner Welt, aus der Summe seines äußern und innern Lebens, das mehr oder weniger auch das meinige ist, daß er aus dieser Welt den Stoff nahm, um die Töne seines Geistes zu bezeichnen, aus seiner Stimmung das zum Grunde liegende Leben durch dies verwandte Zeichen hervorzurufen, daß er also, insofern er mir dieses Zeichen nennt, aus meiner Welt den Stoff entlehnt, mich veranlaßt, diesen Stoff in das Zeichen überzutragen, wo dann derjenige wichtige Unterschied zwischen mir als Bestimmtem und ihm als Bestimmendem ist, daß er, indem er sich verständlich und faßlich macht, von der leblosen, immateriellen, ebendeswegen weniger entgegensetzbaren und bewußtloseren Stimmung fortschreitet ebendadurch, daß er sie erklärt 1. in ihrer Unendlichkeit der Zusammenstimmung durch eine sowohl der Form als Materie nach verhältnismäßige Totalität verwandten Stoffs und durch idealisch wechselnde Welt, 2. in ihrer Bestimmtheit und eigentlichen Endlichkeit durch die Darstellung und Aufzählung ihres eigenen Stoffs, 3. in ihrer Tendenz, ihrer Allgemeinheit im Besondern, durch den Gegensatz ihres eigenen Stoffs zum unendlichen Stoff, 4. in ihrem Maß, in der schönen Bestimmtheit und Einheit und Festigkeit ihrer unendlichen Zusammenstimmung, in ihrer unendlichen Identität und Individualität, und Haltung, in ihrer poetischen Prosa eines allbegrenzenden Moments, wohin und worin sich negativ und ebendeswegen ausdrücklich und sinnlich alle genannten Stücke beziehen und vereinigen, nämlich die unendliche Form mit dem unendlichen Stoffe dadurch, daß *durch jenen Moment* die unendliche Form ein Gebild, den Wechsel des Schwächern und Stärkern, der unendliche Stoff einen Wohlklang annimmt, einen Wechsel des Hellern und Leisern, und sich beede in der Langsamkeit und Schnelligkeit, endlich im Stillstande der Bewegung negativ vereinigen, immer durch ihn und die ihm zum Grunde liegende Tätigkeit, die *unendliche* schöne Reflexion, welche in der durchgängigen Begrenzung zugleich durchgängig beziehend und vereinigend ist.

⟨Über den Unterschied der Dichtarten⟩

Das lyrische, dem Schein nach idealische Gedicht ist in seiner Bedeutung naiv. Es ist eine fortgehende Metapher *eines* Gefühls.

Das epische, dem Schein nach naive Gedicht ist in seiner Bedeutung heroisch. Es ist die Metapher großer Bestrebungen.

Das tragische, dem Schein nach heroische Gedicht ist in seiner Bedeutung idealisch. Es ist die Metapher *einer* intellektuellen Anschauung.

Das lyrische Gedicht ist in seiner *Grundstimmung* das *sinnlichere*, indem diese eine Einigkeit enthält, die am leichtesten sich gibt, eben darum strebt es im äußern Schein nicht sowohl nach Wirklichkeit und Heiterkeit und Anmut, es gehet der sinnlichen Verknüpfung und Darstellung so sehr aus dem Wege (weil der reine Grundton eben dahin sich neigen möchte), daß es in seinen Bildungen und der Zusammenstellung derselben gerne wunderbar und übersinnlich ist, und die heroischen, energischen Dissonanzen, wo es weder seine Wirklichkeit, sein Lebendiges, wie im idealischen Bilde, noch seine Tendenz zur Erhebung, wie im unmittelbareren Ausdruck, verliert, diese energischen, heroischen Dissonanzen, die Erhebung und Leben vereinigen, sind die Auflösung des Widerspruchs, in den es gerät, indem es von einer Seite nicht ins Sinnliche fallen, von der andern seinen Grundton, das innige Leben nicht verleugnen kann und will. Ist sein Grundton jedoch heroischer, gehaltreicher, wie z. B. der einer Pindarischen Hymne an den Fechter Diagoras, hat er also an Innigkeit weniger zu verlieren, so fängt es naiv an, ist er idealischer, dem Kunstcharakter, dem uneigentlichen Tone verwandter, hat er also an Leben weniger zu verlieren, so fängt es heroisch an, ist er am innigsten, hat er an Gehalt, noch mehr aber an Erhebung, Reinheit des Gehalts zu verlieren, so fängt es idealisch an.

In lyrischen Gedichten fällt der Nachdruck auf die unmittelbare Empfindungssprache, auf das Innigste; das Verweilen, die Haltung auf das Heroische, die Richtung auf das Idealische hin.

Das epische, dem äußern Scheine nach *naive Gedicht* ist in seiner *Grundstimmung* das *pathetischere*, das heroischere, aorgischere; es strebt deswegen in seiner Ausführung, seinem Kunstcharakter nicht sowohl nach Energie und Bewegung und Leben, als nach Präzision und Ruhe und Bildlichkeit. Der Gegensatz seiner Grundstimmung mit seinem Kunstcharakter, seines eigentlichen Tons mit seinem uneigentlichen, metaphorischen löst sich im Idealischen auf, wo es von einer Seite nicht soviel an Leben verliert wie in seinem engbegrenzenden Kunstcharakter, noch an Moderation soviel wie bei der unmittelbaren Äußerung seines Grundtones. Ist sein Grundton, der wohl auch verschiedener Stimmung sein kann, idealischer, hat er weniger an Leben zu verlieren und hingegen mehr Anlage zur Organisation, Ganzheit, so kann das Gedicht mit seinem Grundtone, dem heroischen, anfangen, $\mu\eta\nu\iota\nu\ \alpha\epsilon\iota\delta\epsilon\ \vartheta\epsilon\alpha$ – und heroischepisch sein. Hat der energische Grundton weniger idealische Anlage, hingegen mehr Verwandtschaft mit dem Kunstcharakter, welcher der naive ist, so fängt es idealisch an; hat der Grundton seinen eigentlichen Charakter so sehr, daß er darüber an Anlage zum Idealen, noch mehr aber zur Naivetät verlieren muß, so fängt es naiv an. Wenn das, was den Grundton und den Kunstcharakter eines Gedichts vereiniget und vermittelt, der Geist des Gedichts ist und dieser am meisten gehalten werden muß und dieser Geist im epischen Gedichte das Idealische ist, so muß das epische Gedicht bei diesem am meisten verweilen, da hingegen auf den Grundton, der hier der energische ist, am meisten Nachdruck und auf das Naive, als den Kunstcharakter, die Richtung fallen und alles darin sich konzentrieren und darin sich auszeichnen und individualisieren muß.

Das tragische, in seinem *äußeren Scheine heroische Gedicht* ist, seinem *Grundtone* nach, *idealisch*, und allen Werken dieser Art muß *eine* intellektuale Anschauung zum Grunde liegen, welche keine andere sein kann, als jene Einigkeit mit allem, was lebt, die zwar von dem beschränkteren Gemüte nicht gefühlt, die in seinen höchsten Bestrebungen nur geahndet, aber vom Geiste erkannt werden kann und aus der Unmöglichkeit einer absoluten Trennung und Vereinzelung hervorgeht und am leichtesten sich ausspricht dadurch, daß man sagt, die wirkliche Trennung, und mit ihr alles wirklich Materielle, Vergängliche, so auch die Verbindung, und mit ihr alles wirklich Geistige, Bleibende, das Objektive als solches, so auch das Subjektive als solches, seien nur ein Zustand des Ursprünglicheinigen, in dem es sich befinde, weil es aus sich herausgehen müsse, des Stillstands wegen, der darum in ihm nicht stattfinden könne, weil die Art der Vereinigung in ihm nicht immer dieselbe bleiben dürfe, der Materie nach, weil die Teile des Einigen nicht immer in derselben näheren und entfernteren Beziehung bleiben dürfen, damit alles allem begegne und jeden ihr ganzes Recht, ihr ganzes Maß von Leben werde und jeder Teil im Fortgang dem Ganzen gleich sei an Vollständigkeit, das Ganze hingegen im Fortgang den Teilen gleich werde an Bestimmtheit, jenes an Inhalt gewinne, diese an Innigkeit, jenes an Leben, diese an Lebhaftigkeit, jenes im Fortgange mehr sich fühle, diese im Fortgang sich mehr erfüllen; denn es ist ewiges Gesetz, daß das gehaltreiche Ganze in seiner Einigkeit nicht mit der Bestimmtheit und Lebhaftigkeit sich fühlt, nicht in dieser sinnlichen Einheit, in welcher seine Teile, die auch ein Ganzes, nur leichter verbunden sind, sich fühlen, so daß man sagen kann, wenn die Lebhaftigkeit, Bestimmtheit, Einheit der Teile, wo sich ihre Ganzheit fühlt, die Grenze *für diese* übersteige und zum Leiden und *möglichst* absoluter Entschiedenheit und Vereinzelung werde, dann fühle das Ganze *in diesen Teilen* sich erst so lebhaft und bestimmt, wie jene sich in einem ruhigern, aber auch bewegten Zustande, in ihrer beschränkteren Ganzheit fühlen (wie z. B. die lyrische (individuellere) Stimmung ist, wo die individuelle Welt in ihrem vollendetsten Leben und reinsten Einigkeit sich aufzulösen strebt und in dem Punkte, wo sie sich individualisiert, in dem Teile, worin ihre Teile zusammenlaufen, zu vergehen scheint, im innigsten Gefühle, wie da erst die individuelle Welt in ihrer Ganzheit sich fühlt, wie da erst, wo sich Fühlender und Gefühltes scheiden wollen, die individuellere Einigkeit am lebhaftesten und bestimmtesten gegenwärtig ist und widertönt). Die Fühlbarkeit des Ganzen schreitet also in ebendem Grade und Verhältnisse fort, in welchem die Trennung in den Teilen und in ihrem Zentrum, worin die Teile und das Ganze am fühlbarsten sind, fortschreitet. Die in der intellektualen Anschauung vorhandene Einigkeit versinnlichet sich in ebendem Maße, in welchem sie aus sich herausgehet, in welchem die Trennung ihrer Teile stattfindet, die denn auch nur darum sich trennen, weil sie sich zu einig fühlen, wenn sie im Ganzen dem Mittelpunkte näher sind, oder weil sie sich nicht einig genug fühlen der Vollständigkeit nach, wenn sie Nebenteile sind, vom Mittelpunkte entfernter liegen, oder der Lebhaftigkeit nach, wenn sie weder Nebenteile im genannten Sinne noch wesentliche Teile im genannten Sinne sind, sondern weil sie noch nicht gewordene, weil sie erst teilbare Teile sind. Und hier, im Übermaß des Geistes in der Einigkeit und seinem Streben nach Materialität, im Streben des teilbaren Unendlichern, Aorgischern, in welchem alles Organischere enthalten sein muß, weil alles bestimmter und notwendiger Vorhandene ein Unbestimmteres, unnotwendiger Vorhandenes notwendig macht, in diesem Streben des teilbaren Unendlichern nach Trennung, welches sich im Zustande der höchsten Einigkeit alles Organischen allen in dieser enthaltenen Teilen mitteilt, in dieser notwendigen *Willkür des Zeus* liegt eigentlich der ideale Anfang der wirklichen Trennung.

Von diesem gehet sie fort bis dahin, wo die Teile in ihrer äußersten Spannung sind, wo diese sich am stärksten widerstreben. Von diesem Widerstreit gehet sie wieder in sich selbst zurück, nämlich dahin, wo die Teile, wenigstens die ursprünglich innigsten, in ihrer Besonderheit, als *diese* Teile, in dieser Stelle des Ganzen sich aufheben und eine neue Einigkeit entsteht. Der Übergang von der ersten zur zweiten ist wohl eben jene höchste Spannung des Widerstreits. Und der Ausgang bis zu ihm unterscheidet sich vom Rückgang darin, daß der erste ideeller, der zweite realer ist, daß im ersten das Motiv ideal bestimmend, reflektiert, mehr aus dem Ganzen als individuell ist, p.p., im zweiten aus Leidenschaft und den Individuen hervorgegangen ist.

Dieser Grundton ist weniger lebhaft als der lyrische, individuellere. Deswegen ist er auch, weil er universeller und der universellste ist,...

Ist im Grundton des tragischen Gedichts mehr Anlage zur Reflexion und Empfindung zu seinem mittleren Charakter, hingegen weniger Anlage zur Darstellung, weniger irdisches Element, wie es denn natürlich, daß ein Gedicht, dessen Bedeutung tiefer und dessen Haltung und Spannung und Bewegkraft stärker und zarter sich in seiner sprechendsten Äußerung so schnell und leicht nicht zeigt, wie wenn die Bedeutung und die Motive der Äußerung näher liegen, sinnlicher sind, so fängt es füglich vom idealischen Grundton an,...

Ist die intellektuelle Anschauung subjektiver und gehet die Trennung vorzüglich von den konzentrierenden Teilen aus, wie bei der Antigone, so ist der Stil lyrisch, gehet sie mehr von den Nebenteilen aus und ist objektiver, so ist er episch, geht sie von dem höchsten Trennbaren, von Zeus aus, wie bei Ödipus, so ist er tragisch.

Die Empfindung *spricht* im Gedichte idealisch – die Leidenschaft naiv – die Phantasie energisch.

So wirkt auch wieder das Idealische im Gedichte auf die Empfindung (vermittelst der Leidenschaft), das Naive auf die Leidenschaft (vermittelst der Phantasie), das Energische auf die Phantasie (vermittelst der Empfindung).

Naives Gedicht
Grundton:
    Leidenschaft pp.   vermittelst der Phantasie
Sprache:
    Empfindung Leidenschaft Phantasie Empfindung
              Leidenschaft Phantasie Empfindung
                          vermittelst der Phantasie
Wirkung:
    Leidenschaft Phantasie Empfindung Leidenschaft
        Phantasie Empfindung Leidenschaft

Energisches Gedicht
Grundton:
    Phantasie pp.   vermittelst der Empfindung
Sprache:
    Leidenschaft Phantasie Empfindung Leidenschaft
        Phantasie Empfindung Leidenschaft
                          vorz. vermittelst der Empfindung
Wirkung:
    Phantasie Empfindung Leidenschaft Phantasie
        Empfindung Leidenschaft Phantasie

Idealisches Gedicht
Grundton:
    Empfindung pp.   vermittelst der Leidenschaft
Sprache:
    Phantasie Empfindung Leidenschaft Phantasie
        Empfindung Leidenschaft Phantasie
                          vorz. vermittelst der Leidenschaft
Wirkung:
    Empfindung Leidenschaft Phantasie Empfindung
        Leidenschaft Phantasie Empfindung
?   Phantasie Leidenschaft Empfindung Phantasie
        Leidenschaft Empfindung Phantasie
                          vermittelst der Empfindung
    Empfindung Phantasie Leidenschaft Empfindung
        Phantasie Leidenschaft Empfindung
                          Stil des Lieds Diotima

In jeder Dichtart, der epischen, tragischen und lyrischen, wird ein *stoffreicherer* Grundton im naiven, ein *intensiverer, empfindungsvollerer* im idealischen, ein *geistreicherer* im energischen Stile sich äußern; denn wenn im geistreicheren Grundton die Trennung vom Unendlichen aus geschieht, so muß sie zuerst auf die konzentrierenden Teile oder auf das Zentrum wirken, sie muß sich diesen mitteilen, und insofern die Trennung eine empfangene ist, so kann sie sich nicht bildend, nicht ihr eigenes Ganzes reproduzierend äußern, sie kann nur reagieren, und dies ist der energische Anfang. Durch sie erst reagiert der entgegengesetzte Hauptteil, den die ursprüngliche Trennung auch traf, der aber als der empfänglichere sie so schnell nicht wiedergab und nun erst reagierte; durch die Wirkung und Gegenwirkung der Hauptteile werden die Nebenteile, die auch durch die ursprüngliche Trennung ergriffen waren, aber nur bis zum Streben nach Veränderung, nun bis zur wirklichen Äußerung ergriffen, durch diese Äußerung die Hauptteile pp., bis das ursprünglich Trennende zu seiner völligen Äußerung gekommen ist.

Gehet die Trennung vom Zentrum aus, so geschieht es entweder durch den empfänglicheren Hauptteil; denn dann reproduziert sich dieser im idealischen Bilden, die Trennung teilt...

⟨WECHSEL DER TÖNE⟩

Löst sich nicht die idealische Katastrophe, dadurch, daß der natürliche Anfangston zum Gegensatze wird, ins Heroische auf?

Löst sich nicht die natürliche Katastrophe, dadurch, daß der heroische Anfangston zum Gegensatze wird, ins Idealische auf?

Löst sich nicht die heroische Katastrophe, dadurch, daß der idealische Anfangston zum Gegensatze wird, ins Natürliche auf?

Wohl für das epische Gedicht. Das tragische Gedicht gehet um einen Ton weiter, das lyrische gebraucht diesen Ton als Gegensatz und kehrt auf diese Art, bei jedem Stil, in seinen Anfangston zurück, oder: Das epische Gedicht hört mit seinem anfänglichen Gegensatz, das tragische mit dem Tone seiner Katastrophe, das lyrische mit sich selber auf, so daß das lyrische Ende...

Das Lyrische

| { naiv / Idealisch } | { heroisch / Naiv } | { idealisch / Heroisch } |

Das Tragische

| { idealisch / Heroisch } | { naiv / Idealisch } | { heroisch / Naiv } |

Das Epische

heroisch Naiv × idealisch Heroisch × naiv Idealisch

Lyrisch
naiv *Idealisch*, heroisch *Naiv*, idealisch *Heroisch* – heroisch *Idealisch*, idealisch *Naiv*, naiv *Heroisch*, heroisch *Idealisch*

Tragisch
idealisch *Heroisch*, naiv *Idealisch*, heroisch *Naiv* – naiv *Heroisch*, heroisch *Idealisch*, idealisch *Naiv*, naiv *Heroisch*

Episch
heroisch *Naiv*, idealisch *Heroisch*, naiv *Idealisch* – idealisch *Naiv*, naiv *Heroisch*, heroisch *Idealisch*, idealisch *Naiv*

L.	T.	N.
naiv Idealisch	idealisch Heroisch	heroisch Naiv
heroisch Naiv	naiv Idealisch	idealisch Heroisch
(idealisch Heroisch / heroisch Idealisch)	(heroisch Naiv / naiv Heroisch)	(naiv Idealisch / idealisch Naiv)
idealisch Naiv	heroisch Idealisch	naiv Heroisch
naiv Heroisch	idealisch Naiv	heroisch Idealisch
heroisch Idealisch	naiv Heroisch	idealisch Naiv
	Aj.	
	Oder umgekehrt:	
	heroisch Idealisch	
	idealisch Naiv	
	(naiv Heroisch / heroisch Naiv)	
	idealisch Heroisch	
	naiv Idealisch	
	heroisch Naiv	
	Ant.	

THEORETISCHE VERSUCHE 647

	id.	n.	h.	id.	/	n.	h.	id.
	n.	h.	id.	n.	/	h.	id.	n.
(	h.	id.	n.	h.	/	id.	n.	h.
	id.	n.	h.	id.	/	n.	h.	id.
	n.	h.	id.	n.	/	h.	id.	n.
	h.	id.	n.	h.	/	id.	n.	h.
	id.	n.	h.	id.	/	n.	h.	id.

	h.	id.	n.	h.	/	id.	n.	h.
	id.	n.	h.	id.	/	n.	h.	id.
(	n.	h.	id.	n.	/	h.	id.	n.
	h.	id.	n.	h.	/	id.	n.	h.
	id.	n.	h.	id.	/	n.	h.	id.
	n.	h.	id.	n.	/	h.	id.	n.
	h.	id.	n.	h.	/	id.	n.	h.

	n.	h.	id.	n.		h.	id.	n.
	h.	id.	n.	h.		id.	n.	h.
(	id.	n.	h.	id.		n.	h.	id.
	n.	h.	id.	n.		h.	id.	n.
	h.	id.	n.	h.		id.	n.	h.
	id.	n.	h.	id.		n.	h.	id.
	n.	h.	id.	n.		h.	id.	n.

```
   1        2         3         4         5         6         7
 hinh    |inhi    |nhin    |hinh    |inhi    |nhin    |hinh    |
 hinhinh |inhinhi |nhinhin |hinhinh |inhinhi |nhinhin |hinhinh
```

⟨Verschiedenartige
Bemerkungen⟩

Die Weisen aber, die nur mit dem Geiste, nur allgemein unterscheiden, eilen schnell wieder ins reine Sein zurück und fallen in eine um so größere Indifferenz, weil sie hinlänglich unterschieden zu haben glauben und die Nichtentgegensetzung, auf die sie zurückgekommen sind, für eine ewige nehmen. Sie haben ihre Natur mit dem untersten Grade der Wirklichkeit, mit dem Schatten der Wirklichkeit, der idealen Entgegensetzung und Unterscheidung getäuscht, und sie rächt sich dadurch...

———

Der Ausdruck, das Sinnliche, Gewöhnliche, Individuelle des Gedichts bleibt sich immer gleich, und wenn jede der verschiedenen Partien in sich selbst verschieden ist, so ist das erste in jeder Partie gleich dem ersten der andern, das zweite jeder Partie gleich dem zweiten der andern, das dritte jeder Partie gleich dem dritten der andern. Der Stil, das...

———

Der tragische Dichter tut wohl, den lyrischen, der lyrische den epischen, der epische den tragischen zu studieren. Denn im tragischen liegt die Vollendung des epischen, im lyrischen die Vollendung des tragischen, im epischen die Vollendung des lyrischen. Denn wenn schon die Vollendung von allen ein vermischter Ausdruck von allen ist, so ist doch eine der drei Seiten in jedem die hervorstechendste.

———

Die Bedeutung der Tragödien ist am leichtesten aus dem Paradoxon zu begreifen. Denn alles Ursprüngliche, weil alles Vermögen gerecht und gleich geteilt ist, erscheint zwar nicht in ursprünglicher Stärke, sondern eigentlich in seiner Schwäche, so daß recht eigentlich das Lebenslicht und die Erscheinung der Schwäche jedes Ganzen angehört. Im Tragischen nun ist das Zeichen an sich selbst unbedeutend, wirkungslos, aber das Ursprüngliche ist gerade heraus. Eigentlich nämlich kann das Ursprüngliche nur in seiner Schwäche erscheinen, insofern aber das Zeichen an sich selbst als unbedeutend = 0 gesetzt wird, kann auch das Ursprüngliche, der verborgene Grund jeder Natur sich darstellen. Stellt die Natur in ihrer schwächsten Gabe sich eigentlich dar, so ist das Zeichen, wenn sie sich in ihrer stärksten Gabe darstellt, = 0.

⟨Das Werden im Vergehen⟩

Das untergehende Vaterland, Natur und Menschen, insofern sie in einer besondern Wechselwirkung stehen, eine *besondere* ideal gewordene Welt und Verbindung der Dinge ausmachen und sich insofern auflösen, damit aus ihr und aus dem überbleibenden Geschlechte und den überbleibenden Kräften der Natur, die das andere, reale Prinzip sind, eine neue Welt, eine neue, aber auch besondere Wechselwirkung sich bilde, so wie jener Untergang aus einer reinen, aber besondern Welt hervorging. Denn die Welt aller Welten, das Alles in Allen, welches immer *ist, stellt* sich nur in aller Zeit – oder im Untergange oder im Moment oder genetischer im Werden des Moments und Anfang von Zeit und Welt *dar,* und dieser Untergang und Anfang ist wie die Sprache Ausdruck, Zeichen, Darstellung eines lebendigen, aber besondern Ganzen, welches eben wieder in seinen Wirkungen dazu wird, und zwar so, daß in ihm, sowie in der Sprache, von einer Seite weniger oder nichts lebendig Bestehendes, von der anderen Seite alles zu liegen scheint. Im lebendig Bestehenden herrscht eine Beziehungsart und *Stoffart* vor; wiewohl alle übrigen darin zu ahnden sind, im Übergehenden ist die Möglichkeit aller Beziehungen vorherrschend, doch die besondere ist daraus abzunehmen, zu schöpfen, so daß durch sie Unendlichkeit, die endliche Wirkung hervorgeht.

Dieser Untergang oder Übergang des Vaterlandes (in diesem Sinne) fühlt sich in den Gliedern der bestehenden Welt so, daß in ebendem Momente und Grade, worin sich das Bestehende auflöst, auch das Neueintretende, Jugendliche, Mögliche sich fühlt. Denn wie könnte die Auflösung empfunden werden ohne Vereinigung, wenn also das Bestehende in seiner Auflösung empfunden werden soll und empfunden wird, so muß *dabei das Unerschöpfte* und *Unerschöpfliche* der *Beziehungen* und *Kräfte*, und jene, die Auflösung, mehr durch diese empfunden werden, als umgekehrt, denn aus Nichts wird nichts, und dies gradweise genommen heißt so viel, als daß dasjenige, welches zur Negation gehet, und insofern es aus der Wirklichkeit gehet und noch nicht ein Mögliches ist, nicht wirken könne.

Aber *das Mögliche*, welches in die *Wirklichkeit* tritt, indem *die Wirklichkeit sich auflöst*, dies wirkt, und es bewirkt sowohl die Empfindung der Auflösung als die Erinnerung des Aufgelösten.

Deswegen das durchaus Originelle jeder echttragischen Sprache, das immerwährend Schöpfrische, das Entstehen des Individuellen aus Unendlichem und das Entstehen des Endlichunendlichen oder Individuellewigen aus beeden, das Begreifen, Beleben, nicht des unbegreifbar, unselig Gewordenen, sondern des Unbegreifbaren, des Unseligen der Auflösung und des Streites, des Todes selbst, durch das Harmonische, Begreifliche, Lebendige. Es drückt sich hierin nicht der erste, rohe, in seiner Tiefe dem Leidenden und Betrachtenden *noch zu* unbekannte Schmerz der Auflösung aus; in diesem ist das Neuentstehende, Idealische, unbestimmt, mehr ein Gegenstand der Furcht, da hingegen die Auflösung an sich ein Bestehendes, selber wirklicher *scheint* und Reales oder das sich Auflösende im Zustande zwischen Sein und Nichtsein im Notwendigen begriffen ist.

Das neue Leben ist jetzt wirklich, das sich auflösen sollte und aufgelöst hat, möglich (ideal *alt*), die Auflösung notwendig und trägt ihren eigentümlichen Charakter zwischen Sein und Nichtsein. Im Zustande zwischen Sein und Nichtsein wird aber überall das Mögliche real und das Wirkliche ideal, und dies ist in der freien Kunstnachahmung ein furchtbarer, aber göttlicher Traum. Die Auflösung also als notwendige, auf dem Gesichtspunkte der idealischen Erinnerung, wird als solche idealisches Objekt des neuentwickelten Lebens, ein Rückblick auf den Weg, der zurückgelegt werden mußte, vom Anfang der Auflösung bis dahin, wo aus dem neuen Leben eine Erinnerung des Aufgelösten und daraus, als Erklärung und Vereinigung der Lücke und des Kontrasts, der zwischen dem Neuen und dem Vergangenen stattfindet, die Erinnerung der Auflösung erfolgen kann. Diese idealische Auflösung ist furchtlos. Anfangs- und Endpunkt ist schon gesetzt, gefunden, gesichert, deswegen ist diese Auflösung auch sicherer, unaufhaltsamer, kühner, und sie stellt sich hiemit als das, was sie eigentlich ist, als einen reproduktiven Akt, dar, wodurch das Leben alle seine Punkte durchläuft und, um die ganze Summe zu gewinnen, auf keinem verweilt, auf jedem sich auflöst, um in dem nächsten sich herzustellen; nur daß in dem Grade die Auflösung idealer wird, in welchem sie sich von ihrem Anfangspunkte entfernt, hingegen in ebendem Grade die Herstellung realer, bis endlich aus der Summe dieser in einem Moment unendlich durchlaufenen Empfindungen des Vergehens und Entstehens ein ganzes Lebensgefühl und hieraus das einzig Ausgeschlossene, das anfänglich Aufgelöste in der Erinnerung (durch die Notwendigkeit eines Objekts im vollendetsten Zustande) hervorgeht, und nachdem diese Erinnerung des Aufgelösten, Individuellen mit dem unendlichen Lebensgefühl durch die Erinnerung der Auflösung vereiniget und die Lücke zwischen denselben ausgefüllt ist, so gehet aus dieser Vereinigung und Vergleichung des vergangenen Einzelnen und des unendlichen Gegenwärtigen der eigentlich neue Zustand, der nächste Schritt, der dem Vergangenen folgen soll, hervor.

Also in der Erinnerung der Auflösung wird diese, weil ihre beeden Enden fest stehen, ganz der sichere, unaufhaltsame, kühne Akt, der sie eigentlich ist.

Aber diese idealische Auflösung unterscheidet sich auch dadurch von der wirklichen, auch wieder, weil sie aus dem Unendlichgegenwärtigen zum Endlichvergangenen geht, daß 1. auf jedem Punkte derselben Auflösung und Herstellung, 2. ein Punkt in seiner Auflösung und Herstellung mit jedem andern, 3. jeder Punkt in seiner Auflösung und Herstellung mit dem Totalgefühl der Auflösung und Herstellung unendlich verflochtner ist und alles sich in Schmerz und Freude, in Streit und Frieden, in Bewegung und Ruhe, und Gestalt und Ungestalt unendlicher durchdringt, berühret und angeht und so ein himmlisches Feuer statt irdischem wirkt.

Endlich, auch wieder, weil die idealische Auflösung umgekehrt vom Unendlichgegenwärtigen zum Endlichvergangenen geht, unterscheidet sich die idealische Auflösung von der wirklichen dadurch, daß sie durchgängiger bestimmt sein kann, daß sie nicht mit ängstlicher Unruhe mehrere wesentliche Punkte der Auflösung und Herstellung in eines zusammenzuraffen, auch nicht ängstlich auf Unwesentliches, der gefürchteten Auflösung, also auch der Herstellung Hinderliches, also eigentlich Tödliches abzuirren, auch nicht auf einen Punkt der Auflösung und Herstellung einseitig ängstig sich bis aufs äußerste zu beschränken und so wieder zum eigentlich Toten veranlaßt ist, sondern daß sie ihren präzisen, geraden, freien Gang geht, auf jedem Punkte der Auflösung und Herstellung ganz das, was sie auf ihm, aber auch nur auf ihm sein kann, also wahrhaft individuell, ist, natürlicherweise also auch auf diesen Punkt nicht Ungehöriges, Zerstreuendes, an sich und hiehin Unbedeutendes herzwingt, aber frei und vollständig den einzelnen Punkt durchgeht in allen seinen Beziehungen mit den übrigen Punkten der Auflösung und Herstellung, welche nach den zwei ersten der Auflösung und Herstellung *fähigen* Punkten, nämlich dem entgegengesetzten Unendlichneuen und Endlichalten, dem Realtotalen und Idealpartikularen liegen.

Endlich unterscheidet sich die idealische Auflösung von der sogenannt wirklichen (weil jene umgekehrterweise vom Unendlichen zum Endlichen gehet, *nachdem sie vom Endlichen zum Unendlichen gegangen war*) dadurch, daß die Auflösung aus Unkenntnis ihres End- und Anfangspunktes schlechterdings als reales Nichts erscheinen muß, so daß jedes Bestehende, also Besondere, als Alles erscheint, und ein sinnlicher Idealismus, ein Epikuräismus erscheint, wie ihn Horaz, der wohl diesen Gesichtpunkt nur dramatisch brauchte, in seinem »Prudens futuri temporis exitum« pp. treffend darstellt – also die idealische Auflösung unterscheidet sich von der sogenannt wirklichen endlich dadurch, daß diese ein reales Nichts zu sein scheint, jene, weil sie ein Werden des Idealindividuellen zum Unendlichrealen und des Unendlichrealen zum Individuellidealen ist, in ebendem Grade an Gehalt und Harmonie gewinnt, je mehr sie gedacht wird als Übergang aus Bestehendem ins Bestehende, so wie auch das Bestehende in ebendem Grade an Geist gewinnt, je mehr es als entstanden aus jenem Übergange oder entstehend zu jenem Übergange gedacht wird, so daß die Auflösung des Idealindividuellen nicht als Schwächung und Tod, sondern als Aufleben, als Wachstum, die Auflösung des Unendlichneuen nicht als vernichtende Gewalt, sondern als Liebe und beedes zusammen als ein (transzendentaler) schöpferischer Akt erscheint, dessen Wesen es ist, Idealindividuelles und Realunendliches zu vereinen, dessen Produkt also das mit Idealindividuellem vereinigte Realunendliche ist, wo dann das Unendlichreale die Gestalt des Individuellidealen und dieses das Leben des Unendlichrealen annimmt und beede sich in einem mythischen Zustande vereinigen, wo, mit dem Gegensatze des Unendlichrealen und Endlichidealen, auch der Übergang aufhört, so weit, daß dieser an Ruhe gewinnt, was jene an Leben gewonnen, ein Zustand, welcher nicht zu verwechseln mit dem lyrischen Unendlichrealen, sowenig als er in seiner Entstehung während des Überganges zu verwechseln ist mit dem episch darstellbaren Individuellidealen, denn in beeden Fällen vereiniget er den Geist des einen mit der Faßlichkeit, Sinnlichkeit des andern. Er ist in beeden Fällen tragisch, d. h., er vereiniget in beeden Fällen Unendlichreales mit Endlichidealem, und beede Fälle sind nur gradweise verschieden, denn auch während des Überganges sind Geist und Zeichen, mit andern Worten die Materie des Überganges mit diesem und dieser mit jener (Transzendentales mit Isoliertem), wie beseelte Organe mit organischer Seele, harmonisch entgegengesetzt Eines.

Aus dieser tragischen Vereinigung des Unendlichneuen und Endlichalten entwickelt sich dann ein neues Individuelles, indem das Unendlichneue vermittelst dessen, daß es die Gestalt des Endlichalten annahm, sich nun in eigener Gestalt individualisiert.

Das Neuindividuelle strebt nun in ebendem Grade sich zu isolieren und aus der Unendlichkeit loszuwinden, als auf dem zweiten Gesichtspunkte das Isolierte, Individuellalte, sich zu verallgemeinern und ins unendliche Lebensgefühl aufzulösen strebt. *Der Moment, wo die Periode des Individuellneuen sich endet, ist da, wo das Unendlichneue als auflösende,* als *unbekannte* Macht zum Individuellalten sich verhält, ebenso wie in der vorigen Periode das Neue sich als unbekannte Macht zum Unendlichalten verhalten, und diese zwei Perioden sind sich entgegengesetzt, und zwar die erste als Herrschaft des Individuellen über das Unendliche, des Einzelnen über das Ganze, der zweiten als der Herrschaft des

Unendlichen über das Individuelle, des Ganzen über das Einzelne. Das Ende dieser zweiten Periode und der Anfang der dritten liegt in dem Moment, wo das Unendlichneue als Lebensgefühl (als Ich) sich zum Individuellalten als Gegenstand (als Nicht-Ich) verhält,...

Nach diesen Gegensätzen tragische Vereinigung der Charaktere, nach dieser Gegensätze der Charaktere zum Wechselseitigen und umgekehrt. Nach diesen die tragische Vereinigung beeder.

Zwei Briefe an
Casimir Ulrich Böhlendorff

Nürtingen bei Stuttgart,
d. 4. Dez. 1801

Mein teurer Böhlendorff!

Deine gütigen Worte und Deine Gegenwart in ihnen haben mich sehr erfreut.

Dein »Fernando« hat mir die Brust um ein gutes erleichtert. Der Fortschritt meiner Freunde ist mir so ein gutes Zeichen. Wir haben *ein* Schicksal. Gehet es mit dem einen vorwärts, so wird auch der andere nicht liegenbleiben.

Mein Lieber! Du hast an Präzision und tüchtiger Gelenksamkeit so sehr gewonnen und nichts an Wärme verloren, im Gegenteil, wie eine gute Klinge hat sich die Elastizität Deines Geistes in der beugenden Schule nur um so kräftiger erwiesen. Dies ist's, wozu ich Dir vorzüglich Glück wünsche. Wir lernen nichts schwerer als das Nationelle frei gebrauchen. Und wie ich glaube, ist gerade die Klarheit der Darstellung uns ursprünglich so natürlich wie den Griechen das Feuer vom Himmel. Eben deswegen werden diese eher in schöner Leidenschaft, die Du Dir auch erhalten hast, als in jener homerischen Geistesgegenwart und Darstellungsgabe zu *übertreffen* sein.

Es klingt paradox. Aber ich behaupt es noch einmal und stelle es Deiner Prüfung und Deinem Gebrauche frei: Das eigentliche Nationelle wird im Fortschritt der Bildung immer der geringere Vorzug werden. Deswegen sind die Griechen des heiligen Pathos weniger Meister, weil es ihnen angeboren war, hingegen sind sie vorzüglich in Darstellungsgabe, von Homer an, weil dieser außerordentliche Mensch seelenvoll genug war, um die abendländische *junonische Nüchternheit* für sein Apollonsreich zu erbeuten und so wahrhaft das Fremde sich anzueignen.

Bei uns ist's umgekehrt. Deswegen ist's auch so gefährlich, sich die Kunstregeln einzig und allein von griechischer Vortrefflichkeit zu abstrahieren. Ich habe lange daran laboriert und weiß nun, daß außer dem, was bei den Griechen und uns das Höchste sein muß, nämlich dem lebendigen Verhältnis und Geschick, wir nicht wohl etwas *gleich* mit ihnen haben dürfen.

Aber das Eigene muß so gut gelernt sein wie das Fremde. Deswegen sind uns die Griechen unentbehrlich. Nur werden wir ihnen gerade in unserm Eigenen, Nationellen nicht nachkommen, weil, wie gesagt, der *freie* Gebrauch des *Eigenen* das schwerste ist.

Das hat Dein guter Genius Dir eingegeben, wie mir dünkt, daß Du das Drama epischer behandelt hast. Es ist, im ganzen, eine *echte* moderne Tragödie. Denn das ist das Tragische bei uns, daß wir ganz stille, in irgendeinem Behälter eingepackt, vom Reiche der Lebendigen hinweggehn, nicht daß wir in Flammen verzehrt die Flamme büßen, die wir nicht zu bändigen vermochten.

Und wahrlich! das erste bewegt so gut die innerste Seele wie das letzte. Es ist kein so imposantes, aber ein tieferes Schicksal, und eine edle Seele geleitet auch einen solchen Sterbenden unter Furcht und Mitleiden und hält den Geist im Grimm empor. Der herrliche Jupiter ist denn doch der letzte Gedanke beim Untergange eines Sterblichen, er sterbe nach unserem oder nach antikem Schicksal, wenn der Dichter dieses Sterben dargestellt hat, wie er sollte und wie Du es sichtbar gewollt und im ganzen und besonders in einigen meisterhaften Zügen geleistet hast:

»Ein enger Weg führt in ein dunkles Tal,
Dahin hat ihn Verräterei gezwungen«

und sonst. – Du bist auf gutem Wege, behalt ihn. Ich will aber Deinen »Fernando« erst recht studieren und zu Herzen nehmen und dann vielleicht Dir etwas Interessanteres davon sagen. In keinem Falle genug!

Von mir selber und wie es mir gegangen ist bisher, wieweit ich Dein und meiner Freunde wert geblieben und geworden bin, auch was ich treibe und bringen werde, sowenig es ist, davon will ich mit nächstem Dir aus der Nachbarschaft Deines Spaniens, nämlich aus Bordeaux, schreiben, wohin ich als Hauslehrer und Privatprediger in einem deutsch-evangelischen Hause nächste Woche abreise. Ich werde den Kopf ziemlich beisammenhalten müssen, in Frankreich, in Paris; auf den Anblick des Meeres, auf die Sonne der Provence freue ich mich auch.

O Freund! die Welt liegt heller vor mir als sonst, und ernster. Ja! es gefällt mir, wie es zugeht, gefällt mir, wie wenn im Sommer »der alte heilige Vater mit gelassener Hand aus rötlichen Wolken segnende Blitze schüttelt«. Denn unter allem, was ich schauen kann von Gott, ist dieses Zeichen mir das auserkorene geworden. Sonst konnt ich jauchzen über eine neue Wahrheit, eine bessere Ansicht des, das über uns und um uns ist, jetzt fürcht ich, daß es mir nicht geh am Ende wie dem alten Tantalus, dem mehr von Göttern ward, als er verdauen konnte.

Aber ich tue, was ich kann, so gut ich's kann, und denke, wenn ich sehe, wie ich auf meinem Wege auch dahin muß wie die andern, daß es gottlos ist und rasend, einen Weg zu suchen, der vor *allem* Anfall sicher wäre, und daß für den Tod kein Kraut gewachsen ist.

Und nun leb wohl, mein Teurer! bis auf weiteres. Ich bin jetzt voll Abschieds. Ich habe lange nicht geweint. Aber es hat mich bittre Tränen gekostet, da ich mich entschloß, mein Vaterland noch jetzt zu verlassen, vielleicht auf immer. Denn was hab ich Lieberes auf der Welt? Aber sie können mich nicht brauchen. Deutsch will und muß ich übrigens bleiben, und wenn mich die Herzens- und die Nahrungsnot nach Otaheiti triebe.

Grüße unsern Muhrbeck. Wie lebt er? Er erhält sich gewiß. Er bleibt uns. Verzeiht mir den Undank. Ich hatte Euch erkannt, ich sah Euch, aber doch durch eine gelbe Brille. Ich hätte Euch so vieles zu sagen, Ihr Guten! Ihr wohl mir auch. Wo wirst Du künftig bleiben, mein Böhlendorff? Doch das sind Sorgen. Wenn Du an mich schreibst, so adressiere den Brief an Kaufmann Landauer in Stuttgart. Er schickt mir ihn sicher zu. Schreibe mir auch Deine Adresse.

Dein
H.

⟨Nürtingen,
wahrscheinlich im November 1802⟩

Mein Teurer!

Ich habe Dir lange nicht geschrieben, bin indes in Frankreich gewesen und habe die traurige einsame Erde gesehn, die Hirten des südlichen Frankreichs und einzelne Schönheiten, Männer und Frauen, die in der Angst des patriotischen Zweifels und des Hungers erwachsen sind.

Das gewaltige Element, das Feuer des Himmels, und die Stille der Menschen, ihr Leben in der Natur und ihre Eingeschränktheit und Zufriedenheit, hat mich beständig ergriffen, und wie man Helden nachspricht, kann ich wohl sagen, daß mich Apollo geschlagen.

In den Gegenden, die an die Vendée grenzen, hat mich das Wilde, Kriegerische interessiert, das rein Männliche, dem das Lebenslicht unmittelbar wird in den Augen und Gliedern und das im Todesgefühle sich wie in einer Virtuosität fühlt und seinen Durst, zu wissen, erfüllt.

Das Athletische der südlichen Menschen, in den Ruinen des antiken Geistes, machte mich mit dem eigentlichen Wesen der Griechen bekannter; ich lernte ihre Natur und ihre Weisheit kennen, ihren Körper, die Art, wie sie in ihrem Klima wuchsen, und die Regel, womit sie den übermütigen Genius vor des Elements Gewalt behüteten.

Dies bestimmte ihre Popularität, ihre Art, fremde Naturen anzunehmen und sich ihnen mitzuteilen, darum haben sie ihr Eigentümlichindividuelles, das lebendig erscheint, sofern der höchste Verstand im griechischen Sinne Reflexionskraft ist, und dies wird uns begreiflich, wenn wir den heroischen Körper der Griechen begreifen; sie ist Zärtlichkeit, wie unsere Popularität.

Der Anblick der Antiken hat mir einen Eindruck gegeben, der mir nicht allein die Griechen verständlicher macht, sondern überhaupt das Höchste der Kunst, die auch in der höchsten Bewegung und Phänomenalisierung der Begriffe und alles Ernstlichgemeinten dennoch alles stehend und für sich selbst erhält, so daß die Sicherheit in diesem Sinne die höchste Art des Zeichens ist.

Es war mir nötig, nach manchen Erschütterungen und Rührungen der Seele mich festzusetzen, auf einige Zeit, und ich lebe indessen in meiner Vaterstadt.

Die heimatliche Natur ergreift mich auch um so mächtiger, je mehr ich sie studiere. Das Gewitter, nicht bloß in seiner höchsten Erscheinung, sondern in eben dieser Ansicht, als Macht und als Gestalt, in den übrigen Formen des Himmels, das Licht in seinem Wirken, nationell und als Prinzip und Schicksalsweise bildend, daß uns etwas heilig ist, sein Drang im Kommen und Gehen, das Charakteristische der Wälder und das Zusammentreffen in einer Gegend von verschiedenen Charakteren der Natur, daß alle heiligen Orte der Erde zusammen sind um einen Ort, und das philosophische Licht um mein Fenster ist jetzt meine Freude; daß ich behalten möge, wie ich gekommen bin, bis hieher!

Mein Lieber! ich denke, daß wir die Dichter bis auf unsere Zeit nicht kommentieren werden, sondern daß die Sangart überhaupt wird einen andern Charakter nehmen und daß wir darum nicht aufkommen, weil wir, seit den Griechen, wieder anfangen, vaterländisch und natürlich, eigentlich originell zu singen.

Schreibe doch nur mir bald. Ich brauche Deine reinen Töne. Die Psyche unter Freunden, das Entstehen des Gedankens im Gespräch und Brief ist Künstlern nötig. Sonst haben wir keinen für uns selbst; sondern er gehöret dem heiligen Bilde, das wir bilden. Lebe recht wohl.

Dein
H.

Anmerkungen zum Ödipus

1.

Es wird gut sein, um den Dichtern, auch bei uns, eine bürgerliche Existenz zu sichern, wenn man die Poesie, auch bei uns, den Unterschied der Zeiten und Verfassungen abgerechnet zur μηχανη der Alten erhebt.

Auch andern Kunstwerken fehlt, mit den griechischen verglichen, die Zuverlässigkeit; wenigstens sind sie bis itzt mehr nach Eindrücken beurteilt worden, die sie machen, als nach ihrem gesetzlichen Kalkul und sonstiger Verfahrungsart, wodurch das Schöne hervorgebracht wird. Der modernen Poesie fehlt es aber besonders an der Schule und am Handwerksmäßigen, daß nämlich ihre Verfahrungsart berechnet und gelehrt und, wenn sie gelernt ist, in der Ausübung immer zuverlässig wiederholt werden kann. Man hat, unter Menschen, bei jedem Dinge, vor allem darauf zu sehen, daß es *etwas* ist, d. h., daß es in dem Mittel (moyen) seiner Erscheinung erkennbar ist, daß die Art, wie es bedingt ist, bestimmt und gelehrt werden kann. Deswegen und aus höheren Gründen bedarf die Poesie besonders sicherer und charakteristischer Prinzipien und Schranken.

Dahin gehört einmal eben jener gesetzliche Kalkul.

Dann hat man darauf zu sehen, wie der Inhalt sich von diesem unterscheidet, durch welche Verfahrungsart, und wie im unendlichen, aber durchgängig bestimmten Zusammenhange der besondere Inhalt sich zum allgemeinen Kalkul verhält und der Gang und das Festzusetzende, der lebendige Sinn, der nicht berechnet werden kann, mit dem kalkulablen Gesetze in Beziehung gebracht wird.

Das Gesetz, der Kalkul, die Art, wie ein Empfindungssystem, der ganze Mensch, als unter dem Einflusse des Elements sich entwickelt und Vorstellung und Empfindung und Räsonnement in verschiedenen Sukzessionen, aber immer nach einer sichern Regel nacheinander hervorgehn, ist im Tragischen mehr Gleichgewicht als reine Aufeinanderfolge.

Der tragische *Transport* ist nämlich eigentlich leer und der ungebundenste.

Dadurch wird in der rhythmischen Aufeinanderfolge der Vorstellungen, worin der *Transport* sich darstellt, *das, was man im Silbenmaße Zäsur heißt*, das reine Wort, die gegenrhythmische Unterbrechung notwendig, um nämlich dem reißenden Wechsel der Vorstellungen auf seinem Summum so zu begegnen, daß alsdann nicht mehr der Wechsel der Vorstellung, sondern die Vorstellung selber erscheint.

Dadurch wird die Aufeinanderfolge des Kalkuls und der Rhythmus geteilt und bezieht sich in seinen zweien Hälften so aufeinander, daß sie als gleichwiegend erscheinen.

Ist nun der Rhythmus der Vorstellungen so beschaffen, daß in exzentrischer Rapidität die *ersten* mehr durch die *folgenden* hingerissen sind, so muß die Zäsur oder die gegenrhythmische Unterbrechung *von vorne* liegen, so daß die erste Hälfte gleichsam gegen die zweite geschützt ist, und das Gleichgewicht wird, eben weil die zweite Hälfte ursprünglich rapider ist und schwerer zu wiegen scheint, der entgegenwirkenden Zäsur wegen, mehr sich von hinten her gegen den Anfang neigen.

Ist der Rhythmus der Vorstellungen so beschaffen, daß die *folgenden* mehr gedrungen sind von den *anfänglichen*, so wird die Zäsur mehr gegen das Ende liegen, weil es das Ende ist, was gegen den Anfang gleichsam geschützt werden muß, und das Gleichgewicht wird folglich sich mehr gegen das Ende neigen, weil die erste Hälfte sich länger dehnt, das Gleichgewicht folglich später vorkommt. So viel vom kalkulablen Gesetze.

Das erste nun der hier angedeuteten tragischen Gesetze ist das des »Ödipus«.

Die »Antigone« gehet nach dem zweiten hier berührten.

In beiden Stücken machen die Zäsur die Reden des Tiresias aus.

Es tritt ein in den Gang des Schicksals als Aufseher über die Naturmacht, die tragisch den Menschen seiner Lebenssphäre, dem Mittelpunkte seines innern Lebens in eine andere Welt entrückt und in die exzentrische Sphäre der Toten reißt.

⟨...⟩

3.

Die Darstellung des Tragischen beruht vorzüglich darauf, daß das Ungeheure, wie der Gott und Mensch sich paart und grenzenlos die Naturmacht und des Menschen Innerstes im Zorn eins wird, dadurch sich begreift, daß das grenzenlose Eineswerden durch grenzenloses Scheiden sich reiniget. *Της φυσεως γραμματευς ην τον καλαμον αποβρεχων ευνουν.*

Darum der immer widerstreitende Dialog, darum der Chor als Gegensatz gegen diesen. Darum das allzukeusche, allzumechanische und faktisch endigende Ineinandergreifen zwischen den verschiedenen Teilen: im Dialog und zwischen dem Chor und Dialog und den großen Partien oder Dramaten, welche aus Chor und Dialog bestehen. Alles ist Rede gegen Rede, die sich gegenseitig aufhebt.

So in den Chören des »Ödipus« das Jammernde und Friedliche und Religiose, die fromme Lüge (wenn ich Wahrsager bin etc.) und das Mitleid bis zur gänzlichen Erschöpfung gegen einen Dialog, der die Seele eben dieser Hörer zerreißen will, in seiner zornigen Empfindlichkeit; in den Auftritten die schröcklichfeierlichen Formen, das Drama wie eines Ketzergerichtes, als Sprache für eine Welt, wo unter Pest und Sinnesverwirrung und allgemein entzündetem Wahrsagergeist, in müßiger Zeit, der Gott und der Mensch, damit der Weltlauf keine Lücke hat und *das Gedächtnis der Himmlischen nicht ausgehet, in der allvergessenden Form der Untreue sich mitteilt,* denn göttliche Untreue ist am besten zu behalten.

In solchem Momente vergißt der Mensch sich und den Gott und kehret, freilich heiligerweise, wie ein Verräter sich um. – In der äußersten Grenze des Leidens bestehet nämlich nichts mehr als die Bedingungen der Zeit oder des Raums.

In dieser vergißt sich der Mensch, weil er ganz im Moment ist; der Gott, weil er nichts als Zeit ist; und beides ist untreu, die Zeit, weil sie in solchem Momente sich kategorisch wendet und Anfang und Ende sich in ihr schlechterdings nicht reimen läßt; der Mensch, weil er in diesem Momente der kategorischen Umkehr folgen muß, hiermit im Folgenden schlechterdings nicht dem Anfänglichen gleichen kann.

So stehet Hämon in der »Antigone«. So Ödipus selbst in der Mitte der Tragödie von Ödipus.

Anmerkungen zur Antigone

I.

Die Regel, das kalkulable Gesetz der Antigone verhält sich zu dem des Ödipus, wie ___╱___ zu ___╲___, so daß sich das Gleichgewicht mehr vom Anfang gegen das Ende, als vom Ende gegen den Anfang zu neigt.

Sie ist eine der verschiedenen Sukzessionen, in denen sich Vorstellung und Empfindung und Räsonnement nach poetischer Logik entwickelt. So wie nämlich immer die Philosophie nur ein Vermögen der Seele behandelt, so daß die Darstellung dieses einen Vermögens ein Ganzes macht, und das bloße Zusammenhängen *der Glieder* dieses einen Vermögens Logik genannt wird, so behandelt die Poesie die verschiedenen Vermögen des Menschen, so daß die Darstellung dieser verschiedenen Vermögen ein Ganzes macht und das Zusammenhängen *der selbstständigeren Teile* der verschiedenen Vermögen der Rhythmus im höhern Sinne oder das kalkulable Gesetz genannt werden kann.

Ist aber dieser Rhythmus der Vorstellungen so beschaffen, daß, in der Rapidität der Begeisterung, die *ersten* mehr durch die *folgenden* hingerissen sind, so muß die Zäsur (a) dann oder die *gegenrhythmische Unterbrechung von vorne* liegen, so daß die erste Hälfte gleichsam gegen die zweite geschützt ist und das Gleichgewicht, eben weil die zweite Hälfte ursprünglich rapider ist und schwerer zu wiegen scheint, der entgegenwirkenden Zäsur wegen, mehr von hinten her (b) sich gegen den Anfang (c) neigt. $_c\diagdown^a\!\!\!{-}\!\!{-}_b$

Ist der Rhythmus der Vorstellungen aber so beschaffen, daß *die folgenden* mehr gedrungen sind von *den anfänglichen*, so wird die Zäsur (a) mehr gegen das Ende liegen, weil es das Ende ist, was gegen den Anfang gleichsam geschützt werden muß, und das

Gleichgewicht wird folglich mehr sich gegen das Ende (b) neigen, weil die erste Hälfte (c) sich länger dehnt, das Gleichgewicht aber später vorkommt. c——∠ᵃ—b

⟨...⟩

3.

Die tragische Darstellung beruhet, wie in den »Anmerkungen zum Ödipus« angedeutet ist, darauf, daß der unmittelbare Gott ganz eines mit dem Menschen (denn der Gott eines Apostels ist mittelbarer, ist höchster Verstand in höchstem Geiste), daß die *unendliche* Begeisterung *unendlich*, das heißt in Gegensätzen, im Bewußtsein, welches das Bewußtsein aufhebt, heilig sich scheidend, sich faßt, und der Gott in der Gestalt des Todes gegenwärtig ist.

Deswegen, wie schon in den »Anmerkungen zum Ödipus« berührt ist, die dialogische Form und der Chor im Gegensatze mit dieser, deswegen die gefährliche Form in den Auftritten, die, nach griechischer Art, notwendig faktisch in dem Sinne ausgehet, daß das *Wort mittelbarer faktisch* wird, indem es den sinnlicheren Körper ergreift; nach unserer Zeit und Vorstellungsart unmittelbarer, indem es den geistigeren Körper ergreift. Das *griechischtragische Wort ist tödlichfaktisch*, weil der Leib, den es ergreift, wirklich tötet. Für uns, da wir unter dem eigentlicheren Zeus stehen, der nicht nur zwischen dieser Erde und der wilden Welt der Toten *innehält*, sondern den ewig menschenfeindlichen Naturgang auf seinem Wege in die andre Welt *entschiedener zur Erde zwinget*, und da dies die wesentlichen vaterländischen Vorstellungen groß ändert und unsere Dichtkunst vaterländisch sein muß, so daß ihre Stoffe nach unserer Weltansicht gewählt sind und ihre Vorstellungen vaterländisch, verändern sich die griechischen Vorstellungen insofern, als ihre Haupttendenz ist, sich fassen zu können, weil darin ihre Schwäche lag, dahingegen die Haupttendenz in den Vorstellungsarten unserer Zeit ist, etwas treffen zu können, Geschick zu haben, da das Schicksallose, das δυσμορον, unsere Schwäche ist. Deswegen hat der Grieche auch mehr Geschick und Athletentugend und muß dies, so paradox uns die

Helden der Iliade erscheinen mögen, als eigentlichen *Vorzug* und als ernstliche Tugend haben. Bei uns ist dies mehr der Schicklichkeit subordiniert. Und so auch sind die griechischen Vorstellungsarten und poetischen Formen mehr den vaterländischen subordiniert.

Und so ist wohl *das tödlichfaktische, der wirkliche Mord aus Worten, mehr als eigentümlich griechische und einer vaterländischeren Kunstform subordinierte Kunstform zu betrachten.* Eine vaterländische mag, wie wohl beweislich ist, mehr tötendfaktisches als tödlichfaktisches Wort sein; nicht eigentlich mit Mord oder Tod endigen, weil doch hieran das Tragische muß gefaßt werden, sondern mehr im Geschmacke des »Ödipus auf Kolonos«, so daß *das Wort* aus begeistertem Munde schrecklich ist und tötet, nicht griechisch faßlich in athletischem und plastischem Geiste, wo das Wort den Körper ergreift, daß dieser tötet.

So beruhet griechischer oder hesperischer die tragische Darstellung auf gewaltsamerem oder unaufhaltsamerem Dialog und Chören, haltend oder deutend für den Dialog, die dem unendlichen Streite die Richtung oder die Kraft geben, als *leidende Organe* des göttlichringenden Körpers, die nicht wohl fehlen können, weil auch in tragischunendlicher Gestalt der Gott dem Körper sich nicht absolut unmittelbar mitteilen kann, sondern verständlich gefaßt oder lebendig zugeeignet werden muß; vorzüglich aber bestehet die tragische Darstellung in dem faktischen Worte, das, mehr Zusammenhang als ausgesprochen, schicksalsweise vom Anfang bis zu Ende gehet; in der Art des Hergangs, in der Gruppierung der Personen gegeneinander und in der Vernunftform, die sich in der furchtbaren Muße einer tragischen Zeit bildet und, so wie sie in Gegensätzen sich darstellte in ihrer wilden Entstehung, nachher in humaner Zeit als feste, aus göttlichem Schicksal geborene Meinung gilt.

Die Art des Hergangs in der »Antigone« ist die bei einem Aufruhr, wo es, sofern es vaterländische Sache ist, darauf ankommt, daß jedes, als von unendlicher Umkehr ergriffen und erschüttert, in unendlicher Form sich fühlt, in der es erschüttert ist. Denn vaterländische Umkehr ist die Umkehr aller Vorstellungsarten und Formen. Eine gänzliche Umkehr in diesen ist aber, so wie überhaupt gänzliche Umkehr, ohne allen Halt, dem Menschen als erkennendem Wesen unerlaubt. Und in vaterländischer Umkehr, wo die ganze Gestalt der Dinge sich ändert und die Natur und Notwendigkeit, die immer bleibt, zu einer andern Gestalt sich neigt, sie gehe in Wildnis über oder in neue Gestalt, in einer solchen Veränderung ist alles bloß Notwendige parteiisch für die Veränderung, deswegen kann, in Möglichkeit solcher Veränderung, auch der Neutrale (nicht nur, der *gegen* die vaterländische Form ergriffen ist von einer Geistesgewalt der Zeit) gezwungen werden, patriotisch, gegenwärtig zu sein, in unendlicher Form, der religiösen, politischen und moralischen seines Vaterlands. (προφανηϑι ϑεος.) Es sind auch solche ernstliche Bemerkungen notwendig zum Verständnisse der griechischen wie aller echten Kunstwerke. Die eigentliche Verfahrungsart nun bei einem Aufruhr (die freilich nur eine Art vaterländischer Umkehr ist und noch bestimmteren Charakter hat) ist eben angedeutet.

Ist ein solches Phänomen tragisch, so gehet es durch Reaktion, und das Unförmliche entzündet sich an Allzuförmlichem. Das Charakteristische dabei ist deswegen das, daß die in *solchem* Schicksal begriffenen Personen nicht, wie im »Ödipus«, in Ideengestalt als streitend um die Wahrheit stehen und wie eines, das sich des Verstandes wehrt, auch nicht wie eines, das sich des Lebens oder Eigentums oder der Ehre wehrt wie die Personen im »Ajax«, sondern daß sie als Personen im engeren Sinne, als Standespersonen gegeneinander stehen, daß sie sich formalisieren.

Die Gruppierung solcher Personen ist, wie in der »Antigone«, mit einem Kampfspiele von Läufern zu vergleichen, wo der, welcher zuerst schwer Othem holt und sich am Gegner stößt, verloren hat, da man das Ringen im »Ödipus« mit einem Faustkampf, das im »Ajax« mit einem Fechterspiele vergleichen kann.

Die Vernunftform, die hier tragisch sich bildet, ist politisch, und zwar republikanisch, weil zwischen Kreon und Antigone, Förmlichem und Gegenförmlichem das Gleichgewicht zu gleich gehalten ist. Besonders zeigt sich dies am Ende, wo Kreon von seinen Knechten fast gemißhandelt wird.

Sophokles hat recht. Es ist dies Schicksal seiner Zeit und Form seines Vaterlandes. Man kann wohl idealisieren, z. B. den besten Moment wählen, aber die vaterländischen Vorstellungsarten dürfen, wenigstens der Unterordnung nach vom Dichter, der die Welt im verringerten Maßstab darstellt, nicht verändert werden. Für uns ist eine solche Form gerade tauglich, weil das Unendliche, wie der Geist der Staaten und der Welt, ohnehin nicht anders als aus linkischem Gesichtspunkt kann gefaßt werden. Die vaterländischen Formen unserer Dichter, wo solche sind, sind aber dennoch vorzuziehen, weil solche nicht bloß da sind, um den Geist der Zeit verstehen zu lernen, sondern ihn festzuhalten und zu fühlen, wenn er einmal begriffen und gelernt ist.

ANHANG

⟨DAS ÄLTESTE SYSTEMPROGRAMM
DES DEUTSCHEN IDEALISMUS⟩

...

eine Ethik. Da die ganze Metaphysik künftig in die *Moral* fällt (wovon Kant mit seinen beiden praktischen Postulaten nur ein *Beispiel* gegeben, nichts *erschöpft* hat), so wird diese Ethik nichts andres als ein vollständiges System aller Ideen oder, was dasselbe ist, aller praktischen Postulate sein. Die erste Idee ist natürlich die Vorstellung *von mir* selbst als einem absolut freien Wesen. Mit dem freien, selbstbewußten Wesen tritt zugleich eine ganze *Welt* – aus dem Nichts hervor – die einzig wahre und gedenkbare *Schöpfung aus Nichts*. – Hier werde ich auf die Felder der Physik herabsteigen; die Frage ist diese: Wie muß eine Welt für ein moralisches Wesen beschaffen sein? Ich möchte unsrer langsamen, an Experimenten mühsam schreitenden Physik einmal wieder Flügel geben.

So – wenn die Philosophie die Ideen, die Erfahrung die Data angibt, können wir endlich die Physik im Großen bekommen, die ich von spätern Zeitaltern erwarte. Es scheint nicht, daß die jetzige Physik einen schöpferischen Geist, wie der unsrige ist oder sein soll, befriedigen könne.

Von der Natur komme ich aufs *Menschenwerk*. Die Idee der Menschheit voran – will ich zeigen, daß es keine Idee vom *Staat* gibt, weil der Staat etwas *Mechanisches* ist, sowenig als es eine Idee von einer *Maschine* gibt. Nur was Gegenstand der *Freiheit* ist, heißt *Idee*. Wir müssen also auch über den Staat hinaus! – Denn jeder Staat muß freie Menschen als mechanisches Räderwerk behandeln; und das soll er nicht; also soll er *aufhören*. Ihr seht von selbst, daß hier alle die Ideen vom ewigen Frieden usw. nur *untergeordnete* Ideen einer höhern Idee sind. Zugleich will ich hier die Prinzipien für eine *Geschichte der Menschheit* niederlegen und das ganze elende Menschenwerk von Staat, Verfassung, Regierung, Gesetzgebung – bis auf die Haut entblößen. Endlich kommen die Ideen von einer moralischen Welt, Gottheit, Unsterblichkeit – Umsturz alles Afterglaubens, Verfolgung des Priestertums, das neuerdings Vernunft heuchelt, durch die Vernunft selbst. – Absolute Freiheit aller Geister, die die intellektuelle Welt in sich tragen und weder Gott noch Unsterblichkeit *außer sich* suchen dürfen.

Zuletzt die Idee, die alle vereinigt, die Idee der *Schönheit*, das Wort in höherem, platonischem Sinne genommen. Ich bin nun überzeugt, daß der höchste Akt der Vernunft, der, indem sie alle Ideen umfaßt, ein ästhetischer Akt ist, und daß *Wahrheit und Güte* nur *in der Schönheit* verschwistert sind. Der Philosoph muß ebensoviel ästhetische Kraft besitzen als der Dichter. Die Menschen ohne ästhetischen Sinn sind unsre Buchstabenphilosophen. Die Philosophie des Geistes ist eine ästhetische Philosophie. Man kann in nichts geistreich sein, selbst über Geschichte kann man nicht geistreich raisonnieren – ohne ästhetischen Sinn. Hier soll offenbar werden, woran es eigentlich den Menschen fehlt, die keine Ideen verstehen – und treuherzig genug gestehen, daß ihnen alles dunkel ist, sobald es über Tabellen und Register hinausgeht.

Die Poesie bekömmt dadurch eine höhere Würde, sie wird am Ende wieder, was sie am Anfang war – *Lehrerin der Menschheit*; denn es gibt keine Philosophie, keine Geschichte mehr, die Dichtkunst allein wird alle übrigen Wissenschaften und Künste überleben.

Zu gleicher Zeit hören wir so oft, der große Haufen müsse eine *sinnliche Religion* haben. Nicht nur der große Haufen, auch der Philosoph bedarf ihrer. Monotheismus der Vernunft und des Herzens, Polytheismus der Einbildungskraft und der Kunst, dies ist's, was wir bedürfen!

Zuerst werde ich hier von einer Idee sprechen, die, soviel ich weiß, noch in keines Menschen Sinn gekommen ist – wir müssen eine neue Mythologie haben, diese Mythologie aber muß im Dienste der Ideen stehen, sie muß eine Mythologie der *Vernunft* werden.

Ehe wir die Ideen ästhetisch, d.h. mythologisch machen, haben sie für das *Volk* kein Interesse, und umgekehrt: ehe die Mythologie vernünftig ist, muß sich der Philosoph ihrer schämen. So müssen endlich Aufgeklärte und Unaufgeklärte sich die Hand reichen, die Mythologie muß philosophisch werden, um das Volk vernünftig, und die Philosophie muß mythologisch werden, um die Philosophen sinnlich zu machen. Dann herrscht ewige Einheit unter uns. Nimmer der verachtende Blick, nimmer das blinde Zittern des Volks vor seinen Weisen und Priestern. Dann erst erwartet uns *gleiche* Ausbildung *aller* Kräfte, des einzelnen sowohl als aller Individuen. Keine Kraft wird mehr unterdrückt werden, dann herrscht allgemeine Freiheit und Gleichheit der Geister! – Ein höherer Geist, vom Himmel gesandt, muß diese neue Religion unter uns stiften, sie wird das letzte, größte Werk der Menschheit sein.

⟨In lieblicher Bläue...⟩

In lieblicher Bläue blühet mit dem metallenen Dache der Kirchturm. Den umschwebet Geschrei der Schwalben, den umgibt die rührendste Bläue. Die Sonne gehet hoch darüber und färbet das Blech, im Winde aber oben stille krähet die Fahne. Wenn einer unter der Glocke dann herabgeht, jene Treppen, ein stilles Leben ist es, weil, wenn abgesondert so sehr die Gestalt ist, die Bildsamkeit herauskommt dann des Menschen. Die Fenster, daraus die Glocken tönen, sind wie Tore an Schönheit. Nämlich, weil noch der Natur nach sind die Tore, haben diese die Ähnlichkeit von Bäumen des Walds. Reinheit aber ist auch Schönheit. Innen aus Verschiedenem entsteht ein ernster Geist. So sehr einfältig aber die Bilder, so sehr heilig sind die, daß man wirklich oft fürchtet, die zu beschreiben. Die Himmlischen aber, die immer gut sind, alles zumal, wie Reiche, haben diese, Tugend und Freude. Der Mensch darf das nachahmen. Darf, wenn lauter Mühe das Leben, ein Mensch aufschauen und sagen: so will ich auch sein? Ja. So lange die Freundlichkeit noch am Herzen, die Reine, dauert, misset nicht unglücklich der Mensch sich mit der Gottheit. Ist unbekannt Gott? Ist er offenbar wie der Himmel? dieses glaub ich eher. Des Menschen Maß ist's. Voll Verdienst, doch dichterisch, wohnet der Mensch auf dieser Erde. Doch reiner ist nicht der

Schatten der Nacht mit den Sternen, wenn ich so sagen könnte, als der Mensch, der heißet ein Bild der Gottheit.

Gibt es auf Erden ein Maß? Es gibt keines. Nämlich es hemmen den Donnergang nie die Welten des Schöpfers. Auch eine Blume ist schön, weil sie blühet unter der Sonne. Es findet das Aug oft im Leben Wesen, die viel schöner noch zu nennen wären als die Blumen. O! ich weiß das wohl! Denn zu bluten an Gestalt und Herz, und ganz nicht mehr zu sein, gefällt das Gott? Die Seele aber, wie ich glaube, muß rein bleiben, sonst reicht an das Mächtige auf Fittichen der Adler mit lobendem Gesange und der Stimme so vieler Vögel. Es ist die Wesenheit, die Gestalt ist's. Du schönes Bächlein, du scheinest rührend, indem du rollest so klar, wie das Auge der Gottheit, durch die Milchstraße. Ich kenne dich wohl, aber Tränen quillen aus dem Auge. Ein heiteres Leben seh ich in den Gestalten mich umblühen der Schöpfung, weil ich es nicht unbillig vergleiche den einsamen Tauben auf dem Kirchhof. Das Lachen aber scheint mich zu grämen der Menschen, nämlich ich hab ein Herz. Möcht ich ein Komet sein? Ich glaube. Denn sie haben die Schnelligkeit der Vögel; sie blühen an Feuer, und sind wie Kinder an Reinheit. Größeres zu wünschen, kann nicht des Menschen Natur sich vermessen. Der Tugend Heiterkeit verdient auch gelobt zu werden vom ernsten Geiste, der zwischen den drei Säulen wehet des Gartens. Eine schöne Jungfrau muß das Haupt umkränzen mit Myrtenblumen, weil sie einfach ist ihrem Wesen nach und ihrem Gefühl. Myrten aber gibt es in Griechenland.

Wenn einer in den Spiegel siehet, ein Mann, und siehet darin sein Bild, wie abgemalt; es gleicht dem Manne. Augen hat des Menschen Bild, hingegen Licht der Mond. Der König Ödipus hat ein Auge zuviel vielleicht. Diese Leiden dieses Mannes, sie scheinen unbeschreiblich, unaussprechlich, unausdrücklich. Wenn das Schauspiel ein solches darstellt, kommt's daher. Wie ist mir's aber, gedenk ich deiner jetzt? Wie Bäche reißt das Ende von Etwas mich dahin, welches sich wie Asien ausdehnet. Natürlich dieses Leiden, das hat Ödipus. Natürlich ist's darum. Hat auch Herkules gelitten? Wohl. Die Dioskuren in ihrer Freundschaft haben die nicht Leiden auch getragen? *Nämlich wie Herkules mit*

Gott zu streiten, das ist Leiden. Und die Unsterblichkeit im Neide dieses Lebens, diese zu teilen, ist ein Leiden auch. Doch das ist auch ein Leiden, wenn mit Sommerflecken ist bedeckt ein Mensch, mit manchen Flecken ganz überdeckt zu sein! Das tut die schöne Sonne: nämlich die ziehet alles auf. Die Jünglinge führt die Bahn sie mit Reizen ihrer Strahlen wie mit Rosen. Die Leiden scheinen so, die Ödipus getragen, als wie ein armer Mann klagt, daß ihm etwas fehle. Sohn Laios, armer Fremdling in Griechenland! Leben ist Tod, und Tod ist auch ein Leben.

KOMMENTAR

ZU DIESER AUSGABE

Der Text der vorliegenden Leseausgabe beruht auf der von Günter Mieth herausgegebenen zweibändigen Edition »Friedrich Hölderlin. Sämtliche Werke und Briefe« (München 1970), die auf beiden von Friedrich Beißner herausgegebenen Stuttgarter Ausgaben fußt (der historisch-kritischen Großen Stuttgarter Ausgabe: »Hölderlin. Sämtliche Werke«, Band 1–6, Stuttgart 1943–1961, und der Kleinen Stuttgarter Ausgabe: »Hölderlin. Sämtliche Werke«, Band 1–6, Stuttgart 1944–1962 und Berlin 1959–1962). In einzelnen Fällen hatte G. Mieth auch die beiden älteren historisch-kritischen Editionen von Norbert von Hellingrath (»Hölderlin. Sämtliche Werke«, begonnen durch Norbert von Hellingrath, fortgeführt durch Friedrich Seebaß und Ludwig von Pigenot, Band 1–6, München 1913–1923; 3. Auflage, Band 1–4, Berlin 1943) und Franz Zinkernagel (»Friedrich Hölderlin. Sämtliche Werke und Briefe«, Band 1–5, Leipzig 1914–1926) zu Rate gezogen und außerdem die Kritik von Hans Pyritz an der Großen Stuttgarter Ausgabe (Deutsche Vierteljahrsschrift für Literaturwissenschaft und Geistesgeschichte, Band 21, 1943, Referatenheft S. 88–123; Hölderlin-Jahrbuch 1953, S. 80–105) berücksichtigt.

Hinzu kommen inzwischen noch zwei weitere Ausgaben: Die zweite historisch-kritische Ausgabe, »Friedrich Hölderlin. Sämtliche Werke. Frankfurter Ausgabe« von D. E. Sattler (Frankfurt 1975 ff.), die die Faksimiles aller Handschriften enthält, die verschiedenen Textstufen so transparent wie möglich präsentiert und durch Supplemente ergänzt wird, die die großen Handschriftenkomplexe H.s in farbigen Ganzfaksimiles wiedergeben: Die Frankfurter Quarthefte, das Stuttgarter Foliobuch und das Homburger Folioheft. Auch von der Frankfurter Ausgabe erscheint inzwischen eine ›kleinere‹ Ausgabe, die sämtliche Umschriften der Textstufen, aber keine Faksimiles enthält: »Friedrich Hölderlin. Sämtliche Werke. Kritische Textausgabe« (Darmstadt 1979 ff.). Die Ausgabe D. E. Sattlers ist noch nicht abgeschlossen. Als bislang letzter Versuch, die besonders problematischen Texte der späten Dichtung zu erschließen, erschien D. Uffhausens Edition »Friedrich Hölderlin. ›Bevestigter Gesang‹. Die neu zu entdeckende hymnische Spätdichtung bis 1806« (Stuttgart 1989).

Die Orthographie unserer Ausgabe wurde weitgehend den heutigen

Regeln angepaßt, ohne daß der Lautstand angetastet worden wäre. So ist z. B. »gedultig« zu »geduldig« und »Fittige« zu »Fittiche« modernisiert, da deren Schreibweise keine lautliche Bedeutung hatte, während etwa die Schreibung »Othem« beibehalten wurde. Die Eigennamen sind in der heute üblichen Form geschrieben, also »Kepler« statt »Keppler«. Weitgehend ausgenommen davon wurden die antiken Namen. In ihre Schreibweise ist in der Regel nur vereinheitlichend eingegriffen worden. Die häufig vorkommende Großschreibung der Pronomina wurde eliminiert, wenn sie sich als orthographische Besonderheit qualifizieren ließ, oder in eine Hervorhebung des ganzen Wortes – wie auch sonst durch Kursivdruck gekennzeichnet – verwandelt, wenn sie als semantisch bedingt erschien. Bei der Getrennt- und Zusammenschreibung und bei der Interpunktion wurde unterschiedlich verfahren. Während in den Aufsätzen und in den Briefen weit mehr die heute geltenden Regeln angewendet wurden, haben wir die poetischen Texte aus rhythmischen Gründen wesentlich zurückhaltender modernisiert. Ebenfalls vorsichtig sind in den Aufsätzen die Hölderlinschen Quellenangaben, Randbemerkungen, Fußnoten und Tabellen vereinheitlicht worden. Überschriften, die nicht von Hölderlin stammen, wurden in Winkelklammern gesetzt. Drei Punkte ersetzen verlorengegangenen Text.

Alle Texte, also auch die verschiedenen Fassungen des *Hyperion* und des *Empedokles* sowie die Übersetzungen, wurden chronologisch angeordnet. Bei den Gedichten wurde von diesem Prinzip teilweise abgewichen:

1. Die verschiedenen Fassungen eines Gedichts wurden, sofern ihre Entstehungszeiten nicht zu weit voneinander entfernt liegen, hintereinander abgedruckt.
2. Die letzte von Hölderlin selbst veröffentlichte Gedichtgruppe, die »Nachtgesänge«, sind als Gruppe zusammengeblieben. Auch in einigen anderen Fällen wurde der Überlieferungszusammenhang maßgeblich für die Anordnung, so z. B. bei den in dieser Ausgabe neu zusammengestellten ›Hymnischen Entwürfen‹, die in der Reihenfolge der Handschrift in der heute überlieferten Form erscheinen, womit neuere Forschungen und Datierungen berücksichtigt wurden – erstmals in einer Leseausgabe. Dadurch wird die Entstehung eines der wichtigsten Werkkomplexe der modernen Lyrik transparenter, die Abfolge der verschiedenen Fassungen und Überarbeitungen als Produkte eines Prozesses greifbar. Die in den Anmerkungen mitgeteilten Parallelstellen sollen wie Geländedurchstiche Zusammenhänge andeuten – Ausgangspunkte für die Interpretation, die diesen Prozeß abbildenden und generierenden Identitäten und Differenzen nachzeichnen wird.

3. Um den beim späten Hölderlin nicht unwesentlichen gattungsmäßigen Aspekt nicht völlig verlorengehen zu lassen, wurden die von 1801 bis 1806 entstandenen Hymnen nicht voneinander getrennt.
4. Überall dort, wo es gelang, durch geringfügige Umstellungen entscheidende Zäsuren der dichterischen Entwicklung sichtbar zu machen, wurde die Möglichkeit genutzt.

Die Anmerkungen, die auf der Ausgabe von Günter Mieth und seinen Mitarbeitern beruhen, sollen, wie auch die chronologische Anordnung der Texte, durch die Wiedergabe der wichtigsten Varianten den Prozeß der Dichtung H.s deutlich machen. Für die Erstellung der Sach- und Worterläuterungen sowie zur Überprüfung der Datierung wurden neben den genannten Ausgaben besonders dankbar die von F. Beißner und Jochen Schmidt herausgegebene und dicht kommentierte Edition »Hölderlin. Werke und Briefe« (Frankfurt 1969) sowie Detlef Lüders' intensiv kommentierte Edition »Friedrich Hölderlin. Sämtliche Gedichte« (Frankfurt/Wiesbaden) benutzt.

Eine umfangreiche »Chronik« zum Leben Hölderlins legte A. Beck vor (Frankfurt 1970 und 1975), eine umsichtige Einführung mit umfangreicher Bibliographie S. Wackwitz (Friedrich Hölderlin. Stuttgart 1985, Sammlung Metzler 215). Das »Hölderlin-Jahrbuch« der Tübinger Hölderlin-Gesellschaft ist das wichtigste periodische Organ der Hölderlin-Forschung und enthält neben Aufsätzen auch Rezensionen wichtiger Neuerscheinungen. 1985 erschien die »Internationale Hölderlin-Bibliographie«, hg. vom Hölderlin-Archiv der Württembergischen Landesbibliothek Stuttgart, bearb. von Maria Kohler.

GEDICHTE

1784–1789

Schon vor seinem Eintritt in die niedere Klosterschule Denkendorf im Oktober 1784 soll H. Verse geschrieben haben, erhalten sind aber erst Gedichte, die in Denkendorf oder wenig später an der höheren Klosterschule in Maulbronn entstanden sind. Die Themen und Vorbilder dieser frühesten Gedichte, die H. zunächst in gereimten Strophen, ab Oktober 1786 aber auch in metrisch anspruchsvollen Odenstrophen oder Hexametern verfaßte, orientieren sich eng an den Vorbildern der Zeit: Klopstock, der ›Sänger Gottes‹, und die von ihm beeinflußte Lyrik der Empfindsamkeit, der Engländer Edward Young mit seinen melancholischen ›Nachtgedanken‹, Hölty und der Göttinger Hain mit seinen »Freundschaftsfeiern«, sie bieten die Modelle, denen der jugendliche »Schwärmer« H. nacheifert: »Ich mache hier wenig Bekanntschaft – ich bin immer noch lieber allein – und da phantasiere ich mir eins im Hirn herum, und da geht's so andächtig her, daß ich zuweilen beinahe schon geweint hätte, wann ich mir phantasiert habe, ich sei um mein Mädchen gekommen, seie, verachtet von jedermann, verstoßen wurden«, schreibt H. am 18. März 1787 an seinen Freund Immanuel Nast aus Maulbronn.

In den dort und ab dem Oktober 1788 in Tübingen entstandenen Gedichten finden sich immer häufiger Anspielungen auf die ebenfalls von Klopstock initiierte Bardenpoesie. Ihren Ursprung hatte diese Begeisterung für die altgermanischen Sänger in den – vermeintlich echten – altgälischen Epen Ossians, der der schottische Dichter James Macpherson (1736–1796) herausgegeben hatte (1760–65). In ihnen sah Herder ein nordisches Pendant zu Homers Epen (›Auszug aus einem Briefwechsel über Ossian und die Lieder alter Völker‹ 1773), Goethe nahm eigene Übersetzungsbruchstücke aus Ossian in seine ›Leiden des jungen Werthers‹ (1774) auf. Eine Strophe aus der deutschen Ossian-Übersetzung von Michael Denis (1768/69) sollte dem Quartheft, in dem H. in Maulbronn seine Gedichte sammelte, als Motto dienen:

»Tritt ein schwächerer Versucher auf
Und bringt ein ungereiftes Lied ins Volk,
Doch ohne Stolz, bescheiden, schone sein,

Beschimpf ihn nicht! Er hat es gut gemeint,
Er hat gestrebet.«

Die Melancholie, die die »Reste der Vorzeit«, die Ruinen einstiger Größe, bei dem Sänger hervorrufen, soll »zorn'ge Sehnsucht« werden, die Erinnerung an eine eigene Tradition die Notwendigkeit einer freien, freiheitlichen Gegenwart herausstreichen – das war das Programm, unter dem die Bardenpoesie Klopstocks und seiner Jünger stand und das die Folie für eine Kritik der aus Frankreich geborgten Hofkultur abgab: »Affen des Auslands« nennt H. die Feudalherren. Die zunächst in Anlehnung an Schiller formulierte Kritik in *Die Ehrsucht* verschärft sich, als im November 1789, zweieinhalb Monate nach der Proklamation der Menschenrechte durch die Französische Revolution, der Herzog alle Studenten des Tübinger Stifts zu strenger Ordnung und Gesetzlichkeit ermahnt. Als H. einige Tage später in Tübingen einem Lehrer den Hut vom Kopf schlägt, den dieser eigentlich vor einem Stipendiaten hätte ziehen müssen, wird er zu sechs Stunden Karzer verurteilt: »Sie können schließen«, schreibt er am 25. November 1789 an seine Mutter, »daß der immerwährende Verdruß, die Einschränkung, die ungesunde Luft, die schlechte Kost, meinen Körper vielleicht früher entkräftet als in einer freiern Lage. Sie kennen mein Temperament, das sich, eben weil es Temperament ist, schlechterdings nicht verleugnen läßt, wie es so wenig für Mißhandlungen, für Druck und Verachtung taugt.«

9 MEIN VORSATZ
Die von H. auf 1787 datierte Ode ist in zwei Abschriften überliefert, vielleicht sollte sie in einem Almanach veröffentlicht werden und wurde so 1788 in Tübingen noch einmal überarbeitet. H. setzte aber wiederum die Jahreszahl hinzu. Die Thematik – der Wunsch, den »herrlichen Ehrenpfad« des Dichters zu betreten – findet sich leitmotivisch in den frühesten Gedichten wieder, es ist nahezu programmatisch, wenn H. dieses Gedicht als erstes veröffentlichen wollte. Die Strophenform ist, wie in *Zornige Sehnsucht* und *An die Ruhe*, die alkäische Ode (vgl. S. 699) – 4 *Wolkenumnachtete Totenstille:* Im heute nach dem Aufbewahrungsort benannten Marbacher Quartheft (s. o.) heißt es noch: »seufzende, finstere Totenstille«. – 8 *Schaut mit ins Innerste... richtet:* Marbacher Quartheft: »Brüder! ich kann nicht! ich kann nicht! Brüder!« – *10 Hekatombenlohn:* Hier soviel wie: große, öffentliche Ehrung, wie sie im alten Griechenland den Göttern mit einer Hekatombe, einem Opfer von hundert Stieren, zuteil wurde. – *11 Pindar:* Der griechische Lyriker Pindar (um 518 bis um 446 v. Chr.), den H. an dieser Stelle zum ersten Mal erwähnt, gehörte zur Lektüre in den württembergischen Klosterschulen.

In seinem Magisterspezimen über die *Geschichte der schönen Künste unter den Griechen bis zu Ende des perikleischen Zeitalters* schrieb H. 1790: »Das Epos und Drama haben größern Umfang, aber eben das macht Pindars Hymnen so unerreichbar, eben das fodert von dem Leser, in dessen Seele seine Gewalt sich offenbaren soll, so viel Kräfte und Anstrengung, daß er in in dieser gedrängten Kürze die Darstellung des Epos und die Leidenschaft des Trauerspiels vereinigt hat.« 1799–1800 übersetzte H. die Pindarschen Siegeslieder, später schrieb er Kommentare zu Pindar-Fragmenten – formal wie inhaltlich gehört Pindar zu den wichtigsten Einflüssen auf H. – *12 Klopstocksgröße:* Vgl. Am Tage der Freundschaftsfeier V. 52. – *16 Weltenumeilenden:* Im Marbacher Quartheft: »Sonnenbenachbarten«.

10 DIE EHRSUCHT

Das in diesem 1788 entstandenen Gedicht aufgestellte Sündenregister weist auf Schillers Gedicht ›Der Venuswagen‹ zurück (1778/79 entstanden, Ende 1781 als Einzeldruck erschienen). Was an sozialen und politischen Mißständen von H. angeprangert wird, ist dort literarisch vorgeprägt und kontrastiert mit dem in *Mein Vorsatz* vorgestellten »Ehrenpfad«. Die Strophenform folgt Schillers Gedicht. – *11 wenden:* Verwechslung mit »winden«. – *25 des Jünglings Rechte:* Die rechte Hand, die das Saitenspiel schlägt.

11 AM TAGE DER FREUNDSCHAFTSFEIER

Diese wohl noch in Maulbronn entstandene Hymne, welche das Marbacher Quartheft beschließt, ist H.s erstes Gedicht in freien Rhythmen, die seit Klopstocks ›Die Frühlingsfeier‹ (1759, 1771) und Goethes Gedichten aus der Sturm und Drang-Zeit viele Nachahmer fanden. Hier, wie auch in der *Hymne an den Genius Griechenlands* folgt die Strophenteilung inhaltlichen Motiven, im Gegensatz zum genau kalkulierten Strophenbau der späten Hymnen ab 1799. – *1 Helden zu singen:* Dieser Vorsatz gilt auch außerhalb der *Freundschaftsfeier:* Neben einer Gedichtfolge auf Gustav Adolf (s. u.) entstanden Gedichte auf den Astronom Johannes Kepler, den von dem Freundschaftsbund um H. geschätzten schwäbischen Dichter Johann Jakob Thill, Gedichte auf Kolumbus und Shakespeare waren zumindest geplant. Zur Formulierung »Helden zu singen« vgl. zu *Dem Fürsten.* – *22 Suezia:* (lat.) Schweden. – *23 Pultawa:* In der Nähe dieses ukrainischen Ortes siegte Peter I. (der Große) im Nordischen Krieg 1709 über den Schwedenkönig Karl XII.

12 *36 Gustav:* Gustav Adolf von Schweden (1594–1632). – *38 Eugenius:* Prinz Eugen von Savoyen (1663–1736), österreichischer Heerführer und Staatsmann. – *50 Laren:* Römische Schutzgötter der Familie, deren Bild in einem Schrein am Herd oder in einer kleinen Kapelle stand. – *51 Schatten:* Schattenriß. – *Stella:* Louise Nast, die Schwester des

Freundes. Die Namenswahl ist von Goethes ›Stella. Ein Schauspiel für Liebende‹ (1776) angeregt. – *52 Klopstocks Bild:* Vgl. *Mein Vorsatz* V. 12. – *Wieland:* Im Gegensatz zur Hochschätzung Wielands in diesem Gedicht schreibt H. am 18. Februar 1787 an Immanuel Nast, daß Wieland ohnehin nicht sein »Steckenpferd« sei, was die Einstellung des Göttinger Hains eher trifft. – *60 unsers Fürsten Fest:* Der Geburtstag des Herzogs Karl Eugen von Württemberg (11. Februar). Bei dem aus diesem Anlaß veranstalteten Fest im Kloster hatte H. die Ehre, als »Dichter aufzutreten«. Das Gedicht ist nicht erhalten.

16 ZORNIGE SEHNSUCHT

Die beiden letzten Strophen des auf 1789 zu datierenden, ohne Überschrift überlieferten Gedichts sind etwas später als die eilig notierten Strophen 1–5 entstanden. Nach der letzten Strophe findet sich in der Handschrift der Ansatz zu einer nicht ausgeführten oder verlorengegangenen Fortsetzung (»Dann lohnt –«). – *6 Mich reizt der Lorbeer:* Ursprünglich stand dafür: »Ich will verfolgt sein.« – *21 Mana:* Mannus: Nach Tacitus der sagenhafte Stammvater der germanischen Hauptstämme Ingwäonen, Istwäonen und Herminonen und Sohn des Tuisto. Die Form »Mana« wurde von Klopstock geprägt und in der Bardenpoesie immer wieder aufgegriffen.

17 AN DIE RUHE

Anregungen zu der 1789 entstandenen Ode mag H. vielleicht in Friedrich Leopold von Stolbergs Aufsatz ›Über die Ruhe nach dem Genuß und den Zustand des Dichters in dieser Ruhe‹ gefunden haben, doch sind Stille und Ruhe von Anfang an Leitmotive H.s. – *11 Dominiksgesichter:* Versteckte oder verstellte Gesichter und damit Zeichen der Falschheit und Heuchelei. Ursprünglich war »Dominique« der Bühnenname eines italienischen Schauspielers zu Molières Zeit in Paris und zugleich der Name der von ihm geschaffenen komischen Figur, einer der zahlreichen Abwandlungen des Harlekins.

18 *30 des Weisen Grab:* Das Grab Jean-Jacques Rousseaus (1712–1778), dessen Gebeine erst 1794 in das Pantheon überführt wurden und der bis dahin auf einer Insel im Park zu Ermenonville (nordöstlich von Paris) bestattet war. H. hatte 1789 noch keine Werke dieses französischen Aufklärers gelesen. Erst zwei Jahre später, am 28. November 1791, berichtete er Neuffer, er habe sich »vom großen *Jean-Jacques* ein wenig über Menschenrecht belehren lassen«. Zum Rousseau-Bild in dieser Ode vgl. das Rousseau-Gedicht Schillers in der ›Anthologie auf das Jahr 1782‹.

1790–1796

Das Jahr 1790 brachte für einige Jahre den entschiedenen Anschluß H.s an die Tradition der Schillerschen Lyrik. Die drei Stiftler Rudolf Magenau, Christian Ludwig Neuffer und H., obgleich schon über ein Jahr miteinander freundschaftlich verbunden, gründeten im März 1790 einen Dichterbund, dessen Form durch Klopstocks ›Gelehrtenrepublik‹ (1774) und durch den Göttinger Hain angeregt worden war. Über den Geist dieses Bundes berichtet Magenau in seinem Lebensabriß: »Ein niedliches Gartenhäuschen nahm uns da auf, und an Rheinwein gebrach es nicht. Wir sangen alle Lieder der Freude nach der Reihe durch. Auf die Bowle Punsch hatten wir Schillers Lied ›An die Freude‹ aufgespart. Ich ging, sie zu holen. Neuffer war eingeschlafen, da ich zurückkam, und Hölderlin stand in einer Ecke und rauchte. Dampfend stand die Bowle auf dem Tische. Und nun sollte das Lied beginnen, aber Hölderlin begehrte, daß wir erst an der kastalischen Quelle ⟨vgl. zu 109, 210⟩ uns von allen unsern Sünden reinigen sollten. Nächst dem Garten floß der sogenannte Philosophenbrunnen, das war Hölderlins kastalischer Quell; wir gingen hin durch den Garten und wuschen das Gesicht und die Hände; feierlich trat Neuffer einher; dies Lied von Schiller, sagte Hölderlin, darf kein Unreiner singen! Nun sangen wir; bei der Strophe ›dieses Glas dem guten Geist‹ traten helle, klare Tränen in Hölderlins Auge, voll Glut hob er den Becher zum Fenster hinaus gen Himmel und brüllte ›dieses Glas dem guten Geist‹ ins Freie, daß das ganze Neckartal widerscholl. Wie waren wir so selig!«

In der immer bedrückenderen Atmosphäre des Stifts, dem der Herzog auf seinen häufigen Besuchen eine härtere Ordnung befahl, mußte Schiller schon durch seine Flucht vor eben demselben Herzog zur Uraufführung der ›Räuber‹ nach Mannheim (1786) ein Vorbild sein. Aber nicht nur das Freiheitspathos seiner Stücke und sein philosophisch reflektiertes Griechenlandbild, das er in den Hymnen ›Die Götter Griechenlands‹ (1788) und ›Die Künstler‹ (1789) entwickelte, auch das Metrum dieser Gedichte wurden für H. wegweisend: die Reimstrophe aus jeweils acht, aus 10füßigen Jamben bestehenden Versen wurde zu einem am häufigsten verwendeten Metrum *(Griechenland, Das Schicksal)*, in dem H. auch alle für den Dichterbund vorgesehenen Gedichte verfaßte.

1791 erschienen vier dieser Hymnen in G. F. Stäudlins ›Musenalmanach für das Jahr 1792‹, C. F. D. Schubart rezensierte diese erste Veröffentlichung H.s in seiner ›Chronik‹ am 20. September 1791: »Hölderlins Muse ist eine ernste Muse; sie wählt edle Gegenstände; nur fast immer in gereimten, zehenfüßigen Jamben, wodurch seine Gedichte sehr eintönig werden.«

Von März 1792 an unterbrach H. seine lyrische Produktion für fast ein Jahr, um am *Hyperion* zu arbeiten. Die nach dieser Pause entstandenen Gedichte *Das Schicksal* und *Der Gott der Jugend* wurden dann von Schiller selbst veröffentlicht. Nachdem H. ihn im September 1793 persönlich kennengelernt hatte, vermittelte er H. die Hofmeisterstelle im Hause Kalb, die Ende 1794 wieder aufgelöst wurde. Während seiner Zeit als Hofmeister, aber vor allem nach der Auflösung des Verhältnisses Anfang 1795 intensivierte sich der direkte Kontakt zu Schiller: H. lebte zum Teil in Jena und lernte Fichte, Herder und Goethe persönlich kennen. In seinen Gedichten fand H. nun zu einem immer eigenständigeren Ton, und nach der überraschenden Abreise H.s aus Jena im Sommer 1795 brach der Briefwechsel mit Schiller zunächst ab, der H.s Gedichte *An die Natur, Diotima* und *An die Ratgeber* nicht mehr zur Veröffentlichung annahm.

19 HYMNE AN DEN GENIUS GRIECHENLANDS

Die freien Rhythmen dieser Ende 1790 entstandenen Hymne waren ursprünglich nur als Entwurf für gereimte Strophen gedacht. Ein solcher Versuch, die (Stolbergschen) freien Rhythmen in (Schillersche) Reimstrophen umzuformen, liegt für die ersten beiden Strophen vor:

> Jubel! aus Kronions Hallen
> Schwebst auf Aganippens Flur
> Du im strahlenden Gefieder
> Hold und majestätisch nieder,
> Erstgeborner der Natur,
> Schönster von den Brüdern allen!
>
> Bei Olympos güldnen Thronen!
> Bei der Göttlichen, die dich gebar,
> Was auch Hohes ist und war
> In der Menschheit weiten Regionen,
> Was auch je erstarkt und siegesreich,
> Angebetet von der Völker Zungen
> Deiner Brüder, sich emporgeschwungen,
> Keiner, keiner ist dir gleich.

Das Gedicht ist H.s erste poetische Gestaltung des Themas der griechischen Antike und entstand gleichzeitig mit dem Magisterspezimen *Geschichte der schönen Künste unter den Griechen* (vgl. zu S. 9, 11), das beeinflußt von J. J. Winckelmanns ›Geschichte der Kunst des Altertums‹ (1764), eine Zusammenschau von antiker Plastik, Malerei und Dichtung versuchte: »Das Vaterland der schönen Künste ist unstrittig Griechenland. Von dieser Seite betrachtet, muß die Entstehung und das Wachstum derselben unter jenem feinen Volke jedem anziehend sein; aber von dieser

Seite allein könnte das Interesse einer Geschichte der schönen Künste unter den Griechen nicht so allgemein sein, wenn nicht auch der Philosoph, der politische Historiker, der Menschenkenner Nahrung für ihre Betrachtung darin fänden; denn schon beim ersten flüchtigen Blick fällt es auf, welch einen großen Einfluß die Kunst auf den Nationalgeist der Griechen hatte, wie die Gesetzgeber, die Volkslehrer, die Feldherrn, die Priester aus ihren vergötterten Dichtern schöpften, wie sie die unsterblichen Werke ihrer Bildner für Staat und Religion benutzten, wie Empfänglichkeit für das Schöne sogar auf das Wohl des einzelnen würkte, wie alles nur durch sie lebte und gedieh, wie sie in einem Umfang und in einer Stärke ihre Kraft äußerte, die sie noch nie erreicht hatte und auch bisher nimmer erreichte. Zwar hatte die Kunst unter den Ägyptern und Phöniziern längst einige Reife erlangt, eh wir noch einen Funken von Kultur in Griechenland finden; aber ihre Blüte war zu kurz, und der Grad von Vollkommenheit, den sie dort erreichte, wurde von zu vielen unwesentlichen Künsteleien verunstaltet, als daß sie hätte ein Muster für die Nachwelt abgeben können. Der Orient war nicht für die Kunst, am wenigsten für die bildende. Das feurige Klima brachte ganz natürlich eher Karikaturen von Körpern und Geistern hervor als das gemäßigte Griechenland. Der Orientalismus neigt sich mehr zum Wunderbaren und Abenteuerlichen; der griechische Genius verschönert, versinnlicht.«
5 Kronos: Titan, Vater des Zeus und vor ihm der oberste Gott, lat. Saturn, vgl. die Ode *Natur und Kunst oder Saturn und Jupiter.* – *20 Schläfe:* die Schläfen. Der stark deklinierte Plural war im 18. Jh. noch üblich.

20 *34 der Donnerer:* Zeus. – *36 Orpheus' Liebe...:* Nach einer Version der griechischen Sage war der Sänger Orpheus der Sohn Apollons, der auch als Sonnengott (»Auge der Welt«) verehrt wurde und der als Gott der Künste Orpheus im Lyraspiel unterwies. Zum Acheron in die Unterwelt begab sich Orpheus, um seine gestorbene Gattin Eurydike wiederzugewinnen. – *41 Aphrodites Gürtel:* Im 14. Gesang, V. 214 ff. der ›Ilias‹ beschreibt Homer, der »Mäonide« (der Sohn Mäons), begeistert (»trunken«) den Zaubergürtel der Liebesgöttin Aphrodite, dessen Reiz alle Götter und Menschen zu betören vermag. – *50 die Bien auf der Blume:* Anspielung auf einen Vergleich aus der ›Ilias‹, den H. schon in Maulbronn übersetzt hatte: »Wie Haufen unzähliger Bienen, wann vom hohlen Felsen immer neue kommen und wie Trauben um die Frühlingsblumen fliegen, diese fliegen haufenweise da und jene dort – so kamen die Völker in Menge von den Schiffen und den Gezelten ⟨...⟩«. (2. Gesang, Vers 87 ff.)

21 KANTON SCHWEIZ
Das Hexametergedicht entstand nach einer Reise, die H. in den Osterferien 1791 zusammen mit dem Studienfreund C. F. Hiller und dem

Medizinstudenten F. A. Memminger unternahm. Sie führte von Schaffhausen nach Zürich, von dort mit dem Schiff nach Wädenswil, dann nach Einsiedeln, über den Haggenpaß zum Vierwaldstätter See und zurück nach Schaffhausen. Das Pathos der Tübinger Hymnen, das die Freiheit als »Richterin der Kronen« anspricht, ist hier elegisch auf die Reisebeschreibung bezogen; die Schweiz – oder wie hier nur den Kanton Schwyz – als »Quelle der Freiheit« zu bezeichnen, ist in der Reiseliteratur der Zeit zu einem Topos geworden, war doch die Schweiz das einzige nicht monarchisch regierte Land in Europa. Zu den ersten Versen sind Varianten überliefert:

> Hier, im einsamen Schoß der stillen, dämmernden Halle,
> Wo in ermüdender Ruhe der Geist erkrankt, wo die Freude
> Ach! so karg mit Labung beträuft die lechzende Seele,
> Reichet doch Erinnerung mir den zaubrischen Becher.

Das Gedicht erschien in Stäudlins ›Poetischer Blumenlese fürs Jahr 1793‹. *Hiller:* Christian Friedrich Hiller (1769–1817), den H. schon von Maulbronn her kannte, war in Tübingen Mitglied eines revolutionär gesinnten Studentenkreises. 1793 wollte er nach Amerika auswandern. – *18 Rheinsturz:* Der Rheinfall bei Schaffhausen. – *19 am Quelle der Freiheit:* Das Ziel der Reise, das Tal des Vierwaldstätter Sees. Die an diesem See gelegenen drei Urkantone Schwyz (vgl. die Gedichtüberschrift), Uri und Unterwalden schlossen 1291 ein Bündnis zur Behauptung ihrer Rechte und Freiheiten, das nach der Schlacht bei Morgarten (1315) zur Gründung der von Habsburg unabhängigen Eidgenossenschaft führte. – *27 Haken:* Der Haggenpaß.

22 *34 Lego:* Ein See, der bei Ossian (vgl. S. 682) häufig vorkommt. – *40 Väter der Freien:* Die Eidgenossen vom Rütli. – *42 was süße Begeistrung / Einst mich lehrt' ...:* Zu dem Hauptsatz »es kehrt so warm in die Brust« gehörig. – *43 des hohen / Hirten:* Abraham, der Ahnherr der Israeliten. Vgl. 1 Mose 13, 18. – *Tochter von Laban:* Rahel, eine der beiden Frauen Jakobs. Vgl. 1 Mose 29, 17. – *45 Arkadien:* Auf dem Peloponnes liegende griechische Landschaft, die nicht ans Meer grenzt. Sie wurde seit der Antike in der idealisierenden Hirtendichtung zu einem Land der Idylle und des Glücks erhoben, das den Wunschträumen des Städters entsprach. Im 18. Jh. wurde die Schweiz oft mit Arkadien verglichen. – *52 die Schrecken / Seiner Arme:* Damit sind wohl die Klippen gemeint. – *57 erfrischender Ampfer:* Plural.

24 GRIECHENLAND

Von der Hymne wurden fast gleichzeitig zwei Fassungen veröffentlicht: Stäudlin gab eine Abschrift, wohl ohne Kenntnis H.s, an J. L. Ewald, in dessen ›Urania‹ das Gedicht im April 1795 erschien. Eine überarbeitete

Fassung hatte H. unterdessen an Schiller geschickt, der sie im letzten Heft seiner ›Neuen Thalia‹ abdruckte – nominell das 6. Stück des Jahrgangs 1793, das aber erst im Februar 1795 vorlag. Es existiert aber noch eine dritte Version, die H. für eine nie erschienene Anthologie anfertigte. Im Textteil erscheint die ›Thalia‹-Fassung, an der H. noch einige signifikante Änderungen vornahm, die Varianten zur ›Urania‹, der 1. Fassung und zu der 2., der Anthologie-Fassung sind im Kommentar verzeichnet. – *An St.:* Der zur Generation Schillers (mit dem er um 1781 einen literarischen Streit hatte) gehörende Gotthold Friedrich Stäudlin (1758–1796), Advokat und Schriftsteller in Stuttgart, war seit 1789 mit H. freundschaftlich verbunden. Er veröffentlichte in seinen Almanachen H.s Tübinger Hymnen und vermittelte im Sommer 1793 dessen Bekanntschaft mit Schiller. Nach Schubarts Tod im Jahre 1791 setzte er die ›Chronik‹ fort, bis sie 1793 wegen allzu starker Parteinahme für die Französische Revolution vom Reichshofrat in Wien verboten und er selbst als »enragé« der Revolution von der Regierung zum Verlassen des Landes aufgefordert wurde. 1796 fand er bei Straßburg den Tod im Rhein. – *2 Cephissus:* Fluß bei Athen, vgl. zu 32, 39. Statt »Cephissus« schrieb H. in der 1. Fassung »Ilissus«, ein Bach bei Athen, an dem die Platonische Akademie lag (vgl. den auf S. 804 zitierten Brief), s. V. 8. – *5 Aspasia:* Geistvolle, emanzipierte Frau im alten Athen, die zunächst die Geliebte und später die (zweite) Frau des Perikles war. – *Myrten:* der Aphrodite geweihte, immergrüne Pflanze. – *7 Agora:* Volksversammlung und zugleich Bezeichnung für den Platz, auf dem sie tagte (Marktplatz). – *10 Ströme:* »Fluten« in der 1. Fassung. – *11 Von Minervens heil'gem Berge:* Die Akropolis von Athen. Athene (lat. Minerva) war die Schirmherrin der wahrscheinlich nach ihr benannten Stadt. – *18 Marathons Heroen:* Bei Marathon, an der Ostküste Attikas, schlugen 490 v. Chr. die Athener das Perserheer. Die Toten wurden auf dem Schlachtfeld in einem noch heute erhaltenen Massengrab beigesetzt. Der Sieg ermöglichte die Blütezeit Athens. – *29 Vesta:* Römischer Name für Hestia, die griechische Göttin des Herdfeuers, des häuslichen und staatlichen Friedens. – *31 Hesperiden:* Die vier Töchter des Titanen Atlas und der Hesperie oder der Nyx (griech.: Nacht) hüten im fernen Westen der griechischen Welt die goldenen Äpfel, die einst Gaia, die Urmutter Erde, dem Zeus und der Hera als Hochzeitsgeschenk gebracht hatte. Herakles war es aufgegeben, drei dieser Äpfel, Symbole ewiger Jugend und Fruchtbarkeit, vom Lebensbaum zu holen. – *32 der Jugend stolze Lust:* In der 1. Fassung folgt hier eine weitere Strophe:

> Hätte doch von diesen goldnen Jahren
> Einen Teil das Schicksal dir beschert;

Diese reizenden Athener waren
Deines glühenden Gesangs so wert;
Hingelehnt am frohen Saitenspiele
Bei der süßen Chiertraube Blut,
Hättest du vom stürmischen Gewühle
Der Agora glühend ausgeruht.

(*Chiertraube:* Weintraube von der Insel Chios, vor der Westküste Kleinasiens gelegen.)
    25 *33 goldnen:* In der 1. Fassung »bessern«. – *35 das Volk:* »ein Volk« in der 1. Fassung. – *36 Freude:* »des Dankes« (ebd.). – *Floß:* ›geflossen wäre‹. – *38 Kerker:* »Staube« in der 1. Fassung. – *41 Attika:* Die Athen umgebende Landschaft. – *Heldin:* »Riesin« in der 1. Fassung. – *43 der schönen:* »gestürzter« (ebd.). – *44 Steht der Kranich einsam trauernd nun:* «Brütet ew'ge Todesstille nun« (ebd.). Zum Bild des trauernden Kranichs vgl. a. *Der Vatikan* V. 30. – *45 holde:* »süße« (ebd.). – *48 Unter Schutt und Dornen schlummern sie:* »Ewig deckt die bange Wüste sie« (ebd.). – *49 ferne:* »beßre«. – *50 Alcäus:* Der griechische Lyriker Alkaios (um 600 v. Chr.) war ein Zeitgenosse der Sappho und wurde wie sie auf Lesbos geboren. – *Anakreon:* Griechischer Lyriker (um 500 v. Chr.), der vor allem als Sänger der Liebe und des Weines beliebt war. Die wenigen erhaltenen Reste seiner Trink- und Liebeslieder unterschieden sich in ihrer kraftvollen und lebendigen Art von den graziösen, tändelnden Anakreonteen des späten Altertums, an die sich die Anakreontik des 18. Jh.s anlehnte. – *52 Seligen in Marathon:* »Heiligen in Marathon« in der 1. Fassung. – *54 lieben:* »heil'gen« in der 1. Fassung. – *55 Parzen:* Römische Schicksalsgöttinnen, die den griechischen Moiren gleichgesetzt wurden. Die eine (Klotho) spinnt den Lebensfaden, die andere (Lachesis) erhält und bewahrt ihn, und die dritte (Atropos) durchschneidet ihn.

26 DAS SCHICKSAL
Um den 20. Oktober 1793 schrieb H. an Neuffer: »In meinem Kopf ist's bälder Winter geworden als draußen. Der Tag ist sehr kurz. Um so länger die kalten Nächte. Doch hab ich ein Gedicht an ›die Gespielin der Heroen,/ *Die eherne Notwendigkeit*‹, angefangen.« Auf der Reise nach Waltershausen, wo H. Anfang 1794 die Hofmeisterstelle im Hause Kalb antrat, arbeitete er an der Hymne weiter und legte sie am 20. März 1794 seinem ersten Brief an Schiller bei, der sie in der ›Neuen Thalia‹ zusammen mit dem *Fragment von Hyperion* veröffentlichte – im 5. Stück des Jahrgangs 1794, eben jener Nummer, die Schiller Goethe in H.s Anwesenheit überreichte (vgl. den auf S. 806 zitierten Brief).

    Das Motto zitiert einen Vers aus dem ›Prometheus‹ des Aischylos: »Die das Schicksal fußfällig verehren, sind weise.« *4 Des goldnen Alters*

Zauber: Nach antiken Vorstellungen war der Beginn der Menschheitsgeschichte ein goldenes Zeitalter, eine Ära des Glücks, ohne Krieg, Privateigentum und frei von jeder Not – vgl. Hesiod, Werke und Tage, sowie Ovid, Metamorphosen, 1. Buch. – *9 Da sprang er aus der Mutter Wiege:* vgl. im Hyperion: »Wie mutig, selige Natur! entsprang der Jüngling deiner Wiege!« (S. 325). – *14 Löwenkraft:* Die Strophe ist von Anspielungen auf Herakles durchzogen. Als »Göttersohn« – Zeus galt als sein Vater, Alkmene als seine Mutter – erwürgte er schon als acht Monate alter Knabe (s.o.) zwei Schlangen (»Ungeheuern«), die Hera als Gattin des untreuen Zeus gegen ihn schickte. Als erste der Herakles von Eurystheus aufgetragenen zwölf Arbeiten erwürgt er den nemeischen Löwen, dessen Haupt ihm fortan als Helm, dessen Fell als Panzer dient – Sinnbild seiner »Löwenkraft«. Vgl. ›An Herkules‹.

27 *32 Cypria:* Beiname der aus Meerschaum geborenen Aphrodite, der Göttin der Liebe, die in Kypros (Zypern) an Land gestiegen sein soll. Dort befanden sich ihre Hauptkultstätten. – *35 Dioskuren:* Anspielung auf die brüderliche Freundschaft der Tyndariden Kastor und Polydeukes (lat. Pollux), den Zwillingssöhnen der Lea und des sagenhaften spartanischen Königs Tyndareos bzw. des Zeus. Nachdem Kastor, der sterbliche Sohn des Tyndareos, im Kampfe gefallen ist, kann Polydeukes, der unsterbliche Sohn des Zeus, wählen, ob er mit den Göttern den Olymp bewohnen oder aber seine eigene Unsterblichkeit mit Kastor teilen wolle. Polydeukes entscheidet sich für das zweite, so daß die beiden Brüder gemeinsam je einen Tag im Olymp und einen Tag in der Unterwelt leben. Ihr Bild wollte man als Symbol unzertrennlicher Freundschaft im Tierkreiszeichen der Zwillinge erkennen (vgl. im *Hyperion* S. 341 u.ö.), für H. waren sie das vorbildliche heroische Freundespaar – vgl. *Die Dioskuren* S. 744. – *36 Schwert und Lanze ward getauscht:* Vgl. Homers ›Ilias‹, 6. Gesang V. 230–236, wo Glaukos und Diomedes zum Zeichen der Freundschaft ihre Waffen tauschen, s.a. S. 296. – *54 Elysium:* Vgl. zu 346, 30. – *61 Arkadien:* Vgl. zu 22, 45.

28 *66 Pepromene:* (griech.) Das Schicksal. – *81 Im heiligsten der Stürme falle...:* Die erste Hälfte der letzten Strophe wählte H.s Stiefbruder Karl Gok (1776–1849) als Inschrift für den Gedenkstein auf dem Grab des Dichters in Tübingen.

29 DER GOTT DER JUGEND

Dieses Gedicht knüpft an die 1792 entstandene *Hymne an den Genius der Jugend* an:

> Heil! das schlummernde Gefieder
> Ist zu neuem Flug erwacht,
> Triumphierend fühl ich wieder
> Lieb und stolze Geistesmacht;

Siehe! deiner Himmelsflamme,
Deiner Freud und Stärke voll,
Herrscher in der Götter Stamme!
Sei der kühnen Liebe Zoll.

(1. Strophe). Dieser sich aufschwingende Ton weicht in *Der Gott der Jugend* einem elegischen Opfer, von einem zweifachen »noch« akzentuiert (V. 52 ff.). Zeugnis dieser »Umarbeitung« – so H. am 10. Oktober 1794 an Neuffer – ist der Entwurf, der schon keine wörtlichen Entsprechungen mehr mit der Hymne von 1792 zeigt; wir geben ihn im Textteil wieder, da der Vergleich mit der endgültigen, in Schillers ›Musenalmanach für das Jahr 1796‹ erschienenen Fassung einen genauen Einblick in die Arbeitsweise H.s vermittelt. Wilhelm von Humboldt lobt das F. Matthisson nachempfundene, jambische Silbenmaß (vgl. zu »Cephissus«).

21 Manen: In der römischen Mythologie die Geister der Verstorbenen.

30 *47 des Friedens Bogen:* Der Regenbogen 1. Mose 9, 13. – *56 Cypria:* Vgl. zu 27, 32.

31 *25 Wie unter Tiburs Bäumen...:* Tibur (heute: Tivoli) am Anio (heute: Aniene oder Teverone), einem linken Nebenfluß des Tiber, ist ein von Horaz (65–8 v. Chr.) in seinen Oden vielfach gepriesener Ort.

32 *39 Cephissus:* Der Fluß, den H. hier meint, fließt nördlich und westlich von Athen, vgl. zu 24, 3. Daneben gab es noch zwei andere Flüsse gleichen Namens: einen in Attika und einen in Böotien. W. von Humboldt irrte folglich, als er am 28. September 1795 an Schiller schrieb: »Es heißt, daß der Cephissus um *Platons* Hallen und durch *Oliven* floß; beides kann er nicht, da er ein *böotischer* Fluß war. Ich habe ›Ilissus‹ gesetzt, doch warte ich vor dem Abdruck erst Ihre Antwort ab, ob Sie etwas dagegen haben.« Schiller hatte das Gedicht wahrscheinlich am 21. September 1795 an Humboldt zur Begutachtung und zur Weiterleitung an den Verleger gesandt.

33 AN DIE NATUR

Dieses im Sommer 1795 entstandene Gedicht schickte H. wohl am 4. September 1795 mit dem *Gott der Jugend* an Schiller, der es an Humboldt weiterreichte. Humboldt fand, daß es ihm, »ob es gleich gewiß nicht ohne poetisches Verdienst ist, doch im ganzen matt scheint und so sehr an die ›Götter Griechenlands‹ erinnert, eine Erinnerung, die ihm sehr nachteilig ist« (an Schiller am 2. Oktober 1795). Schiller, der es ursprünglich für das X. Stück der ›Horen‹ (1795) vorgesehen hatte, veröffentlichte es dann doch nicht. H. äußerte sich über diese Entscheidung in seinem März-Brief 1796 an Neuffer: »daß er aber das Gedicht an die Natur nicht aufnahm, daran hat er, meines Bedünkens, nicht recht getan.

Übrigens ist es ziemlich unbedeutend, ob ein Gedicht mehr oder weniger von uns in Schillers Almanache steht.« – *32 Seele der Natur:* Vgl. den auf S. 804 zitierten Brief sowie zu 395.
34 *48 Arkadien:* Vgl. zu 22, 45.
35 AN DIE UNERKANNTE
Dieses nur im handschriftlichen Entwurf überlieferte Gedicht ist wohl zu Anfang der Frankfurter Zeit entstanden. H. sandte es vermutlich mit den Gedichten *An Herkules, Diotima* (Mittlere Fassung) und *An die klugen Ratgeber* am 24. Juli 1796 an Schiller zur Aufnahme in den ›Musenalmanach für das Jahr 1797‹. Sie kamen jedoch zu spät, da der Almanach bereits im Druck war. H. erbat deshalb die »unglücklichen Verse« am 20. November 1796 von Schiller wieder »zur Durchsicht« zurück und wünschte, dieser möchte es »nicht für verlorne Mühe halten«, sein »Urteil beizusetzen«. Schiller antwortete am 24. November 1796: »Ihre neuesten Gedichte kamen für den Almanach um mehrere Wochen zu spät, sonst würde ich von dem einen oder dem andern gewiß Gebrauch gemacht haben. Dafür, hoffe ich, sollen Sie an dem künftigen desto größern Anteil haben. Da es mir heute an Muße fehlt, diese letzt übersandten Stücke durchzugehen, so behalte ich sie vor der Hand noch da, um meine Bemerkungen beizuschreiben.« – *18 Mittler:* H. notierte das Wort am rechten Rand der Handschrift, wohl um damit »Götterboten« zu ersetzen, das den Vers gesprengt hätte. – *20 Schläfe:* Vgl. zu 19, 20. – *22 den Dulder:* Das Floß, mit dem Odysseus von der einsamen Insel der Nymphe Kalypso aus die Heimfahrt nach »Ithaka« antritt, wird von einem Sturm zertrümmert, er selbst jedoch von der Meeresgöttin Leukothea gerettet und auf die Phaiaken-Insel Scheria verschlagen, wo er durch Alkinoos gastliche Aufnahme erfährt.
36 AN HERKULES
Dieses nur als Entwurf ohne Überschrift überlieferte Gedicht ist wohl Anfang 1796 entstanden, vgl. zu *An die Unerkannte.* Der Entwurf schloß zunächst mit folgenden Versen, die sich an die ersten beiden Strophen anfügten:

> Höre, was ich nun beginne!
> Wie der Pfeil im Köcher liegt
> Mir ein stolzer Rat im Sinne,
> Der mich tötet oder siegt,
> Was du, glücklicher geschaffen,
> Als der Göttersohn vollbracht,
> Führ ich aus mit eignen Waffen,
> Mit der Herzens Lust und Macht.
> Bin ich gleich, wie du, in Freude
> Nicht von Jupiter erzeugt,

Dennoch krönt ein Sinn uns beide,
Den kein Atlas niederbeugt.

Herkules: Herakles (lat.: Herkules), ein Sohn des Zeus und der berühmteste Held der griechischen Sagenwelt, galt als das Ideal eines Helden, der durch unablässiges Bemühen und Kämpfen das Höchste erreicht: Er wird unter die Götter aufgenommen und erhält Hebe zur Gemahlin. In der Zeit der Heroen, am Ende der goldenen Zeit geboren, nimmt er so doch an der schönsten Gabe des verlorenen goldenen Zeitalters teil, dem Göttermahl, vgl. a. die späte Hymne *Der Einzige* und zu 224, 85. – *7 Kronion:* Zeus, der Sohn des Kronos. – *9 Wie der Adler seine Jungen...:* Vgl. Ovid, Metamorphosen 8, 212 ff.: »und jetzt, von den Federn gehoben, / Fliegt er voran, voll Angst um den Sohn, dem Vogel vergleichbar, / Der aus dem Nest in der Höhe die zarte Brut in die Lüfte / Führt«. (Übersetzt von H. Breitenbach.) – *10 klimmt:* hier: glimmt.

37 *17 Kämpferwagen... ins Ohr:* Schiller hatte in seinem 1795 in den ›Horen‹ veröffentlichten Gedicht ›Das Reich der Schatten‹ einen Wagenkampf beschrieben: »Wenn es gilt, zu herrschen und zu schirmen, / Kämpfer gegen Kämpfer stürmen / Auf des Glückes, auf des Ruhmes Bahn, / Da mag Kühnheit sich an Kraft zerschlagen, / Und mit krachendem Getös die Wagen / Sich vermengen auf bestäubtem Plan.« (V. 81 ff. Schiller arbeitete das Gedicht später um, vgl. ›Das Ideal und das Leben‹ V. 51 ff.) – *22 Schmerzlich brannten, stolzes Licht...:* Anspielung auf die in Ovids ›Metamorphosen‹ erzählten Mythen von Phaëthon (2. Buch) und Ikarus (8. Buch). Ikarus kommt mit seinen künstlichen Schwingen aus Feder und Wachs der Sonne zu nahe, so daß die Flügel schmelzen und er ins Meer stürzt. Phaëthon erbittet von seinem Vater Helios für einen Tag den Sonnenwagen, weiß ihn jedoch nicht zu lenken, so daß ein Weltenbrand entsteht. Von Zeus mit einem Blitz getötet, stürzt Phaëthon in den Eridanos (Po). 1795 hatte H. Ovids Phaëton-Episode für Schiller übersetzt. – *27 Kühner Schwimmer:* Vgl. Sophokles, Die Trachinierinnen, erstes Chorlied, wo das Ringen des Herkules mit der Not durch den Kampf eines Schwimmers mit den Meereswogen versinnbildlicht wird. – *29 Vaterlosen:* H. hatte seinen Vater schon 1771, seinen Stiefvater 1779 verloren.

38 DIOTIMA

Von diesem Gedicht existieren vier Fassungen; die erste, wohl Anfang 1796 entstandene, trägt die Überschrift »Athenäa«, erhalten ist nur der Anfangsvers: »Da ich noch in Kinderträumen« (vgl. V. 11). Aus dieser entstand eine 15 strophige Fassung, die H. Schiller schickte, der sie am 24. November 1796 streng kritisierte: »Fliehen Sie, wo möglich, die philosophischen Stoffe, sie sind die undankbarsten, und in fruchtlosem Ringen mit denselben verzehrt sich oft die beste Kraft, bleiben Sie der Sinnenwelt näher, so werden Sie weniger in Gefahr sein, die Nüchternheit in der Begeisterung zu verlieren oder in einem gekünstelten Ausdruck zu verirren.

Auch vor einem Erbfehler deutscher Dichter möchte ich Sie noch warnen, der Weitschweifigkeit nämlich, die in einer endlosen Ausführung und unter einer Flut von Strophen oft den glücklichsten Gedanken erdrückt. Dieses tut Ihrem Gedicht an Diotima nicht wenig Schaden. Wenige bedeutende Züge in ein einfaches Ganzes verbunden, würden es zu einem schönen Gedicht gemacht haben. Daher empfehle ich Ihnen vor allem eine weise Sparsamkeit, eine sorgfältige Wahl des Bedeutenden und einen klaren einfachen Ausdruck desselben.«

Jetzt entstand die im Textteil wiedergegebene, sogenannte »jüngere« Fassung, der Strophenbau ist Schillers Gedicht ›Klage der Ceres‹ (1796) nachgebildet. Aber auch diese Fassung, die H. zusammen mit der zweiten Fassung von *An die klugen Ratgeber* einreichte, veröffentlichte Schiller nicht. Sie erschien dann erst in Neuffers ›Taschenbuch für Frauenzimmer von Bildung, auf das Jahr 1800‹.

Diotima: H. entlehnte den Namen aus Platons ›Symposion‹ (201d–212c), er ist auf der vorletzten Silbe zu betonen, vgl. S. 358. Biographisch verbirgt sich hinter dem Namen Susette Gontard (1769–1802), die Frau des Frankfurter Bankiers J. F. Gontard (1764–1843), in dessen Haus H. ab Januar 1796 als Hofmeister angestellt war. – *1 Leuchtest du wie vormals wieder...:* Nach der überraschenden Abreise H.s aus Jena verdüsterte sich sein Horizont: »Ich fühle nur zu oft, daß ich eben kein seltner Mensch bin. Ich friere und starre in dem Winter, der mich umgibt. So eisern mein Himmel ist, so steinern bin ich«, schreibt H. am 4. September 1795 an Schiller. Die Strophe »Leuchtest du...« spricht indirekt von dieser Bedrücktheit, deutlicher noch in der vorherigen Fassung:

> Lange tot und tiefverschlossen,
> Grüßt mein Herz die schöne Welt;
> Seine Zweige blühn und sprossen,
> Neu von Lebenskraft geschwellt;
> Oh! ich kehre noch ins Leben
> Wie heraus in Luft und Licht
> Meiner Blumen selig Streben
> Aus der dürren Hülse bricht.

8 meiner Freude Lied: Anspielung auf Schillers ›An die Freude‹ (1786), dem Text des Schlußchors der 9. Sinfonie Beethovens. – *14 heilig mir verwandt:* Anspielung auf die Lehre Platons von der Anamnesis (griech. Erinnerung, Wiedererinnerung), nach der die Erkenntnis ein Wiedererinnern an Ideen (»Urbild« 282, 435) ist, die die Seele im Zustand der Präexistenz geschaut hat. Vgl. a. »Eh es eines von uns beeden wußte, gehörten wir uns an« im *Hyperion* (S. 366) und in *Emilie vor ihrem Brauttag:* »Wir sind's, / Die Längstverwandten, die der Gott getraut« (V. 418f.). In der ältesten Fassung war die Anspielung noch deutlicher: »Unergründlich sich verwandt / Hat, noch eh wir uns gesehen, / Unser Wesen sich gekannt.« – Vgl. a. Schillers ›Das Geheimnis der Reminiszenz. An Laura‹ (1782, V. 128). – *23 Zephirstöne:* Zephyre sind milde Westwinde; nach Ovid, Metamorphosen I, 108 bestimmen sie den ewigen Frühling der goldenen Zeit.

40 AN DIE KLUGEN RATGEBER /
DER JÜNGLING AN DIE KLUGEN RATGEBER

Die erste Fassung des Gedichts schickte H. – wie auch das Gedicht an *Diotima* – an Schiller, in dessen Nachlaß sich die von ihm korrigierte Fassung fand (die Stellen in Kursivdruck hat Schiller nur angemerkt, aber nicht geändert):

> Ich sollte nicht mit allen Kräften ringen,
> Solang mein Herz das höchste Schöne liebt,
> Ich soll mein Schwanenlied am Grabe singen,
> Wo ihr so gern lebendig uns begrübt?
> Oh! schonet mein und laßt das rege Streben,
> Bis seine Flut ins fernste Meer sich stürzt,
> Laßt immerhin, ihr Ärzte, laßt mich leben,
> Solang die Parze nicht die Bahn verkürzt.

> Des Weins Gewächs verschmäht die kühlen Tale,
> Hesperiens beglückter Garten bringt
> Die goldnen Früchte nur im heißen Strahle,
> Der, wie ein Pfeil, ins Herz der Erde dringt;
> Was warnt ihr dann, wenn stolz und *ungeschändet*
> Das Herz von kühner ⟨Leidenschaft⟩ entbrennt,
> Was nimmt ihr ihm, der nur im Kampf *vollendet*,
> Ihr Weichlinge, sein glühend Element?

> Er hat das Schwert zum Spiele nicht genommen,
> Der *Richter*, der die alte Nacht verdammt,
> Er ist zum Schlafe nicht herabgekommen,
> Der reine Geist, der aus dem Äther stammt;
> ⟨Vers 21–24 gestrichen.⟩

> Und ihr, ihr wollt des Schöpfers Arme lähmen,
> Dem Geiste, der mit Götterrecht zerstreut,
> Bedeutet ihr, sich knechtisch zu bequemen,

Nach eures Pöbels Dürftigkeit?
Das Irrhaus wählt ihr euch zum Tribunale,
Dem soll der Herrliche sich unterziehn,
Den Gott in uns, den macht ihr zum Skandale,
Und setzt den Wurm zum König über ihn. –

⟨Eine Strophe gestrichen.⟩

Ihr lehrt die neue Kunst, das Herz zu morden,
Zum *Todesdolch in meuchlerischer Hand*
Ist nun der *Rat des klugen Manns* geworden,
Und mit Vernunft entzweit sich der Verstand;
⟨vgl. zu 386. Vers 45–48 gestrichen.⟩

Umsonst, wenn auch der Geister Erste fallen,
Die starken Tugenden, wie Wachs, vergehn,
Das Schöne muß aus diesen Kämpfen allen,
Aus dieser Nacht der Tage Tag entstehn;
Begräbt sie nur, ihr Toten, eure Toten!
Indes ihr noch die Leichenfackel schwingt,
Geschiehet schon, wie unser Herz geboten,
Wird schon die neue beßre Welt verjüngt.

Die zweite Fassung des Gedichts legte H. – mit der jüngeren Fassung des Gedichts *Diotima* – seinem August-Brief 1797 an Schiller bei: »Ihrer Erlaubnis gemäß schick ich Ihnen das Gedicht *An die klugen Ratgeber*. Ich hab es gemildert und gefeilt, so gut ich konnte. Ich habe einen bestimmteren Ton hineinzubringen gesucht, soviel es der Charakter des Gedichts leiden wollte.« Aber auch in dieser Form nahm Schiller das Gedicht nicht in seinen Almanach auf.

40 *3 Schwanenlied:* Aus dem Volksglauben herrührende Vorstellung, daß ein Schwan vor seinem Tod singt, vgl. a. Ovid, Heroides VII, 1 f. – *8 Parze:* Vgl. zu 25, 55. – *10 Hesperiens beglückter Garten:* Vgl. zu 24, 31, »Hesperien« hier allgemein als ›Abendland‹. – *11 heißem Strahle:* Vgl. *Das Schicksal* V. 18. – *12 Herz der Erde:* Vgl. *Das Nächste Beste* I, V. 16.

41 *36 das kühne Recht:* Subjekt des Satzes.

42 *14 Der ehrnen Zeit:* Nach der antiken Geschichtsmythologie folgte auf die goldene Zeit ein silbernes, dann ein bronzenes, schließlich ein eisernes Zeitalter voller Streit und Zwist (vgl. Hesiod, Werke und Tage, und Ovid, Metamorphosen I).

1796–1799

Die lyrische Dichtung der vergangenen Jahre war immer mit Blick auf Schiller entstanden, nicht erst seit der Zeit ihres direkten Gesprächs. Nachdem Schiller einige Gedichte H.s und das *Fragment vom Hyperion* veröffentlicht hatte, brachte die harsche Kritik zu *Diotima* diesen Dialog in eine Krise, auf die H. – nach der indirekten Polemik des *Jünglings an die klugen Ratgeber* – auch mit direkt polemischen Epigrammen antwortete. Aber noch für sie sind die ›Xenien von Schiller und Goethe‹ (1796 im ›Musenalmanach für das Jahr 1797‹ erschienen) Vorbild, wahrscheinlich notierte sie H. gleich nach der Lektüre des Almanachs, enttäuscht, Xenien statt der eigenen Gedichte zu finden.

Trotzdem scheint H. die Ratschläge Schillers – weg von den abstrakten Themen der Hymnen und mehr »Nüchternheit in der Begeisterung« (vgl. Schillers Brief S. 695) – zu berücksichtigen, suchte nun aber nach einer neuen Form für die sich ihm im Anschluß an die Tübinger Hymnen stellende Thematik. Subjektives und Objektives, das Erlebnis des Ich und die je eigene Welt des Du, der philosophische Wille zur Einheit als oberstes Prinzip und die moralische Einsicht in die Integrität des anderen, beides sollte miteinander vermittelt werden. Zum anderen suchte H. nach einer Form, in der er dem übermächtigen Vorbild Schiller ausweichen konnte. Neben den Versuchen im antiken Versmaß der Distichen – ob in Epigrammen oder Elegien – und in den ›modernen‹ Blankversen – *Stimme des Volks* und *Emilie vor ihrem Brauttag* – fand H. in den Oden die antike Gedichtform, die die Weimaraner Klassiker nicht beachteten und in der er sogar Klopstock, *dem* deutschen Odendichter bis dahin, gleichrangig werden sollte.

Vor allem in der zweistrophigen Kurzode entwickelte H. die polare Struktur, die seiner neuen Thematik entspricht, und modifizierte die Tongebung und die Folge der Bilder nach seinen poetologischen Einsichten, dem »Wechsel der Töne« (vgl. S. 639 und 645). Im Unterschied zu Klopstock beschränkte er sich (mit einer Ausnahme) auf zwei Odenstrophen: die alkäische und die asklepiadeische.

Ehmals und jetzt *(alkäisch)*

∪ – ∪ – ∪ | – ∪ ∪ – ∪ –
In jüngern Tagen war ich des Morgens froh,
∪ – ∪ – – ∪ | – ∪ ∪ – ∪
Des Abends weint ich; jetzt, da ich älter bin,
∪ – ∪ – ∪ – ∪ – ∪
Beginn ich zweifelnd meinen Tag, doch
– ∪ ∪ – ∪ ∪ – ∪ – ∪
Heilig und heiter ist mir sein Ende.

Die Liebenden *(asklepiadeisch)*

- ‿ - ‿ ‿ - | - ‿ ‿ - ‿ -
Trennen wollten wir uns, wähnten es gut und klug;
- ‿ - ‿ ‿ - | - ‿ ‿ - ‿ -
Da wir's taten, warum schröckt' uns, wie Mord, die Tat?
- - ‿ ‿ - ‿
Ach! wir kennen uns wenig,
- ‿ - ‿ ‿ - ‿ -
Denn es waltet ein Gott in uns.

Die alkäische Odenstrophe ergibt einen hellen, fließenden Eindruck, während die asklepiadeische härter klingt: die zwei direkt aufeinanderfolgenden Hebungen in den beiden ersten Versen betonen die Zäsur und ergeben fast ein Stocken. Nur ein einziges Mal verwendete H. die, allerdings von ihm abgewandelte, sapphische Odenstrophe, vgl. *Unter den Alpen gesungen.*

44 GUTER RAT

Mit diesen Distichen beginnt H.s bewußte Zuwendung zu antiken Versmaßen: ein Distichon ist aus einem Hexameter und einem Pentameter gebildet und kann im kurzen, pointierten Epigramm oder in der längeren Elegie verwendet werden.

44 *Advocatus diaboli:* (lat.) Anwalt des Teufels; volkstümlicher Ausdruck für den bei einer Heiligsprechung auftretenden Promotor fidei, der als eine Art kirchlicher Staatsanwalt die Bedenken und Gegengründe gegen die Kanonisation vorzubringen hat, im Gegensatz zu deren Befürworter, dem Advocatus Dei (Anwalt Gottes). H. wendet sich also gegen die »Heiligsprechung« der durch das Epigramm näher charakterisierten Genies. Das Epigramm sollte fortgesetzt werden, wie der Anfang einer dritten Verszeile – »Wohl sind Monarchien auch gut« – zeigt.

44 *Die beschreibende Poesie:* Mit diesem Epigramm polemisierte H. gegen Schiller (vgl. a. *An die jungen Dichter:* »... lehrt und beschreibet nicht!«). H. wußte sich hier in Übereinstimmung mit Klopstocks Auffassung von der Darstellung als der »innersten Kraft der Dichtkunst« im Unterschied zur bloßen Beschreibung, die bereits in der 1774 erschienenen ›Deutschen Gelehrtenrepublik‹ und auch in dem (allerdings erst 1804 gedruckten) Epigramm ›Der Unterscheidende‹ ausgesprochen wird:

Poesie, welche den Namen der deskriptiven verdienet,
    Hätten für Poesie niemals die Alten erkannt.
Deutscher, ward dir der Blick, Darstellung von der Beschreibung
    Rein zu sondern: so stehn weisere Dichter dir auf,
Stände, wofern du hinab zu den Schatten Elysiens walltest
    Und dort redetest, *selbst* Ilions Sänger dir auf.

Die ursprüngliche, etwas kürzere, aber erst 1816 gedruckte Fassung von Klopstocks Epigramm trug die Überschrift »An Fr. Schiller«.

44 FALSCHE POPULARITÄT

In H.s Brief an den Bruder vom 2. November 1797 heißt es: »Ich bin mit dem gegenwärtig herrschenden Geschmack so ziemlich in Opposition, aber ich lasse auch künftig wenig von meinem Eigensinne nach und hoffe mich durchzukämpfen. Ich denke wie Klopstock ⟨in seiner ›Ganz guten Bemerkung‹ seiner ›Gelehrtenrepublik‹⟩:

> Die Dichter, die nur spielen,
> Die wissen nicht, was sie und was die Leser sind,
> Der rechte Leser ist kein Kind,
> Er will sein männlich Herz viel lieber fühlen,
>   als spielen.«

45 DIE EICHBÄUME

Der wohl Anfang 1796 entstandene erste Entwurf umfaßt nur V. 1–12 und endet mit:

> Untereinander herauf, und des Gärtners Linie scheidet
> Und gesellet euch nicht in ⟨den⟩ allzufriedlichen Reihen.
> Eine Welt ist jeder von euch,

In der im Jahr darauf entstandenen zweiten Niederschrift lauten die V. 14 ff. zunächst so:

> Enger vereint ist unten im Tal das gesellige Leben,
> Fester bestehet es hier und sorgenfreier und stolzer,
> Denn so will es der ewige Geist, ⟨...⟩

H. schickte das Gedicht wohl zusammen mit *An den Äther* und *Der Wanderer* an Schiller, sie erschienen dann Anfang Februar 1798 im X. Stück der ›Horen‹ (1797). Wohl 1799, spätestens aber 1800 schrieb H. das Gedicht mit der Elegie *Der Wanderer* aus den ›Horen‹ zum Zweck der Erweiterung ab. Unter der Überschrift vermerkte er: »als Proömium zu gebrauchen«, und unter den letzten Vers schrieb er als Neufassung der zweiten Vershälfte: »wie gerne würd ich zum Eichbaum«. Am Schluß der Abschrift steht ein Entwurf in Prosa, der vielleicht die eingeklammerten V. 14–17 ersetzen sollte: »O daß mir nie nicht altere, daß der Freuden, daß der Gedanken unter den Menschen, der Lebenszeichen keins mir unwert werde, daß ich seiner mich schämte, denn alle brauchet das Herz, damit es Unaussprechliches nenne.«

45 *4 Titanen:* Ursprünglich die sechs Söhne und sechs Töchter des Uranos (Himmel) und der Gaia (Erde), die unter Führung des jüngsten von ihnen, Kronos, Uranos stürzen. Nachdem Kronos das gleiche Schicksal durch seine Kinder, die Kroniden, erlitten hat, kommt es zur

Titanomachie: dem Kampf der Titanen (unter Kronos) gegen die Kroniden (unter Zeus), der mit dem Sturze der Titanen in den Tartaros endet (vgl. »Abgrund« 217, 73 sowie zu 374). Jedoch verstand man schon im Altertum (in Anlehnung an den ›Gefesselten Prometheus‹ des Aischylos, s. zu 26) unter Titanen verallgemeinert Kämpfer gegen Unterordnung und Unterdrückung.

45 AN DEN ÄTHER

Neben der Druckfassung dieser Hexameter-Hymne sind noch drei Niederschriften überliefert, von denen der »Entwurf« im Textteil erscheint. Zwischen Entwurf und Druckfassung schiebt sich eine nicht in Strophen gegliederte »Vorfassung«, die fast völlig in die Druckfassung übernommen wurde; Varianten, die über bloße Wortumstellung hinausgehen, sind in den Anmerkungen verzeichnet.

Waren bisher vor allem die kritischen Hinweise Schillers bekannt, ist für *An den Äther* und *Der Wanderer* auch das Urteil Goethes überliefert, dem Schiller die Gedichte am 27. Juni 1797 schickte – freilich ohne Goethe den Namen H.s (vgl. S. 806 das mißglückte Treffen) zu nennen. Goethe antwortete einen Tag später: »Denen beiden mir überschickten Gedichten, die hier zurückkommen, bin ich nicht ganz ungünstig, und sie werden im Publiko gewiß Freunde finden. Freilich ist die afrikanische Wüste und der Nordpol weder durch sinnliches noch durch inneres Anschauen gemalt, vielmehr sind sie beide durch Negationen dargestellt, da sie denn nicht, wie die Absicht doch ist, mit dem hintern deutschlieblichen Bilde genugsam kontrastieren. So sieht auch das andere Gedicht mehr naturhistorisch als poetisch aus und erinnert einen an die Gemälde, wo sich die Tiere alle um Adam im Paradiese versammeln. Beide Gedichte drücken ein sanftes, in Genügsamkeit sich auflösendes Streben aus. Der Dichter hat einen heitern Blick über die Natur, mit der er doch nur durch Überlieferung bekannt zu sein scheint. Einige lebhafte Bilder überraschen, ob ich gleich den quellenden Wald, als negierendes Bild gegen die Wüste, nicht gern stehen sehe. In einzelnen Ausdrücken wie im Versmaß wäre noch hie und da einiges zu tun. – Ehe man mehreres von dem Verfasser gesehen hätte, daß man wüßte, ob er noch andere Moyens und Talent in andern Versarten hat, wüßte ich nicht, was ihm zu raten wäre. Ich möchte sagen, in beiden Gedichten sind gute Ingredienzien zu einem Dichter, die aber allein keinen Dichter machen. Vielleicht täte er am besten, wenn er einmal ein ganz einfaches idyllisches Faktum wählte und es darstellte, so könnte man eher sehen, wie es ihm mit der Menschenmalerei gelänge, worauf doch am Ende alles ankommt. Ich sollte denken, der *Äther* würde nicht übel im ›Almanach‹ und der *Wanderer* gelegentlich ganz gut in den ›Horen‹ stehen.« Schiller schrieb darauf am 30. Juni 1797: »Es freut mich, daß Sie meinem Freunde und Schutzbefohlenen nicht ganz ungünstig sind. Das Tadelnswürdige an seiner Arbeit ist mir sehr lebhaft aufgefallen, aber ich wußte nicht recht, ob das Gute auch Stich halten würde, das ich darin zu bemerken glaubte. Aufrichtig, ich fand in diesen Gedichten viel von meiner eigenen sonstigen Gestalt, und es ist nicht das erstemal, daß mich der Verfasser an mich mahnte. Er hat eine heftige Subjektivität und verbindet damit einen gewissen philosophischen Geist und Tiefsinn. Sein Zustand ist gefährlich, da solchen Naturen so gar schwer beizukommen ist. Indessen finde ich in diesen neuren Stücken doch den Anfang einer gewissen Verbesserung, wenn ich sie gegen seine vormaligen Arbeiten halte; denn kurz, es ist Hölderlin, den Sie vor etlichen Jahren bei mir gesehen haben. Ich würde ihn nicht aufgeben, wenn ich nur eine Möglichkeit wüßte, ihn aus seiner eignen Gesellschaft zu bringen und einem wohltätigen und fortdaurenden Einfluß von außen zu öffnen. Er lebt jetzt als Hofmeister in einem Kaufmannshause zu Frankfurt und ist also in Sachen des Geschmacks und der Poesie bloß auf sich selber eingeschränkt und wird in dieser Lage immer mehr in sich selbst hineingetrieben.«

Auf Goethes Ratschlag hin nahm Schiller die Hymne *An den Äther* im Oktober 1797 in den ›Musenalmanach für das Jahr 1798‹, *Der Wanderer* 1797 in das 6. Stück der ›Horen‹. C. G. Körner schrieb in seiner Beurteilung des Almanachs: »In dem Gedicht *An den Äther* finde ich eine Behandlung, wie ich sie bei einem solchen Stoffe besonders liebe. Der Dichter und sein Objekt bilden ein wohlorganisiertes Ganzes. Jedes von beiden empfängt und gibt. Das Objekt wird mit Liebe von dem Dichter aufgefaßt, nicht seiner Sinnlichkeit entkleidet, aber aus der unbedeutenden Masse ausgehoben. Der Dichter beseelt seinen Stoff, aber geht nicht über ihn hinaus.« (Brief an Schiller vom 25. Dezember 1797.)

46 *12 Augen:* hier die Triebe einer Pflanze. – *31 den seligen Knaben:* Ganymed, den Zeus wegen seiner außerordentlichen Schönheit raubt und zum Mundschenk der olympischen Göttertafel macht. – *41 die unendliche Wettergewölke:* Die starke Form des pluralischen Adjektivs war im 18. Jh. auch nach bestimmtem Artikel noch gebräuchlich.

47 *53 bringen ein Lied dir:* Nach Sattler: »Brachten ein Lied dir,«. – *1 Treu und freundlich:* In der Vorfassung lauten Vers 1 und 2: »Zärtlichpflegend erzogst vor allen Göttern und Menschen / Du, o Vater Äther, mich auf; selbst ehe die Mutter«.

48 *45 Dennoch genügt ihm nicht:* Noch im 18. Jh. anzutreffende Konstruktion ohne grammatisches Subjekt »es«. Die Vorfassung endet mit:

Dennoch genügt ihm nie, denn der alte Ozean reizt uns,
Wo die leichtere Woge sich regt, durch den der Planet schifft,
Der die Sonnen der Welt, die ewig blühenden Inseln,

Wie die Perle das Gold, umfaßt – o wer an die lichten
Ufer das weltumwandelnde Schiff zu treiben vermöchte.

49 DER WANDERER

Wie *Der Äther* ist auch *Der Wanderer* in verschiedenen Fassungen überliefert. Wiederum erscheinen im Textteil Entwurf und Druckfassung, Varianten in den Anmerkungen. Schiller hatte das Gedicht wohl für den Abdruck in den ›Horen‹ (s. o.) redaktionell bearbeitet, die Druckvorlage ist aber nicht erhalten. 1799, spätestens aber 1800 schrieb sich H. die Druckfassung noch einmal ab, um sie zu überarbeiten, es entstand die zweite, ganz eigenständige Fassung des Gedichts (vgl. S. 122 ff.). – *20 Wasser fand ich im Bauch meiner Kamele:* Von den Türken ist überliefert, daß sie den Magen ihrer Kamele öffneten und das darin befindliche Wasser tranken, wenn sie in der Wüste zu verdursten drohten. – *29 Olymp:* Diese Metonymie für den Himmel findet sich auch in der antiken Dichtung und bei Klopstock. – *30 Pygmalion:* Sagenhafter Bildhauer, der sich in eine von ihm selbst geschaffene weibliche Elfenbeinstatue verliebt. Auf sein Bitten haucht Aphrodite seinem Werk Leben ein. – *34 Dürftig:* Bedürftig.

50 *47 Ausonien:* Poetisch für Italien. – *55 Aurora:* Die Göttin der Morgenröte. Sie entführt den troianischen Königssohn Tithonos und erbittet von Zeus für ihn Unsterblichkeit. Da sie jedoch vergißt, die Bitte um ewige Jugend hinzuzufügen, altert er – im Gegensatz zu ihr – wie jeder andere Sterbliche. Auf diesen Stoff wurde H. durch Herders Aufsatz ›Tithon und Aurora‹ (1792) hingewiesen, den er im Juli 1794 in einem Brief zitiert (vgl. S. 806).

51 *88 Otahiti:* Tahiti, die Insel wurde durch Georg Forsters zunächst auf englisch verfaßte ›Voyage around the world‹ (1777), der Reisebeschreibung seiner Weltumseglung mit Captain Cook, zum Inbegriff der paradiesisch-exotischen Idylle; vgl. zu Tinian.

52 *5 mit erfrischendem Grün, der schattende Wald:* Die endgültige Gestalt dieses Verses hat Schiller hergestellt: Entweder stand für »der schattende Wald« ursprünglich »der quellende Wald« (vgl. Goethes Brief s. o.), oder aber dieser Vers lautete auch in der Druckvorlage so oder ähnlich wie in den Vorstufen, so daß Schiller den Vergleich »wie ein sprudelnder Quell« durch die Wendung »mit erfrischendem Grün« ersetzt hätte. In der Vorfassung lautet das Distichon: »Ach! hier sprang, wie ein sprudelnder Quell, der unendliche Wald nicht / In die tönende Luft üppig und herrlich empor,«. Bei der späteren Abschrift der Druckfassung (s. o.) wird H. das »säuselnde« gleich wieder mit »tönende« ersetzen – Schiller mag hier redaktionell eingegriffen haben. – *16 vom lieblichen Glanz heimischer Fluren:* In der Vorfassung: »vom heiligen Vaterlandsboden verwöhnt«.

53 *36 im kärglichen Nord:* In der Vorfassung sind hier folgende Verse eingeschoben: »Aber die Erde schwieg zur Freude, so ich verheißen, / Und vergebens gesagt war das belebende Wort.«

54 AN DIOTIMA
Die Handschrift dieses wohl 1797 entstandenen Gedichts bricht mit dem V. 35 ab (die vierte Seite des Doppelblatts ist leer geblieben). In der Lücke nach V. 15 fehlen vermutlich anderthalb Verse, zwischen V. 33 und 35 fehlt wahrscheinlich nur einer. – H. verwendet hier das einzige Mal das archilochische Versmaß (nach dem um 650 v. Chr. lebenden griechischen Dichter Archilochos aus Paros) mit dem regelmäßigen Wechsel zwischen einem Hexameter und einem halben Pentameter. – *11 Tropfe:* Diese feminine Form des ursprünglich schwachen Maskulinums ist wohl durch die Anlehnung an Klopstock zu erklären, bei dem dieser Gebrauch mundartlich bedingt ist.

55 AN DIOTIMA
Diese Verse stehen zusammen mit den folgenden Niederschriften (bis einschließlich *Die Völker schwiegen, schlummerten*...) im sogenannten Homburger Quartheft. Sie sind wohl allesamt noch im Jahre 1797, spätestens aber 1798 entstanden.

56 GEBET FÜR DIE UNHEILBAREN
2 wie verständig sie sind: Ursprünglich lautete der zweite Vers: »Daß sie sehen, wie ganz unverständig sie sind.«

57 DIE MUSSE
Das Gedicht enthält Anspielungen auf den Ostern 1797 in Frankfurt verkündeten Vorfrieden von Leoben, wird aber erst im Frühjahr 1798 entstanden sein. Im Hintergrund der Frühlingsschilderung stehen wohl die Tage, die H. im Sommerhaus der Familie Gontard verbracht hatte. – *13 zum Berge:* Der Große Feldberg nordwestlich von Frankfurt. – *39 von menschlichem Leben:* Ursprünglich: »von Attikas Schicksal«.

58 DIE VÖLKER SCHWIEGEN, SCHLUMMERTEN...
Das Gedicht ist wohl im Herbst 1798 entstanden, nach H.s Aufenthalt in Rastatt. Als Anlaß zu diesem Entwurf hat W. Kirchner (Hölderlin. Aufsätze zu seiner Homburger Zeit. Göttingen 1967) eine ›Ode an den Kongreß zu Rastatt‹ nachgewiesen, die der mit Sinclair befreundete Aloys Schreiber verfaßt hatte. – *9 wie die kochende See:* Das Bild des tobenden Meeres als Metapher für die Revolutionskriege findet sich auch im *Hyperion* (S. 352). – *11 Manch großer Geist:* Die Revolutionsgenerale, etwa Bonaparte. – *Getümmel:* Danach stehen im Entwurf die beiden eingeklammerten Verse: »Fünf Sommer leuchtete das große Leben / Ein unaufhörlich Wetter unter uns.« Diese Verse sind »der einfachste, zugleich stärkste und glanzvollste dichterische Ausdruck für Hölderlins Bejahung des revolutionären Kriegsgeschehens 1792 bis 1797« (Kirch-

ner) und stehen in der ungebrochenen Befürwortung der Revolutionskriege in der deutschen Literatur fast einzig da – vgl. z. B. Goethes Versepos ›Herrmann und Dorothea‹ (1797). – *19 Schicksal:* Danach bleibt fast eine ganze Seite der Handschrift frei. – *21 dir:* Bonaparte, vgl. den folgenden Entwurf.

59 Buonaparte

Der Entwurf einer Ode auf den französischen Revolutionsgeneral, der 1796/97 die Niederwerfung der österreichischen Armeen in Italien leitete und Österreich im Frieden von Campoformio 1797 zum Austritt aus der antifranzösischen Koalition zwang, ist wohl noch 1797, vielleicht aber auch erst 1798 entstanden. H.s Verehrung für Bonaparte stimmt mit seinen Hoffnungen auf eine Umwälzung der Verhältnisse in Deutschland durch einen Sieg der französischen Truppen überein, zu »Gefäße« vgl. zu 552, 1754.

59 Dem Allbekannten

Dieser hymnische Entwurf in Hexametern, zu dem H. als Überschrift auch »Buonaparte« und »Dem Allgenannten« erwog, entstand frühestens Ende 1797, nach Sattler im Frühsommer 1800. Die erste Fassung des Entwurfs:

> Gerne weil ⟨ich⟩ um die
>
> Aber wie Schwalben, ist frei der Gesang,
> Sie wandern von Land zu Land,
> Und suchen den Sommer
> Und wo die Lüfte
> Da wohnen sie
> Und nun sing ich
>   den fremden Mann
> Er selber gönnt mir's wohl.
>
> Korsika.
>
> Kindheit
> Aber es folgt wie der Helmbusch ihm der Gesang
>
> Lodi   Arcole
>
> Ha! umsonst nicht hatt er geweissagt,
> Da er über den Alpen stand,
> Hinschauend nach Italien und Griechenland
> Mit dem Heer um ihn,
> Wie die Gewitterwolke,
> Wenn sie fernhin
> Dem Orient entgegenzieht,

Und von den Strahlen des begegnenden
Morgenlichts die Wolke freudig errötet und glüht,
Indes verkündende Blitze schon

60 AN DIE PARZEN
An die Parzen ist das erste von insgesamt 18 »kleinen Gedichtchen« – so
H. in seinem Begleitbrief –, die er im Juni und August 1798 an Neuffer
schickte, der 14 in seinem ›Taschenbuch für Frauenzimmer von Bildung,
auf das Jahr 1799‹ aufnahm, die übrigen, darunter *Stimme des Volks,
Menschenbeifall* und *Die scheinheiligen Dichter* erschienen im folgenden
Jahrgang.

Neuffers Taschenbuch auf das Jahr 1799 rezensierte August Wilhelm
Schlegel in der Jenaischen ›Allgemeinen Litteratur-Zeitung‹ (Nr. 71 vom
2. März 1799) und schrieb über H.: »Den sonstigen Inhalt des Almanachs möchten wir fast nur auf die Beiträge von Hölderlin einschränken⟨...⟩ Von den übrigen zeichnen sich die Kleinigkeiten von Hillmar und Siegmar vorteilhaft aus, sowie die innigen elegischen Zeilen von Reinhard (dem französischen Gesandten) an seine Gattin über den Abschied von Deutschland. Die prosaischen Aufsätze sind ganz unbedeutend. Hölderlins wenige Beiträge aber sind voll Geist und Seele, und wir setzen gern zum Belege ein paar davon hieher.« Nach dem Abdruck der Oden *An die Deutschen* und *An die Parzen* fährt Schlegel fort: »Diese Zeilen lassen schließen, daß der Verfasser ein Gedicht von größerem Umfange mit sich umherträgt, wozu wir ihm von Herzen jede äußere Begünstigung wünschen, da die bisherigen Proben seiner Dichteranlagen und selbst das hier ausgesprochene erhebende Gefühl ein schönes Gelingen hoffen lassen.« (Die mit »Hillmar« unterzeichneten Gedichte waren ebenfalls von H.)

Für diese Gedichte, die Beißner als epigrammatische Oden charakterisierte, hat sich der Begriff ›Kurzode‹ eingeprägt. Acht von ihnen erweiterte H. 1800: *Diotima, Stimme des Volks, Lebenslauf, Die Liebenden* (unter der Überschrift *Der Abschied*), *Die Heimat, Ihre Genesung, Das Unverzeihliche* (unter der Überschrift *Die Liebe*) und *An die Deutschen*. Diese Oden wurden entsprechend ihrer Entstehungszeit eingereiht. – *Parze:* Vgl. zu 25, 55. – *6 Orkus:* Die Unterwelt der griechischen Mythologie. – *8 Gedicht:* Vielleicht schon eine Anspielung auf das Empedokles-Projekt.

60 DIOTIMA
In dieser Ode versteckte H. eine Widmung an Susette Gontard: Die
ersten Buchstaben der Versanfänge (D D D S, D D D G) bilden, nimmt
man an V. 4 und 8 zusammen, das Monogramm S G.

64 AN DIE JUNGEN DICHTER
3 Stille der Schönheit: Anspielung auf Winckelmanns Formel von der

›stillen Größe und edlen Einfalt‹ der antiken Kunst, vgl. ›Gedanken über die Nachahmung der griechischen Werke in der Malerei und Bildhauerkunst‹ (1755). S. a. zu 381. – *6 Lehrt und beschreibet nicht:* Vgl. zu *Die beschreibende Poesie*. Beide Verben meinen vielleicht zu vermeidende Extreme: das zu Abstrakte (»lehren«) und das zu Konkrete (»beschreiben«). Vgl. auch die Vorrede zum *Hyperion* (S. 314). – *7 Wenn der Meister euch ängstigt:* H. hatte am 20. Juni 1797 an Schiller geschrieben: »Ich habe Mut und eignes Urteil genug, um mich von andern Kunstrichtern und Meistern unabhängig zu machen und insofern mit der so nötigen Ruhe meinen Gang zu gehen, aber von Ihnen dependier ich unüberwindlich; und weil ich fühle, wie viel ein Wort von Ihnen über mich entscheidet, such ich manchmal, Sie zu vergessen, um während einer Arbeit nicht ängstig zu werden. Denn ich bin gewiß, daß gerade diese Ängstigkeit und Befangenheit der Tod der Kunst ist, und begreife deswegen sehr gut, warum es schwerer ist, die Natur zur rechten Äußerung zu bringen in einer Periode, wo schon Meisterwerke nah um einen liegen, als in einer andern, wo der Künstler fast allein ist mit der lebendigen Welt. Von dieser unterscheidet er sich zu wenig, mit dieser ist er zu vertraut, als daß er sich stemmen müßte gegen ihre Autorität oder sich ihr gefangen geben. Aber diese schlimme Alternative ist fast unvermeidlich, wo gewaltiger und verständlicher als die Natur, aber ebendeswegen auch unterjochender und positiver der reife Genius der Meister auf den jüngern Künstler wirkt. Hier spielt das Kind nicht mit dem Kinde, hier ist nicht das alte Gleichgewicht, worin der erste Künstler sich mit seiner Welt befand, der Knabe hat es mit Männern zu tun, mit denen er schwerlich so vertraut wird, daß er ihr Übergewicht vergißt. Und fühlt er dies, so muß er eigensinnig oder unterwürfig werden.«

64 DIE SCHEINHEILIGEN DICHTER
2 Helios: Der Sonnengott, vgl. zu 314. – *3 Donnerer:* Zeus, der Donnerkeile gegen die Erde schleudern konnte. – *Meergott:* Neptun, vgl. zu 109, 198.

66 DER MENSCH
Die ersten beiden Strophen in der letzten Gestalt des Entwurfs lauten:

> Hervorgeblüht aus den Wassern, o Erde!
> Waren deiner Berge Gipfel noch kaum,
>   Und dufteten, neugeborener Wälder voll
>   Lustatmend über dem Ozean,
>
> Die ersten seligen Inseln!
>   Und es sahe der Sonnengott
>   Mit Liebesblick
>   Die holden Erstlinge,

> Blumen und Bäume, lächelnde Kinder
> Seines Geistes und deines Glücks,

13 Geboren, Mutter Erde: Auch diese Strophe war im Entwurf viel rhapsodischer angelegt:

> Deines Schoßes üppigste Frucht;
> Und schon blickt wohlbekannt
> Zum Vater Helios auf
> Der Knab und wählt, die süßen
> Beere versuchend,
> Zur Amme die heilige Rebe.

20 denn kühn ist in ihm und einzig: Im Entwurf: »Denn kühn und einzig ist ⟨Helios Geist⟩ mit deiner Freude, / Mutter Erde! vereint in ihm.«
67 46 Doch tiefer und reißender: Im Entwurf:

> Doch schneller zerreißt, und schröcklicher
> Deine großen Harmonien, o Menschennatur,
> Das unerbittliche Schicksal.

67 SOKRATES UND ALCIBIADES
Diese Ode nahm Schiller wie auch *An unsre großen Dichter* in seinen ›Musenalmanach für das Jahr 1799‹ auf. *Alcibiades:* Alkibiades (450–404 v. Chr.), der athenische Staatsmann und Feldherr, wurde im Hause des Perikles erzogen und war zeitweilig Schüler von Sokrates, der großen Einfluß auf ihn gewann. Vgl. die Lobrede des Alkibiades auf Sokrates am Schluß von Platons ›Symposion‹, das H. seit seiner Studienzeit kannte.

68 VANINI
Vanini: Der italienische Philosoph Lucilio Vanini (um 1585–1619), der in seinem Hauptwerk ›Amphitheatrum aeternae providentiae divino-magicum christiano-physicum‹ (Göttlich-wunderbarer und christlich-natürlicher Schauplatz der ewigen Vorsehung, Lyon 1615) Gott und Natur gleichsetzt, wurde wegen seiner pantheistischen Auffassungen als Ketzer in Toulouse verbrannt. Anlaß dazu war die Schrift ›De admirandis naturae arcanis‹ (Über die wunderbaren Geheimnisse der Natur, Paris 1616). Herder zitierte in seiner Schrift ›Gott. Einige Gespräche‹ (1787) aus Vaninis Hauptwerk die Ode ›Deo‹ (Gott). Gegen den Glauben an einen extramundanen Gott wendete sich H. auch im *Hyperion*, vgl. S. 319.

68 AN UNSRE GROSSEN DICHTER
Als Schiller das Gedicht zum Druck gab (s. o.) strich er im Titel das Adjektiv »großen«. H. erweiterte die Ode später zu *Dichterberuf.* –
3 Bacchus: Der lateinische Name des Dionysos, der Gott des Weines und

der allschöpferischen Natur (vgl. a. *Brot und Wein*). H. schließt sich hier einer hellenistischen Sagenversion an, wie sie vor allem Nonnos in seinem Epos ›Dionysiaka‹ (Dionysosgeschichte) aus dem 5. Jh. n. Chr. gestaltet hat: Dionysos erobert, ähnlich wie Alexander der Große, Indien und führt dort Gesetze und Gerichte ein.

69 Hyperions Schicksalslied

Dieses Gedicht, das nur im zweiten Band des Romans, der 1799 erschien, überliefert ist, entstand wohl noch in Frankfurt, vielleicht schon Ende 1797. Es hat im Roman eine ähnliche Stellung und Funktion wie das Parzenlied in Goethes ›Iphigenie auf Tauris‹. Als allererster Ansatz zu dem Gedicht ist vielleicht dieses reimstrophische Bruchstück anzusehen:

> Wandelt ewig freigegeben
> Frei in stiller Selbstgewalt
> Unter euch ein

70 Da ich ein Knabe war...

Der ohne Titel überlieferte Entwurf (vgl. a. V. 525 der 1. Fassung des *Empedokles*) entstand wohl 1798 in Frankfurt. – *13 Endymion:* Die Mondgöttin Selene (lat. Luna) verliebt sich in den schönen Hirten Endymion und besucht ihn nachts in seiner Höhle.

71 Achill

Das Gedicht entstand im Frühjahr 1799, also nach der Trennung von Susette Gontard und den wiederholten und dringlichen Mahnungen seiner Mutter, ein geistliches Amt anzunehmen, und ist in der gleichen Handschrift überliefert wie das zweite seinem »Liebling unter den Helden« gewidmete Bruchstück (S. 601f.). Den Stoff für die Elegie entnahm H. dem 1. Gesang von Homers ›Ilias‹: Die Belagerung Troias stockt nun schon im zehnten Jahr. Um die Pest vom Lager der Griechen abzuhalten, muß Agamemnon seine Lieblingssklavin den Troiern zurückgeben und fordert als Ersatz die Lieblingssklavin des Achill. Mit dem Zorn Achills über diese Forderung setzt die ›Ilias‹ ein; die V. 348–400 schildern, wie Achill seiner Mutter Thetis, der »Göttin des Meeres«, sein Leid klagt. Sie hatte einst versucht, Achill Unverwundbarkeit zu verleihen (vgl. »stärkendem Bad«, V. 10), indem sie ihn in den Styx tauchte (vgl. zu 323).

Das Gedicht ist in der Handschrift nur bis Vers 24 überliefert, die letzten vier Verse finden sich nur im Erstdruck des Gedichts in der Hölderlin-Ausgabe von Chr. Th. Schwab (1846); es ist nicht unwahrscheinlich, daß der Herausgeber sie nach dem Prosaentwurf ergänzte. Der Prosaentwurf dieser Verse lautet:

> damit
> ich nicht ganz verstumme, daß ⟨ich⟩
> lebe und eine kurze Zeit

> mit frommem Gesang euch Himm-
> lischen danke, für Freuden
> vergangener Jugend, und
> dann nimmt gütig zu
> euch den Einsamen auf.

72 GÖTTER WANDELTEN EINST...
Dieses Bruchstück einer Elegie (der Schluß ihres dritten und der Anfang ihres vierten Absatzes) entstand im März 1799 und wird von einem Auszug aus Schlegels Rezension (vgl. zu *An die Parzen*) unterbrochen. – 2 *du:* Diotima. – 5 *Heldin:* Vgl. das Bruchstück »Diotima«: »Die Helden könnt ich nennen / Und schweigen von der schönsten der Heldinnen.« (Nr. 9 – vgl. S. 799). – 7 *Laß uns leben...:* Über diesen Versen steht im Manuskript die Nummer 4 (vierter Absatz).

72 HÖRT ICH DIE WARNENDEN ITZT...
Der Entwurf findet sich mitten in der Niederschrift der 1. Fassung des *Empedokles*, er wird so im ersten Drittel 1799 entstanden sein.

73 DER TOD FÜRS VATERLAND
Der erste Ansatz zu dieser Ode stammt aus dem Jahr 1796:

> O Schlacht fürs Vaterland,
>   Flammendes, blutendes Morgenrot
>   Des Deutschen, der, wie die Sonn, erwacht
>
> Der nun nimmer zögert, der nun
>   Länger das Kind nicht ist,
>   Denn die sich Väter ihm nannten,
>   Diebe sind sie,
>   Die den Deutschen das Kind
>   Aus der Wiege gestohlen
>   Und das fromme Herz des Kinds betrogen
>
> Wie ein zahmes Tier, zum Dienste gebraucht.

Die politische Aussage des Entwurfs unterstreicht eine Äußerung H.s im Brief an den Bruder vom 6. August 1796: »Dir, mein Karl, kann die Nähe eines so ungeheuern Schauspiels, wie die Riesenschritte der Republikaner gewähren, die Seele innigst stärken.« Aus diesen Versen, in denen man den Ansatz zu einer deutschen Marseillaise gesehen hat, entstand wohl noch 1797 die Ode *Die Schlacht*. In der frühesten Fassung lauten die ersten drei Strophen:

> O Morgenrot der Deutschen, o Schlacht! Du kömmst,
>   Flammst heute blutend über den Völkern auf,
>   Denn länger dulden sie nicht mehr, sind
>   Länger die Kinder nicht mehr, die Deutschen.

> Du kömmst, o Schlacht! schon wogen die Jünglinge
> Hinab von ihren Hügeln, hinab ins Tal,
> Wo keck herauf die Knechte dringen,
> Sicher der Kunst und des Arms! doch schröcklich
>
> Kömmt über die Seele der Jünglinge,
> Denn ha! die Knaben schlagen wie Zauberer,
> Und ihre Vaterlandsgesänge
> Lähmen die Kniee dem Unterdrücker.

Aus der Überarbeitung und Kürzung dieser 8strophigen Ode ging dann *Der Tod fürs Vaterland* hervor. H. schickte das Gedicht im Juli 1797 an Neuffer, der es wie *Der Zeitgeist* in seinem ›Taschenbuch für Frauenzimmer von Bildung ⟨...⟩ 1800‹ aufnahm.

74 ABENDPHANTASIE/DES MORGENS
Beide Oden sind spätestens im Juli 1799 gleichzeitig entstanden, die Überschrift des Entwurfs für das zweite Gedicht lautet »Morgenphantasie«. Der erste Ansatz der V. 15–20 lautet:

> Du möchtest immer eilen, Lieber!
> Könnt ich empor, wie die Morgenwinde,
> Mit dir, mit dir! doch lächelst des Sängers du,
> Des Übermüt'gen, daß er dir gleichen möcht,
> Und wandelst schweigend mir, indes ich
> Sinne nach Namen für dich, vorüber!

76 DER MAIN
Der Entwurf dieser Ode ist mit »Der Neckar« betitelt, wie auch die spätere Umarbeitung dieser Ode, die H. 1800 vornehmen wird. – *9 Sunium:* Die Südspitze von Attika mit der Ruine des dorischen Poseidontempels aus dem 5. Jh. v. Chr. – *10 Olympion:* Das Heiligtum des olympischen Zeus in Athen.

77 *23 Pauk:* Ein dionysisches Instrument, vgl. V. 58 f. des Prologs der ›Bakchen‹ des Euripides: »Erhebt... / Die Pauken, von Mutter Rhea erfunden und von mir!« (Zu diesem Prolog vgl. S. 718.)

77 EPIGRAMME
Die folgenden fünf Epigramme waren vielleicht für die Zeitschrift ›Iduna‹ bestimmt, deren Herausgabe H. im Sommer 1799 plante (vgl. a. S. 800), sie sind vielleicht aber auch später entstanden. Die in Winkelklammern gesetzten Titel stammen von den ersten Editoren H.s, Ludwig Uhland und Gustav Schwab. – πρὸς ἑαυτόν: (griech.) an sich selbst; Selbstbeherzigung.

78 *sein Buchstab tötet...:* Vgl. 2. Korinther 3, 6: »Denn der Buchstabe tötet, der Geist aber machet lebendig.« – *Wurzel alles Übels:* Vgl. 1. Timo-

theus 6, 10: »Denn Geiz ist die Wurzel alles Übels.« – Die Bibelstelle läßt an eine intendiert moralische Kritik denken, etwa wie sie H. häufiger in Briefen an den Bruder als Kritik am Egoismus vorträgt. Das »einer« kann aber auch politisch auf den Monarchen, »eines« auf philosophische Systemkonzepte wie das absolute Ich Fichtes (vgl. S. 864) oder die Identitätsphilosophie Schellings (vgl. S. 872) bezogen werden. – Das Bruchstück »Ein anderes...« klingt fast wie das positiv gewendete Pendant zu diesem Epigramm, vgl. S. 267.

1799–1806

Die Gedichte dieser Gruppe, die mit den großen Elegien und den späten Hymnen H.s entscheidende Beiträge zur modernen Lyrik enthält, sind zwischen dem Herbst 1799 und der Einlieferung H.s in die Autenriethsche Klinik im Sommer 1806 entstanden, die letzten hymnischen Entwürfe wahrscheinlich noch 1807. Neuere Untersuchungen der Handschriften, vor allem durch D. E. Sattler, machten diese Umdatierung der von Beißner auf 1799–1803, also deutlich vor der Zeit der sogenannten »Umnachtung« H.s, angesetzten Gruppe notwendig.

Standen die Oden im Zentrum der vorherigen Gedichtgruppe, bilden nun die Elegien und die späten Hymnen die Spannungspole, zwischen denen sich die Themen des Spätwerks entwickeln: die Frage nach der Deutung der eigenen Gegenwart und ihrer Position in einem geschichtsphilosophischen Tableau, die Frage nach der Rückkehr der Götter als Bild der utopischen Erwartung eines endlich tragfähigen Friedens und die Suche nach einem Maß, das Sprache und Denken einhalten müssen, um dies als Prophetie mitteilen zu können.

Die Elegie ist nach ihrer auf die Antike zurückreichenden Gattungspoetik formal ein längeres, aus Distichen gefügtes Gedicht. Der thematische Akzent auf die ›elegische‹ Liebes- oder Totenklage setzte sich vor allem in der Lyrik der Empfindsamkeit im 18. Jh. durch, jedoch wurde dies gegen Ende des Jhs. von Goethe und Schiller wieder in Richtung auf das antike Ideal durchbrochen: Goethes ›Römische Elegien‹ zeigen wenig von dieser thematischen, »klagenden« Ausrichtung, und Schiller definierte die Elegie vor allem als »Trauer« um ein Ideal: »Entweder ist die Natur und das Ideal ein Gegenstand der Trauer, wenn jene als verloren, dieses als unerreicht dargestellt wird. Oder beide sind ein Gegenstand der Freude, indem sie als wirklich vorgestellt werden. Das erste gibt die *Elegie* in engerer, das andere die *Idylle* in weitester Bedeutung.« (›Über naive und sentimentalische Dichtung‹, 1795–96).

Wenn H. nach *Der Wanderer* und *Komm und besänftige*..., *Achill* und *Götter wandelten einst*... mit *Menons Klagen um Diotima* seine erste der späteren Elegien vollendet, handelt es sich nicht nur um die Liebesklage nach der Trennung von Susette Gontard, sondern auch um die Klage um den Verlust des im *Hyperion* als Diotima vorgestellten Ideals. Und selbst wenn H. in der großen Elegie *Brot und Wein* seine geschichtsphilosophischen Vorstellungen mit den Motiven der Nacht der Götterferne und einem kommenden Tag der Wiederkehr der Götter darstellt und zur Gewißheit einer Prophetie steigert, geschieht dies immer noch vor einer Folie von Trauer und Verlust, in der Einsicht, »in dürftiger Zeit« zu leben.

Ist in der Elegie *Heimkunft* »fast unsere Freude zu klein«, um Gott zu fassen (V. 100), ist in den Hymnen die Gefahr, daß sie zu groß wird, jedes Maß – auch das der »Idylle«, von der Schiller spricht – übersteigt. Formal spiegelt sich diese Suche nach dem Maß in der komplizierten Komposition der Hymnen (vgl. zu *Wie wenn am Feiertage*...), thematisch in der Suche nach den vermittelnden »Zeichen«. Diese sollen die unter der Metapher der Götterferne und der Wiederkehr der Götter in die abendländische, hesperische Geschichte vorgetragene Prophetie gewiß werden lassen, eine Vision, die in der Elegie *Brot und Wein* zum ersten Mal ausgesprochen wird: »Was der Alten Gesang von Kindern Gottes geweissagt, / Siehe! wir sind es, wir; Frucht von Hesperien ist's!« (V. 149f.). Die Begegnung mit dem Göttlichen – nach der Gattungspoetik das ursprüngliche erhabene Thema der Hymne – als eine spezifisch abendländische zu verstehen, sie »dem Volk ins Lied / Gehüllt« (*Wie wenn am Feiertage*... V. 59f.) zu reichen, damit das so mitteilbar Gewordene nicht nur Gesang eines Einzelnen, sondern einst auch »Chor des Volkes« (*Der Mutter Erde* V. 14) werde, dies umschreibt die ›vaterländische‹ Konzeption der Hymnen, die H. als »Vaterländische Gesänge« verstanden wissen wollte (vgl. S. 757), gerichtet an ein Volk, dem, der Revolutionskriege müde, endlich eine wahre *Friedensfeier* prophezeit werden sollte.

79 MEIN EIGENTUM

Das im Herbst 1799 entstandene Gedicht, das H. zunächst »Der Herbsttag« und »Am Herbsttag« nannte, ist nur als Entwurf überliefert. Der Anlaß zu diesem Gedicht war wohl die schmerzliche Erinnerung an den Abschied von Susette Gontard vor einem Jahr. (Im Entwurf stand der Satz: »So war's am Scheidetage«.) – *27 mit dem Tageslichte nur:* Ursprünglich: »mit den großen Göttern nur«. – *28 ein Armer:* Statt des getilgten: »ein Fremder«.

80 *45 Einfalt:* Vgl. zu 64, 3. – *52 Parze:* Vgl. zu 25, 55.

81 PALINODIE

Diese Ode, zu der H. auch den Titel »Götterrecht« erwog, nimmt den ursprünglichen Anfang von *Mein Eigentum* auf und ist wohl unmittelbar danach entstanden. – *Palinodie:* Widerruf eines Gedichts. – *21 Versöhnung:* Hier setzt der Widerruf ein: Die oben an die Götter gerichtete Bitte, seiner zu schonen, wird zurückgenommen.

82 GESANG DES DEUTSCHEN

Ursprünglich erwog H. folgendes Motto für die 1799 entstandene Ode:

> Vis consilî expers mole ruit sua;
> Vim temperatam Di quoque provehunt
>   In majus.
> Horat.

(Gewalt ohne geistige Lenkung bricht durch ihr eigenes Gewicht in sich zusammen; gezügelte Gewalt wird von den Göttern gar zu Höherem geleitet. Horaz, Oden III, 4.)

Der erste Ansatz des Entwurfs lautet:

> Erloschen sind im sterblichen Auge bald
>   Die Hoffnung, der Jugend Wünsche, die törigen,
>   Doch denk ich dein

Darunter (in der rechten Hälfte der Seite) die Variante:

> Verstummt war zum Gesange die Seele mir
>   und sann
>   was   auf diesem
> Sterne mir heitern noch möcht, und du bist's!

Zum Inhalt dieser Ode vgl. a. Schillers (allerdings erst 1871 gedruckten) Gedichtentwurf ›Deutsche Größe‹ aus dem Jahre 1797. – *12 Blöde:* Hier: schüchtern, ängstlich, zaghaft, vgl. *Blödigkeit.* – *22 wo der Fleiß in der Werkstatt schweigt:* wo mit stummem Fleiß in der Werkstatt gearbeitet wird. – *25 Minervas Kinder:* Athene (lat.: Minerva) ist die Stadtgöttin Athens und Göttin der Weisheit. Unter ihrem besonderen Schutz stand der Ölbaum, den sie einst im Götterstreit um die Vorherrschaft in Attika den Menschen schenkte.

83 *29 Platons frommer Garten:* Platons Garten, die Akademie, lag nordwestlich von Athen beim Hain des Heros Akademos am Kephisos, vgl. a. zu 32, 39. – *32 Vogel der Nacht:* Die Eule, das heilige Tier der Athene. – *33 Er:* Im Manuskript stand ursprünglich »der Gott«; hier also: der Gott des Schicksals. – *52 Urania:* Die Muse der Himmelskunde wird hier in eins gesehen mit Aphrodite (vgl. zu 317). – *57 Delos:* Die ägäische Insel Delos war neben Delphi die bedeutendste Stätte des Apollonkults, hier fanden die ihm geweihten Spiele statt. Die Verehrung des Gottes und der festliche Besuch der Orakelstätten bildeten ein einigendes Band für die zersplitterten Stadtstaaten. Vgl. *Hyperion* S. 322. –

Olympia: Kultstätte des Zeus und der Hera und zugleich Schauplatz der Olympischen Spiele, die wie die anderen panhellenischen Feste das Zusammengehörigkeitsgefühl der Griechen stärkten.

84 DER PRINZESSIN AUGUSTE VON HOMBURG

Diese Ode, deren Entwurf mittelbar nach dem *Gesang des Deutschen* niedergeschrieben wurde, ist sicher kurz vor dem 28. November 1799, dem 23. Geburtstag der Prinzessin Auguste von Hessen-Homburg (1776–1871), entstanden. Die Reinschrift überreichte H. wohl gemeinsam mit dem *Gesang des Deutschen* und vielleicht auch mit dem *Hyperion* der Prinzessin, die für seine Werke besonders reges Interesse zeigte und eine umfangreiche Sammlung seiner Gedichte in Abschriften anfertigte. – *2 hesperische Milde:* Vgl. zu 24, 31 und 219. – *10/11 es hallt hinab / Am Berge das Gewitter:* Auf die Revolutionskriege zu beziehen, s. zu 152, 36.

85 DER FRIEDEN

Die erst von Kirchner (vgl. zu 58) hergestellte Gestalt der Ode gliedert sich wie der *Gesang des Deutschen* streng symmetrisch in die Strophen 1–6, 7–9, 10–15. In der Handschrift notierte H. zunächst über eine ganze Seite Gedankensplitter:

> Helden
> Die unerhörte Schlacht
> O die du
>   Der Menschen jähes Treiben
> Und unerbittlich.   sein Stamm erzittert.
>   heilige Nemesis
> triffst du die Toten auch, es ruhten
>   Unter Italiens Lorbeergärten
>   so sanft die alten Eroberer
> Noch standen ihre Götter pp.
> Doch
>   aber nicht dort allein
> Schweiz   Rhein
> Komm endlich goldner Friede pp. – Didaktischer Ausgang.

Die Stichworte »Italien«, »Schweiz« und »Rhein« deuten auf Niederlagen des französischen Heeres, wahrscheinlich war H. über den Verlauf des zweiten Koalitionskrieges und das Verhalten der französischen Truppen enttäuscht. Der erhoffte Frieden wurde aber erst 1801 geschlossen, vgl. zu 150. – *1 die alten Wasser:* In den Lesarten ist noch »Deukalions« hinzugefügt: Anspielung auf die Deukalionische Flut, durch die Zeus das Menschengeschlecht vernichten wollte, die Deukalion, der Sohn des Prometheus, und seine Frau Pyrrha aber überstehen. Vgl. Ovid, Meta-

morphosen 1, 262–415. Die Lücke füllt Beißner so: »einst der Welt / Schamlosen Frevel deckten«. – *5 gählen:* Wohl soviel wie »geilen«, was im Schwäbischen »übermütig spielen, ungestüm fluten« bedeutet. – *18 Nemesis:* Vgl. zu 595.
 86 *42 zanken um Herrschaft sich:* Vgl. im Unterschied dazu *Der Tod fürs Vaterland.* – *55 Wo glühend sich die Kämpfer und die:* Im Manuskript steht: »Wo glühend die Kämpfend und die«, was Beißner so verbessert: »Wo glühender die Kämpfenden die«.
 87 AN EINE FÜRSTIN VON DESSAU
Die Adressatin dieser Ode ist nicht eindeutig zu bestimmen: entweder ist das Gedicht im November 1799 entstanden und der Fürstin Luise von Anhalt-Dessau, einer Gönnerin Matthissons gewidmet, oder es ist gegen Ende von H.s erstem Homburger Aufenthalt entstanden und der Schwiegertochter der Fürstin Luise gewidmet, der Erbprinzessin Amalie, die von Anfang März bis zum 20. Mai 1800 in Homburg weilte. – *5 Luisium:* Park und Schloß bei Dessau, das H. von Jena aus besuchte. – *11 ein göttlich Ungewitter:* Die Koalitionskriege, vgl. zu 152, 36. – *22 Der schöne Bogen:* Ursprünglich »Der Friedensbogen«, vgl. zu 30, 47.
 88 *25 heilige Fremdlingin:* Vgl. das Gedicht ›Der Fremdling‹ von Novalis (1798). Novalis wie H. sehen im ›Fremdling‹ eine Gestalt, die der Gegenwart fremd gegenüber steht, da sie die Erinnerung an eine vergangene Zeit des Ideals – der goldenen Zeit der Götternähe – bewahrt, die Rückkehr dieses Ideals erahnt und – wie bei Novalis – als Sänger verkündet. Die Metapher ist biblischen Ursprungs (vgl. Psalm 39, 13 und Hebräer 11, 13), sie findet sich im 18. Jh. aber häufig in säkularisiertem Kontext, Schiller wendet sie in der Abhandlung ›Über naive und sentimentalische Dichtung‹ (1795/6) auf den »naiven« Dichter an, eine Charakterisierung, die hier noch mitschwingt. Vgl. a. *Rousseau* V. 29.
 88 WIE WENN AM FEIERTAGE…
Mit dieser Ende 1799 niedergeschriebenen, aber unvollendeten Hymne gelingt H. der entscheidende Vorgriff auf die späten Hymnen, die ›Vaterländischen Gesänge‹, und der wesentliche Neuansatz nach den von Schiller geprägten Reimhymnen der Tübinger Zeit. Nach dem Vorbild der Strophenresponsion der Chorlyrik der antiken Tragödie gliedert H. die geplanten 9 Strophen in Triaden: Die Strophen 1, 4, 7, wie die Strophen 2, 5 (8) und 3, 6, (9) entsprechen einander metrisch. Nach diesem von Pindar abweichenden Strophenschema abc, abc, abc (bei Pindar aab, aab…) wird H. die triadischen Hymnen der Spätzeit gliedern, die genaue metrische Wiederholung der freien Rhythmen in den Versen der korrespondierenden Strophen aber aufgeben. Gleichzeitig reflektiert H. im Aufsatz *Über die Verfahrensweise des poetischen Geistes* den ebenfalls triadisch angelegten »Wechsel der Töne« – der in der Hymne anvisierte

Neuansatz, der nach der Aufgabe und den Möglichkeiten des Dichters in der Gegenwart, nach einem »festen Gesetz fragt«, muß für H. auch theoretisch fundiert sein.

Das Gedicht folgt in der Handschrift unmittelbar auf die Übersetzung des Anfangs von Euripides' Tragödie ›Die Bakchen‹, der H. den mythologischen Stoff der Hymne entnimmt, die den Dionysos-Mythos mit der Aufgabe des Dichters in Beziehung setzt und die Entstehung des Dionysos mit der Entstehung und der Funktion des Gesanges vergleicht – ein zentrales Gedankenmotiv H.s, zu dem seine Übersetzung aus den ›Bakchen‹ den Quellentext liefert.

Zur Vorgeschichte des Prologs: Dionysos, der Sohn von Zeus (in der Übersetzung »Jovis«), kehrt nach Theben in die Heimatstadt seiner Mutter Semele zurück, nachdem er unter den verschiedensten Völkern Kleinasiens durch seinen Kult einen »gemeinsamen Gott« (vgl. zu 131, 31 und zu 68,3) gestiftet hat. Semele, die Tochter von Kadmos, des Stadtgründers Thebens, wurde von der eifersüchtigen Gattin des Zeus, Hera, überredet, von ihm zu verlangen, daß er sich ihr in seiner göttlichen Gestalt offenbare: Von seinem Blitz getroffen stirbt sie, doch Zeus kann ihre sechsmonatige Leibesfrucht retten, näht sie sich in den Schenkel ein und trägt sie bis zur Zeit der Geburt aus. Kadmos pflanzte als Denkmal für seine Tochter einen Feigenbaum, den der zurückkehrende Dionysos mit seinen Insignien, den Reben, schmückt:

> Ich komme, Jovis Sohn, hier ins Thebanerland,
> Dionysos, den gebar vormals des Kadmos Tochter
> Semele, geschwängert von Gewitterfeuer,
> Und sterbliche Gestalt, an Gottes Statt, annehmend,
> Bin ich bei Dirzes Wäldern, Ismenos' Gewässer.
> Der Mutter Grabmal seh ich, der gewitterhaften,
> Dort, nahe bei den Häusern, und der Hallen Trümmer,
> Die rauchenden, noch lebend göttlichen Feuers Flamme,
> Die ew'ge Gewalttat Heres gegen meine Mutter.
> Ich lobe doch den heil'gen Kadmos, der im Feld hier
> Gepflanzt der Tochter Feigenbaum. Den hab ich rund
> Umgeben mit des Weinstocks Traubenduft und Grün,
> Und ferne von der Lyder golderfülltem Land,
> Der Phryger und der Perser lichtgetroffner Gegend,
> Bei Baktras Mauern, durch das stürmische Gefild
> Der Meder, durch Arabien, das glückliche,
> Und die ganze Asia wandernd, die am salzigen
> Gewässer liegt, für beede, Griechen und Barbaren,
> Wie sie gemischt sind, reich an schöngetürmten Städten,

So kam ich hier in eine Griechenstadt zuerst,
Daselbst mein Chor zu führen und zu stiften mein
Geheimnis, daß ich sichtbar sei ein Geist den Menschen.
Zuerst in Thebe hier im Griechenlande,
Hub ich das Jauchzen an, das Fell der Rehe fassend.

(*Dirzes Wälder*: eigentlich »Dirkes Quellen«, eine Verlesung H.s. Dirke und Ismenos entspringen bei Theben. – *Ich lobe doch... Feigenbaum*: »Ich lobe Kadmos, der dieses durch den Blitzschlag geweihte Gelände zum Heiligtum der Tochter erhoben hat.« – *Asia*: Hier: Kleinasien. *Fell der Rehe*: Reh- oder Hirschfelle spielen ebenso wie der Thyrosstab und Efeuranken eine wichtige Rolle bei den Dionysos-Kulten. – H.s Übersetzung des Prologs bricht mit V. 24 ab, im weiteren Verlauf des Dramas wird geschildert, wie Dionysos gegen den Widerstand des Pentheus und der meisten männlichen Bürger auch in Theben seinen Kult durchsetzt (vgl. a. zu 152, 40).

Auf dem gleichen Blatt ist noch der Prosaentwurf *Im Walde* (vgl. S. 267) notiert, neben V. 68 (»Weh mir!«) findet sich ein Entwurf zu *Hälfte des Lebens*.

10 *So stehn sie...*: Gemeint sind die Dichter. – 22 *über die Götter... ist*: die Götter übertrifft. – 27 *Allerschaffende*: Attribut zu »Begeisterung«.

89 28 *dem Manne*: Im Prosaentwurf: »Und wie des Helden Auge sieg-verkündend, von mächtigen Gedanken entzündet.« Ein Bezug des »Helden« auf Napoleon ist möglich, vgl. zu 59. – 30 *Taten der Welt*: Die Französische Revolution und die Koalitionskriege. – 33 *doch kaum gefühlt*: Der Prosaentwurf fährt im Anschluß an diese Worte fort: »uns Schlafenden, was täglich noch geschiehet, in göttlicher Bedeutung ist es offenbar geworden, und eine neue Sonne scheinet über uns, es blühet anders denn zuvor der Frühling, wie Waldes Rauschen, von göttlichem Othem bewegt, so tönet ⟨der⟩ geschäftiglärmende Tag um uns, und lieblich der Schlaf der Nacht, denn siehe nur // Und wir sängen und wann der Wohllaut einer Welt in uns wiedertönte, so sollt es klingen, als hätte der Finger eines Kindes, mutwillig spielend, das Saitenspiel des Meisters berührt? o schonet nicht sein Saitenspiel, und spottet selber des Meisters, doch wenn sein Geist, und so wir tönen, // so hört ers nicht! doch andre werden es hören das Lied, das gleich der Rebe, der Erd entwachsen ist und ihren Flammen und der Sonne ⟨des⟩ Himmels und den Gewittern«. Hier schließt V. 39 der Umarbeitung an: »die in der Luft...« – 34 *den Acker gebauet, / In Knechtsgestalt*: Apollon muß zur Strafe für die Ermordung der Kyklopen ein Jahr lang als Hirte bei Admetos dienen. Vgl. a. Philipper 2, 7: »Sondern entäußerte sich selbst und nahm Knechtsgestalt an.« Zur Knechtsgestalt des Dionysos, der von Pentheus »wie

gefangenes Wild« behandelt wird, vgl. zu 152, 40. – 45 *Daß schnellgetroffen sie:* Die »Seele des Dichters«. – 50 *wie Dichter sagen:* Neben Euripides vor allem Homer, Hesiod, Pindar und Ovid, die Stoff zum Dionysos-Mythos mitteilten. – 55 *Erdensöhne:* Im Prosaentwurf: »alle«. – 59 *ins Lied / Gehüllt:* Im Prosaentwurf folgt noch: »und gemildert«. – 62 *sind schuldlos unsere Hände:* Diese Anspielung auf den Psalm 24, 3 f. (»Der unschuldige Hände hat, und reines Herzens ist«, wird an der »heiligen Stätte« des Herren stehen) ist im Prosaentwurf deutlicher: »sind schuldlos oder gereiniget von Freveln unsere Hände, dann tötet dann verzehrt nicht das heilige und tieferschüttert bleibt das innere Herz doch fest, mitleidend die Leiden des Lebens, den göttlichen Zorn der Natur, und ihre Wonnen, die der Gedanke nicht kennt«. In der metrischen Ausführung steht neben der ersten Hälfte der vorletzten Strophe am Rand: »Die Sphäre, die höher ist als die des Menschen, diese ist der Gott.«

90 67 *Doch weh mir! wenn von:* Die Lücke kann gedanklich durch die Fortsetzung des Prosaentwurfs ausgefüllt werden: »Aber wenn von selbstgeschlagener Wunde das Herz mir blutet, und tiefverloren der Frieden ist, und freibescheidenes Genügen, und die Unruh, und der Mangel mich treibt zum Überflusse des Göttertisches, wenn rings um mich«. Vgl. zu 102, 71. – 72 *falschen Priester:* Im Prosaentwurf folgt: »daß ich, aus Nächten herauf, / das warnend ängstige Lied / den Unerfahrenen singe.«

90 AN DIE DEUTSCHEN
Die zweite Fassung der Ode (S. 64) entstand wohl um 1799/1800, der nicht ausgeführte Schluß ist im erhaltenen Entwurf angedeutet:

> Helle Morgen und ihr Stunden der Nacht! wie oft,
>   O wie   Richterin.
> Wenn er ihn sah,
>   Den Wagen deines Triumphs
> und die Beute gesehn,
> Und die Wilden in goldenen Ketten,
> Und es sangen die Priester des Friedens
>   dem liebenden Volk und seinem
>   Genius Wonnegesang! in den Hainen
>   des Frühlings!

1 albern: Hier: einfältig.

91 21 *Der das stetige Werk...:* Die Lesart im Entwurf erhellt den Sinn dieser Strophe: »Aber stetig indes reifet das Werk / und lächelnd führt, / Wo ich zage, der Meister, / Seiner Sache gewiß, es aus.« – 37 *Pindos... Helikon... Parnassos:* Den Musen geheiligte Berge in Griechenland: Der Pindos trennt die nordgriechischen Landschaften Epirus und Thessalien;

der Helikon liegt in Böotien; am Fuß des zweigipfligen Parnassos (in Phokis) liegt Delphi.

92 ROUSSEAU
Die unvollendete Ode wird im Anschluß an *An die Deutschen* entstanden sein, deren letzte vier Strophen hier als Vorlage für die ersten vier gedient haben. Zu Rousseau vgl. zu 18, 30 und die *Rhein*-Hymne V. 139ff., zu Fremdling (V. 28) vgl. zu 88, 25; zu V. 25 s. zu 520, 1665.

93 WOHL GEH ICH TÄGLICH... / GEH UNTER, SCHÖNE SONNE.../ABSCHIED
Die drei Odenentwürfe sind wohl noch in Homburg entstanden; der erste ist vielleicht erst im Frühjahr 1800 auf einem Blatt mit dem Beginn des *Grund zum Empedokles* notiert worden, *Abschied* findet sich in der Reinschrift der 3. Fassung des *Empedokles*, wurde also frühestens im Herbst 1799 niedergeschrieben.

96 ELEGIE / MENONS KLAGEN UM DIOTIMA
Zu dem in zwei stark voneinander abweichenden Fassungen überlieferten Gedicht vgl. S. 713, die *Elegie* wird nach Beißner schon im Herbst 1799, *Menons Klagen um Diotima* spätestens im Sommer 1800 entstanden sein, Sattler datiert die beiden Fassungen auf Herbst 1800/Frühjahr 1801. H. gab *Menons Klagen*... an Bernhard Vermehren (1774–1803), der V. 1–56 im ›Musenalmanach für das Jahr 1802‹, V. 57–130 dort im folgenden Jahr veröffentlichte. – *22 im eisernen Schlaf:* Nach der antiken Vorstellung von den vier Weltaltern wäre die Gegenwart immer noch als eiserne Zeit zu deuten, ihr wird der kalte »Nord«, der Boreas, zugeordnet, während die milden Zephire in der »goldenen Zeit« für einen ewigen Frühling sorgten, der als Folie hinter den Bildern von den »seligen Inseln« und dem Götterfest (s. u.) steht.

97 *60 die Tropfe:* Von H. (wohl in Anlehnung an Klopstock) vereinzelt gebrauchte feminine Form. – *67 Parzen:* Vgl. zu 25, 55.

99 *111 auf seligen Inseln:* Die Insel der Seligen in der griechischen Unterwelt, wohin die Helden und Halbgötter, ohne den Tod erleiden zu müssen, versetzt werden, um dort ein kummerfreies Leben zu führen, vgl. a. das Bruchstück *Palingenesie* S. 265.

99 *Menon:* Aus dem Partizip Perfekt von griech. »menein«, bleiben, gebildeter Name, der »Bleibende«. Vgl. a. Platons Dialog ›Menon‹, in dem er seine Erkenntnistheorie, die Lehre von der Anamnesis (vgl. zu 38, 14), entwickelt.

102 *71 wie den Götterlosen:* Der Sage nach saßen die alten Griechen (z. B. Tantalos), ehe sie durch Hybris »götterlos« wurden, mit ihren Göttern an »seligem Tisch«. Vgl. das »Lied der Parzen« aus Goethes ›Iphigenie auf Tauris‹ (IV, 5), das sie »grausend sangen, / Als Tantalus vom goldnen Stuhle fiel«. Auf die Tantalus-Sage spielt auch H.s Brief vom

4. Dezember 1801 an Böhlendorff an (S. 657), vgl. auch den Schluß von *Wie wenn am Feiertage*.

103 *114 von silbernen Bergen Apollons:* Die beiden beschneiten Gipfel des Parnassos, des dem Apollon und den Musen geweihten Gebirgszuges in Mittelgriechenland.

104 DER ARCHIPELAGUS
Zu der erst 1804 in Ludwig Ferdinand Hubers ›Vierteljährlichen Unterhaltungen‹ gedruckten Hexameter-Hymne sind in einer späten Handschrift Varianten überliefert, die aus dem Herbst 1800 (oder später) stammen, die Arbeit an der Hymne begann H. wohl im April 1800. Die wichtigsten Varianten:

1. Die Änderungen der V. 231–244:
Also sagt ich: es hatt in Lüften des Abends
Eine Wehmut selig und süß den Sinn mir ergriffen,
Und ich träumete fort die Nacht hindurch. Da weckte der Hahnschrei
Plötzlich mich auf, und die Locken ergriff, von Sternen gesendet,
Wunderbar ein kühlender Hauch, die Donner des Höchsten
Hatten zuvor im Ohre getönt, fernher,
                denn noch glüht der Sommer noch itzt nicht.
Aber hört, das Wort ist gewiß, und haltet mit Zweifeln
Mir's, ihr Alten, nicht auf, damit   die Gewalt nicht
Hoch her stürz und zertretend auf Trümmern falle der Segen.
Drüben sind der Trümmer genug im Griechenland, und die hohe
Roma liegt, sie machten zu sehr zu Menschen die Götter,
Aber gewaltiger kommt,

2. Die Änderungen der V. 261–268:
Aber weil so nahe sie sind, die gegenwärtigen Götter,
Muß ich sein, als wären sie fern, und dunkel in Wolken
Muß ihr Name mir sein, nur ehe der Morgen
Aufglänzt, ehe das Leben im Mittag glühet,
Nenn ich stille sie mir, damit der Dichter das Seine
Habe, wenn aber hinab das himmlische Licht geht,
Denk ich des vergangenen gern, und sage – blühet indes

Archipelagus: Der nicht antike Name, dessen Herkunft umstritten ist, bezeichnet eigentlich eine Inselgruppe, besonders die des Ägäischen Meeres. H. überträgt ihn jedoch auf das von ihm mythisierte Meer selbst. – *7 goldner Zeiten Erinnrung:* Vgl. zu 26, 4 und 96, 22. – *33 der Brüder:* Die Dioskuren, vgl. zu 27,35.

105 *48 Mäander... Kayster:* Flüsse in Kleinasien. (Die Krümmungen und Windungen des Mäander sind sprichwörtlich geworden.) – *50 der*

Erstgeborne... Nil: In Hesiods ›Theogonie‹ wird als erster der Flüsse, die Tethys dem Okeanos, dem Vater aller Gewässer der Erde, gebiert, der Nil genannt. – *51 Der zu lange sich barg:* Anspielung auf die in Ovids ›Metamorphosen‹ überlieferte Sage von Phaëthon (vgl. zu 37, 22), dessen Sturz die Welt in Flammen setzte und alle Flüsse austrocknen ließ: »Voll Entsetzen floh der Nil an das Ende der Erde / Und verhüllte sein Haupt, das noch immer versteckte, und seine / Sieben Mündungen liegen verstaubt, sieben trockene Furchen.« (2. Buch, V. 254 ff. – übersetzt von H. Breitenbach. – *56 die geflügelte Woge:* Die Wolke. – *68 Burg:* Die Akropolis. – *70 Agora:* Vgl. zu 24, 7.

106 *80 Herkules Säulen:* Die Meerenge von Gibraltar. Mit dem Namen Herkulessäulen bezeichneten die Griechen Randpunkte des Erdkreises, die Grenzen griechischer Kultur, da sie die Taten des Herakles (vgl. zu 36) mit der Überwindung feindlicher Mächte verbanden. – *selige Inseln:* Vgl. zu 99, 111. – *86 der vielgebietende Perse:* Das Streben der persischen Könige, andere Völker zu unterwerfen und auszubeuten, führte in der ersten Hälfte des 5. Jhs. v. Chr. zu den griechisch-persischen Kriegen. Der Sieg der Griechen schuf günstige Voraussetzungen für den Aufschwung ihrer Wirtschaft und Kultur. – *96 Ekbatana:* Sommerresidenz der Perserkönige; südlich des Kaspischen Meeres (heute: Hamadan). – *97 Athene ... fällt:* Xerxes gelang bei seinem Feldzug im Jahre 480 v. Chr. die Besetzung ganz Böotiens und Attikas. Er plünderte die Tempel Athens und ließ die Stadt in Flammen aufgehen. – *104 o Tag an Salamis' Ufern:* Der Sieg der griechischen Flotte über die persische in der Meerenge zwischen der Insel Salamis und dem Festland (480 v. Chr.) bedeutete eine entscheidende Wende des Krieges; vgl. *Hyperion* S. 352.

107 *134 Geschmeid:* Hier in der älteren Bedeutung: Waffen und Rüstung. – *136 Strom:* Der südlich von Athen fließende Bach Ilissus.

108 *153 Portikus:* Säulenhalle, -gang. – *167 die Fürsten des Forsts:* »Fürst« bedeutete ursprünglich: der Vorderste, der Erste. »Fürsten des Forsts« sind also die ersten Siedler, die den Forst rodeten. – *177 Kolonos:* Durch Pferdezucht berühmter Demos (Gemeinde) in der Nähe Athens.

109 *180 Blühet die Stadt itzt auf:* Athen wurde nach den griechisch-persischen Kriegen unter Perikles durch den vom Staat geleiteten Aufbau eine der schönsten Städte Griechenlands. Die Akropolis, der »herrliche Hügel«, wurde wieder aufgebaut und die Burgfläche als Festplatz zu Ehren der Götter umgestaltet. Es entstanden der Parthenon, die Propyläen, der Niketempel und das Erechtheion. – *185 Pentele:* Wegen seines Marmors berühmter Berg nordöstlich Athens. – *192 Der Prytanen Gemach:* Das Prytaneion, das Rathaus, in dem die Prytanen, der geschäftsführende Ausschuß des Rates der Fünfhundert, speisten und auch auswärtige Gesandte und Ehrenbürger (z. B. die Olympiasieger)

bewirtet wurden. – *Gymnasien:* Stätten, wo Knaben und Männer nackt turnten; später auch Sammelplätze für das geistige Leben. – *194 Olympion:* Der Bau dieses Heiligtums des olympischen Zeus in Athens Unterstadt wurde bereits im 6. Jh. (unter Peisistratos) begonnen, aber erst im 2. Jh. n. Chr. beendet. – *198 Gott der Wogen und dir:* Poseidon war neben Athene der in Athen am meisten verehrte Gott. Der Sage nach hatte er mit ihr um den Besitz Attikas gekämpft und dabei seinen Dreizack in einen Felsen gestoßen, wodurch eine Quelle entsprang. Die entsprechende Stelle (höchstwahrscheinlich ein Blitzmal) zeigte man unter einer Vorhalle nördlich des Erechtheions, zu dieser Beschreibung Athens vgl. a. S. 387ff. – *199 am Vorgebirge:* Vgl. zu 76, 9. – *202 Lethestrom:* Vgl. zu 354. – *210 Parnassos:* Am Fuße des Parnassos (in Phokis) entspringt bei Delphi die Apollon und den Musen geheiligte Quelle Kastalia.

110 *215 Tempe:* Das vom Peneios tief eingegrabene Tal in Thessalien (Nordgriechenland), dessen Wände bis zu 500 m Höhe steil ansteigen, galt als Inbegriff einer idyllischen Landschaft. – *227 die prophetischen Haine Dodonas:* Älteste, dem Zeus geweihte griechische Orakelstätte in Epirus (Nordgriechenland), wo sich der Gott im Rauschen einer heiligen Eiche den Priestern kundgab, s. a. S. 306. – *228 der delphische Gott:* Apollon, der in Delphi, der wichtigsten Orakelstätte Griechenlands, durch die Seherin Pythia weissagte. – *230 Stadt des redlichen Sehers:* Theben, der Wohnort des blinden Propheten Teiresias. – *232 des großen Donnerers Stimme:* Zeus, der auch Wettergott war und Donner und Blitz in seinen Händen hielt.

111 *282 Marathon:* Vgl. zu 24, 18. – *284 Chäronea:* Bei Chaironeia (in Böotien) siegte 338 v. Chr. Philipp II. von Makedonien über das griechische Heer, an dessen Spitze die Athener standen. Dieser Sieg beendete die griechische Freiheit und Unabhängigkeit; mit ihm begann die langdauernde makedonische Hegemonie in Griechenland. Bis heute schmückt ein marmorner Löwe das Grab der Gefallenen. – *286 Klagt ins Schlachttal...:* Anspielung auf die Schlacht bei den Thermopylen, dem Engpaß zwischen dem Malischen Meerbusen und dem steilen Öta-Gebirge, im Jahr 480 v. Chr., bei der dreihundert Spartaner mit ihrem König Leonidas im Kampf gegen die Perser fielen. Damit war für die Perser der Weg nach Mittelgriechenland frei.

112 *292 das Wechseln und Werden:* Vgl. S. 649. – *296 in deiner Tiefe:* Attribut zu »Stille«.

112 EMPEDOKLES

Die folgenden Oden, einschließlich *Rückkehr in die Heimat*, entstanden im Sommer 1800 und schließen zum Teil an die 1798/99 entstandenen Kurzoden an. – Die ersten vier Gedichte erschienen in N. P. Stampeels ›Aglaia. Jahrbuch für Frauenzimmer auf 1801‹, *Rückkehr in die Heimat* in ›Für Herz und Geist. Ein Taschenbuch auf das Jahr 1801‹, *Die Heimat* im ›Württembergischen Taschenbuch auf das Jahr 1806‹.

Zu *Empedokles* hatte H. schon 1797 im Anschluß an die Buonaparte gewidmete Ode (S. 59) einen Entwurf notiert, dessen erste Strophe stark von der späteren Ode abweicht:

> In den Flammen suchst du das
> Leben, dein Herz gebietet und pocht und
> Du folgst und wirfst dich in den
> Bodenlosen Ätna hinab.

Zwischen den beiden Fassungen stehen die Entwürfe zu *Tod des Empedokles*, zur Bedeutung des Naturphilosophen und Dichters für H. vgl. S. 839. 1800 plante H. noch eine Ode »Empedokles auf dem Ätna«. – *3 in schauderndem Verlangen:* Vgl. *Der Tod des Empedokles*, 1. Fassung, V. 1933 ff.: »Schauderndes / Verlangen! Was? am Tod entzündet mir / Das Leben sich zuletzt?« – *5 So schmelzt' im Weine Perlen...:* Anspielung auf die von Plinius in seiner ›Historia Naturalis‹ berichteten Episode aus dem Leben der ägyptischen Königin Kleopatra (1. Jh. v. Chr.), wonach sie Perlen in Weinessig auflöste, um eine Wette (sie wollte bei einer Mahlzeit zehn Millionen Sesterzen verzehren) zu gewinnen, vgl. S. 389. – *10 kühner Getöteter:* Im Entwurf lauteten V. 9 f.: »Kühn war, wie das Element, das ihn hinwegnahm, / Der Getötete, kühn und gut«.

113 HEIDELBERG
Der Entwurf zu dieser Ode wird bereits im Frühjahr 1798 entstanden sein, zwischen den beiden ersten Strophen finden sich dort noch folgende Verse:

> Zwar dein Neckar umschlingt auch das verborgene
> Städtchen, wo mich der Wald freierem Sinn erzog,
> Wo mit Strahlen des Maitags
> Mich Apollo zuerst beseelt.
>
> Doch gereifter und schon stolzer umschmeichelt dir
> Deine Wiesen der Strom, und dem geschäftigern
> Wellenspiele vertrauen
> Schon die ernsteren Schiffe sich.

V. 9–12 lauteten zuerst:

> Wie von Göttern gesandt, hielt mich ein Zauber fest,
> Da ich müßig und still über die Brücke ging,
> Ein vertriebener Wandrer,
> Der vor Menschen und Büchern floh.

Nach der letzten Strophe steht im Entwurf »Wo«, die Ode sollte vielleicht noch fortgesetzt werden. In der Reinschrift notierte H. noch eine spätere Variante der V. 13–16, die im Erstdruck aber nicht berücksichtigt wurde:

> Aber ferne vom Ort, wo er geboren ward,
>   Zog die dunkle, die Lust, welche den Halbgott treibt,
>   Liebend unterzugehen,
>   Dir den deinen, den Strom hinab.

(*Halbgott* ist hier auf den Fluß zu beziehen, vgl. *Der Rhein* V. 31.)
  B. Böschenstein (vgl. zu 152, 40) hat auf die den Bildern des Gedichts innewohnenden Analogien zum Dionysos-Mythos aufmerksam gemacht: das von Blitzen zerrissene Schloß entspricht so dem Grabmal der Semele (vgl. S. 718), das das Schloß umrankende Efeu ist das »bacchantische Laub« schlechthin (*Stuttgart* V. 52), und die »fröhlichen Gassen« stehen für die Gegenwart des Freudengottes und Sorgenlösers Dionysos. – *1 Lange lieb ich dich schon:* H. hatte Heidelberg vor dem Sommer 1800 dreimal besucht: im Juni 1788 auf der Reise nach Speyer, im Juni 1795 auf seiner Rückreise von Jena und Ende 1795 auf seiner Fahrt nach Frankfurt. – *5 die Gipfel:* Vgl. im Entwurf: »über die wehenden / Eichengipfel«. – *7 die Brücke:* Die Alte oder Karl-Theodor-Brücke, 1786–1788 erbaut; eines der Wahrzeichen Heidelbergs. – *9 fessel' ein Zauber einst:* Wohl zu beziehen auf den Juni 1795; vgl. die Variante zu dieser Strophe und dazu H.s Brief an Hegel am 20. November 1796: »Es ist recht gut, daß mich die Höllengeister, die ich aus Franken mitnahm, und die Luftgeister mit den metaphysischen Flügeln, die mich aus Jena geleiteten, seitdem ich in Frankfurt bin, verlassen haben.« – *22 Schicksalskundige Burg:* Das Heidelberger Schloß wurde 1689 durch den französischen General Mélac zerstört. Nach dem Wiederaufbau wurde es 1764 von einem Blitzschlag getroffen. »Von den Wettern zerrissen« umgreift also das historische wie das Naturgeschehen. – *27 freundliche Wälder:* In der Reinschrift zuerst »freundliche Bilder«, vgl. *Patmos* V. 120.

114 Der Neckar
Die Ode ist eine Umarbeitung des Gedichts *Der Main*, das so wieder seinen ursprünglichen Titel trägt.

115 *15 Paktol:*
Im Altertum durch seinen Goldreichtum bekannter Fluß in Lydien (Kleinasien). – *Smyrna:* Heute: Izmir; Hafenstadt an der Westküste Kleinasiens. – *16 Ilions Wald:* Die Wälder des im Altertum Ida genannten Gebirgszuges im südlichen Teil der Landschaft Troas (Kleinasien), die sich auch um Troia (auch Ilion genannt) erstrecken. – *17 Sunium:* Vgl. zu 76, 9. – *18 Olympion:* Vgl. zu 76, 10. – *30 Mastixbaum:* Immergrünes, hauptsächlich im Mittelmeergebiet vorkommen-

des Strauchgewächs, dessen Harz gekaut wurde. – *31 Pauk und Cymbel:* Dionysische Instrumente, die die Bacchantinnen bei ihren Feiern schlugen, vgl. a. zu 77, 23.

116 DIE HEIMAT / DIE LIEBE / LEBENSLAUF

Die Gedichte sind Erweiterungen der Kurzoden *Die Heimat, Das Unverzeihliche* und *Lebenslauf*.

117 *2 O, ihr Dankbaren:* Ironische Wendung. – *8 Sorglos:* D. Lüders deutet dies so: »ohne daß die Menschen ihm die angemessene Sorge (Sorgfalt und *Liebe*) zuwenden«.

118 *4 Bogen:* Das Bild vom Leben als Bogen geht auf den griechischen Materialisten und Dialektiker Heraklit von Ephesos (um 550 bis 475 v. Chr.) zurück; das »Aufwärts oder hinab!« findet sich wörtlich bei diesem Philosophen. Im *Hyperion* zitiert Hölderlin das »große Wort« des Heraklit: »das Eine in sich selber unterschiedne« (vgl. S. 385). – *13 Alles prüfe der Mensch:* Vgl. 1. Thessalonicher 5, 21: »Prüfet aber alles, und das Gute behaltet.«

118 DER ABSCHIED

Von der Erweiterung der Kurzode *Die Liebenden* sind drei Fassungen überliefert, und selbst in der endgültigen Reinschrift, die im Textteil wiedergegeben ist, notierte sich H. weitere Varianten, die in den Anmerkungen wiedergegeben sind. – *9 der Menschen Sinn:* »der Weltsinn sich«. Statt »Fehl« setzte H. in einer früheren Textstufe »Sünde«. – *11 fodert:* »listet«.

119 *13 seit der gewurzelte... trennt:* »Seit die gewurzelte / Ungestalte, die Furcht Götter und Menschen trennt«. – *22 Lethetrank:* Der Trank des Vergessens, vgl. zu 354, die Liebenden sind so die »Vergessenen« (V. 30), die, die vergessen haben. – *28 fremd sind wir... auf und ab:* »fremde gehn // Wir umher, ein Gespräch führet uns ab und auf«. – *30 faßt:* »mahnt«. – *35 Und befreiet... uns auf:* »Und die Lilie duftet / Golden über dem Bach uns auf«.

120 DIOTIMA

Die Ode entstand als Erweiterung der Kurzode *Diotima*. Die dritte Strophe lautete im Entwurf der Umarbeitung:

> Die Götterkinder, welche des Ursprungs noch
> Wie du gedenk, voll Güte, du Liebliche,
> Von ihr, der mütterlichen Sonne,
> zeugten, die Schönen, die Göttermenschen.

Wie bei *Der Abschied* hat H. auch hier die Reinschrift noch einmal überarbeitet, vor allem die 2. Strophe:

> Die Freigebornen, die des Alpheus sich
> Noch jetzt, und jenes Lands und Olympias

> Und des Gesanges sich und ihres
> Immerumfangenden Himmels freuen,

(*Alpheus* – vgl. 370, zu *Olympias* vgl. zu 83, 57). – *13 nimmer:* Hier: nicht mehr. – *15 von den vor'gen Sternen:* Auch die Sterne sind Zeugen einer früheren (»vorigen«), besseren Zeit.

121 RÜCKKEHR IN DIE HEIMAT
Nach dem Druck (vgl. zu *Empedokles*) änderte H. V. 7–10 der Reinschrift:

> Und du, mein Haus, wo Felder mich und
> Heilige Schriften noch auferzogen!
>
> Wie lang ist's her, wie lange! Die Alten sind
> Dahin und draußen starben die Völker auch.

11 Vaterland: Auf Württemberg zu beziehen.

122 DER WANDERER
Die zweite Fassung des Gedichts ist frühestens im Spätsommer 1801 entstanden und ist die erste der in gleichlange Strophen gegliederten – strophischen – Elegien. Es erschien 1801 in ›Flora. Teutschlands Töchtern geweiht‹.
2 Olymp: Vgl. zu 49, 29. – *14 Wasser bewahrte mir treulich das fromme Kamel:* Vgl. zu 49, 20. – *16 vom wandernden Vogel der Heimat:* Der Storch. – *17 auch hier sind Götter:* Aristoteles erzählt in seinem Werk ›De partibus animalium‹ (Über die Teile der Tiere) von Heraklit, dieser habe einmal zu Fremden, die ihn besuchen wollten und die stehenblieben, als sie sahen, daß er sich am Kamine wärmte, gesagt, sie möchten getrost eintreten, denn auch hier gebe es Götter. Lessing zitiert als Motto des ›Nathan‹ – irrtümlich unter der Quellenangabe »Apud Gellium« (Bei Gellius; Aulus Gellius, 2. Jh. n. Chr.) – diesen Ausspruch: »Introite, nam et heic Dii sunt!« (Tretet ein, denn auch hier sind Götter!) – *18 es mißt gern mit der Spanne der Mensch:* ›Mit ausgestreckter Hand‹, vgl. Jesaja 40, 12: »Wer misset die Wasser mit der Faust und fasset den Himmel mit der Spanne...?« – *19 Rede:* der Natur, vgl. V. 17 f. Beißner bezieht »Rede« auf das Gerede der Menschen, das Gerücht. – *24 Pygmalion:* Vgl. zu 49, 30.

123 *34 die entbundene Welt:* Subjekt des Satzes.

124 *82 indes mich... gesucht:* Zu verbinden mit: »Wo ich lag...«

125 DER GANG AUFS LAND
Der Titel des nach Beißner im Herbst 1800, nach Sattler im Mai 1801 entstandenen Entwurfs findet sich auf einem Entwurfsblatt zu *Brot und Wein*, der ursprüngliche Titel lautete »Das Gasthaus«. Das Gedicht sollte wohl als an »Landauer« gerichtetes Gelegenheitsgedicht den Baubeginn oder das Richtfest (vgl. 2. Str.) von dessen »Gasthaus« feiern. Doch schon in der 3. Str. löst sich dieser engere Rahmen, und der Entwurf der

4. Str. deutet an, daß H. dieses Thema in den Kontext des Götterfestes auszuweiten plante (vgl. 135, 71 ff.; 178, 180 u. ö.).

In einer vorläufigen Reinschrift, die bis V. 34 reicht, notierte sich H. Stichworte für die 3. Str.:

> friedlich die Arme des Neckars
> Die Insel
> indessen oben
> und der volle Saal.
> Da, da
> Ein Strom
> weder hören noch sehen
> daß nicht zu Wasser die Freude
> Werde, kommt,
> ihr himmlischen Grazien
> und der Namenstag
> der hohen,
> der himmlischen Kinder sei dieser!

Die Fortsetzung, die sich an V. 35–40 anschließen sollte, ist in einem weiteren Entwurf angedeutet:

> Schöner freilich muß es werden,
> Liebende in den
> entgegentönt
>
> sie sind's, sie haben die Masken
> Abgeworfen
>
> Kommen will ich

Einen Entwurf zur 4. Str. hatte H. gleich am Anfang zusammen mit den Entwürfen zu Str. 1 und 2 notiert:

> Aber fraget mich eins: was sollen Götter im Gasthaus?
>
> Dem antwortet, sie sind, wie Liebende, feierlich selig,
>   Wohnen bräutlich sie erst nur in den Tempeln allein.
> Aber solang ein Kleineres noch nach jenen genannt ist,
>   Werden sie nimmer und nimmer die Himmlischen uns.
> Denn entweder es herrscht ihr Höchstes, blinde gehorcht dann
>   Anderes
> Oder sie leben im Streit, der bleibt nicht, oder es schwindet,
>   Wie beim trunkenen Mahl, alles
> Dies auch verbeut sich selbst, auch Götter bindet ein Schicksal,
>   Denn die Lebenden all bindet des Lebens Gesetz.

Quer am linken Rand dieses Entwurfs steht folgendes Distichon:
Singen wollt ich leichten Gesang, doch nimmer gelingt mir's,
Denn es machet mein Glück nimmer die Rede mir leicht.

Landauer: Die Elegie sollte dem Stuttgarter Kaufmann (Tuchhändler) Christian Landauer (1769–1845) gewidmet werden, den H. durch Neuffer spätestens 1795 kennengelernt hatte und in dessen Hause, das ein Anziehungspunkt für Stuttgarter Dichter und Künstler war, er die zweite Hälfte des Jahres 1800 verbrachte. Landauer war demokratisch gesinnt und hatte wohl Beziehungen zu politisch oppositionellen Kreisen. – *3 Weder die Berge...:* Die Berge wie die Gipfel (Wipfel) des Waldes sind noch von dichten Wolken verhüllt, vgl. 113, 5.

126 *30 von selbst bildsamen Gästen erklärt:* Der wortlose Segen des Mailichts über das Gasthaus wird sich den bildsamen Gästen von selbst erklären.

126 DIE ENTSCHLAFENEN

Dieses Epitaph, das H. Christian Landauer in den Mund legt und das in eines Basrelief eingegraben war, entstand im Herbst 1800 in dessen Stuttgarter Haus. Am 6. Juni 1800 war Christian Landauers Bruder, Christoph Friedrich, und am 21. August 1800 sein Vater verstorben. Das Gedicht ist nur von fremder Hand überliefert.

126 AN LANDAUER

Das Gedicht entstand zum 31. Geburtstag Christian Landauers am 11.12.1800, und ist H.s einziges gereimtes Gedicht der Reifezeit, das schon auf die spätesten Gedichte vorauszuweisen scheint. – *8 In goldner Mitte:* Vgl. zu 381.

127 *12 Der kluge Gott:* Merkur. – *17 Wolk und Winde:* Anspielungen auf das Zeitgeschehen.

127 DER MUTTER ERDE

Die im Herbst 1800 entstandene Hymne, die an die Themen von *Wie wenn am Feiertage* anknüpft – die Erwartung einer Offenbarung und die Schwierigkeit, sie mitzuteilen –, ist auf drei Sänger verteilt. Die Namen dieser drei Brüder hat H. vielleicht selbst erfunden, die Art des Wechselgesangs erinnert aber an Klopstocks Oden ›Der Hügel, und der Hain‹ und ›Hermann‹ (1767) – ein erster der in den ›Vaterländischen Gesängen‹ häufiger auftretenden Reflexe auf die Bardenpoesie, die die Jugendgedichte H.s stark beeinflußt hatte (vgl. S. 682).

Der Schluß des Gesangs in freien Rhythmen läßt sich aus dem Prosaentwurf erschließen:

O Mutter Erde! du allversöhnende, allesduldende!
hüllest du nicht so   und erzählest
und wie um jenen Erstgebornen

daß ich
Gemildert ist seine Macht, verhüllt in den Strahlen
    und die Erde birgt vor ihm die Kinder
ihres Schoßes in den Mantel, aber, wir erfahren ihn doch.
    und kommende Tage verkünde, da
Viel Zeiten sind vorübergangen, und oft hat einer von
dir ein Herz im Busen gefühlt. Geahndet haben
die Alten, die frommen Patriarchen, da sie wachten bis
    jetzt, und im Verborgnen
haben, sich selbst geheim, in tiefverschloßner Halle dir
auch verschwiegne Männer gedienet, die Helden aber,
    die haben dich geliebet, am meisten, und dich
    die Liebe genannt,
oder sie haben dunklere Namen dir, Erde, gegeben, denn es
schämet, sein Liebstes zu nennen, sich von Anfang der Mensch, doch
wenn er Größerem sich genaht, und der Hohe hat es gesegnet, dann
nennt er, was ihm eigner ist, beim eigenen Namen.
Und siehe, mir ist, als hört ich den großen Vater sagen,
dir sei von nun die Ehre vertraut, und
Gesänge sollest du empfangen in seinem Namen,
und sollest, indes er fern ist und alte Ewigkeit
verborgener und verborgener wird,
statt seiner sein den sterblichen Menschen, wie
du Kinder gebarest und erzogst für ihn, so will er, wenn
die erkannt ist, wieder senden sie und neigen
zu die Seele der Menschen.

1 Gemeine: Gemeinde, vgl. a. *Tod des Empedokles* 1. Fassung, V. 1510f.

128 *20 Herz der Gemeinde:* Vgl. *Der Archipelagus* V. 61, zu »wahr«, *Mnemosyne* 1. Fassung, V. 18. – *21 Noch aber:* In der 3. Str. wären die Vorzeichen der Erfüllung aber noch einmal zurückgenommen worden: ›Noch aber ist nicht die Zeit.‹ – *29 reines Gesetz:* Vgl. *An die Madonna* V. 98 und *Friedensfeier* V. 83: »Schicksalgesetz ist dies, daß alle sich erfahren, / Daß, wenn die Stille kehrt, auch eine Sprache sei.« – *39 zu danken:* Vgl. *Lebenslauf* V. 14 ff.

129 *60 Begraben den Feind:* Vergraben vor dem Feind. – *63 Ni:* Wohl durch ›nicht ist es erlaubt‹ zu ergänzen.

130 STUTTGART
Von der Chronologie abweichend, sind hier die drei großen Elegien H.s *Stuttgart, Brot und Wein* und *Heimkunft* zusammengestellt, die nach Beißner ab dem Herbst 1800, nach Sattler seit dem Mai 1801 entstanden sind. Nach dieser Umdatierung wird H. *Heimkunft* als erste der drei Ele-

gien vollendet haben, danach – gleichzeitig mit dem Entwurf *Der Gang aufs Land – Brot und Wein* und schließlich *Stuttgart* – in dieser Reihenfolge finden sich die Gedichte im Homburger Folioheft (S. 783). – Das sich in *Wie wenn am Feiertage* andeutende Gedankenmotiv, das die Geburt des Dionysos unmittelbar mit dem Gedicht, seiner Entstehung und Mitteilbarkeit, gleichsetzt, findet in den drei Elegien eine poetische Gestaltung und philosophische Vertiefung, die die zentralen Ideen des Spätwerks fast diskursiv entwickelt: die Gegenwart des gemeinsamen Gottes in der sich neigenden Zeit *(Stuttgart)*, die Nacht der Götterferne und die Erinnerung an einen griechisch-antiken Göttertag, die Ahnung eines kommenden Gottes, der Züge von Christus und Dionysos in sich vereint *(Brot und Wein)*, schließlich die Vorausdeutung auf die *Heimkunft*, Metapher für den erhofften »hesperischen« Göttertag.
Stuttgart ist wie *Heidelberg* ein von Anspielungen auf den Dionysos-Mythos durchzogenes Städtepreisgedicht. In der Reinschrift im Homburger Folioheft notiert H. 1803 Ansätze zu einer Umarbeitung:

> Seligen lieb ist der Ort, an beiden Ufern, der Fels auch,
>   Der mit Garten und Haus grün aus den Wellen sich hebt.
> Dort begegnen wir uns; o gütiges Licht! wo zuerst mich
>   Deiner gestaltenden Strahlen mich einer betraf.
> Dort begann und beginnt das liebe Leben. Was ist es
>   Aber? des Vaters Grab seh ich. Und weine dir schon?
> Wein und halt und habe den Freund und höre das Wort, das
>   Einst mir in himmlischer Kunst Leiden der Liebe geheilt.
> Andres erwacht. Ich muß des Landes Blüten ihm nennen,
>   Barbarossa. Dich auch, gütiger Christoph, und dich,
> Konradin. So arm ist des Volks Mund. Aber der Efeu
>   Grünt am Fels und die Burg deckt das bacchantische Laub,
> Und Vergangenes ist, und Künftiges fürstlich den Sängern,
>   Reich in Tagen des Herbsts sühnen die Schatten wir uns.
>
>   4
> So der Gewalt'gen gedenk und des ernsten mündigen Schicksals,
>   Schlank auch selber, und jung, aber vom lauteren Gott
> Auch geschaut und dahin, wie die Alten, die göttlicherzognen
>   Dichter, heimischen Lichts, ziehen das Land wir hinauf.
> Wirtemberg ist's. Dort von den uralt deutsamen Bergen
>   Stammen der Jünglinge viel, steigen die Hügel herab.
>
>   *(V. 41–60)*
>
> Und es kommen mit ihm Italiens Lüfte, die See schickt
>   Ungeheures, sie schickt krankende Sonnen mit ihm.

Darum wächset uns auch fast über das Haupt die Gewalt mit
   Güterfülle, denn hier ward in die Ebne das Gut
Reicher den Lieben gebracht...

(V. 65–69)

Wesentliche Einzeländerungen sind außerdem: V. 20 Geister für: Götter; V. 30 das Eigene für: sein Eigenes; V. 62 biegen für: bauen; V. 84 Auch der Garten erfreut gütig des Fürsten das Herz; V. 85 Tapfersten für: Größeren; V. 90 ein gemütliches Volk für: der besonnene Mensch.

Die Elegie erschien zusammen mit der ersten Strophe von *Brot und Wein* und der Hymne *Die Wanderung* in Leo von Seckendorfs ›Musenalmanach für das Jahr 1807‹ und trug den Titel »Die Herbstfeier«. Als frühester Entwurf kann vielleicht eine Notiz gelten, die sich in der vorläufigen Reinschrift von *Der Gang aufs Land* findet: »An Siegfried Schmidt«, darunter »Willkomm nach dem Kriege«.

Schmid: Siegfried Schmid (1774–1859), der von 1792 bis 1795 in Jena studiert hatte, dem H. jedoch erst 1797 in Frankfurt begegnet war, gehörte zum Homburger Freundeskreis. Schiller veröffentlichte von ihm Gedichte in seinem ›Musenalmanach für das Jahr 1798‹. Von Juni 1799 bis April 1800 war Schmid Kadett im kaiserlichen Heer in der Schweiz. H. rezensierte im Jahre 1801 dessen Schauspiel ›Die Heroine‹. 1806 wurde Schmid als ein »überstudierter, törichte Handlungen begehender Mensch« in ein Irrenhaus eingeliefert, jedoch nach einem halben Jahr wieder entlassen. – *14 den heiligen Stab...:* Die aus den schönsten Trauben zusammengefügte Riesentraube, die bei der Herbstfeier vorangetragen wird. Gleichzeitig Anspielung auf den Thyrsos, den mit Efeu und Weinlaub umwundenen Stab der Mänaden, den von Dionysos begeisterten Frauen. Auf seinen Zug spielen auch die folgenden Verse an: »jauchzst« bezieht sich auf den Freudengott Dionysos (vgl. *Heidelberg* V. 31), sein Wagen, auf dem er nach Asien zieht, ist mit Tigern (»freien Wilde«, vgl. *An unsre großen Dichter, Der Einzige*, 1. Fassung, V. 55) bespannt. – *18 träget:* Ist träge.

131 *31 der gemeinsame Gott:* Hier auf den Weingott Dionysos zu beziehen, der als erster einen Kult stiftete, der im gesamten damals bekannten Erdkreis allen ›gemeinsam‹ war – vgl. V. 14 ff. des von H. übersetzten Prologs zu Euripides ›Die Bakchen‹ (S. 718) sowie ›Der Einzige‹ (3. Fassung): »Gemeingeist Bacchus«. (S. 773). Zu V. 29–35 vgl. a. H.s Brief an seinen Bruder, um Neujahr 1801: »Aber daß der Egoismus in allen seinen Gestalten sich beugen wird unter die heilige Herrschaft der Liebe und Güte, daß Gemeingeist über alles in allem gehen und daß das deutsche Herz in solchem Klima, unter dem Segen *dieses neuen* Friedens erst recht aufgehn und geräuschlos, wie die wachsende Natur, seine

geheimen weitreichenden Kräfte entfalten wird«. Das gesellschaftliche Ideal des »Gemeingeists« (vgl. 110, 240 und 253, 45) beherrschte das politische Denken des 1794 in Jena gegründeten Bundes der Freien Männer, dem H. und Schmid nahestanden. 1795 war dort ein Vortrag ›Über den Gemeingeist überhaupt und den Mangel desselben in unserer Gesellschaft‹ gehalten worden. – Doch steht »Gemeingeist« bei H. in keinem isoliert politischen Kontext: »wenn es eine Sphäre gibt, in der alle zugleich leben und mit der sie in mehr als notdürftiger Beziehung sich fühlen, dann ⟨...⟩ haben sie alle eine gemeinschaftliche Gottheit« (*Über die Religion* S. 614), so wie es in der Antike dem tausendfachen Chor gelang, durch ihren Gemeingeist den Göttertag herbeizuschwören (*Brot und Wein* 4. Strophe). Diese frühromantische Überhöhung des aufgeklärten Gesellschaftsvertrags, die neben der politischen Grundlegung auch einen universalen Rahmen für die zukünftige Menschheitsgeschichte entwirft – schon eine Forderung des *Systemprogramms* (S. 673) –, wurde durch Schleiermacher von der Seite der Theologie bestätigt: »Ist die Religion einmal, muß sie notwendig auch gesellig sein« (›Über die Religion‹, 4. Rede, 1799). – *33 Bienen:* Vgl. zu 20, 50 und 315. – *39 Geburtsort:* Lauffen lag bis zum Jahr 1803 an der nördlichen Grenze des Herzogtums Württemberg. Der Ort wird durch den Neckar in zwei Hälften geteilt. Auf einer felsigen Insel erhebt sich die Burg, zu H.s Zeit Sitz der Oberamtsbehörde; H.s Vater erlitt dort 1772 den tödlichen Schlaganfall. – *48 Leiden der Liebe geheilt:* Siegfried Schmid war Mitwisser von H.s Liebe zu Susette Gontard. – *50 Barbarossa:* Der Staufer Friedrich I. (um 1125–1190) war von 1147 bis 1152 Herzog von Schwaben. – *gütiger Christoph:* Christoph (1515–1568), von 1550 bis 1568 Herzog von Württemberg, war der Schöpfer des württembergischen Landrechts und der Organisator des Schulwesens (Gründung der Klosterschulen und Lateinschulen, Erweiterung des Tübinger Stifts). – *51 Konradin:* Konrad (1252–1268), Herzog von Schwaben, der letzte Staufer, wurde in Italien beim Kampf um sein Erbe geschlagen und sechzehnjährig hingerichtet. Die Italiener nannten ihn Conradino (kleiner Konrad). – *52 bacchantische Laub:* Dem Dionysos waren neben dem Weinlaub immergrüne Pflanzen geweiht: das Efeu, die Tanne, die Fichte.

132 *70 Keiner an Bergen dort:* In der Druckfassung heißt es: »Keiner im Oberland«. – *80 Fremdling:* Siegfried Schmid stammte aus Friedberg in der Wetterau, vgl. a. zu 88, 25. – *87 heilige Nacht:* Vgl. zu 135, 48. – *90 besonnene Mensch:* H. verwendet den Begriff im gleichen Sinn wie Herder in seiner ›Abhandlung über den Ursprung der Sprache‹ (1772). Die Besonnenheit ist demnach die vorherrschende Disposition der menschlichen Natur, da sich der Mensch im Unterschied zum Tier durch die Vernunft als »eine seiner Gattung eigne Richtung« auf seine Erkennt-

nisse, sein Begehren und seinen Zustand besinnen kann und so vor aller ausgereiften, erwachsenen Vernünftigkeit zu einem Selbstbewußtsein gelangt. So daß, schließt Herder, »wenn der Mensch *kein Instinktmäßiges Thier seyn sollte, er vermöge der freierwürkenden Positiven Kraft seiner Seele ein besonnenes Geschöpf seyn muste.*« (1. Teil, 2. Abschnitt). – *91 Engel des Vaterlands:* In einer früheren Reinschrift »Genien des Landes«, vgl. a. »Landesheroen« (V. 49, in der späteren Umarbeitung »des Landes Blüten«), die »Gewalt'gen« (V. 55), die »Größeren«, »Frohen« (V. 85 in der späteren Umarbeitung »Tapfersten«), die »Väter droben« (V. 89). Die Widmung von H.s Übersetzung der *Trauerspiele des Sophokles* (1804) schließt mit dem Satz: »Sonst will ich, wenn es die Zeit gibt, die Eltern unsrer Fürsten und ihre Sitze und die Engel des heiligen Vaterlands singen«.

133 *95 Dank für den:* Dank für den Freund Siegfried Schmid.

133 BROT UND WEIN

Der erste Entwurf der Elegie trug den Titel »Der Weingott. An Heinse«, doch tilgte H. den direkten Hinweis auf Dionysos, um das »Zeichen« des eucharistischen Gedächtnisses als das der Wiederkehr des gesamten ›himmlischen Chores‹ zu betonen. Damit ist ein Thema bereits angesprochen: die Engführung von Dionysos und Christus, denen beide die heilige Nacht geweiht ist. Dionysos soll so aber nicht als typologischer Vorläufer Christi gedeutet werden, sondern beide sind als aufeinanderfolgende Gottheiten zu verstehen, die den antiken Göttertag beschließen (vgl. 5. Str.; in *Der Einzige* wird H. noch Herakles an ihre Seite stellen, vgl. S. 770). Seitdem herrscht die Nacht der Götterferne, das zweite Thema der Elegie. Wird sie zu Beginn der 1. Strophentrias als bloße Tageszeit eingeführt, besitzt sie doch die Gabe, als die »Schwärmerische« (V. 15) den Wachenden »die Vergessenheit und das Heiligtrunkene«, »das strömende Wort«, zu schenken, damit das Gedächtnis an das Ideal, den Göttertag, nicht verloren geht (V. 34), dessen vergangenes ›himmlisches Fest‹ (V. 108) im Mittelpunkt der 2. Strophentrias steht. Die 3. Strophentrias wendet sich wieder der Gegenwart zu, das resignative »und wozu Dichter in dürftiger Zeit« (V. 122) ist die düsterste Stelle der Elegie. Aber bereits das folgende Distichon leitet zu den tröstenden »Zeichen« über, durch die der »stille Genius« Christus die zukünftige Wiederkehr des »himmlischen Chores der Götter« gewiß werden läßt. Im Bild des »kommenden Gottes« Dionysos feiert der Dichter diese Prophetie fast hymnisch und erfüllt so seine Aufgabe, ›des Weingotts heiliger Priester‹ (V. 123) zu sein – der Standpunkt in der Gegenwart, von dem H. seine Geschichtsphilosophie her entwickelt und auf den er sie wieder zuführt.

Zur ideengeschichtlichen Voraussetzung dieses synkretistischen Konzepts, das Christliches und Antikes miteinander verschmilzt, gehört Schillers Gedicht ›Die Götter Griechenlands‹, das gleich nach seinem

Erscheinen 1788 eine heftige Debatte ausgelöst hatte. In Schillers Klage um den Verlust des griechischen Götterkosmos (»*Einen* zu bereichern unter allen, / Mußte die Götterwelt vergehen«) wollte man eine Herabsetzung des christlichen Monotheismus erkennen, wobei man die detaillierte Argumentation Schillers unterlief, die auf das Thema der Entzauberung der Welt zielte. Das Motiv, Christus als letzten Gott zu verstehen, war damit aber eingeführt, und die Frage nach seinem Verhältnis zu einem idealen, »klassischen« Griechenland gestellt – eine Frage, die fast gleichzeitig mit H. auch Novalis in den ›Hymnen an die Nacht‹ (1799/1800) aufgriff. Auch in dem Gedicht des Novalis beginnt die Nacht der Götterferne mit dem Tod Christi, und auch für ihn ist die Nacht der »Schoos der Offenbarung« ihrer zukünftigen Wiederkehr – parallele Gestaltungen des gleichen Motivs, die unabhängig voneinander enstanden und die Dringlichkeit der Frage für Frühromantiker unterstreichen.

H.s Gedicht wurde wie die meisten seiner späten Gedichte erst 1894 vollständig gedruckt, die erste Strophe erschien isoliert unter dem Titel »Die Nacht« in Seckendorfs ›Musenalmanach‹ (s. o.). Im Entwurf stand statt V. 31–36:

> Darum rief ich dich her, denn deine Toten, du edler
> Alter! wie lange schon ruhn sie in göttlicher Nacht,
> noch trauert der Himmel
> und trauern wird, bis
> und das Wort
> und die Tat
> der Geist

V. 37–46 lauteten zunächst im Entwurf:

> Komm! wir bergen umsonst das Herz im Busen, umsonst nur
> Fesseln die Seele wir, Männer und Schüler, noch jetzt.
> Wer mag's hindern, und wer mag uns die Freude verbieten?
> Treiben die Himlischen doch alle bei Tag und bei Nacht
> Aufzubrechen, so komm! daß wir das Unsrige schauen,
> Daß wir heiligen, was heilig den Unsrigen ist.
> Ist's noch immer die   und die Stunde der Zeit nicht?
> Wer kann's wissen und wo fehlt das Gemessene nicht?
> Vor der Zeit! ist Beruf der heiligen Sänger und also
> Dienen und wandeln sie großem Geschicke voran.

Außerordentlich tiefgreifend sind die – wohl erst nach 1803 angebrachten – Änderungen im Homburger Folioheft. Sie gestalten V. 59–160 fast völlig um, so daß hier von einem Ansatz zu einer Spätfassung gesprochen werden muß (zu den Motiven der Umarbeitung vgl. die ›Hymnischen Entwürfe‹):

Aber die Thronen, wo? Gesetze der Erd, und die Schritte,
   Wo mit Nektar gefüllt, Göttern zu Dank der Gesang?
Wo, wo bedeuten sie denn, die bäurisch sinnigen Sprüche?
   Schale ist Delphi, begreift's besser, erfüllet es sich,
Daß es wahr wird. Denn wo bricht's, allgegenwärtigen Glücks voll,
   Donnernd aus heiterer Luft über die Augen herein?
               verzehrt und strebt, wie Flammen, zur Erde,
Kommet der Gott. Unten liegt, wie Rosen, der Grund,
Himmlischen ungeschickt, vergänglich, aber wie Flammen
   Wirket von oben, und prüft, Leben verzehrend, uns aus.
Die aber deuten dort und da und heben die Häupter,
   Menschen aber, gesellt, teilen das blühende Gut,
Das verzehrende. So kommt Himmlisches
   Aus den Schatten herab unter die Menschen sein Tag.

5

Unempfunden kommt es zuerst, es streben entgegen
   Diesem die Kinder. Fast triffet den Rücken das Glück,
Denn es scheut sie der Mensch. Darum siehet mit Augen
   Kaum ein Halbgott; und ist Feuer um diesen und Schlaf.
Ihnen aber ist groß der Mut, voll füllen das Herz ihm
   Diese mit Freuden, aber er sieht, aus Feuer in den Gluten,
          Aber es steht in   Grenze die Erde,
Aber zu ruhn, reißt hin ewig in Nacht das Geschick.
Selbst befestigen das die Himmlischen, aber woanders,
   Die nichts irrt. Und gewohnt werden die Menschen des Glücks
Und des Tags und zu schaun die Offenbaren, das Antlitz
   Derer, welche, schon längst Eines und Alles genannt,
Tief die verschwiegene Brust mit freier Genüge gefüllet,
   Und zuerst und allein alles Verlangen beglückt:
Lang und schwer ist das Wort von dieser Ankunft, aber
   Weiß ist der Augenblick. Diener der Himmlischen sind
Aber, kundig der Erd, ihr Schritt ist gegen den Abgrund,
   Jugendlich menschlicher, doch das in den Tiefen ist alt.

6

Nun behalten sie sie, die Seligen und die Geister,
   Alles wahrhaft muß kündigen deren ihr Lob.
Nichts darf schauen das Licht, was nicht den Hohen gefället,
   Vor den Äther gebührt Müßigversuchendes nicht.
Drum in der Gegenwart des eine Weile zu stehen,
   Richten in tuskischen Ordnungen Völker sich auf
Untereinander und baun die schönen Tempel und Städte

>   Je nach Gegenden, sie gehn über den Küsten empor –
> Aber wo sind sie? wo blühn die Bekannten, die Kronen des Festes?
>   Thebe welkt und Athen; rauschen die Waffen nicht mehr
> In Olympia, nicht die goldnen Wagen des Kampfspiels,
>   Und bekränzen sich denn nimmer die Schiffe Korinths?
> Warum schweigen auch sie, die heil'gen Handlungen, damals,
>   Warum freuet sich denn nicht der geweihete Tanz?
> Warum zeichnet, wie sonst, die Stirne des Mannes ein Gott nicht,
>   Drückt den Stempel, wie sonst, nicht dem Getroffenen auf?
> Aber er kam dann selbst und nahm des Menschen Gestalt an,
>   ein Ärgernis aber ist Tempel und Bild,
> Narben gleichbar,   zu Ephesus. Auch Geistiges leidet,
>   Himmlischer Gegenwart zündet, wie Feuer, zuletzt.
> Eine Versuchung ist es. Versuch, wenn Himmlische da sind,
>   Sich sein Grab sinnt, doch klug mit den Geistern, der Geist.
> Auch die Geister, denn immer hält den Gott ein Gebet auf,
>   Die auch leiden, sooft diesen die Erde berührt.
> Nimmer   eigenen Schatten und die süßen Pfade der Heimat
>   Regeln; Gebäuden gleich stehen die Bäum und Gebüsch
> Nimmer, und goldnes Obst, und eingerichtet die Wälder,
>   Aber   auf weißer Heide   Blümlein,
> Da es dürr ist; das Grün aber ernähret das Roß
>   Und den Wolf, in der Wildnis, der Geheimnisse denkt man
> Schwer, und der Jugend Haus fassen die Seher nicht mehr.
> Aber doch etwas gilt, für sich, allein auch die Regel, die Erde.
>   Eine Klarheit, die Nacht, das und das Ruhige kennt
> Ein Verständiger wohl, ein Fürstlicherer, und zeiget
>   Göttliches, ihrs auch sei lang, wie der Himmel, und tief.

Heinse: H. kannte Wilhelm Heinse (1749–1803) persönlich seit dem Sommer 1796 (vgl. Zeittafel). Am 16. Februar 1797 schrieb er über ihn an Neuffer: »Er ist ein herrlicher alter Mann. Ich habe noch nie so eine grenzenlose Geistesbildung bei so viel Kindereinfalt gefunden.« Heinses Roman ›Ardinghello und die glückseligen Inseln‹ (1787) hat auf den *Hyperion* stark eingewirkt. Auch die Hymne *Der Rhein* sollte ursprünglich »Vater Heinse« gewidmet werden. – *4 sinnig:* Hier: besonnen, verständig.

134 *17 die Erstaunende:* Hier: die Erstaunliche. (Der transitive Gebrauch dieses Partizips ist im 18. Jh. üblich.) – *23 dich:* Anrede an Heinse. – *31 daß in der zaudernden Weile...:* In der ersten Reinschrift stand: »daß in dem Dunkel ein Tagen, / Daß in der finsteren Zeit einiges Menschliche sei«. – *35 Schlummerlos:* Auf das im vorhergehenden Vers

stehende Relativpronomen »das« zu beziehen. – *36 Gedächtnis:* Hier: Andenken. – *38 Mut:* Hier: Verlangen, Streben. – *41 Offne:* Vgl. *Der Gang aufs Land* V. 1. – *44 Maß:* Das »Maß« der religiös akzentuierten Gemeinschaft, die in *Stuttgart* der »gemeinsame Gott« stiftet (vgl. 29 ff.). – Damit ist das Eigene aber nicht verloren, die Suche nach dem Individuellen scheint die Suche nach dem Allgemeinen, dem allen gemeinsamen »Offenen« geradezu zu bedingen: Nur so kann die Gemeinschaft als organische Einheit die Freiheit des Einzelnen garantieren und die tote Mechanik des Staates vermeiden (vgl. S. 671). Zu »Maß« in den späten Hymnen vgl. u. a. *Friedensfeier* V. 52 ff.

135 *47 Spotten des Spotts:* Vgl. Sprüche Salomons 3, 34: »Mit frechen Spöttern treibt er der Herr selber Spott, jedoch den Demutsvollen schenkt er Huld.« – *frohlockender Wahnsinn...:* Die nach Platon (›Phaidros‹ 245a) bei allem künstlerischen Schaffen unerläßliche Mania (die göttliche Begeisterung, der Enthusiasmus); sie galt als Gabe des Dionysos, dessen orgiastische Verehrung meist nachts stattfand (s. u.). – *48 heilige Nacht:* Wie in *Stuttgart* (V. 87), *Lebenslauf* (V. 5) und *An die Madonna* (V. 49 ff.) ist dies zunächst auf die christliche Weihnacht zu beziehen; eine Gemeinschaft stiftende Nacht wurde aber schon in dem frühen Gedicht *Kanton Schweiz* »heilig« genannt (V. 70). – M. Frank weist in seinen ›Vorlesungen über die Neue Mythologie‹ (Der kommende Gott. Bd. 1. Frankfurt 1982. S. 291) auf einen in den Dionysos-Mythos eingeflossene orphische Tradition des ›Dionysos Zagreus‹, des zerrissenen Dionysos: »also des Gottes, den Zeus mit der Persephone zeugte, den die alten Feinde des Zeus, die Titanen (Kronosbrüder), überfallen, in Stücke reißen und verschlingen, dessen noch zappelndes Herz Athene (oder Rheia) aber rettet und dem Zeus überbringt, der es wieder zum Leben erweckt (Nonnos, *Dionysiaka* VI, 174 ff.). Das Grab des bald mit dem Weingott, bald mit dem ägyptischen Osiris identifizierten Gottes wurde in Delphi gezeigt, und um sein Sterben und Wiederauferstehen bildet sich der beschriebene nächtliche Kultus ⟨...⟩. Nonnos nennt in seinen *Dionysiaka* den Zagreus auch den »ersten Dionysos« ⟨...⟩, im Verhältnis zu welchem der wiederauferstandene der zweite wäre, den wir im allgemeinen als den Weingott im eigentlichen Sinne, also als den *zweiten Dionysos*, ansprechen.« Nach einer weiteren Tradition, der des dritten Dionysos, »wird auch gesagt, ›der von den Erdgeborenen oder Titanen zerrissene Dionysos sey von Demeter ganz von vorn und neu wieder geboren.‹ Demeter aber ist die Göttin, der die eleusischen Orgien heilig sind. Auch sie fanden bei Nacht statt« (ebd. S. 292, das Zitat aus Schelling, Sämmtliche Werke. Hg. von K. F. A. Schelling. Stuttgart 1856–1861. II. Abt. Bd. 3, S. 475). – Erst mit dieser doppelten Referenz – die Nacht der antiken Mysterienfeier um den wiedergeborenen Dionysos Zagreus

und die Heilige Nacht der Erscheinung des Messias – entfaltet die Chiffre ihre in *Brot und Wein* angelegte Bedeutung, wie sie schon in Hegels Jugendgedicht ›Eleusis. An Hölderlin‹ (1796) aufscheint, einem weiteren an Schiller anknüpfenden Nachtgedicht. – *49 Isthmos:* Landenge (von Korinth). – *50 Parnaß:* Der nur wenig landeinwärts am Nordufer des Golfs von Korinth gelegene Parnassos war nicht nur Apollon und den Musen, sondern auch Dionysos heilig. Am Südabhang seiner beiden Gipfel lag Delphi mit der den Musen heiligen Quelle Kastalia. – *51 Kithäron:* Gebirge an der Südgrenze Böotiens, auf dem die »Trieteria«, das Fest der Mänaden zur Erinnerung an den dreijährigen Zug des Dionysos nach Indien gefeiert wurde, vgl. a. *Hyperion* S. 310. – *53 Thebe:* Eine Nymphe, die Geliebte des böotischen Flußgottes Asopos. – *Ismenos:* Fluß in Böotien bei Theben. – *Kadmos:* Der sagenhafte Gründer und erste König von Theben, dem Geburtsort des Dionysos, von wo die bacchischen Orgien ausgingen. – *54 der kommende Gott:* Auf Dionysos als Vegetationsgott und auf den aus Asien, vom Indus her, nach Theben, dem Abendland, heimkehrenden Dionysos zu beziehen, wie er in dem Prolog zu den ›Bakchen‹ eingeführt wird (vgl. S. 718 und *An unsre großen Dichter*. In den ›Bakchen‹ ist Dionysos für Pentheus auch der »neugekommene Gott« – V. 219 in der Übersetzung von Oskar Werner). In *Brot und Wein* ist diese Heimkehr aber noch nicht vollendet, sondern steht noch aus – vgl. V. 13 »wieder / Käme« – und wird als »hesperischer Göttertag« erst geahnt. In der Formulierung klingen aber auch deutlich johannitische Vorstellungen von Jesus als dem ›Kommenden‹ an – vgl. Johannes 1, 27. S. a. *Rousseau* V. 40. – *60 mit Nektar gefüllt ... der Gesang:* Bei Pindar (vgl. zu 9, 11) ist der »flüssige Nektar«, der Göttertrank, Metapher für »der Musen Gabe«, den Gesang. – *61 die fernhintreffenden Sprüche:* Weissagungen. »Fernhintreffend« ist bei Homer eines der stehenden Beiwörter Apollons, womit sowohl auf die Pfeile seines silbernen Bogens als auch auf den weithin klingenden Gesang verwiesen wird, vgl. zu 110, 228. – *Vater Äther:* In Heinses ›Ardinghello‹ heißt es: »Vater Äther, aller Lebengeber!« – *69 Vater! heiter!:* V. 69 f. lauteten in der ersten Reinschrift: »Vater Äther und hallt, so tief, so ewig die Nacht ist, / So vermessen die Not, siegend und schaffend hinab.« – *das uralt / Zeichen:* Apposition zu dem wachsenden »Wort« (»Vater Äther«). – *73 Unempfunden:* Vgl. zu diesem Vers den ersten Ansatz dieser Strophe im Entwurf: »damit nicht sie erdrücke der Segen von ihnen« (den »Himmlischen«). – *77 der Mut von ihnen:* der von ihnen ausgehende Mut.

136 *84 Eines und Alles:* Die Menschen haben die Himmlischen, die Götter, »schon längst Eines und Alles genannt«, d. h. das »Eine« (Gott) mit »Allem« (dem All, der Natur, der Welt) identifiziert. Zu der pantheistischen Formel vgl. zu 313. – *99 die Bekannten, die Kronen des*

Festes: die bekannten, festlichen Kronen. – *107 er ... nahm des Menschen Gestalt an:* Anspielung auf Jesus Christus, der die Reihe der antiken Götter abschließt, vgl. *Der Einzige* S. 773.

137 *109 Freund:* Anrede an Heinse, wie auch »sagst du« (V. 123). – *123 sie sind ... wie des Weingotts heilige Priester:* Vgl. *An unsre großen Dichter.* – *129 ein stiller Genius:* Jesus Christus. – *132 einige Gaben:* Brot und Wein, die von Christus an »des ⟨griechischen Götter-⟩Tags Ende« gespendeten Gaben des Abendmahls (vgl. Matthäus 26, 26ff.). Für H. sind *Brot und Wein* aber zugleich auch »Zeichen« des Dionysos: Wein weist auf den Weingott, Brot auf das Getreide, Sinnbild für den Vegetationsgott. Wenn man noch den Mythos eines dritten Dionysos mit einbezieht, wäre es auch auf seine Mutter, die Erdgöttin Demeter zu beziehen (s. o. zu *heilige Nacht*). Doch auch ohne den Rekurs auf eine Geburt des Dionysos durch Demeter betont die Formel die Dualität der beiden Götter – vgl. a. V. 274ff. der ›Bakchen‹. (In V. 131 meint »er« nicht nur Jesus Christus, sondern den ganzen antiken »himmlischen Chor«). – *134 Denn zur Freude ... noch einigen Dank:* H. änderte die Verse später in: »Aber, wie Wagen, bricht, fast, ehe es kommet, das Schicksal / Auseinander beinah, und Unteilbares zu deuten / Vor Erkenntnis, auch lebt, aber es sieget der Dank.« – *138 vom donnernden Gott:* Dionysos als Sohn des Zeus, vgl. S. 718. – *141 singen ... mit Ernst, die Sänger, den Weingott:* Vgl. Ovid, ›Tristia‹ 5, 3, Vers 1 ff. – *der Weingott:* Später von H. in »des Weins Geist« geändert.

138 *143 sie sagen..., er söhne den Tag mit der Nacht aus...:* In V. 1196 von Sophokles' ›Antigone‹ heißt Dionysos in der Übersetzung H.s »Chorführer der Gestirn'«, vgl. a. ›Bakchen‹ V. 237: »Der Tag und Nacht sich zusammentut.« – *145 Fichte ... Efeu:* Attribute des Dionysos als Vegetationsgott: Der mit Weinlaub umwundene Thyrosstab (vgl. zu 130, 14) endete in einem Pinienzapfen, und die Teilnehmerinnen an den dionysischen Festen sowie Dionysos selbst schmückten sich mit einem Kranz aus immergrünem Efeu. – *147 Weil er bleibet ... das Finstere bringt:* Später von H. geändert in: »Weil er bleibet. Vergnügt ist nämlich der in der Wildnis / Auch. Und süßer Schlaf bleibet und Bienen und Mahl.« – *149 Was der Alten Gesang:* Die biblischen Prophezeiungen vom Reich Gottes und die Verheißungen der antiken Dichter von der Wiederkehr des goldenen Zeitalters werden an uns sich erfüllen. V. 149f. lauteten in der ersten Reinschrift: »Was der Alten Gesang von künftigem Leben geweissagt, / Siehe! wir sind es, wir; Orkus, Elysium ist's.« Alles Große der Antike ist also nicht für immer im »Orkus« begraben (so noch V. 241f. des *Archipelagus:* »Aber weh! es wandelt in Nacht, es wohnt, wie im Orkus, / Ohne Göttliches unser Geschlecht«), sondern uns ist verheißen, »auf Gräbern hier Elysium zu stiften«. (H. 1791 in der *Hymne auf*

die Menschheit). – *150 Hesperien:* Das Abendland, das außergriechische, westliche Europa. – *151 genau:* Hier wohl: sehr nahe. – *152 Glaube, wer geprüft:* Vgl. zu 118, 13. – *aber so vieles geschieht... trinket und schläft:* Bei der späteren Umarbeitung änderte H. den Schluß vollständig und gebrauchte den dann in der Interpretation so umstrittenen Begriff der »Kolonie«:

> Nämlich zu Haus ist der Geist
> Nicht im Anfang, nicht an der Quell. Ihn zehret die Heimat,
> Kolonie liebt, und tapfer Vergessen der Geist.
> Unsere Blumen erfreun und die Schatten unserer Wälder
> Den Verschmachteten. Fast wär der Beseeler verbrannt.
> Selige Weise sehn's; ein Lächeln aus der gefangnen
> Seele leuchtet, dem Licht tauet ihr Auge noch auf.
> So lang währt' es. Aber es ruhn die Augen der Erde.
> Die allwissenden auch schlafen, die Hunde der Nacht.

155 Fackelschwinger des Höchsten / Sohn, der Syrier: In der ersten Reinschrift wurde an dieser Stelle Dionysos genannt: »Freudenbote, des Weines / Göttlichgesandter Geist«. Die Beinamen »Fackelschwinger« und »Syrier« deuten gleichermaßen auf Dionysos und auf Christus (vgl. Johannes 12, 46). Auch Dionysos ist ein Sohn des Höchsten, nämlich Zeus; er soll den Kulthandlungen, die nachts auf dem Parnassos und dem Kithäron stattfanden, fackelschwingend vorantanzen. – *159 in Armen der Erde der Titan:* Vgl. dazu die von H. übersetzte erste Pythische Ode Pindars, Vers 27ff., wo geschildert wird, wie der hundertköpfige Titan Typhon vom Vesuv bis zum Ätna unter der Erde ausgestreckt liegt. Er bewirkt die Tätigkeit der Vulkane und erregt Erdbeben. – *160 der neidische Cerberus:* Kerberos, der Wachhund der Unterwelt, der zwar die Kommenden eintreten, aber keinen wieder zurückkehren läßt, wurde von Dionysos, der durch den Wein auch Spender des Schlafs ist, bezähmt, als er seine Mutter Semele aus dem Hades holte. Zum Attribut »neidisch« vgl. H.s Brief vom Februar 1801 an Christian Landauer: »Ich denke, mit Krieg und Revolution hört auch jener moralische Boreas, der Geist des Neides auf«.

138 HEIMKUNFT

Wie die Ode *Unter den Alpen gesungen* reflektiert die wohl bald nach der Rückkehr aus Hauptwil im Frühjahr 1801 entstandene Elegie die Hoffnungen, die H. an den Friedenschluß von Lunéville knüpfte: »Denn bacchantischer zieht drinnen der Morgen herauf« (V. 8). Gedruckt wurde das Gedicht zusammen mit *Dichterberuf, Stimme des Volks* und *Die Wanderung* in ›Flora. Teutschlands Töchtern geweiht. Eine Quartalschrift von Freunden und Freundinnen des schönen Geschlechts‹ (1802). – *2 dichtend:* Hier etwa: sinnend, schaffend.

139 *11 der Gewittervogel:* Der Adler, das heilige Tier des Zeus, vgl. zu *Der Adler.* – *16 den Stürzenden:* Verselbständigtes Attribut zu »Wasserquellen«. – *20 Rosen:* Der Widerschein der Morgenröte. – *22 der reine / Selige Gott:* Der »Vater Äther«. – *26 Atmenden:* Menschen. – *28 brütende Wolken:* Vgl. V. 2. – *30 mit langsamer Hand:* Hier: »zögernd und schonend« (V. 26). – *35 Anmut blühet:* Wenn Anmut blühet. – *37 sprach ich zu ihm:* Zu dem ätherischen Gott, dem »Vater Äther«. – *38 den Engeln:* Vgl. V. 90f.: »Engel des Jahres«, »Engel des Hauses«. – *42 der heilige Dank:* Vgl. H.s Brief an die Mutter vom Juli 1800: »so fühle ich eine Zufriedenheit und Ruhe, die ich lang entbehrte, und ich hoffe, es soll so bleiben und dieser Zustand werde einen festen und frohen Dank gegen die teuern Meinigen und gegen meine Freunde in mir erhalten.«

140 *43 Landesleute:* In der vorläufigen Reinschrift stand zunächst: »Teure Verwandte« (vgl. die Widmung). – *45 der See:* Der Bodensee. – *46 die Stadt:* Lindau. – *61 reizend:* Hier: lockend, ermunternd. – *62 das göttliche Wild:* Der Rhein. – *65 Como:* Lindau und das norditalienische Como waren Durchgangsstationen auf der mittelalterlichen Handelsstraße von Augsburg nach Mailand.

141 *79 Aber das Beste, der Fund:* In der letzten Reinschrift – wohl parallel zur Umarbeitung von *Brot und Wein* (s. o.) – später überarbeitete: »Aber der Schatz, das Deutsche«, zu »Beste« vgl. zu *Das Nächste Beste. – des heiligen Friedens / Bogen:* Der Regenbogen, vgl. zu 30, 47. – *80 gespart:* Hier (in der Grundbedeutung): unverletzt erhalten, rein erhalten. – *85 vom großen Vater:* »Vater Äther«. – *90 Engel des Jahres… / Engel des Hauses:* In der vorläufigen Reinschrift stand zunächst: »Götter des Jahres! … Götter des Hauses«. Auch hieß es in Vers 94 »die Götter« statt »die Frohen«. Überhaupt fällt das Suchen nach entsprechenden Bezeichnungen für die »Engel« auf: Statt »Erhaltenden« stand zunächst: »Freundlichen«, in der späten Überarbeitung der Reinschrift wurde daraus: »Bescheidenen«. Statt »Engel des Jahres! … Engel des Hauses« heißt es dort: »Engel des Alters! … Engel des Jünglings« und statt »Frohen«: »Wachen«. – *in die Adern alle des Lebens:* Zu verbinden mit: »teile das Himmlische sich!« – *93 Adle! verjünge!:* Konjunktive. – *100 unsere Freude fast zu klein:* Vgl. *Brot und Wein* V. 133 f. – *105 Das bereitet:* Machet das Saitenspiel bereit!

142 ERMUNTERUNG

Die hier zusammengestellten Oden entstanden, einschließlich *Der blinde Sänger,* zwischen dem Ende 1800 und dem Sommer 1801, in der Mehrzahl wohl zwischen Jahresanfang und Frühling 1801, die Gruppe schließt so chronologisch an die Oden S. 112ff. an. *Dichtermut, Der gefesselte Strom* und *Der blinde Sänger* wird H. 1802/1803 in den »Nachtgesängen« umarbeiten (*Blödigkeit, Ganymed* und *Chiron*), die

Ode *An die Hoffnung* (S. 159) ist eine Umarbeitung der Ode *Bitte*, die ebenfalls in diese Gruppe gehören würde.

Von *Ermunterung* ist eine erste Fassung erhalten, in der die 5. und 6. Str. umgestellt sind, die beiden ersten Strophen lauten in dieser Fassung:

> Echo des Himmels! heiliges Herz! warum,
> Warum verstummst du unter den Sterblichen?
> Und schlummerst, von den Götterlosen
> Täglich hinab in die Nacht verwiesen?
>
> Blüht denn, wie sonst, die Mutter, die Erde dir,
> Blühn denn am hellen Äther die Sterne nicht?
> Und übt das Recht nicht überall der
> Geist und die Liebe, nicht jetzt und immer?

11 dich an: In der 1. Fassung: »um uns«. – *15 Sie, die schönere Seele, sich neuverkündet:* »sich die / Seele, die göttliche, neuverkündet.« Zu »schönere Seele« vgl. S. 861. Hier schließt sich in der 1. Fassung die 5. Str. an:

> Daß unsre Tage wieder, wie Blumen, sind,
> Wo, ausgeteilt im Wechsel, ihr Ebenbild
> Des Himmels stille Sonne sieht und
> Froh in den Frohen das Licht sich kennet,

17 Dann liebender: »Daß liebender«. – *18 sich bildet:* »dann lebend«. – *20 Brust:* »Kraft«. – *28 Kommenden Jahren ... ausspricht:* »Wieder mit Namen, wie einst, sich nennet«. Vgl. *Heimkunft* V. 101.

143 AN EDUARD

Die Widmung der in 2 Fassungen überlieferten Ode an Isaac von Sinclair ist im Titel des Entwurfs direkter: »Bundestreue. An Sinclair«. Daneben erwog H. als Adressat auch »An Bellarmin«, an den Hyperion seine Briefe richtet.

»Ich habe hier einen Freund, der Republikaner mit Leib und Leben ist – auch einen anderen Freund, der es im Geiste und in der Wahrheit ist«, hatte Böhlendorff Sinclair und H. seinem Freund Fellinger vorgestellt (Brief vom 10. Mai 1799). *An Eduard* scheint diese Charakterisierung aufzugreifen und stellt sie unter dem Sternzeichen (V. 2) der Dioskursen (vgl. zu 27, 35) dar. Eine spätere, gleichzeitig mit den »Nachtgesängen« entstandene Überarbeitung der Ode trägt diese Anspielung im Titel, ist aber nicht vollständig überliefert:

> Die Dioskuren
>
> Ihr edeln Brüder droben, unsterbliches
> Gestirn, euch frag ich, Helden, woher es ist,

Daß ich so untertan ihm bin und
So der Gewaltige sein mich nennet.

Denn wenig, aber *eines* hab ich daheim, das ich,
Da niemand mag, soll tauschen, ein gutes Glück,
Ein lichtes, reines, zum Gedächtnis
Lebender Tage zurückgeblieben.

So aber er gebietet, dies *eine* doch,
Wohin er's wollte, wagt ich mein Saitenspiel,
Samt dem Gesange folgt ich, selbst ins
Dunkel der Tapferen, ihm hinunter.

»Mit Wolken«, säng ich, »tränkt das Gewitter dich,
Du spöttischer Boden, aber mit Blut der Mensch,
So schweigt, so heiligt, der sein Gleiches
Droben und drunten umsonst erfragte.«

Isaak von Sinclair (1775–1815), Jurist und Dichter, studierte 1792 bis 1794 in Tübingen Rechtswissenschaft und hatte während dieser Zeit Kontakt mit Mainzer Klubisten. 1794/95 studierte er in Jena und hatte dort Beziehung zur Gesellschaft der Freien Männer, im Oktober 1795 wurde er wegen der Teilnahme an Studentenunruhen von der Universität verwiesen. Seit 1796 war er in hessen-homburgischen Staatsdiensten. 1798/99 nahm er – zeitweilig von H. begleitet – als Gesandter am Rastatter Kongreß teil, 1805 wurde gegen ihn ein Hochverratsprozeß geführt, in den auch H. verwickelt war. – Die Freundschaft zwischen Sinclair und H. reicht bis in die Jenaer Zeit zurück: Am 26. März 1795 nannte Sinclair in einem Brief H. seinen »Herzensfreund instar omnium« (lat.: anstelle alles, statt aller). H. hob an Sinclair dessen »frühe Reife des Verstandes« und die »unbestechliche Reinigkeit des Gemüts« hervor (an J. G. Ebel am 9. November 1795). »Es wird auch wirklich wenig Freunde geben, die sich gegenseitig so beherrschen und so untertan sind«, schrieb er am 12. November 1798 an seine Mutter (vgl. V. 3 f.). Nach dem Zusammenbruch holte Sinclair H. 1804 nach Homburg und setzte sich bis zu seinem eigenen Tod für ihn ein. – *12 hinab dem Teuern:* In der 1. Fassung: »ihm hinunter«. Im Anschluß lauten die Str. 4 und 5:

»Die Wolke«, säng ich, »tränket mit Regen dich,
Du Mutterboden! aber mit Blut der Mensch;
So ruht, so kühlt die Liebe sich, die
Droben und drunten nicht Gleiches findet.

Wo ist am Tag ihr Zeichen? wo spricht das Herz
Sich aus? und wann im Leben, wann ist es frei,

Was unser Wort nicht nennt, wann wird, was
Trauert, gebannt in die Nacht, sein Wunsch ihm? –«

21 Hier, wo... ihr Lieben, hier!: In der 1. Fassung temporal: »Jetzt, wann... ihr Freunde! jetzt!« Vgl. a. *Der Tod fürs Vaterland.* – *26 mein Achill:* Direkte Anrede an Sinclair. Zur Freundschaft zwischen Achill und Patroklos vgl. Homers ›Ilias‹: Nachdem Hektor Patroklos getötet hat, rächt diesen Achill, indem er Hektor im Zweikampf erschlägt, die Leiche an seinen Wagen bindet und ins griechische Lager schleift. Vgl. a. zu *Achill* und zu 212, 36. – *28 Richtet:* In der 1. Fassung: »Spräche«, hinter »Feind« ein Komma. In einem früheren Entwurf »erstes Urteil« statt »ernste Wort«.

144 *29 Zwar hab ich dich in Ruhe... Wiegengesang:* In der 1. Fassung:

> Doch weilen wir in Ruhe, du Lieber, noch;
> Uns birgt der Wald, es hält das Gebirge dort,
>   Das mütterliche, noch die beiden
>   Brüder in sicherem Arm gefangen.
>
> Uns ist die Weisheit Wiegengesang;

34 doch sieh! es flammt: »doch öfters kömmt«. – *38 der Herr der Helden... die leichte Beute:* »der mächt'ge Vater«, vgl. die 1. Fassung: »Dich nimmt der mächt'ge Vater hinauf; o nimm / Mich du, und trage deine leichte / Beute dem lächelnden Gott entgegen!«

144 NATUR UND KUNST

Der erste Entwurf dieser spätestens zu Beginn des Jahres 1801 vollendeten Ode lautet:

> Natur und Kunst
>
>   göttliche Herrscherkünste
> Aber in den Abgrund
>   den alten heiligen Vater
> Goldene Zeit
>   töricht, wie aus dem
> schweigenden Gewölke dein Blitz
>
> Kommt aus göttlicher Nacht
>
>   Hab ich am Herzen den Geist, das Leben erst, das
>   Leben der Liebe erfahren, und dämmern und
>   schwinden in Wonne die Gestalten,
>   als kehrte die Zeit in ihre
>   Wiege zurück
> herab, herab von

> oder willst du bleiben,
> Diene dem älteren.
>
> Dann weiß ich erst von ihm und versteh ihn gern,
> Den weisen gewaltigen Meister Kronion,
> Der selber ein Sohn der Zeit, gleich mir
> Gesetze gibt und

Saturn: Der römische Gott der Saaten, Saturnus (mit dem griechischen Kronos gleichgesetzt), wurde auch als ein milder König angesehen, unter dessen Herrschaft das goldene Zeitalter währte, in dem es keinen Krieg (V. 19f.: »Saturnus' Frieden«), keinen Zwang (V. 11: »kein Gebot«) und keine soziale Unterdrückung (V. 4: »Herrscherkünste«) gab: ein gesellschaftlicher Urzustand ohne Privateigentum und Klassen (vgl. Ovid, Metamorphosen 1, 89ff.). Bei den römischen Saturnalien, die in Erinnerung an dieses glückliche Zeitalter gefeiert wurden, waren die sozialen Unterschiede zwischen Sklaven und Herren aufgehoben, vgl. *Tod des Empedokles* 1. Fassung, V. 1404 und 1634 sowie S. 860. – *Jupiter:* Der höchste römische Gott war ursprünglich ein Himmelsgott, auf den später alle Eigenschaften des griechischen Zeus übertragen wurden. Als Gatte der Themis, der Göttin der Gerechtigkeit und Gesetzlichkeit, und Vater der Horen war Zeus der Inbegriff von Gesetz, Recht und Ordnung. – *2 du hältst die Waage:* In Homers ›Ilias‹ (22, 209ff.) läßt Zeus die goldene Waage, worauf er die Lose der beiden Helden Hektor und Achill legt, über deren Schicksal entscheiden. – *Saturnus' Sohn:* Wie Zeus der Sohn des Kronos, ist Jupiter hier der Sohn des Saturnus, vgl. *Emilie vor ihrem Brauttag*, V. 124. – *5 in den Abgrund… verwiesen:* Vgl. zu 45, 4. – *8 die Wilden vor dir:* Die vor Zeus herrschenden Titanen. – *9 Gott der goldenen Zeit:* Chronos, der Gott der Zeit, wurde oft mit Kronos, dem Herrscher der Titanen, gleichgesetzt. So auch hier, weshalb H. Zeus (Jupiter) in V. 25 richtig Kronion (Sohn des Kronos), in V. 26 aber den »Sohn der Zeit« nennt.

145 *26 Meister:* Im Entwurf stand zuerst: »Dann kenn ich erst und dank ihm gern, / Dem weisen gewaltigen Künstler Kronion«.

146 DICHTERMUT

Die letzten fünf Str. des später in die Ode *Blödigkeit* umgearbeiteten Gedichts lauteten in der 1. Fassung (Str. 1 und 2 zeigen nur Abweichungen in der Wortstellung und Interpunktion):

> Denn, wie still am Gestad, oder in silberner
> Fernhintönender Flut, oder auf schweigenden
>   Wassertiefen der leichte
>   Schwimmer wandelt, so sind auch wir,

Wir, die Dichter des Volks, gerne, wo Lebendes
  Um uns atmet und wallt, freudig, und jedem hold,
    Jedem trauend; wie sängen
      Sonst wir jedem den eignen Gott?

Wenn die Woge denn auch einen der Mutigen,
  Wo er treulich getraut, schmeichlend hinunterzieht,
    Und die Stimme des Sängers
      Nun in blauender Halle schweigt,

Freudig starb er und noch klagen die Einsamen,
  Seine Haine, den Fall ihres Geliebtesten;
    Öfters tönet der Jungfrau
      Vom Gezweige sein freundlich Lied.

Wenn des Abends vorbei einer der Unsern kömmt,
  Wo der Bruder ihm sank, denket er manches wohl
    An der warnenden Stelle,
      Schweigt und gehet gerüsteter.

(»die Stimme des Sängers« ist auf Orpheus zu beziehen, eine frühere Lesart zu dem folgenden Vers lautete: »Orpheus endete auch sanfter nicht!« Zum Ende des von den Mänaden des Dionysos zerrissenen Orpheus, dessen Haupt singend den Fluß hinuntertreibt, während seine Leier noch weiterspielt, vgl. Vergil, Georgica IV, 520ff. sowie zu 20, 36 und 345). – *16 Unser Ahne, der Sonnengott:* Apollon, der u. a. Sonnengott und Gott der Künste ist. (Er galt als Vater des Orpheus.) – *Gleichgesinnet:* Gleichmütig (wörtliche Übersetzung des lateinischen »aequam mentem« bei Horaz, Oden II, 3). – *19 an goldnen / Gängelbanden:* Vgl. zu 498, 1001.

147 DER GEFESSELTE STROM
Diese wahrscheinlich im Frühjahr 1801 entstandene Ode war im ersten Entwurf zunächst »Der Eisgang« überschrieben. Vgl. die spätere Fassung *Ganymed* sowie die 4. Str. von *Heidelberg,* im *Tod des Empedokles* 1. Fassung, V. 1893f. – *4 des / Ozeans Sohn, des Titanenfreundes:* Okeanos, der Vater aller Ströme und Gewässer, ist eigentlich (nach Hesiod) einer der zwölf Titanen (vgl. zu 45, 4), der jedoch an deren Kampf gegen Zeus nicht teilnimmt. Im ›Gefesselten Prometheus‹ des Aischylos erscheint er indessen nur als »Freund« des Titanen (eigentlich Titanensohns) Prometheus, vgl. a. *An die Natur* V. 27. – *8 der wachende Gott:* Wohl der Sonnengott (vgl. zu 146, 16). – *14 die Zerbrochenen:* Attribut zu »Fesseln«, also die Eisschollen (vgl. die ursprüngliche Überschrift). – *24 der Vater:* Okeanos.

148 DER BLINDE SÄNGER
Für diese schon im Jahre 1800 geplante, jedoch wohl erst im Sommer

1801 ausgeführte Ode erwog H. als Überschrift auch »Täglich Gebet«. Vgl. die spätere Fassung *Chiron*. – Das Motto ist dem ›Aias‹ des Sophokles (V. 706, vgl. zu 300) entnommen und lautet in H.s Übersetzung: »Gelöst hat den grausamen Kummer von den Augen Ares.« – *1 Jugendliches:* Attribut zu »Licht«. – *17 die Fittiche / Des Himmels:* Die Vögel. – *25 Donnerer:* Zeus, der als Wettergott Blitz und Donner in den Händen hält.

150 UNTER DEN ALPEN GESUNGEN

Das Gedicht – im Entwurf mit »Am Fuße der Alpen« betitelt – entstand wohl im Frühjahr 1801 in Hauptwil und spiegelt, wie auch die Elegie *Heimkunft*, die Erwartungen wider, die H. mit dem Frieden von Lunéville verknüpfte: »Ich schreibe Dir und den lieben Unsrigen an dem Tage, da unter uns hier alles voll ist von der Nachricht des ausgemachten Friedens, und da Du mich kennest, brauche ich Dir nicht zu sagen, wie mir dabei zumut ist. Ich konnte auch diesen Morgen, da der würdige Hausvater mich damit begrüßte, wenig dabei sagen. Aber das helle Himmelblau und die reine Sonne über den nahen Alpen waren meinen Augen in diesem Augenblicke um so lieber, weil ich sonst nicht hätte gewußt, wohin ich sie richten sollte in meiner Freude.

Ich glaube, es wird nun recht gut werden in der Welt. Ich mag die nahe oder die längstvergangene Zeit betrachten, alles dünkt mir seltne Tage, die Tage der schönen Menschlichkeit, die Tage sicherer, furchtloser Güte, und Gesinnungen herbeizuführen, die ebenso heiter als heilig und ebenso erhaben als einfach sind.

Dies und die große Natur in diesen Gegenden erhebt und befriediget meine Seele wunderbar. Du würdest auch so betroffen, wie ich, vor diesen glänzenden, ewigen Gebirgen stehn, und wenn der Gott der Macht einen Thron hat auf der Erde, so ist es über diesen herrlichen Gipfeln.

Ich kann nur dastehn, wie ein Kind, und staunen und stille mich freuen«, schreibt er am 23. Februar 1801 an seine Schwester.

Die Ode ist H.s einzige in – einer leicht abgewandelten – sapphischen Strophenform:

– ᴗ – ᴗ – ᴗ – ᴗ – ᴗ
– ᴗ – ᴗ – ᴗ – ᴗ – ᴗ
– ᴗ – ᴗ – ᴗ – ᴗ – ᴗ
          – ᴗ ᴗ – ᴗ

Veröffentlicht wurde sie 1802 zusammen mit *Menons Klagen um Diotima* (s.o.). – *6 der Mann:* »der Sterbliche« in der flüchtigen Reinschrift. – *19 Ort:* Hier: Ende. – *vor ihnen:* Vor den »Himmlischen«.

151 DICHTERBERUF

Der Entwurf dieser Erweiterung der Kurzode *An unsre großen Dichter* entstand wohl im Sommer 1800 in Stuttgart, abgeschlossen wurde die

Ode aber erst 1801. Sie kann als zentrale Selbstreflexion H.s über die Rolle des Dichters angesehen werden, sie knüpft unmittelbar an die Thematik und die Motive der Hymne *Wie wenn am Feiertage* an, greift aber auch auf die anderen Gedichte zurück, die sich mit dem Dichter beschäftigt hatten: *An die Parzen, An die jungen Dichter, Die scheinheiligen Dichter, Mein Eigentum* (V. 41 ff.), *Der Prinzessin Auguste von Homburg* (V. 4 und V. 26 ff.), *Dichtermut, Der blinde Sänger* und *Unter den Alpen gesungen*, später u. a. fortgesetzt in *Chiron, Blödigkeit, Deutscher Gesang, Patmos* (V. 222 ff.) und *Andenken* (V. 59).
Der erste Entwurf schloß zunächst so:

> Anbetungswürdig, ewiger Freude voll,
> Natur! bist du, und edel und einig sind
> Im Abglanz deines Lichts, in deinem
> Geiste die Sterblichen, die dich lieben.
>
> Doch die mit frechen Händen und heimlichen
> Verschloßnen Herzens rauben, und Göttliches
> Zu wenig achten, weh! gewaltsam
> Sieget in ihnen der Gott, denn immer siegt er.

Später, wohl in Stuttgart, überarbeitete H. dies:

> Anbetungswürdig aber und ewigfroh,
> Lebst du, Natur, den Deinen und einig sind
> Im Glanze deines Lichts, in deinem
> Geiste die Sterblichen, die dich lieben;
>
> Wohin sie gehn, die goldene Wolke folgt,
> Erheiternd, und befruchtend, beschirmend auch
> Und keiner Würden braucht's, und keiner
> Waffen, solange der Gott uns nah bleibt.

Zur Veröffentlichung s. zu *Heimkunft*.
  1 Des Ganges Ufer…: Zu den ersten beiden Strophen vgl. *An unsre großen Dichter*. – *11 sich / Wehret*: Hier (entsprechend dem schwäbischen Gebrauch): arbeitet, im Hauswesen vorwärtskommt. – *17 Und dennoch*: Zu verbinden mit V. 25 f. und 29: »Und dennoch…, Ihr ruhelosen Taten in weiter Welt! Ihr Schicksalstag', ihr reißenden,… Euch sollten wir verschweigen?« Zu diesem Gedanken vgl. *Wie wenn am Feiertage* V. 29 ff. und 36 ff. – *19 als du die / Locken ergriffen*: Die Anrede bezieht sich auf einen der in Vers 17 genannten »Himmlischen«. Vgl. Hesekiel 8, 1–3: »daselbst fiel die Hand des Herrn auf mich ⟨…⟩ Und reckte aus gleich wie eine Hand und ergriff mich bei dem Haare meines Haupts.«

152 *29 und wenn in uns...*: Zu V. 29–33 vgl. den Prosaentwurf zu *Wie wenn am Feiertage*: »und wann der Wohllaut einer Welt in uns wiedertönte, so sollte es klingen, als hätte der Finger eines Kindes, mutwillig spielend, das Saitenspiel des Meisters berührt?« (s. zu 89, 33). Im 2. Entwurf der Ode lautet V. 30: »Des Lebens großgeordneter Wohllaut tönt«. Vgl. a. zu *Falsche Popularität*. – *36 die Donner*: Die »ruhelosen Taten in weiter Welt«, die »Schicksalstage«, die Zeitereignisse: die Französische Revolution und die sich ihr anschließenden Revolutionskriege. Vgl. *An eine Fürstin zu Dessau* V. 10f., den Entwurf zu *Dem Allbekannten* sowie H.s Brief an seinen Bruder am 6. August 1796: »Es ist doch was ganz Leichters, von den griechischen Donnerkeulen zu hören, welche vor Jahrtausenden die Perser aus Attika schleuderten über den Hellespont hinweg bis hinunter in das barbarische Susa, als so ein unerbittlich Donnerwetter über das eigne Haus hinziehen zu sehen.« – *38 Des Guten,... den Albernen*: Attribute zu »Geist«. »Albern« hier im Sinne von »aufrichtig, einfältig, ohne Vorsicht und Berechnung«. – *40 Feil*: Im ersten Entwurf steht: »damit die Knaben auf uns wiesen und die Unverständigen uns die Hände füllten mit schnödem Gold?« – *wie gefangenes Wild*: Hinter den beiden Strophen, die warnend schildern, wie durch »die kindischen Spielereien eines Epigonen« die Donner des Weltgeschehens falsch gedeutet werden und der Geist wie gefangenes Wild getrieben wird, bis er sich rächt, steckt als Folie die Fabel der ›Bakchen‹ des Euripides: Dionysos wird von dem König von Theben, Pentheus, »wie gefangenes Wild« eingekerkert. »Später offenbart er sich«, seiner Knechtschaft müde (vgl. zu V.49), »in seiner göttlichen Gewalt im Gewitter, das Pentheus' Palast in Trümmer wirft.« (B. Böschenstein, Frucht des Gewitters. Zu Hölderlins Dionysos als Gott der Revolution. Frankfurt 1989, S. 122). – *42 Des Ursprungs...*: Vgl. *Der gefesselte Strom* V. 3. – *49 der erhabene Acker*: Vgl. zu 89, 34. – *57 Ihn kennt / Der Dank*: Dem »Himmel« (V. 56) ist der »Dank« gemäß, nicht die Gewalt oder nur großes Wissen.

153 *64 Fehl*: »Fehlen«. Zum Gedanken, daß das »Fehlen« Gottes hilft, vgl. *Brot und Wein* V. 115ff.

153 STIMME DES VOLKS
Die Ode – eine Erweiterung der gleichnamigen Kurzode – ist in zwei Fassungen überliefert. Im Textteil erscheint die 1801 entstandene zweite, die Anmerkungen verzeichnen die Varianten zur 1800 niedergeschriebenen ersten Fassung. Zur Veröffentlichung s. zu *Heimkunft* (s. o.). – *18 Das Ungebundne reizet*: V. 18ff. lauteten in der 1. Fassung: »Und kaum der Erd entstiegen, desselben Tags / Kehrt weinend zum Geburtsort schon aus / Purpurner Höhe die Wolke wieder. // Und Völker auch ergreift die Todeslust, / Und Heldenstädte sinken«, zu »Ungebundne« vgl. *Die Titanen* V. 3. – *19 Todeslust*: Vgl. H.s Brief an den Bruder vom 2. Juni 1796:

»Freilich sehnen wir uns oft auch, aus diesem Mittelzustand von Leben und Tod überzugehn ins unendliche Sein der schönen Welt, in die Arme der ewigjugendlichen Natur, wovon wir ausgegangen. Aber es geht ja alles seine stete Bahn, warum sollten wir uns zu früh dahin stürzen, wohin wir verlangen.« – Vgl. a. *Heidelberg* V. 13ff.

154 *34 damit sie nicht...:* In der 1. Fassung: »damit sie sich / Im Felde Beute suchen, so auch / Treiben uns lächelnd hinaus die Götter.« – *37 wohl jenen:* »wohl allen«. – *39 Geopfert gleich den Erstlingen der / Ernte:* Vgl. 5. Moses 18, 4: »daß man dem Priester gebe ⟨...⟩ das Erstling deines Korns, deines Mosts und deines Öls und das Erstling von der Schur deiner Schafe.« – *40 sie haben ein Teil gefunden:* In der 1. Fassung: »sie haben ihr Teil gewonnen«. Dort fehlt auch der Hinweis auf Xanthos, statt dessen endet das Gedicht:

> Nicht, o ihr Teuern, ohne die Wonnen all
>   Des Lebens gingt ihr unter, ein Festtag ward
>   Noch einer euch zuvor, und dem gleich
>   Haben die anderen keins gefunden.
>
> Doch sichrer ist's und größer und ihrer mehr,
>   Die allen alles ist, der Mutter wert,
>   In Eile zögernd, mit des Adlers
>   Lust die geschwungnere Bahn zu wandeln.
>
> Drum weil sie fromm ist, ehr ich den Himmlischen
>   Zulieb des Volkes Stimme, die ruhige,
>   Doch um der Götter und der Menschen
>   Willen, sie ruhe zu gern nicht immer!

41 Am Xanthos... die Stadt: Als Quelle für den zweimaligen Untergang der lykischen Stadt Xanthos – das erste Mal 545 v. Chr. durch die Perser, das zweite Mal 42 v. Chr. durch die Römer – dienten H. Herodot und Plutarch, der beide Ereignisse auch in Beziehung setzt: »Die Xanthier erneuerten nach langer Zeit, wie wenn sie nur das Verhängnis einer regelmäßig wiederkehrenden Vernichtung vollzogen, durch ihre Raserei das Schicksal ihrer Vorfahren. Denn auch jene entzündeten zur Zeit der Perserkriege auf gleiche Weise die Stadt und vernichteten sich selbst.« (›Parallelbiographien‹, Brutus.) – Über die erste Zerstörung der Stadt (durch die »Väter«, V. 62) berichtet Herodot: »Als Harpagos sein Heer in die xanthische Ebene geführt hatte, zogen die Lykier ihm entgegen und bewährten im Kampf gegen die Übermacht hohen Mannesmut. Sie wurden aber geschlagen und in die Stadt eingeschlossen. Da brachten sie auf die Burg Weiber und Kinder, Habe und Gesinde und zündeten die Burg an und ließen sie gänzlich verbrennen. Als sie das vollbracht und sich mit fürchterlichen Eiden verschworen hatten, fielen sie aus und starben, alle Xanthier, in der Schlacht.« (›Histories apodexis‹, 1. Buch.) – Über die zweite Zerstörung schreibt Plutarch: »Auf einige Belagerungsmaschinen dicht an der Mauer unternahmen die Xanthier bei Nacht einen Angriff und warfen Feuer hinein, um sie unbrauchbar zu machen. Das bemerkten die Römer. Doch ein heftiger Wind fachte die Flamme wieder an und trieb sie über die Zinnen, so daß sie die nächsten Häuser ergriff. Da geriet Brutus wegen der Stadt in Sorge und befahl zu löschen und zu helfen. Die Lykier aber packte plötzlich eine unbeschreiblich stürmische Raserei, die man am ehesten mit einem Todesverlangen vergleichen könnte. Mit Kindern und Weibern nämlich warfen alle, Freie und Sklaven, alt und jung, die Feinde, die löschen wollten, von den Mauern, schleppten dann Rohr und Holz und alles Brennbare herbei und zogen das Feuer noch mehr in die Stadt, indem sie ihm alle Nahrung gaben, es auf jede Weise noch schürten und anfachten. Wie nun die ungehemmte Flamme, von überallher die Stadt umzingelnd, hoch herüberleuchtete, ritt Brutus, aufs heftigste bewegt von dem Geschehen, von außen heran, zu helfen bereit, und streckte den Xanthiern die Hände entgegen und bat sie, ihre Stadt zu schonen und zu erhalten; aber niemand hatte acht auf ihn. Sondern alle brachten sich auf jede Weise um, nicht nur Männer und Weiber, nein, auch kleine Kinder sprangen mit Geschrei und Jauchzen in das Feuer, andre stürzten sich kopfüber hoch von den Mauern hinunter, andre wieder warfen sich vor die Schwerter ihrer Väter, entblößten die Brust und verlangten den Todesstreich.« (s. o.)

155 *65 des Stromes Rohr:* Schilfrohr.

156 CHIRON ... DER WINKEL VON HARDT

»Ich bin eben bei der Durchsicht einiger Nachtgesänge für Ihren Almanach«, schreibt H. im Dezember 1803 an den Verleger Friedrich Wilmans und gibt so den Titel, unter dem die Gedichtgruppe aus 3 hymnischen Paralipomena und 6 Oden zusammengefaßt wird, eine Sammlung, die mit *Hälfte des Lebens* sein bekanntestes Gedicht, mit *Chiron* seine komplexeste Ode enthält. Das Wort »Nachtgesänge« (vgl. *Der Archipelagus* V. 34) – Gesänge, die in der Nacht der Götterferne (vgl. *Brot und Wein*) ein »Gedächtnis / Lebender Tage bewahren« (*Die Dioskuren* V. 7f.) – wurde dann aber in Wilmans' ›Taschenbuch für das Jahr 1805‹ nicht als Titel gewählt. Die frühestens nach der Rückkehr aus Bordeaux entstandenen Gedichte erscheinen dort mit einem gesonderten Respektblatt: »Gedichte. Von Fr. Hölderlin«.

Chiron ist die 2. Fassung der Ode *Der blinde Sänger.* – *Chiron:* Der bekannteste der Kentauren, wilder Fabelwesen mit menschlichem Oberkörper und Pferdeleib (vgl. V. 9: »Füllen« sowie zu 210, 69). Jedoch im Gegensatz zu den anderen Kentauren ist er weise, freundlich und edel, so daß er zum Erzieher berühmter Helden wird, z. B. des Achill, den er auch das Saitenspiel lehrte (vgl. V. 50: »Knabe«, wobei dies auch auf Herakles bezogen werden kann, den Chiron ebenfalls aufgezogen hat); er ist Heilkundiger (V. 5), Astronom (V. 13 f.), Seher (V. 31 »Gesichten«) und wird schließlich von Zeus wegen seines Gerechtigkeitssinns (V. 41 »recht«) unter die Sternbilder versetzt. Nach einer weniger bekannten mythologischen Version stammt er wie die übrigen Kentauren von Ixion und Nephele (griech.: Wolke) ab (vgl. V. 48: »Wolken des Wilds«). Als die anderen Kentauren vor Herakles zu Chiron flüchten, trifft ihn ein Pfeil von Herakles, wodurch er unheilbar verwundet wird, da der Pfeil in das Gift der Lernäischen Hydra getaucht wurde (vgl. V. 22: »Gift«). Weil er unsterblich ist, kann ihn der ersehnte Tod (vgl. V. 24: »Retter«; V. 29 f.: »ich hör ihn tötend, den Befreier«) nicht von seinem Schmerz erlösen. Eine Hoffnung indessen gibt es für ihn: Nach einer »Wahrsagung« (V. 50) des Hermes kann er auf eine Unsterblichkeit zugunsten des Prometheus verzichten. Das ist aber erst möglich, wenn Herakles den Adler erlegt und Prometheus von den Fesseln befreit hat (vgl. Aischylos, *Der gefesselte Prometheus*, V. 1026 ff., vgl. zu 26). Chiron erwartet Herakles mit dieser Nachricht (vgl. V. 52: »Herakles' Rückkehr«). – *1 Nachdenkliches:* Attribut zu »Licht«: zum Nachdenken anregendes Licht. – *4 die erstaunende Nacht:* Hier: die erstaunliche, die Erstaunen hervorrufende Nacht. Vgl. *Brot und Wein* V. 17. – *18 Der Halbgott, Zeus' Knecht:* Herakles.

157 *39 Einheimisch:* Hier: altgewohnt. – *45 Irrstern des Tages:* Die Sonne, der »Herrscher, mit Sporen«. – *47 unstädtisch:* Hier: ordnungslos, ungesellig. – *48 Wolken des Wilds:* Vgl. zu dem obigen Hinweis noch V. 46 der *Friedensfeier:* »die lieben Freunde, das treue Gewölk«. – *50 Die Wahrsagung...:* In einer flüchtigen Reinschrift lautete der Schluß der Ode:

                    Die Wahrsagung
    Reißt nicht   und in gewisser
    Zeit   ist   Herakles Rückkehr.

158 TRÄNEN
Für diese Ode, die im Entwurf die Überschrift »Sapphos Schwanengesang« trägt, erwog H. anfänglich die sapphische Strophe. – *2 ihr geschicklichen:* Ihr vom Geschick, vom Schicksal betroffenen. – *5 Inseln:* Die griechischen Inseln. – *7 die abgöttische:* Attribut zu »Liebe«. – *9 die Heiligen:* Die Griechen. – *16 Albern:* Vgl. zu 152, 38.

159 AN DIE HOFFNUNG
Das Gedicht ist eine 2. Fassung der Ode *Bitte* aus 1801, wobei nur die beiden letzten Verse verändert wurden und die Ausrufezeichen in V. 1 (»gütiggeschäftige«) und V. 3 (»Edle«) Kommas ersetzen; »du Holde«

(V. 12) war in *Bitte* durch ein Ausrufezeichen hervorgehoben. – *18 und darfst du nicht...:* Im Entwurf: »und darfst du nicht / Mir sterblich Glück verkünden, schrecke / Nur mit Unsterblichen dann das Herz mir.« In *Bitte* dann: »und darfst du nicht / Mir sterblich Glück verheißen, schröck o / Schröcke mit anderem nur das Herz mir!«.

160 VULKAN
Im Unterschied zum Erstdruck trägt die Ode in der erhaltenen Handschrift den Titel »Der Winter«. Diese Änderung läßt sich parallel zum Wechsel von »Der blinde Sänger« zu »Chiron« verstehen: individuell faßbare Gestalten treten anstelle eher abstrakter Konzepte. – *Vulkan:* Der Gott des Feuers und der Schmiedekunst (griech.: Hephaistos) erscheint hier als der »freundliche Feuergeist« (V. 1) des häuslichen Herds. In den Handschriften steht statt »freundlicher Feuergeist«: »zaubrischer Phantasus« (Traumgott). – *9 Boreas:* Vgl. zu 96, 22 und Homers ›Odyssee‹ (14. Gesang, Vers 475–477): »Eine stürmische Nacht brach an; der erstarrende Nordwind / Stürzte daher, und stöbernder Schnee, gleich duftigem Reife, / Fiel anfrierend herab und umzog die Schilde mit Glatteis.« (Übersetzung – J. H. Voß). – *24 Freigeborner:* Vgl. *Der Prinzessin von Homburg* V. 15.

161 BLÖDIGKEIT
Der Titel der früheren Fassungen – »Dichtermut« – scheint hier in sein Gegenteil gekehrt: »Blödigkeit« ist eine verlegene Schüchternheit oder Zaghaftigkeit. Aber dem in ihr Befangenen soll ›Mut‹ zugesprochen werden. – *9 Denn, seit Himmlischen gleich Menschen, ein einsam Wild...:* Denn seit die Menschen gleich den Himmlischen ein einsam Wild waren... – *12 nach Arten:* Jeder (»Gesang« und »Fürsten«) auf seine Weise. – *21 geschickt einem zu etwas:* Etwa so zu ergänzen: geschickt, einem Menschen (den Menschen) etwas zu nützen. – *22/23 von den Himmlischen / Einen bringen:* Vgl. Vers 10f.: »Und die Himmlischen selbst führet, der Einkehr zu, / Der Gesang...« – *24 schicklich:* Hier: rein, schuldlos.

162 GANYMED
Aus der Ode *Der gefesselte Strom* entstanden. *Ganymed* ist der Sohn des troischen Königs Tros und der Nymphe Kallirrhoe, der Enkel des auf dem Ida entspringenden Flusses Skamander (heute: Menderes) und der Urenkel des Titanenpaares Okeanos (vgl. 147, 4) und Tethys. Wegen seiner außergewöhnlichen Schönheit raubt ihn Zeus in der Gestalt des Adlers vom Gipfel des Ida-Gebirges (»Bergsohn«, V. 1) und macht ihn zum Mundschenken der Göttertafel (V. 3f.). Die antike Literatur kennt aber auch einen Strom-Dämon gleichen Namens an den Quellen des Nils. Anspielungen auf Ganymed finden sich auch in *An den Äther* (V. 35f.) und im *Hyperion* S. 359. – *20 Nabel der Erde:* Vgl. *Vom Abgrund*

nämlich V. 15 und die 3. Fassung des späten hymnischen Entwurfs *Griechenland* V. 16 f.

163 HÄLFTE DES LEBENS

Dieses Gedicht entstand aus dem zufälligen handschriftlichen Nebeneinander von zwei Entwürfen im Stuttgarter Foliobuch. Der erste Entwurf unter der Überschrift »Die Rose« (darunter: »holde Schwester«) ist um die Wendung »Weh mir!«, die sich gegen Ende des Entwurfs *Wie wenn am Feiertage* findet, herum geordnet und von diesem Entwurf auch motivisch angeregt:

> Wo nehm ich, wenn es Winter ist,
> die Blumen, daß ich Kränze den Himmlischen
> winde?
> Dann wird es sein, als wüßt ich nimmer von Göttlichen,
> Denn von mir sei gewichen des Lebens Geist;
> Wenn ich den Himmlischen die Liebeszeichen,
> Die Blumen im kahlen Felde suche
> und dich nicht finde.

Der zweite Entwurf steht unter der Überschrift »Die Schwäne« und lautet:

> und trunken von
> Küssen taucht ihr
> das Haupt ins hei-
> lignüchterne kühle
> Gewässer.

Die gemeinsame Überschrift beider Entwürfe lautet in der Handschrift »Die letzte Stunde«, während der endgültige Titel »Hälfte des Lebens« nur im Erstdruck überliefert ist.

Zum Inhalt des Gedichts vgl. H.s Brief an seine Schwester vom 11. Dezember 1800: »Ich kann den Gedanken nicht ertragen, daß auch ich, wie mancher andere, in der kritischen Lebenszeit, wo um unser Inneres her, mehr noch als in der Jugend, eine betäubende Unruhe sich häuft, daß ich, um auszukommen, so kalt und allzunüchtern und verschlossen werden soll. Und in der Tat, ich fühle mich oft wie Eis, und fühle es notwendig, solange ich keine stillere Ruhestätte habe, wo alles, was mich angeht, mich weniger nah und eben deswegen weniger erschütternd bewegt.«

Das Bild der Schwäne, die »trunken« ihre Köpfe in das Wasser tauchen, läßt – nach J. Schmidt – eine poetologische Auslegung des Gedichts zu. Die Dichter als Schwäne zu bezeichnen, hat als Topoi schon eine antike Tradition: nach Platon ›Politeia‹, 620a führt die Seele des Orpheus ein »Schwanenleben«, Horaz sieht sich selbst in einen Schwan verwandelt (Ode II, 20). Diese Trunkenheit deutet auf den »frohlockenden Wahnsinn«, der in *Brot und Wein* »plötzlich die Sänger ergreift« (vgl. zu 135, 47), doch muß diese Begeisterung »heilignüchtern« bleiben; vgl. *Reflexion* S. 608 f. Die Notwendigkeit solcher Begrenzung wird in den »Nachtgesängen« auch unter anderen Aspekten betont: die antiken Städte gingen unter, weil »die Heiligen« »allzudankbar« waren – als ›heiligtrunken‹ statt »heilignüchtern« – (vgl. *Tränen* V. 9), die Säulen Palmyras verfallen, weil die Bewohner »über die Grenzen / Der Othmenden... gegangen« sind (*Lebensalter* V. 6 f.). – *7 heilignüchterne:* Vgl. *Deutscher Gesang* V. 18. – *9 die Blumen:* Vgl. »Die Blumen des Mundes«, Anm. zu 181, 72.

163 LEBENSALTER
2 Palmyra: Prächtige antike Stadt in einer Oase der syrischen Steppe, die 273 von den Römern völlig zerstört wurde und an deren einstige Blüte nur noch gewaltige Ruinen (darunter die Säulenstraße) erinnern. Den »Säulenwäldern« (V. 3) fehlen, wie Baumstämmen die »Kronen« (V. 5), die Kapitele und die Dächer. – *7 der Othmenden:* der Menschen. – *8/9 der Rauchdampf und / ... das Feuer:* Vgl. Apostelgeschichte 2, 19: »Und ich will Wunder tun oben im Himmel und Zeichen unten auf Erden, Blut und Feuer und Rauchdampf.« – *10 (deren / Ein jedes eine Ruh hat eigen):* F. Beißner vermutet Textverderbnis und schlägt als Besserungen vor: »deren / Ein jedes eine ⟨zur⟩ Ruh hat eigen« oder »⟨darin⟩ / Ein jedes eine Ruh hat eigen«. »Beide Textherstellungen ergäben denselben Sinn: alles Vergangene ist in die ›Wolken‹ gerettet, es ruht dort verborgen, und der ›Gedanke‹ des auf den Wolken Sitzenden ›schafft‹ in schwermütig heiligem Angedenken sich die ›Gestalten‹ der aufgehobenen Vergangenheit neu – wie Chiron (Vers 19–22).«

164 DER WINKEL VON HARDT
Winkel: Dieser sich im Wald bei Hardt (zwischen Nürtingen und Denkendorf) befindliche (Schlupf-)Winkel ist der aus zwei riesigen gegeneinandergelehnten Sandsteinplatten bestehende Ulrichstein am Steilhang der Filder über dem Aichtal. Hier hat der Sage nach »Ulrich« (V. 6) von Württemberg (1487–1550) auf der Flucht Unterschlupf gefunden, als er 1519 vom Schwäbischen Bund vertrieben wurde. – *4 Grund, / Nicht gar unmündig:* Der Grund des Aichtals, durch das der Herzog floh, weiß von dem Schicksal zu sagen. (»Mündig« wurde zuweilen gegen die Etymologie an »Mund« angelehnt.) – *9 an übrigem Orte:* An dem übriggebliebenen, zurückgelassenen Ort.

165 DEUTSCHER GESANG ... MNEMOSYNE
Von den zwischen 1801 und 1806 entstandenen Hymnen – den sogenannten »Vaterländischen Gesängen« – hat Hölderlin selbst nur *Die*

Wanderung zum Druck gegeben. Aus Briefen an den Frankfurter Verleger Wilmans, bei dem seine Sophokles-Übersetzung erschien, geht aber hervor, daß er sich anschickte, auch die anderen »Gesänge« zur Veröffentlichung vorzubereiten. Am 8. Dezember 1803 schrieb er an ihn: »Einzelne lyrische größere Gedichte, 3 oder 4 Bogen, so daß jedes besonders gedruckt wird, weil der Inhalt unmittelbar das Vaterland angehn soll oder die Zeit, will ich Ihnen auch noch diesen Winter zuschicken.« Und um Weihnachten 1803 heißt es in einem Brief an den gleichen Empfänger: »Übrigens sind Liebeslieder immer müder Flug, ⟨...⟩ ein anders ist das hohe und reine Frohlocken vaterländischer Gesänge ⟨...⟩ Ich bin sehr begierig, wie Sie die Probe einiger größern lyrischen Gedichte aufnehmen werden. Ich hoffe, sie Ihnen auf den Januar zu schicken; und wenn Sie diesen Versuch wie ich beurteilen, werden sie wohl noch bis auf die Jubilatenmesse erscheinen können.« Wilmans erwiderte darauf am 28. Januar 1804, daß er vor der Messe schwerlich noch die größern Gedichte in seiner Druckerei unterbringen werde, aber gleich nach der Messe wolle er den Druck befördern. Die 1954 aufgefundene Reinschrift der *Friedensfeier* ist die Druckvorlage für eine der geplanten Einzelveröffentlichungen, wie aus dem der Vorbemerkung mit dunklerer Tinte angefügten Satz hervorgeht: »Der Verfasser gedenkt dem Publikum eine ganze Sammlung von dergleichen Blättern vorzulegen, und dieses soll irgend eine Probe sein davon.«

Der Entwurf *Deutscher Gesang* wurde zusammen mit dem Entwurf der Hymne *Am Quell der Donau* niedergeschrieben und stammt vielleicht noch aus dem Jahr 1800, womit er in zeitliche Nähe zu *Der Mutter Erde* rücken würde. – *3 und rascher hinab / Die rauhe Bahn geht:* Zugehöriges Subjekt: der Strom. – *18 heiligen nüchternen:* Vgl. zu *Hälfte des Lebens*.

166 *38 Sein Wort im Liede dich nennet:* Im Anschluß notierte H.:

> Je mehr Äußerung, desto stiller
> Je stiller, desto mehr Äußerung.

166 AM QUELL DER DONAU

Bereits in der Ode *Heidelberg* hatte H. den Lauf eines Flusses als Symbol seiner Geschichtsphilosophie gedeutet, in den späten Hymnen wird dies am Beispiel des Rheins und der Donau vertieft. Vor allem der Lauf der Donau wird zum Tableau der Verbindung zwischen Hesperien und Antike und unterstreicht die Gewißheit der Wiederkehr der goldenen Zeit, auf die die Verbrüderung zwischen den Schwaben und den Griechen in *Die Wanderung* (V. 49ff.) anspielt. Das damals getauschte »Wort« (V. 53) soll nun »Stimme« werden und über die Alpen nach Hesperien zurückkehren (*Am Quell der Donau* V. 43), die *Heimkunft* der Götter verkünden.

Der Osten – Ziel der Donau und Quelle der ihr von H. verliehenen Bedeutung – galt unter H.s Zeitgenossen allgemein als Erwartungsrichtung einer neuen Zeit: hier vermutete man das Mutterland der Religion – von hier kamen Christus und Dionysos – wie auch der Poesie, zu der Herder auch die Bibel zählte: »Fern im Osten wird es helle«, heißt es im 2. ›Geistlichen Lied‹ des Novalis.

Am Quell der Donau ist die erste ihr gewidmete Hymne – vgl. *Die Wanderung* und *Der Ister* – und wurde 1801 vollendet. In der Reinschrift, die auch spätere Änderungen enthält, fehlen die Überschrift und die beiden ersten Strophen, deren Anlage sich aber aus dem dritten Ansatz des Entwurfs entnehmen läßt:

Dich, Mutter Asia! grüß ich, ⟨...⟩
   und fern im Schatten der alten Wälder ruhest, und deiner Taten
      denkst,
     der Kräfte, da du, tausendjahralt voll himmlischer Feuer ⟨s. zu 651⟩,
                  und trunken ein unendlich
Frohlocken erhubst, daß uns nach jener Stimme das Ohr noch
                 jetzt, o Tausendjährige, tönet,
Nun aber ruhest du, und wartest, ob vielleicht dir aus
                 lebendiger Brust
ein Widerklang der Liebe dir begegne, ⟨...⟩
   mit der Donau, wenn herab
   vom Haupte sie dem
   Orient entgegengeht
   und die Welt sucht und gerne
   die Schiffe trägt, auf kräftiger
   Woge komm ich zu dir.

Im ersten Ansatz des Entwurfs lautete die auf den Vergleich zwischen den von Göttlichem niedergeschlagenen »Starken« und dem »Wild« (V. 53) folgende Passage noch so:

                                                            so
ruheten wir, und es erlosch das Licht der Augen allen, die da
sahen und in den heiligen Abgrund, aber die Wildesten ruhten zuletzt,
als über uns die Macht der Zeiten erfüllt war.
Jüngst
und zu sehen übten die Augen sich und zu lesen die Silbe der Schriften,
Manche sind von Menschen geschrieben. Die andern schrieb
   Die Natur. Aber die Dichter
      Und deine Propheten, o Mutter Asia,
sie, die Helden, welche furchtlos standen auf einsamem Berge vor
   den Zeichen des Weltgeists,

die in froher Seele die geheimnisvolle Sprache vernehmend
   der Starken, welche
des reinen Verstandes gewiß.
   Doch anders kömmt   schon übt in ihrer
Wiege, schon ringt mit sterblichen Kräften die Begeisterung
   edler und edler sich
In Wolken des Gesangs thront,   herrschet über die
Völker, über die Fürsten ein Gott, doch keiner wird den
   Donnerer nennen.
Denn wie zu Frühlingsanfang

35 der Chor der Gemeinde: vgl. *Der Mutter Erde* V. 1 und 14. – *37 Parnassos:* Vgl. zu 109, 210. – *Kithäron:* Vgl. zu 135, 51. – *39 Kapitol:* Burgberg Roms und (in engerem Sinne) der Tempel des Jupiter Capitolinus, der sich in der Antike auf dem südlichen Teil des Hügels befand. – *40 Fremdlingin:* Vgl. zu 88, 25.

167 *69 ihr Bürger schöner Städte, / Beim Kampfspiel:* Daran schließt in der Reinschrift folgende spätere Änderung an: »an des Alpheus Bäumen, / Wo beschattet die glühenden Wagen des Mittags / Und die Sieger glänzten und lächelnd die Augen des Richters«. (Alpheus: Fluß bei Olympia vgl. zu 370.) – *75 Isthmos:* Die Landenge von Korinth, der Austragungsort der Isthmischen Spiele. – *76 Cephiß:* Cephissos, vgl. zu 32, 39. – *Taygetos:* Gebirge in Südgriechenland, an dessen Fuß Sparta lag.

168 *82 den Himmel auf Schultern:* Auf Herakles zu beziehen, der Atlas das Himmelsgewölbe abnimmt, damit ihm dieser die goldenen Äpfel aus dem Garten der Hesperiden bringen kann, vgl. zu 24, 31 sowie *Der Rhein* V. 155 ff. – *83 Taglang auf Bergen gewurzelt:* Vgl. 2. Mose 24, 16–18: »Und die Herrlichkeit des Herrn wohnete auf dem Berge Sinai und deckte ihn mit der Wolke sechs Tage und rief Mose am siebenten Tage aus der Wolke. Und das Ansehen der Herrlichkeit des Herrn war wie ein verzehrendes Feuer, auf der Spitze des Berges, vor den Kindern Israel. Und Mose ging mitten in die Wolke und stieg auf den Berg und blieb auf dem Berge vierzig Tage und vierzig Nächte.« S. a. 2. Mose 19 und 34. – *105 wenn einen dann die heilige Wolk umschwebt:* Nach »dann« fügte H. später in die Reinschrift »mein Conz« ein. – Karl Philipp Conz (1762– 1827), von 1789 bis 1791 Repetent im Tübinger Stift, hat H.s Begeisterung für die griechische Antike vornehmlich geweckt.

169 DIE WANDERUNG

Von dieser vermutlich im Frühjahr 1801 entstandenen Hymne ist außer dem von H. besorgten Erstdruck (1802 in: ›Flora. Teutschlands Töchtern geweiht. Eine Quartalschrift von Freunden und Freundinnen des schönen Geschlechts‹) eine mit späteren und späten Änderungen versehene

Reinschrift überliefert. Das Gedicht ist – wie *Quell der Donau* – triadisch aufgebaut, wobei die Strophen jeder Triade jeweils 12, 12 und 15 Verse zählen. – *1 Suevien:* (lat.) Schwaben. – *2 Auch du:* Zu verbinden mit: »Von hundert Bächen durchflossen«. – *3 Lombarda:* Die oberitalienische Lombardei. – *8 Benachbartes:* Attribut zu »Alpengebirg«. Ursprünglich hieß es: »Uraltes«. – *15 leichtanregend:* Hier (entsprechend der schwäbischen Wortbedeutung von »anregen«): leichtberührend. – *18 die Treue:* Spät fügt H. in der Handschrift noch an: »der Schweiz noch«. – *19 nahe dem Ursprung wohnet:* Spät geändert in: »nahe dem Ursprung wohnt solch ehrlichem«. – *20 Städte:* Späte Hinzufügung: »Heidenheim, Neckarsulm«. – *21 See:* Der Bodensee. – *22 An Neckars Weiden:* Danach späte Einfügung: »Thills Dorf«, womit wohl ein Dorf in der Umgebung Tübingens gemeint ist, zu Thill vgl. 220, 38.

170 *32 das deutsche Geschlecht:* Zu verbinden mit: »zusammen mit Kindern...« – *33 fortgezogen:* Passives Partizip des Perfekts: fortgezogen worden. – *34 da diese / Sich Schatten suchten:* Nämlich die »Kinder der Sonn«, des Ostens, Asiens. – *39 Das gastfreundliche genennet:* Nachdem die Küsten des Schwarzen Meeres von den Griechen besiedelt worden waren, nannten sie es das gastfreundliche Meer, pontus euxeinos. – *41 satzten:* Die ursprüngliche Form des Präteritums (da sich bei diesem Verb der sogenannte Rückumlaut lange hielt). – *43 Gewande:* Ältere Pluralform. – *45 Die eigene Rede des andern:* Die fremde, darum seltsame eigentümliche Rede (Sprache) des andern, zur Dialektik von »eigenem« und »anderem« vgl. a. zu 656. – *58 denn alles:* Danach späte Einfügung: »staatsklüger auch / Denn alles«.

171 *60 Von Menschen sich nannt:* Auch daran anschließend eine späte Einfügung: »und Wilden«. – *65 Kayster:* Fluß in Ionien (Kleinasien), dessen Name dreisilbig zu sprechen ist; H. betonte ihn auf der zweiten Silbe. – *68 ihr Schönsten:* Die Griechen. – *71 Tayget:* Vgl. zu 167, 76. – *Hymettos:* Gebirgszug in Attika (südöstlich Athens), der wegen seines Honigs und des blaugrauen Marmors »vielgepriesen« war. – *73 Parnassos' Quell:* Vgl. zu 109, 210. – *des Tmolos / Goldglänzenden Bächen:* Auf dem Tmolos in Lydien entsprang der Paktol, der wegen seines Goldreichtums bekannt war. – *77 die Saitenspiele:* In einer späteren Überarbeitung durch »Leiern und Cymbeln« ersetzt, zu diesen bacchantischen Instrumenten vgl. zu 115, 31. – *79 Land des Homer:* Ionien. – *82 Pfirsich:* Der Pfirsich ist aus Kleinasien nach Europa gekommen, was durch den Namen bezeugt wird (lat. malum persicum: persischer Apfel). – *89 Thetis:* Eine schöne Meeresnymphe, Tochter des Meergottes Nereus und Mutter des Achill. H. meint jedoch Tethys, die Schwester und Gattin des Okeanos. – *90 Ida:* Vgl. zu 115, 16. – *94 Von ihren Söhnen einer, der Rhein:* Hier wird besonders deutlich, daß H. zunächst das alte Herzogtum Schwaben

vor Augen hatte, das in der Stauferzeit (12. und 13 Jh.) die deutsche Schweiz mit dem gesamten Quellgebiet des Rheins, das Elsaß, das südliche Baden, Württemberg und das bayrische Schwaben bis zum Lech umfaßte. Vgl. die ursprüngliche Fassung von V. 7 (»der Schweiz« wurde später eingefügt) und 8, aber auch die endgültige Fassung von V. 22.

172 *95 Mit Gewalt wollt er ans Herz ihr stürzen:* Der Rhein fließt zunächst in östlicher Richtung, ehe er bei Chur sich nach Norden wendet. – *99 Grazien... Charitinnen:* Die Chariten (die Holden, Freundlichen, lat.: Grazien), drei zusammengehörige weibliche griechische Gottheiten, Euphrosyne (Frohsinn), Aglaia (Glanz) und Thaleia (Blüte), die Pindar in dem von H. übersetzten 14. Olympischen Siegeslied anruft, aus dem die Wendung »Dienerinnen des Himmels« entlehnt ist. – *108 Dann werden wir sagen:* Danach fügte H. spät die Widmung ein: »mein Storr«. (Zunächst erwog er: »mein Freund«.) Gemeint ist entweder H.s Tübinger Lehrer Gottlob Christian Storr oder der Nürtinger Oberamtmann Wilhelm Ludwig Storr.

173 DER RHEIN

Der Entwurf der Hymne entstand wahrscheinlich 1801 in Hauptwil, vielleicht nach einem Besuch des oberen Rheintals bei Bad Ragaz. V. 105–114, deren endgültige Gestalt zwischen den Zeilen entworfen wurde, lehnen sich in der erhaltenen Reinschrift noch eng an den Entwurf an:

> Denn irrlos gehn, geradeblickend die
> Vom Anfang an zum vorbestimmten End,
> Und immer siegerisch und immerhin ist gleich
> Die Tat und der Wille bei diesen.
> Drum fühlen es die Seligen selbst nicht,
> Doch ihre Freude ist
> Die Sag und die Rede der Menschen.
> Unruhig geboren, sänftigen die
> Fernahnend das Herz am Glücke der Hohen;
> Dies lieben die Götter;

In dieser Reinschrift, die zwischen dem Sommer 1801 und dem Sommer 1802 abgeschlossen wurde und noch spätere Überarbeitungen enthält, ist der Gesang im Gegensatz zum Erstdruck »An Vater Heinse« gerichtet (vgl. die Widmung zu *Brot und Wein*) und geht mit gänzlich anderer Schlußstrophe aus:

> Und du sprichst ferne zu mir,
> Aus ewigheiterer Seele,
> Was nennest du Glück,

Was Unglück? wohl versteh ich die Frage,
Mein Vater! aber noch tost
Die Welle, die mich untergetaucht,
Im Ohr mir, und mir träumt
Von des Meergrunds köstlicher Perle.
Du aber, kundig der See,
Wie des festen Landes, schauest die Erde
Und das Licht an, ungleich scheinet das Paar, denkst du,
Doch göttlich beide, denn immer
Ist dir, vom Äther gesendet,
Ein Genius um die Stirne.

Zu der Frage nach »Glück« und »Unglück« hatte Heinse 1796, als er mit Susette Gontard und H. in Bad Driburg weilte, notiert: »Es kommt nur darauf an, ob es Geister gibt, die so stark sind, daß sie über alle Leiden empor ragen; und ob man nicht wohlgeborne Menschen bis zu dieser Stärke erziehen kann. Das Gefühl großer Stärke macht auch glücklich, und man kann dies das angeborne Glück, das Unglück nennen, das mehr wert ist, als alles andre.« (Zitiert nach B. Böschenstein, vgl. zu 152, 40, ebd. S. 102). In der Schlußstrophe, wie auch in V. 51 (»Geburt«, s.o. »wohlgeborne«), mag eine ferne Reminiszenz an die Gespräche mit Heinse nachklingen, dem »ehrlich Meister« »in Westfalen« (*Der Vatikan* V. 10f.).

Über den Anfang des Gedichts schrieb H. später: »Das Gesetz dieses Gesanges ist, daß die zwei ersten Partien der Form nach durch Progreß und Regreß entgegengesetzt, aber dem Stoff nach gleich, die zwei folgenden der Form nach gleich, dem Stoff nach entgegengesetzt sind, die letzte aber mit durchgängiger Metapher alles ausgleicht.«

Der Rhein veröffentlichte zuerst Leo von Seckendorf in seinem ›Musenalmanach für das Jahr 1808‹. – Das Gedicht ist triadisch angelegt, die Strophen zählen je 15-16-14 Verse. – *1 Efeu:* Das »bacchantische Laub«, Stuttgart V. 52. – *15 Morea:* Die südgriechische Halbinsel Peleponnes. – *25 die Mutter Erd anklagt':* Vgl. *Die Wanderung* V. 94 f.

174 *35 Tessin:* Aus metrischen und mundartlichen Gründen auf der ersten Silbe zu betonen. – *Rhodanus:* Der lateinische Name der Rhone wird ebenfalls auf der ersten Silbe betont. – *37 Nach Asia:* Nach Osten; vgl. zu 172, 95. – *40 Die Blindesten:* Prädikatsnomen. – *54 Wo aber ist einer...:* Zu verbinden mit: »Glücklich geboren wie jener?«

175 *69 Zahn:* »Schlund« (Lesart). – *70 zerreißt er die Schlangen:* Anspielung auf Herakles, der schon als Säugling die beiden von der rachsüchtigen Hera geschickten Schlangen tötete. – *73 wie der Blitz:* Eine Lesart im Entwurf macht den syntaktischen Zusammenhang deutlich:

»er muß wie der Blitz die Erde spalten.« – *97 Die Liebesbande verderbt und Stricke von ihnen gemacht:* Im Entwurf zu der Sinclair gewidmeten Ode *An Eduard* notierte sich H. noch unter dem Titel »Bundestreue. An Sinclair«: »Verflucht die Asche des / der zuerst / Die Kunst erfand aus Liebesbanden / Seile zu winden.« – *99 des eigenen Rechts:* Von »gewiß« abhängig. – *116 der:* Wie »einer« (V. 119) identisch mit »Schwärmer« (V. 120).

177 *139 Rousseau:* Vgl. zu 92. – *148 Die Achtungslosen:* Attribut zu »Knechte«. – *155 den Himmel... Sich auf die Schultern häuft:* Vgl. zu 168, 82. – *163 Bielersee:* Auf der Petersinsel dieses im Schweizer Kanton Bern gelegenen Sees hielt sich Rousseau 1765 auf, vgl. dessen ›Bekenntnisse‹ (Buch XII).

178 *176 Auch ruht:* Die Reinschrift fuhr zunächst fort: »und vor der Schülerin jetzt / Der Bildner, vor der Braut / Der herrliche Pygmalion, / Der Tagsgott vor der Erde sich neiget«. (Zu »Pygmalion« vgl. zu 49, 30). – *180 Brautfest:* Zum Motiv des Götterfests vgl. 135, 71 ff. sowie die Variante zur 4. Str. von *Der Gang aufs Land.* – *206 Ein Weiser:* Sokrates, vgl. Platons ›Symposion‹: Während alle andern Teilnehmer nach und nach entschlummern (unter ihnen Agathon und Aristophanes), bleibt Sokrates bis zum anderen Morgen wach. S. a. den auf S. 804 zitierten Brief H.s.

179 GERMANIEN

Das 1801 entstandene Gedicht, das die Deutung der Alpen aus *Heimkunft* und *Unter den Alpen gesungen* aufgreift, ist nicht triadisch aufgebaut: Zwischen den Anfangsstrophen (1–2) und den Schlußstrophen (6–7) steht ein Mittelteil (3–5), wobei der entscheidende Moment – der Adler richtet ein »ander Wort« an Germania – genau im Zentrum des Gesangs dargestellt ist (4).

180 *33 Vorspiel rauherer Zeit:* Vgl. *Brot und Wein* V. 115–118. – *36 prophetische Berge:* Berge, von denen Bedeutsames ausgeht, wie etwa der Sinai, vgl. zu 168, 83. – *41 es tönt im innersten Haine:* Anspielung auf die »prophetischen Haine Dodonas«. Vgl zu 110, 227. – *43 Parnassos:* Vgl. 109, 210. – *45 und frohe Beute sucht / Dem Vater, nicht wie sonst:* Nicht wie sonst sucht der Adler, das heilige Tier des Zeus, frohe Beute dem Vater. Vgl. zu 162. – *49 Priesterin:* Germania. – *52 ein Sturm:* Die Revolutionskriege, die der am 9. Februar 1801 geschlossene Frieden von Lunéville beenden sollte. Vgl. zu *Unter den Alpen gesungen* und *Friedensfeier.*

181 *56 eines:* Das »Kind« (V. 54), die spätere »Priesterin Germania«. – *58 sandten sie:* Nämlich die Götter, »sie selbst« (V. 56). – *61 Der Jugendliche:* Der Adler, der sich verjüngt hat. – *63 ein schweres Glück:* Vgl. *Der Rhein* V. 205 und *Emilie vor ihrem Brauttag* V. 553. – *72 Blume des Mundes:* Die Sprache, die Metapher »Worte wie Blumen« (*Brot und Wein*

V. 90) geht auf den antiken Topos der »flos oriationes« zurück, s. Cicero, De oratore III, 19. – *76 Die Mutter ist von allem:* Die Erde. – *88 Und so zu reden die meiste Zeit, / Ist weise auch, von Göttern:* Und so, nämlich schamvoll, die meiste Zeit von Göttern zu reden, ist weise.

182 *90 überflüssiger:* Überfließender. – *93 Einsmals:* Mundartlich für »einmal« (aus »eines Males«). – *103 Mitte der Zeit:* Die Gegenwart als »Mittag« der Geschichtsphilosophie oder im Sinn der Zeitenwende vor / nach Chr. – *107 Die Unbedürftigen:* Die griechischen Götter; »Vergangengöttliches« (V. 100), »Vergangene« (V. 13). – *112 Den Königen und den Völkern:* Alte Rechtsformel.

183 FRIEDENSFEIER

Diese Hymne ist von dem Friedensschluß von Lunéville inspiriert (vgl. die zu *Unter den Alpen gesungen* zitierte Briefpassage). Von dem wohl bald nach dem Friedensschluß am 9. Februar 1801 entworfenen und vermutlich im Herbst 1802 vollendeten Gedicht existieren handschriftlich der Entwurfskomplex »Versöhnender, der du nimmer geglaubt« und die Druckvorlage für den geplanten Einzeldruck, die aber erst 1954 wieder auftauchte. Diese Reinschrift führte zu einer engagiert geführten Diskussion, die sich um die Frage, wer mit »dem Fürsten des Fests« (V. 15 und 112) gemeint sei, drehte. Die Deutungen identifizierten ihn mit Napoleon, dem »Fürst« des Friedens von Lunéville (V. 19: »Allbekannter« und das gleichnamige Gedicht), mit Christus oder einer Christus verwandten Gestalt, mit Gottvater, oder, abstrakt gefaßt, dem Weltgeist, mit einem dem römischen Saturn ähnelnden Gott des Friedens (vgl. *Natur und Kunst oder Saturn und Jupiter*), mit dem »Genius des Volkes« in Analogie zu der Ode *An die Deutschen* (V. 25), mit einem Sonnengott oder mit Dionysos als dem Inbegriff des ›kommenden Gottes‹ (vgl. zu 135, 54). Im Gegensatz zu H.s anderen Anspielungen auf Göttergestalten, die innerhalb der Texte stets präzise Zuordnungen ermöglichen (vgl. z. B. *Der Einzige*), ist hier eine solche Zuordnung gar nicht intendiert, und die Verweigerung einer eindeutigen Lösung oder eines »konkreten Namens« ist kein Mangel, sondern Anzeichen der Unvergleichlichkeit des Fürsten des Festes« (D. Lüders 312).

Der erste Entwurf lautet:

> Versöhnender, der du nimmergeglaubt
> Nun da bist,   Freundesgestalt mir
> Annimmst, Unsterblicher, aber wohl
> Erkenn ich   das Hohe,
> Das mir die Knie beugt,
> Und fast wie ein Blinder muß ich
> Dich, Himmlischer, fragen, wozu du mir,

Woher du seiest, seliger Friede!
Dies *eine* weiß ich, Sterbliches bist du nichts,
Denn manches mag ein Weiser oder
Der treuanblickenden Freunde einer erhellen, wenn aber
Ein Gott erscheint, auf Himmel und Erd und Meer
Kömmt allerneuende Klarheit.

Einst freueten wir uns auch,
Zur Morgenstunde, wo stille die Werkstatt war
Am Feiertag, und die Blumen in der Stille,
Wohl blühten schöner auch sie und helle quillten lebendige Brunnen.
Fern rauschte der Gemeinde schauerlicher Gesang,
Wo, heiligem Wein gleich, die geheimeren Sprüche,
Gealtert, aber gewaltiger einst, aus Gottes
Gewittern im Sommer gewachsen,
Die Sorgen doch mir stillten
Und die Zweifel, aber nimmer wußt ich, wie mir geschah,
Denn kaum geboren, warum breitetet
Ihr mir schon über die Augen eine Nacht,
Daß ich die Erde nicht sah und mühsam
Euch atmen mußt, ihr himmlischen Lüfte.

Zuvorbestimmt war's. Und es lächelt Gott,
Wenn unaufhaltsam, aber von seinen Bergen gehemmt,
Ihm zürnend in den ehernen Ufern brausen die Ströme,
Tief wo kein Tag die begrabenen nennt.
Und oh, daß immer, Allerhaltender, du auch mich
So haltest, und leichtentfliehende Seele mir sparest,
Drum hab ich heute das Fest, und abendlich in der Stille
Blüht rings der Geist und wär auch silbergrau mir die Locke,
Doch würd ich raten, daß wir sorgten, ihr Freunde,
Für Gastmahl und Gesang, und Kränze genug und Töne,
Bei solcher Zeit unsterblichen Jünglingen gleich.

Sei gegenwärtig, Jüngling, jetzt erst, denn noch ehe du ausgeredet,
Rief es herab, und schnell verhüllt war jenes Freudige, das
Du reichtest, und weit umschattend breitete sich über dir
Und furchtbar ein Verhängnis,
So ist schnellvergänglich alles Himmlische, aber umsonst nicht.
Des Maßes allzeit kundig rührt mit schonender Hand
Die Wohnungen der Menschen
Ein Gott an, einen Augenblick nur,
Und sie wissen es nicht, doch lange

Gedenken sie des, und fragen, wer es gewesen.
Wenn aber eine Zeit vorbei ist, kennen sie es.

Und menschlicher Wohltat folget der Dank,
Auf göttlicher Gabe aber jahrlang
Die Mühn erst und das Irrsal,
Daß milder auf die folgende Zeit
Der hohe Strahl
Durch heilige Wildnis scheine.
Darum, o Göttlicher! sei gegenwärtig,
Und schöner, wie sonst, o sei,
Versöhnender, nun versöhnt, daß wir des Abends
Mit den Freunden dich nennen, und singen
Von den Hohen, und neben dir noch andere sei'n.

Denn versiegt fast, all in Opferflammen
War ausgeatmet das heilige Feuer,
Da schickte schnellentzündend der Vater
Das liebendste, was er hatte, herab,
Damit entbrennend,
Und wenn fortzehrend von Geschlecht zu Geschlecht,
Die Menschen wären des Segens zu voll,
Daß jeder sich genügt' und übermütig vergäße des Himmels,
Dann, sprach er, soll ein neues beginnen,
Und siehe! was du verschwiegest,
Der Zeiten Vollendung hat es gebracht.
Wohl wußtest du es, aber nicht zu leben, zu sterben warst du gesandt,
Und immer größer, denn sein Feld, wie der Götter Gott
Er selbst, muß einer der anderen auch sein.

Wenn aber die Stunde schlägt,
Wie der Meister tritt er, aus der Werkstatt,
Und ander Gewand nicht, denn
Ein festliches, ziehet er an
Zum Zeichen, daß noch anderes auch
Im Werk ihm übrig gewesen.
Geringer und größer erscheint er.
Und so auch du
Und gönnest uns, den Söhnen der liebenden Erde,
Daß wir, so viel herangewachsen
Der Feste sind, sie alle feiern und nicht
Die Götter zählen, *einer* ist immer für alle.
Mir gleich dem Sonnenlichte! Göttlicher, sei

Am Abend deiner Tage gegrüßet.
Und mögen bleiben wir nun.

Diesen Entwurf hat H. mehrmals überarbeitet (vgl. zu V. 40 und 52), im 3. Entwurfsansatz lautet der Beginn der 3. Strophentriade der Reinschrift:

Zur Herrschaft war der immer zu groß
Und geringer denn er, so weit es auch gereichet, sein Feld.
Es mag ein Gott auch, Sterblichen gleich,
Erwählen ein Tagewerk und teilen alles das Schicksal,
Daß alle sich einander erfahren, und wenn
Die Stille wiederkehret, eine Sprache unter Lebenden
sei. Wie der Meister tritt er dann, aus der
Werkstatt, geringer und größer, und andres Gewand nicht denn
                                                    ein fest-
liches ziehet er an. Und alle die wandelnden Menschen

Denn siehe es ist der Abend der Zeit

Die Gesetze aber, die unter Liebenden gelten,
Die schönausgleichenden, sie sind dann allgeltend
Von der Erde bis hoch in den Himmel.
Und der Vater thront nun nimmer oben allein.
Und andere sind noch bei ihm.
Viel hat erfahren der Mensch. Der Himmlischen viele genannt,
Seit ein Gespräch wir sind
Und hören können voneinander.

Der strophische Entwurf geht nun in Prosa über, die den ganzen Entwurfskomplex gedanklich abschließt (vgl. Str. 9 der Reinschrift):

Ein Chor nun sind wir. Drum soll alles
Himmlische, was genannt war, eine Zahl
geschlossen, heilig, ausgehen rein aus unserem Munde.

Denn sieh! es ist der Abend der Zeit, die Stunde
wo die Wanderer lenken zu der Ruhstatt. Es kehrt bald
Ein Gott um den anderen ein, daß aber
ihr Geliebtestes auch, an dem sie alle hängen, nicht
fehle, und *eines* all in dir sie all, sein,
und alle Sterblichen seien, die wir kennen bis hieher.

Darum sei gegenwärtig, Jüngling. Keiner, wie
du, gilt statt der übrigen alle. Darum haben
die, denen du es gegeben, die Sprache alle geredet, und du

selber hast es gesagt, daß in Wahrheit wir auf
Höhen und geistig auch anbeten werden in Tempeln. Selig warst du damals, aber seliger
jetzt, wenn wir des Abends mit den Freunden
dich nennen und singen von den Hohen und rings
um dich die Deinigen all sind. Abgelegt
nun ist die Hülle. Bald wird auch noch anderes klar
sein, und wir fürchten es nicht.

(*daß in Wahrheit... in Tempeln* spielt auf Johannes 4, 21 ff. an.) Der Gesang ist in Triaden gegliedert, die aus Strophen mit 12-12-15 Versen bestehen. – *14 Vom ernsten Tagwerk lächelnd:* Auf den »Fürsten des Fests« zu beziehen. – *16 Ausland:* Nach Adelungs Wörterbuch von 1774 »ein auswärtiges oder außer einem gewissen Bezirke, außer gewissen Verbindungen liegendes Land«. Um 1800 setzte sich die heute vertraute Bedeutung durch, die ältere scheint aber auch in V. 80 enthalten. – *18 vergessen:* Aktive Bedeutung. – *20 Beugt fast die Knie das Hohe:* Vgl. *Der Ister* V. 5 sowie den Philipperbrief 2, 10.

184 *28 bei Geistern und Menschen:* (Vgl. die späte Änderung in *Stuttgart* V. 20: »Geister« für »Götter«. – *39 ewige Jünglinge:* Die »Himmlischen«. – *40 aber o du:* Der in V. 48 mit »Jüngling« angeredete Christus, der »Syrier« (*Brot und Wein* V. 156). Zu den folgenden Versen vgl. Johannes 4, 4–42: Christi Gespräch mit der Samariterin am Brunnen in der Nähe der Stadt Sichar. Im 1. Entwurf notierte H. im Anschluß an die 3. Str. den Ansatz, aus dem die 4. und 5. Str. der Reinschrift entstanden:

> Und manchen möcht ich laden
> aber o du,
>   im goldnen bekannt,
>   am Brunnen,
> Es leuchtet zugetan den Menschen freundlich ernst
> unter den syrischen Palmen, und die lieben Freund' umhüllten
> dich, das treue Gewölk

(Uffhausen liest in V. 3 »im goldnen Abend, am Brunnen«.) – *46 die lieben Freunde:* Die Jünger. – *52 Denn schonend rührt des Maßes...:* Diese, für H.s Vorstellung vom »Maß« zentrale Strophe, entstand aus Str. 5 des Entwurfs, die H. noch einmal umgestaltet hatte (dem 2. Entwurfsansatz zuzuordnen):

> Und menschlicher Wohltat folget der Dank,
> Auf göttliche Gabe aber jahrlang
> Die Mühn erst und das Irrsal,
> Bis Eigentum geworden ist und verdient

Und sein sie darf der Mensch dann auch
Die menschlich göttliche nennen.
So gewann erst empfangend
Ein rätselhaft Geschenk,
Und ringend dann, als er das Gefährliche des
Siegs, das trunkenübermütige mit göttlichem Verstand
überwunden der Mensch, gewann er die Flamme und die Woge
des Meeres und den Boden der Erd und ihren Wald und das heiße
        Gebirg,
und den finstern Teich gewann
    das unscheinbare aber, das nächste gewann er zuletzt,
                    die liebste

56 Und kommen muß zum heil'gen Ort das Wilde: Das Wilde muß einen Ort, ein Ziel finden.

185 *67 Viel mehr, denn menschlicher Weise:* Im 2. Entwurf: »Denn nur auf menschliche Weise, nimmermehr«. – *71 Vom Allebendigen aber... / Ist einer ein Sohn:* Der »Allebendige« ist der »Vater« (V. 75), der »hohe, der Geist« (V. 77), und sein »Sohn« ist Christus. – *84 Stille... Sprache:* Vgl. das zu 166, 38 mitgeteilte Bruchstück. – *143 O Mutter:* Zu verbinden mit »Natur«. – *148 Satyren:* Die an der Grenze zwischen Tier und Mensch stehenden lüsternen Begleiter des Dionysos. H., der diese Naturdämonen an keiner anderen Stelle nennt, deutet mit ihnen vielleicht auf die wilde, ungebundene Seite des menschlichen Wesens: auf das Titanische. (Die Titanen hatten das Aussehen von Satyrn.) Der »Feind«, der die »Kinder«, nämlich die Menschen, der »Mutter Natur« gestohlen hat, ist der »Geist der Unruh«; vgl. *Die Muße* und *Die Völker schwiegen, schlummerten.*

188 DER EINZIGE

Die Hymne greift das in *Brot und Wein* entwickelte Modell einer synkretistischen Mythologie, die Christus und Dionysos zusammensieht, auf und erweitert es unter dem Akzent auf Christus zu dem »Kleeblatt« (3. Fassung V. 76) Christus, Dionysos und Herakles.

Die auf 5 verschiedene Handschriften verstreuten Textteile gliederte F. Beißner in drei »Fassungen«, wobei der Ausdruck hier eher für »Stufen« steht: für die 2. Fassung existiert eine Reinschrift nur von V. 53 an – dem sogenannten Warthäuser Fragment –, die V. 1–52 liegen nur in der Überarbeitung der 1. Fassung im Homburger Folioheft vor. Die 3. Fassung ist bis V. 74 in einer endgültigen Reinschrift überliefert, die von V. 75 an aber noch einmal überarbeitet wurde, vor allem wurden die Schlußstrophen entscheidend umgestaltet. Die 1. Fassung wird auf den Herbst 1802 zu datieren sein, die 2. und 3. auf Sommer oder Herbst 1803/1804.

Beißners Edition ist jedoch nicht unumstritten, zuletzt hat H. Uffhausen ein Editionsmodell vorgelegt, das auf der Annahme basiert, daß H. die Strophenzahl von zunächst 9 in der 1. Fassung auf 12 und dann auf 15 erhöhte. Er rekonstruiert so aus der 2. und 3. Fassung eine ›intendierte‹ Gestalt des Gedichts, das triadisch mit dem Strophenschema 12-12-13 operiert. Str. 1–8 entsprächen dem Text der 2. Fassung, Str. 9–11 den Str. 6–8 der 3. Fassung, die 12. Str. wäre aus den Varianten zur 7. und 8. Str. der 3. Fassung zu eruieren, die Str. 13–15 entsprächen den Str. 7–9 der 1. Fassung, wobei die 7. Str. um die Varianten zu ergänzen sei. – *8 Königsgestalt:* Bei den griechischen Dichtern trägt Apollon öfters den Beinamen »Herrscher«, »König«, »Fürst«; aber auch an die äußere Erscheinung des Gottes wäre zu denken. – *19 Elis:* Landschaft im Westen des Peloponnes, in der Olympia liegt. – *20 Parnaß:* Vgl. zu 135, 50. – *21 Isthmus:* Die Landenge von Korinth. – *23 Smyrna... Ephesos:* Städte in Ionien, im westlichen Kleinasien.

189 *33 den letzten eures Geschlechts:* Christus erscheint hier als letzter der antiken Götter; vgl. auch *Brot und Wein* V. 129 f. – *36 Mein Meister und Herr:* Vgl. Johannes-Evangelium 13, 13: »Ihr heißet mich Meister und Herr und sagt recht daran, denn ich bin es auch.« – *45 eifern:* Hier: eifersüchtig sein. – *51 Herakles:* Vgl. *An Herkules*, H. betont den Namen Herakles auf der zweiten Silbe. – *53 Euier:* Aus dem bacchischen Kultruf entstandener Eigenname des Dionysos. Zu den folgenden Versen vgl. zu 135, 54. – *62 Die weltlichen Männer:* Dionysos und Herakles im Unterschied zu Christus, dem geistlichen Mann. Mit »Männer« bezeichnet Hölderlin die Halbgötter, die Söhne eines Gottes und einer menschlichen Mutter. – *71 Denn nimmer herrscht er allein:* Mit dieser auf den höchsten Gott bezogenen Aussage sollte die 7. Str. eröffnet werden. In der Handschrift notierte H. hier eine spätere Erweiterung:

Und weiß nicht alles. Immer stehet irgend
Eins zwischen Menschen und ihm.
Und treppenweise steiget
Der Himmlische nieder.

Es hänget aber an *einem*
Die Liebe. Ohnedies ist
Gewaltig immer und versuchet
Zu sterben eine Wüste voll
Von Gesichten, daß zu bleiben in unschuldiger
Wahrheit   ein Leiden ist. So aber
Lebt die. Aus und ein geht Himmlisches.
Ein anders rüstet sich anders. Nämlich es fängt an alt

> Zu werden ein Auge, das geschauet den Himmel thronend
> und die Nacht
> Vom Griechenlande. Jener aber bleibet. Diesmal

190 *83 Es hänget aber an einem die Liebe:* Vgl. *Friedensfeier* V. 108. – *das Beste:* Vgl. zu *Das Nächste Beste.* – *92 Meister:* Christus. – *97 Dieweil sein Äußerstes tat / Der Vater:* Anspielung auf die biblischen Wunder Christi. – *100 sehr betrübt war auch / Der Sohn:* Vgl. Matthäus 26, 38 und Markus 14, 34: »Meine Seele ist betrübt bis an den Tod.« – *103 Helden:* Dionysos und Herakles.

192 *50 Ich weiß aber... des Euiers, der:* Hier hat Beißner, wohl um den Bruch zwischen den kurzen Versen der 1. Fassung und den längeren Versen des Warthäuser Fragments zu vermitteln, 6 Verse der Handschrift in 3 zusammengefaßt. In der Handschrift lauten die Versanfänge: »Ich weiß... / Ist's... / O Christus'... / Wiewohl... / Und kühn... / Bist Bruder...«. – *53 Todeslust:* Vgl. *Stimme des Volks* V. 19. – *Fallstrick:* Eigentlich ein Strick, der über etwas fällt, eine Schlinge zum Tierfang. Hier Anspielung auf Dionysos, der dem »Fallstrick«, mit dem er auf Befehl des thebanischen Königs Pentheus gefesselt werden sollte, entkam; zu 152, 40. – *59 Des Wegs:* Zuerst erwog H.: »Zu weit«.

193 *75 die Blüte der Jahre:* Zu verbinden mit »Tag«: Den zürnenden Gott hält der künftige Tag, der »Tag aller Tage« (H.s Brief an Ebel vom 9. November 1795), von der Zeit der Ungebundenheit, des Unmaßes (vgl. die vorangehenden Verse) fern. – *77 Gärten der Büßenden:* Die mittelalterlichen Klöster. – *78 Der Pilgrime Wandern und der Völker:* Wohl Anspielung auf die Kreuzzüge und die Völkerwanderung. Die vorläufige Reinschrift der 2. Fassung enthält die Notiz: »Und Kriegsgetön, die Fahne des Kreuzes / Und Pilgrime gehn.« – *79 die Schrift / Des Barden oder Afrikaners:* Zu denken wäre an Klopstock oder Ossian (vgl. S. 682) und an den lateinischen Kirchenlehrer Augustinus (354–430), der in Thagaste (Numidien) geboren wurde und mit Hippo Regius (Nordafrika) von 395 bis zu seinem Tode als Bischof wirkte. – *80 Ruhmloser auch / Geschick:* Auch Geschick Ruhmloser. (»Ruhmloser« ist Genitiv des Plurals.) – *92 Auf schönen Inseln:* Vgl. zu 99, 111.

195 *56 gerichtet:* Hier: geordnet, ausgerichtet. – *60 Orte:* Hier: Ziele. – *65 dein Vater ist / Derselbe:* Wie der Vater der »weltlichen Männer« Herakles und Dionysos.

196 *70 wenn Beständiges das Geschäftige überwächst:* Wenn das Geschäftige Beständiges überwächst. (Subjekt ist »das Geschäftige«.) – *74 Der Ort war aber / Die Wüste:* Vgl. Matthäus 4, 1–4: Christus, der vom Geist in die Wüste geführt und dort vom Teufel versucht wird, antwortet diesem: »Es steht geschrieben: ›Der Mensch lebt nicht vom Brot allein, sondern von einem jeglichen Wort, das durch den Mund Gottes geht.«‹ Str. 7 und 8 formte H. entscheidend um:

> Die Wüste. So sind jene sich gleich. Erfreulich. Herrlich grünet
> Ein Kleeblatt. Schade wär es, dürfte von solchen
> Nicht sagen unser einer, daß es
> Heroen sind. Viel ist die Ansicht. Himmlische sind
> Und Lebende beieinander, die ganze Zeit. Ein großer Mann,
> Im Himmel auch, begehrt zu einem, auf Erden. Immerdar
> Gilt dies, daß, alltag, ganz ist die Welt. Oft aber scheint
> Ein Großer nicht zusammenzutaugen
> Zu Großen. Die stehn allzeit, als an einem Abgrund, einer neben
> Dem andern. Jene drei sind aber
> Das, daß sie unter der Sonne
> Wie Jäger der Jagd sind, oder
>
> Ein Ackersmann, der atmend von der Arbeit
> Sein Haupt entblößet, oder Bettler.
> Nicht so sind andere Helden. Der Streit ist aber, der mich
> Versuchet, dieser, daß aus Not als Söhne Gottes
> Die Zeichen jene an sich haben. Denn es hat noch anders, rätlich,
> Gesorget der Donnerer. Christus aber bescheidet sich selbst.
> Wie Fürsten ist Herkules. Gemeingeist Bacchus. Christus aber ist
> Das Ende. Wohl ist der noch andrer Natur; erfüllet aber,
> Was noch an Gegenwart
> Den Himmlischen gefehlet, an den andern. Diesesmal

75 So sind jene sich gleich: Die drei ein »Kleeblatt« bildenden Halbgötter Christus, Herakles und Dionysos. – *76 Ungestalt wär... Heroen sind:* Vgl. dazu die oben angeführte Textstelle. – *78 Des dürfen die Sterblichen:* Dessen bedürfen die Sterblichen. – *91 stehn die:* »Jene drei« (V. 92), die drei Halbgötter.

197 PATMOS

Die Hymne entstand wahrscheinlich nach H.s Reise nach Regensburg, wo er als Gast Sinclairs dessen Arbeitgeber, den Landgrafen von Homburg, kennenlernte. Im Textteil erscheint die ihm gewidmete Reinschrift, die dem Landgrafen am 20. Januar 1803 zum 55. Geburtstag überreicht wurde. Zum Dank wurde H. nach Homburg eingeladen und schließlich im Sommer 1804 auf Kosten Sinclairs zum Hofbibliothekar ernannt.

Der Gesang ist triadisch aus 15 Strophen zu je 15 Versen aufgebaut, zu der Reinschrift sind noch Teile eines Entwurfs und eine frühe Niederschrift erhalten (vgl. Anmerkungen). Gedruckt wurde die Hymne zuerst in dem von Leo Freiherrn von Seckendorf herausgegebenen ›Musen-

almanach für das Jahr 1808‹. 1828 veröffentlichte Achim von Arnim eine verkürzte und entstellte Umdichtung dieser Hymne im ›Berliner Konversationsblatt für Poesie, Literatur und Kritik‹. Vielleicht war er es auch, der schon 1808 in der ›Zeitung für Einsiedler‹, dem Organ der Heidelberger Romantiker, zunächst die letzte Strophe dieser Hymne unter der Überschrift »Entstehung der deutschen Poesie« und kurz darauf die V. 1 und 2 sowie – unmittelbar anschließend – die V. 197–211 publiziert hatte.
– *Patmos:* Zu den Sporaden gehörige Insel im Ägäischen Meer, auf der Johannes seine Apokalypse geschrieben haben soll – vgl. Johannes, Offenbarung 1, 9 f. – *Landgraf von Homburg:* Friedrich V. von Hessen-Homburg (1748–1820) verteidigte die Religion gegen das aufklärerische Gedankengut und leitete die meisten sozialen und menschlichen Übel aus der gesunkenen Religiosität ab. Er war ein Gegner der Französischen Revolution und wies in einer 1797–98 verfaßten Schrift den Vergleich der französischen Truppen mit den Griechen von Marathon und Thermopylä entschieden zurück. In den 1794 niedergeschriebenen ›Vorschlägen, dem Untergange zu entgehen‹, forderte er, die »Ausbreitung gefährlicher Bücher, die den Samen der Irreligiosität, der falschen Freiheit und des Jakobinismus führen«, zu verbieten, aber die Untertanen »in keinem Falle ⟨zu⟩ drücken«, unnötige Ausgaben einzuschränken, »streng auf Ordnung, Gesetze und einmal eingeführte Rechte ⟨zu⟩ sehen« und das »Beispiel der Religiosität und der Sittlichkeit selbst zu geben«.

198 *35 Paktol:* Vgl. zu 171, 73. – *36 Taurus... Messogis:* Gebirge in Kleinasien. – *57 Cypros:* Zypern.

199 *68 ihre Kinder:* Die »Stimmen des heißen Hains«, einer öden, baumlosen Gegend, und die »Laute«, die vernehmbar sind, wenn »der Sand fällt und sich spaltet des Feldes Fläche«. Vgl. S. 298: »Ein leises Ächzen der Erde, wenn der brennende Strahl den Boden spaltet, hör ich zuweilen.« – *75 Des Sehers:* Johannes. Für H. ist der nach der Bibel auf Patmos verbannte Verfasser der ›Offenbarung‹ identisch mit dem im Johannes-Evangelium genannten Jünger, »welchen Jesus lieb hatte«. – *82 Stunde des Gastmahls:* Das in den Evangelien geschilderte Abendmahl Christi (vgl. Matthäus 26, 20 ff.; Markus 14, 17 ff.; Lukas 22, 14 ff.; Johannes 13, 1 ff.). – *88 Vieles wäre / Zu sagen davon:* Vgl. *Der Ister* V. 45. – *98 ihnen ging / Zur Seite der Schatte des Lieben:* Der auferstandene Christus, der den beiden Jüngern auf ihrem Wege nach Emmaus erscheint und sie begleitet. Vgl. Lukas 24, 13 ff. – *100 sandt er ihnen / Den Geist:* Zur Ausgießung des Heiligen Geistes über die Jünger Jesu am fünfzigsten Tag nach der Auferstehung Christi, vgl. Apostelgeschichte 2, 1 ff.: »Und als der Tag der Pfingsten erfüllt war, waren sie alle einmütig beieinander. Und es geschah schnell ein Brausen vom Himmel wie eines gewaltigen Windes und erfüllte das ganze Haus, da sie saßen.«

200 *111 Zepter:* Die frühere Niederschrift fuhr danach fort: »womit / Er hatte geherrscht, von Asia her, / Seit unerforschlichen Zeiten«. – *Zu rechter Zeit:* Zu verbinden mit V. 108: »erlosch der Sonne Tag«. – *122 Unendlich hin... Gott:* Im 1. Entwurf: »Unendlich hier oder dorthin / Zerstreuet die Liebenden Gott.« – *129 Die Locken ergriff es:* Vgl. zu 151, 19. – *133 an Seilen golden:* Tod des Empedokles 1. Fassung, V. 1001 sowie *Dichtermut,* V. 19 f. – *135 sie die Hände sich reichten:* Zu verbinden mit »schwörend« (V. 132).

201 *137 An dem am meisten / Die Schönheit hing:* Vgl. Psalm 45: »Du bist der Schönste unter den Menschenkindern.« – *151 was ist dies:* Vgl. *Mnemosyne* 1. Fassung, V. 35. – *152 Es ist der Wurf des Säemanns...:* Vgl. Matthäus 3, 12: »Und er hat seine Wurfschaufel in seiner Hand; er wird seine Tenne fegen und den Weizen in seiner Scheune sammeln, aber die Spreu wird er verbrennen mit ewigem Feuer.« Im 1. Entwurf lauteten V. 154f.: »und   ans Ende der Tenne / die Spreu fällt, ihm zu Füßen, / Denn göttliches Werk auch gleichet dem unsern.« – *165 Ein Bild:* Ein ehernes Standbild. – *170 Das Bild nachahmen möcht ein Knecht:* In der frühen Niederschrift: »Und den Freiesten nachahmen möchte der Knecht.« Der »Knecht« ist identisch mit dem in V. 167 genannten »einen«. Das Konzept der ganzen Strophe lautet im 1. Entwurf:

Wenn aber einmal sich Unheiliges
Und die Edeln   nachahmet ein Knecht,
Dann kommen, im Zorne sichtbar die Götter,
denn gütig sind sie, ihr Verhaßtestes aber
ist, solange sie herrschen, das Falsche.
Es gilt dann Menschliches unter Menschen nicht
mehr, und unverständlich wird und gesetzlos vor Augen
der Sterblichen ihr eigenes Leben, denn sie walteten nicht
mehr, es waltet über dem Fernhinzielenden und mit der
allversöhnenden Erde der alldurchdringende unerschöpfliche Gott
die halten treu endlos. So schreitet fort
der Götter Schicksal wundervoll und voll des Todes und Lebens
dann weichen und es wandelt ihr Werk von
selbst, und eilend geht es zu Ende. Nicht alles, was
geheiliget war, das ihre Hand ergriffen, und
           da sie ruhig
in ihren Taten erkannt, wieder die Himmlischen
beim rechten Namen genannt sind, siehe!
           dann ist.

202 *173 Gütig sind sie:* Die »Unsterblichen«. – *177 Unsterblicher Schicksal:* Das Schicksal der Unsterblichen. – *180 wird genennet... / Ein*

Losungszeichen: wird als ein Losungszeichen genannt. – *der Sonne gleich:* Auch am Schluß des ersten Entwurfsansatzes zur *Friedensfeier* wird Christus mit dem Sonnenlicht verglichen (s. S. 767. – *181 Stab des Gesanges:* Das Konzept sah im ersten Entwurf die Darstellung der »Zeit des Gesanges« vor: »Dann ist die Zeit des Gesangs. / Sie kommen aber zusammen zum / Gesange wie jetzt,«. Zu dem Bild vgl. a. Klopstocks Gedicht ›Die Maßbestimmung‹ (1781) – *203 sein Zeichen:* Der Blitz. – *204 einer:* Christus. – *206 seine Söhne:* Die Söhne des »ewigen Vaters« (V. 202).

203 *210 Denn seine Werke sind / Ihm alle bewußt von jeher:* Vgl. Apostelgeschichte 15, 18: »Gott sind alle seine Werke bewußt von der Welt her.« – *216 das Herz:* Objekt. – *221 dem Sonnenlichte:* Im 1. Entwurf mit »Tagesgotte« überschrieben. – *222 Unwissend, der Vater aber liebt...:* Der schon im 1. Entwurf getilgte ursprüngliche Schluß lautet: »Der Vater aber liebt / Am meisten bejahenden Dank.«

203 PATMOS. BRUCHSTÜCKE DER SPÄTEREN FASSUNG
Wohl 1803, vielleicht aber auch erst 1804/1805 überarbeitete H. die Hymne, jedoch sind nur Bruchstücke reinschriftlich überliefert, sie entsprechen den Str. 1–3 und 7–9. Die 5. Str. wurde am Rand der Handschrift entworfen, die sich unmittelbar an die endgültige Reinschrift der letzten Verse der 2. Fassung von *Der Einzige* anschließt:

> O Insel des Lichts!
> Denn wenn erloschen ist der Ruhm, die Augenlust, und gehalten
>   nicht mehr
> Von Menschen, schattenlos, die Pfade zweifeln und die Bäume,
> Und Reiche, das Jugendland der Augen, sind vergangen
> Athletischer,
> Im Ruin,   und Unschuld, angeborne,
> Zerrissen ist. Von Gott aus nämlich kommt gediegen
> Und gehet das Gewissen, Offenbarung, die Hand des Herrn
> Reich winkt aus richtendem Himmel, dann und eine Zeit ist
> Unteilbar Gesetz, und Amt, und die Hände
> Zu erheben, das, und das Niederfallen
> Böser Gedanken, los, zu ordnen. Grausam nämlich hasset
> Allwissende Stirnen Gott. Rein aber bestand
> Auf ungebundnem Boden Johannes. Wenn einer
> Für irdisches prophetisches Wort erklärt

7 Die Söhne: In der Handschrift notierte H. als »Ansätze zur letzten Fassung« (Beißner): »Im Tagewerk die Söhne«.

204 *11 nahe wohnen, ermattend:* »nahe wohnen sehnsuchtsvoll, ermattend«. – *25 mitgelitten haben wir, viele Male:* »mitgelitten erfahren

haben wir, Merkzeichen viel«. – *29 Mit Schritten der Sonne:* »Herzlich erkannt, mit Schritten der Sonne«. – *32 denn ungewohnt / War ich der breiten:* »denn nie gewöhnt hatt / Ich mich solch breiter«. – *35 Der goldgeschmückte Paktol...:* »Ein unzerbrechlich Zeug, der goldgeschmückte Paktol / Und Taurus stehet und Messogis, und von Gewürzen / Fast schläfrig der Garten«. Uffhausen liest: »... Messogis / Fast schläfrig von Blumen und von Gewürzen der Garten.«

205 *136 Vom Jordan...:* Vgl. die ersten Berichte vom Wirken Christi, Matthäus 4, 23–25 und Johannes 4, 43–54. – *137 Capernaum:* Ort der ersten Krankenheilung Christi, vgl. Johannes 4, 46. Später notierte H. die Variante: »Capernaum, wo sie ihn / Gesucht, und«. – *139 Eine Weile bleib ich:* Vgl. Johannes 13, 33: »Liebe Kindlein, ich bin noch eine kleine Weile bei euch.« – *mit Tropfen:* »mit Tropfen, heiligen«. – *140 das durstigem Wild... eine Weide:* Der Text sollte umfassend geändert werden:

> das durstigem Tier war oder
> Dem Schreien des Huhns ähnlich, jenes Tages, als um Syrien,
>   verblüht,
> Gewimmert der getöteten Kindlein heimatliche
> Anmut wohlredend im Verschwinden, und des Täufers
> Sein Haupt stürzt und, das goldene, lag uneßbarer und
>   unverwelklicher Schrift gleich
> Sichtbar auf trockener Schüssel. Wie Feuer, in Städten,
>   tödlichliebend
> Sind Gottes Stimmen. Brennend ist aber, gewißlich
> Das gleich behalten, im Großen das Große.
> Nie eine Weide.

(Uffhausen liest: »Sein Haupt stirbt« und im zweitletzten Vers: »Da gleich behalten.«) – *142 der getöteten Kindlein:* Der bethlehemitische Kindermord, über den Matthäus 2, 16–18, berichtet. – *144 das Haupt / Des Täufers...:* Zur Enthauptung Johannes des Täufers vgl. Matthäus 14, 8–11, und Markus 6, 25–28. In der Krypta der Denkendorfer Klosterkirche steht noch heute ein frühgotisches Schnitzwerk, das die Schüssel mit dem Haupt Johannes des Täufers darstellt, an den Wänden finden sich Spuren von Fresken mit dem gleichen Stoff. – *151 Johannes, Christus:* Die 8. Strophe und die ersten Verse der 9. änderte H. so:

> Johannes. Christus. Diesen, ein
> Lastträger, möcht ich singen, gleich dem Herkules, oder
> Der Insel, welche gebannet, und angeblümt, sinnreich, erfrischend,
> Die benachbarte mit kalten Meereswassern aus der Wüste
> Der Flut, der weiten, Peleus. Aber nicht

Genug. Anders ist es ein Schicksal. Wundervoller.
Reicher, zu singen. Unabsehlich
Seit dem die Fabel. Und auch möcht
Ich die Fahrt der Edelleute nach
Jerusalem, und wie Schwanen der Schiffe Gang und das Leiden
                          irrend in Canossa, brennendheiß,
Und den Heinrich singen. Aber daß uranfangs
Der Mut nicht selber mich aussetzte. Schauen, müssen wir mit
                                          Schlüssen,
Der Erfindung, vorher. Denn teuer ist's,
Das Angesicht des Teuersten. Nämlich Leiden färbt
Die Reinheit dieses, die rein

Ist wie ein Schwert. Damals sah aber
Der achtsame Mann

152 Herkules: Zur Zusammenstellung von Christus und Herakles vgl. a. *Der Einzige.* – *155 Peleus:* Der Vater Achills; er rettete sich nach einem Schiffbruch auf die Insel Kos im Ägäischen Meer (zu den Sporaden gehörig) und blieb dort bis zu seinem Tod. – *158 Seit jenem:* Seit Christus. – *159 die Fahrt der Edelleute:* Die Kreuzzüge des Mittelalters. – *160 Canossa:* Heinrich IV. (1050–1106), seit 1056 deutscher König, erreichte durch eine dreitägige Buße im Januar 1077 vor der Felsenburg Canossa in den Apenninen (südwestlich von Reggio nell'Emilia), wo sich Papst Gregor VII. zu Gast aufhielt, die Lösung vom Kirchenbann, der über ihn im Verlauf des Investiturstreits verhängt worden war. – *169 Damals, da:* Später geändert in »Da«.

206 *174 Zu bejahn Bejahendes... des Zürnen der Welt:* »zu bejahn schneeweiß. Aber nachher / Sein Licht war Tod. Denn begrifflos ist das Zürnen der Welt, namlos.« – Zu »bejahn« vgl. den ursprünglichen Schluß der Hymne, Anm. zu 203, 222. – *177 die Gestalt / Des Verleugnenden:* Zu dieser Charakterisierung Christi vgl. Philipper 2, 6f.: »Welcher, ob er wohl in göttlicher Gestalt war, hielt er es nicht für einen Raub, Gott gleich sein; sondern entäußerte sich selbst und nahm Knechtsgestalt an.« – *181 Doch trauerten sie, da nun:* »Doch aber mußten sie trauern, nun, da«. – *187 Jene wollten aber... der Schatte des Lieben:* »Aber jene nicht / Von Tränen und Schläfen des Herrn wollten / Lassen und der Heimat. Eingeboren, glühend / Wie Feuer rot war im Eisen das. Und schadend das Angesicht des Gottes wirklich / Wie eine Seuche ging zur Seite, der Schatte des Lieben.« – *195 Drachenzähne:* Nachdem Kadmos, der sagenhafte Gründer Thebens, einen von Ares abstammenden Drachen getötet hat, bricht er auf Befehl der Pallas Athene dem Ungeheuer die Zähne aus und sät sie in die Erde. Aus dieser Drachensaat wachsen bewaffnete Män-

ner hervor, die einander überfallen und töten, bis auf fünf, welche dem Kadmos Theben erbauen helfen (vgl. *An die Madonna* V. 40.)

207 ANDENKEN
Das vielleicht vollendeste Gedicht H.s, eine nicht-triadisch gegliederte Hymne, ist dem Andenken der Landschaft um Bordeaux, wo H. vom Januar bis Mai 1802 als Hofmeister lebte, und dem Andenken der Freunde gewidmet. Meist wurde es auf das Frühjahr 1803 datiert, von neueren Editoren aber auf das Frühjahr (V. 20) 1805: in den Freunden (V. 30) sehen sie entweder die Dichter Heinse und Klopstock, von deren Tod H. 1804 erfährt (D. E. Sattler), oder die in Stuttgart inhaftierten Sinclair, Baz und Seckendorf (H. Uffhausen). Nach der ersten Interpretation waren die »Schatten« (V. 29) die »Schatten« der Toten (vgl. *An Landauer* V. 15, *Die Titanen* V. 7), doch ist ein solcher Bezug nicht zwingend (vgl. die »Schatten der Wälder« in *Mnemosyne* 3. Fassung V. 20).

Das Gedicht erschien 1808 in Seckendorfs ›Musenalmanach‹; nur für die letzte Strophe, die im Druck auffallenderweise nur 11 Verse zählt, ist die Handschrift erhalten, nach der V. 56 ff. so zu lesen sind:

> Ausgehet der Strom.
> Es nehmet aber und gibt
> Gedächtnis die See.

Damit bestünde auch die letzte Strophe aus 12 Versen, in der Handschrift fehlen die Kommas nach V. 50 und 53, steht ein Komma nach V. 51 und Punkte statt Kommas in V. 57 und 58. – Zur Deutung der Hymne vgl. die Briefe an Böhlendorff (S. 655 ff.), zur Ausfahrt der »Männer« in der letzten Strophe die wichtige, den Begriff »Kolonie« einführende Variante zu *Brot und Wein* (Anm. zu 138, 152). – *5 Geh aber nun:* Auf den Nordost zu beziehen, vgl. *Das Nächste Beste* V. 32. – *13 Noch denket das mir wohl:* Noch erinnere ich mich wohl. – *16 Feigenbaum:* Vgl. *Mnemosyne* 1. Fassung, V. 36 f. – *26 dunklen Lichtes:* Vgl. »dunkler Wein« in *An Landauer* V. 22. – *31 sterblichen Gedanken:* Die Fügung, in der sich das Monogramm S G für Susette Gontard verbirgt, benutzte H. zum ersten Mal im *Hyperion*, vgl. S. 316. Zur Form dieser versteckten Widmung vgl. a. *Diotima* S. 60.

208 *37 Bellarmin:* An Bellarmin richtet Hyperion seine Briefe, vielleicht ist hier Isaak von Sinclair angesprochen, s. o. – *38 dem Gefährten:* Vielleicht Druckfehler statt »den Gefährten«. – *51 an der luftigen Spitz:* Wohl die schmale Landspitze am Zusammenfluß der Garonne und der Dordogne. – *58 heftet:* Vgl. zu 216, 61.

209 DER ISTER
Der Entwurf der nicht vollendeten Hymne ist zusammen mit der letzten Strophe von *Andenken* überliefert; die Datierung wäre so auch von 1803

auf 1805 zu ändern, für diese spätere Entstehung sprechen auch die Wiederaufnahme des Motivs »Feuer«, s. u. – *Ister:* Griechischer Name für die Donau, vgl. a. *Am Quell der Donau* und *Die Wanderung.* – *1 Jetzt komme, Feuer:* Vgl. *Vulkan* V. 1, *Mnemosyne* 3. Fassung, V. 1 sowie zu 651 und das Klopstock gewidmete Bruchstück S. 267 f. – *5 durch die Knie gegangen:* Vgl. *Friedensfeier* V. 20. – *9 Alpheus:* Zur Mythologie des Laufs des Alpheus, an dessen Ufer Olympia liegt, vgl. zu 370. – *28 Herkules zu Gaste geladen:* Als Herakles die kerynitische Hirschkuh verfolgt, gelangt er zu dem im Norden an den »schattigen Quellen« des Ister wohnenden sagenhaften Volk der Hyperboreer und bringt von dort ein »schattiges Gewächs« mit, die Olive, um damit den bisher schattenlosen Festplatz der Olympischen Kampfspiele zu bepflanzen. Den Zweig des Ölbaums stiftet er als Siegespreis.

210 *48 Der Rhein ist seitwärts / Hinweggegangen:* Der Lauf des Rheins vom Bodensee nach Basel. – *50 Ein Zeichen braucht es, / Nichts anderes:* H. notierte zuerst: »Sie sollen nämlich / Sprache sein«. – *57 Hertha:* Die Mutter Erde. (Hertha, eigentlich »Nerthus«, ist ein in Kap. 40 der ›Germania‹ des Tacitus überlieferter Name einer germanischen Göttin des Wachstums und der Fruchtbarkeit.) – *63 ein anderer:* Der Rhein. – *67 Ist der zufrieden:* Der Ister. – *68 Stiche:* Im Alten Testament taucht häufig die Wendung vom Felsen auf, an den geschlagen wird und dem Wasser entströmt, ebenso in der griechischen Mythologie, vgl. zu 109, 198. – *69 Furchen:* Wie sie der Strom zieht. Vgl. H.s im Sommer 1805 notierte Deutung des Pindar-Fragments ›Das Belebende‹: »Der Begriff von den Centauren ist wohl der vom Geiste eines Stromes, sofern der Bahn und Grenze macht, mit Gewalt, auf der ursprünglich pfadlosen aufwärtswachsenden Erde.«

211 MNEMOSYNE

Die Hymne, zu der sich erste Ansätze unter dem Titel »Cäcilia« (die Schutzpatronin des hymnischen Gesangs) finden und für die H. zunächst auch die Titel »Die Schlange« (3. Fassung V. 3) und »Das Zeichen« (s. u.) erwog, entstand nach Beißner im Herbst 1803, nach neueren Editoren aber erst 1805/1806. Beißner ordnete die Texte der letzten, fast vollständigen Hymne in 3 Fassungen, die erste Strophe der 2. Fassung lautet:

> Ein Zeichen sind wir, deutungslos,
> Schmerzlos sind wir und haben fast
> Die Sprache in der Fremde verloren.
> Wenn nämlich über Menschen
> Ein Streit ist an dem Himmel und gewaltig
> Die Monde gehn, so redet

Das Meer auch und Ströme müssen
Den P⟨fad sich suchen.⟩ Zweifellos
Ist aber *einer.* Der
Kann täglich es ändern. Kaum bedarf er
Gesetz. Und es tönet das Blatt und Eichbäume wehn dann neben
Den Firnen. Denn nicht vermögen
Die Himmlischen alles. Nämlich es reichen
Die Sterblichen eh an den Abgrund. Also wendet es sich, das Echo,
Mit diesen. Lang ist
Die Zeit, es ereignet sich aber
Das Wahre.

Es folgen dann die Strophen 2 und 3 der ersten Fassung. (Zu *tönenden Blatt* vgl. *An die Deutschen* V. 6 sowie die spätere Variante 90, 7f. Zu *Abgrund* s. *Die Titanen* V. 73.)
Wie bei *Der Einzige* ist diese Segmentierung inzwischen angegriffen worden, das Gedicht würde in voller Gestalt vorliegen, wenn man die Strophe »Ein Zeichen sind wir, deutungslos« als 2. Str. in die 3. Fassung einschiebt. Dieses Gedicht wäre dann in Berichtigung der Lesarten Beißners mit »Die Nymphe Mnemosyne« zu betiteln (vgl. F. Roland-Jensen, Hölderlins Muse. Edition und Interpretation der Hymne (»Die Nymphe Mnemosyne«. Würzburg 1989). – *Mnemosyne:* (griech.: Gedächtnis, Erinnerung). In der griechischen Mythologie eine Titanide und Mutter der neun Musen: »Diese gebar Mnemosyne einst dem Vater Kronion / In Pierien, wo sie Eleuthers Hänge betreute.« (Hesiod, Theogonie, V. 53f.) H. nennt deshalb »Eleutherä der Mnemosyne Stadt« (V. 46 der Endfassung), denkt dabei allerdings an die unter diesem Namen bekannte Stadt im Grenzgebiet zwischen Attika und Böotien (am Südabhang des Kithäron, vgl. zu 135, 51), während Hesoid offenbar eine andere Örtlichkeit meint. – *1 aber es haben / Zu singen:* Beißner hat versucht, durch umschreibende Worte den Gedanken, der dem Dichter als Ausgangspunkt seiner Hymne vorschwebte, anzudeuten: »Ich erhebe meine Stimme zum Ruhm der Helden; ›aber es haben zu singen‹ – es haben, um singen zu können, die Dichter die lebendigen Geniuskräfte, das beseelende Gefühl des Zusammenhangs mit der Gottheit, nötig – (dann eine Parenthese:) brauchen doch, um blühen zu können, ›Blumen auch Wasser‹ – ›und‹ so ›fühlen‹ die Dichter am Gelingen ihres Gesangs, ›ob noch ist der Gott‹.« – *5 Brauttag:* Vgl. *Der Rhein* V. 180. – *13 wahrer Sache:* Wörtliche Wiedergabe von lat. ›res vera‹.

212 *35 aber was ist dies:* Vgl. *Patmos* V. 151. – *36 Am Feigenbaum ist mein / Achilles mir gestorben:* Diese beiden Verse hat H. als erste des Entwurfs zu Papier gebracht. In Richard Chandlers Werk ›Travels in Asia

Minor and Greece‹ (Oxford 1775/76), das unmittelbar darauf in einer anonymen deutschen Übersetzung vorlag (›Reisen in Kleinasien‹, Leipzig 1776, und ›Reisen in Griechenland‹, Leipzig 1777) und eine der Hauptquellen für den *Hyperion* war (dort S. 342), folgt nach einer Beschreibung der Grabhügel des Achill und des Patroklos wie auch andrer um Troia gefallener Helden: »Von dort ging der Weg zwischen Weingärten, Baumwollfeldern, Granat- und Feigenbäumen hindurch.« Auch in Homers ›Ilias‹ wird der wilde Feigenbaum dreimal genannt, im Prolog von Euripides' ›Bakchen‹ ist er Denkmal der Semele (vgl. H.s Übersetzung S. 718), in Matthäus 24, 32 wird er als Frühlingsbote gedeutet. Vgl. a. *Andenken* V. 16. – *38 Ajax:* Den Tod dieses Griechen, der als Führer der Salaminier in den Troianischen Krieg zieht, gestaltete Sophokles in der Tragödie ›Aias‹, aus der H. drei Bruchstücke übersetzte. Vgl. a. im *Hyperion* zu 300. Der Skamander ist bei Homer der Hauptfluß in der Ebene vor Troia. – *45 Patroklos:* Er fällt in der Rüstung seines Freundes Achill. Vgl. Homers ›Ilias‹, 16. Gesang sowie zu 143, 26 und 342. – *51 aber er muß doch:* Vgl. Matthäus 18, 7: »Es muß ja Ärgernis kommen; doch weh dem Menschen, durch welchen Ärgernis kommt.« – *dem / Gleich fehlet die Trauer:* »Die Trauer« (der Trauernde) begeht denselben Fehler wie der, der »nicht, die Seele schonend, sich zusammengenommen«.

213 *1 gekochet:* Hier: gereift. – *2 und ein Gesetz ist… / Prophetisch:* Der syntaktische Zusammenhang geht aus dem Entwurf hervor: »Und ein Gesetz, daß alles hineingeht, / Schlangen gleich, ist / Prophetisch, träumend auf / Den Hügeln des Himmels.« – *3 hineingeht:* Hier: stirbt. – *Schlangen:* In der Antike sah man in ihnen Verkörperungen von Göttern der Erdtiefe, Heroen und einfachen Toten. – *7 Scheiter:* Scheite. – *9 unrecht, / Wie Rosse…:* Im Entwurf: »Nämlich / Wie Rosse, durchgehn die gefangenen / Element.« – *24 Ein Himmlisches:* Subjekt. – *Tageszeichen:* Zuerst: »Lebenszeichen«.

214 *47 das Abendliche:* In H.s Übersetzung von V. 184f. aus ›König Ödipus‹ von Sophokles wird der Tod als ein ›abendlicher Gott‹ angesprochen. – *löste / Die Locken:* In der Antike glaubte man, der göttliche Todesbote trenne eine Locke vom Stirnhaar des Todgeweihten.

Hymnische Entwürfe

Unter dieser Rubrik sammelte F. Beißner H.s Entwürfe zu Hymnen, die er als unfertig ansah. In unserer Ausgabe erscheinen einige dieser Entwürfe chronologisch in den GEDICHTEN (*Dem Allbekannten, Wie wenn am Feiertage...*, *Deutscher Gesang*). Der große Teil der übrigen Entwürfe sind im ›Homburger Folioheft‹ überliefert, einer 92-seitigen, durch ein 4-seitiges Beiblatt zu ergänzenden Handschrift. Sie enthält nicht nur die Reinschriften der Elegien *Heimkunft*, *Brot und Wein* und *Stuttgart* – in dieser Reihenfolge – und der Hymne *Germanien*, Entwürfe zu *Der Einzige*, *Mnemosyne* und zu *Patmos*, sondern auch eine Vielzahl von Entwürfen, Konzepten, Glossen und Bruchstücken. H. hat diese Handschrift im Oktober/November 1802 in Nürtingen begonnen und an ihr bis 1806/1807 weitergearbeitet. Es ist in der Forschung nicht eindeutig geklärt, ob H. das Handschriftenkonvolut bei sich führte, als er im Juni 1804 nach Homburg ging (so z.B. D. Uffhausen), oder ob er es in Nürtingen zurückließ, und es ihm erst im Spätherbst 1804 mit seinem Bücherkasten nachgeschickt wurde – so D.E. Sattler. Ebenso muß es noch offenbleiben, ob H. das Konvolut im September 1806 in Homburg zurücklassen mußte (so z.B. Uffhausen) oder ob er es in Tübingen noch zur Hand hatte und manche der spätesten Eintragungen vielleicht noch im Hause Ernst Zimmers vorgenommen wurden – so D.E. Sattler. Im Mai oder Juni 1807 wird ihm Zimmer das Folioheft aber auf jeden Fall abgenommen haben: »Anfangs entzog man Hölderlin wo möglich die Gelegenheit, sich schriftlich zu äußern, da es ihn immer aufregte«, heißt es dazu in Chr. Th. Schwabs biographischem Nachwort zur ersten Hölderlin-Werk-Ausgabe von 1846.

Die genaue Reihenfolge der Entstehung und der Zusammenhang der einzelnen Entwürfe untereinander lassen sich im einzelnen nicht immer exakt und auch nicht ohne interpretatorischen Vorgriff des Herausgebers bestimmen. Unser Druck gibt die Reihenfolge der – von fremder Hand paginierten – Anordnung des Manuskriptes wieder, der Text folgt der Lesart Beißners, wichtige Verbesserungen werden in den Anmerkungen mitgeteilt.

215 DIE TITANEN

Zu H.s Verständnis des Titanenmythos vgl. zu 45. Hier sind die Titanen in der Zeit der Götterferne dargestellt, »sie« (V. 2), die Zeus »in den Abgrund... verwiesen« hat (*Natur und Kunst oder Saturn und Jupiter* V. 5 ff.), »lehnen sich – bewußt oder unbewußt – dagegen auf, sich der Ankunft der Götter zu öffnen und sie so zu ermöglichen. So verharren sie jedoch, bei aller Auflehnung, zugleich in einer unaufhebbaren Nähe und Spannung zum Göttlichen«. (D. Lüders 370). – *2 Noch:* Nach der Negation »Nicht« kann »Noch« dies fortführen und »und nicht« bedeuten (vgl. *Dichterberuf* V. 57): Demnach wäre – ganz im Gegensatz zum temporalen Gebrauch des »Noch« – gerade die Angebundenheit betont. – *5 Indessen:* Vgl. *Die Heimat* V. 2. – *6 der Toten / Zu denken:* Vgl. *Andenken*, 3. und 4. Str. – *14 Die duftenden Inseln:* Vgl. *Der Mensch* V. 2 ff. –

22 Wildnis: Vgl. *Wenn aber die Himmlischen* V. 41, *An die Madonna* V. 97, *Das Nächste Beste* 3. Fassung, V. 54 und *Tinian* V. 2 sowie S. 767.
216 *28 himmlische Feuer:* Vgl. *Wie wenn am Feiertage* V. 54 und zu 651.
– *41 Bien:* Vgl. *Wenn nämlich der Rebe Saft* und Anm. zu 315. – *43 Vögel:* Die »Boten des Himmlischen« (*Menos Klagen um Diotima* V. 64), »des Äthers Lieblinge« (*An den Äther* V. 27). – *46 Denn keiner trägt das Leben allein:* Vgl. *Brot und Wein* V. 66. – *61 Die Augen an den Boden geheftet:* Vgl. *Tod des Empedokles* 2. Fassung, V. 652 und *Andenken* V. 58.

217 *70 die:* Die Titanen. – *73 Abgrund:* s. o. und vor allem den Entwurf *Vom Abgrund nämlich* sowie *Mnemosyne*, Eingangsstrophe der 2. Fassung (S. 780). – *83 Im Zorne kommet er drauf:* Zum Motiv des göttlichen Zorns vgl. a. *Germanien* V. 91 und *Der Einzige* 2. Fassung, V. 62 ff.

218 SONST NÄMLICH, VATER ZEUS...
Zwischen den *Titanen* und diesem Entwurf ist im Homburger Folioheft ein Freiraum von über 3 Seiten, dennoch liegt es nahe, in *Sonst nämlich, Vater Zeus...* eine Fortsetzung der *Titanen* zu sehen: Im »anderen Rat« des Zeus wäre dann die entscheidende Maxime der Wiederkehr der Götter am Ende der Nacht (vgl. *Brot und Wein*) zu sehen, auf die die 3. Str. der *Titanen* anspielt. Weitere Anspielungen auf den Titanenmythos finden sich noch in *An die Madonna* V. 163. – *6 Diana:* »schröcklich« ist die Jagdgöttin Diana, griech. Artemis, weil sie im Zorn auch Menschen tötet, die die Schranke zwischen Mensch und Gott mißachten: Den Jäger Aktaion, der sie im Bade erblickt, läßt sie von seinen eigenen Hunden zerreißen. Ihr Name ist von ›Divinia‹, die Leuchtende, gebildet. Nach Hyginius, Fabulae 150 nimmt sie am Kampf der Titanen teil. – *16 Unschicklich:* Vgl. *Heimkunft* V. 99, zum »Schicklichen« vgl. *Der Ister* V. 10. – *Erinnys:* Unterirdische Rachegöttinnen, vgl. zu 485, 597. – *24 dem Leiden nach:* Vgl. *Wie wenn am Feiertage* V. 61 ff. und die Lesarten zu *Patmos* in den Anm. zu 204, 25 und 205, 151.

219 HEIMAT
2 Indessen: Wie in *Die Titanen* (V. 5) ist auch hier die Zeit der Götterferne angesprochen. »Und niemand weiß« scheint auf die ungewisse Rückkehr des Göttlichen zu deuten. – *10 Das Wachstum rauscht:* Vgl. *Der Ister* V. 39.

219 IHR SICHERGEBAUETEN ALPEN...
Der Entwurf folgt im Homburger Folioheft nach 3 nur mit Konzepten beschriebenen, fast freien Seiten, ist aber dem gleichen Thema der hesperischen Heimat gewidmet. In ihr ist die Glut der Sonne zu einem »liebend Fieber« (V. 10, vgl. 84, 2) gemildert, so daß sie dem Brand entgeht – dem Thema aus der 3. Str. der Elegie *Der Wanderer* (1. Fassung) ist hier das Motiv der Gefährdung beigestellt; vgl. a. den Brief an Böhlendorff S. 656.

220 *24 Stuttgart:* Vgl. die gleichnamige Elegie. – *28 Bieget:* Neben der üblichen wäre auch eine temporale Bedeutung mit einzubeziehen: »wie wenn / Ein Jahrhundert sich biegt« (*Patmos*. Spätere Fassung, V. 179) – der Vers würde dann auf eine Zeitenwende anspielen, die der Dichter als ein »Augenblicklicher« voraussieht. – *29 Weinsteig:* Straße in Stuttgart, heute die ›Alte Weinsteige‹. – *36 Spitzberg:* Berg bei Tübingen, an dessen Fuß die Römerstraße vorbeiführt. – *38 Thills Tal:* Der von Klopstock inspirierte schwäbische Dichter Johann Jakob Thill (1747–1772), ebenfalls ein Stipendiat in Tübingen, war dem Dichterbund Hölderlin – Magenau – Neuffer (vgl. S. 686) ein nahes Vorbild. R. Magenau berichtet in seiner Lebensskizze, daß sie einst »hinschwärmten in süßer wehmütiger Stimmung in Thills Tälchen am Ufer des Murmelbächleins, an dem er, der frühverstorbene Jüngling, seine Lieder dichtete«.

221 EINST HAB ICH DIE MUSE GEFRAGT...
Der Entwurf wird vielleicht durch den im gleichen Duktus notierten Entwurf *Wenn aber die Himmlischen* fortgesetzt. – *3 finden:* Vgl. den »Fund« in *Heimkunft* V. 79. – *6 Verbotene Frucht:* Vgl. *Tod des Empedokles* 3. Fassung, V. 490. – *12 Himmelszeichen:* Die Epiphanie des Gottes, vgl. das »Zeichen« in *Der Einzige* 2. Fassung, V. 63. – *14 Herkules:* Vgl. zu *An Herkules* sowie die Rolle des antiken Helden in dem »Kleeblatt« Christus – Dionysos – Herakles in *Der Einzige* 3. Fassung, V. 76. – *15 träge:* Vgl. den Brief an Böhlendorff S. 655 f. – *20 Fürst:* Wie in V. 25 vielleicht auf Herakles zu beziehen, vgl. die Lesart zu 196, 74. – *21 Feuer und Rauchdampf:* Vgl. *Lebensalter* V. 8 f. und Apostelgeschichte 2, 19.

222 WENN ABER DIE HIMMLISCHEN...
Vgl. *Patmos* V. 197 ff. – *1 Gebaut:* Vgl. *Wie Meeresküsten* V. 1, sowie zu 231, 97. – *4 Gezeichnet / Sind ihre Stirnen:* Vgl. *Der Wanderer* 2. Fassung, V. 7. – *16 Im Zorne:* Vgl. *Die Titanen* V. 83 und Anm. dazu. – *25 Grotten zu beten:* Vgl. die Grotte im *Fragment von Hyperion* S. 304 f., *Patmos* V. 57.

223 *27 Rosen:* Bei dieser Lesung wäre auf die Vergänglichkeit der Rosen angespielt (vgl. *Mein Eigentum* V. 17), Uffhausen liest »Rosse«, was sich als kriegerisches Bild enger an das »Schild« anschließen ließe. – *29 Auch andere Art:* Vgl. *Die Titanen* V. 62 ff. – *41 Wildnis:* Vgl. *Die Titanen* V. 22, *An die Madonna* V. 97 und *Tinian* V. 2, das ›Gähren‹ wurde allgemein in der Zeit als Bild für die alles erfassenden revolutionären Umwälzungen gebraucht, vgl. z. B. Novalis 1798 in den ›Fragmenten und Studien‹ Nr. 16: »In der letzten Hälfte dieses Jahrhunderts entstand hier eine neue, heftigere Entzündung als je – die feindlichen Massen türmten sich stärker, als zeither, gegen einander auf – die Gährung war übermäßig – es erfolgten mächtige Explosionen.« – *45 Die augenlose:* Dies könnte hier auch ›ohne einen gerichteten Trieb oder Keim‹ bedeuten, vgl. zu 46, 12, aber auch das Blindmachende der Irre betonen, »weil sie den Blick

auf die göttliche Wahrheit verstellt« (D. Lüders 374). – *50 mag einer treffen / Das Ziel:* Zum Bild des Bogenschützen vgl. *Die Mutter Erde* V. 44 f. – *55 Bedürfen:* Zu diesem Bedürfnis der Götter vgl. *Der Rhein* V. 114 ff. – *59 über den Alpen... der Adler:* Vgl. *Der Adler* sowie den *Gewittervogel* in *Rousseau* V. 37 ff., *Heimkunft* V. 11, den Adler in *Germanien* V. 42, *Patmos* V. 6, *Der Ister* u. ö.

224 *67 die gelben Feuer:* Hier wohl auf die Gestirne zu beziehen, das griech. »astér« bedeutet zugleich Stern, Flamme, Licht und Feuer. – *in reißender Zeit:* Vgl. *Der Archipelagus* V. 293. – *76 Reiniger Herkules:* Vgl. *Einst hab ich die Muse gefragt* V. 14. – Als Held eines Zivilisationsmythos ›reinigt‹ Herkules, griech. Herakles, die Erde von Ungeheuern und Verbrechern. »Schatten der Hölle« (V. 71) spielt auf die 12 der Herakles gestellten Aufgaben an: er holt den Höllenhund Cerberus (s. a. zu 138, 160) aus der Unterwelt empor und erschreckt, als er den Eingang der Hölle betritt, die Toten (»Schatten«), vgl. Homer, Odyssee 11, 605 f. – *79 Dioskuren:* Vgl. zu 27, 35 – das ungewohnte »ab und auf« spielt auf das Hinabgehen des einen Helden in die Unterwelt an. Mit Herakles und den Dioskuren – nach beiden sind auch Sternbilder benannt (vgl. »Feuer« V. 67) – könnten die »Prophetischen« gemeint sein: In Sophokles' Tragödie ›Philoktet‹ (s. u.) prophezeit Herakles den Griechen den Sieg über Troia, in Euripides' ›Elektra‹ prophezeiten die Dioskuren Orest die Befreiung von den Erinnyen. – *85 Philoktetes:* Berühmter Bogenschütze, der von den Griechen auf ihrer Fahrt nach Troia wegen einer übelriechenden Wunde auf der Insel »Lemnos« (vgl. *Der Adler* V. 8) ausgesetzt wird, später aber wieder zur Rückkehr in das Lager der Griechen überredet wird, da ein Orakel ihnen geweissagt hat, nur mit seinem Bogen würde Troia fallen. Der Stoff ist vor allem durch die Tragödie ›Philoktet‹ von Sophokles bekannt. – Philoktet spielt aber auch eine entscheidende Rolle bei der Apotheose der Herakles (vgl. zu 36): Er ist es, der den Scheiterhaufen in Brand setzt, der Herakles am Ende seines Erdenlebens verbrennt und ihn so unter die Götter versetzt.

226 DEM FÜRSTEN

Die Widmung ist auf den Kurfürsten (V. 41) Friedrich II. von Württemberg zu beziehen, von 1797 bis 1805 Kurfürst; 1805 wurde ihm von Napoleon der Königstitel verliehen. Das Gedicht mit dem heroischepischen Vorsatz »zu singen den Helden« (vgl. Vergil, Aeneis I, 1: »Arma virumque cano«, ›Waffentat sing ich und den Mann‹, s. a. 11, 1) wurde wohl Anfang 1805 entworfen, die Arbeit an ihm erstreckte sich aber wohl über das ganze Jahr, wobei die kritischen Töne immer deutlicher werden, auch durch den kontrastierenden Hinweis auf den weisen König Salomon (dt. ›Der Friedliche‹ V. 47), der den Tempel zu Jerusalem erbaute. Es ist anzunehmen, daß die 2. Fassung auf die Denunziation Blankensteins anspielt (V. 36 ff.), die 1805 zum Hochverratsprozeß gegen Sinclair führt (so Uffhausen, der für V. 39 die Lesart »Den Tag« verzeichnet). – *13 den Tempel:* In Jerusalem, s. o. – *14 Dreifuß:* Der Sitz der Pythia in Delphi, vgl. zu 110, 228.

228 *51 Der Meister:* Vgl. *Der Vatikan* V. 11, demnach vielleicht auf Heinse zu beziehen, die »Weinstadt« wäre dann Aschaffenburg, wo Heinse 1803 starb (Beißner). – *55 braun oder blau:* »braun« war die Farbe der Monarchisten, »blau« die der Anhänger der Französischen Revolution.

228 AN DIE MADONNA
Im Homburger Folioheft steht zwischen den Entwürfen *Dem Fürsten* und dem Beginn der sogenannten Madonnen-Hymne die Reinschrift der Hymne *Germanien*, V. 75 ff. von *An die Madonna* sind auf einem Beiblatt zum Folioheft notiert. Das Gedicht fragt wie *Patmos* und *Der Einzige* nach der Stellung Christi in Bezug zu den »anderen« Himmlischen (V. 104) und nach dem Verhältnis der antiken zur christlichen Satzung (V. 39), der Liebe. Sie wird als ›allvergessend‹ bezeichnet (V. 26), da durch sie die »anderen« Götter in den Hintergrund treten; zu dieser negativen Zeichnung vgl. a. *Patmos*. Bruchstücke der späteren Fassung V. 191. Diese Thematik verknüpft H. über das Motiv der Wildnis (V. 97 ff.) und der Anspielung im zweitletzten Vers mit dem Entwurf *Die Titanen*.

229 *19 Lilie:* Symbol der Reinheit der Gottesmutter Maria. – *21 Uralten Gewölbe:* H. notierte zuerst »Dem Hinterhalte der Himmlischen«. – *31 Johannes:* Johannes der Täufer, der das Kommen Christi prophezeit, den H. aber mit dem Evangelisten Johannes zusammensah (vgl. zu 199, 75). Die »Freundin« der Madonna ist »Elisabeth« (Lukas 1, 36), die Gattin des Priesters Zacharias. Als dem betagten, aber kinderlosen Paar die Geburt eines Sohnes prophezeit wird, der das Kommen des Herrn verkünden soll, ist Zacharias ungläubig und zweifelnd und wird zur Strafe mit Stummheit geschlagen. (Lukas 1, 20). »Der Zunge Gewalt« erlangt er nach der Geburt wieder, als er auf die Frage, wie der Sohn heißen soll, auf eine Wachstafel wie geheißen »Johannes« notiert und mit »heiligem Geist« erfüllt mit »prophetischer Begeisterung« in ein Preislied auf den kommenden Messias ausbricht (das ›Benedictus‹), in dem alttestamentarische Prophezeiungen gedeutet (vgl. V. 35) werden. – *36 Furcht der Völker... Donner... und Wasser des Herrn:* Vgl. Jeremia 10, 13 und Psalm 18, 14–16. – *39 gut sind Satzungen:* Vgl. H.s Übersetzung von Sophokles' ›Antigonae‹ (V. 470 ff. – Antigonae begründet ihren Schritt, den Bruder gegen das Verbot (»Angebot«) Kreons bestattet zu haben): »Auch dacht ich nicht, es sei dein Ausgebot so sehr viel, / Daß eins, das sterben muß, die ungeschriebnen drüber, / Die festen Satzungen im Himmel brechen sollte.« – *40 Drachenzähne:* Sowohl in der Sage um die

Gründung Thebens wie auch in der Argonautensage werden Drachenzähne gesät, aus denen bewaffnete Krieger hervorgehen, die nur durch List in Schach gehalten werden können (vgl. a. *Patmos*. Bruchstücke der späteren Fassung, V. 195). – *44 Liebsten Gottes:* Auf Jesus, als Sohn Gottes, und auf Johannes als Liebling von Jesus zu beziehen.
  230 *48 in heiliger Nacht:* Vgl. zu 135, 48. – *53 befürchte... Denn nimmer:* In die Textlücke notierte H. das Bruchstück »Ein anderes...« S. 267. – *68 zum...:* »zum Himmel«, das Wort ist mit tintenleerer Feder eingeritzt. – *die jungen Pflanzen:* Als Gegensatz hierzu vgl. das »Unkraut« in *Wenn aber die Himmlischen* V. 30f.
  231 *83 das Beste:* Vgl. zu *Das Nächste Beste.* – *84 das Böse:* Zu diesem Gedanken vgl. *Der Rhein* V. 46f., *Die Titanen* V. 64ff. sowie S. 595. – *90 falsch anklebend / Der Heimat:* Vgl. H.s Brief an den Bruder vom 1. Januar 1799: »Ich glaube nämlich, daß sich die gewöhnlichsten Tugenden und Mängel der Deutschen auf eine ziemlich borniertе Häuslichkeit reduzieren. Sie sind überall glebae addicti, und die meisten sind auf irgendeine Art, wörtlich oder metaphorisch, an ihre Erdscholle gefesselt«. Die letzten 4 Worte sind eine wörtliche Übersetzung des lat. glebae addicti. – *95 Der:* ›aber liebt‹ wäre wohl zu ergänzen. – *97 Wildnis:* Vgl. *Die Titanen* V. 22, *Wenn aber die Himmlischen* V. 41 und *Tinian* V. 2. – *göttlichgebaut:* Vgl. *Der Rhein* V. 5. – *98 reinen Gesetze:* Vgl. *Die Mutter Erde* V. 29. – *104 den anderen auch:* Die »anderen« Götter des Göttertages, vgl. »Denn Opfer will der Himmlischen jedes« (*Patmos* V. 217). – *109 Knochenberg:* Die Erhebung »Knochen« bei Bad Driburg, die H. 1796 zusammen mit Susette Gontard und Heinse besuchte, der in seinem Roman ›Ardinghello und die glückseligen Inseln‹ den geographischen Namen »Ossaja« mit »Knochenberg« erläutert. – *111 Ossa:* Berg in Thessalien, den die Aloaden auf den Olymp und diese Berge wieder auf den Pelion setzen, »um hinauf in den Himmel zu steigen« (Homer, Odyssee 11, 316). Das griech. ›ossa‹ ist nicht mit dem lat. ›os, ossis‹, der Knochen (s. o.) verwandt, trotzdem ist eine assoziative Verbindung mit der ›Schädelstätte‹ Golgatha, dem Kreuzigungsberg, herstellbar. – *Teutoburg:* Der Teutoburger Wald, Ort der Hermannsschlacht (vgl. zu 275, 191). – *112 voll geistigen Wassers:* Vgl. *Hyperion* S. 320, vielleicht auch ein biographischer Hinweis auf die Heilquellen um Bad Driburg.
  232 *119 Und zu sehr zu fürchten die Furcht nicht:* Zitat aus Montaignes Essay 1, XVIII. So auch H. in einem Brief an den Bruder vom 10. Juli 1796: »Ich fürchte mich nicht vor dem, was zu fürchten ist, ich fürchte mich nur vor *der Furcht.*« – *131 Reinen:* Vgl. *Der Rhein* V. 46ff. und *Die Titanen* V. 64ff. – *134 ein Neidisches:* Vgl. die zu 138, 160 zitierte Briefpassage. – *139 Voll Glücks, voll Leidens:* Vgl. die ursprüngliche Schlußstrophe zu *Der Rhein* S. 762.

233 *159 Rätsel:* Prophezeiungen. – *160 alltäglich... und gemein:* Zur Gefahr durch Gewöhnung das Göttliche des »Wunders« zu vergessen, vgl. den Entwurf zur *Friedensfeier* V. 67f. (S. 767).

234 UND MITZUFÜHLEN DAS LEBEN...
Das Fragment folgt im Homburger Folioheft unmittelbar auf den 1. Entwurfsansatz zu *Tinian* (vgl. zu 249) und ist möglicherweise ihm zuzuordnen. – *10 der Jagd:* Vgl. die mit der Jagd verknüpften Bilder und Motive in *Einst habe ich die Muse gefragt* V. 15 ff., *Vom Abgrund nämlich* V. 32 und *Tinian* V. 20–28. – *17 Der Meister, oder der Leichen:* Vgl. a. *Der Archipelagus* V. 62. – *der Türme Kronen:* Vgl. *Mnemosyne* 3. Fassung, V. 21 f. und den Beginn von *In lieblicher Bläue* S. 673. – *23 Elysium:* Vgl. zu 346. – *25 Turniere:* Vgl. *Tinian* V. 24: »Wagenlauf«.

235 WIE MEERESKÜSTEN...
Die ganz aus einem Vergleich bestehende Strophe ist auf dem gleichen Blatt wie *Und mitzufühlen das Leben* überliefert, aber in ganz anderem handschriftlichen Duktus notiert. *1 zu baun:* Vgl. *Wenn aber die Himmlischen* V. 2. – *5 Freudigsten:* Das zugehörige Prädikat »vom Freudigsten kommt« ist in der Handschrift durch »eines« überschrieben. – *7 Weingott:* Dionysos, vgl. zu 88 u.ö. – *8 der Lieblingin... meergeborenen:* Aphrodite, die aus Meerschaum geborene Göttin der Liebe. Zum Vergleich, daß dem Gesang mit dem über das Meer heimkehrenden Dionysos und mit der Aphrodite ein »gewaltiges Gut« aus Griechenland zugeht, vgl. den ›fernhinsinnenden Kaufmann‹ in *Der Archipelagus* V. 72.

235 WENN NÄMLICH DER REBE SAFT...
Im Folioheft auf einer neuen Seite notiert. – *7 Bienen:* Vgl. *Die Titanen* V. 41 sowie zu 315. – *15 die Eiche:* Zum Bild der von Bienen umsummten Eiche vgl. *Stuttgart* V. 33f., zu »vielahnend« weissagenden Eichen s. »Dodona«, zu 110, 227.

236 DAS NÄCHSTE BESTE
Der Titel spielt auf den Philipperbrief im Neuen Testament an: »Vnd daselbst vmb bete ich / das ewre Liebe je mehr vnd mehr reich werde / in allerley Erkenntnis vnd Erfarung / das jr prüfen müget / was das Beste sey.« (1, 9f. – in Luthers Übersetzung). Bei H. findet sich der Bezug auf das »Beste« schon in *An die Unerkannte* V. 13, *Stimme des Volks* V. 20, *Heimkunft* V. 79f., *Chiron* V. 36, *Der Rhein* V. 159 und 201, *Germanien* V. 54, *Friedensfeier* V. 86, *Der Einzige* 1. Fassung, V. 91. Gerade als das »Nächste« scheint das in einem geschichtsphilosophischen Sinn »Beste« am schwersten fassen zu sein: »Nicht ohne Schwingen mag / Zum Nächsten einer greifen / Geradezu« (*Der Ister* V. 11 ff.). Vermittelt ist beides über die im Brief an Böhlendorff dargestellte Dialektik von Eigenem und Fremden: Das in der Antike vorgestellte fremde »Beste« soll zum »Näch-

sten« werden, zum eigenen. – *9 wie die Staren:* Zum Motiv der zurückkehrenden Zugvögel vgl. v. a. *Tinian* V. 11. – *16 das Herz der Erde:* Die Fügung verwendete H. zum ersten Mal 1794 in einem Widmungsgedicht für Rosine Stäudlin, wo der Strahl der Frühlingssonne »ins Herz der Erde, / Und der Erdenkinder dringt«, vgl. a. *An die klugen Ratgeber* V. 12. – *28 Charente:* Fluß nördlich von Bordeaux. – *31 wacker:* wachsam. Vgl. 1. Samuel 14, 27 ff. und die Sprüche Salomons 20, 13. Auch Klopstock verwendet das von Luther in der Bedeutung gebrauchte Wort, vgl. ›Die Ratgeberin‹ (1755, V. 17 f.) – *32 Nordost:* Vgl. *Andenken* V. 1.

237 *2 Nachtgeist:* Der Inbegriff alles über die Nacht der Götterferne gesagte, »freigelassen« klingt an das »Unangebunden« in *Die Titanen* an (V. 3). – *40 der Katten Land:* Hessen.

239 *1 offen die Fenster des Himmels:* Im Alten Testament das Bild für einen wolkenbruchartigen Regenfall, vgl. 1. Moses 7, 11 u. ö. – *10 Gascogne:* Landschaft südlich von Bordeaux, vgl. *Vom Abgrund nämlich* V. 30.

240 *37 Wachstums:* Vgl. *Der Ister* V. 39. – *Wolken des Gesanges:* Vgl. V. 60 sowie der hymnische Entwurf *Griechenland* 2. Fassung, V. 13. – *41 Vögel:* Vgl. *Heimat* V. 17. – *54 Wildnis:* Vgl. zu 215, 22. – *58 Ilion:* Troia. – *59 Adler:* Hier als Symbol für den Lichtgott angesprochen, s. a. zu *Der Adler*.

241 VOM ABGRUND NÄMLICH...
Im Folioheft folgt dieser Entwurf auf einer neuen Seite unmittelbar hinter *Das Nächste Beste*, über dem Entwurf findet sich die poetologische Notiz »Die Apriorität des Individuellen / über das Ganze«, vgl. S. 268. – *1 Abgrund:* Vgl. *Die Titanen* V. 73. – *15 Nabel / Dieser Erde:* Nach Pindar ist Delphi (vgl. zu 110, 228) der Nabel der Welt, H. überträgt dies auf die Stadt Susette Gontards, Diotimas. Vgl. a. *Ganymed* V. 20 und der späte hymnische Entwurf *Griechenland* 3. Fassung V. 16 f. – *23 und...:* Die Lücke wäre vielleicht mit »spiegelt« zu überbrücken. – *Beere:* Bei H. häufig anzutreffende starke Pluralform. – *30 die gascognische Lande:* Vgl. *Das Nächste Beste* 3. Fassung, V. 10. – *32 Rapierlust:* Kampflust, das Rapier ist ein Degen. Zum Motiv des Kampfes vgl. *Einst hab ich die Muse gefragt* V. 15 ff., *Und mitzufühlen das Leben* V. 9 f. sowie *Tinian* V. 20 ff.

242 KOLOMB
Der Entwurf ist im Homburger Folioheft über 5 Seiten hinweg notiert und kann sehr gut die Arbeitsweise H.s illustrieren, der sich Stichworte wie Keime für später auszuarbeitende Verse und Strophen notierte und bei diesem ersten Entwerfen die Zwischenräume für den zu ergänzenden Text schon mitbedachte, nach V. 73 sogar eine ganze Seite frei ließ. In diese Zwischenräume notierte sich H. Zusätze und Namen von Helden,

die ebenfalls besungen werden sollten – Mohammed, Rinaldo (wohl aus Tassos ›Befreitem Jerusalem‹), Kaiser Barbarossa, Kaiser Heinrich, Peter der Große u. a. m. – sowie eine poetologische Notiz, die die Intention des Gesanges erhellt: »Flibustiers, Entdeckungsreisen als Versuche den hesperischen orbis, im Gegensatze gegen den orbis der Alten zu bestimmen.« (»F⟨i⟩libustiers« sind Freibeuter). Den aus Genua stammenden Kolumbus und die Weltumsegler Vasco da Gama und Lord Anson (vgl. *Tinian*) stellt H. als ahnende »Schiffer« (*Der Wanderer* 2. Fassung, V. 80 sowie *Andenken* V. 37 ff.) gegen die Chronologie ihrer Entdeckungen zusammen, ein Anachronismus, den die neben dem Titel stehende Notiz reflektiert: »Wir bringen aber die Zeiten / untereinander«.

244 *155 die Spuren alter Zucht:* Die »Zucht« definierte H. in seinem Kommentar zum Pindar-Fragment ›Der Höchste‹ als »die Gestalt ⟨...⟩, worin der Mensch sich und der Gott begegnet«. Vielleicht ist die Notiz auch nur der Entwurf für den Kommentar zu dem Fragment ›Die Asyle‹: »an den Spuren der alten Zucht, der Gott und der Mensch sich wiedererkennt«.

245 MEINEST DU, ES SOLLE GEHEN...
Der Entwurf gehört wahrscheinlich zu einem unter dem Titel »Luther« geplanten Gesang. H. notierte den Titel am Kopf einer sonst leeren Seite des Folioheftes, auf der folgenden findet sich dann der Entwurf *meinest du, Es solle gehen*. Nach zwei weiteren freien Seiten notierte sich H. dann dieses Bruchstück (in der Rubrik ›Pläne und Bruchstücke‹ unter Nr. 41 überliefert), das vielleicht an den Schluß der Hymne gerückt wäre:

> Denn gute Dinge sind drei.
>
> Nicht will ich
> Die Bilder dir stürmen.
>
>   und das Sakrament
> Heilig behalten, das hält unsre Seele
> Zusammen, die uns gönnet Gott, das Lebenslicht,
> Das gesellige,
> Bis an unser End

(Zu »drei« vgl. *Germanien* V. 94, *Das Nächste Beste* 3. Fassung, V. 62. Auch das »Nicht will ich / Die Bilder dir stürmen« würde in Bezug auf Luther passen, der zwar den Offenbarungsgehalt von dem zweideutigen Bild auf das Wort verlagerte, damit aber erst die Grundlage schuf für die Bilderstürmerei, zu der Zwingli und Calvin aufriefen.) – *1 meinest du:* Am Rand notierte H.: »zum Dämon«, vgl. S. 266, 12. – *4 Ein Reich der Kunst:* Das Reich Jupiters, vgl. *Natur und Kunst oder Saturn und Jupiter*.

– *5 das Vaterländische von ihnen / Versäumet:* Vgl. den Brief an Böhlendorff S. 655 ff.: Die Griechen hatten ihr ›Nationelles‹, das »Feuer vom Himmel«, vergessen. – *15 wie mit Diamanten:* H. Beck verzeichnet in seiner Chronik zu H.s Leben die Anekdote, H. habe möglicherweise im März 1788 oder schon im November 1779 Verse von Hölty in eine Fensterscheibe des vaterländischen Hauses in Lauffen geritzt.

245 DER VATIKAN...
Der Entwurf setzt nach fast einer halben leeren Seite mit diesen Worten ein, sie geben also weder Titel noch Thema der geplanten Hymne wieder. Die ersten Bilder gehen vielleicht auf Erinnerungen H.s an seine Lektüre von Heinses Roman ›Ardinghello‹ (vgl. zu 133) und die mit dem »Meister« in Bad Driburg geführten Gespräche zurück – vgl. zu *Der Rhein* und zu 231, 109. – *2 gehet der Bruder... von wegen des Spotts:* Die schwer lesbare Stelle stellt Uffhausen so dar: »und drunten geht der Bruder, allbejahend, / Ein Esel auch dem braunen Schleier nach / Von wegen des Spotts / Wenn aber der Tag«. In seiner Lesart bilden »und alle / Schlüssel des Geheimnisses wissend« ein eigener Vers, der an V. 10 anzuhängen wäre, V. 8 folgt in seiner Lesart dann als V. 12. – *7 Irrsal:* Vgl. v. a. *Archipelagus* (V.223) und *Brot und Wein* V. 115 f., im *Hyperion* S. 344. – *9 Julius' Geist:* Julius Caesar, dessen Kalender – 46 v. Chr. eingeführt – das Sonnenjahr zur Grundlage der astronomischen Berechnungen machte.

246 *11 Mein ehrlich Meister:* Durch den Bezug auf »Westfalen« sicherlich auf Heinse zu beziehen, mit dem H. und Susette Gontard zusammen in Bad Driburg waren – vgl. V. 14 und *Dem Fürsten* 2. Fassung, V. 51. – *12 Unterscheidung:* Vgl. das Bruchstück »Ein anderes...« S. 267 sowie H.s Kommentar zu dem Pindar-Fragment ›Das Höchste‹: »Das Unmittelbare, streng genommen, ist für die Sterblichen unmöglich wie für die Unsterblichen; der Gott muß verschiedene Welten unterscheiden, seiner Natur gemäß, weil himmlische Güte, ihret selber wegen, heilig sein muß, unvermischt. Der Mensch, als Erkennendes, muß auch verschiedene Welten unterscheiden, weil Erkenntnis nur durch Entgegensetzung möglich ist. Deswegen ist das Unmittelbare, streng genommen, für die Sterblichen unmöglich wie für die Unsterblichen.« – *19 Meister des Forsts:* Vgl. *Der Archipelagus* V. 167. – *Jüngling in der Wüste:* Johannes der Täufer, vgl. Matthäus 3, 4 und *An die Madonna*, V. 31. – *24 Loreto:* Bekanntes Marienwallfahrtsziel. – *25 Gotthard:* Vgl. *Der Adler* V. 1 und die 3. Str. von *Der Rhein.* – *27 Eiderdünnen:* Eiderdaunen. – *28 Adler:* Vgl. *Der Adler.* Es ist nicht eindeutig, ob hier der Akzent das je Nationelle betont (vgl. den Brief an Böhlendorff S. 655 f.) oder gerade das Fremde, noch zu erlangende, etwa im Sinn der Sophokles-Anmerkungen (S. 661 und 665 f.). – *30 Kranich:* Vgl. das frühe Gedicht *Griechenland* V. 44 sowie

S. 318 und 323. – *Gestalt:* Als Gegensatz zur Auflösung und dem Chaotischen, vgl. »Pestluft«. – *32 Patmos:* Vgl. zu *Patmos.* – *Morea:* Vgl. zu 173, 15. – *33 Türkisch:* Wohl im Sinn von ›von Türken besetzt‹. – *Eule:* Als Attribut der Pallas Athene Symbol der Weisheit. – *34 heischern:* Heiser, rauh. – *36 Sprachverwirrung:* Zu diesem babylonischen Motiv vgl. *Das Nächste Beste* 2. Fassung, V. 4. – *42 derlei Palästen:* Vgl. V. 6 f. – *44 Brautkleid:* Vgl. »Brauttag« in *Der Rhein* V. 180. – *45 Rippe:* Wohl die Küste (vgl. *Vom Abgrund nämlich* V. 13 ff.): Himmel und Erde erklingen in einem Lied, in einem »wirklich Ganzen Verhältnis« (s. u.), das ein »lebendiges Verhältnis« sein muß (S. 636: »belebende Kunst«).

247 *48 Säulenordnung:* Das Bild des Säulentempels für das Ideal einer Gemeinschaft von Gleichen wurde von Rousseau auf den Gesellschaftsvertrag bezogen (›Vom Gesellschaftsvertrag‹ I, 6). H. zitiert dieses Bild im *Tod des Empedokles,* 1. Fassung V. 1559 f.

247 AUF FALBEM LAUBE...
Dieser heitere Entwurf findet sich auf der drittletzten Seite des Folioheftes, was aber wenig über die Chronologie der Entstehung aussagt. Rechts neben diesem Entwurf notierte H. die 1. Str. der 3. Fassung von *Mnemosyne,* zwischen V. 8 und 9 des Entwurfs findet sich die Titelnotiz »Cäcilie«, vgl. zu *Mnemosyne.*

248 DER ADLER
Der Gedichtentwurf ist auf einem Einzelblatt zusammen mit einem frühen Entwurf zu *Mnemosyne* überliefert und wahrscheinlich 1804/1805 in Homburg entstanden. – Die V. 1–23 sind als Rede des Adlers angelegt, der sich als Bote eines neuen Göttertages (vgl. zu 223, 59 und *Der Vatikan* V. 28) an seinen Vater und seinen Urahn erinnert – der Flug des Vaters verbindet den Gotthard mit der italienischen und griechischen Kultur, während der Flug des Urahns nach der Deukalischen oder der Sint-Flut eine neue Zeit verkündet hatte (V. 13 ff. – vgl. Ovid, Metamorphosen 1, 262 ff. und zu 85, 1 sowie 1. Moses 6, 5 ff. Das »Schiff« mit den Tieren wird auf die Arche zu beziehen sein). Diese doppelte Referenz entspricht den Verweisen, die den Adler in der antiken Mythologie dem Zeus zuordnen (vgl. zu 353), in der christlichen Religion als Symbol des Evangelisten Johannes deuten – er ist der ankündigende Bote, der prophezeiende Seher. Die Rede des Adlers bricht mit V. 23 plötzlich ab – »stehen« ist wie V. 24 ff. im Präsens formuliert, in der Lücke V. 23/24 notierte H. das Wort »Reh«. – *1 Gotthard:* Vgl. *Der Vatikan* V. 24. – *2 wo Flüsse hinab:* Am Gotthard entspringen der Rhein, die Rhone, der Tessin (vgl. *Der Rhein* V. 35), die Aare und die Reuß. – *3 Heturia:* Etrurien, die Toskana, vgl. in *Germanien* V. 44 f.: »Opferhügel Italias«. – *6 Hämos:* Gebirgszug in Thrakien, von hier stammte Orpheus. – *7 Athos:* Höchster Berg der Insel Chalkidike. – *8 Höhlen in Lemnos:* Vgl. zu »Philoktetes« 224, 85. –

10 Indus: Vgl. *An unsre großen Dichter* V. 2, *Germanien* V. 42, *Der Ister* V. 7.

249 *36 wo die Augen zugedeckt, / Und gebunden die Füße sind:* Wohl auf die Toten zu beziehen, vgl. a. Johannes 11, 44. – *38 Da wirst du es finden:* Vgl. *Einst hab ich die Muse gefragt* V. 3.

249 TINIAN

Der Entwurf ist in einer Einzelhandschrift überliefert, eine erste Skizze findet sich aber im Homburger Folioheft und ist wahrscheinlich wie der motivisch ähnlich ausgerichtete Entwurf *Kolomb* 1804/1805 entstanden:

> Süß ist's,
>   und genährt zu sein vom Schönen
> Der Welt,
> Denn
>
>   Gotts Lohn
>
> So schlägt die Leier Apoll.
>
> Und zu schauen
> Die Länder
>
> Ist dir gegeben.

(Bei F. Beißner Nr. 54 in den ›Plänen und Bruchstücken‹). – *Tinian:* Seit der Weltumseglung von Admiral Lord George Anson (1697–1762) galt die Marianeninsel im Pazifik als Inbegriff des weltabgeschiedenen paradiesischen Ortes. Populär wurde sie durch Walter Paters Reisebeschreibung der Expedition Ansons (›A Voyage Round the World in the Years 1740–1744. London 1748; deutsche Übersetzung Leipzig 1749), in der die Unbewohntheit der Insel hervorgehoben wird – ein Zug, der dann für die Adaption des Namens in Jean Jacques Rousseaus Gartenutopie zentral wird. »Das Land, die Abgeschiedenheit, die weite Wasserfläche, die sich vor meinen Augen auftut, der Gebirge wilder Anblick, alles erinnerte mich an meine liebe Insel Tinian«, läßt Rousseau in seinem Briefroman ›La Nouvelle Héloïse‹ (1761 – vgl. S. 805) Eduard schreiben, der soeben von der Weltumseglung mit Lord Anson zu Héloïse zurückgekehrt sei (4. Teil, 10. Brief u. ö.). Solch empfindsame Besetzung der einsamen Insel versah Wieland in seinem Versepos ›Pervonte oder Die Wünsche‹ (1777) mit leichtem Spott (2. Teil, V. 168); mit Cooks Entdeckung von Tahiti wird Tinian hinter diesem neuen Ideal einer exotischen Idylle in den Schatten treten. H. kannte die Reisebeschreibung Ansons (vgl. zu 51, 88) sowie Rousseaus Roman. – *2 Wildnis:* Vgl. *Die Titanen* V. 22, *Wenn aber die Himmlischen* V. 41, *An die Madonna* V. 97. – *5 Wasser:* Vgl. *Deutscher Gesang* V. 18 f. und die »heimatlichen Wasser« in *Germanien*

V. 4. – *7 irren:* Vgl. *Wenn aber die Himmlischen* V. 45 u. ö. – *9 Findlingen gleich:* Anspielung auf die Gründungssage von Rom, das von Romulus gegründet wurde, der zusammen mit seinem Bruder Remus als »Findling« von einer Wölfin (V. 3) gesäugt wurde, vgl. S. 364. – *11 Fittiche:* Vgl. *Das Nächste Beste* 1. Fassung V. 9f. – *12 Einsamkeit:* S. o. sowie *Die Titanen* V. 12, zu diesem Motiv vgl. schon das Jugendgedicht *An die Ruhe*. – *15 Sommervögel:* Schmetterlinge. – *16 Bienen:* Vgl. *Die Titanen* V. 40, *Wenn nämlich der Rebe Saft* sowie zu 315. – *17 Alpen:* Zum Bild der Alpen als einer geschichtsphilosophischen Schwelle vgl. u. a. *Heimkunft* und *Germanien* V. 48, zu »geteilet« vgl. *Mnemosyne* 1. Fassung, V. 30. – *21 Gewappnet:* Vgl. *Das Nächste Beste* 3. Fassung, V. 47f. – *24 falkenglänzend:* Vgl. das Bild von der Falkenbeiz in *Einst hab ich die Muse gefragt* V. 15ff.

250 *36 unbelaubten / Gedanken gleich:* Vielleicht eine Anspielung auf den Topos der ›flos orationes‹, vgl. zu 181, 72.

250 GRIECHENLAND
Die Ansätze sind auf 2 Einzelblätter überliefert, in ihrem Duktus gleicht die Handschrift dem Entwurf *Der Vatikan* – eine Entstehung um 1806 ist so wahrscheinlich. Es fällt auf, daß hier – deutlicher noch als in dem spätesten *Griechenland* gewidmeten Gedicht (S. 262) – keine direkten Verweise auf das Thema der Hymne fallen, so als wäre Griechenland nur im ›Hesperischen‹ noch zu fassen. – *6 Regen:* Der Strauch Goldregen, vgl. V. 14. – *8 Schritte der Sonne:* Vgl. *Patmos* V. 29. – *17 Gotthard:* Vgl. *Der Vatikan* V. 25, *Der Adler* V. 1. – *18 Lorbeern / Rauschen um Virgilius:* Das Grab des Vergil in Mantua; auch Heinse hebt in seinem Roman ›Ardinghello und die glückseligen Inseln‹ den es beschattenden Lorbeer hervor. – *26 Windsor:* Sommerresidenz des englischen Königs.

251 *13 Gesangeswolken:* Vgl. V. 4 sowie *Das Nächste Beste* 3. Fassung V. 37 und 60. – *15 Das Ungebundene:* Vgl. *Der Einzige* 2. Fassung V. 72f., *Mnemosyne* 3. Fassung, V. 13 sowie *Die Titanen* V. 3. – *23 Gott an hat ein Gewand:* Vgl. *Mnemosyne* 3. Fassung, V. 47 sowie S. 376. – *25 Lüfte:* In der Lesung Uffhausens »Liebe«.

252 *10 Kalbs Haut:* ›Wie ein Trommelfell tönt die Erde wieder‹. – *14 Zärtlichkeit:* Zur »Zärtlichkeit« als der »Popularität der Griechen« vgl. den 2. Brief an Böhlendorff S. 658. – *14 lauter:* ›rein, ganz‹, vgl. V. 11 der 2. Fassung. – *16 der Erde / Nabel:* Vgl. zu 241, 15. – *33 Blätter:* H. notierte zuerst »Bücher«, analog zu der späteren Lesart »Dunklem Blatte« zu »Bücher« in den 2. Fassungen der Ode *An die Deutschen*, vgl. S. 64, 6 und S. 90, 8.

253 *45 Gemeinschaftlicher:* Die Stelle ist nur schwer zu entziffern, Uffhausen liest »Gemeinschaftlich«. – *46 Süß ist's:* Vgl. 1. Fassung V. 1 sowie *Tinian* V. 1. – *48 Reisenden:* Vgl. 1. Fassung V. 15f. – *51 wo das*

Land: Wie D. E. Sattler gezeigt hat, wäre hier nun der Text der 1. Fassung von »Wechselt wie Korn« (V. 16) an␣anzuschließen, vgl. D. E. Sattler: Friedrich Hölderlin. 144 fliegende Briefe. Bd. 1, Darmstadt und Neuwied 1981.

253 WAS IST DER MENSCHEN LEBEN...
Diesen Entwurf notierte H. auf der Rückseite eines Briefes von Susette Gontard vom 5. März 1800, er wird heute auf die Spätzeit datiert: »später als... *der Vatikan*... und *Griechenland*, nah bei *In lieblicher Bläue*«, so D. Lüders, 398. Vielleicht wich H. auf die Briefe Susette Gontards aus, als ihm das Folioheft entzogen worden war (s. S. 783). – *4 Schrift:* Vgl. die auf den Topos vom Buch der Natur deutende Lesart zu *Griechenland* 3. Fassung, V. 33. – *11 Anzeige:* Anzeichen.

254 WAS IST GOTT...
Dieser Entwurfsansatz findet sich auf einem rückseitig von Ernst Zimmer beschriebenen Blatt, er dürfte so wie vielleicht auch *Was ist der Menschen Leben* 1807 entstanden sein. – *4 Je mehr ist eins / Unsichtbar, schikket es sich in Fremdes:* So wie Gott ein »Gewand« anlegt, um sichtbar zu werden, vgl. *Griechenland* 3. Fassung, V. 26.

SPÄTESTE GEDICHTE

In der Gruppe der sogenannten ›Spätesten Gedichte‹, die insgesamt 50 Gedichte enthält, von denen mehr als ein Drittel im Textteil dieses Bandes erscheinen, hat man die nach H.s Einlieferung in die Autenriethsche Klinik 1806 entstandenen Gedichte gesammelt. Das H.-Bild, das dieser Zusammenstellung zugrunde lag und nach dem man in diesen Gedichten nur die bedauernswert naiven Schreibereien eines umnachteten Genies sah, muß heute korrigiert werden, zumal man die Gruppe auch nicht mehr so ohne weiteres von den anderen Texten H.s trennen kann: Die späten hymnischen Entwürfe *Was ist der Menschen Leben* und *Was ist Gott* dürften genauso wie *In lieblicher Bläue* (S. 253 f. und S. 673 ff.) im Haus des Schreinermeisters Zimmer entstanden sein, der H. 1807 bei sich aufnahm. Unsere Auswahl schließt sich chronologisch an diese Texte an.

Trotzdem bleibt der tiefe Bruch zwischen den rhythmisch gegliederten hymnischen Entwürfen und den meist in regelmäßigen Metren und gereimt abgefaßten Gedichten auffällig (in den zwischen 1796 und 1806 entstandenen Gedichten findet sich ja nur ein einziges in dieser Art – vgl. S. 126 f.). Man hat diesen Bruch je nach Auffassung der Krankengeschichte verschieden interpretiert: Im Sinn des oben angeführten II.-Bildes vom wahnsinnig gewordenen Dichter sah man in ihnen eine ›Pathographie‹, im Sinn der zuletzt von Pierre Bertaux verfochtenen These vom Simulanten H. (in: P. B.: Friedrich Hölderlin, Frankfurt 1978), der seinen Wahnsinn vorspielte, sah man in den Texten die gelungene Mimikry des eigenen Genies, in dem sich H.s distanziertes und mit zahlreichen Phantasieanreden durchsetztes Verhalten gegenüber den Besuchern widerspiegele. Beide Ansätze gehen aber von einem, hat man die Geschichte der modernen Kunst seit van Gogh vor Augen, unhaltbaren Gegensatz von ›normal‹ und ›wahnsinnig‹ aus. Dabei lassen sich in den nach 1806 entstandenen Gedichten viele Wiederaufnahmen früherer Themen und Reflexe auf die poetische Verfahrensweise vom Wechsel der Töne finden. D. E. Sattler hat diese Wiederaufnahmen unter dem Stichwort »al rovescio« gefaßt und zum Axiom seiner Edition gemacht: H. spielt demnach die Themen und Formen seines gesamten Werkes noch einmal von hinten nach vorn durch, den passivischen, an Distanz und Trennung festhaltenden Duktus der Gedichte deutet er als ›karthartischen‹ Prozeß: »In Wahrheit brach hier die Realgestalt dessen herein, was vorher nur idealer Gedanke gewesen war: ›gänzliche Umkehr‹ als kategorisch andere Veränderung; als Idee willentlich, als Realität verhängt. Wie im Leben ist diese karthartische Bewegung, ihrer Tendenz nach, antititanisch: Umwendung zur Bescheidenheit, zu reiner Rezeptivität.« (In: ›al rovescio‹. Hölderlin nach 1806. In: Le pauvre Holterling Nr. 7, 1984; wiederabgedruckt in: Individualität Nr. 21, 1989).

Die Datierung der meisten Gedichte ist unsicher, die mit erfundenem Datum und dem – bis heute in seiner Herkunft nicht zweifelsfrei zu klärenden – Pseudonym unterzeichneten Gedichte (ab *Aussicht*) sind erst nach 1840 entstanden.

255 Das Angenehme dieser Welt...
Das Bruchstück eines Gedichts ist durch Karl Mayer überliefert, der H. öfters besuchte und es am 7. Januar 1811 seinem Bruder in einem Brief mitteilte: »Der arme Hölderlin will auch einen Almanach herausgeben u. schreibt dafür täglich eine Menge Papier voll. Er gab mir heute einen ganzen Fascicel zum Durchlesen, woraus ich Dir doch einiges aufschreiben will.«

255 An Zimmern
Das Gedicht ist wie die folgenden mit »Zimmer« überschriebenen dem Schreinermeister Ernst Zimmer gewidmet, der H. bei sich aufnahm. Am 19. März schreibt dieser an H.s Mutter: »Sein dichterischer Geist zeigt Sich noch immer tätig, so sah Er bei mir eine Zeichnung von einem Tempel Er sagte mir ich sollte einen von Holz so machen, ich versetzte Ihm drauf daß ich um Brot arbeiten müßte, ich sei nicht so glücklich so in phi-

losophischer Ruhe zu leben wie Er, gleich versetzte er, Ach ich bin doch ein armer Mensch, und in der nämlichen Minute schrieb Er mir folgenden Vers mit Bleistift auf ein Brett.«

256 AN ZIMMERN
Das Gedicht ist eine alkäische Ode, vgl. a. *Nicht alle Tage.* – *8 Dädalus:* Sagenhafter griechischer Holzbildhauer, vgl. zu 296.

257 DAS FRÖHLICHE LEBEN
Zu diesem Gedicht berichtet Chr. Th. Schwab in seiner Ausgabe (1846): »Er brachte in den ersten Jahren, wo er bei Zimmer war, die halbe Zeit des Tags im Bette zu, in der Folge jedoch gewöhnte er sich, früh aufzustehn und legte sich seltner auf's Bett. Hie und da, doch nicht sehr oft, begleitete er seine Pflegeleute auf's Feld hinaus; ein unten mitgetheiltes Gedicht: ›das fröhliche Leben‹, dessen Entstehungszeit ich nicht angeben kann, schildert eine solche Wanderung.«

259 DER HERBST
Schwab (s. o.) datierte das Gedicht auf »Den 16. September 1837«, vielleicht war das Datum der heute verlorenen Handschrift beigefügt.

260 DER SOMMER
Von Adolf Diefenbach überliefert, der in einem auf 1837 zu datierenden Besuchsbericht schreibt: »Jedes ihm in die Hände kommende Papier wird mit Versen überschrieben, meist in den schwierigsten antiken Versmaßen. Formrichtig, aber meist wirre Ideen. Nur Naturschilderungen, besonders wenn sein Auge gleichzeitig das zu Besingende wahrnimmt, gelingen ihm oft. Zeugnis ist das beiliegende Autographum Hölderlins, welches er am Morgen meines Besuches geschrieben hatte.«

261 *10 d. 24 April 1839:* Zumindest die Jahreszahl wird fingiert sein, das Gedicht ist durch Hermann Conrad Cless überliefert, der erst 1840 nach Tübingen zog und 1842/1843 bei Zimmer logierte.

262 DER SOMMER
Schwab (s. o.) notierte auf seiner Abschrift: »Hölderlin d. 9. März 1842«.

263 DER FRÜHLING
Das Gedicht enstand am 29. März 1843, an dem fälschlicherweise H. Geburtstag feierte (vgl. D. E. Sattler, KTA 9, S. 182).

263 DER ZEITGEIST
Das Gedicht wurde wie vermutlich auch *Griechenland* – H.s letzte Gestaltung des Themas, vgl. a. zu 249 –, bei einem Besuch am 27. Januar 1843 niedergeschrieben.

264 DIE AUSSICHT
Das nach einem Vermerk von H.s Neffen Fritz Breunlin »1843/ In seinen Letzten Tagen geschrieben⟨e⟩« Gedicht gilt als letztes Gedicht H.s.

Pläne und Bruchstücke

Unter dieser Rubrik sammelte Beißner Pläne, Überschriften und kleinere Bruchstücke, die sich »nicht mit ganzer Sicherheit auf ein vollendetes Gedicht beziehen lassen«. Wie in den *Hymnischen Entwürfen* ist auch hier die Datierung unsicher, die im Textteil erscheinenden Bruchstücke tragen in der Stuttgarter Ausgabe die Nummern 12, 16, 26, 37, 44, 59, 81 und 86. In den Kommentar wurden Nr. 9 (zu 72, 5), 38 (zu 522, 1754), 41 (zu 245), 54 (zu 249) und 70 (zu 268) aufgenommen.

265 Palingenesie

H. notierte den Prosaentwurf in seinem Handexemplar von Stäudlins ›Musenalmanach für das Jahr 1792‹, in dem seine ersten Gedichte erschienen sind. Der Titel – »Palingenesie« ist in der Lehre von der Seelenwanderung die Wiedergeburt der Seele – bezieht sich vielleicht auf Herders Abhandlung ›Palingenesie. Vom Wiederkommen menschlicher Seelen‹ (1797). – *6 so möcht ich, daß sie mich trüge:* A. Beck teilt in einem Nachtrag zum Erstdruck (in: Iduna, 1944) eine andere Lesart mit: »so möcht ich, daß sie mich trüg / Aus ihrer Taten stillem, längst Vergangenem Anfang durch – –, die goldenen ⟨goldenes?⟩ / Mächtig das Sehnen der Sterblichen«. Es folgen die Zeilen 8–10. – *12 beut:* gebietet.

265 Zu Sokrates' Zeiten

Vgl. zu 178, 206, das ›Symposion‹ berichtet von der letzten Nacht des von Athen zum Tod verurteilten Sokrates (V. 4).

266 *8 Natterngeschlecht... die Weisheit:* In der Handschrift durchstrichen und durch das Wort »Nachwelt« ersetzt. – *13 Dämon:* Vgl. zu 245, 1. – *11 Erstlinge:* Vgl. zu 154, 39.

267 Im Walde

Diesen Prosaentwurf notierte H. am Rand der Handschrift von *Wie wenn am Feiertage.* Zu »Wild« vgl. *Am Quell der Donau* V. 53 ff.

267 *Ein anderes freilich ist's:* Das Bruchstück notierte H. gleich zweimal im Homburger Folioheft: einmal auf der Seite, auf der die 2. Fassung von *Dem Fürsten* abbricht, zum anderen zwischen V. 53 und 54 von *An die Madonna.* Vgl. a. »wohlgeschieden« in *Am Quell der Donau* V. 74 sowie zu 246, 12.

267 *2 Klopstock gestorben:* Klopstock starb am 14. März 1803. H. notierte sich auf einem Blatt mit Übersetzungssegmenten die öffentliche Ausschreibung für ein »Gedicht auf den verewigten Klopstock«. Der Preis – 40 Louisdor – wurde von der Universität Göttingen Herder und Wieland zuerkannt; Herder starb allerdings am 13.12.1803. Der Entwurf findet sich am Rand von *Am Quell der Donau.*

268 *10 Prometheus:* Vgl. zu 535, 35. – *17 Jetzt aber geschiehet:* Darunter notierte H. – vielleicht als Stichworte zur Fortsetzung:

> Carrieres de greve
> Sagen für Künstler
>
> Krone auf dem Capitol
>
> Tasso
> politisch Sorgen herzungewisse

(Bei Beißner Bruchstück Nr. 70 – »Tasso« bezieht sich sicherlich auf Goethes Tragödie ›Torquato Tasso‹ 17, 90).
268 *Die Apriorität…:* Über dem Entwurf *Vom Abgrund nämlich* notiert.
268 *Nun versteh ich den Menschen erst:* Von Wilhelm Waiblinger (vgl. zu 673) in seiner Schrift ›Friedrich Hölderlin's Leben, Dichtung und Wahnsinn‹ (1831) überliefert.

Emilie vor ihrem Brauttag

Am 4. Juni 1799 bat H. seinen Jugendfreund Neuffer, sich bei dem Verleger Johann Friedrich Steinkopf für die von ihm geplante poetische Monatsschrift ›Iduna‹ einzusetzen – sie sollte u. a. mit H.s Trauerspiel *Der Tod des Empedokles* eröffnet werden. Steinkopf, der schon Neuffers ›Taschenbuch für Frauenzimmer mit Bildung‹ veröffentlichte, antwortete schon am 12. Juni, bat aber zugleich für Neuffers Taschenbuch »um eine ganz kleine Erzählung oder Roman über *Emilie*, der der Charakter eines recht edlen, vortrefflichen Mädchens gegeben werden müsse. Das übrige stelle er vollkommen in Hölderlins Willkür. Wenn er ein etwas größeres Gedicht hätte oder verfertigen wollte, das das ›Frauenzimmer‹ besonders interessirt, so bitte er sehr darum« (Regest Schlesiers).

Schon die Ausgabe von 1799, die auch Gedichte H.s enthielt (vgl. zu 60) hatte ein Titelkupfer, das eine »Emilie« vorstellte, deren Geschichte im nächsten Taschenbuch erscheinen sollte. Am 18. Juni sagte H. Steinkopf zu, und schon am 3. Juli schickte er die Idylle an den Herausgeber Neuffer.

In seinem Begleitbrief kontrastiert H. die »Methode und Manier« der Verserzählung mit der der Tragödie: »So wie nun die tragischen Stoffe gemacht sind, um in lauter großen *selbständigen* Tönen harmonisch wechselnd fortzuschreiten und mit möglichster Ersparnis des Akzidentellen ein Ganzes voll kräftiger, bedeutender Teile darzustellen, so sind die *sentimentalen* Stoffe, z.B. die Liebe, ganz dazu geeignet, zwar nicht in großen und stolzen, festen Tönen und mit entscheidender Verleugnung des Akzidentellen, aber *mit dieser zarten Scheue des Akzidentellen* und in tiefen, vollen, elegisch-bedeutenden und, durch das Sehnen und Hoffen, das sie ausdrücken, vielsagenden Tönen harmonisch wechselnd fortzuschreiten und das Ideal eines lebendigen Ganzen zwar nicht mit dieser angestrengten Kraft der Teile und diesem hinreißenden Fortgang, mit dieser schnellen Kürze, aber geflügelt, wie Psyche und Amor ist, und mit *inniger* Kürze darzustellen, und nun fragt sich nur, in welcher Form sich dieses am leichtesten und natürlichsten und eigentlichsten bewerkstelligen läßt, so daß der schöne Geist der Liebe seine eigne poetische Gestalt und Weise hat.«

Die in Blankversen abgefaßte Verserzählung – also im gleichen Metrum wie die metrische Fassung von *Hyperions Jugend* (s. S. 808) und *Der Tod des Empedokles* – knüpft in der Ausrichtung auf einen »sentimentalen« Stoff an die Ende des 18. Jhs. in Deutschland gepflegte Gattung der Idylle an, deren betont bürgerliche Färbung bei J.H. Voß (›Luise‹ 1795) und Goethe (›Herrmann und Dorothea‹ 1797) äußerst populär war – beide Idyllen sind allerdings in Hexametern abgefaßt, ein Metrum, das H. am nachdrücklichsten in *Die Eichbäume* und *Der Archipelagus* verwendet hatte. Auf den Ursprung der Gattung, die bukolischen ›Idyllen‹ Theokrits, weisen bei H. noch die Beschreibungen des idyllischen ›locus amoenus‹ (vgl. zu »Arkadien« 22, 45) und der goldenen Zeit (V. 112ff.). Das Gedicht erschien dann im ›Taschenbuch... auf das Jahr 1800‹, zusammen mit weiteren Kurzoden (s. zu 60), der Plan zur ›Iduna‹ ließ sich aber nicht verwirklichen.

270 *39 Mein Eduard:* Vgl. die 1800/1801 entstandene, Sinclair gewidmete Ode *An Eduard.* – *44 des Äthers Blumen:* Vgl. *Was ist des Menschen Leben* V. 6f.

271 *69 Korsika:* Das unter der Herrschaft Genuas stehende Korsika erhob sich 1755 und versuchte sich unter Führung Pasquale Paolis (1725 – 1807) zu befreien. Die militärischen Erfolge der Korsen veranlaßten Genua 1768, die Insel an Frankreich zu verkaufen. Im Verlauf eines Jahres wurde nun der Aufstand niedergeworfen, und Paoli floh nach England. Erst 1789, nach Ausbruch der Französischen Revolution, konnte er auf seine Heimatinsel zurückkehren und im Sinne der Revolution wirken. Nach der Hinrichtung Ludwigs XVI. bemühte er sich, einen von Frankreich unabhängigen Freistaat zu errichten. Als dies im Jahre 1796 endgültig mißlungen war, ging er erneut nach England und lebte dort bis zu seinem Tod.

272 *111 der stille Römer:* Horaz forderte die Römer in der 16. Epode auf, die durch die Bürgerkriege in unaufhaltsamem Verfall begriffene

Stadt zu verlassen und nach paradiesischen Bereichen, den Inseln der Seligen, auszuwandern. Dabei wies er auf das Beispiel der Phokaier hin, deren Schicksal Herodot in seinem Geschichtswerk (1. Buch, Kap. 164f.) erzählt: Als die Perser heranrückten und die Stadt belagerten, wanderten sie nach Kyrnos (Korsika) aus. H. übersetzte einige Verse aus dieser Epode frei. – *124 Saturnus' Sohn:* Jupiter, vgl. zu 144.

275 *191 Varustals:* Der römische Heerführer Varus wurde im Jahr 9 n. Chr. im Teutoburger Wald von dem Cheruskerfürsten Arminius (Hermann) vernichtend geschlagen. H. hatte das für ihn – wie für Heinse – wohl am »Knochenberg« (vgl. zu 231, 109) liegende Varustal zusammen mit Susette Gontard und Heinse 1796 von Bad Driburg aus besucht: »Was Dich besonders freuen wird, ist, daß ich sagen kann, daß wir wahrscheinlich nur eine halbe Stunde von dem Tale wohnten, wo *Hermann* die Legionen des Varus schlug. Ich dachte, wie ich auf dieser Stelle stand, an den schönen Maitagnachmittag, wo wir im Walde bei Hardt bei einem Kruge Obstwein auf dem Felsen die ›Hermannsschlacht‹ ⟨von Klopstock⟩ zusammen lasen. Das waren doch immer goldne Spaziergänge, Lieber, Treuer!« berichtete H. am 13. Oktober 1796 an seinen Bruder. – *208 Braga:* Der nordische Gott der Dichtkunst; nach späterer Überlieferung Gemahl der Iduna, der germanischen Göttin der Jugend. – *Hertha:* Eigentlich: Nerthus; nach Kap. 40 der ›Germania‹ des Tacitus die »Mutter Erde« der Germanen; Göttin des Wachstums und der Fruchtbarkeit, vgl. *Der Ister* V. 57.

279 *331 eigne Namen möcht / Ich ihnen geben:* Vgl. die Charakterisierung Diotimas im *Hyperion*, S. 361.

281 *392 Schatte:* Ältere, von H. häufig benutzte Form für »Schatten«. – *402 es fallen / Die Lieblinge des Himmels früh:* Vgl. das für die ›Iduna‹ vorgesehene Fragment *Über Achill* ⟨I.⟩.

282 *419 Die Längstverwandten:* Anspielung auf die Platonische Idee der Anamnese, vgl. zu 38, 14. – *435 Urbild:* S.o. – *439 Phöbus:* Beiname Apollons als Sonnengott.

283 *461 Armenion:* Wohl eine Anspielung auf Arminius (vgl. zu 275, 191), die korrekte griechische Form wäre Armenios.

286 *553 Großes Glück Zu tragen:* Vgl. *Germanien* V. 63 f.

HYPERION

Die Pläne und Entwürfe für den erst 1797/1799 in zwei Bänden veröffentlichten *Hyperion* reichen bis zum Mai 1792 zurück. Obwohl von dieser ersten sogenannten »Tübinger Fassung« oder dem »Ur-Hyperion« nichts überliefert ist (vgl. zu 594), geben die erhaltenen Zeugnisse schon ein klares Bild von den Absichten und dem Stoffhintergrund, vor dem sich der Roman entwickeln sollte. Bereits in Tübingen schrieb H. »wirklich an einem zweiten *Donamar*, an *Hyperion*, der mir vieles zu versprechen scheint. Er ist ein freiheitsliebender Held, und echter Grieche, voll kräftiger Prinzipien, die ich vor mein Leben gern höre«, so H.s Freund Rudolf Magenau im November 1792 an Neuffer (vgl. S. 686). Der Hinweis auf Friedrich Bouterweks *Graf Donamar. Briefe, geschrieben zur Zeit des siebenjährigen Krieges in Deutschland* (3 Teile, Göttingen 1791– 93) wird dem *Hyperion* in seiner überlieferten Gestalt nicht mehr gerecht, der Grundcharakter des Helden sollte sich aber nicht mehr ändern, auch wenn die »kräftigen Prinzipien« sich später elegisch verschatteten.

Diese »Prinzipien« werden in Tübingen das Tagesgespräch des jakobinisch eingestellten Klubs gewesen sein und auf die Hoffnungen anspielen, die man mit der Französischen Revolution verband; ›freiheitsliebend‹ hatte in der bedrückenden Atmosphäre des Stifts (vgl. S. 683) eine ganz konkrete Bedeutung: »Glaube mir, liebe Schwester, wir kriegen schlimme Zeiten, wenn die Östreicher gewinnen. Der Mißbrauch fürstlicher Gewalt wird schröcklich werden. Glaube das mir! und bete für die Franzosen, die Verfechter der menschlichen Rechte«, schreibt er im Juni 1792 an die Schwester.

Im Namen der »Menschenrechte«, über die sich H. von dem »großen Jean Jacques« Rousseau belehren ließ (vgl. zu 18, 30), hatte H. den *Hyperion* zum ersten Mal im Frühjahr 1792 in der *Hymne an die Freiheit* angerufen:

> Was zum Raube sich die Zeit erkoren,
> Morgen steht's in neuer Blüte da;
> Aus Zerstörung wird der Lenz geboren,
> Aus den Fluten stieg Urania;
> Wenn ihr Haupt die bleichen Sterne neigen,

> Strahlt *Hyperion* im Heldenlauf –
> Modert, Knechte! freie Tage steigen
> Lächelnd über euern Gräbern auf.

Im Frühjahr 1793 schickte H. ein Fragment der wahrscheinlich schon weit fortgeschrittenen Tübinger Fassung an Stäudlin, der bereits die *Hymne an die Freiheit* in seiner ›Poetischen Blumenlese fürs Jahr 1793‹ veröffentlicht hatte. In seinem Brief an Neuffer vom 21.–23. Juli 1793 paraphrasierte H. das Begleitschreiben an Stäudlin und faßt recht eindrücklich die Stimmung und eine der wichtigsten Anregungen des Romans – Platon: »Zwar schrieb ich an Stäudlin: Neuffers stille Flamme wird immer herrlicher leuchten, wenn vielleicht mein Strohfeuer längst verraucht ist; aber dieses vielleicht schreckt mich eben nicht immer, am wenigsten in den Götterstunden, wo ich aus dem Schoße der beseligenden Natur oder aus dem Platanenhaine am Ilissus zurückkehre, wo ich, unter Schülern Platons hingelagert, dem Fluge des Herrlichen nachsah, wie er die dunkeln Fernen der Urwelt durchstreift, oder schwindelnd ihm folgte in die Tiefe der Tiefen, in die entlegensten Enden des Geisterlands, wo die Seele der Welt ihr Leben versendet in die tausend Pulse der Natur, wohin die ausgeströmten Kräfte zurückkehren nach ihrem unermeßlichen Kreislauf, oder wenn ich trunken vom sokratischen Becher und sokratischer geselliger Freundschaft am Gastmahle den begeisterten Jünglingen lauschte, wie sie der heiligen Liebe huldigen mit süßer, feuriger Rede und der Schäker Aristophanes drunter hineinwitzelt und endlich der Meister, der göttliche Sokrates selbst, mit seiner himmlischen Weisheit sie alle lehrt, was Liebe sei – da, Freund meines Herzens, bin ich dann freilich nicht so verzagt und meine manchmal, ich müßte doch einen Funken der süßen Flamme, die in solchen Augenblicken mich wärmt und erleuchtet, meinem Werkchen, in dem ich wirklich lebe und webe, meinem *Hyperion* mitteilen können und sonst auch noch zur Freude der Menschen zuweilen etwas ans Licht bringen.«

Gleichzeitig waren ihm aber auch die Kompositionsprobleme des Romans bewußt, denn einerseits sollten »die *Motive* zu den Ideen und Empfindungen noch im Dunkeln bleiben«, um »mehr das Geschmacksvermögen durch ein Gemälde von Ideen und Empfindungen (zu ästhetischem Genusse), als den Verstand durch regelmäßige psychologische Entwicklung ⟨zu⟩ beschäftigen. Natürlich muß sich aber doch am Ende alles genau auf den Charakter und die Umstände, die auf ihn wirken, zurückführen lassen.« Dadurch mußten im Roman wie im übersandten »Fragment die notwendigen Voraussetzungen, ohne die das Folgende noch weniger genossen werden kann als das ganze zweite Buch ohne das erste noch unvollendete, diese notwendigen Voraussetzungen mußten eben auch dastehen.«

Wohl gegen Ende 1793 – vielleicht gleichzeitig mit seinem Umzug nach Waltershausen, wo H. von Charlotte von Kalb als Hofmeister angestellt wurde – bricht die Arbeit an der Tübinger Fassung ab, um vermutlich erst wieder Anfang April 1794 aufgenommen zu werden: »Mich beschäftigt jetzt beinahe einzig mein Roman. Ich meine jetzt mehr Einheit im Plane zu haben; auch dünkt mir das Ganze tiefer in den Menschen hineinzugehn.« Ende Oktober meldete er ebenfalls an Neuffer: »Ich bin nun mit dem ersten Teile beinahe ganz zu Ende. Fast keine Zeile bleibt von meinen alten Papieren. Der große Übergang aus der Jugend in das Wesen des Mannes, vom Affekte zur Vernunft, aus dem Reiche der Phantasie ins Reich der Wahrheit und Freiheit scheint mir immer einer solchen langsamen Behandlung wert zu sein. Ich freu mich übrigens doch auf den Tag, wo ich mit dem Ganzen im reinen sein werde, weil ich dann unverzüglich einen anderen Plan, der mir beinahe noch mehr am Herzen liegt, den Tod des Sokrates, nach den Idealen der griechischen Dramen zu bearbeiten versuchen werde«, womit H. zum ersten Mal den Plan einer Tragödie ankündigt, aus dem *Der Tod des Empedokles* entstehen sollte.

Die ersten fünf Briefe der Waltershäuser Fassung des *Hyperions* erschienen Ende 1794, nach besonderer Fürsprache von Charlotte von Kalb, in Schillers ›Neuer Thalia‹, zusammen mit dem Gedicht *Das Schicksal*. Es ist unsicher, ob H. die Form des Briefromans erst in diesem *Fragment von Hyperion*, so der Titel des Erstdrucks, benutzte, zumal er sie in den folgenden Versuchen wieder aufgab. Er hatte so aber die Form gefunden, um die Spannung, die er in der Tübinger Fassung noch ungelöst gesehen hatte, in den Roman selbst zu integrieren: die Spannung zwischen dem jugendlichen Hyperion und dem alten, weise gewordenen, zwischen der heroischen Begeisterung des Beginns und der »Resignation« des Briefschreibers. Die dieser Spannung eingeschriebene Distanz nutzte H. als Reflexionsraum, in dem sein Nachdenken über das so offensichtliche Scheitern der Französischen Revolution, über das in Waltershausen und in Jena erfahrene Neue einfließen und verarbeitet werden konnte.

Der Briefroman, eine im 18. Jh. seit Samuel Richardsons ›Pamela‹ (1741) ungemein beliebte Gattung, erhält so in dieser der Vergangenheit zugeneigten Haltung einen elegischen Ton (vgl. a. S. 714), die Unmittelbarkeit, wie sie z. B. in Goethes ›Leiden des jungen Werther‹ (1774) durch das epistolarisch-monologische Sprechen erreicht wird, tritt hier bis auf die direkt an Diotima gerichteten Briefe zurück, ohne jedoch die psychologische Nuancierung aufzugeben, wie sie Richardson in dieser Romangattung angelegt hatte und sie Rousseau in der ›La Nouvelle Héloïse‹ vertiefte (1761, vgl. zu 249).

In Waltershausen studierte H. intensiv Kant, aber neben der ›Kritik der Urteilskraft‹, Kants entscheidendem Beitrag zur Ästhetik, las er Platons ›Phaidros‹, Schillers Abhandlung ›Über Anmut und Würde‹ (vgl. zu 362) und exzerpierte für Neuffer begeistert eine Passage aus Herders ›Tithon und Aurora‹, die mit der Metaphorik der Jahreszeiten deutlich auf den *Hyperion* zu weisen scheint: »Zu der Stelle Deines Briefs, wo Du über Unfruchtbarkeit Deines Geistes Dich äußerst, schreib ich Dir eine Stelle aus Herders ›Tithon und Aurora‹ ab: ›Was wir Überleben unsrer selbst nennen, ist bei bessern Seelen nur Schlummer zu neuem Erwachen, eine Abspannung des Bogens zu neuem Gebrauche. So ruhet der Acker, damit er desto reicher trage; so erstirbt der Baum im Winter, damit er im Frühlinge neu sprosse und treibe. Den Guten verlässet das Schicksal nicht, solange er sich nicht selbst verläßt und unrühmlich an sich verzweifelt. Der Genius, der von ihm gewichen schien, kehrt zu rechter Zeit zurück, und mit ihm neue Tätigkeit, Glück und Freude. *Oft ist ein Freund ein solcher Genius!*‹«

Das Gespräch in der Grotte Homers zeigt, wie sich all diese Einflüsse in ein Ganzes integrieren lassen, und gipfelt in einer geschichtsphilosophischen Skizze, die die Tendenz der Französischen Revolution zur Säkularisierung humanistisch deutet: »Einfalt und Unschuld« des Paradieses sollen in »vollendeter Bildung« wiederkehren, und »was nur Gabe der Natur war«, soll wiederaufblühen »als errungnes Eigentum der Menschheit« (S. 307).

Es gehört zur Tragik im Leben H.s, daß gerade das *Fragment von Hyperion*, mit dessen Gegenwartsdeutung im Licht einer untergegangenen, idealen Antike H. sich bewußt der Weimarer Klassik näherte, bei Goethe nur eine geringe Beachtung fand: »Auch bei Schiller war ich schon einige Male, das erstemal eben nicht mit Glück. Ich trat hinein, wurde freundlich begrüßt und bemerkte kaum im Hintergrunde einen Fremden, bei dem keine Miene, auch nachher lange kein Laut etwas Besonders ahnden ließ. Schiller nannte mich ihm, nannt ihn auch mir, aber ich verstand seinen Namen nicht. Kalt, fast ohne einen Blick auf ihn begrüßt ich ihn und war einzig im Innern und Äußern mit Schillern beschäftigt; der Fremde sprach lange kein Wort. Schiller brachte die ›Thalia‹, wo ein Fragment von meinem *Hyperion* und mein Gedicht an *das Schicksal* gedruckt ist, und gab es mir. Da Schiller sich einen Augenblick darauf entfernte, nahm der Fremde das Journal vom Tische, wo ich stand, blätterte neben mir in dem Fragmente und sprach kein Wort. Ich fühlt es, daß ich über und über rot wurde. Hätt ich gewußt, was ich jetzt weiß, ich wäre leichenblaß geworden. Er wandte sich drauf zu mir, erkundigte sich nach der Frau von Kalb, nach der Gegend und den Nachbarn unseres Dorfs, und ich beantwortete das alles so einsilbig, als ich vielleicht selten gewohnt bin. Aber ich hatte einmal meine Unglücksstunde. Schiller kam wieder, wir sprachen über das Theater in Weimar, der Fremde ließ ein paar Worte fallen, die gewichtig genug waren, um mich etwas ahnden zu lassen. Aber ich ahndete nichts. Der Maler Meyer aus Weimar kam auch noch. Der Fremde unterhielt sich über manches mit ihm. Aber ich ahndete nichts. Ich ging und erfuhr an demselben Tage im Klub der Professoren, was meinst Du? daß *Goethe* diesen Mittag bei Schiller gewesen sei. Der Himmel helfe mir, mein Unglück und meine dummen Streiche gutzumachen, wenn ich nach Weimar komme.«

Von der im *Fragment von Hyperion* gefundenen Form schien H. aber noch nicht völlig überzeugt zu sein: Vom November 1794 bis zum Januar 1795 arbeitete er an einer metrisch gebundenen Fassung in Blankversen – in fünfhebigen Jamben ohne feste Zäsur. Dazu erhielt die Geschichte eine Rahmenhandlung: der greise Hyperion erzählt einem jungen Zuhörer seine Jugendgeschichte, die er chronologisch entwickelt. Die Melite-, später Diotima-Episode, mit der das *Fragment von Hyperion* einsetzte, kommt in den erhaltenen 250 Versen noch nicht vor; inwieweit H. hierzu auf Material aus der Tübinger Zeit zurückgreifen konnte, ist unsicher.

Anfang 1795 löste H. diese metrische Fassung, zu der auch ein Prosaentwurf erhalten ist, auf: Wieder in Prosa entstand das Manuskript *Hyperions Jugend*, das sich eng an die metrische Fassung anlehnt und mit dem Untertitel »Herausgegeben von Friedrich Hölderlin« die im 18. Jh. beliebte Herausgeberfiktion zitiert, die den Anschein der Authentizität des Texts wecken wollte. Die Bearbeitung rückte bis zum 6. Kap. vor, und es war wohl diese Fassung, die H. als Druckvorlage für eine Buchausgabe vorgesehen hatte; Schiller hatte am 9. März 1795 seinem Verleger Cotta H.s Roman empfohlen: »Hölderlin hat einen kleinen Roman, ›Hyperion‹, davon in dem vorletzten Stück der ›Thalia‹ etwas eingerückt ist, unter der Feder. Der erste Teil, der etwa 12 Bogen betragen wird, wird in einigen Monaten fertig. Es wäre mir gar lieb, wenn Sie ihn in Verlag nehmen wollten. Er hat recht viel Genialisches, und ich hoffe auch noch einigen Einfluß darauf zu haben. Ich rechne überhaupt auf Hölderlin für die ›Horen‹ in Zukunft, denn er ist sehr fleißig, und an Talent fehlt es ihm gar nicht, einmal in der literarischen Welt etwas Rechtes zu werden.«

Cotta bot H. 100 Gulden, aber obwohl H. annahm, wird er mit der Gestalt seines Romans immer noch nicht zufrieden gewesen sein und reichte das Manuskript wohl nicht ein. Am 28. April 1795 schreibt er, während er an der Reinschrift arbeitete, an Neuffer: »Skandalisiere dich nicht an dem Werkchen! Ich schreib es aus, weil es einmal angefangen und besser als gar nichts ist, und tröste mich mit der Hoffnung, bald mit etwas anderem meinen Kredit zu retten.«

Die *Vorrede zur vorletzten Fassung* – in der 2. Jahreshälfte 1795 in

Nürtingen entstanden – hebt ein Gedankenmotiv der erneuten Umarbeitung hervor, das in dem Fragment *Urteil und Sein* (S. 597f.) als Fichte-Kritik ausgesprochen wird: »Die selige Einigkeit, das Sein, im einzigen Sinne des Worts, ist für uns verloren, und wir mußten es verlieren, wenn wir es erstreben, erringen sollten. Wir reißen uns los vom friedlichen Ἐν καὶ Παν der Welt, um es herzustellen, durch uns selbst. Wir sind zerfallen mit der Natur, und was einst, wie man glauben kann, *eins* war, widerstreitet sich jetzt, und Herrschaft und Knechtschaft wechselt auf beiden Seiten. Oft ist uns, als wäre die Welt *alles* und wir *nichts*, oft aber auch, als wären wir *alles* und die Welt *nichts*. Auch Hyperion teilte sich unter diese beiden Extreme.

Jenen ewigen Widerstreit zwischen unserem Selbst und der Welt zu endigen, den Frieden alles Friedens, der höher ist, denn alle Vernunft, den wiederzubringen, uns mit der Natur zu vereinigen zu *einem* unendlichen Ganzen, das ist das Ziel all unseres Strebens, wir mögen uns darüber verstehen oder nicht.«

Jenen »unendlichen Frieden«, der die unteilbare Einheit eines Seins *»schlechthin«* bedeutet, kann in der Schönheit angeschaut werden. Damit ist eine Möglichkeit erkannt, den Gegensatz zwischen dem erkennenden Geist, dem Menschen, und dem Objekt seiner Erkenntnis, der Natur, zwischen dem Fichteschen Ich und Nicht-Ich (s. zu 597), aufzuheben, der in der metrischen Fassung noch deutlich im Mittelpunkt der Argumentation steht:

> Auch ist mir nicht verborgen, daß wir da,
> Wo uns die schönen Formen der Natur
> Die Gegenwart des Göttlichen verkünden,
> Mit unsrem Geiste nur die Welt beseelen.

Formal geht die *Vorletzte Fassung* wieder auf das *Fragment von Hyperion* zurück, die Rahmenhandlung ist wieder aufgelöst, die Geschichte wird retrospektiv in Briefen berichtet. Im Vergleich zur Druckfassung wird diese Version – es sind nur wenige Manuskriptseiten erhalten – ausführlicher gewesen sein: Den Fortgang aus Smyrna erläutert Hyperion z.B. in einem langen Gespräch mit seinem treuherzigen Diener, eine Standardsituation im Roman des 18. Jhs. (vgl. die Zitate zu 345 und 358). Von dieser *Vorletzten Fassung* wird H. den ersten Teil, vielleicht sogar den ersten Band vollendet und als erste Lieferung im Dezember 1795 an Cotta geschickt haben. Dieser forderte eine Kürzung, mit der sich H. am 15. Mai 1796 von Frankfurt aus einverstanden erklärte: »Ihre gütige Zuschrift hat mich bestimmt, den *Hyperion* noch einmal vorzunehmen, und das Ganze in *einen* Band zusammenzudrängen; es war, indes ich Ihnen das Manuskript geschickt habe, dieser Wunsch einigemal in mir entstanden; die Verzögerung des Drucks und Ihre Äußerung über die Ausdehnung des Werks waren mir also keineswegs unangemessen; natürlich muß ich nun aber auch den Anfang, den Sie schon haben, abkürzen, um ein Verhältnis in die Teile zu bringen; ich muß Sie daher bitten, mir das Manuskript so bald möglich zu schicken, weil mein Konzept mir zum Teil verloren gegangen ist. Ich schicke es Ihnen nach einigen Wochen sicher zurück, und in ungefähr 2 Monaten auch das übrige. Die Bogenzahl muß nun freilich notwendig um ein beträchtliches sich vergrößern. Ich habe aber ja mit Ihnen überhaupt nicht nach Bogen gerechnet, und kann mich bei meinen jetzigen Umständen auch so mit den ausgemachten 100 Gulden begnügen.«

Die für die Umarbeitung veranschlagten zwei Monate konnte H. aber nicht einhalten; erst im Dezember 1796 oder Januar 1797 wird er die Druckvorlage des 1. Bandes beenden, das Manuskript des 2. Bandes wird er im August/September 1798 abgeschlossen haben. Die beiden Bände erscheinen 1797 und 1799:

Hyperion oder der Eremit in Griechenland von Friedrich Hölderlin. Erster Band. Tübingen 1797. In der J. G. Cotta'schen Buchhandlung.
Zweiter Band. Tübingen 1799 in der J. G. Cotta'schen Buchhandlung.

Die Druckvorlage ist allerdings nicht erhalten, nur Bruchstücke der Vorstufe der endgültigen Fassung, von denen viele Varianten zum gedruckten Text aufweisen. Aber auch diese Fassung wird H. noch einmal stark gekürzt haben, vgl. den zu 418 zitierten Brief.

Susette Gontard, die er Ende 1795 in Frankfurt kennengelernt hatte und mit der die Gestalt der Diotima immer mehr verschmolz, wird er den zweiten Band nach ihrer Trennung mit der Widmung aus dem *Fragment von Hyperion* – »Wem sonst, als Dir?« (vgl. S. 305) – und einem Begleitbrief zusenden: »Hier *unseren* Hyperion, Liebe! Ein wenig Freude wird diese Frucht unserer seelenvollen Tage Dir doch geben. Verzeih mir's, daß Diotima stirbt. Du erinnerst Dich, wir haben uns ehmals nicht ganz darüber vereinigen können. Ich glaubte, es wäre, der ganzen Anlage nach, notwendig. Liebste! alles, was von ihr und uns, vom Leben unseres Lebens hie und da gesagt ist, nimm es wie einen Dank, der öfters um so wahrer ist, je ungeschickter er sich ausdrückt.«

Nach dem Tod Susette Gontards, sehr wahrscheinlich sogar erst 1807 im Tübinger Turm, wird sich H. Bruchstücke zu einer späteren Fassung notieren, die fast eine Replik auf diese Widmung zu enthalten scheinen:

Hyperion an Diotima

Ich kann dir nicht sagen, wie sehr ich zuweilen wünsche, dich wiederzusehen.

Ich weiß kaum, wie ich von dir weggekommen bin, nach unserem Aufenthalte auf der Insel, wo ich mit einer außerordentlichen Person dich bekannt gemacht habe, die um ihrer höheren Sitten und um ihrer guten Denkart willen den Menschen lieb ist. Ich hüte mich, von dir mich wegzumachen. Das Leben hätte vielleicht einiges Anziehende für mich.

Diotima an Hyperion
Ich kann dir nach und nach alles sagen, was eine Erklärung ist, zu den Zweifeln, und den eingestandenen Streiten, die wir haben.

Neben den Anregungen aus den Briefromanen, der Rezeption der ›Geschichte der Kunst des Altertums‹ von Winckelmann (vgl. zu 381), der Lektüre von Heinses Roman ›Ardinghello und die glückseligen Inseln‹ (vgl. zu 313), der Reflexion der philosophischen Diskussion um Kant, Fichte und Schiller (vgl. S. 861), haben vor allem zwei Reiseberichte H.s Vorstellungen von Griechenland und den Vorgängen im Jahr 1770, die den Wendepunkt des Romans bilden, geprägt:

1. Richard Chandler: Travels in Asia Minor and Greece; or An Account of a Tour, Made at the Expense of the Society of Dilettanti, Oxford 1775/76. – Wahrscheinlich benutzte H. dieses Werk in der anonymen deutschen Übersetzung: Reisen in Kleinasien, unternommen auf Kosten der Gesellschaft der Dilettanti und beschrieben von Richard Chandler, Leipzig, bei Weidmanns Erben und Reich, 1776; Reisen in Griechenland, unternommen auf Kosten der Gesellschaft der Dilettanti und beschrieben von Richard Chandler, Leipzig, bei Weidmanns Erben und Reich, 1777.

2. Choiseul-Gouffier: Voyage pittoresque de la Grèce, Paris 1782 und 1809. – Die ersten Lieferungen dieses Werkes dienten H. ebenfalls in einer deutschen Übersetzung (von Heinrich August Ottokar Reichard) als Quelle. Noch bevor der erste Band abgeschlossen war, lag ein erstes Heft übersetzt vor: Reise des Grafen von Choiseul-Gouffier durch Griechenland. Aus dem Französischen übersetzt. Mit Kupfern und Karten. Erster Band, erstes Heft, Gotha, bei Karl Wilhelm Ettinger, 1780. Das zweite Heft folgte 1782.

Bei Reichard orientierte sich H. über den griechischen Aufstand, der im Zusammenhang mit dem russisch-türkischen Krieg von 1768–1774 steht: 1770 wurde die baltische Flotte Rußlands in das Ägäische Meer entsandt, um die Griechen gegen die türkische Fremdherrschaft zum Aufstand zu bewegen. Dies schilderte Reichard so, wobei er vom französischen Original stark abweicht und die Rolle der Griechen noch weit negativer zeichnet:

»Alles erweckte Grausen in diesem unglücklichen Lande, als ich ankam; alles seufzte noch unter den traurigen Folgen eines grausamen Kriegs; die griechische, unter den Kanonen des Schlosses liegende Stadt, die sonst zu den ziemlich gut gebauten gehörte, war nichts weiter als ein Haufen Schutt und ihre Gegenden, so wie ganz Griechenland, der Raub albanischer Horden, die der Großherr in dem letztern Kriege dahin schickte, um die Russen zu vertreiben und die rebellischen Griechen zu unterjochen, die aber nach dem Frieden sich weigerten, in ihre Gebirge zurückzukehren, und dem Sultan den Beistand von Verheerung teuer bezahlen ließen, den er von ihnen empfangen hatte. Die ausgearteten und durch die lange Knechtschaft entnervte Griechen wagten es nicht einmal, sich gegen diese Handvoll Räuber zu verteidigen, und ließen sich metzeln wie eine Schlachtherde. Doch die Erzählung der Belagerung von Koron und der moreischen Expedition wird ihre Feigheit noch besser auseinandersetzen.

Die russische Flotte erschien den 28. Februar 1770 auf dieser Höhe, und Schrecken verbreitete sich bald durch die Besatzung. Der Kommandant sprach schon von Übergabe, ehe er noch wußte, ob er angegriffen werden sollte. Unterdessen daß er die Vermittelung des französischen Konsuls anflehte, verließen einige tausend von russischen Offizieren aufgewiegelte Magnotten ihre Berge und überschwemmten die Gegenden um Koron. Der Graf Theodor Orlow langte den 10. Mai mit seiner Flotte an, die aus drei Linienschiffen und zwei Fregatten bestand, er setzte Truppen und Geschütz ans Land und führte zwei Batterien auf, deren Feuer aber langsam ging und ohne den mindesten Erfolg war. Bei der kleinen Anzahl der ausgeschifften Stücke, und sonderlich bei ihrem geringen Kaliber, konnte es nicht anders sein, zumal da der Platz überdies ziemlich fest gebaut ist und die Mauern auf der Seite, wo der Angriff geschah, der einzigen, wo er mit dem Lande zusammenhängt, noch dazu besser als die andern und fast überall mit Felsen verbunden sind, die einen natürlichen Wall bilden. Diese Mauern haben sehr wenig gelitten, ohngeachtet sie nur halben Schuß weit von den Batterien entfernt lagen, deren Stellen ich leicht erkennen konnte. Man kann die Fehlschlagung dieses Angriffs allein den Griechen und ihren Exzessen von allerlei Art zuschreiben, die den Grafen Orlow endlich nötigten, sie zu verabschieden und als Räuber wegzujagen, die nicht für die gemeine Freiheit zu streiten, sondern ihre Mitbrüder zu plündern gekommen waren. Er setzte die Belagerung bloß mit seinen Russen und der Verstärkung eines Schiffes von 74 Kanonen, eines englischen Fahrzeugs, und einer Bombardiergaliote fort, die aber eigentlich zu nichts half, weil sie keinen Mörser hatte. Unterdessen hätte sie doch beinahe alle die Würkung herfürgebracht, die man sich nur von ihr versprechen konnte; denn ihre Erscheinung bestürzte die Türken so sehr, daß sie sich ergeben wollten. Der Bey, der ihre wenige Herzhaftigkeit kannte und sich vielleicht innerlich eben nicht besser beschlagen fühlte, hat mir gestanden, er habe sie gefleht, zu ihrer Ehre und seiner Rechtfertigung nur die erste Bombe abzuwarten. Zwar suchte der russische Feldherr diesen Mangel durch eine Mine abzuhelfen, die er unter dem vornehmsten Bollwerke anlegen ließ und dessen Zerstörung das Schloß geöffnet haben würde; allein einige entschlossene Türken, die sich in diesem Augenblick selbst übertrafen, entdeckten und vereitelten sie.

Graf Orlow wußte aus der Erfahrung, wie wenig auf die Griechen zu rechnen war, von denen er doch den ganzen Ausschlag seiner Unternehmung erwartet hatte; er beschloß also zuletzt, die Belagerung von Koron aufzuheben, und tat es den 16. April 1770. Kaum sah die türkische Besatzung die Flotte unter Segel, so fiel sie aus dem Schloß und ruinierte die griechische Stadt gänzlich. Die Magazine der Kaufleute, lauter Franzosen, wurden geplündert und verbrannt. Diese Unglücklichen, welche die Sorgfalt des russischen Befehlshabers bis jetzt beschützte, hatten sich gleich zu Anfang der Belagerung auf einen Kauffahrer eingeschifft, den das Ohngefähr hieher führte, und im Mittel der Flotte die Entscheidung ihres Schicksals abgewartet. Sie verloren an einem Tage alle Früchte ihrer Arbeit.

Ganz Morea schwamm damals im Blute; die Stadt Patrasso wurde wechselweise von den Albanern und der türkischen Besatzung in Lepanto heimgesucht, die darin über 1500 Griechen niedermachten; zuletzt fielen noch ihre Nachbarn, die Insulaner von Zante und Kephalonien, in dies unglückliche Land und kehrten mit der Beute ihrer Landsleute und der Türken zurück. Die Stadt Navarin hatte sich nach einer sechstägigen Belagerung an ein Corps Magnotten ergeben, die von vierzig russischen Offizieren kommandiert wurden und ohne Zeitverlust auf Misistra marschierten, das nicht fern von dem alten Sparta liegt. Sie eroberten es durch Kapitulation; aber diese Räuber, denen der Verlust einer so reichen Plünderung, des einzigen Zweckes ihrer Heldenzüge, naheging, verbreiteten sich durch die Stadt, aller angewandten Mühe der Russen ohngeachtet, töteten ihre Einwohner, ihre Mitbürger, ihre Freunde, ihre Verwandte zu Tausenden und erneuerten jene Auftritte des Abscheus und Entsetzens, wovon die Jahrbücher der Welt, leider! nur zu voll sind. Schandtaten, wie man sie kaum von den feindseligsten und erbittertsten Nationen vermuten sollte, übten Menschen gegeneinander aus, die *ein* Himmel geboren werden sah, und zwar, was noch außerordentlicher ist, abergläubische Menschen, die doch Gleichheit der Religion durch ein Band zu vereinigen schien, das oft stärker ist als selbst das Band der Natur.

Dieser Schwarm von Barbaren, den täglich neue Haufen aus den

Gebirgen vergrößerten, die ihre Laster und Beuten zu teilen eilten, war im Begriff, sich Meister von Tripolissa zu machen. Ihre Einwohner wurden nur noch durch einige wenige Türken zurückgehalten, die in einer elenden Burg verschanzt waren. Fünfhundert albanische Reuter erschienen, den Säbel in der Faust, und die 15000 Griechen ergriffen die Flucht in ihre Berge und ließen die vierzig Russen im Stich. Keiner von diesen braven Leuten wollte Quartier, und sie erlagen, nachdem sie Wunder der unglaublichsten Tapferkeit getan hatten; auch nicht *einer* kam davon. Ihr hartnäckiges Wehren verschaffte den Flüchtigen Zeit, sich zu retten. Die Albaner, voll Wut, sie nicht mehr einholen zu können, zogen in die Stadt und hieben, unter dem Vorwande, daß die Einwohner insgeheim die Absicht gehabt hätten, sich zu ergeben, dreitausend derselben in weniger denn drei Stunden nieder; die Stadt wurde geplündert und angezündet, und dies von denen, die sie zu verteidigen kamen.

Fünftausend Türken zwangen die Russen, die Belagerung der Stadt Modon aufzuheben, die zu Wasser und zu Lande geführt wurde, und sogar ihre Artillerie zurückzulassen. Der Fürst Dolgourucki tat an der Spitze von 500 Mann, um Navarin zu erreichen, einen Rückzug, dem es nur an kunstverständigen Zeugen fehlte, um nach seinem ganzen Wert geschätzt zu werden. Aber alle Tapferkeit der Russen in diesem ganzen Kriege ging durch die unglaubliche Memmheit der Griechen verloren. Zwar diese letztern wurden die ersten Opfer derselben und mußten teuer genug ihre unüberlegte Meuterei und den Enthusiasmus bezahlen, mit dem sie ihre neuen Herrn aufnahmen, die ihnen vielleicht die alten bald würden bedaurend gemacht haben. Denn, wie hätte der Sklave einer so schwachen und schwankenden Herrschaft, wie der Ottomanen ihre ist, einige Erleichterung unter dem Regiment eines gleich despotischen Staats finden können, dem bloß seine Jugend, wenn es zu sagen erlaubt ist, eine Kraft gibt, die jener verloren hat?«

(Reichard, 1. Heft, S. 4–10)

»Auf der Küste von Asien, Scio im Gesicht, ist eine kleine Stadt, die im Altertum unter dem Namen Cyssus und durch den Sieg bekannt war, den die Römer hier über die Flotte des Antiochus 191 Jahr vor C. G. erfochten; in neuern Zeiten wurde sie als Tschesme und als der Schauplatz der gänzlichen Niederlage berühmt, welche hier die türkische Flotte 1770 von den Russen erlitt. Erstere war der letztern weit überlegen und bestand aus fünfundzwanzig Segeln, worunter fünfzehn große Karavellen. Die russische Flotte, unter dem Befehl des Grafen Alexis Orlow, zählte nur neun Linienschiffe und sechs Fregatten. Sie verfolgten schon einige Tage ihre Feinde, bis die Türken sich endlich beim Eingang des Sciotischen Kanals, über den Inseln Spalmadori, quer vorlegten, aber bei der ersten Miene, welche die Russen machten, sie anzugreifen, aufbrachen, in den Kanal gingen und sich längs der Küste von Asien, im Norden von Tschesme, in Ordnung stellten. Den andern Tag, es war der 5. Julius, näherte sich ihnen das russische Geschwader in drei Abteilungen, wovon die erste der Admiral Spiritow, die zweite der Graf Alexis Orlow und die dritte der Contre-Admiral Elphinston anführte.

Der Admiral Spiritow ging aus der Linie, um allein die Capitana anzugreifen, die an der Spitze der türkischen Linie hielt. Das Gefecht war hitzig, und die Schiffe, als sie zusammengerieten, verhakten sich im Tauwerk aneinander. Hierauf warfen die Russen eine Menge Feuerwerk ins feindliche Schiff, das aber seine Wirkung nur zu schnell tat; denn weil sie sich nicht entfernen konnten, so sprangen beide Schiffe zugleich in die Luft. Nur vierundzwanzig Russen wurden gerettet, unter welchen sich der Admiral, sein Sohn und der Graf Theodor Orlow befand. Dies prächtige Schiff führte neunzig metallene Kanonen und hatte eine Kriegskasse von 600000 Rubeln an Bord.

Der Zufall verbreitete ein allgemeines Schrecken unter den Türken. Sie kappten sogleich ihre Anker und warfen sich durch ein Manöver, das nicht abscheulicher sein konnte, in den Hafen von Tschesme, wo sie gar bald blockiert wurden. Den 7., um Mitternacht, legten sich fünf russische Schiffe quer im Gesicht des Hafens und fingen eine entsetzliche Kanonade an, die durch das beständige Feuer einer Bombardiergaliote unterstützt wurde. Bald darauf schritten sie zu einem noch fürchterlichern Versuch, und der seine ganze Wirkung tat. Ein Brander zündete eins von den türkischen Schiffen an, und da sich in demselben Augenblick ein heftiger Wind erhob, so wurde die ganze ottomanische Flotte ein Raub der Flammen, einige wenige Fahrzeuge ausgenommen, deren sich die Russen durch ihre Schaluppen bemächtigten.«

(Reichard, 1. Heft, S. 193–195)

Fragment vom Hyperion

291 *Hyperion:* Vgl. zu 314. – *exzentrische Bahn:* Vgl. S. 313. Auf die Polarität von Einfalt (Natur) und Bildung (Kultur) bezieht sich H. auch in seiner Widmung des Romans an die Prinzessin Auguste von Homburg: »Meist haben sich Dichter zu Anfang oder zu Ende einer Weltperiode gebildet. Mit Gesang steigen die Völker aus dem Himmel ihrer Kindheit ins tätige Leben, ins Land der Kultur. Mit Gesang kehren sie von da zurück ins ursprüngliche Leben. Die Kunst ist der Übergang aus der Natur zur Bildung und aus der Bildung zur Natur.« – *Grabschrift des Loyola:* Vgl. zu 314. – *Zante:* Italienische Namensform der griechischen Insel Zakynthos, der südlichsten der Ionischen Inseln vor der Westküste

Kleinasiens gelegene Smyrna (heute: Izmir), nicht wie in der endgültigen Fassung die Insel Tina. – *Wolken, und keine Juno:* Anspielung auf den Ixion-Mythos: Nachdem Ixion zum Tischgenossen der Götter gemacht worden ist, belästigt er Hera (Juno), die Gattin des Zeus. Zur Strafe täuscht ihn dieser durch ein Trugbild Heras, das aus einer Wolke besteht. Dann bindet ihn Zeus auf ein feuriges Rad, auf dem er seitdem durch die Luft gewirbelt wird oder das sich (nach späterer Sage) im Hades immerfort dreht. Vgl. Pindars zweite Pythische Ode, die von H. später übersetzt wurde.

294 *Sonderbare Erwartungen:* Hier: sonderliche, ungewöhnliche Erwartungen. – *Chierwein:* Wein von der Insel Chios, vgl. die zu 24, 32 mitgeteilte Lesart zu Griechenland. – *Gorgonda Notara:* Vgl. zu 358.

295 *Melite:* Die Betonung dieses in der antiken Literatur (u. a. bei Homer und Hesiod) mehrfach überlieferten Namens, der in *Hyperions Jugend* durch Diotima ersetzt wird, ist unsicher. – *Paktol:* Im Altertum durch seinen Goldreichtum bekannter Fluß in Lydien (Kleinasien).

296 *Tmolus:* Gebirgszug, auf dem der Paktol entspringt. – *ein sonderbarer Mann:* Sonderbar: vgl. zu 294. – *Sappho und Alcäus:* Griechische Lyriker auf der Insel Lesbos (um 600 v. Chr.), vgl. 25, 50 und zu *Tränen*. – *Anakreon:* Die Heimat dieses griechischen Lyrikers (um 550 v. Chr.) war die ionische Hafenstadt Teos (südwestlich von Smyrna), vgl. a. zu 25, 50. – *Homer... Nio... Meles:* Homer (wohl 8. Jh. v. Chr.) stammte vermutlich aus dem Raum von Smyrna (Ionien), vielleicht aus Smyrna selbst. Er soll ursprünglich Melesigenes (nach dem Fluß Meles bei Smyrna) geheißen haben und auf der Kykladen-Insel Nio (heute: Ios) begraben sein. – *Bilder des Dädalus:* Dem mythischen griechischen Künstler Daidalos werden zahlreiche Neuerungen in der Kunst zugeschrieben. So soll er die steife Haltung der archaischen Statuen überwunden oder gar solche Figuren geschaffen haben, die sich automatisch bewegten, vgl. a. S. 256, 8. – *Pausanias:* Griechischer Schriftsteller aus Kleinasien (um 175 n. Chr.); Verfasser einer Beschreibung Griechenlands in 10 Büchern, die reiches kunstgeschichtliches Material enthalten. H. scheint dieses Werk aus zweiter Hand zu zitieren. – *Dioskuren:* Vgl. zu 27, 35. – *Achill und Patroklus:* Vgl. zu 308. – *Phalanx der Sparter:* Der feste Zusammenschluß der Schlachtlinien und damit der Übergang vom Einzelkampf zur Phalanx (Schlachtreihe) erfolgt zuerst bei den Spartanern, um 600 v. Chr; vgl. a. S. 413, 21. – *wo man die Waffen tauschte:* Vgl. *Das Schicksal* V. 36. Nach der ›Ilias‹ des Homer tauscht Diomedes seine bronzene Rüstung gegen die goldene des Glaukos (6, 230–236). Anstatt gegeneinander zu kämpfen, erneuern sie so die Gastfreundschaft aus Väterzeiten. – ›*Ihr Griechen seid alle Zeit Jünglinge!*‹: Von Platon in seinem Dialog ›Timaios‹, 22 b, überlieferter Ausspruch.

298 *Pyrgo in Morea:* Pyrgo (heute: Pyrgos) liegt westlich von Olympia, nahe der Alpheusmündung, gegenüber der Insel Zakynthos (Zante). Morea ist der in der Spätantike aufgekommene Name für den Peloponnes. – *Arkadien:* Vgl. zu 22, 45.

299 *Korax:* Gebirgszug südlich von Smyrna.

300 *Ajax Mastigophoros:* In der Sophokleischen Tragödie ›Aias‹ (lat. Ajax, vgl. zu 148) ist der Held tief gekränkt, daß nicht ihm, sondern Odysseus die Waffen Achills zugesprochen wurden. In seiner Empörung möchte er alle griechischen Heerführer ermorden. Athene jedoch läßt ihn in Wahnsinn fallen, so daß er das gesamte Beutevieh für die Fürsten nimmt und es grimmig geißelt und niedermetzelt. Deshalb erhielt er den Beinamen »Mastigophoros« (griech.: Geißelträger). – *Bogen des Friedens:* Der Regenbogen als Zeichen des Neuen Bundes, vgl. 1. Moses 9, 13, sowie zu 30, 47.

301 *Das alles ging mir, wie ein Schwert, durch die Seele:* Nach dem Neuen Testament, Lukas 2, 35.

302 *sonderbar:* Vgl. zu 294.

303 *Tschakale:* Schakale. Im *Hyperion* schreibt H. auch »Jakals« (S. 315). – *mit einem jungen Tinioten:* Hyperions gleichaltriger Freund Adamas, der in der endgültigen Fassung Alabanda heißt, stammt von der (Delos benachbarten) Kykladen-Insel Tina. Dieser Name ist eine von H. übernommene fehlerhafte Form von »Tenos«. – *die äolische Küste:* Die Nordwestküste Kleinasiens, die von dem griechischen Stamm der Äoler besiedelt war. – *Troas:* Landschaft im nordwestlichen Kleinasien mit dem alten Hauptort Troia, dem Fluß Skamander und dem Ida-Gebirge.

304 *die Abkunft Homers:* Mehr als sieben Städte stritten im Altertum um die Ehre, Geburtsstadt Homers zu sein, darunter Smyrna, Chios, Argos und Athen. Vgl. zu 296. – *Mäonide:* Homer als Sohn Mäons.

305 *Nänie:* Trauerlied, Klagelied auf einen Verstorbenen; im republikanischen Rom die Totenklage, vgl. *Tod des Empedokles* 1. Fassung, V. 1230. – *des lieben blinden Mannes:* Die Vorstellung vom blinden Homer, wie ihn die klassischen und hellenistischen Bildnisse zeigen, ist wohl ein legendärer Zug. – *Totenfeier:* Daß die Nachlebenden dem Toten ihre abgeschnittenen Locken opfern, ist fast nur in der Dichtung bezeugt (z. B. in Homers ›Ilias‹, 23, 134–153) und scheint in historischer Zeit nicht vorgekommen zu sein. Nach dem Mythos wurde das Haar oder eine Locke auf dem Leichnam oder dem Grab niedergelegt.

306 *Priesterin zu Dodona:* Dodona (in Epeiros, Nordgriechenland) war die nächst Delphi wichtigste griechische Orakelstätte. In diesem dem Zeus geweihten Heiligtum wurde in der ältesten Zeit das Rauschen einer heiligen Eiche, später der Klang von Erzbecken durch Wahrsager gedeutet. Die Funktion der Priesterinnen ist unklar, vgl. 110, 227.

307 *es vergeht, um wiederzukehren...:* Vgl. die auf S. 806 zitierte Stelle aus Herders ›Tithon und Aurora‹. – *Myrten:* F. Beißner erwägt die Konjektur »Mythen«.

308 *Kastri am Parnaß:* Auf der Schuttschicht von Delphi (am Berghang des Parnassos), gründete man ein Dorf mit dem Namen Kastri, das vor Beginn der Ausgrabungen verlegt wurde. – *Achill... Ajax Telamon:* Die Asche der drei vor Troia gefallenen Freunde Achill, Patroklos und Antilochos wurde nach Homers ›Odyssee‹ (24, 71–84) am Sigeion, dem Vorgebirge im Nordwesten der Landschaft Troas (Kleinasien), unter einem »weitbewunderten Denkmal« beigesetzt. Vgl. a. zu 212, 36. Ajax Telamon (Sohn des Telamon, des Königs von Salamis) ist identisch mit dem Aias Mastigophoros (vgl. zu 300). – *Helden des Sternenhimmels:* Wie z. B. die Dioskuren Kastor und Pollux, die man im Sternbild der Zwillinge erkennen wollte, vgl. S. 340 f.

309 *Pagus:* Hügel bei Smyrna mit einem Felsenschloß. – *Inbat:* Ein von Chandler immer wieder erwähnter Seewind. – *Hahnenschrei:* Vgl. Shakespeares ›Hamlet‹, Schluß der Eingangsszene: Als Horatio den Geist anspricht, antwortet er nicht, sondern verschwindet beim ersten Hahnenschrei.

310 *Kithäron:* Grenzgebirge zwischen Böotien und Attika, vgl. zu 135, 51.

Vorrede zur vorletzten Fassung

312 *Archipelagus:* Der nicht antike Name, dessen Herkunft umstritten ist, bezeichnet eigentlich eine Inselgruppe, besonders die des Ägäischen Meeres. H. jedoch überträgt ihn auf das Meer selbst, vgl. *Der Archipelagus.*

313 *Aber es muß ja Ärgernis kommen:* Vgl. Matthäus 18, 7. – *Εν και Παν:* (Hen kai pan; griech.) Eines und Alles: Das Eine (Gott) ist mit dem All (der Welt) identisch. Friedrich Heinrich Jacobi hatte in seiner Schrift ›Über die Lehre des Spinoza in Briefen an den Herrn Moses Mendelssohn‹ (1785) Lessings Bekenntnis zu Spinoza mitgeteilt: »Die orthodoxen Begriffe von der Gottheit sind nicht mehr für mich; ich kann sie nicht genießen. *Εν και παν!* Ich weiß nichts anders.« Im Anschluß an diese Veröffentlichung, die H. exzerpierte, konzentrierte sich in dieser Formel die Weltanschauung des Pantheismus. H.s lebendige Anteilnahme am Pantheismusstreit wird überdies dadurch belegt, daß er auch Mendelssohns Antwort in seinem Besitz hatte: ›Moses Mendelssohn an die Freunde Lessings‹ (1786). Wie sehr die Formel geheime weltanschauliche Beziehungen offenbart, belegt der Vermerk des »Symbolums« in Hegels

Stammbuch unter H.s Eintrag vom 12. Februar 1791; höchstwahrscheinlich hat es Hegel selbst daruntergesetzt. Die Formel kommt bei Spinoza selbst nicht vor, ihrem Sinn nach ist sie allerdings schon in der griechischen Philosophie bei den Vorsokratikern vorgeprägt. Vielleicht stammt sie von Lessing. – Pantheistische und vorsokratische Auffassungen waren H. auch in Wilhelm Heinses Roman ›Ardinghello und die glückseligen Inseln‹ (1787) begegnet. Als Heinse am ›Ardinghello‹ arbeitete, lebte er als Gast Friedrich Heinrich Jacobis in Düsseldorf, der gerade damals seine Schrift über Spinoza verfaßte. Nach dem *Hyperion* verwendete Hölderlin die Formel »Eines und Alles« nur noch einmal unverändert, wieder in Verbindung mit Heinse, dem er 1796 persönlich begegnet war: in V. 84 der ihm gewidmeten Elegie *Brot und Wein*. – *Frieden alles Friedens:* Vgl. Paulus an die Philipper 4, 7. – *die bestimmte Linie:* Die Asymptote, die Gerade, nähert sich der Hyperbel, der Kurve, unbegrenzt, ohne sie im Endlichen zu erreichen. Zu den in dieser Vorrede ausgeführten Gedanken vgl. 671 ff.

Hyperion oder Der Eremit in Griechenland
Erster Band

314 *Hyperion:* Ursprünglich ein Titan, der Vater des Sonnengottes Helios, mit dem er aber schon bei Homer identifiziert wird (›Ilias‹ 19, 398 und ›Odyssee‹ 1, 24). H. betonte den Namen auf der 2. Silbe. – *Non coerceri…:* Die von H. zitierte Sentenz aus der Grabschrift des Ignatius von Loyola, eigentlich: Iñigo López de Recalde (1491 oder 1495–1556), des Gründers des Jesuitenordens, lautet zu deutsch: »Nicht eingeschränkt werden vom Größten und doch umschlossen werden vom Kleinsten ist göttlich.« Etwas variiert und ohne den Schlußteil des Satzes steht der Denkspruch schon im *Fragment von Hyperion* (S. 291). – *fabula docet:* (lat.) (das, was) die Fabel lehrt.

315 *Biene:* Meist eingebettet in die Metaphorik von den Jahreszeiten treten bei H. leitmotivisch immer wieder Bienen und Zugvögel auf. Nach Vergils ›Georgika‹ (IV, 220 f. übersetzt von J. Götte) »durchwirke« die Bienen »ein Teil vom göttlichen Weltgeist, / feurigen Äthers Gewalt«, vgl. dazu den hymnischen Entwurf *Wenn nämlich der Rebe Saft* und *Stuttgart* V. 33 sowie zu 20, 50. Das Zugvogelmotiv gewinnt ebenfalls in den hymnischen Entwürfen an Bedeutung (vgl. *Das Nächste Beste*), im *Hyperion* wird das im Motiv des Kranichs angesprochen (318 und 323, vgl. a. 25, 44 und 246, 30). – *der eine der beeden Meerbusen:* Der Golf von Korinth. Die Gebirge Helikon und Parnassos liegen nördlich des Golfs, die Ebene von Sikyon, einer Stadt westlich Korinths, südlich von ihm. – *Jakal:* Vgl. zu 303.

316 *Pfenning:* Mundartform.

317 *Urania:* In der griechischen Mythologie Beiname der Aphrodite als Göttin der edlen Liebe im Unterschied zu Aphrodite Pandemos als Göttin gemeiner Sinnlichkeit. Aus der Verbindung Aphrodites mit Ares geht Eros, der Gott der Liebe, hervor. Für H. ist Urania die Göttin der Harmonie, die Schönheit und Wahrheit in sich vereinigt.

318 *Tina:* Kykladen-Insel, Hyperions Heimat. Der Name ist eine von H. aus Reichards Übersetzung übernommene fehlerhafte Form von »Tenos«.

319 *Schöpfer des Himmels... und der Erde:* Vgl. den Anfang des Apostolischen Glaubensbekenntnisses.

320 *Plato und sein Stella:* In einigen Epigrammen Platons heißt ein von ihm geliebter (uns unbekannter) Schüler, mit dem er astronomische Studien trieb, Aster (griech.: Stern; lat.: stella). – *Adamas:* Der väterliche Freund und Lehrer Hyperions, der Name wird auf der 1. Silbe betont.

321 *Plutarch:* Griechischer Schriftsteller (um 46 bis nach 120), Verfasser einer Sammlung von 24 Biographienpaaren, den ›Parallelbiographien‹ (Bioi paralleloi), in denen er je einen Griechen und einen Römer zusammenstellte und miteinander verglich. Dieses Werk gehörte zur Lieblingslektüre Hölderlins, Rousseaus und des jungen Schiller. Seinen zehnjährigen Zögling Henry Gontard machte H. mit der römischen Geschichte an Hand dieses Werkes bekannt. (Im Nachlaß H.s befanden sich zwei Plutarch-Ausgaben: von 1588 und 1743, die Ausgabe von Johann Georg Hutten, die 1791 bei Cotta zu erscheinen begann, hatte er subskribiert.)

322 *Manen:* In der römischen Mythologie die guten Totengeister. – *Athos:* Der 2033 m hohe Gipfel auf der östlichen Spitze der nordgriechischen Halbinsel Chalkidike. – *Tänarum:* Die südlichste Landspitze des Peloponnes (griech.: Tainaron) mit einem berühmten Heiligtum des Poseidon in einer Höhle an der Ostseite des Kaps. Das Vorgebirge galt in der Antike als einer der Eingänge in die Unterwelt. – *Eurotas:* Hauptfluß der peloponnesischen Landschaft Lakonien. – *Elis:* Nordwestlichste Landschaft des Peloponnes (heute: Eleia) mit dem Hauptfluß Peneios. – *Nemea:* Tal südwestlich von Korinth, das alle zwei Jahre Schauplatz der Nemeischen Wettspiele war. – *Olympia:* Uraltes Heiligtum am rechten Ufer des Alpheios (Elis), in dessen Nähe die bedeutendsten der hellenischen Wettkämpfe, die Olympischen Spiele, alle vier Jahre zu Ehren des Zeus stattfanden. – *Jupiter:* Lateinischer Name des Zeus, vgl. zu 144. – *Lorbeerrosen:* Oleander. – *Lazerte:* Eidechse. – *wie Nestor... erzählen:* Der sagenhafte Herrscher von Pylos, einer der griechischen Könige vor Troia, wurde u. a. wegen seiner Beredsamkeit berühmt, vgl. H.s Übersetzung der ›Ilias‹ 1, 247ff.: »der lieblichredende Nestor, der beredte pylische Redner, von welches Munde die Rede süßer als Honig träufte«. –

Delos... Cynthus... Sonnengott: Nach einer Version der griechischen Mythologie soll Apollon, der seit dem 5. Jh. v. Chr. mit dem Sonnengott Helios gleichgesetzt wurde, auf der kleinen, um 113 m hohen Kynthos gipfelnden Kykladen-Insel Delos geboren worden sein.

323 *wie Achill in den Styx:* Nach einer antiken Sagenversion badet sich der Jüngling Achill nicht selbst in dem Unterweltsfluß Styx, sondern wird als Neugeborener von seiner Mutter, der Nereide Thetis, in diesen Fluß getaucht, damit er unverwundbar werde, vgl. zu 71. – *der unsterbliche Titan:* Vgl. zu 314.

324 *Irrstern:* Die Sonne. – *Nio:* Südlich von Naxos gelegene Kykladen-Insel (heute: Ios), vgl. zu 296.

325 *Acheron:* Fluß in der Unterwelt. – *Titan des Ätna:* Hephaistos, der Gott des Feuers, dessen Werkstatt man unter dem Ätna vermutete. – *Sein Bogen war gespannt:* Vgl. H.s Übersetzung des 1. Gesangs der ›Ilias‹; »Auf den Schultern trug er ⟨Apollon⟩ den Bogen, den wohlverwahrten Köcher. Auf den Schultern des Zürnenden rauschten die Pfeile.« (V. 44 ff.).

326 *Smyrna:* Das heutige türkische Izmir an der kleinasiatisischen Küste.

327 *prüfe alles und wähle das Beste:* Nach dem Neuen Testament. 1. Thessalonicher 5, 21: »Prüfet aber alles, und das Gute behaltet.« Vgl. 118, 13. – *Meles:* Kleinasiatischer Fluß bei Smyrna, dem vermutlichen Geburtsort Homers. – *Sardes:* Königsstadt Lydiens am Fuß des Tmolus, auf dem rechten Ufer des goldführenden Paktolus, eines Nebenflusses des Hermos. Beim ionischen Aufstand im Jahre 499 v. Chr. wurden die Stadt und der alte Tempel der kleinasiatischen Naturgottheit »Cybele«, der ›Mutter aller Dinge‹, durch die Griechen zerstört. – *Tmolus:* Gebirgszug im westlichen Kleinasien. – *Ladanstrauch:* Ein Strauch, der ein wohlriechendes Harz gibt (Ladanum, Labdanum), das im Altertum als Heilmittel, jetzt als Räucherpulver (Weihrauch) verwendet wird.

328 *der Strom:* Der Paktolus, vgl. zu 171, 73. – *Sipylus:* Bergzug westlich des Tmolus, nördlich von Smyrna. – *Kayster:* Dieser Fluß, dessen Name dreisilbig zu sprechen ist und den H. auf der zweiten Silbe betonte, entspringt wie der Paktol auf dem Tmolus, fließt aber zunächst in südlicher Richtung, vgl. zu 171, 65. – *Zephyre:* Milde Südwestwinde, vgl. zu 38, 23. – *Messogis:* Bergzug südwestlich des Tmolus.

329 *Hieroglyphen:* In der ägyptischen Bilderschrift hatte schon der deutsche Jesuit Athanasius Kirchner den Schlüssel zu einer vergessenen, alchimistisch orientierten Geheimwissenschaft gesehen (›Oedipus Aegyptiacus‹ 1652–55), bis zu ihrer Entzifferung durch den französischen Forscher Champollion waren die Hieroglyphen ein fester Bestandteil des Bildkomplexes, der sich mit der Metapher von dem Buch der

Natur verband. Schiller hatte diese Vorstellung (›Die Sendung Moses‹ 1790) aufgeklärt-kritisch akzentuiert, Hieroglyphen waren für ihn »eine sprechende Bilderschrift, die einen allgemeinen Begriff« in eine »Zusammenstellung sinnlicher Zeichen« übersetzt und deren »verborgene Wahrheiten« sich nur dem Eingeweihten mitteilen. Diese Deutung der Hieroglyphen als esoterische Geheimsprache wie auch z. B. Herders Versuch, in der »ächten alten Hieroglyphe« das verschlungene Symbol Gottes zu sehen (›Aelteste Urkunde des Menschengeschlechts‹ 1774) bilden die Grundlage der frühromantischen Deutung, die sie als ursprünglich-magische Sprache wieder der Natur selbst zuschreibt; vgl. z. B. Ludwig Tiecks ›Franz Sternbalds Wanderungen‹ (1798, 2. Teil, 1. Buch, 5. Kap.) oder die 1798 notierten Fragmente des Novalis. In diesem Horizont ist H.s Gebrauch der »Hieroglyphe« zu sehen.

330 *Geschlecht:* Hier wohl: Generation, Gesamtheit der gleichzeitig lebenden Menschen. – *Schon damals kannt ich dich:* Anspielung auf Platons Gedanken von der Anamnese, vgl. zu 38, 14.

331 *Mimas:* Bergzug auf der westlich von Smyrna liegenden Halbinsel. – *karabornische Räuber:* Karabornu (heute: Karaburun): Ort und Vorgebirge der westlich von Smyrna gelegenen Halbinsel. Die Karabornioten waren als Räuber berüchtigt.

332 *gingen uns vorüber:* Dieser transitive Gebrauch ist bis ins 19. Jh. hinein belegt. – *Khan:* Türkische Herberge.

334 *Nemesis:* Griechische Göttin der ausgleichenden und strafenden Gerechtigkeit, vgl. a. 539, 189 und 595. – *Plato, wo er ... vom Altern und Verjüngen spricht:* In dem Mythos, den er in seinen Dialog ›Politikos‹ (Der Staatsmann) eingeschoben hat.

336 *Chios:* Die nordöstlichste ionische Insel dicht vor der Westküste Kleinasiens.

337 *Herkules mit der Megära im Kampfe:* H. denkt wohl an die von ihm übersetzte Stelle aus Lucans ›Pharsalia‹: »Drehte den Stahl, wie, gesandt von der grollenden Juno, Megära / Einst den Alziden entseelt', als er schon den Pluto gesehen.«

338 *Arkadien:* Vgl. zu 22, 45. – *neue Kirche:* Vgl. zu 673. – *Krankenhäuser ... Kerker:* Im übertragenen Sinne gemeint: der Körper als Wohnsitz der Seele.

339 *das in die Seele ging, wie ein Schwert:* Nach Lukas 2, 35.

341 *eingelegtes Feuer:* Brandstiftung. – *Gelust:* Verlangen. – *läßt ihnen gar gut:* steht ihnen gar gut. Der intransitive Gebrauch dieses Verbs findet sich auch sonst im 18. und 19. Jh. – *Dioskuren:* Vgl. zu 27, 35 sowie S. 296.

342 *Ida:* Gebirge bei Troia, im Nordwesten Kleinasiens (heute: Kazdagi). – *Achills und seines Geliebten:* Das Freundespaar in Homers ›Ilias‹,

Achill und Patroklos, zieht gemeinsam in den Troianischen Krieg. Achill überläßt Patroklos seine eigene Rüstung, in der dieser von Hektor getötet wird. Achills Trauer ist maßlos. Voll Zorn stürzt er sich in die Schlacht, tötet Hektor und läßt Patroklos feierlich bestatten. Später wird nach Homers ›Odyssee‹ (24, 71–84) die Asche der drei vor Troia gefallenen Freunde Achill, Patroklos und Antilochos am Sigeion, dem Vorgebirge im Nordwesten der Landschaft Troas, gemeinsam in einer Urne beigesetzt. Zu Achill vgl. zu 71, zur Freundschaft mit Patroklos s. a. *Mnemosyne* 1. Fassung, V. 36 ff. und S. 296. – *Akropolis:* (griech.) Oberstadt; Festung auf dem Burgberg.

344 *Moskeen:* Moscheen. – *Ephesus:* Im Altertum eine der wichtigsten Städte Ioniens (an der westkleinasiatischen Küste, an der Mündung des Kaystros), im 7. Jh. endgültig untergegangen, ihr Tempel der Diana, in dem eine vielbrüstige Statue als Sinnbild der Mutter aller Dinge stand und auch der Cybele galt (vgl. zu 327), war eines der 7 Weltwunder der Antike. – *Teos:* Stadt im nördlichen Ionien (südwestlich von Smyrna). – *Milet:* Die im 7. und 6. Jh. v. Chr. bedeutendste Stadt der griechischen Welt lag an der südlichen Westküste Kleinasiens, etwa in der Höhe der Insel Samos. – *Planen:* Im 18. Jh. übliche Pluralform.

345 *Orpheus:* Der mythische Sänger vermochte mit seinem Gesang und Saitenspiel nicht nur auf Menschen und Götter zu wirken, sondern auch wilde Tiere, Pflanzen und Steine zu bezaubern, vgl. zu 146. – *überhebe ja sich keiner:* Der Abschied von Smyrna ist in der Vorletzten Fassung Gegenstand eines Gesprächs Hyperions mit seinem Diener Stephani:

»Mein guter Diener trat herein; treuherzig sah er eine Weile mich an.
»Ihr habt ein übel Gemüt in Smyrna geholt«, rief er endlich bewegt.

»Meinst du, das komme von Smyrna?« fragt ich.

»Ja, das mein ich. Weiß Gott, was Euch alles widerfahren sein mag! Freilich denk ich auch manchmal, Ihr könntet wohl die Sachen etwas leichter nehmen.«

Das »leicht nehmen« war nun leider! meine Antipathie, besonders ließ ich mir's nicht gerne zumuten, und so sucht ich, so sanft, wie möglich, ihn von dieser Stelle wegzurücken.

»Wie geht denn dir's?« fragt ich. »Gut«, rief er, »mir ist so wohl, wie einem Vogel in der Luft, seit ich wieder hier bin.« – »Hattest du unser Heimweh?« fragt ich. »Das könnt ich eben nicht sagen. Ich grämte mich nicht, wie ich weg war, aber doch gefällt mir's besser, daß ich da bin. Ein dummes Leben war's doch immer da drüben. Die Leute tun, als gehörten sie gar nicht zusammen. Hier hab ich meinen Vater und meinen Bruder – « – »Wie lebten sie, seit du weg warst?« – »Wie es eben kömmt! Die Hungersnot hat freilich auch den Tinioten wehe getan.«

»Das glaub ich!« rief ich. »Und seht, lieber Herr!« fuhr er fort, »das war's nicht allein, daß man wenig hatte, sondern das war's, daß kein Segen in dem war, was man noch hatte.«

»Wie meinst du das?« fragt ich.

»Lieber Gott!« rief er, »da ißt man eben mit Bekümmernis und Sorge, da hat man keinen Glauben mehr an Gottes Gabe, und da sättigt nichts, gar nichts und wenn sonst alles genug dran hatte.«

Er sah, daß ich betroffen war.

»Drum ist auch«, fuhr er fort, »mein einfältig Gebet: lieber Gott! erhalt mich gutes Muts! In der Kirche komm ich selten dazu; denn da betet man andre Dinge und gelehrter; aber wenn's zuweilen herbe Tage gibt und es will mir werden, als gäb es nicht auch gute, und wenn ich ein scheel Gesicht machen will zum Weizen, wie zum Unkraut, und den Brunnen gar einschlagen, weil er nicht immer Wasser gibt – seht! da bet ich's, und da hab ich schon oft erfahren, wie viel einem das Wenige werden kann, das man mit Wohlgefallen annimmt, wie es einen stärkt und einem das Herz dabei aufgeht – o lieber Herr! sagt, was Ihr wollt! Das Leben ist doch schön.«

»Geh, guter Stephani!« rief ich, »geh! ich kann dir jetzt nicht antworten.« Er ging. Der Mensch hatte mich wehmütig gemacht. Ach! es war so leicht, mich zu entwaffnen, mit der Welt mich auszusöhnen.«

346 *hinzuflog... wie der Vogel nach der gemalten Traube:* Nach einer von Plinius in seiner ›Historia naturalis‹ überlieferten Anekdote soll der griechische Maler Zeuxis (um 420 v. Chr.) im Wettstreit mit Parrhasios ein Bild mit Trauben gemalt haben, die so echt wirkten, daß Vögel nach ihnen pickten. – *Elysium:* In der griechischen Unterwelt die von dem Lethestrom umflossenen Gefilde ewiger Glückseligkeit.

347 *Ehle:* (mundartlich) Elle.

348 *das ewig leere Faß der Danaiden:* Die Töchter des sagenhaften Königs Danaos ermordeten ihre Männer in der ersten Nacht, weil diese gewaltsam die Heirat verlangten. Deshalb müssen sie in der Unterwelt zur Sühne für ihre Untat Wasser in ein durchlöchertes Faß schöpfen. – *Zukunft:* Hier: das Herannahen.

350 *Themistokles:* Athenischer Staatsmann und Feldherr (um 524 bis 459 v. Chr.) Führer der demokratischen (See-) Partei. Er hatte große Verdienste um den Sieg der Griechen in der Seeschlacht bei Salamis (480), die im Verlauf des griechisch-persischen Krieges eine entscheidende Wende herbeiführte. In der nachklassischen Literatur wurde er zum Retter von Hellas verklärt. – *Scipionen:* Altrömische Patrizierfamilie, aus der im 3. und 2. Jh. v. Chr. führende Staatsmänner und bedeutende Feldherren hervorgingen. Die durch sie erreichten kriegerischen Erfolge begründeten Roms Weltstellung. – *Herling:* Eine nachgewachsene, nicht ausgereifte, saure, harte Weinbeere.

351 *wo sind denn deine hundert Arme, Titan...:* Anspielung auf die riesenhaften, gigantenähnlichen Aloaden (die Söhne des Aloeus) Ephialtes und Otos, die die Götter bedrohten, indem sie den Ossa und den Pelion, zwei Gebirgszüge an der ostgriechischen Küste, auf den Olymp türmen wollten, um den Himmel zu ersteigen (vgl. Homers ›Odyssee‹, 11, 315f.). Hundertarmig waren aber eigentlich nicht sie, sondern die Hekatoncheiren genannten Riesen, die an der Titanomachie (Titanenschlacht) auf der Seite des Zeus teilnahmen. Schon in der Antike wurden die (sterblichen) Giganten mit den (unsterblichen) Titanen verwechselt.

352 *Ajax:* Aias (lat.: Ajax), der Sohn Telamons, des Königs von Salamis, war Führer der Salaminier vor Troia. Vgl. a. *Mnemosyne* 1. Fassung, V. 38. – *Salamis:* Athen vorgelagerte Insel im Saronischen Golf. – *Mastixzweige:* Der Mastixbaum ist ein immergrünes, hauptsächlich im Mittelmeergebiet vorkommendes Strauchgewächs, dessen Harz gekaut wurde. – *Seekrieg, der an Salamis... vertobte:* Vgl. zu 106, 104.

353 *Wie Jupiters Adler...:* Vgl. den Anfang der von H. übersetzten 1. Phythischen Ode Pindars, wo dieser die Macht der goldenen Leier Apollons und der Musen schildert: »Es schläft aber / Über dem Zepter Jupiters der Adler, den schnellen / Flügel auf beiden Seiten niedersenkend, // Der Herr der Vögel«. S. a. zu 248. – *Parzen:* Vgl. zu 25, 55. – *Kalaurea:* Heute: Poros. Insel im Saronischen Golf vor der Ostküste des Peloponnes.

354 *Charon:* Der Fährmann, der die Toten über die Ströme der Unterwelt an das Tor des Hades bringt. – *aus der Schale der Vergessenheit zu trinken:* Anspielung auf den Unterweltfluß Lethe: Wer aus ihm trinkt, verliert die Erinnerung an das irdische Leben.

355 *im Lande der Seligen:* Vgl. zu »Elysium« 346. – *Palladium:* Ursprünglich das Kultbild der Göttin Pallas Athene, das Zeus vom Himmel warf und dessen Besitz den Bestand der Stadt, die es birgt, garantiert. Deshalb: heiliges, schützendes Unterpfand.

356 *Schwanenlied:* Vgl. zu 40, 3.

358 *Diotima:* Vgl. zu 38 sowie zu 295. – *Notara:* Den Namen entnahm H. dem erwähnten Werk Chandlers. Eine Charakteristik dieses »Bekannten« gibt Hölderlin in der Vorletzten Fassung des *Hyperion*:

Seit kurzem war der Sohn meines Pflegevaters aus Paros herübergekommen, wo er noch nicht lange etabliert war. Er war einige Jahre älter, als ich, hatte die Welt gesehn und Erfahrungen gemacht; er war etwas vielseitig, behandelte alles mit Schonung, wußte jedem Dinge einen Wert zu geben, gegen mich besonders war er äußerst duldsam und gefällig, ich nahm auch etwas mehr, als gewöhnliches Interesse an ihm, und wir hießen uns bald Freunde. Ich hatte doch etwas an ihm, und wollt ich mich ja ein wenig entfernen, in einem Anfall von Ungenügsamkeit, so zog er mich immer wieder an sich. Ich lebte wirklich halb wieder auf in der Gegenwart dieses Menschen, ich sagt ihm auch oft, er verwöhne, verzärtle mich, man überhebe sich so gerne seiner Schwachheit. Nicht, daß er mich gerade gehalten hätte, wie die wunderlichen Kranken, und zu allem ja! gesagt; dazu war seine Gefälligkeit nicht schülermäßig genug, dazu war ich ihm doch wohl auch zu gut; er tadelte mich, aber sein Tadel berührte die Saite kaum; er widersetzte sich mir, aber nur, um mich gegen mich selbst zu verteidigen; er war oft etwas karg mit sich, aber nur, um sich gewinnen, verschlossen, aber nur, um sich aufschließen zu lassen, und wenn ich ihm das vorhielt, so konnt er mir sagen, es könne niemand für sich selber, er sei eben so gemacht, und möchte nicht anders sein, denn darin bestehe der ganze Reiz des Lebens, daß man zusammen Verstekkens spiele. – Er bestritt mich oft gerade in meinen entschiedensten Überzeugungen, – aber mit Freundlichkeit und Bedacht, und wie es schien, mehr um das Gespräch zu beleben, mehr zum Versuche, was wohl aus dem Für und Wider sich ergeben möchte, als in strengem Ernste, und ich verglich uns einmal in einer heitern Stunde mit den jungen Lämmern, die sich scherzend einander an die Stirne stießen, vielleicht um ineinander das Lebensgefühl zu wecken. Er hingegen konnte mir darüber sagen, es wäre recht gut, wenn meinesgleichen zuweilen einen fänden, der ihnen ein wenig wehe tue, der sie im kleinen Kriege übe, denn wir möchten immer gerne nur großen Krieg, wo Himmel und Hölle aneinander, oder einen Frieden, der wie der Friede der Umarmung wäre, gänzliche Vereinigung oder gänzliche Scheidung, und das Hälftige sei doch eben einmal das, wofür wir Menschenkinder da wären. Setzt ich ihm entgegen, daß er sich in mir irre, daß er für Charakter nehme, was doch nur ein Überrest zufälliger Verirrung wäre, so lacht' er herzlich und sagte: daran könn ich gerade erkennen, daß ich einer von denen wäre, die den kleinen Krieg nicht leiden könnten, daß ich lieber mein Eigenstes verleugne, um mich andern gleichzusetzen, als daß ich etwas Widerwärtiges ertrage, an dem doch nicht die ganze Kraft sich messen könnte. »O ihr seid sonderbare Geschöpfe!« rief er, »verzärtelt, wie die kranken Kinder, und heroisch, wie die Riesen; Nadelstiche könnten euch zur Desperation bringen und einer Megäre gegenüber wäre vielleicht euch wohl. Ihr habt Vernunft, aber keinen Verstand, Mut, aber keine Geduld; doch könnt ihr lernen, was ihr nicht habt, aber ihr lernt sehr ungern, wenn ich nicht irre, und das kommt daher, weil euch zu wohl ist, bei dem, was sich nicht lernt.«

Im allgemeinen verstand ich das, aber anwenden konnt ich es nicht wohl.

Überfluß unsers Herzens: Dem ›abundatia cordis‹ (Matthäus 12, 34 und Lukas 6, 45) nachempfundener Begriff, der von dem biblischen »Wes das

Hertz vol ist / des gehet der Mund vber« (Luther) zum pietistischen Topos wird, den die romantische Dichtung für sich entdeckt und als ›Fülle der Empfindsamkeit und Empfindung‹ säkularisiert: »zum Lichte des Verstandes können wir immer gelangen; aber Fülle des Herzens kann uns niemand geben« (Goethe, Wilhelm Meisters Lehrjahre. 1796. 4. Buch, 16. Kap.). Im *Hyperion* bezeichnet der Topos so auch das dichterische Vermögen als solches: »Da übte das Herz sein Recht, zu dichten, aus.« (S. 374).

359 *in den unendlichen Osten:* Also in der Richtung des Sonnenaufgangs, vgl. zu 166. – *wie der Adler seinen Ganymed:* Ganymed, der Sohn des troischen Königs Tros, wurde wegen seiner außergewöhnlichen Schönheit von Zeus in Gestalt eines Adlers geraubt und zum Mundschenk der Götter gemacht, vgl. die Ode *Ganymed*.

361 *entgegenkömmt:* Möglicherweise Lesefehler des Setzers statt »entgegentönt«, wie es in der Vorstufe der endgültigen Fassung heißt, zu diesem Brief vgl. *Emilie vor ihrem Brauttag* V. 331 ff. – *je ... schöner eine Seele:* Zu diesem Ideal vgl. S. 421, *Ermunterung* V. 16, und Schillers Definition S. 861. – *die getrockneten gepflückten Beere:* Alte Pluralform.

362 *Genien:* In der römischen Mythologie unsichtbare persönliche Schutzgeister. – *Kinder des Hauses:* Vgl. in der Vorletzten Fassung (die Passage folgt einige Zeilen auf das Gespräch Hyperions mit dem Diener, s. o.): »O mein Bellarmin! was tut der Mensch nicht, um lieben zu können? um lieben zu können, setzte mein Herz sich selbst herunter, um an den Brosamen sich zu freun, sagt ich mir, daß man den Kindern des Hauses nicht das Brot nehme und gebe es den Knechten!« H. benutzt hier die biblische Reminiszenz (Johannes 8, 34 ff., Römer 8, 14 ff. und 1 Korinther 7, 22) im gleichen Kontext wie Schiller in seiner Abhandlung ›Über Anmut und Würde‹ (1793): »Womit aber haben es die *Kinder des Hauses* verschuldet, daß er nur für die *Knechte* sorgte? Weil oft sehr unreine Neigungen den Namen der Tugend usurpieren, mußte darum auch der uneigennützige Affekt in der edelsten Brust verdächtig gemacht werden?«

363 *Urania:* Vgl. zu 317.

364 *Knäblein, die ... eine Wölfin gesäugt:* In der Romsage werden die Zwillinge Romulus und Remus auf dem Tiber ausgesetzt, jedoch gerettet, von einer Wölfin gesäugt und von einem Hirten aufgezogen, vgl. zu 249, 9.

365 *Palliativen:* Hier: Notbehelfen. – *Schwestern des Schicksals:* Die Parzen, vgl. zu 25, 55.

367 *Harmodius und Aristogiton:* Die vielleicht aus rein privaten Motiven, objektiv aber im Interesse der Aristokratie erfolgte Ermordung Hipparchs (vgl. zu 381) wurde schon im 5. Jh. v. Chr. durch das demokratische Athen als entscheidender Tyrannenmord, der den Sturz der Tyran-

nis zur Folge gehabt habe, verherrlicht. Harmodios, der an Ort und Stelle erschlagen wurde, und Aristogeiton, der verhaftet, gefoltert und hingerichtet wurde, galten so als Tyrannenmörder und Freiheitshelden. – *Minos:* Sagenhafter König von Kreta, der nach dem Tode wegen seiner gerechten Gesetzgebung Totenrichter in der Unterwelt wurde. – *Tantalus:* Reicher König von Sipylos (Kleinasien), den die olympischen Götter an ihrer Tafel teilnehmen lassen. Er aber frevelt gegen sie, indem er ihre Allwissenheit versuchte, und muß deshalb im Hades büßen.

370 *Vulkan:* Hephaistos, der griechische Gott des Feuers, der Schmiede und Handwerker (dem schon früh der römische Vulcanus gleichgesetzt wurde), wird nach einer Sagenversion von Zeus aus dem Olymp geworfen, weil er seiner Mutter Hera gegen den Vater beistehen will. Dieser Sturz soll die Ursache seiner Lahmheit sein. Vgl. Homers ›Ilias‹, 1, 590–594. An anderer Stelle jedoch (18, 394–399) berichtet Homer, Hera habe Hephaistos aus dem Olymp ins Meer geworfen, da er lahm zur Welt gekommen sei, vgl. a. zu 325, vgl. a. die gleichnamige Ode. – *Alpheus... Arethusa:* Nach Ovids ›Metamorphosen‹ (V, 573 ff.) ist Alpheios der Gott des größten und wasserreichsten Flusses des Peleponnes, der in Arkadien entspringt und westlich von Olympia mündet. Er verfolgt die Nymphe Arethusa, die vor ihm flieht, aber von Diana, der Göttin der Jagd, gerettet wird: Sie verwandelt die Nymphe in eine Quelle auf der (heute mit Sizilien verbundenen) Insel Ortygia bei Syrakus. Der »Sage nach«, so ist nach Vergils ›Aeneis‹ (III, 694 ff.) zu ergänzen, »strömt Alpheus, der Fluß / aus Elis, verborgenen Laufs unterm Meer hierher und ergießt sich / jetzt, Arethusa, aus deinem Mund in Siziliens Wogen« (Übersetzung von J. Götte). Vgl. zu 120.

372 *Paniere:* Fahnen.

373 *meine Perlen will ich vor die alberne Menge nicht werfen:* Nach Matthäus 7, 6: »Eure Perlen sollt ihr nicht vor die Säue werfen.«

374 *wie ein gefangener Titan:* Die Titanomachie, der Kampf der Titanen (unter Kronos) gegen die Kroniden (unter Zeus) endet mit dem Sturze der Titanen in den Tartaros, wo sie fortan gefangengehalten werden, vgl. zu 45. – *Vorelysium:* Platon lehrt (›Phaidon‹), daß dem gegenwärtigen Dasein der Seele eine unbegrenzte Präexistenz vorausgehe und eine ebensolche Postexistenz folge. – *Sirius... Arktur:* Fixsterne.

375 *Dianens Schatten, um zu sterben vor der gegenwärtigen Gottheit:* Anspielung auf das Bad der Jagdgöttin Artemis, der römischen Diana. Aktaion, der sie während der Jagd dort überrascht, wird zur Strafe in einen Hirsch verwandelt und von seinen eigenen Hunden, die ihn nicht mehr erkennen, zerrissen. Vgl. »Darum geht schröcklich über / Der Erde Diana« S. 218, 5.

376 *ein Gewand, das oft ein Gott sich umwirft:* Vgl. zu 251, 23.

377 *der herrliche Hyperion des Himmels:* Die Sonne, vgl. zu 314. – *Grazien:* Griechische Göttinnen, die Anmut, Liebreiz und Frohsinn verkörpern.

379 *Fülle ihres Herzens:* Vgl. zu 358.

380 *Demosthenes:* Der berühmteste athenische Redner (384–322 v. Chr.) war ein leidenschaftlicher Kämpfer für die Freiheit der griechischen Polis und gegen die makedonische Herrschaft. Nach der Niederlage Athens im Lamischen Krieg (322) verlangte der makedonische Heerführer Antipatros auch die Auslieferung von Demosthenes. Ihm wurde zwar die Flucht aus Athen ermöglicht, aber im Poseidontempel auf Kalaurea konnte er sich der Festnahme nur noch durch Selbstmord (Gift) entziehen. Vgl. Plutarchs Biographie. – *Athen war Alexanders Dirne geworden:* Nach dem Sieg der Makedonier in der Schlacht bei Chaironeia (338 v. Chr.). – *Olympion:* Das Heiligtum des olympischen Zeus in Athen (Unterstadt).

381 *die goldene Mitte:* Nach Aristoteles das ideale Maß jedes tugendhaften Handelns, vgl. *An Landauer,* V. 8. – *Trefflichkeit des alten Athenervolks:* Vgl. zu den folgenden Ausführungen in Johann Joachim Winckelmanns ›Geschichte der Kunst des Altertums‹ (1764) das Stück ›Von den Gründen und Ursachen des Aufnehmens und des Vorzugs der griechischen Kunst vor andern Völkern‹, wo sich Winckelmann an den geographischen Materialismus von Jean-Baptiste Dubos anlehnt, den dieser in der Schrift ›Reflexions critiques sur la poésie, la peinture et la musique‹ (Kritische Betrachtungen über Dichtkunst, Malerei und Musik; 1719) entwickelt hat. Vgl. aber auch das 13. Buch von Herders ›Ideen zur Philosophie der Geschichte der Menschheit‹ (1784/91). – *die Zeiten des Pisistratus und Hipparch:* Peisistratos war, gestützt auf die Partei der landarmen Bauern, Hirten und Tagelöhner, von 560 bis 528 Tyrann von Athen. Hipparchos, sein Sohn und Nachfolger, wurde 514 ermordet (vgl. zu 367). – *Lazedämon:* Lakedaimon: antiker Name des Staates von Sparta. – *Lykurg:* Legendärer Schöpfer der Gesetze und Einrichtungen Spartas (vermutlich 9. Jh. v. Chr.).

382 *Theseus:* Der Nationalheld der attischen Sage galt als Begründer aller wichtigen politischen Einrichtungen Athens und als Vater der athenischen Demokratie.

383 *Goten:* Hier: die Völker des Nordens.

384 *Drako:* Der athenische Aristokrat Drakon wurde 624 v. Chr. beauftragt, das Gewohnheitsrecht zu kodifizieren. Es entstanden Gesetze, die dem Eigentum der herrschenden Aristokratenklasse durch schärfste Strafmaßnahmen (drakonische Strafen) Schutz gewährten. Selbst auf geringfügigen Diebstahl stand die Todesstrafe. Die Reformen des Solon (594 v. Chr.) änderten dies. – *Wie Minerva aus Jupiters Haupt:*

Athene, der schon früh Minerva gleichgesetzt wurde, entspringt der Sage nach mutterlos dem Haupte des Zeus (Jupiter) und ist sofort gerüstet. Als Kriegsgöttin schützt sie die Staaten, also vor allem die Polis von Athen, als Friedensgöttin lehrt sie den Sterblichen handwerkliche Fähigkeiten und schützt als Göttin der Weisheit Philosophen, Dichter und Redner. – *Irisbogen:* Regenbogen, vgl. zu 528, 1940.

385 *Das große Wort,... des Heraklit:* Dieser Gedanke des griechischen materialistischen Naturphilosophen Heraklit aus dem kleinasiatischen Ephesos (um 550–475 v. Chr.) ist an zwei Stellen überliefert: 1. bei dem Presbyter und Kirchenlehrer Hippolytos von Rom, wo er in der Übersetzung von Diels so lautet: »Sie verstehen nicht, wie es ⟨das Eine⟩ auseinander getragen mit sich selbst im Sinn zusammen geht: gegenstrebige Vereinigung wie die des Bogens und der Leier.« (Die Fragmente der Vorsokratiker. Griechisch und Deutsch von Hermann Diels, 6. verb. Aufl., hrsg. von Walther Kranz, 1. Band, Berlin 1951, S. 162). Capelle übersetzt: »Sie begreifen nicht, daß es ⟨das All-Eine⟩ auseinanderstrebend, mit sich selber übereinstimmt: widerstrebende Harmonie wie bei Bogen und Leier.« (Die Vorsokratiker. Die Fragmente und Quellenberichte übersetzt und mit einer Einführung versehen von Wilhelm Capelle, Stuttgart 1953, Nr. 27) 2. In Platons ›Symposion‹: »Von der Musik aber ist es sogar jedem klar, der auch nur im geringsten darauf merkt, daß es sich ebenso mit ihr verhält, wie vielleicht auch Herakleitos sagen will, denn den Worten nach drückt er es nicht richtig aus. Das eine (das Grundwissen) nämlich, sagt er, gehe, eben indem es auseinandergehe, mit sich selber zusammen, wie die Fügung eines Bogens und einer Leier. Es ist aber sehr unsinnig zu sagen, daß die harmonische Fügung selbst auseinandergehe und schon im Widerstreite vorhanden sei oder aus noch Auseinandergehendem und noch Widerstreitendem bestehe.« (Platon, Sämtliche Werke, 5. Aufl., Köln und Olten 1967, 1. Band, S. 677 f.)

386 *Isis:* Ägyptische Göttin, die die Griechen mit Demeter und Aphrodite verglichen und als die Mutter aller Dinge galt; *eine verschleierte Macht, eine schauderhaft Rätsel* spielt auf die berühmte Inschrift im Tempel zu Saïs an, die Schiller in seinem Aufsatz ›Die Sendung Moses‹ (1790; vgl. zu 329) mitteilt: »Unter einer alten Bildsäule der Isis las man die Worte: ›*Ich bin, was da ist*‹, und auf einer Pyramide zu Saïs fand man die uralte merkwürdige Inschrift: ›Ich bin alles, was ist, was war und was sein wird, kein sterblicher Mensch hat meinen Schleier aufgehoben.‹« Aber der Lehrling in den ›Lehrlingen zu Saïs‹ (1798) des Novalis muß dies gerade wagen, denn »wer ihn nicht heben will, ist kein ächter Lehrling zu Saïs«. In solch einer emphatischen Umdeutung der aufklärerischen Skepsis Schillers gegenüber den Möglichkeiten der Erkenntnis

zeigen sich die Verwerfungen innerhalb der Generation der Frühromantiker. – *Verstand... Vernunft:* Vgl. die für H. grundlegende Unterscheidung dieser beiden Begriffe bei Kant: Verstand ist das Vermögen, durch Begriffe und Regeln Ordnung in die Erscheinungswelt zu bringen; Vernunft ist das Vermögen, nach Prinzipien entweder zu urteilen (theoretische Vernunft) oder zu handeln (praktische Vernunft). H.s Ausführungen sind eine Kritik an Kant. Vgl. auch H.s Brief an den Bruder vom 2. Juni 1796: »Die Vernunft, kann man sagen, *legt den Grund*, der Verstand *begreift*. Die Vernunft legt den Grund mit ihren Grundsätzen, den *Gesetzen* des *Handelns* und *Denkens*, insofern sie bloß bezogen werden auf den *allgemeinen* Widerstreit im Menschen, nämlich auf den *Widerstreit des Strebens nach Absolutem und des Strebens nach Beschränkung*. Jene Grundsätze der Vernunft sind aber selbst wieder begründet durch die Vernunft, indem sie von dieser bezogen werden auf das Ideal, den höchsten Grund von allem; und das *Sollen*, das in den Grundsätzen der Vernunft enthalten ist, ist auf diese Art abhängig vom (idealischen) Sein. Sind nun die Grundsätze der Vernunft, welche *bestimmt* gebieten, daß der Widerstreit jenes allgemeinen, sich entgegengesetzten Strebens soll *vereiniget* werden (nach dem Ideal der Schönheit), sind diese Grundsätze im allgemeinen ausgeübt an jenem Widerstreit, so muß jede Vereinigung dieses Widerstreits ein Resultat geben, und diese Resultate der allgemeinen Vereinigung des Widerstreits sind dann die allgemeinen Begriffe des Verstandes, z. B. die Begriffe von Substanz und Akzidens, von Wirkung und Gegenwirkung, Pflicht und Recht etc. Diese Begriffe sind nun dem Verstande eben das, was der Vernunft das Ideal ist; so wie die Vernunft nach dem Ideale ihre Gesetze, so bildet der Verstand nach diesen Begriffen seine Maximen. Diese Maximen enthalten die Kriterien und Bedingungen, unter welchen irgendeine Handlung oder ein Gegenstand jenen allgemeinen Begriffen muß unterworfen werden. Z.B. ich habe das *Recht*, eine Sache, die nicht unter der Disposition eines freien Willens steht, mir zuzueignen. Allgemeiner Begriff: *Recht*. Bedingung: Sie steht nicht unter der Disposition eines freien Willens. Die dem allgemeinen Begriffe unterworfene Handlung: Zueignung einer Sache.«

387 *Lykabettus:* Dieser (das heutige Stadtgebiet überragende) steile Bergkegel im Nordosten lag außerhalb der antiken Stadt. – *Parthenon:* Der von 447 bis 438 v. Chr. unter Perikles erbaute Marmortempel der Athena Parthenos, deren von Pheidias geschaffene Goldelfenbeinstatue er barg; Hauptbau der Akropolis. – *zu deinen Füßen liegt das Reich des Neptun, wie ein bezwungener Löwe:* Vielleicht Anspielung auf den Kampf zwischen Poseidon (Neptun) und Athene um den Besitz Attikas, aus dem Athene siegreich hervorging, vgl. zu 109, 198. – *Agora:* Volksversammlung und Platz, auf dem sie tagte: Marktplatz. Die Agora

(eigentlich auf der letzten, von H. aber auf der zweiten Silbe betont) Athens mit den wichtigsten Staatsgebäuden lag nördlich von der Akropolis, vgl. a. 24, 7. – *Hain des Akademus:* Das Heiligtum des attischen Heros Akademos befand sich im Nordwesten vor den Mauern Athens. In unmittelbarer Nähe gründete Platon seine Philosophenschule, die Akademie. – *Hymettus:* Durch seine Marmorbrüche bekanntes Gebirge östlich von Athen. – *Pentele:* Eigentlich: Pentelikon; Gebirge mit großen Marmorbrüchen nordöstlich von Athen, vgl. 109, 185.

388 *auf Suniums grüner Spitze:* Die Südspitze von Attika (Mittelgriechenland) mit der Ruine des dorischen Poseidontempels aus dem 5. Jh. v. Chr., vgl. zu 77, 9.

389 *die Stelle des alten Bacchustheaters:* Das große Dionysos-Theater befand sich am Südabhang des Burgbergs. – *Theseustempel:* Der am Nordende des Markthügels liegende, die Agora überragende Tempel galt früher als Theseion, als Heiligtum des attischen Heros Theseus. Jetzt nimmt man an, daß es sich um das Hephaisteion, den Tempel des Hephaistos, handelt. – *Olympion:* Das Heiligtum des olympischen Zeus in Athen, ein ionischer Riesentempel im Südosten der Stadt, wurde bereits im 6. Jh. v. Chr. (unter Peisistratos) begonnen, aber erst im 2. Jh. n. Chr. (unter Hadrian) fertiggestellt. Die von H. (in Anlehnung an Chandler) erwähnten sechzehn Säulen stehen noch heute aufrecht, vgl. 109, 194. – *das alte Tor:* Das unmittelbar westlich des Olympieions stehende Hadrianstor, ein großer Ehrenbogen römischer Form, der laut Inschrift die Grenze zwischen der alten »Stadt des Theseus« und der neuen »Stadt des Hadrian« bezeichnen soll. Der römische Kaiser Hadrian (76–138) entfaltete in Athen eine große Bautätigkeit. – *Kleopatra, da sie die geschmolzenen Perlen trank:* Anspielung auf die von Plinius (23–79) in seiner ›Naturalis Historia‹ berichtete Episode aus dem Leben der ägyptischen Königin Kleopatra (1. Jh. v. Chr.), wonach sie Perlen in Weinessig auflöste, um eine Wette (sie wollte bei einer Mahlzeit zehn Millionen Sesterzen verzehren) zu gewinnen, s. a. 112, 5.

390 *Haine von Angele:* Östlich von Athen.

391 *Menschheit:* Hier: Menschentum, menschliche Art, menschliches Wesen. – *du mußt erleuchten, wie Apoll:* Über die Beziehung Hyperion–Helios–Apollon vgl. zu 322 und 314. Der Sonnen- und Lichtgott Apollon ist u. a. der große, nie irrende Wahrheitskünder, der die Menschen zur Erkenntnis führt. – *du mußt ... erschüttern, beleben, wie Jupiter:* Anspielung auf Zeus (Jupiter) als Wetter- und Fruchtbarkeitsgott. Er sendet Donner (Jupiter Tonans) und erquickenden Regen (Jupiter Pluvius).

392 *der arabische Kaufmann:* Der arabische Religionsstifter Mohammed, der Begründer des Islams (um 570–632), lebte vor seinem prophetischen Wirken als Kaufmann. Der Koran wurde erst nach Mohammeds

Tod aus einzelnen mündlichen oder schriftlichen Überlieferungen zusammengestellt. Er enthält die Reden, die Mohammed in verschiedenen Zeitabschnitten seines Lebens als göttliche Offenbarung verkündigte. – *Pollux... Kastor:* Die Dioskuren, vgl. zu 27, 35 und S. 341 f.

393 *ein Saitenspiel, worauf... der Wind nur spielt:* Eine Wind- oder Äolsharfe, sie galt den Frühromantikern wie die Hieroglyphe (vgl. zu 329) als direkter Ausdruck der Natur: »Die Natur ist eine Aeolsharfe«, schreibt z. B. Novalis 1799 in seinem ›Allgemeinen Brouillon‹ (Aufzeichnung Nr. 966). H. betont aber stets die Bedeutung des »Menschen«, als »Meister« des Saitenspiels, vgl. *Der Mutter Erd* V. 2 ff.

ZWEITER BAND

394 μὴ φῦναι...: Das dem ›Ödipus auf Kolonos‹ von Sophokles entnommene Motto (V. 1224–1227) lautet zu deutsch: »*Nicht geboren sein* – *schönster* Wunsch! / Führte aber der Weg ins Licht, / Dann aufs schnellste den Weg *zurück,* / Das ist das Beste *danach,* bei weitem.« (Übersetzung von Rudolf Schottlaender.)

395 *Seele der Natur:* Vgl. den auf S. 804 zitierten Brief H.s und »Seele der Welt« S. 412 und 449. Die vor allem im neuplatonischen Denken wichtige Vorstellung einer Weltseele als verbindendes und einendes Prinzip aller Erscheinungen wiesen auch Schelling den Weg in die Naturphilosophie, vgl. dessen 1798 veröffentlichte Schrift ›Von der Weltseele‹. – *Rußland hat der Pforte den Krieg erklärt...:* Vgl. dazu S. 810.

396 *Koron:* Heute: Korone; Stadt auf dem südwestlichen Peloponnes, am Messenischen Golf. – *Misistra:* Stadt auf dem südlichen Peloponnes, in der Nähe von Sparta. – *Pilot:* Steuermann. – *Harmodius:* Vgl. zu 367 sowie das von H. wohl schon 1793 übersetzte Skolion (beim Gastmahl vorgetragenes Lied) auf den Tyrannenmord, in dem die das Schwert verbergende Myrte erwähnt wird:

Schmücken will ich das Schwert! mit der Myrte Ranken!
Wie Harmodios einst, und Aristogiton,
  Da sie den Tyrannen
  Schlugen, da der Athener
  Gleicher Rechte Genosse ward.

397 *einen Atlas:* Eine Welt, in Analogie zu Herakles, der sich das Himmelsgewölbe auf die Schultern lud, damit der eigentliche Träger, Atlas, ihm helfe, vgl. zu 168, 82.

398 *Siegesbote von Marathon:* Nach der Schlacht in der Ebene von Marathon (im Osten Attikas) im Jahr 490 v. Chr., dem ersten Sieg der Athener über die Perser, soll ein Läufer den Bürgern in Athen die Sieges-

nachricht gebracht und dort mit dem Ruf »Wir haben gesiegt« tot zusammengebrochen sein, vgl. 24, 18 und 111, 282.

399 *Rosse des Phöbus:* Apollon, der als Sonnengott den Beinamen Phoibos führt, fuhr nach der Vorstellung der Griechen in einem Viergespann über das Himmelsgewölbe.

400 *Agis und Kleomenes:* Der spartanische König Agis IV. (244 bis 241 v. Chr.) versuchte durch eine Reform die alte spartanische Sozialordnung wiederherzustellen (Tilgung der Schulden; Neuverteilung des Landes, das fast völlig in der Hand von hundert Großgrundbesitzern war; Wiedererweckung der spartanischen Erziehung). Die Reform scheiterte; Agis wurde hingerichtet. Vielleicht hatte H. die Absicht, eine Tragödie über diesen spartanischen König zu schreiben, wie aus Dokumenten aus zweiter Hand hervorgeht. – Kleomenes III. (235–221 v. Chr.) hatte noch weitergehende Reformpläne. Aber auch er wollte vor allem die vermeintliche soziale und ökonomische Gleichheit des frühen Sparta wiederherstellen. Er zerschlug die Macht der Oligarchie und schickte ihre Anhänger in die Verbannung; er teilte den konfiszierten Grund und Boden in Parzellen auf, die der Allgemeinheit gehörten. Die verarmten Massen in Hellas sahen in Kleomenes einen revolutionären Führer, während die besitzenden Schichten sowohl Angst vor einem sozialen Umsturz als auch vor der von Kleomenes erstrebten spartanischen Hegemonie in Griechenland hatten. Deshalb veranlaßte der Achäische Bund unter Aratos die makedonische Militärmonarchie zur Intervention. Im Jahre 222 v. Chr. wurde Sparta vernichtend geschlagen und mußte sich Makedonien unterstellen; die Reformen wurden annulliert. Vgl. Plutarchs Biographien dieser beiden Könige.

404 *epidaurische Berge:* Gemeint sind die Berge, die sich an der Ostküste der Argolis (Peloponnes) erstrecken und die H. nach der dort gelegenen antiken Stadt Epidauros benennt.

405 *Dodonas Hain:* Vgl. zu 306. – *Pelopidas:* Thebanischer Feldherr, der vor der spartanischen Herrschaft nach Athen flüchtete und im Jahre 379 v. Chr. die Befreiung Thebens leitete. Mit Epameinondas erkämpfte er 371 bei Leuktra den entscheidenden Sieg über die Spartaner. In der Vorstufe der endgültigen Fassung hat H. hier den Namen des Harmodius genannt.

408 *Sieger bei Salamis:* Vgl. zu 350. – *kein Posse:* Hier die ursprünglich schwache maskuline Form und in der älteren Bedeutung: komisches Bildwerk. – *wächserne Flügel:* Vgl. die Geschichte des Ikarus, Anm. zu 37, 22. – *Nemea:* Vgl. zu 322.

410 *in leichter Nerve:* Dieses Substantivum erscheint auch sonst im 18. Jh. als Femininum.

412 *Modon:* Eigentlich: Methone; Ort an der Südwestküste des Pelo-

ponnes. – *klimmt:* Vereinzelt statt »glimmt« gebraucht. – *Seele der Welt:* Vgl. zu »Seele der Natur« 395.

413 *dichtgedrängt in mazedonischer Reih:* Die berühmte makedonische Phalanx (Schlachtreihe, Schlachtordnung), eine bis zu sechzehn Mann tiefe, festgeschlossene Masse schwerbewaffneter Fußtruppen, vgl. 296. – *Walplatz:* Veraltet für Kampf- oder Schlachtplatz. – *Panazee:* Allesheilendes Mittel; nach Panakeia, der Personifikation der Heilkunst in der griechischen Mythologie.

414 *Navarin:* Navarino; im Altertum und heute: Pylos. Ort nördlich von Modon, an der Westküste des Peloponnes.

415 *Marathon und Thermopylä und Platea:* Entscheidende Schlachten während der Perserkriege. Bei Marathon (490 v. Chr.) und bei Plataiai (479) siegten die Griechen, während sie an den Thermopylen (480) unterlagen.

418 *Morea:* Seit dem Mittelalter im Volksmund gebräuchlicher Name für den Peloponnes. – *Tripolissa:* Heute: Tripolis; Stadt im Zentrum des Peloponnes. – *Getümmel:* Vgl. die ausführliche Darstellung in der Vorstufe der endgültigen Fassung:

Hyperion an Notara

Ich schreibe dir, mein Notara. Ich kann an Diotima nicht schreiben. Die Wolfsnatur hat einmal wieder sich gütlich getan. Die Bestialität hat ihre Spiele getrieben, und mit meinen Projekten ist's aus.

Ich sollte still sein; ich sollte mich schämen; warum hab ich mich mit diesem zottigen Geschlechte befaßt: es geschieht mir recht; warum hab ich mich an die Bären gemacht, um sie, wie Menschen, tanzen zu lehren!

Nun, guter Wille! laß dich immerhin ins Irrhaus bringen! an die Türe und Wände laß dich schlagen, liebe Weisheit, oder wo man sonst noch einen närrischen Zierat braucht!

O ich möchte mich selbst mit Ruten züchtigen, daß ich so dumm war!

Aber nein! das war auch nicht vorauszusehn! Man kann auf mancherlei gefaßt sein, kann all die Feigheit und all die stolze Bettelei, und das tückische Schmeicheln, und den Meineid, kann die ganze Pöbelhaftigkeit des jetzigen Jahrhunderts so natürlich finden, wie Regenwetter, aber das ist schwerlich irgendeinem Menschen eingefallen, solch einen Schandtag möglich zu denken, wie der gestrige war.

Nachdem wir sechs Tage vor Misistra gelegen, kapitulierte die Besatzung endlich. Die Tore wurden geöffnet, und ich und Alabanda führten einen kleinen Teil des Heers in die Stadt. Wir brauchten alle Vorsicht, ließen die Tore hinter uns sperren, zogen auf den öffentlichen Platz mit unsern Leuten, und riefen dahin die griechischen Einwohner zusammen. Sie faßten bald Zutrauen zu uns. Die guten Kinder! sie summten um mich herum, wie Bienen um den Honig, da ich ihnen sagte, was aus ihnen werden könnte, und den meisten flossen helle Tränen vom Gesichte, da von einer bessern Zeit die Rede war. Ich bat sie dann, die wenige Mannschaft, die wir ihnen brächten, freundlich aufzunehmen. Sie brauchten Exerzitienmeister, setzt ich hinzu, und die Waffenübungen seien fürs Volk so notwenig, wie die Geweihe den Hirschen. In demselben Augenblicke brach aus den benachbarten Gassen ein Gelärme von Feuerrohren und schmetternden Türen und ein Geschrei von heulenden Weibern und Kindern, und Töne, wie von Wütenden, brülltten dazwischen und wie ich mich umsah, stürzt' ein leichenblasser Haufe um den andern gegen mich, und schrie um Hülfe; die Truppen wären zu den Toren hereingebrochen, und plünderten, und machten alles nieder, was sich widersetzte.

Ich schwieg, ich überdachte, was zu tun war. O Notara! und ich hätte mir mögen das Herz ausreißen, und möcht es noch! Alabanda war schröcklich. »Komm«, rief er mir mit seiner Wetterstimme, »komm, ich will sie treffen« – und es war, als leuchtete der Blitz die Leute, die wir bei uns hatten, an, so waren Alabandas Augen im Grimme vor ihnen aufgegangen. Ich benützte den Augenblick: »schwört«, rief ich, »daß ihr ruhig bleiben wollt und treu!« – »Wir schwören's«, riefen sie; drauf rief ich die besten unter ihnen hervor, »ihr sollt, an meiner und an Alabandas Stelle, sorgen«, sagt ich ihnen, »daß auf diesem Platze das Nötige geschieht«, und einigen der Bürger befahl ich, in die Gassen zu laufen, und zu sehen, wie es gehe, und hieher unsern Leuten schnelle Nachrichten einzubringen , andre nahm ich mit mir, um durch sie von hier aus Nachricht zu bekommen, andere nahm Alabanda mit sich und so sprengten wir nach zwei verschiednen Gegenden der Stadt hin, wo es am ärgsten tobte. Die Bestien bemerkten meine Ankunft nicht, so waren sie begriffen in der Arbeit. Den ersten, der mir aufstieß – er hielt einen rüstigen schönen Buben bei der Kehle mit der einen Hand, und mit der andern zückt' er ihm den Dolch aufs Herz – den faßt ich bei den Haaren und schleudert ihn rücklings auf den Boden, mein zorniges Roß macht' einen Sprung zurück und auf ihn zu, und zerstampfte mit den Hufen das Tier. »Haltet ein, ihr Hunde!« rief ich, indes ich mitten unter sie stürzte, »schlachtet mich erst, wenn ihr Mut habt, mich, mich reißt vom Roß, und mordet und bestehlt mich, denn, solang ich lebe, mach ich so und so, ein Stück ums andere, euch nieder.« Das war die rechte Art, ich hatt auch mit dem Schwert einige getroffen und es wirkte. Sie standen da, wie eingewurzelt, und sahn mit stieren Augen mich an, und einige wollten sogar sich auf die Knie bemühn. »Hinaus!« rief ich, »zum Tore sollt ihr erst hinaus, das übrige wird folgen.

(Der Brief ist zwischen den Briefen Hyperions an Diotima eingeschoben.)

419 *es bleibt uns überall noch eine Freude... der Seele Freiheit fühlen:* H. zitierte diese Sätze wörtlich am 4. Juli 1798, noch vor dem Erscheinen des zweiten Bandes, in einem Brief an den Bruder, in Anschluß an die zu 440 zitierten Sätze.

421 *kein Schatte:* Im 18. Jh. noch übliche, von H. häufig benutzte starke Deklination.

422 *Polyxena:* Tochter des Königs Priamos von Troia und der Hekabe. Frei nach V. 415 der ›Hekabe‹ des Euripides, in der die Opferung der Polyxena geschildert wird.

423 *Tschesme:* Die Stadt liegt an der kleinasiatischen Küste gegenüber der Insel Chios. Die Seeschlacht (vgl. S. 813 f.) fand am 5. Juli 1770 statt.

424 *Paros:* Insel der mittleren Kykladen (südlich von Delos). – *peinlichen:* qualvoll, schmerzvoll.

429 *der Ahorn des Ilissus:* Vgl. die Eingangsszene von Platons Dialog ›Phaidros‹: Das »heilige Gespräch« zwischen Sokrates und Phaidros hört der dort gepriesene Baum am Ilissus, einem südlich von Athen fließenden Bach, vgl. den S. 804 zitierten Brief. – *entleideten:* verleideten.

431 *goldene Mittelmäßigkeit:* Vgl. zu 381.

435 *der junge Tiniote:* Hyperion.

437 *sonderbar:* Hier: sonderlich, ausnehmend, ungewöhnlich.

438 *Größe:* Nach Christoph Schwab muß es »größte« heißen.

440 *Was lebt, ist unvertilgbar...:* Eine Variante zu diesem Satz (wohl aus einer Vorfassung) findet sich in H.s Brief an den Bruder vom 4. Juli 1798: »Mein Alabanda sagt im zweiten Bande: ›Was lebt, ist unvertilgbar, *bleibt in seiner tiefsten Knechtsform frei*, bleibt *eins*, und wenn du es zerreißest bis auf den Grund, und wenn du bis ins Mark es zerschlägst, doch bleibt es eigentlich unverwundet, und sein Wesen entfliegt dir siegend unter den Händen usw.‹ Dies läßt sich mehr oder weniger auf jeden Menschen anwenden, und auf die Echten am meisten.«

441 *wie die schöne Taube:* Vgl. Altes Testament, 1. Moses 8, 8 ff., wo berichtet wird, daß Noah nach der Sintflut aus der Arche eine Taube ausfliegen ließ, um zu erfahren, ob die Wasser auf Erden sich verlaufen hätten.

442 *Schwanenlied:* Vgl. zu 40, 3.

443 *Delphi... Gott der Begeisterung.. Pythia:* In Delphi, der bedeutendsten Orakelstätte der Griechen (an den Südabhängen des Parnaß), gab Apollon durch den Mund der Pythia, einer älteren Frau im Gewand einer Jungfrau, kund. Aber nicht nur bei den Wahrsagern und Orakelpriestern, sondern auch bei den Dichtern und Sängern erweckte Apollon heilige Begeisterung, vgl. a. 110, 228. – *ging ich keine vorüber:* ging ich an keiner vorüber. Vgl. zu 332.

445 *stillschweigend starb die große Römerin...:* Porcia, die Tochter des Cato Uticensis und die Gattin des Marcus Iunius Brutus, war eine

glühende Anhängerin der alten Republik. Als sich ihr Gatte nach der Niederlage bei Philippi im Jahre 42 v. Chr. den Tod gegeben hatte, folgte sie ihm nach, da auch die Republik »im Todeskampfe« rang: Mit dem Sieg bei Philippi wurde die republikanische Opposition der Caesarmörder unterdrückt, und der Weg zu der im Jahre 31 v. Chr. beginnenden Alleinherrschaft (Kaiserzeit) war frei. Den freiwilligen Tod der Porcia schildert Plutarch in seiner Brutus-Biographie. Weil sie von ihren Freunden an der Verwirklichung ihres Vorhabens zunächst gehindert worden sei, habe sie Kohlen aus dem Feuer herausgerissen und verschluckt und sei mit geschlossenem Mund gestorben. – *Lorbeer... Myrtenkranz:* Ein Lorbeerkranz war der Preis der zu Ehren Apollons in Delphi stattfindenden Pythischen Spiele, er steht hier allgemein für den Ruhm, während der Myrtenkranz auf die der Aphrodite geweihte Myrte als Brautschmuck weist, also auf die Liebe deutet. – *nimmt:* Mundartform.

446 *Thronen:* Diese schwache Pluralform war im 18. Jh. die übliche. Zu »Wechsel« (Z. 26) und »Sein« (Z. 19) vgl. S. 617, 649 und 598.

447 *Feigenwurzel:* Veilchenwurzel: Der wegen seines Veilchengeruchs so benannte Wurzelstock der Schwertlilie dient seit dem Altertum als Kaugegenstand für zahnende Kinder.

448 *Solltest du ewig sein, wie ein Kind:* Solltest du ewig (wie) ein Kind sein; »ewig« ist Adverb. – *die Unbegrabnen, wenn sie herauf vom Acheron kommen:* H. mag hier an den 11. Gesang von Homers ›Odyssee‹ gedacht haben: Nach dem Rat der schönen Zauberin Kirke will Odysseus den bereits verstorbenen Seher Teiresias um seine Zukunft befragen. Deshalb opfert er am Eingang zur Unterwelt den Seelen der Verstorbenen. Als erster der Geister, die sich aus der Tiefe dem Blute der Opfertiere nahen, erscheint die Seele des Elpenor, den Odysseus und seine Gefährten unbegraben in Kirkes Palast zurückgelassen hatten. Vgl. Odyssee, 10, 552 ff., und 11, 51 ff. – *schöne Gottheit, wie du um Adonis einst geweint:* Aphrodite weint über den Verlust des von ihr geliebten schönen Jünglings, der auf der Jagd von einem Eber getötet wurde.

449 *Prokrustes:* Ein wegelagernder Riese, der große Wanderer in ein kleines Bett zwingt und den darüberhängenden Teil abhackt. Die kleineren Opfer aber wirft er in ein langes Bett und streckt ihnen die Glieder (Prokrustes: Strecker). – *Agora:* Vgl. zu 387. – *die Gedanken meiner Jugend, die ich groß geachtet:* Vgl. Schillers ›Don Carlos‹, Vers 4289– 4291: »Sagen Sie / Ihm, daß er für die Träume seiner Jugend / Soll Achtung tragen.« – *der große Sizilianer:* Empedokles von Agrigent (um 490 bis um 430 v. Chr.), der letzte unter den großen Naturphilosophen des 5. Jhs., den sogenannten Vorsokratikern. Vgl. H.s Ode *Empedokles* und sein Trauerspiel *Der Tod des Empedokles.* Der Freitod des Empedokles im Ätna ist eine Legende. – *ein Spötter:* Wohl Horaz, der in seiner ›Ars

poetica‹ (V. 463 bis 466) schreibt: »und werde den Untergang des sizilischen Dichters erzählen: Weil Empedokles als unsterblicher Gott gelten wollte, sprang er kaltblütig in den glühenden Ätna.«

451 *der heimatlose blinde Ödipus:* Der blinde Greis Ödipus wurde im Hain der Eumeniden zu Kolonos (bei Athen) von Theseus freundlich aufgenommen. Vgl. den Anfang der Tragödie ›Ödipus auf Kolonos‹ von Sophokles, den H. teilweise übersetzte und der er das Motto entnahm, s. zu 394.

453 *Der Dulder Ulyß:* »Ulyß« (Ulysses) ist eine Nebenform von lat. Ulyxes (griech.: Odysseus). Vgl. Homers ›Odyssee‹, 20, 257f. und 376f. – *Landläufer:* Landstreicher, Bettler. – *Proteuskünsten:* Verwandlungskünste. Der Meergreis Proteus hat wie viele Meergottheiten die Fähigkeit, sich in beliebige Gestalten zu verwandeln, und ist mit Seherkraft begabt. Wer seinen Rat sucht (wie Menelaos auf der Heimkehr aus Troia; vgl. Homers ›Odyssee‹, 4, 382ff.), muß ihn überfallen und im Ringkampf festhalten.

456 *wer reißt den?:* Wer zerreißt den?

DER TOD DES EMPEDOKLES

Schon 1794 hatte H. angekündigt, daß er gleich nach dem *Hyperion* »einen andern Plan, der mir beinahe noch mehr am Herzen liegt, den Tod des Sokrates, nach den Idealen der griechischen Dramen zu bearbeiten versuchen werde« (am 10. Oktober an Neuffer). Während der Arbeit an dem Roman, die sich noch bis 1798 hinziehen sollte, fand H. aber einen anderen Protagonisten für sein Projekt, den griechischen Naturphilosophen Empedokles. »Da fiel der große Sizilianer mir ein, der einst des Stundenzählens satt, vertraut mit der Seele der Welt, in seiner kühnen Lebenslust sich da hinabwarf in die herrlichen Flammen«, schreibt der zukunftslose Hyperion vom Ätna aus, nachdem er Diotima verloren hat und Griechenland verlassen mußte (S. 449).

Im Spätsommer 1797 hatte H. einen ausführlichen Plan für *Empedokles. Ein Trauerspiel in fünf Akten* in ein Schulheft Henry Gontards notiert (S. 461–465), in dem sich auch Entwürfe zur Vorstufe der endgültigen Fassung des *Hyperion* finden. Die 1. Fassung der Tragödie wird nach dem Abschluß des Manuskripts zum 2. Band des Romans ab dem Sommer 1798 entstanden sein, ab dem September rückt die Arbeit in Homburg ganz in den Mittelpunkt von H.s Produktion. Gleichzeitig entwickelt er in den theoretischen Versuchen eine poetologische Grundlage für seine Auffassung des Tragischen, die den Konflikt zwischen Natur und Kunst, zwischen der Geschichte und dem Menschen zum dramatischen Agens macht. Der Held wird zum Zeichen dieses tragischen Konflikts; die ihm zugrundeliegende Einheit von Natur und Mensch kann nur im Opfer des Helden dargestellt werden. Damit das Zeichen beredt wird, muß der Mensch untergehen (vgl. die *Bemerkung* über die »Bedeutung der Tragödien« S. 648, sowie S. 641 und 645). Diese Reflexionen werden wie viele Motive des Trauerspiels zu wichtigen Voraussetzungen für die späten Hymnen H.s wie auch für seine weiteren theoretischen Aufsätze: Den Konflikt zwischen Mensch und Natur wird er in den *Anmerkungen* zu den Tragödien des Sophokles in dem Gegensatz von Gott und Mensch wiederfinden, und den tragischen Akzent, »daß das grenzenlose Einswerden« beider Bereiche nur »nur durch grenzenloses Scheiden sich reiniget«, wird durch das Motiv der göttlichen Untreue noch weiter verschärft; die Rede des Empedokles in V. 378 der 3. Fassung weist z. B. auf die Hymne *Friedensfeier* voraus.

Die 1. Fassung bricht H. Ende Frühjahr 1799 ab, beginnt aber wohl gleich mit der 2., die den fünfhebigen Blankvers – vgl. die metrische Fassung des *Hyperion* (S. 808) und *Emilie vor ihrem Brauttag* – verkürzt zu einem einfachen Jambenvers, der weitaus regelmäßiger ist als die freien Rhythmen der späten Hymnen, an den er erinnert und der durch anapästische Doppelsenkungen rhythmisch aufgelockert wird. Der Dialog ist gestrafft, die Exposition, die hier wie in der 1. Fassung Empedokles zunächst indirekt durch Gespräche der Nebenfiguren einführt, ist auf einen Auftritt verkürzt. Diese auf größere Dichte angelegte Fassung zeugt ganz von der »Verleugnung alles Akzidentellen«, das H. als Prinzip der tragischen Gestaltung versteht. In seinem Begleitbrief zu *Emilie vor ihrem Brauttag* diskutiert er das Verhältnis von Idylle und Tragödie unter dem Problem, zu Ideal und Stoff des Darzustellenden die geeignete Form zu finden: »Aber es ist eben keine andere Wahl; sowie wir irgendeinen Stoff behandeln, der nur ein wenig modern ist, so müssen wir, nach meiner Überzeugung, die alten klassischen Formen verlassen, die so innig ihrem Stoffe angepaßt sind, daß sie für keinen andern taugen. Wir sind es nun freilich gewohnt, daß z. B. eine Liebesgeschichte, *die nichts weiter ist als dies*, in der Form des Trauerspiels vorgetragen wird, die doch bei den Alten ihrem innern Gange nach und in ihrem heroischen Dialog zu einer eigentlichen Liebesgeschichte gar nicht paßt. Behält man den heroischen Dialog bei, so ist es immer, als ob die Liebenden zankten. Verläßt man ihn, so widerspricht der Ton der eigentlichen Form des Trauerspiels, die dann auch freilich überhaupt nicht strenge beibehalten wird, aber deswegen auch ihren eigentümlichen poetischen Wert und ihre Bedeutung bei uns verloren hat. Man will aber auch nur rührende, erschütternde Stellen und Situationen, um die Bedeutung und den Eindruck des Ganzen bekümmern sich die Verfasser und das Publikum selten. Und so ist die strengste aller poetischen Formen, *die ganz dahin eingerichtet ist, um, ohne irgendeinen Schmuck, fast in lauter großen Tönen, wo jeder ein eignes Ganze ist, harmonisch wechselnd fortzuschreiten*, und in dieser stolzen Verleugnung alles Akzidentellen das Ideal eines lebendigen Ganzen so kurz und zugleich so vollständig und gehaltreich wie möglich, deswegen deutlicher, aber auch ernster als alle andre bekannte poetische Formen darstellt – die ehrwürdige tragische Form ist zum Mittel herabgewürdiget worden, um gelegenheitlich etwas Glänzendes oder Zärtliches zu sagen. Was konnte man aber auch mit ihr anfangen, wenn man den Stoff nicht wählte, zu dem sie paßte und mit welchem gepaart sie Sinn und Leben allein behielt. Sie war tot geworden, wie alle andre Formen, wenn sie die lebendige Seele verloren, der sie wie ein organischer Gliederbau dienten, aus der sie sich ursprünglich hervorbildeten, wie z. B. die republikanische Form in unsern Reichstädten tot und sinnlos geworden ist, weil die Menschen nicht so sind, daß sie ihrer *bedürften*, um wenig zu sagen.« (Am 3. Juli 1799 an Neuffer – der zu 269 zitierte Abschnitt schließt hier unmittelbar an.)

Von der 2. Fassung – die Reinschrift der V. 1–144 trägt als einzige Handschrift des Entwurfskomplexes den Titel, unter dem das Trauerspiel heute überliefert ist – werden wohl viele Textpartien verloren sein; schon am 4. Juni hatte H. an Neuffer gemeldet, daß er für die geplante Zeitschrift ›Iduna‹ (vgl. zu 269) ein eigenes »Trauerspiel« vorgesehen habe, »den Tod des Empedokles, mit dem ich bis auf den letzten Akt fertig bin«. Trotzdem brach H. im Frühherbst 1798 auch die 2. Fassung ab, um sich im Herbst mit dem *Grund zum Empedokles* poetologisch der geschichtsphilosophisch akzentuierten Motivierung der Tragödie zu versichern: Das Moment der Überschreitung, von Hermokrates als Hybris verklagt (»da der dunkle Mann / Vor allem Volk sich einen Gott genannt« 472, 187f.), von Empedokles einmal gar als Offenbarung gefeiert (»Es offenbart die göttliche Natur / Sich göttlich oft durch Menschen« 522, 1749f.), soll nun ganz als »Opfer seiner Zeit« (S. 564) verstanden werden, das die durch Zwist und Krise zerrissene Gegenwart in eine Zukunft führt, die wie ein Spiegel das Glück der einstigen goldenen Zeit reflektiert: die »neuen, männlichern Saturnustage« (vgl. zu 591, 1634). Damit dies gelingt, muß Empedokles zum »Helden« werden (S. 569) und durch seine Selbstopferung die Vereinigung von Mensch und Natur erwirken, aus der die Verjüngung der Gesellschaft resultieren soll, die nach der Zeit der Könige (vgl. zu 513, 1449) zu einer republikanischen Gemeinschaft Freier und Gleicher werden soll: »jeder sei / Wie alle – wie auf schlanken Säulen, ruh / Auf richt'gen Ordnungen das neue Leben« (516, 1558ff. – zu diesem Bild vgl. zu 247, 48).

Auch in der 3. Fassung blieb das entscheidende Problem dieses Konzept, das die politischen Forderungen der Französischen Revolution geschichtsphilosophisch reflektiert, als Motiv der Tragödie umzusetzen: Die Notwendigkeit des Opfertods wird stets von einem Individuum postuliert, das die Gewißheit über den richtigen Zeitpunkt nur aus sich schöpfen kann – Selbstopfer bleibt so aber frevelhafter Selbstermächtigung gefährlich nahe, eine Gefahr, die Empedokles auch selbst sieht (480, 472). In der 3. Fassung kehrte H. wieder zu den Blankversen der 1. Fassung zurück, die nun nach *Emilie vor ihrem Brauttag* strenger skandiert sind, der 1. Akt führt Empedokles diesmal direkt ein, und in bewußter Annäherung an das antike Drama ist ein Chor und mit Manes eine Figur vorgesehen, die an Tiresias erinnert, den weisen Seher aus Sophokles' Tragödien ›König Ödipus‹ und ›Antigone‹. Da die Handlung nun gleich auf dem Ätna einsetzt, wurde der Text oft mit »Empedokles auf dem Ätna« betitelt, dabei ist aber nicht auszumachen, ob wirklich auch alle Akte auf dem Ätna stattfinden sollten. Während der 3. Fassung erarbeitet H. auch das Konzept *Das Werden im Vergehen*, im Frühjahr 1800 bricht er dann das Empedokles-Projekt endgültig ab. Die Ode Empedokles, 1797 entworfen und im Sommer 1800 abgeschlossen, bleibt so H.s einziger vollendeter Text, der Empedokles gewidmet ist.

Als Quellen für die Geschichte des Empedokles verwendete H. neben dem Hinweis bei Horaz, den er im *Hyperion* zitiert (vgl. zu 449), vor allem ›Leben und Meinungen berühmter Philosophen‹ von Diogenes Laertios aus dem 3. Jh. v. Chr., ein zehn Bücher umfassendes Kompendium. Die im 8. Buch zusammengetragenen und unkritisch nebeneinandergestellten, sich oft widersprechenden Zeugnisse und Legenden über Leben und Tod des Empedokles sind zu einem großen Teil unmittelbar für die Gestaltung der dramatischen Handlung in den verschiedenen Fassungen verwendet worden. Die Erläuterungen weisen im einzelnen darauf hin. (Zitiert nach: Diogenes Laertios: Leben und Meinungen berühmter Philosophen. Übersetzt aus dem Griechischen von Otto Apelt, Berlin 1955). Bei der Skizzierung des Frankfurter Plans hatte H. das Buch wohl nicht vorliegen, sondern einzelne Motive aus dem Gedächtnis zitiert. So fehlt dort der Name des Pausanias, der bei Laertios erwähnt wird, bei der Abfassung der 1. Fassung benutzte H. dann aber Sinclairs Exemplar des Buches – vgl. zu 513, 1449.

Ebenfalls nachweisbar ist H.s Kenntnis des Werkes von Georg Christoph Hamberger, ›Zuverlässige Nachrichten von den vornehmsten Schriftstellern vom Anfange der Welt bis 1500‹, 1. Teil, Lemgo 1756, auf das er sich schon in seinem zweiten Magisterspezimen *Geschichte der schönen Künste unter den Griechen* mehrfach bezogen hatte. Hamberger erwähnt die besonders für die 3. Fassung wichtige Beziehung des Empedokles zu Ägypten, von der bei Diogenes Laertios nicht die Rede ist.

Daneben kannte H. aber auch Lukrez' Lehrgedicht ›De rerum natura‹, das in V. 712–829 begeistert auf die Naturphilosophie des Empedokles eingeht, die für H. aber nicht im Mittelpunkt steht. Der für das Denken des Empedokles zentrale Verweis auf die vier Urelemente wird in der Tragödie z. B. nur ein einziges Mal angesprochen (vgl. 577, 92 ff. – zu H.s naturphilosophischen Grundsätzen vgl. zu »Ein und Alles« 313 und die zu 560 zitierte Passage über den Bildungstrieb).

Der Text folgt der Ausgabe Beißners, von dem D. E. Sattlers Lesung, der von »Entwürfen« statt »Fassungen« spricht, leicht abweicht.

Frankfurter Plan

461 *Empedokles:* Der griechische Naturphilosoph und Arzt (um 490 bis um 430 v. Chr.) aus Akragas (heute: Agrigento) an der Südküste Siziliens. Seine Auffassung von der Lebensart des Menschen trägt orphische und pythagoreische Züge und ist in dem noch teilweise erhaltenen Lehrgedicht ›Reinigungen‹ (›Sühnelied‹) niedergelegt. Seine Philosophie ist in dem Lehrgedicht ›Über die Natur‹ enthalten. Die Entstehung und Entwicklung der Welt beruht für ihn auf der ständigen Vereinigung, Anziehung und Trennung, Abstoßung der vier Urelemente Feuer, Wasser, Luft und Erde durch die zwei Urkräfte Liebe und Haß. Da er seine Anschauungen auf seinen zahlreichen Wanderungen unter mystischen Zeremonien vortrug, war sein Leben bald vom Nimbus des Wunderbaren umgeben, und er wurde wie ein Gott verehrt. Wahrscheinlich mußte er nach vergeblichen Bemühungen um den Sturz der Aristokratie in Agrigent seine Heimat verlassen. Dieser Weggang gab den Anlaß zur Legende von seinem Freitod im Ätna. Nach verschiedenen antiken Zeugnissen soll Empedokles auch medizinische und politische Abhandlungen verfaßt und die Theorie der Rhetorik weiterentwickelt haben. Der Name wird von H. auf der zweitletzten Silbe betont. – *von seinem Weibe:* H. verwechselt hier (vgl. a. zu 466, 7) Empedokles mit seinem Großvater, bedingt durch die unklare Darstellung bei Diogenes Laertios. In V. 896 der 1. Fassung wird betont, daß Empedokles »kinderlos« sei.

462 *Proselytenmacherei:* ›Proselyten‹ sind ursprünglich die in die jüdische Glaubensgemeinschaft aufgenommenen Heiden, »Proselytenmacherei« war eine zeitgenössische Redensart für das aufdringliche Werben der Katholiken um Konvertiten – hier im übertragenen Sinn gebraucht. – *Monolog des Empedokles:* Im ersten Entwurf des Plans noch mit unter dem ersten Auftritt angeführt, so daß die Numerierung vom zweiten Auftritt an gegenüber der Handschrift abweicht.

463 *Empedokles auf dem Ätna:* Ursprünglich als letzter Auftritt des ersten Aktes gedacht. In der Handschrift dazu die korrigierende Randbemerkung Hölderlins: »Fünfter Auftritt des ersten Aktes besser erster Auftritt des zweiten Akts.«

465 *die eisernen Schuhe:* So von Diogenes Laertios berichtet.

Erste Fassung

466 *Panthea. Delia:* Den Namen und die Heiligen des Mädchens Panthea durch Empedokles entnahm H. Diogenes Laertios. Der dort nicht genannte Name Delia wird vor anderen versuchten Varianten aus metri-

schen Gründen bevorzugt. – *7 sah ich ihn... in Olympia:* Nach Diogenes Laertios siegte der gleichnamige Großvater des Empedokles, Besitzer eines Gestüts, 496 v. Chr. bei den Olympischen Spielen. Von diesem selbst wird berichtet, er sei in Olympia gewesen, doch daß er dort einen Sieg errungen habe, beruht auf einem Mißverständnis H.s.

469 *90 Pilot:* Steuermann. – *103 Pausanias:* Der in Empedokles' Lehrgedicht ›Über die Natur‹ genannte Lieblingsschüler wird auch bei Diogenes Laertios mehrfach erwähnt. – *105 Jovis Adler:* Vgl. zu 353, 14.

470 *124 Antigone:* H. übersetzte die Tragödie selbst, vgl. die *Anmerkungen* S. 663. – *138 sein Untergang:* Zu H.s Verständnis des Begriffs vgl. *Das Werden im Vergehen.* S. 649.

471 *Kritias:* Bei Platon und anderen antiken Autoren häufig vorkommender Name. Der historische Kritias, ein athenischer Politiker und Gegner der Demokratie, ging nach seiner Rückkehr aus der Verbannung (404 v. Chr.) mit blutigem Terror gegen die Demokraten vor. – *Archon:* In Athen und anderen griechischen Staaten einer der jährlich gewählten höchsten Beamten; doch kann das Wort auch einen Vorsteher oder Befehlshaber schlechthin bezeichnen. Bei Diogenes Laertios wird von einem Zusammenstoß zwischen Empedokles und einem Archonten berichtet. – *Hermokrates:* In antiken Werken oft genannter Name. Der Syrakusaner Hermokrates, Führer der oligarchischen Partei, wurde nach 410 v. Chr. von der demokratischen Opposition seines Amtes enthoben und verbannt. Den Namen benutzte H. auch in dem Brieffragment S. 598. – *177 wunderbare Sage:* Diogenes Laertios erzählt, daß Empedokles nach einem Fest, das aus Anlaß der Heilung Pantheas gefeiert wurde, verschwunden sei. Pausanias habe ihn suchen lassen, doch, da man ihn nicht fand, davon gesprochen, »man müsse ihm opfern als einem zu göttlicher Würde Erhobenen«.

472 *187 da der trunkene Mann... sich einen Gott genannt:* Einen Beweis dafür sah man vor allem in den Anfangszeilen von Empedokles' Lehrgedicht ›Reinigungen‹ (›Sühnelied‹), wo es bei Diogenes Laertios heißt: »Ich aber wandle vor euch als unsterblicher Gott...« Auch für die gottgleiche Verehrung des Empedokles durch das Volk gibt es bei Diogenes Laertios einige Beispiele. – *188 vor allem Volk sich einen Gott genannt:* Am Rand der Handschrift bemerkte H.: »Bei uns ist so etwas mehr eine Sünde gegen den Verstand, bei den Alten war es von dieser Seite verzeihlicher, weil es ihnen begreiflicher war. Nicht Ungereimtheit, Verbrechen war es ihnen. Aber sie verzeihen es nicht, weil ihr Freiheitssinn kein solches Wort ertragen wollte. Eben weil sie es mehr ehrten und verstanden, fürchteten sie auch mehr den Übermut des Genies. Uns ist es nicht gefährlich, weil wir nicht berührbar sind dafür.« (Der zweite Satz

muß nach H.s Sprachgebrauch mit »Nicht etwas bloß Ungereimtheit, sondern Verbrechen« ergänzt werden.)

473 *223 gleich den alten Übermütigen:* Gemeint ist wohl der ekstatisch lärmende Festschwarm des griechischen Weingottes Dionysos, der nach einer hellenistischen Sagenversion bis nach Indien zog.

475 *288 irrelosen Bäume:* Vgl. das Gedicht *Die Eichbäume,* zu ›Irre‹ s. *Brot und Wein* V. 29, *Der Einzige* 3. Fassung, V. 74, *An die Madonna* V. 44 und *Tinian* V. 1.

476 *315 Tartarus:* Der Verbannungsort der Titanen, vgl. zu 45 und 215; das ›scheu‹ wäre gemäß der rhetorischen Figur, einer Enallage, auf die Titanen zu beziehen. – *327 der Sterblichen Irrsal:* Vgl. V. 403, *Brot und Wein* V. 115 f., *Der Vatikan* V. 7. – *335 Tantalus:* Auf Tantalos, der Freund und Tischgenosse der Götter gewesen war, dann aber von ihnen in die Unterwelt verbannt wurde, spielte schon Hermokrates an (V. 209 ff.). Dem Vergleich mit Tantalos im Monolog des Empedokles liegt offenbar die entsprechende Stelle in Pindars erster Olympischer Hymne zugrunde, mit deren Übersetzung H. sich in dieser Zeit befaßt hat. Die dort genannten Motive für die Verstoßung des Tantalos (er hatte Nektar und Ambrosia von der Tafel der Götter gestohlen und seinen Freunden gegeben) werden hier jedoch im Sinne der philosophischen Problematik des Empedokles umgedeutet. Vgl. a. den 1. Brief an Böhlendorff S. 657. – *342 Die Himmlischen, wie blöde Knechte dienten:* Vgl. zu 89, 34. Zu ›blöd‹ vgl. zu 161.

477 *346 delphische Krone:* Diogenes Laertios erwähnt, Empedokles habe »einen delphischen Kranz« getragen. Damit ist wohl der auszeichnende Lorbeerkranz Apollons gemeint, dessen Heiligtum in Delphi die bedeutendste Orakelstätte des antiken Griechenlands war. Apollons Ruhm als Verkünder von Orakeln preist Empedokles auch in den ›Reinigungen‹ (›Sühnelied‹).

478 *392 heil'ger Nacht:* Allgemein die Nacht der antiken Mysterien (vgl. zu 135, 48), von Empedokles wird berichtet, er habe seine Lehre während Mysterienfeiern vorgetragen. – *403 Des Lebens heilig Irrsal:* Vgl. V. 327.

479 *418 deinen alten Einklang, große Natur:* Vgl. das »Ein und Alles« im *Hyperion,* S. 313. – *422 O Vater Äther:* Vgl. *An den Äther* V. 51 und *Brot und Wein* V. 65. – *423 Olymp:* Der Aufenthalt der griechischen Götter, hier metonymisch für Himmel, vgl. 49, 29.

480 *443 da der wilde Staat:* Nach Diogenes Laertios war Empedokles maßgeblich an der Beseitigung einer aufkommenden Tyrannenherrschaft in Agrigent beteiligt, er habe die Agrigentiner überzeugt, »Gleichmaß« zu halten, vgl. die »égalité« der Französischen Revolution. – *470 Ich sollt es nicht aussprechen, heil'ge Natur:* Vgl. H.s Randbemerkung: »Seine

Sünde ist die Ursünde, deswegen nichts weniger als ein Abstraktum, so wenig als höchste Freude ein Abstraktum ist, nur muß sie genetisch lebendig dargestellt werden.«

482 *506 traurig sieht er:* Im Sinn von ›aussehen‹, vgl. a. V. 568.

483 *535 Der Heiliges wie ein Gewerbe treibt:* Diese Religionskritik, die an den aufgeklärten Vorwurf der Heuchelei anknüpft, betonte H. auch gleichzeitig im Januar 1799 in einem Brief an seine Mutter: »Aber die Schriftgelehrten und Pharisäer unserer Zeit, die aus der heiligen lieben Bibel ein kaltes, geist- und herztötendes Geschwätz machen, die mag ich freilich nicht zu Zeugen meines innigen, lebendigen Glaubens haben. Ich weiß wohl, wie jene dazu gekommen sind, und weil es ihnen Gott vergibt, daß sie Christum ärger töten als die Juden, weil sie sein Wort zum Buchstaben und ihn, den Lebendigen, zum leeren Götzenbilde machen, weil ihnen das Gott vergibt, vergeb ich's ihnen auch. Nur mag ich mich und mein Herz nicht da bloßgeben, wo es mißverstanden wird, und schweige deswegen vor den Theologen von *Profession* (d.h. vor denen, die nicht frei und von Herzen, sondern aus Gewissenszwang und von Amts wegen es sind) ebenso gerne wie vor denen, die gar nichts von alldem wissen wollen, weil man ihnen von Jugend auf durch den toten Buchstaben und durch das schröckende Gebot, zu glauben, alle Religion, die doch das erste und letzte Bedürfnis der Menschen ist, verleidet hat.« Zu »Gebot« merkte H. an: »Glaube kann nie geboten werden, sowenig als Liebe. Er muß freiwillig und aus eigenem Triebe sein. Christus hat freilich gesagt: Wer nicht glaubet, der wird verdammt, d.h., soviel ich die Bibel verstehe, streng beurteilt werden, und das ist natürlich, denn dem bloß pflicht- und rechtmäßig guten Menschen kann nichts vergeben werden, weil er selber alles in die Tat setzt, aber damit ist gar nicht gesagt, daß man ihm den Glauben aufzwingen solle.« (Zum Gegensatz vom »toten Buchstaben« und »lebendigen Geist« vgl. 2. Korinther 3, 6: »Denn der Buchstabe tötet, aber der Geist machet lebendig« – vgl. a. V. 452 ff. der 3. Fassung). V. 534 f. lauteten zunächst: »Denn ihr, ihr machet die Begeisterung, / Die himmlische, zum knechtischen Gewerb,« – *550 Den Pfad...:* Umgearbeitet aus:

> »Den Pfad, den ich betreten, ungestört,
> Den heil'gen stillen Todespfad zu gehn,
> Der mich zurück zu meinen Göttern bringt.
> Denn meine Zeit ist aus, und saget mir
> Nichts mehr,«

484 *567 Euer Jupiter:* Hier: euer höchster Gott, vgl. zu 144.

485 *597 Ihr Rachegötter:* Die Erynnien oder Furien (V. 736), entsetzlich anzuschauende Rachegötter der Unterwelt (vgl. V. 600 »das Verbor-

gene«), die jeden Frevel gegen das ungeschriebene Sittengesetz bestrafen, vgl. a. 218, 16. – *598 Posidaon:* Andere, von Homer benutzte und von H. häufiger verwendete Namensform für Poseidon, den griechischen Gott des Meeres, vgl. zu 109, 179.

487 *691 Tatarus:* Vgl. zu 476, 315.

488 *709 Genien:* Unsichtbare, persönliche Schutzgötter. – *727 Harpyien:* Geflügelte Todesdämonen, gefräßige Wesen, die alles, was sie nicht mehr fressen können, besudeln.

489 *756 Das Land...:* Zu V. 756–760 merkte H. am Rand an: »Keinen Fluch! Er muß lieben, bis ans Unendliche hin, dann stirbt er, um nicht ohne Liebe zu leben und ohne den Genius; er muß den Rest von Versöhnungskraft, der ihn ohne das wieder in sein voriges heiligtreues Leben hätte zurückgeholfen, gleichsam *aufzehren.*«

490 *786 mein Schatte:* Im 18. Jh. noch übliche, stark deklinierte Pluralform.

491 *802 Ich sage es dir:* Von H. später geändert aus:

»Und seine Ruhe soll der schöne Sinn
Nicht finden, freudenlos in eurer Wüste
Die Einsame verkümmern, denn es scheut
Die zärtlichernste Göttertochter sich,
Barbaren an das Herz zu nehmen, und es dünkt
Wie Frevel ihr, mit Knechtischem
Und Rohem sich zu gatten.« –

812 Elis: Nordwestliche Landschaft im Peleponnes, in der Olympia liegt. – *Delos:* Kykladen-Insel; nach einer griechischen Sagenversion Geburtsort des Apollon und neben Delphi die bedeutendste Stätte des Apollonkults.

492 *819 am heitern Festtag:* An den Olympischen Spielen. – *842 den Adler bitten, daß er... sie / Zum Äther rette:* Vgl. zu »Ganymed« 162.

495 *912 Ergreift mit Mannes Kraft...:* Später geändert aus:

»Ergreifet nun das Leben mit Kraft, daß euch
Mit Ehre trösten die Götter. Ihr beginnt,
Indes ich ende. Menschen gehen auf«

496 *944 im Stadium lenkt ich den Wagen:* Vgl. zu 466, 7.

498 *1001 An goldnen Seilen:* Vgl. *Patmos* V. 133 sowie *Dichtermut* V. 19 f.

499 *1020 Vater Äther:* Vgl. zu 479, 422.

501 Neben *Zweiter Akt* und den ersten Vers notierte H. am Rand: »Hier müssen die ausgestandnen Leiden und Schmähungen so dargestellt werden, daß es für ihn zur Unmöglichkeit wird, je wieder umzu-

kehren, und sein Entschluß, zu den Göttern zu gehn, mehr abgedrungen als willkürlich erscheint. Daß auch seine Versöhnung mit den Agrigentinern sich als die höchste Großmut darstellt.«

504 *1170 Die Götter segnen dir's:* H. notierte am Rand: »Wo möglich, noch lyrischer! Von hier an muß er wie ein höhers Wesen erscheinen, ganz in seiner vorigen Liebe und Macht.«

505 *1186 Das liebe Herz so oft gesättiget:* Am Rand: »Weitere Ausführung der Freude, die ihm sein unglücklicher Entschluß gibt.«

506 *1220 Besorgt ist das...:* Am Rand: »Hier muß er die (in der Zeit) unversöhnlichste Empfindlichkeit über das Geschehene äußern, die dann auch an dieser Stelle um so natürlicher zum Vorschein kömmt, weil er damit in seinem schwererkauften Frieden überrascht wird.« – *1221 Schmerzen:* Vgl. im *Hyperion* S. 341 und 448. – *1230 Nänie:* Trauerlied, Klagegesang, vgl. a. 305, 1. – *1238 Wie noch keine Sterbliches:* Am Rand: »Weitere Ausführung, wie er nicht an sein Übel gemahnt sein will.«

508 *1284 Schwanensang:* Vgl. zu 40, 3.

509 *1332 Acheron:* Fluß der Unterwelt, den die Toten überqueren müssen, um in den Hades zu gelangen.

510 *1351 Am seelenlosen Knechtsgefühl...:* Später geändert aus: »Ich nicht; ich sterbe, daß ich leb! O Götter! / Mir ist ein ander Los beschieden,«

511 *1378 Furien:* Die Rachegöttinnen, vgl. zu 485, 597.

512 *1404 Saturnus' Zeit:* Der im Vergleich zu Jupiter ›ältere‹ Gott (V. 1539) eines goldenen Zeitalters, vgl. zu 144. – *1422 Tartarus:* Vgl. zu 476, 315.

513 *1444 Numa:* Numa Pompilius, nach der Sage der zweite König Roms, galt als friedliebender Philosoph auf dem Thron, der die Römer zu Recht, Sitte und geregelten religiösen Bräuchen erzogen haben soll. Er war ein Sabiner aus Cures und wurde vom römischen Volk zum Herrscher gewählt. In Plutarchs ›Parallelbiographien‹ heißt es über ihn: »Und wiederum ist das an Numa etwas Großes und wahrhaft Göttliches, daß er, ein herbeigerufener Fremdling, alle Veränderungen im guten bewirkte und die Herrschaft über eine noch nicht in sich zusammengewachsene Stadt gewann, ohne Waffen und Gewalt zu brauchen, ⟨...⟩ sondern durch Weisheit und Gerechtigkeit alle für sich gewann und zur Einheit zusammenfügte.« – *1449 Dies ist die Zeit der Könige nicht mehr:* Auch nach der Überlieferung des Diogenes Laertios hat Empedokles die ihm angetragene Königswürde zurückgewiesen. Dieser politische Akt, der deutlich auf die Französische Revolution verweist, steht für H. aber auch in einem philosophischen Kontext, der erkenntnistheoretische Fragen umreißt: »Ich habe dieser Tage in Deinem Diogenes Laertius gelesen. Ich

habe auch hier erfahren, was mir schon manchmal begegnet ist, daß mir nämlich das Vorübergehende und Abwechselnde der menschlichen Gedanken und Systeme fast tragischer aufgefallen ist als die Schicksale, die man gewöhnlich allein die wirklichen nennt, und ich glaube, es ist natürlich, denn wenn der Mensch in seiner eigensten, freiesten Tätigkeit, im unabhängigen Gedanken selbst von fremdem Einfluß abhängt und wenn er auch da noch immer modifiziert ist von den Umständen und vom Klima, wie es sich unwidersprechlich zeigt, wo hat er dann noch eine Herrschaft? Es ist auch gut, und sogar die erste Bedingung alles Lebens und aller Organisation, daß keine Kraft monarchisch ist im Himmel und auf Erden. Die absolute Monarchie hebt sich überall selbst auf, denn sie ist objektlos; es hat auch im strengen Sinne niemals eine gegeben. Alles greift ineinander und leidet, sowie es tätig ist, so auch der reinste Gedanke des Menschen, und in aller Schärfe genommen, ist eine apriorische, von aller Erfahrung durchaus unabhängige Philosophie, wie Du selbst weißt, so gut ein Unding als eine positive Offenbarung, wo der Offenbarende nur alles dabei tut, und der, dem die Offenbarung gegeben wird, nicht einmal sich regen darf, um sie zu nehmen, denn sonst hätt er schon von dem Seinen etwas dazugebracht. – Resultat des Subjektiven und Objektiven, des Einzelnen und Ganzen, ist jedes Erzeugnis und Produkt, und eben weil im Produkt der Anteil, den das Einzelne am Produkte hat, niemals völlig unterschieden werden kann vom Anteil, den das Ganze daran hat, so ist auch daraus klar, wie innig jedes Einzelne mit dem Ganzen zusammenhängt und wie sie beede nur *ein* lebendiges Ganze ausmachen, *das zwar durch und durch individualisiert ist und aus lauter selbständigen, aber ebenso innig und ewig verbundenen Teilen* besteht. Freilich muß aus jedem *endlichen Gesichtspunkt irgendeine der selbständigen Kräfte des Ganzen die herrschende sein,* aber sie kann auch nur als temporär und gradweise herrschend betrachtet werden...« (In einem Briefentwurf an Sinclair vom 24. Dezember 1798.)

515   *1510 mein einsam Lied... zum Freudenchore wird:* Vgl. *Der Mutter Erde* V. 1 ff.

516   *1532 wie aus dem Styx Achill:* Vgl. zu 71 und 323, 2. Zu den politischen, an das Volk zielenden Untertönen dieses auf das Moment einer revolutionären Verjüngung zielenden Motivs vgl. z. B. Herder in seinem 1792 in der vierten Sammlung der ›Zerstreuten Blätter‹ erschienenen Aufsatz ›Tithon und Aurora‹ gesprochen, durch den H. so beeindruckt worden war, daß er in einem Brief an Neuffer vom Juli 1794 ganze Teile daraus wörtlich anführte (Vgl. S. 806) Eine deutliche Parallele zu dem Vergleich des Empedokles findet sich auch in Hegels 1798 geschriebener Studie ›Über die neuesten innern Verhältnisse Württembergs, besonders über die Gebrechen der Magistratsverfassung‹: »Wie blind sind diejeni-

gen, die glauben mögen, daß Einrichtungen, Verfassungen, Gesetze, die mit den Sitten, den Bedürfnissen, der Meinung der Menschen nicht mehr zusammenstimmen, aus denen der Geist entflohen ist, länger bestehen, daß Formen, an denen Verstand und Empfindung kein Interesse mehr nimmt, mächtig genug seien, länger das Band eines Volkes auszumachen.« V. 1532 ff. lauteten zunächst: »Und unbesiegbar groß wie aus dem Styx / Der Götterheld, gehn Völker aus dem Tode, / Den sie zu rechter ⟨Zeit⟩ sich selbst bereitet.« – *1539 Gesetz und Brauch, der alten Götter Namen:* Vgl. V. 231. – *1558 Dioskuren:* Vgl. zu 27, 35. – *1559 wie auf schlanken Säulen:* Vgl. zu 247, 48.

517 *1599 Niobe:* Die mit dem thebanischen König Amphion verheiratete Tochter des Tantalos (Vgl. zu 476, 335) wurde, nachdem ihre zahlreichen Kinder umgebracht worden waren, von den Göttern aus Erbarmen in Stein verwandelt und in ihre kleinasiatische Heimat versetzt. Über ihr Schicksal spricht auch Antigone, H. geht in den *Anmerkungen zur Antigone* ausführlich darauf ein: »Es ist ein großer Behelf der geheimarbeitenden Seele, daß sie auf dem höchsten Bewußtsein dem Bewußtsein ausweicht und, ehe sie wirklich der gegenwärtige Gott ergreift, mit kühnem, oft sogar blasphemischem Worte diesem begegnet und so die heilige lebende Möglichkeit des Geistes erhält. – In hohem Bewußtsein vergleicht sie sich dann immer mit Gegenständen, die kein Bewußtsein haben, aber in ihrem Schicksal des Bewußtseins Form annehmen. So einer ist ein wüst gewordenes Land, das in ursprünglicher üppiger Fruchtbarkeit die Wirkungen des Sonnenlichts zu sehr verstärket und darum dürre wird. Schicksal der phrygischen Niobe; wie überall Schicksal der unschuldigen Natur, die überall in ihrer Virtuosität in eben dem Grade ins Allzuorganische gehet, wie der Mensch sich dem Aorgischen nähert, in heroischeren Verhältnissen und Gemütsbewegungen. Und Niobe ist dann auch recht eigentlich das Bild des frühen Genies.«

518 *1618 Am Scheidetage weissagt unser Geist:* Vgl. V. 808 sowie im *Hyperion* S. 438. – *1634 Saturnustage:* Vgl. zu 512, 1404. H. sieht wie Fichte und Schiller (entgegen Rousseaus Auffassung) in dem Aufgeben des Naturzustandes eine Notwendigkeit für die Entwicklung der menschlichen Gattung. Das erstrebte Weltalter soll deshalb keineswegs die Ergebnisse der Zwischenzeit schlechthin negieren, sondern alles Positive bewahren und auf eine höhere Stufe der Kunst oder Bildung heben (vgl. zu 291, 9 und S. 393), der »neuen, männlichen« Saturnustage.

520 *1665 Gelebt hab ich:* Zitat aus Horaz, Ode 3, 29, V. 41–43: »Glücklich, ein freier Mann / Ist der allein, der täglich sich sagen darf: / ›Ich hab gelebt‹«. (Übersetzung – H. Färber). Vgl. a. *Rousseau* V. 25. – *1694 für kurze Zeit geboren:* Vgl. 281, 402 sowie V. 2044, in der 2. Fassung V. 553, sowie S. 601.

521 *1706 Pythia:* Priesterin in Delphi, durch deren Mund Apollon weissagte. Dabei versetzte sie sich nach einer Sagenversion durch einen Trank aus einer heiligen Quelle in Ekstase. Vgl. zu 110, 228. – *1706 Und Jünglinge sind selber eure Götter:* Vgl. »den alten Jünglingen« im *Hyperion* S. 319. – *1729 nach Ägyptos:* Bei Hamberger (vgl. S. 842) heißt es, Empedokles »war ein Philosoph, Poet, Geschichtsschreiber, Arzt und Theolog und hatte seine Wissenschaft bei den ägyptischen Priestern erlernet«.

522 *1754 zerbrechen das Gefäß:* Vgl. den Entwurf *Buonaparte* sowie *Hyperion* S. 439 und *Brot und Wein* V. 113. Das Motiv wird H. in einem hymnischen Bruchstück im Homburger Folioheft (vgl. S. 783) noch einmal aufgreifen:

> Denn nirgend bleibt er.
> Es fesselt
> Kein Zeichen.
> Nicht immer
>
> Ein Gefäß ihn zu fassen.

(Bei Beißner unter ›Pläne und Bruchstücke‹ –, vgl. S. 799 – Nr. 38). – *1765 und Tage zählen:* Vgl. im *Hyperion* S. 449: »der große Sizilianer ⟨...⟩ der einst des Stundenzählens satt« sowie zu 664.

523 *1770 Denn anders ziemt sich nicht für ihn...:* Neben dem ersten Entwurf zu V. 1770–75 vermerkte H. »(Hauptstelle)«. – *1800 ins Liebeschor:* Im 18. Jh. noch übliches Neutrum. – *1802 Und herrlicher ist's...:* Neben V. 1802–1806 notierte H.: »Stärker! stolzer! letzter höchster Aufflug.«

524 *1819 Gewesen?:* Hier folgt in der Handschrift ein großer Freiraum, der Auftritt ist also wahrscheinlich nicht zu Ende geführt. – *1823 heil'gen Fremdlinge:* Vgl. zu 88, 25.

525 *1847 Sohn Uraniens:* Urania, die Muse der Astronomie, wird von H. als letzte und erste aller Musen in eins gesehen mit Aphrodite Urania und als Künderin des neuen Zeitalters betrachtet (vgl. zu 83, 52). In einem getilgten früheren Ansatz wird Empedokles »ein Götterbote« genannt, d. h. ein Künder der lebendigen Götter in einer Zeit der Götterferne (vgl. zu 133). – *1849 Den Tag der Unehr:* Am Rand: »Zu unvorbereitet«.

527 *1893 gleich dem Strome, den der Frost gefesselt:* Vgl. die Ode *Der gefesselte Strom*. – *1902 O Jupiter Befreier:* Befreier ist als Beiname des Zeus aus der antiken Literatur des öfteren überliefert, so in der zwölften Olympischen Hymne Pindars. Daneben notierte H.: »Stärkerer Ausruf!«

528 *1933 Schauderndes Verlangen:* Vgl. die Ode *Empedokles* V. 3. – *1935 Schreckensbecher:* Als »gärender Kelch« wird der Ätna in der

Empedokles-Ode gesehen. Während dort hinter diesem Bild der Vergleich mit dem Glas Wein steht, in dem Kleopatra Perlen aufgelöst haben soll, spielt das Wort »Schreckensbecher« wohl auf den Tod durch einen Gifttrank an, parallel etwa zum Ende des Sokrates, während »des Halmes Frucht« und »der Rebe Kraft« (V. 1903 f.) deutlich auf das von Christus gestiftete »Zeichen« deuten, vgl. *Brot und Wein* V. 131. – *1940 Iris Bogen:* Der Regenbogen. Iris, die Tochter der Okeanide Elektra, die Botin der Götter, besonders der Hera, stieg auf einem Regenbogen zur Erde nieder. – *1943 Sie sagten mir:* Am Rande kommentierte H.: «Weil Empedokles die Zeitlichkeit (zuerst: das Menschenleben) so gering achtet».

529 *1961 Die Glücklichen...:* Am Rand notierte H.: »Zu hart entgegengesetzt!«, er wiederholte die Notiz zu V. 1964.

531 *2018 Gegenwart des Reinen:* Vgl. V. 1603. – *2026 Und wenn er stirbt, so flammt aus seiner Asche... heller nur sein Genius empor:* Ein Verjüngungsmotiv, das auf die Sage vom Vogel Phönix anspielt, der sich selbst verbrennt, um jung wiederaufzuerstehen.

ZWEITE FASSUNG

Auch in dieser Fassung war zunächst als erster Auftritt ein Gespräch der beiden Mädchen geplant. Die Reinschrift läßt diese Szene dann im Sinne der »Verleugnung alles Akzidentellen« (vgl. S. 840) fort, der 1. Auftritt entspricht so dem 2. der 1. Fassung.

534 *Chor der Agrigentiner:* Hier wohl als ›Stimmengewirr‹ zu verstehen, nicht als Chor im dramaturgischen Sinn, vgl. die 3. Fassung S. 574. – *Mekades:* Anstelle von Kritias eingeführte Gestalt. Mekades wird als jüngerer Mann angesprochen, wodurch ein Parallelverhältnis zu dem zwischen Empedokles und Pausanias geschaffen wird.

535 *35 Daß er vom Himmel raubt Die Lebensflamm:* Anspielung auf den Mythos von Prometheus, der, als Zeus den »Sterblichen« das Feuer entzieht, es ihm wieder raubt und den Menschen »verrät«. Für die geplante Zeitschrift ›Iduna‹ (vgl. zu 269) hatte H. auch einen Beitrag über den ›Gefesselten Prometheus‹ des Aischylos vorgesehen, der bekanntesten Quelle für die Geschichte des Prometheus, vgl. a. 268, 10. – »Lebensflamm« ist aber nicht allein auf das von Prometheus zurückgebrachte Feuer zu beziehen, sondern auch im naturphilosophischen Kontext zu sehen, vgl. im *Hyperion* S. 395: »Daran ⟨...⟩ erkenn ich sie, die Seele der Natur, an diesem stillen Feuer«. – *40 Er soll ihr König sein:* Vgl. V. 1449 der 1. Fassung. – *41 f. Apoll / Die Stadt gebaut den Trojern:* Der Sage nach gemeinsam mit Poseidon. Er wird aber von Laomedon um seinen Lohn betrogen und sendet die Pest in die Stadt, vgl. Ilias 7, 452 f. und 21, 441 ff.

537 *96 Ich kenn ihn:* Zunächst hatte H. notiert:

»Er hat genug bekannt. Erinnerst du
Des Tages dich, da er zum letztenmal
Auf der Agora war? Er hatte
Den Nord, der ihre Felder tötete,
Mit kluger Kunst von ihnen abgewendet,« –

99 Agora: Vgl. zu 24,7. – *113 Auf wilden Grund… in den Schoß der Götter:* Vgl. *An die Madonna* V. 97.
538 *147 opfern. Untergehen:* Vgl. *Grund zum Empedokles* S. 564. –
158 Ich mag die Reue…: Später geändert aus:

»Die Nemesis zu ehren, lehrte mich
Mein Leben und mein Sinn. Das braucht
Der Priester nicht, der ihr Vertrauter ist.«

539 *189 Nemesis:* Griechische Göttin der ausgleichenden und strafenden Gerechtigkeit, die für die richtige Verteilung von Glück und Recht sorgt und menschliche Selbstüberhebung (Hybris) straft, im *Hyperion* ist der Geheimbund des Alabanda der Nemesis geweiht, vgl. 334, 2 sowie zu 595.
540 *212 Gebrechlich ist sein Zauber:* Am Rand: »Objektiv sinnliche Darstellung seiner Zurückgezogenheit.«
544 *321 königlichen:* Im Sinn von ›allerhöchstem‹. – *327 Tatarus:* Vgl. zu 476, 315.
545 *358 alter Saturn… neuen Jupiter:* Vgl. zu 144, in der 1. Fassung V. 1404, 1539 und 1634. – *Dritter Auftritt:* Zwischen der Überschrift und dem ersten Vers ist ein Freiraum von ca. 6 Zeilen, wahrscheinlich sollte Pausanias den Auftritt einleiten.
546 *399 Endymion:* Ein schöner Jüngling der griechischen Sage, der sich von Zeus, nachdem dieser ihm schon ewige Jugend verliehen hatte, auch noch ewigen Schlaf wünschte, weil ihn eines Nachts im Traume die Mondgöttin Selene beglückte, vgl. *Da ich ein Knabe war* V. 13.
548 *480 Allein zu sein, Und ohne Götter, ist der Tod:* Vgl. V. 427 der 1. Fassung, in *Brot und Wein* V. 66.
550 *543… Händen:* Vielleicht sollte der Auftritt noch eine Antwort des Pausanias enthalten, über die ganze Seite verstreut finden sich Stichworte, die vielleicht die Replik skizzieren sollten: »Bin ich nicht ferne von dir // doch bin ich zufrieden, / Da ich ein Knabe war / die Schwester, // Doch endlich / Da irrst   wo bist du / O bist du?« Dieses Segment könnte aber auch zur 3. Fassung gehören, in der Panthea die Schwester des Empodokles ist (vgl. 574).
551 *544 menschlich Irrsal:* Vgl. V. 424 sowie zu 476, 327. Zu diesem

Auftritt vgl. II, 7 der 1. Fassung, der folgende entspricht II, 8. – *553 Vergänglicher... denn andre:* Vgl. zu 520, 1694. – *559 wohnen:* Hier in einem umfassenderen Sinn zu verstehen, vgl. *In lieblicher Bläue* S. 673: »dichterisch, wohnet der Mensch«. – *572 Der Vater... Der Äther:* Vgl. zu 479, 422.

554 *652 und heften Die Augen an Bleibendes:* Vgl. *Andenken* V. 58 und *Die Titanen* V. 61.

555 *689 wie der Wagenlenker:* Vgl. zu 466, 7. – *698 Todeskelche:* Die Formulierung enthält im Gegensatz zu »Schreckensbecher« (528, 1935) eine deutliche Anspielung auf den »Kelch« Gottes, vgl. Lukas 22, 42.

556 *705 Der Heroen einige:* Hier ist vor allem an das Ende des Herakles zu denken, der sich selbst den Scheiterhaufen auf dem Berg Oita errichtete und aus den Flammen in einer Wolke zum Olymp aufstieg, vgl. zu 36. – *726 Wirft lächelnd seine Perlen ins Meer:* Das Motiv aus der Ode *Empedokles* (vgl. zu 112, 5) erfährt hier eine bezeichnende Wandlung durch den Gedanken, daß die »schönen Kräfte« seines Lebens damit zu ihrem Ursprung, zur Natur, zurückfinden. – *732... des Wunders:* In der Handschrift findet sich, allerdings gestrichen, der Entwurf einer Replik: »Groß ist die Gottheit / Und der Geopferte groß!«

GRUND ZUM EMPEDOKLES

557 *Besonnenheit:* Vgl. zu 132, 90.

558 *Gemüt:* ›Gemüt‹ übersetzt im Sprachgebrauch der Zeit das lat. animus und anima, Geist und Seele, und bedeutet die Gesamtheit aller geistigen und seelischen Vermögen des Menschen – vgl. in den *Anmerkungen zur Antigone* die »geheimarbeitende Seele« (zu 517, 1599). – *nefas:* Lat. Unrecht, Frevel.

559 *Gefäße:* Vgl. a. zu 522, 1754.

560 *aorgisch:* Elementar, ungebunden. – *die Entgegengesetzten:* Für Fichte ist die Entgegensetzung von Ich und Nicht-Ich (vgl. *Urteil und Sein* S. 597) ein zentrales Gedankenmotiv, ein Hinweis, der das philosophische Problem genau bestimmt, das in der Dialektik von Natur und Kunst durch den Fortgang der entgegengesetzten »Wechselwirkungen« (s. u.) aufgehoben werden soll, vgl. S. 617. Zu Natur und Kunst vgl. die gleichnamige Ode. – *Bildungstrieb:* Der von dem Göttinger Mediziner Johann Friedrich Blumenbach (1752–1840) geprägte Begriff nimmt in der epigenetisch ›am Leben‹ orientierten Biologie des späten 18. Jhs. eine zentrale Rolle ein. Blumenbach hatte 1781 in seiner Schrift ›Über den Bildungstrieb und das Zeugungsgeschäfte‹ geschrieben, »daß in allen belebten Geschöpfen vom Menschen [...] bis zum Schimmel herab ein

besondrer, eingebohrner, Lebenslang thätiger würksamer Trieb liegt, ihre bestimmte Gestalt anfangs anzunehmen, dann zu erhalten, und wenn sie ja zerstöret worden, wo möglich wieder herzustellen. Ein Trieb (oder Tendenz oder Bestreben, wie mans nur nennen will) der sowol von den allgemeinen Eigenschaften der Körper überhaupt, als auch von den übrigen eigenthümlichen Kräften der organisirten Körper ins besondre gänzlich verschieden ist; der eine der ersten Ursachen aller Generationen, Nutrition und Reproduction zu seyn scheint, und den ich hier um aller Misdeutung, zuvorzukommen, und um ihn von den andren Naturkräften zu unterscheiden, mit dem Namen des Bildungs-Triebes *(nisus formativus)* belege« (1781 S. 12f.). Wichtig wurde diese terminologische Präzisierung des ›Nisus formativus‹ vor allem durch die Deutung Kants in der ›Kritik der Urteilskraft‹ (1790, §81), der sich Blumenbach später anschloß und die die Grundlage für Schellings nachhaltigen Gebrauch des Begriffs in seinem naturphilosophischen Versuch ›Von der Weltseele‹ (1798) bildet. H. universalisiert den Begriff im Feld seiner Theorie, die ursprüngliche naturphilosophische Bedeutung bleibt aber als Resonanz erhalten – vgl. S. 600, »Bilden« (S. 562) sowie H. in einem Brief an den Bruder vom 4. Juni 1799: »Das Leben zu fördern, den ewigen Vollendungsgang der Natur zu beschleunigen – zu vervollkommnen, was er vor sich findet, zu idealisieren, das ist überall der eigentümlichste, unterscheidendste Trieb des Menschen, und alle seine Künste und Geschäfte und Fehler und Leiden gehen aus jenem hervor. Warum haben wir Gärten und Felder? Weil der Mensch es besser haben wollte, als er es vorfand. Warum haben wir Handel, Schiffahrt, Städte, Staaten, mit allem ihrem Getümmel, und Gutem und Schlimmen? Weil der Mensch es besser haben wollte, als er es vorfand. Warum haben wir Wissenschaft, Kunst, Religion? Weil der Mensch es besser haben wollte, als er es vorfand. Auch wenn sie sich untereinander mutwillig aufreiben, es ist, weil ihnen das Gegenwärtige nicht genügt, weil sie es anders haben wollen, und so werfen sie sich früher ins Grab der Natur, beschleunigen den Gang der Welt. – So gehet das Größte und Kleinste, das Beste und Schlimmste der Menschen aus *einer* Wurzel hervor, und im ganzen und großen ist alles gut, und jeder erfüllt auf seine Art, der eine schöner, der andre wilder, seine Menschenbestimmung, nämlich die, das Leben der Natur zu vervielfältigen, zu beschleunigen, zu sondern, zu mischen, zu trennen, zu binden. Man kann wohl sagen, jener ursprüngliche Trieb, der Trieb des Idealisierens oder Beförderns, Verarbeitens, Entwickelns, Vervollkommnens der Natur belebe jetzt die Menschen größtenteils in ihren Beschäftigungen nicht mehr, und was sie tun, das tun sie aus Gewohnheit, aus Nachahmung, aus Gehorsam gegen das Herkommen, aus der Not, in die sie ihre Vorväter hineingearbeitet und -gekünstelt haben. Aber um so fortzumachen, wie die Vorväter es anfingen, auf dem Wege des Luxus, der Kunst, der Wissenschaft usw., müssen die Nachkömmlinge eben diesen Trieb in sich haben, der die Vorväter beseelte, sie müssen, um zu lernen, organisiert sein wie die Meister, nur fühlen die Nachahmenden jenen Trieb schwächer, und er kömmt nur in den Gemütern der Originale, der Selbstdenker, der Erfinder lebendig zum Vorschein. Du siehest, Lieber, daß ich Dir das Paradoxon aufgestellt habe, daß der Kunst- und Bildungstrieb mit allen seinen Modifikationen und Abarten ein eigentlicher Dienst sei, den die Menschen der Natur erweisen. Aber wir sind schon lange darin einig, daß alle die irrenden Ströme der menschlichen Tätigkeit in den Ozean der Natur laufen, so wie sie von ihm ausgehen. Und eben diesen Weg, den die Menschen größtenteils blindlings, oft mit Unmut und Widerwillen und nur zu oft auf gemeine, unedle Art gehn, diesen Weg ihnen zu zeigen, daß sie ihn mit offenen Augen und mit Freudigkeit und Adel gehen, das ist das Geschäft der Philosophie, der schönen Kunst, der Religion, die selbst auch aus jenem Triebe hervorgehn. Die Philosophie bringt jenen Trieb zum Bewußtsein, zeigt ihm sein unendliches Objekt im Ideal und stärkt und läutert ihn durch dieses. Die schöne Kunst stellt jenem Triebe sein unendliches Objekt in einem lebendigen Bilde, in einer dargestellten höheren Welt dar; und die Religion lehrt ihn jene höhere Welt gerade da, wo er sie sucht und schaffen will, d.h. in der Natur, in seiner eigenen und in der ringsumgebenden Welt, wie eine verborgene Anlage, wie einen Geist, der entfaltet sein will, ahnden und glauben.«

561 *sich immer mehr... werden muß:* Diese Zeilen sind Überarbeitung der Zeilen: »sich so sehr konzentrieren muß, daß es einen Mittelpunkt gewinnt und ein Besonderes wird, bis zeitliche Entgegensetzungen ineinander vergehen und ein neues Leben anfängt, das auf seinem Gesichtspunkte das vorige ideal betrachtet, so wie es selber auf dem vorigen Gesichtspunkte nur ideal erscheint.«

564 *Opfer:* Vgl. V. 147 der 2. Fassung. – *untergeht:* Vgl. *Das Werden im Vergehen* (S. 649). – *Einzelnheit:* Im 18. Jh. noch gebräuchliche Form.

565 *der glühende Himmelsstrich und die üppige sizilianische Natur:* Zu diesem klimatologischen Argument vgl. zu 381, 30. – *Reformatorsgeiste:* Vgl. das wahrscheinlich Luther gewidmete Fragment *Meinest du, Es solle gehen.*

568 *des negativen gewaltsamen Neuerungsgeistes:* Durchaus auf die in den Terror abgeglittenen Neuerungsversuche der Französischen Revolution zu beziehen. – *Allgemeinen:* In der Handschrift folgt hier gestrichen: »So lebt er auch unter den Seinen, mit diesem liebenden Despotismus, der immer nach Identität ringt, um seines Wirkens und Lebens sicher zu sein.«

569 *Sein Gegner:* In der 1. und 2. Fassung waren der Priester und der Archon seine Gegner, in der 3. Fassung ist es ein einziger, der König Strato (vgl. S. 570).

Dritte Fassung

573 *Sonnenjüngling:* Vgl. die Ode *Sonnenuntergang* V. 4 ff.
574 *9 Feuerkelch:* Der Vulkankrater, vgl. in der 1. Fassung »Schrekkenskrater« (V. 1935), »Todeskelch« in der 2. (V. 698).
575 *24 Fittiche des Himmels:* Vögel, vgl. *Der blinde Sänger* V. 17f.
576 *55 Seele des Lebendigen:* Vgl. zu »Seele der Natur« 395, 4, die auch im *Hyperion* »an diesem stillen Feuer« (ebd.) erkannt wird. – *71 die edle Burg:* Vgl. *Der Rhein* V. 6.
577 *88 Lichtscheu am Boden taumeln:* Zu diesem Bild vgl. *An den Äther* V. 37ff. und *Gesang des Deutschen* V. 7f. – *102 wohnen:* Vgl. zu 551, 559.
579 *142 irrelosen:* Vgl. zu 475, 288.
581 *225 verbraucht Gefäß:* Vgl. zu 522, 1754 und im *Grund* S. 559. – *230 der Götter Nacht:* Vgl. zu *Brot und Wein* 133. – *233 Ja! wär ich auch:* Später geändert aus:

> »Beim göttlichen Herakles! stiegst du auch
> Ins schwarze Tal von jenem Gipfel dort
> Und wagtest dich ins Heiligtum des Abgrunds,
> Um heimzusuchen die gewaltigen
> Titanen, die den rächerischen Schmerz
> Noch unversöhnt im Busen bändigen
> Und ferne drohn – ich folgte dir hinunter!«

– *235 Herakles:* Herakles, der Nationalheros der Griechen, holte aus der Unterwelt den Höllenhund Kerberos herauf und befreite dabei seinen Freund Theseus. Von gleicher Kühnheit wäre der Versuch des Empedokles, die von Zeus in den Tartaros verbannten Titanen (vgl. zu 476, 315) dort »versöhnend... heimzusuchen«. – *239 Abgrunds:* Hier für den Tartarus gebraucht, vgl. zu 217, 73. – *240 Herz Der Erde:* Vgl. 236, 16.
584 *304 Iris froher Bogen:* Vgl. zu 528, 1940. – *307 was mir die Zeit gehäuft:* Vgl. »da gehäuft sind rings / Die Gipfel der Zeit« in *Patmos* V. 9f. – *313 Das Römerland:* Nach diesem Vers notierte H.: »Dort nährt der edle Boden edle Söhne.« – *316 Tarent... Plato:* Tarent war bis ins 4. Jh. v. Chr. ein Zentrum der unteritalienischen Pythagoreer. Platon (427–347 v. Chr.) besuchte dort um 388 einen ihrer bedeutenden Vertreter, den Philosophen und Staatsmann Archytas von Tarent. Den Besuch einer »heiligen Schule« hat H. erfunden. Das Zusammentreffen dort mit Platon ist ein

Anachronismus, der zustande gekommen sein mag durch die Bemerkung bei Diogenes Laertios, Empedokles sei wie Platon von der Teilnahme an den pythagoreischen Unterweisungen ausgeschlossen worden. − *323 Ilissus:* Vgl. zu 24, 2. − *325 in Ägyptos:* Vgl. zu 521, 1729 und V. 339f. − *326 ernste Saitenspiel Uraniens:* Vgl. zu 525, 1847. − *327 seiner Töne Wandel:* Der poetologische Grundsatz vom »Wechsel der Töne« (S. 617) wird metaphorisch auf die Lebenszeit, das »Schicksal« Empedokles', übertragen.

585 *Manes:* Der Name des Ägypters geht auf den Perser Manu oder Manes zurück, den Gründer einer Ketzerbewegung aus dem 3. Jh. v. Chr., ohne daß dessen Lehre jedoch irgendeine Rolle im Drama spielte. − *347 unter Kindern. Das seid ihr Griechen all:* Zu diesem freien Platon-Zitat vgl. zu 296, 37.

586 *367 Nicht unbesonnen:* Vgl. zu 132, 90, im *Grund* S. 557. − *369 Nur einem ist das Recht …:* V. 369−373 wurden später geändert aus:

> »Nur *einer* darf's, in dieser Zeit nur *einer*,
> Ein Größerer denn ich, denn liebend wird
> Er scheiden von den Sterblichen, die ihn
> Gehaßt, und frei und fest,
>
> Doch Greuel ist erzwungnes Menschenopfer«

374 aus Licht und Nacht geboren: Vgl. die später zu einem Oxymoron verknappte Formulierung ›dunkles Licht‹, *Andenken* V. 26. − *378 Herr der Zeit:* Vgl. *Friedensfeier* V. 79.

587 *387 Die Menschen und die Götter söhnt er aus:* Das »Brautfest« (*Der Rhein* V. 180), vgl. a. die Darstellung des Göttertages in *Brot und Wein* V. 71 ff. u. ö. − *418 Fremdlinge:* Vgl. 524, 1823.

588 *425 Irrsal:* Vgl. zu 476, 327. − *443 Der goldnen Zeit:* Vgl. zu 26, 4 in der 1. Fassung unter »Saturnstage« gefaßt, vgl. 519, 1634. − *453 Schwanensang:* Vgl. zu 508, 1284.

589 *464 Im Tode find ich den Lebendigen:* Vgl. im *Grund* S. 561, im *Hyperion* S. 446: »wir sterben, um zu leben«. − *475 Das Herz der Erde:* Vgl. zu 581, 240. − *484 Genien:* Vgl. zu 488, 709; man nahm an, daß die Genien mit der Zeugung entstanden, vgl. V. 485, das »Fernentwerfenden« ist in Analogie zu ›fernhintreffend‹ gebildet, dem homerischen Epitheton für Apollo.

590 *505 Des Bruders auch, der mir geflucht:* In Strato, dem »Herrn von Agrigent« und Bruder des Empedokles, verschmelzen die beiden Gegenspieler der ersten Fassungen zu einer Gestalt. − Die 3. Fassung bricht hier ab. Neben dem Entwurf der Fortsetzung ist nur noch ein Entwurf zum Schlußchor des I. Akts erhalten:

»Neue Welt
       und es hängt, ein ehern Gewölbe,
der Himmel über uns, es lähmt Fluch
die Glieder den Menschen, und die stärkenden, die
    erfreuenden
Gaben der Erde sind wie Spreu, es
spottet unser, mit ihren Geschenken, die Mutter,
und alles ist Schein –
O wann, wann
    schon öffnet sie sich
    die Flut über die Dürre.

Aber wo ist er?

Daß er beschwöre den lebendigen Geist«

Wohl direkt im Anschluß an die Textpartien der 3. Fassung notierte H. einen Entwurf zur Fortsetzung:

    Chor.   Zukunft.

    Zweiter Akt

    Erste Szene
   Pausanias. Panthea.

    Zweite Szene
  Strato.   Gefolge.

    Dritte Szene
    Strato allein.

  Chor.   ?

    Dritter Akt

Empedokles. Pausanias. Panthea. Strato.
    Manes.
   Gefolge des Strato.
    Agrigentiner.
  Chor.   ?

    Vierter Akt

Lyrisch oder   Erste Szene
episch? Empedokles. Pausanias. Panthea.

Elegisch her.	Zweite Szene
Her. el.	Empedokles.
	Dritte Szene
Lyrisch her.	Manes. Empedokles.
	Vierte Szene
Her. lyrisch	Empedokles.

Fünfter Akt
Manes.[1] Pausanias. Panthea. Strato.
Agrigentiner. Gefolge des Strato.

[1] Manes, der Allerfahrne, der Seher, erstaunt über den Reden des Empedokles und seinem Geiste, sagt, er sei der Berufene, der töte und belebe, in dem und durch den eine Welt sich zugleich auflöse und erneue. Auch der Mensch, der seines Landes Untergang so tödlich fühlte, könnte so sein neues Leben ahnen. Des Tags darauf, am Saturnusfeste, will er ihnen verkünden, was der letzte Wille des Empedokles war. (*am Saturnusfeste:* Die römische Saturnalien wurden in Erinnerung an das goldene Zeitalter (s. o. und vgl. zu 519, 1634) gefeiert. Die sozialen Unterschiede schienen dabei aufgehoben: für einige Tage vertauschten Herren und Sklaven Kleidung und Rollen.)

THEORETISCHE VERSUCHE

Die theoretischen Versuche H.s ergeben keine in sich geschlossene Theorie, die seine Dichtungen kontinuierlich poetologisch reflektiert, sondern umreißen in immer neuen Versuchen und Bruchstücken den Reflexionsraum, in dem seine Poesie entsteht – philosophische Reflexion und dichterische Gestaltung sind Fermente in einem Prozeß, der an keinen starren Endpunkt gelangt.

Die Betonung des Poetischen – gerade auch dort, wo nicht ausdrücklich von poetischen Verfahrensweisen gesprochen wird – ist der rote Faden der Überlegungen H.s. Im Anschluß an Kants Theorie des Selbstbewußtseins wie an Fichtes Begründung desselben (vgl. zu 597), in der Fortführung von Schillers an Kant anknüpfenden Versuchen, sinnliche und sittliche Natur des Menschen zu versöhnen (vgl. H.s Texte *Über das Gesetz der Freiheit* und *Über den Begriff der Strafe*), stets versucht H. wie seine Tübinger Freunde Hegel und Schelling den Schritt über die »Kantische Grenzlinie« hinaus (am 10. Oktober an Neuffer), hin zu einem Prinzip der Einheit, das der Reflexion vorgelagert bleibt. In ihm sollen Subjekt und Objekt, Denkender und zu Denkendes, identisch sein, eine Identität, die ihrer Trennung durch die Reflexion vorausgeht und in der das Selbstbewußtsein einen festen Angelpunkt findet – das »Sein schlechthin« in *Urteil und Sein* oder das »Gefühl« in *Über den Unterschied zwischen den Dichtarten.*

Im *Hyperion* – die Vorreden und das philosophische Gespräch S. 381 ff. gehören wie der *Grund zum Empedokles* ebenfalls zu den ›Theoretischen Versuchen‹ – ist dieses einheitsstiftende Moment durch den Rekurs auf Platon formuliert: die Schönheit vereint das in der Gegenwart dissonant Verstreute, Diotima lebt ganz in ihrem »stillen Land« (vgl. das Zitat S. 878). Ihr Bild ist das der Schillerschen ›schönen Seele‹, in der sich »das sittliche Gefühl aller Empfindungen des Menschen endlich bis zu dem Grade versichert hat, daß es dem Affekt die Leitung des Willens ohne Scheu überlassen darf, und nie Gefahr läuft, mit den Entscheidungen desselben in Widerspruch zu stehen« (›Über Anmut und Würde‹ 1793). Doch Schönheit wie Liebe (vgl. S. 360 und 457) verharren in einer Selbstgenügsamkeit – Diotima muß sterben (vgl. S. 809) – und weisen wie das »Sein schlechthin« auf eine Vereinigungsphilosophie, die der idealistischen Neubegründung der Philosophie durch Kant vorausging. Sie liefern aber die Motive, in deren Richtung H. versucht, über die »Grenzlinie« Kants hinauszukommen, hin zu einer ›unendlichen schönen Reflexion‹, »welche in der durchgängigen Begrenzung zugleich durchgängig beziehend und vereinigend ist« (S. 639). In ihrem Licht sollte die »Umkehr aller Vorstellungsarten« auch politische Folgen zeitigen (S. 655), das frühromantische Ideal, daß der Philosoph als Orpheus erscheinen müsse (Novalis in Nr. 461 des ›Allgemeinen Brouillons‹, vgl. S. 672 sowie zu 673), wird zum Ideal, das nicht zuletzt auch die entfremdete Vereinzelung des Menschen aufheben soll (vgl. S. 451 ff.).

Eine knappe Einführung in die zum Teil noch unerschlossenen Texte der theoretischen Versuche gibt S. Wackwitz (S. 681), der auch die wichtigen Arbeiten von D. Henrich verzeichnet, der das philosophische Niveau und die genaue Position H.s innerhalb des Aufbruchs des deutschen Idealismus erforscht.

593 ÜBER DAS GESETZ DER FREIHEIT
Dieses ohne Überschrift auf einem Einzelblatt überlieferte Bruchstück, dessen Fortsetzung wohl verschollen ist, entstand spätestens im November 1794, höchstwahrscheinlich aber schon in Waltershausen. Die Überschrift stammt von Franz Zinkernagel. – *der Verstand organisierte:* Der Verstand als das die Wahrnehmungen organisierende Vermögen, vgl. a. das Zitat zu 386. – *die Analogie... am auffallendsten ist:* In der Handschrift hieß es zunächst: »die von allem, was Natur heißt, am nächsten ans Sittengesetz zu grenzen scheint«.

594 AN KALLIAS
Dieses Fragment eines fingierten Briefes, das ohne Überschrift auf einem Einzelblatt überliefert ist, entstand wahrscheinlich im November 1794, spätestens aber im Januar 1795. Völlig ausgeschlossen ist jedoch auch nicht, daß es bereits in Tübingen niedergeschrieben wurde und das einzige erhaltene Bruchstücke des Ur-Hyperion darstellt (s. S. 803). Den Namen Kallias konnte H. bei Platon, aber auch in Wielands ›Agathon‹ (1766/67) finden. – *Vorelysium:* Vgl. zu 374. – *der Genius von Mäonia:* Homer, dessen wahrscheinliche Vaterstadt Smyrna in der kleinasiatischen Landschaft Lydien, die auch Mäonia genannt wurde, liegt. Als Sohn des Maion heißt Homer auch der Mäonide. – *Archipelagus:* Vgl. zu 104. – *rosenfarbene Nebel:* ›Rosenfingrig‹ ist bei Homer Epitheton für Aurora, die Göttin der Morgenröte. – *Glycera:* Auch die Namen konnte H. bei Wieland finden, in der Vorbemerkung ›Über das Historische im Agathon‹, die in Band 1 der ›Sämmtlichen Werke‹ (1794) abgedruckt ist. – *wo der kluge Laërtiade und Diomedes... hingehn:* Vgl. Homers ›Ilias‹, 10, 469 ff. Der »kluge Laërtiade« ist Odysseus (Ulysses), der Sohn des Laërtes.

595 ÜBER DEN BEGRIFF DER STRAFE
Dieser auf den ersten beiden Seiten eines Doppelblattes überlieferte Entwurf entstand Anfang 1795 in Jena. Die Fortsetzung des Textes ist verschollen. Rechts neben der Niederschrift wurden folgende Sätze nachgetragen, ohne daß die genaue Stelle der Einfügung angegeben wäre: »Im Faktum ist aber das Gesetz tätiger Wille. Denn ein Gesetz ist nicht tätig, es ist nur die vorgestellte Tätigkeit. Dieser tätige Wille muß gegen eine andre Tätigkeit des Willens gehen.« Höchstwahrscheinlich sind diese Sätze im vierten Absatz hinter »⟨...⟩ sich nicht anders uns ankündigen« einzufügen. – *Nemesis:* Göttin der ausgleichenden und strafenden Gerechtigkeit; sie teilt jedem das zu, was ihm zukommt (griech. nemein: zuteilen), besonders gerechte Strafe, aber auch Zorn und Rache der Götter. Ursprung und Wesen dieser Göttin sind nicht eindeutig bestimmt: »Tochter der Nacht« ist sie bei Hesiod (›Theogonie‹, V. 223 f.), nach anderen Auffassungen Tochter des Okeanos, der Dike oder auch des Zeus und der Demeter. Der erste Satz des Fragments wurde nachträglich zwischen dem Titel und dem Beginn eingefügt und war vielleicht als Motto gedacht. Vgl. a. zu 539, 189. – *Zirkel:* Der sogenannte circulus vitiosus (lat.: fehlerhafter Kreislauf) ist ein fehlerhafter Schluß: Die Aussage, die bewiesen werden soll, wird stillschweigend als richtig vorausgesetzt.

596 *wir leiden nur seinen Widerstand:* Ursprünglich: »wir wissen nur, was es nicht ist«. – *ein Unterschied zwischen dem Erkenntnisgrunde und Realgrunde:* Während der Erkenntnisgrund die logische Voraussetzung für einen Begriff oder eine Aussage darstellt (also auf logischen Denkschlüssen beruht), ist der Realgrund von Erfahrungsinhalten abhängig und beruht auf Tatsachen. Die Unterscheidung dieser beiden Arten des Grundes, die auf Fichte weist, verdeutlichte H. noch durch eine Anmerkung neben dem Text: »ideal: ohne Strafe kein Gesetz / real: ohne Gesetz keine Strafe.«

597 URTEIL UND SEIN
Diese beiden auf einem Einzelblatt überlieferten Definitionen formulierte Hölderlin vielleicht erst Anfang April 1795. Die Überschrift stammt von Friedrich Beißner. – *intellektualen Anschauung:* Nach Fichte, auf den der erste Abschnitt des Fragments verweist, heißt ein »unmittelbares« Bewußtsein, in dem »Subjectives und Objectives unzertrennlich vereinigt und absolut Eins« sind, eine »Anschauung«, »intellectuelle Anschauung« diejenige, in der sich die »Intelligenz« selbst anschaut, das Ich als Ich (Versuch einer neuen Darstellung der Wissenschaftslehre, 1797. Zitiert nach: Johann Gottlieb Fichtes Sämmtliche Werke, Hg. von I. H. Fichte. Berlin 1845/46. I. 528 ff.). Im Unterschied zur sinnlichen Anschauung ist in dieser Anschauung die Trennung von

Subjekt und Objekt aufgehoben, sie ist »unmittelbares Bewußtsein«, der Angelpunkt, von dem die Generation der Frühromantiker in Rekurs auf Kant die dort von ihnen vermißte Fundierung des Selbstbewußtseins zu finden hoffte. Je nach dem Anknüpfungspunkt bei Kant spricht Fichte von »intellektueller«, Hölderlin, Schelling und Novalis aber meist von »intellektualer« Anschauung – vgl. Kant ›Kritik der reinen Vernunft‹ (1787[2], S. 307) und § 10 der in Latein verfaßten Abhandlung ›De mundi sensibilis‹ (1770, dort: »Intuitum intellectualem«). Fichte und Schelling betonen in der intellektualen Anschauung das Moment der Tätigkeit, die »weit über alles Empirische hinausgeht und durch *Begriffe* niemals erreicht wird« (Schelling, vgl. zu 135, 48, ebd. I 1 401). Sie geht so jeder Reflexion voraus und begründet für Fichte das »absolute Ich«, das »nicht *etwas*« ist, sondern »es ist schlechthin, *was* es ist, und dies lässt sich nicht weiter erklären«, bleibt ganz auf die Identität des »Ich=Ich; Ich bin Ich« bezogen (ebd. S. 109 und 94, von dem »Satz A=A« spricht auch Fichte als einem ›Urteil‹, ebd. S. 95). – Für H. ist »die Vereinigung des Subjekts und Objekts in einem absoluten – Ich oder wie man es nennen will – zwar ästhetisch, in der intellektualen Anschauung, theoretisch aber nur durch unendliche Annäherung möglich ⟨...⟩, wie die Annäherung des Quadrats zum Zirkel«. Dieses »Vermögen« ist die »unnachläßliche Forderung, die an jedes System gemacht werden muß«, schreibt H. an Schiller (4. September 1795), also auch an das System Kants, wo man in diesem ersten Punkt aller Philosophie, dem Selbstbewußtsein des Denkenden, eine Leerstelle vermutete. In H.s Projekt für Immanuel Niethammers ›Philosophisches Journal‹ sollte dies weiter ausgeführt werden: »In den philosophischen Briefen will ich das Prinzip finden, das mir die Trennungen, in denen wir denken und existieren, erklärt, das aber auch vermögend ist, den Widerstreit verschwinden zu machen, den Widerstreit zwischen dem Subjekt und dem Objekt, zwischen unserem Selbst und der Welt, ja auch zwischen Vernunft und Offenbarung – theoretisch, in intellektualer Anschauung, ohne daß unsere praktische Vernunft zu Hilfe kommen müßte. Wir bedürfen dafür ästhetischen Sinn, und ich werde meine philosophischen Briefe ›Neue Briefe über die ästhetische Erziehung des Menschen‹ nennen. Auch werde ich darin von der Philosophie auf Poesie und Religion kommen.« – Zur intellektualen Anschauung vgl. a. S. 639 u. ö. *Nicht-Ich:* In Fichtes Wissenschaftslehre die ›Realität‹: »Es ist ursprünglich nichts gesetzt, als das Ich; und dieses ist nur schlechthin gesetzt (§ 1.) Demnach kann nur dem Ich schlechthin entgegengesetzt werden. Aber das dem Ich entgegengesetzte ist = *Nicht-Ich.* ⟨...⟩ der zweite Grundsatz alles menschlichen Wissens« (ebd. S. 104). – In einem Brief an Hegel (26. Januar 1795) kritisiert H. das Fichtesche Konzept des absoluten Ich (s. o.) und damit indirekt auch das des Nicht-Ich, das alle

Realität als von dem Ich gesetzt begreift: »sein absolutes Ich (= Spinozas Substanz) enthält alle Realität; es ist alles, und außer ihm ist nichts; es gibt also für dieses absolute Ich kein Objekt, denn sonst wäre nicht alle Realität in ihm; ein Bewußtsein ohne Objekt ist aber nicht denkbar, und wenn ich selbst dieses Objekt bin, so bin ich als solches notwendig beschränkt, sollte es auch nur in der Zeit sein, also nicht absolut; also ist in dem absoluten Ich kein Bewußtsein denkbar, als absolutes Ich hab ich kein Bewußtsein, und insofern ich kein Bewußtsein habe, insofern bin ich (für mich) nichts, also das absolute Ich ist (für sich) nichts.«

598 *dem absoluten Sein:* Im Gegensatz zum ›bloßen Sein‹ bei Fichte (ebd. S. 597 u. ö.), vgl. aber a. H.s spätere Kritik an Schelling S. 648.

598 Hermokrates an Cephalus
Dieser auf einem Einzelblatt überlieferte Entwurf wurde frühestens im März 1795 niedergeschrieben. Er ist vielleicht der Ansatz zu einem Beitrag in Niethammers ›Philosophischem Journal‹, der führenden philosophischen Zeitschrift der neunziger Jahre, vgl. a. zu 597. Die beiden Namen seines ›philosophischen Briefes‹ entlehnte H. Platon, zur epistolarischen Darstellungsform schrieb er an Niethammer, »daß neue Ideen am deutlichsten in der Briefform dargestellt werden können« (in dem zu 597 zitierten Brief). – *das Ideal des Wissens... dargestellt erscheinen:* In der Handschrift hieß es zunächst ... »die Philosophen vollbringen in irgendeiner bestimmten Zeit das Ideal«. – *dies Ideal sei jetzt schon wirklich geworden...:* Vielleicht wendet sich H. gegen Fichte und Niethammer, die meinten, die Wissenschaftslehre sei als Wissenschaft der Wissenschaften die vollendete Darstellung des ganzen Systems des menschlichen Geistes. Indem sie das gesamte vergangene und künftige menschliche Wissen erfaßt und erschöpft habe, sei in ihr die Philosophie zur Vollendung gelangt. Nur die Einzelwissenschaften seien unendlich und könnten nie vollendet werden. – Der Jupiter Olympius ist die berühmte Zeus-Statue des Phidias. – *nachdem man das letztere nimmt:* In der Niederschrift stand zunächst: »nachdem das letztere verstanden wird«; d. h.: je nachdem man das Wort Piedestal versteht.

599 *unendlichen Fortschritts:* Vgl. H.s Brief an den Bruder vom 13. April 1795: »Weil aber dieses Ziel auf Erden unmöglich, weil es in keiner Zeit erreicht werden kann, weil wir uns nur in einem unendlichen Fortschritte ihm nähern können, so ist der Glaube an eine *unendliche* Fortdauer notwendig, weil der *unendliche* Fortschritt im Guten unwidersprechliche Forderung unsers Gesetzes ist« (»Gesetz« bezieht sich auf das zu vervollkommnende »Gesetz unserer Moralität«, den kategorischen Imperativ Kants.) Auch in dem Entwurf *Hyperions Jugend* (vgl. S. 807) wird in dem »Gefühl des Mangels« der »Beruf zu unendlichem Fortschritt« erkannt. – *der Irrtum wäre... sollte:* Statt dessen endete der

Absatz zunächst: »der sehr unrichtig und so gefährlich wäre als der Quietismus der alten Heiligen, die natürlicherweise nichts tun konnten und nichts denken, weil sie alles getan hatten und gedacht, die auch ihren glaubigen Schülern schlechterdings nicht erlauben durften, mehr zu tun und zu denken als sie, denn sie waren ja die Vollkommnen, und außerhalb des Vollkommnen liegt nur das Böse und Falsche.« – *Zeit:* Fehlt in der Handschrift und wurde durch Zinkernagel ergänzt.

599 DER GESICHTSPUNKT, AUS DEM WIR DAS ALTERTUM ANZUSEHEN HABEN
Dieser auf einem Doppelblatt überlieferte Entwurf entstand – wie auch die vier nach ihm abgedruckten Niederschriften – offensichtlich im Juli 1799 im Zusammenhang mit H.s Zeitschriftenplan ›Iduna‹. (Vgl. zu 269). Auf demselben Doppelblatt stehen ohne Überschrift folgende Zeilen aus dem Entwurf zum Programm der Zeitschrift: »als Naturprodukt seine Ehre widerfahren. Gelehrte Kritiken und Biographien, so wie alle Spekulation, die nur in den Streit gehört, liegen außerhalb unseres Zwecks. Bonhomie – nicht kalte Frivolität, leichte, klare Ordnung, Kürze des Ganzen – nicht affektiert mutwillige Sprünge und Sonderbarkeiten.« – *erlag unter den positiven Formen:* Vgl. die späte Variante zu *Der Archipelagus* V. 243 f. (S. 722), sowie der späte hymnische Entwurf *meinest du, Es solle gehen* V. 5 ff. Das Thema wird H. in den Böhlendorff-Briefen wieder aufgreifen, vgl. S. 655.

600 *Bildungstrieb:* Vgl. zu 560, zur Deutung s. B. Allemann: Hölderlin zwischen Antike und Moderne. In: Hölderlin-Jahrbuch 1984–1985. – *In der besondern Richtung:* Auf derselben Seite, auf der das Aufsatzfragment endet, findet sich noch folgende Bemerkung: »unsere besondere Richtung *Handeln.* Reaktion gegen positives Beleben des Toten durch *reelle Wechselvereinigung* desselben«. (»positives« liest D. E. Sattler als »Positives«.)

601 ÜBER ACHILL
Zu dem vorigen Entwurf findet sich auf der dritten Seite des Doppelblattes folgende Randbemerkung: »NB. In den Briefen über Homer erst Charaktere, dann Situationen, dann die Handlung, die im Charakterstück um des Charakters und des Hauptcharakters willen da ist, da von *dem Wechsel der Töne.*« Von diesen geplanten Briefen über Homer haben sich vier Bruchstücke erhalten (zu zwei Briefen je zwei Ansätze): die zwei von fremder Hand *Über Achill* betitelten, *Ein Wort über die Iliade* und *Über die verschiednen Arten, zu dichten«.* Das erste Bruchstück über Achill ist ohne Überschrift im Manuskript der ersten *Empedokles-*Fassung (zwischen den V. 1888 und 1889) überliefert und etwas früher als die es einschließende Textpartie entstanden. Das zweite Fragment über Achill, ebenfalls ohne Überschrift, steht gemeinsam auf einem Blatt mit

dem Prosaentwurf zur Elegie *Achill*. Die Chronologie der beiden Bruchstücke läßt sich allerdings nicht sicher bestimmen.
»so für kurze Zeit geboren«: Vgl. Homer, Ilias I, 352, s.a. 281, 402 und 531, 2034. – *enfant gâté:* Franz. Schoßkind.

602 Ein Wort über die Iliade
Die Fortsetzung des auf einem Einzelblatt überlieferten Bruchstücks ist verschollen.

604 Über die verschiednen Arten, zu dichten
Auch dieser Entwurf ist nur fragmentarisch auf zwei Doppelblättern überliefert. Die Lücke zwischen »... zu nennen« und »verständiget hat« ergibt sich aus dem Verlust wahrscheinlich eines Doppelblattes. Auch die Fortsetzung ist verschollen. – Die Niederschrift des Entwurfs wird im unteren Drittel der ersten Seite von der (dann nicht in den Gedankengang einbezogenen) Übersetzung des Anfangs der 1. Olympischen Hymne Pindars unterbrochen, aus der hervorgeht, daß sich H. nicht nur den naiven, natürlichen Charakter und Ton durch ein Element symbolisiert vorstellte, sondern auch den heroischen (Feuer) und den idealischen (Äther):

>Das erste ist wohl das Wasser; wie Gold
>Leuchtet das lodernde
>Feuer bei Nacht,
>Die Gabe des   Pluto,
>Doch kömmst du, Siege zu singen,
>Liebes Herz!
>So suchend kein ander
>Blühender leuchtend Gestirn
>Als die Sonne am Tage
>Im einsamen Äther.

seine Stelle und seine Zeit: Vgl. S. 609: »seine Zeit und seine Stelle«. – *alles sei – aus Wasser entstanden:* Thales von Milet, der Begründer der ionischen Naturphilosophie (1. Hälfte des 6. Jhs. v. Chr.), einer der Sieben Weisen Griechenlands, lehrte, Erde und Kosmos seien aus Wasser entstanden.

605 *Rede des Phönix:* Vgl. Homer, Ilias 9, 485–498. Die Übersetzungen von Johann Heinrich Voss, eine der wichtigsten Übersetzungsleistungen des 18. Jhs., lagen seit 1781 (›Odyssee‹) und 1793 (›Ilias‹) vor.

606 *Moderation:* Mäßigung, Besonnenheit, Gleichmut. – *wo wir ihn ruhig im Zelte finden:* Ilias 9, 185–191.

608 Reflexion
Dieser Text ist in einer (als Druckvorlage gedachten) Reinschrift auf zwei Doppelblättern überliefert. Unmittelbar daran schließt sich die Elegie

Achill an. Die Überschrift stammt nicht von H. – *seine Zeit und seine Stelle:* Vgl. S. 604. – *Besonnenheit:* Vgl. zu 132, 90 und S. 557. – *Nüchternheit:* Vgl. S. 655 sowie das »heilignüchtern« in V. 7 von *Hälfte des Lebens* und V. 18 von *Deutscher Gesang*.

611 ÜBER RELIGION
Dieser Aufsatzentwurf ist nur lückenhaft und ohne Überschrift überliefert. Die Fortsetzung ist vermutlich verschollen. Erhalten hat sich noch ein kleiner Rest des Textes, der das zweite (»... begriffen ist.«) und dritte Stück (»d.h. solche sind...«) miteinander verband: »... und wie er es deutlicher oder dunkler in einem Bilde auffaßt, dessen Charakter den Charakter eigentümlichen Lebens ausdrückt, das jeder in seiner Art unendlich leben kann und lebt.« Die S. 614 angedeutete »Weitere Ausführung« wird folgendermaßen entworfen: »Inwieferne hatten *sie recht*? Und sie hatten darum recht, weil, wie wir schon gesehen haben, in ebendem Grade, in welchem die Verhältnisse sich über das physisch und moralisch Notwendige erheben, die Verfahrungsart und ihr Element auch unzertrennlicher verbunden sind, die in der Form und Art bestimmter Grunderfahrungen absolut gedacht werden können.«

D.E. Sattler edierte die Aufzeichnungen unter dem Titel ›Fragmente philosophischer Briefe‹ und datiert sie auf 1796/1797, womit sie in zeitliche Nähe zum ›Ältesten Systemprogramm‹ rücken. In seiner Edition steht der zweite Abschnitt vorne, es folgen dann die Textabschnitte 1-3-4. – *mechanischer Zusammenhang:* Vgl. »Maschinengang« S. 614 und die im Systemprogramm vorgetragene Kritik: »Der Staat hat etwas Mechanisches«. Zu der zugrundeliegenden Vorstellung vgl. zu 663.

613 *wenn es ungeschriebene göttliche Gesetze gibt...:* Vgl. V. 454f. der ›Antigone‹ des Sophokles, in H.s Übertragung V. 471f.: »⟨...⟩ die ungeschriebnen drüber, / Die festen Satzungen im Himmel ⟨...⟩«. – *Sphäre:* Vgl. die Randnotiz zu 89, 62. – *gemeinschaftliche Gottheit:* Vgl. zu 131, 31.

617 ÜBER DIE VERFAHRUNGSWEISE DES POETISCHEN GEISTES
Dieser schwer verständliche erste Entwurf, für den Franz Zinkernagel als Überschrift eine Wendung aus dem Text wählte, ist im Stuttgarter Foliobuch überliefert, D.E. Sattler datiert ihn auf frühestens im März 1800 entstanden.

Wenn der Dichter einmal des Geistes mächtig ist...: Der umfangreiche erste Satz gibt die Bedingungen für die »Rezeptivität des Stoffes«, das eigentliche Thema des Aufsatzes, an. (Vgl. den abschließenden Hauptsatz S. 619: »so kommt ihm alles an auf die Rezeptivität des Stoffs zum idealischen Gehalt und zur idealischen Form«) Hölderlin unterscheidet am Gedicht, in dem Geist und Stoff vermittelt sind, vier Aspekte: auf der Seite des Geistes den geistigen Gehalt (geistige Identität, Ideal) und die geistige Form (formaler Wechsel, Wechsel der Form); auf der Seite des Stoffes den sinnlichen Gehalt (materielle Mannigfaltigkeit, materieller Wechsel = Tendenz der Teile, sich zu verselbständigen) und die sinnliche Form (materielle Identität = Tendenz der Teile, sich zu einem Ganzen zusammenzuschließen).

619 *Metapher:* Von H. ganz wörtlich verstanden: Übergang.

620 *Die Bedeutung des Gedichts kann zweierlei heißen...:* Den Gedankengang, der mit diesem Satz beginnt und auch den nächsten Abschnitt noch umfaßt, hat man als fragmentarischen Exkurs verstanden. Er ist für das Verständnis des gesamten Entwurfs nicht unbedingt erforderlich. – *zugeeignet:* Vgl. den letzten Satz der zu 386, 14 zitierten Briefpassage sowie das Novalis-Zitat zu 656.

622 *dieses hyperbolische Verfahren:* Vgl. die Verwendung des Begriffs Hyperbel S. 599 und 313. Dort allerdings, zur Jenaer Zeit, wird der Begriff mathematisch gefaßt, während jetzt dessen Grundbedeutungen bestimmend sind: Hinübergehen, Übergang, Übergangsort, Paß, Übermaß, das Außerordentliche, Äußerste; »hyperbolisch« bedeutet demnach: hinübergehend, überschreitend, durch Entgegensetzung vereinigend. Das »hyperbolische Verfahren« entspricht weitgehend der dialektischen Methode. – *das harmonisch Entgegengesetzte:* Vgl. zu diesem wahrscheinlich von H. selbst gebildeten Begriff Platons Heraklit-Zitat im *Hyperion:* »das εν διαφερον εαυτω (das Eine in sich selber unterschiedne) ⟨...⟩ das Wesen der Schönheit« (S. 385). – *intellektuale Anschauung:* Vgl. zu 597.

623 *geschwungner oder zielender oder geworfner:* Im Manuskript finden sich jeweils übereinander drei Prädikate, von denen auch die zuerst niedergeschriebenen nicht gestrichen sind: schwebender – gehaltener – geschwungener; verweilender – nachgelaßner – zielender; schneller – gespannter – geworfner. – *Organ:* Der lebendige Zusammenhang im Vergleich zum bloß Mechanischen, vgl. zu 663.

638 *modus exprimendi:* Lat. Art und Weise des Ausdrückens.

639 ÜBER DEN UNTERSCHIED DER DICHTARTEN
Auch dieser Entwurf ist ohne Überschrift im Stuttgarter Foliobuch überliefert. Die Textgestaltung stützt sich auch hier auf die Stuttgarter Ausgabe, die die »Unstimmigkeiten« im Gebrauch der Pronomina beseitigt haben. Weil aber dagegen Bedenken erhoben worden sind, seien die Abweichungen vom Manuskript hier vermerkt:
S. 639, Z. 23 strebt es im äußern Schein *für:* strebt im äußern Schein
S. 639, Z. 26 es in seinen Bildungen *für:* sie in ihren Bildungen
S. 639, Z. 29 wo es weder seine Wirklichkeit, sein Lebendiges,... noch seine Tendenz *für:* wo sie weder ihre Wirklichkeit, ihr Lebendiges,... noch ihre Tendenz

S. 639, Z. 33 *in den es gerät, indem es von einer Seite für:* in den sie gerät, indem sie von einer Seite
S. 639, Z. 34 *seinen Grundton für:* ihren Grundton
S. 640, Z. 1 *sein Grundton für:* ihr Grundton
S. 640, Z. 4 *so fängt es naiv an für:* so fängt naiv an
S. 640, Z. 6 *so fängt es heroisch an für:* so fängt sie heroisch an
S. 640, Z. 8 *so fängt es idealisch an für:* so fängt sie idealisch an
S. 640, Z. 22 *Ist sein Grundton für:* Ist ihr Grundton
S. 640, Z. 28 *so fängt es idealisch an für:* so fängt er idealisch an
S. 640, Z. 31 *so fängt es naiv an für:* so fängt er naiv an
D. E. Sattler datiert den Entwurf auf den Sommer 1800 und setzt ihn so nach den »Poetologischen Tafeln« (S. 645 ff.) an.
tragische Gedicht: Vgl. S. 558, zu »Metapher« s. zu 619. – *intellektualen Anschauung:* Vgl. zu 597.

640 *ist sein Grundton jedoch heroischer...:* Nachdem einleitend die drei Dichtarten (Gattungen) durch die sie auszeichnenden Töne (Bedeutung: Grundton, Grundstimmung, eigentlicher Ton; Schein: Kunstcharakter, Ausführung, Sprache, uneigentlicher oder metaphorischer Ton) unterschieden worden sind, charakterisiert H. in diesem Satz die drei Stilarten des lyrischen Gedichts. Allerdings ist dabei die Beschreibung der dritten Stilart (Grundton: »am innigsten«) zumindest mißverständlich: »hat... zu verlieren« ist zu verstehen als »muß... verlieren«. – *einer Pindarischen Hymne an den Fechter Diagoras:* Pindars 7. Olympische Hymne (eine Übersetzung H.s ist nicht überliefert). – *aorgisch:* Vgl. zu 560. – μηνιν αειδε θεα: (griech.) Singe den Zorn, o Göttin. (Die ersten Worte von Homers »Ilias«.) – *heroischepisch:* In Analogie dazu lassen sich die Begriffe für alle neun Stilarten bilden: das naiv-, heroisch-, idealischlyrische Gedicht; das heroisch-, idealisch-, naivepische Gedicht; das idealisch-, naiv-, heroischtragische Gedicht.

643 *Antigone... Ödipus:* Die Tragödien des Sophokles, vgl. die Anmerkungen S. 660–667. – *Zeus:* Vgl. die »notwendige Willkür des Zeus« S. 642 sowie zu 664. – *sinnlicher sind:* In der Handschrift schließt sich daran folgender von Hölderlin gestrichene Satz an: »so fängt es füglich vom idealischen Grundton an«. Wie auch weiter oben (»... und der universellste ist«), bleibt der Satz im Entwurf unvollendet: Die beiden Lücken erklären sich nicht aus Textverlust. – *Die Empfindung spricht im Gedichte idealisch – die Leidenschaft naiv – die Phantasie energisch:* Hier sind wieder Grundton und Kunstcharakter (Sprache) einander dialektisch zugeordnet:

	Grundton	*Kunstcharakter*
lyrisches Gedicht:	naiv (Empfindung)	idealisch (Phantasie)
episches Gedicht:	heroisch (Leidenschaft)	naiv (Empfindung)
tragisches Gedicht:	idealisch (Phantasie)	heroisch (Leidenschaft)

(vermittelst der Leidenschaft)... (vermittelst der Phantasie)... (vermittelst der Empfindung): Zwischen Grundton und Kunstcharakter, aber auch zwischen Kunstcharakter und Wirkung »vermittelt« der »Geist des Gedichts«, der dritte Ton.

644 *Stil des Lieds Diotima:* H.s einziger Hinweis auf die Anwendung des Wechsels der Töne in einem ganz bestimmten Gedicht. Unsicherheit herrscht allerdings darüber, ob damit die längere mittlere Fassung oder die kürzere jüngere Fassung des Gedichts *Diotima* (S. 38) gemeint ist. Die obere Tonreihe, vor der in der Handschrift ein Fragezeichen steht, bezieht sich höchstwahrscheinlich auf die »Sprache« und die untere auf die »Wirkung«; der »Grundton« wäre also noch zu ergänzen.

645 Wechsel der Töne
Der erste skizzenhafte Teil dieses Entwurfs ist im Stuttgarter Foliokonvolut überliefert, während sich die (später niedergeschriebenen) Tabellen im Stuttgarter Foliobuch finden. Die Überschrift stammt nicht von H., zur Niederschrift vgl. zu *Über den Unterschied der Dichtarten*. Die zentralen poetologischen Reflexionen dieses Entwurfs erkannte als erster L. Ryan in ihrer Bedeutung, vgl.: Hölderlins Lehre vom Wechsel der Töne, Stuttgart 1960.

Löst sich nicht die idealische Katastrophe: Diese Aussage bezieht sich auf das Epische, die folgende auf das Tragische und die übernächste auf das Lyrische. Zum Verständnis vgl. die entsprechenden Kolumnen der ersten Tabelle. Unter »Katastrophe« versteht H. die Zäsur, die »Umkehrung« des Tonwechsels, die nach den Tabellen zwischen dem dritten und vierten Ton liegt. – *so daß das lyrische Ende:* In der Handschrift steht danach eingeklammert: »ein naividealisches, das tragische ein naivheroisches, das epische ein idealischheroisches ist«. Offensichtlich korrigierte H. in den Tabellen den in diesem Absatz erwogenen vorzeitigen Abbruch des epischen und tragischen Gedichts.

646 *Das Lyrische:* Fehlt in der Handschrift. Da in ihr »tragische« und »epische« klein geschrieben sind, vermutete man, es sei »Das lyrische Ende« zu ergänzen. In der oberen Zeile ist immer der Grundton (»Stoff«, »Bedeutung«) und in der unteren der Kunstcharakter (»Schein«, »Vortrag«) angegeben. Die Bezeichnung für den Kunstcharakter wurde jeweils groß geschrieben. – *L. T. N.:* Lyrisch (Idealisch), Tragisch (Heroisch), Natürlich (Episch, Naiv). – *Aj. Ant.:* »Ajax« und »Antigone« des Sophokles als Beispiele für die zwei Arten des Tragischen bzw. der Tragö-

die. (»Aj.« ist aus ursprünglichem »Ant.« korrigiert und »Ant.« aus »Aj.«.)

647 *id. n. h. id....:* Die drei (waagerecht und senkrecht lesbaren) Systeme wandeln den Kunstcharakter der einzelnen Dichtarten siebenfach ab, und zwar in der Reihenfolge Lyrisch, Tragisch, Episch. Die sieben numerierten Tabellen darunter halten noch einmal den Wechsel der Töne im tragischen Gedicht fest. Die obere Zeile bezeichnet den Tonwechsel einer kürzeren, auf vier Töne beschränkten Variante (viertöniges Gedicht), die untere Zeile den Tonwechsel des siebentönigen Gedichts.

648 Verschiedenartige Bemerkungen
Die hier zusammengestellten Bemerkungen sind im handschriftlichen Nachlaß verstreut und ohne Überschriften überliefert. Das 1. Fragment, das sich gegen Schellings Philosophie der Identität von Subjekt und Objekt, Denken und Sein wendet, steht in den Entwürfen zur 1. Fassung des *Empedokles* und stammt so wohl aus dem Frühjahr 1799, das zweite (D. E. Sattler liest: »Der Ausdruck, das karakteristische sinnliche...«) entstand ein Jahr später, das dritte wurde frühestens im Juni 1800 notiert, das vierte Fragment nach D. E. Sattler, der Papiersorte und Duktus der Handschrift untersuchte, gar erst 1803 im Umfeld der *Anmerkungen* (S. 660-667).

649 Das Werden im Vergehen
Ob dieser Entwurf vor oder nach dem frühesten im August oder September 1799 entstandenen *Grund zum Empedokles* niedergeschrieben wurde, läßt sich nicht exakt ermitteln. Ganz gewiß ist er vor dem »Entwurf zur Fortsetzung der dritten Fassung« des Trauerspiels (S. 859) zu datieren. »Werden im Vergehen« weist auf eine erkenntnistheoretische Problematik, die auch Fichte fast gleichlautend formulierte, vgl. »Die charakteristische Form des Wechsels in der Wirksamkeit ist ein *Entstehen durch ein Vergehen* (ein Werden durch ein Verschwinden).« (S. zu 597, ebd. S. 179 – zu Wechsel s. S. 617 u. ö.).

650 *das immerwährend Schöpfrische:* Im Manuskript stehen hinter dem (dort klein geschriebenen) Begriff zwei Punkte.

651 *ein himmlisches Feuer:* Vgl. S. 655: »Feuer vom Himmel«.

652 *ein sinnlicher Idealismus... wie ihn Horaz... treffend darstellt:* H. zitiert hier Horaz, Oden 3, 29, V. 29: »Wohlweislich hüllt der kommenden Zeiten Lauf / Im undurchdringbar Dunkel der Gott uns ein / Und lacht, wenn mehr als recht ein Sohn der / Erde sich ängstet.« (Übersetzung von H. Färber). Die sich in diesen Versen aussprechende Haltung gebrauchte Horaz wohl nur »dramatisch«, d. h. aus poetischen Gründen im Zusammenhang der Handlung des Gedichts; sie sei nicht eigentlich Ausdruck seiner Weltanschauung. Die von dem Griechen Epikur (341-270 v. Chr.) begründete philosophische Strömung betrachtete

das menschliche Wohlgefühl und die ausgeglichene Ruhe des Geistes als die zu erstrebende Glückseligkeit.

655 ZWEI BRIEFE AN CASIMIR ULRICH BÖHLENDORFF
Über die entscheidende Umorientierung in der späten Lyrik H.s sind nur wenige poetologische Notizen erhalten, die z. T. in den Kommentar zu den späten Hymnen aufgenommen wurden. Zentrale Gedanken über den Unterschied der antiken und der modernen, der nationellen oder ›hesperischen‹ Dichtart (vgl. a. S. 599) und zu den Möglichkeiten und Bedingungen der Adaption des Fremden für das Eigene (in der Forschung oft unter dem Stichwort der ›Vaterländischen Umkehr‹ diskutiert, vgl. S. 665) formulierte H. in den beiden Briefen an Böhlendorff; der erste entstand vor, der zweite nach H.s Reise nach Bordeaux. Unmittelbar nach Ostern muß H. den Entschluß gefaßt haben, seine Stellung als Hofmeister in Bordeaux aufzugeben. Am 10. Mai erhielt er seinen Paß für die Rückreise, am 7. Juni sein Visum in Straßburg, Mitte Juni war er bei der Mutter in Nürtingen, in äußerlich und innerlich zerrüttetem Zustand. Die Gründe und der unmittelbare Anlaß des plötzlichen Aufbruchs werden sich kaum mehr klären lassen. In einem Brief an Landauer hat Daniel Christoph Meyer seinem Hauslehrer nachträglich »das schönste Zeugnis« ausgestellt. Die Briefe gehören mit zu den meistinterpretierten poetologischen Zeugnisse H.s, der zweite wird vor allem auch immer wieder in Bezug auf seinen Wahnsinn gebracht, vgl. die rätselhafte Formulierung: »kann ich wohl sagen, daß mich Apollo geschlagen« (S. 658). Reminiszenzen an die Reise finden sich auch in der Hymne *Andenken* und dem hymnischen Entwurf *Das Nächste Beste*.

Böhlendorff: Casimir Ulrich Böhlendorff (1775–1825) stammte aus dem kurländischen Mitau, studierte Jura in Jena und war dort Mitglied der Fichte verpflichteten, ›Gesellschaft der freien Männer‹, was von entscheidender Bedeutung für sein Leben wurde. 1798 erlebte er die Helvetische Revolution mit, über die er 1802 eine größere Arbeit veröffentlichte. Im April 1799 traf er in Homburg mit H. zusammen. Während einiger unruhiger und notvoller Jahre in Jena, Dresden, Bremen und Berlin suchte er vergeblich beruflich Fuß zu fassen. 1803 kehrte er, geistig gestört, wieder in die Heimat zurück und endete nach unstetem Wanderleben schließlich durch Selbstmord. (Die letzte Phase seines Lebens gestaltete Johannes Bobrowski in seiner Erzählung »Böhlendorff«, 1964.) Als Lyriker wie als Dramatiker (sein Trauerspiel ›Ugolino Gherardesca‹, das er Goethe zusandte, wurde von diesem hart kritisiert) hatte er keinen Erfolg. – *Dein »Fernando«:* ›Fernando oder Die Kunstweihe. Eine dramatische Idylle‹ (1802). Das in Spanien spielende Künstlerdrama steht in seiner Kunstanschauung der Frühromantik (Tieck und Wackenroder) nahe. – *Feuer vom Himmel:* Vgl. S. 651: »ein himmlisches Feuer«. – *Nüchtenheit:* Vgl. zu 608.

656 *Eigene wie das Fremde:* Vgl. die späte Variante zur letzten Strophe von *Brot und Wein,* die diese Dialektik unter dem Stichwort »Kolonie« anspricht, sowie *Andenken* V. 39 ff. Fast gleichzeitig notierte Novalis sich zu diesem zentralen Gedankenmotiv der Frühromantik: »Verwandlung des *Fremden* in ein *Eignes,* Zueignung ist also das unaufhörliche Geschäft des Geistes. Einst soll kein *Reitz* und nichts *Fremdes* mehr seyn – der Geist soll sich selbst fremd und Reitzend seyn, oder absichtlich machen können.« (Aus den ›Vorarbeiten zu verschiedenen Fragmentsammlungen 1798‹, Nr. 468). – *moderne Tragödie:* Zu dieser geschichtsphilosophisch-poetologischen Reflexion vgl. das zum *Tod des Empedokles* mitgeteilte Zitat S. 840.

657 *»der alte heilige Vater...«:* Aus Goethes Gedicht »Grenzen der Menschheit« frei zitiert. – *dem alten Tantalus:* Vgl. zu 367 und 467, 335. – *Otaheiti:* Tahiti, vgl. zu *Tinian* 249.

658 *Angst des patriotischen Zweifels und des Hungers:* In manchen Gegenden Frankreichs war die Einstellung der Bevölkerung zur Revolution zwiespältig, brachte doch die jakobinische Agrargesetzgebung – die Aufteilung der Gemeinde- und Emigrantenländereien – vielerlei Schwierigkeiten mit sich, die von der Bourgeoisie ausgenutzt und durch Wucher und Spekulation, besonders mit Lebensmitteln, noch vergrößert wurden. Hungersnöte in Paris, aber auch auf dem Lande, waren die Folge. In der Vendée, der Küstenlandschaft südlich der Loiremündung, einem der damals ökonomisch rückständigen Gebiete, brach unter Führung des Adels und mit Unterstützung Englands im Frühjahr 1793 ein konterrevolutionärer Aufstand aus, der von der Revolutionsarmee niedergeschlagen wurde. – *Feuer des Himmels:* Vgl. das »Feuer vom Himmel« im 1. Brief. – *in ihrem Klima:* Zu diesem Argument vgl. zu 381. – *der Anblick der Antiken:* H. ist auf seiner Rückreise wohl über Paris gekommen, wo er Originale und Abgüsse antiker Kunst gesehen haben mag. – *Erschütterungen und Rührungen der Seele:* H. meinte wohl vor allem den Tod Susette Gontards, die am 22. Juni 1802 gestorben war. Sinclair hatte dem Freunde Anfang Juli die Mitteilung gemacht; daraufhin begab sich H. von Stuttgart nach Nürtingen ins Haus der Mutter.

659 *kommentieren:* Hier wohl in dem Sinne von »unfrei nachzusprechen brauchen«. – *vaterländisch... zu singen:* Vgl. den auf S. 758 mitgeteilten Brief an den Verleger Wilmans.

660 ANMERKUNGEN ZUM ÖDIPUS / ANMERKUNGEN ZUR ANTIGONE 1804 erschienen ›Die Trauerspiele des Sophokles, übersetzt von Friedrich Hölderlin‹, Band 1 enthielt ›Ödipus der Tyrann‹, Band 2 ›Antigonä‹. Seine eigenwilligen Übersetzungen, deren Sprache den geschichtlichen Abstand reflektieren soll, versah H. mit *Anmerkungen:* »Ich bin es zufrieden, daß der erste Band erst in der Jubilatemesse erscheint, um so

mehr, da ich hinlänglichen Stoff habe, eine Einleitung zu den Tragödien vorauszuschicken, die ich wohl diesen Herbst noch ausführen können werde. Ich hoffe, die griechische Kunst, die uns fremd ist, durch Nationalkonvenienz und Fehler, mit denen sie sich immer herumbeholfen hat, dadurch lebendiger als gewöhnlich dem Publikum darzustellen, daß ich das Orientalische, das sie verleugnet hat, mehr heraushebe und ihren Kunstfehler, wo er vorkommt, verbessere« schreibt er am 3. Dezember 1803 an den Verleger Friedrich Wilmans. Von der »Einleitung« ist nichts überliefert, ob sie je zustandekam, ist fraglich.

Über sein Verhältnis zu den »Griechen«, das auch im Mittelpunkt der Böhlendorff-Briefe steht, hat sich H. nach dem *Gesichtspunkt, aus dem wir das Altertum anzusehen haben* noch in einem Briefentwurf aus dem Winter 1799/1800 ausführlich geäußert: »Das innigere Studium der Griechen hat mir dabei geholfen und mir statt Freundesumgang gedient, in der Einsamkeit meiner Betrachtungen nicht zu sicher, noch zu ungewiß zu werden. Übrigens sind die Resultate dieses Studiums, die ich gewonnen habe, ziemlich von andern, die ich kenne, verschieden. Man hat, wie Ihnen bekannt ist, die Strenge, womit die hohen Alten die verschiedenen Arten ihrer Dichtung unterschieden, häufig ganz und gar mißkannt oder doch nur an das Äußerliche derselben sich gehalten, überhaupt ihre Kunst viel mehr für wohlberechnetes Vergnügen gehalten als für eine heilige Schicklichkeit, womit sie in göttlichen Dingen verfahren mußten. Das Geistigste mußte ihnen zugleich das höchste *Charakteristische* sein. So auch die *Darstellung* desselben. Daher die Strenge und Schärfe der *Form* in ihren Dichtungen, daher die *edle* Gewaltsamkeit, womit sie diese Strenge beobachteten bei untergeordneteren Dichtungsarten, daher die Zartheit, womit sie das Hauptcharakteristische vermieden bei höhern Dichtungsarten, eben weil das Höchstcharakteristische nichts Fremdes, Außerwesentliches, darum keine Spur von Zwang in sich enthält. So stellten sie das Göttliche menschlich dar, doch immer mit Vermeidung des eigentlichen Menschenmaßes, natürlicherweise, weil die Dichtkunst, die in ihrem ganzen Wesen, in ihrem Enthusiasmus wie in ihrer Bescheidenheit und Nüchternheit ein heiterer Gottesdienst ist, niemals die Menschen zu Göttern oder die Götter zu Menschen machen, niemals unlautere *Idololatrie* begehen, sondern nur die Götter und die Menschen gegenseitig näher bringen durfte. Das Trauerspiel zeigt dieses per contrarium. Der Gott und Mensch scheint eins, darauf ein Schicksal, das alle Demut und allen Stolz des Menschen erregt und am Ende Verehrung der Himmlischen einerseits und andererseits ein gereinigtes Gemüt als Menscheneigentum zurückläßt. Nach diesen ästhetischen Gesinnungen, die nach ihren Äußerungen und nach den Worten *wollen, sollen* und *können* und wohl zu rechter Zeit gesagt sind, würde ich die poetischen Werke zu würdigen suchen mit unerschütterlicher Gerechtigkeit in der Sache und mit möglicher Schonung der Person des Schriftstellers, auch mit dem Gedanken...«

Der Versuch, die »verschiedenen Arten ihrer Dichtung« und die Bedingungen ihrer Auffassung des Tragischen genauer zu fassen, ist das Hauptthema der *Anmerkungen*, das »kalkulable Gesetz« oder der »gesetzliche Kalkul« der antiken Dramen soll näher bestimmt werden, um der »modernen Poesie« zuverlässige Hinweise geben zu können (vgl. a. den *Grund zum Empedokles* S. 557–569). Zusammen mit den Böhlendorff-Briefen formulieren diese Hinweise den Reflexionsraum, in dem die späten Hymnen zu lesen sind, dies steht im Zentrum der Leseausgabe, die mittleren Abschnitte der *Anmerkungen*, die sich näher mit der Interpretation der beiden Tragödien des Sophokles beschäftigen, mußten leider entfallen. – Zu den beiden Dramen vgl. a. S. 643 sowie V. 124 der 1. Fassung des Empedokles. – μηχανη: (griech.: mechané) Kunst, die »handwerksmäßig« ausgeübt wird.

661 *Summum:* Höhepunkt.

662 Της: In der Suda, dem umfangreichsten griechischen Lexikon (um 1000 in Byzanz entstanden), heißt es von Aristoteles: »Er war der Natur Schreiber, das Schreibrohr eintauchend in Sinn.« H. wendet diesen Satz, leicht variiert, auf den tragischen Dichter an, insbesondere auf Sophokles: »Er war der Natur Schreiber, das wohlgesinnte Schreibrohr eintauchend.« – *wenn ich Wahrsager bin:* Vgl. V. 1105 der Übersetzung H.s.

663 *Ganze... Glieder... Zusammenhänge:* Vgl. zu 611 und 623. Hier ist der kontrastierende Vergleich vollständig ausgeführt: das Ganze mit seinen Gliedern bildet ein lebendiges Organ, während der Zusammenhang mit seinen Teilen bloß mechanisch ist, die Teile keine individuelle Beziehung zum Allgemeinen zeigen. – *verschiedene Vermögen der Menschen:* Verstand und Vernunft (vgl. zu 386), Gedächtnis, Sinnlichkeit und Einbildungskraft (oder Urteilskraft), die diese verschiedenen Vermögen zu einem einheitlichen Ausdruck zusammenbinden soll; vgl. a. »Gemüt« zu 588, »Ganzes« S. 621 und zu 513, 1449.

664 *eigentlicheren Zeus:* Vgl. a. die Formulierungen S. 642 und 643 sowie die Auslegung von V. 987f. seiner Übersetzung der ›Antigone‹, die H. im mittleren Teil der *Anmerkungen* vorträgt:

»Sie zählete dem Vater der Zeit
Die Stundenschläge, die goldnen,

statt: verwaltete dem Zeus das goldenströmende Werden. Um es unserer Vorstellungsart mehr zu nähern. Im Bestimmteren oder Unbestimmteren muß wohl Zeus gesagt werden. *Im Ernste lieber: Vater der Zeit oder: Vater der Erde, weil sein Charakter ist, der ewigen Tendenz entgegen, das Streben aus dieser Welt in die andre zu kehren zu einem Streben aus einer andern Welt in diese.* Wir müssen die Mythe nämlich überall *beweisbarer* darstellen. Das goldenströmende Werden bedeutet wohl die Strahlen des Lichts, die auch dem Zeus gehören, insofern die Zeit, die bezeichnet wird, durch solche Strahlen berechenbarer ist. Das ist sie aber immer, wenn die Zeit im Leiden gezählt wird, weil dann das Gemüt viel mehr dem Wandel der Zeit mitfühlend folgt und so den einfachen Stundengang begreift, nicht aber der Verstand von Gegenwart auf die Zukunft schließt.« (»Sie« ist die Danae, zum Motiv des Stundenzählens vgl. zu 522, 1765).

665 *»Ödipus auf Kolonos«:* In diesem zweiten Ödipus-Drama des Sophokles erwartet der blinde thebanische König im Hain der Eumeniden in Kolonos den erlösenden Tod, vgl. zu 394. – *vaterländische Umkehr:* Vgl. *Das Werden im Vergehen* S. 649, zur »Umkehr aller Vorstellungsarten« hatte H. am 10. Januar 1797 noch voller Hoffnungen auf eine revolutionäre Veränderung in Deutschland geschrieben: »Und was das Allgemeine betrifft, so hab ich *einen* Trost, daß nämlich jede Gärung und Auflösung entweder zur Vernichtung oder zu neuer Organisation notwendig führen muß. Aber Vernichtung gibt's nicht, also muß die Jugend der Welt aus unserer Verwesung wiederkehren. Man kann wohl mit Gewißheit sagen, daß die Welt noch nie so bunt aussah wie jetzt. Sie ist eine ungeheure Mannigfaltigkeit von Widersprüchen und Kontrasten. Altes und Neues! Kultur und Roheit! Bosheit und Leidenschaft! Egoismus im Schafpelz, Egoismus in der Wolfshaut! Aberglauben und Unglauben! Knechtschaft und Despotism! Unvernünftige Klugheit, unkluge Vernunft! Geistlose Empfindung, empfindungsloser Geist! Geschichte, Erfahrung, Herkommen ohne Philosophie, Philosophie ohne Erfahrung! Energie ohne Grundsätze, Grundsätze ohne Energie! Strenge ohne Menschlichkeit, Menschlichkeit ohne Strenge! Heuchlerische Gefälligkeit, schamlose Unverschämtheit! Altkluge Jungen, läppische Männer! – Man könnte die Litanei von Sonnenaufgang bis um Mitternacht fortsetzen und hätte kaum ein Tausendteil des menschlichen Chaos genannt. Aber so soll es sein! Dieser Charakter des bekannteren Teils des Menschengeschlechts ist gewiß ein Vorbote außerordentlicher Dinge. Ich glaube an eine künftige Revolution der Gesinnungen und Vorstellungsarten, die alles Bisherige schamrot machen wird.« (an J. G. Ebel).

666 προφανηθι...: (griech.) »Erscheine, Gott«; vgl. V. 1199 der ›Antigone‹, in H.s Übersetzung: »Werd offenbar«. – *Ajax:* Zu dieser Tragödie des Ajax vgl. a. S. 646.

ANHANG

Im Anhang der Ausgabe wurden zwei Texte aufgenommen, die nicht handschriftlich von H. oder autorisiert vorliegen, aber ganz zentrale Gedankenmotive H.s enthalten und zum Verständnis seiner Texte unverzichtbar sind.

671 DAS ÄLTESTE SYSTEMPROGRAMM DES DEUTSCHEN IDEALISMUS
Das sogenannte *Älteste Systemprogramm des deutschen Idealismus* – die Titelformulierung stammt von Franz Rosenzweig – ist in Hegels Handschrift überliefert und gedanklich in der Diktion Schellings abgefaßt, wobei gegen Ende die Prägung durch H. wahrscheinlich ist. Nach einer genauen Analyse der Handschrift konnte die Entstehung des ›Systemprogramms‹ auf den Zeitraum Weihnachten 1796 bis Februar 1797 eingegrenzt werden, hierzu und zum gegenwärtigen Stand der Autorenzuschreibung vgl.: Mythologie der Vernunft. Hegels ›ältestes Systemprogramm des deutschen Idealismus‹. Hg. von C. Jamme und H. Schneider. Frankfurt 1984. Zur Programmatik des Entwurfs vgl. die zitierten Briefpassagen sowie die Vorrede zur vorletzten Fassung des *Hyperion* S. 312 f.

Mechanisches: Vgl. zu 663 und S. 611. – *Ideen vom ewigen Frieden:* Anspielung auf die heftige Diskussion, die Kants Schrift ›Zum ewigen Frieden‹ (1795) ausgelöst hatte.

672 *Gottheit, Unsterblichkeit:* Postulate der praktischen Vernunft, vgl. Kants ›Kritik der reinen Vernunft‹, 1787², S. 7. – *Idee der Schönheit:* Vgl. H.s Brief an den Bruder aus dem März 1796: »Du willst, schreibst Du mir, mit Ästhetik Dich beschäftigen. Glaubst Du nicht, daß die *Bestimmung* der Begriffe ihrer *Vereinigung* vorausgehen müssen und daß demnach die untergeordneten *Teile* der Wissenschaft, z.B. Rechtlehre (im reinen Sinn), Moralphilosophie p. p. müssen studiert werden, ehe man an die cacumina rerum geht? Glaubst Du nicht, daß man, um die Bedürftigkeit der Wissenschaft kennenzulernen und so ein Höheres über ihr zu ahnden, müsse zuvor diese Bedürftigkeit eingesehen haben? Man kann freilich auch von oben hereinsteigen, man muß es insofern immer, als das reine Ideal alles Denkens und Tuns, die undarstellbare, unerreichbare Schönheit uns überall gegenwärtig sein muß, aber in seiner ganzen Vollständigkeit und Klarheit kann es doch nur dann erkannt werden, wenn man durchs Labyrinth der Wissenschaft hindurchgedrungen und nun erst, nachdem man seine Heimat recht vermißt hat, im stillen Lande

der Schönheit angekommen ist.« – *Buchstabenphilosophen... Geister:* Zum Gegensatz von lebendigem Geist und toten Buchstaben vgl. zu 483, 535, zur Forderung nach einem poetischen Philosophen vgl. S. 862. – *neue Mythologie:* Ein zentrales Gedankenmotiv der Frühromantiker, wie es in Anknüpfung an Herders Aufsatz ›Vom neuern Gebrauch der Mythologie‹ (1767 in ›Über die neuere deutsche Literatur‹ veröffentlicht) auch Friedrich Schlegel 1800 in seinem ›Gespräch über Poesie‹ postulierte:

»Es fehlt, behaupte ich, unserer Poesie an einem Mittelpunkt, wie es die Mythologie für die der Alten war, und alles Wesentliche, worin die moderne Dichtkunst der antiken nachsteht, läßt sich in die Worte zusammenfassen: Wir haben keine Mythologie. Aber, setze ich hinzu, wir sind nahe daran, eine zu erhalten, oder vielmehr es wird Zeit, daß wir ernsthaft dazu mitwirken sollen, eine hervorzubringen.

Denn auf dem ganz entgegengesetzten Wege wird sie uns kommen wie die alte ehemalige, überall die erste Blüte der jugendlichen Phantasie, sich unmittelbar anschließend und anbildend an das Nächste, Lebendigste der sinnlichen Welt. Die neue Mythologie muß im Gegenteil aus der tiefsten Tiefe des Geistes herausgebildet werden; es muß das künstlichste aller Kunstwerke sein, denn es soll alle andern umfassen, ein neues Bette und Gefäß für den alten ewigen Urquell der Poesie und selbst das unendliche Gedicht, welches die Keime aller andern Gedichte verhüllt« (Kritische Schriften. Hg. von W. Rasch. München 1971 S. 497.)

673 *neue Religion:* Die Formulierung, die auf *Brot und Wein, Stuttgart* und *Der Einzige* zu deuten scheint, dürfte für ein Losungswort zwischen Hegel, Schelling und H. stehen. »Ich bin gewiß, daß Du indessen zuweilen meiner gedachtest, seit wir mit der Losung – Reich Gottes! voneinander schieden. An dieser Losung würden wir uns nach jeder Metamorphose, wie ich glaube, wiedererkennen«, so H. am 10. Juli 1799 an den mit »Lieber Bruder« angesprochenen Hegel. – Im Anschluß an die zu 560 zitierte Briefpassage über den »Bildungstrieb« entwickelte H. das Ideal einer »ästhetischen Kirche« als Ideal »aller menschlichen Gemeinschaft«, in der Philosophie und Poesie zu einer neuen Einheit gelangen: »Philosophie und schöne Kunst und Religion, diese Priesterinnen der Natur, wirken demnach zunächst auf den Menschen, sind zunächst für diesen da, und nur, indem sie seiner reellen Tätigkeit, die unmittelbar auf die Natur wirkt, die edle Richtung Kraft und Freude geben, wirken auch jene auf die Natur und wirken mittelbar auf sie reell. Auch dieses wirken jene drei, besonders die Religion, daß sich der Mensch, dem die Natur zum Stoffe seiner Tätigkeit sich hingibt, den sie, als *ein mächtig Triebrad,* in ihrer unendlichen Organisation enthält, daß er sich nicht als Meister und Herr derselben dünke und sich in aller seiner Kunst und Tätigkeit

bescheiden und fromm vor dem Geiste der Natur beuge, den er in sich trägt, den er um sich hat und der ihm Stoff und Kräfte gibt; denn die Kunst und Tätigkeit der Menschen, soviel sie schon getan hat und tun kann, kann doch Lebendiges nicht hervorbringen, den Urstoff, den sie umwandelt, bearbeitet, nicht selbst erschaffen, sie kann die schaffende Kraft entwickeln, aber die Kraft selbst ist ewig und nicht der Menschenhände Werk.

So viel über menschliche Tätigkeit und Natur. Ich wollte, ich könnte es Dir so darstellen, wie es mir in der Seele und auch vor Augen liegt, wenn ich um mich herum die Menschen und jedes seine Welt ansehe, denn es gibt mir großen Trost und Frieden, versöhnt mich besonders mit der mannigfaltigen menschlichen Geschäftigkeit und gibt mir ein tiefes Wohlgefallen an allem Fleiße und tiefere Teilnahme an dem Treiben und an den Leiden der Menschen. Du hast nichts Kleines vor, lieber Bruder! wenn Du die Organisation einer ästhetischen Kirche darstellen willst, und Du darfst Dich nicht wundern, soviel ich einsehe, wenn Dir während der Ausführung Schwierigkeiten aufstoßen, die Dir fast unübersteiglich scheinen. Die Bestandteile des Ideals überhaupt und ihre Verhältnisse philosophisch darstellen, würde schon schwer genug sein, und die philosophische Darstellung des *Ideals aller menschlichen Gesellschaft*, der ästhetischen Kirche, dürfte vielleicht in der ganzen Ausführung noch schwerer sein. Mache Dich nur mutig daran; am Höchsten übt sich die Kraft am besten, und Du hast in jedem Falle den Gewinn davon, daß es Dir leichter werden wird, alle andre gesellschaftlichen Verhältnisse in dem, was sie sind und sein können, gründlich einzusehen.

Ich bin so in das Feld unserer Lieblingsgedanken hineingeraten.«

673 IN LIEBLICHER BLÄUE...

Wilhelm Waiblinger, der am 3. Juli 1822 zum ersten Mal H. im Turm besuchte, sah damals auch Papiere von ihm: »Ich erbat mir auch einen solchen Bogen. Merkwürdig ist das nach Pindarischer Weise, oft wiederkehrende: nehmlich – er spricht immer von Leiden, wenn er verständlich ist, von Oedipus, von Griechenland«, vermerkt er in seinem Tagebuch. Sehr wahrscheinlich ist es dieser »Bogen«, den Waiblinger 1823 im 2. Teil seines Romans ›Phaëton‹ in Prosa mitteilt. Die Wiedergabe leitete er ein mit: »Alles, was er bekommen konnte von Papier, überschrieb er in dieser Zeit. Hier sind einige Blätter aus seinen Papieren, die zugleich einen tiefen Blick in den schrecklichen Zustand seines verwirrten Gemüthes geben. Im Original sind sie abgetheilt, wie Verse, nach Pindarischer Weise.«

D. E. Sattler datiert den Text auf 1807, die Nähe zu den spätesten hymnischen Entwürfen spricht dafür –, Uffhausen datiert aufgrund eines biographischen Details, das sich auf eine der Töchter des Schreiners beziehen könnte, auf 1822. – *dem metallenen Dache dem Kirchturm:* Vgl. *und mitzufühlen das Leben* V. 17: »der Türme Kronen«. – *wohnet:* Hier im weitesten Sinn gebraucht, vgl. 551, 559.

674 *ein Bild der Gottheit:* Vgl. 1. Moses 1, 27 sowie *Was ist der Menschen Leben?*, S. 260. – *Myrten:* Immergrüne, der Aphrodite geweihte Pflanze, die so als Brautschmuck verwendet wurde. – *Der König Ödipus hat ein Auge zuviel vielleicht:* Im 2. Abschnitt der *Anmerkungen zum Ödipus* schrieb H.: »Die *Verständlichkeit* des Ganzen beruhet vorzüglich darauf, daß man die Szene ins Auge faßt, wo Ödipus den Orakelspruch *zu unendlich deutet*, zum *nefas* ⟨vgl. zu 558⟩ versucht wird.« Ödipus ist der »Sohn« des Königs »Laios« (s. u.). – *Herkules:* Vgl. zu 36. – *Dioskuren:* Vgl. zu 27, 35.

675 *mit Gott zu streiten, das ist Leiden:* Vgl. a. S. 664. – *Leben ist Tod, und Tod ist auch das Leben:* Vgl. zu 589, 464.

ZEITTAFEL

1770 20. März   Johann Christian Friedrich Hölderlin als erstes Kind des Klosterhofmeisters Heinrich Friedrich Hölderlin (* 1736) und seiner Ehefrau Johanna Christiana geb. Heyn (* 1748) in Lauffen am Neckar geboren.
1771 7. April   Geburt der Schwester Johanna Christiana Friederike.
1772 5. Juli   Tod des Vaters nach einem Schlaganfall.
15. August   Geburt der Schwester Maria Eleonora Heinrike (Rike).
1774 Oktober   Umzug nach Nürtingen, wo die Mutter in zweiter Ehe den Kammerrat Johann Christoph Go(c)k (* 1748) heiratet.
1775 16. November   Tod der Schwester Johanna Christiana Friederike.
1776 Beginn des Schulbesuchs. Zugleich erhält H. – von der Mutter früh zum Pfarrerberuf bestimmt – Privatunterricht zur Vorbereitung auf das Landexamen, der Vorbedingung zur Aufnahme in eine der evangelischen Klosterschulen Württembergs.
29. Oktober   Geburt des Stiefbruders Karl Christoph Friedrich Gok.
1777 Nach dem Tod der älteren Schwester des Vaters, Elisabeth von Lohenschiold, erbt H. 1393 Gulden. Ihm stehen damit – zusammen mit rund 3000 ihm nach dem Tod des Vaters 1772 und dem Tod der Schwester Johanna Christiana Friederike 1775 zugefallenen Gulden – rund 4400 Gulden zu, die von der Mutter, in Pfandbriefen und Darlehen angelegt, auch nach H.s Mündigkeit weiter verwaltet werden.
1779 8. März   Tod des Stiefvaters an einer Lungenentzündung.
1784 20. Oktober   H. kommt in die niedere Klosterschule Denkendorf. Verpflichtung durch Unterzeichnung einer Urkunde, sich »auf keine andere Profession, dann die Theologiam zu legen«. In Denkendorf entstehen die ersten von H. erhaltenen Gedichte.
1786 18./19. Oktober   H. zieht mit seiner Klasse in die höhere Klosterschule Maulbronn ein. Schon bald Liebe zu Louise Nast (* 1768), der Tochter des Maulbronner Klosterverwalters. (Im Herbst 1788 denkt H. – mit Zustimmung der Mutter – an eine dauernde Verbindung mit Louise, löst aber im Frühjahr 1789 die Verlobung auf.)

Ende des Jahres Beginn der Freundschaft mit Louisens Vetter Immanuel Nast, die jedoch nach H.s Eintritt ins Tübinger Stift verkümmert.

1787 Ende März Begeisterte Lektüre Ossians. In Maulbronn vor allem Lektüre Klopstocks, Schillers, Schubarts, Youngs und Wielands.

1788 Ende März In Wielands ›Teutschem Merkur‹ erscheinen die ›Götter Griechenlands‹ von Schiller, ein Vorbild für die hymnische Dichtung des jungen H.

April Erste Lektüre des ›Don Carlos‹.

2.–6. Juni Von Maulbronn aus in die Pfalz: die erste größere Reise H.s (über Bruchsal, Speyer, Schwetzingen, Heidelberg, Mannheim und Frankenthal). Zum ersten Mal am Rhein: *Ich glaubte neugeboren zu werden... mein Geist flog hin ins Unabsehliche.*

21. Oktober Einzug H.s mit seiner Klasse ins Tübinger Stift. Vier Schüler vom Stuttgarter Gymnasium kommen dazu, darunter Hegel.

Ende des Jahres Im Stift Beginn der Freundschaft mit Christian Ludwig Neuffer (* 1769) und Rudolf Magenau (* 1767); Aufnahme in deren Dichterbund. Magenau im Rückblick: »Kein Tag verging, an dem wir uns nicht gesprochen... Eine Seele in drei Leibern waren wir!«

1789 April In den Osterferien von Nürtingen aus nach Stuttgart zu Neuffer. Besuch bei Schubart, vielleicht auch bei Gotthold Friedrich Stäudlin.

Sommer In Tübingen Unterricht im Flötenspiel bei Friedrich Ludwig Dulon. (Mit Klavierunterricht begann H. schon 1780).

5. November Erster Besuch Herzog Karl Eugens im Stift seit 1782/83. Vier Monate nach dem Ausbruch der Französischen Revolution ermahnt der Herzog die zum Teil republikanisch gesinnten Stiftler zu »strenger Ordnung und Gesetzlichkeit«.

Nach Mitte November H. klagt über den *Druck* im Stift und möchte ausscheiden, um Jura zu studieren. Er läßt den Plan erst im Januar 1790 mit Rücksicht auf die Mutter fallen.

1790 Anfang des Jahres Beginn der Wirkung Kants im Stift, stark gefördert durch den Repetenten und »Kantischen enragé« Carl Immanuel Diez.

April Im Stift trifft eine Deputation des Konsistoriums ein, um die Errichtung neuer Statuten vorzubereiten. Stiftler und Repetenten fürchten bald, daß ihnen *widersinnische, zwecklose Gesetze* aufgezwungen werden sollen. H. im Februar 1792: *Wir müssen dem Vaterlande und der Welt ein Beispiel geben, daß wir nicht geschaffen sind, um mit uns nach Willkür spielen zu lassen.*

September   Mit dem Magisterexamen schließt H. die zwei ersten der Philosophie und Philologie gewidmeten Studienjahre im Stift ab.

Oktober   In Stuttgart mit Stäudlin Gespräch über den ›Musenalmanach fürs Jahr 1792‹, in dem erstmals Gedichte H.s veröffentlicht werden. Der Almanach liegt schon im September 1791 vor.

20. Oktober   Ungewöhnlich früh, mit 15 Jahren, kommt Schelling – H. schon von der Nürtinger Lateinschule bekannt – ins Stift. H. arbeitet im Wintersemester mit ihm und Hegel oft zusammen.

Ende des Jahres   Liebe zu Elise Lebret (* 1774), der Tochter des Kanzlers der Universität. (Das Verhältnis zieht sich – nie ohne Spannungen – bis zum Ende der Studienzeit hin.) Im Jahr des Magisteriums Lektüre von Winckelmann, Leibniz, Herder, Heinse, Bürger und Jakobis Schrift ›Über die Lehre des Spinoza‹.

1791   März   H. nennt der Schwester in einem Brief als *höchsten Wunsch: in Ruhe und Eingezogenheit einmal zu leben – und Bücher schreiben zu können, ohne dabei zu hungern.*

April   Mit Christian Friedrich Hiller und Friedrich August Memminger Reise in die Schweiz (über Schaffhausen, Zürich, den Zürichsee, Kloster Einsiedeln zum Vierwaldstättersee). Am 19.4. in Zürich Besuch bei Lavater.

Juni   In einem Brief an die Mutter: *Mein sonderbarer Charakter, meine Launen, mein Hang zu Projekten, und... mein Ehrgeiz... lassen mich nicht hoffen, daß ich im ruhigen Ehestande, auf einer friedlichen Pfarre glücklich sein werde.*

September   Nach Magenaus Ausscheiden Ende Juli verläßt auch Neuffer mit Beendigung seines Studiums das Stift. Hölderlin vermißt den Umgang mit den Freunden sehr.

Gegen Ende des Jahres   H. beschäftigt sich mit Rousseau und läßt sich *vom großen Jean Jaques... ein wenig über Menschenrecht belehren.* – Daneben Studium der Astronomie.

1792   20. April   Frankreich erklärt den Krieg gegen Österreich und Preußen. Im Juni nimmt H. Partei für die Franzosen, *die Verfechter der menschlichen Rechte.* (Information über die Kriegsereignisse wohl durch den ›Schwäbischen Merkur‹.) – In Tübingen bildet sich vermutlich um diese Zeit ein politischer Klub, der auch französische Zeitungen hält. – Nach den Septembermorden in Frankreich Abkühlung der Sympathie für die Revolution im Ausland. Auch H. lehnte 1793 den Jakobiner-Terror ab, nennt Marat einen *schändlichen Tyrannen* und sieht das Schicksal der Girondisten voraus: *Brissot dauert mich im Innersten. Der gute Patriot wird nun wahrscheinlich ein Opfer seiner niedrigen Feinde.* 1794 bezeichnet H. die Hinrichtung Robespierres als *gerecht, und vielleicht von guten Folgen.*

Oktober   H. nimmt in Nürtingen an der Hochzeit der Schwester mit dem Klosterprofessor Breunlin teil. Die Schwester zieht mit ihrem Mann nach Blaubeuren, wo H. beide erstmals im März 1793 besucht; 1797 wird er Pate ihres zweiten Kindes.

1793   20. September   Stäudlin empfiehlt Schiller brieflich H. als Hofmeister bei Frau von Kalb: es sei H.s Wunsch, »über die enge Sphäre seines Vaterlandes und eines Pfarrvikariats in demselben hinauszutreten«. Nach kurzem Besuch bei Schiller leitet dieser die Empfehlung weiter. Am 31. 10. stimmt Charlotte von Kalb zu.

6. Dezember   In Stuttgart Konsistorialexamen H.s; zugleich Abschluß der theologischen Studienzeit und Voraussetzung für den Eintritt in die geistliche Laufbahn. (Vermutlich in der Stuttgarter Stiftskirche Probepredigt H.s.)

Mitte Dezember   Von Nürtingen aus Aufbruch nach Waltershausen. Von Stuttgart zunächst bis Nürnberg, nach einem Aufenthalt dort weiter über Erlangen, Bamberg und Coburg. – Bei der Ankunft in Waltershausen am 28. 12. ist Charlotte von Kalb in Jena; sie kommt erst im März zurück.

1794   Anfang des Jahres   Herzliche Aufnahme H.s in Waltershausen: Freundschaft mit dem Pfarrer des Ortes, Johann Friedrich Nenninger, und der Gesellschafterin Charlottens, Wilhelmine Marianne Kirms, *einer Dame von seltnem Geist und Herzen.* – Von 9–11 und von 15–17 Uhr Unterricht für seinen Zögling Fritz von Kalb. In der Freizeit Lektüre Kants und Platons; im Frühjahr und während des Sommers intensive Arbeit am ›Hyperion‹, insbesondere an dem Fragment, das im November 1794 in Schillers ›Thalia‹ erscheint. (Am 20. 3. gibt H. Schiller brieflich *Rechenschaft* über seine Erziehertätigkeit und legt seine von Kant und Rousseau beeinflußten pädagogischen Grundsätze dar.)

Juni   Mit Familie von Kalb Reise nach Völkershausen bei Ostheim. Nach Pfingsten allein Fußwanderung quer durch die Rhön nach Fulda.

Juli   H. wehrt den Wunsch der Mutter ab, sich eine *feste häusliche Lage* zu wählen, um weiter *ohne die Einschränkungen eines fixierten bürgerlichen Verhältnisses* leben zu können.

10. Juli   Erster Brief an Hegel seit dem Abschied.

August   Starke Beschäftigung mit Fichte.

Oktober   Die Erziehung Fritz von Kalbs erweist sich als sehr schwierig: *Die ganze Unmöglichkeit, auf das Kind reell zu wirken, griff meine Gesundheit und mein Gemüt auf das härteste an.*

Anfang November   Antritt der lange geplanten Reise mit seinem Zögling nach Jena (über Meiningen, Schmalkalden, Gotha, Erfurt und Weimar). Schon bald Besuch bei Schiller, in Anwesenheit Goethes. Täglich Hörer der Vorlesungen Fichtes, wohl auch Fühlungnahme mit dem um Fichte gescharten Kreis der Freien Männer; enge Freundschaft mit Isaak von Sinclair, den H. schon von Tübingen her kennt. Gelegentlich Besuch des Klubs der Professoren, Bekanntschaft mit Sophie Mereau, öfter Gast bei Immanuel Niethammer.

Ende Dezember   Mit Charlotte und Fritz von Kalb Übersiedlung nach Weimar. Dort Besuch bei Herder und Zusammentreffen mit Goethe bei Charlotte von Kalb: *Ruhig, viel Majestät im Blicke ... so fand ich ihn.*

1795   Mitte Januar   In beiderseitigem Einvernehmen Trennung H.s vom Haus von Kalb. Rückkehr nach Jena, Wohnung *neben dem Fichtischen Hause.* Sehr sparsame Lebensweise, die H.s Gesundheit gefährdet: er ißt *des Tags nur Einmal ziemlich mittelmäßig.* – Bald wieder Teilnahme am Kolleg Fichtes, öfter Besuche bei Schiller, der am 9.3. Cotta den Verlag des *Hyperion* empfiehlt (bei Schiller vielleicht auch Bekanntschaft mit Wilhelm von Humboldt).

18. Januar   Im Klub der Professoren Gespräch mit Goethe und Heinrich Meyer, Zusammentreffen mit dem Historiker Karl Ludwig Woltmann.

Ende März   Siebentägige Fußreise nach Halle, Dessau, Leipzig und Lützen.

April   Zurückgezogenes Leben H.s: *ich komme beinahe gar nicht unter die Menschen. Zu Schillern mach ich immer noch meinen Gang, wo ich izt meist Goethen antreffe.*

Ende Mai   Im Hause Niethammers abendliches Zusammensein mit Fichte und Friedrich von Hardenberg.

Wohl Anfang Juni   Plötzlicher Aufbruch H.s aus Jena. Auf der Reise nach Nürtingen trifft er in Heidelberg – sicher auf Vermittlung Sinclairs – den Arzt und Naturforscher Johann Gottfried Ebel, der H. eine Stelle im Haus des Frankfurter Bankiers Jakob Friedrich Gontard (* 1764), seit 1786 vermählt mit Susette Gontard geb. Borkenstein (* 1769), in Aussicht stellt. Die Zusage trifft Anfang Dezember ein. (Im September 1796 geht Ebel als entschiedener Anhänger der Revolutionsideen nach Paris und tritt dort mit Abbé Sieyès, Wilhelm von Humboldt und Görres in Verbindung. – Briefwechsel mit H.)

Sommer   Von Nürtingen aus Besuch bei Schelling in Tübingen. Eröffnung eines philosophischen Gesprächs, das – im Dezember in Nürtingen und im April 1796 in Frankfurt fortgesetzt – sich in dem von Schelling entworfenen und in einer Abschrift von Hegel erhaltenen ›Ältesten Systemprogramm des deutschen Idealismus‹ niederschlägt.

Ende September   Wiedersehen mit Neuffer und Magenau. Spätestens um diese Zeit in Stuttgart Bekanntschaft mit Christian Landauer (* 1769).

Ende Dezember   Nach der Ankunft in Frankfurt erster Besuch bei Familie Gontard: der Lebensstil des Hauses ist großbürgerlich.

1796   Anfang Januar   Kurzer Aufenthalt bei Sinclair in Homburg, der dort inzwischen im Dienst des Landgrafen steht. Bekanntschaft mit dem Hofrat Franz Wilhelm Jung. H. reist in der Folgezeit öfter nach Homburg.

Mitte Januar   Nach Antritt der Hofmeisterstelle im Haus Gontard (H.s Gehalt beträgt 400 Gulden, der Unterricht findet nur vormittags statt) schnell gutes Verhältnis zu seinem Zögling Henry Gontard. Bald Liebe zu Susette Gontard: *Ich bin in einer neuen Welt... Lieblichkeit und Hoheit, und Ruh und Leben, und Geist und Gemüt und Gestalt ist Ein seliges Eins in diesem Wesen.* – Die Reimhymne *Diotima* entsteht.

Mai   Mit Familie Gontard Übersiedlung auf deren Sommersitz im Osten der Stadt, auf der »Pfingstweid«. Susette Gontard und H. leben in *ungestörten Stunden... in himmlischem Frieden nebeneinander.*

10. Juli   Wegen der Kriegsereignisse Flucht mit Familie Gontard über Hanau nach Kassel (nur der Hausherr bleibt in Frankfurt).

25. Juli   Eintreffen Wilhelm Heinses in Kassel. In Gesellschaft des seit langem mit der Familie Gontard bekannten Heinse Besuche in der Gemäldegalerie und im Museum Fridericianum. – Im August Weiterreise nach Bad Driburg, wo Familie Gontard, H. und Heinse bis September bleiben. Ende September über Kassel Rückkehr nach Frankfurt.

1797   Januar   Hegel trifft in Frankfurt ein, um eine von H. vermittelte Hofmeisterstelle anzutreten. Bald reger Umgang H.s mit Hegel: *Ich liebe die ruhigen Verstandesmenschen, weil man sich so gut bei ihnen orientieren kann.*

Mitte April   Der erste Band des *Hyperion* erscheint bei Cotta.

April Besuch des Bruders in Frankfurt; er logiert im Haus Gontard.

August *Detaillierter Plan zu einem Trauerspiel:* der Frankfurter Plan des *Empedokles.* – Anfang August erscheint H.s Elegie *Der Wanderer* (1. Fassung) in den ›Horen‹.

22. August: Besuch bei Goethe, der vor seiner dritten Reise in die Schweiz in Frankfurt Station macht; das letzte Zusammentreffen beider.

Oktober Bekanntschaft mit Siegfried Schmid (* 1774) aus Friedberg.

1798 Frühjahr In einem Brief an den Bruder: *Weißt Du die Wurzel alles meines Übels? Ich möchte der Kunst leben, an der mein Herz hängt, und muß mich herumarbeiten unter den Menschen.* (H. macht sich um diese Zeit schon mit einer Trennung vom Haus Gontard vertraut.)

September Lösung des Verhältnisses zu Familie Gontard. – Susette Gontard schreibt H. kurz nach seinem Weggang: »... es ist, als hätte mein Leben alle Bedeutung verloren, nur im Schmerz fühl ich es noch«.

Ende September Auf den Rat Sinclairs Umzug H.s nach Homburg.

Anfang Oktober Erstes Wiedersehen mit Susette Gontard in Frankfurt. Bis zu H.s Weggang von Homburg treffen sich beide heimlich öfter in Frankfurt. Dabei Austausch von Briefen.

Mitte Oktober In Homburg Besuche H.s bei Hof, wo der ›Hyperion‹ *einigermaßen Glück* macht. Prinzessin Auguste (* 1776) faßt eine Neigung zu H.

November Auf Einladung Sinclairs reist H. zum Rastatter Kongreß, an dem Sinclair als Geschäftsträger des Landgrafen teilnimmt. H. lernt mit Friedrich Muhrbeck, Fritz Horn und Johann Arnold Joachim (von) Pommer-Esche republikanisch gesinnte Freunde Sinclairs kennen, dazu den Legationssekretär Gutscher, einen Landsmann. (Von Pommer-Esche besucht H. im Dezember in Homburg.)

1799 Februar In Begleitung Muhrbecks Rückkehr Sinclairs nach Homburg. Bald reger Umgang H.s mit beiden (das Gespräch der Freunde dreht sich wohl vornehmlich um aktuelle politische Fragen).

April Ankunft Casimir Ulrich Böhlendorffs, der bis Ende Juni bleibt. Böhlendorff im Mai über Sinclair und H.: »Ich habe hier einen Freund, der Republikaner mit Leib und Leben ist – auch einen andern Freund, der es im Geist und in der Wahrheit ist«.

Juni   Arbeit an der zweiten Fassung des *Empedokles*. – In den Homburger Jahren intensives Pindar-Studium; zahlreiche philosophische Aufsätze entstehen. In einem Brief an Neuffer Eröffnung des Plans, eine *poetische Monatschrift* herauszugeben, als Titel bald ›Iduna‹ vorgesehen, als Verleger Johann Friedrich Steinkopf (* 1771) in Stuttgart. Auf Wunsch Steinkopfs wirbt H. brieflich um Mitarbeiter, »Männer mit Namen«, darunter Schelling, Schiller und Goethe. Viele seiner Briefe bleiben ohne Antwort, der Journal-Plan scheitert.

Oktober   Erscheinen des zweiten Bandes von *Hyperion*. Anfang November übergibt H. in Frankfurt ein Exemplar an Susette Gontard mit der Widmung: *Wem sonst als Dir.*

1800   2. März   In Blaubeuren Tod des Schwagers. Die Schwester zieht mit den Kindern zur Mutter nach Nürtingen.

Ostern   Von Homburg aus Besuch in der Heimat. Dabei wohl Vorbereitung der Übersiedlung nach Stuttgart in Landauers Haus.

8. Mai   Letztes Wiedersehen mit Susette Gontard in Frankfurt.

Juni   Rückkehr H.s von Homburg nach Nürtingen (H. hält sich nur zehn Tage bei Mutter, Großmutter und Schwester auf).

20. Juni   Zu Fuß Aufbruch nach Stuttgart. Wohnung im Haus Christian Landauers. Herzliche Aufnahme dort und bei Landauers Freunden, darunter Haug und Huber. Hölderlin hofft, in Stuttgart *eine Zeit im Frieden zu leben.*

Anfang Dezember   Bekanntschaft mit Emanuel von Gonzenbach, dem Sohn des Kaufherrn Anton von Gonzenbach aus Hauptwil im Thurgau. Im Auftrag seiner Eltern sucht er einen Hofmeister für seine jüngeren Schwestern. H. nimmt die Stelle an.

1801   Anfang Januar   Nach einem Weihnachts- und Abschiedsbesuch in Nürtingen kehrt H. nach Stuttgart zurück und bricht spätestens am 11. 1. nach Hauptwil auf (über Sigmaringen, Überlingen, Konstanz, Sulgen, Bischofszell).

Mitte Januar   Ankunft in Hauptwil im Hause Gonzenbach.

9. Februar   Friede von Lunéville: *Ich glaube, es wird nun recht gut werden in der Welt... alles dünkt mir seltne Tage, die Tage der schönen Menschlichkeit... Dies und die große Natur in diesen Gegenden erhebt und befriedigt meine Seele wunderbar.* (Die Ode *Unter den Alpen gesungen* und die Hymne *Friedensfeier* entstehen.) In einem Brief an Landauer: *am Ende ist es doch wahr, je weniger der Mensch vom Staat erfährt und weiß, die Form sei, wie sie will, um desto freier ist er.* H. hofft, daß mit dem Ende von

Krieg und Revolution eine schönere Geselligkeit, als nur die ehrenbürgerliche... reifen wird.

Mitte April Trennung H.s vom Hause Gonzenbach und Abreise aus Hauptwil. Über Lindau zurück nach Nürtingen. Die Elegie *Heimkunft. An die Verwandten* entsteht.

Juni In Briefen an Schiller und Niethammer eröffnet H. den Wunsch, in Jena Vorlesungen über griechische Literatur zu halten. (Beide Briefe bleiben unbeantwortet, der Plan zerschlägt sich.)

Herbst Über Jakob Friedrich Ströhlin Vermittlung einer neuen Hofmeisterstelle in Bordeaux im Hause des Konsuls Daniel Christoph Meyer.

Um den 10. Dezember H. bricht von Nürtingen aus nach Bordeaux auf. Über Tübingen durch den Hochschwarzwald zunächst bis Straßburg.

1802 Anfang Januar Weiterreise über Lyon und die *gefürchteten überschneiten Höhen der Auvergne* nach Bordeaux, wo H. am 28.1. ankommt und sein Amt antritt. (Von Bordeaux aus vermutlich Ausflüge, sicher Fahrt H.s auf Meyers Weingut im Médoc, unweit vom Ufer der Gironde.)

Mitte April Aus Bordeaux: *Mir gehet es so wohl, als ich nur wünschen darf.*

Mai Aufbruch aus Bordeaux; Konsul Meyer stellt H. »das schönste Zeugnis« aus.

Ende Mai Aufenthalt in Paris. Wohl Besuch der *Antiken* im Musée Napoléon.

Mitte Juni Stark erschöpft trifft H. bei den Freunden in Stuttgart ein und reist nach kurzen Besuchen bei Landauer und Matthisson nach Nürtingen weiter. Kaum erholt, kehrt er nach Stuttgart zurück, wo ihn Anfang Juli ein Brief von Sinclair mit der Nachricht vom Tod Susette Gontards (am 22.6. in Frankfurt) erreicht. Die Nachricht verstört H., er geht nach Nürtingen zurück. (Im November an Böhlendorff: *Es war mir nötig, nach manchen Erschütterungen und Rührungen der Seele mich festzusetzen, auf einige Zeit, und ich lebe indessen in meiner Vaterstadt.* H. verbringt den Sommer in Nürtingen unter ärztlicher Aufsicht.)

29. September Als Gast Sinclairs Reise H.s zum Fürstenkongreß nach Regensburg (über Blaubeuren, Ulm, Ingolstadt). Wiedersehen mit Sinclair und Fritz Horn, Begegnung mit dem Landgrafen von Homburg, dem H. im Januar 1803 die Hymne *Patmos* widmet.

1803 Februar Sinclair hofft auf baldige Übersiedlung H.s von Nürtingen nach Homburg.
Frühsommer Der Verleger Friedrich Wilmans in Frankfurt übernimmt den Verlag der Sophokles-Übersetzungen H.s.
Juni Wiedersehen mit Schelling in Murrhardt.
Ende des Jahres Durchsicht *einiger Nachtgesänge*, die dann in Wilmans ›Taschenbuch für das Jahr 1805. Der Liebe und Freundschaft gewidmet‹ veröffentlicht werden.

1804 April H.s Übertragung der Trauerspiele des Sophokles erscheint bei Wilmans: 1. Band, ›Oedipus‹, 2. Band ›Antigonä‹.
Juni Sinclair kommt zu einem Wiedersehen mit schwäbischen Freunden, darunter Baz, Weishaar und Seckendorf, die alle in der revolutionären Bewegung der Landstände stehen, nach Stuttgart; an den Gesprächen nimmt auch der homburgische Hofkommissar Blankenstein teil. – Zugleich will Sinclair H. nach Homburg holen.
19. Juni In Stuttgart Teilnahme H.s an einem Abendessen, auf dem politische Fragen, vor allem der Kampf der Stände gegen den Kurfürsten, zur Debatte stehen.
22. Juni Aufbruch Sinclairs mit H. und Blankenstein nach Homburg. Auf der Durchreise in Würzburg am 24.6. letztes Zusammentreffen Hölderlins mit Schelling, der den Freund »in einem besseren Zustand als im vorigen Jahr, doch noch immer in merklicher Zerrüttung« findet.
7. Juli Sinclair bittet den Landgrafen, eine ihm seit 1802 gewährte Gehaltszulage an den zum Hofbibliothekar ernannten H. auszuzahlen zu lassen. (Die Regelung tritt noch im Juli in Kraft.) H. übt an der rund 16000 Bände zählenden Bibliothek keine dienstliche Tätigkeit aus.
2. Dezember Sinclair nimmt in Paris an der Krönung Napoleons teil. Während seiner Abwesenheit betreut H. Sinclairs Mutter.

1805 Januar Zerwürfnis Sinclairs mit Blankenstein, der daraufhin Ende Januar in einem Brief an den Kurfürsten von Württemberg Sinclair der Verschwörung bezichtigt. Am 27.2. beginnt in Ludwigsburg ein Hochverratsprozeß gegen Sinclair, Baz, Seckendorf, Blankenstein und Weishaar. (Auch H. wird in die Sache hineingezogen und von Oberamt und Dekanat in Nürtigen wird Auskunft über H. eingeholt.)
10. Juli Nach Entlassung aus der Untersuchungshaft trifft Sinclair wieder in Homburg ein.

1806 12. Juli Durch die Rheinbundakte geht das Land Hessen-Homburg an den zum Großherzog erhobenen Landgrafen von Hessen-Darmstadt über. Sinclair schreibt am 3.8. an H.s Mutter, daß die »Veränderungen« den Landgrafen zu Einschränkungen nötigen: »Es ist daher nicht mehr möglich, daß mein unglücklicher Freund, dessen Wahnsinn eine sehr hohe Stufe erreicht hat, länger eine Besoldung beziehe und hier in Homburg bleibe«. (H. wird am 11.9. im Wagen von Homburg nach Tübingen in die Klinik Johann Ferdinand Autenrieths gebracht. Sein Krankentagebuch führt Justinus Kerner.) – Der Aufenthalt H.s in der Autenriethschen Klinik bringt keine Besserung.

1807 Sommer Von der Lektüre des *Hyperion* begeistert, besucht der Tübinger Schreinermeister Ernst Zimmer (* 1772) H. in der Autenriethschen Klinik und holt ihn bald darauf zur Pflege in sein Haus am Neckar. H. bleibt bis zu seinem Tode bei Familie Zimmer: nach dem Tod Schreiner Zimmers am 18.11.1838 setzt dessen Tochter Lotte die Pflege fort. – H.s Verfassung ändert sich – von einer schweren Krise im Jahre 1812 abgesehen – bis 1843 kaum; Klavierspiel und Spaziergänge bleiben die Lieblingsbeschäftigung des Kranken; es entstehen noch zahlreiche Gedichte. H. hat in den Jahren der Krankheit viele Besucher, darunter Kerner, Uhland, Gustav Schwab, Varnhagen von Ense, Mörike, F. Th. Vischer und Gustav Kühne. – in den Jahren 1822–1826 kümmert sich besonders Wilhelm Waiblinger um den Kranken und führt ihn oft zu seinem Gartenhaus am Tübinger Österberg.

1810 21. Januar Clemens Brentano über 1807 und 1808 in Seckendorfs Musenalmanachen veröffentlichte Gedichte H.s: »Niemals ist vielleicht hohe betrachtende Trauer so herrlich ausgesprochen worden«.

1815 In Wien am 29. April plötzlicher Tod Sinclairs.

1820 Der preußische Leutnant von Diest bemüht sich mit Unterstützung Prinzessin Mariannes von Preußen um eine erste Ausgabe der Gedichte H.s, die bei Cotta erscheinen soll. 1821 bittet Diest Kerner um Mithilfe. Dieser gibt die Bitte an Karl Gok – seit 1816 Hof- und Finanzrat in Stuttgart – weiter und würdigt den Plan, »das zu tun, was wir Württemberger schon längst hätten tun sollen, – nämlich eine Sammlung der herrlichen Werke H.s zu veranstalten«. Bald beteiligen sich von Berlin oder Schwaben aus Achim von Arnim, Fouqué, Hegel, Varnhagen, Haug, Kerner, Conz, Uhland und Gustav Schwab an der Suche nach Drucken, Abschriften und Handschriften der Gedichte.

1822 Noch vor der Gedichtsammlung kommt bei Cotta eine zweite Auflage des *Hyperion* heraus.

1826 Die Sammlung der ›Gedichte von Friedrich Hölderlin‹ erscheint.

1828 17. Februar   Tod der Mutter. (Bei einem einsetzenden Erbstreit vertritt der Nürtinger Oberamtspfleger Burk H., dem nach einem Vergleich rund 9000 Gulden zustehen.)

1842 Im Herbst   Erscheinen der zweiten, auf 1843 datierten, Auflage der Gedichtausgabe mit einem Lebensabriß Hölderlins von Schwab nach Goks Material.

1843 7. Juni   Eine Stunde vor Mitternacht stirbt H., »sanft ohne noch einen besonderen Todeskampf zu bekommen«.

Karl-Gert Kribben

NACHBEMERKUNG

Hölderlins Werk steht an vielen Schwellen: an der Schwelle vom 18. zum 19. Jahrhundert, der Zeit, die die Französische Revolution mit Hoffnung begeisterte und mit Melancholie über ihr Scheitern schlug, an der Schwelle zur modernen Poesie, deren hermetische Tradition – von Mallarmé bis Paul Celan – mit den späten Hymnen Hölderlins und den ›Hymnen an die Nacht‹ von Novalis beginnt, an der Schwelle zu einer poetischen Konzentration, die von der äußersten Dichte in das führte, was man »Umnachtung«, den Wahnsinn Hölderlins nennt.

Das 18. Jahrhundert erschien schon den Zeitgenossen als Saeculum der Aufklärung, als Zeit einer nüchternen Durchleuchtung der Welt, die am Ende selbstgewiß über die Grundlagen ihrer Erkenntnismöglichkeiten reflektiert. Das Übermaß an neuen Erfahrungen in Politik, Wissenschaft und Philosophie ruft Enthusiasmus und Schaudern hervor: »Ihr staunt über das Zeitalter, über die gärende Riesenkraft, über die Erschütterungen, und wißt nicht, welche neue Geburten ihr erwarten sollt«, schreibt Friedrich Schlegel 1800, ein Jahr vor dem Anbruch des neuen Jahrhunderts, der 1801 gefeiert wurde. Ihr deutlichstes Zeichen fand diese »gärende Riesenkraft« in der Französischen Revolution, von der sich die junge Generation der Frühromantiker »eine künftige Revolution der Gesinnungen und Vorstellungsarten« erhoffte, »die alles Bisherige schamrot machen wird« (s. Anmerkung zu S. 665). Revolution, das bedeutete für Hölderlin die vollständige Umkehr der Geschichte, die nicht nur allen Bürgern Freiheit und gleiche Rechte garantieren, sondern an deren Ende ein »ewiger Friede« stehen sollte (S. 671), in dem sich das verlorene Ideal der Einheit aller Lebensbezüge des Menschen wiederfinden ließ. Dieses Ideal sahen die meisten geschichtsphilosophischen Entwürfe der Zeit in der Antike verkörpert; und diese Faszination, wurde durch die rätselhaft erscheinende Blüte der attischen Kultur verstärkt, die noch dem Klassizismus des 18. Jahrhunderts als Norm zugrunde lag. Zu diesem republikanischen Naturzustand im Zeichen von Freiheit und Schönheit möchte Hyperion sein Volk zurückführen. Das philosophische Gespräch am Ende des 1. Bandes, das dieses Ideal in den Ruinen Athens zu rekonstruieren versucht, mündet unmittelbar in einen revolutionären Aufruf: »Es werde von Grund aus anders! Aus der Wurzel der Menschheit sprosse die neue Welt! Eine neue Gottheit walte über ihnen, eine neue Zukunft kläre vor ihnen sich auf« (S. 392).

Aber wie? Mit der Französischen Revolution stellte sich nicht nur die Frage, wie, sondern auch wann ein Umsturz an sein Ziel gelangt. In der Debatte darüber erklärte sich die Französische Revolution zu einer permanenten – bis sich in Napoleon ein neuer Kaiser fand und sie sich selbst auflöste. Aber für viele Zeitgenossen, die sich zunächst für sie begeistert hatten, war sie schon mit der Schreckensherrschaft Robespierres 1793/94 gescheitert, so wie der Aufstand der Griechen gegen die Türken im *Hyperion*; auf die heroischen Träume folgen für ihn die »Leidenstage der langsamsterbenden Jugend« (S. 441).

Die Frage nach dem Zeitpunkt der geschichtsphilosophischen Wende, dem Anbruch einer neuen Zeit, steht auch im Mittelpunkt des Trauerspiels *Der Tod des Empedokles*: Die Selbstopferung des von seinen Mitbürgern verehrten Philosophen und Dichters soll ihnen die neue Zukunft sichern, in seinem Freitod sollen sie ein Zeichen sehen, daß es »an der Zeit sei«, das von ihm prophezeite Ideal eines Ausgleichs von Natur und Gesellschaft als notwendige Verpflichtung anzunehmen. Doch gelingt es kaum, diese Notwendigkeit, mit der sich Empedokles zum Drehpunkt im geschichtsphilosophischen Prozeß erklärt, zu begründen – hierin liegt der tragische Akzent von Hölderlins Empedokles-Projekt, der sich bis in die *Anmerkungen zur Antigone* weiterverfolgen läßt. Geschichte hat von nun an mit dem Zerbrechen zu tun, mit einzelnen wie Empedokles und Antigone, die nicht wie Hyperion einen Trost in der Wiedererinnerung der Liebe finden können: »Wie der Zwist der Liebenden, sind die Dissonanzen der Welt. Versöhnung ist mitten im Streit und alles Getrennte findet sich wieder. Es scheiden und kehren im Herzen die Adern und einiges, ewiges, glühendes Leben ist alles.« (S. 457).

»Der Roman ist aus Mangel der Geschichte entstanden«, und aus dem Sänger der Revolution könnte ihr Vollender werden, wenn er den blinden Gang der Geschichte durch seinen »divinatorischen Sinn« sehend macht (Novalis), durch seine Einbildungskraft den »Mangel« behebt. Daß diese Möglichkeit, und sei es in der Selbstaufgabe, gewiß ist, drückt Hölderlin in einem zyklischen Geschichtsmodell aus, das den Kreislauf der Jahreszeiten als Metapher für die notwendige revolutionäre Verjüngung setzt. Durch die Revolution ist die Natur selbst »mit Waffenklang erwacht«, die »Taten der Welt« inspirieren als »Zeichen« den Dichter, der das »*Mögliche*« zeigt, das im Moment der geschichtlichen Umkehr »in die *Wirklichkeit* tritt« (S. 650). Dabei muß er sich aber einer eigenmächtigen Auslegung dieser Zeichen enthalten, sonst ist er leicht versucht, sich in ähnlicher Hybris wie Empedokles die Macht des geschichtlichen Augenblicks selbst zuzuschreiben: wie Semele, die Zeus in seiner offenbaren

Gestalt zu sehen wünscht, würde er vom Blitz des Ereignisses vernichtet, würde die Vermittlung des Geschauten verfehlen. Deshalb muß der Dichter demütig »dem Volk ins Lied / Gehüllt die himmlische Gabe... reichen« *(Wie wenn am Feiertage)*.

Solch übersetzende Vermittlung, die darauf vertraut, daß die Poesie, das Lied, es vermag, das abstrakte »Mögliche« zu einer sinnbildlichen Gestalt zu verdichten, ist im Rahmen einer »neuen Mythologie« zu sehen: »diese Mythologie aber muß im Dienste der Ideen stehen, sie muß eine Mythologie der *Vernunft* werden« (S. 672). Einer Vernunft aber, die im Zeichen einer ›höheren Aufklärung‹ die »zartern und unendlichern Verhältnisse« (S. 614) des geschichtsphilosophisch anderen respektieren muß: Will man »philosophisch von dem, was kommen soll«, sprechen, »so hüte man sich für der Täuschung, als werde ein Zeitpunkt kommen, so dieses eintreten würde«, da solch ein Ereignis immer »außer der Zeit« unseres Denkens liegt, von ihm nicht erreicht werden kann, hatte Novalis in Anschluß an Kants Aufsatz ›Das Ende aller Dinge‹ (1794) notiert. Poetisch kann jedoch von »dem, was kommen soll«, gesprochen werden, die Symbole und Metaphern reichen als uneigentliche Rede des Möglichen über die »Kantische Grenzlinie« hinaus (S. 861), davon waren die Frühromantiker wie Hölderlin überzeugt.

Novalis stellt diese Reflexion vor sein Schreiben: Hölderlin scheint erst durch sein Schreiben zu ihr gefunden zu haben. Der Versuch, die »Taten der Welt« in einem historischen Roman über den Aufstand der Griechen gegen die Türken 1770 zu spiegeln und ihn den sich rasch verändernden Zeitläuften anzupassen, war wohl ein Grund, warum die Arbeit am *Hyperion* sich über sechs Jahre hinzog. In seiner späten Lyrik, den großen Elegien und den »Vaterländischen Gesängen«, konzentriert sich Hölderlin stattdessen ganz auf den Moment des ersehnten geschichtsphilosophischen Umschlags: optimistisch begeistert wie in der *Friedensfeier*, in immer neuen Ansätzen nach Gestalten suchend wie in *Der Einzige* oder verschattet wie in der späten Hymne *Mnemosyne*: »Lang ist / Die Zeit, es ereignet sich aber / Das Wahre«.

In der späten Lyrik, wobei »spät« hier paradoxerweise die Gedichte eines 30jährigen meint, entzündet sich die Inspiration an der Deutung dieses sich ereignenden »Wahren«, am Offenbarwerden des verborgenen Sinns der Geschichte. Das zyklische Geschichtsmodell wird langsam durch ein lineares, dem eschatologischen »Feiertag« entgegenschauendes Geschichtsverständnis abgelöst: Wenn »Der hohe, der Geist / Der Welt sich zu Menschen geneigt hat« *(Friedensfeier)*, soll ein neuer Göttertag anbrechen, der die Nacht der Götterferne, die Gegenwart, beendet *(Brot und Wein)*. In dieser mythischen Metaphorik bildet Christus den »Schluß der alten Zeit«, der Antike (vgl. Anmerkung zu S. 133): »er ist bloß da, um die Grenze zu machen – der letzte Gott. Nach ihm kommt der Geist, das ideelle Prinzip, die herrschende Seele der neuen Welt«, umschreibt Schelling das pneumatische Prinzip einer an das Johannes-Evangelium (4, 23 f.) anknüpfenden Geist-Theologie, die sich vom »Positiven« der Religion abwendet und als ›chiliastisches Geist-Denken‹ »vom ursprünglich religiös inspirierenden ›heiligen‹ Geist über den religiös ergriffenen menschlichen Geist zur autonomen menschlichen Vernunft« führt (Jochen Schmidt). In diesem Kontext steht das Ideal einer »ästhetischen Kirche«, in der Philosophie und Poesie zu einer Einheit gelangen, das Ideal einer menschlichen Gemeinschaft, womit gleichzeitig auch die letzten Spuren des durch die aufgeklärte Entzauberung der Welt Säkularisierten gerettet werden sollen: »das Heilige sei mein Wort« (*Wie wenn am Feiertage*).

Die Metaphern und Bilder, Gestalten und Namen, die Hölderlin im Rahmen seiner ›neuen Mythologie‹ für die Deutung und Darstellung der Götternacht und ihres Endes findet, bleiben aber transparent für das »Offene« *(Der Gang aufs Land)*, in dem sich das »Wahre« ereignen soll, nähern sich mit einem erhabenen Zögern einer Schwelle, hinter der man nüchtern nichts erblickt und von der man trunken nichts zu berichten weiß, einem Licht, dessen heller Schein das zu Offenbarende verbirgt.

Aus dieser Anstrengung Hölderlins resultiert eine ›Revolution‹ des lyrischen Dichtens: Die Stimme des Gedichts wird autonom, reflektiert ihre Sprache als Material und Medium, entwickelt durch die Worte eine Welt, die ihre Koordinaten selbst bestimmt, sich von den vorgegebenen Gattungsgrenzen befreit, indem sie sie neu begründet: der Beginn der modernen Poesie.

In den spätesten Gedichten nach 1807 bricht dies ab, gerade so, als sei die Intensität der Sprache zu groß geworden und als könne man die Worte, ihn habe »Apollo geschlagen« (S. 658), nur allzu wörtlich nehmen. Die Distanz zwischen den hymnischen Entwürfen und den mit »Scardanelli« unterzeichneten letzten Gedichten, zwischen der Fülle der anstürmenden Bilder und den fast ängstlich wirkenden Versuchen, das auf einem Spaziergang oder aus dem Fenster Gesehene in einem Tableau zu isolieren, sagt vielleicht mehr über die Schwelle 1806/1807, den Aufenthalt in der Autenriethschen Klinik, als die Mythen und Vermutungen, mit denen man schon zu Lebzeiten Hölderlins versuchte, die Verstörung über diesen Bruch wegzuerklären.

Hölderlin lesen bedeutet, diesem Rätsel zu begegnen, es als ein ›Offenes‹ zu nehmen: »Ich las neu den *Hyperion*, begriff endlich jeden Satz und konnte die Worte darin betrachten wie Bilder« (Peter Handke).

Hans Jürgen Balmes

VERZEICHNIS
DER GEDICHTANFÄNGE
UND -ÜBERSCHRIFTEN

Abendphantasie 74
Aber die Sprache 266
aber es haben / Zu singen 211
Abschied, Der 118
Abschied 95
Achill 71
Adler, Der 248
Advocatus Diaboli 44
Als von des Friedens 26
Am Quell der Donau 166
Am Tage der Freundschaftsfeier 11
An den Äther
  ⟨Entwurf⟩ 45
  ⟨Endgültige Fassung⟩ 47
An die Deutschen 64, 90
An die Hoffnung 159
An die jungen Dichter 64
An die klugen Ratgeber 40
⟨An die Madonna⟩ 229
An die Natur 33
An die Parzen 60
An die Ruhe 17
An die Unerkannte 35
An Diotima (Komm und siehe) 54
An Diotima (Schönes Leben) 55
An Eduard 143
⟨An eine Fürstin von Dessau⟩ 87
⟨An Herkules⟩ 36
⟨An Landauer⟩ 126
An unsre großen Dichter 68

⟨An Zimmern⟩ 255
An Zimmern 265
Andenken 207
Apriorität des Individuellen, Die 268
Archipelagus, Der 104
Auf falbem Laube 247
Aus den Gärten komm ich 45
Aus stillem Hause 87
Aussicht, Die 264
Aussicht 260

beschreibende Poesie, Die 44
blinde Sänger, Der 148
Blödigkeit 161
Brot und Wein 133
Buonaparte 59

Chiron 156

Da ich ein Knabe war 70
Da ich noch um deinen Schleier 33
Das Angenehme dieser Welt 255
Das Erntefeld erscheint 260
Das Feld ist kahl 261
Das fröhliche Leben 257
Das Leben suchst du 112
Das Nächste Beste
  ⟨Erste Fassung⟩ 236
  ⟨Zweite Fassung⟩ 237
  ⟨Dritte Fassung⟩ 239
Das Schicksal 26

Das Unverzeihliche 63
Dem Allbekannten 59
Dem Fürsten
  ⟨Erste Fassung⟩ 226
  ⟨Zweite Fassung⟩ 227
Dem Sonnengott 65
Den Gottverächter schalten sie sich 68
Denn, wie wenn hoch 166
Der Abschied 118
Der Adler 248
Der Archipelagus 104
Der blinde Sänger 148
Der du mich auferzogst 45
Der Einzige
  ⟨Erste Fassung⟩ 188
  ⟨Zweite Fassung⟩ 191
  ⟨Dritte Fassung⟩ 194
Der Frieden 85
Der Frühling (Die Sonne glänzt) 261
Der Frühling (Wenn aus der Tiefe) 263
Der Gang aufs Land 125
Der gefesselte Strom 147
Der Gott der Jugend
  ⟨Entwurf⟩ 29
  ⟨Endgültige Fassung⟩ 31
Der gute Glaube 63
Der Herbst 259
Der himmlischen, still widerklingenden 183
⟨Der Ister⟩ 209
Der Jüngling an die klugen Ratgeber 42
Der Main 76
Der Mensch 66
Der Mutter Erde 127
Der Neckar 114
Der Nordost wehet 207
Der offne Tag ist Menschen hell 260

Der Prinzessin Auguste von Homburg 84
Der Rhein 173
Der Sommer (Das Erntefeld) 260
Der Sommer (Noch ist die Zeit) 262
Der Spaziergang 258
Der Tod fürs Vaterland 73
Der Vatikan 245
Der Wanderer
  ⟨Entwurf⟩ 49
  ⟨Erste Fassung⟩ 52
  ⟨Zweite Fassung⟩ 122
Der Winkel von Hardt 164
Der Zeitgeist (Zu lang schon) 74
Der Zeitgeist (Die Menschen finden) 263
⟨Der zündende Dichter⟩ 78
Des Ganges Ufer hörten 68, 151
Des Morgens 75
Deutscher Gesang 165
Dichterberuf 151
Dichtermut 146
Die Apriorität des Individuellen 268
Die Aussicht 264
Die beschreibende Poesie 44
Die Dioskuren 744
Die Ehrsucht 10
Die Eichbäume 45
Die Entschlafenen 126
Die Götter 114
Die Heimat 63, 116
Die Kürze 62
Die Liebenden 62
Die Liebe 117
Die Linien des Lebens 255
Die Menschen finden sich 263
Die Muße 57
Die Sagen, die der Erde 259
Die scheinheiligen Dichter 64

⟨Die Scherzhaften⟩ 78
Die Sonne glänzt 261
Die Titanen 215
Die Völker schwiegen, schlummerten 58
⟨Die Vortrefflichen⟩ 44
Die Wanderung 169
Dioskuren, Die 744
Diotima (Leuchtest du) 38
Diotima (Komm und besänftige) 56
Diotima (Du schweigst) 60, 120
Drin in den Alpen 138
Du edles Wild 267
Du kömmst, o Schlacht! 73
Du schweigst und duldest 60, 120
Du seiest Gottes Stimme 61, 153
Du stiller Äther! 114
Du waltest hoch am Tag 144

Echo des Himmels! 142
Ehmals und jetzt 61
Ehrsucht, Die 10
Eichbäume, Die 45
Eil, o zaudernde Zeit 56
Ein anderes freilich ist's 267
Ein Zeichen sind wir, deutungslos 780
Einen vergänglichen Tag 126
Einig zu sein, ist göttlich 78
Einsam stand ich 52, 122
Einst hab ich die Muse gefragt 221
Einzige, Der
 ⟨Erste Fassung⟩ 188
 ⟨Zweite Fassung⟩ 191
 ⟨Dritte Fassung⟩ 194
Elegie 96
Emilie vor ihrem Brauttag 269
Empedokles 112
Entschlafenen, Die 126

Ermunterung 142
Es hat aber 267
Euch alten Freunde droben 143

Falsche Popularität 44
Frei, wie die Schwalben 59
Frieden, Der 85
Friedensfeier 183
Froh kehrt der Schiffer heim 63, 116
Fröhliche Leben, Das 257
Frühling, Der (Die Sonne glänzt) 261
Frühling, Der (Wenn aus der Tiefe) 263
Fürchtet den Dichter nicht 78

Gang aufs Land, Der 125
Ganymed 162
Gebet für die Unheilbaren 56
Gefesselte Strom, Der 147
Geh unter, schöne Sonne 94
Gehn dir im Dämmerlichte 31
Germanien 179
Gesang des Deutschen 82
Glückselig Suevien 169
Gott der Jugend, Der
 ⟨Entwurf⟩ 29
 ⟨Endgültige Fassung⟩ 31
Götter wandelten einst 72
Götter, Die 114
Griechenland
 ⟨Erste Fassung⟩ 250
 ⟨Zweite Fassung⟩ 251
 ⟨Dritte Fassung⟩ 252
Griechenland (Hätt ich dich) 24
Griechenland (Wie Menschen sind) 262
Großer Name! – Millionen 10
Größers wolltest auch du 118
Gute Glaube, Der 63
Guter Rat 44

Hälfte des Lebens 163
Hast du Verstand 44
Hätt ich dich im Schatten 24
Heidelberg 113
Heilige Gefäße sind die Dichter 59
Heilige Unschuld 150
Heimat, Die 63, 116
Heimat 219
Heimkunft 138
Herbst, Der 259
Herrlicher Göttersohn! 71
Hier, in ermüdender Ruh 21
Himmlische Liebe! 158
Hinunter sinket der Wald 164
Hoch auf strebte mein Geist 61
Hört ich die Warnenden itzt 72
Hymne an den Genius Griechenlands 19
Hymnische Entwürfe 215
⟨Hyperions Schicksalslied⟩ 69

Ich bin im Walde 269
Ich duld es nimmer! 16
Ich sollte nicht im Lebensfelde 40
Ich sollte ruhn? 42
Ihr edeln Brüder droben 744
Ihr Freunde! mein Wunsch ist 11
Ihr kalten Heuchler 64
Ihr milden Lüfte! 121
Ihr sichergebaueten Alpen! 219
Ihr Städte des Euphrats! 163
Ihr Wälder schön 258
Ihr wandelt droben 69
Im dunkeln Efeu saß ich 173
Im Walde 267
Immer spielt ihr 78
In deinen Tälern 114
In der Kindheit Schlaf 36
In jüngern Tagen war ich 61
In seiner Fülle ruhet 79

Ist dir in goldnen Stunden 29
Ist nicht heilig mein Herz 62
Ister⟩, ⟨Der 209

Jetzt komm und hülle 160
Jetzt komme, Feuer! 209
Jubel! Jubel 19
Jüngling an die klugen Ratgeber, Der 42

Kanton Schweiz 21
Kaum sproßten aus den Wassern 66
Kehren die Kraniche 104
Kennst du sie, die selig 35
Kolomb 242
Komm und besänftige mir 56
Komm und siehe die Freunde 54
Komm! ins Offene 125
Kürze, Die 62

Lange lieb ich dich schon 113
Laß in der Wahrheit 226, 227
Lebensalter 163
Lebenslauf 61, 118
Lern im Leben die Kunst 77
Leuchtest du wie vormals 38
Licht der Liebe! 100
Lieben Brüder! es reift 64
Lieben Brüder! versucht es 44
Liebenden, Die 62

Main, Der 76
Mein Eigentum 79
Mein Vater ist gewandert 248
Mein Vorsatz 9
Meinest du, es solle gehen 245
Menons Klagen um Diotima 99
Menschenbeifall 62
Mit der Sonne sehn ich mich 265
Mit gelben Birnen 163

Mnemosyne
⟨Erste Fassung⟩ 211
⟨Dritte Fassung⟩ 213
Muße, Die 57

Nah ist / Und schwer 197
Natur und Kunst oder Saturn und Jupiter 144
Neckar, Der 114
Nicht alle Tage 259
Nicht ist es aber 215
Nicht sie, die Seligen 179
Noch freundlichzögernd 84
Noch ist die Zeit des Jahrs 262
Nun versteh ich den Menschen 268
Nur *einen* Sommer gönnt 60

O der Menschenkenner! 44
O Freunde! Freunde! 9
O heilig Herz der Völker 82
O Hoffnung! holde 159
O ihr Stimmen des Geschicks 251, 252
offen die Fenster des Himmels 237, 239

Palingenesie 265
Palinodie 81
Patmos ⟨Bruchstücke der späteren Fassung⟩ 203
Patmos 197
Pläne und Bruchstücke 265
Προς εαυτον 77

Reif sind, in Feuer 213
Rhein, Der 173
Ringsum ruhet die Stadt 133
Rousseau 92
Rückkehr in die Heimat 121

Schicksal, Das 26

Schönes Leben! du lebst 55
Schönes Leben! du liegst krank 63
Sei froh! 126
Sind denn dir nicht bekannt 161
Sind denn dir nicht verwandt 146
Singen wollt ich leichten Gesang 730
Sokrates und Alcibiades 67
Sommer, Der 260
Sommer, Der 262
Sonnenuntergang 65
Sonst nämlich, Vater Zeus 218
Sophokles 78
Sorglos schlummert die Brust 57
Späteste Gedichte 255
Spaziergang, Der 258
Spottet ja nicht des Kinds 64
Spottet ja nimmer des Kinds 90
Statt offner Gemeine 127
Stimme des Volks 61, 153
Stuttgart 130
Süd und Nord ist in mir 49
Süß ist's, zu irren 249

Täglich geh ich heraus 96, 99
Tief im Herzen 44
Tinian 249
Titanen, Die 215
Tod fürs Vaterland, Der 73
Tränen 158
Trennen wollten wir uns 62, 118
Treu und freundlich 47

Und mitzufühlen das Leben 234
Und niemand weiß 219
Unter den Alpen gesungen 150
Unverzeihliche, Das 63

Vanini 68

Versöhnender, der du nimmerge-
  glaubt 765
Viel hab ich dein 228
Viel tuet die gute Stunde 236
Viele versuchten umsonst 78
Voll Güt ist 203
Vom Abgrund nämlich 241
Vom Gruß des Hahns 17
Vom Taue glänzt der Rasen 75
Von einem Menschen 256
Von Gott aus 266
Vor seiner Hütte 74
Vormals richtete Gott 265
Vulkan 160

Wanderer, Der
  〈Entwurf〉 49
  〈Erste Fassung〉 52
  〈Zweite Fassung〉 122
Wanderung, Die 169
»Warum bist du so kurz? 62
»Warum huldigest du 67
Was dämmert um mich 81
Was ist der Menschen Leben?
  254
Was ist es, das 188
Was ist der Menschen Leben
  254
Was ist Gott? 254
Was schläfst du, Bergsohn 162
Was schläfst und träumst du 147
Wege des Wanderers! 250
Wenn aber die Himmlischen 222
Wenn aus dem Himmel 255
Wenn aus der Tiefe kommt 263
Wenn der Morgen trunken 165

Wenn ich auf die Wiese komme
  257
Wenn ich sterbe mit Schmach 95
Wenn ihr Freunde vergeßt (Das
  Unverzeihliche) 63
Wenn ihr Freunde vergeßt (Die
  Liebe) 117
Wenn in die Ferne geht 264
Wenn nämlich der Rebe Saft 235
Wie eng begrenzt 92
Wie Meeresküsten 235
Wie Menschen sind 262
Wie Vögel langsam ziehn 225
Wie wenn am Feiertage 88
Wie wenn die alten Wasser 85
Wieder ein Glück ist erlebt 130
Winkel von Hardt, Der 164
Winter 261
Wißt! Apoll ist der Gott 44
Wo bist du, Jugendliches! 148
Wo bist du, Nachdenkliches!
  156
Wo bist du? 65
Wohl geh ich täglich 93
Wohl manches Land 76
Wünscht ich der Helden 242
Wurzel alles Übels 78

Zeitgeist, Der (Zu lang schon)
  74
Zeitgeist, Der (Die Menschen fin-
  den) 263
〈Zornige Sehnsucht〉 16
Zu lang schon waltest 74
Zu Sokrates' Zeiten 265
zündende Dichter〉, 〈Der 78

INHALTSVERZEICHNIS

GEDICHTE 7

Gedichte 1784–1789 9
Gedichte 1790–1796 19
Gedichte 1796–1799 44
Gedichte 1799–1806 79
Hymnische Entwürfe 215
Späteste Gedichte 255
Pläne und Bruchstücke 265
Emilie vor ihrem Brauttag 269

HYPERION 289

Fragment von Hyperion 291
Vorrede ⟨der vorletzten Fassung⟩ 312
Hyperion oder Der Eremit in Griechenland .. 314
  Erster Band 314
    Erstes Buch 315
    Zweites Buch 352
  Zweiter Band 394
    Erstes Buch 394
    Zweites Buch 423

DER TOD DES EMPEDOKLES 459

Frankfurter Plan 461
Der Tod des Empedokles ⟨Erste Fassung⟩ ... 466
Der Tod des Empedokles ⟨Zweite Fassung⟩ .. 533
Grund zum Empedokles 555
⟨Plan der dritten Fassung⟩ 570
Der Tod des Empedokles ⟨Dritte Fassung⟩ .. 574

THEORETISCHE VERSUCHE 591

ANHANG 669

KOMMENTAR 677

Zu dieser Ausgabe 679

Gedichte 682
   Gedichte 1784–1789 682
   Gedichte 1790–1796 686
   Gedichte 1796–1799 699
   Gedichte 1799–1806 713
   Hymnische Entwürfe 782
   Späteste Gedichte 796
   Pläne und Bruchstücke 799
   Emilie vor ihrem Brauttag 800

Hyperion 803
   Fragment von Hyperion 814
   Vorrede zur vorletzten Fassung 817
   Hyperion oder Der Eremit in Griechenland 818
      Erster Band 818
      Zweiter Band 832

Der Tod des Empedokles 839
   Frankfurter Plan 843
   Erste Fassung 843

Theoretische Versuche 861

Anhang 878

Zeittafel 882

Nachbemerkung 894

Verzeichnis der Gedichtanfänge und -überschriften 898